北京市金融年鉴

ALMANAC
OF BEIJING FINANCE
AND BANKING

2012

《北京市金融年鉴》编辑部

（总第26卷）

中国金融出版社

责任编辑：赵天朗　张彩琴　伊　楠
责任校对：刘　明
责任印制：毛春明

图书在版编目（CIP）数据

北京市金融年鉴 2012（Beijingshi Jinrong Nianjian 2012）/《北京市金融年鉴》编辑部．—北京：中国金融出版社，2012.12
ISBN 978－7－5049－6684－1

Ⅰ.①北…　Ⅱ.①北…　Ⅲ.①金融事业—北京市—2012—年鉴　Ⅳ.①F832.71－54

中国版本图书馆 CIP 数据核字（2012）第 278303 号

出版发行 中国金融出版社
社址　北京市丰台区益泽路 2 号
市场开发部　（010）63266347，63805472，63439533（传真）
网上书店　http://www.chinafph.com
（010）63286832，63365686（传真）
读者服务部　（010）66070833，62568380
邮编　100071
经销　新华书店
印刷　北京汇林印务有限公司
尺寸　185 毫米×260 毫米
印张　47.25
插页　14
字数　1012 千
版次　2012 年 12 月第 1 版
印次　2012 年 12 月第 1 次印刷
定价　80.00 元
ISBN 978－7－5049－6684－1/F.6244
如出现印装错误本社负责调换　联系电话（010）63263947
（内部发行）

7月1日，上海浦东发展银行北京分行在天安门广场举行“新党员爱国主义教育活动暨‘七一’入党宣誓仪式”。

中国民生银行总行营业部举办庆祝中国共产党成立90周年文艺演出。

新华人寿保险公司北京分公司参加北京保险业庆祝中国共产党成立90周年歌咏比赛。

1月19日，中国农业银行北京市分行与北京市城乡结合部建设领导小组办公室签署战略合作协议，助推首都城乡一体化发展。

中国银行北京市分行与海军总医院举行银医合作签约暨银医卡发卡仪式，启动“银医一卡通”系统。

10月28日，中国建设银行北京市分行与北京市保障性住房建设投资中心签署战略合作协议，支持保障房中心承担的公共租赁住房、棚户区改造等保障性住房项目建设。

2月17日，中国民生银行总行营业部与西城区人民政府签署战略合作协议。

9月8日，北京银行与ING集团在荷兰阿姆斯特丹签署银行领域深度合作协议。

2月28日，中国农业发展银行北京市分行与杭州银行北京分行签署战略合作协议。

3月30日，中国人民银行营业管理部联合北京市科学技术委员会、北京市经济和信息化委员会、北京市农村工作委员会、北京市金融工作局、中关村科技园区管理委员会、北京银监局、北京市文化创意产业促进中心等单位启动“科技金融创新年”活动。

8月30日，海淀区人民政府与中国建设银行北京市分行、上海浦东发展银行北京分行、华泰财产保险公司北京分公司、中金保险经纪公司签署海淀区科技型中小企业履约保证保险四方合作协议，银行与企业签署履约保证保险贷款授信协议。标志着中小企业履约保险贷款在海淀区正式试点。

7月8日，由中关村科技园区管理委员会、北京国际信托有限公司、北京中关村科技创业金融服务集团有限公司和北京中关村科技担保有限公司组建的“中关村科技金融创新联盟”正式挂牌成立。

7月19日，华夏银行北京分行对中关村7家科技型中小企业授信8 700万元，成为战略布局中关村银行信贷市场的重要步骤。

7月15日，杭州银行北京分行联合中国工控网、速融投资担保有限公司推出“工控贷”，为中小企业搭建投融资服务平台，推进企业与资本的对接。

10月29日，中国建设银行北京市分行与中国移动通信集团北京有限公司签署战略合作协议。

4月26日，中信银行北京小企业金融中心正式揭牌。

6月27日，上海浦东发展银行北京分行与北京城市学院“合作办学签约仪式暨浦发银行实验班开学典礼”隆重举行。

11月9日，中国农业银行北京市分行在北京文化创意产业投融资项目推介会暨银企洽谈会上与3家文创企业签订合作协议，支持首都文创产业发展。

5月28日，北京银行中关村分行开业，这是中关村示范区内首家分行级银行机构。

6月17日，中国农业银行北京市分行推出集移民、留学、境外投资为一体的跨境金融服务。

9月28日，渤海银行北京分行“浩瀚财富中心”揭牌。

5月22日 北京农商银行与北京观光休闲农业行业协会共同主办的“凤凰乡村游进百家社区”暨“凤凰乡村游网上商城”启动仪式在海淀区苏州桥万柳大型社区举行。

11月10日，中国工商银行北京市分行举行“凝聚700万信赖——心服务 新精彩”工银信用卡发卡突破700万张庆祝活动。

12月23日，北京银行举行资产超万亿元暨新产品发布会。

中国邮政储蓄银行北京分行践行普惠金融，推出送养老金上门服务。

中国建设银行北京市分行在10家营业网点推出自助填单机服务，成为北京地区金融机构中首家提供此项服务的商业银行。

中国银行北京市分行为北京大学新入学大学生提供助学贷款“绿色通道”服务。

北京农商银行为外来务工人员发放凤凰亲情卡。

中国邮政储蓄银行北京分行的“村官”信贷员累计发放农户贷款超过10亿元，成为金融支农的“排头兵”。

北京国际信托有限公司推出“希望之星”信托产品，受托管理委托人获得的慈善募捐资金，定向用于未成年人的抚养和教育。

太平洋财产保险公司北京分公司定损人员查勘在特大暴雨中受损车辆。

华夏银行北京分行就新发地农产品批发市场小商户融资需求等问题进行实地专题调研。

渤海银行北京分行参展“第七届北京国际金融博览会”。

宏源期货有限公司开展诚信宣传月活动。

中国工商银行北京市分行开展“银行业公众教育服务日”宣传活动。

中国建设银行北京市分行开展反假货币宣传月活动。

永安财产保险公司北京分公司开展环保宣传活动。

深圳发展银行北京分行举办“普及金融知识万里行”——社区宣传活动。

广发银行北京分行员工走上街头，向市民宣传金融知识。

中信银行总行营业部举办中信银行"全程通"系列活动之外汇业务战略客户高层论坛。

中国民生银行总行营业部承办"信贷创新中关村" 系列活动之助力中关村代办系统挂牌企业主动授信暨产品推介会。

中国工商银行北京市分行联合西城区公安分局启动防范电信诈骗警情播报服务平台。

华夏银行北京分行营业部新服务窗口启用，为客户提供更富私密性、安全性和舒适性的服务。

中国建设银行北京市分行组织营业场所防持枪挟制人质演练。

新华人寿保险公司北京分公司星级理赔揭牌。

中国民生银行总行营业部实施“春笋”人才选拔计划，为会计运营条线创新发展储备新生力量。

中国银行北京市分行举行“合规经营 从我做起”演讲比赛，激发员工主动参与风险防范工作的积极性。

天津银行北京分行举办“全面问责”知识竞赛。

广发银行北京分行成立礼仪模特队，以艺术性表演的形式展示规范化服务理念，获得总行礼仪展示大赛第一名。

中国银行北京市分行举办女员工书法才艺展示活动。

中国民生银行总行营业部举办“春满家园·情溢民生”文艺演出庆祝民生银行建行15周年。

太平洋人寿保险公司北京分公司向昌平区英才学校捐建关爱书屋。

华泰财产保险公司北京分公司举办“大手拉小手”公益活动。

上海银行北京分行员工看望西城区敬老院的老人们。

大连银行北京分行组织员工参观辛亥革命纪念展。

盛京银行北京分行组织员工参观“一切为了人民”主题展览。

太平财产保险公司北京分公司组织党员和入党积极分子参观革命摇篮——井冈山。

中国进出口银行北京分行组织员工开展军事训练活动。

拼搏——广发银行北京分行。

团结合作——中国进出口银行北京分行。

《北京市金融年鉴》编辑委员会

《北京市金融年鉴》编辑部

编辑部主任：宋晓卿

责 任 编 辑：宋晓卿

金融管理部门组稿编辑：（以姓氏笔画为序）

云　璐　李　红　李　薇　李志东　许　莹
刘　琳　朱　睿　余　健　陈永波　武　逸
柳　宁　赵晓英　徐海勇　贾园春　程庚黎

各金融机构组稿编辑：（以姓氏笔画为序）

丁一伦　王　凯　王　蕊　王连顺　王维宁
王智超　户艺霏　卞艳艳　田　雪　冯继伟
包海清　申渝杰　孙　昊　李　利　李　莹
李　涌　李　聪　李文韬　李灵毓　李新明
任晓军　杨　婕　杨锐恒　陈悦喆　何　冰
吴泽慧　张　永　张　帆　张旭昇　张俊魁
张梦迪　金　晶　周　薇　周旭坤　郑海峰
赵唯辰　胡　松　段晓玲　袁　宁　袁　婕
倪　莹　耿　凯　党　章　秦　娜　徐　强
徐福军　高　婧　高亚雄　唐宗元　常　江
黄　利　黄晓磊　曾　欣　曾菲菲　程　林
程　序　程凯宁　韩　笑　董燕妍　雷宝福
黎　明

文 件 资 料：邓凯红

编辑说明

一、《北京市金融年鉴》（以下简称《年鉴》）是北京市金融行业年鉴，是全面反映北京市金融运行、发展情况的资料性工具书。本书由中国人民银行营业管理部牵头，北京银监局、北京证监局、北京保监局、北京市金融工作局，60多家银行业、证券业、保险业机构以及10余家协会、商会、学会共同参与编写，最后由《北京市金融年鉴》编辑部组织编纂，逐年出版。

二、本卷《年鉴》为总第26卷，主要记述的是2011年北京市金融业运行与发展情况、重大事件、活动及各金融机构贯彻执行国家金融政策，依法合规经营，防范和化解金融风险，改进金融服务，加强精神文明建设，支持首都经济增长目标的实现等方面所做的大量工作和面临的问题。

三、本卷《年鉴》收录的北京主要经济社会指标摘自《北京市统计年鉴》，金融统计资料由中国人民银行营业管理部、北京银监局、北京证监局、北京保监局提供。在使用中请注意统计口径的差别和适用范围。

四、本卷《年鉴》中各金融机构的排列顺序名次无高低之分。

五、本卷《年鉴》在编纂过程中得到北京市金融系统各单位的大力支持，在此表示衷心的感谢。

六、由于编纂水平有限，书中难免有缺陷和疏漏之处，诚请广大读者批评指正。

《北京市金融年鉴》编辑部

2012年9月

目　　录

一、形势综述

二、市场运行

三、发展与监管

四、服务与管理

五、机构业务综述

金融管理机构

金融机构

六、文件与规章

中国银行业监督管理委员会北京监管局

中国证券监督管理委员会北京监管局

中国保险监督管理委员会北京监管局

七、专题与调研

八、统计资料

（一）北京市主要经济社会指标

(二) 金融业务综合统计

（三）金融机构业务统计

（四）机构、人员统计

九、大事记

十、附　　录

（一）北京市金融机构名录

(二) 机构简介

(三) 协会、商会、学会活动简介

(四) 2011 年度北京市金融系统先进单位、先进个人名录

一、形势综述

关于北京市2011年国民经济和社会发展计划执行情况与2012年国民经济和社会发展计划草案的报告

——2012年1月12日在北京市第十三届人民代表大会第五次会议上

北京市发展和改革委员会

各位代表：

受市人民政府委托，现将北京市2011年国民经济和社会发展计划执行情况与2012年国民经济和社会发展计划草案的报告提请市第十三届人大第五次会议审议，并请市政协各位委员提出意见。

一、2011年国民经济和社会发展计划执行情况

在党中央、国务院和中共北京市委的坚强领导下，全市上下紧紧围绕主题主线要求，坚决贯彻落实中央决策部署和市第十三届人大第四次会议各项决议精神，坚定不移实施主动调控，着力调结构、促创新、控物价、惠民生，全市经济社会发展经受住了国内外复杂形势和本市主动调控的严峻考验，经济结构调整迈出坚实步伐，发展质量与效益不断提升，社会事业加快发展，惠民政策成效明显，年度重点任务和主要目标圆满完成，实现了“十二五”时期发展的良好开局。

（一）国民经济实现平稳协调发展

全面加强经济综合调控和调度，努力推动经济向内涵增长有序转变。经济运行的稳定性逐步增强。按照调结构、转方式的战略取向，主动加大产业结构调整和房市、车市调控，首钢主流程实现停产，住房市场向居住属性回归，新建普通住房成交均价同比下降11.3%，机动车保有量同比少增61.7万辆。在主动调控影响2个百分点的情况下，预计地区生产总值增长8%以上，实现了平稳协调发展。内需拉动更趋协调，预计实现社会消费品零售额和全社会固定资产投资分别增长10.8%左右和13%以上。制定实施本市价格调控方案，健全市区和部门价格联动机制，全面加强价格监督检查，居民消费价格涨幅收窄，价格过快上涨势头得到初步遏制。经济效益与质量不断提升。预计城镇居民人均可支配收入和农村居民人均纯收入实际分别增长7%以上和7.5%以上，地方公共财政预算收入增长27.7%。工业和服务业企业利润稳步增长。城镇登记失业率保持在1.39%的较低水平。在全国率先实行能耗强度和消费总量双控机制，单位地区生产总值能耗和四项主要污染物排放全面下降，空气质量二级和好于二级天数比重达到78.4%。

（二）经济结构调整迈出坚实步伐

需求结构持续改善。消费升级趋势明显，扣除汽车因素，社会消费品零售额增长20%以上，文化娱乐、健康休闲及网络购物等热点涌现，一批特色街区和品牌

消费区域加快形成。投资对改善民生、延伸消费、承载业态的带动作用增强，投向产业和实体领域的投资加快增长，政策性住房和写字楼投资快于商品住宅，民间投资增长15%左右。出口结构不断优化，“双自主”企业出口比重进一步提高。产业结构加快升级。设施农业、籽种农业、观光农业等都市型现代农业较快发展。制造业高端化、轻型化趋势明显，轻工业增长快于重工业，高技术制造业和现代制造业增长快于工业平均水平。生产性服务业发展势头良好，流通服务、信息服务、科技服务、商务服务实现较快增长，金融业稳定发展，动漫网游、影视制作、艺术品交易等文化创意产业表现活跃，数字出版、移动互联等新兴服务业加快成长。积极争取营业税改征增值税试点。中关村、金融街、CBD等六大高端产业功能区集聚优势明显，四个高端产业功能新区建设稳步推进。

（三）科技创新和文化创新扎实推进

科技创新活力不断释放。中关村国家自主创新示范区建设全面推进，“1+6”先行先试政策加快落地，《加快培育和发展战略性新兴产业实施意见》等一批政策意见加快实施，首批160个战略性新兴产业重大项目集中确定，50家市级工程研究中心和工程实验室通过认定。统筹100亿元政府资金支持科技创新、政府采购推广应用新技术新产品61.7亿元效果明显，涌现了一批创新成果，实现了一批重大项目就地转化，启动了应急管理物联网等重大科技应用示范工程，全市技术合同成交额1 890亿元，其中技术交易额1 268.3亿元，增长18.9%。重点区域加快培育，中关村科学城优质资源协同发展加速，未来科技城15家央企项目全面开工，南北产业带加快发展。首都文化大发展迎来新机遇。深入落实六中全会精神，研究制定《关于发挥文化中心作用加快建设中国特色社会主义先进文化之都的意见》。大山子艺术区、CBD国际传媒产业集聚区等重点文化功能区加快建设，中国评剧院等转企改制工作启动。国际创意产业博览会、世界漫画大会等一批重大文化活动成功举办。

（四）城市运行保障能力不断提升

基础设施供给和运行效率不断提高。交通拥堵治理取得阶段性成效，中心城交通拥堵状况有所缓解，公交出行比例提高2个百分点，达到42%。轨道交通建设全面提速，8号线二期等3条（段）线路顺利开通，运营里程达到372公里，9条在建线路加快推进。京沪高铁开通运营。47条中心城微循环工程启动实施。供水安全得到保障，出台进一步加强水务改革发展的意见，成立南水北调工程投资中心，全面启动实施南水北调市内配套工程，卢沟桥、昌平百善等再生水厂及引温入潮二期工程基本建成，全市再生水利用率达到60%，建设改造供排水管网440公里。东南热电中心竣工投产，三河一期热力管线建成输热，新城30个集中供热中心基本建成。怀密天然气干线全线贯通。生态建设和环境治理取得新成效。大尺度城市绿色空间建设有序进行，继南海子公园（一期）、通州新城滨河森林公园建成后，大兴、延庆、昌平、密云等新城3万多亩滨河森林公园相继开放，京津风沙源治理、重点通道绿化、废弃矿山植被恢复加快推进，完成人工造林12.5万亩、封山育林40万亩，全市林木绿化率达到54%。永定河、北运河、潮白河流域综合治理全面展开，永定河四湖建成开放，启动实施野鸭湖、汉石桥、长沟等湿地恢复工程300公顷以上。首钢主流程全面停产，淘汰更新老旧机动车22.4万辆。垃圾分类和资源化取得成效，生活垃圾保持负增长，鲁家山垃圾焚烧发电项目主体厂房完工，高安屯餐厨垃圾处理厂二期建成。能源与生活必需品两条城市生命线运行平稳。在全国能源运行紧平衡情况下，首都能源运行安全得到保障。出台促进生猪生产工作方案，新增基本菜田5.5万亩，增加4万亩外埠蔬菜供应基地，实施大型农产品批发市场和部分农贸市场蔬菜进场费减免政策，推进农超、农餐、农校、场店对接，增加成品粮油储备，多措并举保障生活必需品市场供应和价格基本平稳。

（五）城乡区域一体化发展步伐加快

四类功能区差异化特色化发展趋势明显。首都功能核心区南北融合互补效应显现，文化、金融、商贸等特色产业和总部集聚功能明显。城市功能拓展区吸引国际资源、承载高端要素的能力进一步提高。城市发展新区基础设施及公共服务设施加快建设，服务功能不断改善，产业要素加快流入。生态涵养发展区生态功能和绿色产业发展优势显现。薄弱地区发展基础得到加强。城南行动按计划加快推进，社会投资开始跟进，基础设施、公共服务、生态环境和产业发展基础不断改善。西部地区转型发展扎实起步，新首钢高端产业综合服务区开发加快启动，石景山国家服务业综合改革试点稳步推进，北京服务·新首钢股权投资基金开始发挥作用。城乡结合部50个重点村整治任务扎实推进，两年任务基本完成，就业转移、农民安置房和社区化建设稳步推进。重点新城、小城镇和新农村加快发展。《加快推进通州现代化国际新城建设行动计划》发布实施。郊区新城基础设施和公共服务设施建设全面加快，生态涵养发展区新城主力水厂建设优先启动。设立小城镇发展基金，推进小城镇特色化发展。探索城镇化新模式，吸引央企参与小城镇开发，密云古北水镇和华润希望小镇加快推进。启动新型农村社区建设，继续实施“三起来”工程，大力发展沟域经济，四季花海、白河湾等重点沟域发展初见成效。村级集体经济产权制度改革完成83.5%，林地确权率达到97.7%。同时，区域合作向纵深推进，推动首都经济圈发展研究工作全面启动，对口援建和田、拉萨、玉树取得新成绩。

（六）社会发展和惠民政策效果明显

就业形势保持稳定。实施城乡统一就业登记制度，帮助12.2万名就业困难人员实现就业，8.2万农村劳动力实现转移就业，基本完成首钢停产职工分流安置。社会保障扩面提标稳步推进。将农村户籍职工、在京就业外国人纳入职工基本养老保险范围，将领取失业保险金人员纳入基本医疗保险，工伤保险覆盖全部职业人群，各项社会保险参保人数平均增长9.5%。两次调整城乡低保、城乡居民基础养老金等保障标准，提高企业退休人员基本养老金水平并发放一次性生活补贴，惠及310多万人。公共服务显著加强。深入落实医改方案，推进公立医院改革试点。实行双休日门诊和预约挂号，推进家庭医生式服务。提高高龄老年人医疗福利保障待遇，出台医疗保险转移接续办法。支持重大公共医疗设施和区域医疗中心建设，推动医疗卫生资源均衡配置。落实中长期教育改革规划，基本完成中小学校舍安全工程，实施学前教育三年行动计划。出台加强和创新社会管理全面推进社会建设意见和全国首个省级社会建设五年规划，社区基本公共服务全覆盖试点工作成效明显，枢纽型社会组织服务管理体系基本形成。惠民政策取得实效。出台促进居民收入增长意见。提高最低工资标准，扩大企业工资集体协商范围，引导普通职工工资收入稳定增长。健全低收入群体生活保障与价格上涨联动机制，两次发放一次性临时生活补贴，惠及21万多人。加快保障性住房建设，开工23万套，竣工10万套，配租配售步伐加快。推进老旧热网和配电设施改造及送气下乡等能源安居工程，惠及80万户城乡居民。开展重点地区环境整治，严厉打击非法违法生产经营建设行为，加强食品药品和生产安全管理，维护社会和谐稳定。

总体上讲，在外需不振与内需走弱相互交织、国家宏观调控与本市主动调控效应叠加、经济增速放缓与价格高位运行并存的情况下，全市经济社会保持平稳健康发展，成绩来之不易。但同时，一些潜在风险和矛盾应引起高度重视。一是价格持续高位运行。二是支撑可持续发展的新战略增长点亟待扎实培育。三是企业特别是小微企业经营环境趋紧。此外，城市人口资源环境矛盾日益突出，特大型城市运行管理压力不断加大，房地产市场稳定健康运行等问题也须高度关注。

二、2012年经济社会发展计划初步安排

2012年是党的十八大召开之年，是“十二五”规划全面实施之年，也是本市结构调整、科技创新和文化创新持续深化之年，安排好全市经济社会发展计划至关重要。

（一）发展环境更加复杂

2012年经济运行的不确定性和不稳定性值得高度关注。

一方面，要牢牢把握调整机遇，提升发展层级。（1）国家实施积极的财政政策和稳健的货币政策，加大结构性减税和信贷的定向支持力度，以及营业税改征增值税试点，有利于本市企业发挥总部服务、技术研发和高端制造优势，促进服务型经济和创新型企业发展，增强市场活力。（2）科技创新深入实施，文化大发展迎来新的重大机遇，政策和资金统筹力度不断加大，首都资源优势加速释放，为发展注入新的动力。（3）两城两带、六高四新等高端产业功能区集聚优势不断显现，城南、西部及重点新城发展势能不断积累，一批重大产业项目陆续投产，成为带动首都发展的新引擎。（4）本市主动调控减速影响有所消化，结构优化的积极效应不断积累，有助于增强发展的稳定性。

另一方面，要高度关注可能出现的困难和挑战。（1）拉动经济增长的内外部需求动力同时有所放缓，对经济稳定增长的影响值得关注。（2）国外与国内、上游与下游、生产与服务、分支与总部、房地产与土地市场、结构调整与经济回调、成本推动与价格总水平等领域间的传导及交互影响不断加深，对本市经济发展的当期影响和滞后效应值得关注。（3）在运行条件总体偏紧、外部约束仍在强化、资源约束刚性增强的情况下，企业生产经营面临较大压力，对既要支撑当期稳定增长、又要立足长远培育战略增长点、提升持续竞争力，需要付出更加艰苦的努力。（4）重大活动举办对城市运行管理和社会维稳提出了更高要求，对各项工作节奏、力度的把握值得关注。

(二) 发展计划安排的总体思路

2012 年经济社会发展计划安排的总体思路是：更加突出科学发展和加快转变发展方式的引领作用，坚定不移地实施“三个北京”发展战略，弘扬“北京精神”，突出把握好“稳中求进”的工作总基调，着力调整结构和培育新增长点，着力强化科技和文化创新“双轮驱动”，着力塑造城市品牌和提升城市服务功能，着力保障和改善民生，确保首都经济社会平稳健康发展，以科学发展的新成绩迎接党的十八大胜利召开。

在计划安排上要突出把握好“稳中求进”的工作总基调。“稳”是基础，“进”是提升方向，“转”是根本途径和重要抓手。要在“稳”的基础上，多层次、全方位统筹求“进”。一是要在产业结构调整升级上求“进”。聚焦高端产业和产业高端环节，将政策、资金、人才向优势领域倾斜，大力促进实体经济发展，打造一批优势产业板块，形成一批新的战略增长点。二是要在创新和改革开放上求“进”。围绕重点领域和关键环节，加快政策、体制、机制等制度安排，努力在科技和文化创新双轮驱动上求实效，扩大对内对外开放，增强发展活力。三是要在重点区域发展上求“进”。着眼于城乡区域一体化发展，突出抓好新城、高端产业功能区和薄弱地区建设和提升，引进高端要素资源，强化人才、技术支撑，持续推进重大项目和政策落地，早见成效。四是要在城市功能提升和服务管理上求“进”。把握特大型城市发展演进规律，立足新阶段新特征新需求，把经济发展与城市功能更好地协调起来，把当期目标与长远目标更好地结合起来，不断增强服务功能，提升城市发展水平。五是要在保障和改善民生上求“进”。以便民亲民惠民为宗旨，全面提升基本公共服务供给，加强和创新社会管理，集中解决紧迫性问题，切实办成一些让人民群众看得见、得实惠的好事实事。

(三) 2012 年经济社会发展主要目标初步安排

——地区生产总值增长 8% 左右。

——城镇居民人均可支配收入和农村居民人均纯收入实际增长 7% 左右。

——居民消费价格指数控制在 104% 左右。

——城镇登记失业率控制在 2% 左右。

——地方公共财政预算收入增长 10%，预算支出增长 14.1%。

——单位地区生产总值能耗下降 2.5%，单位地区生产总值二氧化碳排放量下降 3%，单位地区生产总值水耗下降 3%。

——市区空气质量二级和好于二级天数占比达到 76% 以上，空气主要污染物浓度均下降 2%。

三、实现 2012 年经济社会发展计划的主要措施

针对复杂严峻的外部形势，突出把握好支撑当期平稳发展和推动长远可持续发展的关系，围绕全年目标任务，坚持早预判、早安排、早落实，突出工作重点和工作实效，有序实施“十二五”规划，切实将调结构转方式的长远目标落实到年度任务中。

(一) 更加注重调结构转方式，培育新的战略增长点

突出各类优质资源的统筹利用，聚焦重点，稳中求进，更加注重在调结构转方式中培育战略增长点和持久竞争力。

充分发挥优质要素资源在培育新增长点中的战略作用。从对接需求和发挥功能入手，制定有针对性的政策，统筹吸引和服务调动好各类优质要素资源。（1）更加重视发挥好央企对首都经济发展和城市发展的关联带动作用，坚持加强服务和主动引导相结合，促进央企在更宽领域参与城市建设、区域开发和产业发展，在支持和服务其发展中实现自身更高水平的发展。（2）更加重视引进和利用境外资源，把积极有效吸引外资深度参与本市产业升级、业态创新、管理提升作为调结构转方式的有效途径，消化吸收国际先进技术和管理经验，提升发展能力。（3）更加重视对民企民资的开放，在竞争性和非公益性领域树立民资优先理念，在准公益性和纯公益性领域通过特许经营、购买服务等多种方式积极引入民间资本，为优势产业培育增添活力。（4）更加重视用好市属国有企业资源，大力推进国有资本的有序进退，加大上市力度和经营性资产证券化步伐，加大与社会优势资源的重组力度。

把科技创新作为培育新增长点的重要动力。全力抓好中关村国家自主创新示范区建设，着力提升原始创新能力，增强集成创新和引进消化吸引再创新能力，以科技进步和创新促进经济内涵发展。（1）切实增强政府创新政策效果。深化细化中关村各项先行先试政策，用好100亿元产业统筹资金和60亿元政府采购资金，切实聚焦重点产业和重点项目，强化知识产权保护，促进重大创新成果就地转化。继续推动建立统一监管下的全国场外交易市场。（2）落实企业创新主体地位。坚持政府性科技经费向企业倾斜，创新要素向企业集聚，创新服务平台和重大科技专项向企业开放。抓好国家重大科技基础设施和国家科技重大专项建设，加快推进一批以企业为主体的工程中心和实验室。完善和落实促进小微企业发展的财税金融扶持政策，针对中小企业现实需求，切实优化发展环境，重点支持科技型中小企业、非公经济发展壮大。（3）培育壮大战略性新兴产业。以重大项目建设带动产业链上下游完善，推动形成上下游相互促进的发展格局。重点支持企业在物联网、云计算、4G等战略性新兴产业集中研发，推出一批关键技术和成果，培育一批有核心技术、有竞争力的高技术企业。

把文化创新作为培育新增长点的重要抓手。扎实落实发挥文化中心作用、加快建设社会主义先进文化之都的意见，系统推进九项重点工程，促进文化繁荣发展。（1）搭建文化创新服务平台。统筹政府资金100亿元，支持文化创新和重大文化项目。组建国有文化资产监督管理机构。促进军地科技、文化融合发展。（2）繁荣活跃文化创意产业。研究制定进一步促进文化创意产业发展的政策，吸引社会力量进入文化创作、制作和交易等领域，推进文化与科技、旅游等融合发展。整合资源，集中支持多种所有制文化企业发展，打造上市公司北京文化板块。加快发展数字出版、网络电视、移动多媒体、设计创意、艺术品交易等新兴文化产业。（3）提升文化集聚区和功能区水平。研究制定文化创意产业集聚区发展促进政策，在突出特色、抓好现有产业集聚区规模化发展的同时，集中力量打造首都核心演艺区、CBD国际现代传媒、国家广告产业园、国家音乐产业基地等文化功能区。（4）大力发展文化金融。支持社会资本设立各类文化创意产业投资基金、担保公司、小额贷款公司。积极推进中国文化产权交易所等要素市场建设。（5）扩大文化产品和服务输出。重点办好北京音乐节、中国广告节、“相约北京”等重大品牌文化活动，培育具有国际影响力的文化企业和品牌。

更加注重在结构调整中培育新的增长点。（1）突出增强结构调整的实效。充分发挥民营资本对结构调整的促进作用，抓住技术改造和兼并重组两个重要环节，坚持存量支撑与增量引领并重，进一步做大金融、批发零售、信息服务、科技服务、商务服务、旅游等支柱产业，做强电子信息、装备制造、汽车等优势制造业。适应新阶段新需求，促进教育培训、健康医疗、电子商务、养老等新兴服务业发展。高水平办好中国国际服务贸易交易会。（2）立足长远和自身优势，加快形成一批产业链上下游协同发展的优势产业板块。研究整合地铁车辆、中低速磁悬浮、地铁通信信号系统等优势资源，整体打造地铁产业板块；以离子注入机、离子刻蚀机、气相沉淀等为核心，完善集成电路装备板块；加快新华08工程建设，努力打造具有全国影响力的金融资讯产业板块；以现代三工厂、奔驰发动机、长安汽车、新能源汽车、汽车零部件等项目为增量，做强汽车产业板块；以生物医药产业基地、中关村生命科学园和创新药物孵化基地为重点，打造生物医药产业板块；完善空港保税物流园功能，加快中航产业园、北京通用航空产业基地、中关村航天科技园建设，培育航空航天产业板块；整合旅游资源，提升旅游产品和服务供给，促进旅游与文化、商务等融合发展，推动设立世界旅游城市联合会，打造提升旅游产业板块。（3）打造一批优势区域板块。扎实推进中关村扩区、金融街扩区、CBD核心区开发、奥林匹克中心区博物馆群等建设，不断增强六大高端产业功能区的引领和支撑作用。抓好通州高端商务服务、新首钢高端产业综合服务、丽泽金融商务、怀柔文化科技四大高端产业新区规划发展，加强项目引进和落地，积蓄发展潜力。加快推进中关村科学城、未来科技城重大项目落地，促进南北产业带协同发展，推进昌平TBD、中科院科教产业园、数字电视产业园、中国云产业园、软件园二期、高端制造业窦店基地、石化新材料基地等一批特色园区建设。

（二）强化消费与投资需求协调拉动，增强经济发展动力

把扩大内需作为稳中求进的战略基点，把优化需求结构与支持自主创新、推动结构升级、完善城市功能结合起来，促进投资与消费联动，增强发展的持久动力。

着力扩大消费需求。坚持扩大消费规模与升级消费结构并重，着力构建多层次、多热点支撑的消费格局。（1）增强消费支撑。研究制定促进消费持续增长的长期政策。合理增加城乡居民特别是中低收入群众收入，努力提高居民消费能力。鼓励连锁企业和品牌企业进社区进郊区，举办形式多样的促销活动，扩大便民消费。加大对网上购物、网络娱乐等新兴消费的政策支持，扩大网络消费。加快推进国际旅游中心城市建设，优化旅游市场环境，丰富旅游产品和服务供给，扩大外来消费。鼓励老旧机动车更新淘汰，推广新能源汽车使用，升级汽车消费。加快保障房入市步伐，带动家居、家电、装饰等相关消费。办好世界零售业大会以及其他大型国际活动，培育会展消费。（2）升级消费结构。充分发挥本市市场容量大、消

费示范作用强、供给资源丰富的独特优势，坚持供给和需求双向优化，促进消费方式转变。大力引进和培育消费品牌、商业元素和新兴业态等优势资源，扩大旅游休闲、医疗康体、养老教育等领域向民间资本开放，鼓励多种所有制消费供给主体发展，提升消费供给水平。积极培育与市民追求高品质生活相适应的旅游休闲、文化娱乐、教育培训、健康医疗等服务型消费和发展型消费，研究实施促进节能、节水、环保产品消费的政策，不断壮大时尚、品牌消费和绿色消费。（3）优化消费布局。鼓励探索优质社会资源系统参与特色消费街区建设和改造升级，构建集旅游文化商业于一体的特色消费区域。积极支持品牌企业和优质资源向新城和城南布局，打造新兴消费区域。推进电子商务示范城市建设，培育电子商务集聚区。(4) 改善消费环境。加强城乡流通体系建设，畅通渠道、提高效率、降低成本。推广刷卡无障碍工程，扩大消费信贷。强化市场监管和服务，促进居民放心消费、安全消费。

不断优化投资支撑。坚持优化结构与提高质量效益并重，坚持稳定投资与创新融资并重，坚持保重点、保续建、保竣工，优化投资支撑。（1）着力优化投资结构。加强政府投资管理，积极引导社会资金投向，进一步聚焦发展重点，优先保障高端产业功能区、城南、西部、新城、重点镇等重点区域以及科技文化、高端制造、现代服务等产业领域的投资需求，优先保障重大产业项目、重大民生项目、重点区域开发的竣工收尾，优先保障能够带动消费、保障民生、关系长远战略、解决城市主要矛盾等领域的投资需求。(2) 积极扩大社会投资。全面落实鼓励引导民间投资健康发展实施意见，在轨道交通、路网建设、养老、医疗等基础设施和公共服务领域，研究具体政策，全面鼓励和吸引民间资本进入，引导社会资本参与投资重大项目和重点在建项目。坚定不移地抓好房地产调控，增加保障性住房和普通商品住房供给，推进综合商务楼宇建设。强化土地源头管理，严控土地储备开发规模和成本，重点抓好在施储备项目收尾。（3）高度重视融资创新。加强投资项目融资模式和资金平衡方案的研究储备。用好用活平台资金，促进符合国家规范要求的市区两级平台规范发展，在基础设施、公用事业领域积极探索现有平台整合，推动区县平台整合提升。发挥基金引导放大作用，支持设立新城建设、文化创新、北京服务、北京创造等系列基金。积极探索和推动保险资金、社保资金在城市重大基础设施建设上的应用。争取地方政府债试点，支持发行企业债。发挥好担保、再担保资金功能，支持金融机构对中小企业扩大融资。搭建上市公司与本市中小微企业的对接平台，更好地利用资本市场加快发展。（4）努力提高投资质量和效益。强化政府资金约束和成本控制，努力控制政府投资成本。积极扩大实物量投资，促进已开工项目的竣工投产，推动投资早出成效。

（三）坚持城市建设与管理并重，提升完善城市服务功能

适应新发展阶段要求，把破解难题和提升功能作为城市发展的主要着力点，在城市建设管理和服务上取得新提升。

持续推进中心城交通拥堵治理。统筹供给与需求、建设与管理，系统谋划和治理交通拥堵问题。全面落实缓解市区交通拥堵第九阶段工作方案。实施80项疏堵

工程，打通道路微循环45公里。重点加快中心城区轨道交通线网建设，力争分段开通4条线，新增通车里程76公里。继续实施既有轨道交通线路扩能提升工程。优化地面公交线网，扩大施划公交专用道范围，开通阜石路快速公交，建成四惠综合交通枢纽，开工建设苹果园综合交通枢纽，推进公交场站建设。推进京良路、广渠路、万寿路南延等骨干道路建设。系统研究停车设施建设运营管理等体制机制，鼓励民间资本投资停车设施建设。提升交通运行指挥和管理信息系统。积极推进北京新机场一期项目，建成京包高速北段，加快建设国道110二期。

提升水资源和能源供给保障能力。加快南水北调配套工程建设，建成南干渠和大宁调蓄水库，全面开工建设东干渠、团城湖调节池和郭公庄水厂。加快污水处理厂升级改造，建成清河扩建、北小河、吴家村再生水厂，开工建设高碑店、小红门再生水厂，中心城区新增高品质再生水生产能力55万立方米/日。围绕立交桥积水治理，建成一批雨洪利用工程。完成500公里供排水管网改造。坚持“量水发展”理念，实行最严格的水资源管理制度，提高全社会节水意识和水资源利用效率。全面开工四大热电中心及配套管线建设，建成西南热电中心。力争开工天然气陕京四线，启动大唐煤制气北京段建设，推进唐山LNG（液化天然气）工程，完成西六环路南、北段等城市主干燃气管线工程。统筹推进重点产业功能区能源系统建设。全面加强能源需求侧管理，提升能源运行调节水平。

切实加强城市服务管理。针对城市运行管理中出现的新矛盾新问题，系统研究长效机制建设，着力通过政策优化和创新推动矛盾解决。全面开展城乡环境整治专项行动，加大违法建设查处力度，做好进京通道、主要大街、街巷胡同、校园周边等重点地区环境整治，提升首都城市环境品质。健全重大项目建设和重大政策制定的社会稳定风险评估机制。完善人口综合调控机制，落实已出台的各项人口服务管理政策，研究推进居住证制度的相关准备工作。积极应对老龄化挑战。加强物联网、云计算等现代信息技术在城市运行管理领域应用，着眼于解决关系市民日常生活的停车、环境、社区服务等问题，从细节入手，提升精细化管理水平。切实贯彻加强和创新社会管理全面推进社会建设的意见，推进城市管理重心下移，完善基层社会管理和服务体系，培育基层社区组织，有效调动社会力量参与城市管理的积极性。加快“一刻钟社区服务圈”建设，推进村庄社区化管理。

（四）加大城乡与区域统筹力度，促进城乡一体化发展

坚持区域差异化发展，推进形成整体功能优化、主体功能突出、人口资源环境相协调的区域发展新格局。

持续推进城市形态和功能完善。深化区域功能定位，突出主体功能，促进四类功能区差异化、特色化发展。重点疏解中心城功能和人口，充分挖掘古都文化内涵，坚持“文”、“物”并重，提升历史文化名城整体保护水平，加快对接安置房建设，严格控制旧城内大型公建、住宅开发等项目，将更多的医疗、教育等优质公共服务资源向新城转移。全面提升新城基础设施、公共服务和产业发展水平。落实通州新城行动计划，启动通州新城核心区基础设施建设。合理配置新城公共服务资源，完善基础设施条件，加快新城医疗、

文化、体育中心等建设，建成一批高速公路联络线，启动一批发展新区新城供水厂建设。研究制定加快重点小城镇发展意见，发挥小城镇基金的带动作用，推进古北水镇、长沟和潭柘寺旅游休闲镇等特色小城镇建设。制定促进央企与重点小城镇合作意见，吸引社会资源参与小城镇开发。扎实推进新农村建设，引导社会力量参与新型农村社区建设。继续推进“三起来”工程，落实城乡统筹的农村基础设施管护机制。大力发展观光农业、设施农业，加快国家现代农业科技城、农业生态谷建设，办好世界草莓大会和国际食用菌大会。高质量推进四季花海、雾灵香谷、白河湾等特色沟域发展。

推动薄弱地区转型发展。全面完成城南行动三年计划，建成一批基础设施和公共服务项目，打造一批有活力、有潜力的产业功能区。加紧研究编制后续行动计划。制定落实西部地区转型发展年度计划，加快“一核两区三带”建设，加紧培育替代产业，实施动漫游戏城、中国绿能港等重大产业项目，推进S1线、长安街西延、京昆高速（京石二高速）等重大交通建设，建成园博湖和园博园湿地，全面治理永定河城市核心段，推进关停矿山生态修复等重点生态工程，确保采空棚户区三年任务目标按计划完成。创新建设、融资和管理模式，更加注重延伸城市管理和服务，加快推进50个重点村建设，打造城乡一体化示范区。

（五）狠抓生态建设与节能减排，提升绿色发展水平

坚持生态惠民理念，以生态环境和节能减排为抓手，落实绿色北京行动计划，提升资源节约型和环境友好型社会发展水平。

全面提升城市生态水平。（1）集中力量推进大尺度森林绿地建设。力争新增造林绿化面积20万亩，基本建成11座新城滨河森林公园，改造提升西部浅山区和山前现状森林公园，启动南中轴等森林公园建设，推动主要道路生态绿廊建设。继续实施荒山造林和封山育林，全面完成京津风沙源一期工程。新建10处城市休闲绿地，利用二道绿隔启动百公里环城健康绿带建设，为市民提供更多高品质的绿色活动空间。加快延庆绿色北京示范区建设。（2）深入推进大气污染防治。落实好清洁空气行动计划，加强对PM2.5和臭氧等重点污染物的防治。加快推进五环路内供热清洁能源改造工程。淘汰老旧机动车15万辆，力争推行机动车新车国V排放标准及配套油品标准，严格除尘、脱硫、脱硝等监督管理，抓好扬尘污染治理，积极争取国家建立首都圈周边的生态联动机制，确保大气质量持续改善。(3) 加大水环境治理力度。继续治理永定河、北运河、潮白河，加快马草河、丰草河等中小河道治理。（4）提高科学处理垃圾能力。有效推进垃圾分类及资源化，基本实现餐厨垃圾分类收集和资源化处理，实现全市50%以上的小区垃圾分类达标。新建300个规范化再生资源回收点。加快推进一批生活垃圾、餐厨垃圾处理设施和建筑垃圾资源化集中处置项目建设，建成鲁家山垃圾焚烧发电项目。

大力推进内涵促降。坚决将节能减排工作重心从“以退促降”转向“内涵促降”。(1) 充分利用新技术推动节能。发挥节能低碳创新服务平台作用，积极推广清洁煤等成熟减排技术。积极有序发展新能源，推进太阳能、地热能等可再生能源建筑一体化工程，推广阳光校园、沼气联

供、垃圾填埋气发电应用。支持电动汽车在公交、环卫、物流等领域的应用。推广二级及以上能效产品，实施淘汰白炽灯行动计划。（2）充分发挥市场机制作用。全面推广合同能源管理，推动节能量、排污权、碳排放权交易试点。研究完善污水、污泥处理、生活垃圾、建筑垃圾处理市场化机制，在新建建筑全面推广热计量器具。（3）突出抓好重点领域节能减排。大力发展绿色建筑，抓好既有建筑节能改造，新建居住建筑严格实行75%的节能设计标准。实施百家企业节能低碳行动，继续推进“三高”企业退出，实施一批工业、交通场站、重点用能大户节能改造工程。落实节能减排全民行动计划，引导全社会参与节能减排。（4）加强市区两级能耗强度和能源消费总量双目标考核，能源消费总量力争控制在7 400万吨标准煤左右。提高产业准入门槛，完善能评、环评和能源审计机制，加强计量、统计、标准、监测、监察“五位一体”节能基础能力建设。

（六）加强社会建设与民生保障，确保政策惠民取得新成效

按照总量保需求、结构促均衡、整体上水平的思路，优化公共服务配置，统筹社会政策，加快社会建设，切实增强惠民实效。

积极做好就业和社会保障工作。进一步完善城乡统一的就业失业管理制度。加大城乡就业培训和公益性就业岗位开发，促进登记失业人员实现再就业，帮助农村劳动力转移就业，城镇登记失业率控制在2%左右。完善城乡居民养老保险制度，提高统筹层次。深化基本医疗保险制度改革，提高城镇居民医疗保险待遇，建立个人负担过重群体医疗费用二次报销机制。研究建立公务员工伤保险制度。完善社保标准与价格联动机制，合理提高最低工资、低保、养老、失业等社会救助和保障待遇标准。

切实提升公共服务水平。（1）保障基本公共服务需求。落实学前教育三年行动计划，新建和改扩建50所公办幼儿园，积极推进中小学建设三年行动计划和市属高校三年建设规划，实施职业教育改革试点和高等教育质量工程和创新工程，利用校园网、数字多媒体等现代信息技术，推进优质教育资源均等化。提高疾病预防控制和应急救援能力，积极发展精神卫生防治和心理咨询辅导服务，全面改善医疗服务。加快建设一批公立养老机构，继续支持民办养老机构发展。（2）优化公共资源布局。创新名校办分校模式，试点推进一校多园，充分利用信息化技术，加快优质教育资源共享。加快中心城优质医疗资源疏解，实施天坛医院迁建、同仁医院经济技术开发区院区扩建和北大第一医院南区建设。提升新城、大型居住区公共服务水平，十个区域医疗中心主体全部建成。城南养老院、市老年社区二期等市级大型公益性养老设施开工建设。加快提升社区公共服务资源综合利用水平，进一步推进学校体育设施对公众开放。（3）推进公共服务供给多元化。研究破除社会资本进入公共服务领域的体制障碍，鼓励其提供学前教育、基本养老、医疗康体等公共服务，建立健全政府购买服务机制，满足多层次的公共服务需求。

扎实做好各项惠民工作。（1）建立健全增加城乡居民收入的长效机制，推广工资集体协商，建立企业职工特别是一线职工工资的正常增长机制。完善机关事业单位工资制度。继续研究促进农民增收的

政策意见。贯彻落实中央扶贫开发工作会议精神，结合首都实际，做好相关低收入群体帮扶开发工作。（2）深入实施文化惠民工程。按照便民亲民可及的原则，系统规划、分步实施42个重点小城镇亲民性文体设施和城区市民文化休闲中心建设。继续实施数字高清和信息基础设施提升工程。支持文化内容创新，鼓励创作群众喜闻乐见的文化产品。（3）全力保障生活必需品市场供应和价格稳定。继续实施“菜篮子”工程，新增基本菜田3万亩，发展设施农业2.5万亩，新增外埠蔬菜基地4万亩。发挥大型骨干企业的市场供应保障作用，提升资源调配能力，加快启动东南农产品物流园规划建设，加强零售终端改造，保障市场供应，控制流通成本。（4）全面加强价格调控。切实强化区县属地管理责任，加大市场监管力度，用好价格调节资金，突出抓好农产品和房租等重点领域价格调控，保持价格总水平基本稳定。（5）继续推进保障性住房建设。本着摸清底数、分类指导、分配公平、完善机制的要求，建设收购保障性住房16万套、竣工7万套，完善建设、分配、管理、退出等制度和办法。启动全市现有882栋简易楼改造，实施1 500万平方米老旧小区房屋综合改造。继续推进10万户农宅抗震节能改造等一批惠民工程。同时，狠抓标准制定和市场监管等关键环节，加快完善食品和药品供给和保障体系，强化安全管理。

（七）扎实推进重点领域改革与对外开放，释放发展活力

抓住重点领域和关键环节，在体制机制创新上取得新突破，扩大对内对外开放，以改革开放加快发展方式转变。

抓好重点领域改革。（1）加快医疗卫生体制改革。制定实施本市2012～2015年深化医药卫生体制改革规划。推进市级公立医院试点建立现代管理制度。完善医疗机构层级管理体系，逐步实现预防治疗康复护理一体化。完善转诊预约制度，推进社区首诊、医师多点执业、按病种付费等改革，完善基本药物采购和财政补偿机制。出台鼓励引导社会资本举办医疗机构的指导意见，加快形成多元办医格局。（2）深化产业领域重点改革。加强政策宣传，积极争取并组织实施好营业税改征增值税试点。落实好石景山国家服务业改革及中关村现代服务业改革试点。深入推进市属国有企业战略重组和经营性资产证券化。积极贯彻落实好国家一系列财税体制改革措施。（3）深化行政管理体制改革。精简优化政府投资审批流程，清理、减少和调整社会事业领域审批事项，积极探索大兴区市级行政审批权限下放试点工作。加快政务服务中心建设。（4）稳妥推进资源环境价格改革。对国家可能出台的能源价格调整项目，扎实做好本市配套落实方案。适时推进垃圾收费等资源环境价格改革。（5）深化农村改革。基本完成村级集体产权制度改革，完善林权制度改革配套政策。推进城乡社会保障、运行管理对接。研究探索农村集体建设用地集约使用的制度创新。（6）加快事业单位改革，落实分类推进事业单位改革指导意见及配套政策。

积极扩大对内对外开放。积极推动国家层面深化研究制定新时期促进首都经济圈建设的政策意见。充分发挥首都金融、产业、技术、管理等资源优势，增强对周边区域的辐射带动能力。高标准做好拉萨、和田等地区对口支援工作，持续扩大与港、澳及国内其他省市的深度合作。有

针对性完善各项招商引资政策，更加注重吸引跨国公司、地区总部、民营总部等高端要素资源，进一步提高本市利用外资和内资的规模和水平。积极推进“走出去”战略，在资本、技术、产品和服务等方面积极参与全球竞争，开拓国际市场。发挥首都货物和服务集散功能，进一步优化贸易结构，扩大贸易规模。

各位代表：2012 年任务艰巨而繁重，我们要坚决贯彻落实中央的各项决策部署，在中共北京市委领导下，在市人大的监督支持下，深入贯彻落实科学发展观，开拓进取，狠抓落实，为实现新时期首都经济社会又好又快发展作出新的贡献！

北京市货币信贷政策执行情况

2011年，北京市货币信贷运行总体平稳，有力地支持了首都经济“调结构、转方式”。截至年末，辖内金融机构（含外资，下同）本外币各项存款余额75 001.9亿元，按可比口径计算同比增长12.9%，比上年末回落4个百分点。本外币各项贷款余额39 660.5亿元，按可比口径计算同比增长9.3%，比上年末回落8.2个百分点。

北京市存款增长总体趋缓，人民币存款增速明显回落，定期存款占比先升后降；受人民币升值预期减弱影响，外汇存款增速提高，但余额仍维持较低水平。截至年末，人民币各项存款余额72 655.4亿元，按可比口径计算同比增长13.1%，比上年回落5.7个百分点；比年初增加8 427亿元，同比少增1 796.5亿元。受人民币升值预期减弱影响，外汇存款呈现一定恢复性增长，年末同比增速达到14.8%，但从绝对额来看，年末外汇存款余额仍低于2009年及2010年年初水平。

北京市贷款增长总体平稳，信贷结构调整契合首都产业结构调整和发展方式转变。截至年末，辖内金融机构人民币各项贷款余额33 367亿元，按可比口径计算同比增长14.2%，比上年末回落2.1个百分点；外汇贷款余额998.8亿美元，按可比口径计算同比下降4.4%。信贷投向结构进一步优化，支持实体经济效率提升。年末北京市文化创意产业贷款同比增长84.7%，中资银行高新技术企业贷款同比增长56.1%，现代制造业人民币贷款同比增长31.9%。小微企业贷款高速增长，年末小型企业人民币贷款余额2 986.2亿元，同比增长44.7%；以微型企业主和个体工商户为服务对象的个人经营性贷款余额875.2亿元，同比增长65.6%。

2011年，在中国人民银行（以下简称总行）指导下，中国人民银行营业管理部（以下简称人行营业管理部）结合北京市经济发展思路，积极促进信贷政策与产业政策协调配合，着重建立既符合总行要求，又契合首都经济社会发展需要的工作机制，大力支持首都经济增长方式转变。

一、贯彻落实稳健的货币政策，促进货币信贷运行向常态回归

一是贯彻落实稳健货币政策，引导辖内金融机构信贷投放总量适度、节奏平稳、结构优化。制订《关于用好差别准备金动态调整工具加强货币信贷调控的工作方案》，成立地方法人金融机构信贷调控工作组，建立地方法人金融机构信贷投放预估制度，运用差别准备金动态调整公式，测算地方法人金融机构2011年合意贷款和差别存款准备金率，通过召开工作会议、约见会谈、上门指导、电话联系等多种方式，引导地方法人金融机构主动贯彻落实稳健货币政策工作要求。

二是开展调查研究，着力分析经济金融运行中的热点难点问题，服务总行决策。围绕热点、难点问题开展形势分析，采取调研走访、会议座谈、小组讨论等多种方法，确保形势分析准确反映经济金融运行特点。组织完成《2010年中国区域金融运行报告——北京分报告》撰写工作。按季度对北京市经济金融运行情况进行分析、评估和预测。结合北京区域特色，开展总部企业景气状况和房地产企业经营状况问卷调查，扩大样本范围，提高分析的全面性。编制总部企业景气指数，形成时间序列，提高分析的准确性。

三是加强与地方政府的沟通与协调，提高货币政策传导效率。及时报送货币政策执行成效，反映经济金融运行中苗头性、倾向性问题，为北京市经济保持平稳较快发展、拓展融资渠道等提供建议。定期向市委、市政府报送北京市经济金融运行分析报告，为领导决策提供参考依据。针对经济金融运行中出现的新情况新问题，积极开展调查研究，年内开展土地储备贷款及房地产开发企业经营策略等调查，并将相关研究报告向市委、市政府报送。

四是继续加强货币政策窗口指导，合理引导社会公众预期。年内四次组织召开辖内银行经济金融形势分析季度例会暨窗口指导会，通过多个层面及时传达总行工作会议精神，引导辖内金融机构积极落实稳健货币政策，加强信贷结构调整，支持地方经济发展方式转变。印制《2010年中国区域金融运行报告——北京分报告》、《2010年北京市金融运行报告》及2011年各季度《北京市金融运行报告》，分送相关部门和金融机构；在《北京日报》、《金融时报》等媒体刊发形势分析新闻稿，宣传稳健货币政策积极成效，合理引导社会公众预期。

二、促进信贷政策与产业政策协调配合，着力支持首都经济社会协调发展

一是及时明确信贷政策导向，支持首都经济发展方式转变。出台《关于做好2011年货币信贷工作　促进首都经济发展方式转变的指导意见》，引导信贷资金投向高科技、文化创意、战略性新兴产业、“三农”和中小企业。印发《北京地区信贷政策导向效果评估方案》，加强信贷政策的导向力和约束力。进一步完善“北京市中小企业金融服务平台”，及时发布相关政策文件、形势分析和调研信息。编辑印发《北京市科技型、文化创意型中小企业金融服务手册》，指导银行继续加大对中小企业的信贷支持和金融创新。

二是组织开展“科技金融创新年”活动，引导银行加快建设适合高科技企业的信贷机制。印发《2011年科技金融工作实施意见》，推动银行提升科技金融服务效率和质量，积极支持中关村建设成为具有国际影响力的科技金融创新中心。组织多家银行开展《金融时报》“科技金融创新年”专题宣传活动，受到社会广泛关注。与中关村管理委员会等部门联合开展战略性新兴产业系列专题培训，培训银行业务人员达300余人。建立中关村国家自主创新示范区科技金融工作监测体系，将银行专营机构服务科技型中小企业情况纳入定期监测。累计编印《“科技金融创新年”活动专刊》13期近2 000份，及时宣传活动进展和成效。

三是落实十七届六中全会精神，树立北京文化金融品牌。组织推动文化金融系列活动，先后开展了文化创意企业融资问卷调查和金融服务影视行业调研，及时总结金融服务首都文化产业实践经验。联合市文化主管部门举办“金融服务走进北京市文化创意产业集聚区”活动，强化文化金融工作政策引导，促进金融产业和文化创意产业强强融合。启动北京市文化金融专家智库建设工作，发挥文化金融人才的辐射效应，推动文化金融服务体系建设。

四是严格执行差别化住房信贷政策，积极支持首都保障性住房建设。推动辖内银行进一步完善住房信贷业务管理操作细则。年内三次组织召开房地产金融联席会议，了解房地产市场调控政策实施效果。建立房地产开发企业季度调查制度，及时了解开发商经营状况和对未来市场的预期。对辖内中资商业银行执行差别化住房信贷政策等相关情况进行调查。推动银行创新保障性住房信贷产品，加大对首都保障性住房建设的支持力度。不断推进北京市经济适用住房开发贷款试点工作，积极争取扩大试点范围。

五是深入推进民生金融工作开展，加大金融支农引导力度。探索纳入风险补偿方式的小额担保贷款新模式，充分发挥小额担保贷款基金的作用。协调解决小额担保贷款区县指定担保机构资质问题。配合落实妇女创业小额担保贷款政策，参与对妇女创业小额担保贷款政策培训和申请材料审核工作。按季度监测和上报大学生“村官”创业和融资情况。引导和督促辖内金融机构加大金融支农力度，召开重点村建设融资工作会议，推进首都城乡一体化进程。组织辖内银行机构开展金融支农“春雨行动”，积极推动调整信贷结构，按照贴近市场、贴近客户的原则，创新服务“三农”的组织架构和业务运作流程，创新涉农信贷产品，增加对“三农”的信贷投入，不断改进“三农”金融服务。

三、以数据监测为基础，以分析研究为目标，稳步推进利率汇率管理工作上水平

一是丰富和完善利率汇率监测体系，发挥数据监测的基础性作用。进一步加强对辖内村镇银行、汽车金融公司、小额贷款公司及民间借贷的利率监测，及时建立并更新相关时间序列库，确保基础数据完整与准确。利率监测对象覆盖各类机构共113家，全年汇总报表超过1.2万张，监测范围更加全面。按月向金融机构发布北京辖区《利率监测简报》，向总行报送《利率监测分析报告》。密切关注国际经济金融形势对北京市出口的影响和企业对汇率变动承受力的影响。积极推进统一数据报送平台电子化建设，不断提高数据监测的质量和效率。

二是着力提升利率汇率调研的深度和广度，形成契合履职需要的分析研究机制。组织辖内法人银行机构及时做好人民币存贷款基准利率的三次调整工作，并将相关情况上报总行。注重在监测分析中挖掘新情况、新问题开展调查研究，完成《北京辖内金融机构人民币同业存款变化分析》等专题调查报告。关注商业银行在信贷规模调控和基准利率上调后经营行为的调整及资产负债结构与净利差的变化情况，形成相关分析报告。按季度形成《北京辖内金融机构及非金融企业利率政策实施情况分析报告》。加强对主要币种汇率走势及主要经济体利率走势和货币政策的研究，按月形成《汇率监测简报》和《主要经济体利率政策取向综述》。

三是着眼于利率市场化改革的长期目标，逐步夯实和完善利率基础建设。开展辖内法人银行机构风险定价能力评估，形成《关于北京辖内法人银行机构利率定价机制建设和风险定价能力评估的报告》；针对小企业利率定价情况开展专题调研，形成《关于北京辖内商业银行小企业利率定价规则及风险评级办法有关情况的调查报告》等分析材料。向辖内商业银行通报利率定价机制建设情况，督促商业银行按照“风险与收益匹配”的原则，进一步提高利率定价的科学性。加强辖内法人银行机构利率定价制度的备案管理。对辖内中外资法人银行机构计结息工作进行重点指导，进一步完善银行机构创新产品利率定价和计结息方式的备案管理。扎实推进基准利率 Shibor 的宣传和建设，逐日动态监测 Shibor 走势，并引导辖内银行机构尤其是法人银行机构开展基于 Shibor 的各类金融产品创新，推动 Shibor 基准性的提高。

四是将利率信息服务渗透到利率传导机制中，加强与政府机构及各类微观经济主体的政策沟通与交流。开展利率政策尤其是房地产信贷利率政策的宣传和舆论引导。每月定期以《利率简报》的形式向辖内金融机构发布各类利率汇总信息，使机构能够及时了解掌握利率走势。充分利用监测数据，按季度向监管部门和金融机构通报《北京辖内金融机构利率政策实施情况的报告》。加强与北京市民委、北京银监局等政府部门的沟通交流，提高利率政策在辖内的贯彻力度。继续做好辖内民族贸易和民族商品生产流动资金贷款的贴息工作，完善内部操作规程，并通过制定实施细则加强对承贷银行的业务指导与监督管理。与北京银监局就定期存款计结息的政策等进行沟通，为其现场检查提供参考。认真解答回复金融机构及企业、普通市民关于利率政策的咨询、信访信件等。

四、继续加强金融市场管理力度，不断提升金融市场服务水平

一是深入开展金融市场管理工作。截至 2011 年年末，共为 1 家金融机构、128 家企业、46 个信托理财账户、165 只企业年金进入全国银行间债券市场进行准入备案。审核批准 1 家农村金融机构调整同业拆借限额、初审推荐 1 家外资银行调整同业拆借限额和 1 家外资银行在同业拆借市场更名。做好辖内非银行金融机构同业拆借市场信息披露管理工作。重点加强对结算代理业务进入债券市场准入备案工作的管理。对北京银行、中国银行北京市分行和招商银行北京分行金融市场业务的全面检查，有效防范金融市场业务风险。

二是积极推动创新业务培训与交流。全年参加金融市场创新业务培训的人员包括在京各中资商业银行总行及其分行、政策性银行、外资银行、财务公司、信托公司、金融租赁公司、汽车金融公司及证券公司等近百家机构共 170 余人。培训和交流内容涉及我国银行间债券市场创新与发展、上海清算所创新业务、金融机构信用衍生品等市场创新业务。与上海清算所建立日常业务联系机制，推动辖区金融机构加强与上海清算所的沟通和联系，促进辖区金融机构创新业务发展。

三是签署三方协议推进部门合作。为更好地利用银行间债券市场融资优势，调整企业融资结构，2011 年 5 月，人行营业管理部与北京市金融工作局、银行间市场交易商协会三方共同签署了合作备忘录，明确了各方职责范围，争取创新产品、创新制度在北京先行先试，为企业开辟更多融资渠道。年内，对部分发债企业实际经营状况、在建项目、公司资信等情况进行了调查和信息反馈。目前，中小企业集合票据、超短期融资券、私募债券等新型融资工具被企业普遍使用，银行间债券市场已经成为首都企业融资的重要场所。

四是着力夯实数据监测基础工作。认真开展对辖区金融市场业务的监测和分析，准确掌握各类金融机构的交易数据，密切关注每日交易状况以及货币市场利率波动情况。针对货币市场利率的异常波动情况，及时分析调研并报送总行，为准确判断市场流动性状况提供参考。继续完善辖区银行理财产品的监测分析制度，开展对个人理财和机构理财的分类监管，并建立起对辖内具有理财产品发行资质银行的资产池和非资产池理财产品的分类监管。

五是围绕市场热点问题开展调研。针对我国信用衍生品发展情况开展研究分析，撰写了《我国信用衍生品发展情况、问题及建议》。针对结算代理业务潜在风险进行调查，完成《债券结算代理业务操作环节风险点分析及政策建议》并报送总行。开展对辖区非法黄金交易情况的调研，对非法黄金交易治理工作包括参与形式、参与阶段、认定方式等提出了初步建议，为黄金市场健康发展建言献策。对北京市典当行业为居民和中小企业融资情况进行调研，了解典当行的金融服务功能，为掌握居民和中小企业融资结构提供参考。

五、认真做好货币政策工具管理与操作，加强对流动性和票据业务的监测分析

一是认真做好货币政策工具管理与操作。积极运用再贴现货币政策工具，优先对中小企业贴现票据、商业承兑汇票、电子汇票办理再贴现。召开40家财务公司负责人参加的准备金管理会议，对金融机构进行准备金政策和缴存工作的指导。做好7次存款准备金率调整的相关工作，分别对违反存款准备金管理规定的金融机构进行处理，对4家金融机构存款准备金缴存情况进行了现场检查。

二是不断完善法人银行流动性监测。按季度向总行上报存款准备金政策执行情况报告。开展法人金融机构流动性调查和汇总分析，并报送总行。完成《2010年度北京辖内流动性监测情况的报告》和《北京市地方财政收支变化及地方国库现金管理业务进展情况的报告》，上报总行。按月上报北京市货币信贷及再贷款运行情况，按季度做好中国农业发展银行、资产管理公司经营情况的监测。

三是做好农商银行专项票据兑付后监测工作。根据总行对北京农商银行2010年专项票据兑付后续监测考核的意见，督促该行落实整改。向总行上报《关于北京农商银行2010年专项中央银行票据兑付后续监测考核中发现问题的整改情况报告》。开展2011年专项中央银行票据兑付后续现场监测考核。通过召开现场座谈会、到基层支行调研，并参加农商银行股东大会、董事会、监事会等重要会议，及时了解该行法人治理和经营情况。多次约见北京农商银行相关负责人，督促其加强内部管理，完善经营机制，把握信贷投放力度和节奏，增强金融支农服务力度。

四是加强票据业务的监测和分析，推动票据市场的规范发展。按月、按季度汇总监测辖内中外资商业银行、财务公司票据业务开展情况，分析票据市场运行情况和贴现、转贴现利率走势，并将市场运行情况及时反馈给金融机构，指导金融机构开展有关业务。

五是做好金融稳定再贷款管理工作。根据有关政策规定，按照发放（展期）

金融稳定再贷款的意见和相关规程要求，认真复核再贷款的依据、用途、期限、额度、资金划拨途径、偿还方式（抵押担保）等要素。根据总行下发的相关要求，完成发放金融稳定再贷款相关工作，做到相关手续齐全，档案资料完整。

（雷晓阳　龙　非　李瑞敏）

北京市金融运行报告

中国人民银行营业管理部　货币政策分析小组

一、金融运行情况

2011 年，北京市金融机构认真贯彻落实稳健货币政策，金融业保持良性发展态势，金融机构改革深入推进，整体服务水平明显提升，金融市场交易活跃，金融生态环境建设成效进一步巩固。

（一）银行业运行稳健，宏观审慎管理效果显现

1. 银行业金融机构健康发展，法人数量继续增加

2011 年，北京市银行业金融机构资产规模持续增加，年末资产总额同比增长 19.5%；利润额稳步上升，同比增长 15.4%；资产质量继续改善。银行业金融机构总量达到 3 672 个，法人机构 62 个（见表 1）。外资银行运行平稳，年初瑞士银行（中国）有限公司获准筹建。财务公司快速发展，年内北京汽车集团财务有限公司等 8 家财务公司在北京注册开业。新型农村金融机构数量不断增长，北京通州国开村镇银行正式开业。银行支付业务快速发展，全年银行卡累计交易金额再创新高，达到 8 795 亿元，同比增长 28.1%，年末银行卡发卡量累计达到 1.4 亿张。

表 1　2011 年北京市银行业金融机构基本情况表

机构类别	营业网点			法人机构（个）
	机构个数（个）	从业人数（人）	资产总额（亿元）	
一、大型商业银行	1 662	47 340	53 116	—
二、国家开发银行和政策性银行	17	744	11 134	—
三、股份制商业银行	416	16 551	22 942	—
四、城市商业银行	205	9 413	11 395	1
五、农村合作机构	693	7 008	3 771	1
六、财务公司	33	1 488	4 569	33
七、信托公司	3	287	62	3
八、邮政储蓄	532	1 927	1 238	—
九、外资银行	94	4 510	2 911	7
十、新型农村金融机构	8	318	46	8
十一、其他	9	1 541	983	9
合　计	3 672	91 127	112 167	62

注：营业网点不包括总部。农村合作机构含农村信用社、农村合作银行及农村商业银行等。新型农村金融机构包括村镇银行、贷款公司和农村资金互助社三类机构。“其他”包含金融租赁公司、汽车金融公司、货币金融公司、消费金融公司等。

数据来源：中国人民银行营业管理部、北京银监局、北京市金融工作局。

2. 存款增速回落，定期存款占比先升后降

2011 年末，北京市金融机构本外币

各项存款增速为12.9%，较2010年末回落4个百分点。其中，人民币存款同比增长13.1%，较2010年末回落5.7个百分点（见图1和图3）。存款准备金率处于高位、宏观审慎管理逆周期调节、总部企业向异地成员单位划拨资金增多以及存款准备金缴存范围扩大是存款增长的主要原因。定期存款占比先升后降，前三个季度经济增长放缓，企业资金运用渠道收窄，投资意愿下降，活期存款逐步向定期存款转化，第三季度末单位存款中活期存款占比下降至33.9%，随着第四季度经济趋稳，企业资金运用有所加快，单位存款呈现一定活期化趋势，年末单位存款中活期存款占比回升至38.1%。第四季度受人民币升值预期减弱影响，外币存款呈现一定恢复性增长，年末同比增速达到14.8%，但从绝对额来看，年末外币存款余额仍低于2009年及2010年初水平。

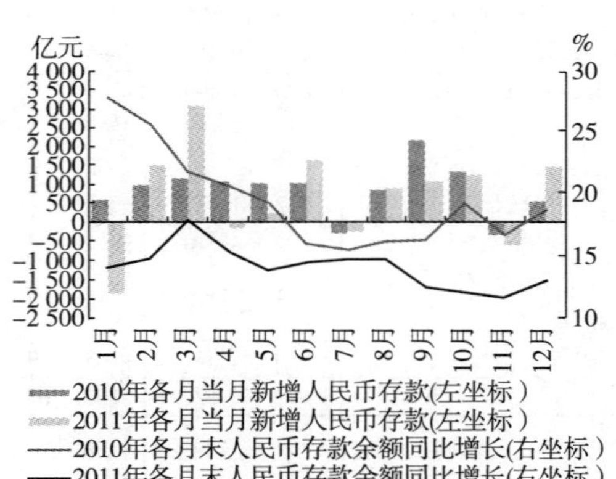

数据来源：中国人民银行营业管理部。

图1 2011年北京市金融机构人民币存款增长变化

3. 信贷增速稳步回归，稳健货币政策效果逐步显现

2011年，宏观审慎管理促使金融机构主动调整信贷投放规模和节奏，年末北京市金融机构本外币各项贷款增速为9.3%，较2010年末回落8.2个百分点。剔除个别金融机构调账等因素，人民币贷款同比增长14.2%，较2010年末下降2.1个百分点（见图2和图3）。外币贷款同比下降4.4%。

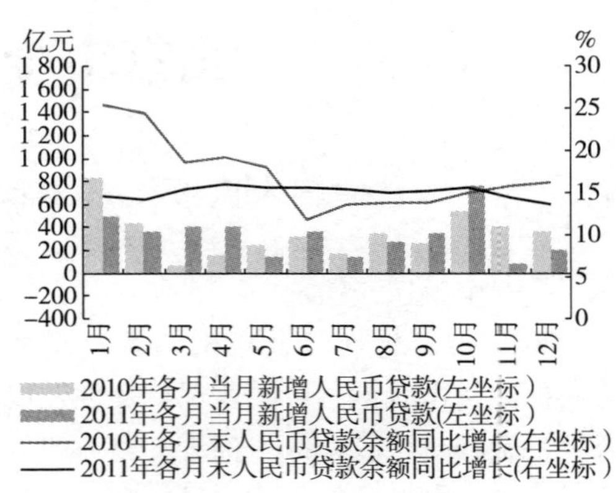

数据来源：中国人民银行营业管理部。

图2 2011年北京市金融机构人民币贷款增长变化

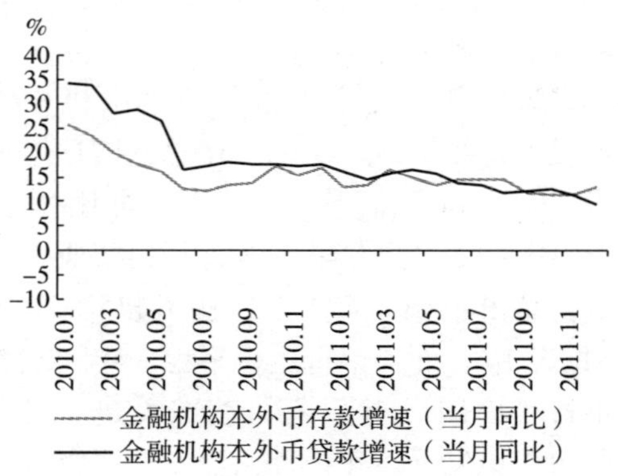

数据来源：中国人民银行营业管理部。

图3 2010~2011年北京市金融机构本外币存、贷款增速变化

中长期贷款增长明显放缓，短期贷款增长强劲。2011年全市金融机构人民币中长期贷款同比少增1 997.4亿元，人民币短期贷款同比多增1 125.3亿元。受政

府融资平台清理与规范工作推进以及房地产调控政策影响，中长期贷款需求有所减弱，而在生产资料价格上涨以及企业资金周转效率降低等因素作用下，企业对短期贷款需求增加。同时金融机构出于防范流动性风险考虑，也倾向于增加短期贷款投放。

信贷投向进一步优化，支持首都经济“转方式、调结构”。2011 年，中国人民银行营业管理部出台金融支持首都经济发展方式转变的指导意见，引导金融机构着力优化信贷结构，不断加大对小微企业、“三农”等重点领域和经济薄弱环节的支持力度。年末全市中资银行高新技术产业贷款同比增长 24.3%，文化创意产业贷款同比增长 84.7%。全市小型企业贷款同比增长 44.7%，以微型企业主和个体工商户为服务对象的个人经营性贷款同比增长 65.6%，涉农贷款同比增长 40.3%。保障性住房开发贷款增长势头强劲。

4. 金融机构利率定价机制建设逐步推进，风险定价能力稳步提升

2011 年，受人民币存贷款基准利率上调、宏观审慎管理政策实施等因素综合影响，金融机构议价能力较往年有所提高。金融机构下浮利率贷款占全部人民币贷款的比重下降，上浮利率和基准利率贷款占比上升（见表 2）。受境内外汇资金供求变化等因素影响，辖内金融机构美元存贷款利率振荡上行，整体利率水平高于 2010 年（见图 4）。辖内法人金融机构利率定价机制建设稳步推进，内部资金转移价格的全面运用和定价支持系统的逐步完善推动其风险定价能力提升。

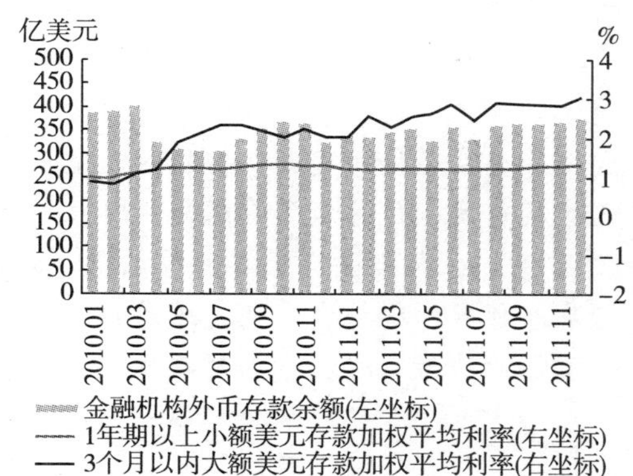

数据来源：中国人民银行营业管理部。

图 4　2010～2011 年北京市金融机构外币存款余额及外币存款利率变化

表 2　2011 年北京市金融机构人民币贷款各利率区间占比表　　单位：%

月份		1 月	2 月	3 月	4 月	5 月	6 月	7 月	8 月	9 月	10 月	11 月	12 月
合计		100	100	100	100	100	100	100	100	100	100	100	100
[0.9～1.0)		57.9	53.2	38.5	28.2	23.9	28.2	23.4	17.9	23.8	6.7	17.2	28.2
1.0		23.1	27.7	36.4	41.0	45.1	42.4	41.4	35.8	31.5	56.9	42.3	34.9
上浮水平	小计	19.0	19.0	25.1	30.8	31.0	29.4	35.2	46.4	44.7	36.4	40.5	36.9
	(1.0～1.1]	9.9	10.4	14.1	14.8	16.5	16.8	19.3	26.6	25.1	19.0	22.7	21.8
	(1.1～1.3]	6.4	6.0	7.0	10.1	10.1	8.5	9.8	14.9	14.6	11.9	13.5	11.3
	(1.3～1.5]	1.7	1.5	2.3	4.4	3.4	3.3	4.5	3.4	3.1	3.7	2.7	2.5
	(1.5～2.0]	0.9	1.1	1.5	0.7	0.4	0.3	1.1	1.4	1.8	1.7	1.5	1.1
	2.0 以上	0.0	0.1	0.3	0.7	0.6	0.5	0.5	0.1	0.2	0.1	0.1	0.2

数据来源：中国人民银行营业管理部。

专栏1 北京辖内商业银行加强资金定价管理 支持实体经济发展

2011 年，在中国人民银行营业管理部的指导下，辖内商业银行加强资金定价管理，积极利用总部经济资金集聚的特点开展存款营销，按照风险性和差异性等原则确定贷款利率，支持首都实体经济发展。

人民币同业存款利率显著提高，资金定价以总行上限管理模式为主。2011 年，辖内商业银行各期限同业定期存款加权平均利率较 2010 年提高 1.84 个百分点，略高于全国平均水平。在总体流动性偏紧的情况下，商业银行之间同业定期存款下降，财务公司、信托公司成为同业定期存款的重要资金来源。在定价上，同业定期存款与 Shibor 挂钩，定价方式主要分为分行自主定价、总行上限管理和总行逐笔审批三种模式，其中以总行上限管理模式为主。

人民币企业贷款利率逐季攀升，但总体利率水平低于全国平均值。2011 年，在稳健货币政策环境和加强内部定价管理等因素的共同影响下，辖内商业银行依据资金成本和企业风险等因素实行精细化定价的能力较往年有所提高，人民币贷款利率水平逐季度走高，但月度各期限贷款加权平均利率仍低于全国平均水平。分企业类型看，2011 年，在人民币贷款发生总额中，北京地区大型企业执行下浮利率、中型企业执行基准利率的贷款发生额月平均占比较全国平均占比分别高 14.3 个和 7.0 个百分点；小型企业执行上浮利率的贷款发生额月平均占比较全国平均占比低 6.7 个百分点。

人民币个人住房贷款利率上行，差别化定价能力有所增强。2011 年，辖内商业银行个人住房贷款利率较往年走高，但低于全国平均利率水平。在个人住房贷款定价方面，各行在其总行给定的原则性、指导性利率政策下实行差别化定价，主要参照借款人的资质、财务状况、征信信息等要素，结合客户综合贡献度确定不同的利率水平，以期实现客户对象的遴选和业务风险与收益的匹配。

票据贴现利率持续走高，且数月连续超过同期限贷款利率。12 月，票据贴现加权平均利率较 2010 年末上升 328 个基点，并且自 2011 年 2 月起，3～6 个月期银行承兑汇票贴现加权平均利率高出同期限人民币贷款加权平均利率。宏观审慎管理的政策环境和 Shibor 走高等因素推动了票据贴现利率走高。

2012 年，中国人民银行营业管理部将继续指导辖内金融机构在宏观视角上关注国内外利率政策动向与利率水平；在微观视角上进一步提升利率定价能力，探索建立并不断完善小微企业贷款定价机制，按照风险收益匹配的基本原则，提高利率定价的精细化程度，以适应利率市场化改革进程。

5. 银行业金融机构改革继续深入，市场竞争力不断提升

国家开发银行北京市分行商业化改革纵深推进，业务结构调整成效初显，对中小企业、涉农、环保及节能减排、保障房项目建设等领域的信贷支持力度加大。中国农业发展银行北京市分行和中国进出口银行北京分行继续发挥政策性金融优势，

积极支持重点领域和项目发展。

5家已改制大型商业银行北京市分行稳步推进内部改革，各项业务全面协调发展，经营更趋稳健，盈利能力持续提高，收入结构进一步改善，中间业务收入占比较2010年提高2.7个百分点，不良贷款低位“双降”，拨备覆盖率较2010年提高64.1个百分点，风险抵御能力不断提升。

2家地方中资法人银行发展步伐不断加快。2011年初，北京银行成功发行35亿元次级债，完成了总共100亿元次级债的发行额度。全年，北京银行新增分支机构21家，其中异地分支机构13家。北京农商银行深入推进实施“精细化管理”、“风险防控”和“开源挖潜”的经营主题，不断提高金融支农服务水平，年初完成了增发普通股补充核心资本并同时置换不良资产的工作，取得明显成效。

辖内农村金融服务持续改善，年内1家村镇银行进入筹建阶段，适应农村经济发展的多样化金融服务不断推出。

6. 跨境人民币业务稳步发展，业务领域不断拓展

2011年，辖内47家银行为2 892户企业办理跨境人民币结算金额4 027.1亿元，其中进口货物贸易人民币结算额在全部结算额中占比超过七成，服务贸易及其他经常项目人民币结算交易活跃，资本项目交易平稳。辖内银行跨境人民币结算境外交易涉及88个国家和地区。

（二）证券市场活跃性下降，上市公司总股本与总市值全国领先

1. 证券业机构数量有所增长，市场交易活跃性下降

2011年末，辖内法人证券公司比2010年末增加1家；各地证券公司在京营业部比2010年末增加32家；中外合资基金公司比2010年末增加2家；期货公司和期货公司在京营业部比2010年末分别增加1家和5家（见表3）。年末，北京地区证券公司营业部客户交易结算资金余额同比下降40.8%；全年股票基金交易额同比下降24.1%。

2. 总股本与总市值继续保持全国第一，上市公司筹资额有所下降

2011年末，北京地区上市公司比2010年末增加30家，占全国A股上市公司总数的8.4%，较2010年末提高0.4个百分点。上市公司总股本占全国上市公司总股本的54.7%；总市值占全国上市公司总市值的41.8%。上市公司筹资总额同比下降45.4%。

表3　2011年北京市证券业基本情况表

项　　目	数量
总部设在辖内的证券公司数（家）	18
总部设在辖内的基金公司数（家）	9
总部设在辖内的期货公司数（家）	20
年末国内上市公司数（家）	194
当年国内股票（A股）筹资（亿元）	1 315
当年发行H股筹资（亿元）	—
当年国内债券筹资（亿元）	12 018
其中：短期融资券筹资额（亿元）	4 195

注：国内债券筹资为非金融企业债券融资数据。

数据来源：中国人民银行营业管理部、北京证监局。

（三）保险业务结构有所变化，保障能力不断增强

1. 保险保障功能增强，可持续发展能力进一步提高

2011年末，北京市保险业总资产3 132.3亿元，较年初增长22.4%，行业整体实力继续增强，可持续发展能力稳步

提高。

2. 保费收入继续增长，业务结构有所变化

2011年，北京市保险业实现原保险保费收入同比增长2%，居全国第五位。其中，财产险业务保费收入同比增长9.5%；人身险业务保费收入同比下降0.7%（见表4）。

表4 2011年北京市保险业基本情况表

项　　目	数量
总部设在辖内的保险公司数（家）	50
其中：财产险经营主体（家）	13
人身险经营主体（家）	27
保险公司分支机构（家）	89
其中：财产险公司分支机构（家）	35
人身险公司分支机构（家）	50
保费收入（中外资，亿元）	821
其中：财产险保费收入（中外资，亿元）	233
人身险保费收入（中外资，亿元）	588
各类赔款给付（中外资，亿元）	233
保险密度（元/人）	4 125
保险深度（%）	5

数据来源：中国保监会官方网站、北京保监局。

从财产险业务结构看，车险实现保费收入同比增长3.9%；非车险实现保费收入同比增长24.1%。从寿险业务结构看，普通寿险业务占比有所提高。从市场结构看，财产险公司市场集中度与2010年持平；寿险公司市场集中度有所上升，寿险保费规模居前五位的寿险公司市场份额共计63%，较2010年提高2.3个百分点。

（四）社会融资结构持续改善，金融创新更趋活跃

2011年，北京地区非金融机构直接融资规模持续扩大，金融市场交易活跃，金融创新不断发展。

1. 融资渠道不断拓宽，直接融资作用显著增强

2011年，北京地区非金融机构直接融资占比大幅提高，债券融资快速发展，短期融资券、中期票据和超短期融资券是企业主要融资工具，三者合计发行额占全部债券发行额的84.4%。非公开定向债务融资工具成为非金融机构新型融资手段，融资产品继续呈多样化态势（见表5）。

表5 2001~2011年北京市非金融机构部门贷款、债券和股票融资情况表

年份	融资合计（亿元人民币）	比重（%）		
		贷款	债券（含可转债）	股票
2001	1 476.0	82.1	4.4	13.5
2002	2 117.4	84.8	7.8	7.4
2003	2 843.7	83.5	7.8	8.7
2004	2 184.4	88.4	8.5	3.1
2005	3 174.6	60.3	39.6	0.1
2006	4 089.1	69.9	25.8	4.3
2007	6 200.0	38.8	17.6	43.6
2008	8 531.0	38.0	47.5	14.5
2009	16 553.9	47.6	43.3	9.1
2010	11 701.7	46.4	47.4	6.2
2011	10 009.9	33.6	57.7	8.7

注：贷款、债券融资量均以当年新增额口径计算。

数据来源：中国人民银行营业管理部、北京证监局、中国债券网。

2. 货币市场交易量保持稳定，净融出资金规模大幅下降

2011年，北京地区金融机构同业拆借和债券回购双向累计成交120.9万亿元，同比增长5.6%，较2010年回落31.3个百分点，占全国交易量的45.5%。北京地区金融机构通过同业拆借和债券回

购累计净融出资金22.8万亿元，同比下降30.7%。

3. 票据市场贴现利率显著提高，业务量稳步上升

2011年，北京市金融机构银行承兑汇票和商业承兑汇票余额稳中有升，票据贴现余额波动上行。在市场流动性逐渐收紧、再贴现利率低于市场资金价格的情况下，金融机构再贴现需求相应增加（见表6和表7）。

表6 2011年北京市金融机构票据业务量统计表

单位：亿元

季度	银行承兑汇票承兑		贴现			
			银行承兑汇票		商业承兑汇票	
	余额	累计发生额	余额	累计发生额	余额	累计发生额
1	1 594.8	1 091.0	659.8	2 707.1	70.1	365.9
2	1 702.9	2 250.4	871.3	6 025.3	63.8	611.2
3	1 713.8	3 383.2	970.9	9 482.2	70.9	839.8
4	1 829.7	4 706.4	919.9	12 636.7	82.6	1 058.1

数据来源：中国人民银行营业管理部。

表7 2011年北京市金融机构票据贴现、转贴现利率表

单位:%

季度	贴现		转贴现	
	银行承兑汇票	商业承兑汇票	票据买断	票据回购
1	4.9818	5.5195	4.1044	4.9194
2	6.2329	5.9977	5.7299	5.6043
3	8.9394	7.3287	7.1888	6.7464
4	9.1023	8.4579	6.9797	7.1166

数据来源：中国人民银行营业管理部。

4. 外汇衍生品需求旺盛，黄金市场交易活跃

2011年，人民币汇率双向波动特征明显，外汇衍生品交易量大幅增长。北京地区金融机构外汇远期交易累计成交折合1 726.1亿美元，是2010年交易量的6.7倍。外汇掉期交易累计成交折合1.4万亿美元，同比增长54.5%。黄金市场交易量持续攀升，北京地区上海黄金交易所会员全年交易黄金3 077.6吨，同比增长34.8%。

5. 金融创新持续开展，类型不断丰富

2011年，北京地区金融机构利率互换全年名义本金发生额为1.5万亿元，债券远期交易大幅增长。辖内银行累计发行理财产品4.7万亿元，相关机制创新、管理创新、产品创新全面开展，电子银行理财夜市、滚动型结构化理财产品等不断出现。

（五）金融生态环境建设深入开展，金融基础设施进一步改善

2011年，首都金融生态环境建设不断深入。制定《科技金融和文化金融工作实施意见》，助力文化创新和科技创新“双轮驱动”的首都经济发展；开展金融支农“春雨行动”，大力推广银行卡助农取款服务，优化首都农村金融环境；开展“1+2+3”① 中小企业信用体系建设，大力推广金融IC卡应用和社保卡加载金融功能，有效提升首都金融服务水平；积极

① “1”是中关村中小企业信用体系，“2”是海淀与西城两个中小企业信用体系试验区，“3”是“信贷快车”、生物医药融资激励、信用保险及贸易融资三个试点。

推动进口付汇核销改革，继续推进资本账户管理简政放权，促进首都贸易投资便利化；北京人民币立体发行库成功启动试运行，进一步提升首都金融基础设施水平；严厉打击制贩假币、洗钱、银行卡以及外汇违法违规行为，成功破获特大虚开增值税专用发票案、宣判北京首例反洗钱案，有力维护首都金融市场秩序；成功举办北京国际金融博览会和国际金融论坛，不断强化金融交流与合作力度；开展“信用北京行”、“现金服务推动周”、“国债进乡村”、“支付系统宣传月月行”等宣传活动，提升社会公众的金融意识。

二、经济运行情况

2011年，在复杂多变的内外部环境中，北京市坚决贯彻落实中央宏观调控政策，加快转变经济发展方式，经济运行基本稳定，调结构转方式取得积极进展。全年实现地区生产总值16 000.4亿元，同比增长8.1%（见图5）。

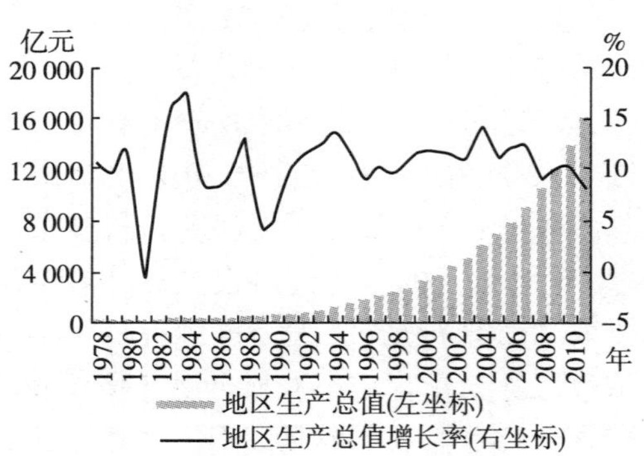

数据来源：北京市统计局。

图5　1978～2011年北京市地区生产总值及其增长率

（一）三大需求协调发展，经济增长回调趋稳

2011年，北京市经济在回调中逐步趋稳，第一季度增长8.6%，其后增速维持在8%左右，实现了“十二五”时期的良好开局。

1. 投资增速平稳，结构不断优化

2011年，北京市完成全社会固定资产投资5 910.6亿元，同比增长13.3%（见图6）。第一季度投资保持较快增长，第二、第三、第四季度投资增速回稳。从投资结构看，基础设施投资同比增长0.3%，占全社会固定资产投资的23.7%；建安投资同比增长22.4%，增速高于全社会固定资产投资9.1个百分点；房地产开发投资同比增长10.1%，占全社会固定资产投资的51.4%，较2010年下降1.4个百分点；政策性住房投资同比增长94.9%，其中住宅投资同比增长87.9%；工业投资同比增长46.7%，占全社会固定资产投资的12.7%，较2010年提高2.9个百分点，对全市投资形成了重要支撑。在政府投资引导放大作用下，民间投资同比增长14.2%。

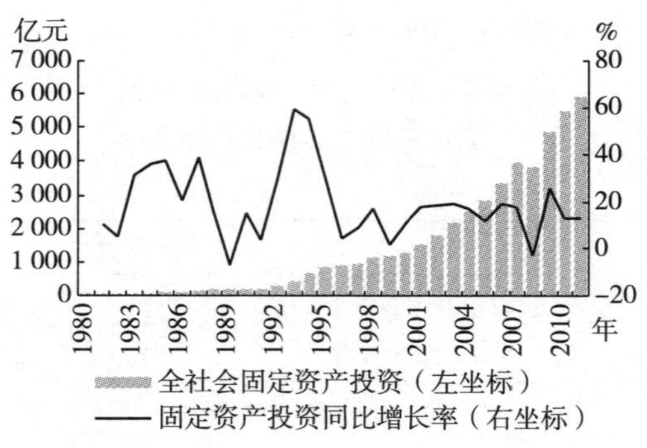

数据来源：北京市统计局。

图6　1980～2011年北京市固定资产投资及其增长率

2. 居民收入持续增长，消费品市场多点带动

2011年，北京市加快适度普惠型社

会福利体系建设，推动制度整合衔接，把失业人员纳入职工基本医疗保险，实现市级公费医疗制度与职工医保制度并轨、在职职工养老和医疗保险跨地区转移接续、工伤和生育保险制度全覆盖。在政策带动下，城乡居民收入持续增长，城镇居民人均可支配收入同比增长7.2%，农村居民人均纯收入同比增长7.6%。积极建立促进消费责任制，推动消费增长向多点支撑转变，全市社会消费品零售额同比增长10.8%，扣除价格因素，实际增长7.3%（见图7）。从限额以上批发零售企业销售看，汽车类零售额占比为24%，较2010年下降10.2个百分点，其余主要类别的产品比重均有所提高，其中文化办公用品类占比为6.7%，较2010年提高2个百分点，提升幅度最大。

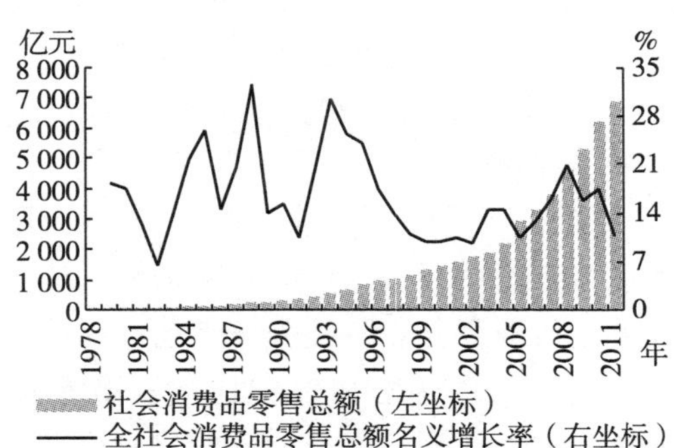

数据来源：北京市统计局。

图7　1978～2011年北京市社会消费品零售总额及其增长率

3. 涉外经济平稳运行，利用外资稳步增长

2011年，北京地区进出口总值同比增长29.1%，其中，进口总值同比增长34.2%，出口总值同比增长6.5%（见图8）。进口规模占全国进口规模的19%，增速高出全国增速9.3个百分点，对全国进口增长的贡献率为24.2%。“双自主”企业出口比重进一步提高，服务外包执行总金额同比增长59.3%。坚持市区联动、引资引智相结合，做好重大项目、总部企业投资促进工作，新增外国企业驻京代表机构320家，实际利用外资同比增长10.9%（见图9）。建立健全境外劳务事件防范和应急处置机制，加快推动企业“走出去”，对外投资稳步增长。

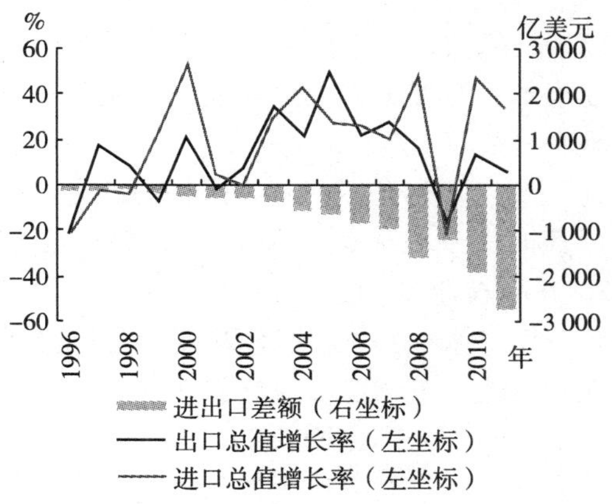

数据来源：北京市统计局。

图8　1996～2011年北京市外贸进出口变动情况

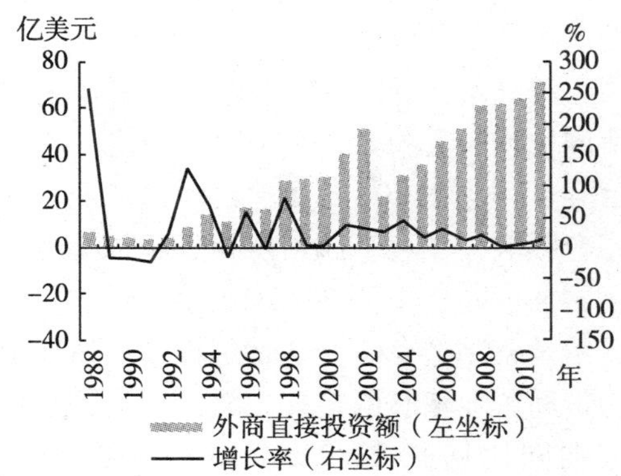

数据来源：北京市统计局。

图9　1988～2011年北京市外商直接投资情况

（二）产业结构调整迈出新步伐，经

济结构进一步优化

2011 年，北京市坚持优化一产，做强二产，做大三产，促进产业结构优化升级，强化政策引导，丰富支持手段，三次产业结构由 2010 年的 0. 9:24:75. 1 调整为 0. 9:23. 4:75. 7。

1. 农村改革发展稳步推进，都市型现代农业多功能性充分体现

2011 年，北京市继续深化农村各项改革，87. 3% 的集体经济组织完成产权制度改革。开展集体土地确权登记颁证、新型农村社区建设和“一事一议、财政奖补”试点，初步建立起农村基础设施运行管护机制。加强农田水利建设，完成 30 万亩农业基础建设及综合开发，新增和改善节水灌溉面积 15 万亩。有序推进现代农业示范创建，设施农业、籽种农业分别实现收入同比增长 11. 9% 和 24. 3%；观光休闲农业充分体现生活功能，全年实现收入同比增长 20. 9%；林业充分体现生态功能，全年实现产值同比增长 12. 5%。

2. 工业高耗能行业大幅收缩，重点发展领域增势较好

2011 年，北京市规模以上工业增加值同比增长 7. 3%，较 2010 年回落 7. 7 个百分点（见图 10）。受首钢涉钢产业全面停产影响，黑色金属冶炼及压延加工业全年增加值同比下降 73. 3%。医药制造业、通用设备制造业、交通运输设备制造业成为带动工业增长的主要力量，工业增加值分别同比增长 27. 2%、13. 6% 和 13%。规模以上工业产销率 99%，较 2010 年提高 0. 1 个百分点。北京市集中统筹 100 亿元政府资金，支持 300 余项重大科技成果产业化。中关村国家自主创新示范区制定《加快培育和发展战略性新兴产业的实施意见》，确定首批 160 个新兴产业重大项目，与 15 家中央单位签订战略合作协议。全市工业企业效益持续增长，规模以上工业企业利润总额同比增长 10. 3%，规模以上工业经济效益综合指数较 2010 年提高 6. 1 个百分点。

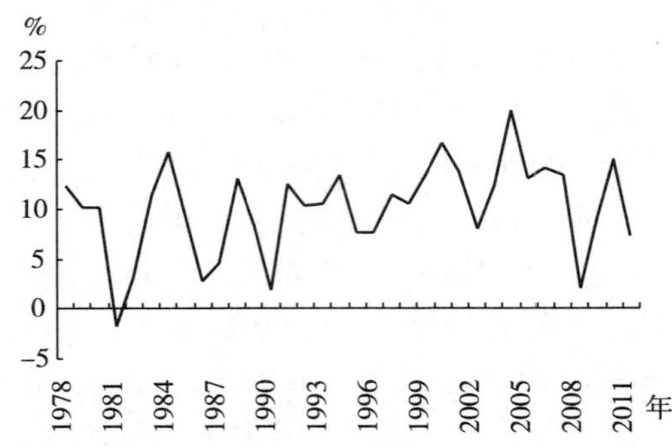

数据来源：北京市统计局。

图 10　1978 ~ 2011 年北京市工业增加值增长率

3. 服务业稳中趋好，带动产业结构进一步优化

2011 年，北京市加快发展生产性服务业，金融中心城市功能不断增强，信息服务、商务服务、科技服务带动作用更加突出，第三产业增加值同比增长 8. 6%。信息传输、计算机服务和软件业，租赁与商务服务业，科学研究、技术服务和地质勘查业增加值同比分别增长 22. 9%、18. 2% 和 10. 4%。旅游与文化、体育等产业融合发展，实现旅游总收入 3 216. 2 亿元，同比增长 16. 2%。

（三）价格涨幅得到有效控制，通货膨胀压力有所缓解

1. 居民消费价格涨幅先升后降

2011 年，北京市坚持扶生产、保供应，通过财政支持、推动产销对接、降低零售环节经营成本、开展专项整治和重点

稽查等具体调控措施，切实控制物价过快上涨。受成本上升、供求关系变化等因素影响，2011 年全市居民消费价格同比上涨5.6%（见图 11）。其中，食品类价格同比上涨 10.6%，居住类价格同比上涨 8.5%，是拉动居民消费价格上行的主要因素。全年居民消费价格涨幅先升后降，前8个月延续了2010年的上升态势，之后连续回落，12 月，居民消费价格同比涨幅为 4.4%，比最高月份涨幅下降 2.2 个百分点。

2. 工业生产者价格涨幅低于全国平均水平

2011 年，北京市工业生产者出厂与购进价格涨幅都呈先升后降态势，后者波动幅度更大。工业生产者出厂价格单月同比涨幅 2～8 月保持缓慢提升，8 月达到 3.8%的阶段性高点，之后显著回落，12 月下降至 1.4%的全年次低点，全年同比涨幅为 2.3%，较全国平均水平低 3.7 个百分点。工业生产者购进价格单月同比涨幅 1～7 月持续上升，7 月达到 10.1%的全年高点，之后逐渐呈现回落态势，10 月之后快速下降，12 月降至 5.6%的全年低点，全年同比涨幅为 8.4%，较全国平均水平低 0.7 个百分点（见图 11）。

3. 劳动力成本涨幅总体平稳

2011 年，北京市积极做好就业困难地区和困难群体帮扶工作，把城市化地区农村劳动力纳入城镇失业登记范围，加强职业技能培训，城镇新增就业 44.7 万人，比 2010 年增加 0.1 万人。健全社会保障相关待遇标准与物价上涨挂钩联动机制，最低工资提高 20.8%，农村低保最低标准提高 61.9%，企业退休人员月平均养老金提高 10% 以上。2011 年，北京市城镇居民家庭人均工资性收入为 25 161 元，同比增长 8.9%；农村居民人均工资性纯收入 9 579 元，同比增长 19.6%。

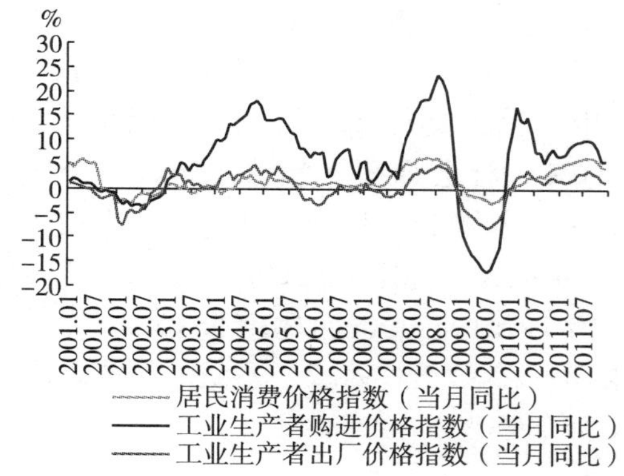

数据来源：北京市统计局。

图 11　2001～2011 年北京市居民消费价格和生产者价格变动趋势

4. 持续深化资源性产品价格改革

为不断提高资源能源使用效率与保障水平，进一步优化要素投入结构，2011 年，北京市继续在水、电、天然气、供热等方面推进资源性产品价格改革。稳妥实施成品油价格调整。同时，继续加大再生资源回收、雨水利用、污水处理和再生水利用力度，从而在保证资源性产品价格调整发挥资源使用调节作用的同时强化资源供应保障能力。

（四）财政收支保持较高增速，财政支出继续向民生领域倾斜

2011 年，北京市财政收入与财政支出规模继续高速增长，支出结构进一步优化，重点事项得到有力保障。全年完成一般预算财政收入 3 006.3 亿元，同比增长 27.7%，增幅较 2010 年明显提高（见图 12）。从主要税种看，增值税、营业税分别增长 13.2% 和 25.3%，企业所得税和个人所得税分别增长 33.3% 和 26.7%。财政支出结构不断调整优化，保障和改善

民生的投入持续加大。全年完成一般预算财政支出 3 246.5 亿元，同比增长 19.5%，较 2010 年提高 2.4 个百分点。其中，教育支出 520.6 亿元，同比增长 15.6%；社会保障和就业支出 354.5 亿元，同比增长 28.5%；医疗卫生支出 225.4 亿元，同比增长 20.7%；交通运输支出 199.1 亿元，同比增长 28.5%；节能环保支出 94.7 亿元，同比增长 55.6%。

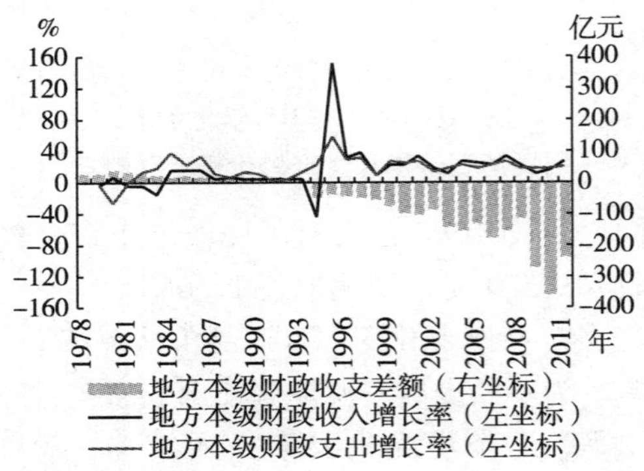

数据来源：北京市统计局。

图 12　1978 ~ 2011 年北京市财政收支状况

（五）节能降耗目标超额完成，环境治理取得新突破

2011 年，北京市继续全面实施“人文北京、科技北京、绿色北京”战略，节能降耗工作取得显著成效。率先实行能耗强度和能源消费总量双控机制，关闭高耗能、高耗水、高污染企业 45 家，万元 GDP 能耗下降约 6.5%，超额完成全年万元 GDP 能耗下降 3.5% 的目标，为完成“十二五”17% 的节能目标打下了坚实基础。在水耗方面，北京市进一步深入推进节水型社会建设，继续处于全国领先水平，全市污水处理率达到 82%，再生水利用量达到 7.1 亿吨。实施清洁空气行动计划，2011 年新增造林绿化面积 25 万亩，全市林木绿化率达到 54%，全年空气质量二级和好于二级天数达到 78.4%，其中，一级天数达到 74 天，增长 39.6%，实现了空气质量连续 13 年持续改善。

（六）主要行业分析

1. 房地产市场调控取得明显效果

2011 年，中央和北京市一系列房地产市场调控政策措施效果持续显现，房地产市场由政策适应期逐步进入平稳期，房价稳中有降态势明显，市场走势符合调控预期目标，保障性住房建设进展顺利。银行信贷作为房地产市场调控重要手段的作用得到体现，房地产贷款增速回落，个人住房贷款业务收缩明显。

（1）房地产开发投资增速放缓，主要资金来源渠道普遍收紧。2011 年，北京市完成房地产开发投资同比增长 10.1%，较 2010 年下降 14 个百分点；占全社会固定资产投资的 51.4%，较 2010 年下降 1.4 个百分点。房地产开发项目本年到位资金同比下降 4.8%。其中，自筹资金、定金及预售款、银行贷款和利用外资同比分别下降 0.1%、5.8%、11.3% 和 81.3%。

（2）在建商品住房面积呈现增长，保障性住房供给增加。2011 年，北京市房地产开发企业完成土地购置面积同比下降 41.0%；商品住宅竣工面积同比下降 12.2%，当月住宅竣工面积在 12 月达年内最大值。商品住宅新开工面积同比增长 25.8%，其中保障性住房新开工面积同比增长 59.7%。全年完成各类政策性住房投资同比增长 94.9%，完成全年计划的 149.0%；占全市房地产开发投资的 24.6%，较 2010 年提高 12.4 个百分点，保障性住房对投资的拉动作用明显。新建收购各类保障性住房23万套，超过全年20万套的任务目标；竣工10万套，发放租赁补贴2万户。

（3）商品住房成交量显著缩减，供大于求促使库存逐步回升。2011年，商品房销售面积同比下降12.2%（见图13）。其中，新建商品住宅销售面积同比下降13.9%，现房销售面积和期房销售面积同比分别下降21%和12.3%。2月以来新建商品住房各月供应量均高于成交量，促使库存逐步回升。

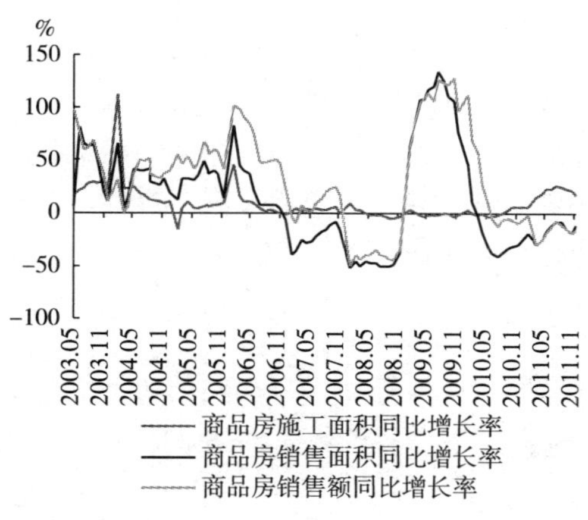

数据来源：北京市统计局。

图13　2003～2011年北京市商品房施工和销售变动趋势

（4）房价控制目标顺利实现，新建住宅销售价格涨幅同比回落。2011年，北京市新建普通住房成交均价同比下降11.3%，顺利实现年初制定的新建普通住房价格“稳中有降”的控制目标。新建住宅销售价格同比涨幅从1月的6.8%回落至12月的1%，环比自6月起连续5个月停涨，11～12月分别下降0.3%、0.1%（见图14）。2011年，北京市住房租赁市场交易活跃，住房租赁价格涨幅高于房价涨幅。

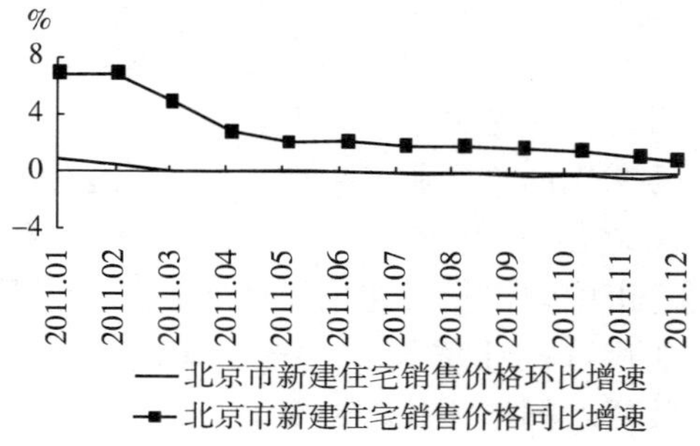

数据来源：北京市统计局。

图14　2011年北京市新建住宅销售价格变动趋势

（5）房地产贷款增速大幅回落，个人住房贷款业务萎缩明显。2011年末，北京市金融机构本外币房地产贷款余额同比增长1%，较2010年同期下降21.5个百分点。房地产开发贷款接近零增长。个人住房贷款余额同比增长2.1%。其中，新建住房贷款余额同比下降0.3%，二手住房贷款余额同比增长7.5%。保障性住房开发贷款新增额占全部住房开发贷款新增额的82.6%。辖内各银行结合北京市保障性安居工程建设工作实际和自身业务特点，通过信贷规模倾斜、内部支持政策、金融产品创新等手段，积极为保障性住房项目提供信贷支持。

2. 文化创意产业持续较快发展，文化金融支持力度不断加大

《北京市“十二五”时期人文北京发展建设规划》提出，“十二五”期间北京市将力争实现文化创意产业增加值翻一番，占全市地区生产总值的比重达到15%，成为首都战略性支柱产业。2011年，北京市文化创意产业实现增加值1 938.6亿元，按现价计算，比2010年增长14.2%，占地区生产总值的12.1%，较2010年提高0.1个百分点。

金融支持文化创意产业发展力度不断加大。银行业金融机构通过加大创新力度及密切银政企合作等方式，不断摸索金融支持文化创意产业的有效方式，改进和完善文化创意产业金融服务。2011 年末，北京市中资银行文化创意产业人民币贷款企业户数同比增长 66.4%；2011 年累计发放贷款同比增长 75.9%。

3. 高新技术产业支撑北京率先实现创新驱动发展，科技金融创新全面推进

中关村国家自主创新示范区建设取得新成效，“1 + 6”① 先行先试政策获得重大突破。2011 年，北京高新技术产业实现增加值约为 2 695.4 亿元，同比增长 12.5%；中关村国家自主创新示范区投产开业企业全年实现总收入 1.9 万亿元，比 2010 年增长 20.9%。

结合北京区域高端创新要素和金融资源聚集特点，中国人民银行营业管理部组织开展了贯穿全年的“科技金融创新年”活动，通过建立健全产品创新引导、银企互动对接、考核表彰激励和信用信息服务等机制，推动辖内金融机构先行先试，积极创新，促进科技资源与金融资源融合发展。截至 2011 年末，辖内中资银行高新技术产业人民币贷款企业户数同比增长 36.3%；16 家科技金融专营机构在中关村成立；中关村信用贷款试点和股权质押贷款工作顺利开展；47 家企业在创业板成功上市，“中关村板块”更加凸显。全年，中关村创业投资案例和投资金额均占全国的 1/3 左右。科技金融组织体系、市场体系、产品体系与服务体系的系统创新不断加强，科技创新与发展全过程、全覆盖的科技金融体系逐步建立。

专栏2 专营机构为首都科技金融创新发展提供强力支撑

为推动落实科技部、中国人民银行等五部门《促进科技和金融结合试点实施方案》，支持中关村国家科技金融创新中心和国家自主创新示范区建设，2011 年第三季度，中国人民银行营业管理部对辖内科技金融专营机构（以下简称“专营机构”）开展了专项调查。结果显示，专营机构的设立有效拓展了科技金融业务，加快了科技金融创新步伐。

一、专营机构是促进科技和金融结合的重要组织创新

为增强地缘优势，科技金融专营机构相继在中关村成立，所属银行类型覆盖大型商业银行、股份制商业银行、城市商业银行及外资银行，其中 83.8% 的专营机构专门服务于科技型中小企业。作为科技金融创新的“试验田”，专营机构承担着实践创新理念、落实“先行先试”政策的重任。在组织设置上，8 家专营机构设在支行层面，5 家为分行内设部门，1 家为小企业信贷中心区域总部。专营机构的设立促进了科技金融业务快速发展，2011 年末，各专营机构高新技术企业贷款余额和户数均实现成倍增长。

① “1”是指搭建首都创新资源平台；“6”是在中关村深化实施先行先试改革的六条新政策。

二、机制创新是促进科技和金融结合的重要推手和保障

为满足高新技术企业融资需求的急迫性特点，专营机构努力从“快”字上下工夫，不断增强专项服务优势。一是完善“信贷工厂”模式，以专业化分工、标准化运作和差异化管理加快审贷速度；二是建立“绿色通道”，方便高新技术企业直接进入审批通道，享受高效的融资审批及便捷的资金额度预约等服务；三是优化审贷流程，通过实行24小时网上审批、提前审批并批准额度、授信调查与授信分析一并进行等措施，进一步提高贷款审批和发放效率；四是下移审批权限，专营机构一般审批权限在2 000万元及以上的占46.2%，基本能及时满足高新技术企业的贷款额度需求。

专营机构授信机制创新推动审批效率大幅提升。在审批权限内，81.8%的专营机构审批不超过5个工作日，超过审批权限，75%不超过10个工作日。同时，70%的专营机构认为专职客户经理人均贷款户有望达到15户及以上，最高可达30户；而在调查时60%的专营机构人均贷款户尚未超过10户，最多为19户。

三、信贷创新产品是促进科技和金融结合的重要载体

针对高新技术企业发展模式及融资条件的独特性，专营机构积极开展创新，推出市场适用性强的信贷产品和服务方式，信贷资源对高新技术企业的覆盖面明显提高。

一是前移介入周期，分享“高成长”企业发展成果。为了将“银行看过去”与“VC、PE看未来”的理念相互匹配，专营机构积极创新银投合作、投贷结合的融资模式，推出投贷一体化产品，并针对被投资企业提供个性化衍生服务。

二是拓宽担保品种，给予“轻资产”企业融资机会。多家专营机构已加入中关村信用贷款试点、信用保险和贸易融资试点，并就知识产权、代办股权等无形资产设计融资方案，有效降低了高新技术企业融资门槛。

三是借助网络平台，便利“融资频”企业资金运用。科技发展和网络普及为科技金融创新注入了新的活力。专营机构积极发挥网络优势，推出网络+循环贷款，实现客户自助贷款还款；同时依托第三方电子平台，开发“e贷通”等产品，实现企业信息流、物流和现金流紧密对接。

四是探索信贷供给服务新路径，拓宽企业融资渠道。为拓展并维系客户，专营机构通过制定集合信托计划、研发卖断型接力贷等举措，积极探索信贷供给新路径，助推更多高新技术企业获取信贷资金。

三、预测与展望

2012年是实施“十二五”规划承上启下的重要年度，也是北京市巩固经济转型成果，加快建设中国特色世界城市的关键之年。展望2012年，虽然国内外经济形势仍将复杂严峻，但推动经济增长的长期动力并未发生根本变化，首都经济发展面临的机遇大于挑战。

从国际环境看，金融危机和主权债务危机的深层次影响仍在延续，世界经济复苏面临较多不稳定性和不确定性。从国内环境看，经济增长正在由政策刺激向自主增长有序过渡，战略性新兴产业规划陆续出台，促进区域协调发展和扩大居民消费需求的政策体系不断完善，将给实体经济发展注入新的活力。从北京自身看，“打造首都经济圈”提升为国家战略拓宽了北京市发展空间，有利于发挥总部经济优势和高端引领的辐射带动作用；中关村国家自主创新示范区建设全面推进和中国特色社会主义先进文化之都战略加快实施，有利于充分发挥首都的资源聚集优势，加快推进科技创新与文化创新“双轮驱动”的发展格局，为首都经济发展提供新的战略增长点和持续竞争力。

2012年北京市投资、消费、出口三大需求增长将更趋协调。当前北京已进入消费结构升级阶段，消费增长仍有较大潜力；中国人民银行规范第三方支付机构以及银联推出的无卡支付平台等政策为网络消费和银行卡消费等新兴消费模式提供良好环境；保障房加快供给和机动车更新换代将在一定程度上填补住宅和汽车限购形成的缺口，并拉动相关消费和服务增长。投资保持平稳增长的同时结构和质量将继续优化，“十二五”规划确定的重大项目进入大规模集中建设阶段，战略性新兴产业项目和高端产业功能区将成为投资建设热点；新技术、新工艺、新产业模式的出现也增加了传统产业技术升级与改造方面的投资需求；受政策调控影响，房地产及相关行业的投资将进一步放缓。跨境贸易人民币结算试点继续推进、天竺保税区建设和服务贸易的快速发展对进出口增长起到一定支撑作用，但世界经济复苏步伐放缓、贸易保护主义升温、劳动力成本上升等不利因素，都会对北京地区对外贸易造成不利影响，预计2012年北京地区进出口规模较2010年持平或略有增长。

价格方面，随着宏观经济政策措施效果逐渐显现，社会总需求趋于稳定，货币条件回归常态，粮食生产形势较好，支持物价稳定的积极因素增多。但国际政治局势动荡加剧、主要经济体流动性持续宽松，大宗商品价格存在进一步上涨压力，资源品价格改革尚待深入推进，都有可能使微观经济主体的通胀预期出现反复。综合考虑各相关因素影响，预计2012年北京市物价仍将呈现上涨态势，但同比涨幅较2011年将有所回落。

从金融运行情况看，金融业服务首都经济发展的动力和能力将进一步增强。“三个北京”发展战略的稳步实施为金融业提供了良好的发展环境；文化、知识产权、石油和金融资产等要素交易市场建设有序推进和社会信用担保体系的不断完善，将吸引相关机构落户北京，进一步强化首都的总部金融特征。2012年，北京市金融业将切实把握更好地服务实体经济的要求，创新金融产品和融资方式，加大对高新技术产业、文化创意产业、战略性新兴产业等重点领域，以及保障房建设、环境治理和节能减排等薄弱环节的金融支持。全面改进和完善对小微企业、“三农”的金融服务。继续落实差别化住房信贷政策，加大对保障性安居工程和普通商品住房建设的支持力度，努力改善首套住房贷款信贷服务。

2012年，中国人民银行营业管理部将全面贯彻中央经济工作会议和全国金融工作会议精神，按照中国人民银行工作会议部署，牢牢把握加快转变经济发展方式的主线和稳中求进的总基调，结合北京实际，努力提高执行稳健货币政策的针对性、灵活性和前瞻性。全力维护首都金融稳定，扎实推进金融服务现代化，全面提升金融服务水平，努力营造促进首都经济社会平稳和谐发展的金融环境。

总　纂：李　超　姜再勇

统　稿：雷晓阳　龙　非　朱　睿

执　笔：张　丹　蒋湘伶　卢　静　梁珊珊　李瑞敏　张宝航　张英男　齐　川　张笑尘　黄美娟　周　翔　王　瑞　李　媛　童怡华　张向军　贺　杰　刘　宁　尹兴中　陈　岩

提供材料的还有：邓凯宏　魏海滨　单　方　张　煜　王新宇　李天懋　甘　瀛

北京市金融稳定报告（摘要）

中国人民银行营业管理部　金融稳定分析小组

2011 年，北京市全年经济总体基本稳定，经济运行调整中保持活力，“调结构、转方式”取得积极进展，为北京市金融业平稳运行保驾护航。金融业总体运行平稳，经营效益明显提升，金融基础设施建设稳步推进，支付环境继续优化，社会信用体系进一步完善，反洗钱工作水平不断提升，跨境人民币业务稳步前行，外汇案件检查力度加大，金融业生态环境进一步改善，为确保北京金融体系的稳健合规运行提供了有力保障，为北京市经济的持续发展提供了良好条件。

一、区域经济运行与金融稳定

2011 年是“十二五”开局之年，在复杂多变的内外部环境中，北京市坚决贯彻落实中央宏观调控政策，经济运行总体基本稳定，“调结构、转方式”取得积极进展，实现了“十二五”时期的良好开局。

（一）经济运行调整中保持活力，为北京市金融业平稳运行保驾护航

1. 全年经济回调中趋稳，居民收入继续快速增长

2011 年，北京市地区生产总值达到 16 000. 4 亿元，人均地区生产总值达 80 394 元。第一产业实现增加值 136. 2 亿元，同比增长 0. 9%；第二产业实现增加值 3 744. 4 亿元，同比增长 6. 6%，其中工业实现增加值 3 039 亿元，同比增长 7. 4%；第三产业实现增加值 12 119. 8 亿元，同比增长 8. 6%。全年地方财政收入 3 006. 3 亿元，比上年增长 27. 7%。城镇居民人均可支配收入和农村居民人均纯收入分别为 32 903 元和 14 736 元，分别比上年实际增长 7. 2% 和 7. 6%。

2. 三次产业协调发展

2011 年，北京市继续加快转变经济发展方式，主动调整经济结构。三次产业结构由上年的 0. 9 : 24. 1 : 75. 0 变化为 0. 85:23. 40:75. 75，第三产业占比持续上升，产业结构调整走在全国前列。

3. 投资走势基本稳定，重点行业投资增长较快

2011 年，北京市完成全社会固定资产投资 5 910. 6 亿元，同比增长 13. 3%。其中，反映实际工作量的建安投资量明显

提高，完成 2 585.3 亿元，比上年增长 22.4%，占全社会固定资产投资的比重为 43.7%，比上年提高 3.2 个百分点。

4. 消费品市场多点带动

全市实现社会消费品零售额 6 900.3 亿元，比上年增长 10.8%，扣除价格因素，实际增长 7.3%。其中，吃类、穿类和烧类商品分别增长 17.3%、21.3% 和 27.4%，用类商品增长 5%。从限额以上批零企业销售看，石油及制品类、金银珠宝类和文化办公用品类零售额分别增长 30.3%、54.8% 和 43.2%。

5. 进出口总值增长率有所回落，外资利用持续增长

2011 年，北京地区进出口总值 3 895.0 亿美元，比上年增长 29.1%。其中，进口总值 3 304.7 亿美元，增长 34.2%；出口总值 590.3 亿美元，增长 6.5%。2011 年北京市实际利用外资共 70.54 亿美元，比上年增长 10.9%，增幅高于上年 6.9 个百分点。

6. 各类价格涨幅得到有效控制

2011 年居民消费价格指数先升后降，涨幅为 5.6%，工业生产者出厂价格同比上涨 2.3%，工业生产者购进价格同比上涨 8.4%，农产品生产价格指数同比上涨 10.7%。12 月，居民消费价格同比上涨 4.4%，较 11 月回落 0.2 个百分点，已连续 4 个月下降。

7. 保障房建设大力推进，房价涨幅持续回落

全年销售商品房 1 440 万平方米，同比下降 12.2%，其中销售住宅 1 035 万平方米，同比下降 13.9%。全年政策性住房完成投资 746.1 亿元，同比增长 94.9%。

（二）区域经济运行中仍存在不利于金融稳定的因素

1. 国际金融体系动荡的背景下，北京承接着国际金融要素转移的压力

目前全球经济已步入一个新的危险阶段，发达国家金融体系的急剧动荡虽有所缓解，但实体经济仍然复苏缓慢，新的经济增长点不清晰，区域性政治经济不确定性仍然存在，国际金融资源迅速向新兴市场国家转移，市场、人才、技术、发展环境等各个层面的国际竞争更加激烈。北京作为中国首都，承接了各种国际高端金融要素的转移，但在要素转移的过程中，由于明显缺乏新的经济增长点，同时政府投资能力受限的情况下，蕴涵的金融风险对北京市经济发展、金融稳定、金融软环境、民生保障等造成了各种压力。

2. 欧美债务危机对北京地区出口和资金流动的影响逐步显现

受欧美债务危机影响，欧美国家试图修正现有国际贸易格局、增加出口份额和就业岗位的努力，都将对我国出口部门造成冲击。2011 年，北京地区进出口逆差 2 714.4 亿美元，同比增长 42.5%。北京地区出口增长明显放缓，对最大贸易伙伴欧盟出口金额同比负增长，对美国出口金额同比增速也大幅下降。由于进口加工型贸易在我国贸易中占主导地位，间接也会导致进口相应萎缩。随着欧美债务危机深化，欧美地区企业本国经营状况受到影响，利润汇回本国情况明显增多。2011 年，北京地区外商直接投资企业利润汇出 117 亿美元，同比增长 72.7%，其中欧资企业利润汇出 47 亿美元，同比增长 103.5%。

3. 通胀预期不稳定，消费增速可能下降

2011 年国家采取一系列宏观调控政

策效果已初步显现，物价涨幅总体保持回稳态势，但未来通胀风险仍不容忽视。北京地区存在劳动力要素趋紧的结构性因素，生产成本、原材料成本和人力成本处于持续和刚性上涨过程中，煤炭、石油等资源性产品价格仍待理顺，这些都可能会固化通货膨胀，并使得物价对总需求的变化更加敏感。此外，消费增速也可能下降。一方面，部分消费刺激计划于2011年末到期，汽车消费增速也已明显下降。另一方面，房地产调控将使装修、家电等相关领域的消费增长受到明显影响，受资产价格重估和收入增长预期偏负面的影响，居民的消费热情下降，这使得消费增长可能在2012年趋缓。

4. 房价下跌预期明显增强，房地产市场“以价换量”，未来发展不明朗

2011年第四季度中国人民银行营业管理部（以下简称人行营业管理部）城镇居民购房需求问卷调查结果显示，在有购房计划的居民中，46.5%的居民选择暂时观望，占比较第三季度提高了11.2个百分点，推迟购房的居民占18.6%，占比较第三季度提高了2.4个百分点；正在租房的居民，在房价平均下跌26%时才考虑购房。在未来不确定因素增加、市场走势不明朗的情况下，房地产开发企业资金紧张状况短期内难以改善，越来越多的房地产开发企业将不得不选择“以价换量”，预计房地产开发企业会普遍放缓开工速度、缩减拿地规模，开发企业定价将更为理性，房地产市场未来发展不明朗，将进一步调整。

二、金融业与金融稳定

（一）银行业：整体保持平稳运行，信贷增长回归常态，经营效益显著提升，风险抵御意识与能力有所加强

2011年，北京市银行业运行稳健。辖内银行业金融机构资产负债规模继续平稳增长，利润水平大幅提高；资产质量继续改善，风险抵御能力进一步提高。

1. 银行业整体运行平稳，可持续发展基础进一步夯实

（1）信贷增长常态回归，资金配置效率继续提升。2011年，辖内金融机构（含外资，下同）本外币信贷增速呈稳态回落趋势，增速适度。截至年末，北京地区银行业金融机构本外币各项贷款余额同比增长8.72%，增速比上年同期下降8.76个百分点。其中，剔除个别金融机构调账等因素后，人民币各项贷款余额同比增长14.2%。

（2）资产质量继续改善，贷款损失准备充足。2011年，辖内金融机构不良贷款余额同比下降3.16%，不良贷款率同比下降0.09个百分点。辖内金融机构贷款损失准备较年初增长53.73%；贷款损失充足率比上年同期增长60.35个百分点。

（3）利润水平逐节攀升，中间业务得到迅速发展。2011年，偏紧的信贷规模并没有影响北京银行业的利润增长，辖内金融机构累计实现利润同比增长15.39%，较前四年再创新高。从利润构成看，利息收入仍是拉动利润增长的主要力量，但息差收窄，利息收入占比下降，中间业务得到迅速发展。辖内金融机构利息收入率同比大幅降低5.14个百分点；净息差同比降低0.22个百分点；中间业务收入率同比提高1.29个百分点。

（4）法人金融机构运行平稳，各项指标总体向好。北京市法人银行资产增长速度较快，北京银行、北京农商银行、外资法人银行和村镇银行资产总额同比分别

增长 30.32%、12.31%、32.62% 和 88.39%；法人银行各项资本充足指标超过监管要求且基本稳定，外资法人银行和村镇银行资本充足情况保持较高的水平；法人银行实现利润大幅增长，再创新高；村镇银行首次扭亏为盈。北京地区中资法人金融机构流动性全年有所收紧，但仍保持在监管标准之上，外资法人银行由于受存贷款比例 2011 年末达标的要求限制，流动性相对宽松。

（5）金融主体进一步完善，非银行金融机构发展迅速。截至年末，北京辖区金融主体进一步完善，非银行金融机构增长迅猛，业务创新有效推进，经营业绩长足提高，机构竞争力显著加强，有力提升了首都金融业竞争力。2011 年末，非银行金融机构资产总额同比增长 33.72%，超过全部金融机构资产增速 14.19 个百分点。

2. 银行业发展中值得关注的问题

（1）防范银行业部分类型贷款的到期违约风险。一是从贷款行业分布看，2011 年，房地产业是不良贷款增加最多的行业，房地产贷款违约风险有所上升。2012 年房地产企业到期银行贷款增加，而且其他渠道的债务利率水平通常较高，可能挤占企业归还银行的贷款，致使贷款到期的还款压力加大；二是 20% 左右融资平台贷款将于 2012 年到期，届时市、区、县各级政府将面临约 700 亿元的还款压力，不排除部分贷款出现逾期的可能。此外，北京市人民政府规定支出的偿债资金必须纳入当年一般财政预算，银行融资平台贷款的合规风险将进一步上升；三是异地贷款授信集中度风险较高，多集中于优势和垄断行业，还款来源受地方政府财政和宏观调控措施等因素的影响较大，潜在风险不容忽视。

（2）理财业务高速增长，潜在的隐患需警惕。2011 年，北京辖内银行理财产品市场发行规模成倍增加，累计发行理财产品 4.69 万亿元，同比增长 5.94 倍。理财业务涉及内容广泛，涵盖银行资产、负债业务和中间业务等。同时，银行理财产品创新主体所面临的非独立性制约、同质化产品价格竞争加剧、成本控制难度增加、收益出现浮亏及监管博弈等问题值得关注。

（3）商业银行委托贷款风险意识有待加强。2011 年，金融机构委托贷款业务呈现快速增长之势，北京地区表现更为突出。北京市中资银行委托贷款占同期全市新增人民币贷款约 37.4%。调查中发现存在着信贷资金用于委托贷款、部分委托贷款投向了受限制领域、商业银行风险意识不强等问题，需要加强对委托贷款的风险管理。

（4）关注民间融资对传统银行业务的冲击。2011 年，民间融资较快的发展规模和增长速度进一步深化了金融体制改革，在企业直接融资方面发挥了重要作用，但其对传统的商业银行业务也造成一定的挑战和冲击。首先，争夺正规金融的客户资源，为商业银行拓展个人及企业金融业务带来一定困难。其次，民间融资规模发展迅速，大量游离于金融监管范围之外的体外循环资金，对商业银行的规模融资形成竞争。最后，来自利率的挑战。正规金融面临的很多利率政策对民间融资基本上不存在，由于高利率的诱惑，存放在银行的存款将进一步寻求高额回报，使得银行存款外流。

（5）银行业金融产品创新的效率虽高，但效果堪忧。2011 年，北京辖内银行业金融机构在金融产品创新方面取得显著发展，如理财产品、贵金属业务、人民币资金池以及各种抵押担保贷款等。金融产品创新的效率高，为业务调整与转型提供了新思路，但仍存在金融产品创新层次低，创新产品的结构趋同、随机性强，产品创新的目标模糊、风险意识薄弱等问题，金融产品创新的效果有待持续考证。

（二）证券业：证券业市场活跃性下降，上市公司总股本与总市值全国领先

2011 年，北京市证券业稳步发展，上市公司数量有所增加，上市公司总股本与总市值继续在全国保持领先。受证券市场行情振荡下行影响，证券交易活跃性下降，证券公司盈利能力降低。

1. 证券市场行情振荡下行，基金份额有所增加

（1）证券市场活跃度下降，证券公司盈利能力降低。2011 年末，北京市共有正常经营的法人证券公司 18 家，比上年增加 1 家；证券公司在京营业部 262 家，比上年增加 32 家。受证券市场行情振荡下行影响，证券公司各项利润指标及证券市场交易额出现下降。全年实现营业收入同比下降 25.67%。全年实现净利润仅为 2010 年的一半。证券公司客户交易结算资金余额比上年下降 40.78%；证券市场交易额比上年下降 10.01%，其中股票基金交易额比上年下降 24.08%，证券市场活跃度下降。

（2）基金份额有所增加，基金净值出现缩水。2011 年末，在京注册的法人基金管理公司 9 家，比上年增加 2 家。年末，法人基金公司共管理基金 109 只，其中封闭式基金 6 只，开放式基金 103 只。管理基金份额规模合计 4 415.5 亿份，比上年增加 383.42 亿份，改变了连续两年的下降趋势。受证券市场行情振荡下行影响，年末基金管理净值比上年大幅下降 14.44%。

（3）期货公司资产总额增速回落，代理交易额大幅下降。2011 年末，北京市共有期货经纪公司 20 家，资产总额和净资产同比增速分别比上年回落 89.41 个和 78.05 个百分点，主要是客户保证金水平增幅下降所致。受代理交易额大幅下降影响，期货公司经营状况有所下滑，2011 年实现利润比上年下降 29.11%。

（4）上市公司总股本与总市值全国领先，综合治理继续改善。2011 年末，北京市共有上市公司 194 家，数量名列全国第二位，包括 A 股上市公司 169 家、A + H 股上市公司 24 家、A + B 股上市公司 1 家。北京市上市公司已初步建立起较为完善的治理结构，治理层之间的制衡关系初步建立，独立董事和董事会各专门委员会作用逐步体现，股东利益能够得到有效维护。

2. 证券业发展中需要关注的问题

（1）证券公司盈利模式尚不完善。2011 年，北京市证券公司经纪业务手续费收入和证券发行收入占到全部营业收入近 70%，受证券市场行情振荡下行影响，各项营业收入下降幅度均超过 20%，而利润下降幅度超过 50%。虽然未出现大面积亏损，但证券公司盈利模式单一、收入增长与资本市场行情相关性较高等问题仍然明显。

（2）对于证券投资咨询类的投诉仍将长期存在。目前，全国具有证监会批准从事证券投资咨询的合法机构在 100 家左右，北京市有 19 家。与此同时以售卖荐股软件等形式，提供非法证券投资咨询业务的机构要数倍于合法持牌机构，其中不

乏客户数量众多、市场影响较大的公司，但是多数无牌机构从事准投资咨询业务都涉嫌违法违规。

（3）证券机构信息系统安全依然存在较大隐患。证券公司交易系统一旦发生故障，很容易引发风险。从2011年信息系统发生的故障来看，证券公司由于自身交易系统故障导致的突发安全事故已不多见，但是第三方存管银行发生系统故障仍会引起安全事故。另外，期货公司客户保证金存管银行2011年也发生过类似系统故障，需要继续引起关注。

（4）期货行业面临新的挑战。继2011年第一季度证监会颁布期货公司期货投资咨询业务试行办法之后，境外期货业务、CTA业务也将陆续推出。创新带来了期货行业大发展，同时由于新业务的实施，风险也必将存在。北京地区期货机构数量众多、技术系统薄弱、期货机构扩张带来的人员素质降低等也都有一定的风险隐患。

（三）保险业：行业发展增速放缓，主要指标保持稳健

2011年，北京保险市场总体保持平稳发展态势，服务领域不断拓宽，行业风险基本可控，但仍存在行业经营不规范及粗放式发展等问题。

1. 保险机构数量稳中有增，服务领域不断拓宽

（1）产寿险公司有所增加，保费规模位居全国前列。2011年末，共有在京保险分公司和直接经营业务的保险总公司95家。其中，产险公司37家，寿险公司53家，再保险公司4家，政策性保险公司1家。全行业管理保户储金及投资款较年初增长5.7%，总资产较年初增长22.4%。全年实现原保险保费收入①同比增长2%，保费规模居全国第五位。保险赔付支出同比增长16.57%。

（2）产寿险业务结构趋于优化。2011年，财产险业务保费收入同比增长9.5%。其中，车险保费收入同比增长3.9%，保费收入占产险业务的68.3%，同比减少3.7个百分点。非车险保费收入同比增长24.1%。其中企财险、责任险和货运险占比分别为12.1%、4.5%和5.6%，同比分别提高2.4个、1.0个和1.7个百分点。2011年寿险业务保费收入中，分红险保费收入占比91.6%，同比基本持平；普通寿险、投连险、万能险占比分别为7.7%、0.1%、0.7%。寿险业务中银邮渠道保费收入占比50.4%，同比下降4.9个百分点；个人代理渠道占比36.3%，同比上升6.1个百分点；公司直销渠道和其他渠道占比分别为9%和4.3%。

（3）产寿险赔付支出较快增长，主要监管指标保持稳健。2011年，产险公司赔款支出同比增长26.7%；综合赔付率同比上升1.8个百分点；承保利润率同比减少0.7个百分点；综合费用率为同比下降1.07个百分点；业务及管理费率为同比提高0.43个百分点。寿险公司赔付支出同比增长20.8%；退保率为2%，低于全国0.5个百分点；寿险业务新单期交率同比提高4.4个百分点。

（4）保险产品创新多方面开展。一是针对长期以来企财险、家财险不涵盖与居民生活密切相关的资产、财产的情况，某财产保险公司开发了新型产品；针对境

① 以下简称保费收入，是执行财政部《企业会计准则解释第2号》后的口径数据，与往年不具有可比性。

外购物可能产生的信用卡风险，相关财产保险公司在原有产品中增加了信用卡盗刷风险、ATM 提款盗抢风险保障。二是自2011 年 6 月起，北京地区 2 家寿险公司开始销售变额年金保险产品①。三是针对出境旅行风险多元化的特点，某财产保险公司在意外险产品中增加了滑雪等多种运动风险、恐怖袭击风险等保障。

（5）专项领域保险取得新进展。一是政策性农业保险发展状况。近年来，北京市政策性农业保险承保品种不断增加，保障范围逐步扩展。截至年末，北京市政策性农业保险已经覆盖全市 13 个郊区县和首农集团等国有涉农企业，险种扩大至19 种，累计参保农户 93 万户次，受益农户 50.9 万户次，为北京都市型现代农业提供了有力的风险保障。二是商业健康险服务“新医改”工作情况。2011 年 4 月，北京市推动行业建立北京商业健康险管理信息平台，截至年末，共有 55 家产、寿险公司实现与平台的对接，44 家上传了健康险信息数据。2011 年，中国人民健康保险股份有限公司北京分公司与平谷区政府签订合作协议，启动“新农合共保联办”项目，截至年末，平谷区新农合参合人数 23.4 万，参合率 99.9%，“共保联办”项目实现了政府部门、农民、医院和保险公司的多方共赢。

（6）外资保险机构经营快速发展。截至年末，北京地区外资产险公司 10 家，约占全国外资产险公司数量的 1/3；近年来，外资产险公司发展速度快于中资产险公司，2007 ~ 2011 年的保费市场份额由1.7%增长到 3.9%。目前，在京经营业务的外资寿险公司共 21 家，其中分公司18 家，总公司 3 家；外资寿险公司全年实现保费收入同比下降 21.9%，市场份额同比下降 3.4 个百分点。

2. 保险市场中值得关注的问题

（1）受政策环境影响，行业发展增速放缓，不确定性增加。2011 年，国内外经济金融形势复杂多变，国内物价水平上涨较快，货币政策趋紧，北京实施车辆限购政策等，导致保险行业增速放缓。一是业务稳定性受到影响，按旧口径计算，2011 年北京市原保险保费收入同比下降2.2%；二是产险经营效益下滑，产险公司承保利润率 3.6%，较上年下降 0.7 个百分点；三是寿险业务退保压力增大，全年退保金支出同比增长 49.1%，退保率4.3%，同比提高 1 个百分点。

（2）货运险、意外险等领域问题显现。近年来，随着货运险、意外险等业务的快速发展，暴露出许多问题。意外险业务违法违规问题主要表现为网络渠道销售不规范、团体业务管理不规范、不法机构非法经营意外险业务等方面。

（3）保险市场仍存在违规经营及侵害消费者利益问题。一是销售误导，主要表现形式有隐瞒与保险合同相关的重要情况及进行与事实不符的宣传等；二是保险数据不真实，主要表现为虚列业务及管理费、编制虚假的财务报告报表资料等；三是理赔难，全年因拒赔、理赔金额争议引发的投诉同比分别增加 53.8% 和 80%，拒赔纠纷和价格争议是理赔难的焦点。

（4）保险行业粗放式发展模式仍未根本改变。保险行业各公司产品趋于同质

① 变额年金保险是全球保险市场的一款主流产品，指包含保险保障功能，保单利益与连接的投资账户投资单位价格相关联，同时按照保单约定具有最低保单利益保证的人身保险产品。

化，依据客户特殊需求的产品创新不足；公司间的竞争大多体现在非理性价格竞争，依靠规模扩张的粗放式发展模式没有根本转变，服务能力仍然薄弱；公司内控体系仍不健全，人才队伍匮乏，发展质量不高。保险公司应注重产品创新，提升服务质量，逐步转变粗放式的发展模式。

三、金融市场运行与金融稳定

（一）金融市场运行平稳，继续呈现净融出资金格局

1. 货币市场交易规模稳步增长，净融出资金有所减少

2011年，北京地区同业拆借成交量显著增长，金融机构[①]网上拆借累计成交同比增长17.71%，占全国交易量的55.14%，全年无网下拆借交易。债券回购交易小幅增长，累计成交同比增长1.08%，占全国交易量的42.22%。2011年北京地区货币市场继续呈现净融出资金格局，净融出资金额同比下降30.71%。

2. 现券交易略有减少，远期交易显著增加

2011年，银行间市场流动性紧张导致现券市场低迷，现券买卖成交同比下降1.08%，占全国交易量的28.92%；由于信用债券到期收益率持续走高吸引金融机构投资，2011年信用债券累计成交同比增长63.39%，占全部现券交易量的36.58%。远期交易成交量显著增加，累计成交同比增长253.09%。

3. 资本市场活跃度大幅下降，债券市场继续为非金融企业直接融资主要渠道

受证券市场行情振荡下行影响，2011年末北京地区法人证券公司客户交易结算资金余额出现下降。2011年北京地区境内上市公司累计筹集资金额比上年下降45.4%。其中，中小企业板筹资额和创业板筹资额同比分别下降53.43%和28.35%。2011年，北京地区非金融企业通过发行债券和股票融资额同比增长41.73%。其中，发行债券融资同比增长44.12%，占直接融资总量的93.55%。

4. 结售汇总量扩大，外汇衍生品交易大幅增长

2011年，北京地区结售汇占全国结售汇总量的20.8%，继续居全国第一位。受“减顺差”工作举措、人民币汇率波动、欧债危机深化等因素影响，下半年售汇增速显著加快，全年，北京地区结售汇逆差同比增长32.63%。2011年，即期外汇买卖成交量同比增长1.68%。受金融机构避险需求旺盛影响，外汇远期交易买卖成交额为2010年交易量的6倍。外汇掉期交易买卖累计成交同比增长54.50%。外币对买卖累计成交同比增长589.42%。

5. 黄金市场交易活跃

北京地区交易所会员全年黄金买卖累计成交同比增长34.84%。其中，黄金买入成交同比增长34.07%，卖出成交同比增长35.55%。自营交易和代理交易成交同比分别增长34.79%和34.92%。实际提货量同比增长43.55%。

（二）金融市场运行中值得关注的风险

1. 金融机构流动性紧张的状况值得关注

2011年，市场流动性呈现紧张态势，

① 指在北京地区营业的所有金融市场成员，包括各政策性银行、国有商业银行总行及北京市分行、各股份制商业银行总行及在京营业机构、北京银行、北京农商银行、中国邮政储蓄银行、各外资银行在京营业机构，在京各证券公司、财务公司、基金管理公司、保险公司、信托投资公司、资产管理公司等。

数次出现资金供需极度不平衡的情况。受此影响，金融机构的资金配置策略开始改变，一方面，资金运用趋于谨慎，减少资金供给，净融出资金量大幅下降；另一方面，对于资金可能紧张的时点，提前配置资金，导致中长端期限的交易占比有所增长。对此，应密切关注金融机构的流动性风险并予以指导，以免发生大范围的流动性风险。

2. 货币市场利率波动性依然很大

2011 年，货币市场利率的波动幅度依然很大。从政策因素来看，货币市场利率受到存款准备金率、公开市场操作和基准利率调整等因素的影响；从外部因素来看，货币市场利率又受到外汇占款、节日资金需求、金融机构存贷比考核、大型机构 IPO 或配股以及债券发行等因素变化的影响。利率波动幅度大加剧了金融机构资金管理的难度。

3. 非金融企业债券高增长、高收益背后潜藏风险

2011 年，北京地区非金融企业通过发行债券融资同比增长 44.12%，占直接融资总量的 93.55%。2011 年，信用债券到期收益率持续走高，吸引金融机构投资量显著增长，2011 年信用债券累计成交同比增长 63.39%。非金融企业债券融资快速增长及金融机构追求信用债券高收益的同时，应注意经济下行及企业经营问题可能引发的风险。

4. 银行间市场风险管理日趋复杂

2011 年，北京地区陆续有金融机构、企业年金基金、非金融企业和信托财产等进入全国银行间债券市场，其中信托财产开户数量同比增长 51.52%。银行间市场成员类型日益丰富，各新型成员的不同特点将使银行间市场的风险管理日趋复杂。

四、金融基础设施与金融稳定

2011 年，北京市金融基础设施建设稳步推进，支付环境继续优化，社会信用体系进一步完善，反洗钱工作水平不断提升，跨境人民币业务稳步前行，金融业生态环境进一步改善，为确保北京金融体系的稳健合规运行提供了有力保障。

（一）支付体系不断完善，支付环境日益优化

2011 年，北京市通过大额实时支付系统处理的业务仍占据主导地位，处理业务及金额同比分别增长 25.48% 和 16.07%；小额批量支付系统处理业务及金额同比分别增长 50.99% 和 21.01%。2011 年，北京市全年银行卡 POS 刷卡交易总笔数和总金额同比分别增长 55.13% 和 28.14%，银行卡服务民生、拉动内需的作用显著。北京市积极推进人民银行核准类银行结算账户电子化审批系统建设工作，系统于 2011 年 4 月 11 日正式上线，大大提高了核准类银行结算账户行政许可工作的效率和规范性。2011 年，北京市非金融机构支付服务行政许可工作全面展开，截至年末，已有 24 家机构获得《支付业务许可证》。

（二）征信服务及监管体系进一步完善，社会信用环境继续提升

2011 年，人行营业管理部共提供个人信用报告查询 6.1 万份，办理贷款卡行政许可 9 113 户，受理金融机构及其分支机构接入个人征信系统 34 家、企业征信系统 54 家。2011 年，人行营业管理部与中信银行合作开通了网银查询个人信用报告业务，成为全国首项互联网渠道查询个人信用报告的项目。进一步加强对融资性担保机构的协作监管，与北京市金融局工作局、北京银监局共同签署三方合作监管

协议。结合北京实际，以中小企业、农村信用体系建设试验区为重点，确定将海淀区、西城区作为北京市首批、人民银行省级的中小企业信用体系建设试验区。

（三）反洗钱监管机制及金融机构反洗钱水平逐步提升

2011 年，反洗钱非现场监管网络体系不断完善，自主创建完成反洗钱非现场监管系统，北京市银行业、证券期货业和保险业金融机构已全部纳入反洗钱非现场网络化监管体系。共对辖内 8 家金融机构实施了反洗钱现场检查，向被检查机构有效传导监管政策，树立合规经营理念。2011 年，辖内金融机构一般可疑交易报告量同比下降 55%，金融机构可疑交易报告质量大幅提升。在重大典型案件破获上取得 3 项重大成果，其中一起某特大型地下钱庄案件，涉案金额高达数十亿元。在多部门密切配合下，北京市司法机关对北京地区首例洗钱案进行了宣判，在反洗钱司法实践上取得突破性成果，凸显了反洗钱合作成效。

（四）加大外汇案件查处力度，遏制异常跨境资金流动

2011 年，按照国家外汇管理局部署，人行营业管理部参与对多家金融机构及企业总部的外汇业务合规性检查，开展北京地区外商投资企业资本金结汇业务合规性专项检查，震慑并遏制了“热钱”的流入，有效督促了市场主体的合法合规经营。对中国银行北京市分行雅宝路支行等开展了银行个人结售汇业务现场检查，严厉打击了外币现钞分拆结汇行为，对遏制跨境资金通过个人渠道违规流动发挥了重要作用。2010 年 12 月至 2011 年 11 月，北京外汇管理部共立案 146 件，结案 132 件，结案率 90.4%，在打击异常跨境资金流入，净化北京地区外汇市场方面发挥了重要作用。

（五）跨境人民币业务稳步前行

2011 年，辖内银行跨境人民币收支总额 4 027.11 亿元，较上年增加 2 879.34 亿元，收支逆差为 2 748.07 亿元。北京辖内共有 47 家银行开展跨境人民币结算业务，境外交易地域涉及 88 个国家和地区。2011 年，北京地区进口货物贸易跨境人民币结算金额 2 990.01 亿元，占全部结算额的 74.25%；进口主导的外贸特征决定出口项下人民币结算金额相对较小，占全部结算额的 0.66%；服务贸易和其他经常项目人民币结算的特点是交易活跃，交易笔数占总笔数的 73.27%，结算金额占全部结算金额的 20.11%；辖内银行办理的资本项目人民币结算金额 200.64 亿元，占全部结算金额的 4.98%。

（六）首都金融生态环境建设稳步推进

2011 年，首都金融生态环境建设稳步推进。开展“科技金融创新年”系列活动，助力文化创新和科技创新双轮驱动的首都经济发展；大力推广金融 IC 卡应用和社保卡加载金融功能；北京人民币立体发行库成功启动试运行；开展“现金服务推动周”、“国债进乡村”、外汇市场“诚信兴商宣传月”等系列活动，提升社会公众的金融意识；成功举办北京国际金融博览会和国际金融论坛，强化金融交流与合作；严厉打击制贩假币等违法违规行为，成功破获特大虚开增值税专用发票案，有力维护了首都金融市场秩序。

五、总体评估和政策建议

（一）总体评估和定量评价

2011 年，北京地区经济增速有所放

缓，银行业资产规模稳步增长，盈利水平持续增长；证券业及保险业平稳发展，金融市场运行基本平稳，融资结构进一步呈现积极变化，金融基础设施建设继续改善。

人行营业管理部2011年金融稳定定量评估模型结果显示，北京市2011年金融稳定状况综合得分较2010年略有下降。金融稳定综合得分下调主要有两个原因：一是经济增速放缓和通胀压力使得宏观经济和企业部门相关指标出现下行趋势；二是稳健的货币政策调控下金融运行出现部分调整。值得注意的是，此次得分下调是经济结构调整过程中的正常现象，并不意味着金融稳定水平下降。

（二）政策建议

1. 贯彻落实稳健货币政策，积极配合首都经济发展

继续贯彻落实稳健货币政策，着力优化信贷结构，加大对实体经济，尤其是小微企业和“三农”等领域的支持力度，进一步提高金融服务水平，有效防范系统性金融风险，促进经济平稳健康发展和物价总水平基本稳定。北京市还需通过多种手段力促就业、提高居民收入，努力扩大消费需求，抓住金融要素向新兴市场国家转移的机遇，促进投资较快增长，优化结构，提高投资效益。

2. 深化金融体制改革，引导非正规金融健康发展

继续推动大型商业银行、政策性金融机构、邮政储蓄银行深化改革，继续深化资产管理公司商业化改革等工作。积极配合地方金融监管部门，把非正规金融纳入规范运营的轨道，引导非正规金融在优胜劣汰中求得生存和发展。鼓励正规金融与非正规金融开展适度竞争和有效合作，为非正规金融发展提供良好的政策与制度保障，防范非正规金融和其他领域金融风险向金融体系的传导。

3. 切实防范房地产信贷违约风险和项目风险，加大保障性住房建设和重点村改造支持力度

一是辖内银行应加强信贷管理和压力测试，准确把握贷款项目的风险承受程度；加强对借款人的资格审查及贷后管理，推进利率覆盖风险的定价机制建设；完善预售资金监管制度，防范企业转移和挪用预售资金。二是北京市保障性住房特别是公共租赁住房信贷业务仍较薄弱，保障性住房建设面临持续的融资压力。辖内金融机构需加大对保障性住房领域的信贷投入，加快研发并推出保障性住房尤其是公共租赁住房项目开发贷款产品。

4. 提高金融创新业务的监管水平，增强金融创新服务的能力

一是进一步完善法规体系，强化创新监管的协同联动，强化风险监测和风险提示，促进银行业金融创新的科学性、稳健性和可持续性，提高金融监管的有效性。二是增强金融创新服务实体经济的导向，增强业界联系和调查研究，更好地适应实体经济和金融创新的密切联系。一方面可以促进合理的跨市场金融产品创新，另一方面可以防范金融风险的放大，保持促进金融创新与系统性风险防范的平衡。

5. 防范外汇资金和人民币跨境资金流动的潜在风险

在继续关注外汇资金和跨境资金长期流动趋势的同时，加强对短期资本流动的研究，对短期资金流入放缓或受欧美流动性紧张导致的资本回流问题进行预判，防止跨境资本流动对金融机构形成潜在风险。

6. 进一步推进人民币汇率形成机制改革，提升市场主体应对汇率波动的能力

国际金融市场的不断动荡，人民币汇率波动性明显增强，加大了涉外主体面临的汇率风险。在市场条件具备时应进一步推动人民币汇率形成机制改革，增强人民币汇率弹性，更应该引导市场主体提高应对汇率波动的能力。商业银行在加强汇率敞口管理的同时，应为其他市场主体提供更多更好的汇率风险管理产品。

总 纂：贺同宝

统 稿：刘 晔

执 笔：齐 川 钱 珍 张素敏 田 娟

其他参与写作人员：（以姓氏笔画为序）

卜国军 王 瑞 王 栋 尹文诚 甘 瀛 刘 宁 李 媛 李瑞敏 李雪飞 李长卿 李天懋 张 丹 童怡华

二、市场运行

金融市场

2011年，北京地区金融市场总体运行平稳。同业拆借成交量显著增长，债券回购交易量小幅增加，现券交易略有减少，债券远期交易出现反弹，外汇即期交易保持稳定，外汇衍生品交易供需两旺，黄金交投活跃。

一、金融市场运行基本情况

（一）货币市场

1. 同业拆借市场

同业拆借成交量显著增长，资金流向为净拆入。北京地区金融机构[①]网上拆借累计成交36.88万亿元，同比增长17.71%，占全国交易量的55.14%，占比较2010年下降1.07个百分点。其中，拆入资金19.42万亿元，同比增长39.65%；拆出资金17.46万亿元，同比增长0.20%；净拆入资金1.96万亿元。全年没有发生网下拆借交易。

其他银行[②]拆借交易量占比过半，国有银行变为资金净拆入大户。其他银行拆入拆出累计成交19.89万亿元，占全部成交量的53.93%，净拆出资金1.86万亿元，同比下降29.44%；国有商业银行是拆借市场第二大交易机构，拆入拆出累计成交11.08万亿元，由2010年同期净拆出2.15万亿元变为净拆入4.90万亿元；

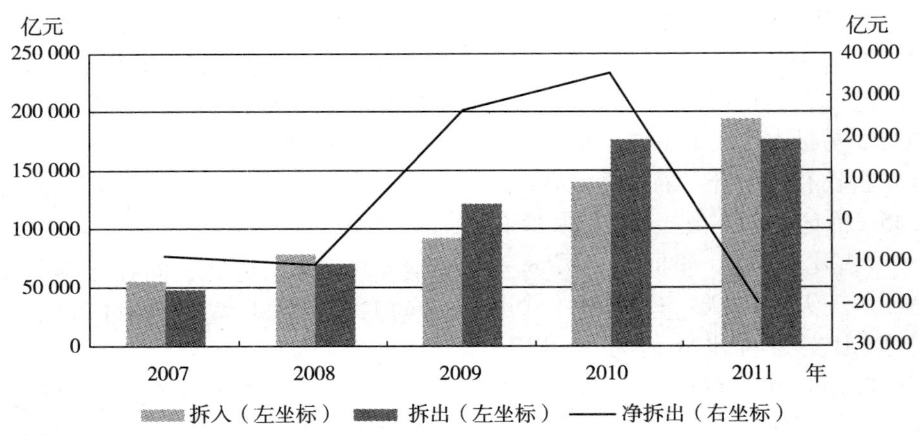

图1　北京地区网上拆借变动趋势

---

① 指在北京地区营业的所有金融市场成员，包括各政策性银行、国有商业银行总行及北京市分行、各股份制商业银行总行及在京营业机构、北京银行、北京农商银行、中国邮政储蓄银行、各外资银行在京营业机构，在京各证券公司、财务公司、基金管理公司、保险公司、信托投资公司、资产管理公司等。

② 指在京各股份制商业银行总行及营业机构、中国邮政储蓄银行、各城市商业银行北京分行、北京银行、北京农商银行。

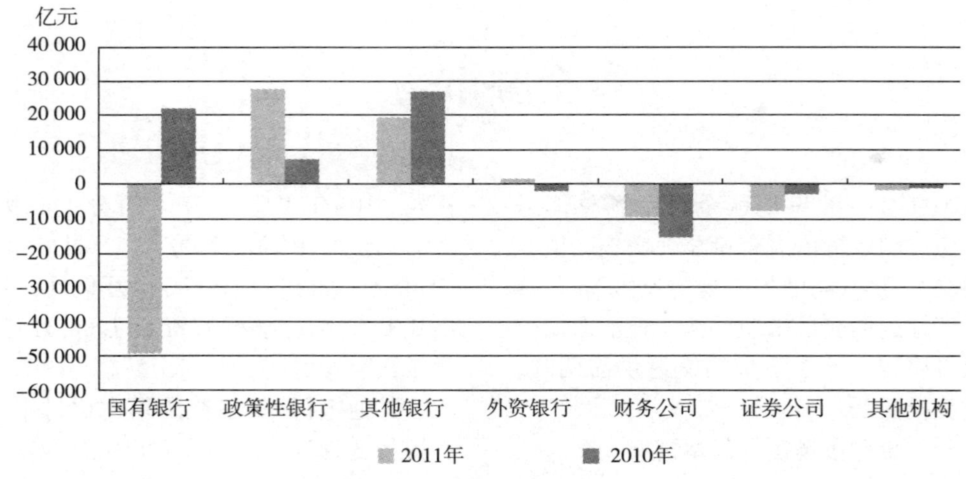

图2　北京地区网上拆借净融出资金分布

政策性银行拆入拆出累计成交3.09万亿元，净拆出资金2.72万亿元，同比增长329.31%。外资银行拆入拆出累计成交5 155.67亿元，由2010年同期净拆入1 453.62亿元变为净拆出1 114.51亿元。财务公司净拆入资金9 044.20亿元，同比下降40.00%。证券公司净拆入资金7 299.14亿元，同比增长239.95%。

隔夜交易量占比明显下降，中长端期限交易量占比有所上升。隔夜拆借累计成交29.45万亿元，占全部交易量的79.86%，占比较2010年同期下降8.22个百分点。7天、14天、21天和1个月及以上期限交易占比分别为14.47%、3.29%、0.79%和1.60%，占比较2010年同期分别提高5.09个、1.80个、0.63个和0.71个百分点。

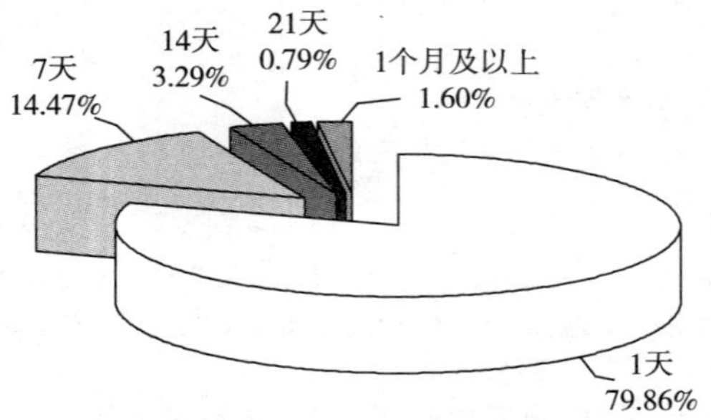

图3　北京地区网上拆借期限结构分布

2. 债券回购市场

债券回购交易量保持增长，逆回购交易有所下降。债券回购累计成交83.97万亿元，同比增长1.08%，占全国交易量的42.22%，占比较2010年同期下降5.21个百分点。其中，正回购累计成交29.60万亿元，同比增长10.28%；逆回购累计成交54.37万亿元，同比下降3.32%。从交易方式看，买断式回购累计成交1.53万亿元，同比下降42.40%；质押式回购累计成交82.44万亿元，同比增长2.52%。

净融出资金量有所减少，国有商业银行仍是回购市场最大资金供给方。2011年，北京地区金融机构通过回购净融出资金24.76万亿元，同比下降15.74%。国有商业银行是回购市场主要资金供给方，净融出资金19.08万亿元，同比下降18.97%。政策性银行净融出资金10.95万亿元，同比下降18.06%。外资银行由2010年同期的净融入708.79亿元变为净融出资金 1 287.25 亿元。其他银行、财务公司、证券公司和基金管理公司分别净融入资金 0.40 万亿元、1.05 万亿元、1.69 万亿元和 0.17 万亿元，同比分别下降 65.04%、42.90%、10.47% 和 76.70%。保险公司资金需求量明显增加，净融入资金 1.63 万亿元，同比增长31.94%。

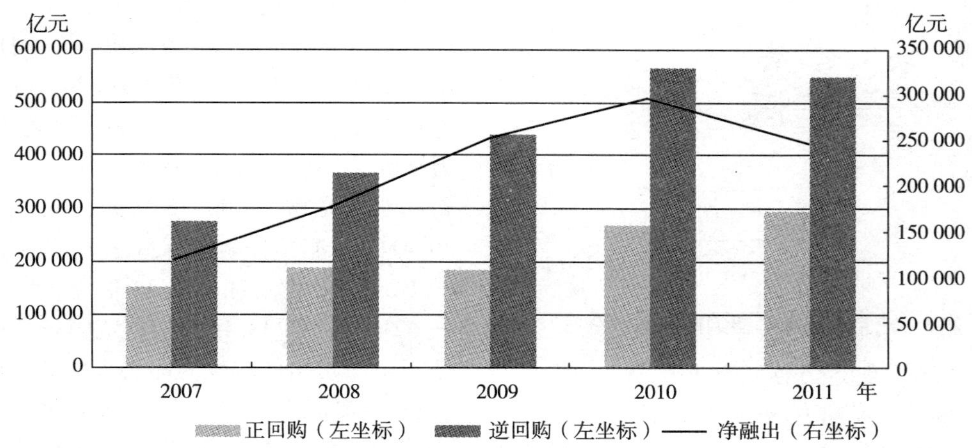

图 4　北京地区债券回购交易变动趋势

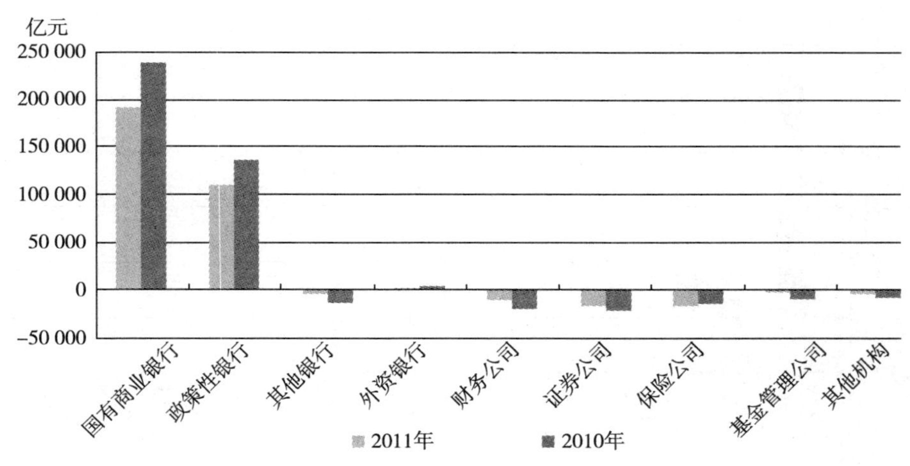

图 5　北京地区债券回购净融出资金分布

隔夜交易占比跌破八成，七天期限交易占比明显增加。债券回购仍以隔夜交易为主，但受流动性持续紧张的影响，金融机构资金配置策略改变，一方面提前配置资金以应对考核与备付，另一方面在资金紧张的时点，如隔夜交易不能满足需求时，还要进一步融入 7 天期限的资金。隔夜回购累计成交 15.30 万亿元，占全部交易量的 75.64%，占比较 2010 年同期下降 6.54 个百分点。7 天、14 天、21 天和

1 个月及以上期限回购交易量占比分别为 16. 53%、4. 61%、0. 97% 和 2. 25%，所占比重均有所上升。

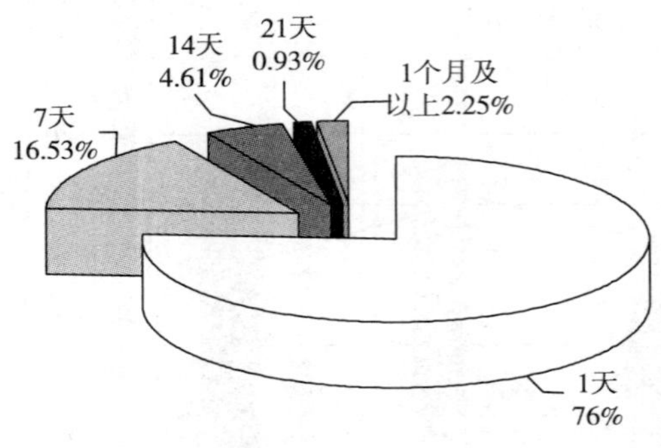

图 6　北京地区债券回购期限结构分布

（二）现券交易市场

现券交易略有减少，买入债券意愿减弱。2011 年，银行间市场流动性持续紧张，债市表现也不尽如人意，下半年金融机构对债券的投资热情有所下降。现券买卖累计成交 36. 81 万亿元，同比下降 1. 08%，占全国交易量的 28. 92%，占比较 2010 年同期回落 0. 13 个百分点。其中，买入累计成交 18. 57 万亿元，同比下降 2. 29%；卖出累计成交 18. 24 万亿元，同比增长 0. 17%。累计净买入债券 0. 32 万亿元，同比下降 58. 90%。国有商业银行净买入债券 5 469. 26 亿元，同比下降 39. 41%；证券公司和保险公司净卖出债券 1 296. 08 亿元和 740. 34 亿元，同比增长 62. 86% 和 238. 16%。外资银行和财务公司由净卖出债券变为净买入债券；政策性银行由净买入债券变为净卖出债券。基金管理公司净买入债券 282. 15 亿元，同比增长 19 倍。

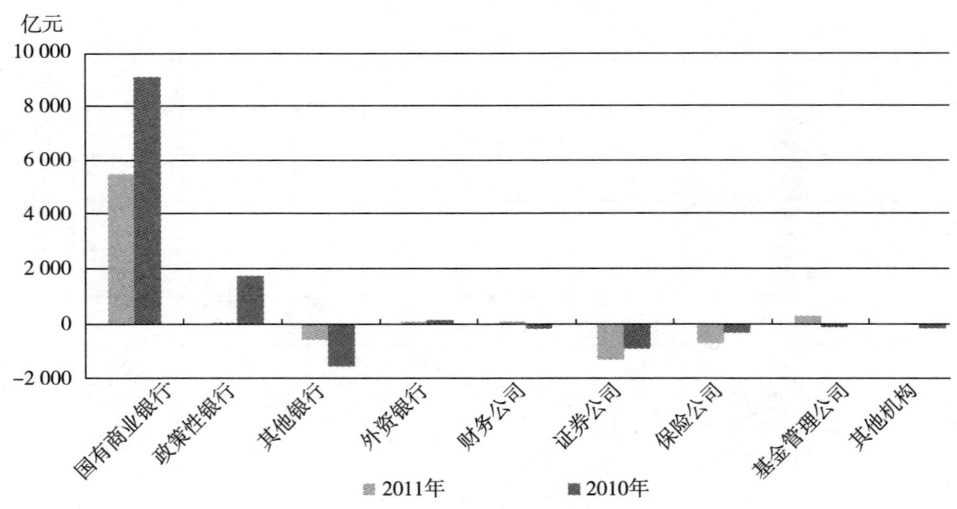

图 7　北京地区各机构净买入债券分布

信用债券收益率大涨，成交量随之翻番。信用债券到期收益率持续走高，短期融资券、中期票据、企业债券和集合票据的平均到期收益率分别为 4. 7479%、4. 8943%、5. 9784% 和 6. 5710%，较 2010 年均有 100 个基点以上的涨幅。高收益吸引金融机构投资量显著增长，2011 年信用债券累计成交 13. 47 万亿元，同比增长 63. 39%，占全部债券交易量的 36. 58%，占比较 2010 年提高 14. 44 个百分点。其中，中期票据成交 8. 08 万亿元，短期融资券成交 3. 91 万亿元，同比分别增长 87.38% 和 50.17%，两者合计占全部信用债券成交量的 89.04%。超短期融资券成交 827.92 亿元，仅占全部债券成交量的 0.22%。

（三）债券远期市场

远期交易出现反弹，成交量显著增加。远期交易累计成交 621.91 亿元，同比增长 253.09%，包含 7 天、14 天和 1 个月 3 个交易品种。参与远期交易的金融机构有 3 家，包括 1 家国有银行、1 家股份制银行和 1 家证券公司。

（四）银行间外汇市场

即期外汇交易保持稳定，交易量小幅增长。即期外汇买卖成交量折合 2.69 万亿美元，同比增长 1.68%。其中，买入 1.36 万亿美元，同比增长 2.25%；卖出 1.33 万亿美元，同比增长 1.09%。

金融机构避险需求旺盛，外汇衍生品交易活跃。外汇远期交易买卖累计成交折合 1 726.08 亿美元，为 2010 年交易量的 6 倍；其中，买入和卖出分别成交折合 844.18 亿美元和 881.90 亿美元，均为 2010 年交易量的 6 倍。外汇掉期交易买卖累计成交折合 1.43 万亿美元，同比增长 54.50%；其中，买入和卖出分别成交折合 7 342.50 亿美元和 6 940.58 亿美元，同比分别增长 60.97% 和 48.20%。

外币对交易量大增，美元/港元交易量占比大幅回落。外币对买卖累计成交折合 493.70 亿美元，同比增长 589.42%，第四季度累计成交折合 418.72 亿美元，是 2010 年同期的 26 倍。交易最活跃的外币对为美元/港元、欧元/美元、美元/日元，分别成交折合 248.65 亿美元、158.65 亿美元、43.64 亿美元，占比分别为 50.36%、32.14%、8.80%，美元/港元占比较 2010 年回落 18.06 个百分点。

（五）黄金市场

黄金交投活跃，交易量显著增长。上海黄金交易所现货金价主力合约品种 AU99.95 年初开盘价为 301.90 元/克，12 月末收于 319.80 克/元，年内最高价 396.00 元/克，最低价 228.70 元/克。北京地区交易所会员全年黄金买卖累计成交 3 077.56 吨，同比增长 34.84%。其中，黄金买入成交 1 479.00 吨，同比增长 34.07%，卖出成交 1 598.56 吨，同比增长 35.55%；自营交易成交1 968.40 吨，同比增长 34.79%，代理交易成交 1 109.16 吨，同比增长 34.92%；实际提货量 410.06 吨，同比增长 43.55%。

二、金融市场运行的主要特点

一是流动性持续紧张，金融机构净融出资金规模大幅下降。2011 年市场流动性呈现紧张态势，数次出现资金供需极度不平衡的状况，金融机构净融出资金规模大幅下降，通过同业拆借和债券回购累计净融出资金 22.80 万亿元，同比下降 30.71%。银行类金融机构为主要资金供给方，国有商业银行、政策性银行和其他银行分别净融出资金 14.18 万亿元、13.67 万亿元和 1.46 万亿元，同比分别下降 44.80%、2.31% 和 1.96%。外资银行由 2010 年的净融入资金 0.22 万亿元变为净融出资金 0.24 万亿元。

非银行类金融机构均为资金需求方，财务公司和基金管理公司净融入资金 1.96 万亿元和 0.17 万亿元，同比下降 41.60% 和 76.70%；证券公司和保险公司对资金的需求量则有所增加，分别净融入资金 2.42 万亿元和 1.63 万亿元，同比增长 15.09% 和 31.94%。

2011 年北京地区货币市场资金流向表　　单位：亿元

机构名称	融入	融出	净融出	同比增长（%）
国有商业银行	154 385.72	296 194.60	141 808.88	-44.80
政策性银行	2 376.62	139 121.71	136 745.08	-2.31
其他银行	226 060.61	240 634.07	14 573.46	-1.96
外资银行	2 277.49	4 679.25	2 401.76	—
财务公司	27 790.92	8 207.65	-19 583.27	-41.60
证券公司	25 065.70	851.22	-24 214.48	15.09
保险公司	30 376.44	14 029.90	-16 346.54	31.94
基金管理公司	12 862.50	11 186.17	-1 676.33	-76.70
其他机构	9 053.18	3 330.04	-5 723.14	-10.86
总计	490 249.18	718 234.61	227 985.43	-30.71

注：融入 = 同业拆入 + 质押式正回购 + 买断式正回购，融出 = 同业拆出 + 质押式逆回购 + 买断式逆回购，净融出 = 融出 - 融入，净融出栏里的负号表示净融入资金。

二是非法人投资产品交易规模稳步增长，年金组合和信托产品交易活跃。2011 年，非法人投资产品通过现券买卖和债券回购累计成交 1.24 万亿元，同比增长 59.90%。企业年金组合、信托公司信托产品、证券公司和基金管理公司资产管理计划分别成交 2 939.99 亿元、8 643.75 亿元和 784.41 亿元，同比分别增长 60.91%、64.57%和 19.68%。

三是银行间市场成员类型日益丰富，信托财产开户数量成倍增长。2011 年，北京地区共有 1 家金融机构、161 只企业年金基金、124 家非金融企业和 46 只信托财产进入全国银行间债券市场，并到中国人民银行营业管理部备案，备案数量较 2010 年有所减少，但其中信托财产开户数量同比增长 51.52%。

四是非金融企业债券融资规模明显增加，债券市场成为非金融企业直接融资的主要渠道。2011 年，北京地区非金融企业通过发行债券和股票融资 12 846.17 亿元，同比增长 41.73%。其中，发行股票融资 828.07 亿元，同比增长 14.23%；发行债券融资 12 018.10 亿元，同比增长 44.12%，占直接融资总量的 93.55%。债券融资以短期融资券、中期票据、超短期融资券为主，三者合计发行 10 147.60 亿元，占全部债券发行额的 84.43%。

三、金融市场发展对金融机构的影响

一是流动性持续紧张改变金融机构资金配置策略。2011 年，银行间市场出现了数次资金供需极度不平衡从而导致流动性紧张、货币市场利率大幅波动的情况。受此影响，金融机构的资金配置策略开始改变，一方面资金运用趋于谨慎，减少资金供给，净融出资金量大幅下降；另一方面对于资金可能紧张的时点，提前配置资金，导致中长端期限的交易占比有所增长。

二是债券市场和货币市场的发展增加商业银行非利息收入。2011 年，各品种债券收益率均明显上扬，债券种类日益丰富，货币市场的资金价格居高不下。商业银行直接运用自有资金投资于债券市场和货币市场获得较高收益；发行理财产品投资于债券市场和货币市场，在吸收资金的同时获得不菲的中间业务收入；债券市场的高收益也吸引了非金融机构通过结算代理进入市场参与交易，商业银行通过结算代理业务可获得一定的手续费收入。

三是商业银行黄金业务将迎来新的发展机遇。2011 年，在欧债危机的影响下，黄金的投资需求远超消费需求，黄金价格屡创新高，价格波动也随之明显增加，年振幅达到 55.55%。在国内，受通货膨胀率保持高位和股市房市持续低迷的影响，黄金市场一片火热景象。2012 年初，中国人民银行等五部委联合发文对黄金交易市场进行整顿，规范黄金市场发展，防范金融风险，给商业银行黄金业务的发展带来了新的机遇。一方面，非正规黄金交易所被取缔后，其客户将有一部分转入商业银行进行黄金投资；另一方面，该文件要求上海黄金交易所和上海期货交易所加大创新力度，商业银行可及时与其开展合作，创新黄金业务，吸引投资者。

（张笑尘）

票据市场

2011 年，北京地区票据市场发展符合预期，规模适度增长，票据业务发挥出规模调节器和资金蓄水池的重要作用。

一、票据市场基本情况

（一）银行承兑汇票业务稳中有升，商业承兑汇票业务有所增长

2011 年末，北京地区金融机构银行承兑汇票余额 1 829.67 亿元，同比上升 13%，比年初增加 210.52 亿元。全年累计签发银行承兑汇票 4 706.4 亿元，四个季度分别为 1 091 亿元、1 159.4 亿元、1 132.8 亿元和 1 323.2 亿元，全年累计签发

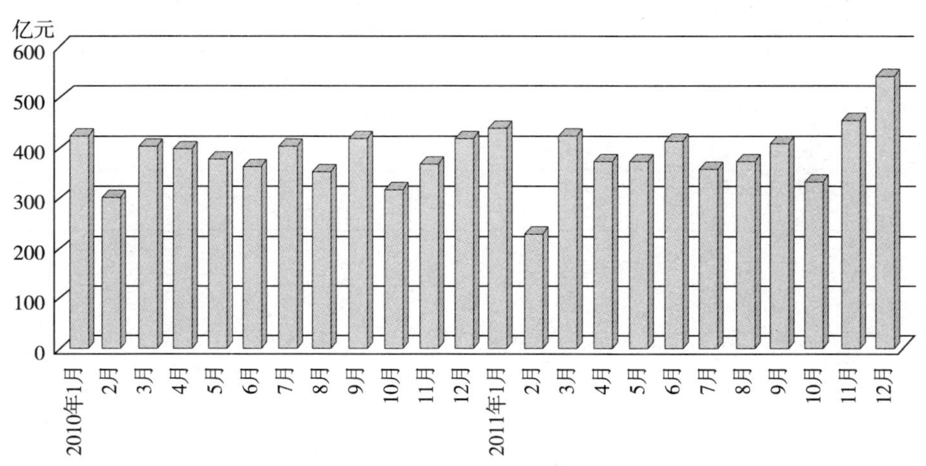

图 1　北京地区银行承兑汇票当月发生额

银行承兑汇票比去年同期下降3.4%。

12月末，北京地区商业承兑汇票余额31.6亿元，比年初增加5.01亿元，同比增长18.84%。

（二）票据贴现余额波动上升，贴现增速波动上升且波动区间收窄

分季度看，2011年票据贴现余额变化幅度较大，先后经历了第一季度基本持平，第二季度上升，第三季度大幅波动及第四季度恢复上涨的过程。贴现增速也于8月触底反弹后，小幅振荡。2011年四个季度，银行承兑汇票贴现余额分别为659.78亿元、871.27亿元、970.85亿元和919.87亿元。

（三）票据贴现利率大幅提升，高于同期贷款利率，直贴利率高于转贴利率

2011年，中国人民银行频繁运用数量型政策工具回收市场流动性，包括3次上调人民币存贷款基准利率和6次提高人民币存款准备金率，上半年尤其是6月末等个别时点，市场流动性明显趋紧，资金面持续紧张的态势难以缓解，各类别利率均有不同幅度的上升。票据市场利率参考Shibor浮动，反映真实贸易需求和市场资金供求情况，利率明显大幅上升。

从中国人民银行营业管理部对各期限、各类型票据利率的监测情况来看，2011年票据市场利率呈现波动上升走势，波动幅度和上涨幅度都较大，且第四季度创出年内新高。银行承兑汇票贴现利率尤其较高。12月，3个月期（含）以内的银行承兑汇票、商业承兑汇票、买断式转贴现和回购式转贴现的平均利率分别为8.7843%、6.8844%、7.4534%和6.7161%；3~6个月期限的银行承兑汇票、商业承兑汇票、买断式转贴现和回购式转贴现的平均利率分别为9.3839%、10.5738%、7.8883%和7.6238%。

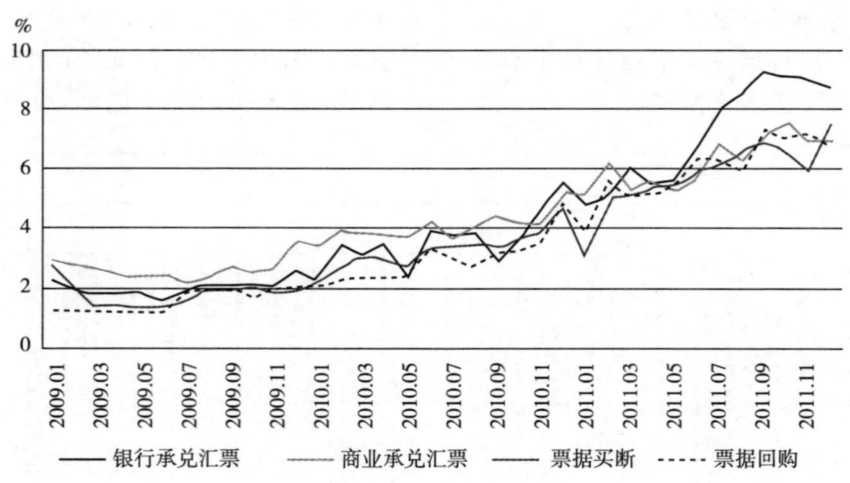

数据来源：中国人民银行营业管理部利率监测系统。

图2 北京地区3个月期（含）以内票据利率变化图

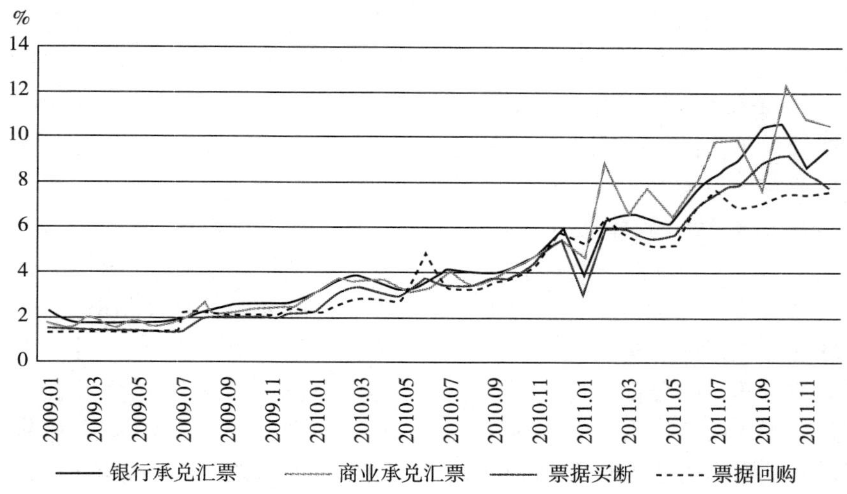

数据来源：中国人民银行营业管理部利率监测系统。

图3　北京地区3～6个月期票据利率变化图

二、票据市场运行中应关注的问题

从全年票据市场运行特点来看，票据融资余额、增速变化以及票据融资利率变化与去年同期相比均明显增强。作为集结算功能和融资功能于一身的金融工具，票据融资无论是对于企业融资还是对于银行实现盈利都起着至关重要的作用，而且票据融资是联系实体经济和金融部门的纽带。在关注票据市场运行中，以下几点值得关注：

（一）票据融资业务起到商业银行主动调节信贷规模和结构的作用，但会削弱货币政策执行效果，同时进一步加剧票据市场波动

在宏观调控较为宽松的情况下，商业银行尤其是中小股份制银行纷纷通过票据业务来调节流动性，导致票据市场交易活跃，交易量大幅增加。当宏观政策收紧时，商业银行首先保证贷款投放，票据融资则会被压缩。2007 年和 2009 年下半年，中央银行要求控制贷款投放规模，并加大回收流动性的力度，票据融资增速也出现了先扬后抑的情况，2007 年票据融资增速下降 26%，2009 年则从 6 月末的 182% 回落到 12 月末的 23.7%。而在 2008 年第四季度，货币政策转为适度宽松，当季票据融资增加 4 860 亿元，占全年新增票据融资规模的 75.2%。2011 年票据融资在上半年平稳增长，下半年波动加剧，主要是因为金融机构在较高准备金率情况下，普遍对下半年货币政策有适度放松的预期，但是 8 月中国人民银行下发了关于将保证金存款纳入缴纳存款准备金一般存款范围的文件，进一步加剧了金融机构惜贷的意愿，因此票据融资受到抑制。

（二）商业银行的现行考核机制对票据融资增长起到激励作用，但此种考核模式会导致部分资金空转，与票据融资促进商品流通的初衷相背离

资金空转的原因既可能来自商业银行应付上级行存贷款规模考核，也可能源于票据持有人蓄意套取资金。从银行方面看，商业银行间的竞争日趋激烈，但经营仍处于重视规模扩张的粗放阶段，业务规模依然是商业银行考核的主要指标。由于企业向银行申请票据承兑要缴存30%左右的保证金，相应增加了企业存款。同时，票据贴现又可以增加贷款，通过循环承兑和贴现的方式，可以实现存款和贷款规模双增加的目的。部分银行可通过循环的票据承兑贴现，达到扩大存贷款规模的目的，使票据融资成为放大存款和贷款的工具，但资金并未进入实体经济。从企业方面看，由于票据融资是商品交易在先，资金结算在后，有些票据在贴现前，可能经过多次转让，因此，很难像其他贷款那样，对信贷资金流向进行监控。一些企业通过票据融资套取资金，进入资本市场，炒作房市、楼市，助推了资产价格的上涨。

（三）电子化票据系统上线后，仍有待进一步推广，以消除虚假票据融资风险隐患

目前票据融资规模急剧扩张，跨区域流通的范围越来越大，票据转让更为频繁，也给票据的审查带来了一定困难，由于目前没有形成全国统一的市场，缺乏覆盖全国范围的商业票据信息查询系统，信息不对称较严重。一些不法分子利用假票据、克隆票套取银行信贷资金，加大了经营票据市场业务的风险。2009年10月，我国电子商业汇票系统正式开通运行，为全国统一的票据市场形成奠定了基础，截至12月末，全国共有325家机构上线。从北京市目前电子汇票系统的使用情况来看，电子汇票系统仍有待进一步推广使用。2011年，北京市共办理电子商业承兑汇票838笔，金额50亿元，电子银行承兑汇票6 512笔，金额203.8亿元。从总量上来看，北京市电子票据承兑和贴现业务量在全国排在前列，但不同银行之间业务进展悬殊，有的银行几乎没有使用电子汇票系统。

三、政策建议

一是推动票据资产跨市场转移机制。在合适的时候，允许非银行类金融机构加入到票据二级市场中来，扩大市场参与主体的范围，考虑纳入信托公司、保险公司、证券公司、投资基金和货币市场基金，来丰富票据市场。增加电子商业汇票系统的参与主体，以提高票据流动性，引导商业银行加速票据周转，发挥对中小企业融资支持的正向导向作用。

二是加强对票据融资业务的政策引导。注重引导金融机构根据国家产业政策和信贷政策取向，积极稳妥地开展票据融资业务。加强票据融资业务管理，可根据商业银行资本金规模大小，从总量和单个借款人两方面对商业汇票承兑和贴现实行比例管理。同时，商业银行应改变目前过分注重规模考核、时点考核的模式，完善以利润为导向的考核制度，减少分支机构单纯规模扩张的冲动。

三是完善票据融资监测分析。基于真实贸易的票据融资能够反映资金流和物资流的变化情况，应进一步加强票据融资的监测分析。完善商业汇票签发、承兑贴现的统计制度，密切监测分析票据融资总量、行业分布、期限结构和利率水平等因素变化情况，加强对由票据承兑形成的存款保证金与货币供应量变动关系的分析，使票据融资能够成为反映经济金融运行的一个窗口。

四是建立统一的票据融资市场。统一

的票据市场能够实现票据要素标准化，有利于票据的查询、转让、流通和监测，有利于形成统一的价格，有效杜绝假票据的流通。应依托电子商业汇票系统，加快统一票据市场建设，进一步扩大上线的金融机构范围，支持和鼓励商业银行运用电子商业汇票系统，规范操作流程，增加信息透明度，为金融机构开展票据融资提供一个覆盖全国范围的操作平台。

五是完善票据融资在支持中小企业方面的作用。票据融资是中小企业、关联企业和上下游企业之间主要的短期融资方式，是金融服务于实体经济的重要途径。从北京情况来看，虽然商业汇票签发以大企业为主，但票据贴现的主体却是中小企业。因此票据融资的快速发展将有效增强金融机构对实体经济的资金支持。

（张向军）

证券市场

一、证券市场总体运行情况

一是股票指数总体下行。2011 年末，上证综指收于 2 199. 42 点，比上年下跌 21. 68%；深证综指收于 866. 65 点，比上年下跌 32. 86%；沪深 300 指数收于 2 345. 74 点，比上年下跌 25. 01%；中小板指数收于 4 295. 86 点，比上年下跌 37. 09%；创业板指数收于 729. 50 点，比上年下跌 35. 88%。

二是股票市场成交量明显下降。2011 年，我国沪、深股市累计成交金额 42 万亿元，比上年下降 22. 72%；股票日均成交金额 1 728 亿元，比上年下降 23. 36%。

三是市场融资功能有效发挥，投资者数量稳步增加。2011 年，我国企业境内股市融资 7 942 亿元，其中 282 家 IPO 公司首发融资 2 825 亿元。投资者有效账户数 14 050. 37 万户，比上年增加 659. 33

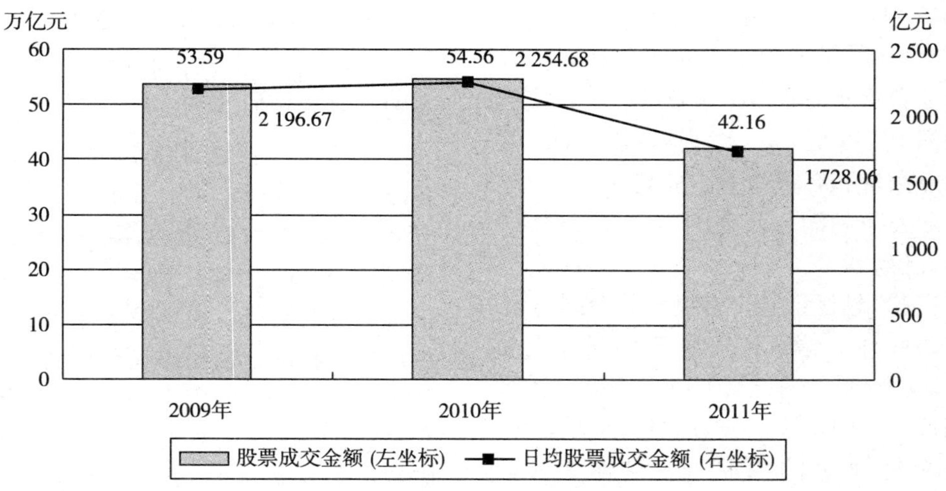

图 1　股票市场成交量对比

万户，增长4.92%。

四是创新业务亮点多。融资融券业务由试点转向常规，业务规模和交易量持续增长；直接投资业务纳入常规监管，单客户多银行服务方案陆续实施，债券质押式报价回购和现金管理等创新试点有序推进。

二、北京辖区证券市场总体情况

2011年，北京辖区证券经营机构在证券市场整体弱势运行的格局下，积极努力，克服困难，保持了稳健的经营态势，保证了辖区证券市场的健康运行。

（一）辖区证券经营机构数量增长较快

2011年，北京辖区呈现出新一轮的机构集聚效应，新增1家法人证券公司、5家分公司、26家证券营业部和1家外国证券机构北京代表处。截至年末，辖区共有18家证券公司，256家证券营业部，32家证券公司分公司，18家证券投资咨询机构，44家外国证券机构北京代表处。

（二）辖区证券经营机构盈利水平位居全国前列

2011年，北京辖区18家证券公司中有17家盈利，共实现营业收入210亿元，净利润44亿元，平均净资产收益率6.5%，与行业平均水平相当。辖区已开业的证券营业部有164家盈利，合计实现净利润19.35亿元。北京辖区以全国5%的网点数量和客户数量，获得了6.8%的经纪业务净利润，在全国36个辖区中排名第五位。

（三）辖区证券交易量位居全国前列

2011年，辖区证券营业部证券交易额8.30万亿元，在全国36个辖区中排名第四位。其中，股票交易额6.28万亿元，基金交易额0.12万亿元，其他交易额1.90万亿元。

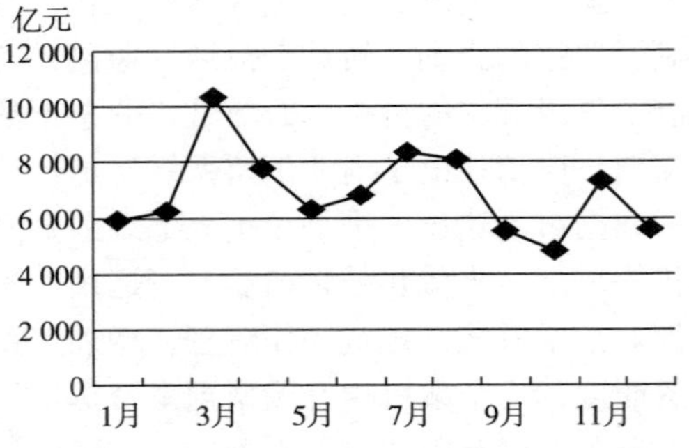

图2　2011年辖区证券营业部每月交易量

（四）投资者数量稳步增加，客户总资产居全国首位

2011年，辖区投资者开户数从年初的473万人增至年末的522万人，在全国36个辖区中排名第六位，客户总资产、指定和托管市值继续保持全国第一。

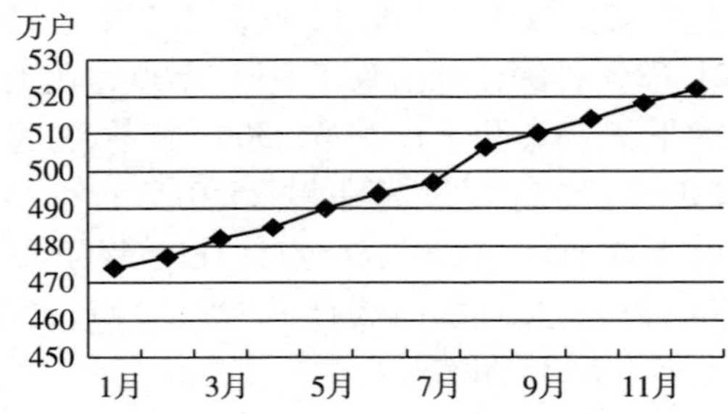

图3　2011年辖区证券投资者开户数

（五）辖区证券营业部三方存管客户分布情况相对集中

2011年，辖区证券营业部三方存管客户集中度较高，其中工商银行的三方存管客户数量和资金余额分别占比为41.72%和38.91%。排名前三位的工商银行、建设银行、农业银行合计三方存管客户数量和资金余额占比分别为68.21%和58.49%，造成了辖区证券营业部客户交易资金划转对少数银行的高度依赖，对银行技术系统提出了较高的要求。

（雷芬芳）

基金行业发展情况

一、北京辖区基金业基本情况

2011 年末，北京辖区共有基金管理公司 13 家，管理基金 186 只（全国共 914 只），总资产规模 7 298.30 亿份，资产净值 6 295.91 亿元。其中，开放式基金规模 6 884.57 亿份，资产净值 5 931.17 亿元；封闭式基金规模 413.73 亿份，资产净值 364.74 亿元。QDII 基金规模 413.53 亿份，资产净值 262.36 亿元。全年北京辖区共计发行基金 42 只，募集份额 742.9 亿元。辖区基金管理公司资产规模行业占比为 28.72%，列全国第三位，有 4 家基金管理公司（华夏、嘉实、工银瑞信、银华）管理资产规模在全国居前十位。北京辖区 9 家法人基金管理公司营业收入 106.28 亿元，净利润 28.31 亿元。

二、主要特点

（一）市场主体种类齐全

2011 年末，辖区共有 13 家基金管理公司，占全国的 18.84%，另有 3 家处于筹备期；其中，合资基金管理公司 6 家，占全国合资基金管理公司的 15.79%。基金管理公司分支机构 54 家，包括 43 家分公司和 11 家基金理财中心，与上年相比新增 2 家分公司。基金代销机构 42 家，包括 2 家法人银行、17 家商业银行北京分行、8 家城市商业银行北京分行、14 家证券公司、1 家证券投资咨询机构。

（二）行业地位较为稳定

2011 年末，北京辖区 13 家基金管理公司管理的公募基金净值共计 6 295.91 亿元，约占全国的 1/3。辖区 5 家基金管理公司拥有社保资金委托管理资格，社保委托管理资产规模 1 194.16 亿元，占全国的 39.58%；辖区 4 家基金管理公司具有企业年金管理业务资格，管理企业年金规模 656.59 亿元，占全国的 45.43%。

（三）综合创新能力较强

辖区基金管理公司在坚持合规运作的前提下，积极推动产品及业务的创新。嘉实基金公司利用香港子公司平台开展财富管理、另类投资和 PE 基金的运作；北京辖区公司先后成立了长盛量化红利策略、嘉实量化阿尔法、华商动态阿尔法混合基金 3 只量化投资基金，在弱市行情中取得了相对较好的投资业绩；辖区基金管理公司大力发展特定客户资产管理业务，拓宽了业务渠道，完善了为单一客户提供资产管理服务的业务模式，扩大了社保基金、企业年金、大机构等长期稳定资金的管理规模。此外，辖区基金管理公司积极培养创新人才，提升创新能力，为业务及产品创新奠定了基础。

（蔡云红）

期货市场

一、全国期货市场总体运行情况

2011年，期货业坚持以科学发展观为指导，稳步推进改革创新和对外开放，成功推出铅、焦炭和甲醇3个商品期货新品种，修改完善天然橡胶、燃料油、棕榈油等已上市期货合约和交割规则，试点铅、黄金等期货品种套期保值制度改革，开展铜、铝期货保税交割试点，推动合格境外机构投资者（QFII）、信托公司参与股指期货市场，建立期货品种功能发挥评估指标体系并组织首次评估，启动期货市场历史账户清理和规范工作，推出期货投资咨询业务并核准了47家期货公司的业务资格，开始期货公司境外期货代理业务试点的筹备工作。为抑制通货膨胀，期货市场加强了对市场运行的监测及遏制过度投机。在复杂的国际、国内宏观经济环境下，期货行业实现了安全平稳运行。

2011年，全国期货市场成交总额275万亿元、成交量21亿手，同比分别下降11%和33%，客户保证金年末余额1 486亿元，同比下降6%。虽然全年交易量、交易额、客户保证金有所下降，但整个期货行业结构更趋优化，实力有所提升，期货风险控制能力进一步提高。

二、北京辖区期货机构总体情况

2011年，辖区公司继续保持稳健的发展态势，实现安全平稳运行。

1. 机构数量稳步增加，抗风险能力进一步提高

截至年末，北京辖区共有20家期货公司、74家营业部，与上年相比，增加了1家期货公司、9家营业部；辖区20家期货公司的净资本达到51.33亿元，比上年增长21%，抗风险能力进一步提高。

2. 客户数量增长较快，保证金规模略有下降

截至年末，辖区期货公司共有代理客户22.69万户，其中法人客户0.82万户、自然人客户21.87万户，比上年分别增长18%和27%，客户数量增长虽然较快，但客户结构仍不够合理；客户保证金余额294.7亿元，比上年下降4%，占全国的比重为19.8%，客户保证金规模略有下降。

3. 市场交易规模大幅度下降，手续费收入略有下降

2011年，辖区期货公司实现代理交易量3.3亿手，代理交易额39.95万亿元，比上年分别下降37%和18%，市场交易规模出现较大幅度的下降。受期货代理交易量下降的影响，辖区期货公司全年实现手续费收入11.47亿元，比上年下降3%，下降幅度小于代理交易量的下降幅度。

（曾桂玲）

保险市场

2011年，北京保险市场总体运行基本平稳。全年北京保险业累计实现原保险保费收入[①] 820.91亿元，居全国第五位，同比增长2.0%；赔付支出232.80亿元，同比增长23.8%。全行业共管理保户储金及投资款696亿元，较上年末增加37.7亿元，资产总额3 132.3亿元，较上年末增长22.4%。截至年末，共有在京保险分公司和直接经营业务的保险总公司95家，专业中介法人机构357家，兼业代理机构6 929家，保险营销员约7万人。

一、产险业务增速放缓，服务能力提升

2011年，在京产险公司累计实现保费收入238.22亿元，同比增长9.78%，增速同比回落19.2个百分点，增速居全国第三十六位，低于全国平均8.9个百分点。

（一）车险业务增速高位回落

受承保新机动车同比大幅下降45.8%的影响，车险业务累计实现保费收入158.74亿元，同比增长3.86%，增速同比回落35.6个百分点。

（二）非车险主要险种快速增长

非车险保费收入73.82亿元，同比增长24.1%。除船舶险和工程险外，其他险种均保持较快增长。其中，企财险、责任险和货运险同比分别增长19.01%、23.57%和36.15%，对财产险增长的贡献度分别为22.7%、10%和17.3%。

（三）业务支出增长，服务能力提升

产险公司赔款支出121.11亿元，同比增长26.72%。综合赔付率63%，同比上升1.8个百分点。已赚保费综合费用率33.4%，同比减少1.1个百分点，较全国平均水平低0.7个百分点。商业车险的综合赔付率67.2%，同比下降0.2个百分点，出险率同比下降8个百分点。行业更加重视提高理赔服务水平，平均结案周期缩短3.8天。

（四）产险公司市场集中度同比持平

保费规模居前三位的产险公司市场份额共计67.8%，较上年基本持平。其中，中资公司保费收入228.85亿元，同比增长9.26%；外资公司保费收入9.37亿元，同比增长24.34%，占比3.9%，同比提高0.5个百分点。

二、人身险业务同比略降，业务及渠道结构进一步调整

2011年，在京寿险公司累计实现保费收入582.69亿元，同比下降0.9%。寿险业务保费收入505.83亿元，同比下降3%。

（一）寿险业务结构进一步调整

2011年，分红寿险463.21亿元，占比91.6%，同比基本持平；普通寿险38.72亿元，同比增长7.2%，占比7.7%。从期限结构看，寿险新单保费305亿元，同比减少18.8%，续期保费

① 以下简称保费收入。

200.8亿元，同比增长40.3%，寿险新单期交率25.8%，同比提高4.4个百分点。

（二）银邮渠道仍为主渠道，但规模及占比均有下降

受宏观经济形势和政策变化、银保新政等影响，银邮渠道保费收入293.8亿元，同比下降9.8%，占寿险公司的50.4%，同比减少5个百分点，新单期交率14.2%。个人代理渠道211.7亿元，占比36.3%，新单期交率81.1%。公司直销渠道52.2亿元，占比9%。其他兼业代理（不含银邮）、专业经纪机构和专业代理分别为12.2亿元、6.7亿元和6.2亿元，合计占比4.3%。

（三）赔付支出增长，退保情况稳定

寿险公司赔付支出111.69亿元，同比增长20.8%。其中，满期给付53.57亿元，占比48%；年金给付30.92亿元，占比27.7%；赔款支出19.43亿元，占比17.4%；死伤医疗给付7.76亿元，占比6.9%。退保金支出49.68亿元，其中，分红寿险退保44.6亿元，占比89.8%。退保率为2%，低于全国0.5个百分点。

（四）意外险、短期健康险保持盈利

意外险保费收入共计16.20亿元，同比增长18.3%，其中寿险公司12.67亿元。健康险保费收入共计66.32亿元，同比增长15.3%，其中寿险公司64.20亿元。意外险承保利润1.5亿元，承保利润率6.3%。短期健康险承保利润5 811.5万元，承保利润率2.9%。

（五）寿险公司市场集中度略升

保费规模居前五位的寿险公司市场份额共计63%，同比上升2.3个百分点。中资公司保费收入499.5亿元，占比85.7%；外资公司保费收入83.2亿元，占比14.3%，同比下降3.6个百分点。

（谭锐）

要素市场

2011年，北京市各类要素市场交易金额1.6万亿元。其中，北京产权交易所集团全年完成各类产权转让项目11 545宗，同比增长14.24%；成交金额4 536.21亿元，同比增长103.67%。

北京金融资产交易所在巩固原金融企业国有产权交易和不良资产交易的基础上，积极探索信贷、债券、信托、保险、私募股权等金融资产交易创新业务。完成了华夏基金51%股权、北京农商银行126亿元不良资产等项目的资产处置工作，搭建了全国地方商业银行股权交易平台；利用成为中国银行间市场交易商协会指定交易平台的有利条件，吸引多家银行进场交易，累计成交额超千亿元；加大对信托、保险、私募股权等领域的研究力度，开发的创新型产品得到相关政府部门和企业的认可。全年累计完成金融资产项目628宗，同比增长245.05%；成交金额1 715.95亿元，同比增长365.95%。

中国技术交易所主动承接科技部“十一五”国家重大科技成果市场化交易，新增各类项目资源8 000余项，其中“十一五”国家重大科技成果370项。中

关村知识产权融资集合资金信托计划第一期、第二期已完成发行，为4家企业融资2 000万元。积极争取科技部“十二五”规划项目，成为“国家技术交易全程服务公共支撑平台”课题主承担单位、医药等服务平台建设稳步推进、技术进出口业务取得突破、商标交易开始起步。全年累计完成技术产权项目5 977宗，同比增长22.18%；成交金额805.33亿元，同比下降6.4%。

中国林业产权交易所确定了以林权流转为本，以林业碳汇为潜在利润增长点，以林产品电子交易和林业金融创新服务为突破口的业务发展思路。为林业产业发展提供融资咨询服务，会同农业银行北京市分行、中林评估公司开展北京市林权抵押贷款试点工作。木材交易、茶园预期收益、纸浆电子交易平台、新闻纸张电子交易平台、花卉电子交易平台等均取得预期进展，其中纸浆电子交易平台已于10月28日正式上线运行，当日成交2 350吨，成交金额1 142万元。全年累计完成林业产权项目18宗，成交金额1.56亿元。

北京环境交易所全年新增挂牌CDM项目38个，完成CDM交易量126万吨，成交额1.08亿元；新增VER项目31个，完成VER交易量2.49万吨，成交额126.87万元。老旧机动车淘汰更新业务进展顺利，已经完成32 621辆老旧机动车的淘汰。为浙江庆元、广东佛山、河北石家庄、云南开远等地方政府提供服务，取得了良好的社会效益和经济效益。全年累计完成环境产权交易额1.09亿元，同比增长87.11%。

北京国际矿业权交易所按照“制度共创、技术共享、人才共有、市场共建”的原则，进一步巩固与内蒙古、陕西等资源富集省（区）矿业权交易机构之间的合作关系，积极拓展项目渠道，探索建立跨区域矿业权市场。与银行、信托、私募投资基金等各类金融机构合作，开展矿业金融产品的研究和业务探索。在中国钢铁工业协会、中国五矿化工进出口商会的支持下，与国内外主要矿山、钢企、铁矿石贸易企业建立业务联系，稳步推进铁矿石现货交易平台建设。全年累计成交矿权项目177宗，成交金额123.38亿元。

北京石油交易所积极推动央企股东投放资源，中国石油北京销售公司、中国石油国际事业有限公司、中石油广西石化公司、中国中化集团等资源导入取得实质性进展，其中与中国石油国际事业有限公司合作推出的硫黄现货交易将于2012年上线交易；在市安监局的大力支持下，全市危化品交易监管平台建设工作正在进一步的论证推进中；借助央企资源投放、融资模式设计、奖励政策配套等措施，全面加快会员招商工作，全年新增会员42家。全年累计实现交易额649.83亿元，同比增长549.83%，其中5月份完成了首笔通过电子交易系统进行的场内交易，标志着北京石油交易所在交易制度、资金结算、风险控制等体系建设方面，已经具备了大宗现货电子交易的各项条件。

北京东方雍和国际版权交易中心全年在动漫、影视、图书、音乐等领域挂牌项目2 000余个，实现版权交易额近7.69亿元；北京文化金融服务集团设立工作有序进行，推出“财政扶持、社会融资、信托贷款、担保兜底”的新型融资模式——中小企业集合信托，成功发行“雍和园文创企业集合信托”，第一期2 000万元，第二期1 450万元；与北京银行等金融机构合作的影视贷产品，为中小影视企业实现7 500万元贷款融资；发行“中关村新媒体版权基金”1亿元；初步完成“南海银都影视基金”发行1亿元。

金马甲产权网络交易加大平台建设力度，对网络竞价大厅和动态报价大厅功能进行升级，完成公共资源交易管理一站式服务平台、涉诉资产交易管理一站式服务平台、网络招采大厅的开发工作，不断提升作为产权业界共用的“互联网支撑工具”功能。截至年末，已发展联盟成员33家、联盟会员32家、认证会员20家。探索市场化业务，推出国窖1573大坛定制原酒高端商品交易产品，启动项目撮合交易及重庆房地产交易业务。全年累计完成网络产权交易项目3 942宗，同比增长40.04%；成交金额100.72亿元，同比增长44.92%。

北京国际葡萄酒交易所12月份完成注册登记，股东是北京金融资产交易所、一轻控股，注册资本1亿元。北京国际葡萄酒交易所将致力于建设全球最大的葡萄酒交易平台，成为国际高端葡萄酒的资源配置中心、交易中心和价格反映中心。

（柳宁）

三、发展与监管

银行业发展与监管

▲政策性银行

一、基本情况和重大变更事项

（一）基本情况

2011 年末，中国农业发展银行北京市分行（以下简称农发行北京市分行）、中国农业发展银行总行营业部（以下简称农发行总行营业部）和中国进出口银行北京分行（以下简称进出口银行北京分行）资产总额 1 942.89 亿元，比年初增加 691.86 亿元，增长 55.3%；其中各项贷款占资产总额的 91.36%。各项贷款余额 1 775.01 亿元，比年初增加 573.51 亿元，增长 47.73%。负债总额 1 914.15 亿元，比年初增加 690.44 亿元，增长 56.42%。所有者权益 28.75 亿元，比年初增加 1.44 亿元，增长 5.27%。辖内 3 家政策性银行均实现盈利，全年累计实现利润 27.45 亿元，比上年增加 0.64 亿元，增长 2.39%。

（二）重大变更事项

2011 年 8 月，原农发行北京市分行营业部总经理田新宇提任农发行北京市分行副行长。9 月，原农发行北京市分行副行长焦基亮调任农发行总行营业部总经理，原农发行总行营业部总经理张泽调任农发行广西分行行长。

2011 年，原进出口银行北京分行党委书记刘汉杰调任进出口银行湖北省分行党委书记，原进出口银行北京分行行长吴少华调任中国进出口银行公司业务部总经理，原进出口银行北京分行副行长徐建华调任进出口银行浙江省分行副行长（主持工作），原进出口银行湖南分行行长汤银莲调任进出口银行北京分行行长，原中国人民银行天津分行助理巡视员边东海调任进出口银行北京分行副行长，原中国进出口银行会计管理部副总经理师芳调任进出口银行北京分行行长助理。

二、金融产品创新和金融服务

农发行总行营业部认真贯彻落实国家宏观调控政策，切实做好粮棉油糖肉等农产品的政策性金融服务工作。支持国家储备计划和调控计划，加大对国家储备棉收储、粮油轮换、国家储备糖出库加工、进口古巴糖、收储冻猪肉等贷款支持力度，对稳定国内市场价格起到了积极的作用。

农发行北京市分行在认真履行政策性银行职能的基础上，积极响应市委市政府加快首都新农村建设的战略部署，与政府需求对接，加强同业合作，大力发展信贷支农业务。支持丰台区、大兴区、门头沟区、怀柔区、昌平区等旧村改造项目，涉及村庄 59 个，拆迁人口 4.5 万多人、2 万余户，土地面积 837.22 万平方米，回迁房建设 228.69 万平方米。

进出口银行北京分行发挥政策性金融导向与支持作用，加大战略性新兴产业支持力度，新增 4 家节能减排、新能源绿色经济行业客户，发放贷款占新增贷款总额近 20%；进一步推动传统产业结构优化升级，助力“三农”和中小企业发展，信贷投放结构逐步改善。截至年末，涉农企业贷款余额 18.35 亿元，全年发放 5.7

亿元；中小企业贷款余额 109.41 亿元，全年发放 47.51 亿元。

三、存在的问题和风险

一是不良贷款形成原因复杂，清收化解难度较大。二是个别银行异地贷款贷后管理不到位，风险管控能力亟待加强。三是商业性中长期贷款规模快速增长，业务管理能力相对薄弱。四是国别风险和汇率风险不断加大。五是贷款新规执行力度有待继续加强，内控能力有待提高。六是贷款“三查”不够严格，基础管理有待加强。七是平台贷款规范整改仍需进一步推进。

四、监管工作情况

（一）结合辖内被监管机构发展实际，狠抓重点领域风险防范

中国银行业监督管理委员会北京监管局（以下简称北京银监局）严控平台贷款风险，加强督导核查力度，推动做好平台贷款到期还款安排；强化抵质押担保整改落实，推动平台风险有效缓释；完善平台贷款台账管理，强化动态监测，扎实推进融资平台贷款规范清理。加强土地储备贷款风险防控，及时跟踪研究，严防风险蔓延；加大实地走访力度，对土地抵押落实情况进行调查，督导银行对已发放的土储贷款加强贷后管理，审慎发放新审批贷款；及时进行风险提示，督促银行及时审慎测算土储贷款承贷主体的现金流状况，做好到期贷款的资金收回工作，严防房地产贷款风险积聚导致还款资金链断裂的风险。

（二）以提高贷款新规执行力为抓手，促进提升贷款科学化管理水平

北京银监局在督促完成规定受托支付比率要求的基础上，加强非现场日常监管工作中的后续监测，确保银行真正将贷款新规制度化、常态化，不断改进信贷精细化管理水平。跟踪督促各机构贷款新规现场检查发现问题的整改落实，督促银行加强自查，严格落实受托支付和实贷实付要求。

（三）引导辖内政策性银行信贷支持“三农”发展

北京银监局督导辖内机构找准定位，发挥优势，加强同业合作，构建“三农”金融服务体系。积极引导政策性银行提高专业领域金融水平，加强政策性金融在“三农”领域的作用。督导农发行北京市分行立足于政策性银行定位，统筹科学安排全年信贷行业投向，做实政策性粮油储备贷款业务，支持传统农业生产销售。加大引进农业专业人才力度，加强和政府部门、科研院校、社会中介等相关农业部门合作力度，强化其服务“三农”的专业性。鼓励利用与传统农业的密切联系，向农业产业链两端延伸，支持粮食龙头企业综合化发展，扶植农业科技创新，推动北京都市特色农业发展，充分发挥在农业产业链、水利建设、农业科技等领域的政策性资金引导作用。

（姚春梅）

▲商业银行（一）国家开发银行

一、基本情况和重大变更事项

（一）基本情况

2011 年末，国家开发银行北京市分行（以下简称国开行北京市分行）、国家开发银行企业局（以下简称国开行企业局）资产总额本外币合计 9 190.81 亿元，比上年增加 797.09 亿元，增长 9.50%；其中各项贷款占资产总额的 91.76%。各项贷款余额 8 433.76 亿元，比上年增加 472.30 亿元，增长 5.93%。负债总额

9 088.08 亿元，比上年增加 809.64 亿元，增长 9.78%。所有者权益 102.72 亿元，比上年减少 12.56 亿元，下降 10.90%。2011 年，辖内国家开发银行两家机构均实现盈利，累计实现利润 101.72 亿元，比上年同期减少 12.57 亿元，下降 11%。

（二）重大变更事项

2011 年 1 月，原国开行企业局局长王用生调任国家开发银行副行长；原国家开发银行稽核局局长刘振喜调任国开行企业局局长；原国开行贵州分行副行长丑新友调任国开行企业局副局长。3 月，中巴投资公司副董事长、总经理陈剑波调任国开行企业局副局长；原国家开发银行稽核评价局局级稽核专员张晋平调任国开行企业局副局长。4 月，原国开行安徽省分行行长徐明调任国开行北京市分行行长。6 月，原国家开发银行评审处处长李忠阳提任副行长。

二、金融产品创新和金融服务

一是支持中关村国家自主创新示范区建设。2011 年末，国开行北京市分行中关村园区内科技类贷款余额 97.02 亿元，比年初增加 2.09 亿元，增长 2.2%。支持范围覆盖节能环保、高端装备制造业、电子信息技术以及新材料、新能源等战略性新兴产业以及园区内基础设施建设。

二是支持保障性住房建设。2011 年末，国开行北京市分行保障性住房贷款余额 198 亿元，比年初增加 114 亿元，增长 136%，主要包括棚户区改造项目和经济适用房项目。加大对棚户区改造的支持力度，棚户区改造项目贷款年末余额 192 亿元，比年初增加 135 亿元，增长 236.8%。

三是加大对“三农”和小企业的支持力度。2011 年末，国开行北京市分行涉农贷款余额 379.22 亿元，比年初增加 84.42 亿元，增长 28.64%，重点支持农村基础设施、农业产业化、涉农中小企业、农村地区的保障性住房等涉农领域。小企业贷款余额 40.22 亿元，比年初增加 5.98 亿元，增长 17.46%。

四是支持文化创意产业发展。2011 年末，国开行北京市分行文化产业项目贷款余额 50.68 亿元，与年初余额基本持平。其中，文化创意产业基础设施建设项目贷款余额 25.97 亿元，广播影视类项目贷款余额 23.41 亿元，文化艺术、体育、文化旅游、新闻出版类贷款余额约 1.3 亿元。

三、存在的问题和风险

（一）贷款科学化管理有待加强

部分集团客户信贷资金难以实现受托支付，影响对信贷资金实际流向的把控；个别固定资产贷款发放后长时间滞留在借款人账户未及时使用；对代理行管理需进一步规范；流动资金贷款需求测算方法的科学性和合理性还有待进一步提高。

（二）政府融资平台贷款潜在风险

国开行北京市分行大部分政府融资平台贷款以应收政府承诺的账款作为还款来源，同时作质押担保，占政府融资平台贷款总额的比例约 58.75%，存在还款风险。由于政府项目本身无直接收益，而政府承诺补贴或回购等收益权又作为贷款质押，因而其贷款的第一、第二还款来源重叠，风险缓释有效性差；上述权益虽在人民银行应收账款系统中登记，但可否作为确定企业应收账款的法律依据也不明确。

（三）境外业务风险有所上升

近年来，两家机构外汇贷款增长较快。在当前金融市场波动再度加剧，经济下行风险有所增加的情况下，外汇贷款的国家风险、政策风险和法律风险不容忽视。在贷款管理方面，因受地域限制，较难及时跟进了解境外借款人及项目实时的经营、财务等状况，贷后跟踪管理成本高、难度大、风险敏感度低，出现风险后处置较为困难。此外，境外业务借款人一部分是当地政府控制的企业，这些贷款的风险管控基本依赖国家信用，另一部分是虽然母公司在境内，但子公司在境外注册，受到当地法律的约束，难以实施有效的管控措施。

四、监管工作情况

（一）审慎监管，督促落实各项政策要求

北京银监局督促和引导两家机构围绕“保增长、扩内需、调结构”要求，贯彻落实国家宏观调控和产业结构调整政策，在风险可控、商业可持续的条件下优化信贷结构，严格限制对“两高一剩”和落后产能行业的信贷投入，加大对“两基一支”的支持力度，加快推进基层金融和民生业务，继续加强对中小企业贷款和涉农贷款的信贷投放，最大限度地提高有限信贷资源的利用效率，提高盈利能力和竞争力，服务实体经济发展。

（二）督促指导、跟踪检查，严格落实贷款新规

北京银监局将“三个办法、一个指引”的跟踪调查纳入日常监管工作中，要求两家机构按照已确定的实施时间表，严格推进落实“三个办法、一个指引”，牢固树立“受托支付”、“实贷实付”理念，真正防范信贷风险。通过约见会谈及走访，结合“监管政策进基层行”工作对相关人员进行培训和答疑，并对实施情况持续开展专题调研和现场评估，深入了解银行在贯彻落实过程中的经验和困难，提出有针对性的监管建议。

（三）多措并举，督促国开行北京市分行化解政府融资平台贷款风险

北京银监局针对国开行北京市分行融资平台贷款余额大、平台类型多样、清理难度大等难点，以现场督导、约见会谈、下发监管意见书等方式，积极传导监管政策，逐一分析和解答清理工作难点和问题，帮助其确立“分步走、分类推进”的清理思路，提出督促平台采取多种方式补充有效现金流等监管建议，落实贷款抵质押品或第三方担保切实防范风险等监管要求，提高了清理工作有效性。同时积极沟通深入督导。将工作范围延伸至区县政府及平台公司，一方面深入海淀、怀柔、丰台、房山及密云，走访区县政府、财政局，解读监管政策，争取支持，分析平台规范方案的可行性；另一方面实地考察留存平台公司，提出增强平台实力，实现良性发展的工作要求。

（四）加强国别风险管理，积极管控境外业务风险

北京银监局督促两家机构有效管理境外业务政治风险、法律风险和政策风险，重大项目应注重对国别风险的全面有效管理，严格执行国别风险的限额，采取多种方式缓释项目风险。督促两家机构严格遵循“了解你的客户”原则，对境外借款人进行充分的尽职调查，认真核实借款人身份及最终所有权，避免风险过度集中，尽职核查资金实际用途，防止贷款挪用，审慎评估海外抵押品的合法性及其可被强制执行的法律效力，建立完善的贷后管理制度。

（苏秋桂）

▲商业银行（二）工、农、中、建、交五家银行

一、基本情况和重大变更事项

（一）基本情况

2011 年末，工商银行北京市分行、农业银行北京市分行、中国银行北京市分行、建设银行北京市分行和交通银行北京市分行（以下简称 5 家银行）资产总额 5.31 万亿元，比上年增长 16.06%；其中各项贷款余额 1.47 万亿元，比上年增长 9.63%。负债总额 5.28 万亿元，比上年增长 16.07%；其中各项存款余额 4.26 万亿元，比上年增长 12.93%。所有者权益 318.29 亿元，比上年增长 15.26%。全年累计实现净利润 388.59 亿元，比上年下降 5.74%。

截至年末，5 家银行共有机构网点 1 662 家（含分行），比上年增加 30 家。其中，分行 6 家，比上年增加 1 家；支行 1 292 家，比上年增加 188 家；分理处 137 家，比上年减少 84 家；储蓄所 227 家，比上年减少 75 家。5 家银行共有纳入监管范围的高级管理人员 274 人，比上年增加 13 人。

5 家银行在岗员工 47 340 人。其中，工商银行北京市分行 14 943 人，农业银行北京市分行 7 840 人，中国银行北京市分行 8 716 人，建设银行北京市分行 11 176 人，交通银行北京市分行 4 665 人。

（二）重大变更事项

1. 机构变更情况

农业银行北京市分行新增 1 家支行；中国银行北京市分行新增 15 家支行；建设银行北京市分行将海淀支行升格为二级分行，更名为中关村分行，另新增 10 家支行；交通银行北京市分行新增 4 家支行。

2. 分行级高级管理人员变更情况

建设银行北京市分行田惠宇担任行长；交通银行北京市分行朱鹤新担任行长。新任汪晓芳、李建民为工商银行北京市分行副行长，刘强、许江为农业银行北京市分行副行长，吴建光、姚华明、刘敏为中国银行北京市分行副行长，肖立红、郎理英为建设银行北京市分行副行长，张小明为交通银行北京市分行副行长。农业银行北京市分行董福海、孙学文、娄志刚不再担任副行长，建设银行北京市分行王军不再担任行长，交通银行北京市分行孙德顺不再担任行长。

二、金融产品创新和金融服务

（一）开展银医项目合作，解决老百姓医院挂号难的问题

工商银行、农业银行、中国银行、建设银行 4 家银行北京市分行与 301 医院开展银医项目合作，在该医院门诊部筹建储蓄所，利用电话银行人工服务、网上银行、自助服务终端等电子银行渠道实现预约挂号、查询预约、撤销预约、查询医疗报告和银医服务管理等多项服务功能。

（二）推出各种创新产品，解决中小企业融资困难

工商银行北京市分行为改善中小企业融资服务，推出“速商贷”产品；对北京商品交易市场内商户提供多种融资方案，创新设计“商品交易市场内经营商户联保”、“商铺承租权质押 + 保证担保”、“市场管理方抵押 + 保证担保”等业务模式。农业银行北京市分行海淀中小企业金融服务中心根据中关村地区中小企业特点，推出出口信用保险项下应收账款融资、应收账款质押贷款、小企业工业厂

房按揭贷款等产品，推出“创新基金贷款”。中国银行北京市分行推出“中关村科技型中小企业金融服务模式”。交通银行北京市分行对中小企业推出“视融通”、“保融通”、“智融通”、“投融通”业务，针对节能减排领域中小企业推出中小节能企业授信服务方案。

（三）发挥支农优势，解决融资难问题

农业银行北京市分行充分发挥金融在首都城乡经济社会发展一体化中的积极作用，研发“城乡一体化综合建设贷款”产品，有效解决城中村改造项目融资难问题，全年新增实际投放贷款 168 亿元。

（四）推出新型信用卡，满足消费需求

工商银行北京市分行推出全新的信用卡产品——工银快购卡。该卡采用 PBOC2.0 标准芯片介质，是北京地区首张具有电子现金交易功能的新型信用卡。

三、存在的问题和风险

（一）部分银行内控管理存在不足

个别银行信贷审批工作存在不足，贷审会委员在明知贷款潜在风险情况下未能审慎行使表决权，形成不良贷款后，贷审会委员未对自身的履职情况进行检查和问责，问责机制流于形式；个别银行绩效考核机制存在重发展轻管理的倾向；个别银行基层支行金融许可证丢失或被误销毁；个别支行基层员工的合规经营意识较为淡薄，对合规从业的重要性、违规行为的后果缺乏深入认识。

（二）信贷精细化管理水平有待提高

个别银行个人贷款未严格执行《个人贷款管理暂行办法》，未执行受托支付规定，未及时收集交易发票，贷款用途审核和资金监控不到位；个别法人贷款项目资本金到位认定依据不充分，质押手续不完备，流动资金贷款均未按规定进行流动资金需求测算；贷款未按照受托支付规定发放，未收集相关票据和交易合同、未核实信贷资金实际去向等。个别土地储备贷款授信管理不严格；部分中长期贷款还款方式不够审慎。

（三）房地产贷款存在大额处置风险和政策风险

2011 年末，个别银行房地产业不良贷款余额比年初增加较多，房地产业关注类贷款上升较快，贷款违约风险大幅上升；部分新增大额不良贷款单户金额较大，且多为商用物业抵押贷款，大额风险亟待处置和化解。

（四）地方政府融资平台政策风险和偿债风险不容忽视

一是 5 家银行 2012 年全口径平台贷款将到期金额占全部平台贷款两成，在“降旧控新”的清理规范政策要求下，平台贷款到期偿付压力较大；二是名单内平台贷款落实抵质押担保还需进一步加大工作力度，信用贷款占比较高，部分平台贷款由平台公司担保，缺乏第二还款来源，风险缓释措施不足。

（五）金融服务质效还有待进一步提升

对 5 家银行的信访内容涉及存取款和银行卡业务纠纷、个人住房贷款纠纷、误导销售证券和保险产品、违规收费、不公平竞争等问题，其中反映违反合同约定单方面调整房贷利率、误导销售证券和保险产品的问题比较突出，金融产品销售行为管理亟待加强。部分银行在提供优质金融服务方面还存在不足，个别网点在引导客户办理自助业务时，存在方法不到位、服务不细致的情况；网点收费项目公示不全面；部分网点排队现象仍比较突出等。

四、监管工作情况

（一）多措并举，做好政府融资平台贷款风险分类、规范清理和风险化解工作

北京银监局积极组织、协调平台三方开展清理整改工作，深入区县政府及相关职能部门、平台公司进行座谈和调研，就平台公司贷款整改为一般类公司贷款的路径、措施进行深入探讨。通过约见会谈、走访督导、调阅企业档案、与客户经理谈话等形式深入银行，对牵头行拟退出平台贷款的整改情况进行现场督察。对两家平台贷款进行了现场检查，对涉及5家贷款行的平台贷款现金流测算情况进行了核查。

（二）强化房地产信贷风险防控工作

北京银监局牵头下发了进一步加强房地产贷款风险管理通知，督导各行高度关注房地产需求增速可能明显降低的潜在风险，重申“认房又认贷”的二套房信贷政策，规范银行信贷行为。牵头组织对辖内商业银行土地储备贷款抵押物合规情况进行抽查，针对发现的问题，向北京市金融工作领导小组报送了相关报告，同时向辖内银行业金融机构下发进一步做好土地储备贷款抵押物管理的通知。对建设银行北京市分行、交通银行北京市分行开展个人消费贷款现场检查，并对整改落实情况进行后续跟踪监管；对交通银行北京市分行未严格执行第二套差别化住房信贷政策等情况进行重点监管，责令停业整顿其制度缺陷、流程不完备、执行不利等问题，整改验收合格后恢复业务。牵头组织辖内商业银行对经营性物业抵押贷款进行了自查。

（三）加强对影子银行风险防控

北京银监局按季跟踪3家银行转表落实情况，并对3家银行清理规范情况进行现场核查，提出监管要求，确保转表合规性。对农业银行北京市分行表外银信理财对接委托贷款业务的合规性进行延伸调查，逐笔分析转表的合规性以及委托贷款业务的真实性，并将情况及时上报中国银行业监督管理委员会（以下简称银监会）一部，上下联动对农业银行表外理财业务提出规范性要求，促其改进管理，真实反映业务风险。先后两次组织5家银行召开监管通报会，进行风险提示，对理财产品销售以及分行经授权自主设计开发的理财产品的风险控制提出监管要求。

（四）强化银行合规意识，提高精细化管理水平

针对5家银行上半年贷款新规走款比例较低的情况，北京银监局进行现场督导、走访15次；持续跟踪5家银行中长期贷款合同整改情况和新签合同一年两次还款情况，提出阶段性达标要求。为进一步核实银行执行受托支付有关规定以及中长期贷款合同修订补正的真实情况，对5家银行进行现场抽查。前往集团客户进行调研，听取大型集团客户资金归集管理执行贷款新规存在的冲突，并提出动态名单制管理等政策建议。

（五）指导银行准确把握宏观调控政策，积极支持重点需求

北京银监局采取多项措施解决辖内公共租赁住房在建设、管理以及融资模式上贷款期限过长、“四证”办理滞后、房屋出售退出机制尚不完善等问题，对公租房贷款准入进行政策指导，重点关注公租房贷款管理的制度建设，对贷款准入条件、项目还款来源、分期还款计划、交叉违约条款等要素提出监管要求，规范贷款行为。积极推动辖内银行在风险防控的前提

下支持保障性住房建设，探讨有效支持公租房建设的融资模式。实行政策倾斜，从组织架构、专业人才、发展方向、管理方式、内部考核等方面对建设银行北京市分行新设中关村分行给予指导。推动银行加大支持小企业发展力度，推动产品创新。

（郭雅）

▲商业银行（三）其他商业银行

一、基本情况和重大事项

（一）基本情况

2011 年末，中信银行总行营业部、中国民生银行总行营业部、中国光大银行北京分行、华夏银行北京分行、招商银行北京分行、上海浦东发展银行北京分行、广发银行北京分行、兴业银行北京分行、深圳发展银行北京分行、渤海银行北京分行、浙商银行北京分行在京营业机构（以下简称 11 家银行）本外币资产总额 22 941.71 亿元，比上年增加 4 176.51 亿元，增长 22.26%；其中贷款余额 8 692.48 亿元，比上年增加 359.97 亿元，增长 4.32%。负债总额 22 645.65 亿元，比上年增加 4 104.11 亿元，增长 22.13%；其中存款余额 17 939.81 亿元，比上年增加 1 947.20 亿元，增长 12.18%。全年累计实现净利润 233.11 亿元，比上年增加 76.6 亿元，增长 48.94%。

截至年末，11 家银行在京营业机构数共计 416 家，比上年增加 33 家；其中分行级机构 11 家；支行 405 家，比上年增加 33 家。在职人员共计 16 551 人，其中高管人员 445 名。

（二）重大事项

原广发银行北京分行副行长江友青提任主持工作副行长，原华夏银行个人业务部总经理樊燕明调任华夏银行北京分行行长，渤海银行总行行长助理张庆修兼任渤海银行北京分行行长。

广东发展银行北京分行更名为广发银行北京分行。

二、金融产品创新和金融服务

（一）金融产品创新

一是积极拓展基于银行卡的业务品种和服务功能，推出多款联名卡。二是推出新版手机银行、手机支付业务等，拓宽电子银行服务渠道。三是拓展个人理财业务品种，满足不同客户的风险偏好和投资需求；进一步规范理财产品销售流程，提高理财业务服务水平。四是推出针对小企业的系列创新产品，以满足小企业灵活、快速等多层次的融资需求。

（二）金融服务

一是加快发展小企业金融服务建设，深入开展市场调查，研发符合小企业融资需求的特色化金融产品，着力推进中关村自主创新示范区和文化创意产业等重点区域、领域小企业信贷支持工作。二是发展个人消费类和个人经营类贷款业务，创新业务模式和流程，提高业务审批效率，为居民合理的消费需求和小企业经营发展提供信贷支持。三是鼓励节能环保产业和项目的信贷投放，全力确保信贷规模指标，并开辟专门的绿色审批通道，提高贷款审批效率。四是积极履行社会责任，推出系列金融服务便民措施，改善金融服务环境，促进银行与社会和谐发展。

三、存在的问题和风险

（一）信用风险仍是辖内股份制商业银行面临的主要风险

一是地方政府融资平台贷款风险仍然较为突出。部分银行平台贷款到期还款时间主要集中于近三年，贷款集中到期风险较大，市、区政府面临较大的还款压力。二是房地产贷款等重点行业风险须关注。部分银行房地产贷款增幅较大，个人住房贷款和以房地产抵押的个人经营性贷款占比较高，潜在风险较大。三是辖内部分股份制商业银行个人不良贷款规模呈现不同程度上升，个人贷款风险逐步显现。四是个别银行出现部分大额不良贷款，贷款清收难度进一步加大。

（二）理财业务风险较为突出，潜在声誉风险不容忽视

部分银行理财业务缺乏统一的管理机制与组织制度，业务开展存在一定的合规风险。部分银行多次出现因银行理财产品到期亏损引发客户投诉或诉讼的事件，对其声誉和形象造成了一定的负面影响，目前少数理财产品仍处于亏损状态，潜在声誉风险不容忽视。

（三）贷款新规执行不严，风险管控精细化程度有所欠缺

通过现场检查发现，辖内个别股份制商业银行开展的网上自助贷款业务不符合贷款新规关于用途审核、支付审核及资金流向跟踪的相关规定。部分贷款“三查”制度执行不够严格，个别信贷资产转让业务审批存在逆程序现象、个别重组贷款未按照规定进行风险分类调整等。

（四）政府融资平台贷款管理存在薄弱环节

通过现场检查发现，辖内部分股份制商业银行地方政府融资平台“退出类”贷款管理存在以下问题：一是尚未针对“退出类”政府融资平台贷款建立专门的“名单制”信息管理系统，尚未动态监测贷款项目现金流与公司经营性净现金流。二是为贷款办理借新还旧，使得流动资金贷款被长期占用。

四、监管工作情况

（一）多管齐下，积极推动政府融资平台贷款风险分类化解工作

北京银监局充分利用非现场监管手段，密切关注各行政府融资平台存量贷款的风险变化情况，及时收集月度动态管理台账，进行日常监测分析，及时向银监会对口部门报送平台贷款清理规范的工作进展，通过“三项重点工作推进会”等形式，向辖内各行明确平台贷款清理规范监管工作要求。与银行相关人员商讨平台贷款风险化解措施，逐户确定工作计划，督促各行严格按照政策要求开展融资平台存量贷款分类化解工作。多次赴北京经济技术投资开发总公司、北京市政路桥建设控股（集团）有限公司等平台企业，以及北京金融工作局等部门进行调研，加强沟通，有效推进平台贷款风险化解工作。开展平台贷款现场检查，对现场检查中发现的问题进行持续跟踪监管，督促各行及时进行整改。

（二）多措并举，扎实推进贷款新规有效贯彻落实

北京银监局通过年度监管意见通报、监管会谈，逐行布置受托支付比例达标工作，确保全年三类贷款受托支付比例达到监管要求。按旬对各行上报的两个口径受托支付比例数据进行监测和对比，从业务管理审慎性、业务操作合规性两个方面关注各行贷款新规执行情况。对流动资金贷款受托支付比例较低的银行多次进行现场督导、走访调研，与银行共同探索有效办法加以解决。积极与属地监管局联系，请求属地监管局在法人监管工作中督促相关部门严格执行贷款受托支付标准，切实提高分行贷款受托支付执行比例。完成辖内

部分股份制商业银行贯彻落实“三个办法、一个指引”情况专项现场检查，并持续跟踪各行整改落实情况。

（三）加强指导，有效防控房地产领域风险

北京银监局密切关注个别银行新增房地产大额不良贷款的风险状况，督促其妥善化解不良贷款风险。针对房地产贷款集中度较高的银行、存在即将到期大额房地产贷款的银行，做好风险提示，严控房地产行业贷款风险。通过向银行发放调查问卷、银行营业网点暗访、致电售楼处咨询、走访二手房中介等方式，对北京地区部分银行执行差别化住房信贷政策情况进行调研，完成《关于北京地区银行业金融机构执行差别化住房信贷政策情况的调研报告》。集体约谈，提示各行关注住房按揭贷款声誉风险。

（四）做好前瞻性窗口指导，狠抓案件防控不放松

北京银监局针对当年涉及理财业务、票据业务以及结算业务的投诉和违规行为，向各行下发了5期《监管风险提示》，对相关业务风险进行提示。根据《北京银监局深化银行业内控和案防制度执行年活动实施方案》要求，对部分股份制商业银行案防工作进行抽查和现场督导，促进各行加强案防长效机制建设。开展辖内股份制商业银行内审状况调研，推动各行不断提升内控水平，完成《辖内股份制商业银行分支机构内部审计调研报告》。结合“促监管政策下基层行”活动，开展案件防控专题宣讲，促进各行提高认识，有效防控案件风险。

（五）引导支持中关村国家自主创新示范区建设和小企业金融服务

北京银监局鼓励各行积极支持中关村国家自主创新示范区建设和科技型中小企业发展，确保小企业贷款增速不低于贷款平均增速。鼓励各行设立小企业贷款专营机构或部门，兴业银行、广发银行、中信银行均于年内新设小企业信贷部。加强调研，完成《关于辖内股份制商业银行对中关村示范区金融服务支持情况的调研报告》、《中信银行总行营业部全方位加大创新力度积极支持中小企业发展》等报告近10篇。高度关注银行支持中关村国家自主创新示范区建设的良好做法，通过报送机构动态信息、同业经验交流等方式予以推广。

（六）推动辖内股份制商业银行金融服务能力和水平的提升

北京银监局召集辖内股份制银行分支机构主管行长及部门负责人会议，就金融服务问题提出工作要求；针对负面舆情比较集中的银行单独约见会谈，提出监管要求。对辖内部分股份制商业银行理财、服务收费、代理保险销售等业务进行抽查、暗访及现场督导，督促辖内股份制商业银行进一步改进金融服务。结合信访举报工作，妥善处理客户投诉事宜，切实维护金融消费者的合法权益，查找银行金融服务工作中的漏洞和不足，推动银行进一步提升金融服务能力和水平。

（宋春艳）

▲城市商业银行（一）北京银行

一、基本情况和重大变更事项

（一）基本情况

2011年末，北京银行资产总额9 561.43亿元，比上年增加2 224.48亿元，增长30.32%；负债总额9 057.90亿元，比上年增加2 147.36亿元，增长31.07%；各项贷款余额4 048.81亿元，

比上年增加 702.49 亿元，增长 20.99%；各项存款余额 6 138.38 亿元，比上年增加 493.61 亿元，增长 8.74%；实现利润 89.30 亿元，比上年增加 21.38 亿元，增长 31.47%。

（二）重大变更事项

1. 机构发展情况

北京银行新设分支机构 21 家（以取得开业批复为准），其中 8 家北京地区支行，12 家分行下辖同城支行，1 家分行下辖异地支行。附属机构文成北银村镇银行获批成立。截至年末，北京银行在京共设 1 家分行、167 家营业网点、1 家村镇银行、1 家消费金融公司；天津设有 1 家分行、11 家支行，上海设有 1 家分行、9 家支行，西安设有 1 家分行、3 家支行，深圳设有 1 家分行、4 家支行，杭州设有 1 家分行、3 家支行，绍兴设有 1 家异地支行，长沙设有 1 家分行、3 家支行，南京设有 1 家分行、2 家支行，济南设有 1 家分行、1 家支行，南昌设有 1 家分行；在中国香港、荷兰阿姆斯特丹各设有 1 家代表办事处，共有签约员工 7 339 人。

2. 2011 年 6 月，北京银行非公开发行股票方案获得银监会批准

二、金融产品创新和金融服务

（一）零售转型初见成效

着力推动“赢在网点”项目，树立北辰路支行、顺义支行和丰台支行为示范支行；配合市人保局推出社保金融 IC 卡，承办北京市属医院“京医通”结算业务；银行卡和自助渠道发展进入新水平，借记卡、信用卡累计发卡量突破 1 000 万张，开通全国统一客服热线 95526，推出“京彩生活”手机银行，个人证书网银用户增量突破 10 万户；开发医保 ATM、POS 理财转账以及自助缴费终端他行银联卡缴费功能，ATM 存量接近 1 000 台，POS 机具突破 10 000 台，服务能力有所提高。

（二）服务中小企业、“三农”凸显特色

实现小企业贷款增速高于各项贷款增速、增量不低于上年的目标，推出“商户贷”、“软件贷”、“订单贷”和“节能贷”等多种新产品；与商务部、市经信委和中国节能协会节能服务产业委员会分别签署战略合作协议；以中关村分行为龙头，扶持科技型中小企业发展，试点“信贷工厂”模式取得阶段性成效；北京银行中小企业事业部和杭州分行、深圳分行、济南分行等中小企业服务中心先后对外揭牌设立，服务中小企业的组织体制更加健全；涉农贷款年末余额较年初增长 451.23%，远高于各项贷款增速。

（三）运营保障能力有所增强

推进二代支付系统建设，完成核算中心迁址、现金中心改造和上庄档案库扩容；西安灾备中心正式投产，运营保障能力不断提高。着力推动网点建设，南昌分行和首家异地支行——绍兴支行先后开业。

（四）创新业务不断发展

以机构整合、充实人员为基础，大力发展投行业务，首次开展专项财务顾问业务，提升投行业务专业化水平；召开供应链业务现场交流会，有力促进供应链业务增长；非保本资产池理财产品实现系统销售；成功获得证券资金结算银行业务资格，成为提供证券市场资金结算托管服务的银行；贵金属交易业务快速增长，新兴业务的利润价值逐渐显现。

三、存在的问题和风险

（一）信用风险现状

北京银行主要信用风险监管指标处

于良好水平，不良贷款继续保持“双降”势头，信贷结构有所优化，中长期贷款占比持续下降，小微企业和“三农”信贷支持力度不断加大。但该行在部分行业和领域存在一定的潜在风险，小企业贷款管理和银行卡发卡质量管理需要提升。

（二）流动性风险现状

北京银行流动性风险整体状况处于中等水平，各主要流动性风险监管指标较上年从紧，融资成本有所提高，流动性风险管理机制和能力尚待进一步提高，特别是亟须提升在复杂多变的外部市场环境下对流动性风险的管理与决策能力。

（三）市场风险现状

北京银行整体市场风险状况处于中等水平，利率风险敏感度较高，汇率风险总体较小。从市场风险管理水平看，虽然上线了前、中、后台一体的资金业务管理系统（OPICS系统）和资产负债管理系统，为资金业务市场风险管理提供了系统支持，实现了对利率风险的监测计量，但受会计套期保值机制尚未建立健全等因素影响，存在一定的市场风险隐患。

（四）操作风险现状

北京银行操作风险状况处于较低水平，但是随着机构数量不断增多，管理半径不断扩大，分支行管理压力也不断加大；风险管理三级架构、异地分行审计落地、北京地区管理部职能加强等措施仍在推进过程中，案防压力仍然较大。

（五）公司治理和内控机制的有效性

北京银行继续进一步完善公司治理和内控机制体系，公司治理和内控机制的科学性、有效性得到了进一步的提升。但是，在推进战略转型、经济资本管理能力以及内部审计专业性等方面需要进一步完善。

四、监管工作情况

（一）全面梳理北京银行经营情况和主要风险

北京银监局结合国内外复杂多变经济金融环境，针对北京银行业务发展速度较快、综合化趋势日渐明显等特点，综合分析北京银行定量指标和定性因素，揭示北京银行的主要风险和问题所在，并提出相应监管意见和要求。

（二）加强法人监管和分支机构监管

北京银监局加强与北京银行董事、监事及高级管理层的沟通；对北京银行中关村分行和在京三个管理部进行走访调研，了解管理部的职能及架构调整、在京基层网点管理进展情况；以高息揽存抽查、票据业务抽查、银行业务违规收费抽查、深化内控及案防执行年抽查、平台贷款清理规范及信访核查等为契机，加强对北京银行的基层网点现场调研。

（三）督促北京银行加强资本管理和战略规划

北京银监局积极支持、做好北京银行定向增发准入工作；加强资本监管，督导北京银行建立科学有效的资本约束机制和中长期资本补充规划；结合宏观经济金融形势，要求北京银行合理制定年度发展战略，动态调整经营规划，实事求是下达考核指标，避免指标不切实际情况下业务大幅波动，甚至出现违规风险。

（四）稳步推进三项重点工作

北京银监局与北京银行、地方政府融资平台公司、地方政府多方沟通，有效传达银监会的相关精神和要求，推进北京银行完成担保方式和抵质押整改工作并做好平台公司退出工作；持续推进贯彻执行贷款新规，要求北京银行修订相关标准，切实提高受托支付比例；推进中长期贷款合同修正补订工作，明确监管要求，按照半月频度进行进度监测，对重点难点问题要求高管带队下户逐一解决。

（五）引导北京银行加大对小微企业、文化创意产业、中关村示范区、“三农”领域信贷支持

北京银监局对北京银行及三家管理部进行现场走访，深入了解小企业金融服务情况，督促其落实“六项机制”、“四单原则”；通过年度通报、监管会谈、高管任职谈话等，要求北京银行确保小企业贷款实现“两个不低于”。召开推进小企业金融服务座谈会，交流小企业金融服务的经验与做法，搭建城市商业银行交流平台。赴北京银行中关村分行走访调研，引导该行服务中关村示范区内科技型中小企业的金融需求，推出创新性、个性化金融产品。领导带队赴门头沟等地，了解北京银行支持“三农”情况，要求其加大对“三农”信贷的支持力度。

（六）加强现场检查，揭示北京银行经营中存在的风险和问题

年内，北京银监局对北京银行开展对公贷款五级分类真实性及“三个办法、一个指引”执行情况和信息科技风险管理情况等现场检查，并对2011年上半年的存款业务、信贷资产转让业务、理财及资金业务、自营外汇买卖业务、“短贷宝”业务、存单质押贷款业务、票据承兑和贴现业务的内控机制和风险管控情况及“京十五条”执行情况等进行全面现场检查，发现了北京银行在内控机制执行中存在的问题和薄弱环节。

（劳菲）

▲城市商业银行（二）其他城市商业银行

一、基本情况

（一）基本情况

2011年末，北京辖内共有10家异地城市商业银行北京分行，分别为天津银行北京分行、大连银行北京分行、杭州银行北京分行、南京银行北京分行、盛京银行北京分行、上海银行北京分行、江苏银行北京分行、宁波银行北京分行、包商银行北京分行及锦州银行北京分行（以下简称10家银行）。

截至年末，10家银行资产总计1 833.30亿元，比上年增加698亿元，增长61.48%；其中各项贷款余额624.24亿元。负债总额1 803.24亿元，比上年增加683.02亿元，增长60.97%；其中各项存款余额1 348.07亿元。全年实现利润总额20.83亿元。

截至年末，天津银行北京分行共有员工228人，1家分行营业部、7家支行；大连银行北京分行共有员工193人，1家分行营业部、2家支行；杭州银行北京分行共有员工288人，1家分行营业部、6家支行；南京银行北京分行共有员工236人，1家分行营业部、4家支行；盛京银行北京分行共有员工89人，1家分行营业部、2家支行；上海银行北京分行共有员工232人，1家分行营业部、4家支行；江苏银行北京分行共有员工254人，1家分行营业部、4家支行；宁波银行北京分行共有员工151人，1家分行营业部；包商银行北京分行共有员工328人，1家分行营业部；锦州银行北京分行共有员工75人，1家分行营业部。

（二）业务开展情况

1. 业务规模增速较快

2011年末，10家银行资产总额1 833.30亿元，较年初增长61.48%；负债总额1 803.24亿元，较年初增长60.97%。

2. 票据、委托贷款等表外业务增幅较大

2011年末，10家银行表外业务规模510.25亿元，较年初增加217.20亿元，增长74.12%。

3. 盈利能力显著提高

2011年末，10家银行实现利润20.83亿元，较上年同期增加12.28亿元，增长143.67%。年内新设立的包商银行北京分行、锦州银行北京分行也实现盈利。

4. 机构网点扩张较快，网点设立向中关村、郊区县倾斜

2011年末，10家银行共设立支行网点29家，其中年内批准开业14家。在网点布局上，14家支行中有5家位于小微企业聚集的中关村或郊区县。

5. 小微企业金融服务力度有所加强

2011年末，10家银行小微企业贷款余额共计75.17亿元（含个人经营性贷款），较年初增长76.94%，高于各项贷款平均增速47.92个百分点，整体上实现了“两个不低于”的目标。在产品创新方面，10家银行品牌意识不断增强，结合小微企业信贷需求，推出了一批特色产品，市场影响力逐渐增强。

（三）重大经营事项

2011年3月，包商银行北京分行开业，刘建军任行长；4月，锦州银行北京分行开业，刘文忠任行长。

天津银行北京分行新设西直门支行，大连银行北京分行新设海淀支行，杭州银行北京分行新设通州支行、丰台支行，南京银行北京分行新设朝阳门支行、万寿路支行，盛京银行北京分行新设官园支行，上海银行北京分行新设中关村支行、安贞支行、学院南路支行、复兴门支行，江苏银行北京分行新设德胜支行、东直门支行、宣武门支行、西三环支行。

二、存在的问题和风险

（一）市场定位不明确，经营模式亟待转型

部分银行偏离了“服务中小企业”的市场定位，缺少特色化、专业化、差异化的金融服务；个别银行对小微企业信贷激励不足、专业人员缺乏，仍将贷款集中投放于大型企业，小微企业贷款不增反降，未能实现小微企业“两个不低于”的监管要求。

（二）潜在信用风险较大

信贷资产质量出现下滑趋势；贷款集中度依然较高；房地产和政府融资平台贷款潜在风险值得关注；信用贷款占比较高，担保类贷款潜在风险较大；受宏观经济形势影响，小企业信贷风险不容忽视。

（三）内部控制与信贷管理能力亟须提高

系统亟待升级完善；个别银行贷款三查流于形式；个别银行未严格执行贷款新规，贷后管理力度不够。

（四）理财、票据、委托贷款等表外业务领域风险较突出

部分银行理财业务管理不规范；部分银行表外业务规模快速扩张，特别是承兑汇票业务、委托贷款业务；表外业务的操作风险及合规风险值得关注。

三、监管工作情况

（一）开展政府融资平台贷款分类清

理和风险化解工作

北京银监局督导10家银行按照银监会相关要求做好平台贷款相关信息数据统计报送工作；加强平台贷款台账监测，及时跟进债权分类清理进展；联动指导10家银行审慎发放平台贷款，准确分类处置、防范和化解敞口风险，并于第一季度对政府融资平台贷款风险管理情况进行了现场检查。

（二）督促贯彻落实贷款新规

北京银监局通过监管会谈、机构走访等，明确受托支付比例达标要求；按每半月对受托支付走款比例进行监测，出现比例下滑时及时了解原因，进行监管提示；对落实贷款新规情况进行现场检查，针对存在的问题提出监管意见并持续跟踪整改情况；强化中长期贷款还款方式整改情况监测，督促银行确定整改时间进度表，限期完成整改。

（三）推进“深化银行业内控和案防制度执行年”活动

北京银监局督促10家银行及时制订活动方案，确保责任落实到人；抽查银行分行营业部内控制度及业务流程执行情况，实地核查案防政策要求落实情况；全面总结梳理案防工作成效，督导10家银行对自查、检查发现的问题及时整改，进一步建立完善案件风险防控的长效机制。

（四）加强调研，督促加强内部审计

北京银监局通过下发评估问卷、专题会谈、实地走访等，对辖内10家银行内部审计有效性从内审体系组织架构、内审人力资源状况、内审工作开展情况等方面进行调研，通过同类机构横向比较，查找各行存在的不足，提出完善内审工作的监管要求及建议，进一步提升各行内审独立性、有效性。加强与10家城商行总行与分行审计人员的沟通，及时跟进审计发现问题的整改落实情况。

（五）加强现场走访力度，有序推进各项非现场监管工作

北京银监局加大现场走访力度，及时了解10家银行业务开展情况、风险管控状况及经营中遇到的困难与问题；加大对理财、票据业务、房地产信贷、委托贷款等重点业务领域的监管，及时提示相关风险；加大非现场监测及分析力度，按季度撰写非现场监管报告，完成2010年度监管报告、监管通报、监管意见书等非现场监管工作。

（王林）

▲农村商业银行——北京农商银行

一、基本情况和重大变更事项

（一）基本情况

2011年末，北京农商银行资产总额3 770.84亿元，比上年增加413.22亿元，增长12.31%；其中各项贷款余额1 694.81亿元，占资产总额的44.95%，比上年增加304.08亿元，增长21.87%。负债总额3 608.45亿元，比上年增加378.73亿元，增长11.73%；其中各项存款余额3 351.01亿元，占负债总额的92.87%，比上年增加342.55亿元，增长11.39%。所有者权益162.39亿元，比上年增加34.48亿元，增长26.96%。实现净利润22.3亿元，比上年增加12.32亿元，增长123.52%。

（二）业务开展情况

1. 顺利实现增资扩股，资本实力显著增强

2011年末，北京农商银行资本充足率14.87%，较增资扩股前提高6.02个百分点；核心资本充足率9.52%，较增

资扩股前提高 3.84 个百分点。

2. 负债规模稳步增长，储蓄存款余额增长明显

2011 年末，北京农商银行各项存款余额 3 351.01 亿元，比上年增加 342.55 亿元，增长 11.39%。其中，对公存款余额 1 809.95 亿元，比上年增加 103.57 亿元，增长 6.07%；储蓄存款余额 1 541.06 亿元，比上年增加 238.96 亿元，增长 18.35%。存款余额增长率和储蓄存款余额均列辖内法人银行第三位。

3. 拨备覆盖率大幅度提高，风险抵御能力有所增强

2011 年末，北京农商银行拨备覆盖率 156%，比上年增长 46.85 个百分点，达到银监会新监管标准要求。拨备覆盖率增长的主要原因是北京农商银行贷款损失一般准备比上年增加 19.96 亿元，增长 42.50%；不良贷款余额比上年减少 7.41 亿元。

4. 积极落实监管要求，贷款投向持续优化

北京农商银行着力调整贷款投向，全年房地产开发贷款和土地储备贷款余额合计 269.15 亿元，占全部贷款的 15.88%，占比显著下降，贷款行业投向结构更趋合理。

5. 落实“三个办法、一个指引”，贷款管理更加科学

2011 年，北京农商银行采取受托支付方式发放固定资产贷款、流动资金贷款和个人贷款累计金额 1 052.59 亿元，受托支付比例 91.75%，贷款管理科学化水平进一步提高。

（三）重大变更事项

1. 机构简称变更

北京农村商业银行股份有限公司机构简称变更为北京农商银行。

2. 机构和人员变化情况

2011 年末，北京农商银行共有职工 7 008 人；机构 694 家，其中总行 1 家，支行 202 家，分理处 491 家，机构数量较上年末无变化。年内，新聘任总行副行长一名。

3. 股东变化情况

实现增资扩股后，北京农商银行前三大股东变更为：北京国有资本经营管理中心、北京市国有资产经营有限责任公司、北京华融综合投资公司，总持股比例为 45.23%。

二、金融产品创新和金融服务

（一）减免收费

2011 年，北京农商银行推出以下减免收费政策。一是免费代发各类支农补贴近 1 200 万笔，涉及个人客户 300 万户，仅此一项措施就减免农村地区客户费用近千万元；二是对 2011 年度农村地区新开卡的 50 万位客户免收工本费；三是向在京外来务工人员推出了“亲情速汇通”业务，收费标准仅为客户通过农信银汇款手续费的一半。据不完全统计，2011 年度，北京农商银行减免农村地区客户费用近 1 750 万元。

（二）改善农村地区支付环境

北京农商银行结合农村地区客户特点，推出了“乡村便利店”、“乡村自助店”等服务模式，并逐步拓展其金融服务覆盖范围，弥补偏远山区营业网点覆盖不足的问题，改善农村地区的金融支付环境。截至年末，北京农商银行已建成 20 家“乡村便利店”和 5 家“乡村自助店”。

三、存在的问题和风险

（一）支持“三农”力度需要进一步

加强

2011 年末，北京农商银行涉农贷款余额 407.33 亿元，比上年增长 17.09%，但增速低于平均贷款增速。

（二）房地产贷款占比仍较高、信用风险不容忽视

2011 年末，北京农商银行房地产开发贷款在所有行业中排名第一，由于受房地产宏观调控政策影响，潜在风险不容忽视。

（三）内控管理制度仍显薄弱，操作风险控制亟须加强

北京农商银行通过自查发现网上银行业务管理中存在问题，虽未造成客户资金的损失且已对责任人进行了处理，但表明网上银行业务管理存在薄弱环节，风险控制手段须进一步加强。

（四）信息科技水平有待提高

北京农商银行 IT 基础设施建设虽然取得一定进展，为业务的发展和管理的提升提供了必要支撑，但由于信息科技基础较为薄弱，还需进一步全方位提高信息科技风险管理水平。

四、监管工作情况

（一）扎实推进四项重点工作取得阶段性成果

北京银监局采取约见会谈、实地督导、现场检查、窗口指导等方式，督导北京农商银行扎实推进政府融资平台清理、贷款新规落实、中长期贷款合同修订补正和房地产贷款压降工作。截至年末，北京农商银行完成银监会下达的目标。

（二）持续推动公司治理和内控机制建设

北京银监局主动约见北京农商银行主要负责人进行监管会谈，开展公司治理现场检查，提出多项监管意见和检查意见；召集部分董事举行座谈会，就北京农商银行公司治理现状及存在的问题进行深入沟通，进一步提升监管的有效性；对北京农商银行内控与风险状况进行全面评估，向银监会合作部上报《对北京农商银行内部控制及风险状况的评估报告》、《北京银监局办公室关于北京农村商业银行风险管理机制建设情况评价的报告》；派员参加北京农商银行六次董事会会议及三次股东大会，就该行“案件防控体系建设诊断咨询项目”向监事会提出相关建议。

（三）严控平台贷款、房地产贷款和大额风险贷款，落实贷款新规各项要求

北京银监局持续督促北京农商银行按计划完成政府融资平台贷款、房地产和土储贷款压降目标，督导该行做好政府融资平台贷款的各项清理工作，完成《2011 年政府融资平台清理工作阶段性总结》，监测北京农商银行独家平台贷款的资产质量变化情况和贷款到期收回情况；督促北京农商银行切实提高“三个办法、一个指引”的落实效果，加快推进中长期贷款合同修订补正工作；向银监会合作部上报《关于对北京农商银行大额风险贷款处置进展情况的报告》。

（四）推进实施新资本协议相关工作

北京银监局督促北京农商银行按时将新资本协议实施方案向银监会备案，按月报送方案实施情况简报；派员赴上海参加农村中小金融机构新资本协议试点银行第三次联席会议。

（五）深入开展有针对性的调研工作

2011 年，北京银监局完成了《关于北京农商银行公司治理的调研报告》、《关于北京农商银行经营现状、存在问题及下一步监管工作计划的报告》、《关于北京农村商业银行人力资源管理情况的调

研报告》、《逆周期动态拨备制度及其监管》、《北京农商银行支持郊区旅游服务业发展的措施、困难及建议》、《金融支持房山地区发展情况的调研报告》等信息和调研报告，向银监会合作部上报了《关于北京农商银行绩效考核情况的调查评价报告》。

（六）做好人民来信和举报核查

北京银监局针对人民来信反映的问题，对北京农商银行怀柔、延庆两家支行进行了现场核查，向银监会上报核查报告；对北京农商银行落实“不规范经营”专项治理的情况进行了暗访核查，并就发现的不足对相关负责人进行了合规经营提示。

（赵安平）

▲村镇银行

一、基本情况和重大变更事项

（一）基本情况

2011 年末，北京地区共有 8 家村镇银行，分别为北京延庆村镇银行、北京密云汇丰村镇银行、北京怀柔融兴村镇银行、北京大兴九银村镇银行、北京昌平兆丰村镇银行、北京大兴华夏村镇银行、北京顺义银座村镇银行、北京通州国开村镇银行。截至年末，除未正式对外营业的北京通州国开村镇银行外，其他 7 家村镇银行资产总额 461 091 万元，其中各项贷款余额 195 276 万元；负债总额 401 190 万元，其中对公存款余额 275 628 万元，储蓄存款余额 84 038 万元；所有者权益总额 59 901 万元。

（二）业务开展情况

1. 业务规模增长较快

村镇银行在当地的影响力和知名度不断提升，资产和负债规模稳步增长。2011 年末，7 家村镇银行资产总额较上年增加 216 339. 90 万元，增长 88. 39%；其中各项贷款较上年增加 142 273. 04 万元，增长 268. 42%。负债总额较上年增加 199 468. 68 万元，增长 98. 88%。

2. 盈利能力呈上升趋势

随着市场认知度的提升，村镇银行整体盈利能力增强，可持续发展能力较好。2011 年末，7 家村镇银行实现净利润 1 791. 57 万元，其中 5 家盈利。北京密云汇丰村镇银行由亏转盈，北京顺义银座村镇银行开业第一年实现盈利，北京大兴九银村镇银行实现净利润 1 228. 55 万元。

3. 支农支小作用逐步显现

2011 年末，7 家村镇银行农户贷款 1 424 户，余额 7. 36 亿元，占各项贷款余额的 38%；主要投向苗木种植业、养殖业、农副产品加工业、民俗旅游以及绿色生态农业等。小企业贷款 208 户，余额 9. 14 亿元，占各项贷款的 47%，主要投向农业上下游产业链的制造业、批发零售业及物流仓储业等。

（三）重大变更事项

1. 机构发展情况

北京地区 8 家村镇银行共有 9 个营业网点，较上年末增加 2 个。在册员工 318 人，其中高管人员 48 人。北京顺义银座村镇银行天竺支行于 2011 年 12 月开业。

2. 主要人事变更情况

2011 年 4 月，北京怀柔融兴村镇银行行长助理兼营业部总经理孔庆雷到任。5 月，北京密云汇丰村镇银行原信贷副行长兼首席信贷官杨平离职；6 月，原行长马健强内部调动离职；11 月，行长吴琪到任。12 月，北京顺义银座村镇银行天竺支行行长夏伟铭到任。

二、金融产品创新和金融服务

（一）创新农贷产品，根据客户群体提供特色服务

7家村镇银行充分利用“审批链条短，放款速度快”的决策优势，加大对产品种类和贷款担保方式的创新。北京大兴九银村镇银行推出“无声贷”、“润物贷”、“绿园宝”等10种涉农信贷产品；北京密云汇丰村镇银行同世界妇女银行联合推出“贷得乐”小额无抵押贷款；北京昌平兆丰村镇银行设计了包括“保时节”、“商赢宝”、“好贷”和“富农宝”在内的四大类11个“微贷”业务品种。

（二）开通银行卡，推进交易渠道创新

北京顺义银座村镇银行在主发起行的大力支持下，开通了银行卡、网上银行和电话银行等服务；北京怀柔融兴村镇银行开通了银行卡业务，丰富了客户进行支付和交易的渠道，提升了客户满意度和忠诚度。

三、存在的问题和风险

（一）业务拓展难度仍较大

7家村镇银行成立时间短，网点单一，金融产品和服务能力有限，吸收储蓄存款的难度较大，面临着资金来源不足的状况；现有存款中对公存款占比较大，存款整体稳定性较差，潜在的流动性风险较高；2011年银行业整体流动性偏紧，7家村镇银行吸收存款愈加困难。

（二）风险管理水平有待提高

由于存在农业固有风险、IT治理结构尚不完备、资金来源普遍不足、内控体系尚不健全等问题，7家村镇银行面临着潜在的信用风险、信息科技风险、流动性风险、操作风险等；由于区县金融人才相对匮乏，新招聘员工占比较高，多数业务人员缺乏经验，7家村镇银行的风险管理水平相对较低。

（三）公司治理和内部控制尚不完善

个别村镇银行被发起行过度控制，在一定程度上模糊了与发起行之间的法人界限；部分高级管理人员在其他金融机构兼职职务过多导致履职时间和精力不足；轮岗和强制休假制度难以实施，未能实现岗位的相互制衡，风险管理防控能力较弱。

（四）管理能力和人员素质有待提升

7家村镇银行普遍存在对监管政策或银行法规理解不到位、对法人银行职责认识不清等情况，多数习惯于照抄照搬发起行的各项制度文本，独立法人的管理能力明显不足；有些村镇银行的业务人员综合素质不高，难以应对业务经营和外部合规要求。

四、监管工作情况

（一）关注各类风险，开展现场检查和风险排查工作

2011年，北京银监局完成对7家村镇银行存单质押贷款的风险排查、“三个办法、一个指引”贯彻落实情况的现场检查、票据转贴现业务会计核算合规性抽查、对公存款账户风险排查等工作，并进行风险提示、提出整改要求，督促其改进各项工作。

（二）加强与发起行的沟通，提升村镇银行可持续发展能力

北京银监局通过参加联动监管会议、约见发起行审慎会谈等方式，有针对性地推动发起行有效履职。包商银行派出业务骨干到北京昌平兆丰村镇银行协助开展工作，北京银行着手推进新一届董事长、监事长等人选到位，台州银行加大对北京顺义银座村镇银行人力资源的支持力度，九江银行开始关注北京大兴九银村镇银行信

息科技风险。

（三）开展机构走访，参与涉农客户调研

北京银监局深入密云、怀柔、延庆等六个远郊区县的7家村镇银行，进行近20次的实地走访，了解农户和涉农企业需求，初步评估各行公司治理、内部控制及风险管理的现状，及时采取有效的监管应对措施，指导各行的涉农金融服务。

（四）开展“三项整治”、“合规文化建设年”活动，持续推进案件防控长效机制建设

北京银监局根据银监会相关文件，制订北京辖内农村中小金融机构“三项整治”和“合规管理年”的活动方案，指导7家村镇银行全面开展“三项整治”以及“合规管理年”活动，并对开展情况进行重点抽查和实地督导工作，进一步深挖风险隐患，培育合规文化建设，奠定案件防控长效机制的基础。

（五）全方位开展非现场监管，创新性实施监管服务

北京银监局按月监测各类报表数据情况，动态关注辖内涉农贷款增量、增速等指标，确保7家村镇银行信贷投放符合宏观调控要求；加强与人民银行、市财政局、北京市金融工作局等部门的沟通，将强农、惠农政策文件汇编成册，提供给7家村镇银行；积极争取市政府对村镇银行的支持，帮助落实“定向费用补贴”、“地方财政直补”及引进人才落户等政策。

（六）加强政策宣讲，开展农村金融服务调研

北京银监局联合市团委等部门，开展“促监管政策进基层行”的宣讲培训活动，提高村镇银行对监管政策的领会水平；围绕村镇银行可持续发展和服务“三农”等方面开展农村金融服务调研。

（樊巍）

▲邮政储蓄银行

一、基本情况和重大变更事项

（一）基本情况

2011年末，中国邮政储蓄银行北京分行（以下简称邮储银行北京分行）储蓄存款余额987.13亿元，比年初增加156.49亿元，增长18.84%；储户数1 335万户，比上年增加112.6万户，增长9.21%。全年各类贷款发放11 457笔，752.02亿元，年末累计结余16 215笔，106.15亿元。各类中间业务交易金额657.22亿元，比上年增加130.96亿元，增长24.88%。全年总收入51.60亿元，总支出45.81亿元，实现税前利润4.46亿元，实现净利润3.59亿元。

截至年末，邮储银行北京分行所属支行及代理网点531个。其中，一级支行（区县局支行）15个，二级支行（网点支行）259个，邮政代理网点257个。所辖机构数量比上年增加9个。

（二）重大变更事项

1. 主要人事变动情况

聘任杜春野为邮储银行北京分行副行长；聘任陈峰为邮储银行北京分行直属支行行长；聘任彭清宇为邮储银行北京分行房山区支行行长。

2. 机构变动情况

2011年，邮储银行北京分行全面启动二类支行置换工作，有9个二类支行迁址升格为一类支行，并在原址设立代理网点。16个支行网点迁址开业，其中一类支行2个，二类支行1个，代理网点13个。

3. 新业务开办情况

2011 年，邮储银行北京分行开办个人一手住房按揭贷款、供应链金融动产质押授信、票据贴现、商业汇票承兑、资产托管、速通卡和公司外汇业务。

二、金融产品创新和金融服务

邮储银行北京分行立足于服务社区、服务“三农”、服务中小企业、服务实体经济，充分依托和发挥网络优势，完善城乡金融服务功能，为城市社区和广大农村地区提供基础金融服务。倾力打造“小额贷款专家”服务品牌，面向京郊农户、商户、小微企业推出小额贷款业务。针对没有抵押品的小商户和小企业，研发了商铺使用权质押贷款、市场方担保贷款和担保公司担保贷款，有效地缓解了农、林、牧、渔等行业的相关小微企业“贷款难”的问题。推行“农民诚信创富帮扶计划”，对符合帮扶条件的农户提供小额贷款“五免一”优惠政策，个人商务贷款实行最低优惠利率；通过上门服务、优化流程、开辟“绿色通道”等，提高贷款审批效率。全年累计向京郊地区农户、个体工商户、小微企业发放涉农贷款 5 223 笔，共计 11.67 亿元。

邮储银行北京分行连续三年招收大学生“村官”291 名，充实服务“三农”的信贷队伍。这些“村官”信贷员转岗不离农，离任不离乡，能够多触角、多渠道了解农户，开展贷前调查，较好地解决了“三农”信贷中信息不对称的问题。通过开展“送贷下乡”、“春雨行动”、“村官回乡探亲”、“村官”手拉手等宣传走访活动，“村官”信贷员已经成为了邮储银行服务“三农”的排头兵。截至年末，“村官”信贷员已累计发放涉农贷款 4 500 笔，金额 9.75 亿元，不良贷款仅有 5 笔，金额 14.5 万元，有效地缓解了农村金融人才缺失的问题。

三、存在的问题和风险

（一）内部控制能力与长期经营发展的战略需要尚存在一定差距，业务整体经营管理水平和专业性有待进一步提升。

（二）个别网点基础设施建设及安保投入须继续增强，信息系统建设水平与优秀商业银行相比仍存在一定差距。

（三）整体人才队伍的管理经验和实践经验仍须增强，基层金融服务水平有待进一步提升。

四、监管工作情况

2011 年，北京银监局持续抓好重点领域风险防范，引导机构进一步加强案件防控工作，推动贷款科学化管理，完善会计核算管理，提升信息科技系统支持力度。督导机构有效支持实体经济发展，继续加大金融支农力度，服务小微企业，着力提升金融服务水平，切实履行社会责任。引导机构稳步推进二类支行改革，进一步加强二类支行及代理网点管理，加强队伍建设，保障各项业务长期稳健发展。

（赵阳）

▲外资银行

一、基本情况和重大变更事项

（一）基本情况

2011 年末，北京辖内共有外资银行营业性机构 101 家，较年初增加 9 家。其中，外资法人银行 7 家；外资法人银行分行 29 家；外国银行分行 12 家，较年初增加 3 家；支行 53 家，较年初增加 6 家。外国银行代表处 72 家，较年初减少 1 家。截至年末，北京辖内外资银行营业性机构从业人员 5 045 人，辖内外国银行代表处共有正式员工 250 人。

（二）行业发展概况及特点

1. 资产规模增长明显，贷款业务增速放缓

2011年末，北京辖内外资银行资产总额4 197.35亿元，同比增长23.84%，占全国外资银行资产总额的19.49%，同比提高0.04个百分点。资产构成中各项贷款占比41.60%，同比下降7.37个百分点，同时存放央行、同业往来资产占比有所上升，资产流动性明显增强。

2. 负债结构基本稳定，存款规模显著增长

2011年末，北京辖内外资银行负债总额3 830.69亿元，同比增长25.02%，占全国外资银行负债总额的19.71%，同比上升0.03个百分点。其中各项存款余额2 963.29亿元，同比增长24.18%，占辖内外资银行负债总额的77.36%。

3. 营业收入持续增长，盈利水平大幅提高

2011年，北京辖内外资银行营业收入共计107.06亿元，同比增长56.45%；所有者权益共计366.66亿元，同比增长12.68%。实现利润42.96亿元，同比增长112.13%，占全国外资银行利润总额的25.68%。年末资产收益率为1.13%，同比上升0.47个百分点，比全国外资银行平均水平高出0.27个百分点。其中主要收入来源仍为利息净收入，同比增长68.49%。

（三）重大变更事项

1. 机构变更

北京辖内外资银行法人开业和筹建各1家，分行开业2家，分行筹建1家，法人异地分行筹建4家；新设外国银行代表处6家，关闭2家。

2. 人事变更

北京辖内外资银行共核准高管任职资格94人，其中总行级行长、副行长14人，董事8人；分行级行长、副行长21人；支行行长22人；外国银行代表处首席代表8人；其他高管共计21人。

二、金融产品创新和金融服务

2011年，北京辖内外资银行积极响应国家调控政策，配合地方经济发展规划，持续加大对中关村国家高新技术区、经济技术开发区、高新技术企业、文化创意产业，特别是对中小微企业的金融支持力度。截至年末，北京辖内外资银行共有经济开发区支行2家、中关村支行11家，对小微企业贷款余额合计331.62亿元，占全辖外资银行各项贷款余额的18.99%；对教育、卫生和社会工作、文化、体育和娱乐业、公共管理、社会保障和社会组织等行业授信余额4.67亿元，其中对文化及相关行业授信余额3.56亿元。

三、存在的问题和风险

（一）公司治理机制须进一步完善，董事会独立决策与监督制约作用须持续加强

一是子行基本延续母行经营管理模式，董事会独立决策不够。二是董事会与高管层重合度较高，不利于发挥董事会对管理层的监督制约作用。三是董事会下设的专业委员会专业性不强。四是独立董事不能在内审委员会中发挥应有的作用。

（二）跨境风险及流动性风险须密切关注

欧洲债务危机给全球范围的经济复苏以及部分地区的银行业发展前景带来了诸多不确定性，境外金融风险向在华外资银行传导的压力较大，跨境风险及流动性风

险凸显，特别是在外资银行规模不断扩大且与境内银行业风险联系日益紧密的情况下，需要密切关注并有效地隔离跨境风险传染。

（三）操作风险管理需要进一步强化

一是制度执行不到位，屡查屡犯，需要从根本上分析原因，完善流程，强化监督。二是分支机构运营存在较多薄弱环节，对机构网点的管控需要强化。三是须加强对新员工及一线员工业务操作规程的培训，以防范操作风险。

四、监管工作情况

（一）有效防范和隔离风险跨境传染

北京银监局定期收集辖内外资银行母行主要经营及风险数据，密切关注国际金融信息，按周监测外资银行跨境资金流出、流动性及境内偿付能力指标，及时、深入分析异动原因，有效防范一般性跨境风险传染。针对受欧债危机及母行不利传闻影响较大的个别外资法人银行，第一时间要求银行开展特别压力测试，并对压力情景设置参数的合理性和审慎性提出明确监管意见，有效地隔离了欧债危机对辖内单体外资银行的不利影响。拓展外资银行监管的国际化视野，及时掌握国际监管动态。全年共完成 9 期《国际银行业监管动态摘报》，派员出席跨国监管联席会议，与外资银行母行进行监管交流，深入了解辖内外资银行的母国监管环境及母行经营状况。

（二）确保外资法人银行系统建设与贷存比达标

北京银监局组织辖内外资法人银行对其信息系统独立性与安全性建设情况开展两次自评估，通过走访了解辖内外资法人银行系统的建设与运行情况，完成相关监管汇总与评价。密切关注国内货币政策及银行间市场流动性状况，结合辖内各外资法人银行具体资产、负债及管理情况，督导各行稳步推进贷存比达标进程。

（三）进一步提升监管有效性

北京银监局在机构监管基础上，搭建了由公司治理、信用风险、流动性风险、市场风险、操作风险、信息科技风险和现场检查七个专题组成的功能监管框架，指定机构监管人员同时承担不同功能的监管职责，在保证机构监管连续性的同时提升功能监管的专业性。制定《北京辖内外资银行现场访查工作制度》，规范非现场监管人员现场走访、暗访、抽查工作流程。对机构数量较多的外资银行分行按照业务特性、风险状况进行分类，实施差别化监管；建立《辖内外资银行代表处分类监管制度》，根据代表处分类情况明确相应的走访频率与监管措施，初步实现了代表处监管的日常化、规范化。严格依法把好市场准入关，创新性地引入机构年度市场准入计划报送机制；继续完善非现场监管与准入联动机制，强化准入的监管职能；对准入流程进行持续不断地优化，进一步提高准入工作效率。

（向鑫）

▲金融资产管理公司

一、基本情况和重大变更事项

（一）基本情况

2011 年末，中国华融资产管理公司北京办事处（以下简称华融北京办事处）、中国长城资产管理公司北京办事处（以下简称长城北京办事处）、中国东方资产管理公司北京办事处（以下简称东方北京办事处）、中国信达资产管理股份有限公司北京市分公司（以下简称信达北京分公司）四家金融资产管理公司北京办事处（以下简称四家办事处）总资产余额245.77亿元（财务数据口径，依据财政部规定按账面价值30%计算），比上年减少45.66亿元，下降15.66%。[①]其中商业化业务资产余额148.71亿元，比上年增加17.07亿元，增长12.97%。商业化利润15.29亿元，比上年增加1.5亿元，增长57.95%。商业化收购资产累计处置506.78亿元，占收购资产总额的68.59%；处置回现223.53亿元，阶段性现金回收率44.11%。剩余可供处置资产账面价值（签署协议债权本金加表内利息）共计260.29亿元。

（二）重大变更事项

1. 高级管理人员变更情况

2011年6月，中国华融资产管理公司任命王颖为华融北京办事处纪律检查委员会书记、副总经理。7月，任命毛晓雷为华融北京办事处风险总监。9月，任命邹俊为华融北京办事处总经理助理。8月，免去高永强华融北京办事处党委委员、总经理助理职务，调中国华融资产管理公司任职。11月，免去李康华融北京办事处党委委员、副总经理职务，调中国华融资产管理公司任职。

6月，中国长城资产管理公司任命李仁华为长城北京办事处副总经理。

12月，中国东方资产管理公司任命李娟为东方北京办事处总经理，赖永革为副总经理。

2. 内部机构变更情况

（1）长城北京办事处对内部机构设置进行了全面调整。一是对前台部门实行扁平化管理，共设6个项目部，均可开展新业务。二是内部管理精细化，共设4个职能部门，分别为资产经营（市场拓展）部、项目审核部、资金财务部、综合管理部（兼人力资源部、监察审计部）。

（2）东方北京办事处成立市场开发部，开展新商业化业务；将原资产经营一部和内蒙古业务部部分人员整合为资产经营部，统一管理债权资产和可疑类债权；内蒙古业务部专门从事面向内蒙古地区的商业化新业务。

（3）信达北京分公司成立业务一部、业务二部、业务三部、业务四部，负责处置所分配资产和开拓商业化业务；成立业务审核部，与法律事务部合署办公，业务审核部内设立风险管理专岗，负责组织实施风险监测和风险评价等工作；信达北京分公司审计专岗由综合管理部调整到业务审核部；成立业务决策委员会，取消商业化业务委员会。

二、存在的风险和问题

（一）新增商业性业务同质化，行业集中度较高，存在风险隐患

四家办事处新增商业化业务趋同，呈现期限短、收益高的融资性特征，且行业集中度较高，存在风险隐患。

（二）员工结构与业务发展存在矛盾，人员老龄化现象严重，新业务开拓存在潜在的风险

一是四家办事处正式员工编制较少，前台业务、风险管控以及内审部门人员负荷过重，专业人才缺乏已成为制约四家办事处业务发展的瓶颈。二是现有员工专业知识水平与工作能力不能充分满足项目开发管理以及市场竞争的需要。三是人员老

① 总资产余额降幅较大的原因为信达北京分公司股改后，买断的政策性资产和股权价值以年终市场价值计量，变动幅度较大。

龄化现象严重。

（三）基础管理有所欠缺，资料归集工作存在不足

受时间、人力、物力的限制，四家办事处基础管理工作与业务发展速度不匹配，业务项目资料归集工作存在不足。

三、监管工作情况

（一）配合银监会开展并表监管工作，稳步推进资产管理公司商业化转型

北京银监局配合银监会完善金融资产管理公司非现场监管指标体系，推进指标体系的试运行工作；依据国家对资产管理公司改革转型的思路和定位，引导探索有稳定盈利模式、成长性强、可持续发展的商业化转型方向；督导信达北京分公司做好股份制改革后续工作，组织开展审计和评估，协助做好战略投资者引进和上市工作；密切关注华融北京办事处股份制改革各项工作，确保平稳过渡。

（二）及时跟踪商业化业务进展，督导严守风险底线

北京银监局及时掌握四家办事处商业化业务开展进程，跟踪了解其市场开拓、业务创新情况，确保稳健经营；及时传达银监会、财政部最新政策精神，引导四家办事处依法合规开展商业化业务，审慎开展与其总公司下设业务平台公司之间的合作，杜绝利益输送；依据银监会文件要求，规范资产管理公司投资信托和理财产品业务；7月，对两家办事处进行新业务现场核查摸底，对存在的问题进行风险提示并密切跟踪其整改情况。

（三）坚持审慎监管原则，发挥窗口指导作用

北京银监局按照监管计划和工作要求，充分利用非现场监管分析和现场检查等方式，密切关注四家办事处经营管理以及商业化转型进展情况，全面分析存在的风险和问题，完成年度监管报告和监管通报；督促四家办事处进一步规范基础管理工作，不断完善内控机制建设，以走访和现场核查等方式进行抽查；召开第六届辖内资产管理公司业务研讨会，通报银监会年度监管工作会议精神，明确监管要求，由四家办事处交流各自在转型中存在的问题、困难，分享具体工作思路和可行措施，促进共同进步。

（胡璇）

▲信托、财务、汽车金融、金融租赁、消费金融、货币经纪公司

一、基本情况

2011年末，辖内非银行业金融机构（包括信托公司、财务公司、汽车金融公司、金融租赁公司、消费金融公司和货币经纪公司）资产合计5 626.02亿元，负债合计4 747.78亿元，所有者权益合计（不含信托权益）878.24亿元，全年累计实现净利润合计90.71亿元。

截至年末，辖内有信托公司3家、财务公司33家、汽车金融公司6家、金融租赁公司1家、消费金融公司1家、货币经纪公司1家。

（一）信托公司

2011年末，辖内3家信托公司资产合计1 580.06亿元，比上年增加433.64亿元，增长37.83%。其中，固有业务资产合计62.23亿元，比上年增加3.98亿元，增长6.84%；信托资产合计1 517.83亿元，比上年增加429.66亿元，增长39.48%。固有业务负债合计4.23亿元，比上年增加0.3亿元，增长7.72%。所有者权益合计58亿元，比上年增加3.68亿元，增长6.77%。全年累

计实现净利润7.8亿元，比上年增加2.27亿元，增长41.05%。

截至年末，辖内3家信托公司存续管理的信托项目共计350个。其中，集合资金信托计划共计179个，管理资金信托项目共计143个，财产信托项目共计28个。全年3家信托公司共计清算交付（不包含部分到期的信托项目）82个信托项目，累计给付信托本金305.3亿元，累计分配信托收益19.73亿元。

辖内信托公司固有业务发展平稳，信托业务规模增长迅速。信托业务中，银信合作项目占比较高。

（二）财务公司

2011年末，辖内33家财务公司资产总额4 581.09亿元，较年初增加1 059.28亿元，增长30.08%；其中各项贷款（含贴现）2 120.31亿元，较年初增加363.50亿元，增长20.69%。负债总额3 884.54亿元，较年初增加841.79亿元，增长27.67%；其中各项存款3 382.43亿元，较年初增加706.21亿元，增长26.39%。所有者权益合计696.55亿元，较年初增加217.50亿元，增长45.40%。全年累计实现净利润75.32亿元，较上年同期增加25.98亿元，增长52.66%。表外业务总量2 967.35亿元，较年初增加1 180.81亿元，增长66.09%；其中委托贷款总额2 430.06亿元，较年初增加937.91亿元，增长62.86%。

（三）汽车金融公司

2011年末，辖内6家汽车金融公司资产合计617.17亿元，比上年增加239.01亿元，增长63.20%；负债合计547.35亿元，比上年增加218.51亿元，增长66.45%；所有者权益合计69.82亿元，比上年增加20.50亿元，增长41.56%。全年累计实现净利润5.66亿元，比上年增加2.04亿元，增长56.48%。

辖内汽车金融公司资产负债规模实现快速增长，贷款、融资租赁业务发展势头良好，融资渠道以向金融机构借款为主。

（四）金融租赁公司

2011年末，建信金融租赁股份有限公司资产总额360.23亿元，比上年增加116.95亿元，增长48.70%；负债总额309.57亿元，比上年增加115.36亿元，增长59.40%；所有者权益50.66亿元，比上年增加1.59亿元，增长3.23%。全年累计实现净利润2.12亿元，比上年增加0.42亿元，增长24.71%。

辖内金融租赁公司资产负债规模增长显著，融资渠道以向金融机构借款为主。

（五）消费金融公司

2011年末，北银消费金融有限公司资产总额4.95亿元，比上年增加1.98亿元，增长66.39%；负债总额2.09亿元，比上年增加2.04亿元，增长4 224.40%；所有者权益2.86亿元，比上年减少672.21万元，下降2.29%。全年累计实现净利润–828.65万元。

辖内消费金融公司资产负债规模快速增长，贷款业务规模迅速扩张，其构成主要为一般用途个人消费贷款，融资渠道为向金融机构借款。

（六）货币经纪公司

2011年末，中诚宝捷思货币经纪有限公司资产总额3 519.83万元，较年初减少22.74%；负债总额25.23万元，较年初增加5.15倍；所有者权益3 494.6万元，较年初减少23.22%；全年累计实现净利润–1 056.97万元。

二、存在的主要问题和风险

（一）信托公司

（1）业务增长点有待挖掘，创新能力须进一步提升。在2011年银信理财合作等传统信托业务受限、证券市场低迷、房地产信托各种不确定因素加剧的背景下，信托公司新业务增长点有待挖掘。

（2）业务和收入结构有待改善。《信托公司净资本管理办法》将信托公司信托资产规模与净资本挂钩，传统的高规模、低收费的通道式业务将受到限制。信托公司须进一步培育主动管理业务，提高主动管理产品规模，改善收入结构。

（二）财务公司

（1）流动性管理难度加大，流动性风险值得关注。受中国人民银行存款准备金率上调、信贷紧缩和银行执行受托支付等因素影响，辖内财务公司流动性管理压力有所增加。

（2）财务公司业务表外化趋势明显，表外业务风险防范能力有待加强。财务公司表外业务主要为委托贷款业务。2011年末，全辖财务公司委托贷款规模2 430.06亿元，首次超过自营贷款规模，且呈现不断攀升的趋势，但对委托贷款的管理较为粗放。

（3）受资本市场低迷影响，市场风险呈上升趋势。

（三）汽车金融公司

（1）异地业务占比高，管控难度大。2011年末，辖内汽车金融公司异地贷款总额558.64亿元，占信贷总量的96.04%。受各地市场环境不同、异地业务操作环节众多、人员流动性较大以及汽车金融公司不能设立异地分支机构等因素影响，汽车金融公司异地业务风险管控难度较大。

（2）融资渠道单一，以银行借款为主。2011年末，辖内汽车金融公司向银行借款481.71亿元，占负债总额的88.01%，虽然新的《汽车金融公司管理办法》允许其发债，但大部分汽车金融公司由于不符合条件，目前仍无法解决其融资渠道单一的困境。

（3）外包业务风险值得关注。汽车金融公司在异地业务管理环节引入外包，外包业务管理的规范性及风险控制的有效性须高度关注。

（四）金融租赁公司

（1）回租业务发展值得关注。回租业务中租赁物对租赁债权的保障作用难以实现，不利于保障租赁债权的安全。

（2）融资渠道较为狭窄。资金的来源与运用期限错配较为严重，流动性风险较为突出。盈利空间受到较大影响。

（五）消费金融公司

（1）主打产品的差异化特色不突出，对消费金融产品的市场定位仍处于摸索阶段，一般用途个人消费贷款的占比过高，尚未充分体现消费金融贷款“小额、分散”的特点。

（2）融资渠道较为狭窄，且现有融资渠道的稳定性和持续性还存在明显的不确定性，流动性风险管理压力增大。

（3）经营效率有待提高。虽然辖内消费金融公司全年各项营业收入均较上年同期有大幅度增长，但仍未摆脱亏损局面，对营业成本支出的控制能力还须加强。

三、监管工作情况

北京银监局贯彻落实中央“保增长、调结构、促改革、惠民生”的宏观经济政策，支持金融创新和新型金融机构发展；引导非银行金融机构不断调整市场定位，提高业务创新和风险管控能力。

（一）引导辖内非银行金融机构贯彻落实国家宏观调控政策。通过监管会谈、窗口指导等方式，要求非银行金融机构加强政策敏感性，合理控制信贷业务规模，把握业务开展节奏。

（二）围绕监管重点，科学运用监管手段，提高非现场监管有效性。一是对房地产信托、银信合作等重点业务进行密集监测，督促信托公司关注到期项目兑付风险；按照“有保有压、区别对待”的原则，引导其房地产信托等业务规范发展。二是进一步贯彻落实年中风险会谈机制，督促非银行金融机构落实各项风险管理措施。三是督促信托公司与合作银行加强沟通，推进银信合作业务转表。四是要求各公司加强与牵头行、地方政府有关部门的沟通，推进涉及地方政府融资平台业务的清理。五是推进中长期贷款还款方式的清理规范。

（三）加强监管调研和政策引导。针对非银行金融机构业务发展实际，就信托公司收益权信托、金融租赁公司回租业务、汽车金融公司外包业务、汽车金融公司与商业银行车贷模式比较等开展专题调研；引导辖内非银行金融机构加强合规管理和风险控制，稳健开展业务创新。

（四）进一步加强对辖内非银行金融机构公司治理的监管。通过参加公司董事会、进行审慎监管会谈、调研走访等形式，引导辖内非银行金融机构提高公司治理水平。

（王巍）

证券期货业发展与监管

▲证券公司

一、基本情况和重大变更事项

（一）行业发展概况

2011年，辖区证券经营机构财务状况总体稳健，各项风险控制指标符合监管标准，风险控制能力进一步增强，规范运作水平显著提高。

1. 证券公司资本实力、风控能力不断增强

2011年，辖区5家证券公司进行了增资扩股，共计增资86.58亿元。截至年末，辖区证券公司实收总资本408.52亿元，净资产、净资本均创历史新高，行业占比也有所增加，各项风险控制指标全面达标。

2. 证券公司各项业务稳步发展

证券经纪业务方面，2011年，辖区证券公司代理证券交易金额136 336.48亿元，其中股票交易占比78.70%，基金交易占比0.74%，权证交易占比0.88%，其他交易占比19.68%。指定与托管的证券市值31 032.27亿元，客户交易结算资金1 073.50亿元。

自营业务方面，2011年末，辖区证券公司证券投资成本624.22亿元。其中，股票投资54.69亿元，占比8.76%；基金投资54.06亿元，占比8.66%；债券投资482.69亿元，占比77.33%；其他投资32.78亿元，占比5.25%。证券投

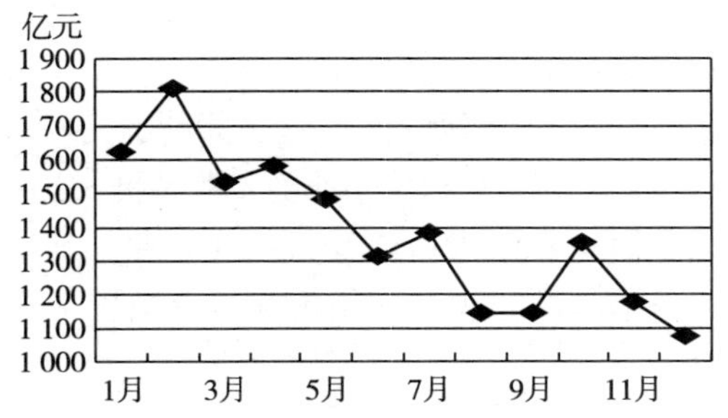

图1　辖区证券公司客户交易结算资金变动图

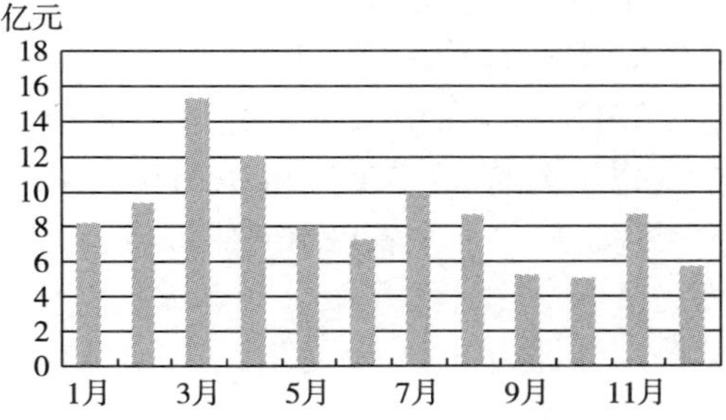

图2　辖区证券公司经纪业务收入变动图

资公允价值597.50亿元，市值598.59亿元。与上年相比，证券投资成本增加137亿元，公允价值、市值增加119.50亿元。

资产管理业务方面，2011年末，北京辖区32只集合资产管理产品平均净值为0.84元，低于全行业0.88元的平均净值水平。管理资产规模508.53亿元、收入3.97亿元，分别比上年增长39.12%和6.84%。

证券承销业务方面，2011年，辖区证券公司主承销股票、债券共计206家，副主承销554家，承销金额5 842亿元，承销保荐收入43亿元，承销收入及行业占比略有下降。

（二）行业发展特点及变化分析

1. 经纪业务仍是证券公司主要收入来源

2011年，辖区证券公司经纪业务收入103.82亿元，占营业收入的49%，比上年下降8%。虽然经纪业务收入占比呈逐年下降趋势，但仍是证券公司主要收入来源。由于佣金费率下滑及客户资产规模的减少，经纪业务利润下滑较快。

2. 经纪业务正逐步由单一交易通道服务向多元化和增值服务转型

随着《证券投资顾问业务暂行规定》的发布实施，辖区证券公司逐步成立了专

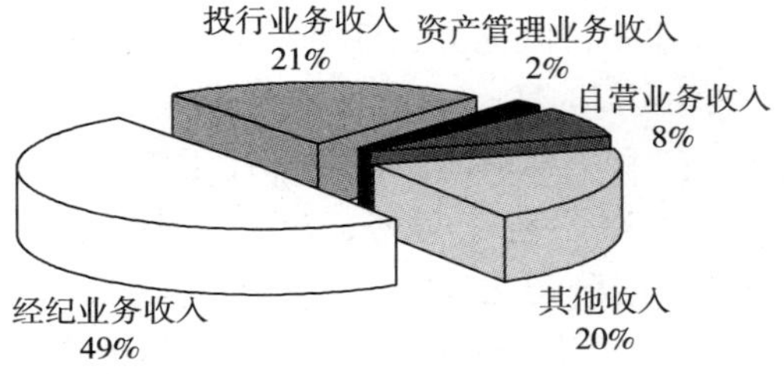

图3　辖区证券公司收入分布

门的投资顾问管理部门，组建了专业化团队，提升了经纪业务服务质量，促进了经纪业务的转型。截至年末，辖区14家证券公司具有投资顾问业务资格，10家已开展了业务，另外4家准备开展。各家证券公司普遍采取提佣收费模式，投资顾问业务客户平均佣金率明显高于证券营业部平均佣金率。

3. 创新业务试点成绩较为突出

2011年，证券业共批准3项创新业务试点，北京辖区有2家证券公司获批3项业务，其中信达证券获批现金管理业务，银河证券获批开展约定式购回和债券质押式回购业务。全年，辖区有4家证券公司获得直投业务资格，其中3家证券公司设立了直投子公司，2家证券公司设立了直投基金；3家证券公司获批设立香港子公司；4家证券公司获得融资融券业务试点资格，6家证券公司开展了证券公司

期货中间介绍业务（IB 业务）。

4. 分类评价再进一步

2011 年，在中国证券监督管理委员会（以下简称证监会）组织的证券公司分类评价中，北京辖区有 6 家证券公司被评为 A 类，其中 AA 级公司 3 家；8 家证券公司被评为 B 类；5 家证券公司的评级较上年有所提升。

（三）机构发展及重大变动情况

1. 机构重大变动情况

（1）辖区证券营业部同城迁址情况

3 月 23 日，中信证券股份有限公司北京白家庄东里证券营业部迁至朝阳区向军北里 28 号院 1 号楼，更名为中信证券股份有限公司北京呼家楼证券营业部。

4 月 7 日，中信证券股份有限公司北京安外大街证券营业部迁至朝阳区安定门外大街 1 号。

6 月 7 日，广发证券股份有限公司北京建外大街证券营业部迁至朝阳区建国门外大街 19 号国际大厦 A 座 3 层。

8 月 2 日，中国中投证券有限责任公司北京安立路证券营业部迁至东城区北三环东路 36 号北京环球贸易中心 A 座 1 ~ 2 层，更名为中国中投证券有限责任公司北京北三环东路证券营业部。

8 月 8 日，华泰证券股份有限公司北京和平里证券营业部迁至东城区安定门东大街 28 号立骏（雍和）大厦 2 号楼 5 层，更名为华泰证券股份有限公司北京雍和宫证券营业部。

8 月 25 日，东北证券股份有限公司北京三里河东路证券营业部迁至西城区三里河东路 5 号中商大厦 4 层。

10 月 27 日，湘财证券有限责任公司北京府前西街证券营业部迁至顺义区站前街 1 号院 1 号楼顺鑫国际商务中心 6 层东侧，更名为湘财证券有限责任公司北京北顺义站前街证券营业部。

（2）辖区新设证券营业部情况

1 月 12 日，国都证券有限责任公司北京回龙观西大街证券营业部开业，地址为昌平区回龙观西大街 118 号龙冠置业大厦 1 层。

国都证券有限责任公司北京双峪路证券营业部开业，地址为门头沟区双峪路 5 号楼 5 层 2 号。

1 月 13 日，东吴证券股份有限公司北京大兴兴华大街证券营业部开业，地址大兴区黄村镇兴华大街三段 53 号 1 层。

3 月 3 日，长城证券有限责任公司北京通胡大街证券营业部开业，地址为通州区通胡大街 25 号 10 号楼 2 号。

3 月 4 日，中国中投证券有限责任公司北京丽泽路证券营业部开业，地址为丰台区丽泽路 5 号金泰地产大厦底商 1 ~ 3 层东侧。

4 月 2 日，国开证券有限责任公司北京南滨河路证券营业部开业，地址为丰台区莱户营 58 号财富西环大厦 3 层。

国开证券有限责任公司北京珠市口东大街证券营业部开业，地址为东城区珠市口东大街 14 号中欣戴斯酒店西侧办公楼 1 ~ 2 层。

国信证券股份有限公司北京通朝大街证券营业部开业，地址为通州区通朝大街 203 号 2 层。

4 月 18 日，新时代证券有限责任公司北京天通苑证券营业部开业，地址为昌平区东小口镇天通苑 405 号楼 2 层。

新时代证券有限责任公司北京首都国际机场证券营业部开业，地址为顺义区天竺镇天竺家园 17 号。

4 月 26 日，华西证券有限责任公司

北京通州北苑南路证券营业部开业，地址为通州区北苑南路42号院6号楼1层。

5月3日，中信建投证券股份有限公司北京富丰路证券营业部开业，地址为丰台区富丰路2号。

5月11日，中信证券股份有限公司北京丰管路证券营业部开业，地址为丰台区丰管路16号11号楼2层A－F。

6月1日，方正证券股份有限公司北京通朝大街证券营业部开业，地址为通州区通朝大街172号、178号。

方正证券股份有限公司北京回龙观西大街证券营业部开业，地址为昌平区回龙观西大街18号一段1－102。

6月2日，光大证券股份有限公司北京丽泽路证券营业部开业，地址为丰台区广安门外菜户营东街60号北京哈特商务酒店1层。

7月1日，国联证券股份有限公司北京石景山路证券营业部开业，地址为石景山区石景山路乙18号院2号楼12层。

8月1日，中国银河证券股份有限公司北京石景山路证券营业部开业，地址为石景山区石景山路乙18号院2号楼7层。

9月13日，广发证券股份有限公司北京鲁谷路证券营业部开业，地址为石景山区鲁谷路74号中国瑞达大厦F606～609。

10月19日，东莞证券有限责任公司北京黄村东大街证券营业部开业，地址为大兴区黄村镇龙河路107号。

10月28日，招商证券股份有限公司北京顺义仓上街证券营业部开业，地址为顺义区仓上街2号AMB智能大厦B座8层。

12月1日，中国中投证券有限责任公司北京鲁谷路证券营业部开业，地址为石景山区鲁谷路35号701～705室。

12月5日，第一创业证券有限责任公司北京阜石路证券营业部开业，地址为石景山区阜石路165号院3号楼165－19、165－26－2。

12月6日，光大证券股份有限公司北京天通苑证券营业部开业，地址为昌平区东小口镇立汤路188号院北方明珠大厦1号楼。

12月12日，中信建投证券股份有限公司北京亦庄荣华中路营业部开业，地址为大兴区北京经济技术开发区荣华中路10号A座106室、2201室。

中信建投证券股份有限公司北京时代花园南路营业部开业，地址为石景山区时代花园南路17号1层102室。

2. 主要人事变更情况

1月10日，陈江旭任东兴证券股份有限公司董事长。

1月11日，吴建辉任中国银河证券股份有限公司董事会秘书。

1月19日，余政任民生证券有限责任公司副董事长。

1月20日，常喆任国都证券有限责任公司副总经理。

2月15日，吴炜（女）任国都证券有限责任公司副总经理。

2月28日，徐捷任北京高华证券有限责任公司监事会主席。

3月1日，刘军任中信证券股份有限公司北京分公司负责人。

3月2日，徐勇力任东兴证券股份有限公司总经理。

3月9日，郭庆涛任新时代证券有限责任公司监事会主席。

3月14日，赵远峰任国都证券有限责任公司副总经理。

3月30日，银国宏任东兴证券股份有限公司副总经理。

4月7日，张毅任瑞信方正证券有限责任公司董事会秘书。

4月15日，梁化军任东北证券股份有限公司北京承销保荐业务分公司负责人。

5月9日，孟秋任北京高华证券有限责任公司管理委员会成员，姚嘉仁任副总经理、联席首席营运官、管理委员会成员。

5月18日，谢生任民生证券有限责任公司副总裁。

5月26日，景忠任民生证券有限责任公司副总经理。

6月10日，贝多广任第一创业摩根大通有限责任公司总经理。

6月16日，徐建东任齐鲁证券有限公司北京证券资产管理分公司负责人。

6月21日，熊丘谷任华融证券股份有限公司董事长。

6月22日，郑升琴任华融证券股份有限公司监事会主席。

7月19日，李弘任中国国际金融有限公司战略协调委员会协调人。

7月20日，许向阳任东兴证券股份有限公司监事长。

7月22日，周长青任新时代证券有限责任公司副总经理。

7月29日，石金华任第一创业摩根大通有限责任公司合规总监。

9月14日，中国民族证券有限责任公司董事长赵大建兼任公司总经理。

9月15日，马勇任瑞信方正证券有限责任公司总经理。

9月26日，姜培兴任中德证券有限责任公司总经理。

9月28日，王常青任中信建投证券股份有限公司董事长兼总经理。

10月18日，王琳晶任天风证券有限责任公司北京证券承销分公司总经理。

10月25日，祝瑞敏任东兴证券股份有限公司副总经理。

11月2日，周卫东任中原证券股份有限公司北京证券经纪业务管理分公司负责人。

11月8日，赵宏亮任中国银河证券股份有限公司北京分公司负责人。

11月29日，丁之锁任华融证券股份有限公司副董事长，宋德清任副总经理。

12月5日，张辉任信达证券股份有限公司副总经理，金黎明任副总经理。

12月21日，刘红霞任第一创业摩根大通有限责任公司监事长。

12月26日，崔强任中德证券有限责任公司财务负责人。

二、存在的问题和风险

一是辖区具有行业竞争优势的优质券商为数不多，资本实力有待进一步增强。虽然北京辖区证券公司家数较多、类型较全，但在行业内具有领先优势的券商不多，目前辖区还没有一家上市券商；部分证券公司虽然进行了增资扩股，但净资本在百亿元以上的证券公司仅有1家，近3/4的证券公司净资本在50亿元以下，资本实力有待进一步增强。

二是辖区证券公司盈利模式比较单一，同质化竞争的格局尚未根本改观。2011年，辖区证券公司的经纪、自营和投行三大传统业务收入占营业收入比重为78%，传统业务仍是证券公司的主要收入来源，创新业务虽已初步发挥调节收入结构的作用，但对利润的贡献度十分有限，业务失衡的特征比较明显。

三是创新能力有待进一步加强。辖区仅有少数证券公司获得直投、融资融券、现金管理、报价回购、约定式购回等业务资格，但规模普遍偏小；部分证券公司还没有制定创新发展战略，政策、人才等配套机制不健全，全面创新的动能不足。

四是专业化水平有待提高。辖区部分证券公司的业务定位不清晰，专业水准不强。部分证券公司的业务开展存在孤岛效应，资源共享、协同作战的优势还没有发挥出来，不利于业务水平的全面提升。

三、监管工作情况

（一）推动完善辖区机构基础性制度建设

1. 推动辖区证券公司进一步健全信息隔离墙制度，切实防范公司与客户、客户与客户之间的利益冲突和内幕交易

中国证券监督管理委员会北京监管局（以下简称北京证监局）督促辖区各证券公司根据《证券公司信息隔离墙制度指引》，认真修改信息隔离墙基本制度，积极改进信息隔离墙管理技术手段，构建信息隔离管理系统，提高内控管理水平；加大合规宣传力度，全面提升全员的合规意识和自觉性。

2. 督促辖区证券公司完善压力测试机制及工作制度流程，做好风险指标压力测试与敏感性分析

北京证监局通过审核各证券公司的压力测试与敏感性分析报告和全行业统一情景压力测试报告，持续关注各证券公司可能出现的风险点。督促各证券公司及时认真组织压力测试工作，完善风险控制指标动态监控系统，加强风险管理人才储备，切实提高证券公司风险管控水平。

3. 积极推动三方存管单客户多银行制度

为方便投资者资金存取，北京证监局鼓励辖区证券公司开展客户资金第三方存管单客户多银行服务，督促辖区各证券公司制定完善相关制度与业务流程，升级信息系统，加强对此项服务的合规审查、风险及反洗钱监控。截至年末，辖区已有7家证券公司开展了此项业务。

（二）加大对重点突出问题的监管力度

1. 加强对证券公司研究报告业务的专项监管

北京证监局通过组织辖区证券公司自查整改、开展专项检查、召开专题座谈会、下发规范性要求等举措，提升辖区证券公司发布研究报告质量和合规水平。

2. 重视信息系统安全，强化信息系统监管

北京证监局高度重视辖区证券公司信息系统建设工作，要求辖区证券公司加大信息技术投入，落实《证券公司实施〈证券期货经营机构信息系统备份能力标准〉指导意见》、《关于做好网上交易强身份认证有关工作的通知》等文件的相关要求，提高信息系统安全运行的基础保障能力。

3. 全力以赴做好首都证券市场的安全维稳工作

北京证监局通过召开会议、编写案例、组织培训等形式，向辖区机构强调保稳定的重要性，要求各证券经营机构做好风险排查，消除隐患。辖区全年未发生群体性或恶性事件。

（三）加强对疑难复杂问题的调查研究

北京证监局成立多个专题小组，对辖区佣金政策、辖区营业网点规划、投资顾

问业务试点、投资咨询公司监管、媒体管理和舆论引导工作等进行深入调研，探索适度有效的监管方式和方法。

（雷芬芳）

▲基金管理公司

一、基本情况和重大变更事项

2011 年末，北京辖区共有基金管理公司 13 家（注册在北京的公司 9 家），基金管理分公司 43 家，基金理财中心 11 家，基金代销机构 32 家。全年新设基金管理公司 2 家，基金管理分公司 2 家，基金代销机构 2 家。辖区共有基金从业人员 2 500 余人，其中基金经理 154 名，占全国基金经理数的 21.8%；全年新增基金经理 46 人、变更 48 名，离职 23 人，基金经理整体流动率较为稳定。

截至年末，辖区有 5 家基金管理公司具有社保业务资格，4 家基金管理公司具有企业年金业务资格，11 家基金管理公司具有专户业务资格，7 家基金管理公司具有 QDII 业务资格，4 家基金管理公司具有全牌照业务资格，2 家基金管理公司获准在香港设立子公司，并已获得资产管理等业务牌照。

二、金融产品创新和金融服务

北京辖区华夏和嘉实两家基金管理公司首批获得 RQFII 资格，可以直接在香港募集人民币资金，并投资内地证券市场，国内机构投资者的国际化又迈进了重要的一步。

在产品创新方面，华夏和嘉实两家基金管理公司作为国内 ETF 基金的先行者，加大对跨境 ETF 产品的研究力度，首批申报跨境 ETF 基金产品，主要跟踪国际知名指数。嘉实基金管理公司首批申报了跨市场 ETF 产品，是国内首只采用国际通行的 ETF 实物申购赎回模式的跨市场 ETF 基金，可为投资者提供 ETF 套利、期现套利等投资工具。此外，嘉实基金管理公司首批研发了以房地产投资信托为主要投资标的的基金创新产品，为中小投资者提供有效参与商业地产投资和资产配置的投资渠道，实现季度到点收益分配，具有资本利得和收益导向的全收益（Total Return）型风险收益特征。

三、存在的问题和风险

1. 基金行业业务和产品单一，同质化竞争严重

基金行业以公募资产管理业务为主，兼有少许专户、社保和年金业务，业务模式总体上相对单一；基金管理公司产品类型比较集中，同质化现象严重，在组织形式、经营模式、销售渠道等方面有待多样化发展。

2. 核心竞争力不突出，差异化发展乏力

相对于证券公司、银行、保险、信托等理财主体，基金行业未能充分展示其专业理财的优势；基金管理公司普遍注重规模发展，缺乏特色化定位，尚未形成核心竞争力；部分基金管理公司尚未建立科学的投研体系，也未形成稳定的投研风格。

3. 长期激励约束机制不完善，缺乏良性的人才培养机制

基金行业人员流动性高，核心人才流失较为普遍，部分基金管理公司缺乏人才长远规划，没有建立人才梯队，一些关键性岗位缺乏人才备份，整体上没有建立起有效的人才培养机制和良好的长效激励约束机制，阻碍了公司和行业的健康发展。

4. 行业发展的外部环境日趋严峻

随着银行理财、证券资管、保险、信

托、阳光私募、VC/PE 等资产管理行业的快速发展，基金行业发展面临着巨大挑战和激烈竞争；在销售方面，基金行业对银行渠道依赖严重；部分媒体的不当负面报道，也对行业造成很大伤害，误导了投资者，行业经营环境不容乐观。

四、监管工作情况

（一）加强监管交流合作，打造综合监管体系

1. 构建综合监管体系，突出监管合力

北京证监局在日常监管中，注重构建多方合作的联动监管模式，关注行业发展，积极建言献策。

2. 加强调查研究，推动行业发展

北京证监局走访多家机构，对北京地区私募股权投资基金行业的发展现状、备案监管情况和自律管理情况等进行深入调研，并对我国 VC/PE 行业监管的总体框架思路及具体操作提出意见建议。

（二）重培训、惩违规，惩防并举促监管成效

1. 以培训促规范、以交流促提高，从源头上增强合规意识

北京证监局建立问题通报机制，传导监管理念；组织专业培训，提升专业素质；组织经验交流，搭建交流沟通平台；通过外部推动，督促落实相关规定。

2. 严肃处理违规行为，维护监管权威

2011 年，北京证监局对 3 家基金管理公司下发了监管提示函、对 2 名负责人采取了监管谈话，并计入诚信档案；对 3 家基金管理公司的相关负责人进行了监管谈话，并将有关监管提示函抄送公司董事会，通过施加监管压力，维护了监管的严肃性和权威性。

（三）强化非现场监管手段，提升风险防控能力

1. 以督察长联席会平台为抓手，发挥监察稽核作用，推动公司合规建设提升

北京证监局采取多种手段确保监察稽核工作质量，推动基金管理公司规范发展，提升合规运作水平。

2. 加强非现场监控，以点带面、防范各类潜在风险

针对货币市场基金遭遇持续赎回的问题，北京证监局及时下发风险提示，要求各公司强化货币市场基金合规运作，加强各类风险监控和货币市场基金的流动性管理，增强对市场的把握和预判能力，完善极端市场情况下的应急处理机制。

3. 加强舆论监督，及时发现风险隐患、创造良好舆论环境

北京证监局不断建立健全舆情监控机制，高度关注媒体对基金管理公司的负面报道，督导基金管理公司设立媒体监控责任人和新闻宣传工作联系人，逐步建立媒体应对机制。

（蔡云红）

▲期货公司

一、基本情况

2011 年，辖区期货市场继续保持健康平稳运行。

一是机构数量增加，实力进一步增强。2011 年，辖区迁入 1 家期货公司，开业 9 家期货营业部，期货机构数量达到 94 家。全年辖区有 8 家期货公司完成注册资本增资，共增资 8.72 亿元，抗风险能力进一步提升。截至年末，辖区 20 家期货公司的净资本 51.33 亿元，比上年增长 21%；资产总额 363.48 亿元，比上年增长 1%。

二是机构合规水平不断提高，服务能

力进一步提升。辖区期货公司风险管理能力有效增强，在2011年期货公司分类评价中，共有2家公司（全国3家）获评AA类，2家公司（全国17家）获评A类，7家公司获评B类，8家公司获评C类。合规平均分达到99.86分，较上年增加0.24分。2011年下半年，证监会推出期货投资咨询业务后，辖区有8家期货公司获得该项业务资格，综合服务客户能力得到进一步提升。

三是行业集中度平稳增长，两极分化态势明显。2011年排名前五位的期货公司的总资产、客户保证金、净资产、营业收入分别占辖区期货公司总体水平的62%、64%、58%和64%，较上年排名前五位的期货公司上述各指标占辖区期货公司总体水平均有所提高，特别是排名前五位的期货公司的总利润，高于辖区所有期货公司的总利润。国际期货、中粮期货、银河期货的总资产、客户保证金、净资产、营业收入、营业利润、净利润六项指标，在2010年、2011年均位于辖区期货公司前五位，格林期货除净资产指标外，其他五项指标也位于前五位之列。

二、存在的问题

一是期货公司盈利模式单一。各期货公司还停留在依靠经纪业务的经营模式阶段，2011年开闸的期货投资咨询业务尚在起步阶段，其核心竞争力、服务实体经济功能均有待进一步的提高。

二是结构不够合理。期货公司的客户仍以中小散户为主，在培育和发展机构客户方面还须加大力度，以便更好地服务于国民经济发展。

三是内部管理较为粗放。开户、财务、信息公示等制度在实际执行中存在一定问题，所属营业部管理水平不高，已成为公司规范发展的短板。

四是人才队伍建设投入不足。辖区大部分期货公司缺乏人力资源战略规划和执行措施，没有形成人才梯队，人员流动性较大，严重制约了辖区期货业人才的聚集，直接削弱了行业进一步发展的潜力。

五是信息安全和信访隐患依然突出。部分公司的信息系统还比较薄弱，技术运维及管理水平有待进一步提升，非法期货活动、居间人代客理财等屡禁不止，期货市场维稳工作任务仍然繁重。

三、监管工作情况

（一）采取综合监管措施，促进市场规范运行

北京证监局依照扶优限劣、严格管理的原则，依据分类监管结果制订营业部发展规划，按照《营业部网点设立分布指导意见》引导营业部合理有序布局，避免营业部过度集中，引发恶性竞争。加大现场检查，全年组织完成期货公司全面检查、银期系统跨行业检查、“小金库”治理、IB验收工作、年报审计督导等30余家次，营业部全面检查30家，投入检查力量250余人次。强化公司治理，促进公司合规经营。2011年，北京证监局共办理50余名董监高人员调整的行政许可，推行高管责任制，指导公司改进完善内控；落实期货公司首席风险官反馈机制，出具反馈意见函20余份，推动辖区公司合规发展。在营业部设立、高管任职等行政许可审核工作、期货公司分类评价、处理客户投诉以及实施现场检查中，加强与监管各方的监管协作，提高监管效能。

（二）坚持长效工作机制，防范化解风险

2011年，北京证监局共处理期货信访投诉11件，向代客理财投诉问题突出

的1家营业部实施了下发《责令改正》的监管措施，并在辖区予以通报。及时、稳妥地处置了6起信息安全事件，督导5家期货公司完成信息技术升级工作。建立完整、科学的净资本监管流程，确保期货公司净资本实时达标，从根本上加强抗风险能力。从监控中心预警核查入手，对发现的问题，要求期货公司全面整改，从完善制度、修改流程、落实责任制等各方面建立防范风险的长效机制，加强期货投资者保证金监管。落实每周动态分析制度，全年共编制动态分析周报40份，发现机构潜在风险点近140余家次，全部采取谈话、核查等监管手段，保持对机构和市场风险跟踪，做到对风险早发现、早处置。

（三）加强行业基础建设，提高服务水平

北京证监局积极落实、鼓励期货行业的整合和兼并重组，支持期货公司通过增资扩股、兼并重组等途径提高综合实力。2011年，中国国际期货有限公司与珠江期货有限公司完成吸收合并，合并后注册资本达10亿元，资本实力进一步增强。推动辖区期货公司投资咨询业务资格申报，通过北京期货商会对辖区200余名期货从业人员进行投资咨询业务培训，集中对辖区8家获得业务资格的期货公司业务开展情况进行调研并提出工作建议。指导期货商会与证券协会搭建平台，组织研讨会，开展交流与合作，促进业务模式创新，拓宽期货公司服务范围。召开辖区营业部负责人培训会，解读《期货营业部管理规定（试行）》，提出合规经营要求，积极探讨营业部经营管理中的营销规范和团队建设等问题，督促提高营业部合规管理水平。

（四）创新监管理念，有效提升监管效率

北京证监局结合日常监管工作，不断修订完善多项具体监管规程，力促监管工作规范化、标准化；每年修订期货经营机构报备事项指引，加强行政许可事项和办事指南公示，注重辖区监管要求的事前征求意见；实行勤政廉政评议制度，接受辖区机构廉政监督；主动公示行业信息，组织督促和审核辖区机构公示信息600余条，提高辖区市场的透明度。加强与监管对象的信息沟通，通过总经理例会，传达全国证券期货监管工作会议和全国期货监管工作座谈会精神；通报辖区期货市场运行情况及存在的问题，部署下阶段重点工作；指出辖区机构信访投诉及信息技术方面问题，提示各机构加强内部管理、防范经营风险。在获悉辖区某期货公司强行平仓纠纷案件的终审结果后，开展司法案例研究，及时向辖区各机构通报。积极参与证监会期货部组织的各项新业务的研究工作，主动结合辖区期货监管工作实际，开展自有资金、代客理财、居间人等项调研工作，提高监管的前瞻性。自2011年7月起开始编写《北京证监局期货监管动态》，加强与辖区各期货经营机构的交流，便于辖区期货经营机构及时了解监管及行业动态、分享工作经验。

（曾桂玲）

▲证券投资咨询公司

一、基本情况

2011年末，北京辖区共有18家证券投资咨询机构，2家异地公司在京分公司，占全国咨询机构数量的20%。截至年末，辖区证券投资咨询公司总资产7.86亿元，净资产4.85亿元，营业收入3.79亿元，净利润0.93亿元。

二、主要问题与风险

一是主营业务举步维艰。投资咨询行业准入门槛低，资本实力弱，股东更换频繁，不利于公司长期稳定发展。大多数公司普遍缺乏高素质人才，专业服务能力不足，作为主业的投资咨询业务和制作发布研究报告业务举步维艰，须进一步摸索有效的盈利模式和健康持续的发展路径。

二是部分投资咨询机构销售的荐股软件产品质次价高，投资者使用或接受指导后造成亏损，易引发客户投诉。

三、监管工作情况

2011 年，北京证监局在做好年检等各类日常监管工作的同时，不断创新监管手段，提高监管要求，加大对证券投资咨询机构的监管力度。

（一）科学分类，有效配置监管资源

在借鉴证券公司分类评价的基础上，以日常监管中各机构的经营合规性为衡量标准，对辖区咨询机构分为重点关注、比较关注和一般关注三类。对于辖区内销售荐股软件业务的投资咨询机构，始终保持高度关注，并通过约谈高管、下发监管意见函等手段对其经营合规性进行监督指导。

（二）严惩违规，打击欺诈误导投资者行为

加大对证券投资咨询机构的现场检查频率，坚持对欺诈误导投资者的行为采取零容忍政策，如发现违法违规行为，及时锁定违规证据，果断采取监管措施。

（三）前端控制，把好辖区准入关

《证券投资顾问业务暂行规定》颁行后，大量荐股软件公司高价收购持牌机构股权，提出迁址北京的申请。为净化辖区市场环境，避免北京成为违规售卖炒股软件的“集散地”，北京证监局加强对控股股东背景和过往经营行为的合规审查，审慎把好准入关。

（雷芬芳）

保险业发展与监管

▲财产保险公司

一、基本情况

（一）行业发展概况

2011 年，北京财产保险市场实现平稳发展，财产保险公司累计实现保费收入 238.22 亿元，同比增长 9.78%，占北京总保费收入的 29.02%，同比上升 2.24 个百分点，财产险保费规模居全国第六位。累计支付赔款 121.11 亿元，同比增长 26.72%，综合赔付率 63.01%，同比上升 1.79 个百分点。承保利润 6.92 亿元，同比下降 0.95%；承保利润率 3.62%，同比减少 0.72 个百分点。

2011 年末，北京财产保险业总资产 190.52 亿元，比上年同期增加 30.81 亿元，增长 19.29%；所有者权益 27.95 亿元，比上年同期减少 3.35 亿元，下降 10.7%。

（二）行业发展特点

1. 车险业务同比小幅增长

受北京市机动车新车销售大幅下降的影响，车险实现保费收入 158.74 亿元，同比增长 3.86%，占比 68.3%，同比减少3.7个百分点；其中交强险33.37亿元，同比增长0.75%，与上年相比基本持平。

2. 非车险主要险种快速增长

非车险保费收入73.82亿元，同比增长24.1%。除船舶险和工程险外，其他险种均实现正增长。其中，企财险、责任险和货运险同比分别增长19.01%、23.57%和36.15%，对财产险增长的贡献度分别为22.7%、10%和17.3%。

3. 业务支出增长，经营效益略降

财产保险公司赔款支出同比增长26.72%，综合赔付率同比上升1.8个百分点；承保利润同比下降1%；承保利润率同比减少0.7个百分点。

4. 产险市场结构趋于优化

保费规模居前三位的财产保险公司市场份额共计67.8%。其中，中资公司保费收入228.85亿元，同比增长9.26%；外资公司9.37亿元，同比增长24.34%，占比3.9%，同比提高0.5个百分点。

二、存在的问题和风险

（一）行业发展方式有待转变

财产保险公司粗放发展模式已不能完全适应新的市场环境。险种结构不合理、产品和服务创新能力严重不足、过分追求发展速度及市场规模等问题十分突出，财产保险行业发展方式已经跟不上经济社会发展的要求，跟不上外部环境的变化，迫切需要转变。

（二）车险理赔难问题仍然存在

经过近年来的综合治理，车险理赔纠纷焦点逐步从时效问题转向拒赔纠纷和价格争议。2011年，车险理赔投诉问题排名前三位的分别是理赔不及时、拒赔纠纷、理赔金额争议。

（三）非车险业务仍需进一步规范

主要表现为非车险业务不执行报备条款费率、低价无序竞争、再保安排不充分等问题，防范系统性风险的能力不足。

三、监管工作情况

（一）着力提升车险理赔服务水平，切实保护保险消费者利益

中国保险监督管理委员会北京监管局（以下简称北京保监局）针对理赔存在的突出问题，根据《保险法》要求，制定下发《关于加强机动车保险理赔时效管理有关问题的通知》，进一步明确细化理赔流程、关键步骤具体时限，强调保险公司义务，并通过车险信息平台管控各公司的执行情况。推动行业建立实施车险定损人员分级认证和分类管理制度，解决定损人员专业技能低和服务态度差的问题。出台定损人员考试管理制度、题库、分类管理办法等。针对保险消费者反映强烈的问题，督促行业不断简化车险理赔程序，建立机动车辆损失险代位求偿机制、简化气象灾害引发保险事故的理赔手续等，方便被保险人办理索赔手续。修订车险理赔测评指标，增加定损时效、赔款支付时效和拒赔处理时效三个测评指标，修订原有的结案率和结案周期指标计算口径，进一步提高车险理赔质量测评结果的准确性和科学性。

（二）加强市场行为监管，持续规范重点领域市场秩序

北京保监局逐步完善商业车险费率浮动制度，基本解决虚假理赔以及恶性价格竞争问题，商业车险出险率、综合赔付率均不同程度下降。将保险公司车险中介业务纳入车险信息平台统一管控，与市地税局建立保险中介服务发票信息交换协查制度，车险中介市场秩序明显好转，保险公司委托无资质中介机构代理业务的问题基

本杜绝，虚挂中介业务套取手续费问题明显减少，中介业务占比由制度实施前的92.5%下降至2011年末的85.3%。加大对违法行为的查处力度，持续规范市场秩序。全年检查财产保险分公司14家次，延伸检查保险中介机构13家次，调查了11家与保险业务有关的其他单位；依法处罚保险分公司5家次，其中责令停止接受新业务2家，给予10名责任人（包括5名高管人员）警告和罚款的行政处罚；依法向北京市国资委、公安局和地税局等部门移送案件3起。

（三）推动行业提高风险管理能力，服务首都经济社会建设

北京保监局启动北京市“农险管理信息系统及平台”项目研究工作，会同市农委等相关部门共同发布《北京市“十二五”时期政策性农业保险发展规划》，明确未来发展方向。开展机动车交通违法信息与保险理赔信息社会共享查询服务，进一步完善交通事故保险车辆“互碰自赔”制度，加快机动车交通事故处理速度，缓解首都道路交通拥堵。推进医责险发展，联合市卫生局开展医责险专题调研，全面总结六年的试点经验，探索医责险发展的新思路、新模式；与五个部门共同成立“北京市医疗纠纷处理协调指导委员会”，配合市卫生局完善医责险条款与制度等，指导相关公司做好与市医疗纠纷人民调解委员会的理赔衔接；跟踪医责险实施情况，及时了解和解决试点中出现的新情况、新问题；持续推动安全生产责任险试点工作，配合市安监局，制订完善《北京市安全生产责任保险试点工作方案》和实施管理办法，确定试点运营阶段的承保公司，做好试点实施前的各项准备工作。率先在全国完成新车船税保险机构代收代缴的信息系统开发改造，会同市地税局制订新车船税代收代缴工作的管理办法和应急处理方案；指导保险行业协会组织保险公司针对《车船税法》和新车船税代收代缴系统操作等开展培训工作。

（周姝亮）

▲人身保险公司

一、市场发展特点

（一）保费规模微幅下降，呈V字形走势

2011年，北京地区共有人身险公司53家，其中分公司50家，直接经营业务的总公司3家。全年共实现原保险保费收入[①]582.69亿元，比上年下降0.9%。全年呈现V字形走势，即保费增速逐步下降，直至负增长，第四季度以来呈现反弹，但仍处于低谷。

（二）结构调整逐步深入，业务可持续性进一步增强

一是续期业务保持大幅增长。2011年，续期保费232.9亿元，比上年增长41.6%，续期业务在总保费中占40%，10家公司占比超过50%。二是新单期缴率持续提高。2011年，新单期缴率24.5%，比上年上升4个百分点。三是期缴业务期限延长。10年期以上期缴业务占比47.9%，比上年上升7.5个百分点，寿险业务结构优化，发展可持续性增强。

（三）银保渠道业务持续下滑，个人代理渠道稳步增长

① 新口径数据，以下如无特别说明，均为新口径数据。以下将人身险公司保费收入简称为“寿险保费收入”。

2011年，银保渠道保费收入293.8亿元，比上年下降9.8%，占比50.4%；个人代理渠道保费收入211.7亿元，比上年增长19%，占比36.3%，占比同比上升0.2个百分点。

（四）保障型产品平稳增长，投资型产品业务规模回落

2011年，普通寿险保费收入38.72亿元，比上年增长7.2%；分红险、万能险和投连险保费收入分别为463.21亿元、3.41亿元和0.47亿元，比上年分别下降3.5%、28.2%和16.5%。2011年，部分公司积极参与变额年金试点工作，产品类型进一步丰富。

（五）赔付支出小幅增长，退保指标需引起关注

2011年累计发生赔付支出111.69亿元，比上年增长21.1%。其中，赔款支出19.43亿元，比上年增长20.7%；给付支出92.25亿元，比上年增长20.8%。在给付支出中，死伤医疗给付7.76亿元，比上年增长26.7%；满期给付53.57亿元，比上年增长28.2%；年金给付30.92亿元，比上年增长8.8%。下半年，退保金累积支出49.68亿元，同比增长75.6%，高于全国5.7个百分点。

二、金融产品创新和金融服务

落实国家“新医改”和中国保险监督管理委员会（以下简称保监会）相关要求，积极与政府部门合作，在健康险、失地农民保险等领域取得突破。2011年初，北京保险业与平谷区政府共同试点新农合“共保联办”项目，在强化医疗行为管控、节约行政成本、减轻参保农民就医负担等方面取得了积极成效。据统计，2011年平谷区新农合基金补偿支出1.55亿元，在筹资总额和政策不变的情况下，人均补偿支出较上年增长1.97%，远低于平谷区农合管理中心预期15%～20%的增长水平。4月，上线北京保险行业健康险信息平台，与44家公司实现了系统对接，收集了100余万条被保险人的承保信息。

三、存在的问题和风险

（一）行业发展面临较大困难和不确定性

一是在外部环境变化和政策制约等多重因素作用下，依靠单一险种、单一渠道的粗放增长模式遭遇瓶颈。二是在利率较高的情况下，居民的储蓄意愿强烈，投资理财型保险产品的销售难度进一步加大，保险公司受业务发展的压力，销售误导风险加大。三是部分中小公司经营特色不突出、管理薄弱、市场竞争能力不强，随着外部经营环境的变化，资本和偿付能力压力将进一步加大，部分公司经营面临更大困难。四是2011年个税起征点和最低工资标准上调，营销员收入低、缴纳个税起征点低、税率偏高的问题更加突出，行业的吸引力进一步下降，保险公司增员压力进一步加大。

（二）退保压力持续加大

在保险投资收益下滑、银行存款利率上升的叠加作用下，寿险业退保率持续上升。

四、监管工作情况

（一）加强监管制度建设，为市场规范提供基础保障

北京保监局结合北京人身险市场的发展变化，出台《关于进一步规范人身保险销售行为的通知》，为综合治理销售误导体系的建立提供有力的制度保障。指导北京保险行业协会制定了销售强调语和新单回访基础用语，促使寿险销售人员主动规范销售行为，保护投保人的利益。针对

电销渠道误导问题，出台《关于规范人身保险电话营销业务经营有关问题的通知》，从明确电销业务经营主体资质标准、建立电销业务经营主体监管审查机制、设立行业层面禁拨平台等多个角度加大对电销业务的监管力度。

（二）加强市场行为监管，引导市场健康发展

北京保监局加大现场检查和处罚力度，持续规范市场秩序。全年共检查辖内人身险公司19家（次），被检查人身险公司的覆盖率达36.5%。针对北京人身险市场受宏观经济社会环境变化的影响，着手分析市场发展和监管有效性的匹配情况，对市场发展情况进行持续性地评估和分析，着力防范行业经营行为转变带来的相关风险。

（三）强化监管研究，提供监管参考

北京保监局就外资保险与保险业发展问题进行研究，在总结经验、客观分析外资公司对行业所产生影响的同时，对现行外资保险公司的监管政策的有效性进行客观评估并提出完善建议。以制定北京保险业发展“十二五”规划为契机，深化银保课题研究，完成《北京银保业务发展情况研究》，对进一步规范北京银保市场的发展提出合理化建议。参与保监会对变额年金销售管理的研究工作。

（四）丰富信息披露手段，深入开展消费者教育

北京保监局督促行业协会完善北京保险信息服务平台，通过该平台提供各公司保险产品信息、行业自律规范和保险知识等，供社会公众查询和监督。利用互联网开展局长在线访谈活动，通过“风险提示”及“消费者教育”等栏目向社会公众提示行业风险、行业动态等。组织开展“首都金融知识安全日”宣传活动，向社会公众宣传保险法和保险知识等。

（任晓萌）

▲保险中介机构

一、基本情况

（一）行业发展概况

1. 保险专业中介主体数量及业务规模稳步增长

2011年末，北京共有保险专业中介法人机构357家，其中，代理机构159家（全国性代理14家），经纪机构155家，公估机构43家。全年新增专业中介法人机构34家，退出8家。

2011年，在京保险专业代理机构实现代理保费收入34.16亿元，同比增长7.96%；在京保险经纪机构实现经纪保费收入197.31亿元，同比增长18.01%；在京保险公估机构实现业务收入1.52亿元，同比增长15.15%。

2. 保险兼业代理机构业务规模有所下降，主渠道作用继续保持

2011年末，北京共有保险兼业代理机构6 929家，同比增加651家。其中，仍以银邮类和汽车类兼业代理机构为主，数量分别为3 760家和2 126家。

2011年，北京地区保险兼业代理机构实现保费收入440.14亿元，同比下降22.3%，占全市总保费的53.62%。其中，财产保险公司通过保险兼业代理机构实现保费收入134.22亿元，渠道保费占比56.36%；人寿保险公司通过保险兼业代理机构实现保费收入305.92亿元，渠道保费占比52.5%。

（二）行业发展特点

1. 保险中介主渠道作用继续保持

2011年，北京地区保险中介渠道继

续在保费收入占比中稳居首位，但兼业渠道特别是银邮渠道受银保产品竞争力差及宏观金融形势等综合因素影响，业务规模下滑明显。专业经代渠道则实现了保费规模的平稳增长，全年北京各专业中介机构共实现保费收入 231.47 亿元，同比增长 16.41%。其中，专业代理机构在企财险、货运险等非车险领域增长较快，两项业务的保费收入占比由上年的 5.6% 和 5.3% 分别提高到 8.7% 和 7.6%。经纪机构在传统优势领域的业务继续保持平稳增长，在人寿保险方面实现了较快发展，保费收入达到 10.37 亿元，同比增长 185.82%，业务占比由上年的 2.17% 提高到 5.26%。

2. 北京保险中介市场产销分工合作逐步深化

一是机构专业化经营思路逐步体现。近年来，在京保险专业中介机构在发展过程中大力引进和培养专业人才队伍，专业化发展程度不断增强。一些大的保险经纪和专业代理机构探索和尝试在保险产品开发与销售模式方面进行创新。二是保险公司出资设立专业中介机构趋势明显。2011 年，北京地区由保险公司出资申请设立的专业代理机构有 5 家，占机构设立申请总数的 14.3%。三是保险公司与中介机构合作的主动性不断增强。2011 年，北京地区保险公司专业经代渠道保费占比由 2008 年末的 5.71% 提高到 9.06%，经纪渠道对北京地区财产险公司非车险业务的渠道贡献率为 50.54%。

3. 市场规范化程度有所提高

随着对保险中介市场治理规范力度的加大，越来越多的保险中介机构诚信经营和规范化发展的意识不断提高，开始逐步加强自身内部管理建设，完善业务流程管理，转变考核机制，规范市场行为。

二、存在的主要问题和风险

（一）寿险中介业务销售违规问题依然存在

一是销售误导仍旧突出。部分销售人员将保险产品介绍为储蓄或理财产品，银保业务销售混淆概念问题仍然存在；寿险代理机构违规股权激励招揽业务风险隐患较大。二是代理机构及从业人员销售资质存在问题。2011 年在保险中介机构专项检查与中介业务综合检查中，均发现销售人员资质的问题。

（二）意外险中介业务不规范问题较为突出

一是销售机构未尽提示义务，隐瞒与保险合同有关的重要情况。一些意外险代理机构存在未经被保险人同意就为其办理航意险投保手续的问题，一些机票销售网站在机票销售环节中强行或默认搭售意外险。二是个别保险中介机构存在与无代理资质机构、许可证过期的保险兼业代理机构开展意外险业务合作的问题。三是部分中介机构存在意外险个险团做的问题。四是部分代理机构在网销意外险时出现跨区域销售的问题。

（三）参与保险公司套费问题依然存在

一是个别中介机构协助保险公司将直接业务虚构为中介业务套取费用。二是个别保险公司以非真实用途发票报销方式套取费用，向银行等代理机构支付额外费用。

（四）中介机构内部管控仍然薄弱

中介机构经营管理的业务导向明显，合规意识不强，导致忽视日常监管程序规定的违规行为时有发生。主要表现在：一是聘任不具有任职资格和从业资格的人员。二是不及时报告名称、住所变更事项。三是普遍未按规定要求制作规范的客户告知书。

三、监管工作情况

（一）加大市场治理力度，防范化解市场风险

北京保监局以清理整顿代理市场为重点，加大市场行为规范力度。在组织辖内保险分公司和区域性专业代理机构开展自查自纠的基础上，开展保险公司现场检查工作，做到产险、寿险公司与保险中介机构同查同处。针对个别保险代理机构误导客户引发的大量投诉问题，采取现场检查等措施妥善处置风险；按照保监会部署组织在京专业中介机构开展股权激励行为专项自查自纠，并对存在违规股权激励苗头的保险专业中介机构开展现场检查，及时纠正机构的违法违规行为，防范化解风险。

（二）结合课题研究与制度建设，广泛开展市场调研

北京保监局以代理市场为重点，摸底调研北京保险市场代理业务、专代机构电销和寿险业务情况，分类调研保险兼业代理业务情况，以保险经纪代理一体化经营作为切入点调研国外保险中介市场。在保险兼业代理试点办法废止、新的监管制度尚未出台的情况下，及时开展调研，调整原试点兼业代理制度中的有关要求，确保了制度调整平稳过渡。

（三）加强保险销售从业人员管理，规范销售资质和行为

北京保监局指导北京保险行业协会修订展业证管理办法，将银行保险客户经理及电话销售人员统一纳入展业证的管理范畴；指导北京保险中介行业协会制定《北京保险专业代理机构从业人员执业证书管理暂行办法》，实现了对北京地区保险机构所有销售从业人员系统化“双证”管理。指导北京保险行业协会研究制定保险销售从业人员销售行为警示信息管理办法。加强保险专业代理机构从业人员销售行为管理，组织北京地区主要从事人身险业务的 86 家专业代理机构和 6 家经纪机构召开专题会，通报违规股权激励误导客户的问题，警示行业认清类似违规行为的严重性，强化行业自律；指导北京保险中介行业协会组织在京各保险专业代理机构签署《北京保险专业代理机构贯彻落实保险销售强调语自律公约》，建立北京地区保险专业代理机构销售强调语自律制度。

（王汝燕）

其他机构发展与监管

▲小额贷款公司

一、基本情况

2011 年末，北京市共有批准设立的小额贷款公司 40 家，其中 33 家已开业运营，注册资本金总额 43.75 亿元。年内，批准筹建 11 家小额贷款公司，批准 2 家小额贷款公司增资扩股。小额贷款公司全年累计发放贷款 79.22 亿元，100% 投向了“三农”、个体工商户、中小微企业，年末贷款余额 38.42 亿元。

二、监管工作情况

（一）积极探索多种形式的小额贷款公司设立和发展模式

北京市金融工作局（以下简称市金融局）积极探索小额贷款公司设立和发展模式。一是推动民营企业作为单一最大股东发起设立小额贷款公司试点工作。二是推动香港亚洲联合财务公司与首创集团合资设立小额贷款公司，7 月 28 日，北京亚联财小额贷款有限公司获批设立。三是研究小额贷款公司规模化发展，推动注册资本金 10 亿元小额贷款公司的设立工作。四是规范小额贷款公司增资扩股工作，研究起草《北京市小额贷款公司增资扩股工作指引》，年内批准两家小额贷款公司增资扩股。五是召开政策宣讲会，向拟发起设立小额贷款公司的股东解答试点工作相关政策。

（二）多措并举，加强对小额贷款公司的监管

市金融局与人民银行营业管理部、北京银监局、市工商局、市财政局联合印发《北京市小额贷款公司试点监督管理暂行办法》（试行），对小额贷款公司监督管理方式、风险防范与处置、违规行为及处理措施等作出明确的规定，组织各区县主管部门、小额贷款公司董事长、总经理、信贷经理、风控经理、财务负责人等进行培训，邀请监管部门、政府部门的负责人进行政策解读。北京市小额贷款业协会研究制定《北京市小额贷款公司自律评级试行办法》，对小额贷款公司年度运营情况进行综合评级。开展小额贷款公司年度审计工作。建立“三会”制度，每月召开小额贷款公司总经理工作会议一次，研究小额贷款公司经营情况，协调解决相关问题；每季度召开小额贷款公司董事长工作会议及区县主管部门工作会议各一次，沟通试点工作进展情况。

（三）加强检查力度，促进小额贷款公司规范发展

市金融局加强对小额贷款公司的检查力度，将自查与现场检查相结合，推进小额贷款公司规范发展。3 ~4 月，会同区县主管部门对小额贷款公司进行现场检查，检查覆盖面 100%。11 月，开展小额贷款公司自查活动，要求各公司对于企业设立后各项规章制度的落实、业务经营情况、公司治理以及风险控制等方面进行自查。12 月，联合人民银行营业管理部、北京银监局、市财政局、区县主管部门、北京市小额贷款业协会、会计师事务所、律师事务所组成检查小组，对小额贷款公司进行现场检查，根据检查情况，将起草《2011 年北京市小额贷款公司现场检查报告》并上报市政府。

（四）推动研发“小贷信用星”无抵押贷款金融产品，着力解决小额贷款公司从银行融资难的问题

市金融局组织协调北京市小额贷款业协会、国家开发银行北京市分行和北京市农业担保有限公司合作推出“小贷信用星”，以批量方式为小额贷款公司提供 2 年期无抵押循环授信贷款，有效地解决了小额贷款公司无法提供资产抵押的问题。

（柳宁）

▲融资性担保公司

一、基本情况

2011 年末，北京市共有 132 家融资性担保公司获得经营许可证。其中，注册资本 10 亿元以上的 10 家，1 亿元以上的 105 家，1 亿元以下的 15 家，京外公司的分支机构 2 家。截至年末，北京市各融资

性担保公司资产总额合计609.89亿元，负债总额125.02亿元，净资产总额484.87亿元，融资性担保责任余额1 043.7亿元；从业人员5 078人，其中研究生以上学历920人，本科学历2 806人，大专及以下学历1 197人。

二、监管工作情况

（一）出台政策文件，优化担保工作流程

根据《融资性担保公司管理暂行办法》及其八个配套文件精神，北京市融资性担保业务监管部门联席会议各成员单位联合印发实施了《北京市融资性担保公司管理暂行办法》和《开展融资性担保公司规范工作意见的通知》，将融资性担保公司管理纳入了规范化的轨道。梳理完善《北京市融资性担保公司经营许可证申领/变更审批工作操作流程》，在北市金融局网站上发布，通过不断优化合法依规的审批、监管工作流程，为全市融资性担保公司健康有序发展夯实基础。

（二）构筑适应市场发展的监管合力

成立由市金融局、北京银监局、市发展改革委、市经济信息化委、市工商局等八个部门组成的融资担保业务监管联席会议，共同协调、探讨、解决担保行业出现的重大问题。搭建了以市、区（县）两级监管部门分工合作的监管体系，明确了不同层级监管部门的监管职责。市金融局、人民银行营业管理部、北京银监局签署了三方合作监管协议，构建了多部门、多角度、多手段的立体监管体系。

（三）完成融资性担保公司的规范整顿工作

通过各相关部门的密切配合、共同努力，北京市融资担保公司的规范整顿工作于3月31日完成，对融资性担保公司的管理由规范整顿阶段转入日常管理阶段。

（四）认真做好服务行业发展的基础工作

一是在审批环节，依据相关法律法规，优化操作环节，明确重点指标、审查程序和两级监管部门沟通机制，做到层层把关、各负其责。二是召开区县监管部门培训班、监管系统调研和融资性担保工作专题座谈会，多角度研究融资性担保工作的实际情况。三是通过召开专题对接会、论坛、中小企业投融资促进会等形式，搭建融资性担保公司与其他机构的交流平台，提升行业发展水平。四是落实三种监管模式，切实做好监管履职。整合法律和审计部门的力量对61家融资性担保公司进行全面检查；高度重视非现场监管，要求融资性担保公司每月提供业务开展、资本金使用等数据，并将非现场监管数据的准确性作为现场检查的重要内容之一。

（柳宁）

四、服务与管理

货币金银管理

2011年，中国人民银行营业管理部（以下简称人行营业管理部）认真贯彻全国货币金银工作会议精神，加强发行基金调拨，加大发行库管理和货币管理力度，保证北京地区现金供应，确保货币金银各项工作安全有序。

现金供应工作 2011年，北京市现金需求保持了较快的增长势头，现金运行连续4年呈现净投放格局。人行营业管理部加强发行基金调拨的前瞻性和计划性，提高业务操作效率，科学摆布库存，合理安排辖内发行基金调拨，指导发行保管库做好现金供应工作。全年发行基金投放同比增长13.58%，回笼同比增长10.16%，净投放268亿元，同比增长56.73%。加强现金运行分析预测，组织17家商业银行的35个营业网点、90个企事业单位开展人民币流通状况监测，为掌握现金供应工作效果提供参考。组织开展押运途中交通事故、车辆故障、遭遇抢劫等突发事件处置的实地演练，提高发行库调拨押运工作的应急处置能力。

纪念币发行 2011年6月16日，中国人民银行（以下简称总行）发行中国共产党成立90周年、2011年贺岁普通纪念币各1套1枚。人行营业管理部针对此次纪念币发行数量大的特点，新增招商银行北京分行、北京农商银行为代售银行，北京市纪念币代售银行增加至9家，代售银行网点增加至1 002家，确保了纪念币发行任务的按时完成。

残损人民币销毁 2011年，北京市残损人民币占压发行库库存的问题比较突出，且复点人员较为紧缺，销毁工作遇到较大的困难。人行营业管理部统筹安排销毁券别，保证销毁工作进度，加强与总行沟通，及时反映情况，加强内部管理，确保销毁安全。全年共复点销毁残损人民币142.5亿元。

人民币管理 加强人民币收付业务监管，提高现金服务水平。开展人民币收付业务检查，对中国银行、招商银行、北京银行的53个营业网点的人民币现钞收付进行全面检查，并将检查结果作为评价商业银行人民币管理工作水平的重要依据。10月末，组织开展“现金服务推动周”活动。组织商业银行基层营业机构深入社区、小学等场所，为群众集中办理残损币兑换、零币兑换等现金业务，举办现金服务知识讲座。此次活动共有258个银行网点参与，活动范围遍及全市各区县，共办理残损币兑换2 084笔、427.4万元，办理零钞兑换1.5万笔、1 037.7万元。加大对钱币市场的管理和监测力度，会同市工商局对北京市非法经营装帧流通人民币企业开展了10次联合行动，共罚没流通人民币非法装帧册产品208册；建立北京市钱币市场监测数据库，统计市场价格变动情况，及时向总行报送市场动态。履行经营流通人民币行政许可审批和装帧流通人民币行政许可初审工作职能，全年共受理经营流通人民币行政许可申请22件，其中变更事项申请6件；装帧流通人民币行政许可申请3件。开展残币兑换业务，全年办理残损币兑换鉴定 38 笔、5 074 张、43 万元。

反假货币工作 充分发挥北京市反假货币联席会议办公室的桥梁作用，积极协调成员单位开展打击假币犯罪行动。全年共收缴假人民币 137 565 起、142 471 张、12 739 095.8 元，同比分别下降 17.8%、20.53%和 16.15%。加强警银合作，与市公安局经侦处开展座谈，撰写调研报告。编发 3 期《北京市反假货币工作简报》，交流反假货币工作经验。5 月，按照国务院反假货币工作联席会议的部署，组织辖内各银行开展反假货币宣传月活动。活动期间，31 家商业银行以支行为单位共设立宣传咨询点 594 个，向公众免费发放《第五套人民币防伪知识宣传册》121 万余册、《中国贵金属纪念币小知识》宣传册 3 万余册、《中国金币》杂志 2 000 余本，受众范围遍及全市 18 个区县。10 月，举办北京市银行系统反假货币知识培训班，37 家商业银行、市公安局、北京海关等部门的 80 余人参加了培训。

发行库管理 以安全管理为核心，以制度建设、教育培训、检查考核为着力点，提升发行库管理制度化、规范化水平。开展 2011 年发行基金保管库达标升级考核工作，评出 2010 年度二级库 5 个、三级库 4 个、达标库 6 个。落实总行各项文件要求，转发《关于优化库存发行基金券别结构的通知》，按要求开展检查；组织落实第四套人民币只收不付券别管理工作；对北京分库第三套人民币库存情况进行检查，并按时上报自查报告。加大查库力度，对辖内发行保管库开展检查 19 次，对北京分库开展检查 8 次。开展人员培训，全年举办两期发行保管库管理人员培训班，培训人员 130 余人。

金银管理 参与总行组织的金银实物重新登记工作，组织北京市相关企业参加总行举办的黄金及其制品进出口管理办法座谈会，完成金银实物背景资料收集、黄金进出口收付汇及核销有关情况的调研等工作。全年审核并签开《中国人民银行黄金及其制品进出口准许证》共计 1 132 笔、15.4 万件、1 176 千克（毛重）。

北京立体库试运行 2011 年 3 月 21 日，北京人民币立体发行库（以下简称北京立体库）工程通过了海淀区住建委竣工验收备案，工程建设圆满结束。5 月 12 日，北京立体库开始模拟运行。人行营业管理部全面落实“建设筹备与运行管理双进入”的运行保障体制，完成了机构设置、人员招录和培训工作，制定了立体发行库管理实施细则等 6 大类 17 项制度；对物流系统进行了多次全业务覆盖测试和压力测试，实现了系统的稳定运行；开展了为期两个月的“质量检查专项行动”，全面自查工程质量，排除隐患。9 月 14 日，发行基金实物正式进入北京立体库。9 月 19 日，北京立体库竣工并正式开始试运行。11 月 23 日至 25 日，物流系统通过了第一次系统可用度测试，系统运行基本平稳。截至年末，第一阶段在平库与立体库之间的试运行工作进展良好，各项业务顺利进行。

筹建北京钞票处理中心 年内，人行营业管理部完成了北京钞票处理中心清分设备、销毁设备的安装调试工作，派出业务骨干赴石家庄钞票处理中心学习钞票处理业务。11 月 18 日，北京钞票处理中心通过了总行设备验收组对销毁设备的验收，12 月 12 日开始正式销毁残损人民币。至此，经过再复点抽查后的残损人民币通过残钞销毁设备进行粉碎销毁，改变了以前蒸球喷浆为主的销毁方式。12 月 20 日，北京钞票处理中心 10 台清分机通过总行的验收，进入磨合运行阶段。

（李志东）

国家金库业务

2011 年，国家金库北京市分库围绕"建设现代化服务型国库"工作目标，以制度建设和执行为抓手，以业务创新为突破，狠抓工作落实，努力开创国库工作新局面。

一、夯实国库会计核算基础工作，风险防控能力进一步增强

一是强化国库会计核算制度建设。结合 TCBS 系统操作运行的实践，编制和修订了《国家金库北京市分库国库会计核算业务操作规程》等 8 项制度和办法，并汇编形成《中国人民银行营业管理部国库处制度汇编》。会同财政、税务、海关等部门共同拟定《国库办理预算收入退库业务操作规程》，对各征收机关在国库办理预算收入退库业务流程等进行了规范。

二是开展国库业务检查工作。以"制度执行力建设"活动为契机，着力加强国库会计基础工作，开展国库业务学习、制度培训及案例分析讲座。10 月，中国人民银行国库业务实地检查组对北京市分库进行了为期一周的检查。北京市分库针对检查中发现的问题，及时进行整改，并将整改结果上报总库。

三是完成国库会计核算工作。与财政、税务等部门密切协作，稳步实现 2011 年度预算收支执行目标。全年共组织全辖各级国库办理预算收入 9 364.03 亿元，同比增长 13.22%。其中，中央预算收入 4 660.00 亿元，同比增长 22.36%；地方预算收入 4 704.03 亿元，同比增长 14.75%。办理省级财政支出 3 167.73 亿元，同比增长 21.43%。为市财政计付利息 29 064.86 万元，为区财政计付利息36 014.77 万元。

二、财税库银横向联网取得新成效，国库现代化建设进一步深化

一是在全国率先完成海关加入横向联网相关工作。积极协调北京海关进行 TIPS 与海关联网的试点工作，参与联网需求讨论会，与北京海关进行三轮联调测试，组织相关代理支库认真落实联网试点工作的各项要求。9 月，成功处理海关税款电子缴库业务。

二是在全国率先实现非税收入电子缴库。积极协调平谷区财政局和金电公司，就横向联网试点组织协调机制、横向联网试点内容和试点步骤等进行部署；组织完成国库部门相关接口系统的开发及商业银行、代理支库的系统开发和测试等准备工作；第三季度，完成非税收入收缴联网相关系统的开发，组织多轮联调测试工作。11 月初，平谷区财政非税收入收缴业务正式上线试点，实现了非税收入电子缴库的业务处理。

三、创新国库监管工作，提升国库监管能力

一是建立健全监管制度体系。全面启动对辖内商业银行国库经收、代理国库集中收付、代理国债发行与兑付业务的监管制度建设工作，完成《北京市地方国库集中收付代理银行资格认定管理办法（暂行）》、《北京市银行金融机构国库经收业务管理规定（暂行）》的拟订工作。

二是综合执法检查工作。选派业务骨干成立专项检查小组，对北京银行、中国银行北京市分行、招商银行北京分行2010年10月至2011年6月期间的国库经收业务、代理国债发行和兑付业务进行现场检查，共发现9类问题，涉及行政处罚1项。

三是代理支库达标升级考核工作。依据《北京市商业银行代理国库支库达标升级考核办法》，对辖内18家代理支库进行了全面检查。根据非现场监管及现场检查结果，完成对各代理支库的达标升级考核及等级评定工作。评定二级库9家，三级库8家，达标库1家。2011年，共有33.3%的代理支库实现了升级，50%的代理支库达到二级库水平。

四、加强国债发行组织工作，圆满完成各期国债发行任务

2011年累计组织北京市国债承销、分销机构发售4期凭证式国债，金额253.29亿元；18期电子式国债，金额322.77亿元，实际发行量占全国发行计划的21%，发行量及占比均居全国首位。各期国债发行首日，会同市财政局对银行销售网点进行现场检查；监测国债发行进度，向中国人民银行上报发行数据及信息。

五、强化国库统计分析，提高调研信息工作水平

大力推进特色调研与信息工作，改进统计分析方法，完善国库现金流预测报告制度，提高分析深度和质量。全年共有30余篇信息、调研被采用。其中《北京市分库切实加强国库会计管理，防范国库资金风险》等被《国库情况反映》刊用；《一季度本市国库收入实现较快增长》等信息被市政府刊用；《美国房地产市场发展情况及对我国的启示》等信息被中国人民银行营业管理部《金融信息》（翻译专刊）刊用。此外，《房地产新政下北京市房地产市场低迷与税收高速增长并存》获中国人民银行营业管理部调研评比三等奖和北京市预算研究会优秀论文评比二等奖。

（陈永波）

支付结算清算管理

2011年，北京市经济平稳增长，支付体系高效平稳运行，支付业务量持续快速增长。社会资金交易日趋活跃，交易规模持续扩大。支付体系的平稳高效运行对传导货币政策、加速社会资金流通、提高资金使用效率、促进首都经济平稳较快增长和经济结构优化作出了重要贡献。

一、支付系统安全、稳定、高效运行

（一）支付清算核心作用日益凸显

2011年，大额支付系统共处理业务

4 202.15 万笔，金额 931.54 万亿元，同比分别增长 25.48% 和 16.07%。小额支付系统共处理业务 7 379.46 万笔，金额 3.76 万亿元，同比分别增长 40.21% 和 12.57%。

（二）金融基础设施建设日趋完善

网上支付跨行清算系统为各银行机构提供了一个新的跨行清算和业务创新平台，全年通过北京 CCPC 处理网银业务 10 328.03 万笔，金额 1.42 万亿元，全国占比分别达到 67.26% 和 67.76%；全国支票影像交换系统业务量稳步上升，全年共处理业务 116.79 万笔，金额 829.91 亿元，同比分别增长 4.37% 和 9.25%；银行卡跨行支付系统稳定运行，全年共处理业务 5.45 亿笔，金额 9 056.74 亿元，同比分别增长 6.19% 和 3.84%；银行业金融机构行内支付系统业务量增长迅速，全年共处理业务 3.18 亿笔，金额 65.71 万亿元，同比分别增长 24.71% 和 37.58%。

（三）同城清算服务地域特色日渐显著

北京市同城清算系统不断增加服务内涵，探索和增加服务功能，同城清算服务的个性化与专业化日趋增强。年内新增同城票据交换机构 102 家；截至年末，全市共有 1 615 家票据交换机构加入了同城清算系统。北京市票据清算中心为 7 家银行提供票据影像和清算信息的电子化传输的同时，还支持了 17 家银行的数据集中和流程再造。

二、首都支付环境和谐有序

（一）非现金支付工具的电子化水平有效提升

截至年末，北京地区共有电子商业汇票系统参与者 2 000 余家。全年，电子商业汇票承兑业务累计发生 6 227 笔，金额 308.56 亿元，同比分别增长 245.75% 和 115.97%；贴现业务累计发生 7 350 笔，金额 253.89 亿元，位居全国第一位。

（二）票据风险防范能力显著增强

辖内银行机构全面落实风险防控措施，防范票据风险，做好 2010 版第一批次票据回收工作。全年，北京地区未发现一起 2010 版票据诈骗成功的案件，除 2 张票据因客观情形尚未完成回收外，其余 1 万余张旧版票据均已实现无风险回收，基本实现了北京地区 2010 版银行票据凭证的平稳过渡。

（三）支付信用环境持续改善

2011 年，人行营业管理部共下发空头支票行政处罚意见告知书 8 723 份，决定书 4 855 份；实际处罚缴库 2 917 笔，金额 1 140.82 万元。有效地遏制了签发空头支票的行为，维护了首都的信用环境和支付结算秩序。

（四）有效打击支付结算犯罪行为

2011 年 4 月 28 日，人行营业管理部配合市公安局经侦总队，组织辖内 15 家银行机构共同开展了打击非法经营支付结算业务端点行动。共冻结账户 268 户，冻结资金 3 100 万元，抽调账户交易总额达千亿元人民币，一举打掉了长期盘踞在马甸邮币卡市场及周边的七个地下钱庄。

三、人民币结算账户实现电子化审批

2011 年 4 月 11 日，人行营业管理部上线试运行核准类银行结算账户电子化审批系统，在人民银行各省级分支机构中首家实现了账户电子化审批。截至年末，该系统共受理业务 229 892 笔。其中，核准类账户开立业务 124 041 笔，变更业务 68 991 笔，撤销业务 33 483 笔，补换发开户许可证业务 3 377 笔。

四、银行卡市场稳步发展

（一）特色卡业务稳步推进

人行营业管理部会同有关部门联合下发《关于北京市全面推行中职学生资助卡 加强中职国家助学金发放监管工作的通知》，促进中职教育科学发展；制订《北京市推广银行卡助农取款服务工作实施方案》，进一步提升农村地区金融服务水平。联合北京市财政局加强公务卡推进工作，2011 年共有市本级和 6 个区县 900 多家预算单位、23 个街道和 2 个乡镇实行了公务卡。

（二）金融 IC 卡推广工作加快

截至年末，累计发行金融 IC 信用卡 400 余万张，金融 IC 借记卡 30 余万张，POS 终端机具改造基本完成，金融 IC 卡受理率超过 99%。按照 PBOC2.0 标准打造的非接商圈 POS 终端改造试点工作进程加快，已累计完成非接改造终端 4 万余台。

（三）刷卡促消费作用明显

联合开展 2011 年北京市刷卡促消费活动——“月刷卡 月中奖”，投入资金近 2 亿元，平均月中奖率约为 4.53%，为近年来北京市规模最大银行卡宣传营销活动。活动开展的 9 月至 11 月期间，北京市银行卡刷卡消费累计达 2 383.93 亿元，同比增长近 20%。

（四）银行卡业务发展环境得到净化

截至年末，人行营业管理部向公安机关移交信用卡恶意透支信息 835 条、POS 机商户可疑交易信息 66 条。强化 ATM 安全管理，协调有关金融机构配合市公安机关展开案件侦查，共同打击银行卡犯罪行为。全年，北京市共破获涉及银行卡在各支付领域的犯罪案件 1 166 起，抓获犯罪嫌疑人 881 人，收缴银行卡 4 097 张，挽回经济损失 1 198 万元。

五、非金融支付服务机构监管工作取得成效

（一）非金融支付服务机构市场准入工作有序开展

截至年末，累计接收 63 家机构的《支付业务许可证》申请材料 70 项，受理了 49 家机构的 56 项申请材料，其中 43 家机构的 50 项申请材料已完成初审流程上报中国人民银行（以下简称总行），24 家（含 2 家增报）机构已获得《支付业务许可证》。

（二）非金融支付服务机构经营行为得到规范

2011 年 9 月 14 日至 16 日，配合总行、商务部、中纪委等七部委开展了北京市多用途预付卡市场检查。11 月 16 日至 18 日，联合北京市相关七局委对相关支付机构进行了专项检查。并督促其他支付机构认真制订整改方案，落实整改措施。

（三）非金融支付服务机构市场退出有序进行

根据总行整改意见要求，上海得仕企业服务有限公司北京分公司预付卡发行与受理业务须退出北京市场。人行营业管理部约谈该公司负责人，传达总行的整改意见，并与上海总部配合，监督其妥善完成北京市场退出工作。

六、支付结算监管水平有效提升

2011 年，根据总行要求，人行营业管理部对工商银行总行、工商银行北京市分行、北京银行、中国银行北京市分行和招商银行北京分行的 86 个网点机构进行现场检查，发现各类问题 30 多项。针对检查中发现的问题，要求被检查机构切实整改，并对整改情况进行跟踪回访；对于涉及罚则的问题，共下达 14 万元的行政

处罚。

七、金融支付服务民生效果显著

（一）农村地区金融基础设施进一步完善

截至年末，北京市 10 个远郊区县共设立可办理支付结算业务的银行机构网点 1 043 家，同比增长 1.26%，其中位于县城的有 465 家，位于乡镇的有 578 家；共开立银行结算账户 2 920 万个，同比增长 2.96%；远郊居民持有银行卡 1 449 万张，同比增长 54.15%；银行卡特约商户已达 1.6 万户，同比增长 33.15%；布放 ATM 3 080 台，同比增长 22.61%；POS 机约 2.2 万台，同比增长 29.37%；远郊区县网上支付客户数约 438 万个，同比实现数倍增长。

（二）缴费终端继续向农村地区和社区延伸布放

2011 年，人行营业管理部组织中国银联北京分公司、银联商务公司和辖内各银行机构开展了自助缴费终端机在农村地区和社区的布放工作。全年，新增大型终端 1 644 台、中型终端 1 087 台、家庭终端 22 186 台，共计新增 24 195 台，累计达到 63 832 台。在缴费品种方面，新增 ETC 充值、燃气卡表缴费、信用卡还款等 17 项业务，累计达到 70 项。

（徐海勇）

征信系统建设与征信管理

2011 年，人行营业管理部坚持管理与服务并重，加强对金融机构征信业务的监督检查，认真落实各项制度安排，积极探索适合北京实际的地方信用体系建设模式，深入进行调查研究，广泛开展征信宣传，扎实推进数据核查，继续完善征信系统建设，切实提升征信管理工作水平。

一、探索适合北京实际的社会信用体系建设模式，发挥人民银行在首都信用体系建设中的主导作用

一是全面启动海淀区、西城区中小企业信用体系试验区建设工作。结合北京实际，明确了以中小企业、农村信用体系建设试验区为重点，推动首都社会信用体系建设的工作思路。与相关部门沟通协调，确定将海淀区、西城区作为北京市首批、人民银行省级中小企业信用体系建设试验区。

二是加强部门间联系，着力参与首都社会信用体系建设各项重点任务。参与拟订相关重点任务；承担《北京信用年鉴》“信用经济篇”的编纂工作；办理市经信委等部门有关社会信用体系建设来函 10 余次；与市农委等政府部门及多家金融机构多次研究，拟选大兴区为人民银行省级的农村信用体系建设试验区；与市团委、市农委合作，指导平谷区开展农村青年信用示范户试点工作。

三是推进信用信息共享，优化首都社会信用环境。与市交管局形成合作协议和保密协议文本，准备择机签署，积极推动将北京市严重交通违法信息纳入人民银行征信系统；会同市住房公积金中心开发接口程序，实现公积金贷款及缴存信息自动报送。

二、创新征信服务理念，提升征信服务水平

一是夯实基础，提升征信服务水平。2011年，个人征信服务窗口共提供个人信用报告6.1万份，同比增长近50%，单一网点查询量居全国首位，直接受理客户异议申请578笔，解决回复率近100%，提供现场及电话咨询约3万人次；企业征信服务窗口审批9 113户贷款卡行政许可申请，安排商业银行协助远郊区县中小企业新办贷款卡100余户，为自然人和境外机构配号2 090户，现场办理贷款卡基本信息更新4 824户，办理贷款卡挂失558户，贷款卡迁址、注销和密码变更823户，提供企业信用报告查询664户，解决32户企业提出的信贷业务异议，审核应收账款质押登记公示暨融资租赁登记公示系统常用户50户，接听企业电话咨询约6.6万人次，受理现场咨询近万次。受理金融机构及其分支机构接入个人征信系统34家、企业征信系统54家。

二是创新工作思路，探索征信服务新模式。与中信银行合作，在全国首次推出互联网渠道查询个人信用报告服务。与北京市代码中心信息共享，实现北京市全部贷款卡基本信息的自动批量更新。对金融机构开展企业和个人征信系统数据核对、量化考评、定点监测等工作，狠抓数据质量工作，充分发挥征信系统的社会效益。

三、加强征信监管，切实维护信息主体合法权益

一是创新征信监管工作思路和检查技术，加强对商业银行参与系统建设的规范化管理。督导辖内52家金融机构建立查询前置系统，从业务流程上解决查询记录与授权资料档案分离的问题。利用数据库技术，有针对性地筛选高风险检查对象，实现了检查技术的创新。全年，对北京银行等开展了6项现场执法检查。

二是加强征信市场规范管理，积极推动信用评级市场发展。组织第三次中关村国家自主创新示范区企业信用评级从业人员资格考试；召开辖内信用评级机构工作会议，专题研究建立评级机构总经理联席会制度、出台行业自律公约等。多次试用信用评级违约率系统，完成《违约率系统试用报告》。统一安排违约率检验系统数据清理和重报工作，对辖内10家法人评级机构进行现场核查。与北京市金融工作局、北京银监局共同签署三方合作监管融资性担保机构协议；参加监管会议，研提促进融资性担保行业规范健康发展的意见。

四、加强征信宣传，有效提升征信的社会认知度

一是继续开展“信用北京行”现场征信宣传活动。全年举办宣传活动11场，查询个人信用报告近400人次，现场解答问题约500人次；配合全国性征信宣传活动，包括“征信之歌”征集、“征信专题宣传月”、“信用记录关爱日”等大型活动；以中关村、大兴区和平谷区、各大高校和信用论坛为依托，宣传中小企业和农村信用体系建设；组织各商业银行、汽车金融公司张贴宣传海报2 000张、摆放宣传折页20 000册、悬挂宣传标语横幅、开设网站宣传专栏、发放宣传材料、集中培训等，以校园、社区、企业、乡村为宣传重点，促进个人征信知识的普及和个人信用意识的提高。

二是全面提升《北京征信》办刊质量，充分发挥刊物舆论宣传作用。全年编发四期刊物，共刊登各类文章百余篇，发送单位300余家，刊物4 000余份，承担刊物日常工作的数据应用科室获得了中国人民银行“青年文明号”荣誉称号。

（武逸）

金融信息化建设

2011年，北京市金融信息化建设稳步推进。建立金融业信息安全跨部门协调机制，支持服务业务管理创新，北京立体库上线试运行，银行卡与电子支付技术管理、金融业机构信息管理等工作顺利开展。

一、北京市金融业信息安全管理体系建设取得实质性突破，为金融信息安全保驾护航

2011年，人行营业管理部不断加大对金融机构信息安全工作力度，稳步推进北京市金融业信息安全保障体系建设，跨部门信息安全工作协调机制取得实质性突破，金融业信息系统稳定运行，未发生重大信息安全事件。人行营业管理部制定发布了《北京金融业信息安全协调工作预案》，与市公安局、市通信管理局及华北电监局建立了工作协调机制，针对区域性电力、通信中断及遭受严重网络攻击，实现联合预警、快速处置，为金融业信息系统稳定运行提供有力保障。8～11月，人行营业管理部会同市公安局、北京银监局对北京市82家商业银行信息系统开展了等级保护联合检查，强化了商业银行信息安全工作意识，加强了与市公安局、北京银监局的协调合作，为信息安全工作的深入合作奠定基础。

二、多个业务系统顺利推广上线，全面提升北京市金融信息化建设水平

根据中国人民银行工作部署，人行营业管理部统筹规划、积极组织，完成多个业务系统推广上线工作，全面提升了北京市金融信息化建设水平。2011年4月，北京市银行账户电子化审批系统投产运行。截至年末，已有63家机构接入电子化审批系统，累计受理商业银行提交的182 146笔业务，上传影像文件达510GB，日均处理业务超过1 300笔，提高了审批工作效率和服务质量。9月，人行营业管理部重大事项管理系统投产运行。截至年末，已注册辖内金融机构270家，记录报备重大事项180余条，为及时了解金融机构发生的重大事项，全面掌握北京地区金融业整体稳健状况起到了良好的作用。反洗钱非现场监管系统投产运行。截至年末，北京辖内已有415家机构使用该系统，累计报送各类报表超过11 000份，实现了反洗钱非现场监管业务的电子化办公。征信贷款卡自动年审和中小企业信息实现自动更新，全年共处理贷款卡年审数据50 642条，成功率99.8%，中小企业更新数据35 072条，成功率97.3%。提升了金融服务质量和工作效率，提高了贷款卡信息更新的准确性和时效性。

三、积极探索、稳步推进，金融IC卡应用推进工作进展顺利

2011年3月，中国人民银行下发了《中国人民银行关于推进金融IC卡应用工作的意见》，正式启动银行卡芯片化整体迁移工作，以金融IC卡应用为代表的银行卡产业升级全面展开。人行营业管理部以“利国利民”为出发点，引导推动北京辖内各商业银行、中国银联北京分公司统一认识、克服困难，合力推进金融IC卡迁移进程。

受理环境改造工作按计划开展，金融IC卡应用环境不断改善。年内，中国人民银行开展2011年北京市银行卡联网通用专项检查，截至2011年8月31日，北京地区布放POS终端198 546台。其中直联POS终端67 105台，67 104台可受理金融IC卡，占比99.9%；间联POS终端131 441台，130 620台可受理金融IC卡，占比99.4%。现场抽查阶段共抽查POS终端800台，其中直联POS终端可受理金融IC卡占比99.7%；间联POS终端可受理金融IC卡，占比99.1%，北京市金融IC卡受理改造情况完成较好。

金融IC卡发卡银行及发卡量不断增长，行业应用领域逐步扩大。截至年末，北京地区已有10余家商业银行获得中国人民银行批准发行金融IC卡，累计发行金融IC卡近700万张，城市发卡量位居全国第一，已初步实现金融IC卡在社保、驾驶员交通管理、高速公路、手机支付等公共服务领域的应用。

（李薇）

金融法制建设

▲中国人民银行营业管理部法制工作

2011年，人行营业管理部积极做好金融立法调研，认真开展普法宣传，努力防范金融风险，稳步推进依法行政，工作实效良好。

一、依法履行行政职责，维护首都金融稳定

2011年，人行营业管理部认真行使法律法规赋予的法定职能，严格执法程序，严肃查处和切实纠正各种违法违规行为。全年共实施行政处罚140件（含北京外汇管理部作出的行政处罚，不含空头支票专项行政处罚），实施空头支票专项处罚4 774笔；受理行政许可申请307 557笔（不含北京外汇管理部）。对中国银行北京市分行、招商银行北京分行、北京银行开展了综合执法检查。加强对金融机构的规范管理，修订完善金融机构重大事项报告制度，在全国率先启用重大事项报告档案管理系统，出台了《银行业金融机构评价暂行办法》和《银行业金融机构综合评价操作规程》。

二、强化制度执行力，认真做好金融法律服务

人行营业管理部认真执行《规范性文件制定程序规定》，严格审核业务处室制定的规范性文件，全年审核通过并印发了《北京市银行业金融机构国库经收业务管理规定（暂行）》等规范性文件。贯彻落实国务院关于实施《中华人民共和国行政强制法》的相关文件精神，对规范性文件进行了专项清理。2011年11月，中国人民银行修订了《中国人民银行法律事务工作规定》，人行营业管理部对照该规定认真梳理了各项法律事务工作程序。全年接待金融机构、律师、个人来函、来电、来访近百人次，积极协助司法机关开展查询工作。

三、开展金融法制调研，为“十二五”金融立法服务

积极参与中国人民银行的金融立法调研工作，为“十二五”金融立法服务。人行营业管理部通过深入调研，及时反映辖区工作的难点问题，为上级机关决策提供了具有参考价值的工作建议，完成了《预付式消费的法规规制探析》、《移动支付法律问题初探》、《非金融机构第三方支付退出机制研究》、《黄金市场风险管理制度研究》等调研报告。

四、立足“六五”普法，开展形式多样的金融法制宣传活动

人行营业管理部大力开展公益性法制宣传教育活动，将金融知识宣传教育与打击违法犯罪相结合，将金融消费者权益保护工作与普法宣教相结合，首都金融生态环境不断得到优化。全年，人行营业管理部开展了“信用北京行”、“征信宣传月”、“现金服务推动周”、“国债进乡村”、外汇市场“诚信兴商宣传月”等系列大型宣传活动，金融消费者理性消费意识进一步提升。创新普法宣传教育手段，与市公安局联手在新浪微博推出“反假货币微博”，吸引了大量网友的热情参与，在网络上产生了积极的反响。

（李红）

▲银行业监管法制建设

2011年，中国银行业监督管理委员会北京监管局（以下简称北京银监局）紧密围绕国家经济金融形势和银行业监管任务，深入推进依法行政工作，不断夯实监管法制基础，大力维护首都金融稳定良好局面，积极引领辖内银行业落实银监会贷款新规、提高合规经营水平和增强业务创新能力，银行业监管法制工作取得显著成效。

一、全面部署，多方联动，多层面推进辖内贷款新规贯彻落实工作

（一）全面部署、阶段推进，确保过程控制和如期达标

2011年2月，北京银监局制订贷款新规工作方案，向辖内机构印发督导通知，全面部署督导检查、监管协调、培训教育、调查研究和宣传等各项贷款新规贯彻落实工作。6月末，召开辖内各中资机构重点监管工作推进会。7月初，对辖内机构印发督导通知，要求加大中长期贷款合同修订补正力度，结合政府融资平台清理规范工作，明确银团贷款牵头行责任，重点推进大合同、大客户的修订补正工作，力争在8月底前基本完成。

（二）深入调研、及时总结，提高工作针对性和统一性

北京银监局先后4次开展摸底调查和调研，全面了解辖内机构相关工作开展情况，以及监管政策执行中遇到的新情况和新问题，明确监管重点和难点，为严格监管口径、增强监管针对性提供基础支持。

（三）积极督导、定期上报，确保各项监管要求落到实处

北京银监局多次向辖内机构下发监管通报，以传导监管压力、传达监管要求，开展电话沟通、风险提示等其他大量督导工作。严格按照银监会的统一要求和部署，按半月频率对贯彻落实贷款新规和科学补正贷款合同工作进行总结和督导，及时上报重大监管工作事项，确保各项监管要求落到实处。

二、及时有效完成各项银行业法制工作，为依法监管和提高监管有效性提供法律支持

（一）修订行政处罚操作规程，规范行政处罚法律审查

北京银监局对照相关法律法规、结合监管实践，正式印发了《中国银行业监督管理委员会北京监管局行政处罚操作规程（试行）》，成立了中国银行业监督管理委员会北京监管局行政处罚委员会，负责对行政处罚事项进行审查和决定，确保案件调查权与处罚决定权在组织架构、人员组成等方面实现分离，增强了行政处罚工作的公正性和专业性。

（二）建立健全规范性文件审查备案制度

根据银监会颁布的《派出机构规范性文件备案管理办法》要求、《法律工作规定》以及有关规定，北京银监局制定并实施了《北京银监局规范性文件审查与备案实施细则》，明确了规范性文件应送交法律审查和提请备案的制度要求，划定了法律审查部门与文件起草处室的职责分工，并就规范性文件的论证起草、审查备案等工作流程进行了细化。

（三）深入开展银行业法制调研

根据银监会的工作部署，北京银监局就“流动性资金贷款受托支付金额标准”、“经营性物业抵押贷款业务规范”、“中国人民银行《金融服务管理指引》出台与执行情况”等事项开展了深入调研，上报报告十余篇，在联系实际剖析问题的基础上，提出合理、可行的政策建议。

三、贯彻落实案件处置三项制度，狠抓操作及案件风险防控

（一）建立完善内部案件防控工作制度

北京银监局制定了《案件防控工作内部管理办法（试行）》和《案防工作功能监管与机构监管职责分工》，建立了局长任组长、相关处室为成员的案件防控工作领导小组。建立案防联系人制度，在相关处室安排专人，定人定岗定责，进一步明确案件防控工作协调联动机制，落实案件处置三项制度，做好案件防控工作。

（二）扎实做好案件（风险）信息报送工作

北京银监局全年共向银监会上报各类案件风险信息21期。向辖内银行业金融机构下发《北京银监局办公室关于及时报送案件（风险）信息的通知》，从信息报送范围、信息报送时限、信息传递路径、跟进处置四方面进一步规范辖内银行业金融机构案件（风险）信息报送工作。

（三）加强辖内案件防控政策培训

以“促监管政策进基层行”活动为契机，以一线员工、分支机构负责人和分行部门负责人为主要对象，以案件防控政策、操作风险的防范等为主要内容，对北京农商银行、中信银行总行营业部、光大银行北京分行等多家机构开展了案件防控政策培训，累计参训人员达300余人，收到良好效果。

四、充分发挥部门职责，做好案件线索移送、金融安全宣传等工作，切实维护首都金融稳定

（一）充分发挥部门职责，做好案件线索移送工作

认真履行监管职责，积极配合市公安局经侦总队的案件侦办工作，召集辖内有关中资银行召开涉案账户查询协调会；及时向市公安局移送相关案件线索及有关证据材料。

（二）统筹推进并督促银行持续开展

公众教育服务工作

2011 年上半年，北京银监局印发了《关于持续开展北京银行业公众教育服务工作的通知》，要求并指导辖内银行建立健全长效机制，持续开展公众教育服务工作。会同北京市金融工作局等部门共同编写出版了《首都金融安全宣传手册》，组织业务骨干编制下发辖内银行《金融犯罪案例选编》1.2 万册、相关宣传折页 98 万张，内容涉及防范非法集资、金融诈骗等。7 月中旬，北京银监局金融服务巡视督导组通过走访网点、浏览网站等方式，对各银行公众教育服务工作进行持续督导和评估，取得了良好的效果。

五、落实银监会工作部署，开展公职律师试点工作

《中国银监会办公厅关于印发中国银监会公职律师试点工作实施方案》下发后，北京银监局结合工作实际情况，制订了《北京银监局公职律师试点工作实施方案》，初步建立了公职律师任职资格、职责范围、权利义务、人员管理等方面的制度规范。多次与市司法局等政府部门协调沟通，递交试点申请，按照公职律师的选任条件组织报名申请工作。已完成 5 名拟任公职律师人员的申请材料整理填报和网上申请工作，执业申请也已通过。

六、加强部门联动，做好相关政策研究工作

与北京市金融工作局协调沟通，结合本市实际情况，联合发布了《关于金融支持本市中小微企业发展的若干意见》，就《金融促进首都文化产业发展的意见》、《小额贷款公司增资扩股工作指引》等文件研提意见。联动市财政局，通过专题研讨会等形式，共同起草了《北京市贯彻〈小企业会计准则〉的实施意见》。就《北京市“十二五”规划》、《北京市关于创建创业型城市推进创业带动就业工作的意见》、《关于北京市 2011 年推进重点改革任务的意见》等多项政策文件向市人力资源和社会保障局、市发改委等政府部门研提意见，为出台政策的科学性和合理性提供了有力保障。

（曹妍）

▲证券业监管法制建设

2011 年，中国证券监督管理委员会北京监管局（以下简称北京证监局）紧密围绕资本市场改革发展的中心工作，始终把法制建设作为履行监管职责的重要支撑，在依法行政制度建设、转变监管方式、规范执法行为、完善监督机制等方面作出了积极的探索，取得了成效。

一、整合法律资源，构建法制工作运行载体

2011 年，北京证监局着力整合法律专业力量，构建了“一本资料、两套组织、三项规则”的法制工作运行载体。按月编辑《法制工作通讯》，建立普法宣传和执法讨论平台。法制工作处作为常设处室，负责法律意见会签、提出立法改法建议、法律专项课题调研等日常法律事务，设立由各处室法律专业工作人员组成的法律小组，负责重大疑难法律问题的研讨，为监管决策提供法律支持。制定法制工作处职能规定、法律小组工作规则和法律意见会签工作规则，明确法制工作处和法律小组的职能定位及分工，为法制工作的有序开展奠定基础。

二、完善各项工作制度，为依法行政提供保障

一是在内部管理上，起草《北京证监局工作规则》，进一步明确各处室工作职责，完善各项事务处理流程；制定下发《关于做好法律咨询及文件会签工作有关事项的通知》、《北京证监局法律小组工作规则（试行）》，建立法律小组工作机制，明确法律会签流程；更新《依法监管数据库》，为日常监管提供参考和指导。

二是在外部监管上，制定《北京证监局拟上市公司辅导工作监管指引（试行）》，规范辅导备案流程，明确监管责任和义务；与北京市公安局、监察局、国资委、金融局联合下发《北京市关于依法打击和防控资本市场内幕交易相关工作的通知》，独自下发《关于督促上市公司做好内幕信息知情人登记管理有关工作的通知》，对进一步做好内幕交易的综合防控工作提出要求，并在对辖区上市公司的现场检查工作中对制度的执行情况进行核查；拟订《北京辖区证券交易佣金管理实施方案》，指导辖区证券经营机构规范经营行为，拒绝不正当竞争；制定下发《关于北京辖区期货经营机构加强对代客理财和居间人管理的指导意见》，督促机构加强投资者教育，清理规范代客理财和居间人，切实防范风险；拟订《北京辖区期货营业部分类监管暂行办法》，加强对期货营业部的合规约束和监管。

三、加强理论学习，针对监管热点开展调查研究

2011 年下半年，北京证监局完成了证监会法律部牵头组织的《证券法》实施效果评估工作，形成 15 万字的调研报告；与上市部、社科院等部委开展对创业板公司的座谈和调研工作；成立专题研究小组，对辖区营业网点规划布局、佣金政策、投资咨询机构监管、指导地方协会协同监管、信息系统监管、投资顾问和研究报告业务监管等课题进行调研，形成多项调研成果并用于指导日常监管工作；组织协调开展北京地区私募股权投资基金、基金管理公司固有资金投资事项及基金从业人员投资证券、基金的专项调研活动；对辖区内期货公司自有资金使用情况、代客理财情况、期货居间人监管机制等问题进行调研，提出相关可行性建议。全年累计开展各类调研活动十余项。

四、扎实推进各项监管执法工作，提高监管有效性

一是做好行政许可审核工作，把好市场主体入门关。全年共接收行政许可申请材料 313 件，补正 49 件，反馈意见 108 件，完成各类行政许可文件送达 283 件，未发生一起超期和违规审核事项。

二是落实辖区监管责任制，扎实开展各项监管工作。全年对辖区证券期货经营机构和上市公司实施现场检查和专项检查 309 家次；依法对辖区上市公司、证券期货经营服务机构及有关责任人实施各类监管措施 17 项。

三是积极开展培训交流，寓监管于服务之中。全年共举办五期上市公司董事、监事培训班，辖区 191 家上市公司的 1 684 名董事、监事参加了培训；组织上市公司高级管理人员参加内幕交易防控专题培训；召开辖区证券机构发布研究报告业务和舆论管理工作专题研讨会，引导机构提升合规运作和媒体应对水平；召开落实《证券投资基金管理公司公平交易制度指导意见》督导会议，防范利用未公开信息进行交易的情形；举办辖区期货营业部经理培训会，对 80 家期货营业部（含筹建中）的负责人及 30 余名期货公司总部工作人员进行系统培训。

五、妥善处理各类信访投诉，维护辖区稳定

2011年，北京证监局共受理各类投诉举报334件，接待来访125人次。为督促辖区机构规范经营，从源头上降低信访投诉发生率，北京证监局对辖区证券机构信访投诉进行了量化管理，每月在北京证券业协会内网公示投诉处理结果，指导辖区证券机构完善客户投诉和纠纷处理机制，有效减轻信访及维稳压力。对各类信访投诉，通过非现场监管和现场核查手段，积极协调处理，保障投资者合法权益。

六、开展系列普法宣传活动，加强投资者教育

2011年，北京证监局编制了《内幕交易知识》读本、《首都金融安全知识宣传手册》等材料，积极开展“12·4”普法宣传活动，宣传荐股软件的风险防范、内幕交易和金融安全知识，提示投资者学习交易规则，倡导理性投资；组织辖区各上市公司、证券期货经营机构、投资咨询公司自主开展各类普法宣传活动；充分利用新闻媒体，及时宣传监管执法成果和引导舆论。

七、构建监管执法协调机制，打造监管执法合力

2011年，北京证监局与市政府相关部门加强联系与沟通，进一步完善综合监管机制，打造监管执法合力。与北京市金融工作局、北京市国有资产监督管理委员会、北京市公安局、北京市监察局等部门建立执法协调机制，打击防控内幕交易。与北京市工商、税务、公安、司法机关等部门就打击非法证券活动、普法宣传活动等，召开工作经验交流会，达成执法共识，形成顺畅的合作关系，为监管执法营造良好的外部环境。

（傅冬霞）

▲保险业监管法制建设

2011年，中国保险监督管理委员会北京监管局（以下简称北京保监局）认真贯彻《中国保险业发展“十二五”规划纲要》的精神，围绕监管目标和重点，深入开展创先争优活动，以加强监管、防范风险促进发展为工作思路，进一步夯实法制基础建设，完善各项监管制度，促进了北京保险市场平稳健康发展。

一、加强自身建设，扎实提高依法监管能力

一是开展制度清理，对重点监管领域制度进行分析评价。对189个制度性文件进行了清理，其中拟废止制度46个，待修订制度12个，拟沿用制度131个。选取与监管工作紧密相关的监管领域，对涉及的文件进行系统分析，查找不足并提出完善建议。二是修订了现场检查规程实施细则、行政处罚内部实施规程、行政许可文书规范等12项监管制度，出台行政效能监察办法，建立政务信息考核制度。三是加强舆情监测，开展多种形式的新闻宣传。全年编发《新闻摘编》和《舆情快报》4篇，召开新闻发布会6次，发布新闻稿35篇，接受采访30余次。四是加强监管研究和教育培训。确定并开展逆周期监管、外资保险公司发展等8个重点课题研究，有计划地加强干部教育培训，全年开展各类培训88次。

二、规范市场秩序，营造公平有序的法制市场环境

一是实施商业车险费率浮动升降机制，保障低风险车辆利益，提升制度的公平性。开展商业车险制度专项调研，梳理出三大类11项问题，为进一步完善车险管理制度奠定基础。二是推动行业协会建立意外险信息平台，通过实时监测，强化意外险经营标准的严格落实，加强了中介机构资格管理。向社会公众提供意外险保单查询和手机短信提示，强化社会监督，有效遏制了意外险假保单和搭售保单行为。三是对虚构中介业务、虚假赔案等数据不真实问题和销售误导、侵害消费者利益等问题开展持续检查；加大对违法违规问题的处罚力度，增加公司违规成本，促其合规经营；通过明确整改措施、限期上报整改情况和开展后续检查，狠抓违规问题整改落实。全年依法检查保险机构83家（次），被检查保险公司覆盖率达到34.4%；依法处罚保险机构33家（次），处理责任人28人（次），罚款金额累计550万元，较上年增加24.7%。

三、加强监管，切实推进消费者权益保护工作

一是针对车险理赔程序复杂、周期长等问题，明确行业理赔时限标准，推出“互碰自赔”等三项简化理赔程序措施，完善理赔质量测评指标。二是制定人身险销售行为规范，确定电话销售业务经营标准，指导行业协会制定销售强调语和新单回访基础语。三是建立信访投诉定期分析制度，注重个案处理与源头治理的结合，研究解决市场存在问题；指导行业协会合同纠纷调解委员会与北京仲裁委建立工作联系，完善保险合同纠纷调解工作机制。全年受理各类信访投诉539件，接待来访322批次/452人次，受到表扬17次/件，有效地化解了保险争议引发的社会矛盾，被保监会评为信访工作先进集体。四是通过北京保监局官方网站发布意外险假保单等“风险提示”，在全国范围内率先开展以“明明白白买保险”为主题的系列局长在线访谈，指导协会建立行业保险信息服务平台，开展消费者教育的方式和手段进一步丰富。

四、提升行业能力，推动保险业服务首都经济社会建设

一是在北京特色的政策性农业保险制度框架下，进一步修订相关条款，满足首都特色农业风险防范需求；推出气象预警专项服务，协助农户做好防灾减损工作，推动承保公司从提供事后理赔服务向加强事前风险管理服务转变。二是加强与交管部门合作，推出交通违法信息与保险理赔信息社会共享查询服务，建立交通事故图像信息共享机制，提高事故处理速度，缓解首都交通拥堵。应地税局要求扩大车船税代收代缴范围，完成车船税代收代缴工作。安全生产责任、公众责任等各类责任保险在相关政府部门支持下顺利试点。三是推动行业建立健康险管理信息平台，促进健康险经营的数据积累；开发统计分析平台，为促进产品创新、加强风险控制改善保险服务奠定基础。推动人保健康参与平谷区新农合“共保联办”试点工作，探索商业保险参与社会医疗保险经办管理新模式。

（吴昕凌）

反洗钱工作

2011年，人行营业管理部继续完善反洗钱监管工作机制，加大可疑交易线索分析调查及反洗钱合作力度，重大典型案件在移送破获及洗钱定罪司法实践上取得突破性成果，反洗钱机制有效性持续提升。

一、进一步完善反洗钱监管工作机制，反洗钱监管成效显著

（一）优化反洗钱非现场监管手段，提高非现场监测水平

一是完善非现场监管网络体系，上线反洗钱非现场监管系统，将北京市银行业、证券期货业和保险业金融机构全部纳入反洗钱非现场网络化监管体系。二是调整完善了银行业金融机构的非现场评价指标体系，加大了对金融机构工作总结、工作信息、可疑交易报告及协助调查等工作情况和数据的分析力度，完成了对辖内银行业金融机构反洗钱工作的评价。

（二）有效传导监管政策，促进金融机构进一步提升履职水平

一是通过现场检查，向被检查机构传导监管政策及合规理念，促进金融机构进一步提高反洗钱工作履职水平。2011年，人行营业管理部共对8家金融机构实施了反洗钱现场检查，查阅交易记录413万条，发现反洗钱内控制度问题19个，违反客户身份识别规定的问题5 805个，漏报可疑交易2起，错报可疑交易329起。二是金融机构可疑交易报告及内控质量明显提高，反洗钱监管成效显著。2011年，北京市金融机构共报送可疑交易报告113万份，同比下降62.15%，被查机构内控问题同比下降35.29%。三是对2010年现场检查中存在问题的2家机构依法实施行政处罚，合计金额75万元。

（三）综合运用多种手段，对金融机构进行风险提示与指导

一是组织召开北京市银行业、证券期货业和保险业金融机构反洗钱工作会议。会议总结了2010年辖内金融机构反洗钱工作情况，通报了存在的问题，并对2011年工作作出了部署，为各金融机构准确把握全年工作重点和有效开展反洗钱各项工作打下了坚实基础。

二是采用电话询问及书面质询等方式，对多家金融机构进行风险提示。针对辖内部分金融机构存在未按时报告或未完整报送反洗钱非现场监管报表、报告数据异常等问题，人行营业管理部分别采用电话询问和书面质询等非现场监管手段，对110家金融机构进行了风险提示，敦促机构及时发现问题，提高数据报送效率和质量。

三是下发调查问卷，督促金融机构切实达到监管要求。2011年，人行营业管理部向辖内415家金融机构下发调查问卷，了解金融机构工作情况，并督促各机构严格按照要求完成存量客户信息补正及风险等级划分工作。

（四）认真做好第三方支付系统反洗钱措施验收审核工作

人行营业管理部根据相关法律法规，制定了统一的审核程序及审核模板，公

正、高效地开展第三方支付机构反洗钱措施验收审核工作。全年共对67家支付机构上报的反洗钱措施验收材料进行了审核，对47家支付机构进行了现场核查，出具审核意见316份。

二、加大可疑交易线索分析与调查力度，提高线索分析管理水平，反洗钱打击犯罪的有效性持续提升

一是加强对涉嫌犯罪线索的调查分析力度，在典型案件移送和破案上取得重大成果。全年共接收重点可疑交易报告近百起，通过反洗钱机制主动发现并移送多起涉嫌洗钱犯罪线索，涉案金额达数十亿元，彰显了反洗钱在预防和打击犯罪上的职能优势。

二是开发反洗钱可疑交易监测与调查信息系统，提高可疑交易线索分析及管理水平。2011年10月，人行营业管理部开发了反洗钱可疑交易及行政调查系统，实现了可疑交易及行政调查档案电子化管理及可疑交易线索自动化分析。

三、积极推进反洗钱执法和司法合作，洗钱定罪在北京司法实践上取得突破性进展

2011年，在人行营业管理部与执法司法部门密切配合下，司法机关对北京市首例洗钱案进行宣判，极大地震慑了洗钱等犯罪活动。全年多次与市检察院、市公安局、市安全局等执法、司法部门进行交流与联系，开展案件线索情报会商，推动有关部门对涉嫌洗钱等案件线索的侦查、起诉和审判，扩大反洗钱合作成效。

四、组织开展反洗钱培训和宣传活动，提高从业人员反洗钱意识和技能

一是开展学习培训活动。为提高现场检查工作效率，请专业人员讲授有关计算机在反洗钱监管工作中的应用等方法技能，进一步提高反洗钱监管能力。

二是以反洗钱工作简报为阵地，构建金融机构相互学习和借鉴的平台。全年共编发6期《北京市反洗钱工作简报》及3期会议专刊。

三是发放反洗钱宣传材料。年内共向辖内金融机构下发反洗钱宣传材料5万余册。

（许莹）

五、机构业务综述

金融管理机构

中国人民银行营业管理部

2011年，中国人民银行营业管理部（以下简称人行营业管理部）全面落实科学发展观，紧紧围绕经济发展方式转变和经济结构调整这一主线，认真传导和执行稳健货币政策，着力维护首都金融稳定，不断提升金融服务和外汇管理水平，努力提高履行中央银行职责能力，各项工作取得了新成绩。

一、着力提高执行稳健货币政策的针对性和灵活性，促进首都经济结构的战略性调整

2011年，人行营业管理部着力加强银政企沟通协调，多层次、多渠道开展稳健货币政策的宣传解释。深入开展经济金融热点、难点问题的调查研究，改进经济金融形势监测与分析。认真传导和执行稳健货币政策，引导金融机构合理把握信贷投放总量和节奏。与北京市金融工作局、中国银行间市场交易商协会签署合作备忘录，助推直接融资发展。认真做好差别存款准备金动态调整工作，全年地方法人金融机构贷款总量适度，节奏平稳，符合中国人民银行总行的要求。配合稳健货币政策实施，完成保证金纳入存款准备金考核范围的账务调整。做好货币政策工具管理与会计处理，未出现一笔差错。规范存款准备金管理，对4家金融机构进行现场检查，对13家违规金融机构依法进行处理。

制定金融支持首都经济发展方式转变的指导意见，强化信贷政策导向评估，促进信贷政策与产业政策有效结合，支持实体经济发展。深入推进文化金融工作，大力开展“科技金融创新年”系列活动，建立科技金融监测体系和文化金融专家库，启动先进单位、先进个人的评选表彰，推动专业金融组织建设。突出信贷支持重点，召开重点村建设融资工作会议，夯实中小企业金融服务平台，启动金融支农“春雨行动”，发挥再贴现工具正向激励作用，有效缓解重点领域和经济薄弱环节的融资难题。严格执行差别化住房信贷政策，召开3次房地产金融联席会议，督促金融机构对符合条件的保障性住房建设项目及时发放贷款，推动保障性住房建设私募债发行，促进房地产市场健康平稳发展。

总体来看，稳健货币政策在北京得到较好地贯彻落实。信贷投放向常态回归。截至年末，本外币贷款余额3.97万亿元；其中，人民币贷款余额3.34万亿元，同比增长14.2%，扣除个别金融机构系统调账等因素影响，实际新增4 180.6亿元，与上年持平。本外币各项存款余额7.5万亿元，同比增长12.9%。金融对首都经济“转方式、调结构”的支撑进一步增强。战略性新兴产业中的新材料、环保与资源综合利用、光机电一体化等企业贷款分别增长2.5倍、2.3倍和23%；文化创意产业贷款增长84.7%，高新技术产业贷款增长24.3%；小企业贷款增长44.7%，高出大企业贷款增速31.3个百分点。全年涉农贷款新增478.8亿元，保障性住房开发贷款新增额占全部住房开发贷款新增额的 82.6%。

二、风险监测与规范管理并重，金融风险防范和处置能力进一步提升

2011 年，人行营业管理部密切关注房地产信贷和政府融资平台贷款风险，加强民间融资监测分析，防范潜在金融风险。推进“两管理、两综合”工作，在全国率先启用重大事项报告档案管理系统，出台《银行业金融机构综合评价暂行办法》，对 3 家银行开展综合执法检查，促进金融机构合规经营。规范再贷款运作，完成金融稳定再贷款管理自查、再贷款损失核查及再贷款核销工作，全额收回对证券投资者保护基金公司发放的再贷款本息 245.6 亿元。北京资金融通中心资产清理工作顺利结束，中兴公司受益券兑付历史遗留问题得到彻底解决，中创公司清算收尾工作稳步推进。

三、基础建设与提高监管能力并行，首都金融服务水平全面提升

首都金融业信息安全基础工作得到夯实。建立金融业信息安全协调工作机制，加强金融城域网和金融业机构信息管理，开展银行卡联网通用专项检查，维护首都金融业信息安全。推进金融 IC 卡应用，全市 99% 以上的 POS 机可受理，为社会提供便捷、安全的金融服务。

支付系统服务及清算效率继续提升。加强支付清算系统运行维护与管理，建立支付监控管理短信平台系统，完成网上支付跨行清算系统第三批参与机构的接入上线工作。在全国率先实现核准类银行结算账户电子化审批，创新设置存款人互联网查询功能，提高行政许可透明度，保护存款人的合法权益。大小额支付系统运行平稳，全年共处理业务金额 935 万亿元，占全国的 1/3；网上支付跨行清算系统业务量占全国的 2/3。推广银行卡助农取款服务和社保卡加载金融功能。组织开展支付结算业务全面检查。强化非金融机构支付业务审核和监管，24 家机构已获牌照。

国库经理和服务水平进一步提高。在全国率先实现财税库关银的全面联网和开展非税收入电子缴库试点，地方税务机关代收工会经费实现横向联网电子收缴，全年国税和地税的电子缴库占比分别为 95% 和 86%。创新国库监管模式，加强对代理支库达标升级的考核，确保国库资金安全。

货币发行和安全保卫工作有序推进。合理调拨发行基金，加强现金收付管理，确保首都现金供应充足、券别结构合理。做好押运工作，开展应急演练，克服两地运行带来的人员少、任务重的困难，圆满完成全年货币发行工作。加强发行基金保管库达标升级考核和日常监督管理，实现库房安全运行。大力开展反假币知识培训和宣传。

反洗钱监管效能继续提升。反洗钱非现场监管系统投入使用，可疑交易监测与调查系统建设圆满完成，金融机构可疑交易报告报送量同比下降 55%，监管效能明显提升。贯彻落实中国人民银行反洗钱监管工作要求，充分发挥现场检查和非现场监管的指引作用，进一步提升金融机构反洗钱工作有效性。继续开展反洗钱跨部门合作，打击洗钱犯罪活动。

首都信用体系建设稳步推进。督导 52 家金融机构建立查询前置系统，着手解决违规查询个人信用报告问题。实现 8 万余户贷款卡基本信息自动批量更新。全面启动海淀区、西城区中小企业信用体系试验区建设。在全国率先开展通过网银渠道查询个人信用报告试点，全年约有5 000名客户获取个人信用报告。个人征信服务窗口共提供个人信用报告6.1万份，增长50%。

四、金融知识宣传教育与打击违法犯罪相结合，优化首都金融生态环境

开展“信用北京行”、“征信宣传月”、“现金服务推动周”、“国债进乡村”、“支付系统宣传月月行”、外汇市场“诚信兴商宣传月”等活动，提升社会公众的金融意识。严厉打击外汇违法犯罪活动，查处违规案件132件，涉及金额7.89亿美元，被公安部评为“破获重大外汇违法犯罪案件先进集体”。利用反洗钱线索协助破获了两起涉案金额超千万元的贪污贿赂案，与司法部门共同促成北京首例洗钱案的成功宣判。配合公安机关集中打击整治虚开增值税发票和非法经营支付结算业务端点的犯罪行动，累计冻结账户458户，涉案资金超过6亿元，抓捕犯罪嫌疑人300余人，一举打掉7个长期盘踞在马甸邮币卡市场及周边的地下钱庄。严厉打击银行卡犯罪活动，全年收缴银行卡3 600余张，挽回经济损失近千万元。

（赵晓英）

国家外汇管理局北京外汇管理部

2011年，国家外汇管理局北京外汇管理部（以下简称北京外汇管理部）围绕“扩大逆差、深化改革、防范风险、抓好服务”这一目标，着眼大局开展外汇管理工作，取得了较好的成绩。全年北京地区结售汇总量6 316亿美元，同比增长44.5%。其中，结汇2 149亿美元，售汇4 167亿美元，同比分别增长50.8%和41.4%。结售汇逆差2 018亿美元，同比增长32.6%，扭转了上半年逆差下降的趋势，逆差规模已超上年全年水平。

一、扩大逆差

北京外汇管理部坚持把“进一步扩大北京逆差规模”作为工作第一要务，试行和改进一系列工作措施和办法，并收到实效。

（一）开展内外“两个指导”，全面落实目标责任

一是开展内部逆差目标量化指导，建立结售汇动态跟踪和内部评估制度，定期对影响逆差的正负面因素进行研判，按月分析预估“可执行逆差规模”目标区间，并逐项逐级量化分解任务。二是开展对外政策宣传和窗口指导，多次召开银行和企业座谈会，传导国家外汇管理局政策思路和要求。对结售汇上规模、影响力较大的银行和企业，由部领导亲自约谈，指导落实目标责任。

（二）用足用好政策工具，实现外汇速付缓收

一是通过便利化措施加快企业付汇节奏。将出口货物贸易退赔、退汇等业务备案登记审批时间由20天缩短到3天，提高经办人员审批权限；优化境外投资、外债还本付息等业务审批流程；对进口规模占比大的9家企业，改付汇逐笔登记为季度登记。二是从严执行外汇政策，牢把资金流入闸门。从严做好企业虚增出口可收

汇额度的扣减工作；改进 6 条措施，严格落实资本金结汇新政；对大额外债结汇试行发票真实性审核，提高外债核准登记的出资比例标准，从严审核外商投资房地产企业外债展期业务；在转口贸易中，增加对企业物权凭证和贸易背景真实性审核，地区转口贸易顺差大幅下降，8 月以来开始呈现逆差。三是灵活运用政策工具，延缓企业结汇进度。放宽出口收汇远期备案管理时限至 180 天；核准件分次下发，引导大额资金分批结汇；延长保险机构资本项目账户审批时限至 20 个工作日；鼓励船舶、大型设备出口企业放缓预收款进度。

（三）充分挖掘“政策潜力”，引导银企资金摆布

一是因势利导“优化”企业外汇资金摆布。在推动人民币“走出去”的同时，引导企业在出口、投资等跨境收入上使用人民币结算；鼓励银行加大对出口贸易人民币结算的融资支持。全年，北京地区跨境人民币累计收入 639.52 亿元。二是严格监督规范金融机构外汇资金调配行为。全年，辖内 16 家银行收付实现制头寸余额 391 亿美元，比 2010 年 10 月末政策调整时增持 457 亿美元，银行月均增持 33 亿美元。

二、深化改革

北京外汇管理部依托区位和资源优势，开展多项试点工作，确保各项改革措施落到实处。一是实施进出口核销管理改革。辖内名录内 9 878 家进口单位，99% 以上均不用再到北京外汇管理部办理进口付汇核销手续。二是资本项目管理简政放权继续推进。规范并简化特殊目的公司登记程序，取消延期付款超期限登记核准及预付货款退汇核准，取消减持境外上市公司国有股份所得外汇资金划转至全国社保基金备案的行政许可事项。三是引导企业合理布局境外资金，实现外汇资金体外循环；推进股权投资基金试点工作，规范试点企业投资活动；个人本外币特许兑换业务管理不断完善，5 家特许兑换机构，全部实现了连锁经营，兑换网点 22 个，机构及网点数均居全国第一。四是加强保险机构外汇业务管理。全年共核准 4 家保险机构经营资格。

三、防范风险

北京外汇管理部始终以保障国家和地区经济金融安全为首要目标，努力防范和化解跨境资金风险。一是紧跟国际及地区形势变化，对“银行表外融资”、“日本地震对在京银企影响”、“欧洲债务危机”、“外资在京购房”等多个热点问题和突发事件进行了专题分析研究。二是开展“国际收支申报质量年”活动，制定实施了《北京地区涉外收入实行不申报不解付特殊处理措施规定》，地区跨境收支业务申报率达到 99.7%。三是以“控流入”作为全年检查工作重心，与海关、税务、工商等部门紧密合作，建立分类管理信息互换制度，开展重点企业交叉监管，形成多部门监管合力。按国家外汇管理局的要求，对 9 家银行及财务公司开展外汇业务合规专项检查。自主开展外商投资企业资本金结汇专项检查，涉及企业 152 家，发现涉嫌违规企业 9 家。对 5 家银行网点开展个人结售汇业务现场检查，查实涉嫌违规分拆业务 864 笔、409 万美元。全年，北京外汇管理部共组织召开案审会 4 次，立案 146 件，结案 132 件，结案率 90.4%，收缴罚没款人民币 636.6 万元。3 月，北京外汇管理部被公安部和国家外汇管理局联合评为“破获重大外

汇违法犯罪案件先进集体”。

四、抓好服务

北京外汇管理部以满足市场需求和降低社会成本等为出发点，优化服务手段，扎实推进服务水平的有效提升。一是多次参加北京市政府组织的首都贸易发展研讨会和外商投资座谈会，为地区涉外经济发展出谋划策。二是针对部分大型中资企业境外承包工程业务量激增的情况，改变以往“一个账户一批准”的模式，采取批量审批，为企业境外资金运转提供便利。三是全面考核各银行执行外汇管理政策情况，完成对辖内 67 家银行的打分评级。四是坚持每周一天派专人赴北京海关联合办公，为辖内外贸企业开展业务提供便利。合理规划办公区域，设立外商直接投资与境外直接投资两个独立窗口，缓解排队问题；利用技术手段对外商投资企业年检数据进行筛查，提高年检的参检率。全年，北京外汇管理部先后收到来自企业的各类感谢信和锦旗10 余次。

（云璐）

中国银行业监督管理委员会北京监管局

2011 年，中国银行业监督管理委员会北京监管局（以下简称北京银监局）围绕“防风险、抓管理、促创新”的工作导向，狠抓风险管控，推进北京银行业金融机构科学转型发展，探索监管模式变革和监管手段创新，强化内部管理，提升监管效能，有力地促进了北京银行业金融机构的安全稳健运行和社会经济的平稳持续发展。

一、以强化风险防控和案件治理为重点，督导辖内机构健全内生机制、加快转型发展

（一）政府融资平台贷款清理规范和风险化解工作

北京银监局通过数十次的沟通汇报、走访调研、专题座谈，积极争取地方政府和有关部门的理解支持，设计下发北京地区平台现金流覆盖率计算公式，完善平台退出工作流程，推出三大特色举措，督导辖内银行业金融机构扎实开展平台贷款风险化解工作。

（二）推进贷款新规落实和贷款合同整改工作

北京银监局共发布情况通报和督导提示数十次，多次召开工作推进会，20 余次实地走访调研，开展 6 场“促监管政策进基层行”宣讲培训活动，持续督导辖内银行实现“按照贷款新规走款比重超过 80%”、贷款合同“应改尽改”的目标。

（三）加强房地产贷款风险监管，督导辖内银行严格执行房贷新政

北京银监局与有关部门建立闲置土地和违规房地产企业名单信息共享机制，向辖内银行提示闲置土地和违规房地产企业风险信息 11 条，推动市国土局和土地储备中心协助辖内银行对问题贷款进行整改，并对部分银行执行差别化个人住房信贷政策进行了专项抽查。

（四）加强案件防控，推动“银行业内控和案件防控执行年”活动深入开展

与上级有关部门联动，依法开展有关

案件的核查和处置工作，主动向市公安局移送数家企业涉嫌违法线索，三次组织召开阶段性案件防控专题会议，组织辖内银行600余人次进行案件防控法规培训，认真落实上级打击非法集资的工作要求。

（五）清理规范银信合作业务，督导银行业金融机构严格防范“影子银行”风险

成立“影子银行”风险防控工作小组，严格督导辖内银行业金融机构落实银信合作业务转表计划，对辖内信贷资产转让业务的真实性、洁净性进行抽查核实，对辖内银行业金融机构与融资性担保公司、小额贷款公司等的业务合作情况进行核查评估。

（六）加强法人监管，引领和督导辖内法人机构科学定位、稳健发展

通过约见辖内法人银行“三长”会谈，组织召开监管通报会、联动工作会等，引导辖内法人机构科学转型发展，强化风险防范内生机制建设。配合银监会做好新监管标准框架构建工作的同时，支持北京农商银行、华夏银行、民生银行增资扩股，增强风险抵御能力。创新外资银行功能监管机制，引导辖内外资法人银行进一步提高公司治理有效性，推动完善银行服务体系。高度关注非银行机构与银行之间的业务联系，防范风险跨业传导。

（七）督导辖内银行业金融机构强化流动性风险管理，加强集中度风险管理体系建设，防范产业结构调整风险

持续督促辖内法人银行加强流动性风险防控，督导开展特别压力测试，有效隔离欧债危机对辖内法人银行的不利影响；开展大客户集中度及集团关联风险排查和风险提示工作；督促辖内农村中小金融机构加强集中度风险管理体系建设；组织辖内法人银行开展有关行业贷款风险自查，并进行调查和重点抽查。

（八）加强银行业金融机构科技风险监管，联动开展专项检查

对辖内法人银行信息科技风险管理情况进行现场检查，组织召开民生银行、华夏银行信息科技监管联动会议，建立辖内银行业金融机构信息科技风险管理联席会议制度，与市公安局及人行营业管理部共同对辖内47家机构的重要信息系统等级保护工作进行专项检查。

（九）树立监管权威，对违法违规行为实施行政处罚

先后对辖内5家银行业金融机构的违法违规行为实施行政处罚，罚款共计95万元，给予机构警告1次，并责令被处罚机构对直接负责人给予纪律处分。

二、以科学发展观为指导，引领辖内银行业金融机构提高金融服务的针对性和有效性

（一）认真落实国家宏观调控政策要求，北京银行业发展质效良好

截至年末，辖内银行业金融机构资产总额11.21万亿元，比年初增长19.53%。贷款新增4 764.32亿元，比年初增长12.01%；存款新增9 387.12亿元，比年初增长13.49%；不良贷款余额258.20亿元，比年初减少8.42亿元；不良贷款率为0.58%，比年初下降0.09个百分点。利润1 010.93亿元，比上年增长15.39%。

（二）通过现场督导和专营机构推动，支持中关村国家自主创新示范区建设及科技型企业发展

支持指导辖内银行增设中关村科技金融服务特色支行2家，迁址开业特色分行1家。与相关部门联合出台信用贷款试点

等政策，引导辖内银行在科技型小企业不良贷款容忍度、定价机制、信贷流程等方面进行探索，辖内银行推出科技金融服务新产品近200个。召开辖内银行支持中关村建设工作推进会，组织编写《北京银行业支持中关村国家自主创新示范区特色服务汇编》。

（三）引领督导辖内银行业金融机构支持北京市文化创意产业发展

加强与市政府相关部门联动，鼓励辖内银行开展文化创意产业特色机构试点工作，引导辖内银行探索以影片版权作为质押，通过密切监控贷款用途、开设专门资金回笼账户等手段，创新对动漫、影视、广告等文化创意产业发展的支持方式。

（四）督导辖内银行加大对“三农”、中小企业和小微企业的支持力度

为辖内银行设立小企业和“三农”金融服务专营机构建立快速审批机制，支持辖内银行发行小微企业专项金融债，帮助辖内村镇银行落实“定向费用补贴”和“地方财政直补”等优惠政策，辖内“三农”和小企业贷款全年增幅均超过贷款平均增速。

（五）结合北京市政府建设“世界城市”的目标，在依法合规、防范风险的前提下支持50个重点村改造项目

按照“分批分层推动、平衡还款资金来源、滚动开发”的工作思路，支持辖内银行遵循“商业自愿、审慎经营、风险可控”的原则向重点村建设项目提供信贷支持。同时，引导辖内机构支持保障房建设。

（六）探索建立常态化金融服务巡视督导机制，信访维稳工作取得新突破

成立金融服务巡视督导组，开展常态化、制度化的金融服务巡视督导工作，全年巡视和调研的机构网点近300家。督促辖内银行不断完善收费定价机制，对36家银行网点的服务收费情况进行实地访查，就银行服务收费检查等事宜与市发改委协商建立信息共享和联动工作机制。妥善处理信访事件，全年共接待各类信访事项2 000余件，其中正式受理的信访投诉时限办结率为100%。

三、以促进履职能力提升为核心，进一步强化内部管理，提高监管效能和政策传导效果

一是现场检查大队试点运行效果良好，运行机制日趋完善，现场检查专业化水平与检查成效进一步提高，全年共完成60个现场检查项目。

二是以统计部门为牵头处室，探索建立“大非现场”监管分析督导机制，加强对机构监管处室非现场监测工作的督导和推动。

三是建立准入事项分级分类审批机制，成立市场准入规划审查委员会、市场准入工作联席会议、市场准入合规督察委员会，强化联动工作机制，提高市场准入工作的有效性；结合北京地区实际，研究制定《关于辖内中资商业银行分支机构部分市场准入政策的调整意见（试行）》等制度，进一步发挥准入导向作用。

四是完善干部选拔和考核机制，制定《干部监督工作联席会议制度实施办法（试行）》，召开联席工作会议；开展2011年度“一报告两评议”工作，进一步健全干部选拔任用监督机制。加大干部培养力度，安排干部轮岗、挂职锻炼，探索新员工培训方式，选派10名监管骨干参加辖内商业银行学习国际先进监管和经营理念的培训课程。开展监管政策宣传培训，

全年举办4期“监管能力建设论坛”、48期“专业大讲堂”、14场“促监管政策进基层行”培训。顺利完成门户网站建设和OA系统升级改造工作，开通辖内电子政务传输系统，提高监管工作和日常行政工作效率。

（李君）

中国证券监督管理委员会北京监管局

2011年，中国证券监督管理委员会北京监管局（以下简称北京证监局）按照全国证券期货监管会议精神和证监会各项工作部署，以科学发展观为指导，结合辖区实际，不断完善监管方式，全面落实辖区监管责任制，有效推进重点工作，坚决打击证券期货违法违规行为，维护了首都资本市场的稳定和健康发展。

一、强化保荐机构责任，提升拟上市公司质量，以符合资本市场监管要求

一是从适应资本市场发展和拟上市公司辅导工作实际需要出发，制定了《北京证监局拟上市公司辅导工作监管指引(试行)》。二是通过组织培训、座谈会、现场检查等方式，督促保荐机构完善相关内控流程，强化保荐机构在发行保荐和持续督导过程中的责任，确保首次公开发行股票辅导工作质量。三是选取6家具有代表性的创业板上市公司进行试点检查，总结存在的问题，及时向有关各方机构反馈监管意见。

二、加强上市公司内控治理，解决同业竞争、关联交易等问题，高效完成上市公司各项监管任务

一是完成辖区上市公司定期报告审核汇总工作。全年共对173家上市公司2010年年报进行审核，形成汇总报告和10个专题报告，并对年报审核中发现的问题，及时采取措施予以纠正。二是结合上市公司的风险点，统筹安排现场检查。全年共对15家公司进行了年报现场检查，对24家新公司进行了全面检查，对6家公司进行了专项检查；针对部分上市公司存在的信息披露差错、公司治理重大缺陷和规范运作违规风险等问题，向26家上市公司下发监管意见，4家上市公司被责令改正，1家上市公司被下发警示函。三是选取13家公司作为解决同业竞争和减少关联交易的重点公司，以点带面，促使北京辖区存在同业竞争的45家公司采取措施积极解决。四是确定27家A+H公司进行内部控制规范建设试点，为2012年在主板上市公司中全部推开奠定基础，27家公司中有22家公司已经开始内控预审计工作。

三、结合市场实际，支持证券机构创新发展，积极探索特色监管、有效监管之路

一是鼓励公司业务创新，做优做强。辖区有两家公司三个创新项目获得证监会批准，正式开展业务。二是做好融资融券、直投业务转常规工作。辖区有4家证券公司、103家证券营业部开展融资融券，交易量稳步增长，市场风险得以有效控制；3家证券公司全资设立了直投子公司，业务平稳有序开展。三是指导辖区公司开展客户资金第三方存管单客户多银行服务。督促各公司制定并完善相关制度和业务流程，升级信息系统，加强合规审查、风险及反洗钱监控，辖区有7家证券公司开展了此项业务。四是通过审核各公司上报的压力测试与敏感性分析报告和全行业统一情景压力测试报告等，持续关注风险点，及时督促各公司加强组织保障，切实提高风控指标体系的有效性。五是要求辖区各公司根据《证券公司信息隔离墙制度指引》，改进技术手段，构建信息隔离管理系统；加大合规宣传力度，防范公司与客户、客户与客户之间的利益冲突和内幕交易。六是加大对证券投资咨询机构监管力度，支持优质公司创新发展，对两家公司违法违规行为进行严惩。

四、提升期货公司合规运作水平，扩大期货行业影响力，发挥服务实体经济的功能

一是妥善处理期货公司客户保证金预警，继续督促期货公司满足净资本风险监管指标的要求，对接近预警指标的公司，督促其核查自有资金，实施增资扩股，全年辖区有8家公司合计增资8.72亿元。二是推行期货公司高管责任制，结合公司高管任职审核和公司章程备案，对公司章程、首席风险官工作制度、独立董事工作制度和高管责任制进行审核，促进公司内控制度完善。三是落实每周期货动态分析制度。全年共编制动态分析周报40份，发现机构潜在风险点近140余家次，并全部采取监管措施。四是完成对辖区所有期货公司及10%以上营业部的全面现场检查工作。五是制定《北京辖区期货营业部分类管理办法》，对期货营业部在制度建设、合规经营、信息系统安全、行业自律、配合监管等方面进行评价，分出档次，合理分配监管资源。六是开展国有企业境外期货套期保值业务监管，做好持证企业月报核对、境外代理行变动报备等，加强对重点客户监控，避免出现穿仓和资金不足等风险。

五、以保护持有人利益为目的，提升基金管理公司合规运作水平，深入有效地推进基金监管各项工作

一是通过督察长联席会及时通告现场检查和日常监管发现的问题，传达监管要求，提示风险，并就市场上关心的热点问题，组织专题研讨。二是简化形式性审核工作，理清报备事项，分出审核层次，实现监管资源的合理分配和使用。三是充分发挥中介机构作用，提高监管效能。四是严肃处理违规行为，全年共对3家公司下发了监管提示函，对2名公司负责人采取了监管谈话，并计入诚信档案，将有关意见抄送公司董事会。五是注重调查研究，就制约基金管理公司发展的深层次问题，召开专题座谈会，引导公司积极转型。

六、构建内幕交易综合防控体系，打击证券期货违法违规行为

一是从制度建设与执行入手，要求辖区上市公司建立《内幕信息知情人登记制度》，一半以上的上市公司建立了内幕信息保密制度；与市公安局、市监察局、市国资委、市金融局等联合下发《北京市关于依法打击和防控资本市场内幕交易相关工作的通知》，建立北京市打击和防控内幕交易联席会议工作机制。二是加大执法力度，坚决查处内幕交易等典型案件，全年共查办各类型证券期货违法违规案件43件。三是妥善处理矛盾纠纷，维护首都金融稳定。全年共接听信访投诉电话4 000余次，日均接听30余次，接待来访125人次，协调中介公司向客户退款

14起，退款54万余元。

七、结合辖区实际采取多种措施，支持首都经济发展方式转变

一是组织开展6次拟上市公司企业培训会，加强对证券市场融资机制的宣传和引导，支持符合北京市产业发展方向的新经济企业进入资本市场，全年辖区有27家公司通过IPO方式募集资金，融资517.69亿元。二是积极配合中关村管委会建设中关村科技创新和产业化促进中心，充分发挥科技金融服务平台作用；加强与证监会相关部门、中国证券业协会、中关村管委会等单位的沟通协调，推动中关村代办股份转让系统建设，做好场外市场监管和风险防控的前瞻性研究和准备工作。

（贾国春）

中国保险监督管理委员会北京监管局

2011年，中国保险监督管理委员会北京监管局（以下简称北京保监局）认真贯彻全国保险监管工作会议精神，积极应对极其复杂的外部形势，加强制度建设，强化执行力，充分发挥市场机制作用，较好地完成了全年工作任务，有效地维护了市场平稳发展。

一、加大力度，切实保护保险消费者利益

一是推动车险理赔服务提速。先后推出“互碰自赔”、“代位求偿”和免开《气象证明》等简化理赔程序、规范理赔行为的措施，督促保险公司提升车险理赔服务质量。2011年行业平均结案周期25.9天，比2010年缩短了3.8天。二是综合治理寿险销售误导。通过制定实施人身险销售行为规范、出台电话销售业务经营标准，各保险公司的销售品质逐步提高，误导行为有所减少。三是妥善处理信访投诉。全年受理各类信访投诉539件，接待来访322批次/452人次，化解了保险争议引发的社会矛盾，维护了保险消费者合法权益，受到各种表扬17次（件），被保监会评为信访工作先进集体。四是开展消费者教育活动。通过官方网站开辟“风险提示”栏目，及时发布意外险假保单等信息，在全国范围内率先开展以“明明白白买保险”为主题的局长在线访谈系列活动，指导行业协会建立行业保险信息服务平台，进一步丰富消费者教育的方式和手段。

二、标本兼治，有效规范市场秩序

一是商业车险改革不断深化。在全国率先试点推出商业车险费率浮动升降机制，实现车辆风险与承保利益挂钩。据初步统计，截至年末，未出险续保车辆平均折扣率为0.66，发生5次以上赔案的高风险车辆保费平均上浮37.7%。二是进一步规范意外险市场秩序。推动行业协会在全国范围内率先建立意外险信息平台，通过系统实时监测，严格落实意外险经营标准；向社会公众提供意外险保单查询和手机短信提示，强化社会监督，有效遏制意外险假保单和搭售保单行为。三是持续加大查处力度。全年依法检查保险机构83家（次），被检查保险公司覆盖率

34.4%；依法处罚保险机构33家（次），处理责任人28人（次），罚款金额累计550万元，较上年增加24.7%。

三、防范风险，保障市场稳定运行

一是进一步发挥非现场监管预警作用。认真实施保险公司分支机构分类监管，加大对重点公司的监管力度，关注行业系统性风险，就寿险满期给付金和退保金增加、产险综合赔付率快速上升等问题向11家保险公司发出风险预警提示。二是妥善处置重大案件风险隐患。针对个别保险代理机构和业务员因涉嫌经济犯罪引发的重大案件，督促保险公司妥善处理问题，防止风险蔓延。三是初步形成打击“三假”工作的长效机制。与公安、工商等部门建立常态化的信息通报、联合执法、案件移送和重大问题研究等工作机制，先后发现2起涉嫌团伙骗赔的案件线索。

四、提升能力，服务首都经济发展

一是服务“三农”。修订完善农险保险条款，满足首都特色农业风险保障需求；推出气象预警专项服务，协助农户做好防灾减损工作。二是服务社会管理。进一步加强与交管部门合作，推出交通违法信息与保险理赔信息社会共享查询服务，建立交通事故图像信息共享机制，提高事故处理速度，为缓解首都交通拥堵提供保险支持。完成车船税代收代缴工作，代缴比例占全市车船税的81%。在相关政府部门支持下，顺利推动安全生产责任、公众责任等各类责任保险试点。三是参与“新医改”。推动行业建立健康险管理信息平台，促进健康险经营数据的积累，提高保险公司经营管理水平；开发健康险统计分析平台，为促进产品创新、加强风险控制、改善保险服务奠定基础。推动人保健康参与平谷区新农合“共保联办”试点工作，探索商业保险参与基本医疗保险经办管理新模式。四是规划行业发展。制定并向社会公开发布了北京保险业“十二五”规划。

（王强）

北京市金融工作局

2011年，北京市金融业经受住了国内外复杂形势的严峻考验，实现持续健康发展。经初步核算，北京市金融业实现增加值2 055亿元，同比增长4.4%，在地区生产总值中占比12.8%，对经济增长的贡献率为7.1%；金融业实现税收2 524.3亿元，同比增长19.8%，占全市三级税收比重的33.4%；全市非金融企业融资总额16 287.6亿元，同比增长13%；直接融资占比超过70%。首都金融业支柱产业地位进一步巩固，金融服务首都经济社会发展的能力进一步提升，实现了“十二五”良好开局。

一、金融机构体系和市场体系不断健全，首都金融生态健康活跃

总部金融特征进一步强化。全年新增法人金融机构44家，4家金融机构从外埠迁入，新开业8家企业集团财务公司。截至年末，法人金融机构总数590家。其中，银行30家，证券业机构64家，保险公司55家，企业集团财务公司等非银行金融机构68家。

新兴业态蓬勃发展。北银消费金融公司贷款余额4.4亿元，经营状况和创新进展领先全国。24家第三方支付机构获得中国人民银行颁发的支付业务许可证。

小额贷款公司试点稳步推进。全年新批设12家小额贷款公司，小额贷款公司总数40家，注册资本金合计43.8亿元，其中已开业运营33家，年度累计发放贷款79.2亿元，年末贷款余额38.4亿元。建立“小贷信用星”风险担保机制，有效地发挥了对中小微企业和“三农”的支持作用。

融资担保体系基本建立。全面完成融资性担保公司规范整顿工作，132家融资性担保公司取得经营许可证。初步构建起以大型政策性担保机构为龙头，以再担保机构为支撑，多体制竞合发展的融资担保体系。在线实时监管系统初步建成，监管能力得到有效提升。

要素市场建设有序推进。全市各类交易场所36家，初步形成增长潜力巨大、首都特色鲜明的金融要素市场体系。按国务院要求，认真组织参与各类交易场所清理整顿专项工作；支持重点要素市场提升品质。全年各类要素市场交易金额达到1.6万亿元。

股权投资发展体系进一步完善。北京股权投资发展基金完成了对5只基金的投资，承诺出资10.2亿元，引导社会出资约200亿元。凯雷、宽街博华、中信资本等产业投资基金完成了管理公司的设立，基金募集基本到位。设立“北京服务·新首钢”、小城镇等股权投资基金，引导设立新材料、软件与信息等创投基金。全年新增创业投资和股权投资机构163家，在京发展的711家创业投资和股权投资机构管理基金规模折合人民币10 702.5亿元，形成了机构聚集、投资活跃的良好局面。

二、金融创新取得突破性进展，服务首都经济社会发展的能力进一步提升

贯彻落实“双轮驱动”战略，大力推动科技金融和文化金融创新发展。充分发挥部市协调机制作用，拟订《关于中关村建设国家科技金融创新中心的指导意见》，落实“1+6”先行先试政策，大力发展中关村代办股份转让系统，协调推动证监会统一监管下全国场外交易市场建设。推动科技信贷、科技保险、科技企业上市、科技企业信用建设等工作，促进科技与资本的深度融合。以支持国家文化中心建设为依托，拟订《关于金融促进首都文化创意产业发展的意见》，着力构建“九文”的文化金融服务体系，作为市委市政府文化政策“1+X”体系的重要组成部分，将为首都文化大发展、大繁荣发挥积极的作用。

贯彻率先实现城乡一体化发展战略，大力推动农村金融创新发展。大兴区农村金融综合改革试验区被批准为全国农村金融综合改革试验区，“九农”金融服务体系不断健全，政策性农业保险覆盖了全市75%的农业生产资源。支持50个重点村改造，贷款余额超过600亿元；在“城中村”改造地区开展理财服务和年金化养老保险产品创新。

创新构建民生金融服务体系，以金融手段支持社会管理创新。实施“三通”便民缴费工程，新增17项缴费业务，便民缴费品种达到70项。上线北京保险行业健康险信息平台，开展商业保险公司参与经办“新农合”基本医疗保险试点，推动商业健康险与基本医疗保险的衔接合作。研究推动在全市高危行业和重点领域开展安全生产责任保险试点工作，推动公众责任保险发展。

跨境人民币结算和股权投资基金外资试点进展顺利。跨境人民币年度结算金额4 027亿元，开展结算的银行47家，交易地域扩大至80多个国家和地区。推进股权投资基金及其管理企业利用外资试点工作。

三、融资工作成效显著，有力保障“调结构、稳增长、惠民生”任务落实

落实调控政策，引导信贷投向进一步优化。及早安排全市投资计划，密切与在京金融机构联系，大力推动融资模式创新。切实发挥政银企沟通交流机制作用，加强信贷资金与实体经济项目对接，在房地产业退出全市新增贷款投向前五位行业的同时，战略性新兴产业和文化创意产业等贷款实现快速增长。落实国务院支持小微企业财税金融政策，扩大对小微企业信贷规模。截至年末，全市小企业人民币贷款余额2 986亿元，同比增长44.7%，高于大企业贷款增速31.3个百分点。

推动企业上市，利用资本市场服务经济转型发展。不断加强政策、协调、合作等机制，开展拟上市企业培训辅导，全年北京地区新增30家A股上市公司，上市公司总数量195家，跃居全国第二；创业板上市公司39家，稳居全国第一。

开拓融资渠道，支持保障房建设。制定《关于金融支持保障性住房建设的意见》。在全国率先发行保障房建设私募债，总规模500亿元，已发行120亿元，融资期限长且利率水平低于同期贷款利率水平。发起设立全国首例保障房土地储备保险债权投资计划，总规模500亿元，一期已到位210亿元。作为全国首批试点城市，推动公积金贷款试点工作，总额度150亿元，已发放70亿元。

创新融资工具，支持轨道交通建设。发行全国首例轨道交通建设私募债，总额度100亿元，已发行40亿元。与中国人寿合作，发起设立轨道交通保险债权投资计划100亿元，已到位26亿元。研究设计多种轨道交通建设投融资模式，吸引社会投资主体的参与，推动了轨道交通投融资方式的改变。

建立“多位一体”的中小企业融资服务体系。出台《关于金融支持本市中小微企业发展的若干意见》，搭建“多位一体”的中小企业金融服务体系，并在中关村开展试点工作。截至年末，中小企业人民币贷款余额8 129.6亿元，占全部人民币企业贷款余额的33.9%；小企业贷款的73.9%投向了民营小企业，为全市中小企业渡过金融危机影响，保障就业和社会稳定提供了资金保障。

四、综合服务能力不断提升，首都金融发展环境进一步优化

强化政策落实。印发实施《北京市“十二五”时期金融业发展规划》，落实《关于促进首都金融业发展的意见》、《关于金融促进首都经济发展的意见》等政策，优化政策环境。

密切与在京金融机构合作。在全国率先与在京金融监管部门签署融资性担保机构三方监管合作协议，与在京证券监管部门签署关于构建辖区上市工作监管协作机制备忘录。深化与金融机构总部的战略合作，市政府与国家开发银行、工商银行、中国银行、建设银行、中国人保集团、中国人寿等一批在京金融机构总部签订“十二五”时期战略合作备忘录。

加强对中央单位和驻京部队的金融服务。设立综合服务平台，整合服务资源，扩大服务范围，优化服务机制，推动中央单位与北京市战略合作框架协议的落实。

金融功能区规划建设继续推进。金融街拓展工作稳步推进，CBD核心区土地招标已完成14宗，中标单位涉及多家大型金融机构，丽泽金融商务区规划建设稳步推进，一批重要后台项目落户金融后台园区，北京人民币立体发行库启动试运行。

开展首都金融宣传推介活动，深化国内外交流与合作。成功举办北京国际金融博览会、国际金融论坛等活动。发挥首都金融媒体联盟作用，开展多角度宣传推介活动。成功举办京港金融服务合作论坛和京台金融合作论坛，深化京港、京台金融交流合作。构建京蒙“1+2”金融合作模式，区域金融合作得到实质化推进。

五、切实履行风险防范和相关监管职责，维护首都金融安全稳定

建设风险防范工作体系。北京市金融工作局联合打击非发集资办公室、公检法部门和各区县政府相关部门，与在京金融监管部门共同建立起以金融风险管理为核心的联动机制，形成从风险识别、风险化解到风险处置全过程的金融风险防范工作体系。制定完善《北京市金融突发事件应急预案》，明晰职责权限划分，有效应对金融突发事件带来的负面影响和衍生灾害。

开展风险排查和风险教育。与在京金融监管部门按季度对全市金融风险开展排查，分析风险隐患和需要关注的问题，明确工作重点。举办全市金融安全知识宣传活动。与在京金融监管部门联合对与民间借贷关联性较强的融资担保、小额贷款、典当等行业开展调查研究和风险分析。

切实履行监管职责。建立健全融资性担保公司、小额贷款公司的监管制度，完成年度现场检查，日常监管和系统监管得以加强。有序开展对创业投资企业的备案管理和年检审核。落实国家发改委对股权投资企业备案管理要求，开展备案初审工作，促进股权投资企业规范发展。

做好重点领域风险化解工作。配合有关部门开展政府融资平台清理规范工作，加强对相关平台公司的整改，有效降低政府债务风险。按照国务院要求认真做好交易场所的清理整顿相关工作。配合有关部门依法做好对个别交易场所的风险处置工作。配合有关部门，妥善推进历史遗留问题的解决。

（柳宁）

金融机构

中国农业发展银行北京市分行

2011年末，中国农业发展银行北京市分行（以下简称农发行北京市分行）贷款余额389.63亿元，比年初增加157.88亿元，增长68.13%。实现利润8.45亿元，比上年增加4.55亿元，增长近2倍。

截至年末，农发行北京市分行共辖13个支行（部），在岗员工429人。

政策性粮油信贷业务 贯彻落实中央和地方保供稳价政策，确保储备粮油轮换、增储、跨省移库和粮食收购资金供应，累计发放和收回粮油贷款81.16亿元。配合国家对其他重要农产品等的调控，累计发放糖、肉、化肥储备贷款55.37亿元。

政策性中长期信贷业务 全年累计发放新农村建设中长期贷款153.38亿元，支持丰台区、昌平区、大兴区、通州区、怀柔区、门头沟区等区县的新农村建设项目21个，涉及村庄59个，拆迁人口4.5万余人、2万余户，土地面积837.22万平方米，回迁房建设228.69万平方米。

中间业务 成立咨询顾问业务中心，开办信用等级评定、资产评估、融资顾问业务，拓宽利润增长点。全年中间业务收入1 677.17万元，同比增加884.22万元，增长111%，人均中间业务收入突破4万元，增幅达85%。

票据业务 全年办理买断式票据业务91笔，累计票面金额433亿元，交易金额421亿元，实现利息收入12亿元，净利润5亿元。

国际结算业务 国际业务稳步发展，业务量达到1.26亿美元，首次突破1亿美元大关，实现国际业务收入105.62万元，同比增长55%。内部基础管理水平逐年提升，在2011年度北京地区银行执行外汇管理政策法规考核中，被国家外汇管理局北京市管理部评定为A类银行，并名列A类银行第二位。

不良贷款清收 成功化解自开办新业务以来所形成的唯一一笔新增不良贷款1 400万元，实现了5年零损失。

人力资源管理 加大教育培训力度，采取行校联合的方式，与北京市委党校、中央财经大学、海淀区委党校合作，举办领导干部国学培训班、新农村建设专题研讨班、新员工培训班等。全年举办各类专业培训班37期、培训员工1 100人次。

企业文化建设 举办“至诚金农发”第四届职工文艺汇演、“唱响红歌，践行八零标准”主题红歌会，承办华北五省第十四届运动会，召开农发行北京市分行第二届职工运动会、第一届二次职工暨会员代表大会，开展“回眸十一五，展望十二五”系列主题教育活动，举办“以八零标准引领精细化管理”的主题演讲。

（李灵毓）

中国进出口银行北京分行

2011 年末，中国进出口银行北京分行（以下简称进出口银行北京分行）各类贷款余额 478.24 亿元，比上年新增 50.14 亿元，增幅 11.71%，其中人民币贷款余额 394.86 亿元，比上年新增 50.17 亿元，增幅 14.56%。实现账面利润 9.35 亿元。

截至年末，进出口银行北京分行内设处室 11 个，在职正式员工 64 人。

制定“十二五”发展规划 积极贯彻国家宏观调控政策，分析辖区经营环境，组织专题研讨会，在全面总结“十一五”期间所取得成绩的基础上，精心编制了“十二五”发展规划，制定了主要发展目标和具体措施，成为进出口银行北京分行未来五年发展的行动纲领。

推动经济发展方式转变 坚持“有保有压、区别对待”的原则，调整信贷投向，把信贷资源有效配置到国家重点支持和鼓励发展的领域，支持先进技术、装备和零部件进口，帮助企业技术改造和淘汰落后产能，增强自主创新能力和产品竞争力。全年新增客户 15 家，其中 4 家属于战略性新兴产业和新能源绿色经济企业。

坚持“一省一策”的发展战略 结合区域经济特征和不同的行业特点，进出口银行北京分行有侧重地选择行业项目和有区域经济比较优势的企业开展信贷支持和金融服务工作。针对北京市高新技术产业集中的区域特色，支持了北大方正集团、同方威视股份有限公司、北京华胜天成科技股份有限公司等一批高科技企业；配合山西省经济结构调整需要，除继续支持钢铁等传统项目外，利用极为有限的信贷资源支持了农产品出口、文化旅游国际化等项目。

积极推动企业“走出去” 加大对“走出去”企业的支持力度，支持企业产品出口和技术引进，为企业提供全方位的综合金融服务；向北京四达时代软件技术股份有限公司发放 2 亿元流动资金贷款，支持其在非洲建设运营数字化电视网络和重点实施尼日利亚数字电视建设运营项目。

支农、惠农、富农 落实“三农”政策，在六省市业务辖区大力开拓，支持农产品出口和出口加工基地建设，推动农业产业化和结构调整。截至年末，涉农企业贷款余额 18.35 亿元，全年发放贷款 5.7 亿元。

推动中小企业发展 高度重视中小企业信贷业务工作，加大对中小企业的支持力度。截至年末，中小企业贷款余额 109.37 亿元，其中当年发放贷款余额 52.01 亿元。

（徐强）

国家开发银行股份有限公司北京市分行

2010年末，国家开发银行股份有限公司北京市分行（以下简称国开行北京市分行）表内外贷款余额3 016亿元，比上年增长16.4%。

截至年末，国开行北京市分行内设处室19个，在职正式员工195人。

支持重大项目和重点产业建设 围绕北京市“十二五”规划中的重点领域，发放首钢、南水北调、轨道交通等重大项目贷款428亿元，支持朝阳CBD、通州新城、亦庄经济技术开发区、大兴生物医药基地、丽泽商务区、丰台科技园、房山高端制造产业园区、金融街、德胜园、雍和园、中关村科学城、未来科技城、电子城、海淀北部研发中心的建设。发放产业贷款74亿元，支持北京科技和文化“双轮驱动”，累计承诺“人民搜索”及“二十一世纪小卫星星座系统”建设等项目28.46亿元；与市发改委、北京歌华、中广传播集团分别签署规划和开发性金融合作协议，累计承诺项目金额110亿元以上，重点支持怀柔影视基地、石景山CRD、大兴新媒体产业基地、精彩无限等项目。培育了全国首个文化保税区项目、支持华谊兄弟影视制作及基地建设项目等。

支持首都城乡一体化发展 与北京市保障性住房建设投资中心签署200亿元开发性金融战略合作协议；开展北京市首个公租房项目——北京市保障性住房建设投资中心收购远洋沁山水项目评审；新承诺房山河北镇、门头沟石门营、丰台南苑棚户区改造定向安置房项目贷款37.8亿元；累计承诺白盆窑、张仪村、长阳镇3个对接安置房项目贷款115.2亿元；累计发放北京市公租房、棚户区改造、经济适用房及旧村改造等项目贷款243亿元，其中保障性住房项目贷款表内外共发放109.9亿元，占北京市保障性住房总投资额的16.5%；重点村改造项目发放表内外贷款132.45亿元，年末贷款余额72.2亿元，支持了北京市7个重点村的拆迁工作。

支持民生领域发展 发放新农村建设贷款50亿元，支持农村基础设施建设；与首农集团合作，支持首都“菜篮子”三保障体系建设；发放首农集团、恒信基业农副产品、华都峪口禽业等涉农贷款116.6亿元，其中累计发放农业产业化龙头企业贷款13.65亿元，支持了三元食品、艾莱发喜、九州大地等9家企业；努力缓解中小企业融资难题，发放中关村小额贷款、北京丰花小额贷款、扶贫基金会等中小企业贷款17亿元，其中新发放小额扶贫贷款9 000万元，累计发放1.7亿元。

支持企业“走出去” 开展国际合作业务，推动形成以巴西业务为主，面向其他国家和地区，助推企业“走出去”的格局。全年发放外币贷款36亿美元，年末贷款余额138亿美元，比上年增加28亿美元，增长26%。与市商务委、国资委联合召开政银企联席会议，签订《开发性金融合作协议》，支持企业开展海外并购、推动海外项目的建设运营，以金融"走出去"带动企业"走出去"。

创新金融产品和服务 全年引导北京市社会资金 248 亿元支持首都经济社会发展。其中，发行北京市国资中心私募债、方正集团中票、首农集团中票、金融街中票等 7 只债券，承销金额 140 亿元；实现银团工作量 108 亿元。发放同业借款 109 亿元；开展同业存放业务，完成 750 亿元资金交割；发行 4 期理财产品，累计金额 8.05 亿元；发放康孚环境中小企业委托贷款 700 万元。

援疆援藏工作 与和田市人民政府、北京市援疆企业签订战略合作框架协议，完成紫光集团收购新疆燃气项目开发评审，新增和田喀伯莱果业贷款承诺 1 800 万元，出具华威和田发电有限公司贷款准承诺函 12.64 亿元，实现援藏项目贷款发放 1.78 亿元，援疆项目贷款发放 6.49 亿元。

通州国开村镇银行开业 12 月 26 日，北京通州国开村镇银行正式开业，这是国家开发银行在北京地区设立的第一家村镇银行。该行将重点推动通州区农村和民生事业的发展，为农户、小微企业、农业产业化龙头企业提供优质的金融服务。

（常江）

中国工商银行股份有限公司北京市分行

2011 年末，中国工商银行股份有限公司北京市分行（以下简称工商银行北京市分行）本外币资产总计 2.11 万亿元，比上年增加 1 970 亿元，增长 10.28%。实现拨备前利润 318.74 亿元，拨备后利润 314.08 亿元，同比分别增长 17.63% 和 16.20%。本外币存款余额 2.05 万亿元，比上年增加 1 905 亿元，其中人民币存款增加 1 791 亿元。本外币贷款余额 4 087 亿元，比上年增加 422 亿元，增长 11.5%。中间业务收入 74 亿元，比上年增加 18 亿元，增长 32%。

截至年末，工商银行北京市分行共有 37 家二级分行，608 家营业网点（含自助银行 65 家），在岗正式员工 13 969 人。

信贷业务 合理把握信贷总量和投放节奏，严格按照监管部门和总行相关贷款规模管理和投放要求，合理摆布大客户和中小企业的贷款规模，做到均衡、有序投放。人民币各项贷款增加 410 亿元，保持了对经济增长应有的支持力度，较好地贯彻了国家宏观调控政策和总行规模控制要求。持续推进信贷结构调整优化，统筹拓展传统信贷领域与新兴业务市场，在重点支持国家重大建设项目和核心战略客户融资需求的同时，对国家重点扶持、总行重点强调的战略性领域加大投入，先进制造业、现代服务业、战略性新兴产业和节能环保等领域新增贷款 79 亿元。进一步改善中小企业金融服务，加大对中小企业支持力度，小企业贷款增加 58 亿元，增速高于全行贷款平均增速 53 个百分点。全年贸易融资增加 135 亿元，占全部公司贷款增量的 42%。贯彻国家扩大消费、拉动经济的政策导向，个人经营和消费等非住房类贷款增加 119 亿元，占全部贷款增量的 30%。法人有贷户增加 688 户，总量 2 276 户，其中中型和小型企业客户分别增加552户和93户。

存款业务 完善存款业务考评体系，形成了“全行抓、抓全行”的存款工作格局。储蓄存款业务，开展“大联动、大营销”活动，加强公私联动、客户直销、交叉渗透、理财互动、银银合作，提升发展层次。公司存款业务，完善公司客户全覆盖的工作机制，将营销视野扩展到各类目标客户群体，促进快速发展。机构存款业务，进一步提升“全资金链”服务水平，切实稳固和扩大重点板块、核心客户的资金贡献。同业存款业务，研发组合型产品服务，实行更加灵活的同业存款定价策略，提高稳定性和贡献度。外币存款业务，大力推广账户贵金属、出境金融服务等业务，促进外汇存款增长。充分利用总行大额资金监控管理系统，切实提高对客户资金变动预测的准确性，增强对存款时点的管控能力，保持了较高的存款日均水平。截至年末，人民币存款比上年增加1 791亿元。人民币日均存款增加1 127亿元，均衡度达到63%。其中，储蓄存款、对公存款（不含同业）分别增加924亿元和628亿元，日均增量分别为338亿元和753亿元。

中间业务 高度重视中间业务各产品线的深度开发和均衡发展，在发展零售中间业务，不断扩大理财、银行卡、电子银行、贵金属等高贡献产品线规模的同时，积极分析原因和研究对策，着力提升资产业务关联类业务、投行业务、交易类业务、国际业务等对公中间业务收入的贡献。全年传统业务和新兴业务都实现了快速发展，完成个金“1+4”指标6 800亿元，销售法人理财3 406亿元，同比分别增长91%和48%。信用卡保有量718万张，直接消费额694亿元，内外卡收单交易额1 380亿元，同比分别增长65%和26%。个人、企业网银客户总量分别为730万户和17万户，电子银行交易额超过50万亿元。主承销企业债务融资工具1 936亿元。国际结算量1 200亿美元，跨境人民币结算量突破1 000亿元。对公结算账户23.7万户，现金管理客户3.8万户。贵金属业务收入2.8亿元，同比增长304%。资产托管规模6 262亿元，同比增长49%。养老金企业客户总量407户，服务职工人数达298万人。

改革创新 通过实施重点领域的改革创新提升全行整体服务水平，增强服务供给能力，提高窗口服务品质。在辖内贵宾理财中心以上网点全面进行服务模式改革，加大业务分流，提高服务效率，改善客户体验。成立业务营运中心，建立资源共享、互为备份的运营保障机制，提升业务授权效率，日均集中处理碎片达到102.8万个。持续推进渠道布局优化和渠道资源整合，全年新建迁建网点36家，总量608家（含自助银行65家），其中贵宾理财中心以上网点占比58%。加快提升电子渠道承载能力，新增自助机具1 137台，总量4 694台，电子银行离柜业务占比74%，较上年提高10个百分点。新增大堂服务人员1 186人，总量1 889人。坚持标本兼治，下大力气解决排长队和投诉多的问题，年末全行客户平均排队时间为18分钟，客户投诉量较上年下降了32%，客户满意度测评由良好级上升至优良级。

风险管理 加强信贷重点领域的风险防控，平台贷款清理转化达到总行和监管部门的要求，平台贷款户数和余额较年初下降9户、117亿元。涉房类贷款、小企业贷款和贸易融资的潜在风险得到及时防控与化解，信贷及各类资产质量稳步提升，不良贷款同比下降2.04亿元，不良贷款率下降0.12个百分点，连续12年保持“双下降”。案防工作的针对性、有效性不断增强，全年无案件事故发生。

（刘振华）

中国农业银行股份有限公司北京市分行

2011年末，中国农业银行股份有限公司北京市分行（以下简称农业银行北京市分行）本外币总资产5 023亿元，比上年增加311亿元，增长6.60%。实现净利润73.85亿元，比上年增长69.49%。本外币各项存款余额4 589亿元，比上年增加153亿元，增长3.46%，其中人民币各项存款余额4 506亿元，比上年增加209亿元，增长4.88%；本外币各项贷款余额2 241亿元，比上年增加363亿元，增长19.35%，其中人民币各项贷款余额1 989亿元，比上年增加322亿元，增长19.33%。

截至年末，农业银行北京市分行共有营业机构315个，在岗员工7 981人。

公司金融业务 积极适应经济结构调整大趋势，适应强化资本约束的监管要求，加快推进信贷结构调整。增量贷款主要投向优质客户和低风险类业务，BBB级（含）以上法人客户贷款占比97.76%，比上年提高0.82个百分点；法人贷款客户917户，较年初增加445户。集中有限资源，着力支持市属重点工程建设和重点企业发展，先后与北汽集团、中航工业等重点企业签署战略合作协议，新增意向性授信额度300亿元，新增贷款50多亿元。主动介入新航城、通州新城、首钢旧厂区改造、南水北调等重大项目建设。积极支持先进制造业、现代服务业、文化产业、战略性新兴产业，以及节能环保等绿色产业发展，先后与国电、神华集团等下属新能源公司签署战略合作协议，新增意向性融资额度200多亿元，节能环保贷款余额24亿元。加大对优质中小企业客户的扶持力度，增量信贷优先确保中小客户贷款投放，全年中小企业贷款净增119亿元，占公司贷款增量的40.05%。大力支持新闻出版、文化艺术、广播电视等重点产业及相关振兴规划的实施，成立1家服务文化创意产业的专营机构——朝阳中小企业信贷广场，重点支持优质文化创意企业、文化创意产业聚集区和重点文化创意项目建设。全年累计为文化创意产业提供意向性融资额度23亿元；客户增加43户，同比增长358%；贷款余额40多亿元，同比增长52.06%。支持高新技术企业115户，贷款余额132亿元，比上年增加31亿元，增长31%。加强金融产品创新，先后推出淘宝网现金管理代理结算项目、现金管理“尊享系列”制式产品等，市场反应良好。

个人金融业务 稳步推进以网点分类、功能分区、客户分层、业务分流、产品分销为核心的经营转型和以“优先、优质、高效、增值”为主要内容的差异化服务，推动网点由交易结算型向营销服务型的转变。截至年末，个人高价值客户增加6万多户，本外币储蓄存款余额

1 708 亿元，比上年增加 217 亿元。优化网点布局，积极构建横跨城乡两大市场的网点服务体系，城区、郊区网点数量分别达到 191 家和 124 家。加快网点硬件改造和软件转型，全年完成 72 家网点的标准化改造、40 家网点的标杆创建和 55 家网点的营销转型工作。强化个贷中心、私人银行分部建设，全年个人贷款净增 65 亿元，同比增加 30 多亿元，个人贷款增量占各项贷款增量的 17.95%。搭建私人银行客户服务体系，组建派驻制财富顾问队伍，开展私人银行客户“心”系列营销活动，推出专享金融产品和跨境金融服务，全年新增私人银行客户 504 户。进一步丰富个人客户产品线，先后推出聪明账、个人账户资金归集、整存整取加息智能转存、智能电卡收费、黄金存折（存金通及黄金定投）等金融产品，增加开放式理财产品（安心快线）的赎回实时到账和理财产品非交易时间提交功能。加强个人外汇业务创新，上线西联汇款欧元收汇、网上银行西联收汇等，完成西联汇款业务的系统优化，通过自动返显客户信息资料，平均可为客户节约 5～10 分钟的办理时间，选取 10 家业务基础好的网点建设为西联汇款旗舰店。优化柜面业务处理流程，上收了网点联行汇兑、个人及对公网银落地、商户 POS 资金清算等非即时处理业务，自主研发了专夹保管资料上收系统，完成了柜面业务处理系统（ABIS）20 只组合交易的优化改造，有效缓解了柜面压力。加强零售业务队伍建设，打造高素质的服务营销团队。截至年末，个人客户经理总数 437 名。组织开展网点“服务品质提升年”、“窗口单位创先争优”等活动，网点形象、服务水平明显提升，在中国银行业协会百佳服务示范网点评选测评中，示范网点连续三个季度居北京同业首位。

中间业务 坚持把中间业务作为经营转型的重中之重，充分运用创新手段拓宽收入来源。全年实现中间业务收入 20.57 亿元，同比增加 5.98 亿元，增长 40.95%。开展保险资产、委托资产、基金等托管业务，完成泰康人寿保险资产托管移交工作，托管资产净值 1 000 亿元，首次突破 1 亿元。承销短期融资券和中期票据近 600 亿元，同比增长 21.33%。主动开展与第三方支付机构的业务合作，积极介入同业融资、结构性存款、资产池管理等领域，全年累计销售对私理财产品 1 200 多亿元，是上年的 3 倍；办理同业融资 380 亿元，同比增加 200 多亿元，实现收入 8 亿元。代理保费规模 36 亿元，代理保险手续费收入 1.77 亿元；代理中央财政授权支付、非税收入收缴业务 24 万笔、300 多亿元；新增第三方存管客户 8 万户，银期转账客户 4 000 多户，总数分别达到 35 万户和 14 000 户；与 18 家证券公司开展融资融券业务，新增融资融券客户 464 户；新开办企业年金业务 7 户，到账规模 24 亿元，比年初增加 6.6 亿元；现金管理客户累计归集资金 3 000 多亿元，比上年增加 700 多亿元，现金管理交易量 25 万亿元，比上年增长 95.34%。

银行卡业务 组建信用卡直营中心，配备直营人员 17 人。整合信用卡产品，形成公务类、旅游主题类、航空酒店类、高端白金类、联名卡类等特色产品系列，面向优质客户开展信用卡营销。截至年末，银行卡总发卡量 929 万张，比上年增加 173 万张，其中信用卡新增近 20 万张，总量达到 88 万张；卡消费额 700 多亿元，同比增长33.46%。探索银行卡产品和支付渠道创新，先后推出个性化金穗DIY星座卡、退役金专用卡、中职学生资助卡等产品，完成存量商户的IC卡受理功能改造和收单业务增值服务平台的上线工作，开展分期付款业务和第三方支付业务，用卡环境进一步改善。特约商户总量近1万家，比上年增加1 388家，合作的第三方支付机构23户。

国际业务 加大对重点客户、重点项目和重点产品的营销拓展力度，加强与境外代理行的合作，推出融付宝（海外代付+付汇宝）和组合型贸易融资产品（进口代付+进口押汇），上线集中式国际结算业务处理系统，国际业务实现较快发展。截至年末，外汇存款余额13亿美元；外汇贷款余额40亿美元，比上年增加8亿美元；国际结算量突破200亿美元，同比增长47.4%，其中人民币跨境结算量20多亿元，同比增长12倍；结售汇业务近100亿美元，同比增长27.05%；贸易融资累计发生额近50亿美元，同比增长123.68%。

服务“三农” 坚持“面向三农、服务城乡”的经营理念，加大对城乡一体化建设、新农村建设、涉农经济的支持力度，先后与市城乡办、市农村经济研究中心签订战略合作协议，新增意向性融资额度560亿元，已投放重点城中村建设贷款170亿元，树立“城乡一体化模式”农业银行品牌。预留专项规模支持“三农”信贷业务，优化涉农法人客户信贷业务流程，建立“三农”和县域业务审查审批通道，配备专门团队，实行一次调查、一次审查、一次审批，涉农业务审批效率不断提高。着力打造“三农”产品线和服务流程，探索林权抵押贷款等支农新产品，涉农贷款余额56亿元，贷款增幅连续两年接近50%。推出“迁喜得利”综合金融服务方案，综合运用保险、基金、人民币理财多种金融产品，为拆迁农民提供多样化的理财服务。支持农业产业化龙头企业的发展，累计为17家企业授信31亿元，贷款余额15亿元。推广“惠农卡”和农户小额贷款等业务，惠农卡发卡量30万张，为农户提供现金支付、转账结算、消费、理财等基本金融服务。

电子化建设 发挥电子银行各渠道协同作用，开展电子银行品牌推广，促进电子银行客户规模和质量的有效提升。截至年末，新增电子银行个人注册客户418万户，企业注册客户3万户，总量分别达到934万户和6万户，其中手机银行客户新增104万户，总量达到181万户；电子渠道交易量占全部交易量的比重上升到68.31%，比上年提高3.29个百分点。加快电子银行产品创新及渠道建设，完成企业网上银行跨行一体化系统的推广、自助服务终端的系统升级、网上银行二代K宝的应用工作，开通水卡购水、百度推广费缴纳、党校一卡通圈存、301医院挂号等业务，电子渠道功能进一步丰富。全年投放自助设备302台，总量达到1 970台。

内控及风险管理 着眼于有效解决制约发展的基础性和瓶颈性问题，启动流程银行建设。开展“两库三清”工作，上收部分支行的现金清分、现金及重要空白凭证的配送调缴、离行式自助设备加取钞及维护等业务，初步实现了现金集约化运营。严格落实“三个办法、一个指引”，新发放三类贷款受托支付比例达到93.94%。严控高耗能、高污染和产能过剩行业贷款，加大对不符合信贷支持政策、财务指标和内部管理存在明显风险预警信号的客户的主动退出力度，全年潜在风险客户累计退出贷款 1.37 亿元。实现了对所有郊区行不良贷款的集中清收，不良贷款余额和占比持续“双降”。全力推行叫停问责、信贷年检、风险经理派驻和信贷业务回访“四项制度”，进一步落实风险合规经理责任，风险管控水平不断提高。着力健全内部控制体系，持续推进以两个“三化”创建为核心的合规管理，狠抓运营主管、法律事务审查员、风险合规经理、社会监管员“四员”建设，切实加强案件专项治理和党风廉政建设，合规经营和合规操作的基础进一步夯实。全年未发生重大事故、重大违规、重大案件。

（任晓军）

中国银行股份有限公司北京市分行

2011 年末，中国银行股份有限公司北京市分行（以下简称中国银行北京市分行）本外币总资产 8 926.75 亿元，比上年末净增 1 074.55 亿元，增长 13.68%；本外币存款合计 6 353.33 亿元，比上年末净增 758.45 亿元，增长 13.56%，其中人民币存款合计 5 921.04 亿元，比上年末净增 782.93 亿元，增长 15.24%；本外币贷款合计 2 352.43 亿元，比上年末净增 83.89 亿元，增长 3.70%，其中人民币贷款合计 2 039.77 亿元，比上年末净增 275.05 亿元，增长 15.59%；全年实现税后利润 80.23 亿元，比上年增加 18.45 亿元，增长 29.86%。

截至年末，中国银行北京市分行辖内设有分行 1 家、管辖/直属支行 31 家、经营性支行 237 家，全行人员总数 9 323 人，在职正式员工 6 633 人。

公司金融业务 顺应北京市产业政策导向，支持首都实体经济发展。通过强化客户关系服务能力，与同业及行内机构联动，多渠道协同服务地区经济建设。与石油石化行业核心客户开展原油贸易金融业务，营销民生消费类企业来行开立结算账户，为铁路行业提供全面金融服务，参与在京企业的多个银团贷款和联办贷款项目，实现了重点客户的全面突破。年内，新增行政事业单位客户 382 户，行政事业存款增长 148.8 亿元；中标 8 家大型央企与市属企业年金基金管理人资格，养老金客户数达 168 家；批量拓展工会账户 2 928 户；25 家网点具备了办理工商注册验资业务资格，累计开立验资账户 11 141 户。单位银行结算账户增长 19 320 万户，公司有效客户新增超过 3 000 户。向 10 个保障性安居工程项目提供信贷支持，发放中国银行辖内首笔公积金支持保障性住房建设项目贷款。文化创意产业贷款余额与贷款户数的增幅均超过 200%。支持北京市地铁线路、风电等绿色项目建设，节能减排项目贷款余额 118 亿元，较年初增长 71%。深化“中关村模式”金融服务，成立首批 11 家中小企业金融服务中心，中小企业贷款及贴现客户数 615 户，年末贷款及贴现余额 177.84 亿元。

个人金融业务 坚持零售业务批发做，开展源头营销。个人有效客户新增 49.8 万户，其中个人中高端客户数增长

88%，中高端客户占比8.6%。推进交叉销售，新增单位基本结算账户公司客户代发薪覆盖率达到61.4%，实现代发额54亿元。推出融金卡、双享贷、儿童礼仪存单、长城留学生卡、“1+1”个人保函等创新产品，研发“中银稳富”系列理财产品，开发银医综合服务方案、自助设备电子审批系统和ATM自动对账系统。截至年末，新增客户金融资产252.5亿元；贵金属手续费收入4 582万元，比上年增长188%；基金销售量146亿元；信用卡新增有效卡量56.98万张，比上年增长31%；实现人民币收单交易额1 407亿元，比上年增长59%，市场份额达40.6%，比上年增加8.04个百分点；外卡收单份额为64.85%，保持市场首位。

中间业务 全力拓展国际结算及贸易融资业务、资金业务、金融机构业务等特色业务和产品，发挥比较优势，实行差异化竞争。全年实现中间业务收入42.1亿元，比上年增长48.8%，中间业务收入在营业收入中占比由上年末的23%提升至29%。开发跨境人民币汇利达、联证通、保汇丰等新型国际结算产品，与大中型企业叙做跨境业务，国际结算量1 138亿美元。短期融资券、中期票据等市场占有率由上年的8%提高到13%，全年债券承销规模突破1 000亿元，资金条线中间业务收入比上年增长91%。

渠道建设 强化网点人力资源的开发与配置，加快专业队伍建设，完善销售流程与服务标准，丰富业务品种。健全与优化网点绩效考评体系，加强资源配置与倾斜；进行BGL账户集中管理监控、国际收支集中申报、ATM集中运营、现金集中清分等流程再造项目；推广综合柜员制，全辖90%以上网点配备了综合柜员。年内，新建和迁址网点26家，新投放自助设备529台。与100家电子商务公司开展网上支付业务，企业网银与个人网银覆盖率分别为55%和38%。

风险管理 加强风险传导，建立审批一致性，坚持“适中型”风险偏好。对信贷资产行业实施组合管理，逐步推进行业准入退出的量化制度；对授信客户实施分层管理模式，持续监控风险偏高的单体客户风险；做好风险监控和合规排查，实施贷后专业化管理，资产质量持续保持稳定；全年清收不良贷款58 315.71万元，资产不良率降至0.37%。推进风险架构整合，设立风险内控部，创新风险内控委员会会议形式。完善一道防线风险防范措施，实现风险控制关口前移；充分发挥二三道防线协调机制，统筹内控检查资源，加大突击检查与惩罚力度，全年共组织各类检查项目142个。

产品创新 组建创新信息员队伍和创新工作室，举办首届“青年创意大赛”，全年共研发各类创新项目84项。推出国内首款存贷合一高速通行领域金融IC信用卡、北京地区首套银医一卡通系统以及具有手机支付功能的天翼长城卡等新型金融产品，解决首都市民的出行难、就医难等民生问题，取得良好的经济效益与社会效应。

人力资源 打造公开透明的用人平台，全力建设经营管理、专业技术和技能操作三个序列队伍，确定各类后备人才549名。拓宽理财经理、客户经理、产品经理等专业技术人员的职位层级，打通序列内部的晋升通道。全面推行柜员等级制，聘任各等级柜员3 778名。开展主题为“强化窗口意识，提升服务水平，让党徽在创新转型中闪光”、“为民服务创先争优”系列活动。

（黎明）

中国建设银行股份有限公司北京市分行

2011年末，中国建设银行股份有限公司北京市分行（以下简称建设银行北京市分行）本外币总资产10 478.49亿元，比上年增加2 167.85亿元，增长26.09%。本外币存款余额10 325.72亿元，比上年增加2 121.84亿元，增长25.86%，其中人民币存款余额9 174.81亿元，比上年增加1 555.65亿元，增长20.42%。本外币贷款余额3 294.12亿元，比上年增加323.46亿元，增长10.89%，其中人民币贷款余额3 127.67亿元，比上年增加308亿元，增长10.92%。全年实现账面利润116.1亿元。

截至年末，建设银行北京市分行设有分行2家（一级分行1家，二级分行1家）、支行227家、分理处2家、储蓄所160家，在职员工11 176人。

公司业务 开展全员营销活动，全年新增客户18 872户；针对中高端客户群体推出智慧型存款增值类产品；建立以固定资产贷款、流动资金贷款、供应链融资为主的融资产品线，以百易安、委托贷款、银团服务、应收账款管理为主的中间业务产品线；开发保理池融资、融资租赁保理产品；与北京市保障性住房建设投资中心签订战略合作协议，给予200亿元意向性授信额度，支持公共租赁住房、棚户区改造等保障性住房项目；与中国人民解放军总医院合作推出“301模式”一卡通系统，整合优化挂号、候诊、交费、检查、取药等就医流程；推出网络银行“e棉通”产品，实现小企业信贷业务的批量化、规模化运作，全国各地涉棉小企业均能享受“送款上门”的服务；“e单通”年内累计发放突破60亿元，系统内排名首位；与16家全国性的第三方支付机构签署备付金业务合作协议，签约客户量系统排名第一；营销全国第一只证券公司现金理财产品，成为第一家办理此项业务的商业银行。截至年末，本外币对公存款余额7 767.25亿元，比上年增加1 868.9亿元，增长31.69%；本外币对公贷款（不含贴现）余额2 697.5亿元，比上年增加296.94亿元，增长12.37%；票据贴现业务实现利息收入2.7亿元；造价咨询业务实现收入2亿元；新增签约年金受托资产规模近30亿元。

个人银行业务 开展旺季营销、社区营销、保险营销季、贵金属交易大赛、年末存款攻坚战、电子银行联动营销等专项活动；着力中高端客户服务体系建设，加大营销支持力度；实施柜面业务分流工作，客户平均等候时间下降10.9%；发挥网上银行渠道优势，推出“理财夜市”，全年共发行15期，募集资金16.38亿元；实行产品定制化，为高端客户推出中医养生、高尔夫活动、子女留学教育等个性化服务。以特殊合作伙伴身份参与“艺术北京 经典艺术博览会”等大型艺术活动。截至年末，本外币个人存款时点余额2 558.48亿元，比上年增加252.94亿元，增长10.94%；个人代客投资理财业务收入首次突破3亿元；电子银行账务性交易占比79.33%，比上年提升了16.51

个百分点；自助设备账务性交易占比67.05%，比上年提升了6.49个百分点；个人高端客户4 527名，管理客户资产超过283亿元。

中间业务 中间业务实现净收入44.46亿元，比上年增加16.05亿元，增长56.51%；收入超过亿元的产品增加到12项，其中投资银行业务实现收入12.35亿元，比上年增加5.93亿元，增长92%；票据贴现业务实现利息收入2.7亿元。

国际业务 以产品推广创新为主线，进一步提升产品经理主导营销能力，加强外汇产品精耕细作，建立完善专业化人才队伍，深化重点产品、重点客户和重点支行的点对点营销及指导工作。截至年末，外汇全口径对公存款余额比上年增加94.37亿美元，外汇贷款比上年增加3.53亿美元，累计完成国际结算量706.22亿美元，本外币贸易融资余额比上年增加46.74亿元，增长127%。开展"跨境通途 千户争鸣"跨境人民币业务双季双增专项营销活动，全年累计完成跨境人民币结算量256.68亿元。

零售信贷业务 系统内首家推出异地项目个人住房贷款产品；出台《助业贷款实施细则》等规章制度；制发个人信贷业务贷前营销手册、贷中运营手册；推出适合存量优质客户、代发工资客户等的小额信贷业务产品，将小额信用贷款业务办理范围由城区六个信贷中心扩展到所有郊县支行；成立以公积金业务为特色的雍和个贷中心，完成组合贷款流程改进方案，将组合贷款办理时间由2个月缩减到1个月内。截至年末，信用卡客户新增39.4万户，同比增长76%；信用卡实现消费交易额245.5亿元，同比增长27%；中间业务收入3.27亿元，同比增长61%；累计发展特约商户21 763家；信用卡分期交易额6.03亿元，分期业务收入5 184万元，同比增长398%。自营性个人贷款发放177.64亿元，同比增加81.79亿元。公积金个人贷款发放113.21亿元，公积金项目贷款发放35.85亿元。小企业贷款余额53.69亿元，比上年增加31.09亿元；小企业非贴现贷款金额31.5亿元，比上年增加13.7亿元。

资金结算业务 推出国内信用证福费廷业务，创新国内信用证委托代理议付、卖方融资功能，推出集团集中代理国内信用证业务；运行高拍仪数码影像采集系统，以影像替代原客户复印资料，降低营运成本；在10家营业网点创新推出自助填单机服务，通过触摸屏、自动识别读取、自助套打等电子化技术手段完成银行凭证表单填写，成为北京地区首家提供此项服务的商业银行；单位人民币结算卡子卡发卡量系统排名第一，结算卡关联基本结算账户占基本结算账户比例达31.55%。截至年末，实现单位人民币结算业务收入同比增加7 375万元，增长86%；单位电子银行业务收入同比增加3 193.58万元，增长67%；单位人民币结算账户同比增加14 322户，结算账户总量87 285户。

风险管理 整合分散在多个部门的操作环节，成立放款中心，为客户和前台提供"一站式"服务；控制经营过程中的风险，各环节的操作人员成为风险控制的关键点，将风险管理蕴涵于流程运作过程中，避免"锁上加锁"。成为总行一级分行风险管理评价A级行，综合得分92.23分，排名第二位，较上年提升11个位次。堵截各类案件123起，涉案金额921.8万元。

机构调整 优化运营机制，整合组织架构，梳理业务流程，完善管理职能，实现管理为经营服务。调整分行本级和网点功能定位，通过部门精简、大客户集中、员工“双选”、成立专业化中心、建立以岗位为核心的人力资源管理体系、建立全方位满足客户需求的网点渠道体系等措施，实现了“中后台为前台服务，前台为客户服务”。优化后，建设银行北京市分行本部组织架构划分为对公业务板块、零售业务板块、运营支持板块、运营保障板块，共设置26个部室。

（何冰）

交通银行股份有限公司北京市分行

2011年末，交通银行股份有限公司北京市分行（以下简称交通银行北京市分行）本外币资产总规模6 728.10亿元，比上年增加841.20亿元，增长14.29%。本外币全口径存款余额6 600.28亿元，比上年增加859.59亿元，增长14.97%，其中人民币各项存款4 801.21亿元，比上年增加553.47亿元，增长13.03%。本外币各项贷款（含买断式转贴现）2 712.90亿元，比上年增加98.05亿元，增长3.75%。实现本外币经营利润（含资金业务）100.58亿元，同比增加22.10亿元，增长28.16%。实现本外币拨备后利润（含资金业务）99.50亿元，同比增加21.84亿元，增长28.13%。

截至年末，交通银行北京市分行机构网点总量111家。其中，分行营业部1家，中心支行18家，直属支行1家，专业支行8家，二级支行83家。共有员工4 665名，平均年龄31岁。

公司金融业务 坚持以客户为中心的服务理念，加强与总行、子公司、合作单位的协作，为客户提供全面、优质的综合化、专业化服务，与中信集团、海关总署等大型企事业单位的合作日益深入。保持财务公司营销工作的先发优势，抢抓新兴业务机遇，开展第三方支付机构备付金存管业务。深度挖掘中型存量客户需求、广泛拓展中小企业客户群体，进一步优化客户结构和业务结构。截至年末，人民币对公存款时点余额3 939.39亿元，比上年增加438.94亿元，增长12.54%。

个人金融业务 充分发挥业务联动效应，通过对不同层次客户的差异化服务，大力推进零售业务发展。通过批量拓展、客户引荐、产品吸引方式拓展个人有效客户，累计拓展个人代发类客户25万户，通过委托贷款联动营销私人银行客户300余名、中小企业49家，通过“友富共享”活动拓展1 861名沃德财富客户，通过得利宝产品营销60 717名新客户。全年新增沃德财富客户（个人高端客户）19 437户、交银理财客户（个人中端客户）38 104户。截至年末，储蓄存款余额861.83亿元，比上年增长114.55亿元，增长15.32%。加大收单业务拓展力度，与京客隆超市、丰联广场合作MIS收单业务，全年实现POS机收单交易额1 059.61亿元，收单收入5.87亿元。

国际业务 积极把握业务发展机遇，

充分发挥本外币联动特色，利用本外币交叉理财、结构性贸易融资、信用证、进口保付、对外担保等产品吸引人民币存款，取得较好成效。全力打造离在岸一体化产品服务体系，通过四方协议、离在岸背对背信用证、离在岸贸易融资等业务，实现全产品、全流程业务覆盖。充分利用海外分行及境外同业的资源优势，积极开展进口代付业务。国际结算、国内保理、国内信用证以及出口买方信贷等方面呈现良好增长态势，在满足客户业务需求的同时带动中间业务收入增长，全年实现国际条线中间业务收入 7.58 亿元，比上年增加 1.87 亿元，增长 32.79%。

业务创新 依托资产分池业务创新，研发“京品”系列理财产品。针对阳光 100、俏江南等民营企业“走出去”需求，探索境内外联动新模式，并针对中小企业需求推出视融通、保融通等融资产品。推出挂钩国际金价的本外币交叉理财产品及首单私募债券，设计以境外机构在境内 NRA 人民币存款为保证金的跨境本外币理财方案。上线银行卡收单直连系统和银行卡收单直连退货系统，推出刷卡信息同步反馈、便捷对账服务及订单支付管理等一系列适用 B2C 行业特约商户的特色收单服务。加快电子银行产品创新步伐，推出手机彩票、百度代理缴费等业务，完善中小企业跨行支付平台。上线固定资产管理系统，开发员工绩效管理电子化平台，实现人力资源职位管理电子化模式，完善系统功能深化管理会计应用，不断强化信息技术对经营管理的支撑。

基础管理 不断夯实基础性管理工作，进一步调整客户结构、优化网点布局、加强队伍建设。狠抓客户结构调整优化，营销重心逐渐向中小型优质客户转移，将 10 万元以上新开户占比提升为客户结构调整的重点，降低对大型企业的依赖度。结合北京城市规划，科学布设人工网点及自助设备，新建网点 5 家，迁址 2 家、整体改造 6 家、局部改造 11 家，顺利完成新大楼搬迁工作，加强自助渠道建设，设立各类自助设备 1 406 台，离行网点总数 780 家，尝试建立电子银行体验区。大力拓展电子银行业务，做实网银客户基础，营销第三方支付客户，电子银行分流率 72.31%，较年初增长 7.12 个百分点。围绕人才建设年，优化人员内部配置，制定人才发展实施意见和人才实施计划。

风险管理 从信贷风险管控、完善检查辅导、开展专项治理等方面推动风险管理工作，提高业务发展稳健度。针对政府融资平台、房地产贷款等风险苗头初现的领域提前准备，有效应对。加大力度清理异地贷款，强化贷后监控。持续加强会计基础建设，扎实做好会计营运风险管理，确保营运安全。组织二、三级检查辅导员“以查代训”，开展客户身份识别基础工作，提高反洗钱工作水平。全面推进“合规宣传教育年”和“促监管政策进基层行”活动，深入开展“案件风险集中专项治理”工作，完善防治“小金库”长效机制。建立监督工作联席会议制度，组建兼职纪检监察员队伍，制作“员工禁碰红线警示”，扎实做好案件防范工作。以创建“平安交行”活动为主线，加强安保基础建设，开展安全警示教育，成功堵截百万元电信诈骗案。

（秦娜）

招商银行股份有限公司北京分行

2011年末，招商银行股份有限公司北京分行（以下简称招商银行北京分行）总资产3 048.4亿元，同比增加428.5亿元，增长16.4%。本外币自营存款余额2 539.5亿元，同比增加333.4亿元，增长15.1%。本外币自营贷款余额1 179.5亿元，同比增加79.7亿元，增长7.2%。按“五级分类”口径不良贷款率0.14%，不良贷款拨备覆盖率1 262.48%。全年实现利润83.6亿元，同比增加33.5亿元，增长66.9%。

截至年末，招商银行北京分行共设有营业机构57家，其中年内新增营业网点4家。全年新增员工284人，员工总人数3 127人（正式员工2 840人）。

发展方式转型 坚持效益、质量、规模、结构协调发展，推进“二次转型”发展战略，资本回报水平、人员效能、费用效率等核心指标显著提升。经风险调整后的资本回报率（RAROC）108.8%，按可比口径同比提升38个百分点。资产利润率（ROA）2.86%，同比提升0.95个百分点。人均创利264万元，同比增加111万元。网均创利1.34亿元，同比增加5 336万元。成本收入比为18.69%，同比下降6.55个百分点。

批发银行业务 以特色化经营、差异化竞争为主线，全面打造批发业务竞争优势。大力发展批发新兴中间业务。全年承销20只债务融资工具，金额355亿元；创设集合信托产品210只，金额190亿元；销售公司理财1 849亿元，同业理财79.1亿元；托管资产余额1 020亿元；网上供应链金融产品累计交易量373亿元。依托招商银行平台优势，联动负债业务、联动资产业务、联动中间业务取得快速发展。根据北京市场环境创新开发了“政采贷”、“文创贷”、“资产管理贷”、“投联贷”等产品，推动“千鹰展翼”计划下全方位金融服务体系建设，中小企业一般性贷款客户数同比增长63.1%，贷款余额增长72.8%。

零售银行业务 以强化系统性、全方位竞争优势为目标，不断提升零售业务的创新力和综合管理水平。截至年末，招商银行北京分行管理客户总资产3 627亿元，全年新增535亿元；私人银行客户、钻石客户、金葵花客户、金卡客户同比增长分别为29.3%、23.3%、20.1%和16%；新发放住房公积金联名卡23.2万张；理财、信托、基金、保险等产品销量大幅增长；个人贷款余额同比增加39.5亿元。

风险与合规管理 秉承“稳健经营”的办行宗旨，不断提升风险管理和内控管理水平。完善政策传导，落实宏观调控政策；以资本为核心，践行主动风险管理；强化风险经理队伍建设，完善风险经理协同作业机制；上线并不断完善信用风险管理系统，全面优化风险管理流程。完成损失数据收集、关键风险指标和风险与控制自我评估三大操作风险管理工具的系统上线。召开支行内控评审会，开展“一把手讲合规”活动，大力弘扬合规文化，夯实合规管理基础。

机构发展 年内，新建华贸中心、十里河、西二旗、陶然亭4家支行，营业机构达57家。加快发展电子服务渠道，企业网上银行净增5 969户，交易笔数替代率60.82%；零售网上银行专业版、快易理财、手机银行客户大幅增长，非柜面交易笔数替代率87.73%。

（全晶）

上海浦东发展银行股份有限公司北京分行

2011年末，上海浦东发展银行股份有限公司北京分行（以下简称浦发银行北京分行）资产总额1 361.54亿元，比上年增加52亿元。本外币一般存款余额1 185.4亿元，比上年增加146.7亿元。本外币各项贷款余额661.9亿元，比上年增加76.4亿元。中间业务收入3.54亿元，比上年增加1.37亿元。全年实现账面利润18.92亿元，比上年增加6.75亿元。

截至年末，浦发银行北京分行共设有营业机构41家（含营业部），其中年内新建开业3家；正式员工1 220人。

公司银行业务 持续推进分层营销、联动营销的规范化和制度化，优化工作流程，提升工作效率。牵头发起中国医药集团公司、中信集团公司、中国建筑工程总公司、中国铁道建筑总公司等70个集团客户、近千家企业的集团授信，累计获批集团授信额度超千亿元，推进了资产业务的发展。截至年末，本外币对公存款余额1 009.1亿元，比上年增加123.77亿元；本外币各项贷款余额661.9亿元，比上年增加76.4亿元。

中小企业业务 开展“中小企业业务流程梳理年”活动，通过流程梳理、产品创新，优化房地产抵押、联贷联保、担保公司、易贷多、商超贷等产品的管理办法，制定投贷联动、市场租金贷等营销指导意见等，对中小企业给予政策支持。截至年末，中小企业资产业务余额27.2亿元，比上年增加16.36亿元，被北京银监局评选为北京地区2010年度小企业金融服务先进分行。

个人银行业务 坚持以客户服务精细化管理提升核心竞争力、强化协同营销推动业务增长和客户结构改善，实现了储蓄存款、中间业务、个人贷款及财富管理业务的协调发展。同业中率先投放理财POS，系统内首家开办贵金属实物代销业务，推出多款信托代理收付计划和私募产品，成功发行“轻松理财酷卡”。以“浦发卓信青少精英俱乐部”为依托，举办健康问诊、文化讲座和艺术品收藏讲座等活动。截至年末，优质以上客户81 022户，比上年新增10 585户，其中白金客户18 694户，比上年新增3 833户，钻石客户6 849户，比上年新增2 465户；个人金融总资产规模231.97亿元，比上年增加47.65亿元；个人贷款规模126.45亿元，比上年增加19.29亿元；全年实现中间业务收入6 325万元，比上年增加2 789万元。

中间业务 开展债券承销、银团贷

款、并购融资等业务，支持企业发展；运用绿色信贷、资产托管、现金管理、企业年金等金融产品满足客户个性化需求；开展离在岸联动业务，促进国际结算和中间业务收入增长；探索运用融智型财务顾问业务、私募股权基金业务及企业上市服务开辟新兴市场领域，培育新型客户群体。截至年末，实现中间业务收入3.54亿元，比上年增加1.37亿元。其中，公银条线实现中间业务收入2.32亿元，比上年增加8 110万元；国际结算量107.85亿美元，实现中间业务收入6 257万元；个银条线实现中间业务收入6 325万元，比上年增加2 789万元。

内部管理 进一步完善考核激励机制，引导支行坚持规模和效益两手抓、存量与增量并重、日均与时点并举均衡发展，科学评价支行经营业绩。持续优化运营业务和服务流程，加快网点前端向“服务销售”转型。开展运营员工擂台赛，提升营业网点人均效能。健全风险管理委员会架构，设置信用风险、操作风险（科技）、市场风险、法律与合规、声誉风险五个专业委员会，制定各项制度，逐步构建起全面合规内控管理体系。认真执行“三个办法、一个指引”，受托支付比例达到北京银监局和总行规定的目标。加强合规内控风险检查，加大对重点风险客户的监控预警力度，及时发现和化解风险隐患。不断增强各级员工守法合规的从业意识，实现“确保不发案”的年度案件防控目标。

队伍建设 开展创先争优活动，评选和表彰了40名“明星员工”。完成分行后备干部民主推荐和后备人才库建设工作，开展支行副行长、主管岗位竞聘选拔和以支行行长、营销骨干为主体的社会公开招聘，引进57名专业人才。与首都高校合作建立了“浦发实验班”，探索“订单式培养”合格员工新渠道。

（段晓玲）

广发银行股份有限公司北京分行

2011年末，广发银行股份有限公司北京分行（以下简称广发银行北京分行）总资产1 289.33亿元，比上年增加304.83亿元，增长30.96%；本外币存款余额1 159.31亿元，比上年增加250.73亿元，增长27.60%，其中人民币存款余额1 141.29亿元，比上年增加318.19亿元，增长38.66%；实现利润15.05亿元，比上年增加1.86亿元，增长14.12%。

截至年末，广发银行北京分行营业网点35家；在岗人数1 441人，其中正式员工1 253人。

贷款业务 加强对房地产、个人贷款授信担保品等重点领域信贷风险管理，努力提升贷款受托支付比例，截至年末，各项贷款受托支付比例由1月份的16.34%提升至92.58%。不良贷款、关注类贷款以及融资平台类贷款余额均实现大幅下降。

公司业务 不断优化业务结构和客户结构，大力推广托管业务、债券承销业务、贸易融资业务，基本完成中小企业金融条线的制度建设，与各大驻京商会签署战略合作协议，拓宽中小企业营销渠道。截至年末，人民币对公存款余额920.96亿元，比上年增加154.70亿元，增长22.24%；日均存款836.24亿元，比上年增加138.04亿元，增长19.77%。

中小企业业务 截至年末，中小企业贷款余额54.43亿元，表内外授信余额合计80.63亿元。

金融市场业务 金融市场业务取得突破性进展。债务融资工具业务取得突破，发行第一单20亿元中期票据；金融衍生品业务继续帮助企业规避风险、锁定风险，得到企业好评。各种理财产品频繁推出，不断满足市场需要。充分发挥金融市场产品、工具特点，为公司、贸易融资、个人等业务发展进行产品配套，为北京市企业提供各类金融需求解决方案。

个人银行业务 借鉴国际先进银行的成熟经验，在广发银行系统内率先进行个人业务改革，各项业务指标稳步增长；理财中间业务收入持续增长，薪加薪系列人民币理财产品滚动推出，受到客户好评；完善个人贷款产品体系，推出个人信用贷款产品，为广大个体工商户及小微企业提供了新的融资渠道。截至年末，年末个人储蓄业务余额112.08亿元，创历史同期最好水平。

信用卡业务 坚持“以市场为导向，以品牌建设为中心、全力提升广发卡的市场美誉度和客户忠诚度”的战略方针，以“广发乐赏日”为市场营销品牌，着力推进与各领域优质知名商户的联合优惠促销，保持了稳定的市场份额。全年新增发卡量25万张，累计消费额178亿元；信用卡收入7亿元，实现利润5亿元。

电子银行业务 电子银行业务得到了较快发展。截至年末，网上银行存量客户数43.79万户，同比增长59%；新增网上银行客户16.27万户，同比增长79%，其中活跃客户14.39万户，同比增长104%。自助设备257台，同比增长8%；自助设备交易372万笔，同比增长15%；交易金额66.64亿元，同比增长20%。为节能减排、减少网点排队等候现象，推出免费赠送安全Key盾，降低网上银行汇划手续费等措施，让客户足不出户即能享受到方便快捷的网上“临柜”业务办理。

（陈悦喆）

兴业银行股份有限公司北京分行

2011年末，兴业银行股份有限公司北京分行（以下简称兴业银行北京分行）本外币资产1 725.86亿元，比年初增长9.16%；本外币负债1 690.47亿元，比年初增长8.52%；本外币存款余额1 214.99亿元，比年初增长11.05%；本外币贷款余额616.97亿元，比上年增长9.9%；不良贷款2.83亿元，不良贷款率0.46%；实现本外币账面利润（按本行九级分类计提专项准备后）35.78亿元，比上年增加12亿元，增长50.52%；实现本外币中间业务收入（含汇兑损益）5.34亿元，比上年增加1.06亿元，增长24.89%。

截至年末，兴业银行北京分行共设支行38家（含营业部）。

企业金融业务 从绩效管理、计划管理、信息传导入手，健全优化分支行、前中后台协同运作的发展机制，推动形成条线整体合力，提升专业化营销推动和业务管理能力。年内成立贸易金融部，完善了企业金融条线部门设置。公司客户群体实现快速增长，客户质量明显提升。截至年末，人民币对公存款余额952亿元，比年初增长1.19%；人民币对公日均存款791亿元，比年初增长1.45%；公司客户共计18 734户，较年初新增2 875户；节能减排贷款余额31亿元，较年初新增18亿元；现金管理客户112户，较年初增加35户。

小企业业务取得长足发展，截至年末，小企业客户存款余额143.76亿元，较年初增加15.94亿元；小企业客户15 587户，较年初增加2 491户；兴业芝麻开花入池客户124户，较年初增加46户；小企业信用客户表内信用余额37.68亿元，较年初增加27.62亿元，当年新投放贷款利率平均上浮26.03%。

贸易融资业务 全年办理国际结算23.03亿美元（含跨境人民币结算）。供应链融资累计发生额60.44亿元，其中国际贸易融资38.86亿元，国内贸易融资21.58亿元；供应链金融客户378户。

零售金融业务 截至年末，本外币储蓄日均存款余额137.92亿元，比年初增长14.62%。个人贷款余额110.26亿元，比年初增长21.4%；实现个人贷款利息收入近6亿元，比上年增加1.8亿元。通过交叉销售和私公联动，派生较高的综合收益，包括储蓄存款、对公存款、POS机、代发工资、白金信用卡、理财销售、零售核心客户及对公有效客户的增长。全年累计销售零售理财产品204亿元，比上年增加183亿元，增长456%；贵金属交易、代销基金等优势业务继续保持全行领先地位。零售核心客户继续保持较快增速，有效客户占比稳步提升。截至年末，兴业银行北京分行零售贵宾客户数达到10万户，信用卡业务继续保持在全行的领先地位。

同业金融方面 探索完善有利于财富管理业务快速发展的理财产品创设和销售机制，切实强化专业人才队伍建设，持续增强创新发展能力。截至年末，同业存款余额333亿元，日均余额338亿元；同业核心客户数28户，银银平台签约客户增至2家；同业板块实现经营收入32.74亿元，同比增加11.07亿元。持续发展理财业务，规范管理，实现了从拓展基础资产项目、产品创设报批以及销售的一条龙运作。全年累计销售机构、零售理财产品1 040亿元，实现理财产品中间业务收入2.58亿元，同比增长53.5%。把握总行创新业务导向，在年末集中力量推进资产买入返售业务等收益水平较高、风险资产占用较少的同业创新业务，资产买入返售业务年末余额125.73亿元，年收益率6.4%，当年实现收入11 424万元。

投资银行业务 投资银行业务取得长足发展，全年累计为8家客户承销发行了10只债务融资工具，承销发行规模126.2亿元，实现投行板块中间业务收入10 437万元。并购贷款、私募发债、超短券、结构化融资等投行创新业务取得了实质性进展，协助经营机构开展募集资金承揽、股权融资业务，取得了良好效果。

电子银行业务 截至年末，企业网银净增有效客户1 797户，完成计划指标的

152.42%；个人网银有效客户净增49 647户，完成计划指标的137.91%；手机银行有效客户净增42 144户，完成计划指标的157.25%；电话银行有效客户净增118 012户，完成计划指标的263.42%。

风险控制 推进全面风险管理体制建设，完成兴业银行北京分行各板块信用审查统一管理，实现了全面风险管理下的风险窗口嵌入业务条线管理模式的制度化和规范化。实行了将小企业信贷业务、零售信贷业务、大中型客户信贷业务的授信审查集中到信用审查部统一管理。探索零售业务风险管理机制，开展零售信贷业务独立贷后检查，实施零售业务风险状况经常性监测。推进政府融资平台贷款清理规范，整体风险状况已获根本改善，年末政府融资平台贷款已全部整改为全覆盖类，避免了资产分类下调，保障了资产质量的稳定。深入开展“三个办法、一个指引”，扎实做好独立贷后检查，有效防范授信风险。实施抵押贷款期限专项排查、民间融资风险排查、经营性物业贷款自查、票据业务风险自查等专项检查，查防热点领域操作风险。落实“促监管政策进基层行”各项工作，深入开展“内控和案防制度执行年”活动。实行票据业务操作与风险防控的“双集中”管理，严控票据业务风险。严格结算监测审核，防范违规“套现”风险。集中做好年终岁末的案件防范工作，切实确保安全经营。

（周旭坤）

深圳发展银行股份有限公司北京分行

2011年末，深圳发展银行股份有限公司北京分行（以下简称深发展北京分行）总资产1 011.28亿元，比上年增加155.90亿元，增长18.23%。本外币各项存款余额833.54亿元，比上年增加95.30亿元，增长12.91%，其中人民币各项存款余额789.62亿元，比上年增加101.57亿元，增长14.76%。本外币贷款余额（不含贴现）507.50亿元，比上年增加62.99亿元，增长14.17%，其中人民币贷款余额458.51亿元，比上年增加39.32亿元，增长9.38%。实现净利润1.43亿元。

截至年末，深发展北京分行下辖26个营业网点，在岗职工1 173人，其中正式职工1 032人，外聘人员141人，平均年龄31岁。

公司业务 依托平安集团综合金融优势，拓展综合金融业务，夯实和壮大基础客户群，引进一批资质良好的融资性担保公司开展授信合作。建立贸易融资业务绿色通道，推进核心企业营销，贸易融资业务快速增长。拓展集团现金管理市场，开发多家集团型现金管理客户。通过嫁接财务管理软件与POS机等收费机具，开发出全新的“一揽子”客户收付、财务管理解决方案。全年完成短期融资券发行项目6期。

零售业务 零售客户总资产规模持续增长，零售中间业务手续费收入显著提升。推行《零售客户经理基本法》，启动“万佛朝宗”项目试点和“小交会”活动，拓展零售业务。参加“首都非公经济金融服务周”宣传活动，大力推动小微贷款业务发展。完成个贷业务转型，信用速贷产品放款量和完成率不断增长，“新一贷”产品完成首笔放款。

国际业务 以国际贸易融资推动、离在岸联动和交叉营销为三大主线，多方面推动国际业务增长。国际业务综合贡献度稳步提升，离岸结算量放量增长，基础客户群、国际结算规模和收益稳步增加，国际业务规模保持快速发展。国际收支统计工作成绩突出，获得国家外汇管理局和北京外汇管理部表彰。

同业业务 同业业务规模保持增长，资产负债结构不断优化，盈利能力表现突出，渠道建设初见成效。利息净收入显著增长，收入来源结构多元化。同业理财产品销售、银银代理、同业代付、贵金属居间人业务和财务顾问等业务方面不断提升。与北京银行签订战略合作协议，与兰州银行三方存管银银代理系统上线。

内控及风险管理 完善信贷管理体系，推进业务转型，打造特色系统化对公信贷管理体系和小微企业信贷产品服务模式。加强信贷内控管理力度，启动保全快速介入机制，将贷后监测预警环节与保全环节相结合，迅速化解潜在风险。围绕“案件零发生、监管评价二级及以上、合规服务一线”的核心目标，构建案件风险防范长效机制，加强重点领域风险提示，防范洗钱与恐怖融资风险。开展“万人千天合规行”、“三个一”案防合规大讨论、FLASH课件学习、“案件”秒杀和“案防到支行”督导系列活动，营造“人人重案防、事事要合规”的良好文化氛围。

队伍及网点建设 开展经营单位区域化试点改革，探索集约式、精细化经营管理模式。加大一线销售人员招聘力度，稳定核心人才队伍，为年轻干部创造更大发展空间与平台，全面落实岗位阶梯有效执行，为员工搭建多途径学习渠道。加大网点建设步伐，完善战略布局，先后开设清华园支行、丰台支行两家网点，增强在西北部地区和南部地区的业务拓展能力和品牌影响力。

（崔超）

中信银行股份有限公司总行营业部

2011年末，中信银行股份有限公司总行营业部（以下简称中信总行营业部）本外币资产总额4 619.2亿元，比上年增加1 382.2亿元，增长42.7%。本外币存款（含金融机构存款）余额4 521.6亿元，比上年增加1 364亿元，增长43.2%，其中人民币存款余额4 161.6亿元，比上年增加1 288.9亿元，增长44.8%。本外币贷款（含贴现）余额1 709.6亿元，比上年减少32.1亿元，下降1.8%，其中人民币贷款1 574.1亿元，比上年减少28.2亿元，下降1.7%。实现账面利润52.6亿元，比上年增加15.1亿元，增长40.2%。不良贷款余额2.9亿元，不良率为0.17%，与上年末基本持平，优于北京地区中资银行0.76%、股份制银行0.36%的平均水平。

截至年末，中信总行营业部下设1个

营业结算部，49家支行，员工2 186人。

公司银行业务 企业年金业务，通过探索新的盈利模式、构筑同业合作平台、打通交叉营销渠道等措施，实现逆势突破。新签约凯雷、中信资本等15只基金，累计实现PE基金托管近30只，突破100亿元；签约中国化学工程集团、中国地图出版社年金业务，养老金上线规模突破50亿元。截至年末，托管业务和养老金规模分别为363亿元和55亿元，实现中间收入2 942万元。

资产业务，面对存款增长放缓和银监会对存贷比、资本充足率等指标监管更加严格的压力，不断拓宽已有资产转让渠道，通过单一信托计划、对接他行个人理财产品、代销集合信托计划等模式，累计转出资产163亿元。截至年末，本外币公司一般性贷款余额1 231亿元，比上年增加114亿元，增长10.2%。

负债业务，截至年末，本外币公司一般性存款余额2 652.2亿元，比上年增加136.6亿元，增长5.43%；同业负债方面，充分挖掘短期市场机会，在低资本消耗发展模式的探索中凸显卓越的盈利能力，负债规模达377亿元。

投资银行业务，直接融资业务发展迅速，全年共发行了17家企业的25只债务融资工具，承销规模突破330亿元，比上年增加140亿元，增长75%；华为西班牙JAZZTEL6000万欧元跨境租赁融资项目荣获国际权威财经杂志《Trade Finance》授予的年度最佳交易奖。截至年末，投资银行信贷资产余额255亿元，比上年略降15亿元，主要是压缩低收益外币资产所致。

票据业务，实现票据直贴累计发生额593.14亿元，市场占比28%；累计实现票据直贴利息收入7.7亿元，同比增收3.6亿元，增长87.8%，业务效益显著；电子商业汇票主要业务指标在系统内及北京同业中继续保持领先地位。

汽车金融业务，截至年末，已覆盖全国31个省、市、自治区，涉足22个汽车主流品牌，主办全国9大汽车品牌网络，有效经销商226户，新增107户；经销商日均存款30.40亿元，新增14.6亿元；累计融资额315亿元，新增163亿元；核心厂商日均存款30.5亿元，新增9.1亿元；实现中间业务收入1 720万元，经济利润1亿元，不良率为0。

零售银行业务 在开展零售体系建设的同时，不断拓宽产品和渠道，推动零售业务稳步发展。零售资产业务，截至年末，零售贷款余额359.79亿元，其中一手房按揭贷款余额252.16亿元，较上年增加18.82亿元；二手房及其他贷款余额突破142.68亿元。零售负债方面，形成了以理财、基金、保险、国债为外延的全方位财富管理体系，全年本外币储蓄日均余额320亿元，比上年增加28.5亿元，增长9.8%；管理资产余额549.22亿元，比上年增加61.68亿元，增长12.6%。

丰富“出国金融全程通”品牌内涵，开办韩国使馆签证代传递业务，合作使馆达到14家；配合总行制定与加拿大皇家银行合作预开境外账户操作流程；配合美国使馆调整签证费标准，制定了学生签证签发费收费流程；开办赴美非移民签证申请人代填表代预约服务。全年代理使馆业务135万笔，同比增长30.69%；实现手续费收入934.85万元，同比增长1.24%。

电子银行业务快速增长，推出“个人网银征信查询业务”、“中信蓝天少儿卡”业务，率先实现“个人网银结售汇”功能，上线多媒体自助机具网络购电、代收正东热力费、代收铁通话费、多媒体自助终端一卡通充值和圈存等项目。全年个人网银交易累计2 493亿元，公司网银累计交易量83 331亿元，银行卡及结算类业务中间收入3 536万元，同比增长53%。

国际业务 通过发挥重点产品低资本消耗且高回报率的优势，提高定价水平和能力，优化业务增长方式，持续提高国际业务主线价值创造能力。全年完成国际业务收付汇量732亿美元，同比增长35.6%，在北京地区市场份额占比20%。跨境人民币业务结算量879亿元，在北京地区市场份额占比25%。

中间业务 及时顺应总行调整并完善管理制度，通过将总行条线计划分解到部门，对重点产品、资源消耗产品和普通产品实行差别费率，提高中间业务费用配置比例，进一步优化业务结构，确保了中间业务的快速增长。全年中间业务实现净收入10.18亿元，比上年增加2.6亿元，增长34%；非息收入占营业净收入比重增至13.13%，同比上涨1.33个百分点。

风险控制和内部管理 信贷风险控制方面，坚持“提高综合收益、扩大客户群体、加大加快创新、坚持合规经营”的授信基本原则，重视风险管控体系建设，优化客户结构，强化审批流程，提高审批效率，在有效控制风险的前提下，全力打通特色业务安全快速审批通道。截至年末，零售贷款逾期率1.91%，不良贷款余额3 459.88万元，不良率0.087%。

清算管理方面，全年新增12个人民币代理清算账户，与境外行成功开展人民币购售、存放等合作，连续7年获得花旗银行评出的“清算直通率”奖，并首次获得德意志银行“欧元直通率”奖。

法律保全工作，全年回收金额5 813万元，实现贡献利润3 000余万元。其中，对公保全不良资产回收2 911万元；零售保全不良资产回收542万元，零售保全实现不良额零增长。

网点和机构建设 立足于战略转型和长远发展的预期，在网点建设上加大发展步伐，全年完成了瑞城中心、丰台、顺义、回龙观和北苑五家网点的新建和开业工作，截至年末，营业网点数量已达50家，实现了对北京60%行政区划的有效覆盖，网点覆盖率跃升北京地区股份制商业银行第二位。

（李利）

中国光大银行股份有限公司北京分行

2011年末，中国光大银行股份有限公司北京分行（以下简称光大银行北京分行）资产总额2 736亿元，比年初增加299亿元，增长12%。一般存款余额1 965亿元，比年初增加167亿元，增长9%，其中储蓄存款余额270亿元，比年初增加84亿元，增长45%。一般贷款余额981亿元，比年初增加84亿元，增长9%。实现风险调整前利润超过38.7亿元。

截至年末，光大银行北京分行共有营业网点54家，员工2 000多人。

公司银行业务 对公存款快速增长，对公客户时点存款年末余额同比增长4.4%。贷款业务稳步提高，对公全口径贷款年末余额同比增长11.7%。模式化经营和集团联动初见成效，形成了中铁物资模式、北汽福田模式、中医药集团模式等一批各具特色的模式化经营方案，搭建了北汽股份全程通业务、中铁物资“商商银”合作网络，建立起“5+1”集团内联动模式，带动了业务的增长和盈利水平的提高。开展直销和联动营销，搭建四个中小企业担保平台，实现中小企业表内外授信259亿元。

零售银行业务 储蓄规模不断壮大，储蓄存款年末余额270亿元，同比增长45%。零售客户增长迅速，电子渠道布设完善，自助设备覆盖范围扩大。银行卡业务发展迅速，全年新增客户14万余户，发卡突破百万张，社区维修资金卡、存贷合一卡等发展迅猛。

风险管理 不良贷款余额比年初下降4 030万元，不良贷款率降至0.06%，对公贷款零不良。信贷资产质量已经达到北京银行同业的最好水平，被北京银监局评定为综合风险评估I级行。组织完成了案件风险排查，排查业务30余万笔，涉及金额2 000多亿元。全面落实安全责任，实现全年无案件、无事故、无重大业务差错的安全工作目标。

服务管理 深入开展“阳光服务”活动，牢固树立“后台为前台服务，分行为支行服务，领导为群众服务，全行为客户服务”的理念，建立健全客户服务体系，服务品质及市场口碑不断提升，在光大银行系统“阳光服务”工作综合评比中光大银行北京分行名列第一。完善网点布局，新开设丰盛、奥运、五棵松、望京西、和平里五家支行，提升整体服务能力。

（李文韬）

中国民生银行股份有限公司总行营业部

2011年末，中国民生银行股份有限公司总行营业部（以下简称民生总行营业部）本外币总资产余额4 375.78亿元，比上年增加529.97亿元，增长13.78%。各项存款余额3 839.54亿元，比上年增加292.39亿元，增长8.24%，其中人民币存款余额3 675.62亿元，比上年增加207.44亿元，增长5.98%。各项贷款余额1 386.29亿元，比上年减少57.25亿元，下降3.97%。全年各项业务收入225.68亿元，各项业务支出203.78亿元，实现税前利润21.9亿元，比上年增加1.02亿元，增长4.9%。

截至年末，民生总行营业部下设支行50家，正式员工2 094人。

公司银行业务 根据国家宏观政策导向，结合北京地区经济特点、全行战略规划和自身发展实际，加快客户结构、业务结构调整，深入推进资产业务转型。截至年末，公司贷款余额920.16亿元，比上年减少115.84亿元；本外币公司存款余额3 375.26亿元，比上年增加267.26亿元，增长 8.6%；对公中间业务收入 10.84 亿元，比上年增加 5.11 亿元，增长 89.22%。

贷款业务，贷款重点投向租赁和商务服务业、公共管理和社会组织、房地产业、制造业、批发和零售业、建筑业，年末贷款余额占公司贷款余额的 74.34%。中、小型客户数占公司客户数的 80.93%，年末贷款余额占公司贷款余额的 52.6%。文创类企业贷款余额 28.56 亿元，比上年增加 24.14 亿元，增长 5.46 倍，其中文创类中小企业贷款余额 17.6 亿元，占比 61.62%。节能减排项目贷款余额 6.12 亿元，比上年增加 6.04 亿元。

加大对中关村国家自主创新示范区高新技术企业的支持力度，向海淀区首批拟上市企业提供 13.64 亿元信用授信，助推优质科技创新型中小企业快速走向资本市场。支持北京中关村“新三板”市场发展，与中关村管委会合作建立“中关村—民生新三板速通机制”，为中关村 400 多家非上市股份有限公司和正在改制或拟改制的 500 多家企业提供定向金融服务。截至年末，中关村国家自主创新示范区高新技术企业贷款余额 82.46 亿元，比上年增加 19.99 亿元，增长 32%；科技型中小企业贷款余额 30.32 亿元，比上年增加 0.7 亿元，增长 2.36%。

贸易融资业务，截至年末，贸易融资余额 276.91 亿元，其中表内合计 93.77 亿元，表外合计 183.14 亿元。非融资性保函余额 49.2 1 亿元，融资性保函余额 24.37 亿元，海外代付余额 13.99 亿元，国内代付余额 24.51 亿元，买方保理余额 4.16 亿元，信用证余额 66.56 亿元。国际业务结算量 103.54 亿美元。表内外资产状况良好，无不良发生。

票据业务，全年累计办理票据直贴业务 145 亿元，转贴现 4 433 亿元，买入返售 657 亿元。

IPO 授信业务，将 PRE－IPO 民营企业作为战略客户，通过各种金融手段培育其上市，并以“金融管家”式服务，争做企业主办行。累计开发 IPO 客户 183 户，授信总额 515.6 亿元，授信提用 119.4 亿元。全年 IPO 资金托管共 20 户，托管峰值达 65 亿元；私募、基金托管 6 户，存款峰值达 17.4 亿元。

资产托管业务，成功开发保险资金债权计划，托管产品 88 只，托管规模 442.96 亿元。

发债融资业务，全年发行债券 10 只，承销额 71.5 亿元。

零售银行业务 从营销、团队、产品三个维度，全面开展零售体系标准化建设，带动规模与效益双增长。截至年末，储蓄存款余额 463.66 亿元，比上年增加 24.36 亿元，增长 5.55%；个人贷款余额 466.01 亿元，比上年增加 58.01 亿元，增长 14.22%。

金融资产余额 833.2 亿元，比上年增加 225.2 亿元，增长 37.04%。本外币理财销售 1 307.65 亿元，比上年增加 952.15 亿元，增长 267.83%。

基金销售 16.3 亿元，比上年增加 1.65 亿元，增长 11.26%。高端零售客户增长较快，零售客户数 374 万户，比上年增加 25 万户，其中贵宾客户 9.74 万户，比上年增加 1.96 万户。全年发卡 30.44 万张。

电子银行业务稳步增长，个人网银客户 61.42 万户，比上年增加 14.51 万户，增长 30.93%；个人网银替代率 77.89%，比上年提高 9.79 个百分点。

中间业务 推动发债融资、公司理财、资产托管、国内信用证、保理、理财产品销售、贵金属交易等业务发展，实现中间业务收入 10.93 亿元，比上年增加 5.09 亿元，增长 87.31%。

资金业务 受下半年流动性趋紧导致资金市场利率上浮影响，通过资金拆借和资金存放以及票据业务，实现金融企业往来收入 111.64 亿元，同比上升 172%，在全年各项业务收入中的占比为 49.47%。

小微金融 信贷资源向小微企业倾斜，为其提供资产、负债、结算、理财、专业服务、非金融增值服务等综合金融产品与服务。截至年末，小微企业贷款余额 289.93 亿元，比上年增加 87.93 亿元，增长 43.53%，在个贷余额中占比 62.22%；不良贷款率 0.14%，资产质量良好。全年与 108 家商会、行业协会开展业务合作，启动商圈项目 220 个，小微企业客户数 15 366 户，比上年增加 1 495 户，促进了北京地区 20 多万人就业。

服务“三农”，通过加强银政合作，扶持新型农业经济组织，将北京远郊区县优质农村专业合作社作为小微信贷服务新领域，全力支持与首都“菜篮子”密切相关的肉猪养殖及冷链物流产业发展，提供授信 5 亿元，并在服务方式、产品设计、风险防范等方面进行有益尝试。

风险管理 继续加强贷前、贷中、贷后全面风险管理体系建设，加强高风险行业、系统性风险预警与防控。持续推进政府平台贷款清理规范工作，落实中长期贷款合同修订补正要求，深入贯彻“三个办法、一个指引”贷款新规。截至年末，累计收回平台贷款 18 户，涉及金额 45.9 亿元，全额退出平台贷款 7 户，涉及金额 24.7 亿元；调出平台贷款 16 户，贷款余额 84.7 亿元，纳入一般公司类贷款管理。已投放中长期贷款中，采用分次还款方式涉及贷款余额 113.61 亿元。全年新发放贷款受托支付比例达 98.01%。

（户艺霏）

华夏银行股份有限公司北京分行

2011 年末，华夏银行股份有限公司北京分行（以下简称华夏银行北京分行）本外币资产余额 1 872.40 亿元，比上年增加 491.46 亿元，增长 35.59%。本外币存款余额 1 546.05 亿元，比上年增加 241.10 亿元，增长 18.48%，其中人民币存款余额 1 530.20 亿元，比上年增加 242.96 亿元，增长 18.87%。本外币贷款余额 791.78 亿元，比上年增加 50.70 亿元，增长 6.84%，其中人民币贷款余额 786.30 亿元，比上年增加 78.89 亿元，增长 11.15%。全年实现利润总额 20.16 亿元，比上年增加 7.02 亿元，增长 53.42%。

截至年末，华夏银行北京分行下辖 77 个所属机构，其中支行 50 个、支行筹备组 1 个、行业公司业务部 11 个，分行部室 15 个；全行人数 2 157 人。

公司金融业务 围绕首都主流经济，以提升金融服务能力为核心，深化营销机制建设，调整优化业务结构，先后为门头沟区危改安置房、新材料科技产业基地、高端汽车零部件生产基地、轨道交通等重点项目提供资金支持。与北京天坛生物制品股份有限公司、北汽福田汽车股份有限公司及保障性住房建设投资中心等开展业务合作。开展“龙舟计划闪耀科技金融”、“龙舟计划进文化创意园区”等营销活动，与中关村管委会签订全面战略合作协议，为中关村“一区十园”科技型企业量身定制金融服务。截至年末，对公存款余额1 312.39亿元，比上年增加158.42亿元，增长13.72%；对公业务客户净增5 231户，其中有效户432户；小企业信贷户743户，比上年增长36%，小企业结算户超过35 000户。

个人金融业务 整理下发个人客户流动性、财富增值、人生保障、支付结算、消费金融、贵宾尊享六项需求解决方案，推出面向拆迁户、速通卡、信用卡、代发工资、个人贷款、小企业、TPOS市场商户的7类特定客户群服务方案。开展进市场、企业、中介、社区、大厅的“五进”营销，全年累计举办各类客户沙龙超过150场。开展个人业务“每月服务一提升”、“贺新春、换新钞、送红包”活动。截至年末，个人金融资产总量483.04亿元，比上年增长40.30%；储蓄余额233.66亿元，比上年增长53.36%；累计个人客户126.45万户，新增个人客户27.10万户，其中个人贵宾客户增加11 041户，累计贵宾客户42 730户；华夏速通卡累计发卡24.52万张，当年新增14.20万张。

中间业务 短期融资券和中期票据承销业务稳步发展，成功发行首钢70亿元、京能国际14亿元中期票据以及京煤集团5亿元短期融资券。截至年末，个人理财签约客户增加2.76万户，销售个人理财产品327.83亿元；公司理财产品销售比上年增长75%，机构理财顾问业务收入比上年增长307%；国际业务结算量121.70亿美元，实现国际结算收入1.43亿元；全年实现中间业务收入4.12亿元，比上年增加1.18亿元，增长40.13%。

渠道与服务建设 全年新建营业网点4家，营业网点总数51家；完成8家旧营业网点改造工程。加强网点设施、物品的规范化管理，落实网银体验区、贵宾理财区、自助区形象规范，统一配发客户专享服务卡、绿植等，在办公区域、营业网点统一安装了产品宣传栏、宣传灯箱，服务环境明显改善。开展大堂经理星级评比、营业人员技术比武等活动，进行投诉处理技巧、服务礼仪、服务技能等培训，建立客户满意度测评体系和客户投诉应急处理体系。截至年末，新增自助设备57台，自助银行1家，POS机具1 689台，电话POS 3 119台，特约商户929户。

合规与风险管理 推进全员、全方位、全过程风险管控，强化贷款支付审批、贷款流向监控、授信后评价、到期贷款管理。根据经济形势和市场情况，开展风险排查。加强政府融资平台及房地产开发贷款管理，实施“三个一批”政策，对存量贷款实施“提转压退”，按计划退出高风险客户。加大不良贷款清收转化力度，加快清收处置进程，不良贷款率降至0.96%，同比下降0.33%，小企业业务一直保持资产质量优质，不良率始终保持为0。开展“促整改、防重犯、保合规运行”、“学制度、用制度、提高制度执行力”主题教育活动，重点推行“三个一”工作措施和“五个一”工作要求。实施合规记分卡管理，开展“操作风险十三条”评估和整改，强化操作风险损失数据收集以及关键风险指标监测。成立突发事件应急处置指挥部，提升突发事件应急处置能力，实现业务平稳运行。

（高亚雄）

渤海银行股份有限公司北京分行

2011年末，渤海银行股份有限公司北京分行（以下简称渤海银行北京分行）本外币总资产458.11亿元，比上年增加126.18亿元，增长38.01%；本外币各项存款余额385.35亿元，比上年增加59.16亿元，增长18.14%；本外币各项贷款余额135.56亿元，比上年增加7.76亿元，增长6.07%；全年实现中间业务净收入5 664万元，比上年增加1 969万元，增长53.29%；实现拨备后利润2.37亿元，比上年增加0.19亿元，增长8.7%；按五级分类口径，不良贷款率仅为0.0172%，资产质量保持优良。

截至年末，渤海银行北京分行共设有营业机构（含分行营业部）8家，正式员工474人。

公司金融业务 坚持以客户为中心，以提升盈利能力为目标，积极开拓市场，通过对优势行业、优质项目、综合回报高的客户给予重点支持，优化资产结构，提高资产盈利能力；通过为核心客户提供存贷结合、存款与票据业务联动的综合化产品组合服务，初步形成核心客户群体。截至年末，批发银行存款余额358.65亿元，比上年增加55.36亿元，增长41.67%。积极调研北京市场，与企业探讨合作模式，梳理业务流程，创新业务产品，中小企业业务发展良好，年末贷款余额8.02亿元，比上年增加3.35亿元，增长72.04%。电子汇票、应收账款池融资业务、国际业务、国内代付业务、供应链融资、国内保理、委托贷款和对公理财业务取得了营销突破，实现中间业务收入4 585万元。

个人金融业务 零售银行以客户为中心，围绕“储蓄存款、中间业务收入、有效客户”三大重点，实行全员营销与特色营销相结合，开展“新春开门红，争先做贡献”劳动竞赛活动，推出差异化特色服务，制订“1 + n”的创新营销策略，推出并销售本地化专属理财产品。成立浩瀚财富中心，为未来开办私人银行业务进行试点；组织参加第七届北京国际金融博览会，展示渤海银行北京分行的产品种类与业务特色；完善与公用事业代理缴费平台、银联、支付商户、第三方支付平台、网站的合作，构建服务客户、沟通客户的有效平台。截至年末，储蓄存款余额26.70亿元，比上年增加3.8亿元，增长16.59%；个人贷款余额25.78亿元，比上年增加4.58亿元，增长21.6%；借记卡发卡76 195张，比上年增加16 525张，增长27.69%；个人客户75 352位，比上年增加15 578位，增长26.06%；网银开户30 144户，比上年增加7 911户，增长26.24%；个人理财产品销售30.73亿元。

内控与风险管理 加强内控制度体系

建设，制定《渤海银行北京分行案件处置工作规程》、《渤海银行北京分行重要岗位和敏感环节工作人员异常行为排查暂行办法》和《渤海银行北京分行内控合规员管理办法（暂行）》，完善内控执行依据。强化风险管理基础工作，加强信贷风险全流程管理，重点落实贷后管理，防范和化解信贷风险；通过流程改造，严密环节控制，实行时效承诺，提高审批效率，在把控风险的基础上有力地支持了市场部门授信业务的开展。积极参与“促监管政策进基层行”活动，加强“三个办法、一个指引”的宣讲，有效开展“内控和案防制度执行年”活动。组织中层干部前往北京市警示教育基地及北京市第一监狱开展警示教育活动，防范员工道德风险。加大二线检查力度，有效地防范操作风险与案件风险，全年无一起案件发生。

队伍建设 在人才引进和培养上，坚持内培外引，强化市场营销队伍。制定推荐优秀营销人才奖励办法，鼓励员工推荐外部优秀营销人才，充实市场营销岗位队伍；加大对客户经理的考核、评定、淘汰力度，选拔素质高、业绩好、有资源的非营销岗位人员，充实到一线营销岗位，增强营销队伍力量；加大培训力度，全年共开设各类培训课程 300 班，约 8 000 人次，培训内容涵盖了产品、流程、政策、服务、营销、宏观经济、企业文化、风险合规、系统操作、员工能力素质方面。

（张俊魁）

浙商银行股份有限公司北京分行

2011 年末，浙商银行股份有限公司北京分行（以下简称浙商银行北京分行）本外币各项存款余额 274.3 亿元，比上年增加 94.8 亿元，增长 52.81%；本外币各项贷款余额 108.8 亿元，比上年增加 42.2 亿元，增长 63.27%；全年实现利润 7.36 亿元，比上年增加 4.12 亿元，增长 127.16%；不良贷款率为 0，资产质量保持优良。

截至年末，浙商银行北京分行下设 1 家支行，共有员工 242 人。

公司银行业务 公司银行业务作为浙商银行北京分行“一体两翼”发展策略中的“主体”，凭借有效的风险管理能力和不断壮大的资本实力，为大型企业集团、重点项目、跨国公司提供项目融资和流动资金贷款及组织银团贷款等授信服务，为优质大客户提供结构性融资服务、担保、保函等业务。同时，不断推进供应链金融、本外币联动的国际业务产品、多元化的同业合作、创投金融等创新，加强对客户的服务。

小企业金融业务 制定小企业金融业务目标客户定位、营销方式、产品适用、担保方式、审批权限等管理政策，在考核导向、政策倾斜、培训管理等方面形成了自身的特色体系。截至年末，累计发放小微企业贷款 348 笔，金额约 17 亿元，同比增加 12 倍，小企业贷款占全部贷款的比重从上年末的 2% 上升至 16.5%，不良资产为 0，当年累计收息率为 100%。

风险与内控管理 秉承总行全面、统一的风险管理体系，实行风险监控官委派制度，资产质量持续保持上乘。截至年末，贷款余额108.8亿元，全部实现了本息100%回收和兑付。坚持内控优先，开业不到半年即邀请总行审计、向监管部门披露稽核报告、严格实施内控奖惩，在2011年总行内控考核中名列前茅。

人才管理 坚持以人为本的体制机制建设，面向高端人才推出“领头雁”计划，按照资产质量、安全营运、营业增加值、资本回报率的业绩水平和增长要求，为市场部门负责人制定职业跑道，鼓励其同浙商银行长期共同发展；实施客户经理制，通过业绩、内控等综合考核推出客户经理的职业发展通道，客户经理级别调整以及市场部门设立，从“领导决定”变为“业绩决定”；推行人事经理制，解决带队伍能力弱，唯业绩论的问题，提升各级干部，特别是部门负责人的能力；建立绩效、薪资、培训系统，对每个员工的贡献、收入及所接受的培训进行数字化的记载和考核。

（邓晶喆）

北京银行股份有限公司

2011年末，北京银行股份有限公司（以下简称北京银行）资产总额9 564.98亿元，较年初增加2 232.88亿元，增幅30.45%；存款总额6 142.41亿元，较年初增加565.17亿元，增幅10.13%；贷款总额4 056.09亿元，较年初增加708.78亿元，增幅21.17%。实现利润总额113.97亿元，比上年增加27.96亿元，增幅32.51%；实现手续费及佣金净收入16.13亿元，比上年增加6.49亿元，增长67.26%。资本充足率12.06%，核心资本充足率9.59%。贷款不良率0.53%，不良贷款继续保持“双降”，不良贷款余额和比例分别较上年末下降1.86亿元和0.16个百分点，拨备覆盖率达到446.04%。

截至年末，北京银行分支机构总数214家（不含村镇银行），其中北京地区分支机构166家；在册员工7 339人。

公司业务 公司业务收入结构持续优化，中小微特色继续增强，中小企业事业部正式揭牌；推出六项支持文化创意产业快速发展新举措，启动文化金融提升工程；投行业务不断深化，业务规模持续增长；产品体系不断完善，推出票据池、全能管家、京医通等新产品，服务能力不断完善。

零售业务 实施“赢在网点”项目，优化业务结构，加快零售银行战略转型。发展个人经营性贷款，推进“短贷宝”特色产品、信用卡业务等；推动理财中心、财富中心建设；拓展业务渠道，开展客户分层管理，优化客户结构，着手开展私人银行业务试点工作，建立差异化服务模式。

中间业务 打造中间业务品牌，建立“大投行、大同业、大资金”业务模式，加强对投资保险公司、消费金融公司后援支持和研究，以投资银行业务、综合金融业务为核心，带动中间业务跨越式发展，中间业务收入不断增长。

业务创新 坚持金融服务实体经济理念，引导和扶持中小企业，打造科技金融、文化金融、绿色金融特色品牌，中小企业贷款年末余额 1 497 亿元。以“硅谷银行”模式为标杆，成立中关村分行，是国内首家针对中关村国家自主创新示范区金融服务设立的分行级特色机构；年末科技创新企业贷款余额 78.33 亿元，同比增长 35.84%。启动“文化金融提升工程”，支持文化大发展、大繁荣决策，全年累计审批通过“创意贷” 1 936 笔、290 亿元。

资本化运作 截至年末，北银消费金融公司累计发放消费贷款 4.97 亿元，较上年增加 4.71 亿元，业务实现高速发展；中荷人寿保险公司实现保费收入约 14.8 亿元，比上年增加 1.8 亿元，业务结构更趋合理，资产规模不断扩大。北京延庆村镇银行、浙江文成北银村镇银行存贷款规模平稳上升，业务不断发展。北京银行已初步搭建起以银行业务为核心、保险和消费金融为辅的高度专业化、集约化、特色化综合金融服务平台。

国际化发展 与 ING 集团在荷兰阿姆斯特丹签订深度合作协议，开启国际化发展新征程。截至年末，北京银行在全球建立代理行 1 202 家，建立美元、日元、港元、欧元、英镑等 15 个国际主要货币直接清算渠道。

区域化布局 成立南昌分行、中关村分行、杭州绍兴支行、浙江文成北银村镇银行和吉林农安北银村镇银行。截至年末，北京银行分支机构 214 家（不含村镇银行），全年新增分支机构 21 家，经营范围覆盖环渤海、长三角、珠三角、中西部四大经济区，全国性营销网络主体框架基本形成。

风险管理 围绕总分支三级架构、经济资本管理、业务转型、压力测试、融资平台管理等方面有序开展工作。完善三级管理架构，构建网状管理体系；制定出台 6 项相关制度；开展多次压力测试。

信息化建设 从助推各业务线转型发展、深化电子渠道品牌建设、提升精细化管理水平三方面进行信息系统建设，全年提出科技开发项目近 500 项，已启动实施 450 余项。十大科技攻关项目加速实施，数据仓库项目稳步推进，第四代核心系统建设工作全面启动，西安灾备中心正式投产，开通全国统一客服电话 95526。

人才强行 围绕战略转型这一核心，实施人才使用、人才建设、人才培训、人才服务和系统建设五大工程，持续强化人才队伍建设。截至年末，北京银行共有在册员工 7 339 人，本科及以上人员占比 65%，35 岁以下人员占比 60%，员工知识结构、年龄结构、综合素质得到持续提升，全年人均创利超过 100 万元。

社会责任 组织开展“普及金融知识万里行”活动，向社区公众普及金融理财与金融安全知识；承办“国债进乡村”宣传活动，为密云县广大村民培训国债知识；在《北京社区报》上开设“理财大讲堂”专栏，引导居民树立正确理财观；作为企业公民，全年向医药卫生、教育、体育等项目公益捐款超过 2 000 万元。

（黄晓磊）

大连银行股份有限公司北京分行

2011年末，大连银行股份有限公司北京分行（以下简称大连银行北京分行）总资产82.46亿元，比上年增加25.27亿元。一般性存款余额62.9亿元，比上年增加9.99亿元，增长18.88%。贷款余额36.51亿元，比上年减少3.81亿元，下降9.45%。不良贷款率保持为0。

截至年末，大连银行北京分行设有3家支行（含分行营业部），员工163人。

公司业务 依托北京总部经济特点，以核心企业客户为中心，发展其供应链上下游客户群体业务；不断丰富业务产品，通过特色理财带动对公存款稳步提高；着力培养高品质客户经理团队，提升服务水平，实现公司业务有效客户数量的快速增长。截至年末，对公日均存款同比增长5%，有效客户数量增长144%。

个人业务 以理财业务为突破口，以推广电子银行为手段，立足渠道与队伍建议，稳步夯实基础，积极尝试个人贷款与信用卡业务创新，带动对私业务的全面发展。

小企业业务 在资源配置上加大对小微企业的支持力度，通过设立专业部门、流程再造、搭建平台、加强宣传等措施，实现了小企业贷款增速高于全部贷款平均增速、增量高于上年水平的目标。截至年末，小企业贷款余额9.07亿元，较年初增加4.4亿元，增长94.5%。

同业业务 转变经营思路，开展同业业务，确立以资金业务、票据业务、投资业务、投行业务为主要品种，以同业负债业务匹配同业资产业务为主要盈利手段的业务经营模式，注重完善规章制度，创新业务模式，不断提高同业业务利润贡献度。

内控合规管理 落实监管要求，加强贷款新规执行力度，受托支付比例大幅提升；全面梳理规章制度，强化制度执行力；开展各类风险排查，高度关注重要岗位人员8小时以外活动情况，建立员工道德行为常态化管理模式；强化岗位管理，层层签订合规、案防责任状，扎实推进案防专项治理工作；开展以“内控先行、主动合规”为主题的知识竞赛、警示教育和各类培训，员工风险意识明显提升。

（李聪）

天津银行股份有限公司北京分行

2011年末，天津银行股份有限公司北京分行（以下简称天津银行北京分行）本外币各项资产206.52亿元，比上年增加20.02亿元，增长10.73%；本外币贷款余额98.81亿元，比上年增加25.12亿元，增长34.09%。实现经营利润2.94

亿元，比上年增加0.71亿元。

截至年末，天津银行北京分行共设7个支行及分行营业部，共有人员264人。

公司金融业务 面对复杂的经济金融形势，立足业务结构调整，拓宽产品渠道，以“抓大不放小、以中小企业为主导”的市场定位，结合北京市场特点，加快中小企业金融服务“六项机制”建设，通过信贷产品及客户结构调整，中小企业客户贷款由年初占总体贷款规模的17%增长至22%。

个人金融业务 加强渠道建设，成立个人贷款中心、银行卡中心、渠道中心、理财中心和客服中心，实现业务管理和营销推动的专业化运作。秉承服务北京市民、服务中小企业、服务地方经济的市场定位，将有限的信贷规模向中小企业、小微企业、个人贷款倾斜，发挥资产业务的龙头带动作用，促进业务发展。全年个人贷款累计发放716笔、10.58亿元。

国际金融业务 按照总行提出的以新型业务品种和创新型金融工具推动业务发展的思路，将国际业务部定位于经营管理型的部门，在稳固其后台结算保障职能的基础上，充分发挥贸易融资产品的牵引和拉动作用，深入经营机构培训宣导、深入企业推广产品洽商合作模式。全年实现贸易融资投放18.15亿元，国际结算量2.98亿美元。

银行卡业务 积极寻找业务发展渠道，加强与外部机构的合作力度，重点推广联名卡业务，发行天银汇金联名卡、津卡中小企业联名卡，对零售业务客户的增加和业务的发展起到拉动作用。

中间业务 主动调整业务结构，将中间业务作为提升盈利能力的战略重点，在大力发展代理收付、银行卡等中间业务的同时，努力发展理财、债券、基金托管等中间业务，提高中间业务收入在盈利结构中的占比。

电子银行业务 全面推进网银业务的服务能力建设，延展无形柜台的覆盖范围。截至年末，网上银行企业客户641户，比上年增长86%；交易量541亿元，比上年增长64%。网上银行个人客户417户，比上年增长92%；交易量1.64亿元，比上年增长272%。

金融同业业务 成立同业业务部，开展同业交流与合作，推动同业渠道建设。全年累计开立同业账户12个，吸收同业存款余额约122亿元，同业存出余额约40亿元，同业借款余额约9亿元。

票据业务 成立票据中心，制定和梳理票据业务贴现、转贴现操作规程和流程，累计签发银行承兑汇票2 290笔，金额86.17亿元。

内控与风险管理 按照风险管理、公司金融、个人金融、运营管理、计划财务和综合管理6个业务条线，梳理监管部门、总行及分行的各项规章制度，编订成册。根据监管部门及总行要求，持续开展操作风险、存款风险、反洗钱、授信业务、计算机信息系统、安全保卫等专项检查，杜绝风险隐患。通过以会代训、宣导培训等多种形式部署案件防控要求，分析当今经济形势和热点问题，要求各经营机构做好案防与管理工作。加强培训工作，全年累计开展各项业务培训20余次，内容涉及“三个办法、一个指引”、案件防控及法律事务、操作风险、新入职员工应知应会、授信后管理、全面问责等方面。认真落实贷款新规，确保实现实贷实付和贷款全流程管理的要求。

（唐宗元）

杭州银行股份有限公司北京分行

2011年末，杭州银行股份有限公司北京分行（以下简称杭州银行北京分行）资产总额226.09亿元，存款余额202.04亿元，贷款余额83.54亿元（其中小微企业贷款余额18.01亿元、1 875户），实现利润总额5.16亿元，不良贷款余额3 997.09万元，不良贷款率0.48%。

截至年末，杭州银行北京分行共有6家支行，员工288人。

公司业务 面向高成长性企业的“起飞计划”客户、拟上市及上市（发债）企业的“卓越计划”客户和城镇一体化改造的“星火计划”客户，通过多种金融手段，提供综合化的金融服务。截至年末，对公存款余额188.87亿元，对公日均存款增加90.1亿元。

科技金融 以中关村科技园区为业务辐射点，组建专营团队，给予单独的扶持政策、风险容忍度、问责标准和考核激励机制，通过新三板企业专属金融服务方案、“投联贷”、“投转贷”和“期权贷”等创新产品，服务于首都科技型中小企业。截至年末，科技金融贷款余额9.52亿元，贷款户数72户，科技型企业贷款余额占分行整体贷款余额的11.66%；新三板专属金融方案完成授信30户，授信总额5.22亿元，贷款余额2.71亿元。

小微业务 将“两圈一链一型”为主要小企业目标客户群。“两圈”即商会（帮）圈、市场圈；“一链”即关注于上下游供应链；“一型”即重点发展科技型小企业。针对该类客户，实行单列信贷额度，重点满足500万元以下小微金融市场的融资需求。截至年末，累计投放单户500万元以下贷款38.57亿元、2 436户，其中单户100万元以下贷款6.63亿元、1 616户，涉及北京地区的石材、木材、汽配、眼镜、水产、服装等多个大型批发市场和外地在京商会；“神州贷”累计发放贷款10.38亿元、88户。

投行同业业务 截至年末，已实质操作投行同业13个业务品种，与全国30余家金融机构开展合作。

（孙昊）

南京银行股份有限公司北京分行

2011年末，南京银行股份有限公司北京分行（以下简称南京银行北京分行）总资产249亿元，比年初增加63.51亿元，增长34.24%。各项存款时点余额158.45亿元，比年初增加37.68亿元，增长23.78%；各项贷款时点余额91.23亿元，比年初增加18.51亿元，增长25.45%。实现净利润2.45亿元，较上年增长54.1%。

截至年末，南京银行北京分行共有6

家营业网点，员工 231 人。

公司业务 严格把握信贷投放总量和节奏，优化信贷结构，实现业务的转型发展，积极拓展大型优质和行业龙头企业客户，将有限的信贷资源向中小企业和个人业务倾斜。全年国际结算量 2.95 亿美元，比上年增长 191.95%；办理各类票据业务 294 笔，累计交易量 927 亿元。

零售业务 深入挖掘楼宇电视、短信平台等营销渠道，坚持社区营销宣传，强化队伍建设，各项业绩迈上新台阶。截至年末，储蓄时点余额 7.39 亿元，比年初增加 3.04 亿元，增长 69.89%。中高端客户、电子银行用户、个人经营性贷款、理财中间业务收入均实现跨越式增长。

中小企业业务 组建中小企业部，与中关村管委会、福建商会等机构建立业务关系，出台《南京银行北京分行小企业贷款定价指导意见》等制度，推广“鑫动力”和“鑫智力”小企业金融服务品牌。截至年末，小企业贷款余额 8.16 亿元，比年初增长 61.19%，其中单户 3 000 万元以下新增小企业贷款 3.03 亿元，比年初增长 64.65%。

内控及风险管理 落实“三个办法、一个指引”贷款新规，全年累计发放三类贷款的受托支付比例保持在 96% 以上的行业较高水平。梳理现行内控管理制度，完成 104 份内控合规体系文件的编写和评审，开展内控操作风险识别评估。制定《南京银行北京分行违规事项积分管理工作实施细则》，逐步实施违规事项积分的常态化管理，并根据积分进行通报和惩罚。组织开展针对票据业务、个人经营性贷款、房地产、民间借贷、担保公司等方面的拉网式风险排查及多次专项审计，对于发现的风险，及时遏制，督促整改。

（党章）

盛京银行股份有限公司北京分行

2011 年末，盛京银行股份有限公司北京分行（以下简称盛京银行北京分行）本外币各项资产合计 279.19 亿元，比上年增加 63.38 亿元，增长 29.36%；本外币各项存款余额 264.84 亿元，比上年增加 150.94 亿元，增长 132.52%；本外币各项贷款余额 96.16 亿元，比上年减少 1.23 亿元，减少 1.26%。不良率保持为 0。

截至年末，盛京银行北京分行共设支行（含分行营业部）3 家，员工 89 人。

公司业务 实行战略性客户名单制管理，加快核心战略客户的开发，拓宽对公业务的增长空间，推进产品和功能创新，对公存款增长和客户结构优化实现新突破。截至年末，本外币公司存款余额 261.91 亿元，比年初增加 150.2 亿元。

同业业务 贯彻总行区域发展战略部署，依托北京地区的同业机构，与全国同业广泛联系，取长补短，同业业务取得较好的业绩，全年实现净利润 1.25 亿元。

国际业务 本着服务客户的理念，拓展产品线，开办 NRA 账户、跨境人民币结算等业务；加强内部管理与风险控制，运用标准化业务流程等多种手段，提高服务质量与效率。截至年末，外币存款

3 300 万美元。

小企业业务 明确市场定位，设立专门机构，创新特色产品，优化审批流程，完善风险防控机制，加大对国家鼓励的中小企业和小微经济的金融服务。

风险控制 落实银监会“深化银行业内控和案防制度执行年”活动要求，梳理和修订各项规章制度，明确业务岗位职责，规范业务操作标准。按照“三个办法、一个指引”的要求，将信贷业务流程分解、细化成为受理调查、业务审查、风险审核、贷款审批等环节，明确各部门、各岗位权责，加强“审贷分离、贷放分控”。以“监管政策下基层活动”为契机，开展形式多样、内容丰富的培训活动，提高员工业务技能水平和风险防范意识。

（曾欣）

上海银行股份有限公司北京分行

2011 年末，上海银行股份有限公司北京分行（以下简称上海银行北京分行）资产总额 167.92 亿元，比上年增加 0.18 亿元；负债总额 165.80 亿元，比上年增加 0.39 亿元；各项存款余额 109.09 亿元，比上年增加 42.82 亿元，增长 62%。各项贷款余额 93.11 亿元，比上年增加 16.44 亿元，增长 21%。

截至年末，上海银行北京分行共设支行（含分行营业部）4 家，共有员工 232 人，全部为合同制员工。

公司业务 深化对存量客户的营销，积极开拓新客户，存贷款规模稳步增长。“账户宝”、“头寸共享”业务营销取得突破，债务融资工具营销中，联主承销短期融资券和中期票据，取得较高中间业务收入。截至年末，对公存款余额 104.41 亿元，比上年增加 39.29 亿元，增长 60%；对公贷款余额 91.69 亿元，比上年增加 15.02 亿元，增长 20%。

个人业务 零售业务营销逐渐显露成效，截至年末，个人客户金融综合资产时点数 8.17 亿元，比上年增加 6.06 亿元，增长 287%，其中纯储蓄时点 4.64 亿元，比上年增加 2.54 亿元，增长 121%。

国际业务 根据客户特点及需求，通过与同业银行合作等模式开展内保外贷业务以及本外币存款业务；拓展非单证业务，改善过度依赖进口开证的业务结构，利用贸易融资产品，通过进口代付和出口福费廷等方式满足客户需求。截至年末，国际结算量 6.1 亿美元（含跨境人民币 2.2 亿元），结售汇 5.38 亿美元，实现中间业务收入折合人民币 1 323 万元。

（周薇）

江苏银行股份有限公司北京分行

2011 年末，江苏银行股份有限公司北京分行（以下简称江苏银行北京分行）资产总额 308.74 亿元，比年初增加 175.15 亿元，增长 131%。各项存款余额 251.74 亿元，比年初增加 149.18 亿元，增长 145.46%；各项贷款余额 84.86 亿元，比年初增加 43.77 亿元，增长 106.52%；实现利润总额 2.58 亿元，净利润 1.87 亿元。

截至年末，江苏银行北京分行共开设 4 家支行；正式在册员工 254 人，其中博士学历员工 7 人，硕士学历员工 55 人，本科学历员工 152 人，平均年龄 30 岁。

公司业务 坚持开业初期制定的"切西瓜、摘桃子、捡芝麻"的业务发展和市场开发战略，加大对重点项目、新兴行业、文化创意和中关村科技企业的支持力度。开展传统存贷款及结算业务，奠定与大型客户合作的基础；通过业务品种、担保方式、审批机制等创新模式的有机结合，为企业量身定做金融服务方案，解决了部分中小企业特别是文化创意产业和科技型中小企业的融资难题，被人民银行营业管理部授予"信贷支持文化创意企业发展"先进单位，一名员工被评为"科技金融创新年"先进个人。

零售业务 银行卡业务高速发展，获得中国银联颁发的"银联卡业务成长奖"；小微企业信贷业务以产品创发展，用"小快灵"系列产品开拓市场，赢得客户；理财业务精细化，用专业创收益、控风险；个人贷款业务多样化，住房、消费、信用贷款并驾齐驱。

资金业务 成立资金业务部，充分利用北京市场的优势，了解辖内金融同业客户对资产业务、中间业务等产品的需求，在市场调查中制定营销策略，结合总行的经营管理方针，使金融同业的中间业务产品和资产业务能有效地进入市场，并且逐步扩大影响力。

（杨锐恒）

北京农村商业银行股份有限公司

2011 年末，北京农村商业银行股份有限公司（以下简称北京农商银行）资产总额 3 768.33 亿元，较上年末增长 14%；各项存款余额 3 355.91 亿元，较上年末增长 13%；全年实现拨备前利润 50.50 亿元，较上年末增长 60.40%；监管指标大幅改善，资本充足率 14.87%，核心资本充足率 9.52%，拨备覆盖率 156%，五级不良贷款率较年初下降 1.30 个百分点。

截至年末，北京农商银行管辖支行 29 家，机构网点 694 家；从业人员 8 080

人，其中在岗合同制员工 7 008 人、派遣制员工 1 072 人。

贷款业务 截至年末，各项贷款余额 1 690.96 亿元，其中一般贷款余额 1 537.10 亿元，同比增长 23%。涉农贷款余额 407.33 亿元，占北京市总量的四分之一；在京郊农民贷款需求减少的情况下，新增投放农户贷款 2.30 亿元，农户贷款余额 24 亿元，占全市农户贷款总量的六成。保障房贷款余额 16.02 亿元，为改善北京居民的居住条件作出了积极的贡献。

负债业务 截至年末，人民币存款净增额位居北京市同业第五位，股份制银行第一位。储蓄存款余额 1 541.10 亿元，同比增长 18.4%，余额和净增额分别居于北京市同业第四位和第三位，股份制银行第一位。

中间业务 截至年末，实现中间业务收入 6.83 亿元，同比增加 1.46 亿元，增长 27%。其中，银行卡实现手续费收入 2.33 亿元，同比增长 30%；会计结算业务实现手续费收入 9 237 万元，同比增长 10%；公司业务中间业务收入 9 756 万元，同比增长 56%；电子银行实现中间业务收入 6 119 万元，同比增长 59%，柜面替代率 64.70%，同比提高 5.06 个百分点；资金营运实现中间业务收入 6 006 万元，同比增长 71%；国际业务实现外汇中间业务收入 2 071 万元，同比增长 241%；机构业务实现手续费收入 2 041 万元，同比增长 959%；个金代理销售保险、基金、国债、理财产品合计 127.61 亿元，实现各项手续费收入 9 749 万元。

金融市场业务 把握资金需求旺盛的有利时机，加大资产调仓建仓力度，实现账面利润 32.30 亿元，同比增加 18.76 亿元，增长 139%，营运资金收益率 4.42%，同比增加 1.69 个百分点，为全行拨备前利润突破 50 亿元作出了重要贡献。

金融创新 推出针对贵宾客户的整体金融服务方案——凤凰金账户和金凤凰财富管理，推出首批贵金属投资产品，实现再贴现业务零的突破，成为“中国农村信用社成立 60 周年”熊猫加字金银纪念币指定主承销机构，网上商城正式上线开放。

风险防控 修订全面风险管理委员会工作规则，全年组织召开 4 次全面风险管理会议，加强总支行协调联动，推动全面风险管理在管辖支行的贯彻落实；制订新资本协议实施规划，确立全面风险管理的方向和重点；开展“风险防控年”、“合规文化建设年”、“三项整治”和“不良贷款攻坚”等专项活动，加强专项审计和稽核，强化会计检查，推进全面风险管理；贯彻落实贷款新规，三类贷款受托支付比例 92%，同比提高 56 个百分点，修订补正中长期贷款合同的份数和金额分别占到 95% 和 93%，平台贷款余额较年初下降 45%，房地产贷款余额集中度 18.30%。

信息科技 加强安全生产管理和信息安全体系建设，完成数据中心迁移，实现重要核心银行系统同城灾备，完成网络改造工程的 85%，为经营管理奠定了较好的信息科技基础；贯彻“科技引领发展”战略，全年新建或改造包括新一代综合柜面系统和手机银行系统在内的 27 个应用系统，开发投产项目 354 个，促进了全行渠道建设、产品创新、流程优化和风险把控水平提升；数据仓库系统、对公信贷管理系统二期等重要项目建设取得积极进展。

内部管理 完成票据集中提入上收和内城区支行会计事后监督集中上收，开展远程集中授权试点和金库布局规划，推进“大后台”集约化经营管理；开展管辖支行机构扁平化改革试点，压缩管理层级，完成427家分理处隶属关系调整；筹建总行第二办公区，规范抵债资产、闲置资产管理，完成土地房产确权宗数占比12.90%；召开15次业务与产品评审会，对42项新业务进行立项，以行名简称变更、增资扩股和行庆六周年为契机，着力塑造北京农商银行品牌形象；深化专审人审批制度，建立单笔审核及出账重检制度，贷款重定价增加利息收入2.50亿元；扎实推进“3110”工程，全年完成装修改造财富管理中心5家，贵宾理财网点85家，普通理财网点253家，单一功能网点50家；全面推进网点转型，改善营业环境，梳理营销服务流程，建立考核机制，提升营销服务能力；服务“三农”，持续打造凤凰乡村游品牌和改善农村地区支付环境，建成20家乡村便利店、5家乡村自助店；开展文明规范服务竞赛和劳动技能大赛，加强服务工作的制度化和规范化，推进文明规范服务工作长效机制建设。

（郑海峰）

北京延庆村镇银行股份有限公司

2011年末，北京延庆村镇银行股份有限公司（以下简称延庆村镇银行）资产总额36 638万元；各项存款余额31 606万元，完成全年任务的112.88%；各项贷款余额20 009.34万元，连续12个季度收息率100%，不良率为0；实现税前利润573.6万元。

资产业务 坚持“立足延庆，服务三农，服务中小企业，服务百姓”的市场定位，积极开发中小微企业贷款，着重选择高科技、节能减排、绿色环保、休闲旅游、新能源、再生能源、新农村建设、种植业、养殖业等项目，为农村专业合作组织、农业产业化龙头企业提供信贷支持；相继与四家担保公司达成合作协议，拓宽贷款渠道。调整经营策略，扩大农金业务部、个人业务部职能，成立营销部，加大个人抵押贷款等低风险贷款的投放力度，在满足农户生产经营以及消费资金需求的同时，扩大了贷款规模，分散了贷款风险。截至年末，各项贷款450笔、20 009.34万元；累计发放贷款876笔、35 427万元，已收回426笔、15 417.66万元。

负债业务 构建上下联动、充分结合、高效运转的营销体系，开展业务营销；组织宣传咨询活动，宣讲业务，解答相关问题，提高社会公众的认知度，为吸收存款工作打下良好基础。截至年末，存款余额31 606万元。其中，对公存款余额20 455万元，占存款总额的64.72%，储蓄存款余额11 151万元，占存款总额的35.28%。

内控及风险防范 贯彻“银行业内控和案防制度执行年”活动要求，制定16项制度，提高内控和案防制度执行力；

落实贷款新规，做好受托支付及贷后管理；落实安全保卫工作责任制和安全教育工作，加大安全检查力度，严格执行晚上值班、巡查，周六、周日白班带班以及接送款箱制度，确保人员、资金安全。

（张帆）

北京密云汇丰村镇银行有限责任公司

2011年末，北京密云汇丰村镇银行有限责任公司（以下简称密云汇丰村镇银行）资产总额14 805.85万元，各项存款余额10 423.90万元，各项贷款余额5 927.99万元，不良贷款率继续保持为0。全年实现净利润21.31万元，比上年增加277.98万元，增长108.30%，按时完成了三年实现盈亏平衡的战略目标。

截至年末，密云汇丰村镇银行在职员工38人，暂未开设分支机构。

对公业务 以合作社社员联保贷款、公司加农户贷款、个体工商户抵押贷款等涉农贷款业务为重点，加大经营力度；响应金融支农“春雨行动”，制订“以农户小额贷款为突破口，带动业务发展”的行动计划；扩大人员编制，开展员工培训，提升服务品质。截至年末，涉农贷款累计发放9 829.00万元，比上年增加2 819万元，增长40.21%。

个人业务 密云汇丰村镇银行“贷得乐”个人无抵押小额贷款产品采用个人保证担保方式，解决了农户、个体工商户融资无抵押品的难题；通过走访客户、定点下乡发放产品资料、与公交公司合作广告等，提高客户对该产品的认知度。截至年末，个人无抵押小额贷款累计发放170笔，累计金额1 416万元。

合规文化建设 开展以“完善制度，强化培训，全面自查”为主题的合规文化建设，加强员工职业道德教育，培育“合规从高层做起、合规人人有责、合规创造价值”的文化氛围。定期总结合规管理经验，将风险及内控管理纳入考核体系。全面自查自纠，建立绩效考核制度，确定业务发展指标，构建合规经营问责防线。开展防范抢劫、消防安全、灾难备份等各类风险防控演练，加强内外部电子邮件、网络应用等安全性的管理力度，全年未发生违规案件。

（王智超）

中国邮政储蓄银行股份有限公司北京分行

（原中国邮政储蓄银行有限责任公司北京分行，2012年1月更名）

2011年末，中国邮政储蓄银行股份有限公司北京分行（以下简称邮储银行北京分行）资产总额1 238亿元，其中零售信贷放款结余74.75亿元；负债总额

1 241 亿元，其中存款总额 1 136.42 亿元。

截至年末，邮储银行北京分行所属支行及代理网点共531家。其中，一级支行（区县局支行）15个，二级支行（网点支行）259个，邮政代理网点257个。员工总计3 356人，比上年末增加387人，增长13.03%。

个人金融业务 截至年末，邮储银行北京分行个人客户1 335万户，其中VIP客户达62.1万户，年新增11.1万户；人民币储蓄存款余额986.36亿元，年新增156.29亿元。信用卡、网上银行业务规模快速增长，信用卡结存卡量7.59万户，网银客户124.64万户。承担全市50%养老金发放工作，每月向110万老年人发放养老金，年代发金额近240亿元。综合理财业务年销售120.45亿元。开发了一只融资类理财产品、两只票据类理财产品。理财经理队伍建设持续推进，在总行举办的首届“十佳理财经理大赛”中，邮储银行北京分行1名选手获得冠军，1名选手获得“理财经理最佳风采奖”，1名选手获得“全国优秀理财经理”称号。

公司业务 强化市场营销，拓宽经营思路，业务发展初具规模。随着现金管理、公司信贷、票据承兑与贴现、供应链金融等公司业务的开展，产品种类日趋丰富，公司客户服务能力进一步提升。截至年末，对公存款余额223.47亿元，实现年日均余额231.38亿元；发放公司信贷27.5亿元。上线现金管理系统，为中国电信、国家电网、中国石化、华电集团、北京市邮政公司、瀛公益基金会、大中电器、物美集团、吉野家等16家企业客户提供服务。截至年末，已成功签约现金管理客户20家，签约账户数36个，开立虚拟账簿451个。

资金同业业务 在同业资产、同业资金营运、票据融资三个同业业务条线上，加强行外各金融机构同业业务合作，实施行内多板块交叉营销联动发展，促进同业业务的发展。截至年末，票据转贴现余额106.43亿元，累计票据交易量1 578.78亿元，实现利润增长160.86%。协助总行开展批发类资产业务，同业批发类资产年末余额142.73亿元。拓展同业资金存放业务，往来资金交易124.5亿元；与各类同业客户开展同业机构理财业务、代理托管业务合作，以及开展银信合作、银财合作等，同业合作机构达到160余家。

信贷业务 秉承“服务三农、服务中小企业、服务民生”的定位，积极支持实体经济发展。全年发放零售贷款1.13万笔，总额60亿元，同比增长30%。落实银监会关于小企业贷款“两个不低于”的要求，支持小微企业发展，针对马连道、蓝景丽家等市场内的商户设计推出了特定群体的特色贷款产品，全年发放小微企业贷款79亿元，同比增长66%。落实扩大内需的宏观政策，满足北京市居民购买个人住房的需求，推出一手房按揭贷款。与市农委、私个协开展“送贷下乡”、“贷进年检”等活动，支持了近2.7万户中小企业的发展，创造就业人口达13万人。

“创富大赛” 举办“创富大赛”，为有创富梦想却苦于融资难的北京市中小企业和农户提供最高1 000万元的融资机会。大赛历时三个月，面向社会征集百姓创富项目上千个，1 241名客户报名参赛，组织中小企业、农户、科技创新企业三场主题决赛，邀请国内经济领域的权威专家提供全程专业指导和智力支持，接受客户咨询20 000多人次，共为各类小微企业和农户提供5.8亿元融资支持。

网点及自助服务渠道建设　截至年末，邮储银行北京分行所属支行及代理网点531家；新增布放ATM和CRS自助设备318台，累计布放1 161台；开业和在建自助银行110家。上线网上银行、电话银行、手机银行等电子交易系统，电子银行注册客户近300万户。设立“金融夜市”，成为京城首家提供延时服务的金融机构。

培训年活动　持续开展高管人员培训，先后组织北大光华管理学院专题培训、厦门大学高管副职培训，邀请英国阿什里奇商学院教授现场授课。强化网点支行行长培训，先后组织“西点人才工程”一期、二期，人民银行研究生院主题培训，全年累计48 264人次参与培训。

首批“财资管理师”取得认证资格　12月11日，邮储银行北京分行8名公司业务骨干通过了国际财资管理师（CTP）资格认证考试，取得国际认证资格，成为北京分行首批“国际财资管理师”。

（程凯宁）

中国华融资产管理公司北京办事处

2011年，中国华融资产管理公司北京办事处（以下简称华融资产北京办事处）实现商业化业务净收入2.87亿元，完成公司下达业务收入确保计划的189%，力争计划的170%；实现利润22 089万元，完成公司下达利润确保计划的221%，力争计划的192%。

资产管理业务　探索资产管理业务的内涵和外延，努力拓展资产管理业务的边界；以资产收购、重组为重点业务方向，在不良资产经营管理处置方面形成新的盈利增长点；依托收购并实施债务重组的核心技术，提升资产管理能力和危机企业管理能力，关注金融机构的不良资产和问题贷款，加强与银行、信托公司等金融机构的联系，紧盯金融信贷政策调整带来的潜在商机。

股权管理业务　中国华融资产管理公司开展股权资产买断评估工作以来，华融资产北京办事处剩余政策性股权资产账面总额656 116万元，占全公司剩余债转股资产的1/8。为此，华融资产北京办事处展开了为期4个月的股权资产评估工作。根据总公司和中介机构要求，深入企业开展尽职调查，查阅档案资料和审计报告，与债转股企业及其上级主管单位、中介机构专业人员进行多次沟通，完成了股权资产评估工作。

业务结构调整　针对房地产项目投入相对集中的现状，及时调整营销方向和业务机构，将项目从以房地产为主逐步向煤炭等资源类行业拓展，研究分析相关政策，总结借鉴成功案例，把握煤炭、有色金属等行业机会，关注煤炭企业兼并重组，寻找煤炭整合融资项目。以信托为主要方式，逐渐向资产管理主业延伸，有效地实现了资源类项目的逐步积累和稳步增长。

创新业务　与国内基金会建立联系，探索业务合作的运行模式，与总公司创新业务部共同参加了“透明公益，给力和谐社会”——中国基金会三十周年暨基金会中心网一周年大会，取得了良好效果。7 月加入中关村科技金融创新联盟，与多家金融机构签署了《中关村科技金融创新联盟战略合作协议》。鼓励员工在工作中创新，为华融资产北京办事处的产品开发、具体项目实施提供方案，提高核心竞争力。

队伍建设 以开展“创先争优”、庆祝建党 90 周年和争创“五有”企业、争做“五有”员工活动为契机，采取会议、座谈、评优等形式，引领员工统一思想、提高认识，创建和谐团队。加强党风廉政建设和反腐倡廉工作，组织开展“合规履职年”、“三重一大”执行年、领导干部廉洁自律自查自纠工作“回头看”、制度执行力学习周等活动，强化全员廉洁从业、合规履职意识。通过纪检监察机构单设、调整充实纪委成员、建立部门纪检监察联络员制度等措施，加强纪检组织和纪检干部队伍建设。

（袁宁）

中国长城资产管理公司北京办事处

2011 年，中国长城资产管理公司北京办事处（以下简称长城资产北京办事处）坚持以市场为导向，以利润为核心，努力提高商业化资产精细化运作水平，大力拓展新业务资源，规范加强基础管理工作，完善考核激励办法，加强干部队伍建设，各项经营管理工作取得了良好成效，全年实现商业化利润 10 181 万元。

资产处置 一是创新资产处置方式，实现资产回收效益最大化。对不良资产项目进行全面梳理和项目分析，加大尽职调查力度，开展全方位资产营销；利用四期（2）系统，对项目实施情况及时监控；借助中介机构，加大项目执行力度，提高重点项目回收预期；将资产处置与商业化收购有机结合，以拟处置项目寻找目标收购资产。二是全方位做好政策性资产维权工作。对债权资产，做好维权，保证诉讼时效的连续性，配合总公司做好资产评估和打包转让的前期准备工作；对物权资产，逐户对租赁的房屋进行查看，与物业管理公司就房屋出现的问题进行协商，对未按照合同缴纳房屋租赁费的客户进行诉讼；对股权资产，定期走访企业，及时掌握经营情况，并结合预算执行情况进行分析审查。

业务创新 一是作为中小企业财务顾问及不良资产收购综合服务业务的试点单位，长城资产北京办事处成立银行综合服务业务部，经过多轮谈判与沟通，3 月 25 日，与华夏银行北京分行、某公司签订《三方业务合作协议》，实现融资顾问业务收入人民币 22.5 万元。二是拓宽不良资产收购渠道，积极参与企业不良资产重组工作，针对北京农商银行推出的 7 个资产包共计 121 亿元的不良资产项目，全力做好尽职调查工作。三是开展代理公司平台业务，深化与金融机构合作业务的创新，在信托、融资租赁、保险、财务投资等方面为企业提供综合性服务。

（王凯）

中国东方资产管理公司北京办事处

2011年，中国东方资产管理公司北京办事处（以下简称东方资产北京办事处）建设银行可疑类不良资产当年收现1.23亿元，完成总公司下达收现任务的408%；商业化业务累计实现利润0.6亿元。

债权处置 按照总公司要求，对剩余资产进行深挖细作，着力清理剩余项目；积极推进中国建筑材料集团有限公司增值运作项目，按规定行使股东权利，跟进落实《债务重组协议》约定的红利分配及股权上市事宜。

商业化业务 上半年，新商业化业务拓展领域为北京、内蒙古地区，主要集中在不良资产收购业务、能源类企业融资、物业并购类融资业务三个方面。下半年，及时调整工作思路与策略，制定新商业化业务实施细则，调整业务拓展方向分工，将各个团队由分别负责平台公司和金融机构调整为共同拓展外部客户，将渠道建设的重点放在中等规模的商业银行、信托公司和大型的产业集团客户及政府主管部门。

内部管理 全年组织召开经营审查委员会会议62次，审议新商业化业务、建设银行可疑类项目，以及政策类、损失类项目122个/次；召开评估审核与中介机构管理委员会会议17次，选聘律师事务所、评估师事务所、会计师事务所等中介机构30家，为东方资产北京办事处各项业务的管理与发展提供服务。

（冯继伟）

中国信达资产管理股份有限公司北京市分公司

2011年，中国信达资产管理股份有限公司北京市分公司（以下简称中国信达北京分公司）资产处置现金回收22.17亿元，当年现金回收计划完成率158%；商业化会计利润12.72亿元，当年利润计划完成率145%；中间业务收入1 386.44万元，当年中间业务计划完成率130%；新增收购不良资产30.49亿元，当年新增收购计划完成率2 345%；新增财务性投资规模1亿元，当年新增财务性投资计划完成率100%；新增受托不良资产规模5.2亿元，当年受托不良资产计划完成率144%。

截至年末，中国信达北京分公司正式员工45人。

债权项目处置 运用多种金融功能，争取重点项目价值最大化。碧溪系列项目成功回收执行案款8.97亿元，隆福、庄胜、北大未名项目完成全部剩余现金任务回收8.47亿元，国际经济合作项目配合清算组历时三年终获破产清偿分配余款8 641万元。推进中小债权项目。大秦煤炭项目实现整体回收1 400万元，森豪项目个贷实现总回收5 202万元，赛蒂克计算机工程实现回收2 000万元，真露项目实现回收2 101万元，星美传媒项目实现回收2 191万元，北方工业公司项目按照协议约定成功收妥两期还款，累计现金9 121.9万元。

股权项目管理 积极营销股权客户，拓展市场化业务，集团协同工作有所突破。完成西南铝加工厂划转给中国信达重庆分公司管理的工作；完成海南新兴港务公司股权在北京金融资产交易所挂牌转让，实现利润1 600万元；完成中国租赁有限公司股权过户工作；配合北京二商食品股份有限公司的股改和引进战略投资者工作，促成信达资本管理有限公司成为其股东；推动中国信达资产管理公司担任金隅股份吸收合并太行水泥方案中的现金选择权和追加选择权的提供方，促成金隅股份于3月在上海股票交易所上市，信达证券股份有限公司成为金隅股份的财务顾问。

市场业务开拓 全年实现新增收购不良资产规模42亿元；完成外经贸控股5.2亿元应收账款、北京农商银行新增受托业务；以购买单一资金信托计划方式实现了向京煤集团进行1亿元财务性投资的解决方案；为青岛信达荣昌置业公司联络收购混凝土搅拌站股权客户提供信息服务，与国资公司、国机集团等大型国企建立战略合作关系；加强与信达租赁、信达国际、信达资本、信达财险、金谷信托、信达证券等平台公司的合作。

业务创新 通过民事信托、财务顾问等创新业务方式，成功运作北京农商银行项目。中国信达资产管理公司中标北京农商银行置换资产管理与处置受托项目后，中国信达北京分公司完成了2 000多户、4 000多笔、89亿余元资产包的全部资产档案的接收和对288户重点客户的访谈、走访、初步估值工作，配合总公司为北京农商银行就组包、挂牌、估值和处置等出具多项建议方案，提供财务顾问服务，促成总公司以15.8亿元的价格实现了对农商银行8个资产包的包销。

针对碧溪系列项目8.89亿元的不良债权，中国信达北京分公司自接收第一笔债权起，采取预收中介机构保证金的方式，重新选聘律师事务所等手段，加强与司法部门的沟通协调，推动案件的执行进度。5月13日，北京市高院发还执行案款8.97亿元一次性到账，碧溪系列项目完美收官，购入债权回收率达100.96%，项目实现盈利6.3亿元。

（卞艳艳）

北京国际信托有限公司

2011年末，北京国际信托有限公司（以下简称北京信托）净资产27.68亿元，实现收入总额9.7亿元，实现净利润5.39亿元；固有资产总额31.27亿元，负债总额3.59亿元，不良资产率为0。年内新增信托财产规模758.06亿元，受托管理的信托财产年末余额1 030.6亿元，累计向信托受益人分配收益46.97亿元。自2002年以来，北京信托受托管理的信托财产累计约4 074亿元。

创新与合作 根据国家政策导向，加速业务转型和结构调整，在业务模式、信托产品、投资领域等方面开展创新与合作。7月，北京信托与北京市再担保公司、北京中关村科技创业金融服务集团有限公司、北京中关村科技担保有限公司及多家金融机构合作创建中关村科技金融创新联盟，聚集各成员单位的资源、技术、品牌、资金优势，为中关村国家自主创新示范区企业发展、园区建设、交易市场搭建等提供金融支持和综合服务。推出“低碳财富”系列信托产品，分别投向LED照明、余热发电、污水处理、清洁能源管理机制开发等低碳环保以及新材料领域，为节能环保产业提供金融支持。

支持中小企业发展 利用政府财政资金对中小企业融资贴息支持等政策引导优势，设计开发中小企业知识产权质押信托融资、中小企业应收账款买断信托、中小企业信贷资产通过金融资产交易所定向流通产品等信托产品，为高科技、制造业、文化创意等行业和领域具有发展潜力的中小企业获得资金支持提供帮助。全年新增87家中小企业，贷款规模10.58亿元，年末余额12.24亿元。累计为150余家中小企业提供融资，信托贷款资金总规模17.98亿元。

支持保障房建设 以信托资金支持保障性住房建设。年内，成功发行了北京门头沟黑山危改特定项目、保利南沙河项目、镇江新区公租房项目、西安李家堡保障房项目等保障房类信托产品，新增保障房信托规模37.5亿元。丰台区南苑棚户区改造、天津团泊新城等一批项目已在实施。

社会公益 推出“希望之星”信托产品，无偿受托帮助委托人管理慈善资金，定向用于未成年人的抚养和教育。受中国信托业协会委托，完成了信托行业从业人员从业资格考试系列教材之一《信托公司经营实务》一书的编撰工作，全书约27万字，经信托业教材编写专家委员会会审通过，已付诸印刷。

（王连顺）

中国银联股份有限公司北京分公司

2011年，中国银联股份有限公司北京分公司（以下简称北京银联）顺应银行卡市场开放的发展趋势，以提升市场竞争力为中心，与商业银行、专业化服务公司共同推动银联卡发行、受理市场建设、便民支付环境建设、受理市场规范、联合营销活动、银行卡风险防范和银联二代系统推广应用等工作，促进北京地区银行卡产业持续健康发展。截至年末，北京地区联网商户215 166户，比上年增长16.49%；POS机具337 207台，比上年增长16.88%；ATM机具量15 619台，比上年增长16.36%。

截至年末，北京银联有市场部、业务部、技术部和办公室4个部门，在岗职工40名。

一、推动62银联卡发行，提升银联卡市场规模

在与各商业银行全面合作推动发行银联卡基础上，重点与工商银行、农业银行、中国银行、建设银行、招商银行等9家银行开展62银联信用卡推广活动，全年累计发行62银联信用卡400万张，新发卡市场份额占比65%；62银联信用卡交易金额占比21.5%，比上年提升了4.2个百分点。

协调建成以金融街购物中心、金宝汇为核心的高端卡商圈，以汇源、正谷为代表的优质食品商圈，推动发行银联高端卡，目前已有工商银行、中国银行、建设银行、中信银行、光大银行等多家银行陆续推出了银联“尊尚白金卡”。全年，北京地区新增发行银联标准白金及以上信用卡近4万张，累计发行近6万张。

为满足国人日益增长的境外商务、旅游、学习的用卡需要，把境内商业银行的服务通过银联网络延伸到境外，中国银联积极展开国际受理网络建设。截至年末，银联卡可以在中国香港、中国澳门、中国台湾、新加坡、马来西亚、泰国、菲律宾、越南、柬埔寨、韩国、澳大利亚、新西兰、哈萨克斯坦、印度尼西亚、蒙古、法国、德国、比利时、卢森堡、土耳其、俄罗斯、瑞士、奥地利、丹麦、列支敦士登、日本、美国、荷兰、意大利、埃及、南非、埃塞俄比亚、匈牙利等79个国家和地区已开通的POS机刷卡消费，可在境外近106个国家和地区的ATM取款，并推出境外紧急现金支援和机场银联白金贵宾厅。

二、推进受理市场建设，加强受理市场规范

组织协调商业银行和专业化服务公司开展受理市场发展评比活动和刷卡无障碍评选活动，推动受理市场建设。鼓励成员银行和专业化服务公司加大农村地区受理市场建设力度，累计发展远郊区县直联特约商户近1万多户，其中涉农商圈商户370户，布放POS机1.3万台。

推动做好受理市场规范工作，加强对违规设置MCC检查和整改、一柜多机的清理，市场秩序保持良好状态。全年受理MCC核查商户1 646户，经成员机构核查确认违规547户，已全部整改完毕。

顺应IC卡迁移的趋势，推动直联终端按照PBOC2.0标准进行非接改造，试点打造非接商圈。全年累计改造终端4万台，推进了金融IC卡在北京超市、便利店、机动车停车收费等的应用。

拓展柜面通业务。截至年末，光大银行、兴业银行、江苏银行、上海银行、宁波银行五家银行的北京分行已经开通了柜面通业务，北京地区累计开通柜面通业务的银行已达12家。

三、发展互联网支付业务，创新业务发展

组织推动银行开通无卡支付平台。9月，协助推动北京银行、华夏银行无卡支付业务上线。11月，完成北京农商银行借记卡无卡支付平台测试上线，为互联网业务和手机POS业务发展打下坚实基础。

推动互联网业务发展。截至年末，北京银联已拓展签约互联网商户473户，其中网购百强商户40户，包括京东、凡客、当当、拉手、国旅等电子商务企业，累计实现交易金额242亿元。国家知识产权局专利申请系统“银联网上支付业务”项目通过了财政部单一来源采购，11月22日，北京银联举行了B2B、B2C签约仪式，成为银联电子支付产品服务于国家电

子政务的经典案例。

推进手机支付业务、手机 POS 业务和电视支付业务。全年北京地区累计手机支付清算金额 6.17 亿元。

四、推动便民缴费“三通”工程建设，优化支付环境

为实现公共事业缴费业务的联网通用，北京银联积极争取北京市金融工作局、人民银行营业管理部和北京银监局的支持，推动“三通”工程，进一步丰富业务品种，扩大覆盖范围。1 月 14 日，“三通”工程通过北京市金融工作局、人民银行营业管理部、北京银监局、市纪委、督察办等部门的联合验收。

截至年末，新增缴费和支付服务 20 项，累计已经开通水、电、气等 70 项缴费业务和支付服务，布放自助缴费终端 64 650 台。新增工商银行、农业银行、北京银行等 5 家银行开放自有自助缴费渠道或新增缴费业务，全面受理他行卡缴费。建设了 3 000 个社区银联便民支付点，覆盖了 265 个街道及 3 000 余个社区，解决了市民缴费难问题。

五、组织开展银行卡联合营销活动

为发挥银行卡促进消费、拉动内需的作用，推广银行卡支付方式，北京银联争取政府有关部门支持，与市财政、商业银行共同投入 1.95 亿元，组织开展“月刷卡月中奖——2011 年北京市刷卡促消费活动”。活动奖项全部采取现金形式进行回馈，活动期间总刷卡消费 1 612.46 亿元。

六、加强银行卡风险控制，做好风险防范工作

加强与总公司、商业银行和公安部门的联动机制，推进银行卡风险防范工作。配合人民银行营业管理部开展的 IC 卡联网通用专项检查工作，组织辖内成员机构及专业化服务公司完成 IC 接触式、非接触式测试工作；配合总公司与公安部完成“天网——2011 专项行动”；组织完成专业化公司、第三方机构账户信息安全评估工作。

做好商户的日常风险管理、商户入网审核工作以及第三方机构注册管理工作。全年关停处理 258 户风险商户，审核开通直联商户 16 007 户、终端 45 244 台，受理 19 家第三方机构注册认证材料初审，经复审通过 3 家。

协调做好成员机构入网工作。全年完成顺义银座村镇银行、北京大兴华夏村镇银行、怀柔融兴村镇银行入网工作，推动锦州银行北京分行、宁波银行北京分行入网，为密云汇丰村镇银行、南洋商业银行北京分行、昆仑银行北京分行、新韩银行北京分行、包商银行北京分行 5 家机构入网提供咨询及服务。

七、做好二代系统上收和推广，加强技术服务

顺利完成二代系统上收工作。1 月 18 日，完成 POSP 向二代收单平台切换工作；8 月 31 日，完成二次清算系统切换工作，实现系统大集中。

高度重视二代系统推广，完成二代商户服务系统、收单系统、风险管理系统的推广应用。截至年末，二代风险系统共触发预警级风险案例 17 409 个，回复处理案例 16 949 个，结案率 97.35%。

推进技术对业务发展的支持，实现技术运营转型。2011 年，北京银联在支持便民缴费三通工程、财税库银业务、柜面通业务、第三代手机支付业务、商业银行系统改造测试、商业银行入网测试工作等方面发挥了重要作用，赢得了政府部门、商业银行和第三方机构的肯定和好评。

（李涌）

国都证券有限责任公司

国都证券有限责任公司（以下简称国都证券）成立于2001年12月28日，是在中诚信托有限责任公司和北京国际信托有限公司原有证券业务整合的基础上吸收其他股东出资成立的综合性证券公司。2011年末，国都证券注册资本262 298万元、净资本53.38亿元、净资产61.40亿元。

经纪业务 推出网上交易互动系统，提供24小时全天候网上交易和便捷的移动证券业务；建立客户服务中心，提供即时贴心服务；建设客户关系管理系统，细分客户群，提供差异化服务；建立VIP客户咨询服务体系，推出菜单式服务和“利生汇”品牌增值服务，打造独具特色的经纪业务服务品牌。全年实现营业收入3.04亿元，比上年下降36.94%；业务及管理费2.12亿元，比上年下降17.74%；实现净利润5 252万元，比上年下降64.03%；代理买卖业务净收入2.37亿元，比上年下降43.51%。

投资银行业务 投资银行业务团队凭借丰富的专业经验、过硬的专业知识、广泛的信息资源，为上市公司、大型企业及创新型中小企业提供各类专业化的投资银行业务服务。全年实现营业收入1.81亿元，比上年增长182%；完成5个重大项目，另有4个重大项目处于在审阶段，投资银行项目在证监会及发改委审核通过率和完成率达100%。

资产管理业务 作为首批获准开展集合资产管理业务的券商之一，国都证券的投资管理团队始终注重投资的风险管理，致力于为客户谋取长期稳定的投资收益，实现客户资产的保值增值。2011年，国都证券共获批两只集合类资管产品，鉴于市场极度低迷，仅在上半年发行了1只集合类资管产品，成立份额为2.98亿份。截至年末，国都证券旗下共管理4只集合类资管产品，其中3只为非限定性产品，1只为限定性产品。全年实现收入2 708.29万元，比上年增长186.67%；净利润1 180.57万元。

证券投资业务 二级市场股票及其他权益类产品投资全年实现收入1.03亿元，其中二级市场股票投资收益率-6.38%，同期上证指数下跌21.68%，2011年以前成立的388只偏股型基金平均净值增长率-23.78%；固定收益业务全年实现收入4 606.67万元，收益率4.60%。

融资融券业务 融资融券业务逐渐步入正轨，除洛阳营业部外，其余22家营业部均已取得融资融券业务资格，有18家营业部客户进行了融资融券交易，融资融券余额、交易量、月息费收入均呈稳步增长态势。截至年末，融资融券余额3.90亿元，市场份额10.21‰；累计信用交易量34.99亿元，市场份额6.3‰。全年累计实现息费收入1 644.06万元，实现净佣金收入338.54万元。

研究咨询业务 国都证券的研究服务在为公司业务开展提供策略支持的同时，立足客户需求，专注于贴近市场，深度挖掘具有超值潜力的投资品种，为客户开发兼具专业性和操作性的研究咨询产品。针对稳健型客户，定期提供多种策略的基金交易投资组合；针对风险偏好型投资者，提供多种策略的股票组合；定期发放研究刊物，集中展示最新研究成果，全方位地为投资者保驾护航。

业务创新 加强金融工程研究和应用，初步建立了数量化择时和数量化选股体系，设计并实盘运行了市场中性对冲产品；初步完成了以业绩归因分析模型为核心的绩效评估体系，初步搭建了投资风险监控体系框架。

电子化商务平台正式启用 国都证券投资顾问服务平台——电子商务平台客户服务工作站投入试运行。该平台具有提供大量的内外部资讯信息与研究报告、投资顾问通过平台完成产品生产并及时发送给客户、对客户进行服务分类、自动记录客服人员每日工作并与主管形成互动等功能。

（曾宏）

华融证券股份有限公司

2011 年，华融证券股份有限公司（以下简称华融证券）实施第二次增资扩股，引进了中国葛洲坝集团股份有限公司等 10 家战略投资者，注册资本达到 30.03 亿元。全年实现营业收入 5.18 亿元，实现净利润 1.03 亿元；年末总资产 70.28 亿元，总负债 26.16 亿元，所有者权益 44.12 亿元。在证监会组织的证券公司分类评价中，获得 A 类 A 级评级。

截至年末，华融证券下设 29 家营业部，2 家投行业务办事处，1 家控股期货子公司，共有员工 568 人。

证券经纪业务 启动投资顾问业务相关准备工作，组织并推广营业网点开展联机模式和非联机模式周末开户业务；实现与北京银行、深圳发展银行的三方存管业务合作；开展结构化证券投资信托产品和管理型证券投资信托产品的销售业务；深化与基金管理公司的业务合作，共推动 390 余只基金上线，组织开展信诚中证 500 指数基金、国泰上证 180 金融 ETF 指数基金、广发全球农业指数基金等 8 只基金的重点营销活动；加大营业部实施证券经纪人、客户经理制度力度，截至年末已有 19 家营业部经纪人制度通过了监管部门的现场验收。全年实现经纪业务收入 2.74 亿元，股票基金累计总交易额 2 597 亿元，市场占有率 0.3055%，同比增长 3.1%。

投资银行业务 取得代办系统主办券商业务预备资格，投资银行业务体系进一步完善；保荐代表人增加到 10 人，投资银行业务承做能力进一步增强。年内，承做完成第一个独立保荐及主承销上市公司公开增发再融资项目——联化科技公开增发项目、第一个 A + H 整体上市独立财务顾问项目——金隅股份换股吸收合并太行水泥项目、第一个上市公司配股再融资项目——通程控股配股项目、第一个上市公司股权激励项目——联化科技股权激励项目等，第一次独立保荐承销了联化科技、欧亚集团、华微电子三个公司债券项目，承做吉林亚泰股份、天津滨海团泊等多个财务顾问项目，储备吉林化纤定向增发等多个尽职推荐项目。全年实现投资银行业务收入 8 398.34 万元。

资产管理业务 定向资产管理业务稳步提升，全年新增两只定向资产管理业务产品，受托管理资产规模约 160 亿元（合同金额）；集合资产管理业务通过优化投研决策机制，提高投研能力，华融证券第一只集合理财产品——“华融稳健成长 1 号基金精选集合资产管理计划”2011 年净值总回报率在 32 只成立满一年的 FOF 型产品中排名第一，在万得资讯、国金证券研究所等有资格的评级机构的一年期参考星级评级中均获最高评级。据中国证券业协会公布的数据，2011 年华融证券受托客户资产管理业务净收入 1.42 亿元，行业排名第三。

自营业务 坚持稳健投资原则，优化调整持仓品种，合理缩减控制股票投资规模，加大对债券等固定收益类产品的投资，克服市场低迷带来的困难，有效地控制了投资风险，全年实现自营业务收入 4 493.83 万元。

（殷柯）

民生证券有限责任公司

2011 年，民生证券有限责任公司（以下简称民生证券）完成股票、基金、权证交易量 4 168.78 亿元，实现营业收入 11.51 亿元，利润总额 1.12 亿元，净利润 0.74 亿元；年末净资本 25.55 亿元，经纪业务开户总数 67.46 万户，代理资产总额 629.74 亿元。

截至年末，民生证券下设 44 家营业部，共有员工 2 529 人。

投资银行业务 全年完成 18 家保荐主承销项目发行，其中 IPO 项目 10 家，再融资项目 5 家，债券项目 3 家。实现营业收入 59 273.83 万元。

经纪业务 推出投资顾问服务业务，开发“财富达精英会”10 个针对高端客户的创新产品，为改善客户结构、提供多元化收入与服务奠定了基础。全年完成股票、基金、权证交易量 4 168.78 亿元，市场占比 4.8307‰，实现手续费收入 40 709.91 万元。年末开户总数 67.46 万户，同比增长 14.05%；代理资产总额 629.74 亿元，同比增加 116.38 亿元。

全年共完成上海松江、深圳龙岗等 10 家营业部的筹建工作，营业部总数达到 44 家，覆盖全国 19 个省、市、自治区，营业网点的全国性布局基本完成，在网点数量和结构上达到了中型券商的规模。

固定收益业务 全年完成债券销售交易量 1 680.16 亿元，实现经营收入 1 974.96 万元，其中撮合业务收入 1 953 万元；主动联系债券参团业务，扩大销售渠道，为债券主承销业务提供研究支持和销售保障。全年共承揽债券（含公司债券、次级债）参团项目 141 家，完成发行 66 家，累计承销额度 55.8 亿元（含主承项目），同比增长 23.36%。固定收益投资实现收入 3 143.27 万元，实现利润

2 729.47 万元，完成交易量600 亿元，年度投资收益率为6.37%。

资产管理业务 成功发行民生惠富达集合计划，发售规模5.26 亿元，有效客户2 031 户。年末受托集合资产规模6.9 亿份，比上年增长109.73%。推进定向资产管理，年末资产受托规模500 万元。初步建立工商银行、交通银行销售渠道，与建设银行、农业银行、民生银行等进行初步合作沟通；完成基本产品线设计储备，创新产品开发；完善客户服务体系，提升行业影响力。

新业务 开展研究与机构业务，建立分析师与机构销售团队，与公募基金合作关系初步确立，全年开通50 家基金管理公司的共66 个交易单元席位，实现基金分仓佣金收入3 656.43 万元。

（李向东）

瑞信方正证券有限责任公司

瑞信方正证券有限责任公司（以下简称瑞信方正）是方正证券股份有限公司与瑞士信贷（Credit Suisse）共同出资设立的中外合资证券公司，专营投资银行业务，于2008 年10 月正式成立，注册地北京。截至年末，瑞信方正在编员工131 人。

2011 年，瑞信方正共计完成业务项目19 个，实现承销金额179 亿元，实现营业收入17 772.3 万元。股权融资方面，以联席主承销商身份完成中金黄金28 亿元定向增发，以副主承销商及财务顾问身份参与完成方正证券首次公开发行项目。债权融资方面，以联席主承销商身份承销中国石化230 亿元可转债、北京银行35 亿元次级债、供销集团15 亿元企业债、2011 年第一期200 亿元铁道债、交通银行260 亿元次级债、徐工集团30 亿元公司债，独家主承销宗申动力7.5 亿元公司债。并购财务顾问业务方面，为福瑞中蒙收购法国Echosens 公司100% 股权项目提供财务顾问，成为创业板的首例跨境并购项目。

（张毅）

首创证券有限责任公司

2011 年末，首创证券有限责任公司（以下简称首创证券）总资产59.82 亿元，净资产22.62 亿元。全年实现营业收入8.33 亿元，利润总额3.11 亿元，净利润2.40 亿元。全年完成证券交易量（包括股票、基金、债券、回购等）2 197.42 亿元，客户数量20.30 万户，客户保证金21.91 亿元。

截至年末，首创证券下辖15 家营业部，参股中邮创业基金管理有限公司，控股京都期货有限公司；共有正式员工811 人。

证券经纪业务 继续深化“主动营销、主动服务”经营方针，及时调整营销工作思路，实行“一部一策”战略，以基金营销为突破口，开展全员营销，全年代销新发基金4只，销售金额1.60亿元。实施营销队伍低成本扩张，控制现有营销经理规模，建设经纪人营销体系。完善投资顾问业务制度体系，加强团队建设与日常管理，不断完善投资顾问产品——首创领航，有效地提升客户服务质量。全年实现证券交易量2 197.42亿元（其中股票、基金交易量1 832.65亿元），比上年下降15.97%。

投资银行业务 不断推进投资银行业务的标准化和规范化管理，完善业务风险防范手段。全年完成了永高股份IPO主承销项目，万丰奥威重大资产重组等10个财务顾问项目，实现股票承销金额63 000万元，比上年增长251.15%，实现业务收入4 575万元，利润969万元。

固定收益业务 强化风险意识与防控手段，有效地化解业务风险，固定收益类证券交易量持续提升；随着回购、买断式回购、代持等业务的广泛开展，业务形式和模式也呈现多样化趋势。全年固定收益类证券实现交易量1 738亿元，比上年增长73%，实现业务收入4 904万元，利润3 648万元。

研究咨询业务 秉承“贴近投资、贴近客户、贴近市场”的经营理念，坚持特色化和差异化的研究模式，在宏观策略和业务发展创新研究方面取得成绩，首创证券撰写的《新股定价研究》获得中国证券业协会科研课题研究成果三等奖，《创业板公司IPO前后业绩变化及风险投资的影响》获得深交所研究课题三等奖。

新开展业务 积极拓展新业务领域，取得证券投资基金销售、代办系统主办券商、证券资产管理、实施证券经纪人制度等多项业务资质，将为广大投资者提供更加丰富的投资产品，以及全面细致的金融服务。开展新技术调研、外部项目申请等创新工作。2011年6月，首创证券成为科技部“十二五”科技支撑计划“证券和金融产品交易综合服务平台研发及应用示范”项目“金融产品设计交易模式研究”课题牵头承担单位。

（刘谦）

信达证券股份有限公司

2011年末，信达证券股份有限公司（以下简称信达证券）总资产158.49亿元，总负债104.22亿元，净资产54.27亿元，净资本42.67亿元。全年实现各项营业净收入12.28亿元，税后利润2.02亿元。

截至年末，信达证券设有证券营业部68家，经纪业务网点覆盖15个省、直辖市；共有员工4 309人。

经纪业务 实施以账户产品化为核心的品牌竞争策略，提高服务质量和技术含量，大力发展营销队伍，积极拓展客户资源，经纪业务市场份额呈上升态势。2011年，信达证券股票基金市场份额9.042‰。

投资银行业务 完成围海股份IPO、光韵达IPO、连云港非公开发行三个项目的发行上市工作。新三板挂牌及定向增资工作取得突破，作为17家主办券商之一推荐了东方生态挂牌，是本年开展新三板定向增资工作的15家券商之一。企业债主承销了11义煤债、11同煤债和11龙海债，承销金额共计56亿元。金融债承销了国家开发银行和农业发展银行金融债174.8亿元。债券交易累计完成银行间债券市场现券交易量501亿元。完成中汇医药上市公司重大资产重组独立财务顾问项目和其他4单顾问业务。

资产管理业务 完成满堂红主题投资、现金宝两项重点产品的发行，年末资产管理规模78.02亿元，比上年增加近66亿元。

新业务 推出现金宝资产管理计划，是同类申报产品中唯一通过证监会主席办公会审核的产品。2011年10月18日开始推广，11月8日公告成立；截至12月30日，产品运行53天，平均规模2.7亿元，年底时点规模4亿元；年末进行首次季度分红，实现年化收益率2.866%。

新时代证券有限责任公司

新时代证券有限责任公司（以下简称新时代证券）是经证监会批准，在原包头市信托投资公司5家证券营业部和中原信托投资有限公司3家证券营业部的基础上进行改组，由国内6家投资者共同发起，于2003年成立，2009年与上海远东证券有限公司合并，是一家具备证券经纪、证券投资咨询、证券交易、证券承销与保荐、证券资产管理等业务资格的综合类证券公司。新时代证券总部位于北京，在上海设有2家分公司，在北京、上海、深圳等地设有45家证券营业部，正式在册员工2 025人。

2011年，新时代证券累计实现营业收入5.77亿元，实现净利润1 236.15万元；年末资产总额91.17亿元，净资产26.53亿元，净资本15.95亿元。

经纪业务 在国内同行业中率先实现营业部交易大集中和客户资金三方存管，拥有多个沪、深证交所交易单元，拥有网上交易、电话委托、柜台委托、磁卡委托、自助委托、手机炒股、大宗交易等多种交易方式，提供A股、B股、权证、债券、封闭式基金、开放式基金等交易品种，满足客户多样化的投资需求。新时代证券下属45家证券营业部，遍布全国15个省、自治区和直辖市，托管客户资产总额427亿元。

投行业务 加大市场开发力度，承做完成了珠海和佳医疗和浙江棒杰股份2个IPO项目，完成了第一个债券主承销项目——“11冀渤海债”，实现了“零”的突破。

资产管理业务 成立新时代证券有限责任公司上海证券资产管理分公司，资产管理业务团队已基本组建完毕，推出首只集合理财产品——“新时代元亨1号稳健成长集合资产管理计划”，于2012年2月9日正式销售。

研究业务 新时代证券下设研究发展中心和投资顾问中心，负责宏观政策、投资策略、行业发展研究和提供咨询服务，实现了对交易日、周、月、季、年的全覆盖，其中《新时代晨会纪要》、《新时代大客户周刊》、《新时代季度策略报告》、《新时代年度策略报告》等产品把握市场能力突出。

（李鑫耀）

中国银河证券股份有限公司

2011年末，中国银河证券股份有限公司（以下简称银河证券）总资产550.08亿元，总负债390.71亿元，所有者权益159.37亿元，客户总数量530万户，客户保证金余额374亿元。全年实现营业收入55.87亿元，净利润15.90亿元，证券（股票、基金、权证、债券）交易量6.24万亿元。在证监会组织的证券公司分类评价中，获得A类AA级评级。

截至年末，银河证券在北京、上海、深圳、广东、湖南、浙江设有6家分公司，在全国30个省、市、自治区的75个城市设有23家代表处、224家证券营业部，另设有银河创新资本管理有限公司、银河期货有限公司、中国银河国际金融控股有限公司（香港）3家子公司；共有员工11 500人。

证券经纪业务 推进业务转型，建立营业部绩效考核和内部管理新机制，推出“玖天财富签约”、“同类客户同等收费、同等服务同等收费”服务，产品销售、服务创新等实现较大突破。全年累计销售公募基金71.01亿元，客户总数530万户；新设营业部5家，同城搬迁30家，异地搬迁3家，营业网点布局进一步优化。

投资银行业务 坚持推进“大小并举、重点突出”的发展战略，进一步完善业务管理制度体系、加强项目管理标准化建设，搭建以保荐代表人为团队负责人的业务管理架构，实施团队负责人和质量控制部双重审核管理模式，有效地控制保荐业务风险。股权融资业务全年完成4个保荐项目，主承销金额116亿元，森马服饰中小板IPO项目获得2011年深交所保荐项目创新奖。债券融资业务全年为18家发债主体募集资金603亿元，其中企业债主承销金额255亿元；上市公司债业务实现较大突破，全年共承销5只债券，承销金额84.5亿元。新三板业务实现突破，推荐挂牌公司1家。

资产管理业务 强化资产管理业务基础，加强投研队伍建设，注重产品研发，全年完成产品设计5只，向证监会申请报批产品3只。成功发行“木星1号”集合理财产品，募集资金规模10.51亿元。推进产品服务创新，量化投资、市值管理业务有突破性进展。年末管理客户资产规模18亿元。

融资融券业务 融资融券业务发展迅速，各项主要业务经营指标稳步增长，年末余额25.6亿元，同比增长377%；市场占有率6.7%，同比增长60%。

自营业务 债券自营业务取得较好收益，全年实现投资收益率6.8%，高于中债财富指数1.02个百分点，高于纯债基金5.58个百分点；继续保持国债甲级承销商资格、证券交易所一级交易商资格以及银行间同业拆借资格。股票投资受市场股指持续下跌影响，遭受一定损失，及时采取较为谨慎的投资策略，不断降低持仓比例，避免了损失的进一步扩大。

期货中间介绍业务 在满足客户投资期货市场需求的同时，不断丰富投资品种，增强服务功能，为客户提供风险管理工具；与银河期货密切合作，期货中间介绍业务（IB 业务）平稳运行，业务收入稳定增长，各项业务指标处于行业领先地位。截至年末，银河证券共有 85 家证券营业部具备 IB 业务资格，存量客户 1.2 万户，客户权益 10 亿元。

风险控制 进一步改进风险授权，全面梳理风险授权指标体系。加强创新业务风险防控，制定股指期货、融资融券、资产管理、约定购回等业务的风险管理制度及具体监控流程，并对相关风控管理系统进行了升级改造。参与并圆满完成了行业首次统一情景综合压力测试，获得监管部门的肯定和好评。加强信息隔离管理，有效防范内幕交易。

客户服务与投资者教育 梳理优化业务流程，大幅缩短开户时间，有效改善客户体验；初步构建了包括 CRM、呼叫中心、短信、网上营业厅、投资顾问服务及“银河玖乐”移动证券等客户服务平台；完善投资顾问产品体系，构建了咨询、资讯和理财服务三条产品线，产品种类丰富到 46 种，通过短信、音视频、微博等渠道有针对性地向客户推送；推行“同类客户同等收费、同等服务同等收费”服务，提升客户服务水平，维护投资者权益。坚持以适当性销售和适当性服务为核心内容开展投资者教育，全年银河证券在投资者教育方面的投入达到 3 070.84 万元，占同期代理买卖证券业务净收入的 8.91‰；开展投资者教育活动 37 400 余场，制作和发放投资者教育材料近 60 万册。

信息化建设 大力推进移动证券系统建设，构建了覆盖所有移动操作系统平台版本的“银河玖乐”移动证券平台，机型覆盖率 90% 以上。“银河玖乐”移动证券平台上线的半年时间内，客户累计注册量 10 万余人。着力改善网上交易系统服务，实现同等条件下网上交易客户端速度、稳定性行业领先，同等条件下网上交易系统双子星、海王星的沪深行情揭示速度行业第一。

（宋暖）

中国民族证券有限责任公司

2011 年末，中国民族证券有限责任公司（以下简称民族证券）资产总额 98.26 亿元，净资本 15.41 亿元，客户资产总额 852 亿元；全年股票基金交易量 5 439 亿元，累计承销股票、债券等 33 亿元，实现营业收入 7.79 亿元，实现净利润 7 371.79 万元，连续六年盈利。

截至年末，民族证券共有证券营业部 50 家，为遍布全国的逾 83 万证券投资者提供服务；共有正式员工 2 196 名，其中硕士（含）以上学历 216 人，占员工总数约 10%。

经纪业务 推行营业部标准化建设，加强投资者教育；全面开展投资顾问业务，推进经纪业务转型；与腾讯共同举办“股动中国A股大赛”、“首届中国投资顾问大赛”；开展营销拉力赛活动，拓宽经纪业务营销渠道。

投资银行业务 全年保荐主承销IPO项目3个、公司债项目1个，总承销金额33亿元，完成35个项目的立项审核。

证券投资业务 逐步确立权益类一二级市场、基金投资、固定收益业务分层递进、均衡投资的经营模式；取得自营股指期货业务资格，为股指套保开展做好准备。

资产管理业务 稳妥开展定向资产管理业务，所有定向产品收益均大幅度跑赢沪深300指数；首只集合产品“民族金扬帆1号”正式获批，并完成各项准备工作。

业务创新 取得新三板业务资格，并顺利上线；融资融券业务获得首批参加联网测试资格；ETF业务资格获批；启动经纪人业务资格申报。

（张月雯）

中国国际金融有限公司

中国国际金融有限公司（以下简称中金公司）总部位于北京，在国内、中国香港、美国、英国、新加坡设有子公司，在上海设有分公司，在北京、上海、深圳等16个城市设有证券营业部。2011年末，中金公司境内外员工总数逾2 000人。

投资银行业务 坚持综合化、国际化和创新化的发展道路，股票承销、债券承销、兼并收购三大业务板块均取得了较好的成绩，其中股票承销规模235亿美元，债券承销规模3 925亿元，兼并收购规模134亿美元。全球化布局取得持续性进展，成功参与了新华保险、远东宏信、华能新能源、国电科环、上海医药、高鑫零售、天福茗茶等多家企业的海外IPO项目。

证券经纪业务 国内个人客户经纪业务、投资咨询业务取得重大进展，成立财富管理部，天津、大连、佛山和宁波四家新设营业部顺利开业。截至年末，中金公司在全国共设置了16家证券营业部。

资产管理业务 参与各项创新业务，成为首批RQFII产品发行券商，相继开展股指期货期现套利、期权复制、定增对冲等定向资产管理业务。截至年末，资产管理规模约250亿元。

中信建投证券股份有限公司

（原中信建设证券有限责任公司，2011年9月28日更名）

2011年，中信建投证券股份有限公司（以下简称中信建投证券）实现收入

40.00亿元，净利润12.12亿元，净资产收益率12.16%。截至年末，总资产485亿元，净资产105亿元，客户数335万户。在证监会组织的证券公司分类评价中，获得A类AA级评级。

截至年末，中信建投证券在境内拥有130家证券营业部，正式员工4 493人。

股票承销及财务顾问业务 完成中国水电、兴源过滤、苏交科、东方精工、迪威视讯、翰宇药业、光线传媒7单首次公开发行项目，其中中国水电为2011年国内A股募资最大的首次公开发行项目，也是全球第八大首次公开发行项目；完成8单股权再融资项目。全年股票主承销金额289亿元。

债券承销业务 完成中国铁路建设债券、北京国资中心债等14单企业债券主承销项目，完成农业银行、建设银行、北京银行等8单次级债券主承销项目。全年债券主承销金额203亿元。

资本市场业务 着力加强对国际国内资本市场数据统计、形势分析和新融资工具与新金融产品的研究，提高询价定价的专业化程度，为客户提供专业化金融服务。全年承做43单主承销项目的发行工作。

经纪业务 围绕“推进业务转型，不断提高经纪业务核心竞争力”的目标，加强客户开发工作，完善分类分级服务，深化“智”系列产品，取得良好成效。截至年末，完成5家证券营业部的迁址和5家证券营业部的新设工作，销售各类基金产品113亿元，完成股票、基金交易量2.71万亿元，市场占比3.15%。自成立至年底，累计完成股票基金交易量15.47万亿元。

融资融券业务 完成信用资金账户开户数1.19万户，融资融券年末余额15.48亿元，客户信用账户交易总额355亿元，分别位居行业第7名、第11名和第10名。

（杨婕）

中国银河证券股份有限公司北京分公司

（原中国银河证券股份有限公司北京代表处，2011年11月更名）

2011年，中国银河证券股份有限公司北京分公司（以下简称银河证券北京分公司）辖区实现营业收入4.99亿元，实现税前利润3.2亿元。

截至年末，银河证券北京分公司下辖15家营业部，共有员工900人。

证券经纪业务 2011年，银河证券北京分公司辖区营业部完成股基交易量5 232.5亿元；开放式基金销售19.45亿元，其中基金申购14.06亿元，基金认购5.39亿元。年末客户数量41.73万户，客户总资产10 876.65亿元。

股指期货IB业务 2011年，银河证券北京分公司辖区内共有8家营业部获得股指期货中间介绍业务（股指期货IB业务）资格。截至年末，股指期货IB业务客户总数2 247户，较上年增长50%；客户总资产2.186亿元，实现收入1 947.83万元。

银行渠道合作 以中国银行、农业银行、工商银行、建设银行为主要合作伙伴，开展联合营销活动，促进业务共同开展。截至年末，银河证券北京地区与14家银行合作，网点450个，较上年增长55%。

融资融券业务 组织辖区内营业部参加总公司举办的融资融券业务培训及推荐人资格考试，全年北京地区营业部累计开户1 468户，累计授信额度14.8亿元，成交金额75.1亿元。

合规管理 根据中国证券业协会《关于在全行业集中开展反洗钱宣传活动的通知》要求，组织辖区营业部落实反洗钱宣传活动；加强辖区营业部合规经理的履职保障，控制、防范风险隐患的发生；落实《加强证券经纪业务管理的规定》要求，加强对营销、理财人员的风险监控，保障业务开展的合规性；认真落实中国证券业协会《关于进一步加强证券公司客户服务和证券交易佣金管理工作的通知》要求，对辖区营业部佣金设置进行规范管理。

人员培训 举办北京地区从业资格考试培训一期，参训学员54人，考试通过率59.2%；基金销售技巧培训三场，参训学院200余人；配合总公司进行校园招聘面试工作，筛选简历近2 000份；为人力资源部推荐兼职讲师14位，参与总公司客户经理岗前培训66课时的编写录制工作。

（李莹）

东方基金管理有限责任公司

东方基金管理有限责任公司（以下简称东方基金）成立于2004年6月，注册资本1亿元，总部设在北京，在上海设有分公司。2011年末，东方基金资产管理规模约82亿元。

公募基金 2011年，东方基金发行了东方保本混合型开放式证券投资基金、东方增长中小盘混合型开放式证券投资基金，共募集资金约22亿元。截至年末，东方基金旗下共管理8只开放式基金，包括股票型基金、混合型基金、债券型基金、货币型基金等。

工银瑞信基金管理有限公司

2011年末，工银瑞信基金管理有限公司（以下简称工银瑞信）总资产管理规模突破1 000亿元，总资产8.61亿元，净资产6.94亿元，实现净利润1.79亿元。

截至年末，工银瑞信有正式员工182人，其中硕士以上学历人员比例达69%，有海外学习、工作经历人员比例达46%。

公募基金业务 2011年，工银瑞信发行了工银瑞信主题策略股票型证券投资基金、工银瑞信消费服务行业股票型证券投资基金、工银瑞信四季收益债券型证券投资基金、工银瑞信添颐债券型证券投资基金、工银保本混合型证券投资基金5只基金，实现新发募集143亿元。截至年末，工银瑞信共管理21只公募基金，管理规模约690亿元，其中债券型基金规模124亿元。

企业年金和全国社保业务 2011年，工银瑞信养老金业务获得了较快发展，企业年金市场份额翻番，行业影响力快速提升，获得全国社保业务委托。

股权结构调整 2011年9月21日，工银瑞信股权调整获得证监会批准，11月16日完成工商变更登记，12月9日完成董事会、监事会换届。调整后的公司股权结构是中国工商银行股份有限公司持股80%，瑞士信贷持股20%。

成立香港子公司 2011年7月11日，工银瑞信全资香港子公司——工银瑞信资产管理（国际）有限公司在香港完成注册登记。11月18日，工银瑞信资产管理（国际）有限公司获得了香港证券及期货事务监察委员会颁发的第4类（就证券提供意见）和第9类（提供资产管理）业务牌照，可以开展包括募集和管理香港证监会认可基金、私募基金、全权委托账户，以及证券投资顾问在内的各项业务。

风险管理 秉承"制度先行、程序至上、内控优先、规范运作"的管理原则，加强四级制度体系和四大风险防线建设。坚持对投资风险、运作风险和法律合规风险进行事前、事中、事后的全程风险管理，不断强化监控设备和监控手段，加强异常交易监控，强化对员工进行合规培训。自成立以来，工银瑞信从未发生违法违规事件。

（倪莹）

华夏基金管理有限公司

2011年末，华夏基金管理有限公司（以下简称华夏基金）服务于1 600万投资人，累计为持有人分红超过780亿元。

公募基金 华夏基金旗下共有24只开放式基金，2只封闭式基金，囊括了货币型、债券型、混合型以及股票型4大类不同风险收益特征的品种。

机构业务 机构业务是华夏基金业务发展的战略重点之一，资产规模超过600亿元，占公司管理资产总规模的20%以上，拥有200余家机构客户。

1. 全国社保基金管理。在全国社保基金理事会向基金业全面开放委托之前，华夏基金即担任了全国社保基金唯一的临时投资管理人，并于2002年成为全国社保基金首批正式投资管理人。几年来华夏基金凭借优良的业绩表现和严格的风险控制，赢得了委托方的认可，获得了多次追加委托。

2. 企业年金基金管理。2005年，华夏基金成为首批企业年金基金投资管理人，企业年金业务发展迅速。2011年末，运作规模达288.55亿元。

3. 特定客户资产管理。2008年，华夏基金获得特定客户资产管理资格。专户业务包括一对一专户、QDII专户和一对多专户三个类型。

4. 海外机构业务。2008 年开始，华夏基金陆续为美国、韩国、日本等国家及中国台湾等地区的海外机构客户提供专业的 A 股投资顾问服务。

客户服务 华夏基金始终以客户需求为导向，秉承“客户利益至上”的宗旨与“诚心、专心、省心、贴心、耐心”的服务理念，构建了完善的客户服务体系，为投资人提供多元化、全方位的高品质服务。华夏基金打造了一支约 100 人的专业客户服务团队，为客户提供电话、网络（含在线客服）、短信、电子邮件、现场、信件、传真等多种服务方式，客户电话咨询挂机满意度长期保持在 97% 以上，赢得了投资者的普遍赞誉，是国内基金行业唯一通过 CCCS 五星级认证的企业（CCCS 为客户联络中心标准体系）。

（董燕妍）

华商基金管理有限公司

华商基金管理有限公司（以下简称华商基金），成立于 2005 年 12 月 20 日，是经证监会批准设立，从事基金募集、基金销售、资产管理等业务，为客户提供专业投资服务的资产管理机构。2011 年末，华商公司共管理 9 只开放式基金和 2 只特定客户资产管理产品，资产管理规模超过 274 亿元，累计为持有人分红 10.39 亿元，持有人户数超过 219 万户。

截至年末，华商基金共有员工 128 人，其中硕士以上学历人员超过 50%。

公募基金业务 2011 年，华商基金募集发行了华商稳定增利债券型证券投资基金、华商价值精选股票型证券投资基金，全年为投资人实现分红 8 021.4 万元。

特定客户资产管理业务 2011 年，华商基金获得特定客户资产管理业务资格，组建机构投资部专门负责特定客户资产管理业务。凭借投资研究、产品设计、后台支持、客户服务、风险管控等方面的优势与经验，结合专户产品灵活投资的特点，努力为高端客户实现资产保值增值，追求高于市场平均水平的投资收益。华商基金专户投资经理 5 人，平均从业经历 8 年。

客户服务 华商基金秉承“持有人利益至上”的原则，力争为客户实现全方位、高水准、专业化、人性化的优质服务。通过提高客服电话接通质量、搭建高效网络交流平台、定期组织基金经理在线答疑增进与客户的交流。主办“投资人走进华商”、客户俱乐部现场亲子互动、交流沙龙等活动。启动客户分级服务，成立“金海螺客户俱乐部”，有针对性地为不同类别的客户提供差异化、个性化的专业理财资讯和客户服务。利用电视、广播、报刊、网络等大众媒体，通过举办投资交流会、专题论坛、电话会议、参加金融博览会，持续开展贴近市场、贴近投资者的投资者宣传教育活动。

建信基金管理有限责任公司

2011年，建信基金管理有限责任公司（以下简称建信基金）旗下共管理21只公募产品，资产管理规模约487亿元。

共同基金业务 2011年，建信基金募集成立了建信保本混合型证券投资基金、建信双利策略主题分级股票型证券投资基金、建信信用增强债券型证券投资基金、建信新兴市场优选股票型证券投资基金、深证基本面60 ETF、建信深证基本面60 ETF联接基金、建信恒稳价值混合型证券投资基金、建信双息红利债券型证券投资基金8只基金。

专户理财业务 2011年，建信基金专户业务稳定发展，共募集4只特定多个客户资产管理计划，投资咨询及特定客户业务资产管理规模累计39亿元。

（张译方）

泰达宏利基金管理有限公司

泰达宏利基金管理有限公司（以下简称泰达宏利）成立于2002年6月，是中国首批合资基金管理公司之一，注册资本1.8亿元，中方股东为天津泰达旗下的北方国际信托股份有限公司，持股比例为51%，外方股东为宏利金融旗下的宏利资产管理（香港）有限公司，持股比例为49%。2011年末，泰达宏利资产管理规模为226.86亿元。

公募基金 截至年末，泰达宏利旗下共管理17只公募基金，其中8只股票型基金，3只混合型基金，2只指数型基金，2只债券型基金，1只货币市场基金和1只QDII基金。

（耿凯）

安信期货有限责任公司

2011年，安信期货有限责任公司（以下简称安信期货）实现期货代理成交量962.91万手，成交额21 520.23亿元；年末客户数8 666名，客户保证金13.16亿元。

截至年末，安信期货拥有上海、深圳两家营业部；员工共102人，平均年龄32岁，全部为专科和专科以上学历。

经纪业务 本着发展与合规并重的经营理念，安信期货经纪业务采取鼓励直销业务发展的策略，通过增设总部直销业务单元、营业部网点等增加市场开发渠道，推动经纪业务的发展，扩大市场占有率。

期货投资咨询业务 2011 年 10 月，安信期货取得期货投资咨询业务资格。安信期货大力推进期货投资咨询业务的开展，探索服务模式，为投资者提供研究与咨询服务，尝试为部分机构投资者提供金融创新产品与套保服务，与投资者建立密切的合作关系，为吸引客户、扩大客户群体奠定了基础。

电子化建设 安信期货拥有金仕达核心交易系统和上期综合交易平台两套交易系统，服务器 60 余台，可供 2 万名客户同时在线进行交易；根据业务发展实时更新行情、交易系统，门户网站的内容，为客户提供优质的服务和技术支持。

客户服务 通过客户回访、客户满意度调查等手段充分了解客户需求，基本建立了以 CRM 系统为核心，以 Call Center、在线咨询、短信平台、客户培训为渠道的综合客户服务平台。CRM 系统利用收集的客户信息，对历史数据进行分析，建立客户数据统计仓库，为前台营销提供支持；通过 Call Center、在线咨询及短信平台等渠道，为客户提供非现场服务，做精做实基础客服业务。

中介机构管理 安信证券 117 家证券营业部中有 46 家营业部已取得期货中间介绍业务（IB 业务）资格。安信期货将投资者教育、客户交流、IB 业务建设与员工培育等结合起来，通过营业部现场互动体验、仿真交易以及 IB 业务专区标准化建设等活动，吸引大批投资者参加，储备了大量潜在的期货客户资源，为 IB 业务的开展打下了坚实的基础。2011 年，安信期货荣获中国金融期货交易所“2011 年度优秀会员金奖”和“2011 年度投资者教育奖”等奖项。

北京中期期货有限公司

2011 年，北京中期期货有限公司（以下简称北京中期期货）期货总交易量近 2 500 万手，期货合约总交易额 2.9 万亿元，实现手续费收入 1 亿元，客户保证金规模近 14 亿元。

截至年末，北京中期期货在上海、北京、天津、西安、青岛、唐山、保定、邯郸、包头、宁波、武汉、广州等地拥有十多家营业部，现有员工 300 多人。

北京首创期货有限责任公司

2011 年，北京首创期货有限责任公司（以下简称首创期货）资产同比增长 10%，营业收入同比增长 6.6%，所有者权益同比增长 1%；客户成交额同比下降

12.64%，成交量同比下降29.14%；自然人客户账户资金同比增加51.55%，自然人客户账户数量同比增加2.99%，客户保证金比同比增长10.86%。

截至年末，首创期货下设14家营业部，共有员工262人。

期货投资咨询业务 2011年，期货投资咨询业务正式实施，首创期货积极申请投资咨询业务资格，并结合自身产业客户服务优势，以高端客户为定位，以服务客户为中心，以市场需求为导向，重点发展风险管理顾问服务、套保套利等交易咨询服务业务，细分产业链客户的具体需求，从企业风险敞口识别开始，围绕企业经营风险点，开展基础培训，提供定制套期保值业务服务架构、管理制度以及套期保值方案等服务。

（刘菲菲）

第一创业期货有限责任公司

2011年末，第一创业期货有限责任公司（以下简称第一创业期货）资产总额3.21亿元，所有者权益5 946.54万元，客户数量2 080个，客户保证金2.60亿元；全年期货交易额2 085亿元，实现营业收入1 464万元。

合作与交流 为提升交易服务水平，开展多期交易培训，完成百余份研发报告及文章。与北京期货商会联合举办第六届中国（北京）期货暨衍生品市场论坛，主办中国保险资产管理应用衍生品研讨会。与东北最大的油脂企业合作，经过多次调研，为该企业量身定制了一整套基于进口贸易及现货产销的套期保值交易管理体系，将企业运营各个环节的数据和风险等情况进行提取量化。与第一创业证券衍生品部、资产管理部合作，协助完全套期保值对冲策略，在2011年沪深股市行情下跌中规避了现货资产下跌的风险；配合发行两只限额特定集合资产管理产品，其中金益求金集合资产管理计划为国内首只券商股指期货对冲产品。与境内外多家专业投资机构开展交流讲座5次；与国内知名高校合作开展专项讲座2次，以扩大公司知名度，引进先进金融人才。开展六项营销活动，创新制定了首个定向资产管理计划产品。

格林期货有限公司

2011年，格林期货有限公司（以下简称格林期货）实现期货成交量1 467万手，成交额17 606.16亿元；年末客户保证金21.49亿元，客户数15 601户。

截至年末，格林期货设有分支机构13个，员工356人。

期货投资咨询业务 设置专项奖励，鼓励员工参加期货投资咨询业务考试；招聘精英人才，建立期货投资咨询业务团队；草拟期货投资咨询业务合同，为期货投资咨询业务的正式开展打下了良好的基础。2011 年 8 月 22 日，格林期货获得首批期货投资咨询业务资格。

标准仓单创新业务 2011 年初，格林期货推出标准仓单创新业务，通过银行、交割库、期货公司三方联合，为企业提供从产品收购、仓单注册到销售的全流程、一站式融资服务。继标准仓单创新业务在郑州商品交易所推广成功之后，9 月，格林期货与广发银行深入洽谈，探索该业务在大连商品交易所的推广策略。

在线交易系统 创建期货在线交易系统。该系统应用 Siverlight 技术开发的在线实时行情/交易系统，客户可通过访问格林期货门户网站进行体验，同时使用实时行情、数据分析、最新资讯、在线交易、持仓、成交数据等多项功能。为满足 QFII 客户进行国内期货交易的需求，上线 OMS 系统，成为目前国内为数不多能够提供 QFII 接入的期货公司之一。

冠通期货经纪有限公司

2011 年，冠通期货经纪有限公司（以下简称冠通期货）累计代理交易量 2 466 万手，累计交易额 24 338.51 亿元；年末客户数 9 423 人，客户保证金 9.76 亿元。

截至年末，冠通期货正常经营的营业部共计 11 家，在职员工 191 人。

期货投资咨询业务 2011 年 9 月，冠通期货取得期货投资咨询业务资格，12 月正式启动并完成第一笔业务。

客户服务 以客户需求为导向，建立专业标准的一体化服务体系。通过了解客户的风险、行为偏好、投资模式，结合客户贡献度、活跃度、交易水平等对客户进行分类；在需求分析的基础上进行服务产品策划，把服务的种类细分为软件通道、研发产品、信息资讯、增值业务等；根据客户价值分类，通过不同的推送渠道实现客户价值，并与冠通期货提供的服务价值相匹配；对服务过程、服务结果展开评估，对服务过程中出现的问题进行控制与调整，提升客户服务水平。

国都期货有限公司

2011 年，国都期货有限公司（以下简称国都期货）实收资本 2 亿元，所有者权益 1.80 亿元，负债总额 4.18 亿元；代理成交总量 692 万手，占全国成交总量的 0.33%；代理成交总额 0.66 万亿元，占全国成交总额的 0.24%；年末客户总数4 173 户，比上年增加 760 户，增长 22%；客户日均权益 4.62 亿元，比上年增长 49%。

截至年末，国都期货下设 4 家营业

部，共有员工 148 人。

期货中间介绍业务 委托控股股东——国都证券开展期货中间介绍业务（IB 业务），借助其证券营业部遍布全国主要行政区域中心城市的优势，拓展经纪业务发展地区。2011 年 11 月，IB 业务审批工作重启后，国都期货全力协助国都证券杭州营业部、成都营业部、北京阜外营业部申请 IB 业务资格。截至年末，国都期货 IB 业务客户总数 1 243 户，比上年增长 14.56%，占公司客户总数的 29.78%。

机构投资者培育 通过增设营业网点、扩大业务队伍、增加技术投入，探索建立适应业务发展和行业竞争要求的业务规划、营销体系、服务体系和激励约束制度，机构投资者的培育成效显著。截至年末，机构客户权益占公司总权益的 48%，较上年提高 20 个百分点。

创新服务模式 加强交易研究，推出套利追踪报告，开发市场热点追踪和图形天下等交易研究产品，推广交易诊断服务，扩大盘中交易服务范围，全年有交易客户整体盈利；推行“业务 + 研发”的团队服务开发模式，强化应用型研究，加强重点产业和客户的需求研究、服务规划和服务组织实施，进一步提升开发和服务客户的能力。

（王蕊）

国元海勤期货有限公司

2011 年，国元海勤期货有限公司（以下简称国元海勤期货）实现期货交易量 516.02 万手，期货交易额 7 200.39 亿元；年末客户数 6 510 户，客户保证金规模 3.16 亿元。

截至年末，国元海勤期货设有分支机构 6 家，正式员工 118 人。

股指期货中间介绍业务 加强与国元证券开展期货中间介绍业务的营业部的交流与协调，建立健全相关系统权限申请与变更、开户等业务流程。借助公司股东的支持，与台湾康和期货开展业务交流，对股指期货业务的推广进行探讨。

成立“两个中心” 调整组织架构，成立研究发展中心和客户服务中心，研发中心下设北京分部和上海分部。研发中心成立后，已研发五大类 23 种产品；客服中心成立后，牵头改版公司网站，以崭新的形象面对客户，提升了公司形象。

宏源期货有限公司

2011 年，宏源期货有限公司（以下简称宏源期货）客户成交金额 2.63 万亿元，其中股指期货成交金额 1 万亿元；实现收入 9 883.21 万元，比上年增长

3.68%；实现利润2 800.98万元；客户保证金日均余额同比增长34.12%，交易额市场份额同比增长7.87%。

截至年末，宏源期货下设9家营业部，员工总数为215人，其中本科以上学历人员占70%。

期货中间介绍业务 围绕股指期货这一重点品种，在北京、深圳、广州、乌鲁木齐、上海等地证券营业部组织了10余场现场培训，对80家证券营业部开展了10余场视频培训，与宏源证券协作推进证券营业部开展期货中间介绍业务（IB业务）资格申请工作，截至年末，取得IB业务资格的证券营业部数量达到23家。2011年，宏源期货IB业务新开客户数472户，占公司新开客户总数的15.83%；IB业务客户保证金1.4亿元，占公司客户保证金总额的10.29%；IB业务代理客户成交金额5 140.04亿元，占公司代理客户成交金额的19.52%；IB业务收入1 433万元，占公司收入总额的14.5%。

期货投资咨询业务 高度重视期货投资咨询业务，积极做好团队建设、制度建设、业务机制和流程搭建等各项准备工作，在中国期货业协会组织的首场期货投资咨询业务资格考试中，22名员工全部合格。2011年8月19日，首批获得期货投资咨询业务资格。与宏源证券合作，率先在行业内推出了“宏源量化对冲策略1号”投资咨询产品，制订产品手册和服务合同，通过多种形式向重点客户推介，已成功签约2家客户。

营业部建设 完善营业部业务团队建设和市场政策指导，根据营业部所处的市场环境，制定竞争策略，强化业绩导向，调动业务人员的积极性，推动业务发展，2011年宏远期货主要营业部实现盈利。积极申请筹建新的营业网点，合肥、济南两家营业部先后获批开业，营业部数量达到9家，石家庄营业部已获批筹建。

投资者教育 集中各种资源为开展投资者教育工作提供保障，在投资者教育宣传品印刷、媒体合作和集中培训方面的费用支出比上年分别增长75%、53%和26%。以焦炭、甲醇新期货品种为重点，在济南、常州、上海等地向机构投资者举办多场专项培训，指导投资者理性参与期货市场投资，参与机构投资者累计313家，参与人数累计600多人次。与中国金融期货交易所合作，联合宏源证券开展股指期货投资者教育全国巡讲活动，在广西、新疆、北京等地举办8场股指期货投资报告会，邀请海内外期货名家现身说法，宣传股指期货市场保值避险功能，累计培训投资者近1 600人次。

（黄利）

金鹏期货经纪有限公司

2011年，金鹏期货经纪有限公司（以下简称金鹏期货）实现期货交易量1 411万手，交易额17 071亿元；年末客户数量5 026个，客户保证金4.36亿元。

截至年末，金鹏期货设有9家营业部，员工总数163人。

中介机构管理 加强居间人管理，做到告知客户在先，提醒客户注意风险；在公司网站和经营场所进行公示，严禁居间人代客户交易；定期开展居间人核查和客户回访，严格执行居间人管理规定。

客户服务 严格按照业务流程，办理开户、销户手续；定期回访客户，接收、汇总意见，并在规定的时间内反馈；做好客户投诉和接待服务，及时告知监管政策和交易所信息；坚持每周末开展客户培训，全年30余场次；举办多场大型的股指期货高峰论坛、钢材等专题报告会；建设客户服务系统，从客户诊断到持续服务进行相应的系统改进。

京都期货有限公司

2011年，京都期货有限公司（以下简称京都期货）经纪业务成交量21万手，成交金额155亿元，年末有效客户数量292个，客户权益938万元。

截至年末，京都期货在职员工人数31人。

经纪业务 成立企业套期保值小组，为相关产业链上企业客户提供专业化的培训服务和量身定做的套期保值报告等产品；与媒体、金融类企业合作，举办各种期货培训，以培训促营销。2011年底，京都期货取得中国金融期货交易所交易会员资格。

电子化建设 建立以恒生期货交易系统为依托，上海综合交易平台系统为辅助，文华一键通、澎博闪电手等第三方接入为周边的立体期货电子化交易系统，满足客户交易的多种需求。配备大功率UPS电源、精密空调，建立千兆三层网络交换、高效率硬件防火墙，实施网络流量控制、专业机房人员值班，信息系统内所有应用服务器设备和网络设备采用冗余配置，消除系统硬件的单点故障，提高电子化交易系统运行的稳定性，降低风险，为客户提供更好的服务。

经易期货经纪有限公司

2011年，经易期货经纪有限公司（以下简称经易期货）代理成交额20 021亿元，成交手数1 601万手；年末客户数量4 119个，客户保证金15.4亿元。

截至年末，经易期货设有10个分支机构，员工总数189人。

风险控制 实施内控管理工作改革。一是在各营业部设立合规专员，对日常工作进行合规指导和监督；合规专员接受公司首席风险官垂直领导，总部每年对合规专员进行绩效考核。二是针对行业内发生的因从业人员代客理财，造成期货公司重大经济损失和法律风险事件，按照北京证监局的要求，采取办公场所分区、客户回访等措施，制定并实施严格的管理办法。即营业部经理及员工签署责任书，实行经济损失营业部全责制；公司在接到举报或投诉后查明属实的，即使未发生经济损失，也要对营业部经理处以5万元罚款，当事人扣除全年奖金；营业部经理对所属营业部居间人的行为负全责；公司总部设置专门渠道接受员工和投资者的匿名举报等。

电子化建设 2011年末，经易期货在北京飞创机房建成了异地灾备中心，满足期货公司信息系统备份能力要求；技术投入500万元，对公司信息系统进行升级改造，提高系统的安全性和稳定性。

民生期货有限公司

民生期货有限公司（以下简称民生期货）为原山西物产期货经纪有限公司，1996年1月在国家工商行政管理总局注册，2008年3月更名为民生期货有限公司。具备商品期货和金融期货经纪业务资格，是上海期货交易所、郑州商品交易所、大连商品交易所的会员，中国金融期货交易所交易结算会员。

2011年，民生期货代理成交量867.23万手，成交额9 586.30亿元；年末客户数量6 477人，客户保证金2.65亿元。

截至年末，民生期货设有12家营业部，员工199人。

信息系统 按照《期货公司信息技术管理指引》的要求，结合监管部门的信息安全通报指导，推进交易结算信息系统的建设、维护、优化，信息系统运行平稳，达到二类标准，拥有博易大师闪电手、文华一键通等交易软件。年内上线“开拓者”程序化交易系统、“掌上财富”手机期货系统，以及金仕达止损止赢、条件单系统和多账户管理系统等。

银河期货有限公司

2011年，银河期货有限公司（以下简称银河期货）累计成交合约4 738.37万手，累计成交金额7.5907万亿元；年末客户总数51 038户，日均客户权益47.45亿元，较上年增长69%。

截至年末，银河期货设有16家营业部，员工总数558人。

经纪业务 商品期货经纪业务。随着期货市场规模的扩大和交易品种的增加，银河期货的商品期货经纪业务成交情况及市场占有率，呈现良好增长态势。截至年末，银河期货在上海期货交易所成交量为1 530.25万手，市场占有率2.48%，成交金额1.91万亿元，市场占有率2.20%；在郑州商品交易所成交量为1 622.93万手，市场占有率2.00%，成交金额1.35万亿元，市场占有率2.02%；在大连商品交易所成交量为1 167.89万手，市场占有率2.02%，成交金额0.66万亿元，市场占有率1.97%。

金融期货经纪业务。股指期货推出后，银河期货作为券商系期货公司借助券商在行业中的地位，整合各类金融资源，在金融期货市场上占有一定优势。截至年末，银河期货在中国金融期货交易所成交量为407.31万手，市场占有率4.14%，成交金额3.67万亿元，市场占有率4.19%。

期货投资咨询业务 2011年5月，期货投资咨询业务开闸。银河期货作为拥有期货投资咨询业务资格的期货公司，积极构建覆盖基础数据库、风险管理、交易策略、程序化交易、套保套利等方面的产品池，为产业与机构客户提供跨市、跨品种、跨合约套利以及期现货套保服务，不断拓展期货投资咨询业务深度和广度，争取在该业务开展初期获得先发优势。

特色服务 客户服务上，将客户进行分类，针对不同客户提供差异化的服务，为重要客户及大客户配置专属客户经理。

资金管理上，建立大客户VIP服务通道，提高资金划拨速度；建立信息反馈机制；把套期保值客户的交割做成特色产品，全年为套保客户办理的交割业务实现100%以上的增长。

期货中间介绍业务（IB业务）服务，7月配合中国银河证券股份有限公司开展“银河行”活动，历时3个多月，共设中山、广州、北京、深圳等15站，覆盖72家证券营业部（其中具有IB业务资格的证券营业部51家）、5家期货营业部。

与行业协会合作举办“银河期货黑色衍生品年会”、“有色金属产业链发展论坛”、“中国国际棉花论坛”、“中国铅市场高峰论坛”、“中国煤炭供需形势分析及进出口贸易论坛”等论坛，牵头组织业内最重要的企业成员交流核心业务，为现货企业搭建一个利用衍生品探索现货经营模式改革的全新舞台。

银建期货经纪有限责任公司

2011年，银建期货经纪有限责任公司（以下简称银建期货）实现期货代理成交量283.64万手，成交额2 525.72亿元；年末客户数量4 828户，客户保证金1.85亿元。

截至年末，银建期货设有5家营业部，员工总数113人，其中具有高级职称者2人，中级职称者9人，初级职称者9人。

内部管理 坚持合规经营，建立健全各项规章制度。实施交易风险管理，采取“垂直领导、分级管理”的风险管理模式，全年无一例风险事故，无一例客户投诉。规范和优化客户服务流程，调整开销户制度，修订期货经纪合同，减少客户签字。上线CRM系统，通过合理的客户分类为不同类别的客户提供个性化的产品服务。租用上海期货信息技术公司托管中心标准机房，达到《期货公司信息技术管理指引》二类要求。2011年，银建期货在证监会期货公司分类监管中被评为CC级。

英大期货有限公司

2011 年，英大期货有限公司（以下简称英大期货）经纪业务成交量 1 268 万手，成交额 1.47 万亿元；年末客户数量 8 367 户，日均保证金规模 8.47 亿元。

截至年末，英大期货设有 10 家营业部，共有职工 153 人。

期货经纪业务 全年经纪业务成交量 1 268 万手，同比下降 67.92%；成交额 1.47 万亿元，同比下降 63.66%。其中股指期货成交量 17 万手，同比下降 30.69%；成交额 1 501 亿元，同比下降 31.67%。实现经纪业务收入 6 374 万元，同比下降 19.96%。

期货投资咨询业务 2011 年，英大期货取得期货投资咨询业务资格。与英大国际信托有限责任公司签署风险管理咨询顾问协议，提交相关尽职调查和风险评估报告，实现风险顾问费收入 350.5 万元。

投资运作 按照董事会审批通过的投资计划，积极开展投资理财运作。共投资 2.1 亿元，均为跨年度投资，年化收益率约 8%。2011 年度实现投资收益 391.2 万元，同比增长 272.38%。

信息化建设 推进业务系统建设，开展异常交易监控、网上交易安全认证、总部信息化提升等项目；加快信息化建设，完成金融 ERP、数据级容灾中心、协同办公系统、内网门户等项目，全年 10 个信息化年度项目，已建成投入运行 9 个。

风险控制管理 认真抓好分类评价工作，达到了评价不扣分的预定目标；按照监管要求，开展客户历史账户规范、清理工作，处理休眠账户 7 686 户，完成 4 家交易所实际控制关系账户报备工作；制定《英大期货有限公司居间人管理暂行办法》，开展居间人统计、备案、公示工作，进行居间人从业规范培训等；制定《风险控制操作规程》，加强行情分析和风险预判，全年强行平仓 2 000 余次，未发生重大风险事故。

中钢期货有限公司

中钢期货有限公司（以下简称中钢期货）是经证监会批准，在国家工商行政管理总局注册的专业期货公司，是中国中钢集团公司控股子公司，注册资金 2.8 亿元。2011 年，中钢期货完成代理交易量 895 万手，代理交易额 9 557 亿元，实现期货经纪业务收入 7 324 万元；年末客户总数 3 484 户，客户保证金 15.03 亿元。

截至年末，中钢期货设有 8 家营业部；共有员工 119 人，其中金融、经济类专业员工占 80%，硕士研究生（含博士）以上学历 29 人，大学本科学历 57 人。

期货经纪业务 坚持以服务实体经济

为导向，结合自身竞争优势，致力于产业和机构客户开发。通过与国家主管部门、期货交易所、行业协会和商会、行业网站等，联合举办期货套期保值业务会议和讲座；深入行业产业链各环节，宣讲期货知识，促使产业和机构客户主动利用期货为生产经营服务。截至年末，产业和机构客户总量突破 500 户，占客户总数的 15% 以上，业务规模占公司的 90% 以上，实现套期保值利润数亿元。坚持贴身服务理念，根据客户业务特点，提供有针对性的套期保值方案，为客户实物交割提供全方位业务咨询，协助客户完成 2011 年期货市场首单焦炭实物交割。坚持"风险第一"的原则。办理开户时，告知客户期货交易风险；提供期货服务及套期保值方案时，对其中蕴涵的风险进行系统提示，提醒客户遵循套期保值理念，防止套期保值交易行为异化；指定专人对产业客户的交易行为进行实时跟踪分析，提供专业风险管理建议，提高期货交易及套期保值效果。

期货投资咨询业务 中钢期货是首批取得期货投资咨询业务资格的 34 家期货公司之一，拥有一批长期从事期货研究和咨询的专业人员，为国内有色金属和钢铁行业大型骨干企业提供专业套期保值和风险管理服务。全程参与上海期货交易所钢材期货及大连商品交易所焦炭品种研发，对合约设计、制度制定、风险控制等提出建设性意见；参与铁矿石、焦煤期货品种的前期研究工作，为丰富期货交易品种，满足实体经济风险管理需求提供服务。

中国国际期货有限公司

2011 年，中国国际期货有限公司（以下简称中国国际期货）实现期货交易量 6 414.72 万手，交易额 70 841 亿元，营业收入 3.99 亿元，利润 1.33 亿元；年末资产总计 70 亿元，负债合计 58.11 亿元，客户数量 54 618 名，客户保证金 56.96 亿元。

截至年末，中国国际期货设有 47 家营业部，员工 896 人。

信息系统 对核心交易系统进行升级改造，采用内存数据库技术和异地多活机制，突破了传统交易软件的速度极限，确保客户交易指令的快速完成，最大限度地保障了在各种灾难事件发生时的客户权益。建设高清视频会议系统和呼叫中心系统，通过 ERP 系统进行业务流程标准化管理，改善内部沟通效率和客户服务能力。成功研制"掌上中期"交易终端、中期标准版网上交易终端、D－PLUS 期货产业数据库系统、衍生品实时风险预警与管理系统、客户交易诊断系统等。

研究创新 拓展战略发展空间，组织研究人员参与期货市场各类创新业务研究及推广工作。完成《利用期货市场进行企业全面风险管理》的研究报告，录制《你也可以成为资产管理高手》、《破解短线交易密码》等系列视频节目，在公司网站发布，并刻录成光盘推送给投资者。举办中国国际期货峰会，发起"中小企业期货市场成长计划"、"走进企业，带专家上门会诊"、"区域产业结构优化助力计划"等活动。配合国债期货的前期推进，筹备成立研究院上海分院，招聘高素质研发人才，提前对国债期货及国债市场、利率市场进行研究。

中粮期货有限公司

（原中粮期货经纪有限公司，2011 年 11 月 18 日更名）

2011 年，中粮期货有限公司（以下简称中粮期货）期货交易量 2 640 万手，交易额 23 362 亿元，营业收入 2.36 亿元，净利润 8 040 万元，所有者权益 8.81 亿元；年末客户量 9 743 个，客户保证金规模 53.92 亿元。在证监会组织的期货公司分类评价中，获得 A 类 AA 级评级。

截至年末，中粮期货设有分支机构 12 家。

创新业务发展 2011 年，中粮期货取得期货投资咨询业务资格，并成为参与境外期货筹备工作的三家期货公司之一，为今后创新业务发展拓宽了渠道。

人才队伍建设 加强队伍建设，增加 2 名高管人员；组织多次业务培训以及新员工培训，加快人才队伍成长；初步建立起协同办公的信息框架，提高办公效率和资源整合能力。

中衍期货有限公司

中衍期货有限公司（以下简称中衍期货）成立于1996 年，是经证监会核准，专门从事国内商品期货经纪、金融期货经纪的专业性期货公司。2011 年，中衍期货实现代理期货交易量 1 019 万手，交易额 9 563.58 亿元；年末客户数量 11 973 个，客户保证金 3.01 亿元。

截至年末，中衍期货下设北京营业部、大连营业部，上海办事处、郑州办事处，共有员工 107 人。

中国人民财产保险股份有限公司北京市分公司

2011 年，中国人民财产保险股份有限公司北京市分公司（以下简称人保财险北京市分公司）实现保费收入 73.45 亿元，同比增加 1.66 亿元，增长 2.31%；实收保费 73.45 亿元，同比增加 3 813 万元，增长 0.52%。实现利润总额 2.75 亿元，实现承保利润 2.2 亿元。

截至年末，人保财险北京市分公司下

设21家支公司、5家分公司内设营业部、7家营销服务部、34家营业部，拥有2 163家合作中介机构，在编员工1 427人。

机动车辆保险业务 发挥渠道优势，实施全系统4S店车险业务的授权经营，召开4S店车险服务推介大会、北京高端汽车品牌峰会，根据市场情况，提出“抓续保，抢新车，促转入”的要求，完善各项业务规则，进行大项目攻关，拓展新业务渠道，完善服务管理，推进业务发展。全年累计实现保费收入5.44亿元，同比减少1.86亿元，下降3.31%；实现承保利润8 946万元，贡献度40.38%。

非车险业务 注重非车险市场的开拓和发展，加快企业财产险、工程险拓展，推进家庭财产险等分散性业务发展，从责任险、货运险、船舶险等方面开拓新的增长点；组建非车险专业团队，实施专业化发展，实现非车险业务的快速增长。全年实现非车险保费收入15.92亿元，同比增加3.69亿元，增长30.14%。其中，财产险保费收入7.83亿元，货运险保费收入4.5亿元，责任信用保费收入2.68亿元，意外险保费收入9 095万元。

（丁一伦）

中国平安财产保险股份有限公司北京分公司

2011年，中国平安财产保险股份有限公司北京分公司（以下简称平安产险北京分公司）实现保费收入52.9亿元，同比增长21.8%。其中，车险保费收入38亿元，同比增长19.2%；财产险保费收入13亿元，同比增长30.3%；意健险保费收入1亿元，同比增长20.9%。实现承保利润总额2.33亿元。

截至年末，平安产险北京分公司共设有2家营业部，4家支公司，4家营销服务部；共有员工1 182人，其中后线员工454人，前线员工728人。

经营销售支持 按照总部的要求对直销人员重新清分、调整组织架构方案、制订薪酬考核方案等，加强对前线的宣导、工作部署，落实穿透检视、日常跟踪考核。协助总公司制作E行销功能的辅助视频，做好团E系统支持与维护。加强核保精细化工作手段，提高成本管控能力。

个人产品服务 制定个人中心车行渠道人员考核标准、派修管理办法，完成“定向、定量派工”项目相关工作。联系培训部、车意险理赔部对车行渠道人员进行培训，管理、审批各车行业务部推修需求，调整派工试点车行，协助处理推修投诉件。加强网上车险和电话销售渠道管理，开展坐席培训，根据电话销售数据，检视电销业务政策和OFFER方案。

后援运营支持 配合团体中心进行组织架构调整和搬迁工作，完成业务部门专职行政人员整合及定岗定责。实施财务集中管理，上线财务多系统，搭建财务后援支持平台；规范会计核算，强化费用管控、资金风险管控，集中印章管理，实施单证管理新举措等。密切关注主要经营指标变化状况，提高对经营数据分析的针对性和有效性。举办综合金融大讲堂1期，

NEO 新人培训会议 3 期，两核人员资格考试等近 10 期，车险查勘定损专项培训 14 期。

理赔服务 车险、意健险理赔推出差异化车险理赔服务政策；财产险理赔完成重大案件的过程管理制度建设，配合各渠道和大客户进行承保前的支持工作；举办第八届客服节，实施 VIP 服务、免费救援服务、代收理赔资料服务、承保人性化关怀、查勘人性化关怀等增值服务。

（包海清）

华泰财产保险有限公司北京分公司

（原华泰财产保险股份有限公司北京分公司，2011 年 9 月 14 日更名）

2011 年，华泰财产保险有限公司北京分公司（以下简称华泰财险北京分公司）实现保费收入 115 419.11 万元，同比增长 11.36%。其中，车险实现保费收入 56 522.11 万元，同比下降 1.68%；非车险实现保费收入 58 897 万元，同比增长 27.61% 。实现承保利润 14 205.47 万元。

截至年末，华泰财险北京分公司共有 8 个支公司，在编员工 442 人。

车险业务 2011 年初，北京市政府出台治堵新政，采取系列措施，对车险市场影响较大。上半年，华泰财险北京分公司根据对市场形势的分析判断，积极寻找车险业务增长的突破口，车险保费走势略好于市场平均水平。下半年，部分同业公司上调外部成本，整体代理手续费水平有所升高，市场竞争度显著增加，车险销售受到冲击，车险保费增幅低于市场平均水平。

非车险业务 非车险业务呈现优势。在原有重大客户的业务挖潜上，火险和责任险均有新增项目，保费收入涨幅较大；续保工作稳定，重大客户得到维护；差异化经营取得成果，涉足航天保险、石油保险、艺术品保险等高端产品，责任险市场推动突出，个险业务尝试改变核保理念，产品创新有所突破，电子化（电话销售、网上销售）业务生机勃勃；险种结构合理改善，工程险占比收缩，水险非原油渠道业务实现增长。全年火险保费收入 24 696.11 万元；水险保费收入 14 607.05 万元；责任险保费收入 14 035.83 万元，同比增长 36.59%；个险保费收入 2 924.37 万元，同比增长 52.81%。

理赔服务体系建设 简化理赔工作流程，加强投诉管理，缩短客户回访的间隔时间，力争在落实管控的前提下缩短赔付周期；理赔部门陪同展业，走访渠道，下发问题反馈表，了解销售一线问题并及时规划解决。车险理赔加强成本管控和风险管理，深化配件修复方案和重大人伤案件调解减损机制；严格理赔审核，对渠道赔案实施细分，采取差异化管理，加强未决赔案追踪清理。非车理赔注重与承保、业务销售部门的联系和沟通，加强理赔前期的管控与风险分析，为业务销售部门提供专业理赔知识和技术支持。

队伍建设 把培训工作重点放在“经理人领导力提升”上，开设清华大讲堂，举办《国学智慧与领导韬略》、《周易智慧与现代人生》等课程培训，更新经理人的经营理念，提高团队管理水平及销售拓展能力。加强人才储备，《北分商学院》通过电子期刊开展专业技能培训，为提高华泰财险北京分公司的市场综合竞争力和优势险种发展起到了积极显著的作用。

（赵唯辰）

中国太平洋财产保险股份有限公司北京分公司

2011年，中国太平洋财产保险股份有限公司北京分公司（以下简称太平洋财险北京分公司）实现保费收入351 647万元，同比增长8.81%；全年累计赔款支出181 159万元，综合赔付率58.87%。

截至年末，太平洋财险北京分公司共有8家支公司，887名员工。

机动车辆保险业务 推广渠道专业化管理，实施车险精细化管理，强化成本控制与预算管理，完善车险业务发展策略，积极发展电话营销，努力提高车险承保的盈利水平。全年实现机动车辆保险保费收入282 317万元，同比增长5.27%。

非车险业务 提升非车险销售能力，推动责任险、意外险、货运险、家财险等核心业务的发展，通过落实非车险经营责任制、改善承保政策、加强分险种考核、开展专业团队培训、加强业管部门内部建设等措施，完善以客户为中心的项目管理体系，巩固重大项目优势。全年非车险保费收入69 329万元，同比增长26.07%。

提升管理水平 进行非车险和车险管理架构改革，完成了以非车险为试点的管理模式及组织架构的改造，成立了9个专业管理部门；组建以非车险为主的专业化销售团队，制订了推动销售体制改革的团队改造方案及配套措施；根据业务特点和实际需要，成立非车险理赔部、航运险事业部、电话保险事业部，提升管理效能和为客户服务的质量。成立车险经营管理委员会和重大项目领导小组，强化内部沟通、协调机制，重大经营事项集体讨论、共同决策，以整体方式参与市场竞争。推进领导干部竞聘上岗制度，实行新建机构和专业团队负责人竞聘上岗制度，一批年富力强的青年干部走上领导岗位，为公司经营增添了活力。

客户服务 开展规范化服务达标活动，检查小组以明察暗访的形式，加大对窗口单位规范化服务的检查、监督，并对规范化服务执行情况进行点评打分。修改和完善车险定损理赔的服务流程，加强客户投诉管理，加大对违规服务的处罚力度。开展职业道德教育，聘请有实践经验的老员工和专家到各业务单位授课，实施案例教育。结合总公司车险、定损理赔系统上线及北京保监局、保险行业协会关于对中介代理费管理上平台的要求，开展岗位培训和业务技能竞赛。

（申渝杰）

太平财产保险有限公司北京分公司

2011年，太平财产保险有限公司北京分公司（以下简称太平财险北京分公司）实现保费收入27 569万元，同比增长23.07%，其中车险保费收入10 213万元，非车险保费收入17 356万元。非车险保费收入中，水险保费收入同比增长37%；非水险保费收入15 526万元，同比增长73%；意康险保费收入542万元，增长32.3%。实现净利润966.65万元。

截至年末，太平财险北京分公司共有支公司3家，营销服务部1家，在职员工198人。

车险业务 开展“2011太平财险效率服务年”活动，从查勘定损、理算核赔、财务支付等方面对全体员工进行时效考核，从中评选出效率之星，切实有效地提高整体服务效率。简化理赔单证、规范索赔资料、提高一天支付比例，力争做到VIP客户万元以下一天赔付95%的目标。制订“5S”推广方案，评选服务之星，将评选结果纳入个人季度绩效考核，全面提升理赔服务质量。重视车险业务发展，提供上门收取索赔资料等特色服务，有效推动车险业务稳步发展。建立适应业务发展的新的岗位架构，选拔优秀人员作为骨干担当关键岗位，层层负责，分级管理，提升员工综合素质和专业机能，打造一支过硬的理赔队伍。

非车险业务 财产险开展“山高人为峰，挑战2011”的业务竞赛，充分调动业务团队的积极性，简化理赔程序，缩短理赔时速，推动了保费完成进度和保费规模的扩大。通过对业务承保条件及调整费用政策，加强管控规模占比较大的板块业务，实行标准化的费用投入和个性化的理赔服务支持，促进业务发展。

合规管理 完善公司《内控相关制度汇编》，落实北京保监局和总公司“小金库专项治理自查自纠”工作；重新修订《反洗钱内控制度》，成立反洗钱领导工作小组；对经营管理情况进行常规稽核，并对反洗钱工作进行了专项稽核；利用晨会进行反洗钱工作培训和宣导，职场设置反洗钱知识专栏，进行反洗钱知识测验，开展了二次反洗钱宣传月活动。

（高婧）

中华联合财产保险股份有限公司北京分公司

2011年，中华联合财产保险股份有限公司北京分公司（以下简称中华财险北京分公司）实现保费收入6.75亿元，市场份额2.85%，承担风险责任1 705.78亿元；全年累计处理赔案总量12.73万件，支付赔款3.99亿元；总资产5.49亿元，实现净利润7 213.03万元。

截至年末，中华财险北京分公司下设12家支公司、2个营销服务部，与361家中介机构建立合作关系，拥有正式员工448人，服务网络覆盖全市16个区县。

非车险业务 重点发展非车险和意健险业务。加强对非车险险种发展策略的研究和指导，发布4个系列12款新产品，进一步改善险种结构，非车险业务得以较快发展。风险较高的工程保险及特殊风险规模下降，企业财产险和责任险大幅增长，业务占比79.18%；承保天津地铁工程、广电有线网络、广西百靖高速公路和巴星航天发射等重大项目，全年财产险业务实现保费收入7 200.68万元，同比增长超过20%；意健险业务在保持盈利的基础上提前4个月完成全年任务，累计实现承保利润462.93万元。

政策性农业保险业务 首次开办肉鸭保险和农机综合保险，政策性农业保险覆盖19个经营险种，覆盖率达到100%；加大保险产品、经营模式及服务创新，开发了集农村房屋、室内家财及农民人身意外伤害于一体的"中华农家福"创新组合产品，有效地带动涉农商业险业务的发展。全年实现保费收入9 899.21万元，同比增长21.50%，占中华财险北京分公司业务总规模的14.67%。

客户服务 推出"心心相映"车险非事故道路救援，提供搭电、送油、加水、换胎和不解体不换件现场小修等服务；实施全城"通定通赔"，开通电话销售，针对优质客户推出"非车险绿色理赔通道"，创新开展农险"驱鸟惠民"行动和向平谷区赠送防雹减灾费用活动，力争形成多触点、多途径的新型服务体系，最大限度地满足客户需求。

全面质量年活动 开展全面质量年活动，从客户服务、基础管理、队伍建设、理赔质量、监测指标五方面规范理赔服务；完善核保架构、强化数据分析，加强对承保环节识别和筛选风险能力建设；强化现金流管理，健全费用预算机制，完善事前审批、事中控制、事后监督的财务管控流程；制定农业保险"六条经营红线"，建立量化考评机制，保障业务的健康发展。

（袁婕）

永安财产保险股份有限公司北京分公司

2011年，永安财产保险股份有限公司北京分公司（以下简称永安保险北京分公司）实现保费收入11 271.33万元。其中，车险保费收入10 108.44万元，财产险保费收入892.89万元，人身险保费收入269.99万元。

截至年末，永安保险北京分公司共有2家内设业务部、2家支公司及2家营销服务部，在职员工186人。

车险业务 新车业务受限行措施影响，保费规模大幅度下滑；以调整车险业务结构为重点，制定市场开拓指引，寻找新的业务增长点；加强续保业务指引，深度挖潜转保及续保客户资源，巩固车险业务平台；鼓励团体专项方案的实施，根据业务品种、质量等情况，调整渠道承保策略，推广渠道专业化协调。

非车险业务 以效益为指导，坚持依法合规经营，合理制定承保条件，保证业务品质，非车险业务增速明显，保费收入同比增长31.25%，其中财产险中的责任险业务成为主要增长点，占非车险业务的30%，为首都社会安定提供了有效的保障。

渠道建设 根据现有渠道的业务量、赔付水平、诚信度等，对渠道进行分类，不同类型的渠道匹配差异化销售费用、理赔服务模式、业务推动方案，实现实时的动态监控；对新合作渠道实行100%现场查勘，严格审核渠道资质，加强风险防控。

理赔服务 本着以客户为导向的服务理念，按照业务来源细分客户群体，根据团车、车商渠道、直接客户的不同需求提供有针对性的服务模式；整合客户资源，与多家维修机构合作，推出一站式直赔服务、一站式小额快赔服务、人伤事故全程协助及支援、案件拆分赔付等，提高理赔时效与质量；搭建救援平台，提供原厂配件配送服务、易损件快速修复等服务，逐步提高客户服务能力。

信息化建设 上线车险理赔系统、健康险平台、意外险平台，并通过北京保监局的验收。配合总公司信息化改革，上线核心业务系统、财务系统、收付费系统、销售管理系统，信息化管理水平大幅度提高。

（曾菲菲）

华安财产保险股份有限公司北京分公司

2011年，华安财产保险股份有限公司北京分公司（以下简称华安保险北京分公司）实现保费收入13 354.80万元，同比增长22.00%。其中，车险保费收入12 502.37万元，非车险保费收入852.43万元。实现利润1 088.62万元，满期赔付率控制在45.75%。

截至年末，华安保险北京分公司下设5家支公司、14家营销服务部，在职员工101人。

业务发展 探索适合自身发展的主攻业务方向，依据优质、重点业务制定政策措施，完善业务考核管理办法，采取保费收入、机构利润与年薪挂钩，调动机构销售人员的工作积极性。持续引入优质业务拓展人员，制定《业务拓展岗人员考核管理办法试行版》。全年新引进业务拓展人员共实现保费收入1 650.48万元。

风险管控 通过核保政策、财务政策等手段，提高亏损产品售价和承保条件，持续优化业务结构。重视统计分析，关注业务进度、承保质量、渠道品质等信息，通过制作各种统计报告，及时反映各分支机构、各渠道、各险种的业务进展情况及质量。以统计数据为基础，作为核保政策、业务政策、渠道合作的依据，科学经营保险业务，提高业务质量，有效控制风险水平。

理赔服务 将优质资源向客户服务倾斜，加大人力、物力投入；完善客户服务体系，成立核损室、核赔室、查勘定损室及综合管理室，明确岗位职责，提升协作能力，提高理赔时效；对查勘定损人员采用分级管理，建立反映绩效与能力差异的薪酬制度，全面推动客户服务水平的提升。

队伍建设 关注人才培养体系建设，建立后备人才选拔、培养、使用机制，实施虎跃计划、金种子计划、金刚钻计划、春蕾计划等培训计划；开展各专业岗位技能培训，提升中层干部及两核技术人员的管理水平；启动校园招聘工作，引入高校优秀应届生，通过“老带新、传帮带”等形式为公司持续健康发展提供人力支持。

（王海月）

天安保险股份有限公司北京分公司

2011年，天安保险股份有限公司北京分公司（以下简称天安保险北京分公司）共承保保单29 029件，保险金额2 075 181.99万元，实现承保保费收入13 799.51万元。其中，车险保费收入7 927.97万元，占比57.45%；财产险保费收入5 813.08万元，占比42.13%；人身险保费收入58.45万元，占比0.42%。

截至年末，天安保险北京分公司下设1家支公司，4家营销服务部，共有员工149人。

理赔体系建设 推行薪酬考核管理办法，从赔付率指标、理赔品质指标、个人工作质量考评指标三方面对理赔整体工作质量进行考核，对一线查勘定损人员从时效和技能两方面进行考核，加强成本管控观念、提高理赔管理品质。推行车险简易案件快速支付处理办法，凡是单个案件赔款金额在1万元以下的非人伤、非诉讼车险案件，在材料齐全后24小时之内完成赔款支付，提高保险理赔服务时效和客户满意度。

销售体系建设 加大各险种经营结果与费用核算的关联度，合理配置销售资源。对于赔付率考核指标持续不达标的机构，严格执行差异化的核保政策，引导险种配比的优化。上线商业车险手续费据实列支系统，掌控各营销机构及业务处室年度销售目标的落实，引导销售机构改变销售群体的展业重点，寻找新的业务发展契机，加强对销售指标落后机构的帮扶指导工作。

（雷宝福）

中国大地财产保险股份有限公司北京分公司

2011年，中国大地财产保险股份有限公司北京分公司（以下简称大地保险北京分公司）实现保险业务收入3亿元，比上年增长24.79%。其中，车险保险业务收入1.73亿元，非车险保险业务收入6 210万元，人身险保险业务收入6 558

万元。综合精算自留满期赔付率56.56%。

截至年末，大地保险北京分公司内设8个职能部门，下辖1个营销服务部、9个内设业务部、1个战略合作部；共有员工159人，其中劳动合同员工102人，劳务合同员工55人，聘用协议人员2人。

车险业务 以合规经营、风险可控为前提，实施差异化费用政策，促进车险业务发展。全年车险业务实现保费收入1.73亿元，业务规模比上年增长30.59%。

非车险业务 通过细分渠道、理顺业务流程、规范业务操作、制定业务指引、加强客户关系维护等方式，精细非车险管理手段、完善管理措施。全年实现非车险保费收入6 210万元，比上年增长34.09%。

人身险业务 以创新为主，在系统内尝试使用“承保快速录入通道”模块，在保证风险管控的前提下，提高了出单、核保效率。建立健全重大标的业务和特殊风险业务的评估制度，确保风险的合理控制。全年实现人身险保险业务收入6 558万元，比上年增长5.5%。

渠道建设 对现有渠道实行差异化管控，根据渠道的业务量、赔付率、管理水平、诚信度、客户结构等状况进行综合分类，以渠道业务规模及总成本核算为基础，在费用政策、查勘定损权限、两核政策支持等方面给予相应的倾斜，以稳固合作关系，增加渠道产能。积极开拓新渠道，全年公司新增有产能的渠道120家。

提升服务能力 对查勘定损网络进行调整，引入民太安、通宝行等多家公估机构，确保查勘定损时效；与3家专业汽车玻璃经销商以及46家4S店签署直赔协议。将快速结案机制的适用范围推广至各合作渠道。初步建立渠道评价体系，客服对涉及渠道管理的30余项理赔指标予以关注。开展打假降赔活动，全年共破获虚假赔案49件，涉案金额120万元；报公安机关立案侦查5批次，涉案金额23万元；与公安机关合作破获车险诈骗团伙1个，抓获犯罪嫌疑人6人。

队伍建设 完成销售团队定级和销售人员薪酬改革试点工作；改进培训管理方法，设定专人负责培训的统筹安排工作，全年共组织大小培训30余次，内容涵盖企业文化、保险理论及实务、重要文件法规学习等方面；制订并印发《中国大地保险北京分公司员工温馨关怀实施方案》，提高企业的凝聚力和员工的认同感。

（程林）

中国人寿保险股份有限公司北京市分公司

2011年，中国人寿保险股份有限公司北京市分公司（以下简称中国人寿北京市分公司）实现保费收入73.4亿元。其中，个险渠道实现保费收入23.74亿元；团险渠道实现保费收入6.34亿元；银保渠道实现保费收入41.31亿元；电销渠道实现保费收入2.01亿元。为151万北京市民提供了个人寿险保障，为11 000

家大中型企业提供了员工人身意外、企业养老、医疗保障等团体寿险服务。全年处理各种赔付、给付近54万件次，金额超过17亿元。

主要业务 个险渠道十年期及以上长期险实现保费收入2.1亿元，完成总公司下达任务的108.8%，短期险实现保费收入6 916万元，完成总公司下达任务的99.2%。团险渠道短期险实现保费收入4.3亿元，完成总公司下达任务的98.8%，赔付率从81.8%下降至67.3%，意外险占比提高到37%，同比提高4个百分点。银保渠道首年期缴累计实现保费收入5.4亿元，完成总公司下达任务的100.1%，五年期以上长期险实现保费收入6 369万元，占首年期缴的比重达到11.8%，同比提高7个百分点。电话销售首年期缴实现保费收入1.1亿元，完成总公司下达预算指标的110%，同比增长50.63%，保费贡献度占全系统电销渠道的58%。

基础管理 一是开展针对代签字风险和客户资料真实性风险的专项治理，对实力弱、资信差、业务少的中介机构进行清理，实现手续费由公司财务中心集中支付，统一业务单证的印刷、发放、作废清理，排查印章风险、加强权限管理，清除历史遗留问题和安全隐患，开展保单借款现场检查及专项清理，防范借款风险。二是各渠道根据自身业务发展制定《保险营销员管理办法》，加大考核力度，清除虚挂人力，夯实销售队伍，为渠道实现自身转型奠定了基础。三是调整团险承保方案、报价等审批流程，强化健康险两核风险管控，实现团险展管分离。四是集中保单打印、核保、理赔、城区查勘、生存调查以及保全处理，共减少37人，撤销内柜面6个，进一步整合了人力资源。五是以“先城区，后郊区”的原则，逐步上收柜面付费业务，撤销基层支出账户13个；推广非现金收付方式，开通15家批量划账银行，新单银行转账收费率达到99.96%。

队伍建设 加强队伍建设，组织各类培训班345期，实际参训人数17 860人。加强销售队伍建设，举办多期新兵训练营、初级主管训练营，全年累计新增人力2 294人，月均增员率5.5%；月人均期缴产能7 963元，同比增长29.5%；月人均首年佣金1 825元，同比增长51.3%。加强中层干部的选拔、培养力度，通过公开竞聘等方式，共有22名员工走上领导岗位。

（徐福军）

中国平安人寿保险股份有限公司北京分公司

2011年，中国平安人寿保险股份有限公司北京分公司（以下简称平安人寿北京分公司）实现规模保费收入138.97亿元，同比增长3.87%。其中，个险规模保费收入117.73亿元；团险规模保费收入2.62亿元；银保规模保费收入18.62亿元。拥有客户379万名，保单531万件。全年赔款与给付支出26.70亿元，审结个险案件5万余件，为客户提供预约上门服务86 310次，完成95511首问受理件127 028件。

截至年末，平安人寿北京分公司共设有34个营销服务部；在职内勤员工728名，银保外勤148名，保全外勤91名，个人代理人19 110名。

个人营销业务 夯实人力发展平台，深化管理目标，做好增员、各层级晋升工作，营销人员、营业组、营业部数量持续攀升。截至年末，营销系列人员19 110人，营业组1 788个，营业部170个。开展“好运2011——中国平安综合金融福进万家”、“因为信任，所以推荐”、“争做全明星，服务伴你行”、“爱在金秋，捐献希望厨房”、“辉煌平安十八年，幸福北京总动员”等活动。全年个险实现规模保费收入117.73亿元，同比增长18.92%，其中新单规模保费收入32.91亿元，同比增长3.65%。

银行代理业务 围绕金宝盆Ⅱ、富裕一生两款新产品上柜，开展渠道沟通、内外部产品培训、理顺业务流程，实现两款产品销量的增长，推动期缴、趸缴长险转型；优化渠道结构，深化渠道合作，新增深圳发展银行、农业银行渠道共计40个合作网点；执行监管部门要求，推动销售模式转型，停止驻点销售，全面开展、普及巡点作业；细化《银保品质管理办法》，成立品质工作小组，负责重大品质问题的解决与处理，对各类销售误导问题明确定义和处罚标准；适逢千禧红A、B、D、E等几款产品满期高峰，成立满期工作小组，负责客户满期给付工作的推进，全年共完成满期给付近1.9万件，满期保费4.4亿元。

重大承保与赔付 提出理赔服务“标准案件、资料齐全、三日赔付”的承诺，对于符合标准的案件（标准案件指符合保险责任且不需要进行调查的案件），在材料提供齐全后，于3个工作日内完成案件审批；对于未达成上述时效承诺的案件，除支付保险金外，根据超期天数向客户按日支付超期利息。客户王某因突发心梗身故，其受益人获得了平安人寿北京分公司给付的身故保险金近130万元，是平安人寿北京分公司年度最大单笔理赔款。承保客户郭某投保寿险1 027.4万元、意外险1 018万元，年度累计承保2 045.4万元，是平安人寿北京分公司年度最大承保契约。

客户服务 围绕P－STAR服务文化推广活动开展了服务“金点子”评选、“感动服务故事”征文及演讲比赛、“群英荟萃 共话服务”辩论赛等活动。5月，启动“爱心飞扬 平安相伴”第十六届客户服务节活动，历时4个月，参与人数共计6万余人。举办“春天”甜蜜生日会、“健康 财富”VIP会员春季中医养生体验沙龙、“幸福从平安开始”VIP会员摄影大赛、“携手平安 分享收获”VIP会员金秋采摘、“平安邀您邂逅暖冬”温泉体验沙龙等活动，1 164名VIP客户参与。为15 000多名铂金卡及钻石卡VIP会员赠送生日礼物，为650多名VIP客户提供住院探视服务。

社会公益 举办“爱在金秋”公益活动，为6所希望小学援建希望厨房。推进E化服务，累计节约用纸406万张，共计27.3吨。实施“中国平安希望小学维护计划”，向房山区蒲洼乡平安希望小学捐款2万元，用于教学设备更新。开展北京高校“平安励志计划论文奖”、“平安励志计划奖学金奖”的评选，28名在校学生的论文分别获得一、二、三等奖，清华大学、北京大学、中国人民大学的10

余名学生分别获得一、二、三等奖励志计划奖学金。

（吴泽慧）

中国太平洋人寿保险股份有限公司北京分公司

2011年，中国太平洋人寿保险股份有限公司北京分公司（以下简称太平洋寿险北京分公司）实现保费收入43.55亿元。其中，个人营销业务实现新单保费收入3.50亿元，银邮业务实现保费收入21.02亿元，团体业务实现保费收入1.35亿元，续期业务实现保费收入17.68亿元。

截至年末，太平洋寿险北京分公司下辖10家支公司，在职内勤员工318名，个人营销员4 362名，银行保险系列外勤员工317名，团体业务系列外勤员工66名。

个人营销业务 把握寿险营销规律，科学周密部署工作，深化基础管理，完善组织架构，全年实现新单保费收入3.50亿元。

团体业务 探索销售和管理转型，开拓创新渠道、销售模式，结合直销市场热点，引入会议营销模式；以客户需求为导向，创新产品组合形式，赢得大行业、新领域领军企业青睐，法人客户积累有效增加。全年实现保费收入1.35亿元，其中意外险保费收入0.65亿元。

银邮业务 面对政策及市场变化，着力创新销售模式，拓展经营渠道，强化网点沟通，规划培训指导，加强队伍基础建设，确保市场竞争力。全年实现保费收入21.02亿元，其中期缴保费收入3.97亿元。

（王维宁）

注：本文统计数据为2011年新口径含宽限期数据。

泰康人寿保险股份有限公司北京分公司

2011年，泰康人寿保险股份有限公司北京分公司（以下简称泰康人寿北京分公司）实现总规模保费收入63.9亿元，同比下降17%。其中，个险保费收入13.86亿元，同比增长16.4%，其中新契约保费4.28亿元；团险保费收入9.11亿元，同比增长36%；银保保费收入38.06亿元，同比下降32%。

截至年末，泰康人寿北京分公司下设19个支公司，21个营销服务部，在职内勤员工341人，营销持证业务员3 242人，电话销售729人，银保610人。

个险营销业务 以传统保障型保险为销售重点，注重业务品质，坚持结构调整，创新经营，主动规范代理人的展业行为，宣导合规经营，全年个人业务实现新契约规模保费4.28亿元，期缴标准保费3.02亿元。

银行保险业务 主推高价值终身养老保险产品——幸福人生，强化寿险功能的同时，保证客户利益最大化，践行公司价值转型战略；注重渠道建设，新增大连银行渠道，共与16条渠道开展合作；成立销售管理二部，以中高端客户的开发、经营为核心，针对客户的具体需求提供专业的营销服务方案；创建续期保费部，通过有针对性的续满期服务深层次挖掘客户需求，提升客户利益。全年银行保险业务实现规模保费38.06亿元，其中期缴保费3.5亿元，期缴占比上升3%，提升至11%，五年期以上保费占比提升至86%；实现价值保费9 081万元。

电话行销业务 以“百组千人，亿元粮仓，打造最具市场价值的电销老A团队”为目标，搭建四大中心，优化团队架构，打造具有竞争力的绩优团队，销售人员突破700人。全年累计实现标准保费收入1.23亿元，同比增长42.2%。

3G理赔 将3G移动技术运用于理赔环节，以移动终端为载体，通过无线传输技术，实现理赔人员移动办公、现场受理、资料拍照实时上传，简化理赔流程，提升理赔时效。对于赔付金额小于3 000元的标准案件，使用3G理赔受理，平均15分钟即可结案。

（田雪）

新华人寿保险股份有限公司北京分公司

2011年，新华人寿保险股份有限公司北京分公司（以下简称新华人寿北京分公司）实现保费收入99亿元，其中核心业务保费收入67.6亿元，同比增长12.1%；期缴保费收入占比68%，同比提升11个百分点。

截至年末，新华保险北京分公司下设家11支公司，10家营销服务部，2家营业部；员工总数9 220人，其中正式员工人数511人，聘用离退休人员9人，保险代理人8 700人。

个险业务 根据销售节奏制定推动策略，通过“四五联动”创富拉动人力；通过调查问卷做好主顾积累；通过新旧基本法的衔接对队伍架构进行清理和整合，借助三季度增员行动和岁末扩军方案，进一步加强组织发展，强化新人留存与培训，不断取得突破。全年累计实现标准保费6.18亿元，同比增长5.84%，十年期（含）以上业务占比60%，人均标保、人均件数、活动率等关键KPI指标持续改善。

银行代理业务 实施“突围计划”，以“三个经营”为主线、以“两营一会”为抓手，从发展模式、渠道、队伍、产品等方面探索新的发展道路，业务逆势而上逐步回升，实现规模保费53.7亿元，期缴保费5.9亿元。

法人业务 继续执行“千百十”计划，以客户积累、机构拓展为重点，大力发展有价值短险业务，全年实现短险保费2.43亿元，同比增长5.2%，市场份额12.5%，较上年提升2个百分点。

续期业务 以“管理提速，发展提速”为中心，通过培训体系、层级督导追踪体系、后援支持体系的进一步完善，有效地提升管理效率和专业水平；强化主管基本能力，扩部强组做大队伍；通过落地基础管理（亲访活动），有效地提升人力留存和沉淀，保持和提高产能。全年实现续期保费 51.7 亿元，在总保费中的占比超过 50%；新单标准保费同比增长 69%。

运营支持 推动运营集中项目，完成个人核保、核赔、保全、制单、法人理赔、银代新契约回访等集中和外包项目的试点和实施，有效提升了运营体系的运转效率。

客户服务 开展“百亿平台，百万客户大回馈——寻找 3·15 客户服务质量监督员”活动，聘任客户服务质量监督员；开展健康讲座、少儿书画大赛、司庆爱乐乐团演出、理赔公益活动、理赔知识竞赛、网站客户注册等活动，有效地提升了客户满意度和公司的品牌形象。年内新增东四十条客服中心、丰台客服中心，提高客服网点的覆盖率。稳步推进理赔星级验收项目，制作理赔服务宣导片、宣传海报、《做客理赔室》等，提高理赔效率。

（张梦迪）

太平人寿保险有限公司北京分公司

2011 年，太平人寿保险有限公司北京分公司（以下简称太平人寿北京分公司）实现总保费收入 18.64 亿元。其中，个人业务保费收入 6.59 亿元，团体业务保费收入 0.28 亿元，银行代理业务保费收入 11.68 亿元。

截至年末，太平人寿北京分公司下辖 9 个营销服务部，在职内勤员工 248 人、个人业务营销员 2 158 人、银行保险客户经理 154 人、续期服务专员 44 人。

个险业务 在总公司建立的专业化运作“八大体系”的基础上，太平人寿北京分公司倡导“干部带头文化”、“团队统一文化”和“结果文化”，推动个人业绩的快速提升，全年实现新契约规模保费收入 2.17 亿元，比上年增长 17.13%。严格规范个人业务营销员展业行为，大力倡导合规经营理念，提升客户服务质量，注重续期经营品质。2011 年，太平人寿北京分公司个险 13 个月累计保费继续率 94.15%，个险 25 个月累计保费继续率 96.37%，两项指标均超过总公司设定的精算假设指标。

银保业务 坚持专业化经营、发展期缴产品的策略，大力开拓合作渠道及网点，中高端客户经营取得突破性进展，全年银行代理业务实现总保费收入 11.68 亿元，其中新契约保费收入 6.54 亿元，续期保费收入 5.14 亿元。坚持主推内涵价值较高的 10 年期期缴业务，全年实现期缴新契约保费收入 1.11 亿元。制定并不断完善品质管理办法，将品质管理贯穿于业务发展的过程中。2011 年，太平人寿北京分公司银行代理业务 13 个月累计保费继续率 94.96%，25 个月累计保费继续率 97.43%，两项指标均超过太平人寿总公司设定的精算假设指标。

多元行销 完成多元行销项目团队的搭建工作，形成了稳定的“项目—营业部—营业组”管理架构；建立光大银行、民生银行及自建三个业务项目，合作项目坐席数量稳步增长，新契约保费规模持续增长。全年实现总保费收入944.48万元，同比增长112.58%，人力同比增长205%，实现了业绩与人力的双增长。

客户服务 始终以“诚信服务”为原则，以“客户利益最大化”为己任，不断完善客户服务流程、严格规范柜面服务行为、建立柜面服务巡视制度、建立柜员星级评定、实行柜员服务通关等，为客户提供高品质服务。举办“感恩十年，太平同行”为主题的大型客户服务节、电影招待会、少儿绘画和作文大比拼、健康大讲堂等客户服务活动。

社会公益 履行社会责任，投身于社会公益事业。4月，组织全体员工参加由中华环境保护基金会主办的绿色助学公益植树活动；母亲节前夕，组织党团员、青年员工到北京第一福利院，开展“关爱永恒，真爱无限”慰问活动；六一儿童节，组织员工慰问北京智光特殊教育培训学校，为孩子们送上节日的问候和关怀；10月，与北京娱乐信报、北京市慈善协会联合举办“爱心图书室”捐赠活动，共计捐赠爱心图书、音像制品等6 500余册。

（张永）

民生人寿保险股份有限公司北京分公司

2011年，民生人寿保险股份有限公司北京分公司（以下简称民生人寿北京分公司）实现保费收入3.10亿元，同比下降0.87%。其中，个人业务（包括个险、中介渠道和电销渠道）规模保费收入1.23亿元，同比增长1.11%，含新单业务保费收入2 790.60万元，续期业务保费收入9 489.90万元；银邮业务规模保费收入1.81亿元，含期缴保费收入1.29亿元（其中续期保费收入7 062.89万元），趸缴保费收入5 140.46万元；团险业务保费收入631.42万元。

截至年末，民生人寿北京分公司下辖9个营销服务部；在册员工1 381人，其中内勤98人，外勤1 283人。

个人业务 狠抓机构建设，提出“组织发展 扩容提速”的口号，以百团建设、新法普及、新人育成为核心，不断夯实队伍架构，增强团队体能；以富贵系列主打产品的推广作为辅助的专业化个险营销模式，固化销售节奏，形成统一营销文化。截至年末，个人代理人1 183名，持证率100%，承保标准保费2 030万元，2011年累计个险13个月继续率77.86%，累计个险25个月继续率96.03%。

银邮业务 紧跟总公司银保业务推动节奏，坚持以高价值内涵为导向，实施期趸缴相结合的业务模式，业务发展迅速，市场占有率稳步提升；与民生银行、邮政储蓄银行、北京银行、华夏银行开展密切合作，网点增长率同比增长14.8%，提前并超额完成总公司下达的全年期缴保费任务，实现新契约期缴保费收入5 882.8万元，新契约规模保费收入1.1亿元。

团险业务 注重合规经营，禁止团单个做、洗钱、非法集资、承诺固定回报等违规行为；以个险营销员销售中小企业团体意外伤害保险业务为综合开拓主线，合理管控风险，积累优质客户，综拓业务全年实现保费收入105.04万元；大力开发以出国险为主的渠道业务，团险直销全年实现保费收入264.38万元。

中介业务 自2008年确立了重点合作战略以来，与大童、嘉信、碧升等20家中介代理机构建立了良好的合作关系，全年累计中介新单业务保费收入24.85万元。

内控建设 以建立健全内控机制，强化内控基础管理为指导思想，严格执行责任追究制，规范业务品质和流程；成立风险合规工作组，挑选部门业务骨干担任合规监察员，查找公司日常运营中存在的内控缺陷，推动内控机制逐步完善；通过晨会、知识测试、开辟内网专栏等方式，学习保险法律法规、监管规定、公司规章等，准确掌握关键工作环节及流程必须遵守的制度，提升员工合规管理意识和水平。

客户服务 以建立“规范化、标准化、专业化、精细化”的客户服务体系为目标，通过24小时客户服务热线95596全天无间隙服务、非常“6+1”快速理赔机制、VIP客户服务小组等，为客户提供及时、便捷、周到的售后服务。全年赔付案件1 619件，平均结案时间2.27天，30日结案率99.88%。举办第六届客户服务嘉年华活动，以“防灾减灾，安全出行”为主题，组织专题讲座，受到客户好评。

企业文化 狠抓作风建设，强化执行力教育，培养员工树立“责任、细致、沟通”的工作习惯，培育“有目标、沉住气、悄悄干”的企业氛围。通过组织足球比赛、羽毛球比赛、工间操、庆生会、月度学习会等活动，提升团队凝聚力和归属感。践行企业社会责任，5月18日，捐助向阳打工子弟小学；6月11日，与“手拉手”共建单位平谷黄松峪小学举办“公益无限 家园共建”联谊活动。

（张旭昇）

六、文件与规章

北京市金融工作局　北京市发展和改革委员会

北京市“十二五”时期金融业发展规划

序言

《北京市“十二五”时期金融业发展规划》是北京市“十二五”规划体系中的市级一般专项规划，由北京市金融工作局组织编制。

本规划是“十二五”时期进一步落实《中共北京市委北京市人民政府关于促进首都金融业发展的意见》（京发〔2008〕8号)、《北京市人民政府关于金融促进首都经济发展的意见》（京政发〔2009〕7号）的战略部署和行动纲领。本规划编制的主要依据是:《中共北京市委关于制定北京市国民经济和社会发展第十二个五年规划的建议》、《北京市国民经济和社会发展第十二个五年规划纲要》。

本规划的编制工作方案于2010年3月9日经北京市金融服务工作领导小组审定通过。北京市金融工作局会同市有关部门和人民银行营业管理部、北京银监局、北京证监局、北京保监局组成规划编制工作机构，成立规划专家咨询委员会。在一年多的时间里，共组织开展了19个前期课题调研，召开了几十次座谈会，广泛征求国家金融管理部门、市有关部门、各类金融机构、有关区县和专家学者的意见和建议，并赴有关省市学习交流。

本规划主要阐明“十二五”时期首都金融业发展的战略目标、重点任务和发展路径，表达首都金融界共同的发展愿景。

本规划分为四章。第一章回顾和总结了“十一五”时期首都金融发展成果、经验及存在的主要问题，并分析了“十二五”时期面临的新形势和新环境。第二章围绕“十二五”时期加快建设具有国际影响力金融中心城市的阶段性要求，提出了首都金融发展的指导思想、战略定位和主要指标。第三章从提升首都金融影响力、金融支持首都经济社会发展、优化首都金融生态环境等方面，提出了“十二五”时期推进首都金融发展的八项重点任务。第四章提出了规划实施的保障措施。

本规划实施时间为2011年至2015年。

第一章　发展回顾与面临形势

“十一五”时期，首都金融界认真贯彻党中央、国务院关于金融工作的方针政策，切实落实《中共北京市委北京市人民政府关于促进首都金融业发展的意见》（京发〔2008〕8号）等市委、市政府的重要战略部署，取得了巨大的发展成就。在国家金融业改革开放和创新发展过程中，首都金融业确立了发展定位和工作目标，首都金融体系不断健全完善。在服务全市经济发展和城市建设的过程中，实现了首都金融业持续健康发展。在成功筹办奥运会和积极应对国际金融危机冲击的过程中，实现了首都金融业综合实力和国际影响力的显著提升。

一、发展成果

过去五年是首都金融业发展提速、金融机构数量翻番、金融体系走向健全、金融创新全面展开的五年。“十一五”时期，首都金融体系不断完善，金融改革创新取得新成就，金融配置资源的效率显著提高。首都金融监管水平不断提升，金融稳定协调机制建设取得新进展，金融政策环境持续优化。金融对外开放不断深入，金融影响力显著提升。

——金融业实现快速健康发展。金融业增加值年均增长约11%，2010年达到1 838亿元。金融业总资产增长了近四倍，超过60万亿元，位居全国第一。法人金融机构数量翻了一番，达到550余家。金融从业人员达到26万人，全员劳动生产率居各行业之首。银行业金融机构本外币存贷款余额翻了一番，证券交易量增长了9倍，保险公司原保险保费收入增长了2倍。

——现代金融体系建立健全。银行、证券、保险等机构协同发展，财务公司、金融租赁公司、消费金融公司、汽车金融公司、货币经纪公司等蓬勃发展，创业投资机构、股权投资机构不断集聚，村镇银行、资金互助社等新型农村金融机构和小额贷款公司稳步发展。43家外资法人金融机构入驻，外资参股或合资金融机构达到180余家。金融要素市场建设取得突破。中关村代办股份转让试点稳步推进，已有77家企业挂牌。中国技术交易所等国家级交易平台占据了金融要素市场的制高点。北京产权交易所加快集团化发展，成为全国第一大产权交易市场。中债信用增进投资公司、中债资信评估公司等债券市场中介机构在京设立。

——金融有力支持首都发展。“十一五”时期，金融业对经济增长贡献率达到14%。2010年金融业实现三级税收2 107.6亿元，占全市的34.9%。本市社会融资规模五年间翻了两番，2010年达到1.4万亿元，其中，直接融资逐步占据主导地位。北京地区A股上市企业达到165家，位居全国第三。金融支持产业结构调整与经济转型的力度持续加大。“一卡通、一网通、一费通”便民支付工程取得明显成效。

——金融改革创新实现多项突破。加快科技金融改革创新已成为中关村国家自主创新示范区建设的重要内容。农村金融综合改革不断深化，初步建立“九农”金融服务体系。科技信贷专营机构、文化创意产业金融服务中心、绿色金融服务中心等在全国率先设立。中小企业集合票据和集合债券在全国首批发行，中小企业融资服务体系初步建立。信用保险及贸易融资、保险资金投资养老社区建设、保险资金投资城市基础设施建设、住房公积金贷款投资保障房建设试点等产品和服务创新取得全国首批试点资格。跨境贸易人民币结算试点2010年当年结算量在各试点地区中位居首位。

——金融发展环境不断优化。市委、市政府发布《关于促进首都金融业发展的意见》（京发〔2008〕8号）、《关于金融促进首都经济发展的意见》（京政发〔2009〕7号）、《关于推进首都科技金融创新发展的意见》（京政发〔2010〕32号）等一系列政策措施，基本建立起促进首都金融发展的政策支持体系。2007年，北京市金融服务工作领导小组及其办公室成立，充分发挥统筹协调作用。2009年，北京市金融工作局组建。14个区县相继成立专门的金融工作部门。政府服务首都金融发展的体制机制逐步健全。金融业发展的空间布局进一步优化，“一主一副三新四后台”金融功能区建设持续推进。金融信息环境与社会信用环境进一步优化，个人征信体系建设走在全国前列。金融安全稳定环境进一步优化，有效处置市属风险类金融机构。金融高端人才引进和金融文化建设工作稳步推进。

——首都金融影响力显著提升。北京汇集了全国60%的金融资产、40%的清算业务、60%的上市公司总股本和60%的债券市场融资额，决策监管、资产管理、支付清算、信息交流、标准制定等国家金融管理中心功能不断强化。在京开展业务和活动的国际金融机构与国际金融组织共有400余家。区域金融合作不断深化，对外交流合作持续加强，成功举办北京国际金融博览会、北京国际金融论坛、全球PE北京论坛等大型活动。北京在全球金融中心指数（Global Financial Centres Index）排名由2007年的第35位提升到2010年的第16位。

“十一五”规划的圆满完成，标志着首都金融发展进入了新的历史阶段。过去五年积累的宝贵经验，值得我们认真总结和发扬：一是必须注重把握首都金融发展的战略定位，努力发挥在国家金融体系建设中的引领作用。二是必须注重契合首都发展需求，努力推进金融创新发展。三是必须注重发挥比较优势，努力会聚高端金融要素。四是必须注重加大金融工作力度，努力优化金融生态环境。

同时，首都金融发展还存在一些问题，突出表现在：首都金融要素市场资源配置能力不够强，需要进一步加快建设有影响力的高端金融要素市场；首都金融的国际影响力不足，需要进一步提升国际化水平，加强对外交流合作；首都金融发展环境与国际金融中心城市相比仍存在差距，需要进一步提升金融支持政策和优化金融生态环境。

二、面临的形势与环境

进入新世纪以来，特别是2008年国际金融危机爆发之后，国内外经济金融形势发生了深刻复杂变化，首都金融发展面临着新形势、新机遇和新挑战。综合国内外发展形势判断，“十二五”时期，首都金融业仍将处于可以大有作为的重要战略机遇期。

从国际看，后金融危机时期，发达国家金融体系的急剧动荡逐步缓解，加强宏观审慎监管、防范系统性风险的意识日益强化，但是实体经济复苏缓慢，新的经济增长点尚不清晰，区域性政治经济不确定性仍然存在，全球金融市场风险难以评估。中国等新兴市场国家成功应对了金融危机冲击，实现了经济强劲复苏和金融体系良好发展，显著增强了自身的金融话语权、影响力和辐射力。形势的发展变化和实力的相对消长，一方面，将促使更多的国际金融资源加速向新兴市场国家转移；另一方面，也将推动中国等新兴市场国家积极发展立足本土、走向世界的国际性金融机构，广泛参与国际并购重组活动。可以预见，“十二五”时期，围绕市场、人才、技术、发展环境等各个层面的国际竞争将会更加激烈。伴随着我国在世界政治、经济格局中地位的不断上升，北京作为国家首都，在承接国际高端金融要素转移、提升中国金融话语权和软实力等方面具有得天独厚的条件。

从国内看，加快转变经济发展方式，促进产业结构深度调整，实现经济社会科学发展，极大地提升了社会各界对金融这一现代经济核心的重视程度，各个层面发展金融的需求和动力空前加强。有关省市正在积极争取先行先试金融领域综合配套改革政策。可以预见，未来几年，经济转型发展的加速和社会管理水平的提升将进一步提高对金融服务的要求，我国多元化的金融机构体系和多层次的金融市场体系将进一步丰富完善，金融改革创新将在部分省市进一步深入推进，地方政府金融管理职责和体制将进一步强化。对首都金融业的发展而言，既有机遇，也有挑战，但是机遇大于挑战。

从本市看，在成功举办2008年奥运会、人均地区生产总值超过1万美元之后，市委、市政府提出了实施“人文北京、科技北京、绿色北京”战略和建设中国特色世界城市的目标，着力推动首都创新发展、绿色发展，增强文化软实力和国际影响力。具有国际影响力的金融中心城市建设作为世界城市建设的重要组成部分，将迎来新的发展契机。可以预见，未来几年，首都金融业在创新发展、增强影响力、提升软实力等方面将向更高的层次跨越。与此同时，首都功能定位的深化、“四个服务”的工作特征和服务业主导的首都经济特点，一大批以总部金融为代表的高端资源在京聚集，增强了首都金融长期可持续发展的能力。巨大的发展需求和良好的环境氛围，将使首都金融业继续保持强劲发展势头。

第二章　未来五年的发展目标

未来五年是首都金融业实现跨越发展的重要战略机遇期。首都金融业将立足自身发展条件，着眼首都经济社会发展需求，顺应国家金融改革创新趋势，抓住机遇、应对挑战，力争通过“十二五”时期的努力，向建设具有国际影响力的金融中心城市迈出坚实的步伐，为建设中国特色世界城市提供有力支撑。

一、指导思想

“十二五”时期，首都金融业发展的指导思想是：高举中国特色社会主义伟大旗帜，以邓小平理论和“三个代表”重要思想为指导，深入贯彻落实科学发展观，以推动首都金融业科学发展为主题，以金融促进加快转变经济发展方式为主线，加强首都金融的大协同、大服务、大发展，充分发挥金融对实施“人文北京、科技北京、绿色北京”战略，打造“国际活动聚集之都、世界高端企业总部聚集之都、世界高端人才聚集之都、中国特色社会主义先进文化之都、和谐宜居之都”与建设中国特色世界城市的促进作用，以巩固国家金融管理中心功能为核心，以优化首都金融生态环境为依托，着力发挥首都金融资源优势，着力健全金融组织体系，着力完善金融市场体系，着力培养金融高端人才，着力深化金融创新，着力加快金融改革开放，着力提升首都金融的产业竞争力、资本辐射力、创新引领力、经济贡献力、金融软实力、空间承载力和资源集聚力，加快建设具有国际影响力的金融中心城市。

在发展中要切实注重以下三个方面：

——坚持市场主导，既要促进金融自身的科学发展，又要推动金融与实体经济的深度融合。金融业的发展与实体经济相辅相成、相得益彰。一方面要进一步优化金融业自身的结构、布局和质量，进一步完善金融组织体系和金融市场体系；另一方面要充分发挥金融在促进经济发展方式转变、产业结构调整、城乡一体化发展、民生保障改善等方面的战略引领作用。

——坚持统筹发展，既要积极推进金融改革创新，又要注重安全稳定。改革创新是金融发展的活力之源，安全稳定是金融发展的基本保障。在推进具有国际影响力金融中心城市建设过程中，既要保证发展速度，抢占发展先机，又要注重防范风险，切实维护首都金融安全稳定。

——坚持服务保障，既要增强地方政府服务主动性，又要处理好与国家金融管理部门的关系。有效发挥中央和地方金融资源合力是金融改革创新和跨越发展的重要动力。要建立健全地方政府与中央在京金融管理部门和金融机构联动工作机制，加强交流合作，以服务促发展，以服务促创新，逐步深化市场创新主导、中央金融引领、地方服务推动、各界广泛支持的工作格局。

二、战略定位

“十二五”时期，首都金融业在金融创新、债券市场、股权投资、金融人才等领域的全国领先地位基本确立，北京作为国家金融管理中心的地位得到进一步巩固提升，具有国际影响力的金融中心城市框架基本形成。

——国家金融创新中心。发挥国家金融管理部门和总部金融的决策、信息优势，搭建国家与地方金融创新的联动工作平台，营造具有国际竞争力的金融创新环境，加快建设国家科技金融创新中心，推动开展各类金融制度创新、金融市场创新、金融产品和服务创新，成为国家金融综合配套改革示范区。

——国家支付清算中心。发挥人民银行清算总中心、农信银资金清算中心等全国性支付清算服务体系的作用，巩固国家支付清算中心地位。支持人民银行第二代网上支付跨行清算系统运营和发展，支持发展各类资金结算中心、数据中心、灾备中心，持续提升首都金融基础设施服务能力。鼓励第三方支付等新兴支付服务机构在京集聚发展，完善首都支付环境。推动北京与周边省市同城化清算系统加快发展，探索建立首都经济圈一体化支付体系。

——国家债券市场管理中心。充分发挥大型金融机构总部、大型企业总部和高新技术企业聚集的优势，积极支持企业参与债券市场，扩大债券市场发行主体，拓展债务融资渠道，充分发挥债券市场功能，提高实体经济融资效率。充分发挥中国银行间市场交易商协会、中央国债登记结算公司、中国证券登记结算公司等平台作用，为债券市场创新发展做好服务，推动协同创新，实现共赢发展。推动债务融资工具创新，试点发行私募债券、市政债券、集合债券和资产证券化产品。支持完善债券市场基础设施，促进中介服务机构在京集聚发展，提升全国辐射力和影响力。

——全国股权投资中心。鼓励各类天使投资、创业投资和股权投资机构在京聚集发展，提升“1+3+N”股权投资发展体系的引领带动功能，进一步优化政策支持体系、完善中介服务体系、建立市场化机构体系，充分发挥全国社保基金、保险资产管理公司、企业年金、大型企业等股权投资资金来源主体的作用，发挥好国内外优秀股权投资管理机构的作用，探索设立中关村股权交易中心，发挥好场内市场、场外市场及北京金融资产交易所等市场化退出渠道作用，逐步形成资金募集平台、项目投资资源、基金管理人才、市场退出渠道等功能完善的股权投资发展环境，打造全国股权投资中心。

——全国财富管理中心。逐步完善资产管理产业链和中介服务体系，促进商业银行财富管理部门、金融资产管理公司、证券公司、基金公司、期货公司、保险资产管理公司、企业集团资产管理部门等协同发展，打造市场完善、机构密集、资金充裕、产品多样、人才富足的财富管理中心。

——全国金融人才中心。建立金融人才服务体系，提升金融人才服务政策，促进高端金融人才引进，强化高层次金融人才培养，完善金融人才评价，打造世界一流金融人才之都，为金融人才发展创造良好环境。

三、主要指标

——首都金融的创新力、辐射力和影响力进一步提升。高端金融创新要素进一步集聚。金融要素市场的国内外辐射力显著提升，全国场外交易市场在京设立并初步发展，首都要素市场实现高端化整合发展，逐步成为重要商品的价格形成中心，到“十二五”末，力争形成若干个万亿元级别和千亿元级别的交易所。加快发展碳金融要素市场，形成绿色金融体系。国家科技金融创新中心初步形成，金融产品和服务创新系统化推进，对国家金融综合改革创新的示范引领作用充分发挥。首都金融对内、对外联系进一步加强，形成国际金融活动、国内外高端金融机构总部聚集之都，每年举办国际性金融活动十余次，成为全球金融中心网络的重要节点。

——金融对首都科学发展的服务能力进一步提升。金融在首都经济中的战略支柱地位持续加强，到“十二五”末，金融业增加值占地区生产总值比重达到14%左右，达到国际金融中心城市的平均水平。金融的资源配置、融资支持、保险保障功能进一步增强，直接融资、间接融资均衡创新发展。创业投资与股权投资的案例数和投资金额继续保持全国首位，银行业金融机构小企业贷款年度增速不低于全部贷款平均增速、小企业贷款年度增量不低于上年增量，切实支持战略性新兴产业发展。“十二五”期间新增境内外上市公司150家以上。直接融资比重保持在60%以上，为首都经济结构优化和城市建设管理提供强力保障。民生金融与文化金融实现创新发展，为公共服务与社会管理科学化水平提升、文化软实力提升提供有效支持。保险深度和保险密度继续保持全国前列。农村金融体系进一步健全，小额贷款公司数量达到80余家，为率先形成城乡经济社会一体化发展新格局提供有力支撑。

——金融生态环境进一步优化。高端金融人才持续聚集，形成高端金融人才之都。社会信用体系基本建立，专业中介服务水平进一步提升，金融发展环境的国际竞争力明显增强。金融功能区规划建设基本完成。金融法制环境进一步完善，金融安全稳定建设进一步加强，形成国家金融风险管理中心。地方政府金融管理体制更加完善，金融政策支持体系更加健全，政府金融服务体系更加有效，形成政策有力、服务高效、安全稳定的首都金融生态环境。

第三章　“十二五”时期首都金融发展的重点任务

一、健全组织体系，提升产业竞争力

进一步完善国家金融管理中心职能，进一步聚集和发展总部金融机构，鼓励发展地方金融机构、新兴金融机构和各类中

介服务机构，构筑连接世界、服务和辐射全国的金融组织体系。

（一）提升总部金融服务水平

大力支持银行改革发展。支持在京商业银行和政策性银行深化改革，提升国际影响力和核心竞争力，增强在京总部决策、管理和信息中心功能。鼓励各总行在京开展业务创新先行先试。支持各总行在京设立投资银行、资产管理、私人银行、中小企业融资和金融交易等专业化业务机构。发挥好京外银行在京第二总部、功能性总部和特色专营机构的作用。进一步增强全国银行业中心的凝聚力。

做大做强证券期货金融机构。大力支持在京证券公司特色经营、创新发展，增强自主创新能力。支持符合条件的证券公司境内外上市发展。支持证券基金公司不断创新产品，拓宽业务领域，完善财富管理基础服务，形成财富管理行业领先地位。支持在京期货公司做大做强，提升期货在首都经济中的价格发现、风险管理、套期保值功能。支持证券金融公司、证券投资者保护基金、证券登记结算公司、中国期货保证金监控中心等在京发展，形成资本市场支撑体系。

鼓励保险机构健康发展。支持在京保险机构发展，巩固提升全国保险中心地位。鼓励保险公司集团化发展、专业化运营，支持养老保险、健康保险、农业保险、汽车保险等专业保险机构健康发展。鼓励国内外保险机构在京设立集团总部、业务总部及功能性中心。大力促进再保险业发展，形成再保险交易中心。大力推动巨灾保险发展，提升保险行业综合保障水平。积极鼓励保险机构通过保险产品、保险机制和保险功能，支持和参与社会管理。改善保险销售、完善保险服务，加强保险合作，建设行业先进文化。加强保险资产管理，支持经济建设。支持保险专业中介机构规范发展，完善保险中介服务体系。

（二）稳步发展地方金融机构

做强市属金融机构。推进市属金融机构改革，完善内部治理结构，健全激励约束机制，实现业务规模、经营效率、资产质量的同步提升。支持华夏银行、北京银行、北京农商银行、中信建投证券公司、北京国际信托公司等稳健发展，提高核心竞争力。

稳步发展新型地方金融组织。支持商业银行设立村镇银行和社区银行，实现远郊区县全覆盖。规范发展贷款公司、农村资金互助社等新型农村金融机构。推进小额贷款公司规模化、规范化、信息化、市场化、多元化发展，鼓励民间资本积极参与。支持符合条件的小额贷款公司改造为村镇银行。

建立健全融资性担保体系。支持政策性担保机构增强资本实力，实现市场化运营。引导商业性融资担保机构完善法人治理结构，提升风险防控能力，促进规范发展。支持中债信用增进投资公司、中债资信评估公司、北京市中小企业再担保公司加快发展，发挥其对担保公司信用增进、业务拓展、规范经营等方面的促进作用。鼓励银行通过担保联盟等形式，加强与担保机构的合作，切实增强对中小企业的融资支持。

（三）积极培育新兴金融机构

壮大发展股权投资机构。完善和落实有利于股权投资在京注册、发展的政策措施和配套机制，进一步完善“1+3+N”股权投资发展体系。整合市、区（县）两级政府的行政服务资源，充分发挥股权投资基金协会的作用，建立一站式、一体化的股权投资服务体系。支持外资股权投资机构在京设立管理公司，推进外资股权投资基金及其管理企业结汇试点工作。推动境内外股权投资机构合资合作。促进股权投资与银行、证券、保险等相关金融机构深化合作。鼓励各类机构为股权投资机构在基金设立募集、中介服务、项目退出等环节，提供专业化服务。

培育发展非银行金融机构。支持在京大型企业设立财务公司。鼓励国内外汽车企业在京设立汽车金融公司。支持信托公司推进业务创新，加强与其他金融机构之间的融合发展。支持国内外金融租赁公司、融资租赁公司在京壮大发展，拓展业务领域。会聚各类消费金融机构，支持北银消费金融公司深化试点，扩大消费金融覆盖面。支持货币经纪公司在京发展。

积极发展金融服务外包机构。支持银行、证券、保险机构在京发展金融后台，完善金融后台服务支持体系。积极发展金融服务外包业务。聚集和培育一批具有承接国际业务能力的金融服务外包机构。

（四）优化发展中介服务机构

壮大发展行业自律组织。支持各类金融行业自律组织在京设立和发展，强化自律管理和服务功能。发挥各类金融商会、促进会、学会等组织的独特优势，优化服务环境，促进信息交流。

提升专业中介机构服务水平。支持国内外优秀的会计、律师、评估、评级等专业中介服务机构在京发展。支持引导信用服务机构健康发展，培育发展具有较高公信力和国际水准的信用评级机构。

培育发展标准制定服务机构。支持全国性金融标准化组织在京设立发展，推动国家金融标准制定中心建设。培育发展各类金融标准服务机构，促进金融行业标准的试点示范、推广应用。

推动发展金融信息服务机构。支持新华社国家金融信息中心等国内外优秀的专业化金融信息服务运营商在京发展。发挥首都金融信息优势，打造国际领先的金融信息中心。

二、增强市场功能，提升资本辐射力

加强金融要素市场体系建设，编制金融要素市场发展规划，推进全国场外交易市场建设，大力推动企业上市，提升金融要素市场核心竞争力，打造一批高端金融要素市场，建立与首都经济发展和城市功能相匹配的首都金融要素市场体系，不断提升首都对全国的资本辐射力和影响力。

（一）支持建立全国场外交易市场

深化中关村代办股份转让试点工作。配合国家相关部门进一步完善中关村代办转让系统相关制度，增加交易主体，扩大试点范围，建立转板制度。加强对挂牌企业的增值服务，壮大发展报价转让业务，提高市场活力和影响力。

支持全国场外交易市场建设。以中关村代办股份转让试点为基础，配合国家金融监管部门加快推进证监会统一监管下的全国场外交易市场建设。支持在京设立场外交易市场运营服务机构，把北京建成全国场外交易市场中心。

（二）大力推动企业上市

按照“培育一批、辅导一批、改制一批、上市一批”的总体要求，加快完善企业上市工作体系，充分发挥协调机制、政策机制、合作机制、信息机制、培训机制作用，加速形成和巩固主板的“北京板块”和创业板的“中关村板块”。积极落实本市促进企业上市意见。发挥全市企业上市联动工作机制和企业改制产权确认联席会议机制作用。发挥北京上市公司协会作用，进一步提高北京辖区上市公司质量和规范运作水平。加强与上海、深圳证券交易所合作，推动建设北京企业路演中心和远程开市中心，打造集询价路演、挂牌仪式、数据传输、信息发布、展览展示、高峰论坛于一体的北京上市中心。

（三）打造国家债券市场管理中心

鼓励各类市场主体利用债券市场融资，探索发行新型债务融资工具。丰富债券市场投资主体。发展壮大各类债券承销商，鼓励金融机构在京设立和发展债券承销业务的功能性总部。支持发展债券风险评估、信用评级、集合类债券产品设计等中介服务，不断丰富债券市场中介服务组织体系。支持金融要素市场与中国银行间市场交易商协会开展业务创新合作，争取债券市场产品创新试点、债券品种跨市场交易试点等在京先行先试。为债券市场中介服务机构和行业自律组织发展做好服务，支持相关软硬件基础设施升级，提高债券市场的信息化水平、市场效率和风险防控能力，完善配套措施，加快债券市场基础设施建设。为合格机构投资者进入债券市场、非金融企业参与债券市场投融资活动提供一体化的平台式服务，把北京打造成为集政策试点、产品创新、信息发布、配套服务于一体的国家债券市场管理中心。

（四）完善金融要素市场体系

编制金融要素市场建设发展规划，按照提升发展一批、创新发展一批、跨区域发展一批、整合发展一批的思路，着力于打造标准、建设平台、丰富品种和扩大影响，打造若干个千亿级和万亿级交易所，提升首都金融要素市场的竞争力和辐射力。

重点培育一批具有较强资源配置力的金融要素市场机构。围绕技术、金融资产、版权、产权等具备突出优势的重点领域，加快相关金融要素市场的培育和发展，提升对全国的影响力。支持中国技术交易所发展成为具有国际影响力的技术交易市场。支持中国北京文化产权交易所发展成为全国文化产权交易核心市场。支持中国林业产权交易所发展成为全国性林权流转中心及林权流转数据权威发布平台。支持北京产权交易所集团化发展。全力做强北京金融资产交易所，形成全国金融资产交易中心。推动碳交易、金融信息交易等金融要素市场加快发展，支持其做大做强。

加快发展一批可形成定价中心的金融要素市场机构。加快发展石油、棉花、钢铁、矿产等领域的大宗商品交易市场，加强相关市场的信息整合力度，培育合格投资人与专业化的大宗商品分析师队伍，打造具有国际影响力的行业定价中心，为进一步培育期货市场等金融衍生品市场奠定基础。进一步提升信息服务质量，支持金融机构加强大宗商品交易的融资模式创新，完善市场交易规则和风险控制等制度建设，扩大行业定价影响力。

积极拓展一批规范运营的新型金融要素市场机构。根据首都功能定位和产业发展布局，支持具有创新潜力的金融要素市场高起点、高标准建设与发展，完善促进配套优惠政策，扩大要素市场交易规模，有效提升高端要素市场的全国影响力，逐步形成与首都经济发展和城市功能相匹配的多元化、多层次的首都金融要素市场体系。明确金融要素市场设立规则，完善相关管理制度，实现合法合规运营。加强对市场参与者的教育培训，提高投资风险意识和辨别能力，保护参与各方的合法权益。

三、发展科技金融，提升创新引领力

贯彻落实国务院批复的《中关村国家自主创新示范区发展规划纲要（2011~2020年）》精神，加快推进国家科技金融创新中心建设，充分发挥中关村科技金融创新中心的先行先试作用，不断深化首都科技金融综合改革。以科技金融创新为统领，积极争取各类金融创新试点政策在京先行先试，不断推进金融组织、金融产品、金融服务和金融市场创新，努力营造有利于科技金融创新发展的服务环境，持续激发首都金融创新发展的活力，将北京打造成为国家金融创新中心。

（一）建立健全科技金融市场

创新和完善科技金融投融资服务体系，进一步健全科技企业与银行信贷、科技保险和资本市场之间的市场联动机制，支持科技企业通过引入战略投资者、创业投资或股权投资，利用多层次资本市场等多种方式持续融资，实现金融与科技企业的有效结合。深化中关村代办股份转让试点，完善非上市股份公司股份公开转让制度。加强对科技企业在代办股份转让系统挂牌的支持力度。大力支持科技企业在创业板、中小板以及境外资本市场上市，加强对科技型企业改制上市的综合性金融服务，做大做强资本市场“中关村板块”。支持有条件的已上市科技企业通过兼并收购，实现做大做强。大力推进科技债券市场发展。

（二）开展科技金融创新先行先试

积极引导和鼓励科技金融机构创新、产品创新与服务创新。探索成立中关村银行，开展综合化经营创新试点，为科技企业提供结构化融资服务。推动社区银行、科技型小额贷款公司、科技企业融资担保公司联盟式发展，引导社会资金支持科技企业创新发展。深化科技信贷创新试点、科技企业信用贷款试点、知识产权投融资试点等工作，进一步完善科技企业无形资产质押品的登记、处置机制。加快落实国家科技成果转化引导基金工作，鼓励和支持天使投资、创业投资、股权投资加大对不同阶段科技型企业的支持力度，加快落实国家关于股权投资基金及其管理企业利用外资试点工作。深化科技保险试点，进一步开展科技企业信用保险与贸易融资试点工作，鼓励保险公司加大对科技企业保险产品和保险服务的创新力度。积极探索多种融资模式，通过信贷、担保、信托、股权投资、租赁、保险等多种方式综合运用，推动科技金融创新发展。

（三）优化组合金融服务体系

建立集政府部门、商业银行、证券公司、信托公司、创业投资和股权投资、信用体系、担保公司、中小企业等于一体的中小企业组合金融服务体系。强化产融合作和融资服务机制，完善北京市中小企业金融服务平台建设。丰富多层次的中小金融组织体系，大力推动国有商业银行和股份制商业银行加快在京设立各类信贷专营机构，向下延伸服务网点。进一步完善中小企业信用增强体系。逐步建立以政策性担保公司为主，以民营担保公司和专业担保公司为辅，以再担保公司为依托的多层次担保体系。发展中小企业信用保险。进一步探索适合北京实际的中小企业信用体系建设模式。

（四）加强科技金融政策支持

以中关村科技金融创新平台为依托，加强科技金融基础设施建设，实施中关村科技金融创新工程。完善科技金融政策支持体系，提升政府对科技金融创新的服务保障能力。设立科技型中小企业贷款风险补偿专项资金，完善科技信贷风险共担与补偿机制，扩大风险补偿范围。加强科技金融信息化设施建设，建立科技金融信息化平台。

四、完善产业金融，提升经济贡献力

充分发挥金融对首都经济发展、城市建设与社会管理的促进作用，健全完善产业金融体系，加强对绿色发展、文化创意产业的融资支持，以金融手段提升社会管理水平，加大对新农村建设的支持力度，推动实现基本金融服务普惠制与均等化，为率先形成创新驱动发展格局、率先形成城乡经济社会一体化发展新格局提供有力保障。

（一）努力构建绿色金融服务体系

探索建立集绿色金融机构、绿色金融产品、绿色金融中介服务组织于一体的绿色金融服务体系。发挥银行、证券、保险等金融机构的作用，拓展绿色产业发展的投融资渠道，鼓励绿色企业通过上市融资、发行债券等方式融资。鼓励金融机构开发绿色金融产品。支持商业银行、绿色信贷专营机构创新绿色信贷融资模式，扩大绿色金融产品和服务的覆盖面及影响力，鼓励开展能效融资项目合作。探索推进碳交易试点。支持北京环境交易所搭建全国性环境金融交易平台，加大对碳交易标准的研发投入和推广力度，积极推动排污权、节能量、清洁发展机制项目、自愿减排项目进场交易，逐步探索建立国内领先的碳金融市场体系。

（二）加快健全文化金融服务体系

以市场为依托、以金融机构为主体、以产品创新为工具，形成多方位、多渠道支持文化创意产业发展的文化金融服务体系。充分发挥文化产权交易所的作用，促进银行信贷、信托、产业投资基金、股权投资基金、多层次资本市场等融资渠道和工具的综合运用，建立文化金融发展协调联动机制，促进交流与合作。支持金融机构创新融资服务模式，丰富金融产品体系，形成支持不同发展阶段文化创意企业的融资服务机制。进一步加大对文化创意产业集聚区的金融支持力度。

（三）着力提升民生金融服务体系

提升金融支持城市建设、公共服务和社会管理的能力。鼓励各类金融机构加大对重大基础设施建设项目的资金支持力度，积极争取保险资金运用创新试点在京先行先试。探索发行房地产信托投资基金，建立保障性住房长效融资机制。引导商业保险参与多层次社会保障体系建设，积极争取个人税收递延型养老保险试点政策，鼓励健康保险参与北京医药卫生体制改革。大力发展安全生产责任险、旅行社责任险、校园方责任险、公众安全责任险等保险产品，提高保险对公共安全的保障水平。积极争取国家在消费金融、信用销售领域的政策创新在京试点。加快建设首都消费支付一体化体系。支持第三方支付机构健康发展。大力实施“三通”工程，完善便民支付体系，丰富拓展支付渠道，推动社会管理创新。

积极发展多层次个人理财服务。支持私人银行、理财咨询机构、财富管理机构在京发展。鼓励银行理财、共同基金、对冲基金、保险理财、私人资产信托、第三方理财、基金顾问公司等机构积极拓展业务，综合运用各种理财工具，加强个性化理财服务。举办国际性财富管理论坛，建设财富管理培训基地，提升财富管理服务能力，确立首都作为全国财富管理中心的地位。

（四）拓展深化农村金融服务体系

围绕农村、农业、农民对金融服务的需求，健全农业信贷、农业保险、农业投资、农业担保、农业产业基金、涉农金融要素市场、农村信用、涉农企业上市培育、农村金融综合改革试验区等“九农”体系，形成政策性、合作性、商业性金融相结合，资本充足、功能健全、服务完善、运行安全的农村金融服务体系。

加大对城乡一体化发展的金融支持。有效利用政府支农政策资金，吸引金融资本和社会资本支持首都城乡一体化建设。加大对城乡结合部改造、小城镇建设、新型农村社区建设、沟域经济发展、乡村旅游产业发展、农业科技城建设等重点领域的融资支持力度。支持金融服务下乡，实现基本农村金融服务村村通工程。改进涉农信贷方式，扩大农户小额信用贷款规模，鼓励开展农民消费信用贷款。完善农村金融基础设施建设，实现农村地区自助缴费终端全覆盖，改善农村支付环境。加强农村信用体系建设，加大农村征信工作力度，进一步推动“信用户、信用村、信用镇”建设。支持大兴区建设全国农村改革试验区、昌平区建设北京市城乡一体化金融综合改革试验区，争取国家有关政策在试验区先行先试。

加强对都市型现代农业的金融支持。深化银农合作，创新推广典型模式，支持设施农业项目建设与都市型现代农业发展。依托市农业投资公司、农业产业投资基金、农业担保公司，构建综合性投融资平台，吸引创业投资、股权投资、社会资本投资都市型现代农业。鼓励农业龙头企业拓宽融资渠道。完善农业保险体系，扩大政策性农业保险保费补贴品种，探索建立银保互动机制，开展农产品出口信用保险试点。创新建设农村金融要素市场，推动建立农村集体经济组织资产和农民土地承包经营权的流转市场。

五、加强环境营造，提升金融软实力

进一步优化金融生态环境，加强金融立法、司法和执法工作，加快社会信用体系建设，维护金融安全稳定，发展特色金融文化，努力营造具有较强国际竞争力的金融发展环境。

（一）优化金融生态环境

充分发挥市金融服务工作领导小组的作用，进一步健全完善建设具有国际影响力金融中心城市的推进机制，加强本市与国家层面的协调机制建设。发挥好北京市服务中央单位和驻京部队综合服务平台的作用，强化与中央单位的信息沟通，为国家金融管理部门、在京金融机构提供便捷、高效的服务。加大全市层面对金融发展的全方位政策支持力度，研究探索有利于金融机构进驻、金融要素市场发展和金融改革创新的金融税收政策，持续完善首都金融发展政策支持体系。加强和改进政府公共服务，优化完善服务机制，促进形成银行、证券、保险等传统金融机构与创业投资、股权投资等新兴金融机构，总部型与功能型金融机构，全国性与地方性金融机构，金融机构与专业中介服务机构协同发展、合作共生的金融生态。

（二）完善金融法治环境

加强地方金融立法工作，研究制定推进具有国际影响力金融中心城市建设的地方性法规。推动设立金融法院，在金融机构聚集区人民法院增设金融业务民事审判庭，集中审理涉及金融的案件。充分发挥北京仲裁委员会在金融领域仲裁、调解的作用，全面提升北京金融仲裁的水平和影响力。加强对司法、执法人员的金融知识专业培训，提升金融司法和执法水平。加大金融法制宣传教育力度，鼓励金融机构开展各类金融法制宣传活动，提高社会各界的金融法制意识。

（三）健全社会信用体系

完善社会信用体制机制建设，加大各类信用信息资源整合力度，加快推进企业和个人征信工作，完善社会征信体系。通过政府采购信用产品、信用服务费用补贴等政策支持手段，培育信用服务市场需求，扩大信用产品使用范围。培养具有国际影响力的信用中介服务机构，鼓励信用服务机构创新信用产品，提升服务能力。搭建金融信用信息平台，推动形成信用信息共享交换机制。综合运用法律、经济、舆论监督等手段，加强信用监督，研究建立失信惩戒机制和守信奖励机制。建立“政府部门信用管理、信用组织市场运作、行业组织自律”有机结合的信用管理与运行机制，营造诚实守信的社会信用环境。

（四）维护金融安全稳定

完善地方政府金融管理体制机制，加强对小额贷款公司、融资性担保机构、创业投资机构、股权投资机构等的监督管理，建立金融工作部门与金融监管机构之间的风险防范联动机制，加强对金融机构的风险管理。做好“两打两反”工作，严厉打击防范金融违法犯罪，维护首都金融秩序。建立风险排查信息沟通制度，强化金融工作部门的金融风险防范工作效能。建立全市金融应急指挥制度，完善信息沟通和衔接机制。密切关注金融案件及其次生、衍生灾害，与相关部门加强沟通，建立重大金融案件处置机制和金融不良资产处置机制。加强金融风险管理培训，将北京建设成为国家金融风险管理中心。

（五）发展特色金融文化

发挥北京作为文化中心和国际交往中心的优势，大力发展特色金融文化，塑造首都金融文化品牌。鼓励金融机构树立和发展以人为本、鼓励创新、防范风险、履行社会责任的企业文化。建设首都金融博物馆、上市公司博物馆等金融文化公共设施。加强现代金融文化宣传力度，培养公众的现代金融意识。

六、优化产业布局，提升空间承载力

统筹利用全市金融空间承载能力，进一步优化金融业空间布局，各金融功能区突出特色，实现协同发展。完善金融功能区的综合服务，持续提升金融功能区品质，增强金融功能区的品牌影响力，强化金融功能区优势金融资源对周边地区的辐射带动。

（一）加快推进金融功能区规划建设

高标准、高效率推进金融功能区的规划建设，加快拓展金融发展空间。全面推进金融街拓展区、北京商务中心区核心区和东扩区、丽泽金融商务区发展建设，在土地供应、规划布局、开发模式等方面加大支持力度。增强金融街的总部金融功能，向德胜科技园、广安产业园、丽泽金融商务区辐射，促进金融街与丽泽金融商务区连接，加强南北连片，实现融合发展。推进金融后台服务产业集聚发展。增强中关村西区科技金融综合改革试验功能，深入建设中关村国家科技金融创新中心。

（二）促进金融功能区协同发展

加强统筹协调，深化金融功能区发展定位，不断提升品牌效益和国际影响力，充分发挥引领带动作用，成为“北京服务”、“北京创造”品牌的重要支撑区。加快金融街发展建设，进一步聚集国家级金融机构总部，吸引发展资产管理机构，研究发布金融街金融指数，增强金融街作为首都金融主中心区的辐射效应。显著提高北京商务中心区国际化水平，推动跨国公司地区总部集聚。引导新兴金融机构入驻北京丽泽金融商务区，稳步推进国家金融信息平台项目建设，打造具有全国影响力的新兴金融功能区。增强东二环金融商务区绿色金融功能。进一步提升中关村西区科技金融功能。加快四个金融后台服务园区发展，引导金融后台部门和金融服务外包机构集聚。

（三）完善金融功能区综合配套服务

优化完善园区基础设施，优先安排功能区及周边水电气热等基础设施建设，加快完善通讯等设施，优化交通路网及配套设施建设，建立公共交通短驳系统。完善金融功能区的软件基础设施，加强金融产业信息化建设。注重各功能区服务提升和功能完善，改善功能区商业、会议、餐饮、文化、医疗、娱乐等配套服务。改善政府服务体制机制，建立健全政府服务绿色通道，进一步提升为金融产业集群提供特色、专业化服务的能力和水平，为各类金融机构提供高效、便捷的服务。

七、建设人才队伍，提升资源集聚力

围绕建设世界高端人才聚集之都的战略目标，贯彻落实《首都中长期人才发展规划纲要（2010～2020年）》，切实加强高端金融人才的引进、培养、使用、服务和评价，努力构建全国金融人才中心。

（一）推动金融人才队伍一体化建设

加快中央和地方金融人才的双向交流与融合发展，构建央地金融人才共建机制。推动首都经济圈金融人才一体化发展平台与机制建设。促进城乡金融人才融合发展，加强村官金融知识培训和涉农金融人才培养，加快农村金融人才队伍建设。建立统一、开放的金融人才资源市场，促进金融人才有序流动和人才资源优化配置。

（二）加强金融人才专业化教育培养

支持在京高校完善金融专业设置与课程体系，建立与市场需求相适应的金融人才培养模式。强化金融人才培训体系，鼓励国内外金融教育服务机构与金融机构共建培训基地，鼓励和引进国际著名金融培训机构在京发展，推动建立国内培养与国际交流合作相衔接的开放式培养体制。加强专业化金融培训机构建设，发挥好北京国际金融学院作用。加强干部金融知识课程体系建设和常规化培训，建设金融人才培养平台，设立北京市金融人才奖学金。实施金融人才交流培养计划，建立金融工作部门、金融机构、高等院校之间的干部交流制度，通过在岗培训、双向挂职、交流任职等形式，全方位培养锻炼干部，促进干部成长与发展。强化金融后备人才培养，推动建立高校优秀毕业生到金融机构工作机制，加强金融交易、风险管理、金融工程等领域特殊金融人才队伍培养建设。

（三）加快金融人才队伍国际化发展

制定和完善海外高层次金融人才引进政策与配套措施，加大引进力度。充分发挥金融机构、行业商会和社会团体的作用，实现机构引才和项目引才。加快本土金融人才国际化步伐，加强在京金融人才的国际交流与合作，培养一批具有国际竞争力的金融专才。以金融功能区为主体全面建设首都金融人才特区，推进金融人才创新创业基地和国际人才市场建设。

（四）完善金融人才服务和评价体系

完善高端金融人才的政策和配套服务体系，营造促进金融人才集聚发展的良好环境。设立首都金融人才协会，加强金融人才相互交流与综合服务。加强政府有关部门的协同配合，在户籍、医疗保障、子女入学、住房、出入境签证等方面努力为金融人才创造便利条件，拓宽高端金融人才服务绿色通道。健全金融人才评价体系，针对金融专业人才、金融管理人才开展分类评价，建立多维度的金融人才评价指标体系。

八、深化开放合作，提升国际影响力

进一步完善金融合作机制，拓展合作领域，推动区域金融合作，深化国际金融交流，加强宣传推介，提升首都金融的国际竞争力、影响力、渗透力和辐射力。

（一）巩固深化区域金融交流合作

推进首都经济圈区域金融一体化。建立首都经济圈金融交流合作机制，在京津冀交汇区域建设金融一体化发展试验区。先行推动区域金融一体化体制、机制、政策和通道建设，加强区域内金融工作部门、金融监管部门交流合作机制建设。支持金融机构对跨区域基础设施和重大产业项目开展联合贷款和银团贷款，对企业跨区域并购重组给予资金支持。支持区域间征信系统建设，研究推进区域间保险合作机制建设。

增强首都与兄弟省市金融交流合作。加强北京与长三角地区、珠三角地区的金融合作。加大与对口支援省市的金融合作力度，鼓励在京金融机构参与对口支援地区的经济社会发展。

深化北京与香港、澳门和台湾的金融合作。推进两岸四地的金融机构互设、金融人才交流、金融资质互认等多种合作。积极举办两岸四地金融合作论坛。充分发挥海外中资机构的平台作用，拓展金融合作空间和领域。

（二）加强首都金融国际交流推介

加强国际金融交流活动。加强与国际金融机构、金融中介机构、金融行业协会、商会等组织的交流合作，吸引高层次、高水平的国际性金融交流活动在京举办。巩固提升大型国际金融交流活动的品牌影响力，把北京国际金融论坛打造成为高端国际金融论坛，把北京国际金融博览会打造成为国际金融会展品牌，把全球PE北京论坛建成国际创业投资和股权投资交流平台。加强与伦敦、纽约等国际金融中心城市和友好城市的金融交流合作。

加强首都金融品牌宣传推介。聚集发展本土金融资讯与研究机构，打造国际领先的金融资讯组织。巩固提升首都金融媒体联盟作用，建设首都财经电视台、财经媒体、财经网站和新兴媒体平台。打造集国际金融交流活动、金融会展、财经资讯、指数评级等于一体的高端金融信息交流平台。

（三）持续推进首都金融对外开放

加快推进首都金融国际化。鼓励具有国际影响力的国际金融组织在京落户，实现国际高端金融人才和知识向北京聚集。加大对外资银行的引进力度，支持在京设立亚太总部、地区总部。鼓励外商合资证券机构来京发展，大力吸引国际一流的证券期货类公司入驻北京。积极吸引具有较大规模与业务特色的国外保险机构来京设立集团总部、业务总部及职能中心。支持国际证券交易所和国际证券清算、存托机构在京设立代表处和办事机构。在北京天竺综合保税区、中关村国家自主创新示范区等区域开展离岸金融业务创新试点。

加强金融对国际贸易和投资的支持力度。把握中国金融走向世界金融前端的契机，借助人民币与周边国家货币掉期机制的建立，借助人民币跨境结算试点和在境外发行离岸人民币金融工具的机遇，支持建立人民币国际结算平台，形成人民币国际结算中心。鼓励金融机构利用贷款、担保、保险等工具支持各类企业开展国际贸易和投资。深入推动跨境贸易和投资领域的人民币结算试点。支持企业“走出去”开展国际并购。推动金融机构利用远期、掉期等汇率避险工具，满足企业保值避险需求。扩大出口信用保险承保规模，提升保险保障能力。

第四章　规划实施的保障措施

一、加强组织领导

在市级层面，建立健全规划实施的指导协调机制。充分发挥市金融服务工作领导小组的统筹领导协调作用，研究解决规划实施过程中出现的新情况和新问题，主动争取国家层面对首都金融业的更大支持。加强与中国人民银行、中国银监会、中国证监会、中国保监会等国家金融管理部门及其派出机构的沟通协调，争取支持，协同推进规划实施。充实市金融工作部门力量，建立与各部门、各区县协同实施规划机制。

在区县层面，加强区县政府服务金融能力建设。指导支持其设立专门的金融工作部门，充实人员，完善职能，完善金融功能区管理机构功能，进一步完善市与区县一站式、立体化金融服务体系，为规划实施和项目落地提供组织保障。

二、充实配套政策

完善首都金融改革发展政策支持体系。争取国家在金融创新、金融管理体制改革等相关政策在北京先行先试。建立首都金融发展顾问委员会，成立首都金融系统研发联席会，加强市金融工作部门与其他有关部门的政策协调与合作推进，联合研究制定金融机构入驻、人才引进、金融要素市场建设等方面的配套政策。

制定金融要素市场建设支持政策。研究出台支持场外交易市场、债券市场建设的相关政策及实施细则，引导金融要素市场高端化发展，为争取国家在京设立新型要素市场做好服务。

构建合理的政策实施反馈机制。加强对金融政策落实情况的跟踪，积极开展区域金融政策研究，建立北京金融政策实施反馈机制和平台。发布首都金融发展年度报告，建立首都金融数据库，提供更加及时准确有效的形势分析和决策支持服务。

三、强化实施保障

强化规划宣传机制。广泛采用电视新闻专访、平面媒体文章、金融论坛等多种方式和渠道宣传规划。在规划实施过程中，通过开展各项重点金融项目、专项研究课题，加强与各类金融机构的沟通交流，并对规划进行宣传。

强化规划实施机制。按照分工落实、分阶段推进、系统化实施的原则，将规划目标任务按年度分解落实到各相关部门，并纳入部门年度工作计划。

强化规划评估机制。建立规划落实情况的反馈机制与考核评估机制，对预期性目标进行动态监测和评估，切实推进规划落实。推动市有关部门与国家金融管理部门之间、市属机构之间、市属机构与金融行业组织之间建立定期会商机制，不断完善规划实施评估机制。

中国人民银行营业管理部

关于印发《关于做好2011年货币信贷工作促进首都经济发展方式转变的指导意见》的通知

银管发〔2011〕55号

辖内各银行：

现将《关于做好2011年货币信贷工作 促进首都经济发展方式转变的指导意见》印发给你们，请认真学习领会并于2011年4月末前就相关信贷工作制定本行的具体贯彻落实办法，印发下辖机构同时抄报我营业管理部。

我营业管理部将适时对各银行信贷政策贯彻落实情况进行跟踪监测和实地调研，同时进一步完善信贷政策导向效果评估机制，联合相关政府部门对信贷工作成效突出的机构和个人给予表彰奖励，通过勉励约谈、业内通报、公开宣传等方式，不断提高信贷政策的导向力和执行效果。

附件：《关于做好2011年货币信贷工作 促进首都经济发展方式转变的指导意见》

二〇一一年三月二十一日

关于做好2011年货币信贷工作促进首都经济发展方式转变的指导意见

为全面落实党的十七届五中全会和中央经济工作会议精神，按照人民银行工作会议部署，结合北京市委十届八次全会要求，现就贯彻落实稳健的货币政策和“有扶有控”的信贷政策、促进首都经济发展方式转变提出如下意见：

一、统一思想认识，认真贯彻落实中央、人民银行和北京市的各项要求

2011年是实施“十二五”规划的开局之年，也是加快转变经济发展方式、以更高标准实施“人文北京、科技北京、绿色北京”战略、建设中国特色世界城市的关键之年，做好2011年的货币信贷工作意义重大。各银行业金融机构要坚定不移地把思想认识统一到中央经济工作会议精神、加快转变经济发展方式上来，统一到实施稳健的货币政策、合理把握信贷投放规模上来，统一到打造“北京创造、北京服务”品牌、率先形成创新驱动的发展格局和率先形成城乡经济社会发展一体化新格局上来。

二、准确领会货币政策和信贷政策意图，大力优化信贷结构

（一）有效发挥货币政策工具效用。人民银行营业管理部将努力提高传导和执行稳健货币政策的针对性、灵活性和有效性，加强政策引导和窗口指导，有效落实差别准备金动态调整方案，督促和引导银行业金融机构按照总体稳健、调节有度、结构优化的稳健货币政策要求合理把握信贷投放，更加积极稳妥地处理好保持经济平稳较快发展、调整经济结构和管理好通胀预期的关系，大力支持首都经济发展方式转变和经济结构战略性调整。

（二）充分体现信贷政策结构优化功能。各银行业金融机构应坚持信贷业务服务于经济低碳增长、可持续增长和包容性增长的原则，持续优化信贷结构，发挥好信贷政策在促进经济长期平稳较快发展和社会和谐稳定中的积极作用，将信贷资金更多投向实体经济特别是高科技产业、文化创意产业、战略性新兴产业、“三农”和中小企业。

三、着力建设科技金融服务体系，支持首都率先形成创新驱动的发展格局

（三）推动落实科技金融相关政策。2011年人民银行营业管理部将在辖内组织开展贯穿全年的“科技金融创新服务年活动”，引导各银行业金融机构积极贯彻落实科学技术部等五部委《关于印发促进科技和金融结合试点实施方案的通知》（国科发财〔2010〕720号）、《北京市人民政府关于推进首都科技金融创新发展的意见》（京政发〔2010〕32号）、《关于印发中关村国家自主创新示范区科技金融创新工程工作方案的通知》（中科园发〔2010〕48号）等相关文件精神，促进首都金融资源与科技资源有效融合，推动国家科技金融创新中心建设。

（四）大力支持中关村国家自主创新示范区建设。对于支持示范区建设工作成效突出的银行业金融机构，人民银行营业管理部将在其申办再贴现等业务方面给予倾斜，并为其协调争取更多的政策性融资担保支持。鼓励银行业金融机构以国务院批复《中关村国家自主创新示范区发展规划纲要（2011～2020年）》为契机，在示范区设立为科技企业服务的信贷专营机构和特色支行，为相关企业提供高水平、专业化的金融服务。

（五）持续推进科技金融产品创新。各银行业金融机构应利用示范区“先行先试”政策，在创新专属产品、提供专业服务、组建专家团队、制定专项考核等多个层面推出适合科技金融创新的工作举措。鼓励银行业金融机构合规开展知识产权质押贷款和高新技术企业股权质押贷款业务，人民银行营业管理部将协调相关政府部门，在风险补偿、质权处置等方面创造积极条件。各银行业金融机构应大力支持高新技术企业通过发行集合信托计划、短期融资券、中期票据、中小企业集合票据等方式进行融资，拓宽企业融资渠道。探索与创业投资机构的对接与合作，建立信贷与股权投资相结合的项目筛选和利益分享机制。

四、进一步完善文化创意产业和战略性新兴产业金融服务，推动首都产业结构加快升级

（六）加大文化金融发展政策支持力度。人民银行营业管理部将联合相关部门继续筹办“文化金融系列活动”，组织银行开展文化创意金融产品推介，促进产融结合。鼓励银行在风险可控的前提下探索“中介平台＋中小文化创意企业”批零结合的信贷模式，着力打造北京文化创意产业信贷业务新模式。支持中国动漫游戏城、中国北京出版创意产业园区等国家级重点项目建设，配合相关政府部门实施文化创意重大产业项目带动战略，提升文化创意产业的创新能力和集约化水平。

（七）开拓战略性新兴产业信贷业务。人民银行营业管理部将适时出台金融支持首都战略性新兴产业发展的指导意见，引导银行业金融机构加大对首都新一代信息技术、新能源汽车、节能环保、高端装备制造、生物医药、新能源、新材料和航空航天等新兴产业的支持力度。各银行业金融机构要密切关注中关村航天科技创新园、中关村航空科技园和极大规模集成电路、云计算、物联网产业基地等重大战略性新兴产业项目建设进程，在风险可控的前提下及时予以信贷资金支持，大力促进首都产业结构优化升级。

（八）支持首都产业结构深度调整。各银行业金融机构应继续加大对首都高端制造业发展的支持力度，积极服务于重点项目建设，促进首都提升高技术产业和现代制造业发展水平。支持信息服务、商务服务和物流等重点产业发展，推动新首钢高端产业综合服务区建设。促进商务中心区功能集聚，推进丽泽金融商务区建设，加快打造具有国际影响力的金融中心城市。

（九）合理满足重大项目融资需求。2011 年北京市基础设施及重大产业项目共计 230 项，年内计划投资 1 600 亿元。各银行业金融机构应密切关注以城市轨道交通、京包高速公路等为代表的大型交通项目，以清河再生水厂二期、北京京西南生物质能源厂等为代表的循环经济项目，以首钢工业区改造、奔驰扩能改造一期等为代表的产业优化升级项目进展，在风险可控的前提下合理满足相关项目的信贷需求。

五、促进区域统筹协调发展，支持首都率先形成城乡经济社会发展一体化新格局

（十）加快都市型现代农业发展。各银行业金融机构应积极跟进国家现代农业科技城、农业生态谷等重点项目建设进程，有效满足以农田水利为重点的农业基础设施项目融资需求。合理合规扩大农产品加工业和农村服务业贷款规模，促进首都都市型现代农业完善实现形式。设计开发适合沟域经济发展的金融产品，支持新型山区生态经济带建设。

（十一）努力推动区域协调发展。各银行业金融机构应积极配合相关政府部门推进城南行动计划和西部地区转型战略，打造南部高技术制造业和战略性新兴产业发展带，支持永定河绿色生态发展带建设。密切与郊区县政府部门的合作，在怀柔文化科技高端产业新区、门头沟国家生态修复科技试验区、延庆国家绿色能源示范县、密云国际绿色休闲旅游产业综合示范区和平谷绿色能源基地等重点项目建设中发现机遇，拓展市场。

（十二）促进城乡结合部地区改革发展。鼓励银行业金融机构继续加大对城乡结合部改革试点地区的金融支持力度，在风险可控的前提下积极支持 50 个重点“城中村”改善基础设施，整治村容环境，发展新兴产业。探索完善信贷资金与财政资金的配合机制，有效引入社会资金，稳妥支持城乡结合部土地储备项目开发和回迁房、保障性住房、普通商品住房等项目建设。

（十三）大力支持农村完善基本经营制度。鼓励银行业金融机构通过金融产品创新满足农民在以转包、出租、互换、转让、股份合作等形式流转土地承包经营权过程中产生的融资需求，支持农民专业合作社开展生产、加工和产品营销活动。推进农村集体经济产权制度改革，支持新型集体经济组织发展产业、壮大实力，促进农民就业并增加财产性收入。大力配合首都林权制度改革工作，积极开办林权抵押贷款、林农小额信用贷款和林农联保贷款等业务，合理确定林业贷款期限和利率。

六、严格贯彻各项房地产市场调控政策，持续加大对保障性住房建设的支持力度

（十四）维护房地产市场平稳健康发展。各银行业金融机构应继续做好房地产开发信贷工作，支持市场保持合理供应水平。按照土地信贷政策要求发放土地储备开发项目贷款，促进集约节约利用土地。大力支持中低价位、中小套型普通商品住房建设，配合相关部门优化住房市场供应结构。严格执行房地产项目资本金要求，对不符合信贷政策规定的房地产开发企业或开发项目严禁发放开发贷款。

（十五）严格执行差别化个人住房信贷政策。各银行业金融机构要认真学习中央、国务院、人民银行、北京市政府等部门出台的房地产市场调控相关文件精神，严格执行差别化的个人住房贷款政策，防止出现政策执行标准松动。按照《国务院办公厅关于进一步做好房地产市场调控工作有关问题的通知》（国办发〔2011〕1号）要求，对贷款购买第二套住房的家庭，首付款比率不低于60%，贷款利率不低于基准利率的1.1倍。妥善处理好落实房地产市场调控政策、发展个人信贷业务和防范房地产信贷风险三者间的关系。

（十六）探索创新保障性住房建设支持手段。政府不断加大保障性住房建设力度为银行拓展信贷业务提供了新的发展机遇和市场空间。各银行业金融机构应及时转变房地产信贷业务发展思路，大力创新保障性住房信贷产品，支持城乡结合部整治、棚户区改造等定向安置房建设，围绕北京市保障性住房建设重点，研究适合公共租赁住房建设特点的中长期信贷模式。经申请获准开展经济适用住房开发贷款试点的银行要继续妥善做好相关工作。

七、不断完善民生金融和其他领域的金融服务，促进首都经济社会和谐发展

（十七）加快拓展中小企业信贷业务。鼓励银行业金融机构扩大中小企业信用贷款规模，在风险可控的前提下提高对中小企业信用贷款的审批效率。对于文化创意产业、生产性服务业、现代制造业等资质优、前景好的中小企业，可通过业主个人负连带责任、收益权质押等信贷方式给予支持。对于新能源、物联网等高科技中小企业，可以开展专利权、商标权等知识产权质押贷款业务。

（十八）充分发挥小额信贷政策效应。鼓励各银行积极申办小额担保贷款业务，人民银行营业管理部将与劳动、财政部门研究制定小额担保贷款奖励考核办法，增强外部激励。经办银行应积极推动小额担保贷款运作模式创新，力争在丰富担保方式、简化办理手续等方面有所突破。鼓励各银行向劳动密集型小企业发放贴息贷款，积极落实大学生“村官”创业富民扶持政策，加大对“村官”创业就业的信贷支持力度，发挥小额担保贷款推动创业促就业的作用。

（十九）拓展国家助学贷款覆盖面。国家助学贷款承办银行要进一步优化助学贷款申办程序，拓展助学贷款对贫困学生的覆盖面，继续推进生源地助学贷款工作。加强与高校、贷款学生的沟通联系，加大国家助学贷款业务宣传，培养社会诚信意识，推动助学贷款体系的完善与发展。

（二十）着力优化消费金融环境。各银行业金融机构应积极适应文化娱乐消费、旅游休闲消费、互联网络消费、学习培训消费等新兴消费快速发展的新形势，在风险可控的前提下大力开发消费信贷产品，配合相关政府部门加快推进电子商务示范工程建设。继续优化重点商贸区域的支付结算环境，支持北京市国际商贸中心建设。

北京市金融工作局
中国人民银行营业管理部
中国银行业监督管理委员会北京监管局
中国证券监督管理委员会北京监管局
中国保险监督管理委员会北京监管局

关于印发金融支持本市中小微企业发展若干意见的通知

京金融〔2011〕314 号

各相关单位：

为提升本市金融机构支持中小微企业的服务能力，优化本市中小微企业经营发展环境，市金融局会同人民银行营业管理部、北京银监局、北京证监局和北京保监局研究制定了《关于金融支持本市中小微企业发展的若干意见》，并报经市政府批准，现印发给你们，请认真贯彻落实。

特此通知。

二〇一一年十二月三十日

关于金融支持本市中小微企业发展的若干意见

为贯彻《中华人民共和国中小企业促进法》和《国务院关于进一步促进中小企业发展的若干意见》（国发〔2009〕36 号），落实《中国人民银行　银监会　证监会　保监会关于进一步做好中小企业金融服务工作的若干意见》（银发〔2010〕193 号）、《北京市人民政府关于贯彻国务院进一步促进中小企业发展若干意见的实施意见》（京政发〔2011〕17 号）和 2011 年 10 月 12 日国务院召开的关于研究确定支持小型和微型企业发展的金融、财税政策措施的会议精神，制定本意见。

一、高度重视金融促进中小微企业发展的意义

（一）中小微企业快速发展迫切需要金融业的全方位支持。近年来，本市中小微企业发展环境日益优化，针对中小微企业的金融产品和服务方式创新不断涌现，但是中小微企业特别是小微企业长期面临的融资难、担保难等问题未得到有效解决，金融支持渠道和手段仍然较为单一，已成为制约其发展壮大的重要因素之一。

进一步增强做好中小微企业金融服务工作的责任感和大局意识，持续加大政策支持和引导力度，鼓励各类金融机构开发符合中小微企业尤其是小微企业特点的金融产品，持续改善和提升对其金融服务水平，切实促进中小微企业又好又快健康发展。

二、努力营造有利于中小微企业融资的良好环境

（二）完善中小微企业金融服务相关的法律和政策体系。推进《北京市中小企业促进条例》立法工作，为进一步改善中小微企业金融服务提供法律保障。积极贯彻落实各类金融政策措施，完善信贷政策导向效果评估工作，探索建立金融支持服务效果评估制度，持续提高政策措施的协调性、针对性和可操作性，加强政策措施的宣传和推介。积极支持有关部门进一步优化与中小微企业融资相关的抵（质）押登记、公示登记等配套服务。推广面向中小微企业的融资专题培训和咨询服务，完善中小微企业金融服务信息共享和通报机制。

（三）创新产融合作机制和融资对接平台。进一步完善和拓展北京市政银企沟通交流机制，引导各类金融机构参与，建立健全政府部门、银行、贷款公司、证券公司、保险公司、信托公司、金融租赁和融资租赁、创业投资和股权投资、担保和再担保机构、信用增进机构、资产管理公司、金融资产交易所、中小微企业等多位一体的服务对接机制。抓紧建立首都金融服务商会，充分发挥其作用，拓展首都中小微企业金融服务电子平台的覆盖面和服务能力，探索建立各类专业化的中小微企业投融资服务平台，为中小微企业从银行获得贷款提供方便快捷的绿色通道。

（四）积极支持财政资金发挥杠杆带动作用。支持市级中小微企业发展专项资金、农业结构调整资金、高端制造业担保代偿资金、文化创意产业发展资金、科技型中小微企业信贷风险补偿资金、科技贷款贴息资金等发挥带动作用，拓展其在创业投资引导、信贷风险补偿、促进企业改制上市、债务性融资费用补贴、担保和再担保体系完善、信用体系建设、促进科技成果转化及产业化、推进高新技术产业发展和产业结构转型等方面的杠杆效应，充分发挥既有财政支持政策措施的效果，激发各类金融机构服务中小微企业的创新活力。积极配合有关部门建立完善支持中小微企业融资的财政资金整合机制，创新财政与金融手段的融合方式。建立小微企业贷款风险补偿机制，对金融机构发放给符合条件小微企业的贷款按增量给予适度补助，对不良贷款损失给予适度风险补偿。

（五）清理纠正金融服务不合理收费。除银团贷款费用外，商业银行不得对申请贷款的小微企业收取贷款承诺费、资金管理费，严格限制对小型微型企业收取财务顾问费、咨询费等费用。

（六）做好中小微企业融资相关的统计监测与风险防范工作。建立和完善中小微企业融资相关的统计制度，加强统计和风险监测分析。做好打击非法集资和打击非法证券经营活动有关工作。遏制民间借贷高利贷化倾向，打击非法集资等违法活动。严格监管，禁止金融从业人员参与民间借贷。防止出现社会不稳定因素，营造安全稳定的中小微企业融资服务环境。

三、持续提升中小微企业信贷支持和金融服务

（七）引导银行业金融机构建立健全中小微企业信贷差异化支持政策。辖区金融管理部门应进一步落实小微企业金融服务差异化监管措施，鼓励金融机构在风险可控的前提下，适当提高风险容忍度，支持银行业金融机构加强专业人员配置和培训，改进考核激励机制，针对中小微企业实际需求简化贷款流程、拓宽担保方式、创新金融服务，满足中小微企业有效信贷需求。对小微企业授信余额、授信客户数占比满足一定条件的商业银行予以准入倾斜，在综合评估其风险管控水平等情况的基础上，允许其一次同时筹建多家同城支行，引导商业银行重点加大对单户授信500万元以下小微企业的信贷支持。落实小微企业信贷人员尽职免责制度，做到尽职者免责、失职者问责。

（八）进一步优化多层次的中小微金融组织体系。研究探索引导性财税支持政策，鼓励国有（大型）商业银行、股份制商业银行设立侧重于文化创意、科技、绿色和“三农”信贷的特色机构，进一步拓展延伸服务网点，提供差异化、专业化服务。

（九）推动新型农村金融机构和小额贷款公司稳步发展。继续推进村镇银行、贷款公司、农村资金互助社等新型农村金融机构和小额贷款公司在京设立，加大对涉农中小微企业的金融支持力度。继续支持和推动各类民间资本参与设立村镇银行、小额贷款公司等机构。制定完善小额贷款公司监管办法，充分发挥小额贷款业协会作用，推动小额贷款公司规范健康发展。

（十）为中小微企业提供个性化融资方案和延伸金融服务。以适应中小微企业特点为标准，探索提供延伸服务，鼓励商业银行针对科技研发、文化创意、商贸服务、工业生产等行业特色，推进中小微企业客户精细化分类和个性化服务。对处于产业集群中的中小微企业，鼓励商业银行探索联保联贷、供应链融资等方式提供金融支持。探索搭建知识产权交易平台，完善质权处置流转途径，进一步扩大知识产权质押贷款规模。不断加强对中小微企业在企业理财、现金流管理、财务状况评估、贸易及供应链服务、国际结算、外汇业务等方面的金融服务。

四、大力发展多元化的直接融资渠道

（十一）扶持发展天使投资、创业投资和股权投资。持续推进“1＋3＋N”股权投资基金发展体系建设，积极支持天使投资和其他的股权投资在京集聚发展，并加强资金投向的引导，支持战略性新兴产业发展。进一步发挥市和区县中小微企业创业投资引导基金的作用，鼓励有条件的区县设立区县创业投资引导基金。稳步开展股权投资基金及其管理企业利用外资试点工作。

（十二）支持各类金融要素市场创新中小微企业融资业务。支持中国技术交易所、北京产权交易所、北京金融资产交易所等要素市场为中小微企业产权交易和股权融资提供低成本、高效率、便捷化的服务，并为创业投资、股权投资提供退出渠道。支持在北京金融资产交易所、银行间债券市场开展中小微企业信贷资产转让业务，促进以中小微企业为主体的信托计划挂牌交易，调剂和释放金融机构自身流动性。

（十三）加快中小微企业上市培育进程。继续推进中小微企业在中小板、创业板及境外资本市场的上市工作，加强对拟上市企业的资源储备、改制和上市辅导，为中小微企业上市融资创造条件。积极支持中关村代办股份转让系统试点改革和扩容工作，推动在京设立中国证监会统一监管下的全国性场外交易市场运营服务机构。

（十四）创新推进中小微企业债务融资工具发行。积极推动以高新技术企业、文化创意企业、节能环保企业、“三农”等为主题的中小微企业短期融资券、集合票据、集合债券和集合信托计划发行工作，建立长效机制。充分发挥银行间债券市场作用，推广偿债风险准备金、票据分层、再担保等信用增进手段，采用公募和非公开定向发行的方式，推进中小微企业债务融资工具创新，建立健全中小微企业信用风险的市场化分散机制，为中小微企业注册发行债务融资工具提供绿色通道。

五、探索发挥保险支持中小微企业发展的功能

（十五）推动保险产品和服务创新。鼓励保险机构积极开发适合中小微企业的新型险种和各类保险业务，有效分散中小微企业的运营风险。支持保险机构为中小微企业提供风险管理、损失赔付等服务。继续推进科技保险发展，鼓励保险机构开发为中小微企业服务的保险产品。探索对中小微企业运用商业保险机制分散风险，提高财政、税收等政策支持。

（十六）发展中小微企业信用保险。支持保险公司面向中小微企业开展信用保险业务，探索开展出口信用保险项下的融资业务创新。充分发挥出口信用保险支持拓展海外市场的作用。积极推动中关村信用保险及贸易融资试点工作，实现以保险促信用、以信用促融资。

（十七）发挥保险资金的融资功能。积极争取国家政策支持，充分发挥保险公司的机构投资者作用和资金融通功能，引导符合条件的保险公司和社保基金参与本市中小微企业投融资体系建设。

六、积极鼓励中小微企业融资方式创新

（十八）推进组合金融服务模式。积极支持银行业金融机构与非银行金融机构加强合作，开发信贷、债券、信托、基金、保险等多种工具相融合的组合金融服务，规范推进银行与保险合作、银行与信托合作、银行与创业投资合作，做好中小微企业从初创期到相对成熟期各个发展阶段融资方式的衔接。

（十九）探索拓展新型融资渠道。发挥信托的纽带作用，联合商业银行、融资性担保公司、金融租赁公司等金融机构为中小微企业提供金融服务。推动商业银行、金融租赁公司和融资租赁公司开展面向中小微企业的融资租赁业务。发挥保理、典当等融资方式作用。规范和引导民间金融健康发展。

七、健全完善中小微企业信用担保体系

（二十）促进融资性担保公司规范发展。贯彻落实本市融资性担保公司管理暂行办法，着力改善中小微企业融资担保的制度环境，建立健全政策性、商业性、再担保机构分工负责、密切合作的融资性担保体系，推进融资性担保公司规范健康发展，引导其通过降低担保费率和担保条件、增加担保业务品种等方式加大对中小微企业的融资担保力度。积极支持北京市中小微企业信用再担保公司发展，逐步扩大再担保资金规模和使用范围。壮大区县担保网络体系。完善担保、再担保、信用增进、银行、信托公司等各方利益合作机制，实现中小微企业信用风险的专业化、规范化管理。

（二十一）加大对融资性担保行业的政策支持。通过资本金注入、代偿补助、考核奖励等方式引导和鼓励担保机构围绕各类中小微企业开展融资性担保业务，鼓励适度提高担保代偿率和代偿损失率。落实好对符合条件的中小微企业信用担保机构免征营业税、准备金提取和代偿损失税前扣除的政策。建立融资性担保机构绩效考核指标体系，鼓励担保机构扩大对科技研发、文化创意等重点领域中小微企业的融资担保业务。针对各有关部门为中小微企业和担保机构开展抵押物和出质的登记、确权、转让等工作，建立“一站式”优质服务机制。

八、稳步推进中小微企业信用体系建设

（二十二）建立健全中小微企业信用信息征集机制。多渠道采集中小微企业信用信息，扩大并丰富中小微企业信用档案。完善人民银行个人和企业征信系统，为中小微企业融资提供方便快捷的查询服务。积极推动将小额贷款公司、融资性担保公司、村镇银行等机构接入个人和企业征信系统。

（二十三）完善中小微企业信用体系建设模式。加快推进首都社会信用体系建设，进一步探索适合北京的中小微企业信用体系建设模式。引导有关金融机构、评级机构建立适合中小微企业特点的信用评价体系。促进中小微企业信用评价、信用激励与中小微企业担保和融资业务的结合，提高中小微企业融资成功率。加强本市企业和个人信用体系建设宣传，培育中小微企业信用意识。

九、培育发展中小微企业融资服务中介机构

（二十四）发展与中小微企业金融服务相配套的中介机构体系。鼓励信用评级、产权评估、产权交易、财务管理、法律咨询等领域的中介服务机构在京发展，为中小微企业融资活动提供配套支撑。有效整合中小微企业融资服务中介机构资源，探索建立中小微企业金融服务中介机构联席会制度。

（二十五）有效发挥行业自律组织作用。充分发挥工商业联合会、私营个体经济协会的优势，依托市与区县中小微企业服务中心，发挥行业协会、民间商会、企业联盟等行业组织的作用，建立合作平台，协助解决信息搜集、客户筛选、融资互助、风险防范等方面问题。

中国人民银行营业管理部

关于印发《中国人民银行营业管理部2011年科技金融和文化金融工作实施意见》的通知

银管发〔2011〕35号

辖内各银行：

现将《中国人民银行营业管理部2011年科技金融和文化金融工作实施意见》印发给你们，请认真学习领会并结合本行实际，制定贯彻落实措施，积极做好2011年科技金融和文化金融工作，助推北京市优势产业发展，促进经济发展方式加快转变。

特此通知。

附件：《中国人民银行营业管理部2011年科技金融和文化金融工作实施意见》

二〇一一年二月二十八日

中国人民银行营业管理部2011年科技金融和文化金融工作实施意见

为配合实施“北京创造”、“北京服务”品牌战略，有效把握建设中关村国家自主创新示范区和支持文化产业振兴的有利契机，大力贯彻“有扶有控”的信贷政策，2011年人行营业管理部将继续推进科技金融和文化金融服务体系建设。总体工作思路是：围绕一条主线，组织两大活动，完善三个平台，健全四项机制。即：以推动首都经济发展方式转变为主线；组织开展贯穿全年的“科技金融创新服务年活动”、“文化金融系列活动”；进一步完善中小企业金融服务平台、信贷产品交流平台、统计信息共享平台；推动健全产品创新引导机制、银企互动对接机制、考核表彰激励机制、信用风险补偿机制。具体做好以下几方面工作：

一是优化金融服务体系。在辖内组织开展“科技金融创新服务年活动”，召开活动启动大会暨金融支持中关村国家自主创新示范区建设工作推进会。推动银行在设立专营机构、创新专属产品、提供专业服务、组建专家团队、制定专项考核等多个层面推出科技金融、文化金融具体工作措施。探索建立文化金融专家智库的可行性。

二是加大政策扶持宣传力度。对于科技金融和文化金融工作成效突出的银行，在其申办再贴现等业务方面给予倾斜，为其协调争取更多的政策性融资担保支持。协调相关部门加大对银行开展科技信贷、文化信贷业务的风险补偿力度，分散化解金融创新风险。继续推动提升高科技企业、文化创意企业外汇收支审核效率，促进贸易投资便利化。

三是促进银企双方对接。联合中关村科技园区管理委员会及时发布新认定的高新技术企业名单，帮助各银行有目标、有方向地开展科技金融创新服务工作。联合相关部门继续组织“信贷创新中关村”系列活动、“文化金融系列活动”。组织银行进入聚集区开展文化创意金融产品推介，促进产融结合。编印北京市科技型中小企业金融服务手册、文化型中小企业金融服务手册，为企业提供专业的金融服务信息。

四是推动信贷产品创新。尝试组织科技类、文化创意类信贷创新产品评比，引导银行开发具有创新性和市场适用性的信贷产品。搜集整理知识产权质押贷款典型案例并汇编成册，为银行开展产品创新提供参考。稳步推进“信贷快车”试点工作。引导银行探索“协会＋中小文化创意企业”批零结合的信贷模式，着力打造北京文化创意产业信贷产品新模式。

五是充实服务平台内容。进一步加强与信息共享单位之间的沟通联系，丰富北京市中小企业金融服务平台内容。在网站开设新专栏，加强对优秀信贷产品的宣传推介，增强信息交流和政银企互动。在相关文件和材料中以合适方式提示平台地址（http：//210.73.81.180/）和进入路径，扩大平台影响力。

六是优化整体信用环境。加强高科技企业、文化创意企业信用档案建设，为开展科技金融、文化金融工作提供良好的信用信息服务。扩大高科技企业、文化创意企业信用评级覆盖面，推动商业银行建立适应行业特点且内部与外部相结合的信用评级制度。

七是发挥表彰激励作用。对科技金融、文化金融工作成效突出的银行及其分支机构进行表彰，联合中关村科技园区管理委员会、北京市文化创意产业促进中心等单位给予其适当奖励。组织开展“科技（文化）金融之星”先进个人评选活动，激发银行员工做好相关工作的积极性。通过报纸、网络、北京市中小企业金融服务平台等多种渠道加大评优活动宣传力度。

八是完善政策评估机制。开展2010年度科技金融、文化金融信贷政策导向效果评估工作，并在此基础上组织召开表彰会。评估及表彰结果以发文形式向辖内银行通报，抄送相关政府部门及优秀（勉励）银行总行。强化评估宣传工作力度，利用报纸、网络、平台等渠道加强评估结果宣传。修订并发布2011年度信贷政策导向效果评估方案。

九是开展相关调查研究。对辖内银行支持中关村国家自主创新示范区科技金融创新工作进行调研，研究深化科技金融服务的政策建议。在九部委《关于金融支持文化产业振兴和发展繁荣的指导意见》出台一周年之际，组织“文化金融系列活动——贯彻落实指导意见‘回头看’专题调研”。适时开展金融支持广告会展等文化创意产业子行业的专项调研。

十是夯实统计监测体系。建立健全对金融支持中关村国家自主创新示范区建设的统计监测体系，加强金融管理部门与政府部门间的数据共享，提高科技金融创新指导效率。参照《北京市文化创意产业分类标准》进一步细化文化金融监测指标，夯实文化金融工作基础。

中国银行业监督管理委员会北京监管局

北京银监局关于进一步加大中长期贷款合同整改工作力度的通知

京银监通〔2011〕75号

各政策性银行北京市分行及总行营业部、国家开发银行在京营业机构、各国有商业银行北京市分行、辖内各股份制商业银行、北京银行、北京农商银行、辖内各中资村镇银行、各城市商业银行北京分行、中国邮政储蓄银行北京分行：

为促进银行业金融机构完善审慎信贷管理制度，做好中长期贷款风险管理工作，2010年12月3日，中国银监会印发《关于规范中长期贷款还款方式的通知》（银监发〔2010〕103号），要求各机构本着风险早期暴露、审慎经营、科学负担三大原则，合理确定中长期贷款期限，综合考虑项目预期现金流等因素，对还款方式进行统一规范，做到半年一次还本付息。同时提出，对于“整贷整还”类中长期贷款的存量部分，要加大贷后管理力度，通过借贷双方协商，修订合同或增加补充条款的方式，实现调整还款方式。

规范中长期贷款还款方式是贯彻落实“三个办法、一个指引”、规范政府融资平台贷款和企业集团客户贷款的基本要求，对银行业金融机构防范信贷风险、化解以往粗放式信贷管理导致的潜在风险和提高信贷精细化管理水平具有重要意义。从目前情况看，辖内机构中长期贷款合同整改工作总体进展较为缓慢，形势严峻。为督导辖内机构加大工作力度，尽快完成合同整改工作，现就有关事项通知如下：

一、认清形势。统计数据显示，截至2010年底，辖内机构需要修订补正的中长期贷款（含平台贷款）合同金额为1 668亿元，份数为657份。截至2011年6月15日，辖内机构对上述中长期贷款合同的整改比例不到20%，在全国各地区处于较落后地位。其中，部分机构整改进度明显落后，影响了辖内机构整体整改进度，包括：国家开发银行北京市分行、中国农业发展银行北京市分行、中国进出口银行北京分行、招商银行北京分行、广发银行北京分行、天津银行北京分行、杭州银行北京分行、南京银行北京分行、上海银行北京分行、北京银行、交通银行北京市分行、中国工商银行北京市分行。各机构对工作的重要性和形势的严峻性要有充分清醒的认识，立即坚决采取措施推进整改工作。

二、全力推动。近日，银监会办公厅建立了重大监管工作事项定期报告制度，对银行业金融机构中长期贷款合同修订补正情况进行督办，纳入贯彻落实“三个办法、一个指引”工作一并考核，并明确了有关口径[①]。根据银监会部署，我局对辖内机构中长期贷款合同修订补正情况实行以半月为频率的督导和统计，并纳入贯彻落实“三个办法、一个指引”工作一并考核。各机构要高度重视，把中长期贷款合同修订补正工作纳入本机构贯彻落实“三个办法、一个指引”工作内容，加强领导，明确相关部门、岗位和环节的工作职责，加大考核力度，充分发挥内部审计督导的作用，全力推动中长期贷款合同修订补正工作。同时，各机构要尽快对2011年以来新增中长期贷款开展自查和问题整改，确保新增中长期贷款合同全部符合《关于规范中长期贷款还款方式的通知》等相关制度要求。

三、重点突破。各机构要重点摸清明

① 一是截至2010年底需要补正的中长期贷款（含平台贷款）合同包括固定资产贷款、项目贷款和流动资金贷款合同，其中流动资金贷款可根据业务的实际周转天数确定还本付息周期，在授信额度内灵活周转使用，但若用于其他，如短贷长用、借新还旧或还旧借新，必须修订补正。二是2011年内到期的中长期贷款合同以及存量中长期贷款中一年一次还本付息的合同不再纳入整改范围，新增中长期贷款必须严格执行一年至少两次的还本付息要求。三是以银团贷款方式发放的中长期贷款，牵头行负责组织各参加行共同开展合同整改工作。

显影响本机构中长期贷款合同整改进度的大合同、大客户、整改难点等情况，以重点推进大合同、大客户的整改为突破口，推动本机构中长期贷款合同整改进度迅速提升，力争在本月中旬整改工作形势要有大幅改观。对属于政府融资平台贷款的中长期贷款，要结合对政府融资平台贷款的清理规范工作，加紧推进合同整改。对于以银团贷款方式发放的中长期贷款，牵头行要尽快组织各参加行共同开展合同整改工作。

四、限期整改。各机构中长期贷款合同整改工作在近期要有实质性推进，在本月底前合同金额和份数的整改比例均应达到50%以上，在8月底前全部合同须整改完毕。对于不能按照整改要求修订补正中长期贷款合同或在整改工作中不积极配合的借款人，在合同整改完成前，各机构应采取停止向其发放贷款等措施。我局将加大对辖内机构中长期贷款合同整改工作的监督考核力度，对整改不力的，我局将视情况采取限制性监管措施。

二〇一一年七月六日

北京银监局关于进一步加强房地产贷款风险管理的通知

京银监通〔2011〕53号

各国有商业银行北京市分行、辖内各股份制商业银行、北京银行、北京农村商业银行、辖内各村镇银行、各城市商业银行北京分行、中国邮政储蓄银行北京分行、国家开发银行北京市分行：

2010年以来，辖内银行业金融机构认真贯彻落实国务院和北京市房地产市场调控措施，为促进房地产市场平稳健康发展发挥了积极作用。但当前房地产市场非理性发展因素和风险变化的不确定性依然存在，为促进辖内银行业金融机构进一步规范房地产贷款业务，加大房地产贷款风险管控力度，现将有关事项通知如下：

一、科学制定房地产行业信贷战略和风险管控措施。高度关注房地产需求增速可能明显降低的潜在风险，加强行业信贷集中度管理，避免信贷风险过度积累。深入分析企业资金链和现金回流情况，并建立必要的风险应急机制。按照更严格和更审慎的标准，建立房地产客户的内部评级体系，开发针对房地产企业集团整体的风险计量和评估方法。

二、切实加强房地产开发贷款的风险管理力度。进一步完善房地产开发商“名单制”管理，对住建部、国土资源部等部门认定有重大违法违规行为的房地产开发企业和项目，及时采取加速还款等必要的保全措施。密切关注存在高价购地、跨业经营、过度扩张、负债率偏高等问题的房地产企业风险暴露。加强对开发贷款的全流程监控，严禁信贷资金用于购地，严防集团公司通过母子公司借款和其他各种关联交易将信贷资金违规流入房地产市场。坚决用在建工程作为贷款抵押品，并充分利用《北京市商品房预售资金监督管理暂行办法》，加强销售回笼款的封闭运行管理。

三、严格执行差别化住房信贷政策。 确保住房信贷政策执行的连续性和严密性，着力抑制投资投机等非理性的购房需求。对应执行第二套差别化住房信贷政策的借款人，要严格按照国家3部委《关于规范商业性个人住房贷款中第二套住房认定标准的通知》（建房〔2010〕83号）进行认定，既要考虑借款人房屋权属登记情况，又要考虑借款人已利用贷款购买住房情况，严禁变相降低贷款标准、打“擦边球”等途径规避调控政策。对未按规定实行差别化住房信贷政策的，一经查实将严肃追究违规责任。

四、合理确定商业物业抵押贷款抵押物的评估方式。 要根据物业的合理经营期限、产生的现金流和合理的折现率审慎评估物业价值，而不能简单采信中介公司的市场估值，防止因物业价值评估虚高导致信贷风险缓释不足。

五、做好新一轮房地产压力测试。 辖内中资法人银行要按照《中国银监会关于开展商业银行房地产贷款压力测试工作的通知》（银监办发〔2011〕96号）的要求，对本行房地产及上下游行业贷款开展压力测试，科学评估风险因素，合理设定压力情景，准确测算房产开发、土地储备、个人住房及相关上下游行业等贷款的风险变动程度，并依据风险程度采取有效的防范措施。

二〇一一年四月十八日

北京银监局关于开展2011年“促监管政策进基层行”活动的通知

京银监通〔2011〕42号

各政策性银行北京市分行及总行营业部、国家开发银行在京营业机构、各国有商业银行北京市分行、各股份制商业银行在京营业机构、北京银行、北京农村商业银行、辖内各村镇银行、中国邮政储蓄银行北京分行、各城市商业银行北京分行、辖内各外资银行，辖内各信托公司：

为进一步推进辖内银行业金融机构贯彻执行“三个办法、一个指引”等监管政策，引领和带动首都银行业金融机构合规文化建设，2011年，我局将继续开展“促监管政策进基层行”活动，现将有关事项通知如下：

一、活动原则

2011年“促监管政策进基层行”活动将以“紧贴中心、全面覆盖、形式多样、注重联动”为工作原则。一是进一步突出宣讲活动的针对性和有效性，增强监管联动。在继续宣讲“三个办法、一个指引”的同时，将案件及操作风险防控、清理和规范银信合作业务、房地产贷款风险管理等2011年监管工作重点纳入宣讲活动内容；二是在全面覆盖北京辖内中资银行各级基层行及从业人员的基础上，突出对各机构风控、合规管理及内部审计人员的培训，同时将辖内外资银行及部分非银行金融机构纳入到活动中来，进一步提高活动的覆盖面和影响力；三是丰富活动开展形式。在坚持宣讲模式的基础上，拟通过监管政策水平测试、举办经验交流、知识竞赛等形式，强化活动实施效果；四是重点加强对各机构再培训工作落实情况的督促检查，充分发挥各机构总分行的龙头带动作用，促进监管机构与被监管机构、总分行与分支行间的相互联动和有效沟通。

二、组织领导

为保证活动的有序开展，成立2011年“促监管政策进基层行”活动领导小组（以下简称“领导小组”）。

组　长：楼文龙局长

副组长：易晓副局长、逯剑副局长

成　员：于丛林巡视员、张中奇纪委书记、向世文副局长、吴静春主查员

辖内各政策性银行、国家开发银行在京营业机构、国有商业银行和股份制商业银行北京分行以及北京银行、北京农村商业银行行长。

北京银监局党委宣传部、政策法规处、人事处、政策性银行和邮政储蓄机构监管处、国有银行监管处、股份制银行监管一处、股份制银行监管二处、城市商业银行监管处、农村商业银行监管处、外资银行监管处、非银行金融机构监管处、现场检查大队各组、监察室以及北京市银行业协会负责人。

领导小组下设办公室、宣讲工作组及督导检查组。

办公室设在北京银监局党委宣传部（团委），负责制定活动工作方案，统筹协调领导小组成员，督促各工作组按照工作方案落实各项要求，编发活动简报、工作信息并向相关部门报送，组织推动宣讲、督导、宣传和评估总结等工作。

宣讲工作组由北京银监局各监管处室主监管员、主查员及青年业务骨干组成。按照宣讲内容划分为宣讲工作一组（负责“三个办法、一个指引”宣讲）、宣讲工作二组（负责“案件防控”及操作风险防范等监管政策宣讲）、宣讲工作三组（负责“规范银信业务”、房地产贷款风险管理及加强金融服务等监管政策宣讲）。

督导检查组负责对“三个办法、一个指引”等监管政策再培训工作机制执行情况进行督导检查。

（各小组具体成员名单详见附件1）。

三、活动安排

（一）开展监管政策宣讲培训

1. 继续推进“三个办法、一个指引”的贯彻执行。

主要内容：继续对辖内银行业开展“三个办法、一个指引”的宣讲培训，重点对辖内银行风险控制、合规管理、内部审计及基层网点负责人、信贷管理人员就“流动资金贷款管理暂行办法”、“个人贷款管理暂行办法”进行现场宣讲（侧重现场检查中发现的违规案例宣讲）及互动答疑，进一步深化“三个办法、一个指引”宣讲培训效果。同时，坚持监管政策引领与服务督导相结合、坚持以例释法和实际操作相结合，组织辖内银行业金融机构信贷管理、风控及内部审计人员召开“贷款新规实例操作及评析”座谈会。以典型发言、互动交流、评价解析等形式，通过法规条文与实际案例进行对照分析，引导辖内机构深入贯彻落实贷款新规。

负责部门：宣讲工作一组、领导小组办公室

时间安排：3～7月，分别按照政策性银行、国家开发银行及邮政储蓄机构、国有银行及股份制银行分支机构、城市商业银行及农村商业银行（含分行及村镇银行）四个板块进行宣讲及答疑工作，并安排2～3场贷款新规座谈会。

2. 案件防控及操作风险防范等监管政策宣讲及督导。

主要内容：结合银监会案件稽查局“案防执行年”、合作部“案防培训”工作要求，重点对国有银行、城市商业银行及农村商业银行基层分支机构就案件防控及操作风险防范等进行持续宣讲，同时根据《银行案件典型案例汇编》，组织辖内机构开展座谈交流。

负责部门：宣讲工作二组

时间安排：4～11月

3. 清理和规范银信合作业务、房地产贷款风险管理等监管政策及加强和改进金融服务工作宣讲。

主要内容：结合银监会《关于进一步规范银信理财合作业务的通知》、信贷资产转让等相关监管要求，对辖内信托公司及商业银行就相关监管政策进行宣讲培训和政策答疑；对辖内银行就房地产贷款风险管理等监管政策进行培训，重点对我局现场检查中发现的房地产贷款违规案例进行分析解读；结合金融服务典型案例讲解，引导辖内银行坚持“以客户为中心，效益与服务兼顾”的原则，通过创新、疏导、增效等手段，不断从体制、机制、流程、技术、产品、考核等多方面改进金融服务工作，切实提高金融服务针对性和灵活性。

负责部门：宣讲工作三组

时间安排：4～11月

4. 开展金融机构衍生产品交易业务监管政策宣讲培训。

主要内容：重点就银监会《银行业金融机构衍生产品交易业务管理暂行办法》等最新监管法规对外资银行进行宣讲培训。

负责部门：宣讲工作三组

时间安排：9月

（二）加强对各机构再培训工作机制执行情况的督导

1. 进一步加强监管政策水平测试。

主要内容：拟于6月末、10月末（分两次），由领导小组办公室会同政策法规处、市银行业协会对各机构监管政策执行情况进行测试。测试对象覆盖辖内中资银行基层网点行所有负责人，选取及考核比例与被监管机构的风险状况、案件治理及监管政策执行相结合，特别是加大对案件多发行、日常监管中发现问题较多行的抽查力度，并将测试成绩进行全辖通报，积极推动监管政策水平测试工作的常态化。

负责部门：领导小组办公室、政策法规处

时间安排：6月末（贷款新规测试）、10月末（案件防控、房地产贷款等监管政策测试）

2. 对各机构再培训工作落实情况进行督导。

主要内容：由督导检查组按比例抽取部分机构比照各机构报送的工作情况就再培训工作落实情况进行督导，并结合金融服务工作等进行巡视检查。

负责部门：督导检查组

时间安排：11月底前（按月选取机构进行现场督导检查）

（三）进一步加强对活动的宣传

1. 组织各机构师资培训班或座谈会。

主要内容：加强对辖内各机构政策宣讲员的培训，建立北京银监局监管人员与各机构政策宣讲员的联系渠道和定期培训机制。

负责部门：北京市银行业协会、活动领导小组办公室

时间要求：10 月底前

2. 搭建政策传达及政策执行情况反馈的平台。

主要内容：通过监管信息网及北京市银行业协会网站定期发布宣讲文件及有关分析材料，推动监管与被监管机构的良性互动。

负责部门：领导小组办公室、北京市银行业协会

时间要求：全年

四、工作要求

我局 2011 年“促监管政策进基层活动”将切实加强对辖内银行业金融机构再培训工作的引领和跟踪评价，促进分支机构与总分行的有效联动。辖内各机构在按照活动安排做好工作的同时，还要做好以下工作：

（一）提高认识、统一思想。各机构要充分认识到开展“促监管政策进基层行”活动是辖内银行业金融机构稳健经营的重要基础，要将活动开展作为各机构的自觉行动。各机构应完善相应激励约束措施，将监管政策再培训工作落实到部门，落实到分支机构，落实到每个基层员工。

（二）确定活动开展负责部门及人员。为切实保证活动有序推进，请各机构于 3 月 31 日前向活动领导小组办公室报送 2011 年“促监管政策进基层行”活动机构负责人、承办部门负责人及联系人名单。

（三）认真制订 2011 年监管政策再培训工作规划。各机构要明确再培训的“组织领导、职责分工、覆盖范围、培训内容、时间进度及监督考核”等工作安排，切实采取有效措施，进一步完善再培训工作的长效机制，增进总分行、分支行联动，保证再培训效果。请各机构于 4 月 11 日前将再培训工作规划报送我局对口监管处室并抄报活动领导小组办公室。

（四）认真做好集中宣讲的前期准备和后期再培训工作。此次集中宣讲将全面覆盖辖内机构各级支行负责人及信贷人员，请各机构务必提前做好培训场地、人员通知等相关准备工作，加强对再培训工作团队的培训和督导，严格按照工作规划落实再培训工作，通过加强对基层从业人员的再培训宣讲、举办知识竞赛、开展交流座谈等多种形式，进一步扩大培训面，增强活动效果。

（五）加强信息沟通和宣传引导。活动领导小组办公室将进一步加大对宣讲活动的宣传工作力度。各机构活动负责部门和联系人要切实发挥作用，加强信息沟通与反馈，及时将活动开展过程中的情况及出现的问题反馈到活动领导小组办公室。活动期间每家机构每月应至少报送一篇工作信息。

联系人：北京银监局
李　昌　58391727
孙　囡　58391848
活动领导小组办公室
58391637（传真）

附件：1. 北京银监局“2011 年促监管政策进基层行”活动各小组人员名单（略）

2. 2011 年“促监管政策进基层行”宣讲活动日程安排一览表（略）

二〇一一年三月二十一日

中国证券监督管理委员会北京监管局

关于进一步落实《证券投资顾问业务暂行规定》的通知

京证机构发〔2011〕120 号

北京辖区各证券经营机构：

日前，我局对辖区证券经营机构开展投资顾问业务的情况进行了调研。调研结果显示，部分机构已根据自身经营管理水平及业务发展规划，选择特定的服务、收费模式开展投资顾问业务。在该项业务开展过程中，绝大部分机构能够落实监管要求，依法合规展业。但尚有部分机构存在制度建设不完善、人员储备和培训不到位、业务开展与风控水平和服务能力不匹配、有关报备不及时等问题。为规范辖区机构证券投资顾问业务行为，有效防范业务风险，现将有关要求通知如下：

一、切实落实相关监管要求

辖区开展证券投资顾问业务的证券经营机构应按照《证券法》、《证券公司监督管理条例》及《证券投资顾问业务暂行规定》（以下简称《规定》）等法律法规，进一步加强证券投资顾问业务的合规管理，建立健全证券投资顾问业务相关制度和业务流程，结合自身情况选择相适应的业务模式和服务方式，切实落实相关监管要求。

二、稳步推进证券投资顾问业务

辖区证券经营机构在开展证券投资顾问业务时，应本着合规审慎、风险可控的原则，结合自身服务能力、人才储备、管理水平等情况，选择与自身情况相适应的业务模式和服务方式，试点推开，逐步推进。

三、认真梳理相关制度流程

辖区证券经营机构在开展证券投资顾问业务前，应当根据《规定》要求逐条自查，认真梳理各业务环节，重点关注人员资质、服务推广、合同签订、风险提示、客户适当性、内部业务隔离、与公司投行项目、自营及资产管理持仓之间的利益冲突防范、客户回访、投诉处理等环节，制定切实可行的预防措施、监控手段、处理预案，并严格有效执行。

四、做好注册公示工作

辖区拟开展证券投资顾问业务的证券经营机构应于开展业务前完成证券投资咨询执业人员分类管理，明确相关人员的类别、部门归属及岗位职责，在中国证券业协会分别办理其证券投资顾问、证券分析师的注册登记手续，并通过公司网站、营业场所现场等渠道公示已完成注册的证券投资顾问、证券分析师的姓名、执业类别及证券投资咨询执业资格证书编码。

五、加强客户适当性管理及留痕工作

辖区证券经营机构应根据销售适用性原则，在了解客户的基础上，根据客户风险承受能力和服务需求提供适合客户的投资顾问服务方式。各机构应在与客户签约并提供相应服务前，明确双方权责关系，充分提示相关风险，并做好展业行为留痕工作。

六、做好客户回访、投诉处理工作

辖区证券经营机构在开展证券投资顾问业务时，应指定专人负责客户回访及投诉处理工作，对新签约客户应在1个月之内完成首次回访，对接受投资顾问服务的客户的回访频度至少为一年一次。回访内容至少应包括投资者教育情况调查（包括服务讲解、风险揭示等）、投顾人员服务是否规范、投顾人员是否有禁止行为等内容。各机构应对客户回访留痕并妥善保存，回访结果异常的应及时启动调查处理程序。

七、业务报备要求

1. 开展投资顾问业务报备

辖区拟开展证券投资顾问业务的证券经营机构应事前向我局报备拟开展的业务规模及规划、人员情况、风险管理措施、服务方式、收费标准、协议范本、客户回访及投诉处理方案以及提供服务的电话、邮箱、传真、短信平台和网址（包括一个用户名和密码）等材料。前期已开展证券投资顾问业务的机构应于本文下发之日起一个月内补报。在京证券公司及证券经纪业务分公司可统一上报（见附件1）。

证券经营机构在开展证券投资顾问业务后，应于每年末书面向我局报送业务现有规模、人员情况、年度投诉统计分析等材料（见附件2）。

2. 在媒体进行宣传活动报备

辖区证券经营机构通过广播、电视、网络、报刊等公众媒体对证券投资顾问业务进行广告宣传，应当提前5个工作日将广告宣传方案、媒体及具体栏目（节目）名称、播出（登出）时间安排以电子邮件方式向我局相应监管人员报备（见附件3）。

3. 举办推广活动报备

辖区证券经营机构举办讲座、报告会、分析会等形式，进行证券投资顾问业务推广和客户招揽的，应当提前5个工作日以电子邮件方式向我局相应监管人员报备活动时间、地点、主讲人及其执业证书编号、预计参加人数、安保工作安排等情况（见附件4）。

八、相关监管安排

我局将在审阅各机构报备材料的基础上，结合日常监管、投诉情况、现场检查工作对落实情况进行抽查。对不能有效落实《规定》要求的证券经营机构，我局将视情节采取相应监管措施。请各机构平稳推进证券投资顾问业务的开展，切实管理好投资顾问队伍，自觉维护辖区证券市场健康有序的竞争环境。

辖区各投资咨询机构应参照本通知要求执行。

特此通知。

附件：1. 开展投资顾问业务报备文件清单（略）

2. 开展投资顾问业务年末报备文件清单（略）

3. 在媒体进行宣传活动报备文件清单（略）

4. 举办推广活动报备文件清单（略）

二〇一一年九月二日

关于证券公司新设证券营业部有关问题的通知

京证机构发〔2011〕81 号

北京辖区各证券公司：

根据机构部《关于证券公司新设证券营业部有关问题的通知》（机构部函〔2011〕315 号）相关要求，证监会将取消对新设证券营业部的现场审查，现将有关事项通知如下：

一、自 2011 年 7 月 1 日开始，证券公司新设立的证券营业部，证券营业部所在地证监局不再对其进行现场核查。

二、各证券公司应当加强内部管理，严格按照有关监管要求合法合规筹建证券营业部，并由证券公司总部全面负责新设证券营业部的现场验收。

三、证券公司在新设证券营业部取得《证券经营机构营业许可证》后，应及时向证券营业部所在地证监局报告证券营业部设立情况，并做好有关信息公示工作。

四、证券营业部所在地证监局将结合辖区实际情况，将新设证券营业部现场检查纳入年度工作计划，加大对新设证券营业部的现场检查工作力度。

对于检查发现问题的，将按照《证券法》、《证券公司监督管理条例》、《关于加强证券经纪业务管理的规定》（证监会公告〔2010〕11 号）等有关规定，及时对证券公司采取监管措施，严肃追究违法违规公司及个人的责任。对违法违规行为发现一起，查处一起，责任追究到人。

五、对证券营业部变更营业场所的，证券公司仍需按原程序提交申请。公司应在申请文件中明确说明证券营业部原址是否已经关闭，客户和员工是否已经得到妥善安置。证券营业部所在地证监局将继续按照现有规定对其进行现场核查。

六、证券公司设立证券营业部申请授权派出机构后，由证券公司住所地证监局负责审核证券公司在辖区内和辖区外的证券营业部设立申请。

特此通知。

二〇一一年七月十四日

关于下发防范期货配资业务风险的通知

京证期货发〔2011〕110 号

北京辖区各期货公司：

近日，我局收到中国证监会办公厅下发的《关于防范期货配资业务风险的通知》（证监办发〔2011〕49 号）。该文件指出近期市场中出现一批以投资公司或投资管理公司名义设立、实质从事配资业务的公司（以下简称配资公司）。这些公司为客户配置资金，其中有部分资金进入期货市场从事期货交易。从目前了解的情况看，配资公司经工商管理部门核定登记的范围多为投资咨询、投资管理或管理咨询等，未取得任何金融业务许可牌照，涉嫌超越经营范围从事资金借贷业务。配资业务进入期货市场时，多以配资公司控制的个人名义在期货公司开立期货交易账户，并将账户提供给客户使用，客户存入自有资金，配资公司以此为基数，向客户进行配资。配资公司在交易过程中对客户交易账户实施风险控制，亏损达到一定比例时对其进行平仓或要求其追加保证金，以保证配资公司自身资金不受损失，同时收取高额资金使用费。由于在配资业务中，客户资金被配资公司控制，其安全性难以得到保障；且配资放大了杠杆比例，加大了客户财务风险；同时，可能扰乱期货市场秩序，存在风险隐患。

为保护投资者合法权益，防范配资业务扰乱期货市场秩序，我局要求辖区各期货公司应深刻认识配资业务危害性，树立防范意识，同时做好以下六方面工作：

一、严把开户关。各期货公司应严格执行实名开户制度，要求客户银行结算账户、期货交易账户与身份信息一致，一户一码，投资者须现场办理开户，开户现场应留存影像资料。

二、不得从事配资业务。各期货公司应严格在许可范围内开展业务，不得以任何形式给客户融资。

三、不得以任何方式参与配资业务。各期货公司不得与配资公司合谋，为配资活动提供便利。期货公司要保持警惕，积极排查，防止公司网站及其他信息被配资公司利用，一旦发现，公司应立即采取措施制止。

四、在交易过程中了解到交易账户为配资账户的，各期货公司应立即向工商管理部门及银行业监督管理部门进行举报，同时向我局报告。

五、加强对异常交易行为的监控。配资账户多从事日间交易，各期货公司如在交易过程中发现其交易行为异常，应及时向我局及相关期货交易所报告，避免其扰乱期货市场秩序。

六、做好期货投资者教育工作。各期货公司应将防范期货配资纳入到期货投资者教育工作中，加大宣传力度，向广大期货投资者明示期货配资活动的危害和风险，增加投资者风险防范意识，远离配资业务。

近期我局将对辖区各期货公司开展全面大检查，期货公司是否参与配资活动也将纳入检查范围，一旦发现期货公司参与配资业务以及未及时报告有关事项，我局将依法查处。

特此通知。

二〇一一年七月二十九日

中国保险监督管理委员会北京监管局

关于印发《北京保险业发展“十二五”规划》的通知

京保监发〔2011〕470号

各保险公司北京分公司，在京直接经营业务保险公司总公司，各在京保险专业中介机构，北京保险行业协会、北京保险学会、北京保险中介行业协会：

根据《中国保险业发展“十二五”规划纲要》和《北京市国民经济和社会发展第十二个五年规划纲要》，北京保监局组织制订了《北京保险业发展“十二五”规划》。现印发给你们，请结合实际认真组织实施。

二〇一一年十月二十五日

北京保险业发展“十二五”规划

“十二五”时期，是首都在新的起点上全面建设小康社会的关键时期，是深化改革开放、加快转变经济发展方式的攻坚时期。首都经济社会发展为北京保险业提供了难得的发展机遇，也提出了新的更高要求。根据《中国保险业发展“十二五”规划纲要》和《北京市国民经济和社会发展第十二个五年规划纲要》，结合北京保险业发展实际，现制定《北京保险业发展“十二五”规划》（以下简称《规划》），明确“十二五”时期北京保险业发展的指导思想、战略目标和主要任务，促进北京保险业健康有序发展，为首都经济社会建设作出更大贡献。

第一章　新起点、新阶段

一、站上新起点

“十一五”时期，在中国保监会的正确领导和北京市委、市政府的关心指导下，北京保险业全面贯彻落实科学发展观，振奋精神、开拓创新，圆满完成“十一五”规划确定的主要目标和任务，行业面貌发生深刻变化，站上了新的发展起点。

行业实现跨越式发展。保险业务平稳较快增长，保费收入年均增长14.2%，2010年达到966.5亿元，居全国第三位。保险市场体系基本健全，2010年末在京经营业务的保险分公司和总公司88家，比2005年底翻一番，保险专业中介机构331家，保险兼业代理机构6 278家，保险营销员6万人，原保险、再保险和保险中介市场协调发展。行业规模实力大幅提升，保险公司总资产达到2 558.8亿元，是2005年的2.4倍，占全国保险业总资产的5.1%。保险密度5 201.3元，保险深度7%，居全国首位。2010年末全行业承担各类风险总额超过41.7万亿元，五年累计赔付支出804.2亿元。

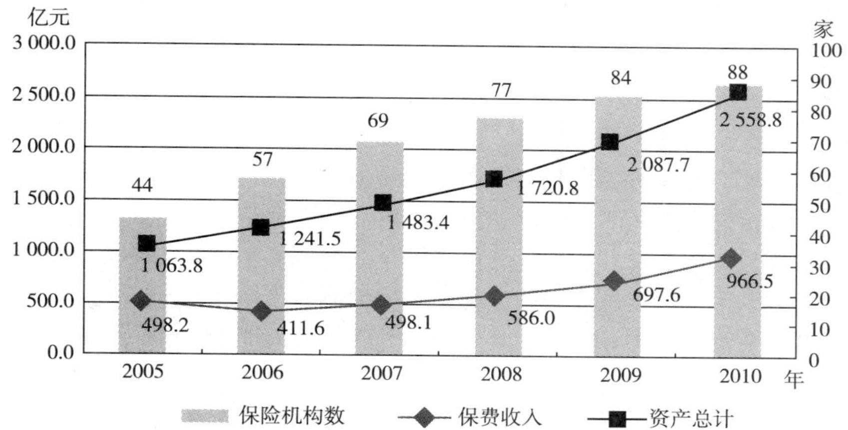

图 1　北京市场保险公司、保费收入和总资产情况

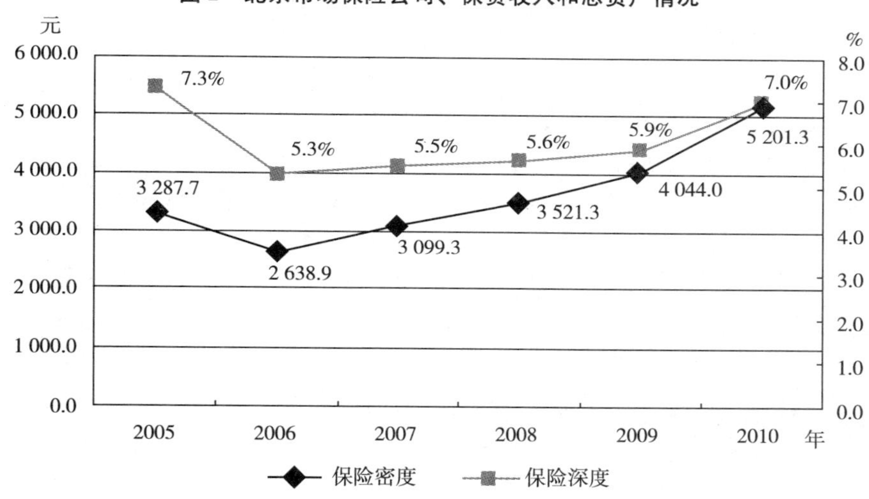

图 2　北京市场保险密度与保险深度情况

保险功能作用日益显现。保险产品和服务创新不断深化，行业积极适应多元化保险需求，基本形成了涵盖绝大多数可保风险领域的业务和产品体系。各类责任保险覆盖面迅速扩大，具有北京特色的政策性农业保险制度发挥积极作用，健康和养老保险服务更加丰富多样，交通事故快速处理机制成效显著，科技保险创新试点有序开展，保险资金支持首都建设力度不断加大。保险与首都经济社会的联系更加紧密，已经成为灾害救助体系的重要组成、支农惠农的重要载体、社会风险管理的重要机制和服务改善民生的重要途径。

风险防范能力显著提升。政府监管、企业内控、行业自律和社会监督“四位一体”的保险业风险防范体系不断完善。科学监管理念逐步树立，监管目标清晰明确，监管手段更趋成熟，维护了市场安全稳定。保险机构内控机制不断健全，依法合规经营意识不断提高，保险市场秩序明显好转。行业风险防范能力进一步提升，有效应对了国际金融危机的冲击，没有形成大的系统性风险。保险社团组织专业化、专职化改革不断深入，服务能力显著提高，充分发挥了行业自律作用。矛盾纠纷排查化解机制不断完善，基本形成了由保险机构投诉处理、行业协会合同纠纷调解、监管部门信访处理组成的多层次的保护保险消费者权益工作格局。监管政务信息、保险经营信息等各类信息披露制度逐步建立健全，社会监督作用显现。

发展基础进一步夯实。国务院发布《关于保险业改革发展的若干意见》，北京市政府出台了具体实施意见，社会各界更加关注保险业发展，全社会的风险和保险意识逐步提升，行业发展外部环境良好。《保险法》完成了第二次修订，监管规章制度不断完善，奠定了依法经营和依法监管的法制基础。信息化建设加速推进，保险机构各种集约化管理的手段与工具得到有效运用，行业车险信息平台和健康险信息平台相继建成并发挥了关键作用。行业科学发展和合作共赢理念逐步树立，诚信文化建设深入推进，保险理论研究不断深化，保险业可持续发展的内在基础进一步夯实。

“十一五”规划顺利完成，为北京保险业“十二五”时期的发展积累了宝贵经验，“科学发展”的理念逐步成为共识，为北京保险业加快转变发展方式、实现科学发展奠定了坚实基础。

二、步入新阶段

“十二五”时期，首都经济社会发展仍处于可以大有作为的重要战略机遇期，保险业作为国民经济的重要组成部分，也面临着重要的发展机遇和一系列有利条件。未来五年，北京将围绕建设中国特色世界城市的长远目标，率先形成创新驱动的发展格局、率先形成城乡经济社会一体化发展新格局，为保险业持续发展提供了坚实基础；北京将更加注重高端引领、创新驱动、绿色发展，产业结构深度调整和服务业大发展，为保险业转型升级注入了崭新活力；北京将顺应广大人民过上更好生活的新期待，坚持民生优先、发展成果惠及全体人民的政策导向，为保险业提升服务能力提供了新的契机；北京将继续深入转变政府职能、深入推进社会服务管理创新，建设现代服务型政府和法治政府，为保险业拓宽服务领域创造了良好环境。

“十二五”时期，北京保险业发展也将面临一系列新挑战。未来五年，北京将步入经济发展方式深度转变、社会加速转型的新阶段，多层次、多样化的保险需求将对保险业经营管理和产品服务创新提出新要求；北京建设世界城市和有国际影响力的金融中心城市，将对保险业利用北京的总部经济效应、资源集聚效应和首都特殊地缘优势，发挥支撑和辐射带动作用提出新要求；金融业竞争日趋交叉融合、传统风险和新型风险交织涌现，将对保险业防范风险的跨行业传递和跨国境传递提出新要求。同时，行业发展方式粗放、市场秩序不规范、创新能力较低、发展基础薄弱等问题也将影响和制约保险业的健康可持续发展。

总之，“十二五”时期北京保险业发展的机遇与挑战并存，但机遇大于挑战。必须充分利用一切有利条件，解决发展中存在的矛盾和问题，在新起点新阶段实现北京保险业的新发展。

第二章 “十二五”的发展蓝图

一、指导思想

“十二五”发展的指导思想是：坚持以邓小平理论和“三个代表”重要思想

为指导，深入贯彻落实科学发展观，以科学发展为主题，以加快转变发展方式为主线，以改革创新为强大动力，以实现和维护好保险消费者利益为根本目的，着力增强发展能力，着力提升服务水平，着力防范化解风险，着力加强改善监管，促进行业健康有序较快发展，服务首都经济社会建设。

“十二五”时期，北京保险业仍处于发展的初级阶段，加快转变发展方式、实现科学发展的基本要求是：

——坚持以改革开放和创新精神解决加快转变发展方式中的矛盾和问题。把握保险业发展规律，结合首都实际深化体制机制改革，努力破除制约科学发展的思想观念、方式方法和体制机制障碍。积极对外开放，加强学习借鉴，提升开放质量和水平。重点推进保险经营管理、风险管理技术以及监管等方面的改革创新，使行业发展向主要依靠管理和制度创新、技术进步和从业人员素质提高转变。

——坚持把服务经济社会发展、保障民生和维护保险消费者利益作为行业科学发展的出发点和落脚点。以经济社会发展和人民生活日益增长的保险需求为基础，不断拓宽保险服务领域，提升行业服务水平，满足保险消费者真实需求，使行业发展成果惠及广大人民群众。把保护保险消费者合法权益作为保险监管的根本目的，完善保护保险消费者利益的制度安排，强化保险服务监管，不断提高消费者对保险业改革发展的认可度、满意度。

——坚持综合运用市场和监管两种力量促进行业科学发展。既要发挥市场在资源配置中的基础性作用，增强保险市场活力，实现市场主体的专业化、差异化发展；又要加大监管推动力度，着力营造规范有序的市场竞争环境，协调政府优化政策环境，加强行业基础建设，解决市场共性问题。

——坚持把防范风险作为行业科学发展的根本保障。充分认识保险业风险的长期性、复杂性和危害性，持续强化保险机构内控建设，实施全面风险管理，有效提高保险机构的风险防范化解能力。加强监管能力建设，健全风险预警和监测体系，完善风险处置机制，强化制度建设，创新监管手段，切实提高监管的科学性和有效性，维护保险市场安全稳定。

二、发展目标

“十二五”时期，北京保险业发展的总体目标是：在加快转变发展方式、实现科学发展方面走在全国前列，行业综合实力、创新能力、服务能力和抵御风险能力显著增强，初步建成与首都经济社会发展水平相适应的现代保险业。

——业务平稳健康发展。北京保险业保费收入年均增长 10%。到 2015 年，保费收入争取达到 1 600 亿元，保险公司总资产达到 5 000 亿元，保险深度和保险密度分别达到 8% 和 7 000 元/人。

——转型升级取得突破。主体多元化、经营专业化、产品多样化、服务特色化的市场体系基本建立，能够适应和满足多样化的风险管理需求。各类保险公司和中介机构协调发展，城乡市场良性互动，形成有序竞争的市场格局。体现保险业核心优势的风险保障型、长期储蓄型产品规模占比明显提升，行业经营效益稳步提高并居全国前列。保险机构内部管理、成本核算、信息技术、人才培养等工作力度明显加大，集约经营和内涵式发展能力显著提升。

——改革创新不断深入。创新支持与

服务体系更加完善，以市场为主导的有利于改革创新的制度不断健全。保险机构积极转换经营机制，理顺内部管理，为行业改革创新提供强有力的保障。信息化建设深入推进，信息技术得到广泛应用，成为改革创新的有力支撑。形成一批有全国性示范效应的改革创新项目，行业辐射力、影响力明显提升。

——服务能力全面增强。行业标准化建设、经验数据积累、人才队伍培养等基础性工作取得新进展，行业内外开放合作不断深化，为改善保险服务奠定坚实基础。保险业在促进首都经济转变发展方式、支持政府创新社会管理机制、完善灾害救助体系、保障和改善民生等方面发挥更加重要的作用。反映保险对经济社会贡献度的各类指标显著提高。

——风险防范更加有效。保险机构内控机制进一步完善，全面覆盖、全程管理、全员参与的全面风险管理体系有效建立，充分发挥防范风险的主体作用。基础工作扎实、监管手段科学、信息反应灵敏、预警系统发挥作用的监管机制不断完善，依法、科学、有效监管能力进一步提升。保险市场保持安全稳定运行。

——行业形象稳步改善。行业诚信文化进一步建立，信用考核评价制度不断完善，诚实守信逐步成为保险机构和从业人员基本行为准则。销售误导和理赔难等突出问题持续好转，保险纠纷调处机制和权益保障机制基本建立，保险消费者合法利益得到切实保护。政府和社会公众对保险的认可度和满意度不断提升。

第三章　建设一个富有活力的保险市场

全面加强市场体系建设，完善市场运行机制，切实保护保险消费者合法利益，塑造一个主体多元、发展均衡、特色鲜明、竞争公平、消费者积极参与的保险市场。

完善市场运行机制。加强保险监管制度建设，加大制度和规则的制定、修改力度，为市场有序运转提供制度保障。有效运用保险规划、监管政策等措施，促进行业布局和市场结构的优化调整。在中国保监会统一部署下，稳妥推进保险条款费率市场化改革，以市场手段促进行业转变发展方式。以商业车险市场为突破，坚持有管理的市场化改革方向，持续推进商业车险管理制度改革。

鼓励保险公司专业化发展。探索建立分类发展评价体系，促进保险公司科学定位、特色发展。加强保险公司分支机构市场准入管理，依法制定完善相关准入标准和审批指引，促使机构设立及其业务开展与管理能力相匹配。建立健全市场退出机制，促进市场优化组合，提高资源配置效率。鼓励养老、健康、责任、汽车和农业等专业保险公司发挥作用，支持中小保险公司、外资保险公司走差异化的发展道路，切实提高保险产品和服务的有效供给能力。加快再保险业务创新发展，提升风险管理水平，实现再保和分保良性互动。积极稳妥开拓农村保险市场，实施差异化的产品和经营策略，促进城乡市场统筹发展。立足首都空间发展布局和产业发展格局，吸引保险机构进一步集聚北京，鼓励产品研发、人才培训、后援支持等各类中心建设，支持北京市建设具有国际影响力的金融中心城市。

促进中介机构规范化发展。依法加强保险中介市场准入和退出管理，加大违法违规保险中介机构清理整顿力度，加强信息披露，营造规范经营的基础环境。进一步强化保险公司对保险代理机构的管理责任，运用信息化手段加强对代理机构管控。建立健全保险兼业代理机构分类管理制度，在市场准入、代理业务范围等方面实施差异化管理，有序规范细分市场。支持保险中介机构与保险公司分工合作，建立长期、稳固、互惠关系，积极发挥保险中介机构专业化优势。促进保险代理、经纪、公估机构向专业领域深化发展，支持专属保险代理机构的建立和发展，加强保险专业中介机构开放与合作。

强化销售人员管理。落实中国保监会改革完善保险营销员管理体制的意见，探索适合北京保险市场实际的营销员改革道路。统一、完善保险公司与保险中介机构等各类销售人员的监管要求，加大责任追究力度，促进保险销售队伍规范发展。积极探索销售人员分级分类管理办法，建立相应的评级和考核体系，稳步提升销售人员专业能力和整体形象。大力推进诚信建设，强化保险销售人员职业道德教育和专业培训，建立健全失信惩戒机制，构筑诚信为本的行业价值观。不断完善销售人员从业和权益保障的政策措施，加强人员流动的自律规范，促进销售队伍的稳定、健康发展。

增强保险消费者信心。探索建立包括保险机构、行业组织、监管部门和社会力量在内的多层次保险消费者权益保护机制。建立完善保险公司信息披露和保险知识普及的行业性公共服务平台，集中提供产品、信访投诉等各方面信息披露服务。充分利用社会征信系统、评级机构等社会资源，研究建立保险公司理赔服务满意度测评体系。探索建立保险消费者网络评价平台，为保险消费提供参考。持续加大销售误导、理赔难等突出问题治理力度，完善责任追究机制，切实提高保险服务水平。加强保险消费者教育，普及保险知识，深入开展保险“进学校、进社区、进农村”活动，不断提升人民群众保险意识，促进理性保险消费观的形成。

第四章　创新提升发展能力

把创新作为提升行业发展能力的主要驱动力，紧紧围绕首都经济特征和行业发展特点，大力推进保险业创新发展，通过产品服务创新、经营管理创新、风险管理创新，切实提高保险机构自身发展能力。

完善创新鼓励和支持政策。建立完善以保险机构为主体、市场需求为导向、引进与自主创新相结合的保险创新机制。依法在市场准入、经营范围等方面探索出台鼓励政策，支持创新型中小保险公司和保险专业中介机构发展，激发市场创新潜力。探索建立创新保护机制，对保险创新项目实施备案保护和全过程跟踪管理。搭建创新交流平台，总结创新经验，树立创新典型，为行业创新提供支撑。发挥保险机构在创新中的主体作用，将创新工作纳入经营管理评价指标，提高保险机构和保险从业人员创新积极性。完善创新人才激励和培养使用机制，形成一批复合型创新人才和管理团队。

大力推进保险产品创新。围绕首都经济和产业政策变化趋势、城乡居民消费热点，针对各种可保风险加大保险产品创新力度，不断培育新的业务增长点。积极探索生产性服务业、文化创意产业、高新技术产业等领域保险业务，服务战略性新兴产业和低碳经济发展。加强信用保险产品创新，保障企业出口贸易、对外投资和对外工程承包等经济活动。探索发展中小企业贷款保证保险、农民小额信贷保证保险，以及住房、汽车等消费信贷保证保险，活跃首都消费市场。满足养老保健、医疗卫生等多样化保险需求，积极发展长期储蓄型和风险保障型业务，稳步开展投资型保险业务。稳妥推进变额年金试点，积极争取各类保险产品创新试点政策。发挥保险经纪、代理等保险专业中介机构贴近市场、了解需求的优势，参与保险产品研发。发挥再保险公司风险管理、技术传导等方面的作用，为直保公司产品创新提供支持和保障。

不断加强保险服务创新。提升基础服务水平，树立以客户为中心的基本服务理念，实现准确、及时、周到的保险服务。以提供增值服务为重要内容，针对不同客户需求提供风险咨询、理财顾问等多样化、个性化增值服务。推进服务模式创新，研究推动电子保单的应用。推进服务渠道创新，探索、规范网络销售、电话销售等新兴渠道的发展，稳步优化个人代理渠道，规范发展交叉销售，有效降低销售成本、提升服务水平。建立完善网络销售、电话销售等各类新兴销售渠道的经营标准，探索制定渠道专属产品开发的鼓励政策。推进风险管理服务创新，充分发挥保险公司和保险经纪、公估等保险中介机构专业技术能力，为投保企事业单位提供风险评估、风险安排、风险查勘等全方位、全过程服务，切实降低风险发生概率和损失程度。

深度推进经营管理创新。适应市场发展变化，持续完善保险机构组织架构和工作体系，健全以风险控制为中心的业务流程管理制度。建立科学的经营管理考核机制，更加突出结构、质量和效益指标，形成有利于科学发展的考核导向。大力推进信息化建设和应用，建立全面涵盖各项业务领域的管理信息系统，为经营管理提供有力支撑。加强企业数据、财务、后援等方面的集中管理，提高内部控制的刚性约束能力。构建全面覆盖、全程管理和全员参与的风险管理体系，强化内部风险识别、评估和处置，提高内部稽核审计的独立性，落实高级管理人员风险管控责任，切实提高保险机构经营稳健性。

第五章　服务赢得新发展

保险业的发展必须立足于经济社会和人民群众对保险的需求，不断拓宽服务领域，丰富服务内涵，在促进社会和谐、改善民生、强农惠农中发挥更加重要的作用，使发展成果更好地惠及人民。

为社会建设与管理创新服务。按照市场运作、政策引导、政府推动的方式，积极发展与公众利益密切相关的产品质量责任、建筑工程质量责任、环境污染责任、校园方责任、旅行社责任等责任保险。建立健全高危行业和人员密集场所安全生产责任保险制度，逐步扩大保险覆盖面。充分发挥机动车辆保险费率浮动的价格杠杆作用，改善驾驶员驾驶行为。推动机动车“畅通卡”工程建设，辅助交通管理部门提高城市交通管理水平。实施完善道路交通事故社会救助基金管理办法，保护交通事故受害人的合法权益。建立实施“同等责任互碰自赔”及“代位求偿”等车险服务新举措。坚持经营科学、竞争充分、运行高效的原则，推动医疗责任保险专业化、市场化改革，完善医疗纠纷调解机制，促进建立和谐医患关系。积极参与首都“平安建设”，维护首都安全稳定。

让民生保障更加丰富多样。大力发展商业养老保险和健康保险等保险业务，参与构建多层次的社会保障体系，满足人民群众日益增长的保险需求。发挥保险公司专业优势，积极拓展企业年金市场，提高企业员工保障水平。开展个人税收递延型养老保险政策研究，探索通过引入商业养老保险解决失地农民、拆迁户养老保障问题。参与北京市医药卫生体制改革，探索商业保险与社会基本医疗保险在产品、理赔、风险管控等方面衔接配合的有效途径和模式。积极开发补充医疗保险、护理保险等健康险产品，稳妥参与基本医疗保障经办管理服务。健全健康险风险管控体系，减少医药费用不合理支出。推进健康保险与健康管理相结合，建设全方位医疗服务网络，逐步向与健康保险相关的健康产业领域延伸。

为新农村建设增添助力。完善政策性农业保险制度，健全农业再保险和巨灾风险分散机制，推进指数保险产品创新，逐步拓展政策性农业保险的险种和保障范围，全面推广农业保险承保理赔“一卡通”等便民措施，提高政策性农业保险支农惠农服务水平。积极开展水利工程保险、农机具保险等业务，有针对性地开发农民养老保险、健康保险等产品，为农民生产生活提供风险保障。按照科学规划、合理布局、稳健发展的原则，稳妥设立农村保险服务网点，方便农民群众投保和理赔。完善农业保险定损理赔服务标准，积极引入信息技术、电子技术、空间网络技术、航天技术等高科技手段为农民做好防灾减损工作。

支持首都国家创新中心建设。围绕“科技北京”战略，积极争取各类政策在京先行先试，支持首都国家创新中心建设。深化科技企业信用保险与贸易融资试点工作。加强科技保险创新，探索推广高新技术企业小额贷款保证保险、高新技术项目研发失败保险等新险种，探索发展科技再保险业务。探索建立国产首台首套装备的保险风险补偿机制，促进企业创新和科技成果产业化。加大对科技人员保险服务力度，研究利用保险手段分散科技人员在科研、生产过程中的风险。加强信息沟通，做好政策衔接，推动保险资金支持首都战略性新兴产业的发展。

第六章　开放合作促进共赢

把引进先进技术和管理经验与提高自主创新能力有机结合，构建安全可控、合作共赢、优势互补、和谐发展的开放合作格局，不断提升北京保险业的竞争力、影响力和辐射力。

深化保险业对外开放。进一步构建开放、平等竞争的市场环境，增强北京保险业在对外开放条件下的竞争能力、创新能力和发展能力。加大与国外保险业交流合作力度，学习借鉴外国保险机构成熟的管理经验、人才培养机制和风险管理技术。加强对国际保险监管经验和先进手段的跟踪研究，促进保险监管与国际接轨。研究并防范跨境风险传递。

扩大保险区域合作。利用北京总部经济优势，积极发展统括保单业务。积极参与首都经济圈、环渤海区域的金融一体化进程，加强京津冀区域保险业的合作和交流，建立区域保险合作的长效机制。

促进跨行业合作。加强金融同业合作，逐步实现相互间业务融合渗透，探索通过金融市场促进保险产品服务创新、分散保险市场风险。促进保险行业与养老、医疗、汽车等行业的合作，提升保险综合服务能力。积极参与社会信用体系建设，促进保险业与其他行业的信用信息整合和共享。探索建立政府、保险机构和企事业单位沟通交流平台，对接需求和服务，促进政策出台和落实。

加强业内合作。依托行业性信息系统，加强信息资源的整合利用。建立和完善多层次、多样化的行业交流平台，推动行业内先进知识和经验的传递学习。以车险为试点，探索建立行业服务网点资源有偿使用机制，逐步实现定损结果互认，促进保险服务网点的优化组合。

第七章 提升监管能力和水平

牢固树立科学的监管理念，遵循保险市场发展规律，坚持统筹兼顾的工作方法，进一步健全保险监管体系，完善监管制度，构建防范化解风险的长效机制，维护保险市场安全稳定运行，保护保险消费者合法权益。

持续推进依法监管。针对行业发展和监管新情况，持续完善保险经营和保险监管主要领域的监管制度体系，强化依法监管制度保障。加强监管程序性规则制定，完善行政审批和行政处罚决策机制、现场检查实施机制和责任追究机制、执法行为后评价机制，全过程地规范行政执法行为。针对市场突出问题和重点领域加强监管制度建设，完善制度设计决策机制。依法履行政府信息公开职责，发挥公众和媒体监督作用。合理有序充实监管队伍，健全人才使用和培养机制，造就一支高素质的监管队伍，提高依法监管能力。

提高科学监管能力。认真落实偿付能力、公司治理和市场行为三支柱监管框架的有关要求，构建符合北京实际的保险监管体系。全面实施分类监管，以风险为导向采取差异化监管措施，分类指导、扶优限劣。按照“规范分类、动态跟踪、适时调整”的原则，不断创新完善分类监管方法。加强非现场监管和现场检查的有机结合，探索建立标准化监管流程，有效利用监管资源。加强保险机构内控监管，促使监管要求嵌入保险机构管理体系，强化高管人员资格审查和履职行为监管，督促落实案件责任追究机制，夯实保险机构在风险防范和依法经营方面的主体责任。分步骤、有侧重地加大市场秩序整顿规范力度，提高现场检查针对性和覆盖面。逐步实现市场行为监管由规范展业行为为主向规范前端展业和后端理赔服务并重转变，切实保护保险消费者合法权益。

增强监管有效性。注重监管制度的有效实施，综合运用信息技术、信息披露等手段提高制度执行力。加大机构设立、经营范围等许可事项的实质性审查力度，发挥行政许可对保险机构能力建设的导向作用。探索建立保险机构投诉处理评价办法。完善并依法适当简化行政处罚流程，提高处罚时效性。加强行政处罚后续整改情况的跟踪评价，提高现场检查和行政处罚有效性。健全完善主监管员制度，注重机构整体监管和市场行为、财务状况等专业监管的协调统一，准确发现、识别和处置风险。积极推进监管信息化和办公自动化建设，整合现有系统资源，有序开发信息系统，提高监管效率。

防范保险市场风险。坚持宏观审慎监管和微观审慎监管并重，在进一步完善微观审慎监管、防范单一保险机构风险的同时，探索建立派出机构的宏观审慎保险监管框架，加强宏观经济金融形势研究，关注系统重要性保险机构风险，防范系统性风险。有效发挥非现场监管作用，研究建立非现场监管预警体系，加强动态风险监测，对市场风险抓早抓小，增强监管预见性和针对性。健全行业联动的风险应急管理处置机制，针对不同风险类别制定持续恢复和风险处置方案，构筑全方位的风险防控体系。健全保险与银行、证券等金融监管部门及人民银行的金融监管协调机制，防范金融风险跨市场传递。加强与工商、公安、人民银行等部门合作，严惩商业贿赂、保险欺诈等行为，严厉打击洗钱和以保险为名的非法集资等违法犯罪活动。

第八章　夯实可持续发展的基础

加强人才队伍、行业服务标准、信息化建设和数据积累等重要领域的管理和发展，为实现北京保险业健康有序发展奠定基础。

强化人才队伍支撑。实施“四个一批”人才工程，积极培养、引进、选拔和使用一批专家型的保险技术人才、一批具有科学创新精神的经营管理人才、一批讲诚信、职业化的保险销售人才、一批高素质的监管人才。建立集中优秀人才的北京保险专家人才库，发挥首都人才优势对行业发展的战略支撑作用。加强保险机构人才培训体系建设，提升员工队伍职业化、专业化水平。发挥首都教育资源优势，支持保险机构与各类大专院校和科研机构建立长效合作机制，加大保险人才培养力度。改革人才选拔使用方式，促进形成人尽其才的选人用人机制。建立人才流动自律与纠纷调解机制，保障保险人才流动规范有序。探索建立行业专业技术人员资格认证管理体系，先行建立车险理赔定损人员分级分类管理制度，探索研究行业合同纠纷调解、健康保险等其他专业人员的资格认证和管理办法。

夯实标准化基石。以解决销售误导和理赔难为切入点，建立健全的涵盖销售、承保、回访和理赔各个环节的行业基本服务标准。探索建立标准化的车辆维修零配件价格体系和维修工时体系，减少车险定损纠纷。按照风险控制原则，逐步明确健康保险经营规则，确定保险公司经营健康险的标准和条件。依托健康险信息平台推动理赔流程再造，探索推进健康险标准单证和医学编码的编制工作，努力通过标准化、信息化和自动化提升健康险经营管理和服务水平。

突出信息化驱动。加强信息化基础建设，大力提升保险机构信息化应用水平。探索建立保险信息化应用和科技创新激励制度，加大优秀信息管理技术与先进模式的应用与推广力度，带动行业信息化水平的提升。优化行业车险信息平台功能，把车险信息平台建设成为多元化的服务和管控平台，发挥规范管理、提升服务、防范风险等方面的作用。进一步扩展健康险信息平台功能，逐步将意外险、人寿保险等纳入平台管理，建设成行业人身险信息平台。探索推动农业保险信息平台建设，逐步建立农业灾害、农户投保与农险费率联动机制。加强信息安全管理，推进信息安全基础设施建设，建立完善的信息安全保障体系，逐步将行业性信息系统纳入国家信息安全等级保护体系。

注重保险数据的积累和应用。加强和完善行业基础数据建设工作，积极整合各类保险数据资源，提高行业数据资源在风险管理、数据精算等领域的利用水平。开展北京地区财产风险、农业风险划分研究，提高保险费率厘定的科学化水平。整合车险信息平台数据，制定地区性车险纯损失率表，为推动车险条款费率市场化改革创造条件。借助健康险信息平台，逐步加强疾病及损失数据积累，制定北京地区保险业疾病发生率表和损失率表，为产品创新提供支持。

第九章　形成推动行业科学发展的合力

建立执行和督促落实《规划》的工作机制，营造良好的实施环境，确保《规划》确定的各项工作任务落到实处，形成推动行业科学发展的合力。

各保险机构要按照《规划》确定的行业未来发展目标和主要任务，结合实际制订本单位的贯彻落实措施或发展规划，精心组织、统筹安排，扎实做好《规划》宣传和贯彻落实工作。

行业社团组织要发挥自律、维权、协调、宣传和交流的职能作用，加大《规划》宣传力度，推动各会员单位认真落实《规划》内容。要切实加强自身能力建设，深入推进专业化、专职化改革，加强各类专业委员会建设，形成强有力的工作机制保障。要围绕“十二五”期间行业发展的重点、热点、难点问题，加大理论研究力度，为《规划》的实施提供理论支持。

北京保监局要做好《规划》实施工作的统一部署，加强统筹协调，建立《规划》落实的制度保障。要努力为《规划》执行营造良好的外部环境，加强与北京市政府的沟通协调，推动出台有利于促进行业发展的支持政策。要健全行业新闻宣传和社会舆论引导机制，营造良好的舆论环境。要以《保险法》为核心，继续完善相关配套监管制度措施，为《规划》实施营造良好的法制环境。

附录：

发展目标测算说明和名词解释

一、发展目标测算说明

在分析历史数据的基础上，根据时间序列预测模型测算，并综合考虑北京保险业发展面临的有利条件和各方面挑战，结合《中国保险业发展“十二五”规划纲要》提出的预期目标，预计未来5年北京保险业务收入年均增长10%左右，2015年保费收入争取达到1 600亿元。

根据《北京市国民经济和社会发展第十二个五年规划纲要》提出的“十二五”期间北京地区生产总值年均增长8%的目标和北京市常住人口发展趋势，预计2015年北京保险深度和密度分别达到8%和7 000元/人。

综合考虑市场主体增加、业务增长、产品创新、政策突破和全国保险业“十二五”发展目标等因素，到2015年末，预计北京保险公司总资产达到5 000亿元。

二、名词解释

1. 北京车险信息平台：由北京地区经营车险业务的各家保险公司共同出资建立、北京保险行业协会负责日常管理的地区行业性信息系统。2006年7月1日正式上线运行并不断完善和扩展相关功能，目前具有车险经营行为实时监控、支持保险公司改善经营管理和辅助社会管理3大类12项具体功能。截至2011年6月，车险信息平台已积累机动车数据581.2万条、承保和理赔信息3 821.1万条；为产险公司测算车险保费2.2亿次，实现全行业车险理赔信息共享1.5亿条；与北京市交管局交换交强险承保信息和车险理赔信息1.1亿条，与北京市地税局交换代收代缴车船税信息 1.9 亿条；为社会公众提供车险理赔信息查询服务 122.1 万次。

2. 北京健康险信息平台：是一个集各公司健康保险承保、保全、理赔等数据收集、信息查询、统计分析、风险管控、快速和即时理赔等多项功能为一体的地区行业性综合管理及服务信息系统。该系统由北京保险行业各公司共同建立、共同所有、共同使用，并由北京保险行业协会负责日常管理。截至 2011 年 6 月，已有 42 家保险公司向信息平台上传近 7 000 件保单信息，涉及 70 余万被保险人信息和 6 万余件理赔信息。

3. 保险消费者网络评价平台：为保险消费者提供一个评价保险公司及其保险销售人员的诚信状况、服务水平、售后管理等信息的开放式网络平台，展示保险消费体验，为社会公众提供客观的保险消费参考。

4. 同等责任互碰自赔：对于事故双方车辆都在京投保“交强险”、商业第三者责任保险以及车损险，且交通事故仅造成车辆损坏的，双方当事人经共同查勘定损后，可自行向各自投保公司办理索赔。

5. 代位求偿：发生一方无责另一方全责的轻微事故后，全责方怠于赔偿，无责方可直接向全责方保险公司索赔或在一定条件下向自身投保公司索赔，由保险公司向全责方追偿。

6. 指数保险：保险的赔偿不是基于被保险人的实际损失，而是基于预先设定的外在参数是否达到赔偿条件。例如，农业气象指数保险将影响农作物产量的降雨量、气温等天气参数指数化，保险合同以这种指数为基础，一旦指数达到一个预先设定的标准时，投保人就可以获得相应标准的赔偿。指数保险具有赔付透明度高、运营成本低、道德风险低等优点，但也面临产品设计难度大、数据收集困难等问题。

7. 执法行为后评价机制：针对行政审批、现场检查和行政处罚等行政执法行为的全过程进行评价总结，强化执法行为的内部监督，促进提高执法水平。

8. 标准化监管流程：对非现场监管和现场检查的各个环节实施流程化分解，制定体系文件，使监管流程的各个环节实现标准化操作与管理。

9. 保险机构投诉处理评价办法：对保险机构投诉处理的时效性、满意度等情况进行综合评价，在行业内公开并与行政许可事项挂钩。

关于进一步规范人身保险销售行为的通知

京保监发〔2011〕52 号

各人身保险公司北京分公司，各在京直接经营业务人身保险公司总公司，各在京保险专业代理机构，各在京银邮类保险兼业代理机构，北京保险行业协会、北京保险中介行业协会：

为切实保护保险消费者合法权益，维

护行业形象，根据《保险法》和中国保监会的有关规定，现将进一步规范人身保险销售行为的有关要求通知如下：

一、加强售前和售中管理

（一）加强销售培训管理。各保险公司和专、兼业代理机构应加强销售培训的组织和管控，培训课件、培训讲义和销售用语等材料经合规审查后方可使用，培训材料的审批、使用及更新情况应记录备查。

（二）加强宣传资料管理。各保险公司应统一管理宣传资料，禁止销售机构或个人自行印制发放宣传资料。商业银行等专、兼业代理机构应对保险公司提供的宣传资料进行审查并记录存档，不得使用非保险公司总公司或其授权的分公司印制的宣传资料。

（三）加强电话营销业务管理。各保险公司应全面监听销售成功的保单，并做好监听记录和问题后续处理工作。专、兼业代理机构以保险公司名义呼出电话时，应使用与保险公司相同的电话号码。北京保险行业协会应建立行业禁拨打名单，防止保险电话营销滋扰社会公众。

保险公司总公司、保险公司异地分支机构以北京地区为受话地的电话营销业务应执行本通知精神。相关保险公司北京分公司应转达本通知要求。

（四）北京保险行业协会和北京保险中介行业协会应制定销售规范用语，明确销售过程中必须向投保人告知的内容，各保险公司和专、兼业代理机构应认真执行。

二、加强新单回访管理

（一）各保险公司应对投保人为个人的一年期以上（不含一年）人身保险新单业务进行全面回访，回访内容应符合监管机构和行业自律组织的相关要求。

（二）保险公司新单回访过程中涉及监管部门规定的回访内容应逐一向投保人询问，并得到投保人的明确回答。回访中发现投保人未收到保险合同、投保资料非本人签名、投保人对监管规定的回访内容做出否定回答等问题时，该保单应作为问题件处理。

（三）保险公司新单回访应采用电话方式并全程录音，电话回访不成功的应以上门回访、书面信函或电子邮件等形式补充，并取得投保人书面或电子邮件确认的回访内容。上门回访工作不得由该笔业务销售人员单独完成。

（四）因保险公司自身原因未成功回访或不能提供有效回访证明的，当投保人主张因销售人员误导销售而发生的合同纠纷时，保险公司应满足其合理诉求。

三、加强销售人员管理

（一）各保险公司应加强销售人员的资质审核和管控，确保本公司及与本公司合作的专、兼业代理机构的保险销售人员持有《保险代理从业人员资格证书》。销售投资连结保险产品的销售人员应符合北京保监局规定的资格和条件。

（二）各保险公司和专业代理机构销售人员除取得《保险代理从业人员资格证书》外，还应取得保险公司或专业代理机构发放的展业证书或执业证书。商业银行等专、兼业代理机构应在营业网点主动公示销售人员资质情况，供社会公众查询监督。

（三）各保险公司应加强销售人员的诚信管理，如实记录销售人员违规受处理信息并报北京保险行业协会。北京保险行业协会应将销售人员诚信情况纳入信息系统管理。

（四）北京保险中介行业协会要制定保险专业代理机构从业人员执业证书管理办法。

（五）北京保险行业协会要研究建立销售人员销售资格分级考试、分级认证制度，提高销售人员的专业水平。

四、加强信息披露和行业自律

（一）北京保险行业协会应通过互联网站向社会公众提供保险教育、消费提示和信息查询等服务，公布各保险公司保险条款、费率和宣传资料等产品信息，并按照监管规定披露销售人员违法违规记录和投诉记录信息。

（二）北京保险行业协会和北京保险中介行业协会要发挥行业自律作用，建立巡查机制，加强对销售行为合规性的监督检查，持续规范各保险公司销售行为。

五、其他

（一）因销售违规问题受到北京保监局处理的保险公司，要逐一回访问题保单，认真排查风险隐患，采取有效措施防止类似问题再次发生。

（二）保险公司应将本通知转发至除银邮渠道外有合作关系的保险兼业代理机构。

（三）各保险公司和专、兼业代理机构要严格按本通知要求规范销售行为，北京保监局将严肃处理不执行本通知要求的违规行为。

（四）北京保监局关于加强人身保险销售、管理的规范性文件继续执行，原文件与本通知不一致之处，以本通知为准。

（五）团体人身保险业务不适用本通知。

（六）本通知自2011年3月1日起执行。

二〇一一年二月十七日

关于加强机动车辆保险理赔时效管理有关问题的通知

京保监发〔2011〕38号

各财产保险公司北京分公司，现代财产保险（中国）有限公司、中意财产保险有限公司营业部、英大泰和财产保险股份有限公司营业部，北京保险行业协会：

为贯彻落实保险法有关理赔时效的规定，提高北京车险理赔服务水平，维护被保险人合法权益，我局研究制定了加强机动车辆保险理赔时效管理的要求，自2011年5月1日起实施。现将有关事项通知如下，请遵照执行。

一、保险公司理赔业务操作要求

（一）保险公司在接到报案后，首次为被保险人办理事故车辆查勘定损时，应指导被保险人填写索赔申请书。

（二）保险公司应及时核定损失，并向被保险人出具定损单；保险事故情形复杂的，保险公司应于被保险人填写索赔申请书之日起最迟不得超过30日向被保险人出具定损单，告知核定损失结果。同时，应当书面告知被保险人索赔所需证明及资料清单。

（三）保险公司应调整车险理赔流程，针对无人伤的案件，应在核损通过后，向被保险人出具定损单。

（四）被保险人按照保险合同的约定，提交齐全索赔材料后，保险公司应向被保险人出具“索赔材料齐全回执单”。索赔材料不完整的，保险公司应及时一次性通知被保险人补充提供。

（五）经核定，属于保险责任的，保险公司应自出具“索赔材料齐全回执单”之日起，最迟不得超过10日向被保险人支付赔款。对不能确定赔偿数额的复杂案件，保险公司应建立人伤、车损及第三者损失拆分机制，自被保险人填写索赔申请书之日起60日内，就可以确定数额的项目先予赔付。

（六）经核定，不属于保险责任的，保险公司应在被保险人填写索赔申请书之日起最迟不得超过33日向被保险人出具书面拒赔通知书，并说明理由。

二、保险公司理赔系统改造要求

（一）保险公司车险理赔系统应具有索赔申请书、定损单、索赔材料齐全回执单或拒赔通知书的生成及打印功能，并向北京车险信息平台实时上传。

（二）保险公司理赔业务系统应如实记录索赔申请书、定损单、索赔材料齐全回执单或拒赔通知书的生成及打印时间，系统记录的索赔申请书生成及打印时间应为指导客户填写索赔申请书的当日，且不得晚于定损单生成及打印时间。

（三）保险公司理赔业务系统应具有自动计算各理赔业务环节所耗时间的功能，对于超出规定时限的，系统应具有自动提示及预警功能。

（四）保险公司理赔业务系统应与财务系统无缝对接，并向北京车险信息平台实时上传赔款支付时间、赔款金额，收款人账户名称及账号。

三、保险公司内部控制管理要求

（一）保险公司应根据本通知要求，修改完善有关车险理赔的管理制度，理赔时效规定不得超出本通知规定的时效要求。

（二）保险公司应建立理赔岗位职责监督机制和考核机制，明确高管人员及相关部门负责人的管理责任，指定专人负责监督分支机构落实理赔服务时限要求。对于超时效的，应及时纠正，并追究有关人员的责任。

四、行业协会有关工作要求

（一）北京保险行业协会应完善北京车险信息平台功能，组织指导各保险公司完成车险理赔系统改造，保证北京车险信息平台与各保险公司系统实时对接、数据实时上传。

（二）北京保险行业协会应完善北京车险理赔质量测评公布制度，加大理赔测评结果的信息披露力度，增加定损时效和赔款支付时效等测评指标。

（三）北京保险行业协会应组织制订车险理赔系统改造接口方案及系统验收标准，并于2011年4月11日起，组织开展对保险公司的车险理赔系统验收工作。

五、有关监管要求

（一）各保险公司及行业协会应严格按照本通知要求，按时完成系统改造、测试、验收及有关管理制度修改完善工作。

（二）各保险公司主要负责人为加强车险理赔时效管理的第一责任人，切实抓好有关落实工作。

（三）我局将把各保险公司贯彻落实车险理赔时效管理监管要求的情况，作为现场检查的重点内容，对于落实不到位的保险公司，将依法予以处理，并向社会披露。

二〇一一年二月十一日

附：

2011 年文件与规章目录选编

中国人民银行营业管理部

1. 关于进一步修订货币信贷和金融市场监测报表制度的通知

银管发〔2011〕3 号

2. 关于印发《农村信用社改革试点专项中央银行票据兑付后续监测考核实施细则》的通知

银管发〔2011〕15 号

3. 关于印发《中国人民银行营业管理部 2011 年科技金融和文化金融工作实施意见》的通知

银管发〔2011〕35 号

4. 关于 2011 年北京市保险业金融机构反洗钱工作要点的通知

银管发〔2011〕42 号

5. 关于 2011 年北京市证券期货业金融机构反洗钱工作要点的通知

银管发〔2011〕43 号

6. 关于 2011 年北京市银行业金融机构反洗钱工作要点的通知

银管发〔2011〕45 号

7. 关于印发《关于做好 2011 年货币信贷工作 促进首都经济发展方式转变的指导意见》的通知

银管发〔2011〕55 号

8. 关于开展金融支农“春雨行动”的通知

银管发〔2011〕70 号

9. 关于印发《核准类人民币银行结算账户电子化审批系统业务处理手续（试行）》和《核准类人民币银行结算账户电子化审批系统突发事件应急处置预案》的通知

银管发〔2011〕74 号

10. 关于印发《“科技金融创新年”工作方案》的通知

银管发〔2011〕77 号

11. 关于做好 2011 年人民币收付业务管理有关工作的通知

银管发〔2011〕107 号

12. 关于印发《北京市小额贷款公司试点监督管理暂行办法》（试行）的通知

银管发〔2011〕124 号

13. 关于开展存量房交易服务平台试点工作的通知

银管发〔2011〕136 号

14. 中国人民银行营业管理部关于加强辖内金融机构个人征信业务管理的通知

银管发〔2011〕145 号

15. 关于印发《中国人民银行营业管理部银行业金融机构综合评价暂行办法》的通知

银管发〔2011〕165 号

16. 关于建立北京市农村金融产品和服务方式创新季度监测报告制度的通知

银管发〔2011〕169 号

17. 关于印发《北京市空头支票行政处罚业务考核办法》的通知

银管发〔2011〕183 号

18. 关于建立中关村国家自主创新示范区科技金融工作监测体系的通知

银管发〔2011〕187 号

19. 关于印发《2011 年北京市银行卡联网通用专项检查工作实施方案》的通知

银管发〔2011〕188 号

20. 关于印发《北京市农村青年信用示范户试点工作实施意见》的通知

银管发〔2011〕190号

21. 关于印发《北京市推广银行卡助农取款服务工作实施方案》的通知

银管发〔2011〕192号

22. 关于CNAPS支付监控管理短信平台系统上线运行的通知

银管发〔2011〕206号

23. 关于修订《北京辖区信贷政策导向效果评估方案》的通知

银管发〔2011〕214号

24. 关于开展北京市文化金融专家智库建设工作的通知

银管发〔2011〕222号

25. 关于进一步加强货币真伪鉴定工作的通知

银管发〔2011〕225号

26. 关于加强支付清算系统运行维护报告事项管理有关工作的通知

银管发〔2011〕227号

27. 中国人民银行营业管理部关于印发《北京市金融业信息安全协调工作预案》的通知

银管发〔2011〕233号

28. 关于进一步加强北京地区银行机构计结息和利率定价管理的通知

银管发〔2011〕260号

29. 关于大学生村官助力北京农村金融发展的实施意见

银管发〔2011〕274号

中国银行业监督管理委员会北京监管局

1. 北京银监局办公室关于修订房地产贷款监测制度的通知

京银监办〔2011〕5号

2. 北京银监局关于加强辖内银行业金融机构融资性担保贷款统计工作的通知

京银监通〔2011〕21号

3. 北京银监局关于印发《北京银行业信息工作管理暂行办法》的通知

京银监通〔2011〕27号

4. 北京银监局关于进一步深入贯彻落实"三个办法、一个指引"工作的通知

京银监通〔2011〕29号

5. 北京银监局关于印发《北京市银行业金融机构安全保卫工作联席会议章程》的通知

京银监通〔2011〕33号

6. 北京银监局 中国人民银行营业管理部关于进一步完善北京银行业金融创新业务统计制度有关问题的通知

京银监通〔2011〕37号

7. 北京银监局关于加强首都银行营业场所安保工作风险提示的通知

京银监通〔2011〕38号

8. 北京银监局关于开展2011年"促监管政策进基层行"活动的通知

京银监通〔2011〕42号

9. 北京银监局办公室关于修订贷款投向监测统计制度的通知

京银监办〔2011〕52号

10. 关于进一步加强房地产贷款风险管理的通知

京银监通〔2011〕53号

11. 北京银监局关于合规开展银担业务合作的通知

京银监通〔2011〕54号

12. 北京银监局关于银行承兑汇票业务风险提示的通知

京银监通〔2011〕59号

13. 北京银监局关于印发《北京辖内银行业金融机构监管信息网管理办法

(暂行)》的通知

京银监通〔2011〕64号

14. 北京银监局关于持续开展北京银行业公众教育服务工作的通知

京银监通〔2011〕66号

15. 北京银监局关于进一步加大中长期贷款合同整改工作力度的通知

京银监通〔2011〕75号

16. 北京银监局关于严禁违规揽存等行为的通知

京银监通〔2011〕78号

17. 北京银监局关于进一步规范轨道交通类贷款的监管意见

京银监发〔2011〕84号

18. 北京银监局关于进一步做好土地储备贷款抵押物管理的通知

京银监通〔2011〕88号

19. 北京银监局办公室关于印发“三个办法、一个指引”有关指标口径及流动资金贷款受托支付标准的通知

京银监办〔2011〕98号

20. 关于进一步加强金融许可证管理的通知

京银监办〔2011〕121号

中国证券监督管理委员会北京监管局

1. 关于进一步落实《证券投资顾问业务暂行规定》的通知

京证机构发〔2011〕120号

2. 关于证券公司新设证券营业部有关问题的通知

京证机构发〔2011〕81号

3. 关于下发防范期货配资业务风险的通知

京证期货发〔2011〕110号

中国保险监督管理委员会北京监管局

综合类

1. 关于印发丁小燕局长在北京保险监管情况通报会上讲话的通知

京保监办发〔2011〕1号　2011年1月27日

2. 关于评选北京保险业2011年首都精神文明创建工作先进单位的通知

京保监发〔2011〕119号　2011年4月2日

3. 关于转发《2011年保险业“小金库”专项治理工作实施方案》的通知

京保监发〔2011〕151号　2011年4月21日

4. 关于印发《北京保险业发展“十二五”规划》的通知

京保监发〔2011〕470号　2011年10月25日

5. 转发中国保监会关于转发民政部印发各类社会组织评估指标的通知

京保监办发〔2011〕13号　2011年11月8日

财产保险类

6. 关于加强机动车辆保险理赔时效管理有关问题的通知

京保监发〔2011〕38号　2011年2月11日

7. 中国保险监督管理委员会北京监管局关于完善机动车辆商业保险制度公开征求意见的公告

京保监公告〔2011〕8号　2011年4月21日

8. 转发中国保监会关于进一步完善财产保险承保理赔信息客户自主查询制度

的通知

京保监发〔2011〕301 号 2011 年 7 月 18 日

9. 关于《气象证明》等机动车辆保险理赔材料有关问题的通知

京保监发〔2011〕323 号 2011 年 8 月 2 日

10. 关于印发丁小燕局长在 2011 年上半年北京财产保险监管情况通报会上讲话的通知

京保监办发〔2011〕8 号 2011 年 8 月 2 日

人身保险类

11. 关于进一步规范人身保险销售行为的通知

京保监发〔2011〕52 号 2011 年 2 月 17 日

12. 关于对宣传资料使用情况进行自查自纠的通知

京保监发〔2011〕68 号 2011 年 3 月 1 日

13. 关于印发丁小燕局长在 2011 年上半年北京人身保险监管情况通报会上讲话的通知

京保监办发〔2011〕9 号 2011 年 8 月 11 日

14. 关于规范人身保险电话营销业务经营有关问题的通知

京保监发〔2011〕429 号 2011 年 9 月 21 日

15. 关于对泰康人寿长安支公司违法违规行政处罚的通报

京保监发〔2011〕538 号 2011 年 12 月 16 日

法制类

16. 北京保监局关于 2010 年信访投诉处理情况的通报

京保监发〔2011〕43 号 2011 年 2 月 14 日

17. 北京保监局关于 2011 年上半年信访投诉处理情况的通报

京保监发〔2011〕317 号 2011 年 7 月 22 日

统计研究类

18. 关于 2010 年下半年保险公司统计工作情况的通报

京保监办发〔2011〕4 号 2011 年 5 月 10 日

19. 关于 2011 年上半年保险公司统计工作情况的通报

京保监发〔2011〕402 号 2011 年 9 月 6 日

20. 关于加强行业性信息系统安全管理的通知

京保监发〔2011〕428 号 2011 年 9 月 22 日

北京市金融工作局

1. 关于做好中国人民银行上调金融机构人民币存贷款基准利率相关工作的通知

京金融〔2011〕1 号 2011 年 1 月 4 日

2. 关于做好中国人民银行上调金融机构人民币存贷款基准利率相关工作的通知

京金融〔2011〕18 号 2011 年 2 月 21 日

3. 关于印发本市开展股权投资基金及其管理企业做好利用外资工作试点的暂行办法实施细则的通知

京金融〔2011〕22 号 2011 年 3 月 10 日

4. 关于做好中国人民银行上调存贷款基准利率相关工作的通知

京金融〔2011〕132 号　2011 年 4 月 29 日

5. 关于开展本市备案创业投资企业年度检查的通知

京金融〔2011〕133 号　2011 年 5 月 3 日

七、专题与调研

关于北京市文化创意产业融资情况的调查分析

中国人民银行营业管理部货币信贷管理处

2010年3月，中央宣传部、人民银行等九部委联合出台了《关于金融支持文化产业振兴和发展繁荣的指导意见》。为了解辖内文化企业融资情况，推动文化金融服务体系建设，近期人行营业管理部联合北京市文化创意产业促进中心对文化创意企业进行了问卷调查。本次调查共发放问卷500份、收回有效问卷190份，被调查企业覆盖了北京主要的文化创意产业集聚区和文化创意产业九大子行业。调查显示：处于创业期或成长期的中小企业是文化创意产业的主体，企业总体经营状况良好并普遍看好未来发展前景。银行贷款是样本企业最主要的融资渠道，但文化创意企业贷款整体覆盖率不高，抵押担保手段不足依旧是制约企业获得贷款的重要因素。加快文化创意产业发展需要推进多层次的政策扶持和金融服务体系建设。

一、文化创意企业基本情况

1. 样本企业行业分布具有典型代表性。样本企业中，行业分布以软件、网络及计算机服务业，文化艺术，广播、电视、电影业，旅游、休闲娱乐业为主，分别占被调查企业数量的20.2%、19.2%、16%、14.4%。

2. 文化创意企业规模以中小企业为主。中型企业占样本的38.4%，小型企业占样本的45.3%，大型企业仅占16.3%。87.3%的样本企业处于创业期或成长期，创业期企业全部为中小企业，且小企业占比高达75%。

3. 无形资产在资产总额中占比较高。62.7%的样本企业无形资产占全部资产的比重超过30%，15.7%的企业无形资产占全部资产比重超过了70%。无形资产占全部资产比重超过70%的企业中，中型企业占31%，小企业占62.1%。55%的样本企业拥有自主品牌。

4. 样本企业营业情况良好。样本企业资产负债率在20%（含）以内、20%～40%（含）的占比分别为31.7%、37.2%。近三年年均资产回报率在20%以上的样本企业占比最高，为33.1%，在10%～15%（含）的样本中目前有银行贷款的企业占最高，为34.2%。收益水平稳定的文化创意企业是银行较为偏好的授信对象。

二、文化创意企业融资情况

1. 银行贷款是文化创意企业最主要的融资方式。当出现资金困难时，68.9%的样本企业将贷款作为第一选择。40.6%和40%的样本企业在选择融资方式时首先考虑资金是否容易获得和资金成本。样本企业中，目前资金第一来源为自有资金和银行贷款的分别占36.3%和33.9%。

2. 样本企业中短期融资主要用于技术投入。从样本企业资金需求期限来看，1～2年（含）的占比最高，为46.3%。

样本企业融资用途排前三位的分别是拓展市场、开发设计新产品或提供新服务、补充流动资金，依次占 50.3%、49.7%、45.2%；用于知识产权引入和人力资本投资的占比分别为 14.7%、12.4%。

3. 样本企业贷款覆盖率相对较低。在被调查的企业中，目前有银行贷款的企业仅占 21.4%，且有银行贷款的企业中，71.1% 的企业仅在一家银行有贷款。2010 年申请过银行贷款的企业占 23.6%，其中 74.4% 的企业仅申请过一次贷款。截至 2010 年 9 月末，超过一半的企业授信余额在 100 万元（含）以下，分别有 10.5%、11.4% 的企业授信余额在 500 万～1 000 万元（含）、1 000 万～2 000 万元（含）。

4. 信用等级高、固定资产足的企业更容易获得贷款。在被调查的企业中，目前有银行贷款的企业占 21.4%。22.4% 的企业表示银行对本企业进行过信用评级，其中 AAA 级企业占比达到 63.6%。在 2010 年申请过银行贷款的企业中，贷款申请通过率为 79.5%，贷款未获通过的理由主要是企业资信等级不够、无有效抵质押资产，分别占 28.6% 和 27.6%。最重要的担保方式是不动产抵押，占 39%，信用担保占 37%，知识产权质押占比不足 15%。银行贷款审批时限在半个月至三个月的占全部样本的 44.3%。

5. 企业享受金融服务种类较多。三分之二的样本企业享受过银行提供的各类金融服务。其中，45.9% 的企业办理过资产管理业务，43.4% 的企业办理过保函业务，27.9% 的企业进行过票据承兑及贴现，还有相当多企业在银行办理过信用证、投行、外汇资金管理、代理等其他业务。

6. 企业贷款利率浮动状况基本体现了市场定价原则。样本企业贷款利率执行上浮 0～10%（含）和基准利率的占比分别为 38.6% 和 36.6%，下浮利率占比为 15.8%。71.4% 的大型企业贷款利率处于基准及以下水平，而大部分中小型企业利率则存在不同程度的上浮。之所以接受利率上浮，62% 的样本企业表示当时急于获得资金；17.8% 的企业表示只要贷款程序足够便利，愿意接受偏高的利率。79.8% 的企业表示贷款利率在企业利润可承受范围内。

7. 样本企业期望获得多方面政策扶持。从企业最期望政府加大文化产业投入的方式来看，31% 的企业选择项目补贴，选择税收优惠、贷款贴息和政府奖励的企业各占 16.7%、16.1%、14.6%。目前政府实际采取的举措中，企业赞成比例最高的是支持有条件的文化企业进入主板、创业板上市融资，占 41.4%；其次是积极引导担保和再担保机构大力开发贷款担保业务品种，占 36.1%。另有 31.1% 和 26.6% 的企业希望创新信贷产品、提供更多的政策性金融服务。

8. 绝大多数样本企业看好未来发展和融资前景。97.3% 的样本企业看好文化创意产业未来五年的发展前景，其中 83.5% 的企业表示“非常看好”。对于未来融资难易程度的变化，大部分企业认为未来融资难度会较现在容易些（28.2%）或与现在差不多（43.7%），只有 8.3% 的企业认为未来融资将会越来越难。对于未来筹资渠道，44.4% 的企业首选银行贷款，民间借贷是占比第二的选择，自有资金、票据融资、企业债券、风险投资等方式也是企业考虑的主要筹资方式。

9. 各子行业意向首选筹资渠道存在

差异。70%的广播、电视、电影业样本企业、60%的艺术品交易业样本企业首选银行贷款；新闻出版业样本企业中46.7%首选自有资金，33.3%首选银行贷款；而广告会展业和软件、网络及计算机服务业样本企业首选则相对分散，分布于自有资金、银行贷款、风险投资、股权融资、民间借贷等多个项目。市场化程度相对更高的文化创意子行业中的企业融资思路更加灵活，融资渠道选择也更加多样。

三、当前文化创意企业融资存在的主要问题

1. 财政与金融的协同效应尚未充分发挥。57.1%的样本企业认为难以获得银行贷款是由于政府扶持力度不够。财政资金的补贴对象主要是企业，没有建立财政资金与银行信贷资金配套发放的合作机制。银行风险补偿基金缺位，对发放文化创意企业贷款较多的金融企业尚无税收优惠政策，在激励银行发展文化金融业务方面缺乏有效的财税政策引导。

2. 金融供给与文化创意企业融资需求仍需磨合。认为银行贷款是最容易获得的融资方式的样本企业仅占27.4%。银行文化金融服务模式尚在摸索当中，有针对性的产品创新还显不足，知识产权质押贷款业务受质权评估处置难等客观因素影响规模有限。信用保险在支持文化创意企业融资中还未充分发挥作用。

3. 文化创意产业特殊性增加了金融支持难度。44.6%的样本企业认为是文化创意产业特殊性限制了金融支持。文化创意企业经营成果难以把握，还款来源不稳定；现金流向特殊，资金使用较难监控；无形资产占比较高，对银行传统信贷支持模式形成挑战；组织形式相对松散，不符合银行授信要求。

4. 文化创意产业信用担保体系建设仍较薄弱。38.4%的样本企业认为担保机构发展滞后是造成融资难的主要原因。北京市尚未设立文化产业专项担保资金，在支持文化创意企业融资增信方面力量有限。专业的政策性文化创意企业担保机构缺位，对中小文化企业支持力度不足。担保公司对文化企业担保项目能否获得补助存在不确定性，担保费率难以优惠。民营担保公司尚未纳入政策扶持范畴。

四、相关政策建议

1. 加快完善文化创意产业政策扶持体系。进一步健全扶持文化创意产业发展的专项财政政策，使小型文化创意企业也能够得到贷款贴息等资金支持。通过风险补偿、税收优惠、专项奖励等财政支持政策鼓励银行不断加大对文化创意企业的信贷支持力度。吸引民间资本投入。

2. 推动建设文化创意信贷产品创新体系。鼓励银行大力开发收益权质押贷款等符合政策导向性、具备市场适用性、体现功能创新性的信贷产品。探索“中介平台+中小文化创意企业”批零结合的信贷模式。完善银行内部适合文化金融业务良性发展的管理机制。

3. 努力构建文化创意产业融资担保体系。学习借鉴北京市建立农业专业担保机构的经验，安排部分财政资金建设专业的文化创意产业担保公司。挖掘民间资本在推动文化创意产业融资担保体系建设方面的潜力。拓宽融资担保业务范围。

4. 持续健全文化创意产业金融服务体系。遴选部分优质的文化创意企业通过主板、创业板市场上市融资。有效发挥各类机构的融资服务优势，为文化创意企业提供银行贷款、股权投资、辅导上市等一条龙、组合化的金融服务。及时总结中小型文化创意企业集合票据发行工作经验，稳步推动文化创意企业利用银行间债券市场多渠道融资。探索发挥保险在支持文化创意产业发展方面的作用。

5. 着力优化文化创意产业生态环境体系。修订和完善相关知识产权质押登记管理办法，推进各类无形资产二级交易市场建设，建立文化创意企业无形资产评估制度，探索建立知识产权质押贷款质权处置周转金制度，积极争取将中关村国家自主创新示范区的相关优惠政策引入文化创意产业。

（课题组成员：龙非、魏海滨、童怡华、项银涛、李媛、王瑞）

北京市科技创新企业的金融支持体系研究

北京市金融工作局

经历了本轮金融危机的考验，世界上许多国家均意识到谁在科技创新和培育新经济增长点方面占据优势，谁就能掌握发展的主动权，因此都在努力寻找推动下一轮经济增长的新引擎。北京作为全国科技乃至全球科技资源最为集中的地区之一，高技术产业发展在全国处于领先水平，形成了以中关村科技园区为代表的高技术产业聚集区。2010 年 8 月，胡锦涛总书记在听取北京市汇报工作时指出：“中关村的发展，关键是要整合好资源，搭建好平台。”2010 年 12 月 21 日，李克强副总理视察中关村，要求“北京要在推动科学发展、加快转变经济发展方式中当好火炬手和标兵，走在全国最前面”。如何全面贯彻科技自主创新发展战略，加快转变经济发展方式，把首都雄厚的科技优势充分转化为发展的竞争优势，需要从创新主体——北京市科技企业身上寻找突破口，尤其是要从中小型科技创新企业身上寻找突破口。因此，深入研究北京市科技金融发展中存在的问题，推动金融体制机制创新、金融工具创新，提出金融与科技结合的新思路，构建与自主创新相适应的金融支持体系就显得尤为重要。

一、北京市科技发展与经济增长

（一）北京市科技财力资源配置情况分析

科技财力资源配置的合理与高效对于科技发展起着促进作用。北京市近年来 R&D 经费支出呈现明显的上升态势，从 1996 年的 41.86 亿元平稳上升到 1999 年的 93.84 亿元，之后加速上升，至 2006 年达到 432.99 亿元，2008 年进一步提高到 620.10 亿元，投入强度达到 5.58%。

北京市 R&D 经费分别来源于政府资金、企业资金、国外资金和其他资金，政府资金和企业资金是北京市研究与发展经费的主要来源，分别占总比例的 50% 和 40%。R&D 经费的支出一般集中在基础研究、应用研究和试验发展三个方面，对北京市而言试验发展的支出在其中占据了最高比例，而应用研究的支出在近几年出现下滑，基础研究支出占据最小的份额并表现为持续下滑态势。总的来说，北京市 R&D 经费的支出与目前的生产力发展水平相一致，但是如果基础研究和应用研究两方面的投入比例的下滑状态得不到改变的话，北京要保持长期持续稳定的发展就存在一定的隐忧。

（二）科技进步对北京市经济增长贡献分析

任何一个经济系统要实现经济可持续增长，就必须要克服要素回报递减，找到一个使经济可持续增长的发动机。如何定义这样一个经济增长的发动机以及维持其运转所需的成本，成为大多数经济增长模型的研究核心。全要素生产率又称为“索罗余值”，最早是由美国经济学家罗伯特·索罗（Robert M. Solow）提出，是衡量单位总投入的总产量的生产率指标，常常被视为科技进步的指标。

在对北京市1991年以来的资本存量进行估算的基础上，对1991～2009年北京市经济统计数据进行经济计量分析，计算了北京市的全要素生产率。结果表明，北京市各要素对经济增长的贡献率随经济发展的不同阶段而出现相应变化，但是资本投入的贡献率始终占据第一位，全要素生产率次之，这是北京市的经济增长技术和资本双重推动下的结果，劳动投入的贡献并不明显。但是，长期来看，土地等自然资源的边际收益最终会下降，资本投入达到某一个临界值时也必然导致资本贡献率下降，必须采取措施来克服土地、资本等要素边际收益递减，技术进步无疑是实现经济持续增长的唯一路径。所以，北京市应该大力发展高新技术产业，促进科学技术转化为现实生产力。特别是北京市成为“新特区”以后，政府应在运用各种手段实现城乡统筹的同时，加大全要素投入，提升全要素贡献率，从而促进经济均衡、健康、可持续的发展。

二、北京市科技金融存在的若干问题分析

北京市科技金融存在的问题集中体现在中小型科技创新企业现有市场融资渠道存在的缺陷上。银行、创业风险投资、资本市场和民间金融是目前企业获得资金支持的四个主要渠道，在北京市中小型创新科技企业发展过程中发挥着不同的作用。但是，这几类主要的市场融资渠道本身不够完善，在调剂资金余缺方面发挥的作用并不理想。

（一）银行

由中国金融业发展历程所决定的，以银行信贷为主导的间接融资方式是中国企业最主要的融资方式。中国银行业的因其性质向来喜欢做“锦上添花”的事情，而对“雪中送炭”的事情是指望不上的。这固然也是全球银行业的共同的特点，但在中国这一特点更为明显，这和中国银行业的发展情况、银行业体制和机制乃至习惯分不开。

首先，四大国有商业银行持有的资产占中国银行业金融机构共持有的本外币资产的51.3%，银行信贷资源过度集中在一定程度上不利于中小型科技企业获得信贷支持。其次，中小型科技企业一般具有规模小、盈利能力不明显、担保不足等特征，其特有的可能形成还款现金流的资产往往是技术等无形资产，其价值很难评估。银行的企业信用评价体系与科技型中小企业特点不适应也是中小科技企业难以获得银行贷款支持的重要原因。另外，对以技术为核心的科技型中小企业来讲，其风险识别具有更强的专业性，对银行提出了更高的要求。并且当贷款金额比较低时，银行贷款决策成本和监督成本就可能高于其贷款收益。

（二）创业风险投资

创业风险投资是最适合高新技术企业融资需求特点的资金供给方式，被誉为高新技术产业的“孵化器”。美国硅谷和台湾新竹的实践充分说明了这一点。中国创业风险投资从机构数量、可投资于内地的项目量、实际投资额等方面来看，在近年呈增长态势，但与巨大的融资需求相比，现有的创业风险投资提供的资金支持无疑是杯水车薪。创业风险投资盈利能力状况不佳，固然与体制性障碍和市场环境不完善有关，与创业投资行业自身经营管理水平不高及高素质专业人员缺乏也不无关系。同时，受资本规模、投资理念、政策环境等因素影响，北京市创业风险投资行为表现出较为明显的投资短期化特征，向后端转移的趋势非常明显。受创业风险投资行业自身规模、投资理念、退出渠道、外部环境等多种因素影响，创业风险投资在解决北京市中小型科技企业融资难的问题上发挥的作用还非常有限。

（三）资本市场

从中国资本结构来看，资本市场主要存在两方面的问题，一是企业债券市场不发达，债券市场以政府信用为主；二是资本市场体系层次不完善，布局和功能定位不合理，不能很好地满足多层次企业融资的需求。2009 年推出的创业板对中小型科技创新企业上市融资带来了巨大的帮助，有力支持了创业企业、创业投资和战略性新兴产业发展。但同时也存在一些亟待解决的问题，典型的问题包括高价发行新股问题，超募资金闲置问题，公司高管为套现而辞职问题，公司业绩在上市后“变脸”问题，PE 腐败问题以及退市制度缺失问题等。

三、北京市科技金融体系建设的总体思路

建设北京市科技金融体系，首先应当对科技金融作一个具体的界定。现阶段，科技金融主要是指科技创新企业的整个生命周期中的融资过程，该过程包括融资工具、融资制度、融资政策以及融资服务，融资活动的参与者包括政府、企业、市场、社会中介机构以及其他社会团体。把科技金融的重点落在“融资”这一基点上能够使科技金融体系的建设具有针对性和可操作性，也更能解决实际中存在的问题。对经济发展而言，科学技术是“第一生产力”，金融是“第一推动力”。显然，北京市科技金融体系建设的总体目标应该是这二者有机结合起来，形成“第一竞争力”。为达到这样一个目标，北京市科技金融体系建设的总体思路体现为“丹凤朝阳”的架构：所谓丹凤，就是北京市的经济，引导丹凤飞翔的是政府引导基金，充当龙头的是创业风险投资，核心是多层次资本市场，银行信贷和科技保险是这只美丽的丹凤的两只翅膀，支撑丹凤飞翔的是科技中介服务体系。

（一）以政府引导基金

政府引导基金是政府政策性资金的一种形式，这种形式说明了政府在创业投资领域的角色发生了转变，由直接投资者转变为间接投资者。政府从直接投资设立创业投资公司改为设立政府引导基金，其目的是不仅是引导更多的资金进入创业投资领域，而且还引导这些资金的投资方向。创业投资是高风险和权利义务高度不对称的投资活动，一般投资者对其望而生畏，单纯依靠市场配置创业资本往往面临市场失灵问题，因此政府发挥“引导”作用非常必要。引导基金通过鼓励创业投资企

业投资处于种子期、起步期等企业，弥补一般创业投资企业主要投资于成长期、成熟期和重组企业的不足。实际上引导基金就在两个层面发挥引导作用：一是引导社会资金设立创业投资子基金；二是引导所扶持创业投资子基金增加对创业早期企业的投资。至于政府引导基金在运作模式上可以根据具体情况选择采用参股支持模式或融资担保模式等。

（二）以创业风险投资为龙头

创业风险投资指主要向未上市高科技企业进行股权投资，并为之提供创业管理服务，以期获得资本增值收益的投资方式。第二次世界大战以来95%的科技发明和创新都来自中小型科技企业，而这些发明创新转变为现实生产力则主要是借助于创业风险投资的作用。

创业风险投资被形象地称为“现代经济增长的发动机”和“高科技产业发展的推进器”。作为发展高技术产业的重要支撑，其功能不仅限于为创业企业融资，更重要的是通过捕捉灵感、鼓励创新，辅之以必要的管理和激励手段，推动创新活动的持续开展。北京市中关村地区拥有世界上少有的高密度智力资源比较优势，创业创新资源云集，上万家高新技术企业聚集于此。因此，发挥创业风险投资在北京市科技金融体系中的龙头作用，构建一个充满活力的创业风险投资体系，形成对创业活动的有力支撑，对于发挥北京市丰富的教育科研资源优势，加快中关村科技园区的发展建设具有重要的现实意义。

（三）以多层次资本市场为核心

建立我国多层次的资本市场体系，是资本市场制度改革的大势所趋，也是市场经济发展的客观需要。一个完整而且成熟的资本市场应当由多个层次组成，各层次之间相辅相成，互相补充，能够通过一种良性的互动来满足不同市场主体的需求。中国资本市场本质上仍是一个“新兴+转轨”的市场，在发展中仍存在着定价效率低下，交易工具缺乏流动性和多样性，各层次间缺乏有效的对接机制等一系列问题。

多层次资本市场建设是配合一国经济发展战略，提升一国资本市场地位和发展水平，有效控制和防范市场风险，提高竞争力的重要举措，从以美国为代表的发达市场的实践看，多层次市场的建立和完善，既是经济发展到一定阶段的必然产物，又对经济和社会的发展起着重要的推动和激励作用。

（四）以科技信贷和科技保险为两翼

持续发展对任何一家商业银行而言，都是一个知易行难的目标。一方面，由现行的金融体制所决定，银行在相当长的时间内仍将是经济发展的主要资金供给者，仍要部分承担贯彻国家产业政策的社会责任；另一方面，银行要实现自身发展，决定了其对经济的支持方式将不同于过去对大型国有企业的支持。如何在履行社会责任的同时控制自身的风险，如何在激烈的竞争中发展和壮大自己，如何实现可持续发展，需要银行具有足够的商业智慧。中国银行业存在同一模式、同一客户、同一产品、同一区域的商业竞争格局，已经导致结构性、区域性竞争过度。相对于国有商业银行来说，股份制商业银行以及区域性商业银行是中国银行业中的弱势群体，要避免在同质、同类客户中与大银行进行竞争，应该充分发挥其决策高效、机制灵活的相对优势，正确选择发展策略，把服务触角深入中小科技企业，巩固稳定的目标客户群。

科技风险是指科研开发过程中，由于外部环境的不确定性、项目本身的复杂性以及科研开发者能力的有限性而导致科技开发项目失败、终止、达不到预期的技术经济指标的可能性，具有客观性、投机性、可控制性等特点。风险管理是一种通过对科技保险作为科技金融体系中不可缺少的一环，应该在帮助高新技术企业对风险进行识别、衡量和控制，并以最少的成本将风险导致的各种不利后果减少到最低限度等方面发挥积极作用。

（五）以科技中介服务体系为支撑

科技中介组织在促进科技成果向现实生产力转化的过程中发挥着“黏合剂”的功效。政府、产业界和学术界之间的有效沟通对整个创新系统功能和绩效的发挥具有正相关作用，而这种有效沟通在很大程度上依托科技中介力量的发挥。作为知识密集型服务行业，科技中介在北京市科技金融体系中应该发挥其支撑作用，在各类市场主体中推动技术扩散，促进科技成果转化，开展科技评估、创新资源配置、创新决策和管理咨询等专业化服务，实现“科技创新要素的优化组合”。

四、完善北京市科技金融体系的具体措施

（一）利用好政策性金融资源

首先，有效整合北京市中小型科技企业现有的各项发展资助计划，充分发挥政府公共财政的引导作用，着重加大对处于种子期的中小型科技企业的支持力度。然后，为技术创新的顺利进行提供畅通的市场路径，建立对科技企业的政府采购制度。另外，以财政投入建立商业银行风险补偿基金，对银行贷款损失给予一定程度的补偿，以解决银行科技贷款的后顾之忧，同时建立贷款贴息制度，由财政部门每年对科技贷款安排一定数目的贴息资金，用于风险偏大的科技转化项目。

（二）完善风险投资体系

现阶段要加快北京市中小型科技企业创新步伐，培育新的优质资产，需要充分发挥风险投资“孵化器”的作用。在风险投资资金来源方面，应注意吸收多元化的投资主体，降低创办风险投资公司的门槛，鼓励民间创办旨在为中小型科技企业服务的中小投资公司，对于进行科技投入且存在资金损失的投资公司，给予一定的补偿。值得注意的是，在风险投资基金的运作上，应尽量减少政府的干预，明确政府投入资金只是“引导性”的，政府的职责是积极引导其他资金的投入，并积极培育市场化的运作主体，而不是充当风险投资的经营者，直接参与基金的运作和管理。此外，应建立风险投资项目的推介机制，吸引境外资本投资创办风险投资公司，在更大范围内推动资本和技术的有机结合。

（三）规范发展北京产权交易所

产权交易既可为经营业绩好、信誉程度高的科技企业提供资金支持，又可以为已经投入的国家基金和民间风险投资提供退出渠道。政府应加强北京产权交易所的建设，在为国家及北京市国有产权交易做好服务的同时，努力吸引非国有产权进场交易。同时，大力支持北京产权交易所在市场导向下的产权交易制度创新，鼓励其丰富投资品种，开发有利于投资退出的产权交易品种，发展产权交易增值服务，探索建立做市商交易制度及非上市公司股权的标准化和证券化交易工作。

（四）扩大债权融资规模，探索资产证券化新模式

利用发行中长期债券的办法募集资

金，是中小科技型企业一种可行的筹资方式。北京市政府要开启中小型科技企业债券融资渠道，需要逐步放宽中小型科技企业发行债券的条件，尤其是对发行企业规模的限制，可以在每年债券发行的额度内考虑为中小型科技企业发行债券预留一定的额度，为中小型科技企业利用债券直接融资创造条件。另外，不断完善信用评级制度，支持经营效益好、偿还能力强的优秀中小型科技企业以多种方式发行债券，可以用项目未来的收益和适当的财政贴息作为还本付息的保证，确保债券的信用。此外，应借鉴国外资产证券化的设计理念和运作方式并加以创新，为企业提供一个直接进入资本市场的渠道。

（五）探索适合中小型科技企业的金融产品

商业银行现有金融产品大多是为满足国有大中型企业设计的，应针对北京市中小型科技企业积极开展金融创新，积极探索在动产和权利上设置抵押或质押，灵活采用担保方式，增加担保物品种，引入动产担保、接受股权、应收账款、知识产权等不同形式的担保。研究北京市中小型科技企业群的特征，对中小型企业上下游客户进行联动开发，如对围绕大企业客户提供产品配套的中小科技企业开展保理业务，对上下游客户稳定的中小科技企业开展票据置换和三方协议等授信业务，为企业提供资金；针对一些专业化中小型科技群的金融需求，开发结算和理财方面的新产品。此外，商业银行应充分利用自身优越条件，积极开展融资租赁业务，充当融资租赁的主体与媒介。

北京地区商业银行新业务开展情况、特点及问题

中国人民银行营业管理部金融稳定处

近期，我们对北京地区商业银行2011年开展的新业务情况进行了调研。从29家商业银行的反馈情况看，各行开展的新业务层次化特征十分明显，与各行自身发展状况契合度较高。受外部政策环境和自身内部因素制约，北京地区银行业新业务增长整体乏力，亟须引导扶持。

一、基本情况

调查显示，29家商业银行2011年共开展了153项新业务，其中中资银行19家，开展新业务120项；外资银行10家，开展新业务33项，集中在以下几方面：

一是服务类业务，共计78项，主要为客户提供更加优质化的服务，包括各类中间业务、自助银行类服务、个性化金融服务类业务等。该类业务占比最高、品种多样且风险较低。

二是融资类业务，共计49项，主要为客户提供各种多样化、便捷化的融资产品，主要包括各类贸易相关融资业务、小企业多样化授信及贷款业务、资金池业务、福费廷业务、票据贴现、短期融资券等。目前该类业务是中资商业银行业务创新的重点。

三是理财类业务，共计12项，主要指各行推出的各类本外币理财产品，如第

三方担保理财产品、结构化保本理财产品、票据理财、贵金属定投等。

四是金融衍生类产品，共计10项，如外币远期及掉期、人民币兑外汇期权等。

五是其他类产品，共计5项，主要包括了各商业银行报送的个别新系统开发及资金托管服务等。

二、主要特点

各行对新业务的态度均较为谨慎，服务类业务占比较高，融资类业务及理财类业务较为传统，风险管理相关的业务十分有限。各行新业务在其同类业务中占比普遍较低，发展总体乏力。

（一）层次化十分明显

总体来看，大中型商业银行创新力度明显大于小商业银行，中资商业银行创新力度明显大于外资银行，大型银行新业务管理系统化程度普遍较高。

大型银行已成为我国新业务创新的主导力量。四大国有商业银行北京市分行已建立较为成熟的业务创新体系，创新效果相对较好。这表明，金融创新在发展到一定阶段后，一家银行总体的人才、资金、市场和科技实力成为新业务发展的决定性因素，而这些因素均与银行的总体规模相关。

外资商业银行新业务业务量小，没有显示出较强的竞争力。与人们通常对外资银行的印象大相径庭的是，外资银行在北京并没有表现出其应有的创新能力，并且外资银行的新业务普遍业务量小，市场的认可度和参与度弱于中资银行。

（二）存在同质化趋势

由于业务规模、发展阶段、业务侧重等方面存在的差异，各行开展的新业务差异化比较明显，但总体仍呈现出同质化趋势。中小商业银行仍处在学习、模仿大银行的阶段。中小商业银行开展的新业务往往是大银行前几年开展甚至主推的业务，且大多比较传统，创新性不强。

（三）理财类业务产品多但创新不足

近几年，各商业银行理财业务竞争激烈、发展迅猛。据统计，2011年上半年北京辖区银行累计发行各类理财产品2.2万亿元人民币。从银行业整体来看，通过理财业务变相高息揽存的迹象初现，过度竞争已对银行长期稳健经营形成挑战。从各商业银行新业务中的理财产品来看，虽然有部分商业银行开展了一些有特色的理财产品，但总体来看，目前商业银行理财能力提高不大，理财产品资金投向并没有实质性突破，仍然主要集中在债券及货币市场工具类和信托类，两者共占上半年理财产品发行总量的63%。应当说，商业银行的理财产品大多仍停留在简单追逐规模的阶段，重在规避现有监管和调控政策，真正的创新很少。

（四）与各行实际契合度高

大型商业银行重改善服务。调查显示，四大国有商业银行北京市分行开展的新业务中，服务类业务数量占据了绝大部分比重。主要产品基本是在前期业务的基础上加以拓展，推出各类有特色的金融服务，如几家银行都推出的银医合作、个性银行卡及提供综合型服务等业务。这表明，各商业银行在市场份额相对稳定的情况下，拓展传统业务和增加金融服务多样化成为其新业务的重点。

中小银行重融资性业务。各家中小银行均不同程度将新业务的重点放在了为客户提供多样化融资性产品上。从具体的业务来看，有较为传统的票据贴现、贸易融资、短期融资券等，也有基于跨境人民币结算的境外融资业务。另外，部分总体规模较小的商业银行，将新业务着重点集中在立足服务中小企业上，推出整合型服务中小企业的方案，提供了多种担保及融资便利。这表明，各中小商业银行从自身经营的实际情况出发，通过融资服务便利来拓展市场份额，融资性创新特征突出。

外资银行侧重点不同。与中资银行相比，各家外资银行的差异化较大，各行的侧重点区别明显。这种区别主要体现在两个方面：一是在新业务种类方面，几家在中国业务较为成熟的银行，其新业务种类较多，衍生类产品占一定比例；而大部分起步较晚的外资银行，则将传统的银行卡及结算服务作为新业务的重点。二是在新业务的币种方面，少部分外资银行仍主要立足于外币业务，大部分则将发展重点放在了人民币业务上。部分外资银行尤其是几家法人银行，开展的新业务本土化趋势十分显著。这表明，由于各家外资银行发展情况及发展战略不同，适应中国市场的能力各异，本土化进程差别大。

（五）风险整体可控

服务类业务风险较低。各行开展的服务类业务均以中间业务、电子银行、个性化金融服务等业务为主。对于该类业务，如果产品衔接、提供服务等方面出现纰漏，银行可能出现零星的商誉风险，不会危及银行体系。

融资类业务风险较为传统。从新业务类型来看，各行新业务均未明显突破各行传统信贷业务的整体风险，未对各行风险管理形成新的挑战，各行主要是利用自身已经建立的成熟信贷业务管理体系加以管控。

理财业务风险值得关注。各行的理财业务发展迅猛，商业银行间竞争压力大，预期收益率较高。从风险角度来看，由于相对缺乏法律约束，客户集中提前赎回理财产品可能对银行既有资金安排造成冲击；理财产品生息期间信息披露仍属空白，不利于投资人掌控风险；个别理财产品存在转移内部收益问题。不过由于各行对于理财业务普遍比较谨慎，且管理相对比较规范，因此整体风险可控。

金融衍生类业务风险处于严格监管中。金融衍生类产品在各项新业务中风险相对较高，商业银行面临信用风险、市场风险、操作风险等。不过从各行开展的衍生类业务来看，一方面整体金额较小，尚处于业务初期阶段，客户也十分有限；另一方面各行对衍生类业务的风险均比较重视，制定了更加严格的内控制度。国际上许多衍生金融产品因受制于我国严格的监管政策，或根本无法引进，或需针对国内法规和环境进行重新改造，发展空间有限。

三、主要问题

从调研中各家银行反馈的意见来看，银行新业务发展中还存在以下问题：

（一）受外部政策环境制约明显

受监管政策制约明显。目前我国监管环节多，规定非常具体，政策比较严格，商业银行创新难度较大，部分业务创新难以取得开办资格。

受利率、汇率政策影响。国内存贷利差大，又因受汇率和利率政策影响，基本剥夺了商业银行对产品创新的定价权。

相应知识产权未得到有效保护。目前金融业整体环境上虽然有很大的进步，但立法方面对金融机构创新成果知识产权的保护不足，客观上影响了创新的积极性。

（二）银行自身因素制约新业务开展，无心无力高素质人才缺乏。目前各行虽然不断加大人才培养力度，但客观上人员素质及人才储备尚未跟上，制约了新业务的开展。

受技术及管理因素制约。中小银行在管理、技术等基础要素上的不足，导致其新业务研发能力较弱，只能根据自身需要采取跟随策略。

利差大，银行无创新动力。银行单靠传统业务的利差已能保证一定的利润空间，客观上使其产生惰性，创新动力不足。

（三）缺乏业务创新交流平台，各行业监管政策差异大

银行间缺乏创新交流平台，各行对政策把握的尺度不统一，推行新业务视角有限。

新业务需要从基金、保险、信托、担保、证券等多方面因素综合考虑，价值链的打造需要各金融监管部门的政策性支持。

（四）风险需要关注

部分银行担心，由于自身在管理、经验、操作等方面存在的不足，在新业务研发后，管理难度较大，客观上增加了商业银行流动性风险、操作风险、信用风险等。银行在研发及开展新业务时，存在违规风险，对政策的把握可能不够准确，与管理部门的沟通可能不够充分。

四、相关建议

（一）建立良好的外部环境，为商业银行业务创新拓展政策空间

从各行反映的情况看，一方面监管严格成为各行开展新业务最重要的限制因素，另一方面人民银行推行的人民币跨境结算、各种银行卡业务、票据业务及外汇业务等成为推动新业务的重要力量，监管主导型创新的整体环境比较明显。因此积极稳妥推进外汇管理、汇率，可为商业银行业务创新拓展政策空间；进一步推进利率市场化改革，减少银行靠传统存贷利差盈利的空间，逼迫银行走业务创新的盈利模式。另外，人民银行应继续大力推进社会信用环境建设，完善金融基础服务设施，增加服务品种，提高服务效率，充分发挥央行在推进金融创新方面的平台作用。

（二）大力扶持，提高商业银行业务创新热情

在商业银行业务创新过程中，人民银行应当通过政策倾斜、出台鼓励的配套制度、开展业务试点、公开表彰等多种方式，加强对商业银行新业务开展的引导和帮助，对新业务加以适当的扶持和激励，增强商业银行业务创新的积极性和内在动力。

（三）促进交流与合作，建立金融创新联合监管机制

创新已不单是一个行业的事，也不单是一家监管部门的事。显然，很多服务类业务创新是建立在人民银行的各种平台上的。因此，人民银行一方面要加强各类服务平台建设，为金融机构创新提供优质高效的基础设施；另一方面加强各金融管理部门间政策协调，建立行之有效的联合监管机制，统一监管政策和标准，打造公平竞争平台。

（四）加强对新业务风险的监测

各家商业银行在业务创新过程中均会不同程度地面临政策合规性及内控风险的考验。目前，虽然各行所开展的新业务整体风险状况尚明显低于国外部分金融产品，但部分业务存在规避监管、风险转换、受金融市场影响较大等问题，需要金融管理部门加大新业务风险监测力度，防患于未然。

（课题组成员：董洪福　肖炜　刘文权　张耀丹　张萍）

当前北京地区民间借贷情况调查报告

中国银行业监督管理委员会北京监管局

根据中国银监会要求，针对当前稳健货币政策环境下一些地区民间借贷活动日趋活跃的现状，近日，北京银监局组织人员成立调查组，通过走访、座谈、下发问卷、电话调查和暗访等多种方式，对北京市除银行信贷市场以外的民间借贷市场状况进行了快速调查。先后联络和走访了市金融局、市商务委、人民银行营业管理部、商业银行等机构，从多方面对小额贷款公司、担保公司、典当行、中介机构、民间借贷市场情况进行了解，通过对北京地区一些规模及影响较大的民营中介担保公司进行现场调查，以及对部分以融资中介、咨询、投资为名的民间融资中介机构进行暗访，收集、了解了北京地区民间借贷活动情况，现报告如下：

一、北京地区民间借贷基本情况

（一）总体情况

通过调查了解到，北京地区民间借贷市场现状主要归纳为以下四个方面：

一是北京地区民间借贷的主体多是房地产业、商贸流通和餐饮等服务业中的中小企业，大型企业和制造业企业相对较少。

二是与江浙地区银行体系以外较大规模的民间借贷市场比较，北京地区银行体系以外的民间借贷资金来源及运用渠道虽然呈现多样性，但总体规模较小，对银行信贷业务经营产生的影响不大。

三是辖内民间借贷市场中，资金供给方表现强势，贷款方对抵押物的要求比较高，借款人违约后被追偿的压力较小，民间资金链断裂的系统性风险相对较低。

四是受稳健货币政策影响，北京地区民间借贷市场一年来呈现活跃态势，借贷利率高居不下，一定程度上存在高利贷现象。

总体上看，北京地区民间借贷市场比较活跃，但整体市场风险基本可控，尚不足以影响到银行体系的稳定运行；民间借贷市场中高利贷和非法集资等潜在风险隐患，以及越来越多的中介机构、企业、个人因利益驱动变相参与融资活动的趋势需引起关注；政府各相关部门应加强协作配合，尽快完善对民间借贷市场的监测和监管机制。

（二）当前参与民间借贷的主体和渠道

1. 持有政府相关部门批准牌照的公司。一是小额贷款公司。《北京市小额贷款公司试点监督管理暂行办法（试行）》正式施行以来，截至 2011 年 9 月，北京地区共批准设立小额贷款公司 33 家，注册资本总额 35.05 亿元。从现有经营状况来看，小额贷款公司正成为银行以外民间借贷的重要渠道之一。二是融资性担保公司。根据市金融局 2011 年 6 月末统计数据，北京市共批准融资性担保公司 113 家，资产总额约合 517 亿元人民币。另据市担保协会调查，截至 2011 年 6 月末，在市工商部门注册的各类担保机构近千家，其中参加市担保协会的181家，181家中，已开展担保业务的143家，在143家中注册资金超过1亿元的有18家，2011年6月末，143家担保机构在保余额1 762.71亿元，同比增长55.34%，2011年上半年新增担保额810.46亿元，同比增长了89.94%。三是典当行。典当行常规的典当业务以房产抵押典当、汽车质押典当以及民品质押典当为主，典当期限一般不超过3个月，最长不超过6个月，房产典当融资额为房产市值的50%至60%，汽车典当融资额为汽车估值的80%左右，利率一般为月息3%左右。除非融资性担保公司外，上述三类机构由于已经纳入相关政府部门监管范围，日常运营状况比较稳定。

2. 非政府批准的民间借贷机构。从调查情况看，这类公司主要有两类，一类是活动范围较小，多发生在熟人朋友之间、相互熟悉情况的公司之间，资金规模大小不一；另一类是以咨询公司、投资公司、担保公司等形式存在，从互联网上或从小额贷款公司淘汰的客户中寻找借贷对象。这两类公司开展的业务属于真正意义上的民间借贷，在北京地区比较活跃，但受规模限制和法律制约，尚未在特定行业和特定区域形成大范围的资金借贷市场。

此外，调查中多数银行反映在日常经营过程中经常遇到从事民间借贷活动的机构前来洽谈业务或寻求合作。一些被调查的非银行机构也反映，个别银行从业人员也存在向民间融资机构介绍客户甚至参与民间借贷活动的现象。

（三）当前民间借贷市场的特点

1. 民间借贷市场规模相对较小，委托贷款活跃度增高。

一是正规小额贷款市场规模有限。截至2011年9月末，北京辖内银行业金融机构各项贷款余额42 464.4亿元，而经各级政府批准设立、作为民间借贷市场“正规军”的小额贷款公司同期贷款余额56.89亿元，仅占银行贷款总量的0.13%。融资性担保公司和典当机构受资本金限制，融资规模也相对较小。

二是北京地区银行外民间融资规模与民营经济份额较大的省市相比处于较低水平。主要原因在于北京国有企业集团总部经济特征明显，大型企业集团参与的民间借贷行为也多数通过银行委托贷款形式办理，在银行体系以外从事大额资金借贷的各类融资中介机构自有资金有限，融资业务超亿元的机构很少。

三是近两年的北京地区银行业存贷款、委托贷款走势印证企业间借贷行为呈现逐步活跃态势。2011年以来，北京辖内银行业机构存贷款余额均呈现较为平稳的增长态势（见图1），但存贷款增速放缓，均出现了同比少增的现象，与此同时，委托贷款额则持续上涨（见图2）。2010年末辖内银行业机构委托贷款余额5 933.89亿元，比年初增加1 434.33亿元，增幅31.88%；2011年9月末委托贷款余额9 236.23亿元，比年初增加3 302.34亿元，增幅55.65%，已经超过2010年全年委托贷款的增量。从平均增速看，2010年委托贷款月平均增速为2.38%，2011年委托贷款月平均增速为5.1%。反映出北京辖内在银行信贷规模控制的情况下，企业间借贷行为呈现逐步活跃态势。

2. 民间借贷重视押品，风险尚未显现。从调查情况看，在北京辖内民间借贷活动中，贷款人、融资中介比较重视担保

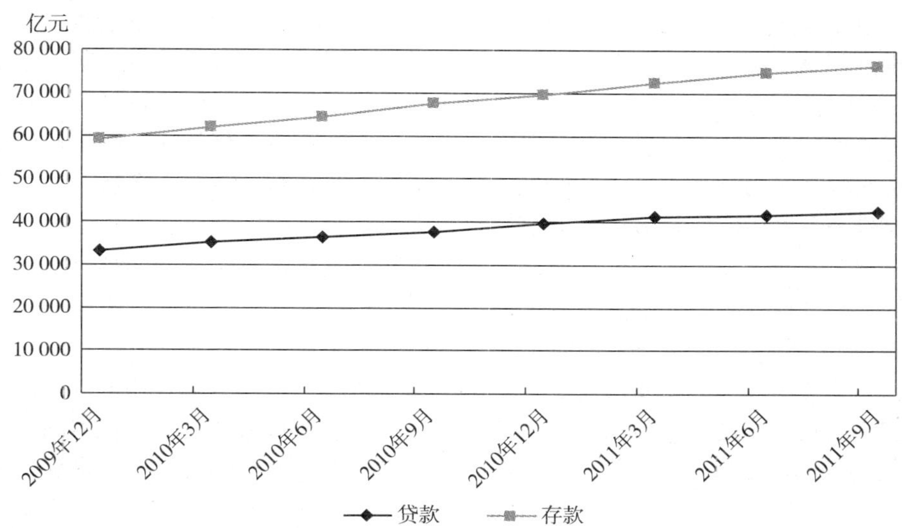

图1　北京银行业近两年存款、贷款走势图

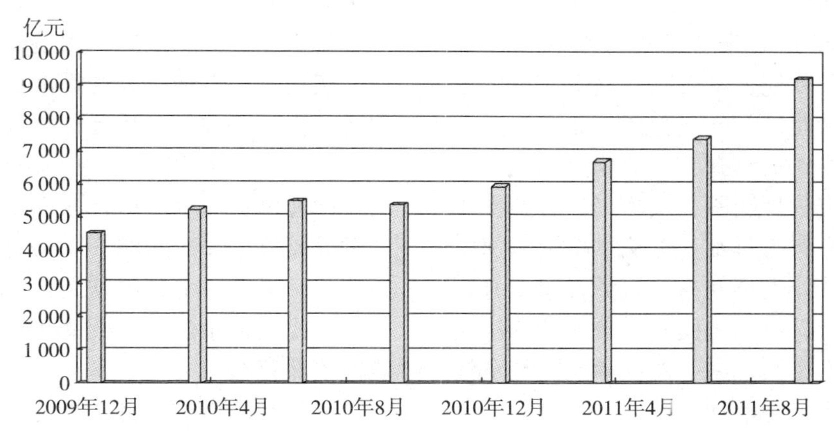

图2　北京银行业近两年委托贷款走势图

和抵押物，以及熟人之间多年的信用关系。在抵押物中，由于资金融出方普遍认为在北京地区房屋具有一定的保值、增值属性和流动性，因此住房成为民间借贷活动中最常用的抵押品。民间借贷对抵押物的估值较低，借款人违约成本比较高，这也是北京地区民间借贷不良率一直维持较低水平的原因之一。但是，调查发现，民间借贷中为提高效率，多以借贷双方签字和公证的方式，代替到房屋登记机构办理抵押物他项权证手续，存在较大法律风险和不稳定因素。

3. 民间借贷期限短期化。从调查情况看，北京辖内民间借贷一般均具有“短、平、快”的特征。例如小额贷款公司等专业融资机构的融资期限一般在1年之内，期限在3个月以下的贷款最为普遍。每笔贷款的审核办理时间通常在3天左右，最快的1天就能完成。

4. 民间借贷多用于中小企业，且对

资金用途限制较少。由于大企业资金需求大、很难通过民间借贷市场满足融资需要，北京地区的民间借贷多用于解决中小企业、个体私营业主生产经营周转、搭桥贷款、企业验资、房地产、个人临时性需求以及农户季节性生产需求等。如北京辖内小额贷款公司截至2011年9月末累计发放的贷款中，向农户及中小企业发放的贷款，分别占其发放总量的29.58%和27.3%，为其贷款的两大主要流向。贷款人较少监测信贷资金的具体流向，也较少对借款人在贷款期限内挪用资金做出限制。

5. 小贷公司从业人员很多来源于金融业。从调查情况看，北京地区小额贷款公司的大部分从业人员都来自学生、企业、银行或其他金融机构，高管人员中很多来自金融业，有的还曾任商业银行支行行长，这些人员具有一定的风险意识和较丰富的信贷管理经验，较少出现恶意催收等行为。而典当行及其他从事融资担保中介业务的从业人员及高管人员普遍没有金融从业经历，对有关民间借贷活动的法律法规了解不全面，易引发法律风险甚至涉嫌从事非法金融活动。

二、存在的问题及隐患

（一）部分民间借贷利率高于银行贷款利率4倍以上

从调查了解的情况看，目前北京地区民间借贷利率月息平均在4%左右，达到同档次银行贷款利率的7倍以上，信誉较好的客户可低至月息2%～3%，部分借贷机构为避免高利贷的违法违规风险，采用收取顾问费等方式获取高于银行贷款利率4倍以上部分利息。

分析造成上述现象的成因：一是在宏观经济增长的背景下资金需求旺盛，有的企业会在高利率的情况下借款以维持发展需要。同时因资金供给量有限，不少小额贷款公司、中介等机构也经常出现资金短缺、无款可贷、借款人排队等候资金的情况。二是存款准备金率多次上调，在抑制银行信贷规模的同时，带动了民间借贷市场利率走高，直接或变相超过法定贷款利率4倍以上放款的情况普遍存在。三是现有投资渠道少，导致部分富余资金选择民间借贷市场。一方面，CPI与存款利率倒挂增大了公众借贷意愿，根据国家统计局公布的数据，2011年9月北京地区CPI同比上涨6.5%，而同期一年期定期存款利率为3.5%。银行存款收益的负增长削弱了居民的存款意愿。另一方面，股市等投资渠道收益很难把握。四是商业银行授信门槛较高，对借款人的资格审查、资金用途、担保人的经济状况等有着严格的限制，且贷款审批手续复杂，流程较长，对出现紧急融资需求的借款人难以给予迅速的融资支持。而民间融资以其简便、快速的特点，吸引了部分借款人。

（二）民间借贷向外部传导风险的可能性依然存在

一是有的借款人将从银行贷出的资金通过向小额贷款公司贷款拆借、直接放贷、委托融资中介贷款等形式间接参与民间借贷，一旦参与的民间借贷出现风险，势必向银行体系传导。二是民间借贷一旦出现风险，将成为社会不安定因素。比如房价的大幅波动将使高成本的民间借贷首先出现风险，由于房产抵押是民间借贷的主要担保方式之一，一旦房价下跌将导致抵押率不足，使债权债务矛盾激化，不安定因素增加。三是民间借贷一旦转化成高利贷，极易引发借款人违约风险，在房产等抵押物变现困难的情况下，有些机构会采取不当手段吸收外部资金解决短期内出现的流动性问题，导致非法集资活动发生，影响金融稳定。

（三）部分融资性担保公司直接或变相放贷

暗访发现，部分融资性担保机构表示可提供短期资金周转贷款。此类贷款可在一周内放款，贷款利率、担保费率等合计每月3%～4%，贷款期限一般不超过3个月。以上行为违反《融资性担保公司管理暂行办法》第二十条关于融资性担保公司不得从事发放贷款的规定。

（四）有的民间融资行为演变成为非法集资案件

北京市违法犯罪综合信息管理系统数据显示：2011年1月1日至9月30日期间，北京地区共受理非法集资案件10起，立案8起，破案15起，案件类型主要包括非法或变相吸收公众存款、集资诈骗，已立案案件的涉案金额共计12 093万元，涉案人员共计957人。

此外，有的中介机构反映，个别银行员工成为民间借贷中间人，由于巨大的利差诱惑及熟人文化，个别银行从业人员在向民间借贷机构输送客户资源的同时，还利用提供资金或介绍资金来源渠道等方式参与民间借贷，一定程度上给银行体系带来了潜在的风险隐患。

三、监管措施及政策建议

在传统融资渠道难以满足信贷市场需求尤其是小企业资金需求的情况下，如何培育一个合法、有序、风险可控的民间借贷市场，需要各主管部门协作配合，也需要民间借贷市场的各项交易逐步实现规范化和透明化。

（一）监管措施

1. 继续强化中小企业信贷支持，实施差异化监管政策。国庆期间，温家宝总理在温州调查时强调“中小企业在扩大就业、推动经济发展等方面有不可替代的作用，要认真落实并完善对小微企业的差异化金融监管政策”。国务院和银监会也先后出台政策扶持小企业和小微企业的发展，今后，需要政府和监管部门继续引导辖内商业银行加强对中小企业的信贷支持，完善相应的授信审批制度。同时，根据北京辖内情况，积极研究相应的差异化监管政策，充分实现对小企业和小微企业的信贷支持。

2. 贯彻“三个办法、一个指引”，从源头控制信贷资金流向。督促银行业金融机构进一步加大“三个办法、一个指引”的执行力度，科学测算用款企业的资金需求，既要保证企业的合理用款，又要防止企业信贷资金过剩，从源头杜绝超过企业合理需求的信贷资金流入民间借贷领域。

3. 加强相关部门监管联动，共同规范对从业人员的管理。对已纳入管理范畴的小额贷款公司、融资性担保公司等机构，建议相关监管部门联合出台规章制度，规范其任职资格管理。如对银行离职员工加入小贷公司、融资性担保公司实行离任审计制度，限制有不良记录人员进入小额贷款公司、融资性担保公司；规范和限制互持或共持小贷公司、融资性担保公司的股权等措施，防范关联交易和系统性风险。

4. 加强理财产品监管，加强对“影子银行”的监管。督促银行严格控制并审慎办理具有“影子银行”色彩的业务，目前主要是银信合作、信贷资产转让和信托公司的融资类信托等业务，防范风险转嫁和因各种原因被介入高利贷。督促银行业金融机构开展自查自纠，加强员工教育，严禁员工以个人名义或假借银行名义参与民间借贷活动。

5. 改进银行业机构审贷政策，完善审贷流程。在保证不放大信贷风险的前提下，扩大小额贷款发放渠道，完善小企业贷款审批机制，进一步发挥银行信贷主力军的作用。继续有序扩大小额贷款公司试点范围，培育和引导民间借贷规范化发展。

（二）政策建议

1. 建立民间借贷市场监测制度，监控民间资金流向。建立民间借贷市场监测、预警、通报制度，及时化解民间借贷风险，对合规的民间借贷行为进行保护。尝试建立政府或央行主导的民间借贷登记平台，明确债权人、债务人的法律关系，保障债权人、债务人的合法权益，提高民间借贷市场的透明度，及时监控民间借贷资金的规模及流向，防止银行信贷资金流入民间借贷领域。

2. 合理引导民间借贷资金投向。鉴于民间闲散资金投资渠道狭小，投资风险高的情况，通过设立政府投资基金等形式，合理引导社会资金投向关系就业和产业发展的中小企业，减轻中小企业债务负担，达到互惠双赢的目的。

3. 规范融资类企业登记审批和管理制度。对参与或涉及融资、投资、担保、咨询、资产管理等活动的企业实行严格的登记和年审制度，明确业务范围、规范企业行为。建立非法金融活动黑名单制度，对涉及人员实行一定年限的工商登记禁入。

4. 通过解读典型案例提高公众对非法集资风险的识别。通过宣传典型案例，使广大群众对非法集资、高利贷等犯罪行为有深入了解，加强识别，提高投资风险意识，从而打击违法犯罪行为。

（张卫　曹妍）

公共租赁住房融资瓶颈剖析与破解建议

中国银行业监督管理委员会北京监管局

大力推进以公共租赁住房为重点的保障性安居工程建设，是党中央、国务院站在促进社会科学和谐发展的战略高度，加快解决中低收入家庭住房困难、着力保障和改善民生采取的重大举措。“十二五”期末，全国保障性住房覆盖面达到20%，五年全国建设3 000万套保障性住房。保障性住房建设目标任务是一项不打折扣的政治任务，但保障性住房自身预期现金流与建设资金存在较大缺口，而财政收入的增长规模与区域间的不平衡难以有效弥补资金缺口，以此为核心形成了保障性住房建设融资瓶颈。本文将以北京为例，重点对公共租赁住房建设融资瓶颈进行剖析，提出破解建议。

一、2011年北京地区保障性住房投资建设总体情况①

“十二五”期间，北京市计划新建、

① 数据来源于北京市保障住房建设投资中心。

改建和收购各类保障性住房100万套，包括公开摇号配租配售类：公共租赁住房30万套、经济适用房和限价房20万套；定向安置类：旧城改造4万套、棚户区改造6万套、城乡结合部建设、土地储备和重点工程拆迁40万套。总投资预算5 300亿元，其中公开摇号配租配售类保障性住房2 300亿元（公共租赁房1 000亿元），定向安置类保障性住房3 000亿元。

2011年，国家下达的北京地区新开工建设保障性住房指标是20万套（计划投资总额1 200亿元），其中公共租赁住房6万套（计划投资210亿元）、经济适用房1万套、限价房3万套、定向安置房10万套。截至10月末，北京市新开工建设各类保障性住房22.41万套，开工率达112.05%，竣工8.27万套，完成投资502.79亿元（完成计划的42%）。其中，公共租赁住房新开工5.61万套，竣工6 283套，完成投资54.32亿元。今年国家下达公共租赁住房计划开工套数占比为30%，截至10月末，实际开工率为93.5%，低于各类保障性住房平均开工率18.55个百分点，竣工套数占比只有7.6%，实际完成投资仅占全年计划投资的25.87%，低于各类保障性住房平均水平16个百分点，占各类保障性实际完成投资总额的10.8%。由此可见，公共租赁住房投资建设进度滞后于其他类保障性住房，目前尚无银行信贷资金进入，融资瓶颈成为制约建设进度的主要因素。

二、公共租赁住房融资瓶颈剖析

（一）投融资模式的市场化运作与资金回流的政策性安排不匹配形成资金偿还缺口

从投融资情况看，“十二五”期间，北京地区公共租赁住房计划总投资1 000亿元，融资渠道主要包括银行贷款、发行中期票据及企业债、公积金贷款、社保基金等。据北京市保障房建设投资中心①估测，2011年总体融资中发行中期票据、公积金贷款、社保基金、银行贷款分别占比为50%、20%、20%、10%。随着以公共租赁住房为重点的保障性住房建设进度的不断推进，2012年银行信贷需求将达70%以上。各种投融资渠道均按市场化原则操作，即在综合考量成本收益水平基础上进行投融资决策。以银行信贷为例，商业银行对公共租赁住房项目信贷审批条件是：资本金充足（不低于20%）、治理结构完善、运作规范、自身经营性收入能够覆盖贷款本息（或缺口部分由本级政府统筹安排还款）、设立交叉违约条款、贷款期限原则上不超过15年、项目建成后一年两次还本付息等。

从资金回流情况看，政策规定公共租赁住房只租不售，贷款还款来源主要有财政拨款、公共租赁住房租金收入等。在财政拨款方面，每年按10%计提的北京市土地出让净收益和住房公积金增值收益约40亿元，15年合计为600亿元，在不考

① 成立于2011年6月30日，是北京市国资委下属一级全民所有制企业，注册资金100亿元，由市财政以货币形式一次性完成注资，主要职责为市级统筹建设收购公共租赁住房项目、市政府委托建设的定向安置房项目筹集建设资金，对区县公共租赁住房建设给予资金支持等。

虑利息支付和贴补公共租赁房住户情况下，只能覆盖保障性住房投资总预算（5 300 亿元）的 11.32%。在公共租赁住房租金收入方面，以北京市保障住房建设投资中心提供的测算情况为例，建设开发成本 6 000 元/平方米①（80% 使用银行贷款），租金收入 36 元/平方米（约为市场平均租金水平 45 元/平方米的 80%），维护成本 3 元/平方米，贷款利率为 5.94%（基准利率下浮 10%）为例，需要 32 年才能完成还本付息，远远超过 15 年的原则期限。

综上，由于公共租赁住房建设资金供给的市场化与资金收入回流的政策性安排在资金总量与时间上不匹配，使贷款在规定时间内（15 年）偿还存在缺口。

（二）土地、规划、发改、建委等部门手续审批时间滞后于建设资金需求时点

保障性住房主要手续审批流程为：土地预审→规划意见→投资立项→建设拆迁施工审批，到土地、规划、建委、发改等部门办理土地使用证、建筑工程规划许可证、土地规划许可证、施工证、投资立项批复等许可文件。走重大项目绿色通道，最少时间也需要 8 至 9 个月，在这期间建设单位需要支付土地一级开发补偿、勘查设计、工程预付款等资金（约占总投资的 60%）。而手续齐备是商业银行信贷合规审批的首要条件，手续审批时间滞后于建设资金需求时点已成为信贷资金及时进入的另一瓶颈。

三、破解公共租赁住房融资瓶颈的几点建议

（一）积极拓展公共租赁住房配套商业物业收入来源

建议积极开发公共租赁住房配套包括商场、餐饮、娱乐、广告、停车场在内的商业物业多种经营模式，拓展收入来源。以香港市场化经营公共租赁房配套商业设施充实还款来源为例，香港房委会通过市场化经营公屋附属的商场、停车场以及其他非居住性设施，实现了以房养房、扭亏为盈的目标。据统计，1993 年 4 月至 2003 年 4 月的 10 年间，香港公屋营运赤字累计为 120.36 亿港元，但同期，仅出租公屋附属设施的收入就达 216.02 亿港元。

（二）创新融资模式，推行组合融资，形成多元化融资体系

包括公共租赁住房在内的保障性住房建设融资需求巨大，仅靠银行贷款支持难以为继，建议适时创新融资模式，采取企业集团委托银行发放委托贷款、引进证券投资基金及融资租赁资金、发行公共租赁住房建设债券、房地产信托投资基金（REITS）等多种融资方式，以降低信贷集中度、分散相关风险，减轻财政压力、实现公共租赁住房融资的可持续性。

在公共租赁住房债券设计上，建议政府先设立一个公共租赁住房建设基金，资金主要来源于公租房的租金收入和每年政府相应的财政补贴；票息率采用浮动利率，综合考虑发债规模、基准利率、通胀率、债券期限等确定基础利率，并与公共租赁住房建设进度挂钩，如进度滞后于计划进度，票息率将上浮。通过公开发行，让市场来有效监督资金流向和建设进度，有效解决公共租赁住房回报周期长的问

① 土地为划拨免缴纳土地出让金，土地一级开发成本 3 000 元/平方米、公共租赁房屋建安成本 3 000 元/平方米。

题，不仅缓解了政府偿债压力，也为相关投资者（住户和建材提供商）提供了一种投资工具来对冲建设进度延缓风险（如建设进度延缓，债券购买者可以享受债券利率上浮收益）。

在房地产信托基金上，由基金公司选择公共租赁住房项目，以公共租赁住房租金收入、配套商业物业收入及财政补贴支出等收入为基础资产发起设立 REITS，公开向社会投资者发行结构化受益凭证，广泛吸收社会闲置资金进入公共租赁住房建设中。

（三）简化审批流程，提高审批效率，创新审批手段

公共租赁住房建设作为一项政治性极强的建设任务，有别于普通商业化项目，建议相关审批部门充分考虑这一特殊性，尽量简化审批流程、提高审批效率。现阶段建议考虑在实质性审批基础上先发函证（效力等同于正式证明文件），以满足银行信贷合规审批要求。

（四）进一步加强公共租赁住房资金管理

一是建议北京市保障住房建设投资中心充分发挥资金统筹管理功能。对每年建设资金需求总量和时点要根据建设目标、进度做精细化测算，综合考虑融资成本，确定有效的融资模式；对资金的使用要实施动态化监测，严防资金被挪用；对区县承建的公共租赁住房存在的还款缺口，统筹安排收购资金偿还。

二是建议建立健全租金催收机制。对承租人未来 5 年内预期收入规模及稳定性进行评估，原则上要求租金支出不超过个人可支配收入的一半；仿效国外做法，从法制层面对租金拖欠者和不符合续租条件不按时腾退承租房屋的租户进行惩处，如新加坡对违规者施以高达 5 000 新元的罚款或者 6 个月的监禁，乃至两者兼施。

三是建议加强公共租赁住房日常维护管理。设立租户在日常使用承租房屋时应承担的基本职责，对过度使用或恶意破坏承租房屋及配套设施的租户，要求其承担维护成本并处以一定的罚金。

（五）对公共租赁住房建设及融资实施优惠政策，降低建设与融资成本

一是建议在建设环节，减免土地增值税、城镇土地使用税等主要税负；在经营环节，减免租金营业税；在融资环节，减免银行贷款利息收入和其他融资工具收入的营业税。

二是建议对支持包括公共租赁住房在内的保障住房建设的信贷资金不纳入银行信贷规模考核，不计入拨备率、贷存比等监管指标；在经济资本计提方面，采用标准法的，建议根据不同区域的经济发展水平、政府承担的固定资产投资及其他经济建设任务、财政收入水平、债务依存度、债务率、偿债率等，在 20% ~100% 区间内确定相应风险权重；采用内部评级法的，违约概率和违约损失率的确定也应参照上述标准制定。

（喻强）

北京地区私募股权投资基金调研报告

中国证券监督管理委员会北京监管局

2011 年，北京证监局对北京地区 VC/PE 行业进行了调研，先后走访了北京市工商行政管理局、北京市金融工作局和北京市股权投资基金协会，了解了北京地区 VC/PE 行业的基本情况、备案监管和自律管理情况。同时，还到中信产业基金管理公司和清科集团等机构，询问了 VC/PE 行业发展面临的困难、问题及风险。在此基础上，完成了调研报告，并提出 VC/PE 行业的监管建议。现将有关内容报告如下：

一、北京地区 VC/PE 行业的发展情况

（一）北京地区 VC/PE 行业发展的基本情况

根据北京市工商局的注册登记数据，截至 2011 年 7 月 21 日，北京市含有“基金”、“基金管理”字样的 VC/PE 共计 199 家，其中含有“股权投资”字样的 VC/PE 共计 22 家。在 199 家以“基金”、“基金管理”命名的 VC/PE 中，公司制 151 家；有限合伙制 48 家；注册资本 362.5 亿元，实收资本 132.8 亿元。由于在北京地区使用“投资公司”、“投资管理公司”、“资产管理公司”等字样注册的公司，也有相当一部分从事 PE 业务活动，但无法从现有注册登记信息区分开来，所以北京地区实际从事 VC/PE 行业的管理机构要远大于这一登记数字。

根据北京市金融工作局的统计，截至 2011 年 6 月 30 日，北京市创业投资和股权投资的管理机构共计 583 家，管理资本共计 1 0581.1 亿元人民币，机构数量和管理资本数量居全国首位。

另据北京市金融工作局的统计，截至 2011 年上半年，北京市总计备案创业投资企业 65 家（新备案创业投资企业 7 家）。2011 年初，国家发改委发布《关于进一步规范试点地区股权投资企业发展和备案管理工作的通知》（发改办财金〔2011〕253 号）后，北京市已有 4 家股权投资企业在发改委备案，其中，北京凯雷投资中心（有限合伙）成为首家备案的外资股权投资企业。

1. VC/PE 基金募集情况

2011 年上半年，北京地区新募集完成创业投资和股权投资基金共计 48 只，较 2010 年上半年增长 200%，占 2011 年全国完成募集基金总数的 37.5%；上半年北京地区投资管理机构新增可投资于中国大陆的基金资本总额为 631.12 亿元人民币，已超过 2010 年北京地区全年募资总额（453.92 亿元人民币），约占全国 2011 年上半年募资总额的 43%。

从分布来看，2011 年上半年，北京地区创业投资和股权投资共新募集人民币基金 33 只，外币基金 15 只；人民币基金募集规模 230.53 亿元人民币，外币基金募集规模 61.9 亿美元，约合 400.59 亿元人民币。外币基金在单只募集规模上占据

明显优势，15只外币基金中有7只规模在5亿美元以上，其中包括规模最大的KKR中国成长基金，一期到位10亿美元，且仍在募集中。

2011年上半年北京地区新募集基金概况

类型 数量	人民币基金		外币基金	
	VC	PE	VC	PE
只数（只）	10	23	9	6
金额（人民币：亿元）	76.45	154.08	185.73	214.86

2. VC/PE投资情况

2011年上半年，北京地区共发生创业投资和股权投资179起，已知投资金额的154起案例共计融资266.38亿元人民币，超过上年全年创业投资和股权投资的融资总额，投资案例总数和投资金额均居全国首位。在179起投资案例中，创业投资148起，投资金额120.18亿元人民币；股权投资31起，投资金额146.26亿元人民币。

从投资方向来看，2011年上半年，北京地区共有137起投资案例投向战略新兴产业，投资金额共计167.55亿元人民币，占北京地区上半年投资总额的62.9%。

3. VC/PE退出情况

2011年上半年，北京地区发生75笔退出交易，高于2010年同期的37起，但略低于2010年下半年的100起。

从退出方式来看，IPO退出仍然是最主要的退出方式，75笔退出中包含IPO退出67笔，涉及13家VC/PE支持的13家上市企业；5笔兼并收购退出以及3笔股权转让退出。

在成功上市的13家被投企业中，约半数企业选择在境外上市，其中包括4家于纽交所上市；2家于纳斯达克上市；4家于国内创业板上市；另有3家分别于上海证券交易所、深圳中小企业板、香港主板上市。

从退出的行业分布来看，在获得融资的企业中，“新一代信息技术”领域共有8家公司上市，4笔兼并收购以及1笔股权转让；传统行业和清洁能源行业共有5家公司上市；生物科技、健康行业和服务业共发生1笔兼并收购和2笔股权转让。

（二）北京地区VC/PE行业发展的特点

从发展情况来看，与上海、深圳、天津、江苏、浙江等地相比，北京地区的VC/PE行业呈现出以下特点：

1. 北京VC/PE行业在全国具有举足轻重的地位。根据清科2010年数据，北京VC/PE行业机构数量居于首位，约占全国的30%；北京VC/PE行业管理资本规模排名第一，约占全国的42%。从平均管理资本规模来看，北京股权投资机构的平均管理资本规模为74.72亿元，外资股权投资机构平均管理资本规模达142.39亿元，均远远高于其他地区各类股权投资机构。

2. 北京地区创业投资和股权投资活跃度居全国首位。根据清科研究中心数据显示，2010年活跃在北京、上海、深圳、天津、苏州的股权投资机构共发生了956笔投资交易，共完成投资884.58亿元。其中，仅北京股权投资机构就发生450笔投资，披露的投资额为558.05亿元。从增速来看，2010年，北京地区的股权投资交易较2009年增长了126%，也是全国增长最快的地区。

3. 北京地区与VC/PE行业相关机构类型比较齐全。VC/PE行业的专业研究机构清科集团注册在京，北京也已成立中国私募股权投资基金协会、北京私募股权投资基金协会等，另外还有众多的律师事务所和会计师事务所等中介机构云集北京。

4. 北京VC/PE行业中，本土机构成为市场主导，外资机构也不断发展。根据清科2010年数据，北京活跃的投资机构（活跃机构定义为2010年发生募、投、管、退行为的机构）共有194家，其中本土的144家，外资35家，中外合资15家。63家本土股权投资机构共管理3 743.57亿元，占北京股权投资机构资本总量的55.1%，而21家外资股权投资机构共管理2 990.22亿元，占北京股权投资机构资本总量的44%。

5. 北京VC/PE行业发展相对规范，在全国具有示范效应。在浙江和天津等地，先后发生"红鼎创投"创始人涉嫌集资诈骗案、天津天凯投资以股权投资基金之名非法集资案等。在北京，凡是以"基金"、"基金管理"、"股权投资"等字段注册的公司均要履行严格的注册登记程序，对注册资本、实收资本均有比较明确的规定。

6. 北京VC/PE投资活动集中于京沪深苏等地和战略性新兴产业，退出以IPO为主，并且集中于广义IT行业等。根据统计，在投资环节，北京VC/PE机构2011年上半年近七成投资聚焦北京战略性新兴产业，为地方经济发展作出较大贡献。

（三）北京地区VC/PE行业的监管现状

1. 北京地区VC/PE行业的基本政策

为推动VC/PE行业的发展，发挥创业投资和股权投资对战略新兴产业的扶植作用，北京市出台了一系列优惠政策。目前，北京市政府已发布《关于促进股权投资基金业发展的意见》（京金融办〔2009〕5号）以及《关于促进股权投资基金业务发展意见部分内容调整的通知》（京金融办〔2009〕9号），对VC/PE行业在注册、税收、人才引进等方面给出了一系列优惠政策。此外，北京市各区县也分别发布了促进股权投资基金业发展的具体措施。

在支持外资方面，北京市政府发布了《关于本市开展股权投资基金及其管理企业做好利用外资工作试点的暂行办法》及《关于本市开展股权投资基金及其管理企业做好利用外资工作试点的暂行办法的实施细则》，对外资参股VC/PE行业结售汇等业务提供了一系列政策支持。

2. 行政监管现状

目前，北京地区VC/PE监管职责由北京市金融工作局承担，其主要承担VC/PE备案管理、统计分析、落实优惠政策等方面的职能，具体工作主要由金融市场处负责。

3. 自律管理现状

2008年6月20日，北京股权投资基金协会正式成立。作为北京市私募股权投资行业的自律性组织，协会致力于"促进行业环境建设、建立自律管理机制、维护会员合法权益、研究行业发展动向、培养相关专业人员、组织内外交流合作"等。

目前，协会共有正式会员79家，包括了主要的私募股权投资机构及律师事务所、会计师事务所等中介机构。现阶段，协会主要为会员及相关从业人士提供业务咨询、快速注册、商务会议以及培训等服务。

二、现阶段私募股权投资基金发展面临的问题和风险

（一）VC/PE 行业发展面临的主要问题

1. VC/PE 行业的配套立法尚不完善

目前，在国内成立私募股权投资基金和管理公司的主要法律依据包括《公司法》、《合伙企业法》、《信托法》等基本法以及相应的工商登记细则等。由于法律界定不明确，依据这三种基本法成立的股权投资基金或管理公司都面临着一系列问题。依据《公司法》成立的管理公司或投资基金，资金进入或减资程序繁琐，对个人投资者还涉及重复征税问题；依据《合伙企业法》成立的合伙型基金管理公司也面临同业竞争、合伙财产独立性、工商变更手续繁琐等问题；信托制基金只有信托公司能做，并且不能作为拟上市公司的股东，因此不具备现实操作性。

2. VC/PE 行业的监管主体不清晰，监管模式尚存争议

由于没有明确的立法规定，目前我国 VC/PE 行业处于多头监管，但监管模式不确定的局面。包括发改委、银监会、商务部以及各地金融局等部门均出台了相关的管理办法，但从实质来看，国内 VC/PE 行业基本处于自由发展阶段，并没有严格的立法来规范行业的发展。

3. VC/PE 行业发展不规范，带来一系列问题

第一，LP 和 GP 法律关系不成熟。目前，LP 和 GP 之间的权利义务和责任关系出现一定程度的扭曲，主要体现在 LP 过多干预 GP 的管理，参与投资决策，过多的信息披露等，影响 GP 专业水平和行业健康发展。

第二，恶性竞争。伴随着 VC/PE 行业的快速发展，VC/PE 行业的竞争日趋激烈，甚至形成了恶性竞争的局面。从募资环节的管理费免单到投资环节的高价争抢 Pre－IPO 项目，多数创业投资和股权投资基金在利益的驱使下，只重视短期利益，而不愿提升自身研究能力和投后管理能力。一旦 IPO 市场逐渐回归理性，对 VC/PE 行业中不重视自身核心竞争力的投资基金将是沉重的打击。

第三，项目投资追求短期利益，缺乏对投后管理的必要重视。随着 VC/PE 行业的快速发展，对优质项目的争夺日趋激烈，导致不少 VC/PE 强调项目开发，而不重视投后管理，项目投资往往以价格和时间取胜。另外，由于行业的快速发展，导致专业人才不足，规模稍微大些的基金，一个管理人通常需要负责 40 多个项目，投后管理的效果必然大打折扣。

第四，VC 行业发展相对较慢。由于国内目前对 VC 和 PE 之间没有明确的法律界定，相关配套政策无法出台，因此行业内大部分基金都集中在 Pre－IPO 阶段，从事早期投资的基金很少，也不利于行业的健康发展。

4. 在资金募集方面，LP 市场仍待壮大和培育

在设立一只人民币基金时，面临的首要问题是国内目前没有足够的、成熟的 LP 群体。从资金来源看，目前的主要来源是政府机构、大型国有企业以及上市公司等，此外也包括一些高净值的民营企业和富裕的个人。与本土 VC/PE 快速发展以及外资 VC/PE 深度参与形成对比的是，国内市场上优质 LP 资源依然稀缺。尽管一些民营企业和个人参与投资的热情很高，但与海外成熟市场相比，中国的 LP 群体尚不成熟，主要表现为没有形成一致的行为准则，很多 LP 都要求不同程度的

参与具体的投资决策，或者追求短期利益，给基金募集和管理带来很大困难。

5. VC/PE 行业的退出渠道过于单一

从欧美成熟市场的经验来看，兼并收购是股权投资机构退出的重要方式之一，占比在 70% 左右。而从我国目前的实际情况来看，IPO 在股权投资退出中仍占主导地位，在 2011 年上半年全国发生的 228 笔退出中，IPO 方式占据了 87%；上半年北京地区的 75 笔退出中，IPO 方式退出占据了 89%。这一方面是由于 IPO 市场的高溢价，另一方面也是受并购融资渠道和融资方式单一的制约所造成的。

6. VC/PE 行业的税收体系尚需优化

目前对于公司制的股权投资基金和管理公司仍然存在双重征税问题，而对于有限合伙制的投资基金和管理公司，虽然解决了双重征税问题，但在适用税率上，仍比照"个体工商户的生产经营所得税"计征个人所得税。很多省市税务机关，为促进当地经济发展，针对自然人 LP 的个人所得税做了优惠规定。如北京为鼓励股权投资行业发展，对于自然人合伙人，按"利息、股息、红利"或"财产转让所得"税目执行 20% 的个人所得税。然而，从全国范围来看，目前并没有一套统一的税率来规范和促进行业发展。此外，现行税收制度也并未对长期投资和短期投资进行区分，不利于引导资金进入早期项目。

（二）VC/PE 行业发展的主要风险

1. 非法集资问题和非法公开发行问题

实践中，部分私募股权投资基金在募集过程中存在保底承诺、公开或者变相公开募集、或者以从事创业投资或股权投资为名募集资金，而实际却并不从事创业投资或股权投资的非法集资问题。例如，浙江红鼎创投非法集资案、上海汇乐集团非法集资案、天津天凯新盛非法集资案等。无论是何种形式的非法集资或非法公开发行行为，都会对投资者造成财产损失，甚至会使一些不具备风险承受能力的普通公众上当受骗，扰乱了资本市场的正常经营秩序，情况严重的甚至还会危害地区的社会稳定。

2. 涉嫌违规的利益输送问题（即俗称的"PE 式腐败"）

在 IPO 解禁后数十倍利润的诱惑下，不少并非 PE 的投资人士通过各种关系在企业上市前获得突击入股机会，在企业上市后获得暴利退出，造成了触犯法律的利益输送行为。典型的 PE 式腐败案例，保荐代表人持股、先保荐再直投以及权力寻租、"股权代持"等，PE 式腐败会对 VC/PE 行业的发展产生非常不利的影响。

3. 投资者流动性风险和基金杠杆融资风险

VC/PE 行业的投资流动性较差，投资者在投资 VC/PE 后，如因自身原因或私募基金的原因想退出时，通常难以找到交易对象，容易造成企业破产或个人偿债风险。尤其是少数 VC/PE 在募集资金时，风险揭示不到位，诱导流动性较差的投资者盲目进入该行业，易引发一系列社会风险。

国外的私募股权投资基金在一定条件下可以进行杠杆融资，尽管国内目前尚不允许基金进行杠杆融资，但行业也可能出现私下的基金杠杆融资行为，潜在风险值得关注。

4. 其他风险

第一，其他利益冲突风险。当基金无法退出投资时，可能由同一管理人管理下的其他基金接手，有可能产生利益冲突。在政府引导基金中，政府存在着投资阶段、投资区域和投资行业等方面的限制，与其他投资者可能产生利益冲突等。

第二，其他管理运作风险。基金管理人中，存在着关键人主动和被动离开、违规等所带来的风险，典型案件如“王功权私奔”事件等。

三、私募股权投资基金发展的政策建议

目前，国内对 VC/PE 的监管主体尚不明确，实际处于“多头监管”的局面，而伴随着“全民 PE”热潮，VC/PE 行业出现了爆炸式增长，从业机构和人员鱼龙混杂。同时，部分 VC/PE 已经完成被投企业国内 A 股上市退出的案例，但现行的监管并未介入 VC/PE 在被投企业上市之前的行为，因此对上市审核与信息披露环节也会造成一定难度。

当前，正值《基金法》修改之际，建议利用修法契机，明确规定对 VC/PE 行业证监会承担主要监管职责，以规范 VC/PE 行业机构和人员的行为，促进行业的健康发展，保护基金投资者的利益。与公募基金不同，VC/PE 行业具有私募、投资者门槛高、投资未上市公司股权、信息披露不透明、流动性差等特征，因而其监管与共同基金监管应有所差异。

在海外，金融危机之前，私募股权投资基金一直游离于欧美监管体系之外，美国 SEC 对于私募股权投资基金的规定分散在各个相关法规中，对私募股权投资基金的监管主要是反欺诈监管。金融危机后，欧美开始对私募股权投资基金加强监管，主要思路是“抓大放小”，对超过一定规模的私募基金采取一定的监管措施，包括登记、披露交易信息并接受定期检查等。

有别于公募基金监管，结合海外 VC/PE 监管趋势，就监管框架而言，我国 VC/PE 行业可以采取适度监管的总体思路，“抓大放小”，以注册登记、信息披露、合格投资者制度、从业人员诚信管理为主要监管内容，辅以行业自律管理，对私募基金行业加以规范，使其发挥应有的作用，建议采取以下监管原则：

1. 适度监管。与公募基金行业的严格监管原则相反，私募股权投资基金监管应保持在适度范围之内，对私募股权基金产生风险的关键环节进行监管，比如私募行为、合格投资者制度、防止利益冲突原则等方面加强监管。

2. 原则监管。与公募基金行业的规则导向监管相反，私募股权投资基金应采用原则监管方式，即规定私募股权投资基金运作的禁止行为和原则导向，设定私募股权投资基金的活动范围，但不干涉私募股权投资基金的具体业务运作。

3. 行政监管与自律管理相结合。对于私募股权投资基金，建议采用行政监管与行业自律管理的原则，利用行业协会的市场管理，自我约束，自我规范。

4. 分级管理。我国目前 VC/PE 机构数以万计，现有监管力量无法实施全面有效的监管，因此可以采用“抓大放小”的思路，对达到一定规模和影响的 VC/PE 与规模以下的 VC/PE 实施分级管理。

5. 建立以金融监管为主的多部门协调监管格局。由于 VC/PE 的金融属性和资本市场的天然联系，建议实施证监会统一监管下的跨部门协调监管体制。

（一）VC/PE 行业的行政监管

1. 分级注册制度

达到一定规模或者规定的私募基金和管理公司，须到证监会注册备案，而规模以下的私募基金和管理公司则由协会负责注册备案管理。

2. 业务范围的界定及管理

明确规定创业投资和股权投资基金的经营范围，并对其具体从事的经营范围进行监督管理。

3. 建立 GP 等从业人员的资质管理及诚信管理体系

建立 VC/PE 行业的高管人员及主要从业人员的资质及诚信管理体系，设立从业人员道德准则，督促管理公司遵守相关法律，维护投资人利益。

同时，建立 GP 和从业人员的诚信档案系统，建立失信人员的信誉处罚措施。

4. 募资行为管理

界定私募行为的具体边界，建立合格投资者制度，杜绝非法集资等行为。主要包括两个方面内容：

第一，确立私募制度。明确界定公开发行制度，从投资者数量、宣传推介等层面划分二者界限，确立 VC/PE 私募的法律底线。

第二，建立合格投资者制度。通过投资者的资产状况、收入情况、投资经验、风险承受能力等特征判断投资者参与私募的能力，建立合格投资者制度。

5. 适度的定向信息披露制度

VC/PE 成立、募资、投资、退出以及其他重大变动情况，应对监管部门进行备案，并及时对基金投资者进行披露，由此确立定向信息披露制度，并确保基金投资者之间信息披露的公平性。

6. 防范并打击违规的利益输送行为

通过立法，严厉打击利益输送行为，对“突击入股”等短期行为进行约束，并赋予监管部门相应的执法权力。

7. 确立 VC/PE 运作的重要原则

对于 VC/PE 的业务运作，监管部门应确立一些基本原则，比如基金投资者利益优先原则和公平对待原则等。

（二）VC/PE 行业的自律管理

股权投资基金协会作为行业自律管理组织，属于非营利性社会团体法人，接受国家相关部门的指导和监督管理，在推动 VC/PE 行业健康发展的宗旨下，具体承担以下职责：

1. 制定行业自律规则、业务规范等。

2. 协助监管部门进行注册、登记和备案管理。

3. 协助监管部门，制定 GP 和 LP 通用协议范本，引导 LP 和 GP 之间形成较为合理规范的权利义务责任等法律关系。

4. 投资者教育工作。通过宣传介绍，引导社会公众对 VC/PE 的认知，防范非法集资风险。

5. 从业人员的资质考试、培训等。

6. 组织 VC/PE 行业的业务或培训交流。

（三）推动 VC/PE 行业发展的政策建议

1. 建立完善的税收政策体系，支持 VC/PE 行业健康发展

公司制 VC/PE 存在重复征税的问题，而合伙制 VC/PE 也面临最高达 35% 的所得税税率，各地政府为推动行业发展均推出了一些优惠政策，但并不统一，实际上造成了地方之间的竞争，降低了投资效率，不利于均衡发展。相对合理的税收体系将管理费、顾问费等收入与投资收益分成分别对待，对前者参照“个体工商户生产经营所得税”征收 5% ~35% 的税率，对后者则比照欧美国家的资本利得税，征收率约为 20%。

同时，合理的税收体系还应对长期股权投资与短期投资区别对待，利用税收工具引导资金进行中长期的股权投资，提高投后管理能力，扶植中小企业，减少 VC/PE 追求短期利益的行为。

2. 发展场外交易市场，推进企业并

购重组，拓宽退出渠道

现阶段，IPO 仍是国内 VC/PE 退出的主要渠道，而欧美成熟市场中以并购重组退出的案例占 70%。推进场外交易市场建设，发展产权交易平台，促进企业并购重组，将有利于 VC/PE 行业的长期可持续发展。

3. 协调有关部门提供外资 VC/PE 的法律身份及结售汇的支持

2011 年，上海市率先开展了外商投资 PE 试点工作，明确了试点外资 PE 的法律地位。另外，QFLP 制度的推出也为外资 PE 提供了结售汇的支持。目前，这些政策均处于试点阶段，尽快进入立法程序，明确外资 PE 的法律身份及经营规范，有利于吸引投资，推动 VC/PE 行业整体的健康发展。

4. 培育并壮大规范成熟的 LP 群体

培育和壮大中国的 LP 群体，一方面要加快完善法律法规，加强 GP 的自律和自我约束，推动 VC/PE 行业规范发展；另一方面要加强对合格投资者的教育工作，提高 LP 对行业的认知度；此外，推动与 VC/PE 行业发展配套的会计师事务所、律师事务所、财务顾问等中介机构的发展，培养相关人才，使中介机构在 VC/PE 的发展中切实发挥中介服务及法律、财务监督的作用。

北京个人寿险营销渠道发展现状与监管思考

中国保险监督管理委员会北京监管局

近年来，北京许多寿险公司加大了对个人寿险营销渠道（以下简称个险渠道）的关注和投入，北京保监局对个险渠道销售资格和行为的监管力度也在不断加大，个险渠道发展出现了一些积极变化。

一、北京个人寿险营销渠道发展现状

2007 年以来，北京个险渠道总体发展平稳，业务占比基本维持在 1/3 左右，

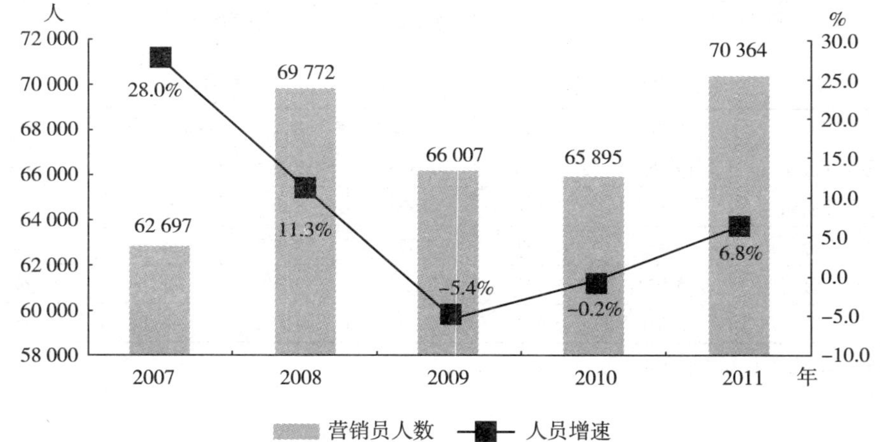

图 1　2007～2011 年北京寿险公司营销员人数及增速

队伍规模趋于稳定、渠道产能稳步增长、业务品质总体趋好，但营销员法律地位不清、整体素质不高、大进大出等影响持续发展的问题始终存在。

（一）队伍总体规模趋稳，但“大进大出”仍然存在

从队伍总体规模看，经历了2007～2008年的迅速增长后，2009年开始收缩规模，增速持续回落至－5.4%；2010年降势扭转，至2011年底人力规模达到7万人，增速6.8%。

从营销员留存情况看，北京寿险营销员13个月留存率基本维持在30%左右（见图2）。这一水平较一些发达国家和地区营销员60个月以上（含）留存水平还要低10个百分点。

从近年发展情况看，寿险公司基本选择了“大量增员—大量脱落—加大增员弥补脱落”的队伍发展路径。以个险业务居前5位的公司（市场份额62%）为例，2011年前三个季度，各公司脱落人力与新增人力基本相当，平均脱落率接近50%（见表1）。

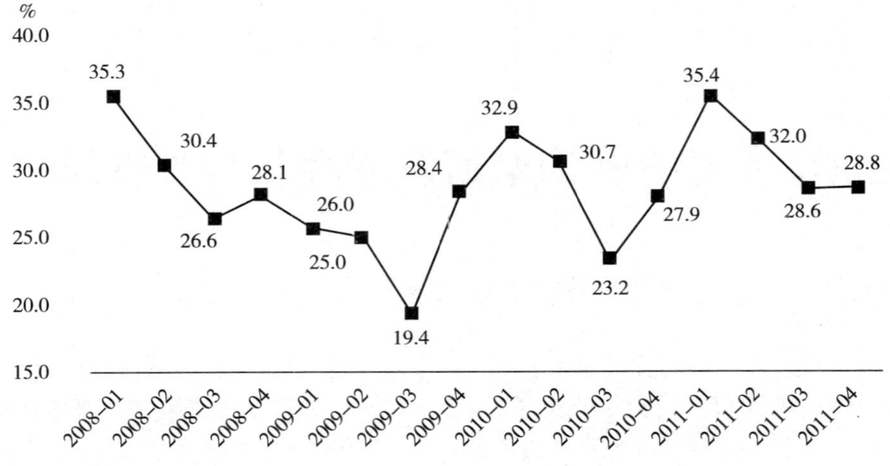

数据来源：《北京人身保险相关统计指标季报表》。①

图2　2008～2011年北京寿险公司营销员13个月留存率（季度）

表1　2011年前三个季度五家寿险公司人力增长情况　　单位：人

	期初	新增	脱落	期末	新增率（%）	脱落率（%）
平安人寿北京分公司	19 761	9 536	9 853	19 444	48.3	49.9
新华人寿北京分公司	9 151	4 344	4 608	8 887	47.5	50.4
中国人寿北京市分公司	5 417	1 998	2 053	5 362	36.9	37.9
泰康人寿北京分公司	5 572	1 593	3 825	3 340	28.6	68.6
太平洋人寿北京分公司	3 834	2 609	2 321	4 122	68.0	60.5

注：新增率＝新增/期初；脱落率＝脱落/期初。

① 本文中营销员13个月留存率、13个月保单继续率和契撤率均摘自2008年开始报送的手工报表《北京人身保险相关统计指标季报表》。

（二）业务规模和人均产能稳定增长，但营销员收入水平有待提高

2007 年以来，北京个险渠道总体保费规模和营销员人均产能年均增速分别为 12.6% 和 10.0%，基本保持同步增长。从图 3 还可以看出，在 2007 年和 2008 年，营销队伍高速扩张时，人均产能增速较低，总保费增长主要靠人力增长拉动；2009 年以来营销员人数减少，但人均产能逐步提升，成为拉动个险业务保费增长的主要动力。

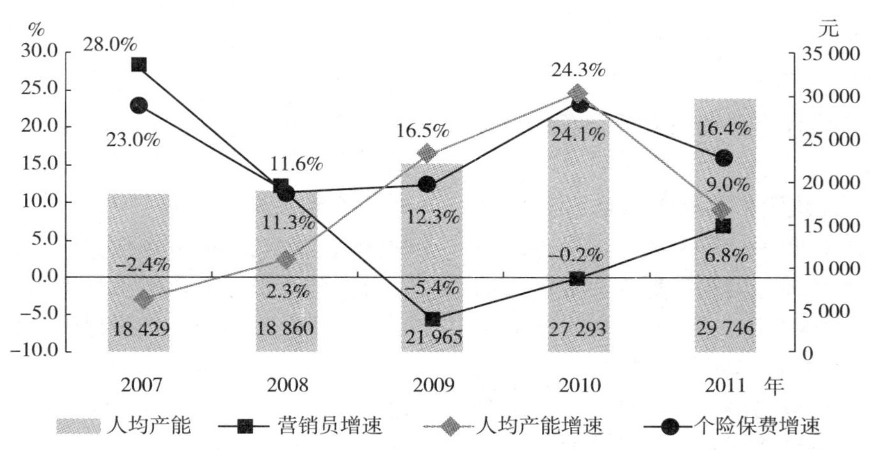

图 3　2007～2011 年北京寿险营销队伍和人均产能变化

但从个体来看，寿险营销员的收入水平仍然有待提高。以营销员人数占总规模 69% 的 5 家寿险公司为例，平均税前月均佣金 4 069 元，较 2010 年北京市职工的平均工资（4 201 元）低 132 元，仅为金融业职工平均工资（16 012 元）的 1/4。而且该佣金收入中还包含了营销员展业成本和相应税负，如果扣除，则实际收入水平更低。

（三）寿险公司对个险渠道的管控力度有所增强

近年来，主要寿险公司个人营销渠道“去粗取精”的发展思路更加明确，注重强化管理、提升能力。在人员招募上，提高准入门槛、严格同业聘才考核，加强对学历、资历、从业意愿与品德的筛选；提供 3～6 个月无责任底薪①，为新人提供暂时的财务支持。在日常管理上，降低营销员晋级人力条件，加大参训率等活动量指标考核，严格出勤管理制度，主动清理缺席培训较多和业绩不达标的营销员。在展业支持上，以公司名义在关联企业开展推介会、健康讲座等，为代理人创造与客户接触的机会；提供电子化行销支持，提高营销员出单效率。

二、北京保监局对个人寿险营销渠道的监管实践

长期以来，北京保监局在个险渠道监管中注重保护保险消费者利益、维护市场秩序和防范系统性风险。一是防范因营销

① 即保险公司向新入职营销员提供的，不以销售业绩为基础的固定薪水。一般期限较短，金额较低。

员不专业、不诚信，导致投保人利益受损的风险；二是防范因市场主体非理性发展，引发队伍不稳定风险；三是通过信息披露和营销员“奖优罚劣”机制的建立，营造良好的发展环境。基于以上考虑，北京保监局确定了“重资格、管行为、强监督、抓自律”的涵盖准入、退出和从业行为全流程监管的工作思路，通过完善监管制度、强化监督检查、加强行业自律，不断提升保险营销员素质和营销业务品质。

（一）强化销售资格管理。一是强化资格证管理，实现持证上岗。保险代理从业人员资格证书是营销员保险专业能力的基本保证。2004 年，北京保险营销员持证率仅为 69.6%。2005 年开始，我局通过持证信息行业通报、对持证率较低的公司实施末位监管谈话和农村营销员专场考试等多种方式，严格营销员从业资格证管理，持证率迅速提升到 94.8%，并于 2006 年实现 100% 全员持证。二是强化展业证管理，推行挂牌展业。保险营销员展业证是营销员代表保险公司开展营销活动的资格证明。2006 年，在实现全员持证的基础上，北京开始实施持资格证、展业证“双证”上岗制度，强化营销员展业流动管理。同时推行保险营销员挂牌展业制度，方便消费者及时了解营销员的销售资格、销售范围以及投诉监督方式，维护自身合法权益。三是强化重点险种销售资格管理，提升专业能力。2007 年以来，考虑到投连险产品的复杂性和销售的专业性，我局从学历、销售经验和从业记录等方面严格确定了投连险销售人员的资质要求。

（二）强化销售行为管理。一是规范重点业务环节。逐步确定营销员展业行为“三禁止”，即禁止私自印制宣传材料、禁止向非特定客户进行电话展业①、禁止以个人名义开展互联网宣传销售。完善人身险投保提示制度，通过要求投保人阅读产品说明书、风险提示语并进行抄录、签名等方式，强化营销员对分红险等新型险种的信息披露义务。建立个人长期寿险新单业务 100% 回访并全程录音制度，及时发现营销员展业中的误导行为。二是规范重点业务领域。建立“投连险销售适用制度”，要求保险公司确定投连账户风险等级，调查投保人风险承受能力和风险偏好，禁止保险公司违背投保人意愿向其销售与其风险承受能力不匹配的投连产品，确保将适合的产品销售给适合的投保人。三是加强监督检查。借鉴国外“神秘客户”制度，暗访营销服务部，并约谈营销员，全面掌握销售行为的一手资料。在机构常规检查中增加对电话回访、产品说明会、投保提示等规范性要求执行情况的检查。开展监管政策落实情况自查，督促公司严格落实相关监管要求。几年来，我局已逐步建立起公司自查、行业互查与监管部门抽查相结合的销售行为巡查机制。

（三）强化行业自律管理。在行业自律规范方面，推动协会制定寿险营销员增员及流动自律公约，针对营销员离职、入司流程、从行业或同一公司中招聘营销员人数等问题做出明确要求，防止恶意挖角，规范营销员流动。在建立行业销售标准方面，制定保险销售强调语和新单回访基础语，明确销售资格、缴费期间、红利演示、犹豫期退保、签名确认等基本介绍

① 向非特定客户进行电话展业的形式主要包括：按号段拨打、随机拨打、购买陌生名单拨打电话等。

内容，规范展业用语。在行业信息共享方面，2009年建立《北京保险行业寿险营销员警示信息管理规定》，根据营销员违规情节设定红、黄牌制度，实现业内信息共享。

通过实施以上监管措施，北京个险渠道发展水平稳步提升，队伍规模保持平稳，业务品质持续好转。例如自2008年以来，营销员13个月保单继续率基本保持在80%以上；反映犹豫期内退保的契撤率基本维持在3%左右；反映个险渠道销售误导行为的投诉明显减少，尤其是投连险业务基本实现零投诉。

三、关于个人寿险营销渠道监管的思考和建议

（一）关于个人寿险营销渠道发展的思考

理论认为，度量人口红利的指标—人口抚养比，在经历长期下降趋势后，下降速度逐步放缓，并预计在2013年见底回升①，劳动力充分供给和高储蓄为经济发展提供的人口红利即将消失。劳动力供给减少、成本上升，对长期以来以增员为路径的营销制度无疑是重大挑战。据此，我们对北京地区个险渠道发展做出三点判断：一是尽管各种新兴渠道蓬勃发展，但作为寿险公司管控力最强的销售渠道，个险渠道不可替代。二是受资源约束增强影响，寿险公司会更加注重营销员个人品质和专业销售能力的提升。三是传统个人营销模式受到挑战，保险公司在拓展客户渠道、建立客户服务平台中应当发挥积极作用。

发达国家和地区曾通过个人寿险营销体制改革来解决营销员素质不高、稳定性差和业务品质不高等问题。分析这些改革举措，我们可以借鉴以下经验：

一是全面推进，注重制度的总体规划设计。在推动个险营销体制改革中，不仅要设定明确的阶段性考核指标和目标值，统一推进；而且要对配套的营销员法律地位、资格认证和培训体系做出相应的改革调整，建立系统的改革规划。

二是步调一致，推动公司以自我完善实现提升。部分国家和地区的改革虽然是由保险监管部门主导，但主要通过公司自我完善的方式实施，强调把监管要求切实转化成公司自我规范的动力，保证各公司在市场统一的规范要求下，逐步实现改革目标。

三是循序渐进，尊重不同市场主体的发展差异。如日本在1965年就通过咨询委员会向市场传递了改革的信号；1974年又通过报送营销员报告等要求为后期改革进行铺垫。同时在两次“售体三计划”② 指标的设定上不仅设定了不同阶段的不同目标，而且考虑到大小公司发展实际，确定了不同的指标值。而台湾地区则更加注重发展的阶段性，将1996～2008年第一次改善计划的13年细分为五个阶段，按照细微调整、持续向好的原则确定每一阶段的目标值，增强了操作性和连贯性。

四是目标明确，注重关键指标的引导作用。从考核指标设计上，一方面注重营

① 《超越人口红利》，2011年9月，蔡昉著。该书提出将人口抚养比作为度量人口红利的指标，其中人口抚养比＝总体人口中非劳动年龄人口数/劳动年龄人口数。

② 日本在1976年开始启动旨在提高营销员的销售品质和继续率的“售体三计划”，即要求各家寿险公司制订完善寿险销售体制的三年改善计划。

销队伍的稳定，设计新增人员、离职人员、留存率和骨干营销员育成率等指标；另一方面注重业务品质的提升，包括保单继续率、退保率等。同时还突出了对寿险保障程度的关注，如日本以保额为标准的继续率和台湾地区的新契约平均保额指标等。

（二）对加强个人寿险营销渠道监管的建议

1. 依托行业力量，研究建立区域性、阶段性的个人寿险营销发展目标。建议由行业协会牵头，研究不同区域市场个险渠道发展特点和趋势，建立区域性核心指标体系和目标值，如在北京市场中可以初步考虑设定下列指标（见表2）。同时研究信息披露的内容和形式，引导市场主体循序渐进，以自我完善的方式实现整体水平的提升。

表2 北京营销员发展评价可以考虑的指标体系

人员规模	队伍稳定	业务能力	业务品质	保障程度
新增率；脱落率	13个月/25个月留存率	活动率；新人/骨干业务员育成率	13个月/25个月保单继续率；契撤率；退保率	新单平均保额

2. 完善营销队伍发展环境。一是积极构建营销队伍发展的诚信环境。一方面，要积极参与地方信用平台建设，将营销员的展业规范纳入地方社会保障、纳税等信用档案体系中，实现对失信行为的协同监管。另一方面，要继续完善行业警示系统和优秀营销员评选制度，建立“诚信受益，失信受惩”的奖优罚劣机制，用社会监督的力量对营销渠道存在的恶意挖角、恶意跳槽等行为进行约束。二是加强消费者教育和行业宣传。以监管部门和行业协会的名义进行公益宣传，提示消费者关注保险产品特点，并在产品介绍、签字、回访等环节中加强自我权益的保护。

3. 进一步规范营销员展业销售行为。一是强化需求导向的销售机制。全面推行销售适用制度，要求保险营销员在向客户销售人身保险产品前，必须对客户的财务状况、风险偏好进行分析，提供合理的保险建议书。二是强化公司售后管控责任。要求公司在核保、回访等关键环节，对投保人风险状况与产品的匹配、销售话语、签字等问题进行重点审核，加大对问题营销员的处理。三是实施营销员分级考试、分级管理，使之能力、资格与所销售产品相匹配。

4. 积极争取有关营销员税收优惠。从2011年11月1日起，北京根据财政部第65号令上调营业税起征点至新《营业税暂行条例实施细则》规定的最高限，由原来的5 000元上调至2万元。据推算，北京约有95%的营销员将因月佣金达不到起征点而免缴营业税，部分减轻了营销员的“双重纳税”负担。但与工薪阶层相比，营销员的个人所得税仍然偏重，一是个人所得税按照“劳务报酬所得”而非“工资薪金”征收。按照新的个税起征点，同样是3 500元的收入，工薪阶层不用纳税，而营销员仍需缴纳260元的个税。起征点低、税率偏高的问题较为突出。二是营销员自行缴纳的基本养老金、医疗保险金等社保费用不能在税前扣除。三是营销员各月收入差异较大，个人所得税按月征收，且不能像个体工商户一样在年终进行汇算清缴、多退少补，加大了税收负担。建议继续加强与财税部门的沟通，全面客观反映营销员的税负情况，争取更加有利的税收政策，为行业发展创造良好的政策环境。

（课题组负责人：丁小燕、刘跃林、孟彦君　成员：王丹、程融融、赵晓洋、芮楠、任晓萌、王岭）

北京市银保业务发展情况研究

中国保险监督管理委员会北京监管局

一、北京银保市场发展历程及特点

（一）业务发展迅速、保费占比举足轻重

近年来，随着国际金融服务一体化进程逐步加快，银保合作在全球范围内迅速发展，我国的银保合作虽然起步较晚，但发展迅速。北京市由于具有银行网点资源丰富、消费者收入水平较高、理财观念强等特点，银保业务发展环境得天独厚。多年来，北京市银保业务在实现业务快速增长的同时，保持着较为良好的市场秩序。总体来看，北京银保业务经历了以下三个阶段：

1. 第一阶段（1997～1999 年），起步阶段

北京银行保险业务起源于 1997 年，以平安人寿北京分公司与工商银行北京市分行率先尝试合作为标志。在这一阶段，部分寿险公司逐步开始和银行尝试合作，但参与的公司和银行都很少，代理产品为定期寿险和年金保险，整体业务规模不大，对保险市场影响甚微。

2. 第二阶段（2000～2005 年），初步发展阶段

进入 2000 年以后，中国金融业出现了“银保合作热”，几乎所有的寿险公司与国有商业银行及部分股份制银行建立了战略合作伙伴关系。这一阶段，北京市银保业务规模日益扩大，经营主体由最初的寥寥几家增长到 22 家。但也正是在这一阶段，银保业务首次出现负增长，遇到了发展波折。

这主要是由于银保业务发展初期，保险公司和银行始终处于低层次合作的状态。进入 2004 年后，银行代理手续费的提高，使得一些保险公司认为银保业务内含价值低，主动收缩了银保业务，致使银保业务一度下滑。当年，北京市银保渠道保费收入同比减少 11%；2005 年北京市银保业务虽然逐渐复苏，但业务总量仍低于 2003 年水平，银保渠道徘徊发展。

3. 第三阶段（2006 年至今），快速发展阶段

2006 年，北京市银保渠道保费收入首次突破 100 亿元大关，标志着银保业务发展进入了新的历史阶段。在这一阶段，北京银保业务增速进一步加快，继 2006 年突破 100 亿元大关后，仅时隔两年就实现了翻倍增长——2008 年，银保渠道保费收入突破 200 亿元大关；银保渠道经营主体由 2005 年的 22 家迅速增长到 34 家（见图 1）；银保渠道在总保费中的占比由 2005 年的 38.1% 增长到 2010 年的 55.4%，已占据寿险业务总量的半壁江山（见图 2）。同时，随着业务的快速发展，银保渠道竞争越发激烈，集中表现为手续

费支出的持续上涨和市场集中度的高低起伏。这一阶段，银保渠道手续费支出从2005年的2.3%提高到2008年的3.2%；前五大公司的市场份额经历了2005年至2007年的下滑之后，伴随着2008年寿险业结构调整，单纯追求规模的冲动有所减弱，有品牌优势的前五大公司市场份额又呈现出明显的回升趋势。

历经十余年发展，银保渠道从一个新兴渠道逐渐成为在寿险业举足轻重的渠道。截至2010年底，41家在京保险公司开展银保业务，全年银保渠道保费收入达325.5亿元，保费占比55.4%，稳固保持其寿险业第一大销售渠道的地位。

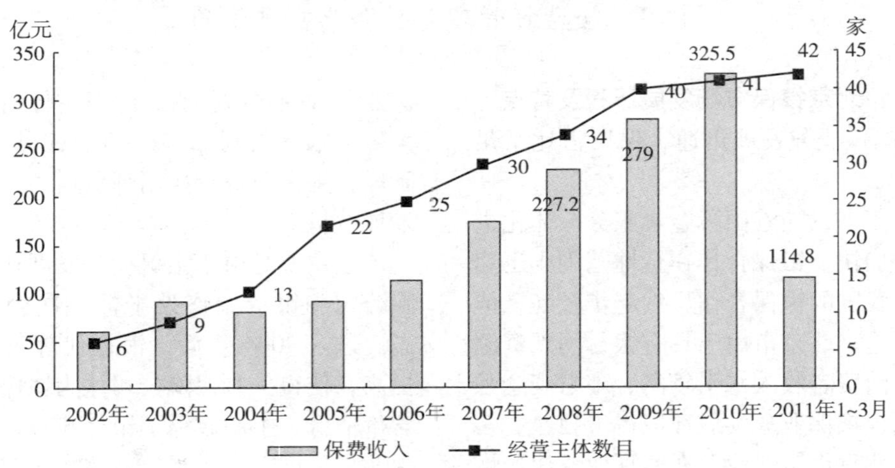

图1　2002年至2011年3月北京银保渠道保费收入和市场主体情况

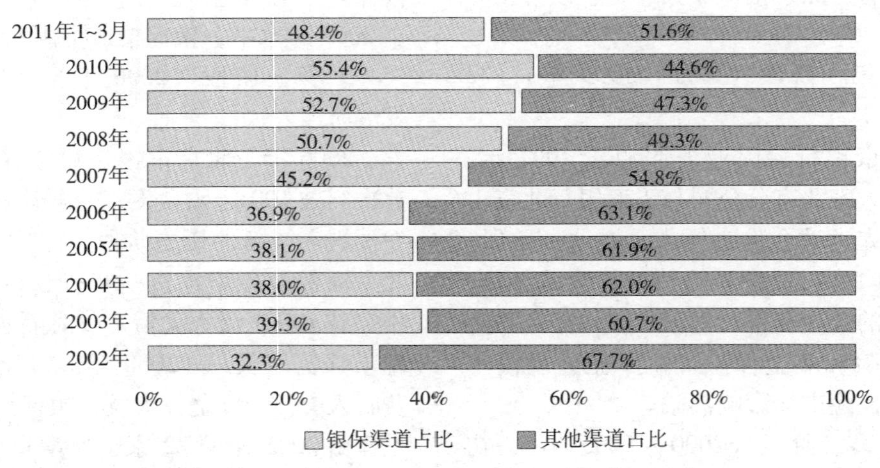

图2　2002年至2011年3月北京银保渠道业务占比情况

（二）市场主体持续增加、销售模式不断规范

在市场主体方面，北京银保市场在十余年的发展过程中市场主体不断增多，截至2010年底，共有41家在京人身险公司和23家银行开展银行保险业务。参与该

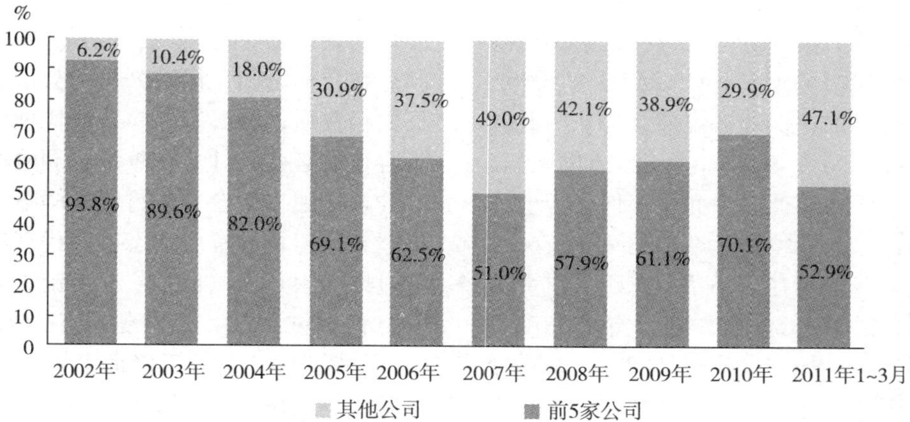

图3　2002年至2011年3月银保渠道市场集中度情况

业务的银行由最初的四大国有银行发展为涵盖中外资、国有股份制以及城市商业银行在内的银行网络。银行与保险公司的合作从最初的一对一（即一家银行与一家保险公司合作）发展成为目前的一对多（即一家银行与多家保险公司合作）的状态。

在销售模式方面，《中国银监会关于进一步加强商业银行代理保险业务合规销售与风险管理的通知》（银监发〔2010〕90号，以下简称“90号文件”）下发是个分水岭。此前，北京市银保双方在销售过程中采用的销售模式主要有保险公司派员销售、银行自主销售和混合销售三种模式。其中，开展银保业务较早、客户经理队伍健全、营销能力较强的工行、招行等银行多采用自主销售的模式，其他绝大多数银行采用保险公司派员和银行人员共同销售的混合模式。2010年11月1日下发的“90号文件”规定商业银行不得允许保险公司人员派驻银行网点。目前，北京市的银保业务均为银行自助销售，保险公司主要负责产品研发及培训、售后等后台服务，银保业务逐渐回归了银行代理的本质。

（三）产品日益丰富、渠道地位逐步提升

在银保渠道兴起之初，银保渠道产品以短期分红两全保险产品为主。该类产品突出特征为储蓄功能强，与银行储蓄类似，便于消费者接受。据统计，2002年银保渠道分红两全保险业务占比达到97.9%。随着银保渠道不断发展，银保合作不断深化，银保产品也在不断丰富。2003年投连险在银保渠道悄然兴起；2005年万能险进入大发展阶段；2008年保监会结构调整政策出台后，多家公司结合自身实际在银保渠道推出了普通寿险、健康险、意外险等保障功能较强的产品。与此同时，期限较长的寿险产品及期缴产品快速发展，2010年北京银保渠道的期缴比例达到12.7%。可以看出，经过多年来的不断探索和创新，保险公司逐步打破了以往银保渠道只有分红险的单一险种局面，加大了对其他产品的重视程度。银保渠道产品结构向更加均衡的方向发展。

经过多年发展，银保渠道在保险公司和银行双方的地位得到提升。一是从保险公司角度来看，银行具有网络健全、客户群大、公信力强的优势，银保渠道为保险公司保费规模的增长作出了巨大的贡献，新公司也借助银保业务快速起步。与此同时，保险公司无须建立自己的销售队伍，长期综合成本较低。因此，银保渠道已逐渐成为保险公司特别是新公司重要业务来源，成为新公司在市场站稳脚跟、扩大市场占有率的首选途径。二是从银行角度来看，银行通过代理保险产品和其他金融产品，不断拓宽经营渠道及业务范围，在丰富个人理财业务产品种类的同时，增加了中间业务收入，并实现了服务多元化、差异化和综合化，更深层次地挖掘其客户潜力。此外，通过代理销售保险业务，银行进一步提高了其职员的营销技能，提高了银行职员的收入水平。销售保险产品已经成为银行不可或缺的一项中间业务。

（四）业务管理逐步规范、业务品质稳步提升

随着市场的发展和规范的逐步深入，北京银保市场的业务管理逐步规范。继2006年保监会和银监会出台了《关于规范银行代理保险业务的通知》（保监发〔2006〕70号）（以下简称《通知》）后，北京保监局和银监局联合下发《关于转发中国保监会、中国银监会〈关于规范银行代理保险业务的通知〉的通知》以及“90号文件”和《商业银行代理保险业务监管指引》（保监发〔2011〕10号）的实施，对银行代理保险业务的资质、销售行为、宣传资料管理以及业务的风险管控等内容进行了一系列的规定。在监管部门的积极推动下，在京各保险公司合规意识逐步增强，也主动采取措施规范业务管理。具体表现在以下方面：

一是保险公司严格销售网点和人员资格要求。目前，在京开展银保业务的保险公司均建立了对合作银行的资格审核机制。在合作之前，保险公司均会审核拟合作银行资质，将具有保险兼业代理资格作为合作的必要条件。在日常管理阶段，部分公司还建立了合作银行资质档案，定期更新合作银行的资质状态，对代理资格即将过期的银行进行提示。在对销售人员的资格管控方面，各商业银行不仅将取得《保险代理从业人员资格证书》作为销售保险人员上岗的基本前提；而且各保险公司针对投连、万能等新型险种，还建立了销售资格考试制度，以落实监管部门要求。

二是重视客户风险能力的评估。随着资本市场的发展，投连、万能等投资型产品一度成为银保市场规模的保证。部分保险公司认识到投资型产品在销售中存在的潜在风险，自发建立了财务核保制度等对投保人的风险承受能力等进行评估。2009年2月，北京保监局正式建立《投连险销售适用制度》，对上述保险公司的经验做法在北京寿险市场上进行推广。各保险公司积极落实该政策，通过在销售产品时对客户进行风险偏好和承受能力的评估、在电话回访中向客户再次提示风险等手段提升销售品质，有效保护了消费者利益。

三是宣传资料管理逐步规范。近年来监管部门和保险行业协会针对银保渠道宣传资料开展了多次专项检查，结果表明，在保险公司采取诸多措施加强管控的努力下，银保宣传资料的使用较之以前有了较为明显的好转。第一，各公司从源头上对银保渠道的宣传资料进行了控制，保证银保渠道使用的宣传资料必须由总公司或其授权的分公司统一印发。第二，在日常管理上，各公司基本形成了对宣传资料内部

管控机制，组织力量通过暗访等形式定期或不定期对银保渠道使用的宣传资料进行检查。第三，各公司基本形成了对违规使用宣传资料处罚的机制，通过降级、罚款、解除劳动合同等措施进行处罚。

四是对售后服务管理环节重视程度不断提高。业务的发展使得各保险公司逐步意识到售后服务环节的重要性。各保险公司都在逐步完善自身的投诉处理机制，如部分公司建立了投诉的首问负责制、15日时效结案率等。此外，部分银保合作主体形成了较为完善的服务衔接体制，保证了客户在售后环节可以选择向保险公司或代理商业银行寻求解决，方便了客户处理后续问题。通过以上措施，各公司在一定程度上提高了经营的品质，降低了经营风险。

二、银保市场存在的问题

（一）市场竞争不规范，费用恶性竞争日益突出

随着北京寿险公司主体的增多，有限的银行网点资源及其背后的客户资源争夺成为各公司竞争的主要内容，各种不正当竞争手段甚至成为行业“潜规则”，严重扰乱了银行保险市场秩序。

1. 费用恶性竞争表现

目前，各保险公司往往通过手续费差异来吸引和获得银行网点资源，在银保渠道行业自律公约的约束下，手续费恶性竞争情况有所缓和，但隐性费用恶性竞争从未间断。一方面，为了影响合作银行网点销售人员的销售倾向，各保险公司通常采取以下几种激励形式促进银行销售人员销售本公司产品：一是由各保险公司银保专管员通过找票报销套取资金，以现金形式向银行及其销售人员支付业务奖励；二是各保险公司以各种名义将资金转移至第三方公司，由第三方公司以现金或加油卡、购物卡、电话充值卡等有价证券或等价实物奖品向银行及其销售人员支付业务奖励；三是多数保险公司均采取以培训名义给予旅游奖励的形式，对银行及其销售人员进行业务激励；四是定期向银行及其销售人员赠送礼品、请客吃饭等培养和维护合作关系，实现间接激励效果。另一方面，为了影响银保渠道客户的投保倾向，各保险公司往往通过客户促销活动，设置高额礼品来吸引客户，造成不正当竞争态势愈演愈烈。

2. 成因分析

造成各保险公司在银保渠道的费用恶性竞争有多种原因。

一是客户资源有限。目前，单个商业银行营业网点的合作保险公司基本在两家以上，银行销售人员可以销售多家保险公司的产品，网点和客户资源的有限在客观上形成了更加激烈的竞争环境。

二是银保产品单一。目前，各保险公司在银保渠道销售的保险产品同质化情况较为严重，无论是期限安排、目标客户，还是产品结构都有很强的相似性。因此，各保险公司无法通过自身产品优势和特色来吸引和获得客户资源。与此同时，银行保险产品功能定位失衡。银行保险产品一般强调兼具保障和投资功能，以迎合银行储户的理财需求，但在实际营销过程中却往往强调不切实际的高收益，而在一定程度上弱化了保险的保障功能。即银行保险产品主要是一种投资产品，保障功能成为其派生职能，导致收益率水平成为业务发展的决定性因素。与储蓄、基金、证券等理财产品相比，银行保险产品收益率处于劣势，因此，为了将银行销售人员的销售习性从其他金融产品转为保险产品，各保

险公司只能通过直接的费用竞争来达到目的。

三是银行及其销售人员缺乏销售保险动力。首先，银行对保险业务长期贡献度评价较低。银行方面认为，银保渠道销售的主要产品为趸交型，此类产品成交后资金将游离于银行体系之外，资金流动性差。对银行来说，销售后的5到10年时间无后期收益，实际收益率较差。相比之下，基金和证券等理财产品投资周期短，存在循环购买效应，实际收益率较高。因此，尽管保险业务可提供3%～4%的手续费收入，但从长期来看，保险业务盈利反而低。其次，银行员工业绩考核体系未单独体现保险业务。虽然在银行的个人业务指标中，保险业务贡献越来越大，但从全行角度来说比例仍然很低，加之银行对各项业务贡献的长期分析结果，导致银行目前的员工激励考核体系中未将保险业务作为个人业务员工的单独考核项目，导致银行销售人员没有积极性销售保险业务。

此外，目前多数银行柜员的工资水平普遍较低，保险公司的激励费用成为其重要收入来源，保险公司对银行销售人员的费用激励效果显著，也使保险公司费用竞争热度不减。

综上，由于银保渠道发展正处于混合销售、一对多网点合作模式发展阶段，同时保险公司产品同质化、银行未建立保险业务激励机制等因素，必然造成各保险公司在同一网点只能通过向银行销售人员支付激励费用、向客户赠送高额促销礼品争取银行客户资源。

3. 法律风险分析

目前，以各种手段和方式向银行销售人员支付激励费用，开展客户促销活动、向客户赠送高额礼品的现象比比皆是，并且已成为保险行业的“惯例”，整个行业合规风险极大。

一是上述这种向销售人员支付各种费用促使其销售本公司保险产品、向客户赠送高额礼品促使其购买本公司产品的行为，涉嫌违反《反不正当竞争法》第八条的有关规定，即“经营者不得采用财物或者其他手段进行贿赂以销售或者购买商品。在账外暗中给予对方单位或者个人回扣的，以行贿论处；对方单位或者个人在账外暗中收受回扣的，以受贿论处。”

二是上述这种向销售人员支付各种费用促使其销售本公司保险产品、向客户赠送高额礼品促使其购买本公司产品的行为，也涉嫌违反《关于禁止商业贿赂行为的暂行规定》“经营者不得违反《反不正当竞争法》第八条规定，采用商业贿赂手段销售或者购买商品。”“本规定所称商业贿赂，是指经营者为销售或者购买商品而采用财物或者其他手段贿赂对方单位或者个人的行为。”“前款所称财物，是指现金和实物，包括经营者为销售或者购买商品，假借促销费、宣传、赞助费、科研费、劳务费、咨询费、佣金等名义，或者以报销各种费用等方式，给付对方单位或者个人的财物。”“第二款所称其他手段，是指提供国内外各种名义的旅游、考察等给付财物以外的其他利益的手段。”再如第八条“经营者在商品交易中不得向对方单位或者其个人附赠现金或者物品。但按照商业惯例赠送小额广告礼品的除外。违反前款规定的，视为商业贿赂行为。”

（二）销售误导屡禁不止，严重影响行业声誉

近年来银保渠道销售误导问题逐步凸显，反映该渠道销售误导问题的信访投诉

不断上升，对保险业和银行业的声誉都带来了负面的影响。

1. 银保渠道销售误导的表现

一是印制和使用不合规的宣传资料。部分银行代理网点自行印制宣传资料，将多家保险公司的产品集中印制在一张宣传资料上，或使用银保专管员自行印制的宣传资料等。二是销售保险人员在销售过程中混淆保险和储蓄的区别。部分销售保险人员在银保销售中，不谈保险谈储蓄、不讲保障讲理财，把长期保险说成短期、把期交产品说成趸交，宣传高收益等。三是销售保险人员在销售过程中未向投保人履行如实告知义务。部分销售保险人员在银保销售中隐瞒费用扣除、不讲解犹豫期权利等。四是代签名问题。部分销售保险人员在银保销售中代替投保人签名或唆使投保人代替被保险人签名等。

2. 成因分析

造成银保渠道销售误导主要有以下三个原因。

一是保险公司管理和培训能力不到位。近两年来，北京市场上银行类的兼业代理机构数量增幅很快，尤其是寿险公司，银行类兼业代理机构已经成为兼业代理机构的主要类型。代理保险的银行网点迅速增多，而保险公司对代理商业银行、银行销售保险人员的培训不能相应配套，使得银行销售保险人员对产品的理解存在偏差。

二是保险公司和商业银行对误导风险的认识不清晰。银行保险是实现银行与保险公司“双赢”的业务发展战略。一方面，代理保险等中间业务成为银行业务发展新的增长点；另一方面，保险公司可以充分利用银行网点多、覆盖全的优点大力发展保险业务。保险产品销售得越多，保险公司的保费收入越多，银行所取得的代理手续费也越高。在此利益驱动下，保险公司与商业银行自然放松了对误导行为的管理力度。

三是部分保险公司对银行销售保险人员激励有余而约束不足。部分保险公司为激发柜员推销保险的积极性，除向代理商业银行支付手续费之外，通常还要按照银行销售保险人员推销保险保费收入的多少，按比例向柜员支付一定的费用。但由于柜员不是受保险公司直接管理，且缺少相关的制度约束，使得柜员为多推销保险，而利用老百姓对银行的信任，夸大保险的责任，不谈退保的扣除费用等，做误导性宣传。

三、规范银保市场发展的政策建议

银行保险市场中存在的问题、产生问题的原因，站在基层监管部门角度，规范银行保险市场要把握几项原则。一是标本兼治，在治理过程中，既要着眼市场行为的表象，更要探求其深层次原因，既要治标，更要治本。二是堵疏结合，银保市场发展的现状及其自身经营的阶段性特征，要求我们必须保持监管政策和措施的灵活性和针对性，一味地“围堵”可能适得其反，在机制和制度等方面进行适当的“疏导”可能会获得事半功倍的效果。三是规范与发展并重，这是贯彻科学发展观的具体体现，既要着力解决矛盾和问题，又要保持业务发展的平稳，避免出现大起大落。在规范银保市场发展方面，有以下几个方面的政策建议：

（一）防范银保费用恶性竞争的建议

通过近几年的检查发现，利益驱动下的同质化竞争是费用问题的直接诱因，费用相对充足的“源头活水”是恶性竞争产生的经济基础，基层银邮机构缺乏对银保业务的内部激励机制是费用问题的体制根源，银保业务手续费及费用问题难以通过查处来进行有效整治。建议对银保业务进行“集中管理、相互制衡”的制度性变革，规范银保费用恶性竞争。

1. 紧盯市场重点，发挥监管合力。从目前银保市场发展情况看，在治理银保费用问题上应紧盯市场重点，按照“老大难问题要从老大抓起”的思路，重点关注银保业务排名前位的保险公司和商业银行，加强合作双方手续费管理，严格按照代理协议要求，规范手续费结算行为。在监管方面，要充分利用监管资源，形成监管合力，建立与银监局联合监督机制，以有效加强对银行保险市场的监管。在联合发布规范银行保险文件基础上，组成联合检查组，进一步推动文件贯彻落实。通过联合监管及出台系列监管措施，给市场传递了监管部门努力维护公平、有序的保险市场秩序的决心，为银保市场良性竞争、保险公司和银行合作双赢提供了良好的市场环境。

2. 完善代理关系，明确权利义务。当前，银保合作双方的协议普遍缺乏约束力，交易成本极高。在实行集中经营管理之后，建议双方签订完善、详细且具有法律约束力的委托代理协议，以加强制衡。协议内容至少应当包括：代理产品种类，代理费用标准及支付方式，单证及宣传资料管理，客户账户及身份信息核对，反洗钱，客户信息保密，双方权利责任划分，争议的解决，危机应对及客户投诉处理机制，合作期限，协议生效、变更和终止，违约责任等。

（二）治理银保渠道销售误导的建议

银保渠道销售行为不规范，销售误导问题多发，与银保业务的销售场所、银行销售保险人员身份、权利义务不明晰和银保合作双方关系等因素有密切关系。防范化解风险，维护银行代理保险市场的良好秩序，建议从以下六个方面入手，规范销售行为：

一是加强销售人员的资质管理。一方面，强化银行保险销售人员的资格管理。落实银邮销售人员持证上岗制度，要求销售投连险、万能险以及保险监管机构指定的其他类产品的银行销售人员要符合相关学历、经验及诚信等要求，要求商业银行等兼业代理机构在营业网点主动公示销售人员资质情况，供社会公众查询监督。对保险公司的培训机构、讲师资格、培训规划的制定与实施、培训教材等方面做出明确规定。另一方面，明确银保专管员职责。禁止其在销售过程中直接面对客户，允许其在银行网点开展业务培训、销售技能辅导、单证交换、协助保单满期给付、协助期缴业务续期收费、共同做好投诉与争议处理等相关辅助性工作。

二是落实客户回访。新单回访是对销售行为的再次确认，是保护投保人利益的一道屏障，但一些公司新单回访流于形式，回避涉及客户利益的重要问题，要督促保险公司完善客户回访制度，做到所有个险新单业务在犹豫期内实行100%客户回访，促进行业制定建立《人身保险公司客户回访指引》，对客户回访的范围、方式、流程、回访资料的管理、问题事件的处理等做出明确规定。加强对回访情况的监督检查，督促保险公司落实内部责任追究制度。

三是实行信息披露。加强对产品宣传材料的管理，银行保险产品宣传材料统一由保险公司总公司或授权省级分公司印制的规定，健全对私印宣传材料的处罚办法。加强对保险公司新上市产品的披露，重点披露该款产品可能存在的风险，同时，加大银行等兼业代理机构的责任，明确商业银行应加强代理保险产品的宣传和信息披露管理，对保险公司送交的宣传材料进行必要审查，确保所使用的宣传材料由保险公司总公司或其授权的分公司统一印发。尝试将信访投诉情况、理赔服务情况以及违规行为定期在保监局网站和专门的信息披露平台进行公开。

四是加大检查力度。开展以销售误导为检查重点的银保市场专项检查，查找寿险公司在银保业务销售管理内控制度中存在的薄弱环节，加大对市场违规行为的处罚力度，对查实问题的保险公司，停止部分业务，对存在销售误导的银行网点，取缔兼业代理资格。

五是开展联合监管。继续推动监管合作，不断建立健全由人民银行、银监局、保监局共同参与的金融监管联席会议制度，继续全面落实保监会、银监会联合下发的《关于规范银行代理保险业务的通知》有关要求，与银监局联合开展对银行代理保险业务的产品销售、销售人员资格管理、产品销售、行业内外沟通与交流等方面的整顿规范。

六是加强消费者教育。推出投保提示制度，加强对保险消费者的风险提示和教育，研究建立专门的公众教育服务平台，只有让消费者认识保险，了解保险行业，才能将保险产品推介销售，只有消费者了解了保险产品的作用风险，才能避免被误导，加强消费者教育，力争将经营风险控制在保险单签发之前。

（三）关于“十二五”期间银保发展与监管的几点思考

一是明确银保业务的管理方向。第一，“十二五”期间，银保双方应当进一步实现规范化管理，从落实银保业务经营标准出发，明确银保业务的经营流程；第二，银保双方应建立健全银保业务的内部管理和处罚制度；第三，银保双方应从长期合作的角度和代理业务的本源出发，在合作协议中明确各自的责任划分。明确商业银行是代理保险业务销售行为的实施主体，负责在银行网点直接向客户销售保险产品，对销售过程承担管理责任，对误导销售、错误销售等行为负责。保险公司负责向银行提供产品、培训和相关服务。

二是实现银保业务的风险管理。伴随着银保业务的快速发展，其可能引发的金融风险也需要引起银保双方和监管部门的高度关注。从银保合作角度，银保双方应当从共赢合作、维护银保行业声誉的角度出发，建立风险防范联动机制和应急预案。从监管角度，地方银保监管部门应当对辖内金融系统的运行状况进行实时监测，实现信息共享，共同构建金融风险防火墙，防范突发事件。

三是实现银保深度合作和发展。目前，北京市银保业务已经开始从银行代理分销的初级阶段向战略联盟阶段过渡。这一阶段银保合作特点表现为，银行与保险公司倾向于通过签订较为长期的合作协议，建立一种稳固的战略伙伴关系，共同开发产品，共同开拓市场，共同实施营销活动。从银保合作角度，首先应当避免短期行为，维持并深化协议代理关系。将网点分配原则、方法等纳入合作协议，限定合作期限最短不得低于一年，以维持合作关系的稳定。其次，银保双方应当从产品研发和营销战略上形成合作联盟。研究形成横跨银行、保险机构的市场需求收集、反馈、产品设计、销售及产品加工流程，根据不断变化的消费市场需求设计不同产品，提高市场快速反应能力。从监管角度，首先，监管部门应当贯彻《监管指引》的有关要求，引导银保双方深入开展合作。其次，监管部门应当为银保双方的产品研发合作等提供良好的政策环境，并且在鼓励银保双方共同开发符合市场需求的产品的同时，加大监管合作力度，治理银保渠道销售误导，确保“将合适的产品销售给合适的客户”。

银行保险本身就是一个银行和保险公司合作的业务，也本应是双赢的业务。保险公司在合作中应当尽可能地发挥出自身在产品开发、销售和服务上的优势，因地制宜，积极与银行一道为客户提供更加优质的金融服务，让客户在规避不可预知风险的同时能够感受到保险的关怀，让银保合作双方在合作中共同发展壮大。

（课题组组长：陈国力　成员：李艳华、邢露、王伟）

附：

2011年专题与调研目录选编

中国人民银行营业管理部 2011年优秀调研报告

一等奖

1. 关于房地产调控新政下北京市居民购房需求状况的调查与分析（调查统计处）

2. 房地产调控对北京市房地产开发企业经营行为影响的调查研究（货币信贷管理处）

3. 关于北京市文化创意产业融资情况的调查分析（货币信贷管理处）

二等奖

1. 我国省级公路融资平台的信贷风险及政策建议（征信管理处）

2. 当前土地储备贷款面临的主要风险及政策建议（货币信贷管理处）

3. 中国影子银行运行模式研究——基于银信合作视角（金融研究处）

4. 非金融机构支付服务发展与监管问题研究（支付结算处）

5. 北京知识型服务贸易发展分析研究（国际收支处）

6. 有限理性、房地产市场波动和金融稳定（办公室）

7. 关于推动我国人民币境外直接投资发展的研究报告（跨境办）

8. 台湾促进创业和就业的金融支持政策及其启示（货币信贷管理处）

9. 发展住房租赁市场的国际比较与政策建议（金融研究处）

10. 货币国际化与资本市场国际化——日本及英美等国的经验及启示（金融研究处）

11. “限购”政策实施以来北京市房地产市场发展状况及趋势分析（调查统计处）

12. 关于商业银行资金来源和运用“双表外化”情况的调研报告（调查统计处）

13. 稳健货币政策下的银行信贷行为研究（金融研究处）

14. 2008~2010年北京市地方财政收入对房地产业依存度研究（国库处）

15. 中低收入群体的现金偏好对现金投回的影响（货币金银处）

16. 我国评级机构开展国家主权信用评级情况调研报告（征信管理处）

17. 第三方网络支付机构沦为参赌资

金流转工具现象调查（反洗钱处）

18. 北京地区银行反洗钱信息管理系统建设现状调查（反洗钱处）

19. 北京辖内金融机构企业委托贷款业务调查（调查统计处）

20. 关于青年员工思想状况的调查报告（宣传群工部）

三等奖

1. 外资并购入资模式及定价问题研究（资本项目管理处）

2. 对人民银行货币互换协议实践的思考（跨境办）

3. 防范风险 创新思路 从源头规范金融机构个人信用报告查询行为（征信管理处）

4. 基于收支偏离度分析的转口贸易多层次主体监管研究（国际收支处）

5. 跨境电子商务与电子支付外汇管理问题研究（经常项目管理处）

6. 北京地区个人外币分拆结汇特点分析及政策建议（外汇检查处）

7. 外资通过返程投资进入我国限制外资行业的模式、原因及政策建议（外汇检查处）

8. 北京地区银行汇率避险产品分析报告（国际收支处）

9. 预付式消费的法律规制探析（法律事务处）

10. 进口企业总量核查指标异常成因分析及相关建议（经常项目管理处）

11. 关于保险机构外汇业务信息采集和统计分析框架的设想（经常项目管理处）

12. 后金融危机时期汇率之争的影响及政策选择（会计财务处）

13. 从宏观环境探究我国移动支付运营模式（清算中心）

14. 基于 Windows 操作系统的客户端补丁管理软件的研究与分析（清算中心）

15. 中央银行风险评估指标体系初探（内审处）

16. 关于北京市银行卡市场风险监管的思考（支付结算处）

17. 北京地区商业银行新业务开展情况、特点及问题（金融稳定处）

18. 非金融机构第三方支付退出机制研究（金融稳定处）

19. 银行外债管理非现场监管方式探索（资本项目管理处）

20. 现代人民银行干部教育培训体系框架的设想（人事处）

21. 移动支付法律问题初探（法律事务处）

22. 我国上市商业银行 2010 年经营状况分析（会计财务处）

23. 中央国库现金管理商业银行定期存款中标利率影响因素研究（国库处）

24. 对提高事后监督工作效果的思考（事后监督处）

25. 新形势下强化人民银行内部审计为宏观调控服务的思考（内审处）

26. 加强新形势下离退休干部思想政治建设的实践与探索（离退休干部处）

27. 英国纪念币发行经验对我国发行工作的启示（货币金银处）

八、统计资料

北京市2011年国民经济和社会发展统计公报

北京市统计局　国家统计局北京调查总队

2012年3月4日

2011年是实施“十二五”规划的开局之年，全市人民在党中央、国务院和市委、市政府的正确领导下，坚决贯彻落实各项宏观调控措施，积极推动科学发展，加快转变经济发展方式，全市经济保持平稳增长，社会发展和谐稳定，实现了“十二五”时期的良好开局。

一、综合

经济增长：初步核算，全年实现地区生产总值16 000.4亿元，比上年增长8.1%。其中，第一产业增加值136.2亿元，增长0.9%；第二产业增加值3 744.4亿元，增长6.6%；第三产业增加值12 119.8亿元，增长8.6%。

表1　2011年地区生产总值

指　　标	绝对量（亿元）	比上年增长（%）
地区生产总值	16 000.4	8.1
第一产业	136.2	0.9
第二产业	3 744.4	6.6
工业	3 039.0	7.4
建筑业	705.4	3.0
第三产业	12 119.8	8.6
交通运输、仓储和邮政业	845.3	8.0
信息传输、计算机服务和软件业	1 492.6	22.9
批发和零售业	2 122.8	8.9
住宿和餐饮业	348.3	2.3
金融业	2 055.0	4.4
房地产业	1 080.6	-3.2
租赁和商务服务业	1 135.2	18.2
科学研究、技术服务和地质勘查业	1 130.0	10.4
水利、环境和公共设施管理业	86.3	5.5
居民服务和其他服务业	112.3	12.3
教育	581.1	3.5
卫生、社会保障和社会福利业	298.5	7.8
文化、体育和娱乐业	332.4	6.0
公共管理和社会组织	499.4	1.8

按常住人口计算，全市人均地区生产总值达到80 394元（按年平均汇率折合12 447美元）。三次产业结构由2010年的0.9:24:75.1变化为2011年的0.9:23.4:75.7。

财政：全市完成地方财政收入（公共财政预算）3 006.3亿元，比上年增长27.7%。其中，实现增值税和营业税237.8亿元和1 071.5亿元，分别增长13.2%和25.3%，实现企业所得税和个人所得税683.7亿元和272.9亿元，分别增长33.3%和26.7%。地方财政支出（公共财政预算，含中央追加支出）3 246.5亿元，增长19.5%。其中，用于社会保障和就业、交通运输的支出均增长28.5%，用于医疗卫生的支出增长20.7%。

全市完成国税、地税税收（费）收入8 004.7亿元，比上年增长24%。其中，地税税收（费）收入2 666.6亿元，比上年增长26.7%。

价格：全市居民消费价格指数高位开局，6月份同比涨幅突破6%，8月份达到年内最高值（6.6%），9月份以来持续回落，12月份回落至4.4%。全年居民消费价格比上年上涨5.6%，涨幅高于上年3.2个百分点。其中，食品价格上涨10.6%，非食品价格上涨3.9%；消费品价格上涨5.1%，服务项目价格上涨6.4%。

表2　居民消费价格涨跌幅度

单位：%

指　　标	2011年	2010年
居民消费价格总水平	5.6	2.4
食　　品	10.6	5.5
其中：肉禽及其制品	21.8	1.2
水产品	9.5	10.6
菜	-1.9	24.1
干鲜瓜果	10.7	9.6
烟　　酒	2.5	1.1
衣　　着	2.7	-1.6
家庭设备用品及维修服务	4.2	-0.6
医疗保健和个人用品	3.7	1.5
交通和通信	1.5	0.8
娱乐教育文化用品及服务	-0.3	-0.6
居　　住	8.5	5.0

全市农产品生产价格比上年上涨10.7%。工业生产者出厂价格上涨2.3%；工业生产者购进价格上涨8.4%。固定资产投资价格上涨5.7%。

全市新建住宅销售价格同比涨幅延续了上年6月份以来的回落态势，由1月份上涨6.8%，逐步回落到12月份上涨1%；从环比看，12月份下降0.1%，连续两个月环比下降。其中，新建商品住宅销售价格由1月份同比上涨9.1%回落到12月份上涨1.3%；从环比看，12月份下降0.2%，连续三个月环比下降。二手住宅价格由1月份同比上涨2.6%转为12月份下降2%；从环比看，12月份下降0.8%，连续四个月环比下降。

就业：全市城镇新增就业44.7万人，比上年增加0.1万人。年末全市城镇实有登记失业人员8.13万人，比上年末增加0.4万人。城镇登记失业率为1.39%，比上年末高0.02个百分点。

二、人口、人民生活和社会保障

人口：年末全市常住人口2 018.6万人，比上年末增加56.7万人。其中，常住外来人口742.2万人，占常住人口的比重为36.8%。常住人口中，城镇人口1 740.7万人，占常住人口的86.2%。全市常住人口出生率8.29‰，死亡率4.27‰，自然增长率4.02‰。全市常住人口密度为1 230人/平方公里，每平方公里比上年末增加35人。年末全市户籍人口1 277.9万人，比上年末增加20.1万人。

人民生活：全年城镇居民人均可支配收入达到32 903元，比上年增长13.2%；扣除价格因素后，实际增长7.2%。农村居民人均纯收入14 736元，比上年增长13.6%；扣除价格因素后，实际增长7.6%。城镇居民恩格尔系数为31.4%，比上年下降0.7个百分点；农村居民恩格尔系数为32.4%，比上年提高1.5个百分点。农村居民人均住房面积48.6平方米，比上年增加 8 平方米。

社会保障：年末全市参加基本养老、基本医疗、失业、工伤保险人数分别为 1 091.9 万人、1 188 万人、881 万人和 862.4 万人，比上年末净增 109.5 万人、124.4 万人、106.8 万人和 38.7 万人。年末农村居民参加养老保险人数为 163.7 万人，比上年末净增 4.4 万人。参加新型农村合作医疗的人数达到 276.8 万人，参合率为 97.7%，高于上年末 1 个百分点。全市享受城市最低生活保障的居民为 11.7 万人，享受农村最低生活保障的农民为 7.5 万人。年内两次提高了社会保障相关待遇标准。

年末全市各类收养性社会福利单位 422 家，床位 7.3 万张，收养各类人员 3.2 万人。城镇建立各种社区服务设施 8 992 个，其中社区服务中心 174 个。

三、水资源、环境与安全生产

水资源：全年水资源总量 24.7 亿立方米，比上年增长 7%。全市总用水量 36 亿立方米，比上年增长 2.4%。其中，生活用水 15.6 亿立方米，增长 5.8%；工业用水 5.2 亿立方米，增长 2.8%；农业用水 11 亿立方米，下降 3.3%。全市万元地区生产总值水耗为 22.5 立方米，比上年下降 5.37%。

环境：全市污水处理率为 82%，其中城六区污水处理率达到 95.5%，分别比上年提高 1 个和 0.5 个百分点。全市生活垃圾无害化处理率（根据垃圾产生量计算）为 98.2%，比上年提高 1.5 个百分点。市区空气质量达到二级和好于二级的天数为 286 天，占全年总天数的 78.4%，与上年持平。

全市城市绿化覆盖率达到 45.6%，比上年提高 0.6 个百分点。林木绿化率达到 54%，比上年提高 1 个百分点。

安全生产：全年共发生道路交通、生产安全、火灾、铁路交通、农业机械死亡事故 977 起，死亡 1 089 人。与上年相比，事故减少 85 起，死亡人数减少 87 人，分别下降 8% 和 7.4%。亿元地区生产总值生产安全事故死亡率为 0.068；道路交通每万车死亡人数为 1.85 人；工矿商贸从业人员每 10 万人死亡人数为 1.04 人；煤矿无死亡事故。

四、城市建设

道路建设：年末全市公路里程 21 319 公里，比上年末增加 205 公里；其中，高速公路里程 912 公里，增加 9 公里。城市道路里程 6 380 公里，比上年末增加 25 公里。

公共交通：年末全市公共电汽车运营线路 740 条，比上年末增加 27 条；轨道交通运营线路 15 条，增加 1 条。公共电汽车运营线路长度 19 338 公里，比上年末增加 595 公里；轨道交通运营线路长度 372 公里，增加 36 公里。公共电汽车运营车辆 21 575 辆；轨道交通运营车辆 2 586 辆。全年公共电汽车客运总量 49.9 亿人次，比上年下降 1.1%；轨道交通客运总量 21.8 亿人次，增长 18.2%。

公用事业：全年自来水销售量 9.1 亿立方米，比上年增长 2%。其中，生产运营用水 1.2 亿立方米，下降 2%；居民家庭用水 4.7 亿立方米，增长 3.1%。

北京地区用电量达到 821.7 亿千瓦时，比上年增长 1.5%。其中生产用电 677 亿千瓦时，增长 1%；城乡居民生活用电 144.7 亿千瓦时，增长 3.9%。

全年液化石油气供应总量 41 万吨，与上年持平；天然气供应总量（不含燕山石化）73 亿立方米，增长 1.4%。年末共有燃气家庭用户641万户，比上年末增长1.1%；其中天然气家庭用户474万户，增长4.2%。全市燃气管线达到1.7万公里，比上年末增长8%。

全市集中供热面积4.7亿平方米，比上年增长0.9%。

五、农业、工业和建筑业

农业：全年粮食播种面积20.9万公顷，比上年减少1.4万公顷；粮食产量121.8万吨，增长5.3%。

表3 2011年主要农副产品产量

指　标	单位	产量	比上年增长（%）
粮食	万吨	121.8	5.3
蔬菜	万吨	296.9	-2.0
肉类	万吨	44.4	-4.0
出栏生猪	万头	312.2	0.1
出栏家禽	万只	10 736.7	-8.9
禽蛋	万吨	15.1	持平
水产品	万吨	6.1	-3.4
牛奶	万吨	64.0	-0.2
干鲜果品	万吨	87.8	2.8

全市农业观光园1 300个，比上年减少3个；观光园总收入21.7亿元，增长22%。民俗旅游实际经营户8 396户，比上年增加417户；民俗旅游总收入8.7亿元，增长18.2%。种业收入18.1亿元，比上年增长24.3%。已利用设施农业占地面积1.9万公顷，比上年增长1.6%；实现收入45.6亿元，增长11.9%。

工业：全年实现工业增加值3 039亿元，比上年增长7.4%。其中，规模以上工业企业增加值增长7.3%。在规模以上工业中，高技术制造业、现代制造业增加值分别增长10.4%和10.6%。规模以上工业销售产值14 106.1亿元，增长8%。其中内销产值12 591.2亿元，增长9.6%；出口交货值1 514.9亿元，下降3.3%。产品销售率为99.04%。

全年规模以上工业经济效益综合指数为253.6%，比上年提高6.1个百分点。规模以上工业企业实现利润1 119.9亿元，比上年增长10.3%。其中，国有及国有控股企业实现利润646.8亿元，增长17.7%。从利润较大的行业看，电力、热力的生产和供应业实现利润242亿元，增长9.3%；交通运输设备制造业实现利润212.9亿元，增长26.7%；通信设备、计算机及其他电子设备制造业实现利润93.8亿元，增长39.3%；医药制造业实现利润73.2亿元，增长25.1%；通用设备制造业实现利润69.5亿元，增长6.5%；专用设备制造业实现利润64.6亿元，增长27.5%。全年规模以上工业企业应缴税金856.5亿元，增长10.4%。

建筑业：全年实现建筑业增加值705.4亿元，比上年增长3%。全市具有资质等级的总承包和专业承包建筑业企业完成建筑业总产值6 040.7亿元，比上年增长16.3%。其中，本市完成2 316.2亿元，增长20%；外埠完成3 724.5亿元，增长14.1%。本年新签合同额7 646.8亿元，增长9.7%。

六、新产业

全年文化创意产业实现增加值1 938.6亿元，比上年增长14.2%；占地区生产总值的比重为12.1%，比上年提高0.1个百分点。高技术产业实现增加值1 003.1亿元，增长12.9%；占地区生产总值的比重为6.3%，与上年持平。生产性服务业实现增加值7 795.3亿元，增长16.3%；占地区生产总值的比重为48.7%，比上年提高1.2个百分点。

七、固定资产投资与房地产开发

固定资产投资：全年完成全社会固定资产投资5 910.6亿元，比上年增长13.3%。

分登记注册类型看，国有内资单位完成投资1 903.3亿元，比上年增长9.7%；非国有内资单位完成投资3 516.4亿元，增长14.2%；外商及港澳台单位完成投资490.9亿元，增长21.6%。

分城乡看，城镇投资5 463.9亿元，增长14.8%；农村投资446.7亿元，下降2.9%。

分产业看，第一产业投资47.2亿元，增长13.8%；第二产业投资762.2亿元，增长47.2%，其中工业投资751.9亿元，增长46.7%；第三产业投资5 101.3亿元，增长9.5%。

全年完成基础设施投资1 400.2亿元，增长0.3%，主要投向交通运输和公共服务业，交通运输投资680.7亿元，所占比重为48.6%，公共服务业投资379.4亿元，所占比重为27.1%。

房地产开发：全年完成房地产开发投资3 036.3亿元，比上年增长10.1%。其中住宅投资1 778.3亿元，增长21.7%；办公楼投资363.8亿元，增长40.4%；商业营业用房投资296.7亿元，下降11.8%。

表4 2011年房地产开发和销售主要指标

指标	单位	绝对数	比上年增长（%）
房地产开发投资	亿元	3 036.3	10.1
其中：住宅	亿元	1 778.3	21.7
商品房施工面积	万平方米	12 065.4	17.1
其中：住宅	万平方米	7 168.1	16.1
其中：新开工面积	万平方米	4 246.1	42.8
其中：住宅	万平方米	2 596.4	25.8
商品房竣工面积	万平方米	2 245.2	-5.9
其中：住宅	万平方米	1 316.1	-12.2
商品房销售面积	万平方米	1 440	-12.2
其中：住宅	万平方米	1 035	-13.9
商品房待售面积	万平方米	1 792.6	20.9
其中：住宅	万平方米	699.8	36.7
本年资金来源	亿元	5 358.1	-4.8
其中：国内贷款	亿元	1 168	-11.3
自筹资金	亿元	1 746.2	-0.1
定金及预收款	亿元	1 518.1	-5.8

政策房建设：全市完成政策性住房投资746.1亿元，比上年增长94.9%。年末政策性住房施工面积4 084.4万平方米，增长46.3%；其中，新开工面积1 726.8万平方米，增长59.7%。全年政策性住房竣工面积513.8万平方米，下降28.2%。政策性住宅销售面积422万平方米，增长51.2%。

八、贸易、旅游和开发区

贸易：全市批发和零售业商品购销总额89 253.6亿元，比上年增长21.2%；其中，实现销售总额44 636.2亿元，增长17.9%。批发业实现商品销售总额37 768.9亿元，比上年增长19.2%；零售业实现商品销售总额6 867.3亿元，比上年增长11.1%。限额以上批发企业中，金属材料类实现销售额9 167.3亿元，增长18.2%；汽车类实现销售额5 266.8亿元，增长21.5%；石油及制品类实现销售额4 289.4亿元，增长43.4%。

全年实现社会消费品零售额6 900.3亿元，比上年增长10.8%。限额以上批发和零售企业中，石油及制品类实现零售额570.7亿元，增长30.3%；文化办公用品类实现零售额360.8亿元，增长43.2%；金银珠宝类实现零售额317.4亿元，增长54.8%；汽车类实现零售额1 313.2亿元，下降21.1%。

全年批准合同外资113亿美元，比上年增长33.1%。实际利用外资金额70.5亿美元，增长10.9%。其中，租赁和商务服务业占27%；批发和零售业占16.4%；房地产业占16%；信息传输、计算机服务和软件业占15.5%；制造业占9%。

全年境外投资中方实际投资额7.5亿美元，比上年增长8.7%。对外承包工程完成营业额24.9亿美元，增长12%。对外劳务人员实际收入3 805万美元，下降10%。

旅游：全年接待入境旅游者520.4万人次，比上年增长6.2%。其中，外国人447.4万人次，增长6.1%；港、澳、台同胞73万人次，增长6.6%。旅游外汇收入54.2亿美元，增长7.4%。全年接待国内旅游者2.1亿人次，增长16.7%。国内旅游收入2 864.3亿元，增长18.1%。国内外旅游收入总计达到3 216.2亿元，增长16.2%。全年出境游人数184.3万人次，增长23.2%。

开发区：全市国家级与市级开发区累计招商项目4 539个，比上年末增加1 482个；投产开业企业24 761家，增加2 363家。各类开发区实现总收入2.2万亿元，比上年增长21.5%；实现利润总额1 548.3亿元，增长6.6%；应缴税金总额1 011亿元，增长19.6%。

中关村国家自主创新示范区投产开业企业15 794家，实现总收入1.9万亿元，比上年增长20.9%。其中，实现技术收入2 977.3亿元，增长20.2%；实现新产品销售收入4 647.3亿元，增长17.9%。出口总额231亿美元，增长1.6%。实现利润总额1 360.7亿元，增长4.8%。应缴税金总额874.8亿元，增长14%。

北京经济技术开发区投产开业企业2 219家，实现总收入3 686亿元，比上年增长3.3%；实现利润总额278.3亿元，下降18.6%；应缴税金总额245.4亿元，增长18.5%。

九、交通运输和邮电

交通运输：全年货物周转量588.1亿吨公里，比上年增长14.5%。其中，铁路311.3亿吨公里，增长20.9%；公路103.6亿吨公里，增长1.9%；民航47.4亿吨公里，下降1.7%；管道125.8亿吨公里，增长18.3%。铁路、公路、民航、管道各种运输方式货物周转量比重分别为52.9%、17.6%、8.1%和21.4%。

全年旅客周转量1 527亿人公里，比上年增长9.1%。其中，铁路108.7亿人公里，增长9.2%；公路302.7亿人公里，增长4.1%；民航1 115.6亿人公里，增长10.5%。铁路、公路、民航三种运输方式旅客周转量比重分别为7.1%、19.8%和73.1%。

年末全市机动车拥有量498.3万辆，比上年末增加17.4万辆。民用汽车473.2万辆，增加20.3万辆；其中私人汽车389.7万辆，私人汽车中轿车286.2万辆，分别增加15.3万辆和10.3万辆。

邮电：全年实现邮电业务总量478.7亿元。其中，邮政业务总量51.6亿元；电信业务总量427.2亿元。全年发送邮政函件7.1亿件，增长4.7%；特快专递3 257万件，增长9.6%。年末固定电话用户累计达到883.8万户，其中城市电话用户700.7万户，农村电话用户183.1万户。固定电话主线普及率达到43.8线/百人，每百人比上年减少1.4线。全年新增移动电话用户446.1万户，年末累计达到2 575.9万户。移动电话普及率达到127.6部/百人，每百人比上年末增加19.1部。全年短信业务总量达到410亿条，比上年增长11.2%。年末互联网宽带接入用户数达到523.4万户。

十、金融

存贷款：年末全市金融机构（含外资）本外币存款余额75 001.9亿元，比年初增加8 621.3亿元，增加额比上年少1 038.1亿元。其中人民币存款余额72 655.4亿元，比年初增加8 427亿元，增加额比上年少1 796.5亿元。

年末全市金融机构（含外资）本外币贷款余额39 660.5亿元，比年初增加3 369.2亿元，增加额比上年少2 100.7亿元。其中人民币贷款余额33 367亿元，按可比口径计算，比年初增加4 180.6亿元，增加额与上年基本持平。

证券：全年证券市场各类证券成交额79 103.1亿元，比上年下降9.7%。其中股票成交额61 743.2亿元，下降22.7%；基金成交额1 494.8亿元，下降12.8%；债券成交额15 275.3亿元，增长3.5倍。年末股票市场累计开户数521.5万户，比上年末增加46.4万户。

保险：全年实现原保险保费收入820.9亿元。其中，财产险保费收入232.6亿元，人身险保费收入588.4亿元。全年各类保险赔付支出232.8亿元。其中财产险赔付119亿元，人身险赔付113.8亿元。

十一、教育、科学技术、文化、卫生和体育

教育：全市共有52所普通高校和78个科研机构培养研究生，全年研究生教育招生8.3万人，在学研究生24.1万人，毕业生6.3万人。全市89所普通高等院校全年招收本专科学生15.8万人，在校生57.9万人，毕业生15.1万人。

全市普通高中招生6.4万人，在校生19.5万人，毕业生5.8万人；初中招生10.1万人，在校生30.2万人，毕业生9.8万人；普通小学招生13.3万人，在校生68.0万人，毕业生10.2万人；幼儿园在园幼儿31.1万人。各类中等职业教育（含技工学校）招生7.9万人，在校生21.4万人，毕业生6.8万人。特殊教育招生1 049人，在校生8 037人，毕业生1 691人。

全市共有民办小学21所，在校学生3.6万人；民办普通中学72所，在校学生3.9万人；民办高等教育83所（含民办高校和民办其他高等教育机构），在校学生18.6万人。成人高校19所，在校学生26.4万人（含普通高校成人本专科生）。

科学技术：全年研究与试验发展（R&D）经费支出932.5亿元，比上年增长13.5%；相当于地区生产总值的5.83%，比上年提高0.01个百分点。

全市研究与试验发展（R&D）活动人员28.8万人，比上年增长6.6%。专利申请量与授权量分别为77 955件和40 888件，分别增长36.1%和22%；其中发明专利申请量与授权量分别为45 057件和15 880件，增长34.6%和41.7%。全年共签订各类技术合同5.4万项，增长5.3%；技术合同成交总额1 890.3亿元，增长19.7%。

文化：年末全市共有公共图书馆25

个，总藏量4 650万册。全市拥有全国重点文物保护单位98处，市级文物保护单位255处。全市拥有注册博物馆159座。全市17个国家综合档案馆开放档案88万卷。年末有线电视注册用户达到471.9万户，入户率为95.1%，其中高清交互数字电视用户272.3万户。北京地区16条院线118家影院（617块屏幕）共放映电影97.3万场，观众3 206.1万人次，票房收入13.5亿元。北京地区出版报纸253种，出版期刊3 065种，出版图书16.6万种。

卫生：年末全市共有卫生机构6 702个，比上年末增加163个；其中医院567个。卫生机构中社会办医机构2 837个。卫生机构共有床位9.5万张，比上年末增加0.2万张；其中医院8.8万张。卫生机构中社会办医机构床位1.2万张。全市卫生技术人员达到18.3万人，比上年末增加1.2万人；其中执业（助理）医师7万人，注册护士7.4万人。全年报告甲乙类传染病发病率243.55/10万，死亡率1.28/10万。全市婴儿死亡率2.84‰，孕产妇死亡率9.09/10万。

体育：年末全市共有体育场馆6 151个。全市共有优秀体育运动员970人。获得国际性比赛奖牌33枚，其中金牌17枚，银牌9枚。获得全国性比赛奖牌145枚，其中金牌59枚，银牌41枚。

公报注释：

1. 本公报中2011年数据均为初步统计数。与上年相比增速为2011年初步统计数与上年统计年鉴数比较结果。

2. 地区生产总值及其中各行业增加值绝对数按现价计算，增长速度均按可比价计算。

3. 根据国家统计局规定，2011年居民消费价格调查项目中的“烟酒及用品”类改为“烟酒”类。

4. 2011年全市新建普通住房成交均价比上年下降11.3%。

5. 恩格尔系数是指居民食品支出占消费支出总额的比重。

6. 2011年农村居民人均纯收入及其分组数据按国家统计局方案进行了口径调整，增长速度按可比口径计算。

7. 根据国家有关规定，2011年能耗数据待国家统计局审核评估后另行发布。

8. 万元地区生产总值水耗按现价计算，下降率按2010年可比价计算。如按2010年可比价计算，2011年万元地区生产总值水耗为23.61立方米。

9. 规模以上工业企业是指年主营业务收入2 000万元及以上的全部法人工业企业；限额以上批发零售企业是指年主营业务收入2 000万元及以上批发企业和年主营业务收入500万元及以上零售企业。

10. 根据国家统计局相关规定，2011年起固定资产投资统计起点由50万元调整至500万元，增长速度按可比口径计算。

11. 新产业增加值绝对数和增长速度均按现价计算。

12. 中关村国家自主创新示范区与北京经济技术开发区数据均包括中关村国家自主创新示范区亦庄园。

13. 从2011年开始，邮电业务总量按2010年不变价格计算，增速按可比口径计算。

14. 公报中部分数据合计数或相对数由于计量单位取舍不同而产生的计算误差，均未作机械调整。

（一）北京市主要经济社会指标

表 1.1　主要年份国民经济和社会发展总量与速度指标

项　目	总量指标								速度指标（%）						
									指数（2011 年为以下各年）						
	1990	1995	2000	2005	2008	2009	2010	2011	1990	1995	2000	2005	2008	2009	2010
人口与就业															
人　口															
年末全市常住人口（万人）	1 086.0	1 251.1	1 363.6	1 538.0	1 771.0	1 860.0	1 961.9	2 018.6	185.9	161.3	148.0	131.2	114.0	108.5	102.9
按性别分															
男性人口	545.0	627.0	710.9	778.7	900.2	949.8	1 013.0	1 040.7	191.0	166.0	146.4	133.6	115.6	109.6	102.7
女性人口	541.0	624.1	652.7	759.3	870.8	910.2	948.9	977.9	180.8	156.7	149.8	128.8	112.3	107.4	103.1
按城乡分															
城镇人口	798.0	946.2	1 057.4	1 286.1	1 503.6	1 581.1	1 686.4	1 740.7	218.1	184.0	164.6	135.3	115.8	110.1	103.2
乡村人口	288.0	304.9	306.2	251.9	267.4	278.9	275.5	277.9	96.5	91.1	90.8	110.3	103.9	99.6	100.9
年末户籍人口（万人）	1 032.2	1 070.3	1 107.5	1 180.7	1 229.9	1 245.8	1 257.8	1 277.9	123.8	119.4	115.4	108.2	103.9	102.6	101.6
就　业															
从业人员年末人数（万人）	627.1	665.3	619.3	878.0	980.9	998.3	1 031.6	1 069.7	170.6	160.8	172.7	121.8	109.1	107.2	103.7
#城镇单位在岗职工人数	454.9	470.9	434.2	448.4	526.1	560.4	587.7	640.3							
年末实有城镇登记失业人员（万人）	1.67	2.19	3.32	10.57	10.33	8.16	7.73	8.13							
宏观经济															
国民经济核算															
地区生产总值（亿元）	500.8	1 507.7	3 161.7	6 969.5	11 115.0	12 153.0	14 113.6	16 251.9	935.7	534.9	328.3	185.5	131.4	119.2	108.1
第一产业	43.9	73.5	79.3	88.7	112.8	118.3	124.4	136.3	123.9	118.8	110.8	108.0	103.9	99.3	100.9
第二产业	262.4	645.8	1 033.3	2 026.5	2 626.4	2 855.5	3 388.4	3 752.5	757.3	452.1	288.0	168.2	134.0	121.3	106.7
第三产业	194.5	788.4	2 049.1	4 854.3	8 375.8	9 179.2	10 600.8	12 363.1	1 257.7	626.4	354.9	194.2	130.9	118.8	108.7
人均地区生产总值（元/人）	4 635	12 690	24 127	45 993	64 491	66 940	73 856	81 658	507.1	319.0	216.1	141.2	113.8	108.8	103.8
固定资产投资															
全社会固定资产投资（亿元）	179.2	841.5	1 297.4	2 827.2	3 848.5	4 858.4	5 493.5	5 910.6							113.3
#房地产开发投资	22.5	352.8	522.1	1 525.0	1 908.7	2 337.7	2 901.1	3 036.3							110.1
#国有单位	154.2	514.2	765.8	897.7	1 388.6	2 316.8	1 907.3	1 903.3							

续表

项目	总量指标								速度指标（%） 指数（2011年为以下各年）						
	1990	1995	2000	2005	2008	2009	2010	2011	1990	1995	2000	2005	2008	2009	2010
全社会房屋施工面积（万平方米）	2 864.9	5 524.3	6 995.9	14 096.2	14 145.3	14 380.6	15 572.1	18 065.2							
全社会房屋竣工面积（万平方米）	1 081.2	1 530.2	2 358.2	4 679.2	3 840.7	4 252.6	3 908.4	4 032.9							
财　政															
地方财政收入（亿元）	74.0	115.3	398.4	1 007.4	2 282.0	2 678.8	3 810.9	4 359.1	5 889.9	3 782.0	1 094.2	432.7	191.0	162.7	114.4
#地方公共财政预算收入			345.0	919.2	1 837.3	2 026.8	2 353.9	3 006.3			871.4	327.1	163.6	148.3	127.7
地方财政支出（亿元）	66.5	154.4	490.3	1 137.3	2 400.9	2 820.9	4 065.0	4 574.9	6 877.5	2 963.0	933.0	402.3	190.5	162.2	112.5
#地方公共财政预算支出			443.0	1 058.3	1 959.3	2 319.4	2 717.3	3 245.2			732.6	306.6	165.6	139.9	119.4
价格指数（上年=100）															
居民消费价格指数（%）	105.4	117.3	103.5	101.5	105.1	98.5	102.4	105.6							
商品零售价格指数（%）	104.1	112.6	98.9	99.7	104.4	97.8	100.4	103.2							
农产品生产价格指数（%）	101.9	130.6	95.0	102.9	112.3	98.3	106.5	110.7							
工业生产者出厂价格指数（%）	107.9	107.3	102.5	101.3	103.3	94.4	102.2	102.3							
工业生产者购进价格指数（%）	114.8	106.7	100.0	111.4	115.8	88.6	110.5	108.4							
固定资产投资价格指数（%）		113.9	101.0	100.7	107.8	97.1	102.5	105.7							
能源消费总量（万吨标准煤）	**2 709.7**	**3 533.3**	**4 144.0**	**5 521.9**	**6 327.1**	**6 570.3**	**6 954.1**	**6 995.4**	**258.2**	**198.0**	**168.8**	**126.7**	**110.6**	**106.5**	**100.6**
产　业															
农村经济															
耕地面积（万公顷）	41.3	39.4	32.9	23.3	23.2				0.0	0.0	0.0	0.0	0.0		
农林牧渔业总产值（现价）（亿元）	70.2	164.4	188.6	239.3	303.9	315.0	328.0	363.1	517.2	220.9	192.5	151.7	119.5	115.3	110.7
主要农产品产量（万吨）															
粮　食	264.6	259.8	144.2	94.9	125.5	124.8	115.7	121.8	46.0	46.9	84.5	128.3	97.1	97.6	105.3
蔬　菜	356.1	397.3	466.3	373.1	321.3	317.1	303.0	296.9	83.4	74.7	63.7	79.6	92.4	93.6	98.0
禽　蛋	25.8	28.5	16.0	16.0	15.2	15.4	15.1	15.1	58.5	53.0	94.4	94.4	99.3	98.1	100.0
牛　奶	21.7	20.6	30.3	64.2	66.4	67.4	64.1	64.0	294.9	310.7	211.2	99.7	96.4	95.0	99.8
肉　类	26.8	39.8	50.5	53.3	45.1	47.2	46.3	44.4	165.6	111.6	87.9	83.3	98.4	94.1	95.9

注：1. 地区生产总值绝对值按现价计算，发展速度按可比价格计算；2006～2010年人均地区生产总值根据第六次人口普查数据进行修正。
2. 2007年及以前在岗职工人数包括乡及乡以上独立核算法人单位，不包括乡镇企业、私营单位和个体工商户；2008年及以后包括乡镇企业。
3. 2006～2009年常住人口数据根据2010年人口普查数据进行了调整。
4. 从2011年起，根据国家统计局相关规定，固定资产投资起点由50万元调整至500万元，2011年发展速度按可比口径计算。

续表

项目	总量指标								速度指标（%）						
									指数（2011年为以下各年）						
	1990	1995	2000	2005	2008	2009	2010	2011	1990	1995	2000	2005	2008	2009	2010
工　业															
工业增加值（现价，规模以上）（亿元）		473.1	776.0	1 627.0	2 037.6	2 282.2	2 751.7	2 899.1							
工业总产值（现价，规模以上）（亿元）	625.9	1 493.3	2 842.0	6 946.2	10 413.1	11 039.1	13 699.8	14 513.6	2 318.8	971.9	510.7	208.9	139.4	131.5	105.9
轻工业	262.2	472.2	719.3	1 164.9	1 674.3	1 766.7	2 000.0	2 227.2	849.4	471.7	309.6	191.2	133.0	126.1	111.4
重工业	363.7	1 021.1	2 122.7	5 781.3	8 738.8	9 272.4	11 699.8	12 286.4	3 378.2	1 203.3	578.8	212.5	140.6	132.5	105.0
工业企业主要经济指标（规模以上）															
资产总计（亿元）	498.3	2 582.6	4 612.7	12 829.8	16 802.4	19 540.7	22 750.6	25 321.7	5 081.6	980.5	549.0	197.4	150.7	129.6	111.3
负债总额（亿元）		1 528.8	2 676.4	4 706.7	8 085.0	9 874.6	11 548.1	12 648.6		827.4	472.6	268.7	156.4	128.1	109.5
主营业务收入（亿元）	610.5	1 590.4	2 821.4	7 279.1	11 275.8	12 173.1	14 807.1	15 753.4	2 580.4	990.5	558.4	216.4	139.7	129.4	106.4
利润总额（亿元）	48.9	85.3	127.1	413.5	557.0	742.9	1 028.3	1 129.5	2 309.8	1 324.1	888.7	273.2	202.8	152.0	109.8
建　筑															
建筑业施工企业总产值（亿元）	94.7	426.6	812.5	1 894.0	3 066.2	4 059.7	5 196.0	6 046.3	6 384.7	1 417.3	744.2	319.2	197.2	148.9	116.4
建筑业施工企业年末从业人员（万人）	60.2	82.6	56.6	67.2	47.0	56.2	59.9	49.6	82.4	60.1	87.6	73.8	105.5	88.3	82.8
运　输															
货物周转量（亿吨公里）	268.8	323.1	299.6	457.7	454.2	441.2	513.7	616.9	229.5	190.9	205.9	134.8	135.8	139.8	120.1
铁　路	206.7	239.3	200.2	310.8	253.5	229.4	257.5	311.3	150.6	130.1	155.5	100.2	122.8	135.7	120.9
公　路	57.5	76.2	82.6	85.5	84.1	87.9	101.6	132.3	230.1	173.7	160.2	154.8	157.3	150.6	130.2
民　航	4.5	7.5	16.8	28.2	35.7	35.5	48.2	47.5	1 055.6	633.3	282.7	168.4	133.1	133.8	98.5
管　道	0.15	0.07	0.04	33.3	80.9	88.4	106.4	125.8				377.8	155.5	142.3	118.3
旅客周转量（亿人公里）	119.8	207.7	314.0	838.1	1 042.0	1 146.5	1 399.5	1 528.7	1 276.0	736.0	486.8	182.4	146.7	133.3	109.2
邮　电															
邮电业务总量（亿元）	11.9	56.1	214.7	413.0	800.8	917.5	1 108.9	487.9							
固定电话用户（万户）	33.3	150.5	451.2	943.5	884.9	893.1	885.6	883.9	2 654.8	587.2	195.9	93.7	99.9	99.0	99.8

续表

项目	总量指标								速度指标（%） 指数（2011年为以下各年）						
	1990	1995	2000	2005	2008	2009	2010	2011	1990	1995	2000	2005	2008	2009	2010
主线普级率（线/百人）	3.1	12.0	33.1	61.3	50.0	48.0	45.1	43.8							
移动电话用户（万户）	0.3	16.9	347.2	1 459.8	1 616.2	1 825.4	2 129.8	2 575.9	858 633.3	15 242.0	741.9	176.5	159.4	141.1	120.9
移动电话普及率（户/百人）	0.03	1.4	25.5	94.9	91.3	98.1	108.6	127.6							
商　业															
社会消费品零售额（亿元）	345.1	950.4	1 658.7	2 911.7	4 645.5	5 309.9	6 229.3	6 900.3	1 999.5	726.0	416.0	237.0	148.5	130.0	110.8
吃类商品	136.8	405.7	471.4	751.0	1 073.3	1 180.0	1 331.0	1 561.4	1 141.4	384.9	331.2	207.9	145.5	132.3	117.3
穿类商品	45.6	138.9	198.8	282.4	411.7	473.8	548.4	665.2	1 458.8	478.9	334.6	235.6	161.6	140.4	121.3
用类商品	154.6	387.9	932.0	1 643.7	2 799.4	3 278.2	3 884.0	4 080.1	2 639.1	1 051.8	437.8	248.2	145.7	124.5	105.0
烧类商品	8.1	17.9	56.5	234.6	361.1	377.9	465.9	593.6	7 328.8	3 316.4	1 050.7	253.0	164.4	157.1	127.4
对外经济贸易和旅游															
北京地区进出口总额（亿美元）	236.4	370.4	494.0	1 255.1	2 716.9	2 147.9	3 016.6	3 895.8	1 648.0	1 051.8	788.6	310.4	143.4	181.4	129.1
进口额	192.3	267.9	374.3	946.4	2 141.9	1 664.3	2 462.2	3 305.9	1 719.1	1 234.0	883.2	349.3	154.3	198.6	134.3
出口额	44.1	102.5	119.7	308.7	575.0	483.6	554.4	590.0	1 337.8	575.6	492.9	191.1	102.6	122.0	106.4
实际利用外商直接投资额（亿美元）	2.8	14.0	24.6	35.3	60.8	61.2	63.6	70.5	2 517.9	503.6	286.6	199.8	116.0	115.3	110.9
接待入境旅游者人数（万人次）	100.0	207.0	282.1	362.9	379.0	412.5	490.1	520.4	520.4	251.4	184.5	143.4	137.3	126.2	106.2
旅游外汇收入（亿美元）	6.6	21.8	27.7	36.2	44.6	43.6	50.4	54.2	821.2	248.6	195.7	149.7	121.5	124.3	107.4
金融保险															
金融机构（含外资）本外币存款余额（亿元）			11 526.0	28 969.9	43 980.7	56 960.1	66 584.6	75 001.9			650.7	258.9	170.5	131.7	112.6
金融机构（含外资）本外币贷款余额（亿元）			6 407.9	15 335.5	23 010.7	31 052.9	36 479.6	39 660.5			618.9	258.6	172.4	127.7	108.7
原保险保费收入（亿元）			93.4	498.2	585.9	697.6	966.5	820.9			878.9	164.8	140.1	117.7	84.9

注：1. 工业增加值按生产法计算。

2. 邮电业务总量2000年及以前按1990年不变价格计算，2010年及以前按2000年不变价格计算，从2011年开始按2010年不变价格计算。

续表

项目	总量指标								速度指标(%) 指数(2011年为以下各年)						
	1990	1995	2000	2005	2008	2009	2010	2011	1990	1995	2000	2005	2008	2009	2010
教育、文化、科技、卫生															
教育															
在校学生数（万人）		238.0	229.9	226.4	320.9	321.4	330.0	342.6		143.9	149.0	151.3	106.8	106.6	103.8
专任教师数（万人）		17.7	16.7	17.5	19.9	20.4	20.7	20.0		112.9	119.8	114.3	100.5	98.0	96.6
文化															
公共图书馆总藏数（万册、万件）	2 205	2 629	3 020	3 626	4 100	4 368	4 613	5 049	228.9	192.1	167.2	139.2	123.1	115.6	109.5
专业艺术剧团国内演出场次（场）	7 527	6 728	7 610	8 934	10 663	9 684	10 483	11 069	147.1	164.5	145.5	123.9	103.8	114.3	105.6
科技															
研究与试验发展经费内部支出（亿元）			155.7	379.5	620.1	668.6	821.8	936.6			601.5	246.8	151.0	140.1	114.0
技术合同成交总额（亿元）	20.3	41.2	140.3	434.4	1 027.2	1 236.2	1 579.5	1 890.3	9 325.6	4 591.5	1 347.4	435.1	184.0	152.9	119.7
专利授权量（件）	2 268	4 025	5 905	10 100	17 747	22 921	33 511	40 888	1 802.8	1 015.9	692.4	404.8	230.4	178.4	122.0
卫生															
卫生机构个数（个）	4 953	4 955	6 176	4 818	6 523	6 603	6 539	9 699							
卫生机构病床数（万张）	5.9	6.7	7.1	7.9	8.6	9.0	9.3	9.5	160.5	141.6	133.0	119.8	109.9	105.1	102.0
卫生技术人员数（万人）	11.2	11.6	11.6	12.0	15.0	16.0	17.1	18.2	162.8	156.6	157.3	151.4	121.2	113.2	106.2
#执业医师	5.1	5.4	5.2	5.1	5.9	6.2	6.6	6.9	136.4	128.4	134.8	137.3	118.2	111.5	105.4
注册护师（士）	3.5	3.7	4.0	4.3	5.5	6.2	6.7	7.3	210.6	198.2	182.4	169.7	131.5	118.1	108.1
生活与环境															
婚姻															
登记结婚对数（万对）	9.30	8.47	8.02	9.66	14.75	18.18	13.81	17.32	186.3	204.6	216.0	179.3	117.4	95.3	125.4
离婚对数（万对）	1.47	2.02	2.66	3.42	3.76	4.13	4.40	4.35	295.1	215.9	163.5	127.1	115.7	105.4	99.0
居住															
城镇居民人均住宅使用面积（平方米）				22.0	26.9	27.7	28.9	29.4				133.6	109.3	106.1	101.7
农村居民人均住房面积（平方米）	20.62	24.74	28.91	36.94	39.40	39.42	40.62	48.63	235.8	196.6	168.2	131.6	123.4	123.4	119.7

续表

项目	总量指标								速度指标（%）						
									指数（2011年为以下各年）						
	1990	1995	2000	2005	2008	2009	2010	2011	1990	1995	2000	2005	2008	2009	2010
生活															
城镇居民人均可支配收入（元）	1 787.1	5 868.4	10 350	17 653	24 725	26 738	29 073	32 903	1 841.1	560.7	317.9	186.4	133.1	123.1	113.2
农村居民人均纯收入（元）	1 297.1	3 208.5	4 687	7 860	10 747	11 986	13 262	14 736	1 136.1	459.3	314.4	187.5	137.1	122.9	113.6
金融机构（含外资）储蓄存款余额（亿元）				8 315.8	12 538.1	15 329.2	17 585.2	19 690.6				236.8	157.0	128.5	112.0
工资															
城镇单位在岗职工工资总额（亿元）	118.9	382.0	695.5	1 520.1	2 874.3	3 227.2	3 789.1	4 778.6	4 019.0	1 250.9	687.1	314.4	166.3	148.1	126.1
城镇单位在岗职工平均工资（元）	2 653	8 144	15 726	34 191	54 913	58 140	65 683	75 834	2 858.4	931.2	482.2	221.8	138.1	130.4	115.5
市政建设															
全社会用电量（亿千瓦时）	150.5	222.6	384.4	570.5	689.7	739.1	809.9	821.7	546.0	369.1	213.8	144.0	119.1	111.2	101.5
自来水销售总量（亿立方米）	5.3	6.8	7.5	7.2	8.1	8.7	8.9	9.5	179.5	139.4	125.6	132.2	117.1	108.9	106.1
居民燃气用户（万户）	176.1	219.8	291.9	462.6	591.0	600.0	634.2	644.1	365.8	293.0	220.7	139.2	109.0	107.4	101.6
城市公共交通客运量（亿人次）	33.5	37.2	40.7	51.8	59.3	65.9	69.0	72.3	215.9	194.5	177.7	139.6	121.9	109.7	104.7
环境															
城市绿化覆盖率（%）	28.0	32.7	36.5	42.0	43.5	44.4	45.0	45.6							
污水处理率（%）	7.3	19.4	39.4	62.4	78.9	80.3	81.0	81.7							
空气质量二级及好于二级的天数（天）			177	234	274	285	286	286							

注：1. 北京地区用电量来源于北京市电力公司，2000 年以前工业用电量不包含输配损失和发电企业自产自用电量。

2. 从 2001 年开始，有关职工的指标调整为在岗职工的指标。2007 年及以前城镇单位在岗职工工资包括乡及乡以上独立核算法人单位，不包括乡镇企业、私营单位和个体工商户；2008 年及以后包括乡镇企业。

3. 离婚对数包括在民政部门登记的对数和经法院调离和判离的对数。

4. 2010 年起，卫生机构中的卫生院数据并入到社区卫生服务中心（站）等其他卫生机构。2011 年起，卫生机构中包括村卫生室。

5. 城镇居民人均住房建筑面积改为城镇住户抽样调查数据。

表 1.2　地区生产总值（1978～2011 年）

单位：亿元

年　份	地区生产总值	第一产业	第二产业	工业	建筑业	第三产业	人均地区生产总值（元/人）	人均地区生产总值（美元/人）
1978	108.8	5.6	77.4	70.2	7.2	25.8	1 257	797
1979	120.1	5.2	85.2	77.4	7.8	29.7	1 358	908
1980	139.1	6.1	95.8	86.9	8.9	37.2	1 544	1 009
1981～1985	**950.9**	**62.3**	**589.4**	**515.5**	**73.9**	**299.2**		
1981	139.2	6.6	92.5	82.7	9.8	40.1	1 526	895
1982	154.9	10.3	99.8	89.3	10.5	44.8	1 671	883
1983	183.1	12.8	112.7	98.8	13.9	57.6	1 943	983
1984	216.6	14.8	130.7	114.0	16.7	71.1	2 262	972
1985	257.1	17.8	153.7	130.7	23.0	85.6	2 643	900
1986～1990	**1 978.7**	**162.9**	**1 084.3**	**917.3**	**167.0**	**731.5**		
1986	284.9	19.1	165.8	141.2	24.6	100.0	2 836	821
1987	326.8	24.3	182.6	154.5	28.1	119.9	3 150	846
1988	410.2	37.1	221.3	189.5	31.8	151.8	3 892	1 046
1989	456.0	38.5	252.2	212.8	39.4	165.3	4 269	1 134
1990	500.8	43.9	262.4	219.3	43.1	194.5	4 635	969
1991～1995	**4 847.2**	**289.6**	**2 220.4**	**1 833.5**	**386.9**	**2 337.2**		
1991	598.9	45.8	291.5	255.6	35.9	261.6	5 494	1 032
1992	709.1	49.1	345.9	293.0	52.9	314.1	6 458	1 171
1993	886.2	53.7	419.6	339.2	80.4	412.9	8 006	1 389
1994	1 145.3	67.5	517.6	417.9	99.7	560.2	10 240	1 188
1995	1 507.7	73.5	645.8	527.8	118.0	788.4	12 690	1 520
1996～2000	**12 084.0**	**387.8**	**4 277.7**	**3 450.5**	**827.2**	**7 418.5**		
1996	1 789.2	75.0	714.7	576.2	138.5	999.5	14 254	1 714
1997	2 077.1	77.2	781.8	635.9	145.9	1 218.1	16 621	2 005
1998	2 377.2	77.9	840.6	670.4	170.2	1 458.7	19 128	2 310
1999	2 678.8	78.4	907.3	724.0	183.3	1 693.1	21 407	2 586
2000	3 161.7	79.3	1 033.3	844.0	189.3	2 049.1	24 127	2 915
2001～2005	**26 032.9**	**423.4**	**7 759.7**	**6 446.2**	**1 313.5**	**17 849.8**		
2001	3 708.0	80.8	1 142.4	938.8	203.6	2 484.8	26 980	3 260
2002	4 315.0	82.4	1 250.0	1 021.2	228.8	2 982.6	30 730	3 713
2003	5 007.2	84.1	1 487.2	1 224.5	262.7	3 435.9	34 777	4 202
2004	6 033.2	87.4	1 853.6	1 554.7	298.9	4 092.2	40 916	4 943
2005	6 969.5	88.7	2 026.5	1 707.0	319.5	4 854.3	45 993	5 615
2006～2010	**55 346.2**	**545.6**	**13 571.1**	**11 103.4**	**2 467.7**	**41 229.5**		
2006	8 117.8	88.8	2 191.4	1 821.8	369.6	5 837.6	51 722	6 488
2007	9 846.8	101.3	2 509.4	2 082.8	426.6	7 236.1	60 096	7 903
2008	11 115.0	112.8	2 626.4	2 131.7	494.7	8 375.8	64 491	9 286
2009	12 153.0	118.3	2 855.5	2 303.1	552.4	9 179.2	66 940	9 799
2010	14 113.6	124.4	3 388.4	2 764.0	624.4	10 600.8	73 856	10 910
2011	16 251.9	136.3	3 752.5	3 048.8	703.7	12 363.1	81 658	12 643

注：1. 本表按当年价格计算。

2. 为了便于比较使用，本表中地区生产总值三次产业数据按国家 2002 年版国民经济行业分类标准核算。

3. 根据全国第二次农业普查和全国第二次经济普查结果对 1997～2008 年数据进行了修订（下同）。

4. 人均地区生产总值按年平均常住人口计算。同时，根据全国第六次人口普查数据对 2006 年至 2010 年人均地区生产总值进行了调整（下同）。

表1.3 地区生产总值指数（上年=100）（1978~2011年）

单位:%

年 份	地区生产总值	第一产业	第二产业	工业	建筑业	第三产业	人均地区生产总值
1978	110.5	109.0	115.1	112.4	153.0	97.7	109.1
1979	109.7	105.0	109.2	110.1	108.4	113.2	107.4
1980	111.8	109.3	110.1	110.1	110.3	118.5	109.8
1981	99.5	109.1	96.3	95.3	106.4	106.0	98.3
1982	107.4	113.4	105.8	105.8	106.1	109.9	105.6
1983	116.4	107.5	113.6	111.5	132.3	124.2	114.5
1984	117.4	106.8	116.1	115.7	118.8	121.8	115.6
1985	108.7	106.3	111.0	109.1	124.7	104.4	106.9
1986	108.0	100.1	104.8	105.0	103.7	115.7	104.6
1987	109.6	113.4	105.6	105.5	106.3	116.7	106.1
1988	112.8	111.2	112.1	113.0	106.5	114.1	111.0
1989	104.4	101.1	108.9	108.4	112.2	97.3	103.1
1990	105.2	103.3	101.1	101.9	95.6	113.3	104.0
1991	109.9	103.7	107.5	112.6	81.6	114.5	108.9
1992	111.3	103.1	112.2	110.3	125.7	111.9	110.5
1993	112.3	103.2	113.0	110.5	128.5	113.1	111.4
1994	113.7	102.8	114.1	113.5	117.0	115.0	112.5
1995	112.0	92.0	107.7	107.7	107.6	120.5	105.4
1996	109.0	97.2	106.2	106.1	107.0	113.4	103.1
1997	110.1	102.9	108.1	108.7	105.1	113.2	110.6
1998	109.5	101.1	109.6	108.7	114.2	110.1	110.1
1999	110.9	102.8	112.0	112.8	108.0	110.6	110.1
2000	111.8	103.1	111.4	113.2	102.1	112.9	106.8
2001	111.7	103.7	109.5	110.2	106.6	113.1	106.5
2002	111.5	102.7	108.4	107.8	110.9	113.3	109.1
2003	111.1	98.9	112.0	112.2	110.7	111.2	108.3
2004	114.1	99.4	117.0	119.3	106.3	113.1	111.4
2005	112.1	98.1	110.1	110.9	106.3	113.4	109.1
2006	113.0	100.6	110.5	109.5	116.0	114.3	109.1
2007	114.5	102.2	112.7	113.1	110.9	115.4	109.7
2008	109.1	101.1	100.8	100.2	103.7	112.5	103.7
2009	110.2	104.6	110.4	108.8	118.5	110.2	104.6
2010	110.3	98.4	113.7	114.9	108.3	109.3	104.8
2011	108.1	100.9	106.7	107.5	102.9	108.7	103.8

注：本表按可比价格计算。

表 1.4　地区生产总值指数（1978 年 =100）（1978～2011 年）

单位:%

年份	地区生产总值	第一产业	第二产业	工业	建筑业	第三产业	人均地区生产总值
1978	100.0	100.0	100.0	100.0	100.0	100.0	100.0
1979	109.7	105.0	109.2	110.1	108.4	113.2	107.4
1980	122.6	114.8	120.2	121.2	119.6	134.1	117.9
1981	122.0	125.2	115.8	115.5	127.2	142.2	115.9
1982	131.1	142.0	122.5	122.2	135.0	156.3	122.4
1983	152.6	152.6	139.2	136.3	178.6	194.1	140.2
1984	179.1	163.0	161.6	157.7	212.1	236.4	162.0
1985	194.7	173.3	179.3	172.0	264.5	246.8	173.2
1986	210.3	173.5	187.9	180.6	274.3	285.5	181.2
1987	230.4	196.7	198.5	190.6	291.6	333.2	192.2
1988	259.9	218.7	222.5	215.3	310.6	380.2	213.4
1989	271.4	221.1	242.3	233.4	348.5	369.9	220.0
1990	285.5	228.4	244.9	237.9	333.1	419.2	228.8
1991	313.8	236.9	263.3	267.8	271.8	479.9	249.1
1992	349.2	244.2	295.4	295.4	341.7	537.0	275.3
1993	392.2	252.0	333.8	326.4	439.1	607.4	306.7
1994	445.9	259.1	380.9	370.5	513.7	698.5	345.0
1995	499.4	238.4	410.2	399.0	552.8	841.7	363.7
1996	544.3	231.7	435.7	423.4	591.5	954.5	374.9
1997	599.3	238.4	471.0	460.2	621.7	1 080.5	414.6
1998	656.2	241.0	516.2	500.2	710.0	1 189.6	456.5
1999	727.7	247.7	578.1	564.2	766.8	1 315.7	502.8
2000	813.6	255.4	644.0	638.7	782.9	1 485.4	536.8
2001	908.8	264.8	705.2	703.8	834.6	1 680.0	571.7
2002	1 013.3	271.9	764.4	758.7	925.6	1 903.4	623.9
2003	1 125.8	268.9	856.1	851.3	1 024.6	2 115.9	676.0
2004	1 284.5	267.3	1 001.6	1 015.6	1 089.1	2 393.1	753.1
2005	1 440.3	262.2	1 102.8	1 126.3	1 157.7	2 714.9	821.5
2006	1 627.5	263.8	1 218.6	1 233.3	1 342.9	3 102.0	896.3
2007	1 863.3	269.6	1 373.4	1 394.9	1 489.3	3 580.0	983.2
2008	2 033.0	272.6	1 384.4	1 397.7	1 544.4	4 027.6	1 019.6
2009	2 240.4	285.2	1 528.7	1 520.8	1 829.4	4 437.6	1 066.5
2010	2 471.2	280.6	1 738.1	1 747.4	1 981.2	4 850.3	1 117.7
2011	2 671.4	283.1	1 854.6	1 878.5	2 038.7	5 272.3	1 160.2

注：本表按可比价格计算。

表 1.5 按行业分地区生产总值（2000～2011 年）

单位：亿元

项 目	2000	2001	2002	2003	2004	2005	2006	2007	2008	2009	2010	2011
地区生产总值	**3 161.7**	**3 708.0**	**4 315.0**	**5 007.2**	**6 033.2**	**6 969.5**	**8 117.8**	**9 846.8**	**11 115.0**	**12 153.0**	**14 113.6**	**16 251.9**
第一产业	**79.3**	**80.8**	**82.4**	**84.1**	**87.4**	**88.7**	**88.8**	**101.3**	**112.8**	**118.3**	**124.4**	**136.3**
第二产业	**1 033.3**	**1 142.4**	**1 250**	**1 487.2**	**1 853.6**	**2 026.5**	**2 191.4**	**2 509.4**	**2 626.4**	**2 855.5**	**3 388.4**	**3 752.5**
工 业	844.0	938.8	1 021.2	1 224.5	1 554.7	1 707	1 821.8	2 082.8	2 131.7	2 303.1	2 764.0	3 048.8
建筑业	189.3	203.6	228.8	262.7	298.9	319.5	369.6	426.6	494.7	552.4	624.4	703.7
第三产业	**2 049.1**	**2 484.8**	**2 982.6**	**3 435.9**	**4 092.2**	**4 854.3**	**5 837.6**	**7 236.1**	**8 375.8**	**9 179.2**	**10 600.8**	**12 363.1**
交通运输、仓储和邮政业	220.6	254.2	281.1	309.0	356.8	403.3	455.2	497.5	498.9	556.6	712.0	809.0
信息传输、计算机服务和软件业	164.4	210.1	278.6	378.0	449.6	586.6	696.4	870.5	999.1	1 066.5	1 214.1	1 493.4
批发与零售业	372.5	424.1	463.0	515.5	587.7	704.3	872.0	1 098.2	1 426.7	1 525.0	1 888.5	2 139.7
住宿和餐饮业	81.2	97.2	122.0	112.6	163.3	182.3	218.4	245.0	274.4	262.5	317.3	348.4
金融业	425.2	487.5	561.9	635.6	713.8	840.2	982.4	1 302.8	1 519.2	1 603.6	1 863.6	2 215.4
房地产业	144.0	203.6	298.0	341.9	436.1	493.7	658.3	821.5	844.6	1 062.5	1 006.5	1 074.9
租赁和商务服务业	118.8	137.0	214.2	231.6	276.6	360.7	447.1	623.6	765.3	809.6	953.2	1 162.1
科学研究、技术服务与地质勘查业	123.0	178.7	209.2	246.2	276.5	347.4	438.6	566.2	706.7	816.9	941.1	1 135.5
水利、环境和公共设施管理业	23.4	25.2	27.3	30.5	34.6	40.5	47.0	51.8	59.1	67.2	75.3	86.3
居民服务和其他服务业	36.2	42.2	54.7	64.1	79.6	80.2	85.3	82.1	74.9	73.9	99.3	112.1
教 育	102.3	148.8	159.6	206.2	267.4	289.4	320.6	365.2	402.1	444.1	516.2	605.9
卫生、社会保障和社会福利业	55.3	67.7	73.7	87.2	105.9	118.2	140.3	162.6	187.8	213.0	254.5	311.5
文化、体育与娱乐业	84.5	96.9	111.6	125.0	142.7	170.2	189.0	223.1	247.4	259.0	294.6	339.4
公共管理与社会组织	97.7	111.6	127.7	152.5	201.6	237.3	287.0	326.0	369.6	418.8	464.6	529.5

注：本表按当年价格计算；行业按国家2002年版国民经济行业分类标准核算。

表 1.6 按行业分地区生产总值指数（上年 =100）（2000 ~ 2011 年）

单位:%

项　　目	2000	2001	2002	2003	2004	2005	2006	2007	2008	2009	2010	2011
地区生产总值	**111.8**	**111.7**	**111.5**	**111.1**	**114.1**	**112.1**	**113.0**	**114.5**	**109.1**	**110.2**	**110.3**	**108.1**
第一产业	**103.1**	**103.7**	**102.7**	**98.9**	**99.4**	**98.1**	**100.6**	**102.2**	**101.1**	**104.6**	**98.4**	**100.9**
第二产业	**111.4**	**109.5**	**108.4**	**112.0**	**117.0**	**110.1**	**110.5**	**112.7**	**100.8**	**110.4**	**113.7**	**106.7**
工　业	113.2	110.2	107.8	112.2	119.3	110.9	109.5	113.1	100.2	108.8	114.9	107.5
建筑业	102.1	106.6	110.9	110.7	106.3	106.3	116.0	110.9	103.7	118.5	108.3	102.9
第三产业	**112.9**	**113.1**	**113.3**	**111.2**	**113.1**	**113.4**	**114.3**	**115.4**	**112.5**	**110.2**	**109.3**	**108.7**
交通运输、仓储和邮政业		103.8	104.1	104.0	108.7	105.9	107.6	108.0	104.1	103.0	111.7	106.2
信息传输、计算机服务和软件业		112.3	119.2	126.3	111.2	121.2	113.1	116.8	114.9	106.8	110.6	122.9
批发与零售业		112.4	109.1	111.2	112.0	117.7	118.3	122.3	124.9	109.3	120.9	108.9
住宿和餐饮业		109.0	117.2	90.7	136.6	106.9	115.5	107.6	98.0	96.7	115.2	102.3
金融业		113.1	112.4	110.6	107.1	113.2	111.4	121.4	107.8	106.4	108.6	107.6
房地产业		131.1	130.4	110.8	119.2	108.3	121.9	105.2	94.8	122.0	85.8	93.2
租赁和商务服务业		104.5	132.2	103.2	110.1	121.6	117.3	123.8	123.3	111.6	110.0	118.3
科学研究、技术服务与地质勘查业		130.1	111.5	112.4	108.9	117.4	119.4	121.1	125.6	121.9	107.9	110.4
水利、环境和公共设施管理业		94.8	102.0	103.8	104.7	113.0	110.3	104.3	114.5	119.9	104.7	105.5
居民服务和其他服务业		102.9	111.8	108.6	115.0	97.4	100.6	91.9	91.7	104.1	125.5	112.3
教　育		125.0	108.8	129.0	125.2	106.3	107.4	111.2	110.5	109.0	108.5	103.6
卫生、社会保障和社会福利业		115.6	106.4	112.1	116.7	111.2	113.1	108.7	113.9	113.6	111.6	107.9
文化、体育与娱乐业		104.3	107.7	106.7	108.6	115.4	107.8	109.7	113.6	107.3	106.2	106.1
公共管理与社会组织		105.3	108.1	112.4	125.0	113.6	116.6	109.6	108.3	110.9	105.3	102.1

注：本表按可比价格计算；行业按国家 2002 年版国民经济行业分类标准核算。

表 1.7　部分新兴产业增加值（2004～2011 年）

单位：亿元

项　目	2004	2005	2006	2007	2008	2009	2010	2011
地区生产总值	**6 033.2**	**6 969.5**	**8 117.8**	**9 846.8**	**11 115.0**	**12 153.0**	**14 113.6**	**16 251.9**
文化创意产业	**573.0**	**674.1**	**823.2**	**1 008.3**	**1 346.4**	**1 489.9**	**1 697.7**	**1 989.9**
文化艺术	22.6	32.2	35.3	38.8	42.7	48.8	53.7	68.0
新闻出版	108.1	106.8	135.3	142.2	153.7	159.8	171.8	191.9
广播、电视、电影	54.9	78.0	73.5	102.7	120.1	124.5	138.6	154.0
软件、网络及计算机服务	229.2	266.6	375.5	483.4	703.1	710.5	847.1	1 042.2
广告会展	47.8	51.0	52.2	64.9	112.2	98.5	127.4	159.0
艺术品交易	11.5	7.1	10.1	13.8	20.5	30.9	43.0	56.4
设计服务	29.9	31.6	40.2	49.2	52.8	76.4	84.2	90.6
旅游、休闲娱乐	27.0	37.6	48.4	50.2	58.4	60.7	69.5	78.6
其他辅助服务	42.0	63.2	52.7	63.1	82.9	179.8	162.4	149.2
信息产业	**867.3**	**1 152.7**	**1 344.5**	**1 668.3**	**1 759.8**	**1 762.9**	**1 989.2**	**2 377.7**
电子信息设备制造	216.6	303.5	343.5	391.6	331.5	260.2	282.5	297.0
电子信息设备销售和租赁	87.7	127.7	157.2	229.7	233.1	235.1	261.4	320.5
电子信息传输服务	285.7	355.6	381.7	462.8	382.6	445.6	480.0	613.5
计算机服务和软件业	163.9	231.0	314.7	407.8	616.5	620.8	734.1	879.9
其他信息相关服务	113.4	134.9	147.4	176.4	196.1	201.2	231.2	266.8
高技术产业	**370.6**	**504.4**	**606.4**	**729.6**	**852.3**	**778.4**	**888.8**	**1 043.2**
核燃料加工	0.2	0.2		-0.4			0.0	
信息化学品制造	1.5	1.1	1.7	1.7	2.7	2.0	3.3	2.2
医药制造业	46.2	49.7	56.4	78.1	114.4	127.2	150.1	175.8
航空航天器制造	16.8	17.7	23.8	25.2	27.0	28.6	34.6	41.3
电子及通信设备制造业	144.3	214.8	248.3	265.9	234.1	189.4	204.3	199.1
电子计算机及办公设备制造业	48.4	65.3	63.6	88.2	64.8	33.2	36.4	44.3
医疗设备及仪器仪表制造业	53.3	52.0	73.5	82.7	86.6	89.0	88.3	105.6
公共软件服务	59.9	103.6	139.1	188.2	322.7	309.0	371.8	474.9

续表

项　　目	2004	2005	2006	2007	2008	2009	2010	2011
现代制造业		**602.7**	**679.7**	**779.3**	**836.2**	**895.2**	**1 082.3**	**1 234.9**
电子类		260.5	289.1	323.0	268.8	202.9	222.9	226.6
机电类		132.6	154.2	169.6	212.0	243.5	263.3	279.6
交通类		130.0	142.7	178.3	206.5	279.0	400.7	494.6
医药类		55.0	66.1	84.6	124.1	141.6	165.7	200.8
其他类		24.6	27.6	23.8	24.8	28.2	29.7	33.3
现代服务业	**2 669.6**	**3 206.8**	**3 870.0**	**4 933.1**	**5 660.0**	**6 264.7**	**7 026.3**	**8 311.3**
信息传输、计算机服务和软件业	449.6	586.6	696.4	870.5	999.1	1 066.5	1 214.0	1 493.4
金融业	713.8	840.2	982.4	1 302.8	1 519.2	1 603.6	1 863.6	2 215.4
科学研究、技术服务和地质勘查业	276.5	347.4	438.6	566.2	706.7	816.9	941.1	1 135.5
卫生和社会保障业	100.7	112.9	133.8	155.1	171.2	192.9	226.3	286.0
文化、体育和娱乐业	142.7	170.2	189.0	223.1	247.4	259.0	294.6	339.4
房地产业	436.1	493.7	658.3	821.5	844.6	1 062.5	1 006.5	1 074.9
商务服务业	268.7	350.4	434.1	608.8	748.7	791.7	930.9	1 126.6
环境管理业	14.1	16.0	16.8	19.9	21.0	27.5	33.1	34.2
教　育	267.4	289.4	320.6	365.2	402.1	444.1	516.2	605.9
生产性服务业	**2 261.0**	**2 802.1**	**3 409.4**	**4 425.2**	**5 355.3**	**5 676.1**	**6 705.0**	**8 124.8**
流通服务	544.5	667.2	844.9	1 062.1	1 365.0	1 379.5	1 733.0	2 118.4
信息服务	449.6	586.6	696.4	870.5	999.1	1 066.5	1 214.1	1 493.4
金融服务	713.8	840.2	982.4	1 302.8	1 519.2	1 603.6	1 863.6	2 215.4
商务服务	276.6	360.7	447.1	623.6	765.3	809.6	953.2	1 162.1
科技服务	276.5	347.4	438.6	566.2	706.7	816.9	941.1	1 135.5
信息服务业		**721.5**	**843.8**	**1 047.0**	**1 195.2**	**1 267.6**	**1 445.3**	**1 760.2**
信息传输服务		308.4	309.4	375.6	265.7	319.6	309.4	371.3
信息技术服务		231.0	314.7	407.8	616.5	620.8	734.1	879.9
信息内容服务		182.1	219.7	263.6	313.0	327.2	401.8	509.0
物流业			**368.0**	**383.5**	**423.4**	**427.7**	**493.7**	**562.5**
交通运输、邮政、仓储业			306.2	318.1	324.2	326.1	382.9	429.9
流通加工、配送、包装业			61.8	65.4	99.2	101.6	110.8	132.6

表 1.8　全社会固定资产投资资金来源情况（1978～2011 年）

单位：亿元

年份	上年末结余资金	本年资金来源小计	国家预算内资金	国内贷款	债券	利用外资	自筹资金	其他资金
1978		22.5	16.9					
1979		26.5	19.2					
1980		33.2	18.5					
1981		31.4	15.4					
1982		34.5	14.1					
1983		38.5	16.0					
1984		52.2	22.5					
1985		77.8	30.4					
1986		94.5	33.0					
1987		126.2	43.1					
1988		149.4	37.4					
1989		123.1	35.0	12.8		18.2	44.5	12.6
1990		136.2	34.4	22.8		15.2	52.3	11.5
1991		151.1	35.5	28.2		13.9	65.5	8.0
1992		216.7	42.2	40.1		14.9	109.9	9.6
1993	54.3	425.2	47.1	79.2	1.6	28.0	205.2	64.1
1994	71.1	695.7	64.1	91.5	0.8	96.9	331.2	111.2
1995	200.8	915.8	70.3	122.7	1.1	187.3	339.8	194.6
1996	204.9	926.1	76.7	152.8	1.0	161.2	330.5	203.9
1997	183.1	1 016.7	86.3	194.3		139.2	383.4	213.5
1998	207.1	1 140.1	98.4	223.8	17.0	132.1	450.2	218.6
1999	212.1	1 183.8	136.2	262.2	1.4	82.7	461.3	240.0
2000	293.1	1 439.1	107.0	373.8	0.6	51.5	505.6	400.6
2001	325.5	1 796.8	136.7	429.4	2.5	35.6	595.6	597.0
2002	433.2	2 075.3	108.5	543.8	1.9	41.5	672.8	706.8
2003	542.7	2 674.0	78.4	755.2		52.6	887.9	899.9
2004	654.6	3 712.8	118.6	804.7		120.5	1 245.7	1 423.3
2005	924.4	4 553.7	128.8	1 055.8		70.9	1 452.8	1 845.4
2006	1 043.8	4 927.3	126.4	1 347.5	32.7	76.2	1 532.2	1 812.3
2007	1 202.2	6 193.0	102.2	1 513.3	22.4	82.8	2 195.6	2 276.7
2008	1 469.5	5 184.7	104.2	1 394.2	35.5	80.0	2 016.4	1 554.5
2009	1 321.7	8 702.2	118.1	3 038.5	17.5	39.3	2 441.3	3 047.4
2010	2 109.1	8 327.8	99.5	2 218.7	4.3	43.8	3 209.1	2 752.4
2011	2 341.4	8 235.4	71.7	1 853.6	85.4	29.8	3 588.6	2 606.3

注：1978～1992 年不含房地产开发和农村投资；1993～2003 年不含农村投资。

表 1.9 全社会固定资产投资及新增固定资产（按行业分）（2011 年）

单位：万元

行业	投资额			新增固定资产		
	合计	中央	地方	合计	中央	地方
合计	**59 106 069**	**8 090 022**	**51 016 047**	**23 820 177**	**5 783 055**	**18 037 122**
农、林、牧、渔业	**406 340**		**406 340**	**297 558**		**297 558**
农业	191 789		191 789	152 815		152 815
林业	117 169		117 169	93 175		93 175
畜牧业	43 195		43 195	5 760		5 760
渔业	4 623		4 623	2 680		2 680
农、林、牧、渔服务业	49 564		49 564	43 128		43 128
采矿业	**87 112**	**1 409**	**85 703**	**59 143**		**59 143**
煤炭开采和洗选业	27 013		27 013	37 863		37 863
石油和天然气开采业	1 409	1 409				
黑色金属矿采选业	58 690		58 690	21 280		21 280
有色金属采选业						
非金属矿采选业						
制造业	**5 720 128**	**871 616**	**4 848 512**	**2 102 111**	**568 004**	**1 534 107**
农副食品加工业	66 780		66 780	27 965		27 965
食品制造业	88 862	13 600	75 262	27 995		27 995
饮料制造业	115 954		115 954	99 381		99 381
烟草制品业	23 535	23 535				
纺织业	7 063		7 063	17 367		17 367
纺织服装、鞋、帽制造业	26 137		26 137	23 893		23 893
皮革、毛皮、羽毛（绒）制造业	886		886			
木材加工及木、竹藤、棕、草制品	4 898		4 898	4 898		4 898
家具制造业	16 281		16 281	16 515		16 515
造纸及纸制品业	20 454		20 454	9 036		9 036
印刷业和记录媒介的复制	42 388	19 293	23 095	68 214	47 955	20 259
文教体育用品制造业	4 713		4 713	7 787		7 787
石油加工、炼焦及核燃料加工业	67 174	51 994	15 180	13 705	13 705	
化学原料及化学制品制造业	357 520	241 314	116 206	549 765	448 282	101 483
医药制造业	309 480	87 210	222 270	122 316	3 781	118 535
化学纤维制造业	5 463		5 463	43		43
橡胶制品业	9 809		9 809	2 812		2 812
塑料制品业	26 105		26 105	32 453		32 453
非金属矿物制品业	147 402	7 130	140 272	38 695		38 695
黑色金属冶炼及压延加工业	47 085		47 085	1 633		1 633
有色金属冶炼及压延加工业	12 250	6 767	5 483	5 660		5 660
金属制品业	74 251	7 614	66 637	46 475		46 475
通用设备制造业	122 994		122 994	32 513		32 513

注：本表分行业数据不含农户投资。

续表

行业	投资额			新增固定资产		
	合计	中央	地方	合计	中央	地方
专用设备制造业	181 207	31 589	149 618	70 583	7 179	63 404
交通运输设备制造业	1 503 526	366 872	1 136 654	368 860	47 102	321 758
电气机械及器材制造业	134 893		134 893	132 461		132 461
通信设备、计算机及其他电子设备制造业	2 223 557	13 289	2 210 268	330 877		330 877
仪器仪表及文化、办公用机械制造业	62 287		62 287	44 832		44 832
工艺品及其他制造业	9 158	1 409	7 749	2 618		2 618
废弃资源和废旧材料回收加工业	8 016		8 016	2 759		2 759
电力、燃气及水的生产和供应业	**1 711 812**	**3 963**	**1 707 849**	**927 076**	**3 273**	**923 803**
电力、热力的生产和供应业	1 153 617	3 113	1 150 504	701 329	2 423	698 906
煤气生产和供应业	169 829	850	168 979	98 072	850	97 222
水的生产和供应业	388 366		388 366	127 675		127 675
建筑业	**102 589**	**45 858**	**56 731**	**32 034**	**5 947**	**26 087**
房屋和土木工程建筑业	59 166	18 831	40 335	22 903	5 947	16 956
建筑安装业	30 458	27 027	3 431	5 531		5 531
建筑装饰业	5 264		5 264			
其他建筑业	7 701		7 701	3 600		3 600
交通运输、仓储和邮政业	**6 988 805**	**2 237 410**	**4 751 395**	**2 413 855**	**1 834 686**	**579 169**
铁路运输业	466 730	462 188	4 542	90 828	90 828	
道路运输业	1 076 813		1 076 813	390 595		390 595
城市公共交通业	3 512 775		3 512 775	141 111		141 111
航空运输业	1 765 806	1 733 874	31 932	1 738 132	1 738 132	
管道运输业						
装卸搬运和其他运输服务业	15 437		15 437			
仓储业	124 648	17 011	107 637	52 030	5 726	46 304
邮政业	26 596	24 337	2 259	1 159		1 159
信息传输、计算机服务和软件业	**1 129 323**	**89 380**	**1 039 943**	**548 346**	**61 910**	**486 436**
电信和其他信息传输服务业	798 050	10 827	787 223	324 313	2 250	322 063
计算机服务业	128 375	74 340	54 035	64 353	59 660	4 693
软件业	202 898	4 213	198 685	159 680		159 680
批发与零售业	**287 156**	**113 071**	**174 085**	**182 574**	**84 690**	**97 884**
批发业	180 418	113 071	67 347	122 478	84 690	37 788
零售业	106 738		106 738	60 096		60 096
住宿和餐饮业	**381 151**	**115 399**	**265 752**	**737 716**	**459 064**	**278 652**
住宿业	358 539	115 399	243 140	699 262	459 064	240 198
餐饮业	22 612		22 612	38 454		38 454

续表

行　　业	投资额			新增固定资产		
	合　计	中　央	地　方	合　计	中　央	地　方
金融业	**867 331**	**473 149**	**394 182**	**240 879**	**232 307**	**8 572**
银行业	553 623	225 306	328 317	236 119	232 307	3 812
证券业						
保险业	307 689	247 843	59 846	4 760		4 760
其他金融活动	6 019		6 019			
房地产业	**32 350 326**	**2 580 564**	**29 769 762**	**10 409 445**	**1 149 002**	**9 260 443**
租赁和商务服务业	**461 657**	**13 820**	**447 837**	**259 720**	**9 160**	**250 560**
租赁业	31 672	6 270	25 402	33 872	6 270	27 602
商务服务业	429 985	7 550	422 435	225 848	2 890	222 958
科学研究、技术服务与地质勘查业	**919 898**	**592 530**	**327 368**	**548 219**	**427 437**	**120 782**
研究与试验发展	646 650	495 741	150 909	359 172	320 628	38 544
专业技术服务业	87 703	50 109	37 594	37 212	31 149	6 063
科技交流和推广服务业	185 545	46 680	138 865	151 835	75 660	76 175
地质勘查业						
水利、环境和公共设施管理业	**4 158 232**	**89 882**	**4 068 350**	**2 439 950**	**5 921**	**2 434 029**
水利管理业	717 166	24 052	693 114	231 217	4 383	226 834
环境管理业	413 237		413 237	367 679		367 679
公共设施管理业	3 027 829	65 830	2 961 999	1 841 054	1 538	1 839 516
居民服务和其他服务业	**94 692**	**2 315**	**92 377**	**82 868**		**82 868**
居民服务业	42 500		42 500	36 804		36 804
其他服务业	52 192	2 315	49 877	46 064		46 064
教　育	**1 329 636**	**364 060**	**965 576**	**1 026 401**	**495 173**	**531 228**
卫生、社会保障和社会福利业	**480 868**	**149 768**	**331 100**	**210 068**	**56 108**	**153 960**
卫　生	445 996	149 768	296 228	194 663	56 108	138 555
社会保障业	1 289		1 289	751		751
社会福利业	33 583		33 583	14 654		14 654
文化、体育与娱乐业	**549 774**	**250 257**	**299 517**	**319 368**	**217 826**	**101 542**
新闻出版业	71 105	51 034	20 071			
广播、电视、电影和音像业	159 449	144 328	15 121	47 934	43 312	4 622
文化艺术业	178 652	50 547	128 105	227 988	160 617	67 371
体　育	52 324	192	52 132	12 141		12 141
娱乐业	88 244	4 156	84 088	31 305	13 897	17 408
公共管理与社会组织	**488 371**	**95 571**	**392 800**	**494 016**	**172 547**	**321 469**
中国共产党机关	70 504	70 504				
国家机关	334 669	22 232	312 437	479 792	170 353	309 439
人民政协和民主党派						
群众团体、社会团体和宗教组织	71 127	2 835	68 292	2 194	2 194	
基层群众自治组织	12 071		12 071	12 030		12 030

表1.10　全社会房屋建筑施工及竣工面积（1978～2011年）

单位：万平方米

年　份	施工面积		竣工面积			
		#住　宅		#住　宅	中　　央	地　　方
1978	956.3	456.8	407.0	190.4	158.7	248.3
1979	1 340.6	780.2	537.6	304.9	235.2	302.4
1980	1 704.1	1 037.0	648.4	396.9	315.8	332.6
1981～1985			**3 941.6**	**2 383.4**	**1 723.2**	**2 218.4**
1981	1 875.8	1 189.9	726.9	462.6	327.2	399.7
1982	1 938.6	1 210.1	728.3	463.8	303.7	424.6
1983	1 952.1	1 163.6	775.5	514.0	312.3	463.2
1984	2 351.9	1 327.1	818.7	437.6	352.7	466.0
1985	2 802.7	1 599.2	892.2	505.4	427.3	464.9
1986～1990			**5 142.4**	**2 939.9**	**2 635.1**	**2 507.3**
1986	2 760.7	1 557.4	906.5	532.7	424.5	482.0
1987	2 578.0	1 273.2	1 042.2	608.9	507.8	534.4
1988	2 642.2	1 226.2	1 065.6	623.5	499.6	566.0
1989	2 450.8	1 167.8	1 046.9	601.8	565.8	481.1
1990	2 864.9	1 561.9	1 081.2	573.0	637.4	443.8
1991～1995			**6 206.7**	**3 707.2**	**1 869.2**	**4 337.5**
1991	2 818.0	1 612.0	1 036.4	601.8	396.2	640.2
1992	3 126.8	1 784.7	1 111.4	681.2	399.3	712.1
1993	3 607.5	1 866.4	1 158.0	654.8	320.5	837.5
1994	4 460.9	2 315.1	1 370.7	832.1	366.8	1 003.9
1995	5 524.3	2 897.6	1 530.2	937.3	386.4	1 143.8
1996～2000			**9 644.3**	**5 979.9**	**2 726.7**	**6 917.6**
1996	5 633.2	2 696.9	1 517.5	870.4	452.0	1 065.5
1997	5 819.4	2 881.3	1 625.7	996.8	492.2	1 133.5
1998	6 496.1	3 473.7	1 821.5	1 093.1	508.4	1 313.1
1999	6 556.5	3 754.8	2 321.4	1 519.9	655.3	1 666.1
2000	6 995.9	4 083.3	2 358.2	1 499.7	618.8	1 739.4
2001～2005			**17 781.6**	**11 992.2**	**1 733.0**	**16 048.6**
2001	8 203.3	5 226.4	2 554.6	1 804.9	490.6	2 064.0
2002	9 697.7	6 193.3	3 121.8	2 191.4	441.8	2 680.0
2003	11 262.2	7 011.3	3 222.8	2 322.3	242.1	2 980.7
2004	13 121.9	7 513.1	4 203.2	2 649.5	301.9	3 901.3
2005	14 096.2	8 043.2	4 679.2	3 024.1	256.6	4 422.6
2006～2010			**20 059.1**	**10 993.8**	**2 002.6**	**18 056.4**
2006	14 069.2	7 113.0	4 191.0	2 391.6	388.6	3 802.4
2007	14 146.7	6 788.8	3 866.4	2 098.0	399.6	3 466.8
2008	14 145.3	6 656.3	3 840.7	1 871.1	496.8	3 343.9
2009	14 380.6	7 058.4	4 252.6	2 369.6	388.4	3 864.2
2010	15 572.1	7 932.9	3 908.4	2 263.5	329.2	3 579.1
2011	18 065.2	8 817.1	4 032.9	2 121.8	425.5	3 607.4

注：2007年及以前，表中数据不包含农村农户房屋施工和竣工面积。

表 1.11　全社会房屋建筑施工及竣工面积

单位：万平方米

项　　目	2011	2010	占竣工面积比重（%）	
			2011	2010
施工总面积	**18 065.2**	**15 572.1**		
竣工总面积	**4 032.9**	**3 908.4**	**100.0**	**100.0**
按隶属关系分				
中　央	425.5	329.2	10.6	8.4
地　方	3 607.7	3 579.1	89.4	91.6
#国　有	495.7	324.2	12.3	8.3
集　体	120.8	77.3	3.0	2.0
按功能区分				
首都功能核心区	278.3	184.9	6.9	4.7
城市功能拓展区	1 840.5	1 681.1	45.6	43.0
城市发展新区	1 466.3	1 665.2	36.4	42.6
生态涵养发展区	447.8	377.1	11.1	9.6

表1.12 房地产开发情况（1990～2011年）

年份	房地产开发企业个数（个）	本年完成的土地开发面积（万平方米）	房地产开发投资额（亿元）	按用途分					按投资构成分		商品房销售额（亿元）		商品房销售面积（万平方米）	
				#土地开发投资	#土地购置费	#住宅	#写字楼（办公楼）	#商业营业用房	#建筑安装工程	#设备工器具购置		#住宅		#住宅
1990			22.5			12.3			18.4				142.2	
1991～1995		**2 169.9**	**568.4**			**264.8**			**341.9**		**218.7**	**191.2**	**855.6**	**816.5**
1991	40	305.9	24.0			14.0			16.8		22.0	21.6	154.0	152.5
1992	42	590.0	33.7			20.0			20.7		25.5	24.7	159.1	153.0
1993	74	182.5	58.4	4.6	2.5	38.1			43.4	0.4	41.0	41.0	182.0	182.0
1994	81	382.5	99.5	11.6	4.0	50.3			69.3	0.9	60.4	40.8	168.6	149.0
1995	623	709.0	352.8	58.7	52.4	142.4	71.5	35.2	191.7	8.4	69.8	63.1	191.9	180.0
1996～2000		**1 501.9**	**1 979.5**	**131.8**	**161.5**	**950.7**	**351.5**	**161.3**	**1 280.6**	**95.5**	**1 251.4**	**1 032.3**	**2 416.7**	**2 199.2**
1996	554	239.8	328.2	33.0	15.0	124.9	84.2	35.2	222.0	17.0	94.7	70.8	215.3	183.1
1997	601	419.8	330.3	22.2	23.9	132.9	91.1	29.2	208.0	19.8	164.1	140.4	290.9	256.2
1998	585	195.0	377.4	22.7	28.4	168.0	78.5	36.1	250.7	20.7	214.4	179.8	409.2	377.0
1999	716	187.2	421.5	24.6	36.6	236.6	52.5	30.2	278.6	16.8	307.5	232.0	544.4	484.7
2000	893	460.1	522.1	29.3	57.6	288.3	45.2	30.6	321.3	21.2	470.7	409.3	956.9	898.2
2001～2005		**4 124.3**	**5 974.0**	**177.6**	**993.6**	**3 239.5**	**696.1**	**368.3**	**3 498.9**	**137.8**	**5 329.6**	**4 624.5**	**10 084.3**	**9 354.8**
2001	1 142	1 162.7	783.8	38.1	115.6	464.2	72.0	41.7	438.0	22.3	609.9	531.7	1 205.0	1 127.5
2002	1 508	925.0	989.4	44.0	149.2	586.7	97.3	57.6	572.7	31.5	813.8	716.7	1 708.3	1 604.4
2003	1 546	1 088.2	1 202.5	39.5	213.2	633.0	142.7	61.3	716.2	24.3	898.0	789.2	1 895.8	1 771.1
2004	2 704	634.2	1 473.3	36.5	275.8	776.0	187.9	94.8	872.1	35.4	1 249.1	1 085.1	2 472.0	2 285.8
2005	3 123	314.2	1 525.0	19.4	239.8	779.5	196.2	112.9	881.8	42.3	1 758.8	1 501.8	2 803.2	2 566.0
2006～2010			**10 863.2**	**125.5**	**3 642.0**	**5 211.5**	**1 055.2**	**1 270.8**	**4 550.5**	**255.0**	**12 507.0**	**9 221.0**	**10 121.4**	**8 049.8**
2006	2 882	840.5	1 719.9	35.7	477.9	863.6	216.7	226.0	953.2	55.5	2 159.0	1 626.3	2 607.6	2 205.0
2007	2 688	248.7	1 995.8	25.6	644.7	991.7	242.2	267.4	1 015.3	58.9	2 514.7	1 846.0	2 176.6	1 731.5
2008	3 433	351.5	1 908.7	24.0	639.0	940.6	170.5	240.4	829.6	48.6	1 658.3	1 201.4	1 335.4	1 031.4
2009	3 171	364.0	2 337.7	28.7	587.7	906.6	166.7	200.7	841.6	45.7	3 259.7	2 486.8	2 362.3	1 880.5
2010	3 190		2 901.1	11.5	1 292.7	1 509.0	259.1	336.3	910.8	46.3	2 915.4	2 060.5	1 639.5	1 201.4
2011	3 069		3 036.3	4.9	1 301.2	1 778.3	363.8	296.7	1 235.1	38.5	2 425.8	1 606.0	1 440.0	1 035.0

注：1. 2005年及以前的商品房销售面积为竣工后的全部商品房销售面积，2006年及以后为期房与现房销售面积之和。

2. 2010年起，商品房销售中包含定向安置房数据（下表同）。

3. 2011年房地产开发投资额增速按可比口径计算为10.1%。

表 1.13　商品房

单位：万平方米

项　　目	2011	2010
施工面积	**12 065.4**	**10 300.9**
#本年新开工面积	4 246.1	2 974.2
#住　宅	7 168.1	6 176.0
#本年新开工面积	2 596.4	2 063.4
竣工面积	**2 245.2**	**2 386.7**
#住　宅	1 316.1	1 498.5
销售面积	**1 440.0**	**1 639.5**
#住　宅	1 035.0	1 201.4
待售面积	**1 792.6**	**1 482.7**
#住　宅	699.8	511.9

注：商品房销售面积为竣工后的全部商品房销售面积，包括期房和现房。

表 1.14　保障性安居工程建设情况

项　　目		2011	2010	2011 年/2010 年（%）
完成投资	**（亿元）**	**746.1**	**382.8**	**194.9**
经济适用房	（亿元）	71.9	67.9	105.9
限价房	（亿元）	140.8	108.5	129.8
公租（廉租）房	（亿元）	38.7	12.6	307.1
定向安置房	（亿元）	494.8	193.9	255.2
施工面积	**（万平方米）**	**4 084.4**	**2 792.0**	**146.3**
经济适用房	（万平方米）	596.1	756.2	78.8
限价房	（万平方米）	705.2	800.4	88.1
公租（廉租）房	（万平方米）	269.0	51.5	522.3
定向安置房	（万平方米）	2 514.0	1 183.9	212.3
竣工面积	**（万平方米）**	**513.8**	**715.9**	**71.8**
经济适用房	（万平方米）	113.7	203.9	55.8
限价房	（万平方米）	155.7	331.0	47.0
公租（廉租）房	（万平方米）	83.4	14.5	575.2
定向安置房	（万平方米）	161.0	166.6	96.6
本年新开工面积	**（万平方米）**	**1 726.8**	**1 081.2**	**159.7**
经济适用房	（万平方米）	96.0	190.5	50.4
限价房	（万平方米）	278.8	219.6	127.0
公租（廉租）房	（万平方米）	106.3	12.1	878.5
定向安置房	（万平方米）	1 245.6	659.1	189.0

表 1.15　地方财政收支（1978～2011 年）

单位：亿元

年　份	地　　方财政收入	#地方公共财政预算收入								基金预算收　　入
			税收收入						非税收入	
				#增值税	#营业税	#个人所得税	#企业所得税	#城市维护建设税		
1978	50.46		18.25							
1979	47.75		19.41							
1980	51.29		21.22							
1981～1985	**234.27**		**191.96**	**8.34**	**11.46**	**0.61**	**43.77**	**2.16**		
1981	49.12		24.22			0.02	1.76			
1982	47.25		25.81	0.05		0.05	1.43			
1983	39.84		38.03	1.30		0.07	11.70			
1984	45.62		43.91	2.20	1.23	0.13	12.70			
1985	52.44		59.99	4.79	10.23	0.34	16.18	2.16		
1986～1990	**337.13**		**397.96**	**65.02**	**103.00**	**7.29**	**116.89**	**16.67**		
1986	60.34		60.83	7.61	13.19	0.97	20.46	2.51		
1987	63.62		67.77	9.09	15.42	1.54	21.87	2.70		
1988	68.11		84.04	15.10	21.11	1.23	27.70	3.37		
1989	71.05		91.09	16.75	25.33	1.53	24.31	3.74		
1990	74.01		94.23	16.47	27.95	2.02	22.55	4.35		
1991～1995	**456.48**		**643.24**	**136.88**	**228.80**	**35.46**	**105.24**	**34.07**		
1991	77.02		100.58	19.53	30.78	2.56	20.59	4.77		
1992	80.25		110.54	22.29	35.86	3.15	19.08	5.13		
1993	84.10		148.19	42.30	52.07	4.30	14.20	6.57		
1994	99.85		120.53	25.54	45.63	9.24	21.70	7.18		
1995	115.26		163.40	27.22	64.46	16.21	29.67	10.42		

续表

年份	地方财政收入	#地方公共财政预算收入	税收收入	#增值税	#营业税	#个人所得税	#企业所得税	#城市维护建设税	非税收入	基金预算收入
1996～2000	**1 341.65**		**1 397.26**	**185.46**	**570.06**	**190.18**	**223.71**	**70.84**		
1996	150.90		201.32	29.53	81.61	22.67	37.22	11.36		
1997	209.91	182.32	235.82	32.67	97.54	28.76	41.05	12.74	-53.50	27.59
1998	262.01	229.45	272.23	37.58	113.00	36.49	41.42	14.12	-42.78	32.56
1999	320.44	281.37	315.10	39.72	128.86	45.88	45.99	15.27	-33.74	39.07
2000	398.39	345.00	372.79	45.96	149.05	56.38	58.03	17.35	-27.79	53.39
2001～2005	**3 611.96**	**3 244.40**	**3 216.46**	**367.43**	**1 389.75**	**355.88**	**566.23**	**147.84**	**27.94**	**367.57**
2001	507.68	454.17	475.00	59.00	181.35	79.52	86.07	20.53	-20.83	53.51
2002	600.96	533.99	539.87	66.69	227.79	61.29	100.00	24.91	-5.88	66.97
2003	665.94	592.54	588.96	75.26	263.69	57.21	93.70	28.85	3.58	73.40
2004	830.03	744.49	726.50	68.88	333.16	73.34	121.70	34.72	17.99	85.55
2005	1 007.35	919.21	886.13	97.60	383.76	84.52	164.76	38.83	33.08	88.14
2006～2010	**11 889.54**	**8 827.85**	**8 453.62**	**800.72**	**3 321.83**	**801.97**	**1 965.28**	**317.03**	**374.23**	**3 061.69**
2006	1 235.78	1 117.15	1 076.82	117.80	460.99	102.28	213.86	45.17	40.33	118.63
2007	1 882.04	1 492.64	1 435.67	134.84	601.06	135.20	309.34	56.63	56.97	389.40
2008	2 282.04	1 837.32	1 775.58	158.34	651.78	171.33	497.52	63.95	61.75	444.71
2009	2 678.77	2 026.81	1 913.97	179.73	752.60	177.84	430.42	71.28	112.84	651.96
2010	3 810.91	2 353.93	2 251.59	210.01	855.40	215.33	513.09	80.00	102.34	1 456.98
2011	4 359.10	3 006.28	2 854.63	237.76	1 071.51	272.90	683.71	145.65	151.65	1 352.82

注：1. 地方财政收支数为决算数。

2. 2006 年及以前农业生产和农业事业费为农业支出、林业支出、水利气象支出的合计；文教科卫事业费为文体广播事业费、教育支出、科学支出、医疗卫生支出的合计。自 2007 年开始，财政支出按新科目设置，具体内容见表 1.18。

3. 2011 年开始，原指标“地方一般预算收入”和“地方一般预算支出”更名为“地方公共财政预算收入”和“地方公共财政预算支出”（下同）。

资料来源：北京市财政局。

续表

年份	地方财政支出	#地方公共财政预算支出	#基本建设	#农业生产和农业事业费	#文教科卫事业费	#教育事业费	#科学事业费
1978	20.38		10.89	0.84	2.43	1.46	0.04
1979	20.06		10.07	0.86	2.94	1.77	0.05
1980	14.87		5.65	0.75	3.22	1.93	0.06
1981～1985	**111.40**		**39.75**	**4.69**	**24.82**	**14.04**	**0.57**
1981	14.85		5.95	0.71	3.65	2.15	0.08
1982	16.80		6.44	0.80	4.17	2.37	0.09
1983	19.61		6.47	0.83	4.63	2.65	0.10
1984	27.15		10.06	1.12	5.53	3.00	0.12
1985	32.99		10.83	1.23	6.84	3.87	0.18
1986～1990	**272.89**		**55.78**	**12.81**	**59.36**	**30.48**	**2.68**
1986	44.27		11.22	1.57	8.20	4.45	0.19
1987	49.67		10.47	1.91	9.21	4.79	0.58
1988	52.93		10.53	2.88	11.46	6.04	0.58
1989	59.50		11.70	3.15	13.67	7.00	0.57
1990	66.52		11.86	3.30	16.82	8.20	0.76
1991～1995	**473.64**		**51.07**	**22.74**	**131.96**	**73.30**	**7.37**
1991	67.98		9.35	3.67	17.68	9.41	1.01
1992	71.74		8.57	3.98	19.72	10.56	1.10
1993	80.99		10.35	4.33	24.08	13.10	1.30

续表

年份	地方财政支出	#地方公共财政预算支出	#基本建设	#农业生产和农业事业费	#文教科卫事业费	#教育事业费	#科学事业费
1994	98.53		9.37	4.93	29.81	17.22	1.62
1995	154.40		13.43	5.83	40.67	23.01	2.34
1996～2000	**1 646.07**		**182.00**	**57.35**	**393.12**	**216.14**	**21.91**
1996	187.45		21.66	7.42	51.66	29.57	2.94
1997	262.20	236.39	24.89	9.85	63.83	35.97	3.74
1998	307.55	280.68	32.50	10.70	72.79	41.31	4.11
1999	398.53	355.19	45.46	13.13	84.52	49.22	4.91
2000	490.34	443.00	57.49	16.25	120.32	60.07	6.21
2001～2005	**4 219.74**	**3 878.85**	**387.63**	**145.23**	**907.72**	**524.16**	**55.81**
2001	614.92	559.11	92.96	19.58	124.08	72.26	7.27
2002	683.98	628.35	64.31	23.50	146.72	85.82	8.78
2003	809.39	734.80	71.99	26.18	175.64	98.82	10.76
2004	974.17	898.28	73.94	33.33	208.96	121.39	13.26
2005	1 137.28	1 058.31	84.43	42.64	252.32	145.87	15.74
2006～2010	**12 765.99**	**9 942.31**					
2006	1 411.58	1 296.84	99.30	60.91	312.60	175.18	19.32
2007	2 067.65	1 649.50					
2008	2 400.93	1 959.29					
2009	2 820.86	2 319.37					
2010	4 064.97	2 717.32					
2011	4 574.94	3 245.23					

表 1.16　地方财政收支增长速度及相当于地区生产总值比例（1978～2011 年）

单位:%

年份	增长速度（上年=100）				相当于地区生产总值比例			
	地方财政收入	#地方公共财政预算收入	地方财政支出	#地方公共财政预算支出	地方财政收入	#地方公共财政预算收入	地方财政支出	#地方公共财政预算支出
1978	18.0		27.6		46.4		18.7	
1979	-5.4		-1.6		39.8		16.7	
1980	7.4		-25.9		36.9		10.7	
1981～1985					**24.6**		**11.7**	
1981	-4.2		-0.1		35.3		10.7	
1982	-3.8		13.1		30.5		10.8	
1983	-15.7		16.7		21.8		10.7	
1984	14.5		38.4		21.1		12.5	
1985	14.9		21.5		20.4		12.8	
1986～1990					**17.0**		**13.8**	
1986	15.1		34.2		21.2		15.5	
1987	5.4		12.2		19.5		15.2	
1988	7.1		6.6		16.6		12.9	
1989	4.3		12.4		15.6		13.0	
1990	4.2		11.8		14.8		13.3	
1991～1995					**9.4**		**9.8**	
1991	4.1		2.2		12.9		11.4	
1992	4.2		5.5		11.3		10.1	
1993	4.8		12.9		9.5		9.1	

续表

年份	增长速度（上年=100）				相当于地区生产总值比例			
	地方财政收入	#地方公共财政预算收入	地方财政支出	#地方公共财政预算支出	地方财政收入	#地方公共财政预算收入	地方财政支出	#地方公共财政预算支出
1994	9.9		21.7		8.7		8.6	
1995	21.8		56.7		7.6		10.2	
1996～2000					**11.1**		**13.6**	
1996	30.9		21.4		8.4		10.5	
1997	25.5		39.9		10.1	8.8	12.6	11.4
1998	24.8	20.0	17.4	18.7	11.0	9.7	12.9	11.8
1999	22.3	22.6	29.6	26.5	12.0	10.5	14.9	13.3
2000	24.3	22.7	23.0	24.7	12.6	10.9	15.5	14.0
2001～2005					**13.9**	**12.5**	**16.2**	**14.9**
2001	27.4	31.6	25.4	26.2	13.7	12.2	16.6	15.1
2002	25.8	25.9	11.2	12.4	13.9	12.4	15.9	14.6
2003	17.2	18.2	18.3	16.9	13.3	11.8	16.2	14.7
2004	28.3	29.7	20.4	22.3	13.8	12.3	16.1	14.9
2005	21.4	23.5	16.7	17.8	14.5	13.2	16.3	15.2
2006～2010					**21.5**	**16.0**	**23.1**	**18.0**
2006	22.7	21.5	24.1	22.5	15.2	13.8	17.4	16.0
2007	52.3	33.6	46.5	27.2	19.1	15.2	21.0	16.8
2008	21.3	23.1	16.1	18.8	20.5	16.5	21.6	17.6
2009	17.4	10.3	17.5	18.4	22.0	16.7	23.2	19.1
2010	42.3	16.1	44.1	17.2	27.0	16.7	28.8	19.3
2011	14.4	27.7	12.5	19.4	26.8	18.5	28.2	20.0

资料来源：北京市财政局。

表1.17　地方财政收入

项　　目	绝对数（万元）		2011年为2010年%	构　成（%）	
	2011	2010		2011	2010
合　　计	**43 590 993**	**38 109 056**	**114.4**	**100.0**	**100.0**
地方公共财政预算收入	**30 062 751**	**23 539 301**	**127.7**	**69.0**	**61.8**
#增值税	2 377 647	2 100 089	113.2	5.5	5.5
营业税	10 715 081	8 554 046	125.3	24.6	22.4
个人所得税	2 728 954	2 153 282	126.7	6.3	5.7
城市维护建设税	1 456 499	800 033	182.1	3.3	2.1
固定资产投资方向调节税		563	0.0	0.0	
耕地占用税	115 661	101 853	113.6	0.3	0.3
企业所得税	6 837 116	5 130 941	133.3	15.7	13.5
国有资本经营收入	-298 797	-277 941			
企业所得税退税		-5 269	0.0	0.0	
罚没收入、行政事业性收费收入	773 557	627 633	123.2	1.8	1.6
基金预算收入	**13 528 242**	**14 569 755**	**92.9**	**31.0**	**38.2**

资料来源：北京市财政局。

表1.18　地方财政支出

项　　目	绝对数（万元）		2011年为2010年%	构　成（%）	
	2011	2010		2011	2010
合　　计	**45 749 405**	**40 649 711**	**112.5**	**100.0**	**100.0**
地方公共财政预算收入	**32 452 264**	**27 173 174**	**119.4**	**70.9**	**66.8**
#一般公共服务	2 613 757	2 395 705	109.1	5.7	5.9
教　　育	5 200 778	4 502 155	115.5	11.4	11.1
科学技术	1 830 745	1 789 154	102.3	4.0	4.4
文化体育与传媒	870 080	793 630	109.6	1.9	2.0
社会保障和就业	3 548 827	2 758 992	128.6	7.8	6.8
医疗卫生	2 254 853	1 868 247	120.7	4.9	4.6
节能环保	945 135	608 541	155.3	2.1	1.5
交通运输	1 991 209	1 549 851	128.5	4.4	3.8
城乡社区事务	3 392 685	2 943 014	115.3	7.4	7.2
农林水事务	1 873 372	1 586 398	118.1	4.1	3.9
政府性基金支出合计	**13 297 141**	**13 476 537**	**98.7**	**29.1**	**33.2**

资料来源：北京市财政局。

表 1.19　八大类居民消费价格指数（1978～2011 年）

（上年 = 100）

年份	居民消费价格指数	#服务项目价格指数	食品	#粮食	#油脂	#肉禽及其制品	#水产品	#鲜菜	#鲜果	烟酒及用品	衣着	家庭设备用品及维修服务	医疗保健和个人用品	交通和通信	娱乐教育文化用品及服务	居住
1978	100.6	100.0	101.2	100.0	100.0		100.6	114.5	101.6		100.0		100.4		100.1	
1979	101.8	101.2	102.2	100.0	100.0		107.2	100.2	99.5		99.3		103.7		104.5	
1980	106.0	95.5	108.2	100.0	100.0		131.3	114.1	106.7		99.5		101.5		100.8	
1981	101.3	100.4	102.9	100.0	100.0		100.0	111.4	100.8		99.4		101.4		100.3	
1982	101.8	100.1	104.2	100.0	100.0		100.0	104.7	94.3		96.7		101.4		100.1	
1983	100.5	100.3	101.5	100.0	100.0		100.0	104.9	119.1		97.0		103.0		98.1	
1984	102.2	103.1	102.8	99.3	100.6		106.6	106.8	112.1		101.2		107.4		100.0	
1985	117.6	108.1	126.6	104.6	116.3		235.3	162.0	148.6		103.0		106.5		101.6	
1986	106.8	107.9	109.6	103.6	132.4		129.7	106.7	121.4		101.3		102.2		100.8	
1987	108.6	107.6	111.3	104.6	103.5		116.1	118.4	124.0		104.0		103.1		103.5	
1988	120.4	106.0	123.9	114.4	120.7		144.9	133.5	124.4		125.1		131.5		114.4	
1989	117.2	104.6	112.5	109.5	129.2		114.5	105.1	112.0		126.2		119.5		133.1	
1990	105.4	118.2	103.7	104.5	101.9		101.7	107.1	98.6		110.3		111.0		93.5	
1991	111.9	142.9	111.2	132.2	137.4		102.0	118.4	111.1		105.7		105.0		94.4	
1992	109.9	122.8	111.5	134.3	110.9		101.8	115.1	104.6		103.3		114.8		92.8	
1993	119.0	133.8	120.7	134.6	111.8		109.3	114.5	109.2		109.2		115.1		99.7	
1994	124.9	136.1	126.7	144.0	133.8	138.2	125.6	128.5	114.9		124.7	112.7	113.2	104.9	118.7	124.1

续表

年份	居民消费价格指数	#服务项目价格指数	食品	#粮食	#油脂	#肉禽及其制品	#水产品	#鲜菜	#鲜果	烟酒及用品	衣着	家庭设备用品及维修服务	医疗保健和个人用品	交通和通信	娱乐教育文化用品及服务	居住
1995	117.3	128.3	121.1	135.2	109.0	123.2	111.1	124.3	129.5		117.5	108.3	102.6	100.3	100.8	113.2
1996	111.6	120.0	107.7	112.2	90.8	101.5	104.5	113.7	104.6		119.1	104.6	110.1	102.1	110.1	129.2
1997	105.3	117.5	102.2	96.8	100.7	107.0	109.7	95.0	94.0		102.9	105.4	105.2	100.3	98.1	121.2
1998	102.4	121.3	97.1	96.4	103.3	93.2	94.8	93.9	89.5		105.9	97.5	108.6	99.0	97.8	104.7
1999	100.6	107.9	97.7	97.9	99.4	92.3	95.5	106.2	101.4		99.4	96.5	115.8	98.3	98.8	101.0
2000	103.5	116.2	97.9	91.4	85.8	98.4	107.3	98.4	88.4		102.6	96.3	113.5	92.3	97.8	117.9
2001	103.1	115.9	101.5	95.0	87.5	102.6	96.9	100.2	101.5	101.5	100.4	97.0	98.7	100.8	114.2	104.2
2002	98.2	99.4	98.0	98.5	94.7	98.9	95.7	84.7	94.5	100.6	95.9	97.0	100.2	99.5	96.6	101.9
2003	100.2	100.7	103.2	99.1	114.1	100.9	102.5	145.4	111.4	100.2	97.1	97.7	100.1	97.8	98.3	101.6
2004	101.0	101.8	104.8	120.6	117.0	110.1	107.1	95.0	104.1	101.2	98.9	96.9	99.2	95.7	101.5	101.4
2005	101.5	101.3	104.9	104.6	98.0	103.8	104.7	111.9	111.0	100.0	100.1	99.7	98.0	97.5	99.7	105.9
2006	100.9	101.2	102.8	101.6	101.5	99.4	101.9	112.8	112.0	99.9	99.7	101.2	101.1	99.3	98.7	101.4
2007	102.4	101.3	109.2	107.4	117.3	128.7	108.8	109.9	100.8	101.8	100.0	100.4	100.3	95.7	99.2	103.5
2008	105.1	99.9	116.1	108.9	121.3	125.1	120.1	108.1	112.9	106.0	99.1	104.4	102.0	97.6	98.0	103.0
2009	98.5	94.8	102.4	105.6	83.9	95.2	104.5	111.9	109.4	102.2	98.4	100.3	99.9	95.9	97.6	89.8
2010	102.4	103.7	105.5	109.6	100.9	101.2	110.6	124.0	112.3	101.1	98.4	99.4	101.5	100.8	99.4	105.0
2011	105.6	106.4	110.6	110.8	114.2	121.8	109.5	97.3	112.1	102.5	102.7	104.2	103.7	101.5	99.7	108.5

表 1.20　多基期居民消费价格指数（2011 年）

项　目	1978 年 = 100	1980 年 = 100	1990 年 = 100	2000 年 = 100	2005 年 = 100	2010 年 = 100
居民消费价格指数	**749.1**	**694.1**	**323.0**	**120.2**	**115.7**	**105.6**
#服务项目价格指数	**2 790.8**	**2 783.6**	**1 198.4**	**128.1**	**107.1**	**106.4**
食　品	**1 138.0**	**1 030.5**	**412.8**	**175.9**	**155.7**	**110.6**
#粮　食	1 146.9	1 146.9	776.9	178.4	152.4	110.8
油　脂	771.9	771.9	303.2	151.4	139.7	114.2
肉禽及其制品	1 373.9	1 111.8	477.2	219.7	187.7	121.8
水产品	2 839.4	2 016.9	316.9	179.4	168.6	109.5
菜	2 617.3	2 315.5	637.0	227.5	179.4	98.1
#鲜　菜	2 880.5	2 521.1	626.5	237.2	180.9	97.3
干菜及菜制品	732.6	705.9	339.4	142.4	151.5	109.1
调味品	957.2	985.5	485.4	138.6	131.6	106.4
干鲜瓜果	1 249.0	1 167.3	320.3	197.4	166.4	110.7
烟　酒	**442.7**	**442.7**	**202.1**	**118.3**	**114.2**	**102.5**
衣　着	**344.9**	**352.7**	**211.0**	**91.0**	**98.2**	**102.7**
#服装	360.2	371.6	217.9	91.7	98.9	102.6
衣着材料	283.8	284.8	200.7	108.6	115.7	111.7
鞋袜帽	362.1	367.4	214.6	86.7	95.5	102.7
家庭设备用品及维修服务	**288.6**	**287.0**	**151.2**	**97.9**	**110.2**	**104.2**
医疗保健和个人用品	**664.7**	**611.1**	**271.0**	**104.7**	**108.7**	**103.7**
交通和通信	**107.3**	**107.3**	**90.4**	**83.4**	**90.9**	**101.5**
娱乐教育文化用品及服务	**214.0**	**209.0**	**110.3**	**101.9**	**92.7**	**99.7**
居　住	**656.3**	**882.3**	**646.7**	**128.0**	**110.6**	**108.5**
#住房租金	1 786.3	2 824.4	2 802.0	143.3	125.3	109.5
水、电、燃料	722.2	722.2	595.6	158.4	107.0	100.6

表 1.21　居民消费价格分类指数（2011 年）

项　目	2010 年 = 100	项　目	2010 年 = 100
居民消费价格指数	**105.6**	蛋	109.9
#非食品价格指数	**103.9**	水产品	109.5
#服务项目价格指数	**106.4**	菜	98.1
#消费品价格指数	**105.1**	调味品	106.4
食　品	**110.6**	糖	115.1
粮　食	110.8	茶及饮料	105.0
淀粉及制品	115.0	干鲜瓜果	110.7
干豆类及豆制品	104.3	糕点饼干面包	112.7
油　脂	114.2	液体乳及乳制品	104.8
肉禽及其制品	121.8	在外用膳食品	110.5

续表

项　目	2010年=100	项　目	2010年=100
其他食品	107.2	化妆美容用品	100.8
烟　酒	**102.5**	清洁化妆用品	102.7
		个人饰品	113.5
烟草	100.0	个人服务	104.6
酒	105.3	**交通和通信**	**101.5**
		交　通	104.5
衣　着	**102.7**	交通工具	95.9
服　装	102.6	车用燃料及零配件	112.3
衣着材料	111.7	车辆使用及维修	118.0
鞋袜帽	102.7	市区公共交通费	101.2
衣着加工服务费	104.3	城市间交通费	100.4
家庭设备用品及维修服务	**104.2**	通　信	95.5
耐用消费品	101.6	通信工具	78.7
室内装饰品	99.8	通信服务	100.0
床上用品	107.1	**娱乐教育文化用品及服务**	**99.7**
家庭日用杂品	103.8	文娱用耐用消费品及服务	90.1
家庭服务及加工维修服务	118.0	教　育	101.2
医疗保健和个人用品	**103.7**	文化娱乐类	101.6
医疗保健	102.3	旅　游	103.0
医疗器具及用品	102.7	**居　住**	**108.5**
中药材及中成药	112.7	建房及装修材料	103.4
西　药	100.6		
保健器具及用品	100.9	住房租金	109.5
医疗保健服务	100.0	自有住房	110.9
个人用品及服务	106.5	水、电、燃料	100.6

表1.22　农产品生产价格指数

（上年=100）

项　目	2011	2010
总指数	**110.7**	**106.5**
农业产品	101.6	109.8
#粮　食	109.5	112.8
蔬　菜	99.5	109.7
林业产品	109.1	152.6
牧业（畜产品）	120.6	102.3
#肉　牛	113.9	98.6
肉　羊	120.8	108.0
奶产品	106.3	110.7
猪	139.0	99.0
肉禽（毛重）	109.0	99.0
禽　蛋	114.8	107.7
渔业	107.9	102.9

表 1.23　工业生产者出厂价格指数

（上年 = 100）

项　　目	2011	2010
总指数	**102.3**	**102.2**
按轻、重工业分		
轻工业	104.6	98.7
以农产品为原料	106.6	102.1
以非农产品为原料	101.6	97.4
重工业	102.0	103.8
采　掘	121.2	113.4
原　料	108.6	112.4
加　工	98.2	98.8
按生产、生活资料分		
生产资料	102.5	102.7
采　掘	121.2	105.7
原　料	108.6	113.4
加　工	98.6	98.3
生活资料	101.6	100.3
食　品	107.4	101.7
衣　着	100.2	100.3
一般日用品	97.4	99.9
耐用消费品	99.9	98.7

表 1.24　工业生产者购进价格指数

（上年 = 100）

项　　目	2011	2010
总指数	**108.4**	**110.5**
燃料、动力类	117.8	121.3
黑色金属材料类	112.7	115.4
#钢　材	110.9	108.4
其　他	119.9	142.8
有色金属材料和电线类	115.2	121.6
化工原料类	112.7	111.7
木材及纸浆类	105.7	104.2
建筑材料及非金属矿类	103.0	102.7
其他工业原材料及半成品类	98.9	99.0
农副产品类	128.8	106.6
纺织原料类	108.2	102.8

表 1.25　5 000 户城镇居民家庭每人每年现金收入（2011 年）

单位：元

项　　目	全市平均	低收入户 20%	中低收入户 20%	中等收入户 20%	中高收入户 20%	高收入户 20%	2011 年为 2010 年%
家庭总收入	**37 124**	**17 252**	**26 538**	**32 712**	**41 253**	**71 430**	**111.3**
#可支配收入	32 903	15 034	23 551	28 949	36 621	63 293	113.2
工资性收入	25 161	12 688	19 353	21 198	27 163	50 248	108.9
工资及补贴收入	24 711	12 418	19 154	20 908	26 727	48 585	108.7
其他劳动收入	450	270	199	290	436	1 663	120.0
经营净收入	1 191	417	573	830	659	3 606	101.8
财产性收入	697	122	142	243	541	1 979	106.3
利息收入	64	5	13	25	76	200	148.8
股息与红利收入	44	20	7	15	25	148	35.2
保险收益	7		3	4	11	15	87.5
其他投资收入	128		1	5	2	632	111.3
出租房屋收入	443	88	112	181	425	980	122.7
知识产权收入							
其他财产性收入	11	9	6	13	2	4	275.0
转移性收入	10 075	4 025	6 470	10 441	12 890	15 597	119.4
#养老金或离退休金	8 988	3 390	5 906	9 960	11 967	12 592	120.9
社会救济收入	68	178	30	1	7	1	119.0
辞退金	…		2	14		116	…
保险收入	4	3	8	2	1	5	133.3
#失业保险金	4	3	6	2	1	5	200.0
赡养收入	157	98	96	68	193	268	97.5
捐赠收入	279	103	127	66	188	951	130.4
提取住房公积金	278	2	44	42	235	1 258	106.1
记账补贴	271	239	254	277	282	298	105.0
出售财物收入	**58**	**9**	**4**	**27**	**32**	**217**	**53.2**
借贷收入	**16 986**	**7 202**	**12 182**	**15 537**	**20 139**	**29 242**	**96.9**

注：人均可支配收入实际增长 7.2%。

表 1.26 5 000 户城镇居民家庭每人每年现金支出（2011 年）

单位：元

项目	全市平均	低收入户 20%	中低收入户 20%	中等收入户 20%	中高收入户 20%	高收入户 20%	2011 年为 2010 年%
家庭总支出	**28 253**	**14 279**	**20 695**	**25 421**	**31 727**	**48 965**	**104.9**
消费性支出	21 984	11 308	16 573	19 885	25 213	36 264	110.3
#服务性消费支出	6 372	2 825	4 727	5 706	7 070	11 325	113.8
购房与建房支出	388	186	14	439	77	1 236	37.0
购　房	351	186	14	277	59	1 231	34.8
建　房	37			162	18	5	92.5
转移性支出	2 441	810	1 445	1 798	2 513	5 559	102.0
交纳个人所得税	634	32	127	271	536	2 284	99.2
捐赠支出	1 265	603	992	1 134	1 340	2 118	115.1
购买彩票	12	5	5	16	18	17	100.0
赡养支出	270	81	153	183	358	561	67.2
各种非储蓄性保险支出	232	79	151	171	233	521	116.0
#车辆保险支出	163	40	88	100	169	412	120.7
其他转移性支出	28	10	17	23	28	58	70.0
财产性支出	123	10	57	83	111	350	79.4
社会保障支出	3 317	1 964	2 606	3 215	3 813	5 556	97.8
个人交纳的养老基金	1 201	777	996	1 048	1 354	1 802	101.1
个人交纳的住房公积金	1 692	909	1 241	1 794	1 973	3 152	97.7
个人交纳的医疗基金	382	255	335	336	435	539	96.5
个人交纳的失业基金	40	22	32	36	49	60	58.8
其他社会保障支出	2	1	2	1	2	3	28.6
借贷支出	**25 612**	**8 130**	**15 860**	**22 012**	**29 451**	**51 594**	**109.1**
#存入储蓄款	24 522	8 000	15 445	21 444	28 595	48 146	109.5
归还借款	147	15	12	39	55	612	120.5
储蓄性保险支出	159	29	76	133	224	322	91.4
购买有价证券	241	…	86	50	108	953	267.8
归还住房贷款	327	53	136	212	249	976	76.2
归还汽车贷款	31		18	6		132	93.9

表 1.27　5 000 户城镇居民家庭平均每人年消费性支出（2011 年）

单位：元

项　　目	全市平均	低收入户 20%	中低收入户 20%	中等收入户 20%	中高收入户 20%	高收入户 20%	2011 年为 2010 年%
消费性支出	**21 984**	**11 308**	**16 573**	**19 885**	**25 213**	**36 264**	**110.3**
食　品	6 905	4 609	5 975	6 935	7 722	9 133	108.0
衣　着	2 266	1 084	1 690	1 981	2 586	3 914	108.5
居　住	1 924	1 100	1 396	1 646	2 113	3 315	122.0
家庭设备用品及服务	1 563	723	1 161	1 399	1 850	2 625	113.4
医疗保健	1 523	915	1 328	1 722	1 616	2 003	114.8
交通和通信	3 521	1 287	2 047	2 510	4 372	7 242	102.9
#汽　车	1 011	129	248	315	1 576	2 718	94.9
教育文化娱乐服务	3 307	1 300	2 468	2 955	3 793	5 892	114.0
其他商品和服务	975	290	508	737	1 161	2 140	115.0
#服　务	316	114	199	253	352	650	106.4

注：人均消费性支出实际增长 4.5%。

表 1.28　5 000 户城镇居民家庭消费性支出构成（2011 年）

单位:%

项　　目	全市平均	低收入户 20%	中低收入户 20%	中等收入户 20%	中高收入户 20%	高收入户 20%	2011 年比 2010 年增、减百分点
消费性支出	**100.0**	**100.0**	**100.0**	**100.0**	**100.0**	**100.0**	
食　品（恩格尔系数）	31.4	40.8	36.1	34.9	30.6	25.2	-0.7
衣　着	10.3	9.6	10.2	10.0	10.3	10.8	-0.1
居　住	8.8	9.7	8.4	8.3	8.4	9.1	0.9
家庭设备用品及服务	7.1	6.4	7.0	7.0	7.3	7.2	0.2
医疗保健	6.9	8.1	8.0	8.6	6.4	5.5	0.2
交通和通信	16.0	11.4	12.3	12.6	17.3	20.0	-1.2
教育文化娱乐服务	15.0	11.5	14.9	14.9	15.1	16.3	0.4
其他商品和服务	4.5	2.5	3.1	3.7	4.6	5.9	0.3

表 1.29　3 000 户农民家庭平均每人年纯收入（2011 年）

单位：元

项　　目	全市平均	低收入户 20%	中低收入户 20%	中等收入户 20%	中高收入户 20%	高收入户 20%	2011 年为 2010 年%
合　　计	**14 736**	**6 143**	**10 987**	**14 210**	**18 034**	**26 797**	**113.6**
生产性收入	**10 942**	**4 456**	**8 529**	**10 887**	**13 114**	**19 500**	**110.9**
工资性收入	9 579	4 155	7 189	9 635	11 591	16 847	119.6
在非企业组织中劳动的报酬	536	48	139	401	709	1 582	64.5
在企业劳动得到的报酬	3 311	1 107	1 903	3 279	3 969	7 042	103.9
在其他单位劳动得到的报酬	5 732	3 000	5 147	5 955	6 913	8 223	143.7
家庭经营纯收入	1 363	301	1 340	1 252	1 523	2 653	73.4
从第一产业得到	727	466	696	617	799	1 132	77.8
#牧业收入	121	39	108	68	101	323	43.2
从第二产业得到	-34	-680	45	50	73	450	-28.3
从第三产业得到	670	515	599	585	651	1 071	83.4
#交通运输业收入	300	236	297	260	282	451	74.3
非生产性收入	**3 794**	**1 687**	**2 458**	**3 323**	**4 920**	**7 297**	**122.2**
转移性收入	2 257	1 257	1 770	2 297	2 807	3 416	130.8
财产性收入	1 537	430	688	1 026	2 113	3 881	111.3

注：2011 年农村居民人均纯收入及其分组数据按国家统计局方案进行了口径调整，2011 年增长速度为同口径增速。

表1.30　3 000户农民家庭平均每人年生活消费支出（2011年）

单位：元

项　　目	全市平均	低收入户 20%	中低收入户 20%	中等收入户 20%	中高收入户 20%	高收入户 20%	2011年为 2010年%
合　　计	**11 078**	**6 975**	**8 761**	**9 987**	**13 509**	**17 488**	**109.6**
食品支出	**3 593**	**2 487**	**3 025**	**3 523**	**4 045**	**5 224**	**115.1**
#谷 物	347	323	341	353	345	378	120.9
蔬菜及制品	342	254	298	340	379	465	117.9
肉、禽、蛋、奶及制品	950	683	812	967	1 066	1 298	131.6
衣着支出	**863**	**421**	**609**	**803**	**1 035**	**1 592**	**110.8**
#服装支出	548	249	378	504	666	1 044	110.5
居住支出	**2 350**	**1 625**	**1 752**	**1 872**	**3 218**	**3 553**	**106.8**
#住　房	1 317	923	902	855	2 073	1 995	109.4
燃　料	578	447	508	595	594	787	107.4
家庭设备用品及服务支出	**715**	**424**	**506**	**641**	**956**	**1 141**	**126.8**
#耐用消费品	417	224	281	364	570	713	124.9
家庭日用杂品	199	137	159	186	241	290	125.2
医疗保健支出	**1 035**	**759**	**847**	**916**	**1 233**	**1 520**	**115.4**
交通和通信支出	**1 228**	**557**	**1 106**	**1 086**	**1 410**	**2 165**	**92.9**
#交通工具	369	100	462	249	425	666	68.1
通讯工具	106	48	83	78	140	199	109.3
通信费	298	188	235	304	337	460	79.9
文教娱乐用品及服务支出	**1 004**	**569**	**741**	**889**	**1 295**	**1 664**	**102.1**
#文娱用机电消费品	200	108	149	158	249	367	95.2
书报杂志	17	12	15	16	20	24	106.3
学杂费	177	180	185	162	182	176	68.9
文娱费	269	77	119	239	362	618	124.0
其他商品及服务支出	**290**	**133**	**175**	**257**	**317**	**629**	**119.8**
#服务性支出	65	32	44	53	72	137	108.3

表 1.31　规模以上工业总产值（1984～2011 年）

单位：亿元

年　份	合　计	轻 工 业	重 工 业	#大中型工业
1984	276.2	118.0	158.2	178.7
1985	324.2	135.8	188.4	213.7
1986～1990	**2 448.3**	**1 039.7**	**1 408.6**	**1 691.2**
1986	336.5	140.8	195.7	231.6
1987	387.6	160.1	227.5	272.1
1988	495.6	212.5	283.1	345.4
1989	602.7	264.1	338.6	408.3
1990	625.9	262.2	363.7	433.8
1991～1995	**5 826.7**	**1 936.6**	**3 890.1**	**3 770.8**
1991	730.2	298.1	432.1	507.4
1992	860.0	306.5	553.5	587.4
1993	1 166.6	361.9	804.7	747.6
1994	1 576.6	497.9	1 078.7	990.7
1995	1 493.3	472.2	1 021.1	937.7
1996～2000	**10 382.8**	**3 026.2**	**7 356.6**	**5 765.7**
1996	1 590.6	509.1	1 081.5	962.3
1997	1 819.7	577.8	1 241.9	999.6
1998	1 947.0	598.2	1 348.8	1 059.8
1999	2 183.5	621.8	1 561.7	1 090.9
2000	2 842.0	719.3	2 122.7	1 653.1
2001～2005	**23 980.6**	**4 911.1**	**19 069.5**	**16 858.4**
2001	3 270.1	842.4	2 427.7	2 298.4
2002	3 620.2	882.4	2 737.8	2 434.7
2003	4 410.8	936.7	3 474.1	3 183.9
2004	5 733.3	1 084.7	4 648.6	3 699.3
2005	6 946.2	1 164.9	5 781.3	5 242.1

续表

年 份	合 计			
		轻 工 业	重 工 业	#大中型工业
2006～2010	**53 010.4**	**8 204.7**	**44 805.7**	**40 357.2**
2006	8 210.0	1 258.2	6 951.8	6 237.9
2007	9 648.4	1 505.5	8 142.9	7 365.9
2008	10 413.1	1 674.3	8 738.8	7 898.9
2009	11 039.1	1 766.7	9 272.4	8 349.3
2010	13 699.8	2 000.0	11 699.8	10 505.3
2011	14 513.6	2 227.2	12 286.4	11 289.3

注：1. 工业总产值按现价计算。

2. 规模以上工业：2000 年以前各年为乡及乡以上工业口径；2000～2006 年调整为全部国有及年主营业务收入在500 万元及以上非国有工业口径；2007～2010 年调整为年主营业务收入 500 万元及以上的全部法人工业企业；2011 年调整为年主营业务收入 2 000 万元及以上的全部法人工业企业（下同）。

表 1.32　规模以上高技术制造业主要经济指标（2011 年）

单位：亿元

项 目	工业总产值	主营业务收入	利润总额	应交税金
合 计	**2 904.9**	**3 333.6**	**229.3**	**124.4**
按登记注册类型分				
内 资	777.4	888.1	126.5	55.6
国 有	42.7	41.2	4.8	1.8
集 体	1.1	1.2		
股份合作企业	3.2	3.9	0.2	0.3
联营企业	0.5	0.5	0.1	0.1
有限责任公司	325.8	362.2	42.4	21.4
股份有限公司	275.8	348.4	64.4	23.6
私营企业	128.2	130.7	14.5	8.4
其 他				
港澳台商投资	486.4	758.5	23.3	15.9
外商投资	1 641.2	1 686.9	79.5	52.9
按高技术领域分				
核燃料加工				
信息化学品制造	7.3	7.2	0.4	0.2
医药制造业	452.9	437.2	76.0	51.4
航空航天器制造	97.6	94.4	7.8	2.6
电子及通信设备制造业	1 613.7	1 699.3	77.4	36.0
电子计算机及办公设备制造业	438.4	756.4	17.4	11.4
医疗设备及仪器仪表制造业	295.1	339.1	50.3	22.8

表 1.33　社会消费品零售额（1978～2011 年）

单位：亿元

年　份	社会消费品零售额	按地区分			按经济类型分			
		市	县	县以下	国有经济	集体经济	个体经济	其他经济
1978	44.2	34.5	5.3	4.4	37.2	7.0		
1979	53.3	42.5	5.9	4.9	45.1	8.1	0.1	
1980	62.8	50.5	6.7	5.6	50.2	12.1	0.4	0.1
1981～1985	**472.7**	**377.9**	**50.1**	**44.7**	**313.2**	**149.1**	**9.4**	**1.0**
1981	70.7	57.1	7.5	6.1	50.0	19.7	0.7	0.3
1982	75.4	60.3	8.3	6.8	52.6	21.8	0.9	0.1
1983	86.4	68.8	9.6	8.0	57.9	27.0	1.4	0.1
1984	105.8	84.4	10.8	10.6	70.4	33.4	1.8	0.2
1985	134.4	107.3	13.9	13.2	82.3	47.2	4.6	0.3
1986～1990	**1 239.8**	**1 033.1**	**113.4**	**93.3**	**676.2**	**439.2**	**117.2**	**7.2**
1986	155.0	128.8	12.8	13.4	89.4	53.9	11.2	0.5
1987	188.9	155.8	17.4	15.7	103.8	69.0	15.5	0.6
1988	256.0	213.1	23.1	19.8	141.4	92.3	21.6	0.7
1989	294.8	244.8	27.7	22.3	158.9	101.9	31.1	2.9
1990	345.1	290.6	32.4	22.1	182.7	122.1	37.8	2.5
1991～1995	**3 239.5**	**2 551.7**	**429.8**	**258.0**	**1 534.8**	**912.8**	**610.4**	**181.5**
1991	408.3	343.7	38.1	26.5	218.9	140.2	46.2	3.0
1992	503.0	421.4	48.0	33.6	269.8	163.3	66.1	3.8
1993	611.2	495.3	69.6	46.3	313.7	186.8	101.4	9.3
1994	766.6	603.5	104.1	59.0	344.0	196.8	175.1	50.7
1995	950.4	687.8	170.0	92.6	388.4	225.7	221.6	114.7
1996～2000	**6 811.7**	**5 288.4**	**502.7**	**1 020.6**	**2 207.3**	**1 277.5**	**1 453.8**	**1 873.1**
1996	1 061.6	763.7	109.9	188.0	361.8	249.7	277.8	172.3
1997	1 208.5	929.0	101.4	178.1	423.9	284.9	271.7	228.0
1998	1 373.6	1 094.7	88.5	190.4	396.2	266.0	279.3	432.1
1999	1 509.3	1 192.6	96.5	220.2	501.2	230.8	296.5	480.8
2000	1 658.7	1 308.4	106.4	243.9	524.2	246.1	328.5	559.9
2001～2005	**11 671.8**	**9 635.6**	**395.2**	**1 641.0**	**2 018.0**	**899.0**	**2 179.6**	**6 575.2**
2001	1 831.4	1 438.8	117.2	275.4	517.1	190.0	385.5	738.8
2002	2 005.2	1 564.7	127.6	312.9	491.4	179.7	397.3	936.8
2003	2 296.9	1 840.3	106.4	350.2	538.7	242.1	408.0	1 108.1
2004	2 626.6	2 286.8	22.2	317.6	236.6	142.8	459.4	1 787.8
2005	2 911.7	2 505.0	21.8	384.9	234.2	144.4	529.4	2 003.7
2006～2010	**23 315.2**				**1 342.9**	**569.9**	**3 612.8**	**17 789.5**
2006	3 295.3	2 848.6	26.4	420.3	245.0	137.5	665.8	2 247.0
2007	3 835.2	3 330.7	32.0	472.5	294.6	116.4	727.4	2 696.8
2008	4 645.5	4 050.9	38.3	556.3	248.0	106.9	609.3	3 681.3
2009	5 309.9	4 634.7	41.8	633.4	257.6	100.0	790.9	4 161.4
2010	6 229.3				297.8	109.1	819.4	5 003.0
2011	6 900.3				291.5	109.3	899.7	5 599.8

注：1. 1978～2003 年社会消费品零售额按 2004 年第一次经济普查数据进行了修订，2004 年为第一次经济普查数据，2005～2007 年数据按第二次经济普查进行了修订，2008 年数据为第二次经济普查数据。

2. 国有经济包括国有、国有联营、国有独资公司。

3. 集体经济包括集体、集体联营、股份合作公司。

4. 根据统计制度，2010 年起，社会消费品零售额取消按市、县、县以下及按行业分组。

续表

年　份	按行业分			按商品类别分			
	批发零售贸易业	餐饮业	其他行业	吃类商品	穿类商品	用类商品	烧类商品
1978	40.7	1.7	1.8	18.0	8.9	16.0	1.3
1979	48.3	2.2	2.8	20.8	11.3	19.7	1.5
1980	54.8	2.8	5.2	24.9	13.4	22.9	1.6
1981～1985	**396.4**	**22.7**	**53.6**	**180.9**	**85.1**	**196.2**	**10.5**
1981	59.4	3.6	7.7	28.0	14.5	26.5	1.7
1982	63.2	3.8	8.4	29.7	13.7	30.3	1.7
1983	72.8	4.1	9.5	34.0	15.7	34.8	1.9
1984	89.1	4.9	11.8	39.6	18.7	45.2	2.3
1985	111.9	6.3	16.2	49.6	22.5	59.4	2.9
1986～1990	**993.2**	**77.4**	**169.2**	**494.9**	**166.7**	**551.8**	**26.4**
1986	126.2	8.6	20.2	60.7	22.8	68.0	3.5
1987	150.0	11.4	27.5	77.4	27.4	80.2	3.9
1988	203.6	17.6	34.8	100.6	36.0	114.9	4.5
1989	235.5	18.2	41.1	119.4	34.9	134.1	6.4
1990	277.9	21.6	45.6	136.8	45.6	154.6	8.1
1991～1995	**2 394.4**	**248.2**	**596.9**	**1 261.4**	**481.3**	**1 422.2**	**74.6**
1991	326.7	26.1	55.5	158.2	53.7	187.6	8.8
1992	390.4	36.1	76.5	193.6	66.9	230.5	12.0
1993	451.7	51.3	108.2	220.7	96.5	277.6	16.4
1994	553.4	62.3	150.9	283.2	125.3	338.6	19.5
1995	672.2	72.4	205.8	405.7	138.9	387.9	17.9
1996～2000	**4 808.5**	**448.6**	**1 554.6**	**2 177.0**	**858.9**	**3 576.5**	**199.3**
1996	755.2	78.6	227.8	427.5	152.5	461.8	19.8
1997	815.3	83.3	309.9	447.9	161.6	565.6	33.4
1998	994.9	94.0	284.7	399.8	167.2	764.2	42.4
1999	1 064.5	93.4	351.4	430.4	178.8	852.9	47.2
2000	1 178.6	99.3	380.8	471.4	198.8	932.0	56.5
2001～2005	**9 438.5**	**904.7**	**1 328.6**	**3 061.2**	**1 218.6**	**6 722.7**	**669.3**
2001	1 296.7	111.0	423.7	528.7	221.9	1 016.9	63.9
2002	1 446.8	129.2	429.2	540.2	219.9	1 167.4	77.7
2003	1 930.8	145.5	220.6	596.4	252.3	1 356.4	91.8
2004	2 227.0	250.2	149.4	644.9	242.1	1 538.3	201.3
2005	2 537.2	268.8	105.7	751.0	282.4	1 643.7	234.6
2006～2010				**5 343.5**	**2 107.9**	**14 019.4**	**1 844.4**
2006	2 883.2	289.0	123.1	818.8	314.7	1 852.6	309.2
2007	3 366.4	346.2	122.6	940.4	359.3	2 205.2	330.3
2008	4 049.5	454.2	141.8	1 073.3	411.7	2 799.4	361.1
2009	4 662.3	503.7	143.9	1 180.0	473.8	3 278.2	377.9
2010				1 331.0	548.4	3 884.0	465.9
2011				1 561.4	665.2	4 080.1	593.6

表 1.34　北京地区对外经济贸易（1980～2011 年）

年　份	进出口总额（万美元）	出　口	#高新技术产品	#机电产品	进　口	#高新技术产品	#机电产品
1980							
1981～1985							
1981							
1982							
1983	3 059 926	1 468 740			1 591 186		
1984	3 559 284	1 751 704			1 807 580		
1985	3 254 341	437 398			2 816 943		
1986～1990	**13 945 243**	**1 865 234**			**12 080 009**		
1986	3 060 236	371 282			2 688 954		
1987	2 670 466	354 374			2 316 092		
1988	2 988 576	395 887			2 592 689		
1989	2 861 489	302 343			2 559 146		
1990	2 364 476	441 348			1 923 128		
1991～1995	**14 305 670**	**3 547 263**			**10 758 405**		
1991	2 424 137	457 114			1 967 023		
1992	2 498 241	561 037		157 835	1 937 204	271 005	731 359
1993	2 791 700	669 930		151 133	2 121 769	302 965	885 074
1994	2 888 079	834 205		194 937	2 053 873	421 071	1 121 082
1995	3 703 513	1 024 977		281 810	2 678 536	407 176	1 225 200
1996～2000	**17 397 285**	**5 011 639**		**1 609 152**	**12 385 646**	**2 242 338**	**5 049 210**
1996	2 931 833	811 975		254 450	2 119 858	240 903	733 641
1997	3 038 852	961 103		271 119	2 077 749	346 166	766 288
1998	3 050 608	1 051 293		325 390	1 999 315	347 556	909 222
1999	3 435 951	990 352		320 852	2 445 599	567 687	1 213 857
2000	4 940 041	1 196 916	226 549	437 341	3 743 125	740 026	1 426 202
2001～2005	**39 258 570**	**9 270 820**	**2 525 916**	**4 291 246**	**29 987 748**	**5 318 558**	**10 501 427**
2001	5 149 809	1 177 236	263 382	477 568	3 972 572	992 797	1 883 151
2002	5 250 529	1 261 386	314 174	570 971	3 989 142	916 363	1 701 504
2003	6 850 017	1 688 682	396 489	715 359	5 161 335	990 357	1 949 077
2004	9 457 572	2 056 926	580 929	970 117	7 400 647	1 053 395	2 271 805
2005	12 550 643	3 086 590	970 942	1 557 231	9 464 052	1 365 646	2 695 890
2006～2010	**113 918 161**	**24 817 747**	**8 781 469**	**14 861 935**	**89 100 414**	**11 589 524**	**25 107 110**
2006	15 803 663	3 795 398	1 388 925	2 170 700	12 008 265	1 704 997	3 786 847
2007	19 299 976	4 892 639	1 797 751	2 862 301	14 407 337	2 360 093	4 477 646
2008	27 169 290	5 749 961	1 906 381	3 354 179	21 419 329	2 417 936	4 987 666
2009	21 479 103	4 835 807	1 751 571	3 080 447	16 643 296	2 357 239	5 194 072
2010	30 166 129	5 543 942	1 936 840	3 394 308	24 622 187	2 749 258	6 660 878
2011	38 958 314	5 899 770	1 811 744	3 523 452	33 058 544	3 145 224	7 667 795

注：进出口总额为海关统计的北京地区进出口数据（包括中央单位）。

资料来源：北京市商务委员会、中华人民共和国北京海关。

续表

年　份	批准外商直接投资企业项目个数（个）	实际利用外商直接投资额（万美元）	对外承包工程、劳务合作和设计咨询		
			合同数（份）	合同金额（万美元）	完成营业额（万美元）
1980	4				
1981～1985	**124**				
1981	3				
1982	4				
1983	5		9	218	837
1984	29		9	2 801	502
1985	83		12	852	2 083
1986～1990	**709**		**329**	**7 319**	**5 107**
1986	63		30	446	1 535
1987	72	9 534	37	547	696
1988	148	50 278	46	885	802
1989	185	31 846	111	1 685	1 018
1990	241	27 696	105	3 756	1 056
1991～1995	**10 912**	**410 896**	**617**	**72 816**	**46 357**
1991	724	24 482	114	3 202	1 897
1992	2 208	34 984	130	8 889	3 140
1993	3 753	66 693	143	29 397	9 748
1994	2 675	144 460	114	15 715	18 783
1995	1 552	140 277	116	15 613	12 789
1996～2000	**4 100**	**989 794**	**597**	**170 372**	**149 661**
1996	868	155 290	116	67 689	43 057
1997	790	159 286	107	35 640	29 629
1998	651	206 415	180	25 526	31 009
1999	644	223 004	90	25 232	26 167
2000	1 147	245 799	104	16 285	19 799
2001～2005	**7 821**	**1 231 631**	**695**	**272 576**	**207 625**
2001	1 147	177 000	105	21 439	18 628
2002	1 370	178 964	73	27 949	23 160
2003	1 362	214 675	117	48 271	34 926
2004	1 806	308 354	128	81 185	59 630
2005	2 136	352 638	272	93 732	71 281
2006～2010		**2 818 387**	**1 424**	**1 594 749**	**832 698**
2006	2 106	455 191	232	176 752	83 518
2007	2 177	506 572	317	236 881	94 077
2008	1 897	608 172	486	558 714	168 416
2009	1 423	612 094	190	336 223	226 893
2010		636 358	199	286 179	259 794
2011		705 447	229	264 019	252 951

表 1.35　北京地区海关进出口贸易总额（按登记注册类型、贸易方式分）

项　　目	金额（万美元）		2011 年为 2010 年%	构　成（%）	
	2011	2010		2011	2010
出口	**5 899 770**	**5 543 942**	**106.4**	**100.00**	**100.00**
按登记注册类型分					
内资企业	3 735 189	3 328 713	112.2	63.31	60.04
国有企业	3 163 470	2 844 261	111.2	53.62	51.30
集体企业	11 080	58 081	19.1	0.19	1.05
其　他	560 639	426 372	131.5	9.50	7.69
外商投资企业	2 164 581	2 215 229	97.7	36.69	39.96
中外合资	1 365 925	1 474 423	92.6	23.15	26.60
中外合作	10 259	7 838	130.9	0.17	0.14
外商独资	788 397	732 967	107.6	13.36	13.22
按贸易方式分					
#一般贸易	2 987 627	2 495 718	119.7	50.64	45.02
来料加工装配贸易	385 414	555 435	69.4	6.53	10.02
进料加工贸易	1 678 342	1 777 012	94.4	28.45	32.05
对外承包工程货物	530 291	496 779	106.7	8.99	8.96
出料加工贸易	337	473	71.3	0.01	0.01
进口	**33 058 544**	**24 622 187**	**134.3**	**100.00**	**100.00**
按登记注册类型分					
内资企业	27 543 311	19 854 334	138.7	83.32	80.64
国有企业	23 507 822	17 739 093	132.5	71.11	72.05
集体企业	142 259	104 807	135.7	0.43	0.43
其　他	3 893 230	2 010 434	193.7	11.78	8.17
外商投资企业	5 515 232	4 767 854	115.7	16.68	19.36
中外合资	1 185 970	1 070 598	110.8	3.59	4.35
中外合作	7 038	6 139	114.6	0.02	0.02
外商独资	4 322 224	3 691 117	117.1	13.07	14.99
按贸易方式分					
#一般贸易	29 758 806	21 846 963	136.2	90.02	88.73
来料加工装配贸易	868 622	862 481	100.7	2.63	3.50
进料加工贸易	622 921	602 491	103.4	1.88	2.45
外商投资企业进口设备、物品	105 837	68 104	155.4	0.32	0.28
租赁贸易	148 119	137 318	107.9	0.45	0.56

资料来源：中华人民共和国北京海关。

表 1.36　北京地区海关进出口贸易总额（按国别、地区分）

项　　目	金额（万美元）		2011 年为 2010 年%	构　成（%）	
	2011	2010		2011	2010
出口按国别（地区）分	**5 899 770**	**5 543 942**	**106.4**	**100.00**	**100.00**
#中国香港	458 932	401 337	114.4	7.78	7.24
中国澳门	28 513	21 089	135.2	0.48	0.38
中国台湾	124 868	144 276	86.5	2.12	2.60
日　本	544 131	360 212	151.1	9.22	6.50
新加坡	128 983	274 511	47.0	2.19	4.95
韩　国	295 974	236 142	125.3	5.02	4.26
越　南	156 322	210 778	74.2	2.65	3.80
伊　朗	170 014	100 341	169.4	2.88	1.81
印　度	286 989	286 547	100.2	4.86	5.17
印度尼西亚	149 885	143 329	104.6	2.54	2.59
英　国	85 003	90 825	93.6	1.44	1.64
德　国	170 328	153 782	110.8	2.89	2.77
法　国	81 498	81 101	100.5	1.38	1.46
意大利	56 045	72 445	77.4	0.95	1.31
匈牙利	129 271	144 337	89.6	2.19	2.60
俄罗斯联邦	127 119	82 619	153.9	2.15	1.49
美　国	491 284	427 875	114.8	8.33	7.72
澳大利亚	106 035	100 676	105.3	1.80	1.82
进口按国别（地区）分	**33 058 544**	**24 622 187**	**134.3**	**100.00**	**100.00**
#中国香港	473 831	230 997	205.1	1.43	0.94
日　本	1 679 045	1 527 664	109.9	5.08	6.20
新加坡	209 930	169 590	123.8	0.64	0.69
韩　国	1 515 742	1 087 780	139.3	4.59	4.42
沙特阿拉伯	3 250 811	2 284 961	142.3	9.83	9.28
英　国	279 459	277 739	100.6	0.85	1.13
德　国	2 102 093	1 752 243	120.0	6.36	7.12
法　国	275 954	195 599	141.1	0.83	0.79
意大利	191 059	166 388	114.8	0.58	0.68
瑞　士	1 522 584	914 011	166.6	4.61	3.71
比利时	78 653	65 336	120.4	0.24	0.27
俄罗斯联邦	785 882	1 008 223	77.9	2.38	4.09
加拿大	368 721	190 075	194.0	1.12	0.77
美　国	2 251 284	1 566 163	143.7	6.81	6.36
澳大利亚	1 233 772	921 904	133.8	3.73	3.74
阿　曼	1 065 132	740 124	143.9	3.22	3.01
安哥拉	2 030 226	2 015 835	100.7	6.14	8.19

资料来源：中华人民共和国北京海关。

表 1.37　外商投资企业实际利用外资情况

单位：万美元

项　　目	2011	2010	项　　目	2011	2010
实际利用外商直接投资额	**705 447**	**636 358**	租赁和商务服务业	190 363	175 580
按登记注册类型分			其他行业	110 297	83 887
合资经营	78 983	91 335	**按外商国别（地区）分**		
合作经营	15 068	22 890	#中国香港	323 041	312 863
独资经营	594 890	516 766	英属维尔京群岛	112 981	76 255
外商投资股份制	16 506	5 367	开曼群岛	35 982	45 209
按产业分			日本	77 196	40 692
第一产业	214	1 246	韩国	22 372	14 725
第二产业	80 798	71 899	美国	30 221	21 370
第三产业	624 435	563 213	新加坡	12 898	24 888
按行业分			巴巴多斯	821	941
农、林、牧、渔业	214	1 246	德国	17 939	22 344
制造业	63 303	68 496	毛里求斯	1 311	7 179
建筑业	2 343	411	百慕大	813	4 860
信息传输、计算机服务和软件业	109 246	95 453	萨摩亚	893	1 705
批发与零售业	115 437	66 032	荷兰	3 677	10 639
住宿和餐饮业	1 705	3 525	法国	6 642	3 700
房地产业	112 539	141 728	英国	6 245	1 120

资料来源：北京市商务委员会。

表 1.38　外商投资企业投产开业情况

项　目	企业单位数（个）		从业人员平均人数（人）	
	2011	2010	2011	2010
合　计	**4 191**	**4 472**	**1 218 094**	**1 122 720**
按登记注册类型分				
港澳台商投资企业	1 481	1 504	443 648	389 209
与港澳台商合资	515	584	145 619	144 211
与港澳台商合作	142	153	25 423	24 624
港澳台商独资	788	729	214 654	178 836
港澳台商投资股份有限公司	36	38	57 952	41 538
外商投资企业	2 710	2 968	774 446	733 511
中外合资	822	971	280 611	274 219
中外合作	120	134	20 010	20 839
外商独资	1 707	1 788	448 635	409 990
外商投资股份有限公司	61	75	25 190	28 463
按行业分				
农、林、牧、渔业				
制造业	942	1 325	383 949	374 829
建筑业	97	104	18 330	28 605
信息传输、计算机服务和软件业	587	600	188 148	174 331
批发与零售业	510	472	173 837	139 984
住宿和餐饮业	221	227	89 781	91 461
房地产业	443	425	65 065	57 426
租赁和商务服务业	670	609	100 086	83 638
其他行业	721	710	198 898	172 446
按三次产业分				
第一产业				
第二产业	1 054	1 446	411 227	411 539
第三产业	3 137	3 026	806 867	711 181

注：1. 本表统计范围为限额以上法人企业。

2. 以上统计表摘自《北京市统计年鉴（2012）》。

（二）金融业务综合统计

表 2.1 北京市金融机构（含外资）本外币信贷收支统计

单位：亿元

项目名称	余额	比年初	项目名称	余额	比年初
一、各项存款	75 002	8 621	一、各项贷款	39 661	3 369
1. 单位存款	47 016	3 943	（一）境内贷款	36 958	4 229
其中：活期存款	17 932	989	1. 短期贷款	11 199	2 083
定期存款	17 042	1 492	（1）个人贷款及透支	545	254
通知存款	3 371	-604	其中：个人消费贷款	115	31
保证金存款	1 679	544	（2）单位普通贷款及透支	9 288	1 624
2. 个人存款	21 392	3 694	其中：经营贷款	8 910	1 760
储蓄存款	19 691	2 265	固定资产贷款	353	-118
保证金存款	12	-4	（3）普通并购贷款	1	-20
结构性存款	1 689	1 432	（4）银团贷款	63	-6
3. 财政性存款	1 070	5	（5）贸易融资	1 301	231
4. 临时性存款	103	-60	（6）境外筹资转贷款		
5. 委托存款	341	193	2. 中长期贷款	24 886	2 211
6. 其他存款	5 080	846	（1）个人贷款	4 826	592
二、金融债券	225	35	其中：个人消费贷款	4 369	460
三、中长期借款	110	62	（2）单位普通贷款	17 326	1 551
四、应付及暂收款	1 866	410	其中：经营贷款	4 150	213
其中：应付利息	818	188	固定资产贷款	13 176	1 392
五、同业往来（来源方）	4 311	495	（3）普通并购贷款	415	-158
六、系统内资金往来（来源方）			（4）银团贷款	2 035	187
七、外汇买卖（来源方）	7 569	-11 962	（5）贸易融资	216	39
其中：结售汇	7 359	-11 999	（6）境外筹资转贷款	68	-1
八、各项准备	755	331	3. 融资租赁	47	22
其中：贷款损失准备金	711	328	4. 票据融资	819	-86
九、所有者权益	1 602	220	其中：贴现	819	-86
其中：实收资本	345	21	5. 各项垫款	7	
十、其他	-3 948	-133	（二）境外贷款	2 702	-860
			二、有价证券	1 884	378
			三、股权及其他投资	1 581	1 510
			四、应收及预付款	885	230
			其中：应收利息	255	63
			五、同业往来（运用方）	538	30
			六、系统内资金往来（运用方）	34 746	4 468
			七、金银占款		
			八、外汇买卖（运用方）	7 568	-11 963
			其中：结售汇	7 358	-12 000
			九、固定资产	394	27
			十、库存现金	232	31
			十一、投资性房地产	2	
资金来源总计	87 491	-1 920	资金运用总计	87 491	-1 920

表 2.2　北京市中资金融机构本外币信贷收支统计

单位：亿元

项目名称	余额	比年初	项目名称	余额	比年初
一、各项存款	73 019	8 325	一、各项贷款	38 410	3 243
1. 单位存款	45 309	3 658	（一）境内贷款	35 777	4 086
其中：活期存款	17 396	975	1. 短期贷款	10 596	2 020
定期存款	15 871	1 221	（1）个人贷款及透支	545	254
通知存款	3 371	-604	其中：个人消费贷款	115	31
保证金存款	1 679	544	（2）单位普通贷款及透支	8 694	1 549
2. 个人存款	21 122	3 689	其中：经营贷款	8 316	1 685
储蓄存款	19 421	2 260	固定资产贷款	353	-118
保证金存款	12	-4	（3）普通并购贷款	1	-20
结构性存款	1 689	1 432	（4）银团贷款	63	-6
3. 财政性存款	1 070	5	（5）贸易融资	1 292	243
4. 临时性存款	103	-60	（6）境外筹资转贷款		
5. 委托存款	341	193	2. 中长期贷款	24 439	2 162
6. 其他存款	5 074	839	（1）个人贷款	4 768	585
二、金融债券	225	35	其中：个人消费贷款	4 311	452
三、中长期借款	110	62	（2）单位普通贷款	16 937	1 510
四、应付及暂收款	1 639	474	其中：经营贷款	4 150	213
其中：应付利息	800	178	固定资产贷款	12 787	1 351
五、同业往来（来源方）	4 235	500	（3）普通并购贷款	415	-158
六、系统内资金往来（来源方）			（4）银团贷款	2 035	187
七、外汇买卖（来源方）	7 569	-11 962	（5）贸易融资	216	39
其中：结售汇	7 359	-11 999	（6）境外筹资转贷款	68	-1
八、各项准备	735	325	3. 融资租赁	47	22
其中：贷款损失准备金	691	322	4. 票据融资	688	-118
九、所有者权益	1 455	186	其中：贴现	688	-118
其中：实收资本	265	18	5. 各项垫款	7	
十、其他	-3 603	-59	（二）境外贷款	2 634	-843
			二、有价证券	1 880	378
			三、股权及其他投资	1 580	1 511
			四、应收及预付款	774	298
			其中：应收利息	238	55
			五、同业往来（运用方）	528	31
			六、系统内资金往来（运用方）	34 023	4 331
			七、金银占款		
			八、外汇买卖（运用方）	7 568	-11 963
			其中：结售汇	7 358	-12 000
			九、固定资产	389	26
			十、库存现金	229	31
			十一、投资性房地产	2	
资金来源总计	85 383	-2 114	资金运用总计	85 383	-2 114

表 2.3　北京市金融机构（含外资）人民币信贷收支统计

单位：亿元

项目名称	余额	比年初	项目名称	余额	比年初
一、各项存款	72 655	8 427	一、各项贷款	33 367	3 992
1. 单位存款	45 716	3 841	（一）境内贷款	33 330	3 993
其中：活期存款	17 395	939	1. 短期贷款	9 722	1 841
定期存款	16 426	1 472	（1）个人贷款及透支	545	254
通知存款	3 347	－592	其中：个人消费贷款	115	31
保证金存款	1 571	487	（2）单位普通贷款及透支	8 416	1 384
2. 个人存款	20 780	3 687	其中：经营贷款	8 079	1 555
储蓄存款	19 126	2 274	固定资产贷款	312	－158
保证金存款	11	－4	（3）普通并购贷款	1	－20
结构性存款	1 642	1 417	（4）银团贷款	63	－6
3. 财政性存款	1 070	5	（5）贸易融资	698	228
4. 临时性存款	55	－68	（6）境外筹资转贷款		
5. 委托存款	338	198	2. 中长期贷款	22 738	2 216
6. 其他存款	4 697	764	（1）个人贷款	4 825	592
二、金融债券	225	35	其中：个人消费贷款	4 369	460
三、中长期借款	59	54	（2）单位普通贷款	15 549	1 324
四、应付及暂收款	1 617	471	其中：经营贷款	3 648	46
其中：应付利息	794	180	固定资产贷款	11 901	1 332
五、同业往来（来源方）	3 222	－30	（3）普通并购贷款	217	72
六、系统内资金往来（来源方）			（4）银团贷款	1 976	198
七、外汇买卖（来源方）	5 717	－4 201	（5）贸易融资	170	29
其中：结售汇	5 701	－4 190	（6）境外筹资转贷款	1	
八、各项准备	728	324	3. 融资租赁	47	22
其中：贷款损失准备金	684	321	4. 票据融资	817	－85
九、所有者权益	1 477	232	其中：贴现	817	－85
其中：实收资本	311	22	5. 各项垫款	7	－1
十、其他	－4 405	656	（二）境外贷款	37	－1
			二、有价证券	1 880	381
			三、股权及其他投资	1 580	1 511
			四、应收及预付款	671	287
			其中：应收利息	226	68
			五、同业往来（运用方）	458	－16
			六、系统内资金往来（运用方）	37 021	4 016
			七、金银占款		
			八、外汇买卖（运用方）	5 717	－4 262
			其中：结售汇	5 701	－4 251
			九、固定资产	391	27
			十、库存现金	210	33
			十一、投资性房地产	2	
资金来源总计	81 296	5 967	资金运用总计	81 296	5 967

表 2.4　北京市中资金融机构人民币信贷收支统计

单位：亿元

项目名称	余额	比年初	项目名称	余额	比年初
一、各项存款	70 985	8 185	一、各项贷款	32 435	3 871
1. 单位存款	44 247	3 618	（一）境内贷款	32 409	3 872
其中：活期存款	17 005	944	1. 短期贷款	9 270	1 766
定期存款	15 348	1 244	（1）个人贷款及透支	545	254
通知存款	3 347	-592	其中：个人消费贷款	115	31
保证金存款	1 571	487	（2）单位普通贷款及透支	7 965	1 309
2. 个人存款	20 578	3 668	其中：经营贷款	7 628	1 479
储蓄存款	18 925	2 255	固定资产贷款	312	-158
保证金存款	11	-4	（3）普通并购贷款	1	-20
结构性存款	1 642	1 417	（4）银团贷款	63	-6
3. 财政性存款	1 070	5	（5）贸易融资	696	228
4. 临时性存款	55	-68	（6）境外筹资转贷款		
5. 委托存款	338	198	2. 中长期贷款	22 398	2 203
6. 其他存款	4 697	764	（1）个人贷款	4 768	584
二、金融债券	225	35	其中：个人消费贷款	4 311	452
三、中长期借款	59	54	（2）单位普通贷款	15 267	1 319
四、应付及暂收款	1 423	404	其中：经营贷款	3 648	46
其中：应付利息	777	170	固定资产贷款	11 619	1 326
五、同业往来（来源方）	3 209	-42	（3）普通并购贷款	217	72
六、系统内资金往来（来源方）			（4）银团贷款	1 976	198
七、外汇买卖（来源方）	5 717	-4 201	（5）贸易融资	170	29
其中：结售汇	5 701	-4 190	（6）境外筹资转贷款	1	
八、各项准备	711	318	3. 融资租赁	47	22
其中：贷款损失准备金	667	315	4. 票据融资	688	-118
九、所有者权益	1 395	210	其中：贴现	688	-118
其中：实收资本	265	18	5. 各项垫款	7	-1
十、其他	-4 187	705	（二）境外贷款	26	-1
			二、有价证券	1 880	381
			三、股权及其他投资	1 580	1 511
			四、应收及预付款	575	240
			其中：应收利息	213	62
			五、同业往来（运用方）	458	-16
			六、系统内资金往来（运用方）	36 294	3 884
			七、金银占款		
			八、外汇买卖（运用方）	5 717	-4 262
			其中：结售汇	5 701	-4 251
			九、固定资产	389	26
			十、库存现金	208	33
			十一、投资性房地产	2	
资金来源总计	79 537	5 667	资金运用总计	79 537	5 667

表 2.5　北京市外资银行人民币信贷收支统计

单位：亿元

项目名称	余额	比年初	项目名称	余额	比年初
一、各项存款	1 670	242	一、各项贷款	932	121
1. 单位存款	1 469	223	（一）境内贷款	922	121
其中：活期存款	390	-5	1. 短期贷款	453	75
定期存款	1 079	228	（1）个人贷款及透支		
通知存款			其中：个人消费贷款		
保证金存款			（2）单位普通贷款及透支	451	76
2. 个人存款	201	19	其中：经营贷款	451	76
储蓄存款	201	19	固定资产贷款		
保证金存款			（3）普通并购贷款		
结构性存款			（4）银团贷款		
3. 临时性存款			（5）贸易融资	2	-1
4. 其他存款			（6）境外筹资转贷款		
二、代理财政性存款			2. 中长期贷款	340	13
三、金融债券			（1）个人贷款	57	8
其中：境外发行			其中：个人消费贷款	57	8
四、中长期借款			（2）单位普通贷款	282	5
其中：境外借款			其中：经营贷款		
五、应付及暂收款	194	67	固定资产贷款	282	5
其中：应付利息	16	10	（3）普通并购贷款		
六、卖出回购资产	4	4	（4）银团贷款		
七、向中央银行借款			（5）贸易融资		
八、同业往来（来源方）	277	151	（6）境外筹资转贷款		
1. 同业存放	260	152	3. 融资租赁		
其中：境外同业存放	13	12	4. 票据融资	129	33
2. 同业拆借	17	-1	其中：贴现	129	33
其中：境外同业拆借			5. 各项垫款		
九、境外联行往来（来源方）	2	2	（二）境外贷款	11	
十、外汇买卖（来源方）			二、有价证券		
其中：结售汇			三、股权及其他投资		
十一、委托存款及委托投资基金（净）			四、应收及预付款	96	47
1. 委托存款及委托投资基金			其中：应收利息	13	7
2. 减：委托贷款及委托投资			五、买入返售资产	1	1
十二、代理金融机构委托贷款基金			六、存放中央准备金存款	74	11
其中：中央银行委托贷款基金			七、存放中央银行特种存款		
十三、各项准备	16	6	八、缴存中央银行财政性存款		
其中：贷款损失准备	16	6	九、同业往来	385	196
十四、所有者权益	82	22	1. 存放同业	102	69
其中：实收资本	46	4	其中：存放境外同业		
十五、其他	-757	-119	2. 拆放同业	283	127
			其中：拆放境外同业		
			十、境外联行往来（运用方）		
			十一、代理金融机构贷款		
			其中：代理人行专项贷款		
			十二、库存现金	2	
			十三、外汇买卖（运用方）		
			其中：结售汇		
			十四、投资性房地产		
资金来源总计	1 490	376	资金运用总计	1 490	376

表 2.6　北京市金融机构（含外资）外汇信贷收支统计

单位：亿美元

项目名称	余额	比年初	项目名称	余额	比年初
一、各项存款	372	47	一、各项贷款	999	-45
1. 单位存款	206	25	（一）境内贷款	576	64
其中：活期存款	85	12	1. 短期贷款	234	48
定期存款	98	8	（1）个人贷款及透支		
通知存款	4	-2	其中：个人消费贷款		
保证金存款	17	9	（2）单位普通贷款及透支	138	43
2. 个人存款	97	6	其中：经营贷款	132	37
储蓄存款	90	3	固定资产贷款	7	6
保证金存款			（3）普通并购贷款		
结构性存款	7	3	（4）银团贷款		
3. 财政性存款			（5）贸易融资	96	5
4. 临时性存款	8	2	（6）境外筹资转贷款		
5. 委托存款	1	-1	2. 中长期贷款	341	16
6. 其他存款	61	15	（1）个人贷款		
二、金融债券			其中：个人消费贷款		
三、中长期借款	8	2	（2）单位普通贷款	282	48
四、应付及暂收款	39	-7	其中：经营贷款	80	29
其中：应付利息	4	1	固定资产贷款	202	19
五、同业往来（来源方）	173	88	（3）普通并购贷款	31	-33
六、系统内资金往来（来源方）	361	-51	（4）银团贷款	9	-1
七、外汇买卖（来源方）	294	-1 158	（5）贸易融资	7	2
其中：结售汇	263	-1 166	（6）境外筹资转贷款	11	
八、各项准备	4	1	3. 融资租赁		
其中：贷款损失准备金	4	1	4. 票据融资		
九、所有者权益	20	-1	其中：贴现		
其中：实收资本	6		5. 各项垫款		
十、其他	72	-116	（二）境外贷款	423	-109
			二、有价证券	1	
			三、股权及其他投资		
			四、应收及预付款	34	-7
			其中：应收利息	5	-1
			五、同业往来（运用方）	13	8
			六、系统内资金往来（运用方）		
			七、金银占款		
			八、外汇买卖（运用方）	294	-1 148
			其中：结售汇	263	-1 157
			九、固定资产		
			十、库存现金	4	
			十一、投资性房地产		
资金来源总计	1 344	-1 194	资金运用总计	1 344	-1 194

表 2.7 北京市中资金融机构外汇信贷收支统计

单位：亿美元

项目名称	余额	比年初	项目名称	余额	比年初
一、各项存款	323	37	一、各项贷款	948	-49
1. 单位存款	169	14	（一）境内贷款	535	58
其中：活期存款	62	8	1. 短期贷款	210	49
定期存款	83	1	（1）个人贷款及透支		
通知存款	4	-2	其中：个人消费贷款		
保证金存款	17	9	（2）单位普通贷款及透支	116	42
2. 个人存款	86	7	其中：经营贷款	109	36
储蓄存款	79	5	固定资产贷款	7	6
保证金存款			（3）普通并购贷款		
结构性存款	7	3	（4）银团贷款		
3. 财政性存款			（5）贸易融资	95	7
4. 临时性存款	8	2	（6）境外筹资转贷款		
5. 委托存款	1	-1	2. 中长期贷款	324	10
6. 其他存款	60	14	（1）个人贷款		
二、金融债券			其中：个人消费贷款		
三、中长期借款	8	2	（2）单位普通贷款	265	42
四、应付及暂收款	34	12	其中：经营贷款	80	29
其中：应付利息	4	1	固定资产贷款	185	13
五、同业往来（来源方）	163	90	（3）普通并购贷款	31	-33
六、系统内资金往来（来源方）	361	-50	（4）银团贷款	9	-1
七、外汇买卖（来源方）	294	-1 158	（5）贸易融资	7	2
其中：结售汇	263	-1 166	（6）境外筹资转贷款	11	
八、各项准备	4	1	3. 融资租赁		
其中：贷款损失准备金	4	1	4. 票据融资		
九、所有者权益	9	-3	其中：贴现		
其中：实收资本			5. 各项垫款		
十、其他	93	-111	（二）境外贷款	414	-107
			二、有价证券		
			三、股权及其他投资		
			四、应收及预付款	32	10
			其中：应收利息	4	-1
			五、同业往来（运用方）	11	8
			六、系统内资金往来（运用方）		
			七、金银占款		
			八、外汇买卖（运用方）	294	-1 148
			其中：结售汇	263	-1 157
			九、固定资产		
			十、库存现金	3	
			十一、投资性房地产		
资金来源总计	1 288	-1 180	资金运用总计	1 288	-1 180

表2.8　北京市外资银行外汇信贷收支统计

单位：亿美元

项目名称	余额	比年初	项目名称	余额	比年初
一、各项存款	50	11	一、各项贷款	50	3
1. 单位存款	38	11	（一）境内贷款	41	5
其中：活期存款	23	4	1. 短期贷款	24	-1
定期存款	15	7	（1）个人贷款及透支		
通知存款			其中：个人消费贷款		
保证金存款			（2）单位普通贷款及透支	23	1
2. 个人存款	11	-2	其中：经营贷款	23	1
储蓄存款	11	-2	固定资产贷款		
保证金存款			（3）普通并购贷款		
结构性存款			（4）银团贷款		
3. 临时性存款			（5）贸易融资	1	-2
4. 其他存款	1	1	（6）境外筹资转贷款		
二、代理财政性存款			2. 中长期贷款	17	6
三、金融债券			（1）个人贷款		
其中：境外发行			其中：个人消费贷款		
四、中长期借款			（2）单位普通贷款	17	6
其中：境外借款			其中：经营贷款		
五、应付及暂收款	5	-19	固定资产贷款	17	6
其中：应付利息			（3）普通并购贷款		
六、卖出回购资产			（4）银团贷款		
七、向中央银行借款			（5）贸易融资		
八、同业往来（来源方）	15		（6）境外筹资转贷款		
1. 同业存放	4	1	3. 融资租赁		
其中：境外同业存放			4. 票据融资		
2. 同业拆借	10	-1	其中：贴现		
其中：境外同业拆借	9	-2	5. 各项垫款		
九、境外联行往来（来源方）	6	2	（二）境外贷款	9	-2
十、外汇买卖（来源方）			二、有价证券	2	-2
其中：结售汇			三、股权及其他投资		
十一、委托存款及委托投资基金（净）			四、应收及预付款	2	-17
1. 委托存款及委托投资基金			其中：应收利息	1	
2. 减：委托贷款及委托投资			五、买入返售资产		
十二、代理金融机构委托贷款基金			六、存放中央准备金存款		
其中：中央银行委托贷款基金			七、存放中央银行特种存款		
十三、各项准备	1		八、缴存中央银行财政性存款		
其中：贷款损失准备			九、同业往来	22	5
十四、所有者权益	10	2	1. 存放同业	8	3
其中：实收资本	6		其中：存放境外同业	1	
十五、其他	-9	-5	2. 拆放同业	14	2
			其中：拆放境外同业		
			十、境外联行往来（运用方）	1	
			十一、代理金融机构贷款		
			其中：代理人行专项贷款		
			十二、库存现金		
			十三、外汇买卖（运用方）		
			其中：结售汇		
			十四、投资性房地产		
资金来源总计	77	-11	资金运用总计	77	-11

表 2.9　北京市金融机构本外币存贷款总量情况

单位：亿元

项目名称	余额	同比增长（%）	比年初增减	
			2011 年	2010 年
一、金融机构存款				
（一）本外币存款	75 001. 9	12. 9	8 621. 3	9 598. 9
1. 中资金融机构	73 018. 9	12. 8	8 325. 2	9 062. 0
2. 外资金融机构	1 983. 1	17. 6	296. 1	536. 9
（二）人民币存款	72 655. 4	13. 1	8 427. 0	10 162. 9
1. 中资金融机构	70 985. 1	13. 0	8 185. 4	9 576. 6
其中：中资全国性大型银行	43 079. 5	15. 3	4 883. 2	5 168. 9
中资全国性中小银行	23 456. 6	16. 6	2 546. 7	3 770. 7
中资区域性中小银行	3 385. 8	15. 5	361. 3	402. 1
2. 外资金融机构	1 670. 3	16. 9	241. 6	586. 3
（三）外币存款	372. 4	14. 8	47. 4	−72. 8
1. 中资金融机构	322. 8	13. 0	36. 8	−66. 8
2. 外资金融机构	49. 6	27. 3	10. 6	−6. 1
二、金融机构贷款				
（一）本外币贷款	39 660. 5	9. 3	3 369. 2	5 428. 5
1. 中资金融机构	38 410. 3	9. 2	3 242. 5	5 202. 2
2. 外资金融机构	1 250. 2	10. 7	126. 7	226. 3
（二）人民币贷款	33 367. 0	13. 6	3 991. 7	4 143. 8
1. 中资金融机构	32 434. 6	13. 6	3 870. 9	3 944. 8
其中：中资全国性大型银行	17 746. 5	20. 1	2 408. 5	1 798. 0
中资全国性中小银行	12 350. 1	15. 6	903. 4	1 842. 6
中资区域性中小银行	1 714. 2	16. 6	318. 5	173. 9
2. 外资金融机构	932. 5	14. 3	120. 8	198. 9
（三）外币贷款	998. 8	−4. 4	−45. 5	219. 6
1. 中资金融机构	948. 4	−4. 9	−48. 8	214. 2
2. 外资金融机构	50. 4	7. 1	3. 3	5. 4

表 2.10　北京市中资银行人民币存贷款（区县表）

单位：亿元

区县名称	各项存款				各项贷款			
		单位存款	储蓄存款	其他存款		短期贷款	中长期贷款	其他贷款
全市合计	**69 884**	**44 155**	**18 916**	**6 813**	**31 791**	**9 114**	**21 961**	**716**
首都功能核心区	31 742	21 009	5 037	5 696	17 256	4 951	11 750	554
东城区	8 884	6 095	2 224	565	3 779	1 268	2 466	45
西城区	22 858	14 914	2 813	5 131	13 476	3 683	9 284	509
城市功能拓展区	30 551	19 450	10 028	1 073	11 859	3 603	8 155	100
朝阳区	11 287	6 928	3 824	535	5 328	1 349	3 926	53
丰台区	3 977	2 062	1 832	82	1 773	474	1 291	8
石景山区	1 033	595	428	10	376	126	246	4
海淀区	14 254	9 865	3 944	446	4 382	1 654	2 693	35
城市发展新区	6 123	3 022	3 063	38	2 266	454	1 763	48
昌平区	1 206	501	697	8	321	50	269	2
通州区	1 223	564	651	8	363	55	301	7
顺义区	1 262	729	521	12	590	199	360	30
大兴县	1 554	819	727	7	778	111	658	10
房山区	879	407	467	4	214	39	175	
生态涵养发展区	1 467	674	788	5	411	106	292	13
门头沟区	327	164	162	1	65	9	56	1
平谷区	294	134	159	1	102	24	76	3
密云县	310	126	183	1	111	33	75	3
怀柔区	351	174	176	1	90	28	56	6
延庆县	185	77	108		42	12	29	1

表 2.11　北京市中资金融机构贷款行业分布

单位：亿元、亿美元

项目	本外币		人民币		外币	
	余额	比年初	余额	比年初	余额	比年初
A. 农、林、牧、渔业	196.3	11.2	193.0	11.2	0.5	
B. 采矿业	2 738.9	376.9	1 249.8	159.9	236.3	44.2
C. 制造业	4 265.9	749.6	3 886.8	632.9	60.2	20.5
D. 电力、燃气及水的生产和供应业	3 008.1	324.4	2 979.8	317.6	4.5	1.3
E. 建筑业	1 281.7	348.8	1 197.3	345.6	13.4	1.1
F. 交通运输、仓储和邮政业	4 705.4	987.7	4 239.8	1 000.3	73.9	1.7
G. 信息传输、计算机服务和软件业	476.6	-105.2	466.9	-101.2	1.5	-0.5
H. 批发和零售业	3 008.3	589.8	2 388.3	544.9	98.4	11.6
I. 住宿和餐饮业	227.4	1.3	227.0	3.3	0.1	-0.3
J. 金融业	177.7	-33.1	88.1	-3.3	14.2	-3.8
K. 房地产业	4 609.8	139.5	4 598.9	140.2	1.7	0.0
L. 租赁和商务服务业	2 115.7	204.8	1 963.5	197.4	24.2	2.3
M. 科学研究、技术服务和地质勘查业	122.8	3.4	122.8	5.1	0.0	-0.3
N. 水利、环境和公共设施管理业	1 510.2	-108.5	1 507.3	-107.9	0.4	-0.1
O. 居民服务和其他服务业	316.2	-60.2	293.1	72.9	3.7	-19.9
P. 教育	49.1	-51.5	48.7	-51.5	0.1	0.0
Q. 卫生、社会保障和社会福利业	44.5	2.0	44.2	2.1	0.0	0.0
R. 文化、体育和娱乐业	111.8	9.0	111.8	9.2	0.0	0.0
S. 公共管理和社会组织	679.3	-44.9	675.1	-45.2	0.7	0.1
T. 国际组织	4.3	2.4	0.0	0.0	0.7	0.4
对境外贷款	2 633.5	-840.3	25.9	2.1	413.9	-107.1
个人贷款	4 860.6	614.5	4 860.4	614.3	0.0	0.0
贷款总计	**37 144.2**	**3 121.6**	**31 168.6**	**3 750.0**	**948.4**	**-48.8**

注：贷款总计不包括委托贷款、票据融资。

表 2. 12　北京市中外资银行大中小企业人民币贷款情况

单位：亿元

项目	大型企业贷款	中型企业贷款	小型企业贷款
贷款合计	**15 848. 6**	**5 143. 4**	**2 986. 2**
A. 农、林、牧、渔业	116. 2	41. 5	40. 4
B. 采矿业	1 174. 3	87. 7	5. 9
C. 制造业	3 108. 8	553. 8	272. 8
D. 电力、燃气及水的生产和供应业	2 472. 6	356. 0	110. 8
E. 建筑业	926. 1	237. 7	71. 8
F. 交通运输、仓储和邮政业	2 981. 6	455. 5	141. 7
G. 信息传输、计算机服务和软件业	325. 7	82. 3	83. 0
H. 批发和零售业	1 501. 8	449. 2	555. 8
I. 住宿和餐饮业	88. 1	94. 9	58. 6
J. 金融业	44. 6	30. 3	16. 9
K. 房地产业	1 303. 0	1 614. 4	612. 0
L. 租赁和商务服务业	863. 7	597. 8	507. 1
M. 科学研究、技术服务和地质勘查业	67. 3	20. 5	30. 7
N. 水利、环境和公共设施管理业	735. 2	398. 6	295. 9
O. 居民服务和其他服务业	74. 9	62. 6	100. 7
P. 教育	0. 3	4. 2	2. 4
Q. 卫生、社会保障和社会福利业	20. 1	4. 0	5. 9
R. 文化、体育和娱乐业	37. 2	42. 4	32. 9
S. 公共管理和社会组织	7. 2	9. 7	41. 0
T. 国际组织	0. 0	0. 0	0. 0

表 2.13　北京市银行业（含外资）本外币房地产信贷情况

单位：亿元

项目	余额		比年初	
	2011 年	2010 年	2011 年	2010 年
合计	**8 322.9**	**8 242.3**	**199.8**	**1 514.6**
一、房地产开发贷款	4 305.2	4 497.1	1.5	1 031.2
1. 地产开发贷款	1 997.2	2 192.1	-184.9	692.2
其中：政府土地储备机构贷款	1 723.1	1 902.6	-169.6	616.0
2. 房产开发贷款	2 308.0	2 305.0	186.4	339.1
（1）住房开发贷款	1 487.7	1 346.4	229.6	187.5
其中：保障性住房开发贷款	367.3	116.3	189.7	42.2
其中：集资、合作建房贷款				
（2）商业用房开发贷款	656.8	462.7	20.0	-18.6
（3）其他房产开发贷款	163.5	496.0	-63.3	170.1
二、购房贷款	4 017.6	3 745.2	198.3	483.4
1. 企业购房贷款	185.7	67.6	44.7	3.9
（1）商业用房贷款	182.5	65.2	43.9	4.0
（2）住房贷款	3.3	2.4	0.9	-0.1
2. 个人购房贷款	3 831.9	3 677.6	153.6	479.5
（1）个人商业用房贷款	281.4	201.4	80.0	42.5
（2）个人住房贷款	3 550.5	3 476.2	73.6	437.0
a. 新建房贷款	2 377.3	2 384.9	-7.7	180.6
其中：抵押贷款	2 243.9	2 266.0	-23.3	191.1
b. 再交易房贷款	1 173.2	1 091.3	81.2	256.5
三、证券化的房地产贷款				
1. 证券化个人住房贷款				
2. 其他证券化房地产贷款				
附：个人购买保障性住房贷款	32.7	17.0	2.6	-5.9

表 2.14　北京市中资银行本外币个人贷款情况

单位：亿元

项目	2011 年	2010 年
个人贷款合计	**4 873.0**	**4 267.3**
一、个人消费贷款	3 997.8	3 754.9
其中：住房贷款	3 455.5	3 390.5
汽车贷款	17.3	23.8
助学贷款	12.5	14.3
其他贷款	512.5	326.3
二、个人经营性贷款	875.2	512.4

注：根据2011 年中国人民银行金融统计制度修订，以上统计表表样进行了相应调整。

以上统计表由中国人民银行营业管理部调查统计处提供。

表 2.15　北京辖区直接外债余额

单位：亿美元

年份	总计	为上年（%）	中长期债务	占总计（%）	短期债务	占总计（%）
2007	1 272.75	121.51	960.81	75.49	311.94	24.51
2008	1 332.33	104.68	889.25	66.74	443.08	33.26
2009	1 407.33	105.63	1 057.35	75.13	349.98	24.87
2010	1 913.88	135.99	1 124.31	58.75	789.57	41.25
2011	2 914.19	152.26	1 223.04	41.96	1 691.16	58.04

本统计表由国家外汇管理局北京外汇管理部资本项目管理处提供。

表 2.16　2011 年北京地区储蓄国债统计（凭证式）

单位：亿元

期　数	金　额
第一期	122.85
第二期	49.82
第三期	49.83
第四期	30.79
合计	253.29

表 2.17　2011 年北京地区储蓄国债统计（电子式）

单位：亿元

期　数	金　额
第一期	13.63
第二期	47.58
第三期	30.3
第四期	9.46
第五期	30.01
第六期	17.53
第七期	停发
第八期	停发
第九期	停发
第十期	7.77
第十一期	24.18
第十二期	10.31
第十三期	7.69
第十四期	34.7
第十五期	18.85
第十六期	6.1
第十七期	37.87
第十八期	26.79
合计	322.77

以上统计表由中国人民银行营业管理部国库处提供。

表 2.18　证券市场交易量及保险业务情况（1995～2011 年）

单位：亿元

年　份	证券市场交易量	股票交易	基金交易	债券交易	权证交易	其他交易	原保险保费收入	保险赔付支出
1995	1 619.04	520.48		152.31		946.25		
1996	5 224.77	2 900.63		2 324.06		0.07		
1997	7 934.42	3 900.93		3 844.82		188.67	102.52	
1998	10 241.50	3 426.37	187.02	6 435.43		192.68	88.62	
1999	10 694.46	5 268.19	341.74	5 005.52		79.01	91.82	29.88
2000	14 456.98	9 136.52	346.02	4 825.91		148.53	93.44	28.44
2001	12 596.50	5 339.61	400.61	6 729.69		126.60	141.32	31.98
2002	12 565.91	3 788.22	485.77	8 216.53		75.39	234.07	46.92
2003	23 369.83	5 041.40	110.45	18 048.37		169.60	282.54	48.01
2004	18 512.92	7 247.72	78.94	10 928.92		257.33	279.30	55.31
2005	9 322.49	4 343.65	91.30	4 567.28		320.26	498.20	75.40
2006	19 557.06	14 851.55	298.27	2 075.20		2 332.04	411.60	83.99
2007	97 978.66	77 487.83	1 534.96	2 060.09	9 756.74	7 139.04	498.10	135.38
2008	62 773.56	46 231.27	1 389.37	4 052.52	9 587.51	1 512.89	585.95	188.93
2009	94 549.12	80 867.36	1 717.02	1 754.94	9 534.09	675.70	697.60	196.01
2010	86 328.20	78 808.61	2 269.42	2 927.19	2 181.29	141.68	966.46	199.65
2011	82 975.09	62 762.80	1 248.60	18 202.74	465.51	295.44	820.91	232.80

注：证券数据由中国证券监督管理委员会北京监管局提供，保险数据由中国保险监督管理委员会北京监管局提供。

表 2.19 证券市场交易量（上年=100）

单位：亿元

项 目	2011 年	2010 年	2011 年为 2010 年%
合计	**82 975.09**	**86 328.2**	**96.12**
股票交易	62 762.80	78 808.61	79.64
基金交易	1 248.60	2 269.42	55.02
债券交易	18 202.74	2 927.19	621.85
债券现货交易	715.37	528.65	135.32
债券回购交易	17 487.37	2 398.54	729.08
权证交易	465.51	2 181.29	21.34
其他交易	295.44	141.68	208.53

表 2.20 北京辖区证券公司客户交易结算资金第三方存管上线情况统计

公司营业部总数（个）	累计已上线客户数量（户）	本期上线客户数量（户）	实施第三方存管的客户交易结算资金金额（亿元）
710	11 132 242	94 342	818.83

表 2.21 北京辖区证券公司服务特定机构或产品相关信息统计

类别	数量（个）	租用席位（交易单元）数量（个）	证券账户数量（个）	指定或托管的证券市值（亿元）
证券投资基金公司		1 570		
信托产品或信托公司			1 622	357.78
通过公司进行交易的 QFII	66			
其他		4		

表 2.22 北京辖区证券营业部产品销售情况

类别	产品	金额（万元）	收入（万元）
销售本公司产品	理财产品销售	44.19	0.13
	其他产品销售	0.18	
	小计	44.37	0.13
代理销售其他公司产品	基金产品销售	420.79	0.30
	证券公司理财产品销售	0.01	
	债券销售	9.98	
	其中：国债销售	2.24	
	公司债销售	3.73	
	企业债销售	3.81	
	信托产品销售		
	其他产品销售	0.52	0.01
	小计	431.30	0.32
	合计	475.68	0.44

表 2.23　北京地区基金管理公司业务综合统计

指标	2011 年 12 月		2010 年 12 月	
	绝对值	同比增长	绝对值	同比增长
主要经营地在辖区基金管理公司数（家）	13	18%	11	
其中：中外合资基金管理公司数（家）	7	40%	5	
辖区法人基金管理公司数（家）	9	29%	7	
其中：中外合资基金管理公司数（家）	5	67%	3	
辖区法人基金管理公司管理基金数（只）	109	30%	84	-0. 294118
其中：封闭式基金数（只）	6	100%	3	-0. 625
开放式基金数（只）	103	27%	81	-0. 27027
辖区法人基金管理公司管理基金季末总规模（亿份）	4 414. 51	9%	4 032. 08	-0. 398367
其中：封闭式基金总规模（亿份）	143. 89	49%	96. 43	-0. 7191
开放式基金总规模（亿份）	4 270. 62	9%	3 935. 65	-0. 381051
辖区法人基金管理公司管理基金资产季末净值（亿元）	3 817. 37	-15%	4 486. 9	-0. 41094
其中：封闭式基金资产净值（亿元）	131. 21	25%	105. 06	-0. 724541
开放式基金资产净值（亿元）	3 686. 16	-16%	4 381. 84	-0. 39441
辖区法人基金管理公司 QDII 总规模（亿份）	210. 68	-11%	237. 72	-0. 536843
辖区法人基金管理公司 QDII 总净值（亿元）	154. 01	-29%	215. 69	-0. 451868
辖区法人基金管理公司当年新发基金数（只）	25	79%	14	
辖区法人基金管理公司新发基金首次募集规模（亿份）	448. 1	-5%	472. 7	
辖区法人基金管理公司新发基金首次募集规模（亿元）	448. 1	-5%	472. 7	
辖区法人基金管理公司新发基金年末净值（亿元）	303. 38	-9%	333. 65	

表 2.24　北京辖区上市公司情况统计（2007～2011 年）

项目	2007 年	2008 年	2009 年	2010 年	2011 年
股票市价总值（亿元）	204 030.16	76 855.88	128 026.81	114 891.62	104 298.53
其中：股票流通市值（亿元）	15 891.21	8 548.53	47 089.22	67 463.69	63 141.97
境内上市公司数（家）	103	109	126	164	194
其中：A 股（家）	86	89	104	141	169
A + B 股（家）	1	1	1	1	1
A + H 股（家）	16	19	21	22	24

以上统计表由中国证券监督管理委员会北京监管局提供。

表 2.25　北京市保险业务统计

单位：万元、%

指标项目	2011 年	2010 年	增长率
一、原保险保费收入	8 209 122.88	9 664 550.64	
1. 财产险	2 325 596.82	2 123 030.12	9.54
其中：机动车辆保险	1 587 380.80	1 528 396.77	3.86
2. 人身意外伤害险	162 041.53	136 956.82	
3. 健康险	663 227.05	639 665.74	
4. 寿险	5 058 257.48	6 764 897.96	
二、赔付支出	2 327 990.55	1 996 506.43	
1. 财产保险	1 190 430.63	937 079.10	27.04
其中：机动车辆保险	970 023.01	763 325.68	27.08
2. 人身意外伤害险	38 813.06	21 480.49	
3. 健康险	254 700.39	224 860.34	
4. 寿险	844 046.47	813 086.50	

注：1. 自 2011 年起，保险业数据口径为企业会计准则 2 号解释实施后的新口径数，故部分数据无同比值。

2. 2010 年“原保险保费收入”为按《企业会计准则（2006）》设置的统计指标，指保险企业确认的原保险合同保费收入。

3. 2010 年“原保险赔付支出”为按《企业会计准则（2006）》设置的统计指标，指保险企业支付的原保险合同赔付款项。

4. 原保险保费收入、原保险赔付支出为本年累计数。

5. 上述数据来源于各公司报送的保险数据，未经审计。

表 2.26　北京市各财产保险公司业务统计

单位：万元、%

	公司名称	本年累计			
		保费收入	同比增长	赔款支出	同比增长
中资	人保股份京分	734 471.35	2.31	460 454.76	20.22
	平安财京分	529 193.29	21.98	245 601.85	62.15
	太保财京分	351 646.56	8.81	181 159.12	33.29
	英大财产京分（虚拟）	129 069.30	15.31	33 214.81	-8.27
	华泰京分	115 419.11	11.36	40 888.52	28.74
	国寿财产京分	91 999.83	25.80	40 766.12	30.70
	中华联合京分	67 467.16	-0.64	41 208.87	3.26
	阳光财产京分	37 539.62	-1.33	22 414.13	27.66
	大地财产京分	29 876.79	24.72	15 372.78	49.89
	太平保险京分	27 569.21	23.07	11 617.38	43.26
	信达财险京分（虚拟）	23 269.94	20.13	10 127.33	872.58
	安邦京分	22 585.45	-10.76	13 702.45	-11.69
	天平车险京分	19 836.13	24.44	9 075.31	58.18
	永诚京分	19 785.81	-22.20	13 941.97	12.84
	天安京分	13 795.19	-39.98	10 618.00	87.43
	华安京分	13 354.81	22.00	4 463.06	15.49
	永安京分	11 271.33	-23.56	9 421.26	-3.84
	紫金财产京分	10 555.33	83.01	2 620.48	558.12
	中银保险京分	9 976.47	3.27	3 716.75	-13.47
	都邦京分	6 563.06	-19.49	4 919.89	-14.89
	安诚京分	5 513.08	47.71	2 989.25	20.29
	民安京分	4 282.04	49.51	1 194.91	-48.76
	华农京分	3 460.74	-16.60	2 739.10	18.68
	浙商财产京分	3 127.01	43 942.39	562.68	21 948.91
	长安责任京分	2 731.11	-46.24	4 535.14	-50.77
	安华农业京分	2 119.16	-36.79	2 225.55	-15.12
	渤海京分	1 990.49	76.82	1 123.28	-20.34
小计		2 288 469.35	9.26	1 190 674.75	28.00
外资	苏黎世京分（虚拟）	26 883.10	43.37	1 397.72	17.33
	中意财产京分（虚拟）	19 005.42	18.98	3 531.43	7.72
	利宝互助京分	15 407.60	34.83	8 627.24	111.33
	现代财产京分（虚拟）	9 675.75	-13.08	2 321.67	-84.81
	三星京分	8 632.89	24.99	1 574.45	50.57
	三井京分	6 943.75	38.84	948.15	320.56
	美亚京分	5 680.35	25.16	1 325.55	268.87
	太阳联合京分	1 517.00	-8.84	714.07	583.15
	国泰京分	2.85			
	日本财产京分				
小计		93 748.73	24.34	20 440.28	-20.06
合计		2 382 218.09	9.78	1 211 115.02	26.72

注：虚拟是指未设立北京分公司的保险公司在北京开展的业务。

表 2.27　北京市财产保险公司各险种保费收入与赔付支出统计

单位：万元、%

险　种	保费收入	同比增长	赔款支出	同比增长
1. 企业财产保险	287 776.79	19.01	79 765.76	25.34
2. 家庭财产保险	5 075.51	74.34	1 199.29	48.66
其中：投资型家财险			1.47	-75.29
3. 机动车辆保险	1 587 380.80	3.86	970 023.01	27.08
其中：交强险	333 685.85	0.75	178 327.38	29.36
4. 工程保险	56 771.34	-4.70	34 561.14	204.85
5. 责任保险	106 153.80	23.57	33 988.51	27.94
6. 信用保险	42 125.39	121.93	545.18	9 693.03
7. 保证保险	10 334.38	783.21	490.03	-1.10
其中：机动车辆消费贷款保证保险	10.35	-68.23	-235.49	-41.02
其中：个人贷款抵押房屋保证保险	-1 254.45	42.11	41.99	-87.81
8. 船舶保险	7 213.38	-30.92	1 660.86	-88.14
9. 货物运输保险	132 289.10	36.15	28 246.79	34.03
10. 特殊风险保险	41 216.19	38.17	9 501.78	-19.25
11. 农业保险	43 080.35	17.50	28 513.82	22.44
12. 健康险	21 261.19	35.65	10 085.27	-1.32
其中：投资型健康险				
13. 意外伤害保险	35 360.08	13.14	10 599.12	25.23
其中：投资型意外险			902.80	44.24
14. 其他险	6 179.78	-39.39	1 934.46	152.83
合计	2 382 218.09	9.78	1 211 115.02	26.72

表 2.28　北京市各人身保险公司业务统计

单位：万元、%

公司	原保费收入	同比	退保金	同比	赔款支出	同比	死伤医疗给付	同比	满期给付	同比	年金给付	同比
国寿股份京分	734 069	-16.89	77 233	54.02	49 477	29.04			208 846	69.39	8 238	1.15
太保寿京分	435 450	-9.32	67 629	131.46	2 205	-9.54	4 461	28.58	37 876	-54.28	7 585	41.73
平安寿京分	1 023 506	32.59	33 508	-0.63	4 786	-63.99	29 152	18.51	152 750	62.33	55 201	17.31
新华京分	971 948	-3.24	113 640	48.74	13 068	0.37	10 876	33.78	25 111	-33.47	33 117	26.61
泰康京分	507 516	18.27	37 612	63.26	13 130	14.59	4 730	29.52	8 308	-45.29	12 071	125.57
太平人寿京分	186 411	-19.16	20 822	33.96	3 235	-22.35	1 315	52.95	211	101.23	8 698	39.09
光大永明京分	79 409	-24.30	7 352	-37.77	7 167	84.85	386	5.72	9		541	277.32
民生人寿京分	30 714	-1.99	2 866	56.62	226	4.86	302	15.46	794	-70.58	790	5.56
生命人寿京分	128 355	27.89	5 464	218.79	824	136.08	302	205.27	21 254	36.11		57.28
国寿存续京分	27 936	-0.84	1 370	-4.68	74	-14.53	2 931	4.72	4 661	2.21	21 359	-6.85
平安养老京分	53 472	28.58	143	-45.46	25 381	70.97		-100.00			135	42.99
中融人寿京分	447				1							
合众人寿京分	44 253	16.94	7 042	373.54	1 309	-1.37	273	51.28	3 280	39.44	201	40.24
太平养老京分	6 358	2 239.22			1 402	60 330.60	40					
人保健康京分	25 866	112.75	38	-87.13	7 924	6.37	235	357.84	34 980	509.25		
华夏人寿京分	17 209	16.41	1 213	145.67	1 205	40.63	204	55.54			79	651.27
正德人寿京分	5 831	98.87	200	32.14	26	44.26			2			
信泰京分	4 265	-27.11	296	16.66	106	-89.10	41	2 633.33	63	5 984.79		-100.00
嘉禾人寿京分	38 081	-10.91	1 715	10.14	257	-37.00	127	-16.70	4 640		179	125.73
长城京分	78 271	29.11	1 987	384.54	293	-31.10	185	367.11			296	94.30
昆仑健康京分	6 392	-32.52	4	-88.32	7 102	23.27	16	-46.04		-100.00		
和谐健康京分	3											
人保寿险京分	276 562	-2.43	18 069	214.01	4 942	122.51	828	87.56	4 375	5 383.30	1 642	540.93
国华人寿京分	18 527	-37.83	14 372	620.74	313	4.28	11	126.95			12	153.63
国寿养老京分（虚拟）												
英大人寿京分	12 714	-23.83	998	379.45	532	49.77	-36.83	-216.97		-100.00	53	-24.17
泰康养老京分												

续表

公司	原保费收入	同比	退保金	同比	赔款支出	同比	死伤医疗给付	同比	满期给付	同比	年金给付	同比
幸福人寿京分	53 932	11.44	3 951	51.56	2 886	6.79	94	124.05			27	197.55
阳光人寿京分	170 070	18.09	20 928	490.25	206	-13.44	702	112.15	1 581	316.49	0	
百年人寿京分	28 182	358.71	1 156	12 066.61	499	3 562.88					25	
中邮人寿京分	27 214	297.00	195	71 698.90			13					
安邦人寿京分	2 025	3 573.13	5	1 693.48	15	1 068.25						
中宏人寿京分	5 515	14.84	145	-9.25	62	136.65	126	165.75	2	0.00	56	20.05
中德安联京分	16 214	-1.89	2 068	386.40	106	42.98	133	262.11	17		241	236.80
金盛京分	38 461	253.58	1 789	160.96	5 621	111.42	72	5.95	10		245	4.54
信诚京分	80 329	9.94	2 575	65.97	2 287	93.23	1 812	130.60	1 055	50.61	10	
中意京分	176 190	-51.25	16 261	361.99	12 080	6.71	723	-17.41	19 307	-18.32	155 051	-2.21
友邦京分	136 689	-13.10	7 722	46.09	4 155	-24.07	2 102	8.87	39	26.75	1 171	9.52
中荷人寿京分	53 712	19.47	1 599	34.23	4	-68.01	288	48.91	5 062	67 716.27	37	116.41
中英人寿京分	60 252	-19.59	7 088	253.78	2 992	39.44	615	77.86	-5.38	-100.11	632	4.31
海康人寿京分	20 196	8.62	1 693	415.12	7 475	104.97	77	-0.13			557	87.92
招商信诺京分	31 157	-53.37	928	826.81	3 453	91.84	290	822.22			88	-44.55
长生人寿京分	4 893				29							
恒安标准京分	13 459	58.98	170	-66.77	2 536	-4.17	60	-59.48	4		293	300.17
瑞泰人寿京分（虚拟）	687	499.97	6				34	164.87				
中法人寿京分（虚拟）	6 554	-70.53	4 032	159.78			67	81.65	1 478			
华泰人寿京分	31 567	-48.22	4 292	206.38	1 070	22.44	224	97.01			77	597.00
国泰人寿京分	1 360	-21.88	12	9.45	1 018	0.49	18	66.72			24	29.40
中美联泰京分	105 190		5 357		450	149.40	2 608		2		13	
平安健康京分	5 946	93.75	6	201.89	1 627	-25.23	89	12.51				
中航三星京分	25 554	212.85	404	211.22	491	-20.66	93	466.67		100.00	234	244.37
新光海航京分（虚拟）	15 863	38.70	812	642.94	295	605.49	63	51.26			210	3 355.09
汇丰人寿京分	2 128											
合计	5 826 905	-0.91	496 765	75.60	194 342	20.68	77 636	26.71	535 710	28.20	309 188	8.78

注：虚拟是指未设立北京分公司的保险公司在北京开展的业务。

表 2. 29 北京市人身保险公司各险种保费收入与赔付支出统计

单位：万元

险种名称	原保险保费收入	赔款支出	死伤医疗给付	满期给付	年金给付	退保金
一、寿险小计	5 058 257		34 657	500 201	309 188	478 373
1. 普通寿险	387 219		15 521	48 694	102 813	32 046
（1）定期寿险	22 209		4 272	72		374
（2）两全寿险	219 935		3 864	47 537	7 383	10 323
（3）终身寿险	69 017		5 455	87		4 231
（4）年金保险	76 059		1 930	998	95 429	17 118
2. 分红寿险	4 632 146		16 200	445 386	205 734	446 264
（1）定期寿险						
（2）两全寿险	3 860 369		13 935	444 339	29 980	430 091
（3）终身寿险	146 045		1 454	27		4 772
（4）年金保险	625 732		811	1 020	175 754	11 400
3. 投资连结保险	4 747		631	3 309		55
4. 万能保险	34 146		2 304	2 812	641	9
二、意外伤害险小计	126 681	28 214				
1. 一年期以内业务	11 644	575				
2. 一年期业务	109 470	27 639				
3. 一年期以上业务						
三、健康险小计	641 966	166 128	42 979	35 508		18 392
1. 短期业务	243 256	166 128				
2. 长期业务	398 710		42 979	35 508		18 392
合计	5 826 905	194 342	77 636	535 710	309 188	496 765

以上统计表由中国保险监督管理委员会北京监管局提供。

表2.30　中国人民银行对金融机构存款利率

单位：年利率%

项目	2002－02－21	2003－12－21	2005－03－17	2006－04－28	2006－08－19	2007－03－18	2007－05－19	2007－07－21	2007－08－22	2007－09－15
一、金融机构存款										
准备金存款	1.89	1.89	1.89	1.89	1.89	1.89	1.89	1.89	1.89	1.89
超额准备金	1.89	1.62	0.99	0.99	0.99	0.99	0.99	0.99	0.99	0.99
欠交准备金	按日利率万分之六计收利息	同前	同前	同前	同前	同前	同前	同前	同前	同前
二、保险公司存款	1.89	1.89		1.89	1.89	1.89	1.89	1.89	1.89	1.89
三、邮政储蓄转存款①	4.347	4.131				同前				
	2007－12－21	2008－11－27	2008－12－23	2009－12－31	2010－10－20	2010－12－26	2011－02－09	2011－04－06	2011－07－07	
一、金融机构存款										
准备金存款	1.89	1.62	1.62	1.62	1.62	1.62	1.62	1.62	1.62	
超额准备金	0.99	0.72	0.72	0.72	0.72	0.72	0.72	0.72	0.72	
欠交准备金	同前	同前	同前	同前	同前	同前	同前	同前	同前	
二、保险公司存款	1.89									
三、邮政储蓄转存款①										

注：①2002年12月31日银发〔2002〕393号文，规定从2003年1月1日起邮政储蓄转存款利率暂调整为4.131%。2003年9月1日银发〔2003〕177号文，规定自2003年8月1日起，邮政储蓄新增存款转存人民银行的部分，按照金融机构准备金存款利率（年利率为1.89%）计息；此前的邮政储蓄在人民银行的转存款暂按现行转存款利率计息（年利率为4.131%）。

表 2. 31　中国人民银行对金融机构贷款利率

单位：年利率%

项目	2002－02－21	2004－03－25	2005－01－01	2006－04－28	2006－08－19	2007－03－18	2007－05－19	2007－07－21	2007－08－22	2007－09－15
一、对金融机构贷款										
1. 再贷款（不含农村信用社）	①									
二十天以内	2. 7	3. 33								
三个月以内	2. 97	3. 60								
六个月以内	3. 15	3. 78								
一年	3. 24	3. 87								
2. 再贴现	2. 97	3. 24								
3. 逾期贷款	按日利率万分之五计收利息	同前	同前	同前	同前	同前	同前	同前	同前	同前
二、对农村信用社再贷款	②									
二十天以内	1. 71	1. 71	2. 70	3. 015	3. 015					
三个月以内	1. 98	1. 98	2. 97	3. 285	3. 285					
六个月以内	2. 16	2. 16	3. 15	3. 465	3. 465					
一年	2. 25	2. 25	3. 24	3. 555	3. 555					

项目	2007－12－21	2008－01－01	2008－11－27	2008－12－23	2009－12－31	2010－10－20	2010－12－26	2011－02－09	2011－04－06	2011－07－07
一、对金融机构贷款										
1. 再贷款（不含农村信用社）										
二十天以内		4. 14	3. 06	2. 79	2. 79	2. 79	3. 25	3. 25	3. 25	3. 25
三个月以内		4. 41	3. 33	3. 06	3. 06	3. 06	3. 55	3. 55	3. 55	3. 55
六个月以内		4. 59	3. 51	3. 24	3. 24	3. 24	3. 75	3. 75	3. 75	3. 75
一年		4. 68	3. 60	3. 33	3. 33	3. 33	3. 85	3. 85	3. 85	3. 85
2. 再贴现		4. 32	2. 97	1. 80	1. 80	1. 80	2. 25	2. 25	2. 25	2. 25
3. 逾期贷款	同前	同前	同前	同前	同前	同前	同前	同前	同前	同前
二、对农村信用社再贷款										
二十天以内		3. 42	2. 88	2. 34	2. 34	2. 34	2. 80	2. 80	2. 80	2. 80
三个月以内		3. 69	3. 15	2. 61	2. 61	2. 61	3. 05	3. 05	3. 05	3. 05
六个月以内		3. 87	3. 33	2. 79	2. 79	2. 79	3. 25	3. 25	3. 25	3. 25
一年		3. 96	3. 42	2. 88	2. 88	2. 88	3. 35	3. 35	3. 35	3. 35

注：①2004 年 3 月 24 日银发〔2004〕59 号文，决定从 2004 年 3 月 25 日起，用于金融机构头寸调节和短期流动性支持的各档次再贷款利率，在现行再贷款基准利率基础上加 0. 63 个百分点。其中，20 天以内再贷款利率为 3. 33%，3 个月以内为 3. 6%，6 个月以内为 3. 78%，1 年以内为 3. 87%。

②2004 年 3 月 24 日银发〔2004〕59 号文，农村信用社再贷款（不含紧急贷款）浮息采取逐步到位的政策。2004 年，保持现行农村信用社再贷款利率政策不变，即在再贷款基准利率基础上下浮 0. 99 个百分点；2005 年 1 月 1 日起，农村信用社再贷款利率执行再贷款基准利率；2006 年 1 月 1 日起，农村信用社再贷款利率在再贷款基准利率基础上加点，加点幅度按同期人民银行确定的流动性再贷款利率加点幅度减半执行。农村信用社再贷款按合同利率执行到期，合同期内不分段计息。

表2.32 金融机构存

项目	2002-02-21	2004-10-29	2006-04-28	2006-08-19	2007-03-18	2007-05-19	2007-07-21	2007-08-22	2007-09-15
一、活期存款	0.72	0.72	0.72	0.72	0.72	0.72	0.81	0.81	0.81
二、定期存款									
1. 整存整取									
三个月	1.71	1.71	1.71	1.80	1.98	2.07	2.34	2.61	2.88
半年	1.89	2.07	2.07	2.25	2.43	2.61	2.88	3.15	3.42
一年	1.98	2.25	2.25	2.52	2.79	3.06	3.33	3.60	3.87
二年	2.25	2.70	2.70	3.06	3.33	3.69	3.96	4.23	4.50
三年	2.52	3.24	3.24	3.69	3.96	4.41	4.68	4.95	5.22
五年	2.79	3.60	3.60	4.14	4.41	4.95	5.22	5.49	5.76
2. 零存整取、整存零取、存本取息									
一年	1.71	1.71	1.71	1.80	1.98	2.07	2.34	2.61	2.88
三年	1.89	2.07	2.07	2.25	2.43	2.61	2.88	3.15	3.42
五年	1.98	2.25	2.25	2.52	2.79	3.06	3.33	3.60	3.87
3. 定活两便	按一年以内定期整存整取同档次利率60%执行	按一年以内定期整存整取同档次利率60%执行	同前	同前	同前	同前	同前	同前	同前
三、协定存款	1.44	1.44	1.44	1.44	1.44	1.44	1.53	1.53	1.53
四、通知存款									
一天	1.08	1.08	1.08	1.08	1.08	1.08	1.17	1.17	1.17
七天	1.62	1.62	1.62	1.62	1.62	1.62	1.71	1.71	1.71

款利率

单位：年利率%

2007-12-21	2008-10-09	2008-10-30	2008-11-27	2008-12-23	2009-12-31	2010-10-20	2010-12-26	2011-02-09	2011-04-06	2011-07-07
0.72	0.72	0.72	0.36	0.36	0.36	0.36	0.36	0.40	0.50	0.50
3.33	3.15	2.88	1.98	1.71	1.71	1.91	2.25	2.60	2.85	3.10
3.78	3.51	3.24	2.25	1.98	1.98	2.20	2.50	2.80	3.05	3.30
4.14	3.87	3.60	2.52	2.25	2.25	2.50	2.75	3.00	3.25	3.50
4.68	4.41	4.14	3.06	2.79	2.79	3.25	3.55	3.90	4.15	4.40
5.40	5.13	4.77	3.60	3.33	3.33	3.85	4.15	4.50	4.75	5.00
5.85	5.58	5.13	3.87	3.60	3.60	4.20	4.55	5.00	5.25	5.50
3.33	3.15	2.88	1.98	1.71	1.71	1.91	2.25	2.60	2.85	3.10
3.78	3.51	3.24	2.25	1.98	1.98	2.20	2.50	2.80	3.05	3.30
4.14	3.87	3.60	2.52	2.25	2.25	2.50	2.75	3.00	3.25	3.50
同前	同前	同前	同前	同前	同前	同前	同前	同前	同前	同前
1.53	1.53	1.53	1.17	1.17	1.17	1.17	1.17	1.21	1.31	1.31
1.17	1.17	1.17	0.81	0.81	0.81	0.81	0.81	0.85	0.95	0.95
1.71	1.71	1.71	1.35	1.35	1.35	1.35	1.35	1.39	1.49	1.49

表 2.33　金融机构贷

项目	2002－02－21	2004－10－29	2005－03－17	2006－04－28	2006－08－19	2007－03－18	2007－05－19	2007－07－21	2007－08－22	2007－09－15
一、短期贷款										
六个月以内（含六个月）	5.04	5.22	5.22	5.40	5.58	5.67	5.85	6.03	6.21	6.48
六个月至一年（含一年）	5.31	5.58	5.58	5.85	6.12	6.39	6.57	6.84	7.02	7.29
二、中长期贷款										
一至三年（含三年）	5.49	5.76	5.76	6.03	6.30	6.57	6.75	7.02	7.20	7.47
三至五年（含五年）	5.58	5.85	5.85	6.12	6.48	6.75	6.93	7.20	7.38	7.65
五年以上	5.76	6.12	6.12	6.39	6.84	7.11	7.20	7.38	7.56	7.83
三、贴现	在再贴现利率基础上，按不超过同期贷款利率（含浮动）加点	在再贴现利率基础上，按不超过同期贷款利率（含浮动）加点	同前	同前	同前	同前	同前	同前	同前	同前
四、个人住房贷款										
1. 个人住房公积金贷款										
五年以下（含五年）	3.60	3.78	3.96	4.14	4.14	4.32	4.41	4.50	4.59	4.77
五年以上	4.05	4.23	4.41	4.59	4.59	4.77	4.86	4.95	5.04	5.22
2. 自营性个人住房贷款①										
五年以下（含五年）	4.77	4.95	取消优惠利率，改按商业性贷款利率执行	同前	同前	同前	同前	同前	同前	同前
五年以上	5.04	5.31								

注：①自2006年8月19日起，商业银行个人住房贷款利率的下限扩大为贷款基准利率的0.85倍，其他商业性贷款利率下限仍保持0.9倍不变。②自2008年10月27日起，商业银行个人住房贷款利率的下限扩大为贷款基准利率的0.7倍，其他商业性贷款利率下限仍保持0.9倍不变。

以上统计表由中国人民银行营业管理部货币信贷管理处提供。

款利率

单位：年利率%

2007－12－21	2008－09－16	2008－10－09	2008－10－30	2008－11－27	2008－12－23	2009－12－31	2010－10－20	2010－12－26	2011－02－09	2011－04－06	2011－07－07
6.57	6.21	6.12	6.03	5.04	4.86	4.86	5.10	5.35	5.60	5.85	6.10
7.47	7.20	6.93	6.66	5.58	5.31	5.31	5.56	5.81	6.06	6.31	6.56
7.56	7.29	7.02	6.75	5.67	5.40	5.40	5.60	5.85	6.10	6.40	6.65
7.74	7.56	7.29	7.02	5.94	5.76	5.76	5.96	6.22	6.45	6.65	6.90
7.83	7.74	7.47	7.20	6.12	5.94	5.94	6.14	6.40	6.60	6.80	7.05
同前	同前	同前	同前	同前	同前	同前	同前	同前	同前	同前	同前
4.77	4.59	4.32	4.05	3.51	3.33	3.33	3.50	3.75	4.00	4.20	4.45
5.22	5.13	4.86	4.59	4.05	3.87	3.87	4.05	4.30	4.50	4.70	4.90
同前	同前	同前	同前	同前	同前	同前	同前	同前	同前	同前	同前

表 2.34　2011 年北京市银行卡发卡量和机具统计

单位：台/张

单位名称	发卡量	借记卡	准贷记卡	贷记卡	其中，银联标识卡	其中，银联标准卡6字头	银行网点数	自助银行数	自助缴费终端		自助存款机数	自助存取款机		
									总数	其中，开通跨行转账		总数	其中，开通跨行转账	其中，受理外卡
邮储	27 546 700	27 546 700	0	0	6 191 349	8 937 557	531	55	80			175		175
工行	27 861 713	20 680 375	155 205	7 026 133	27 861 713	18 932 516	562	—	—	—	1 072	1 072	—	1 072
农行	9 292 868	8 413 363	99 469	780 036	2 492 221	9 564 419	304	24	359	0	0	996	0	996
中行	6 898 847	4 968 731	438 497	1 491 619		1 609 891	269	193	421		—	540		540
建行	14 666 507	12 986 152	26 027	1 654 328	11 198 450	7 105 041	385	358	464	0	0	625	0	625
交行	7 639 724	7 639 677	47		7 536 408	6 624 859	111	31	247	247	0	203	203	203
中信	3 224 794	2 219 073		1 005 721	0	2 013 541	49	13	38	0	1	116	116	116
光大	3 566 900	3 566 900	—	—		2 169 060	52	58	391	0	0	85	85	85
华夏	1 287 055	1 287 055	0	0	1 154 112	1 435 912	50	59	0	0	3	102	102	102
民生	7 713 268	5 284 235		2 429 033	7 713 268	2 546 400	49	92	0	0	0	101	101	57
广发	2 482 671	728 377		1 754 294	0	644 634	35	47	0	0	190	190	190	190
深发	1 618 807	673 880		944 927	385 785	1 414 455	26	26	0	0	0	31	31	31
招行	6 239 303	6 239 303			5 585 619	5 211 105	60	87			0	368	368	368
兴业	1 511 020	1 016 257		494 763	1 511 020	835 328	38	31	0	0	0	47	0	0
浦发	1 686 444	487 389	249 700	949 355	767 963	508 310	41	7			0	71	71	71
北京银行	9 636 828	8 745 000		891 828	282 127	6 329 612	164	131	524	524	5	213	213	161
廊坊银行	360 488	360 488				348 852	24	23	0	0		0	0	0
北京农商银行	6 309 202	6 309 202			6 309 202	6 385 292	694	295	789	0	0	416	416	274
天津银行	6 372	5 611	0	761	6 372	7 650	8	0	8	0	2	2	0	0
渤海银行	76 195	76 195	0	0	76 195	72 344	8	8	8	8	0	9	9	9
东亚银行	21 534	21 534				29 644	6	—	6	6	—	1	1	—
杭州银行	19 151	15 502	0	3 649	1 528		7	7	0	0	0	10	10	10
大连银行	7 314	7 268		46	7 152	8 021	3	1	0	1	1	0	0	5
平安银行	373 641					373 641								
上海银行	0													
汇丰银行														
合计	139 673 705	119 255 497	968 945	19 426 493	79 071 804	83 108 084	3 466	1 538	3 335	785	1 273	5 363	1 906	5 075

说明：1. ATM 取款机合计总数、入网数、开通跨行转账数中包括直联 ATM 总数 178 台。

2. 以上数据由各成员机构上报数据汇总而成，发卡量为截至 2011 年 12 月底的累计的时点数据。其中只有“银联标准卡”的数据来自北京银联发卡简报的发卡量累计。

3. 直联商户数和直联 POS 机数由北京银联提供。

4. 表中空白部分和“—”是成员机构没有填写，实际情况不明。

本统计表由中国银联北京分公司提供。

续表

单位名称	ATM 取款机情况				本行商户情况				直联商户情况	本行 POS 情况			直联 POS 数
	总数	其中，入网数	其中，开通跨行转账	其中，受理外卡	总数	入网数	其中，受理外卡	其中，MIS 商户	直联结算商户	总数	其中，入网数	其中，受理外卡	
邮储	955	955		955	3 280	3 280	26	2	3 530	5 648	5 648	26	4 681
工行	2 144	2 144	—	2 144	32 119	32 119	10 227	69	4 127	57 330	57 330	33 398	7 674
农行	744	744	0	744	7 091	7 091	7 091	23	2 143	8 653	8 653	8 653	3 693
中行	987	987		987	50 436	50 436	30 098	70	6 567	57 830	57 830	57 830	17 234
建行	1 027		0	1 027	21 763	21 763	7 201	46	123	31 002	31 002	14 071	175
交行	956	956	956	956	33 355	33 355	20 161	22	544	47 583	47 583	47 583	2 889
中信	107	107	107	107	1 620	1 620	287	6	910	681	681	176	1 311
光大	306	306	306	306	0	0	0	0	1 318	0	0	0	2 075
华夏	400	400	400	400	3 051	3 051	0	3	4 666	3 456	3 456	0	9 306
民生	185	185	185	71	0	0	0	0	3 937	0	0	0	6 335
广发	244	244	244	244	2	2	0	0	1 274	5	5	5	1 797
深发	37	37	37	37	0	0	0	0	815	0	0	0	1 152
招行	249	249	249	249	1 893	1 893	857	0	1 426	3 013	3 013	0	3 159
兴业	109	109	109	0	0	0	0	0	2 312	0	0	0	6 094
浦发	103	103	103	103	0	0	0	0	4 134	0	0	0	8 643
北京银行	540	540	540	448	0	0	0	0	6 122	0	0	0	11 467
廊坊银行	0	77	77	77	0	0	0	0	0	367	0	0	
北京农商银行	994	994	994	953	0	0	0	0	15 650	0	0	0	28 827
天津银行	10	10	0	0	0	0	0	0	123	0	0	0	176
渤海银行	14	14	14	14	0	0	0	0	191	0	0	0	231
东亚银行	72	72	72	72	90	87	19	—	112	201	185	—	256
杭州银行	6	6	6	6	0	0	0	0	190	0	0	0	244
大连银行	5	5	0	63	63	0	0	72	54	72	0	72	66
平安银行									0				
上海银行									0				
汇丰银行					223				0				
合 计	10 183	9 233	4 393	9 894	66 468	154 697	75 967	241	60 268	215 769	215 386	161 742	117 485

表2.35　2011年中国人民银行发行普通纪念币一览表

名　称	发行日期	材　质	规　格	面值（元）	图　　案		铸造数量（万枚）
					正　　面	背　　面	
2011年贺岁普通纪念币	2011－06－16	黄铜合金	直径25mm	1	主景为“中国人民银行”行名、“1元”和汉语拼音字母“YIYUAN”及“2011”年号。	主景图案为手举风车的小女孩和兔灯，内缘下方刊“辛卯”字样。	3 000
中国共产党成立90周年	2011－06－16	黄铜合金	直径30mm	5	主景图案为国徽，内缘上方刊“中华人民共和国”国名，内缘下方刊“2011”年号。	主景图案为中国共产党党徽、党旗及牡丹、和平鸽、五角星，党徽上方刊“中国共产党成立90周年”字样，下方刊“1921—2011”字样。内缘左侧刊“5元”面额数字。	6 000

本统计表由北京市钱币学会提供。

（三）金融机构业务统计

表 3.1　国家开发银行北京市分行人民币信贷收支统计

单位：万元

项目名称	余额	比年初	项目名称	余额	比年初
一、各项存款	4 729 561	1 068 251	一、各项贷款	41 631 886	8 441 742
1. 单位存款	4 329 561	1 438 251	（一）境内贷款	41 631 886	8 441 742
其中：活期存款	2 709 566	1 577 047	1. 短期贷款	5 086 629	346 579
定期存款	1 013 192	190 088	（1）个人贷款及透支		
通知存款	236 000	-634 350	其中：个人消费贷款		
保证金存款	121 686	118 944	（2）单位普通贷款及透支	5 018 509	478 459
2. 个人存款			其中：经营贷款	2 650 690	1 057 218
储蓄存款			固定资产贷款	2 367 819	-578 759
保证金存款			（3）普通并购贷款		-200 000
结构性存款			（4）银团贷款	68 120	68 120
3. 临时性存款			（5）贸易融资		
4. 其他存款	400 000	-370 000	（6）境外筹资转贷款		
二、代理财政性存款			2. 中长期贷款	36 545 257	8 095 268
三、金融债券			（1）个人贷款		
其中：境外发行			其中：个人消费贷款		
四、中长期借款			（2）单位普通贷款	32 270 703	6 761 103
其中：境外借款			其中：经营贷款	1 889 920	952 120
五、应付及暂收款	75 568	14 628	固定资产贷款	30 380 783	5 808 983
其中：应付利息	19 650	8 901	（3）普通并购贷款	629 609	40 459
六、卖出回购资产			（4）银团贷款	3 644 946	1 293 706
七、向中央银行借款			（5）贸易融资		
八、同业往来（来源方）	59 044	36 030	（6）境外筹资转贷款		
1. 同业存放	59 044	36 030	3. 融资租赁		
其中：境外同业存放			4. 票据融资		-105
2. 同业拆借			其中：贴现		-105
其中：境外同业拆借			5. 各项垫款		
九、境外联行往来（来源方）			（二）境外贷款		
十、外汇买卖（来源方）	78 169	-20 455	二、有价证券		
其中：结售汇			三、股权及其他投资	7 500	7 500
十一、委托存款及委托投资基金(净)	8	8	四、应收及预付款	126 472	53 660
1. 委托存款及委托投资基金	8	8	其中：应收利息	124 212	52 847
2. 减：委托贷款及委托投资			五、买入返售资产		
十二、代理金融机构委托贷款基金			六、存放中央准备金存款	255 752	-921 430
其中：中央银行委托贷款基金			七、存放中央银行特种存款		
十三、各项准备	1 766 625	1 766 625	八、缴存中央银行财政性存款		
其中：贷款损失准备	1 766 625	1 766 625	九、同业往来	3 790 000	3 477 665
十四、所有者权益	475 099	-78 368	1. 存放同业	2 700 000	2 387 665
其中：实收资本			其中：存放境外同业		
十五、其他	38 709 005	8 252 556	2. 拆放同业	1 090 000	1 090 000
			其中：拆放境外同业		
			十、境外联行往来（运用方）		
			十一、代理金融机构贷款		
			其中：代理人行专项贷款		
			十二、库存现金		
			十三、外汇买卖（运用方）	81 469	-19 864
			其中：结售汇		
			十四、投资性房地产		
资金来源总计	45 893 079	11 039 274	资金运用总计	45 893 079	11 039 274

表 3.2 中国进出口银行北京分行人民币信贷收支统计

单位：万元

项目名称	余额	比年初	项目名称	余额	比年初
一、各项存款	131 282	-50 343	一、各项贷款	3 948 592	501 705
1. 单位存款	131 282	-50 343	（一）境内贷款	3 947 297	501 072
其中：活期存款	17 104	-55 529	1. 短期贷款	212 141	52 355
定期存款	44 024	-390	（1）个人贷款及透支		
通知存款		-2 000	其中：个人消费贷款		
保证金存款	70 153	7 576	（2）单位普通贷款及透支	100 450	-36 545
2. 个人存款			其中：经营贷款	100 450	-36 545
储蓄存款			固定资产贷款		
保证金存款			（3）普通并购贷款		
结构性存款			（4）银团贷款		
3. 临时性存款			（5）贸易融资	111 691	88 900
4. 其他存款			（6）境外筹资转贷款		
二、代理财政性存款			2. 中长期贷款	3 735 156	448 717
三、金融债券			（1）个人贷款		
其中：境外发行			其中：个人消费贷款		
四、中长期借款			（2）单位普通贷款	2 009 731	283 917
其中：境外借款			其中：经营贷款	2 009 731	283 917
五、应付及暂收款	8 239	-25 096	固定资产贷款		
其中：应付利息	4 165	-26 123	（3）普通并购贷款		
六、卖出回购资产			（4）银团贷款	224 895	
七、向中央银行借款			（5）贸易融资	1 493 390	162 800
八、同业往来（来源方）			（6）境外筹资转贷款	7 140	2 000
1. 同业存放			3. 融资租赁		
其中：境外同业存放			4. 票据融资		
2. 同业拆借			其中：贴现		
其中：境外同业拆借			5. 各项垫款		
九、境外联行往来（来源方）			（二）境外贷款	1 295	634
十、外汇买卖（来源方）			二、有价证券		
其中：结售汇			三、股权及其他投资		
十一、委托存款及委托投资基金(净)			四、应收及预付款	8 011	1 754
1. 委托存款及委托投资基金			其中：应收利息	7 212	1 816
2. 减：委托贷款及委托投资			五、买入返售资产		
十二、代理金融机构委托贷款基金			六、存放中央准备金存款	5 833	-14 163
其中：中央银行委托贷款基金			七、存放中央银行特种存款		
十三、各项准备	102 877	102 877	八、缴存中央银行财政性存款		
其中：贷款损失准备	102 142	102 142	九、同业往来	29	
十四、所有者权益	80 089	80 089	1. 存放同业	29	
其中：实收资本			其中：存放境外同业		
十五、其他	3 639 979	381 768	2. 拆放同业		
			其中：拆放境外同业		
			十、境外联行往来（运用方）		
			十一、代理金融机构贷款		
			其中：代理人行专项贷款		
			十二、库存现金	2	
			十三、外汇买卖（运用方）		
			其中：结售汇		
			十四、投资性房地产		
资金来源总计	3 962 467	489 296	资金运用总计	3 962 467	489 296

表 3.3　中国农业发展银行北京市分行人民币信贷收支统计

单位：万元

项目名称	余额	比年初	项目名称	余额	比年初
一、各项存款	946 799	313 601	一、各项贷款	5 390 243	1 237 604
1. 单位存款	946 799	313 601	（一）境内贷款	5 390 243	1 237 604
其中：活期存款	746 510	305 417	1. 短期贷款	1 165 718	75 318
定期存款	142 809	-24 469	（1）个人贷款及透支		
通知存款	50 170	30 170	其中：个人消费贷款		
保证金存款	7 310	2 482	（2）单位普通贷款及透支	1 165 718	75 318
2. 个人存款			其中：经营贷款	1 165 718	75 318
储蓄存款			固定资产贷款		
保证金存款			（3）普通并购贷款		
结构性存款			（4）银团贷款		
3. 临时性存款			（5）贸易融资		
4. 其他存款			（6）境外筹资转贷款		
二、代理财政性存款	74 198	-6 266	2. 中长期贷款	2 730 624	1 503 514
三、金融债券			（1）个人贷款		
其中：境外发行			其中：个人消费贷款		
四、中长期借款			（2）单位普通贷款	2 381 435	1 391 173
其中：境外借款			其中：经营贷款		
五、应付及暂收款	5 951	-969	固定资产贷款	2 381 435	1 391 173
其中：应付利息	1	1	（3）普通并购贷款		
六、卖出回购资产			（4）银团贷款	349 189	112 340
七、向中央银行借款			（5）贸易融资		
八、同业往来（来源方）	3 006	756	（6）境外筹资转贷款		
1. 同业存放	3 006	756	3. 融资租赁		
其中：境外同业存放			4. 票据融资	1 493 901	-341 228
2. 同业拆借			其中：贴现	1 493 901	-341 228
其中：境外同业拆借			5. 各项垫款		
九、境外联行往来（来源方）			（二）境外贷款		
十、外汇买卖（来源方）	-15	1	二、有价证券		
其中：结售汇	-15	1	三、股权及其他投资		
十一、委托存款及委托投资基金(净)			四、应收及预付款	28	-186
1. 委托存款及委托投资基金			其中：应收利息	6	-110
2. 减：委托贷款及委托投资			五、买入返售资产		
十二、代理金融机构委托贷款基金			六、存放中央准备金存款	7 545	-9 248
其中：中央银行委托贷款基金			七、存放中央银行特种存款		
十三、各项准备			八、缴存中央银行财政性存款		
其中：贷款损失准备			九、同业往来	4 845	-398 617
十四、所有者权益	84 480	45 456	1. 存放同业	4 845	-398 617
其中：实收资本			其中：存放境外同业		
十五、其他	4 288 489	477 001	2. 拆放同业		
			其中：拆放境外同业		
			十、境外联行往来（运用方）		
			十一、代理金融机构贷款		
			其中：代理人行专项贷款		
			十二、库存现金	245	27
			十三、外汇买卖（运用方）		
			其中：结售汇		
			十四、投资性房地产		
资金来源总计	5 402 908	829 580	资金运用总计	5 402 908	829 580

表 3.4　中国工商银行北京市分行人民币信贷收支统计

单位：万元

项目名称	余额	比年初	项目名称	余额	比年初
一、各项存款	188 386 236	25 840 110	一、各项贷款	38 066 057	3 916 911
1. 单位存款	111 884 312	7 047 729	（一）境内贷款	38 036 362	3 918 494
其中：活期存款	38 922 258	3 487 827	1. 短期贷款	7 351 688	2 067 187
定期存款	51 790 462	1 352 473	（1）个人贷款及透支	40 553	15 294
通知存款	6 858 561	-390 552	其中：个人消费贷款	12 355	-7 906
保证金存款	248 533	-144 983	（2）单位普通贷款及透支	4 436 612	886 339
2. 个人存款	74 072 498	19 558 374	其中：经营贷款	4 401 170	1 516 464
储蓄存款	62 033 712	7 707 977	固定资产贷款	35 441	-630 124
保证金存款	2 638	466	（3）普通并购贷款		
结构性存款	12 036 148	11 849 931	（4）银团贷款		
3. 临时性存款	65 635	-167 799	（5）贸易融资	2 874 524	1 165 554
4. 其他存款	2 363 791	-598 194	（6）境外筹资转贷款		
二、代理财政性存款	5 720 989	-212 530	2. 中长期贷款	30 452 640	1 667 157
三、金融债券			（1）个人贷款	6 361 667	758 395
其中：境外发行			其中：个人消费贷款	6 126 947	676 239
四、中长期借款			（2）单位普通贷款	22 703 019	621 745
其中：境外借款			其中：经营贷款	2 840 963	377 584
五、应付及暂收款	3 090 147	494 766	固定资产贷款	19 862 056	244 161
其中：应付利息	1 898 879	392 071	（3）普通并购贷款	260 150	210 150
六、卖出回购资产			（4）银团贷款	1 127 803	76 868
七、向中央银行借款	23 378	23 378	（5）贸易融资		
八、同业往来（来源方）	23 180 810	2 535 994	（6）境外筹资转贷款		
1. 同业存放	23 180 810	2 535 994	3. 融资租赁		
其中：境外同业存放	12 761	-37 402	4. 票据融资	232 034	184 150
2. 同业拆借			其中：贴现	232 034	184 150
其中：境外同业拆借			5. 各项垫款		
九、境外联行往来（来源方）			（二）境外贷款	29 694	-1 583
十、外汇买卖（来源方）	49 043 925	32 745 744	二、有价证券	22 574 172	283 342
其中：结售汇	49 043 924	32 773 205	三、股权及其他投资	11 084 223	10 899 223
十一、委托存款及委托投资基金(净)	32		四、应收及预付款	573 282	155 685
1. 委托存款及委托投资基金	7 570 545	861 242	其中：应收利息	528 449	125 859
2. 减：委托贷款及委托投资	7 570 513	861 242	五、买入返售资产	2 906 567	2 015 482
十二、代理金融机构委托贷款基金			六、存放中央准备金存款	1 023 820	481 987
其中：中央银行委托贷款基金			七、存放中央银行特种存款		
十三、各项准备	732 450	538 170	八、缴存中央银行财政性存款	7 283 817	1 734 678
其中：贷款损失准备	718 519	538 335	九、同业往来	3 407 100	1 285 200
十四、所有者权益	2 274 519	605 944	1. 存放同业	1 000 000	400 000
其中：实收资本			其中：存放境外同业		
十五、其他	-136 040 557	-8 832 512	2. 拆放同业	2 407 100	885 200
			其中：拆放境外同业		
			十、境外联行往来（运用方）		
			十一、代理金融机构贷款		
			其中：代理人行专项贷款		
			十二、库存现金	414 471	51 536
			十三、外汇买卖（运用方）	49 078 421	32 915 021
			其中：结售汇	49 078 416	32 930 542
			十四、投资性房地产		
资金来源总计	136 411 929	53 739 065	资金运用总计	136 411 929	53 739 065

表 3.5 中国农业银行北京市分行人民币信贷收支统计

单位：万元

项目名称	余额	比年初	项目名称	余额	比年初
一、各项存款	45 065 710	2 095 703	一、各项贷款	19 898 471	3 223 735
1. 单位存款	22 893 350	-1 064 479	（一）境内贷款	19 894 448	3 223 459
其中：活期存款	10 014 198	-3 697 909	1. 短期贷款	6 040 520	655 679
定期存款	6 312 006	447 986	（1）个人贷款及透支	156 451	82 999
通知存款	830 065	-1 006 209	其中：个人消费贷款	96 088	36 201
保证金存款	541 483	196 055	（2）单位普通贷款及透支	5 696 069	520 867
2. 个人存款	17 025 485	2 177 614	其中：经营贷款	5 695 993	772 783
储蓄存款	17 025 485	2 177 614	固定资产贷款		-251 992
保证金存款			（3）普通并购贷款		
结构性存款			（4）银团贷款	36 000	36 000
3. 临时性存款	8 251	-7 732	（5）贸易融资	152 000	15 813
4. 其他存款	5 138 624	990 300	（6）境外筹资转贷款		
二、代理财政性存款	1 024	-779	2. 中长期贷款	13 713 436	2 642 070
三、金融债券			（1）个人贷款	2 281 681	568 223
其中：境外发行			其中：个人消费贷款	2 211 247	538 563
四、中长期借款			（2）单位普通贷款	10 027 524	1 648 123
其中：境外借款			其中：经营贷款	1 792 527	219 398
五、应付及暂收款	677 807	143 392	固定资产贷款	8 234 997	1 428 725
其中：应付利息	493 645	115 543	（3）普通并购贷款	402 095	154 115
六、卖出回购资产			（4）银团贷款	1 002 136	271 609
七、向中央银行借款			（5）贸易融资		
八、同业往来（来源方）	1 722 280	30 460	（6）境外筹资转贷款		
1. 同业存放	1 722 280	30 460	3. 融资租赁		
其中：境外同业存放		-2	4. 票据融资	137 210	-74 098
2. 同业拆借			其中：贴现	137 210	-74 098
其中：境外同业拆借			5. 各项垫款	3 282	-192
九、境外联行往来（来源方）			（二）境外贷款	4 022	276
十、外汇买卖（来源方）	6 302	5 735	二、有价证券	175 668	-37 432
其中：结售汇	6 302	5 735	三、股权及其他投资		
十一、委托存款及委托投资基金(净)	2	-2 746	四、应收及预付款	71 313	19 043
1. 委托存款及委托投资基金	7 043 798	3 161 616	其中：应收利息	51 097	21 704
2. 减：委托贷款及委托投资	7 043 795	3 164 363	五、买入返售资产	177 763	-499 343
十二、代理金融机构委托贷款基金	505 545	-93 760	六、存放中央准备金存款	357 049	145 846
其中：中央银行委托贷款基金			七、存放中央银行特种存款		
十三、各项准备	490 205	-4 886	八、缴存中央银行财政性存款	25 276	-129 541
其中：贷款损失准备	487 565	-4 939	九、同业往来	1 512 870	1 407 768
十四、所有者权益	726 498	307 224	1. 存放同业	510 000	479 898
其中：实收资本			其中：存放境外同业		
十五、其他	-26 321 662	1 559 935	2. 拆放同业	1 002 870	927 870
			其中：拆放境外同业		
			十、境外联行往来（运用方）		
			十一、代理金融机构贷款	505 545	-93 760
			其中：代理人行专项贷款		
			十二、库存现金	149 725	4 167
			十三、外汇买卖（运用方）	30	-207
			其中：结售汇	30	-207
			十四、投资性房地产		
资金来源总计	22 873 710	4 040 276	资金运用总计	22 873 710	4 040 276

表 3.6　中国银行北京市分行人民币信贷收支统计

单位：万元

项目名称	余额	比年初	项目名称	余额	比年初
一、各项存款	59 210 444	7 799 533	一、各项贷款	20 397 660	2 750 537
1. 单位存款	39 705 885	5 760 543	（一）境内贷款	20 311 351	2 768 473
其中：活期存款	13 179 399	1 963 554	1. 短期贷款	5 928 810	1 734 479
定期存款	14 303 743	2 340 240	（1）个人贷款及透支	83 336	44 633
通知存款	2 417 154	-801 770	其中：个人消费贷款	81 648	42 965
保证金存款	2 781 803	1 575 447	（2）单位普通贷款及透支	4 882 332	1 290 891
2. 个人存款	14 550 465	995 258	其中：经营贷款	4 881 532	1 428 605
储蓄存款	14 549 736	994 764	固定资产贷款	800	-49 200
保证金存款	729	494	（3）普通并购贷款		
结构性存款			（4）银团贷款		
3. 临时性存款	194 973	2 952	（5）贸易融资	963 142	398 955
4. 其他存款	4 759 121	1 040 780	（6）境外筹资转贷款		
二、代理财政性存款	22	-116	2. 中长期贷款	13 595 041	906 787
三、金融债券			（1）个人贷款	3 553 483	93 242
其中：境外发行			其中：个人消费贷款	3 481 872	89 256
四、中长期借款			（2）单位普通贷款	8 743 383	651 865
其中：境外借款			其中：经营贷款	2 223 968	276 564
五、应付及暂收款	986 548	43 845	固定资产贷款	6 519 415	375 301
其中：应付利息	545 852	107 650	（3）普通并购贷款	87 146	12 971
六、卖出回购资产			（4）银团贷款	1 211 028	148 709
七、向中央银行借款			（5）贸易融资		
八、同业往来（来源方）	6 951 981	-57 834	（6）境外筹资转贷款		
1. 同业存放	6 951 981	-57 834	3. 融资租赁		
其中：境外同业存放	2 039	-11 383	4. 票据融资	787 501	127 207
2. 同业拆借			其中：贴现	787 501	127 207
其中：境外同业拆借			5. 各项垫款		
九、境外联行往来（来源方）			（二）境外贷款	86 309	-17 936
十、外汇买卖（来源方）			二、有价证券	156 780	-45 142
其中：结售汇			三、股权及其他投资		
十一、委托存款及委托投资基金(净)			四、应收及预付款	168 633	49 929
1. 委托存款及委托投资基金	2 495 044	-1 845 277	其中：应收利息	121 209	40 741
2. 减：委托贷款及委托投资	2 495 044	-1 845 277	五、买入返售资产		
十二、代理金融机构委托贷款基金	10	-129	六、存放中央准备金存款	3 332 210	2 323 543
其中：中央银行委托贷款基金			七、存放中央银行特种存款		
十三、各项准备	456 750	104 990	八、缴存中央银行财政性存款	13 467	-7 975
其中：贷款损失准备	418 817	104 497	九、同业往来	7 401 230	1 241 691
十四、所有者权益	-369 858	-907 074	1. 存放同业	3 119 229	-907 902
其中：实收资本			其中：存放境外同业		
十五、其他	-35 496 022	-1 187 810	2. 拆放同业	4 282 001	2 149 593
			其中：拆放境外同业		-109 508
			十、境外联行往来（运用方）		
			十一、代理金融机构贷款	10	-129
			其中：代理人行专项贷款		
			十二、库存现金	269 885	110 015
			十三、外汇买卖（运用方）		-627 066
			其中：结售汇		-626 824
			十四、投资性房地产		
资金来源总计	31 739 875	5 795 403	资金运用总计	31 739 875	5 795 403

表 3.7　中国建设银行北京市分行人民币信贷收支统计

单位：万元

项目名称	余额	比年初	项目名称	余额	比年初
一、各项存款	73 931 330	6 402 181	一、各项贷款	31 276 703	3 079 991
1. 单位存款	45 461 878	4 945 329	（一）境内贷款	31 248 301	3 082 171
其中：活期存款	16 664 725	-145 155	1. 短期贷款	9 051 202	1 166 965
定期存款	11 128 833	78 804	（1）个人贷款及透支	115 918	61 041
通知存款	4 132 891	322 799	其中：个人消费贷款	51 801	14 172
保证金存款	921 368	536 549	（2）单位普通贷款及透支	8 378 987	843 721
2. 个人存款	25 326 962	2 559 806	其中：经营贷款	8 359 055	1 168 246
储蓄存款	23 873 587	1 106 776	固定资产贷款		-334 229
保证金存款	312	-33	（3）普通并购贷款		
结构性存款	1 453 063	1 453 063	（4）银团贷款		
3. 临时性存款	9 459	441	（5）贸易融资	556 296	262 203
4. 其他存款	3 133 030	-1 103 395	（6）境外筹资转贷款		
二、代理财政性存款	13 476	8 023	2. 中长期贷款	22 056 071	2 467 898
三、金融债券			（1）个人贷款	5 679 857	759 810
其中：境外发行			其中：个人消费贷款	5 220 374	501 531
四、中长期借款			（2）单位普通贷款	16 198 511	1 532 911
其中：境外借款			其中：经营贷款	3 738 805	-310 587
五、应付及暂收款	900 831	186 914	固定资产贷款	12 459 707	1 843 498
其中：应付利息	545 316	48 878	（3）普通并购贷款	175 950	175 950
六、卖出回购资产			（4）银团贷款		
七、向中央银行借款			（5）贸易融资	1 752	-773
八、同业往来（来源方）	17 816 740	9 154 331	（6）境外筹资转贷款		
1. 同业存放	17 816 740	9 154 331	3. 融资租赁		
其中：境外同业存放	2	2	4. 票据融资	141 029	-552 692
2. 同业拆借			其中：贴现	141 029	-552 692
其中：境外同业拆借			5. 各项垫款		
九、境外联行往来（来源方）			（二）境外贷款	28 401	-2 180
十、外汇买卖（来源方）			二、有价证券	79 109	-47 316
其中：结售汇			三、股权及其他投资	4 247 751	4 199 663
十一、委托存款及委托投资基金(净)	25		四、应收及预付款	204 416	38 121
1. 委托存款及委托投资基金	10 967 634	2 929 762	其中：应收利息	187 780	31 097
2. 减：委托贷款及委托投资	10 967 609	2 929 762	五、买入返售资产	400 000	-650 000
十二、代理金融机构委托贷款基金			六、存放中央准备金存款	368 500	133 958
其中：中央银行委托贷款基金			七、存放中央银行特种存款		
十三、各项准备	54 127	-1 297	八、缴存中央银行财政性存款	17 759	-55 626
其中：贷款损失准备		-10	九、同业往来	1 074 597	1 013 983
十四、所有者权益	284 297	85 359	1. 存放同业	464 149	403 999
其中：实收资本			其中：存放境外同业		
十五、其他	-55 093 135	-8 099 336	2. 拆放同业	610 448	609 984
			其中：拆放境外同业		
			十、境外联行往来（运用方）		
			十一、代理金融机构贷款		
			其中：代理人行专项贷款		
			十二、库存现金	238 855	23 402
			十三、外汇买卖（运用方）		
			其中：结售汇		
			十四、投资性房地产		
资金来源总计	37 907 690	7 736 176	资金运用总计	37 907 690	7 736 176

表3.8　交通银行北京市分行人民币信贷收支统计

单位：万元

项目名称	余额	比年初	项目名称	余额	比年初
一、各项存款	48 012 127	5 534 740	一、各项贷款	25 365 228	2 419 619
1. 单位存款	30 461 142	3 125 207	（一）境内贷款	25 359 808	2 418 934
其中：活期存款	6 949 656	545 466	1. 短期贷款	5 628 817	738 266
定期存款	12 329 545	2 816 743	（1）个人贷款及透支	11 638	-10 690
通知存款	2 608 197	-1 744 021	其中：个人消费贷款	11 538	-3 790
保证金存款	2 207 992	514 175	（2）单位普通贷款及透支	5 109 283	635 621
2. 个人存款	8 618 261	1 145 508	其中：经营贷款	5 109 283	655 607
储蓄存款	8 376 463	969 906	固定资产贷款		
保证金存款	3 697	2 503	（3）普通并购贷款		
结构性存款	238 102	173 100	（4）银团贷款	65 587	-7 208
3. 临时性存款	13 380	5 406	（5）贸易融资	442 309	120 544
4. 其他存款	8 919 343	1 258 618	（6）境外筹资转贷款		
二、代理财政性存款	93	51	2. 中长期贷款	19 244 654	2 248 151
三、金融债券			（1）个人贷款	4 087 728	881 828
其中：境外发行			其中：个人消费贷款	3 619 715	584 952
四、中长期借款			（2）单位普通贷款	11 122 062	1 300 927
其中：境外借款			其中：经营贷款	3 350 888	-90 460
五、应付及暂收款	2 273 206	601 847	固定资产贷款	7 771 174	1 391 387
其中：应付利息	812 938	31 121	（3）普通并购贷款	48 515	41 015
六、卖出回购资产			（4）银团贷款	3 986 349	24 381
七、向中央银行借款			（5）贸易融资		
八、同业往来（来源方）	15 129 258	2 936 338	（6）境外筹资转贷款		
1. 同业存放	15 129 258	2 936 338	3. 融资租赁		
其中：境外同业存放	160 053	160 053	4. 票据融资	486 336	-567 484
2. 同业拆借			其中：贴现	486 336	-567 484
其中：境外同业拆借			5. 各项垫款		
九、境外联行往来（来源方）			（二）境外贷款	5 420	686
十、外汇买卖（来源方）	16	5	二、有价证券		
其中：结售汇	16	5	三、股权及其他投资	250	
十一、委托存款及委托投资基金(净)	2 311 260	761 722	四、应收及预付款	1 548 085	580 002
1. 委托存款及委托投资基金	8 515 981	2 690 298	其中：应收利息	200 924	24 159
2. 减：委托贷款及委托投资	6 204 720	1 928 575	五、买入返售资产	1 088 059	-291 818
十二、代理金融机构委托贷款基金			六、存放中央准备金存款	561 824	-93 584
其中：中央银行委托贷款基金			七、存放中央银行特种存款		
十三、各项准备	269 161	93 880	八、缴存中央银行财政性存款	127	7
其中：贷款损失准备	269 161	93 880	九、同业往来	16 232	-14 878
十四、所有者权益	113 911	-171 716	1. 存放同业	16 232	-14 878
其中：实收资本			其中：存放境外同业		
十五、其他	-39 412 377	-7 139 032	2. 拆放同业		
			其中：拆放境外同业		
			十、境外联行往来（运用方）		
			十一、代理金融机构贷款		
			其中：代理人行专项贷款		
			十二、库存现金	116 847	18 487
			十三、外汇买卖（运用方）		
			其中：结售汇		
			十四、投资性房地产		
资金来源总计	28 696 654	2 617 835	资金运用总计	28 696 654	2 617 835

表 3.9　招商银行北京分行人民币信贷收支统计

单位：万元

项目名称	余额	比年初	项目名称	余额	比年初
一、各项存款	24 094 795	2 993 484	一、各项贷款	11 106 114	782 154
1. 单位存款	11 089 843	1 358 877	（一）境内贷款	11 070 910	771 637
其中：活期存款	7 266 178	1 274 046	1. 短期贷款	3 553 444	459 096
定期存款	2 032 496	30 971	（1）个人贷款及透支	191 952	43 747
通知存款	1 279 568	-113 315	其中：个人消费贷款	126 911	11 697
保证金存款	511 601	167 175	（2）单位普通贷款及透支	3 272 409	461 876
2. 个人存款	11 462 892	1 655 564	其中：经营贷款	3 238 084	449 751
储蓄存款	11 462 892	1 655 599	固定资产贷款	34 325	12 125
保证金存款		-35	（3）普通并购贷款		
结构性存款			（4）银团贷款	30 850	-27 150
3. 临时性存款	4 025	386	（5）贸易融资	58 233	-19 377
4. 其他存款	1 538 035	-21 343	（6）境外筹资转贷款		
二、代理财政性存款	1 214	1 211	2. 中长期贷款	7 357 557	323 664
三、金融债券			（1）个人贷款	3 777 138	341 973
其中：境外发行			其中：个人消费贷款	3 265 073	70 356
四、中长期借款			（2）单位普通贷款	2 734 537	28 649
其中：境外借款			其中：经营贷款	700 448	-59 365
五、应付及暂收款	391 489	94 867	固定资产贷款	2 034 089	88 014
其中：应付利息	287 942	59 399	（3）普通并购贷款	38 990	-2 000
六、卖出回购资产			（4）银团贷款	794 429	-43 027
七、向中央银行借款		-25 734	（5）贸易融资	12 463	-1 931
八、同业往来（来源方）	4 120 238	761 460	（6）境外筹资转贷款		
1. 同业存放	4 120 238	761 460	3. 融资租赁		
其中：境外同业存放			4. 票据融资	159 909	-11 123
2. 同业拆借			其中：贴现	159 909	-11 123
其中：境外同业拆借			5. 各项垫款		
九、境外联行往来（来源方）			（二）境外贷款	35 204	10 517
十、外汇买卖（来源方）	4	4	二、有价证券		
其中：结售汇			三、股权及其他投资		
十一、委托存款及委托投资基金(净)			四、应收及预付款	35 984	7 239
1. 委托存款及委托投资基金	5 660 132	1 502 159	其中：应收利息	31 325	6 902
2. 减：委托贷款及委托投资	5 660 132	1 502 159	五、买入返售资产	635 374	-656 173
十二、代理金融机构委托贷款基金			六、存放中央准备金存款	131 273	3 840
其中：中央银行委托贷款基金			七、存放中央银行特种存款		
十三、各项准备	193 944	41 517	八、缴存中央银行财政性存款	1 691	112
其中：贷款损失准备	193 615	41 517	九、同业往来	991 298	803 059
十四、所有者权益	442 887	190 674	1. 存放同业	270 697	269 458
其中：实收资本			其中：存放境外同业		
十五、其他	-16 241 021	-3 107 789	2. 拆放同业	720 601	533 601
			其中：拆放境外同业		
			十、境外联行往来（运用方）		
			十一、代理金融机构贷款		
			其中：代理人行专项贷款		
			十二、库存现金	101 816	9 463
			十三、外汇买卖（运用方）		
			其中：结售汇		
			十四、投资性房地产		
资金来源总计	13 003 550	949 694	资金运用总计	13 003 550	949 694

表 3.10　上海浦东发展银行北京分行人民币信贷收支统计

单位：万元

项目名称	余额	比年初	项目名称	余额	比年初
一、各项存款	11 586 252	1 376 791	一、各项贷款	6 551 129	795 340
1. 单位存款	8 951 955	1 320 240	（一）境内贷款	6 543 853	795 474
其中：活期存款	2 360 421	-154 798	1. 短期贷款	2 456 447	838 818
定期存款	3 218 584	815 091	（1）个人贷款及透支	197 436	122 285
通知存款	1 376 965	-18 414	其中：个人消费贷款	34 569	18 358
保证金存款	209 616	66 971	（2）单位普通贷款及透支	2 190 014	723 520
2. 个人存款	1 701 988	227 772	其中：经营贷款	2 181 626	719 532
储蓄存款	1 400 797	74 894	固定资产贷款	8 388	3 988
保证金存款	1 414	362	（3）普通并购贷款		
结构性存款	299 777	152 516	（4）银团贷款		
3. 临时性存款	5 680	495	（5）贸易融资	68 997	-6 987
4. 其他存款	926 629	-171 716	（6）境外筹资转贷款		
二、代理财政性存款	3	2	2. 中长期贷款	3 993 478	-109 139
三、金融债券			（1）个人贷款	1 059 821	70 727
其中：境外发行			其中：个人消费贷款	956 330	19 467
四、中长期借款			（2）单位普通贷款	2 585 094	-157 349
其中：境外借款			其中：经营贷款	1 365 494	-20 020
五、应付及暂收款	289 375	112 981	固定资产贷款	1 219 600	-137 329
其中：应付利息	161 819	1 635	（3）普通并购贷款	19 500	13 260
六、卖出回购资产			（4）银团贷款	329 063	-35 777
七、向中央银行借款			（5）贸易融资		
八、同业往来（来源方）	1 387 975	-934 395	（6）境外筹资转贷款		
1. 同业存放	1 387 975	-934 395	3. 融资租赁		
其中：境外同业存放			4. 票据融资	93 928	65 795
2. 同业拆借			其中：贴现	93 928	65 795
其中：境外同业拆借			5. 各项垫款		
九、境外联行往来（来源方）			（二）境外贷款	7 276	-134
十、外汇买卖（来源方）	873	-51	二、有价证券	11 385	-5 559
其中：结售汇	13	6	三、股权及其他投资		
十一、委托存款及委托投资基金(净)	4 219	-115 696	四、应收及预付款	161 186	105 993
1. 委托存款及委托投资基金	3 504 166	2 171 113	其中：应收利息	40 692	-65
2. 减：委托贷款及委托投资	3 499 947	2 286 809	五、买入返售资产		
十二、代理金融机构委托贷款基金			六、存放中央准备金存款	517 429	174 217
其中：中央银行委托贷款基金			七、存放中央银行特种存款		
十三、各项准备	93 731	7 824	八、缴存中央银行财政性存款	24	8
其中：贷款损失准备	88 134	7 826	九、同业往来	2 342 236	2 013 979
十四、所有者权益	181 915	65 235	1. 存放同业	1 944 913	1 839 656
其中：实收资本			其中：存放境外同业		
十五、其他	-3 918 841	2 580 967	2. 拆放同业	397 323	174 323
			其中：拆放境外同业		
			十、境外联行往来（运用方）		
			十一、代理金融机构贷款		
			其中：代理人行专项贷款		
			十二、库存现金	41 992	9 779
			十三、外汇买卖（运用方）	121	-99
			其中：结售汇	51	-102
			十四、投资性房地产		
资金来源总计	9 625 502	3 093 658	资金运用总计	9 625 502	3 093 658

表 3.11　广发银行北京分行人民币信贷收支统计

单位：万元

项目名称	余额	比年初	项目名称	余额	比年初
一、各项存款	11 412 900	3 181 216	一、各项贷款	5 780 601	-106 992
1. 单位存款	8 267 073	1 132 703	（一）境内贷款	5 780 601	-106 992
其中：活期存款	3 481 011	393 045	1. 短期贷款	2 365 309	460 557
定期存款	2 291 215	18 586	（1）个人贷款及透支	48 568	37 322
通知存款	1 132 813	-184 886	其中：个人消费贷款	5 497	820
保证金存款	393 034	-63 042	（2）单位普通贷款及透支	2 299 247	459 760
2. 个人存款	1 120 822	417 830	其中：经营贷款	2 284 211	446 338
储蓄存款	1 098 472	397 609	固定资产贷款	15 036	13 422
保证金存款	640	574	（3）普通并购贷款		
结构性存款	21 710	19 647	（4）银团贷款	12 000	12 000
3. 临时性存款	77 400	8 272	（5）贸易融资	5 494	-48 525
4. 其他存款	1 947 605	1 622 411	（6）境外筹资转贷款		
二、代理财政性存款			2. 中长期贷款	3 314 862	-664 244
三、金融债券			（1）个人贷款	526 728	-6 262
其中：境外发行			其中：个人消费贷款	481 967	13 124
四、中长期借款			（2）单位普通贷款	2 288 711	-482 476
其中：境外借款			其中：经营贷款	1 620 842	-479 408
五、应付及暂收款	174 917	106 160	固定资产贷款	667 869	-3 068
其中：应付利息	148 727	98 743	（3）普通并购贷款		
六、卖出回购资产			（4）银团贷款	495 318	-178 842
七、向中央银行借款			（5）贸易融资	4 105	3 336
八、同业往来（来源方）	766 133	419 744	（6）境外筹资转贷款		
1. 同业存放	766 133	419 744	3. 融资租赁		
其中：境外同业存放			4. 票据融资	100 430	96 695
2. 同业拆借			其中：贴现	100 430	96 695
其中：境外同业拆借			5. 各项垫款		
九、境外联行往来（来源方）			（二）境外贷款		
十、外汇买卖（来源方）	196	46	二、有价证券	13 841	-15 067
其中：结售汇	88	53	三、股权及其他投资		
十一、委托存款及委托投资基金(净)			四、应收及预付款	18 833	-2 415
1. 委托存款及委托投资基金	1 306 167	30 114	其中：应收利息	13 516	-4 659
2. 减：委托贷款及委托投资	1 306 167	30 114	五、买入返售资产		
十二、代理金融机构委托贷款基金			六、存放中央准备金存款	203 690	-39 232
其中：中央银行委托贷款基金			七、存放中央银行特种存款		
十三、各项准备	3 156	-7 302	八、缴存中央银行财政性存款	923	-208
其中：贷款损失准备	3 156	-7 302	九、同业往来	665 233	423 089
十四、所有者权益	147 393	15 907	1. 存放同业	615 233	373 089
其中：实收资本			其中：存放境外同业		
十五、其他	-5 790 597	-3 454 254	2. 拆放同业	50 000	50 000
			其中：拆放境外同业		
			十、境外联行往来（运用方）		
			十一、代理金融机构贷款		
			其中：代理人行专项贷款		
			十二、库存现金	29 555	2 047
			十三、外汇买卖（运用方）	1 422	295
			其中：结售汇	1 385	294
			十四、投资性房地产		
资金来源总计	6 714 098	261 517	资金运用总计	6 714 098	261 517

表3.12　兴业银行北京分行人民币信贷收支统计

单位：万元

项目名称	余额	比年初	项目名称	余额	比年初
一、各项存款	12 069 922	1 238 340	一、各项贷款	6 108 631	532 771
1. 单位存款	10 214 295	1 016 936	（一）境内贷款	6 102 954	534 139
其中：活期存款	3 137 990	334 355	1. 短期贷款	2 248 647	810 791
定期存款	3 292 725	123 028	（1）个人贷款及透支	253 682	212 715
通知存款	1 387 274	13 015	其中：个人消费贷款	21 484	16 289
保证金存款	240 377	-32 180	（2）单位普通贷款及透支	1 900 565	503 677
2. 个人存款	1 509 475	128 470	其中：经营贷款	1 893 725	506 822
储蓄存款	1 501 651	120 645	固定资产贷款	6 840	6 840
保证金存款	7 824	7 824	（3）普通并购贷款		
结构性存款			（4）银团贷款	14 400	14 400
3. 临时性存款	5 067	4 682	（5）贸易融资	80 000	80 000
4. 其他存款	341 086	88 253	（6）境外筹资转贷款		
二、代理财政性存款	238	238	2. 中长期贷款	3 804 903	-114 962
三、金融债券			（1）个人贷款	843 299	-16 809
其中：境外发行			其中：个人消费贷款	742 205	-46 464
四、中长期借款			（2）单位普通贷款	2 113 357	-171 806
其中：境外借款			其中：经营贷款	204 730	3 030
五、应付及暂收款	176 260	66 169	固定资产贷款	1 908 627	-174 836
其中：应付利息	123 313	60 777	（3）普通并购贷款		
六、卖出回购资产			（4）银团贷款	848 247	73 652
七、向中央银行借款			（5）贸易融资		
八、同业往来（来源方）	4 479 383	1 201 629	（6）境外筹资转贷款		
1. 同业存放	4 409 383	1 131 629	3. 融资租赁		
其中：境外同业存放			4. 票据融资	49 404	-161 690
2. 同业拆借	70 000	70 000	其中：贴现	49 404	-161 690
其中：境外同业拆借			5. 各项垫款		
九、境外联行往来（来源方）			（二）境外贷款	5 677	-1 368
十、外汇买卖（来源方）			二、有价证券	1 210 218	314 170
其中：结售汇			三、股权及其他投资	650	
十一、委托存款及委托投资基金(净)	1 609	1 066	四、应收及预付款	28 584	6 991
1. 委托存款及委托投资基金	3 119 610	372 008	其中：应收利息	24 714	4 704
2. 减：委托贷款及委托投资	3 118 000	370 942	五、买入返售资产	1 257 768	533 975
十二、代理金融机构委托贷款基金			六、存放中央准备金存款	99 305	-708
其中：中央银行委托贷款基金			七、存放中央银行特种存款		
十三、各项准备	71 779	7 611	八、缴存中央银行财政性存款	2 409	1 076
其中：贷款损失准备	71 708	8 637	九、同业往来	1 244 967	129 242
十四、所有者权益	352 570	121 632	1. 存放同业	29 967	23 242
其中：实收资本			其中：存放境外同业		
十五、其他	-7 173 644	-1 111 636	2. 拆放同业	1 215 000	106 000
			其中：拆放境外同业		
			十、境外联行往来（运用方）		
			十一、代理金融机构贷款		
			其中：代理人行专项贷款		
			十二、库存现金	25 585	7 532
			十三、外汇买卖（运用方）		
			其中：结售汇		
			十四、投资性房地产		
资金来源总计	9 978 117	1 525 049	资金运用总计	9 978 117	1 525 049

表 3.13　深圳发展银行北京分行人民币信贷收支统计

单位：万元

项目名称	余额	比年初	项目名称	余额	比年初
一、各项存款	7 896 181	1 015 659	一、各项贷款	4 674 633	335 912
1. 单位存款	5 364 510	239 227	（一）境内贷款	4 662 534	335 520
其中：活期存款	1 100 144	252 674	1. 短期贷款	2 017 244	113 407
定期存款	1 841 686	24 075	（1）个人贷款及透支	74 684	66 926
通知存款	374 838	-186 505	其中：个人消费贷款	5 211	389
保证金存款	968 920	197 327	（2）单位普通贷款及透支	1 872 122	34 748
2. 个人存款	639 374	117 383	其中：经营贷款	1 842 882	30 508
储蓄存款	631 465	156 937	固定资产贷款	29 240	4 240
保证金存款	7 909	-39 554	（3）普通并购贷款		
结构性存款			（4）银团贷款		-30 000
3. 临时性存款	3 488	708	（5）贸易融资	70 437	41 733
4. 其他存款	1 888 810	658 340	（6）境外筹资转贷款		
二、代理财政性存款			2. 中长期贷款	2 529 943	281 668
三、金融债券			（1）个人贷款	1 250 184	41 730
其中：境外发行			其中：个人消费贷款	1 025 008	-84 976
四、中长期借款			（2）单位普通贷款	822 709	130 282
其中：境外借款			其中：经营贷款	282 260	-80 370
五、应付及暂收款	452 188	365 288	固定资产贷款	540 448	210 651
其中：应付利息	110 588	58 769	（3）普通并购贷款		
六、卖出回购资产			（4）银团贷款	300 696	-8 604
七、向中央银行借款			（5）贸易融资	156 353	118 260
八、同业往来（来源方）	1 063 202	306 110	（6）境外筹资转贷款		
1. 同业存放	1 063 202	306 110	3. 融资租赁		
其中：境外同业存放			4. 票据融资	89 495	-57 281
2. 同业拆借			其中：贴现	89 495	-57 281
其中：境外同业拆借			5. 各项垫款	25 853	-2 275
九、境外联行往来（来源方）			（二）境外贷款	12 099	392
十、外汇买卖（来源方）			二、有价证券		
其中：结售汇			三、股权及其他投资		
十一、委托存款及委托投资基金(净)			四、应收及预付款	898 715	858 874
1. 委托存款及委托投资基金	226 044	-366 524	其中：应收利息	18 989	11 740
2. 减：委托贷款及委托投资	226 044	-366 524	五、买入返售资产	188 691	-763 446
十二、代理金融机构委托贷款基金			六、存放中央准备金存款	64 330	1 385
其中：中央银行委托贷款基金			七、存放中央银行特种存款		
十三、各项准备	81 144	45 879	八、缴存中央银行财政性存款	385	380
其中：贷款损失准备	81 006	45 874	九、同业往来	20 050	-180 000
十四、所有者权益	14 640	-10 929	1. 存放同业	10 050	-190 000
其中：实收资本			其中：存放境外同业		
十五、其他	-3 650 091	-1 464 688	2. 拆放同业	10 000	10 000
			其中：拆放境外同业		
			十、境外联行往来（运用方）		
			十一、代理金融机构贷款		
			其中：代理人行专项贷款		
			十二、库存现金	10 460	4 213
			十三、外汇买卖（运用方）		
			其中：结售汇		
			十四、投资性房地产		
资金来源总计	5 857 264	257 319	资金运用总计	5 857 264	257 319

表 3.14　中信银行总行营业部人民币信贷收支统计

单位：万元

项目名称	余额	比年初	项目名称	余额	比年初
一、各项存款	27 703 314	1 642 949	一、各项贷款	15 741 071	-281 645
1. 单位存款	23 189 249	1 426 989	（一）境内贷款	15 741 071	-281 645
其中：活期存款	5 247 883	992 056	1. 短期贷款	3 862 133	-716 770
定期存款	9 798 133	655 311	（1）个人贷款及透支	80 005	67 693
通知存款	1 921 965	-488 625	其中：个人消费贷款	3 769	-974
保证金存款	856 888	161 230	（2）单位普通贷款及透支	3 736 115	-595 880
2. 个人存款	4 148 192	666 718	其中：经营贷款	3 708 312	-546 609
储蓄存款	3 908 895	479 322	固定资产贷款		-47 000
保证金存款	2 434	-2 875	（3）普通并购贷款		
结构性存款	236 864	190 271	（4）银团贷款		
3. 临时性存款	93 182	-66 428	（5）贸易融资	46 013	-188 583
4. 其他存款	272 690	-384 330	（6）境外筹资转贷款		
二、代理财政性存款	3 444	-1 443	2. 中长期贷款	11 050 100	768 677
三、金融债券			（1）个人贷款	3 877 925	195 954
其中：境外发行			其中：个人消费贷款	3 740 321	121 913
四、中长期借款			（2）单位普通贷款	6 645 896	480 941
其中：境外借款			其中：经营贷款	2 697 263	-304 850
五、应付及暂收款	371 077	75 362	固定资产贷款	3 948 633	785 791
其中：应付利息	172 800	15 718	（3）普通并购贷款	218 812	54 055
六、卖出回购资产			（4）银团贷款	307 467	37 727
七、向中央银行借款			（5）贸易融资		
八、同业往来（来源方）	13 913 227	11 246 172	（6）境外筹资转贷款		
1. 同业存放	13 913 227	11 246 172	3. 融资租赁	7	
其中：境外同业存放	24 269	13 327	4. 票据融资	824 705	-333 277
2. 同业拆借			其中：贴现	824 705	-333 277
其中：境外同业拆借			5. 各项垫款	4 125	-275
九、境外联行往来（来源方）			（二）境外贷款		
十、外汇买卖（来源方）	2 650 493	-77 556 232	二、有价证券	102 691	-43 977
其中：结售汇	2 575 913	-77 485 020	三、股权及其他投资		
十一、委托存款及委托投资基金(净)	434 009	-235 808	四、应收及预付款	112 761	45 301
1. 委托存款及委托投资基金	4 884 187	-1 526 441	其中：应收利息	88 490	50 855
2. 减：委托贷款及委托投资	4 450 177	-1 290 633	五、买入返售资产	651 743	-1 507 660
十二、代理金融机构委托贷款基金			六、存放中央准备金存款	354 551	-248 358
其中：中央银行委托贷款基金			七、存放中央银行特种存款		
十三、各项准备	168 056	-5 856	八、缴存中央银行财政性存款	3 924	2 363
其中：贷款损失准备	166 791	-5 861	九、同业往来	12 464 573	11 856 195
十四、所有者权益	378 846	111 331	1. 存放同业	10 585 276	10 068 550
其中：实收资本			其中：存放境外同业		
十五、其他	-13 557 363	-3 074 334	2. 拆放同业	1 879 297	1 787 644
			其中：拆放境外同业		
			十、境外联行往来（运用方）		
			十一、代理金融机构贷款		
			其中：代理人行专项贷款		
			十二、库存现金	42 910	12 523
			十三、外汇买卖（运用方）	2 590 880	-77 632 601
			其中：结售汇	2 521 117	-77 561 804
			十四、投资性房地产		
资金来源总计	32 065 103	-67 797 858	资金运用总计	32 065 103	-67 797 858

表 3.15　中国光大银行北京分行人民币信贷收支统计

单位：万元

项目名称	余额	比年初	项目名称	余额	比年初
一、各项存款	18 934 874	1 500 186	一、各项贷款	8 804 826	755 391
1. 单位存款	15 358 896	848 944	（一）境内贷款	8 794 591	756 695
其中：活期存款	5 059 990	1 396 939	1. 短期贷款	4 141 100	793 329
定期存款	7 047 379	333 343	（1）个人贷款及透支	6 937	4 117
通知存款	1 435 031	228 953	其中：个人消费贷款	916	-1 806
保证金存款	415 181	-53 544	（2）单位普通贷款及透支	2 947 477	515 390
2. 个人存款	2 473 769	757 319	其中：经营贷款	2 783 276	402 947
储蓄存款	2 170 281	668 929	固定资产贷款		-2 447
保证金存款	1 316	-56	（3）普通并购贷款		
结构性存款	302 172	88 446	（4）银团贷款	128 911	12 963
3. 临时性存款	17 407	14 780	（5）贸易融资	1 057 775	260 859
4. 其他存款	1 084 802	-120 857	（6）境外筹资转贷款		
二、代理财政性存款			2. 中长期贷款	4 593 346	55 102
三、金融债券			（1）个人贷款	1 756 887	-7 241
其中：境外发行			其中：个人消费贷款	1 142 899	-76 054
四、中长期借款			（2）单位普通贷款	2 303 922	-176 533
其中：境外借款			其中：经营贷款	1 686 487	-154 148
五、应付及暂收款	362 847	56 015	固定资产贷款	617 435	-22 385
其中：应付利息	292 963	45 183	（3）普通并购贷款		
六、卖出回购资产			（4）银团贷款	522 355	244 148
七、向中央银行借款			（5）贸易融资	10 182	-5 272
八、同业往来（来源方）	4 750 114	1 594 066	（6）境外筹资转贷款		
1. 同业存放	4 750 114	1 594 066	3. 融资租赁	15	
其中：境外同业存放			4. 票据融资	60 130	-91 736
2. 同业拆借			其中：贴现	60 130	-91 736
其中：境外同业拆借			5. 各项垫款		
九、境外联行往来（来源方）			（二）境外贷款	10 235	-1 304
十、外汇买卖（来源方）			二、有价证券	27 231	-44 075
其中：结售汇			三、股权及其他投资		
十一、委托存款及委托投资基金(净)	1 537 339	-725 933	四、应收及预付款	27 760	8 251
1. 委托存款及委托投资基金	1 965 654	-679 614	其中：应收利息	24 928	7 298
2. 减：委托贷款及委托投资	428 315	46 319	五、买入返售资产	936 423	-245 175
十二、代理金融机构委托贷款基金			六、存放中央准备金存款	303 585	-106 675
其中：中央银行委托贷款基金			七、存放中央银行特种存款		
十三、各项准备	160 195	32 220	八、缴存中央银行财政性存款	131	-280
其中：贷款损失准备	159 760	32 008	九、同业往来	2 912 433	1 930 143
十四、所有者权益	273 405	124 506	1. 存放同业	1 852 433	1 385 043
其中：实收资本			其中：存放境外同业		
十五、其他	-12 973 294	-280 468	2. 拆放同业	1 060 000	545 100
			其中：拆放境外同业		
			十、境外联行往来（运用方）		
			十一、代理金融机构贷款		
			其中：代理人行专项贷款		
			十二、库存现金	33 091	3 012
			十三、外汇买卖（运用方）		
			其中：结售汇		
			十四、投资性房地产		
资金来源总计	13 045 480	2 300 592	资金运用总计	13 045 480	2 300 592

表3.16　华夏银行北京分行人民币信贷收支统计

单位：万元

项目名称	余额	比年初	项目名称	余额	比年初
一、各项存款	15 301 988	2 428 460	一、各项贷款	7 863 000	788 942
1. 单位存款	10 529 998	128 096	（一）境内贷款	7 857 088	783 030
其中：活期存款	4 176 342	713 364	1. 短期贷款	2 566 539	-205 968
定期存款	3 249 300	204 656	（1）个人贷款及透支	38 261	-16 769
通知存款	1 198 783	-346 339	其中：个人消费贷款	23 879	-15 488
保证金存款	351 900	50 703	（2）单位普通贷款及透支	2 519 718	-197 758
2. 个人存款	2 324 094	818 604	其中：经营贷款	2 512 929	-204 547
储蓄存款	2 323 904	819 904	固定资产贷款	6 789	6 789
保证金存款	189	189	（3）普通并购贷款		
结构性存款		-1 490	（4）银团贷款		
3. 临时性存款	4 311	-4 150	（5）贸易融资	8 560	8 560
4. 其他存款	2 443 586	1 485 910	（6）境外筹资转贷款		
二、代理财政性存款	6	-128	2. 中长期贷款	5 236 630	942 271
三、金融债券			（1）个人贷款	1 548 628	47 973
其中：境外发行			其中：个人消费贷款	1 162 472	36 575
四、中长期借款			（2）单位普通贷款	3 327 157	533 453
其中：境外借款			其中：经营贷款	1 521 332	197 446
五、应付及暂收款	731 775	488 999	固定资产贷款	1 805 825	336 007
其中：应付利息	123 455	52 378	（3）普通并购贷款	17 900	17 900
六、卖出回购资产			（4）银团贷款	327 520	327 520
七、向中央银行借款			（5）贸易融资	15 426	15 426
八、同业往来（来源方）	2 355 998	1 961 447	（6）境外筹资转贷款		
1. 同业存放	2 355 998	1 961 447	3. 融资租赁		
其中：境外同业存放			4. 票据融资	51 520	47 923
2. 同业拆借			其中：贴现	51 520	47 923
其中：境外同业拆借			5. 各项垫款	2 399	-1 196
九、境外联行往来（来源方）			（二）境外贷款	5 912	5 912
十、外汇买卖（来源方）	4 835 453	2 559 619	二、有价证券	390 704	338 086
其中：结售汇	4 831 251	2 559 485	三、股权及其他投资		
十一、委托存款及委托投资基金(净)			四、应收及预付款	216 730	50 273
1. 委托存款及委托投资基金	8 065 486	4 361 505	其中：应收利息	30	-3
2. 减：委托贷款及委托投资	8 065 486	4 361 505	五、买入返售资产		
十二、代理金融机构委托贷款基金			六、存放中央准备金存款	267 584	13 628
其中：中央银行委托贷款基金			七、存放中央银行特种存款		
十三、各项准备	150 610	28 197	八、缴存中央银行财政性存款	99	-45
其中：贷款损失准备	149 594	29 180	九、同业往来	1 552 121	1 549 689
十四、所有者权益	184 730	65 420	1. 存放同业	1 532 121	1 529 689
其中：实收资本			其中：存放境外同业		
十五、其他	-8 383 359	-2 217 694	2. 拆放同业	20 000	20 000
			其中：拆放境外同业		
			十、境外联行往来（运用方）		
			十一、代理金融机构贷款		
			其中：代理人行专项贷款		
			十二、库存现金	51 109	14 109
			十三、外汇买卖（运用方）	4 835 853	2 559 637
			其中：结售汇	4 831 251	2 559 485
			十四、投资性房地产		
资金来源总计	15 177 200	5 314 319	资金运用总计	15 177 200	5 314 319

表 3.17 中国民生银行总行营业部人民币信贷收支统计

单位：万元

项目名称	余额	比年初	项目名称	余额	比年初
一、各项存款	37 251 595	1 886 621	一、各项贷款	13 862 888	-572 516
1. 单位存款	22 140 791	298 290	（一）境内贷款	13 835 511	-569 049
其中：活期存款	11 396 875	110 131	1. 短期贷款	6 162 765	1 098 268
定期存款	6 768 691	-88 973	（1）个人贷款及透支	2 516 621	953 342
通知存款	2 247 072	-331 221	其中：个人消费贷款	9 234	-935
保证金存款	1 463 893	344 094	（2）单位普通贷款及透支	3 641 143	139 926
2. 个人存款	4 538 899	255 423	其中：经营贷款	3 358 757	-120 785
储蓄存款	4 455 454	207 499	固定资产贷款	282 387	260 711
保证金存款	83 445	47 924	（3）普通并购贷款	5 000	5 000
结构性存款			（4）银团贷款		
3. 临时性存款	15 053	5 457	（5）贸易融资		
4. 其他存款	10 556 852	1 327 452	（6）境外筹资转贷款		
二、代理财政性存款			2. 中长期贷款	7 659 400	-1 663 385
三、金融债券			（1）个人贷款	2 116 181	-370 310
其中：境外发行			其中：个人消费贷款	1 611 652	-282 973
四、中长期借款			（2）单位普通贷款	4 580 461	-1 146 873
其中：境外借款			其中：经营贷款	1 707 210	-1 152 067
五、应付及暂收款	1 054 064	279 288	固定资产贷款	2 873 252	5 194
其中：应付利息	896 470	169 051	（3）普通并购贷款	164 000	
六、卖出回购资产	1 988 290	1 988 290	（4）银团贷款	798 758	-146 202
七、向中央银行借款			（5）贸易融资		
八、同业往来（来源方）	1 489 446	361 598	（6）境外筹资转贷款		
1. 同业存放	1 489 446	361 598	3. 融资租赁		
其中：境外同业存放			4. 票据融资	13 347	-3 932
2. 同业拆借			其中：贴现	13 347	-3 932
其中：境外同业拆借			5. 各项垫款		
九、境外联行往来（来源方）			（二）境外贷款	27 377	-3 467
十、外汇买卖（来源方）	190 723	74 219	二、有价证券		
其中：结售汇	190 723	74 219	三、股权及其他投资		
十一、委托存款及委托投资基金(净)	15 000	15 000	四、应收及预付款	620 293	118 250
1. 委托存款及委托投资基金	800 142	196 652	其中：应收利息	45 635	2 830
2. 减：委托贷款及委托投资	785 142	181 652	五、买入返售资产	2 901 620	2 893 620
十二、代理金融机构委托贷款基金			六、存放中央准备金存款	416 424	-88 758
其中：中央银行委托贷款基金			七、存放中央银行特种存款		
十三、各项准备	213 920	3 770	八、缴存中央银行财政性存款	161	130
其中：贷款损失准备	212 647	3 709	九、同业往来	1 029 727	-511 604
十四、所有者权益	245 491	39 459	1. 存放同业	775 191	-554 141
其中：实收资本			其中：存放境外同业		
十五、其他	-23 375 906	-2 739 559	2. 拆放同业	254 536	42 536
			其中：拆放境外同业		
			十、境外联行往来（运用方）		
			十一、代理金融机构贷款		
			其中：代理人行专项贷款		
			十二、库存现金	50 787	-4 656
			十三、外汇买卖（运用方）	190 723	74 219
			其中：结售汇	190 723	74 219
			十四、投资性房地产		
资金来源总计	19 072 623	1 908 685	资金运用总计	19 072 623	1 908 685

表3.18 渤海银行北京分行人民币信贷收支统计

单位：万元

项目名称	余额	比年初	项目名称	余额	比年初
一、各项存款	2 477 436	165 322	一、各项贷款	1 465 566	187 567
1. 单位存款	1 792 055	-18 722	（一）境内贷款	1 465 566	187 567
其中：活期存款	587 170	47 013	1. 短期贷款	508 780	238 255
定期存款	375 307	-238 258	（1）个人贷款及透支	10 554	7 679
通知存款	253 972	49 813	其中：个人消费贷款	1 062	-16
保证金存款	147 719	33 662	（2）单位普通贷款及透支	495 226	228 534
2. 个人存款	266 764	38 049	其中：经营贷款	495 226	228 534
储蓄存款	227 644	-364	固定资产贷款		
保证金存款			（3）普通并购贷款		
结构性存款	39 120	38 413	（4）银团贷款		
3. 临时性存款	301	-53	（5）贸易融资	3 000	2 043
4. 其他存款	418 316	146 048	（6）境外筹资转贷款		
二、代理财政性存款			2. 中长期贷款	955 286	-51 650
三、金融债券			（1）个人贷款	247 295	38 131
其中：境外发行			其中：个人消费贷款	173 246	-12 959
四、中长期借款			（2）单位普通贷款	654 691	-116 331
其中：境外借款			其中：经营贷款	625 619	-105 067
五、应付及暂收款	143 361	56 793	固定资产贷款	29 073	-11 264
其中：应付利息	48 224	32 649	（3）普通并购贷款		
六、卖出回购资产	48 974	48 974	（4）银团贷款	53 300	26 550
七、向中央银行借款			（5）贸易融资		
八、同业往来（来源方）	1 930 290	1 013 572	（6）境外筹资转贷款		
1. 同业存放	1 930 290	1 013 572	3. 融资租赁		
其中：境外同业存放			4. 票据融资	1 500	961
2. 同业拆借			其中：贴现	1 500	961
其中：境外同业拆借			5. 各项垫款		
九、境外联行往来（来源方）			（二）境外贷款		
十、外汇买卖（来源方）			二、有价证券		
其中：结售汇			三、股权及其他投资		
十一、委托存款及委托投资基金(净)			四、应收及预付款	98 258	25 756
1. 委托存款及委托投资基金	287 778	287 778	其中：应收利息	6 563	2 814
2. 减：委托贷款及委托投资	287 778	287 778	五、买入返售资产	113 388	-98 797
十二、代理金融机构委托贷款基金			六、存放中央准备金存款	29 500	-192 748
其中：中央银行委托贷款基金			七、存放中央银行特种存款		
十三、各项准备			八、缴存中央银行财政性存款		
其中：贷款损失准备			九、同业往来	61 301	-49 660
十四、所有者权益	23 566	1 759	1. 存放同业	31 301	30 340
其中：实收资本			其中：存放境外同业		
十五、其他	-2 852 970	-1 413 938	2. 拆放同业	30 000	-80 000
			其中：拆放境外同业		
			十、境外联行往来（运用方）		
			十一、代理金融机构贷款		
			其中：代理人行专项贷款		
			十二、库存现金	2 645	364
			十三、外汇买卖（运用方）		
			其中：结售汇		
			十四、投资性房地产		
资金来源总计	1 770 657	-127 518	资金运用总计	1 770 657	-127 518

表 3.19 浙商银行北京分行人民币信贷收支统计

单位：万元

项目名称	余额	比年初	项目名称	余额	比年初
一、各项存款	2 534 043	754 893	一、各项贷款	983 800	334 160
1. 单位存款	2 440 944	754 441	（一）境内贷款	983 800	334 160
其中：活期存款	516 906	117 372	1. 短期贷款	609 913	336 264
定期存款	863 350	344 957	（1）个人贷款及透支	55 634	47 560
通知存款	257 764	-8 040	其中：个人消费贷款	1 111	-335
保证金存款	132 113	1 779	（2）单位普通贷款及透支	554 279	288 704
2. 个人存款	33 366	-13 400	其中：经营贷款	523 279	257 704
储蓄存款	33 366	-13 400	固定资产贷款	31 000	31 000
保证金存款			（3）普通并购贷款		
结构性存款			（4）银团贷款		
3. 临时性存款	732	27	（5）贸易融资		
4. 其他存款	59 001	13 825	（6）境外筹资转贷款		
二、代理财政性存款			2. 中长期贷款	362 962	-2 201
三、金融债券			（1）个人贷款	8 887	8 474
其中：境外发行			其中：个人消费贷款		
四、中长期借款			（2）单位普通贷款	354 075	-10 675
其中：境外借款			其中：经营贷款	142 000	-38 000
五、应付及暂收款	5 342	2 114	固定资产贷款	212 075	27 325
其中：应付利息	181	-584	（3）普通并购贷款		
六、卖出回购资产			（4）银团贷款		
七、向中央银行借款			（5）贸易融资		
八、同业往来（来源方）	551 445	84 788	（6）境外筹资转贷款		
1. 同业存放	551 445	84 788	3. 融资租赁		
其中：境外同业存放			4. 票据融资	10 925	97
2. 同业拆借			其中：贴现	10 925	97
其中：境外同业拆借			5. 各项垫款		
九、境外联行往来（来源方）			（二）境外贷款		
十、外汇买卖（来源方）			二、有价证券		
其中：结售汇			三、股权及其他投资	100 000	-7 000
十一、委托存款及委托投资基金(净)			四、应收及预付款	7 799	4 702
1. 委托存款及委托投资基金	267 500	154 700	其中：应收利息	6 446	4 807
2. 减：委托贷款及委托投资	267 500	154 700	五、买入返售资产	259 270	84 983
十二、代理金融机构委托贷款基金			六、存放中央准备金存款	61 018	-11 106
其中：中央银行委托贷款基金			七、存放中央银行特种存款		
十三、各项准备			八、缴存中央银行财政性存款		
其中：贷款损失准备			九、同业往来	1 091 859	155 539
十四、所有者权益	70 143	36 319	1. 存放同业	209 609	-292 811
其中：实收资本			其中：存放境外同业		
十五、其他	-656 517	-316 407	2. 拆放同业	882 250	448 350
			其中：拆放境外同业		
			十、境外联行往来（运用方）		
			十一、代理金融机构贷款		
			其中：代理人行专项贷款		
			十二、库存现金	711	429
			十三、外汇买卖（运用方）		
			其中：结售汇		
			十四、投资性房地产		
资金来源总计	2 504 457	561 707	资金运用总计	2 504 457	561 707

表 3.20　北京银行人民币信贷收支统计（全国）

单位：万元

项目名称	余额	比年初	项目名称	余额	比年初
一、各项存款	60 001 977	4 358 740	一、各项贷款	39 887 400	7 150 826
1. 单位存款	43 412 648	2 969 106	（一）境内贷款	39 887 400	7 150 826
其中：活期存款	20 306 831	-873 419	1. 短期贷款	17 602 135	6 599 725
定期存款	9 589 399	1 638 736	（1）个人贷款及透支	979 850	682 148
通知存款	2 250 512	-335 503	其中：个人消费贷款	187 905	-10 828
保证金存款	2 486 519	596 247	（2）单位普通贷款及透支	15 810 116	5 782 132
2. 个人存款	11 394 793	1 530 013	其中：经营贷款	15 573 007	5 931 855
储蓄存款	9 430 680	1 254 608	固定资产贷款	216 610	-140 236
保证金存款			（3）普通并购贷款		
结构性存款	1 964 114	275 406	（4）银团贷款	279 130	-139 270
3. 临时性存款	17 404	8 656	（5）贸易融资	533 038	274 714
4. 其他存款	5 177 131	-149 036	（6）境外筹资转贷款		
二、代理财政性存款	82 059	80 002	2. 中长期贷款	21 465 730	-81 176
三、金融债券	1 996 217	349 143	（1）个人贷款	5 617 664	1 475 554
其中：境外发行			其中：个人消费贷款	5 136 564	1 267 209
四、中长期借款			（2）单位普通贷款	12 978 625	-1 068 925
其中：境外借款			其中：经营贷款	2 214 689	-216 106
五、应付及暂收款	907 217	392 189	固定资产贷款	10 763 937	-852 818
其中：应付利息	576 304	231 037	（3）普通并购贷款	166 656	-6 294
六、卖出回购资产	7 205 995	3 231 820	（4）银团贷款	2 693 216	-482 228
七、向中央银行借款	3 469	3 469	（5）贸易融资	9 568	716
八、同业往来（来源方）	18 808 261	12 661 259	（6）境外筹资转贷款		
1. 同业存放	16 783 261	11 999 259	3. 融资租赁		
其中：境外同业存放			4. 票据融资	817 174	631 741
2. 同业拆借	2 025 000	662 000	其中：贴现	817 174	631 741
其中：境外同业拆借	70 000	50 000	5. 各项垫款	2 362	537
九、境外联行往来（来源方）			（二）境外贷款		
十、外汇买卖（来源方）	10 216	10 216	二、有价证券	18 754 710	2 565 606
其中：结售汇	10 216	10 216	三、股权及其他投资	145 653	-7 317
十一、委托存款及委托投资基金(净)	-19 966	-39 810	四、应收及预付款	540 792	206 953
1. 委托存款及委托投资基金	6 018 426	2 377 826	其中：应收利息	498 785	218 605
2. 减：委托贷款及委托投资	6 038 392	2 417 636	五、买入返售资产	2 331 401	-4 188 617
十二、代理金融机构委托贷款基金	209	33	六、存放中央准备金存款	12 224 870	2 069 155
其中：中央银行委托贷款基金			七、存放中央银行特种存款		
十三、各项准备	1 067 179	236 228	八、缴存中央银行财政性存款	8 970	-4 842
其中：贷款损失准备	928 164	237 256	九、同业往来	20 307 052	14 218 824
十四、所有者权益	5 031 982	768 147	1. 存放同业	10 883 489	6 976 508
其中：实收资本	622 756		其中：存放境外同业		
十五、其他	-577 466	-42 963	2. 拆放同业	9 423 562	7 242 315
			其中：拆放境外同业		
			十、境外联行往来（运用方）		
			十一、代理金融机构贷款	209	33
			其中：代理人行专项贷款		
			十二、库存现金	256 149	55 868
			十三、外汇买卖（运用方）	38 104	-56 845
			其中：结售汇	37 624	-56 896
			十四、投资性房地产	22 040	-1 170
资金来源总计	94 517 350	22 008 474	资金运用总计	94 517 350	22 008 474

表 3.21　北京银行人民币信贷收支统计（北京）

单位：万元

项目名称	余额	比年初	项目名称	余额	比年初
一、各项存款	48 880 281	1 664 242	一、各项贷款	25 081 644	2 419 906
1. 单位存款	34 157 788	849 314	（一）境内贷款	25 081 644	2 419 906
其中：活期存款	17 429 351	-1 074 688	1. 短期贷款	10 007 727	3 423 130
定期存款	7 242 281	616 705	（1）个人贷款及透支	641 847	403 606
通知存款	1 753 419	-286 841	其中：个人消费贷款	174 872	-7 865
保证金存款	533 073	-60 503	（2）单位普通贷款及透支	8 624 603	2 902 727
2. 个人存款	10 087 375	954 765	其中：经营贷款	8 472 393	2 980 549
储蓄存款	8 292 677	749 903	固定资产贷款	132 211	-67 835
保证金存款			（3）普通并购贷款		
结构性存款	1 794 698	204 862	（4）银团贷款	279 130	-134 270
3. 临时性存款	4 009	-1 279	（5）贸易融资	462 147	251 067
4. 其他存款	4 631 109	-138 558	（6）境外筹资转贷款		
二、代理财政性存款	79 598	79 548	2. 中长期贷款	14 801 183	-1 227 547
三、金融债券	1 996 217	349 143	（1）个人贷款	3 286 415	333 442
其中：境外发行			其中：个人消费贷款	3 003 539	302 673
四、中长期借款			（2）单位普通贷款	8 901 894	-1 042 387
其中：境外借款			其中：经营贷款	957 035	-429 333
五、应付及暂收款	718 813	260 348	固定资产贷款	7 944 859	-613 054
其中：应付利息	436 953	129 698	（3）普通并购贷款	109 956	-1 944
六、卖出回购资产	7 204 001	3 229 826	（4）银团贷款	2 500 887	-518 689
七、向中央银行借款			（5）贸易融资	2 030	2 030
八、同业往来（来源方）	7 442 919	2 726 981	（6）境外筹资转贷款		
1. 同业存放	5 417 919	2 064 981	3. 融资租赁		
其中：境外同业存放			4. 票据融资	270 373	223 787
2. 同业拆借	2 025 000	662 000	其中：贴现	270 373	223 787
其中：境外同业拆借	70 000	50 000	5. 各项垫款	2 362	537
九、境外联行往来（来源方）			（二）境外贷款		
十、外汇买卖（来源方）	10 216	10 216	二、有价证券	18 754 710	2 565 606
其中：结售汇	10 216	10 216	三、股权及其他投资	145 653	-7 317
十一、委托存款及委托投资基金(净)	-17 635	-37 479	四、应收及预付款	456 644	143 197
1. 委托存款及委托投资基金	5 395 457	2 194 270	其中：应收利息	414 778	154 683
2. 减：委托贷款及委托投资	5 413 092	2 231 749	五、买入返售资产	1 078 036	-3 128 016
十二、代理金融机构委托贷款基金			六、存放中央准备金存款	11 760 715	2 146 197
其中：中央银行委托贷款基金			七、存放中央银行特种存款		
十三、各项准备	870 840	153 860	八、缴存中央银行财政性存款	8 753	-3 054
其中：贷款损失准备	731 825	154 888	九、同业往来	11 386 321	5 802 448
十四、所有者权益	4 856 198	689 803	1. 存放同业	4 922 951	1 520 325
其中：实收资本	622 756	0	其中：存放境外同业		
十五、其他	-3 074 588	802 303	2. 拆放同业	6 463 370	4 282 123
			其中：拆放境外同业		
			十、境外联行往来（运用方）		
			十一、代理金融机构贷款		
			其中：代理人行专项贷款		
			十二、库存现金	234 242	47 841
			十三、外汇买卖（运用方）	38 104	-56 845
			其中：结售汇	37 624	-56 896
			十四、投资性房地产	22 040	-1 170
资金来源总计	68 966 861	9 928 792	资金运用总计	68 966 861	9 928 792

表3.22　天津银行北京分行人民币信贷收支统计

单位：万元

项目名称	余额	比年初	项目名称	余额	比年初
一、各项存款	1 556 365	-232 829	一、各项贷款	986 458	249 567
1. 单位存款	1 399 657	-298 021	（一）境内贷款	986 458	249 567
其中：活期存款	532 507	-369 328	1. 短期贷款	629 330	282 904
定期存款	617 856	229 240	（1）个人贷款及透支	36 835	33 474
通知存款	49 890	-127 565	其中：个人消费贷款	14 545	12 997
保证金存款	199 404	-30 368	（2）单位普通贷款及透支	592 495	249 430
2. 个人存款	102 965	62 025	其中：经营贷款	592 495	249 430
储蓄存款	102 965	62 025	固定资产贷款		
保证金存款			（3）普通并购贷款		
结构性存款			（4）银团贷款		
3. 临时性存款	2 991	2 418	（5）贸易融资		
4. 其他存款	50 752	749	（6）境外筹资转贷款		
二、代理财政性存款			2. 中长期贷款	347 128	-43 337
三、金融债券			（1）个人贷款	68 923	23 684
其中：境外发行			其中：个人消费贷款	65 988	23 606
四、中长期借款			（2）单位普通贷款	278 205	-67 021
其中：境外借款			其中：经营贷款	179 205	-46 021
五、应付及暂收款	11 380	4 628	固定资产贷款	99 000	-21 000
其中：应付利息	9 369	3 531	（3）普通并购贷款		
六、卖出回购资产			（4）银团贷款		
七、向中央银行借款			（5）贸易融资		
八、同业往来（来源方）	434 522	427 302	（6）境外筹资转贷款		
1. 同业存放	434 522	427 302	3. 融资租赁		
其中：境外同业存放			4. 票据融资	10 000	10 000
2. 同业拆借			其中：贴现	10 000	10 000
其中：境外同业拆借			5. 各项垫款		
九、境外联行往来（来源方）			（二）境外贷款		
十、外汇买卖（来源方）			二、有价证券	400 000	160 000
其中：结售汇			三、股权及其他投资		
十一、委托存款及委托投资基金(净)			四、应收及预付款	154	-893
1. 委托存款及委托投资基金	13 215	-405	其中：应收利息		
2. 减：委托贷款及委托投资	13 215	-405	五、买入返售资产		
十二、代理金融机构委托贷款基金			六、存放中央准备金存款	127 809	-22 279
其中：中央银行委托贷款基金			七、存放中央银行特种存款		
十三、各项准备			八、缴存中央银行财政性存款		
其中：贷款损失准备			九、同业往来	142 436	60 845
十四、所有者权益	29 203	6 065	1. 存放同业	32 256	30 665
其中：实收资本			其中：存放境外同业		
十五、其他	-372 429	242 564	2. 拆放同业	110 180	30 180
			其中：拆放境外同业		
			十、境外联行往来（运用方）		
			十一、代理金融机构贷款		
			其中：代理人行专项贷款		
			十二、库存现金	2 184	490
			十三、外汇买卖（运用方）		
			其中：结售汇		
			十四、投资性房地产		
资金来源总计	1 659 041	447 730	资金运用总计	1 659 041	447 730

表 3.23 大连银行北京分行人民币信贷收支统计

单位：万元

项目名称	余额	比年初	项目名称	余额	比年初
一、各项存款	628 951	99 788	一、各项贷款	365 068	-38 192
1. 单位存款	526 823	62 151	（一）境内贷款	365 068	-38 192
其中：活期存款	125 582	6 841	1. 短期贷款	235 128	-47 958
定期存款	74 628	14 158	（1）个人贷款及透支	7 753	4 081
通知存款	23 826	-20 930	其中：个人消费贷款	5 861	2 689
保证金存款	163 644	60 083	（2）单位普通贷款及透支	227 375	-52 039
2. 个人存款	44 078	-5 403	其中：经营贷款	224 375	-45 185
储蓄存款	44 078	-5 403	固定资产贷款	3 000	-6 854
保证金存款			（3）普通并购贷款		
结构性存款			（4）银团贷款		
3. 临时性存款	50	40	（5）贸易融资		
4. 其他存款	58 000	43 000	（6）境外筹资转贷款		
二、代理财政性存款			2. 中长期贷款	109 140	-11 034
三、金融债券			（1）个人贷款	33 510	2 606
其中：境外发行			其中：个人消费贷款	28 786	-1 718
四、中长期借款			（2）单位普通贷款	72 000	-10 000
其中：境外借款			其中：经营贷款	70 600	-9 400
五、应付及暂收款	8 735	5 778	固定资产贷款	1 400	-600
其中：应付利息	6 980	4 819	（3）普通并购贷款		
六、卖出回购资产			（4）银团贷款	3 630	-3 640
七、向中央银行借款			（5）贸易融资		
八、同业往来（来源方）	150 055	150 055	（6）境外筹资转贷款		
1. 同业存放	150 055	150 055	3. 融资租赁		
其中：境外同业存放			4. 票据融资	20 800	20 800
2. 同业拆借			其中：贴现	20 800	20 800
其中：境外同业拆借			5. 各项垫款		
九、境外联行往来（来源方）			（二）境外贷款		
十、外汇买卖（来源方）	185 765	41 831	二、有价证券	61 215	29 772
其中：结售汇	185 762	41 828	三、股权及其他投资		
十一、委托存款及委托投资基金(净)			四、应收及预付款	3 095	-1 137
1. 委托存款及委托投资基金	8 356	-9 195	其中：应收利息	1 792	1 096
2. 减：委托贷款及委托投资	8 356	-9 195	五、买入返售资产	173 373	173 373
十二、代理金融机构委托贷款基金			六、存放中央准备金存款	10 216	-9 711
其中：中央银行委托贷款基金			七、存放中央银行特种存款		
十三、各项准备	7 999	447	八、缴存中央银行财政性存款		-24
其中：贷款损失准备	7 999	447	九、同业往来	920	-570
十四、所有者权益	12 399	10 918	1. 存放同业	920	-570
其中：实收资本			其中：存放境外同业		
十五、其他	-193 486	-113 210	2. 拆放同业		
			其中：拆放境外同业		
			十、境外联行往来（运用方）		
			十一、代理金融机构贷款		
			其中：代理人行专项贷款		
			十二、库存现金	766	265
			十三、外汇买卖（运用方）	185 765	41 831
			其中：结售汇	185 762	41 828
			十四、投资性房地产		
资金来源总计	800 418	195 607	资金运用总计	800 418	195 607

表 3.24　杭州银行北京分行人民币信贷收支统计

单位：万元

项目名称	余额	比年初	项目名称	余额	比年初
一、各项存款	2 010 440	497 388	一、各项贷款	833 662	111 866
1. 单位存款	1 936 818	540 673	（一）境内贷款	833 662	111 866
其中：活期存款	1 037 551	456 833	1. 短期贷款	595 188	120 248
定期存款	562 500	57 110	（1）个人贷款及透支	73 074	30 127
通知存款	171 714	-31 590	其中：个人消费贷款	5 641	1 184
保证金存款	165 053	58 320	（2）单位普通贷款及透支	522 114	90 121
2. 个人存款	71 483	-37 846	其中：经营贷款	522 114	90 121
储蓄存款	71 483	18 025	固定资产贷款		
保证金存款		-55 871	（3）普通并购贷款		
结构性存款			（4）银团贷款		
3. 临时性存款	1 030	-967	（5）贸易融资		
4. 其他存款	1 109	-4 472	（6）境外筹资转贷款		
二、代理财政性存款			2. 中长期贷款	228 116	-4 443
三、金融债券			（1）个人贷款	3 118	193
其中：境外发行			其中：个人消费贷款	3 118	193
四、中长期借款			（2）单位普通贷款	214 998	-14 636
其中：境外借款			其中：经营贷款	37 700	-8 760
五、应付及暂收款	19 401	9 006	固定资产贷款	177 298	-5 876
其中：应付利息	12 365	3 126	（3）普通并购贷款		
六、卖出回购资产	50 384	50 384	（4）银团贷款	10 000	10 000
七、向中央银行借款			（5）贸易融资		
八、同业往来（来源方）	109 001	-113 999	（6）境外筹资转贷款		
1. 同业存放	109 001	-113 999	3. 融资租赁		
其中：境外同业存放			4. 票据融资	10 358	-3 939
2. 同业拆借			其中：贴现	10 358	-3 939
其中：境外同业拆借			5. 各项垫款		
九、境外联行往来（来源方）			（二）境外贷款		
十、外汇买卖（来源方）			二、有价证券	195 000	150 000
其中：结售汇			三、股权及其他投资		
十一、委托存款及委托投资基金(净)			四、应收及预付款	2 956	1 515
1. 委托存款及委托投资基金	75 032	13 247	其中：应收利息	844	594
2. 减：委托贷款及委托投资	75 032	13 247	五、买入返售资产	50 384	50 384
十二、代理金融机构委托贷款基金			六、存放中央准备金存款	56 148	-9 738
其中：中央银行委托贷款基金			七、存放中央银行特种存款		
十三、各项准备	12 657	2 790	八、缴存中央银行财政性存款		
其中：贷款损失准备	12 657	2 790	九、同业往来	16 559	15 669
十四、所有者权益	51 112	31 356	1. 存放同业	16 559	15 669
其中：实收资本			其中：存放境外同业		
十五、其他	-1 096 334	-156 351	2. 拆放同业		
			其中：拆放境外同业		
			十、境外联行往来（运用方）		
			十一、代理金融机构贷款		
			其中：代理人行专项贷款		
			十二、库存现金	1 952	878
			十三、外汇买卖（运用方）		
			其中：结售汇		
			十四、投资性房地产		
资金来源总计	1 156 661	320 574	资金运用总计	1 156 661	320 574

表 3.25 南京银行北京分行人民币信贷收支统计

单位：万元

项目名称	余额	比年初	项目名称	余额	比年初
一、各项存款	1 563 694	356 371	一、各项贷款	913 693	186 492
1. 单位存款	1 486 739	322 979	（一）境内贷款	913 693	186 492
其中：活期存款	376 567	120 434	1. 短期贷款	571 096	142 578
定期存款	527 807	246 044	（1）个人贷款及透支	17 516	7 828
通知存款	61 924	-44 660	其中：个人消费贷款	6 118	60
保证金存款	165 992	47 437	（2）单位普通贷款及透支	551 680	132 850
2. 个人存款	73 804	30 328	其中：经营贷款	551 680	132 850
储蓄存款	73 804	30 328	固定资产贷款		
保证金存款			（3）普通并购贷款		
结构性存款			（4）银团贷款		
3. 临时性存款	3 151	3 064	（5）贸易融资	1 900	1 900
4. 其他存款			（6）境外筹资转贷款		
二、代理财政性存款			2. 中长期贷款	277 459	-15 173
三、金融债券			（1）个人贷款	12 140	2 808
其中：境外发行			其中：个人消费贷款	5 639	871
四、中长期借款			（2）单位普通贷款	210 476	-23 024
其中：境外借款			其中：经营贷款	149 450	-550
五、应付及暂收款	20 825	10 350	固定资产贷款	61 026	-22 474
其中：应付利息	14 453	6 891	（3）普通并购贷款		
六、卖出回购资产	132 821	103 150	（4）银团贷款	54 843	5 043
七、向中央银行借款			（5）贸易融资		
八、同业往来（来源方）	712 781	131 793	（6）境外筹资转贷款		
1. 同业存放	712 781	131 793	3. 融资租赁		
其中：境外同业存放			4. 票据融资	65 138	59 087
2. 同业拆借			其中：贴现	65 138	59 087
其中：境外同业拆借			5. 各项垫款		
九、境外联行往来（来源方）			（二）境外贷款		
十、外汇买卖（来源方）			二、有价证券		
其中：结售汇			三、股权及其他投资		
十一、委托存款及委托投资基金(净)			四、应收及预付款	2 282	-1 417
1. 委托存款及委托投资基金	142 000	22 000	其中：应收利息	2 162	-1 455
2. 减：委托贷款及委托投资	142 000	22 000	五、买入返售资产	495 130	-231 483
十二、代理金融机构委托贷款基金			六、存放中央准备金存款	34 105	18 803
其中：中央银行委托贷款基金			七、存放中央银行特种存款		
十三、各项准备	184	41	八、缴存中央银行财政性存款		
其中：贷款损失准备	184	41	九、同业往来	201 640	201 158
十四、所有者权益	24 649	24 649	1. 存放同业	201 640	201 158
其中：实收资本			其中：存放境外同业		
十五、其他	-806 780	-452 005	2. 拆放同业		
			其中：拆放境外同业		
			十、境外联行往来（运用方）		
			十一、代理金融机构贷款		
			其中：代理人行专项贷款		
			十二、库存现金	1 324	796
			十三、外汇买卖（运用方）		
			其中：结售汇		
			十四、投资性房地产		
资金来源总计	1 648 174	174 349	资金运用总计	1 648 174	174 349

表3.26 盛京银行北京分行人民币信贷收支统计

单位：万元

项目名称	余额	比年初	项目名称	余额	比年初
一、各项存款	2 621 028	1 501 987	一、各项贷款	960 547	-13 156
1. 单位存款	2 592 478	1 494 296	（一）境内贷款	960 547	-13 156
其中：活期存款	1 147 959	620 648	1. 短期贷款	224 700	27 940
定期存款	178 365	28 352	（1）个人贷款及透支	900	340
通知存款	73 307	63 537	其中：个人消费贷款	900	340
保证金存款	977 660	566 572	（2）单位普通贷款及透支	223 800	27 600
2. 个人存款	28 550	7 737	其中：经营贷款	220 800	25 600
储蓄存款	26 546	5 733	固定资产贷款	3 000	2 000
保证金存款	2 004	2 004	（3）普通并购贷款		
结构性存款			（4）银团贷款		
3. 临时性存款		-46	（5）贸易融资		
4. 其他存款			（6）境外筹资转贷款		
二、代理财政性存款			2. 中长期贷款	735 847	-41 096
三、金融债券			（1）个人贷款	197	-13
其中：境外发行			其中：个人消费贷款	197	-13
四、中长期借款			（2）单位普通贷款	735 650	-41 083
其中：境外借款			其中：经营贷款	581 400	214 300
五、应付及暂收款	12 261	7 275	固定资产贷款	154 250	-255 383
其中：应付利息	9 667	5 911	（3）普通并购贷款		
六、卖出回购资产		-149 827	（4）银团贷款		
七、向中央银行借款			（5）贸易融资		
八、同业往来（来源方）		-841 452	（6）境外筹资转贷款		
1. 同业存放		-841 452	3. 融资租赁		
其中：境外同业存放			4. 票据融资		
2. 同业拆借			其中：贴现		
其中：境外同业拆借			5. 各项垫款		
九、境外联行往来（来源方）			（二）境外贷款		
十、外汇买卖（来源方）			二、有价证券		
其中：结售汇			三、股权及其他投资		
十一、委托存款及委托投资基金(净)			四、应收及预付款	2 860	790
1. 委托存款及委托投资基金	69 200	69 200	其中：应收利息	2 464	451
2. 减：委托贷款及委托投资	69 200	69 200	五、买入返售资产	409 738	-206 427
十二、代理金融机构委托贷款基金			六、存放中央准备金存款	43 958	24 608
其中：中央银行委托贷款基金			七、存放中央银行特种存款		
十三、各项准备			八、缴存中央银行财政性存款		
其中：贷款损失准备			九、同业往来	60	-108
十四、所有者权益	56 451	36 105	1. 存放同业	60	-108
其中：实收资本			其中：存放境外同业		
十五、其他	-1 271 540	-747 848	2. 拆放同业		
			其中：拆放境外同业		
			十、境外联行往来（运用方）		
			十一、代理金融机构贷款		
			其中：代理人行专项贷款		
			十二、库存现金	1 037	533
			十三、外汇买卖（运用方）		
			其中：结售汇		
			十四、投资性房地产		
资金来源总计	1 418 200	-193 760	资金运用总计	1 418 200	-193 760

表 3.27　上海银行北京分行人民币信贷收支统计

单位：万元

项目名称	余额	比年初	项目名称	余额	比年初
一、各项存款	1 084 555	413 135	一、各项贷款	910 778	118 901
1. 单位存款	1 037 956	387 840	（一）境内贷款	910 778	118 901
其中：活期存款	497 150	115 664	1. 短期贷款	609 992	14 712
定期存款	125 562	59 755	（1）个人贷款及透支	4 664	4 664
通知存款	52 998	6 572	其中：个人消费贷款		
保证金存款	125 941	64 097	（2）单位普通贷款及透支	605 328	10 048
2. 个人存款	46 399	25 295	其中：经营贷款	583 901	-11 379
储蓄存款	46 399	25 295	固定资产贷款		
保证金存款			（3）普通并购贷款		
结构性存款			（4）银团贷款		
3. 临时性存款	200		（5）贸易融资		
4. 其他存款			（6）境外筹资转贷款		
二、代理财政性存款	200	200	2. 中长期贷款	297 642	132 870
三、金融债券			（1）个人贷款	7 015	4 604
其中：境外发行			其中：个人消费贷款	6 010	3 599
四、中长期借款			（2）单位普通贷款	290 627	128 266
其中：境外借款			其中：经营贷款	101 727	39 366
五、应付及暂收款	5 892	-1 291	固定资产贷款	188 900	88 900
其中：应付利息	3 446	1 099	（3）普通并购贷款		
六、卖出回购资产			（4）银团贷款		
七、向中央银行借款			（5）贸易融资		
八、同业往来（来源方）	561 263	-400 304	（6）境外筹资转贷款		
1. 同业存放	561 263	-400 304	3. 融资租赁		
其中：境外同业存放			4. 票据融资	3 144	-28 681
2. 同业拆借			其中：贴现	3 144	-28 681
其中：境外同业拆借			5. 各项垫款		
九、境外联行往来（来源方）			（二）境外贷款		
十、外汇买卖（来源方）	167 987	125 205	二、有价证券		
其中：结售汇	167 987	125 205	三、股权及其他投资		
十一、委托存款及委托投资基金(净)			四、应收及预付款	3 601	1 510
1. 委托存款及委托投资基金	25 745	-50	其中：应收利息	55	55
2. 减：委托贷款及委托投资	25 745	-50	五、买入返售资产		
十二、代理金融机构委托贷款基金			六、存放中央准备金存款	34 856	-26 524
其中：中央银行委托贷款基金			七、存放中央银行特种存款		
十三、各项准备	1 519	1 519	八、缴存中央银行财政性存款	200	200
其中：贷款损失准备	1 519	1 519	九、同业往来	191 026	190 888
十四、所有者权益	9 995	4 619	1. 存放同业	1 026	888
其中：实收资本			其中：存放境外同业		
十五、其他	-519 716	269 836	2. 拆放同业	190 000	190 000
			其中：拆放境外同业		
			十、境外联行往来（运用方）		
			十一、代理金融机构贷款		
			其中：代理人行专项贷款		
			十二、库存现金	3 247	2 739
			十三、外汇买卖（运用方）	167 987	125 205
			其中：结售汇	167 987	125 205
			十四、投资性房地产		
资金来源总计	1 311 695	412 919	资金运用总计	1 311 695	412 919

表 3.28　江苏银行北京分行人民币信贷收支统计

单位：万元

项目名称	余额	比年初	项目名称	余额	比年初
一、各项存款	2 452 609	1 426 987	一、各项贷款	771 623	361 095
1. 单位存款	2 403 962	1 409 292	（一）境内贷款	771 623	361 095
其中：活期存款	281 982	-61 018	1. 短期贷款	536 507	244 508
定期存款	1 358 236	1 036 538	（1）个人贷款及透支	582	518
通知存款	324 705	139 625	其中：个人消费贷款	570	506
保证金存款	268 268	228 624	（2）单位普通贷款及透支	535 925	243 990
2. 个人存款	47 646	21 744	其中：经营贷款	515 925	223 990
储蓄存款	47 646	21 744	固定资产贷款	20 000	20 000
保证金存款			（3）普通并购贷款		
结构性存款			（4）银团贷款		
3. 临时性存款	1 001	-4 049	（5）贸易融资		
4. 其他存款			（6）境外筹资转贷款		
二、代理财政性存款			2. 中长期贷款	185 457	70 982
三、金融债券			（1）个人贷款	5 757	3 282
其中：境外发行			其中：个人消费贷款	4 943	3 140
四、中长期借款			（2）单位普通贷款	179 700	67 700
其中：境外借款			其中：经营贷款	18 000	8 000
五、应付及暂收款	33 121	28 571	固定资产贷款	161 700	59 700
其中：应付利息	28 044	25 057	（3）普通并购贷款		
六、卖出回购资产			（4）银团贷款		
七、向中央银行借款			（5）贸易融资		
八、同业往来（来源方）	487 412	191 930	（6）境外筹资转贷款		
1. 同业存放	487 412	191 930	3. 融资租赁		
其中：境外同业存放			4. 票据融资	49 659	45 605
2. 同业拆借			其中：贴现	49 659	45 605
其中：境外同业拆借			5. 各项垫款		
九、境外联行往来（来源方）			（二）境外贷款		
十、外汇买卖（来源方）			二、有价证券		
其中：结售汇			三、股权及其他投资		
十一、委托存款及委托投资基金(净)	18 985	18 757	四、应收及预付款	7 791	6 062
1. 委托存款及委托投资基金	654 858	362 630	其中：应收利息	3 320	2 464
2. 减：委托贷款及委托投资	635 873	343 873	五、买入返售资产	568 678	288 027
十二、代理金融机构委托贷款基金			六、存放中央准备金存款	19 789	4 674
其中：中央银行委托贷款基金			七、存放中央银行特种存款		
十三、各项准备			八、缴存中央银行财政性存款		-7
其中：贷款损失准备			九、同业往来	543 353	478 183
十四、所有者权益	18 659	18 659	1. 存放同业	311 039	310 869
其中：实收资本			其中：存放境外同业		
十五、其他	-1 098 880	-546 301	2. 拆放同业	232 314	167 314
			其中：拆放境外同业		
			十、境外联行往来（运用方）		
			十一、代理金融机构贷款		
			其中：代理人行专项贷款		
			十二、库存现金	672	569
			十三、外汇买卖（运用方）		
			其中：结售汇		
			十四、投资性房地产		
资金来源总计	1 911 906	1 138 603	资金运用总计	1 911 906	1 138 603

表 3.29　宁波银行北京分行人民币信贷收支统计

单位：万元

项目名称	余额	比年初	项目名称	余额	比年初
一、各项存款	656 343	523 184	一、各项贷款	302 340	253 050
1. 单位存款	614 844	490 006	（一）境内贷款	302 340	253 050
其中：活期存款	170 425	99 987	1. 短期贷款	230 541	207 421
定期存款	110 264	101 164	（1）个人贷款及透支	14 555	14 535
通知存款	88 512	62 392	其中：个人消费贷款	9 655	9 635
保证金存款	93 540	75 363	（2）单位普通贷款及透支	215 986	192 886
2. 个人存款	41 341	33 020	其中：经营贷款	215 986	192 886
储蓄存款	41 341	33 020	固定资产贷款		
保证金存款			（3）普通并购贷款		
结构性存款			（4）银团贷款		
3. 临时性存款	158	158	（5）贸易融资		
4. 其他存款			（6）境外筹资转贷款		
二、代理财政性存款			2. 中长期贷款	63 724	63 724
三、金融债券			（1）个人贷款	5 542	5 542
其中：境外发行			其中：个人消费贷款	5 092	5 092
四、中长期借款			（2）单位普通贷款	58 182	58 182
其中：境外借款			其中：经营贷款	20 182	20 182
五、应付及暂收款	3 079	2 508	固定资产贷款	38 000	38 000
其中：应付利息	1 025	1 021	（3）普通并购贷款		
六、卖出回购资产			（4）银团贷款		
七、向中央银行借款			（5）贸易融资		
八、同业往来（来源方）			（6）境外筹资转贷款		
1. 同业存放			3. 融资租赁		
其中：境外同业存放			4. 票据融资	8 075	-18 095
2. 同业拆借			其中：贴现	8 075	-18 095
其中：境外同业拆借			5. 各项垫款		
九、境外联行往来（来源方）			（二）境外贷款		
十、外汇买卖（来源方）			二、有价证券		
其中：结售汇			三、股权及其他投资		
十一、委托存款及委托投资基金(净)			四、应收及预付款	25	25
1. 委托存款及委托投资基金	139 960	139 960	其中：应收利息		
2. 减：委托贷款及委托投资	139 960	139 960	五、买入返售资产	20 000	20 000
十二、代理金融机构委托贷款基金			六、存放中央准备金存款	16 373	-30 465
其中：中央银行委托贷款基金			七、存放中央银行特种存款		
十三、各项准备	3 007	3 007	八、缴存中央银行财政性存款		
其中：贷款损失准备	3 007	3 007	九、同业往来	993	-2 898
十四、所有者权益	1 315	2 622	1. 存放同业	993	-2 898
其中：实收资本			其中：存放境外同业		
十五、其他	-323 651	-291 735	2. 拆放同业		
			其中：拆放境外同业		
			十、境外联行往来（运用方）		
			十一、代理金融机构贷款		
			其中：代理人行专项贷款		
			十二、库存现金	362	-126
			十三、外汇买卖（运用方）		
			其中：结售汇		
			十四、投资性房地产		
资金来源总计	340 093	239 586	资金运用总计	340 093	239 586

表 3.30　包商银行北京分行人民币信贷收支统计

单位：万元

项目名称	余额	比年初	项目名称	余额	比年初
一、各项存款	355 364	355 364	一、各项贷款	33 396	33 396
1. 单位存款	318 127	318 127	（一）境内贷款	33 396	33 396
其中：活期存款	72 162	72 162	1. 短期贷款	26 493	26 493
定期存款	40 515	40 515	（1）个人贷款及透支	9 260	9 260
通知存款	19 810	19 810	其中：个人消费贷款		
保证金存款	135 640	135 640	（2）单位普通贷款及透支	17 233	17 233
2. 个人存款	37 237	37 237	其中：经营贷款	17 233	17 233
储蓄存款	37 237	37 237	固定资产贷款		
保证金存款			（3）普通并购贷款		
结构性存款			（4）银团贷款		
3. 临时性存款			（5）贸易融资		
4. 其他存款			（6）境外筹资转贷款		
二、代理财政性存款			2. 中长期贷款	6 903	6 903
三、金融债券			（1）个人贷款	5 887	5 887
其中：境外发行			其中：个人消费贷款	888	888
四、中长期借款			（2）单位普通贷款	1 016	1 016
其中：境外借款			其中：经营贷款	1 016	1 016
五、应付及暂收款	21 109	21 109	固定资产贷款		
其中：应付利息	19 469	19 469	（3）普通并购贷款		
六、卖出回购资产			（4）银团贷款		
七、向中央银行借款			（5）贸易融资		
八、同业往来（来源方）	1 387 179	1 387 179	（6）境外筹资转贷款		
1. 同业存放	1 387 179	1 387 179	3. 融资租赁		
其中：境外同业存放			4. 票据融资		
2. 同业拆借			其中：贴现		
其中：境外同业拆借			5. 各项垫款		
九、境外联行往来（来源方）			（二）境外贷款		
十、外汇买卖（来源方）			二、有价证券		
其中：结售汇			三、股权及其他投资		
十一、委托存款及委托投资基金(净)			四、应收及预付款	49 695	49 695
1. 委托存款及委托投资基金			其中：应收利息	19 992	19 992
2. 减：委托贷款及委托投资			五、买入返售资产		
十二、代理金融机构委托贷款基金	8 800	8 800	六、存放中央准备金存款	12 091	12 091
其中：中央银行委托贷款基金			七、存放中央银行特种存款		
十三、各项准备	2	2	八、缴存中央银行财政性存款		
其中：贷款损失准备	2	2	九、同业往来	294 875	294 875
十四、所有者权益	1 055	1 055	1. 存放同业	154 875	154 875
其中：实收资本			其中：存放境外同业		
十五、其他	－1 374 227	－1 374 227	2. 拆放同业	140 000	140 000
			其中：拆放境外同业		
			十、境外联行往来（运用方）		
			十一、代理金融机构贷款	8 800	8 800
			其中：代理人行专项贷款		
			十二、库存现金	425	425
			十三、外汇买卖（运用方）		
			其中：结售汇		
			十四、投资性房地产		
资金来源总计	399 282	399 282	资金运用总计	399 282	399 282

表 3.31　锦州银行北京分行人民币信贷收支统计

单位：万元

项目名称	余额	比年初	项目名称	余额	比年初
一、各项存款	414 590	414 590	一、各项贷款	60 954	60 954
1. 单位存款	382 593	382 593	（一）境内贷款	60 954	60 954
其中：活期存款	127 599	127 599	1. 短期贷款	48 629	48 629
定期存款	153 165	153 165	（1）个人贷款及透支	38 199	38 199
通知存款	11 798	11 798	其中：个人消费贷款		
保证金存款	47 063	47 063	（2）单位普通贷款及透支	10 430	10 430
2. 个人存款	31 997	31 997	其中：经营贷款	10 430	10 430
储蓄存款	31 997	31 997	固定资产贷款		
保证金存款			（3）普通并购贷款		
结构性存款			（4）银团贷款		
3. 临时性存款			（5）贸易融资		
4. 其他存款			（6）境外筹资转贷款		
二、代理财政性存款			2. 中长期贷款	2 425	2 425
三、金融债券			（1）个人贷款	2 425	2 425
其中：境外发行			其中：个人消费贷款		
四、中长期借款			（2）单位普通贷款		
其中：境外借款			其中：经营贷款		
五、应付及暂收款	3 661	3 661	固定资产贷款		
其中：应付利息	3 393	3 393	（3）普通并购贷款		
六、卖出回购资产			（4）银团贷款		
七、向中央银行借款			（5）贸易融资		
八、同业往来（来源方）	262 012	262 012	（6）境外筹资转贷款		
1. 同业存放	262 012	262 012	3. 融资租赁		
其中：境外同业存放			4. 票据融资	9 900	9 900
2. 同业拆借			其中：贴现	9 900	9 900
其中：境外同业拆借			5. 各项垫款		
九、境外联行往来（来源方）			（二）境外贷款		
十、外汇买卖（来源方）			二、有价证券		
其中：结售汇			三、股权及其他投资		
十一、委托存款及委托投资基金(净)			四、应收及预付款	1 733	1 733
1. 委托存款及委托投资基金	12 320	12 320	其中：应收利息	1 346	1 346
2. 减：委托贷款及委托投资	12 320	12 320	五、买入返售资产		
十二、代理金融机构委托贷款基金			六、存放中央准备金存款	9 023	9 023
其中：中央银行委托贷款基金			七、存放中央银行特种存款		
十三、各项准备			八、缴存中央银行财政性存款		
其中：贷款损失准备			九、同业往来	110 388	110 388
十四、所有者权益	1 809	1 809	1. 存放同业	110 388	110 388
其中：实收资本			其中：存放境外同业		
十五、其他	-499 841	-499 841	2. 拆放同业		
			其中：拆放境外同业		
			十、境外联行往来（运用方）		
			十一、代理金融机构贷款		
			其中：代理人行专项贷款		
			十二、库存现金	133	133
			十三、外汇买卖（运用方）		
			其中：结售汇		
			十四、投资性房地产		
资金来源总计	182 231	182 231	资金运用总计	182 231	182 231

表3.32 北京农商银行人民币信贷收支统计

单位：万元

项目名称	余额	比年初	项目名称	余额	比年初
一、各项存款	33 478 319	3 382 855	一、各项贷款	16 946 243	3 043 069
1. 单位存款	18 050 561	1 476 186	（一）境内贷款	16 946 243	3 043 069
其中：活期存款	13 114 025	1 231 499	1. 短期贷款	6 293 392	1 717 696
定期存款	4 200 201	213 481	（1）个人贷款及透支	67 810	-48 413
通知存款	635 740	59 867	其中：个人消费贷款	487	-4 799
保证金存款	95 730	-33 526	（2）单位普通贷款及透支	6 225 582	1 917 699
2. 个人存款	15 408 584	2 388 493	其中：经营贷款	6 093 869	1 863 919
储蓄存款	15 408 574	2 388 493	固定资产贷款	131 713	53 780
保证金存款	10		（3）普通并购贷款		
结构性存款			（4）银团贷款		
3. 临时性存款	18 948	-481 815	（5）贸易融资		-151 590
4. 其他存款	226	-9	（6）境外筹资转贷款		
二、代理财政性存款	50 679	20 112	2. 中长期贷款	9 047 645	1 173 668
三、金融债券	250 000		（1）个人贷款	594 900	-157 376
其中：境外发行			其中：个人消费贷款	495 244	-121 043
四、中长期借款			（2）单位普通贷款	7 586 458	1 063 565
其中：境外借款			其中：经营贷款	3 860 173	1 091 045
五、应付及暂收款	684 734	205 078	固定资产贷款	3 726 286	492 993
其中：应付利息	357 958	68 574	（3）普通并购贷款		
六、卖出回购资产	1 400 520	435 690	（4）银团贷款	866 286	267 478
七、向中央银行借款	14 218	14 218	（5）贸易融资		
八、同业往来（来源方）	132 832	-308 042	（6）境外筹资转贷款		
1. 同业存放	132 832	-8 042	3. 融资租赁		
其中：境外同业存放			4. 票据融资	1 577 075	156 073
2. 同业拆借		-300 000	其中：贴现	1 577 075	156 073
其中：境外同业拆借			5. 各项垫款	28 132	-4 369
九、境外联行往来（来源方）			（二）境外贷款		
十、外汇买卖（来源方）		0	二、有价证券	6 563 183	225 912
其中：结售汇		0	三、股权及其他投资	5 794	326
十一、委托存款及委托投资基金(净)	0	0	四、应收及预付款	172 778	23 805
1. 委托存款及委托投资基金	1 437 083	523 667	其中：应收利息	99 450	21 186
2. 减：委托贷款及委托投资	1 437 083	523 667	五、买入返售资产	1 520 134	-978 540
十二、代理金融机构委托贷款基金			六、存放中央准备金存款	7 162 575	1 205 794
其中：中央银行委托贷款基金			七、存放中央银行特种存款		
十三、各项准备	1 097 333	221 549	八、缴存中央银行财政性存款	38 651	-10 274
其中：贷款损失准备	920 263	195 475	九、同业往来	5 416 729	1 269 058
十四、所有者权益	1 622 647	343 823	1. 存放同业	5 061 362	913 691
其中：实收资本	955 225		其中：存放境外同业		
十五、其他	-743 456	459 283	2. 拆放同业	355 367	355 367
			其中：拆放境外同业		
			十、境外联行往来（运用方）		
			十一、代理金融机构贷款		
			其中：代理人行专项贷款		
			十二、库存现金	161 504	-4 586
			十三、外汇买卖（运用方）	20	20
			其中：结售汇	20	20
			十四、投资性房地产	214	-17
资金来源总计	37 987 826	4 774 566	资金运用总计	37 987 826	4 774 566

表 3.33　北京密云汇丰村镇银行人民币信贷收支统计

单位：万元

项目名称	余额	比年初	项目名称	余额	比年初
一、各项存款	10 424	-3 755	一、各项贷款	5 928	-2 561
1. 单位存款	7 586	-3 932	（一）境内贷款	5 928	-2 561
其中：活期存款	6 796	1 170	1. 短期贷款	5 928	-2 561
定期存款	790	307	（1）个人贷款及透支	1 447	-124
通知存款		-5 409	其中：个人消费贷款		
保证金存款			（2）单位普通贷款及透支	4 481	-2 437
2. 个人存款	2 838	177	其中：经营贷款	4 481	-2 437
储蓄存款	2 838	177	固定资产贷款		
保证金存款			（3）普通并购贷款		
结构性存款			（4）银团贷款		
3. 临时性存款			（5）贸易融资		
4. 其他存款			（6）境外筹资转贷款		
二、代理财政性存款			2. 中长期贷款		
三、金融债券			（1）个人贷款		
其中：境外发行			其中：个人消费贷款		
四、中长期借款			（2）单位普通贷款		
其中：境外借款			其中：经营贷款		
五、应付及暂收款	146	49	固定资产贷款		
其中：应付利息	38	12	（3）普通并购贷款		
六、卖出回购资产			（4）银团贷款		
七、向中央银行借款			（5）贸易融资		
八、同业往来（来源方）			（6）境外筹资转贷款		
1. 同业存放			3. 融资租赁		
其中：境外同业存放			4. 票据融资		
2. 同业拆借			其中：贴现		
其中：境外同业拆借			5. 各项垫款		
九、境外联行往来（来源方）			（二）境外贷款		
十、外汇买卖（来源方）			二、有价证券		
其中：结售汇			三、股权及其他投资		
十一、委托存款及委托投资基金(净)			四、应收及预付款	42	7
1. 委托存款及委托投资基金			其中：应收利息	23	-3
2. 减：委托贷款及委托投资			五、买入返售资产		
十二、代理金融机构委托贷款基金			六、存放中央准备金存款	3 464	-594
其中：中央银行委托贷款基金			七、存放中央银行特种存款		
十三、各项准备	38	3	八、缴存中央银行财政性存款		
其中：贷款损失准备	38	3	九、同业往来	5 111	-464
十四、所有者权益	4 236	21	1. 存放同业	5 111	-464
其中：实收资本	5 000		其中：存放境外同业		
十五、其他	-250	32	2. 拆放同业		
			其中：拆放境外同业		
			十、境外联行往来（运用方）		
			十一、代理金融机构贷款		
			其中：代理人行专项贷款		
			十二、库存现金	48	-38
			十三、外汇买卖（运用方）		
			其中：结售汇		
			十四、投资性房地产		
资金来源总计	14 594	-3 650	资金运用总计	14 594	-3 650

表 3.34 北京延庆村镇银行人民币信贷收支统计

单位：万元

项目名称	余额	比年初	项目名称	余额	比年初
一、各项存款	31 606	9 328	一、各项贷款	20 009	7 108
1. 单位存款	20 456	4 654	（一）境内贷款	20 009	7 108
其中：活期存款	15 832	2 468	1. 短期贷款	13 218	8 194
定期存款	3 218	1 280	（1）个人贷款及透支	13 138	8 879
通知存款	570	570	其中：个人消费贷款	211	107
保证金存款	836	335	（2）单位普通贷款及透支	80	-685
2. 个人存款	11 151	4 674	其中：经营贷款	80	80
储蓄存款	11 151	4 674	固定资产贷款		
保证金存款			（3）普通并购贷款		
结构性存款			（4）银团贷款		
3. 临时性存款			（5）贸易融资		
4. 其他存款			（6）境外筹资转贷款		
二、代理财政性存款			2. 中长期贷款	6 791	-1 086
三、金融债券			（1）个人贷款	5 974	-845
其中：境外发行			其中：个人消费贷款	337	59
四、中长期借款			（2）单位普通贷款	667	-251
其中：境外借款			其中：经营贷款	667	667
五、应付及暂收款	224	145	固定资产贷款		
其中：应付利息	139	100	（3）普通并购贷款		
六、卖出回购资产			（4）银团贷款	150	10
七、向中央银行借款			（5）贸易融资		
八、同业往来（来源方）	1 128	492	（6）境外筹资转贷款		
1. 同业存放	1 128	492	3. 融资租赁		
其中：境外同业存放			4. 票据融资		
2. 同业拆借			其中：贴现		
其中：境外同业拆借			5. 各项垫款		
九、境外联行往来（来源方）			（二）境外贷款		
十、外汇买卖（来源方）			二、有价证券		
其中：结售汇			三、股权及其他投资		
十一、委托存款及委托投资基金(净)			四、应收及预付款	75	37
1. 委托存款及委托投资基金			其中：应收利息	75	38
2. 减：委托贷款及委托投资			五、买入返售资产		
十二、代理金融机构委托贷款基金			六、存放中央准备金存款	5 548	1 722
其中：中央银行委托贷款基金			七、存放中央银行特种存款		
十三、各项准备	201	72	八、缴存中央银行财政性存款		
其中：贷款损失准备	201	72	九、同业往来	10 373	1 799
十四、所有者权益	3 671	522	1. 存放同业	10 373	1 799
其中：实收资本	3 000		其中：存放境外同业		
十五、其他	-703	121	2. 拆放同业		
			其中：拆放境外同业		
			十、境外联行往来（运用方）		
			十一、代理金融机构贷款		
			其中：代理人行专项贷款		
			十二、库存现金	123	14
			十三、外汇买卖（运用方）		
			其中：结售汇		
			十四、投资性房地产		
资金来源总计	36 128	10 680	资金运用总计	36 128	10 680

表 3.35 北京怀柔村镇银行人民币信贷收支统计

单位：万元

项目名称	余额	比年初	项目名称	余额	比年初
一、各项存款	59 724	24 678	一、各项贷款	44 400	31 889
1. 单位存款	54 011	21 663	（一）境内贷款	44 400	31 889
其中：活期存款	21 042	8 199	1. 短期贷款	14 610	9 754
定期存款	31 452	31 452	（1）个人贷款及透支	9 778	8 013
通知存款		-1 900	其中：个人消费贷款	265	140
保证金存款	1 517	1 244	（2）单位普通贷款及透支	4 832	1 741
2. 个人存款	5 713	3 015	其中：经营贷款	4 832	1 741
储蓄存款	5 713	3 015	固定资产贷款		
保证金存款			（3）普通并购贷款		
结构性存款			（4）银团贷款		
3. 临时性存款			（5）贸易融资		
4. 其他存款			（6）境外筹资转贷款		
二、代理财政性存款			2. 中长期贷款	16 137	12 473
三、金融债券			（1）个人贷款	11 487	9 503
其中：境外发行			其中：个人消费贷款	657	566
四、中长期借款			（2）单位普通贷款	4 650	2 970
其中：境外借款			其中：经营贷款	4 650	2 970
五、应付及暂收款	1 423	1 298	固定资产贷款		
其中：应付利息	253	157	（3）普通并购贷款		
六、卖出回购资产			（4）银团贷款		
七、向中央银行借款			（5）贸易融资		
八、同业往来（来源方）	10 000	-30 036	（6）境外筹资转贷款		
1. 同业存放	10 000	-30 036	3. 融资租赁		
其中：境外同业存放			4. 票据融资	13 653	9 663
2. 同业拆借			其中：贴现	13 653	9 663
其中：境外同业拆借			5. 各项垫款		
九、境外联行往来（来源方）			（二）境外贷款		
十、外汇买卖（来源方）			二、有价证券		
其中：结售汇			三、股权及其他投资		
十一、委托存款及委托投资基金(净)			四、应收及预付款	309	190
1. 委托存款及委托投资基金			其中：应收利息	71	-48
2. 减：委托贷款及委托投资			五、买入返售资产		
十二、代理金融机构委托贷款基金			六、存放中央准备金存款	10 459	-4 483
其中：中央银行委托贷款基金			七、存放中央银行特种存款		
十三、各项准备	401	316	八、缴存中央银行财政性存款		
其中：贷款损失准备	401	316	九、同业往来	21 127	-29 091
十四、所有者权益	10 469	451	1. 存放同业	21 127	-29 091
其中：实收资本	10 000		其中：存放境外同业		
十五、其他	-5 569	1 917	2. 拆放同业		
			其中：拆放境外同业		
			十、境外联行往来（运用方）		
			十一、代理金融机构贷款		
			其中：代理人行专项贷款		
			十二、库存现金	152	119
			十三、外汇买卖（运用方）		
			其中：结售汇		
			十四、投资性房地产		
资金来源总计	76 448	-1 377	资金运用总计	76 448	-1 377

表 3.36 北京大兴华夏村镇银行人民币信贷收支统计

单位：万元

项目名称	余额	比年初	项目名称	余额	比年初
一、各项存款	28 335	26 762	一、各项贷款	3 142	3 142
1. 单位存款	27 050	25 626	（一）境内贷款	3 142	3 142
其中：活期存款	7 406	5 982	1. 短期贷款	3 073	3 073
定期存款	8 776	8 776	（1）个人贷款及透支	1 313	1 313
通知存款			其中：个人消费贷款		
保证金存款	90	90	（2）单位普通贷款及透支	1 760	1 760
2. 个人存款	1 285	1 136	其中：经营贷款	1 760	1 760
储蓄存款	1 249	1 100	固定资产贷款		
保证金存款	36	36	（3）普通并购贷款		
结构性存款			（4）银团贷款		
3. 临时性存款			（5）贸易融资		
4. 其他存款			（6）境外筹资转贷款		
二、代理财政性存款			2. 中长期贷款	69	69
三、金融债券			（1）个人贷款	19	19
其中：境外发行			其中：个人消费贷款		
四、中长期借款			（2）单位普通贷款	50	50
其中：境外借款			其中：经营贷款	50	50
五、应付及暂收款	252	-39	固定资产贷款		
其中：应付利息	103	102	（3）普通并购贷款		
六、卖出回购资产			（4）银团贷款		
七、向中央银行借款			（5）贸易融资		
八、同业往来（来源方）			（6）境外筹资转贷款		
1. 同业存放			3. 融资租赁		
其中：境外同业存放			4. 票据融资		
2. 同业拆借			其中：贴现		
其中：境外同业拆借			5. 各项垫款		
九、境外联行往来（来源方）			（二）境外贷款		
十、外汇买卖（来源方）			二、有价证券		
其中：结售汇			三、股权及其他投资		
十一、委托存款及委托投资基金(净)			四、应收及预付款	57	-6
1. 委托存款及委托投资基金	7 000	7 000	其中：应收利息	54	8
2. 减：委托贷款及委托投资	7 000	7 000	五、买入返售资产		
十二、代理金融机构委托贷款基金			六、存放中央准备金存款	2 857	1 731
其中：中央银行委托贷款基金			七、存放中央银行特种存款		
十三、各项准备	31	31	八、缴存中央银行财政性存款		
其中：贷款损失准备	31	31	九、同业往来	30 970	21 746
十四、所有者权益	9 154	-393	1. 存放同业	30 970	21 746
其中：实收资本	10 000		其中：存放境外同业		
十五、其他	-714	242	2. 拆放同业		
			其中：拆放境外同业		
			十、境外联行往来（运用方）		
			十一、代理金融机构贷款		
			其中：代理人行专项贷款		
			十二、库存现金	32	-10
			十三、外汇买卖（运用方）		
			其中：结售汇		
			十四、投资性房地产		
资金来源总计	37 058	26 603	资金运用总计	37 058	26 603

表 3.37 北京昌平兆丰村镇银行人民币信贷收支统计

单位：万元

项目名称	余额	比年初	项目名称	余额	比年初
一、各项存款	30 634	30 634	一、各项贷款	20 525	20 525
1. 单位存款	17 772	17 772	（一）境内贷款	20 525	20 525
其中：活期存款	13 858	13 858	1. 短期贷款	16 286	16 286
定期存款	2 110	2 110	（1）个人贷款及透支	9 084	9 084
通知存款	120	120	其中：个人消费贷款	110	110
保证金存款	1 684	1 684	（2）单位普通贷款及透支	7 202	7 202
2. 个人存款	12 862	12 862	其中：经营贷款	7 202	7 202
储蓄存款	12 862	12 862	固定资产贷款		
保证金存款			（3）普通并购贷款		
结构性存款			（4）银团贷款		
3. 临时性存款			（5）贸易融资		
4. 其他存款			（6）境外筹资转贷款		
二、代理财政性存款			2. 中长期贷款	4 239	4 239
三、金融债券			（1）个人贷款	2 271	2 271
其中：境外发行			其中：个人消费贷款	205	205
四、中长期借款			（2）单位普通贷款	1 968	1 968
其中：境外借款			其中：经营贷款	1 668	1 668
五、应付及暂收款	106	106	固定资产贷款	300	300
其中：应付利息	60	60	（3）普通并购贷款		
六、卖出回购资产			（4）银团贷款		
七、向中央银行借款			（5）贸易融资		
八、同业往来（来源方）			（6）境外筹资转贷款		
1. 同业存放			3. 融资租赁		
其中：境外同业存放			4. 票据融资		
2. 同业拆借			其中：贴现		
其中：境外同业拆借			5. 各项垫款		
九、境外联行往来（来源方）			（二）境外贷款		
十、外汇买卖（来源方）			二、有价证券		
其中：结售汇			三、股权及其他投资		
十一、委托存款及委托投资基金(净)			四、应收及预付款	55	55
1. 委托存款及委托投资基金			其中：应收利息		
2. 减：委托贷款及委托投资			五、买入返售资产		
十二、代理金融机构委托贷款基金			六、存放中央准备金存款	4 344	4 344
其中：中央银行委托贷款基金			七、存放中央银行特种存款		
十三、各项准备	205	205	八、缴存中央银行财政性存款		
其中：贷款损失准备	205	205	九、同业往来	11 148	11 148
十四、所有者权益	5 995	5 995	1. 存放同业	11 148	11 148
其中：实收资本	7 000	7 000	其中：存放境外同业		
十五、其他	-748	-748	2. 拆放同业		
			其中：拆放境外同业		
			十、境外联行往来（运用方）		
			十一、代理金融机构贷款		
			其中：代理人行专项贷款		
			十二、库存现金	119	119
			十三、外汇买卖（运用方）		
			其中：结售汇		
			十四、投资性房地产		
资金来源总计	36 191	36 191	资金运用总计	36 191	36 191

表3.38　北京大兴九银村镇银行人民币信贷收支统计

单位：万元

项目名称	余额	比年初	项目名称	余额	比年初
一、各项存款	102 578	25 652	一、各项贷款	52 706	33 703
1. 单位存款	93 584	24 863	（一）境内贷款	52 706	33 703
其中：活期存款	44 755	-797	1. 短期贷款	24 306	11 142
定期存款	24 869	9 594	（1）个人贷款及透支	10 537	3 313
通知存款	7 900	4 242	其中：个人消费贷款	35	-93
保证金存款	16 060	11 824	（2）单位普通贷款及透支	13 769	7 829
2. 个人存款	8 964	769	其中：经营贷款	13 769	7 829
储蓄存款	8 964	769	固定资产贷款		
保证金存款			（3）普通并购贷款		
结构性存款			（4）银团贷款		
3. 临时性存款	30	20	（5）贸易融资		
4. 其他存款			（6）境外筹资转贷款		
二、代理财政性存款			2. 中长期贷款	8 561	4 222
三、金融债券			（1）个人贷款	2 481	192
其中：境外发行			其中：个人消费贷款	100	92
四、中长期借款			（2）单位普通贷款	6 080	4 030
其中：境外借款			其中：经营贷款	6 080	4 030
五、应付及暂收款	950	777	固定资产贷款		
其中：应付利息	433	324	（3）普通并购贷款		
六、卖出回购资产			（4）银团贷款		
七、向中央银行借款	1 860	1 860	（5）贸易融资		
八、同业往来（来源方）	3 968	3 968	（6）境外筹资转贷款		
1. 同业存放	3 968	3 968	3. 融资租赁		
其中：境外同业存放			4. 票据融资	19 839	18 339
2. 同业拆借			其中：贴现	19 839	18 339
其中：境外同业拆借			5. 各项垫款		
九、境外联行往来（来源方）			（二）境外贷款		
十、外汇买卖（来源方）			二、有价证券		
其中：结售汇			三、股权及其他投资		-20
十一、委托存款及委托投资基金(净)			四、应收及预付款	52	-213
1. 委托存款及委托投资基金		-700	其中：应收利息	46	32
2. 减：委托贷款及委托投资		-700	五、买入返售资产		
十二、代理金融机构委托贷款基金			六、存放中央准备金存款	21 203	12 346
其中：中央银行委托贷款基金			七、存放中央银行特种存款		
十三、各项准备	632	442	八、缴存中央银行财政性存款		
其中：贷款损失准备	632	442	九、同业往来	46 556	-11 426
十四、所有者权益	11 366	1 366	1. 存放同业	46 556	-11 426
其中：实收资本	10 000		其中：存放境外同业		
十五、其他	-644	382	2. 拆放同业		
			其中：拆放境外同业		
			十、境外联行往来（运用方）		
			十一、代理金融机构贷款		
			其中：代理人行专项贷款		
			十二、库存现金	194	58
			十三、外汇买卖（运用方）		
			其中：结售汇		
			十四、投资性房地产		
资金来源总计	120 710	34 447	资金运用总计	120 710	34 447

表 3.39　北京顺义银座村镇银行人民币信贷收支统计

单位：万元

项目名称	余额	比年初	项目名称	余额	比年初
一、各项存款	116 640	116 640	一、各项贷款	48 566	48 566
1. 单位存款	75 378	75 378	（一）境内贷款	48 566	48 566
其中：活期存款	50 943	50 943	1. 短期贷款	45 638	45 638
定期存款	24 205	24 205	（1）个人贷款及透支	41 468	41 468
通知存款			其中：个人消费贷款	515	515
保证金存款	230	230	（2）单位普通贷款及透支	4 170	4 170
2. 个人存款	41 262	41 262	其中：经营贷款	4 170	4 170
储蓄存款	41 262	41 262	固定资产贷款		
保证金存款			（3）普通并购贷款		
结构性存款			（4）银团贷款		
3. 临时性存款			（5）贸易融资		
4. 其他存款			（6）境外筹资转贷款		
二、代理财政性存款			2. 中长期贷款	139	139
三、金融债券			（1）个人贷款	139	139
其中：境外发行			其中：个人消费贷款	139	139
四、中长期借款			（2）单位普通贷款		
其中：境外借款			其中：经营贷款		
五、应付及暂收款	592	592	固定资产贷款		
其中：应付利息	275	275	（3）普通并购贷款		
六、卖出回购资产			（4）银团贷款		
七、向中央银行借款			（5）贸易融资		
八、同业往来（来源方）			（6）境外筹资转贷款		
1. 同业存放			3. 融资租赁		
其中：境外同业存放			4. 票据融资	2 790	2 790
2. 同业拆借			其中：贴现	2 790	2 790
其中：境外同业拆借			5. 各项垫款		
九、境外联行往来（来源方）			（二）境外贷款		
十、外汇买卖（来源方）			二、有价证券		
其中：结售汇			三、股权及其他投资		
十一、委托存款及委托投资基金(净)			四、应收及预付款	179	179
1. 委托存款及委托投资基金			其中：应收利息	158	158
2. 减：委托贷款及委托投资			五、买入返售资产		
十二、代理金融机构委托贷款基金			六、存放中央准备金存款	77 589	77 589
其中：中央银行委托贷款基金			七、存放中央银行特种存款		
十三、各项准备	486	486	八、缴存中央银行财政性存款		
其中：贷款损失准备	486	486	九、同业往来	4 803	4 803
十四、所有者权益	15 011	15 011	1. 存放同业	4 803	4 803
其中：实收资本	15 000	15 000	其中：存放境外同业		
十五、其他	-691	-691	2. 拆放同业		
			其中：拆放境外同业		
			十、境外联行往来（运用方）		
			十一、代理金融机构贷款		
			其中：代理人行专项贷款		
			十二、库存现金	900	900
			十三、外汇买卖（运用方）		
			其中：结售汇		
			十四、投资性房地产		
资金来源总计	132 037	132 037	资金运用总计	132 037	132 037

表3.40　中国邮政储蓄银行北京分行人民币信贷收支统计

单位：万元

项目名称	余额	比年初	项目名称	余额	比年初
一、各项存款	11 459 405	91 393	一、各项贷款	829 387	252 649
1. 单位存款	1 486 929	-1 580 364	（一）境内贷款	829 387	252 649
其中：活期存款	1 150 067	-1 570 744	1. 短期贷款	169 948	91 209
定期存款	177 753	67 850	（1）个人贷款及透支	119 973	41 234
通知存款	157 344	-78 060	其中：个人消费贷款	370	-451
保证金存款	1 765	589	（2）单位普通贷款及透支	49 975	49 975
2. 个人存款	9 863 804	1 563 084	其中：经营贷款	49 975	49 975
储蓄存款	9 863 804	1 563 084	固定资产贷款		
保证金存款			（3）普通并购贷款		
结构性存款			（4）银团贷款		
3. 临时性存款	941	941	（5）贸易融资		
4. 其他存款	107 732	107 732	（6）境外筹资转贷款		
二、代理财政性存款			2. 中长期贷款	577 515	178 453
三、金融债券			（1）个人贷款	576 031	176 969
其中：境外发行			其中：个人消费贷款	455 530	132 338
四、中长期借款			（2）单位普通贷款	1 484	1 484
其中：境外借款			其中：经营贷款		
五、应付及暂收款	172 511	140 657	固定资产贷款	1 484	1 484
其中：应付利息	138 274	135 225	（3）普通并购贷款		
六、卖出回购资产			（4）银团贷款		
七、向中央银行借款			（5）贸易融资		
八、同业往来（来源方）	50 170	22 694	（6）境外筹资转贷款		
1. 同业存放	50 170	22 694	3. 融资租赁		
其中：境外同业存放			4. 票据融资	81 925	-17 014
2. 同业拆借			其中：贴现	81 925	-17 014
其中：境外同业拆借			5. 各项垫款		
九、境外联行往来（来源方）			（二）境外贷款		
十、外汇买卖（来源方）			二、有价证券		
其中：结售汇			三、股权及其他投资		-16 000
十一、委托存款及委托投资基金(净)			四、应收及预付款	63 777	59 036
1. 委托存款及委托投资基金	263 320	157 912	其中：应收利息	60 450	58 361
2. 减：委托贷款及委托投资	263 320	157 912	五、买入返售资产	966 139	615 335
十二、代理金融机构委托贷款基金			六、存放中央准备金存款	119	-3 584
其中：中央银行委托贷款基金			七、存放中央银行特种存款		
十三、各项准备	15 857	13 036	八、缴存中央银行财政性存款	3	1
其中：贷款损失准备	15 857	14 188	九、同业往来	34 035	28 139
十四、所有者权益	-30 589	-55 888	1. 存放同业	34 035	28 139
其中：实收资本			其中：存放境外同业		
十五、其他	-9 684 673	735 050	2. 拆放同业		
			其中：拆放境外同业		
			十、境外联行往来（运用方）		
			十一、代理金融机构贷款		
			其中：代理人行专项贷款		
			十二、库存现金	89 221	11 367
			十三、外汇买卖（运用方）		
			其中：结售汇		
			十四、投资性房地产		
资金来源总计	1 982 681	946 942	资金运用总计	1 982 681	946 942

表 3.41 国家开发银行北京市分行外汇信贷收支统计

单位：万美元

项目名称	余额	比年初	项目名称	余额	比年初
一、各项存款	7 008	-13 690	一、各项贷款	6 777 713	-232 194
1. 单位存款	7 008	-13 690	（一）境内贷款	2 761 365	876 524
其中：活期存款	6 174	994	1. 短期贷款	795 200	759 864
定期存款		-15 050	（1）个人贷款及透支		
通知存款			其中：个人消费贷款		
保证金存款	834	366	（2）单位普通贷款及透支	795 200	759 864
2. 个人存款			其中：经营贷款	730 149	696 649
储蓄存款			固定资产贷款	65 051	63 215
保证金存款			（3）普通并购贷款		
结构性存款			（4）银团贷款		
3. 临时性存款			（5）贸易融资		
4. 其他存款			（6）境外筹资转贷款		
二、代理财政性存款			2. 中长期贷款	1 966 165	116 660
三、金融债券			（1）个人贷款		
其中：境外发行			其中：个人消费贷款		
四、中长期借款			（2）单位普通贷款	1 595 661	346 915
其中：境外借款			其中：经营贷款	161 000	91 000
五、应付及暂收款	1 396	112	固定资产贷款	1 434 661	255 915
其中：应付利息	1 382	1 112	（3）普通并购贷款	310 384	-231 716
六、卖出回购资产			（4）银团贷款	28 873	10 119
七、向中央银行借款			（5）贸易融资		
八、同业往来（来源方）		-2	（6）境外筹资转贷款	31 247	-8 659
1. 同业存放		-2	3. 融资租赁		
其中：境外同业存放		-2	4. 票据融资		
2. 同业拆借			其中：贴现		
其中：境外同业拆借			5. 各项垫款		
九、境外联行往来（来源方）			（二）境外贷款	4 016 348	-1 108 718
十、外汇买卖（来源方）	524	115	二、有价证券		
其中：结售汇			三、股权及其他投资		
十一、委托存款及委托投资基金(净)			四、应收及预付款	7 825	-15 421
1. 委托存款及委托投资基金			其中：应收利息	14 341	-15 901
2. 减：委托贷款及委托投资			五、买入返售资产		
十二、代理金融机构委托贷款基金			六、存放中央准备金存款		
其中：中央银行委托贷款基金			七、存放中央银行特种存款		
十三、各项准备			八、缴存中央银行财政性存款		
其中：贷款损失准备			九、同业往来		
十四、所有者权益	86 040	-2 940	1. 存放同业		
其中：实收资本			其中：存放境外同业		
十五、其他	6 690 570	-231 209	2. 拆放同业		
			其中：拆放境外同业		
			十、境外联行往来（运用方）		
			十一、代理金融机构贷款		
			其中：代理人行专项贷款		
			十二、库存现金		
			十三、外汇买卖（运用方）		
			其中：结售汇		
			十四、投资性房地产		
资金来源总计	6 785 539	-247 615	资金运用总计	6 785 539	-247 615

表3.42　中国进出口银行北京分行外汇信贷收支统计

单位：万美元

项目名称	余额	比年初	项目名称	余额	比年初
一、各项存款	2 562	-16 316	一、各项贷款	132 335	6 381
1. 单位存款	2 562	-16 316	（一）境内贷款	132 335	6 381
其中：活期存款	1 477	-15 174	1. 短期贷款	9 761	-38
定期存款			（1）个人贷款及透支		
通知存款			其中：个人消费贷款		
保证金存款	1 085	-1 142	（2）单位普通贷款及透支		-1 500
2. 个人存款			其中：经营贷款		-1 500
储蓄存款			固定资产贷款		
保证金存款			（3）普通并购贷款		
结构性存款			（4）银团贷款		
3. 临时性存款			（5）贸易融资	9 761	1 462
4. 其他存款			（6）境外筹资转贷款		
二、代理财政性存款			2. 中长期贷款	122 573	6 419
三、金融债券			（1）个人贷款		
其中：境外发行			其中：个人消费贷款		
四、中长期借款			（2）单位普通贷款	102 933	4 709
其中：境外借款			其中：经营贷款	102 933	4 709
五、应付及暂收款	122	50	固定资产贷款		
其中：应付利息	119	49	（3）普通并购贷款		
六、卖出回购资产			（4）银团贷款		
七、向中央银行借款			（5）贸易融资	19 640	1 710
八、同业往来（来源方）			（6）境外筹资转贷款		
1. 同业存放			3. 融资租赁		
其中：境外同业存放			4. 票据融资		
2. 同业拆借			其中：贴现		
其中：境外同业拆借			5. 各项垫款		
九、境外联行往来（来源方）			（二）境外贷款		
十、外汇买卖（来源方）			二、有价证券		
其中：结售汇			三、股权及其他投资		
十一、委托存款及委托投资基金(净)			四、应收及预付款	230	91
1. 委托存款及委托投资基金			其中：应收利息	230	91
2. 减：委托贷款及委托投资			五、买入返售资产		
十二、代理金融机构委托贷款基金			六、存放中央准备金存款		
其中：中央银行委托贷款基金			七、存放中央银行特种存款		
十三、各项准备	931	931	八、缴存中央银行财政性存款		
其中：贷款损失准备	931	931	九、同业往来	6	-13
十四、所有者权益	2 125	2 125	1. 存放同业	6	-13
其中：实收资本			其中：存放境外同业		
十五、其他	126 830	19 669	2. 拆放同业		
			其中：拆放境外同业		
			十、境外联行往来（运用方）		
			十一、代理金融机构贷款		
			其中：代理人行专项贷款		
			十二、库存现金		
			十三、外汇买卖（运用方）		
			其中：结售汇		
			十四、投资性房地产		
资金来源总计	132 571	6 459	资金运用总计	132 571	6 459

表 3.43 中国农业发展银行北京市分行外汇信贷收支统计

单位：万美元

项目名称	余额	比年初	项目名称	余额	比年初
一、各项存款	8	7	一、各项贷款		
1. 单位存款	8	7	（一）境内贷款		
其中：活期存款	8	7	1. 短期贷款		
定期存款			（1）个人贷款及透支		
通知存款			其中：个人消费贷款		
保证金存款			（2）单位普通贷款及透支		
2. 个人存款			其中：经营贷款		
储蓄存款			固定资产贷款		
保证金存款			（3）普通并购贷款		
结构性存款			（4）银团贷款		
3. 临时性存款			（5）贸易融资		
4. 其他存款			（6）境外筹资转贷款		
二、代理财政性存款			2. 中长期贷款		
三、金融债券			（1）个人贷款		
其中：境外发行			其中：个人消费贷款		
四、中长期借款			（2）单位普通贷款		
其中：境外借款			其中：经营贷款		
五、应付及暂收款			固定资产贷款		
其中：应付利息			（3）普通并购贷款		
六、卖出回购资产			（4）银团贷款		
七、向中央银行借款			（5）贸易融资		
八、同业往来（来源方）			（6）境外筹资转贷款		
1. 同业存放			3. 融资租赁		
其中：境外同业存放			4. 票据融资		
2. 同业拆借			其中：贴现		
其中：境外同业拆借			5. 各项垫款		
九、境外联行往来（来源方）			（二）境外贷款		
十、外汇买卖（来源方）	2		二、有价证券		
其中：结售汇	2		三、股权及其他投资		
十一、委托存款及委托投资基金(净)			四、应收及预付款		
1. 委托存款及委托投资基金			其中：应收利息		
2. 减：委托贷款及委托投资			五、买入返售资产		
十二、代理金融机构委托贷款基金			六、存放中央准备金存款		
其中：中央银行委托贷款基金			七、存放中央银行特种存款		
十三、各项准备			八、缴存中央银行财政性存款		
其中：贷款损失准备			九、同业往来		
十四、所有者权益	1		1. 存放同业		
其中：实收资本			其中：存放境外同业		
十五、其他	-11	-7	2. 拆放同业		
			其中：拆放境外同业		
			十、境外联行往来（运用方）		
			十一、代理金融机构贷款		
			其中：代理人行专项贷款		
			十二、库存现金		
			十三、外汇买卖（运用方）		
			其中：结售汇		
			十四、投资性房地产		
资金来源总计			资金运用总计		

表3.44　中国工商银行北京市分行外汇信贷收支统计

单位：万美元

项目名称	余额	比年初	项目名称	余额	比年初
一、各项存款	408 429	97 137	一、各项贷款	444 363	66 969
1. 单位存款	140 653	15 905	（一）境内贷款	370 099	17 819
其中：活期存款	85 088	17 420	1. 短期贷款	174 724	28 877
定期存款	45 818	-3 723	（1）个人贷款及透支		
通知存款	609	-982	其中：个人消费贷款		
保证金存款	8 045	6 481	（2）单位普通贷款及透支	10 487	-7 146
2. 个人存款	240 338	77 120	其中：经营贷款	10 487	-7 146
储蓄存款	236 348	73 229	固定资产贷款		
保证金存款			（3）普通并购贷款		
结构性存款	3 990	3 890	（4）银团贷款		
3. 临时性存款	2 207	2 110	（5）贸易融资	164 237	36 024
4. 其他存款	25 232	2 002	（6）境外筹资转贷款		
二、代理财政性存款			2. 中长期贷款	195 240	-11 116
三、金融债券			（1）个人贷款		
其中：境外发行			其中：个人消费贷款		
四、中长期借款	36 128	1 097	（2）单位普通贷款	157 050	-7 816
其中：境外借款	36 128	1 097	其中：经营贷款	122	-1 353
五、应付及暂收款	6 895	-3 337	固定资产贷款	156 928	-6 463
其中：应付利息	1 135	-250	（3）普通并购贷款		
六、卖出回购资产			（4）银团贷款	2 100	-4 405
七、向中央银行借款			（5）贸易融资		
八、同业往来（来源方）	209 540	104 675	（6）境外筹资转贷款	36 091	1 105
1. 同业存放	209 540	104 675	3. 融资租赁		
其中：境外同业存放	2 800	2 800	4. 票据融资	135	58
2. 同业拆借			其中：贴现		
其中：境外同业拆借			5. 各项垫款		
九、境外联行往来（来源方）			（二）境外贷款	74 264	49 150
十、外汇买卖（来源方）	2 322 120	-218 064	二、有价证券		-2 046
其中：结售汇	2 024 916	-324 905	三、股权及其他投资		
十一、委托存款及委托投资基金(净)			四、应收及预付款	991	546
1. 委托存款及委托投资基金	13 485	11 460	其中：应收利息	701	426
2. 减：委托贷款及委托投资	13 485	11 460	五、买入返售资产		
十二、代理金融机构委托贷款基金			六、存放中央准备金存款		
其中：中央银行委托贷款基金			七、存放中央银行特种存款		
十三、各项准备	6 998	6 661	八、缴存中央银行财政性存款		
其中：贷款损失准备	6 998	6 661	九、同业往来	33 411	30 140
十四、所有者权益	3 601	-5 204	1. 存放同业	33 411	30 140
其中：实收资本			其中：存放境外同业	31 243	30 103
十五、其他	-191 180	-133 289	2. 拆放同业		
			其中：拆放境外同业		
			十、境外联行往来（运用方）	1 356	-1 676
			十一、代理金融机构贷款		
			其中：代理人行专项贷款		
			十二、库存现金	5 765	-366
			十三、外汇买卖（运用方）	2 316 645	-243 890
			其中：结售汇	2 019 442	-348 928
			十四、投资性房地产		
资金来源总计	2 802 532	-150 322	资金运用总计	2 802 532	-150 322

表 3.45 中国农业银行北京市分行外汇信贷收支统计

单位：万美元

项目名称	余额	比年初	项目名称	余额	比年初
一、各项存款	131 410	-78 440	一、各项贷款	399 094	81 340
1. 单位存款	74 117	-11 502	（一）境内贷款	399 094	81 340
其中：活期存款	13 152	2 091	1. 短期贷款	117 734	44 761
定期存款	53 678	-20 766	（1）个人贷款及透支	213	126
通知存款			其中：个人消费贷款	213	126
保证金存款	7 287	7 173	（2）单位普通贷款及透支	18 000	-6 000
2. 个人存款	9 531	-124	其中：经营贷款	18 000	-6 000
储蓄存款	9 531	-124	固定资产贷款		
保证金存款			（3）普通并购贷款		
结构性存款			（4）银团贷款		
3. 临时性存款	282	-868	（5）贸易融资	99 520	50 635
4. 其他存款	47 480	-65 945	（6）境外筹资转贷款		
二、代理财政性存款			2. 中长期贷款	281 359	36 579
三、金融债券			（1）个人贷款		
其中：境外发行			其中：个人消费贷款		
四、中长期借款			（2）单位普通贷款	276 019	138 207
其中：境外借款			其中：经营贷款	266 200	238 588
五、应付及暂收款	7 711	5 748	固定资产贷款	9 819	-100 381
其中：应付利息	6 001	4 154	（3）普通并购贷款		-100 000
六、卖出回购资产			（4）银团贷款		
七、向中央银行借款			（5）贸易融资	5 340	-1 628
八、同业往来（来源方）	159 391	151 926	（6）境外筹资转贷款		
1. 同业存放	159 391	151 926	3. 融资租赁		
其中：境外同业存放			4. 票据融资	2	-1
2. 同业拆借			其中：贴现		
其中：境外同业拆借			5. 各项垫款		
九、境外联行往来（来源方）			（二）境外贷款		
十、外汇买卖（来源方）	68	-12	二、有价证券		
其中：结售汇	68	-12	三、股权及其他投资		
十一、委托存款及委托投资基金(净)			四、应收及预付款	1 316	-191
1. 委托存款及委托投资基金			其中：应收利息	1 282	-42
2. 减：委托贷款及委托投资			五、买入返售资产		
十二、代理金融机构委托贷款基金			六、存放中央准备金存款		
其中：中央银行委托贷款基金			七、存放中央银行特种存款		
十三、各项准备			八、缴存中央银行财政性存款		
其中：贷款损失准备			九、同业往来	697	241
十四、所有者权益	2 534	1 508	1. 存放同业	697	241
其中：实收资本			其中：存放境外同业		
十五、其他	101 340	298	2. 拆放同业		
			其中：拆放境外同业		
			十、境外联行往来（运用方）		
			十一、代理金融机构贷款		
			其中：代理人行专项贷款		
			十二、库存现金	1 347	-360
			十三、外汇买卖（运用方）		
			其中：结售汇		
			十四、投资性房地产		
资金来源总计	402 453	81 029	资金运用总计	402 453	81 029

表 3.46 中国银行北京市分行外汇信贷收支统计

单位：万美元

项目名称	余额	比年初	项目名称	余额	比年初
一、各项存款	686 072	-22 488	一、各项贷款	496 217	-264 536
1. 单位存款	222 655	-95 761	（一）境内贷款	496 217	-262 118
其中：活期存款	138 117	52 928	1. 短期贷款	225 742	-244 672
定期存款	57 476	-122 811	（1）个人贷款及透支		
通知存款	1 518	-12 224	其中：个人消费贷款		
保证金存款	25 545	19 986	（2）单位普通贷款及透支	35 754	-140 629
2. 个人存款	325 871	-19 186	其中：经营贷款	35 754	-139 959
储蓄存款	325 548	-19 338	固定资产贷款		-669
保证金存款	322	153	（3）普通并购贷款		
结构性存款			（4）银团贷款		
3. 临时性存款	32 273	13 421	（5）贸易融资	189 988	-104 044
4. 其他存款	105 273	79 037	（6）境外筹资转贷款		
二、代理财政性存款			2. 中长期贷款	270 475	-17 446
三、金融债券			（1）个人贷款	32	25
其中：境外发行			其中：个人消费贷款	32	25
四、中长期借款			（2）单位普通贷款	230 588	-17 998
其中：境外借款			其中：经营贷款	167 846	-11 399
五、应付及暂收款	12 914	1 685	固定资产贷款	62 742	-6 599
其中：应付利息	12 116	2 756	（3）普通并购贷款	2 750	-100
六、卖出回购资产			（4）银团贷款	33 115	1 157
七、向中央银行借款			（5）贸易融资		
八、同业往来（来源方）	585 756	-1 356 540	（6）境外筹资转贷款	3 990	-529
1. 同业存放	557 653	-1 384 642	3. 融资租赁		
其中：境外同业存放	89	17	4. 票据融资		
2. 同业拆借	28 102	28 102	其中：贴现		
其中：境外同业拆借	28 102	28 102	5. 各项垫款		
九、境外联行往来（来源方）		-3 844	（二）境外贷款		-2 418
十、外汇买卖（来源方）		-94 740	二、有价证券		
其中：结售汇		-94 703	三、股权及其他投资		
十一、委托存款及委托投资基金(净)			四、应收及预付款	5 986	742
1. 委托存款及委托投资基金	86	-63 683	其中：应收利息	5 676	823
2. 减：委托贷款及委托投资	86	-63 683	五、买入返售资产		
十二、代理金融机构委托贷款基金			六、存放中央准备金存款		
其中：中央银行委托贷款基金			七、存放中央银行特种存款		
十三、各项准备	12 512	220	八、缴存中央银行财政性存款		
其中：贷款损失准备	12 298	100	九、同业往来	192 064	-8 356
十四、所有者权益	-21 440	-33 600	1. 存放同业	188 764	44 461
其中：实收资本			其中：存放境外同业		
十五、其他	-566 886	1 237 162	2. 拆放同业	3 300	-52 817
			其中：拆放境外同业		
			十、境外联行往来（运用方）		
			十一、代理金融机构贷款		
			其中：代理人行专项贷款		
			十二、库存现金	14 659	5
			十三、外汇买卖（运用方）		
			其中：结售汇		
			十四、投资性房地产		
资金来源总计	708 926	-272 145	资金运用总计	708 926	-272 145

表 3.47　中国建设银行北京市分行外汇信贷收支统计

单位：万美元

项目名称	余额	比年初	项目名称	余额	比年初
一、各项存款	204 231	76 506	一、各项贷款	264 414	35 284
1. 单位存款	85 907	16 213	（一）境内贷款	264 414	35 284
其中：活期存款	53 920	10 612	1. 短期贷款	110 839	40 522
定期存款	25 276	6 070	（1）个人贷款及透支		
通知存款	6 487	2 269	其中：个人消费贷款		
保证金存款	225	-2 738	（2）单位普通贷款及透支	38 163	-654
2. 个人存款	40 956	-2 783	其中：经营贷款	38 163	-654
储蓄存款	40 898	-2 774	固定资产贷款		
保证金存款	58	-8	（3）普通并购贷款		
结构性存款			（4）银团贷款		
3. 临时性存款	4 189	-2 969	（5）贸易融资	72 676	41 176
4. 其他存款	73 179	66 044	（6）境外筹资转贷款		
二、代理财政性存款			2. 中长期贷款	153 575	-5 238
三、金融债券			（1）个人贷款	2	
其中：境外发行			其中：个人消费贷款	2	
四、中长期借款	31 930	11 155	（2）单位普通贷款	111 189	-25 662
其中：境外借款	31 930	11 155	其中：经营贷款	6 621	-18 749
五、应付及暂收款	2 193	300	固定资产贷款	104 568	-6 913
其中：应付利息	1 926	1 401	（3）普通并购贷款		
六、卖出回购资产			（4）银团贷款		
七、向中央银行借款			（5）贸易融资	10 526	9 252
八、同业往来（来源方）	1 624 071	864 440	（6）境外筹资转贷款	31 857	11 172
1. 同业存放	1 624 071	864 440	3. 融资租赁		
其中：境外同业存放	598	-526	4. 票据融资		
2. 同业拆借			其中：贴现		
其中：境外同业拆借			5. 各项垫款		
九、境外联行往来（来源方）			（二）境外贷款		
十、外汇买卖（来源方）			二、有价证券		
其中：结售汇			三、股权及其他投资		
十一、委托存款及委托投资基金(净)			四、应收及预付款	18 903	17 244
1. 委托存款及委托投资基金			其中：应收利息	5 162	3 861
2. 减：委托贷款及委托投资			五、买入返售资产		
十二、代理金融机构委托贷款基金			六、存放中央准备金存款		
其中：中央银行委托贷款基金			七、存放中央银行特种存款		
十三、各项准备	12		八、缴存中央银行财政性存款		
其中：贷款损失准备			九、同业往来	1 226	411
十四、所有者权益	15 937	12 381	1. 存放同业	1 226	411
其中：实收资本			其中：存放境外同业		
十五、其他	-1 591 958	-912 120	2. 拆放同业		
			其中：拆放境外同业		
			十、境外联行往来（运用方）		
			十一、代理金融机构贷款		
			其中：代理人行专项贷款		
			十二、库存现金	1 874	-276
			十三、外汇买卖（运用方）		
			其中：结售汇		
			十四、投资性房地产		
资金来源总计	286 416	52 663	资金运用总计	286 416	52 663

表 3.48　交通银行北京市分行外汇信贷收支统计

单位：万美元

项目名称	余额	比年初	项目名称	余额	比年初
一、各项存款	388 315	48 984	一、各项贷款	279 917	-203 695
1. 单位存款	175 318	-4 884	（一）境内贷款	279 917	-203 695
其中：活期存款	35 280	-9 456	1. 短期贷款	191 430	-200 421
定期存款	52 689	-18 512	（1）个人贷款及透支		
通知存款	206	-28 002	其中：个人消费贷款		
保证金存款	87 144	51 086	（2）单位普通贷款及透支	50 883	-190 858
2. 个人存款	57 213	4 784	其中：经营贷款	50 883	-190 858
储蓄存款	29 957	2 074	固定资产贷款		
保证金存款	833	-39	（3）普通并购贷款		
结构性存款	26 424	2 748	（4）银团贷款		
3. 临时性存款	4 094	-2 010	（5）贸易融资	140 547	-9 562
4. 其他存款	151 690	51 094	（6）境外筹资转贷款		
二、代理财政性存款			2. 中长期贷款	88 471	-3 269
三、金融债券			（1）个人贷款		
其中：境外发行			其中：个人消费贷款		
四、中长期借款			（2）单位普通贷款	74 697	1 634
其中：境外借款			其中：经营贷款	36 500	6 500
五、应付及暂收款	213 703	71 415	固定资产贷款	38 197	-4 866
其中：应付利息	3 509	922	（3）普通并购贷款		
六、卖出回购资产			（4）银团贷款	12 378	-4 751
七、向中央银行借款			（5）贸易融资		
八、同业往来（来源方）	65 815	-11 293	（6）境外筹资转贷款	1 395	-152
1. 同业存放	65 815	-11 293	3. 融资租赁		
其中：境外同业存放			4. 票据融资	16	-5
2. 同业拆借			其中：贴现		
其中：境外同业拆借			5. 各项垫款		
九、境外联行往来（来源方）			（二）境外贷款		
十、外汇买卖（来源方）			二、有价证券		
其中：结售汇			三、股权及其他投资		
十一、委托存款及委托投资基金(净)	1	-3 123	四、应收及预付款	216 398	76 948
1. 委托存款及委托投资基金	100 678	15 124	其中：应收利息	3 286	-1 064
2. 减：委托贷款及委托投资	100 678	18 247	五、买入返售资产		
十二、代理金融机构委托贷款基金			六、存放中央准备金存款		
其中：中央银行委托贷款基金			七、存放中央银行特种存款		
十三、各项准备	5 304	3 933	八、缴存中央银行财政性存款		
其中：贷款损失准备	5 304	3 933	九、同业往来	6 490	4 021
十四、所有者权益	1 754	339	1. 存放同业	6 490	4 021
其中：实收资本			其中：存放境外同业	154	-179
十五、其他	-170 064	-232 443	2. 拆放同业		
			其中：拆放境外同业		
			十、境外联行往来（运用方）	659	336
			十一、代理金融机构贷款		
			其中：代理人行专项贷款		
			十二、库存现金	1 363	201
			十三、外汇买卖（运用方）	3	1
			其中：结售汇	3	1
			十四、投资性房地产		
资金来源总计	504 829	-122 189	资金运用总计	504 829	-122 189

表 3.49　招商银行北京分行外汇信贷收支统计

单位：万美元

项目名称	余额	比年初	项目名称	余额	比年初
一、各项存款	206 579	60 774	一、各项贷款	109 512	7 244
1. 单位存款	96 261	67 586	（一）境内贷款	109 512	7 244
其中：活期存款	31 098	9 691	1. 短期贷款	66 011	17 851
定期存款	63 310	57 364	（1）个人贷款及透支		
通知存款	193	43	其中：个人消费贷款		
保证金存款	1 660	488	（2）单位普通贷款及透支	500	
2. 个人存款	79 283	-991	其中：经营贷款	500	
储蓄存款	79 283	-991	固定资产贷款		
保证金存款			（3）普通并购贷款		
结构性存款			（4）银团贷款		
3. 临时性存款	14 095	8 254	（5）贸易融资	65 511	17 851
4. 其他存款	16 940	-14 075	（6）境外筹资转贷款		
二、代理财政性存款			2. 中长期贷款	43 501	-10 607
三、金融债券			（1）个人贷款		
其中：境外发行			其中：个人消费贷款		
四、中长期借款			（2）单位普通贷款	40 000	
其中：境外借款			其中：经营贷款		
五、应付及暂收款	403	-254	固定资产贷款	40 000	
其中：应付利息	360	-292	（3）普通并购贷款		
六、卖出回购资产			（4）银团贷款	3 501	-10 607
七、向中央银行借款			（5）贸易融资		
八、同业往来（来源方）	16 455	-9 459	（6）境外筹资转贷款		
1. 同业存放	5 921	-17 412	3. 融资租赁		
其中：境外同业存放			4. 票据融资		
2. 同业拆借	10 534	7 953	其中：贴现		
其中：境外同业拆借	10 534	10 534	5. 各项垫款		
九、境外联行往来（来源方）			（二）境外贷款		
十、外汇买卖（来源方）	117	-160	二、有价证券		
其中：结售汇			三、股权及其他投资		
十一、委托存款及委托投资基金(净)			四、应收及预付款	543	180
1. 委托存款及委托投资基金			其中：应收利息	543	180
2. 减：委托贷款及委托投资			五、买入返售资产		
十二、代理金融机构委托贷款基金			六、存放中央准备金存款		
其中：中央银行委托贷款基金			七、存放中央银行特种存款		
十三、各项准备	2 213	404	八、缴存中央银行财政性存款		
其中：贷款损失准备	2 213	404	九、同业往来	17 349	-6 359
十四、所有者权益	4 365	119	1. 存放同业	17 349	-6 359
其中：实收资本			其中：存放境外同业		
十五、其他	-101 165	-50 202	2. 拆放同业		
			其中：拆放境外同业		
			十、境外联行往来（运用方）		
			十一、代理金融机构贷款		
			其中：代理人行专项贷款		
			十二、库存现金	1 445	316
			十三、外汇买卖（运用方）	118	-159
			其中：结售汇		
			十四、投资性房地产		
资金来源总计	128 967	1 222	资金运用总计	128 967	1 222

表3.50　上海浦东发展银行北京分行外汇信贷收支统计

单位：万美元

项目名称	余额	比年初	项目名称	余额	比年初
一、各项存款	42 514	15 263	一、各项贷款	10 832	-4 327
1. 单位存款	31 339	22 379	（一）境内贷款	10 832	-4 327
其中：活期存款	5 749	722	1. 短期贷款	9 692	-3 045
定期存款	2 967	-834	（1）个人贷款及透支		
通知存款			其中：个人消费贷款		
保证金存款	22 623	22 491	（2）单位普通贷款及透支	5 770	-2 787
2. 个人存款	9 682	570	其中：经营贷款	5 770	-2 787
储蓄存款	8 628	158	固定资产贷款		
保证金存款			（3）普通并购贷款		
结构性存款	1 054	412	（4）银团贷款		
3. 临时性存款	647	263	（5）贸易融资	3 922	-258
4. 其他存款	846	-7 949	（6）境外筹资转贷款		
二、代理财政性存款			2. 中长期贷款	1 140	-1 282
三、金融债券			（1）个人贷款		
其中：境外发行			其中：个人消费贷款		
四、中长期借款			（2）单位普通贷款	1 140	-1 282
其中：境外借款			其中：经营贷款		
五、应付及暂收款	2 697	-125	固定资产贷款	1 140	-1 282
其中：应付利息	136	-77	（3）普通并购贷款		
六、卖出回购资产			（4）银团贷款		
七、向中央银行借款			（5）贸易融资		
八、同业往来（来源方）	590	-15 452	（6）境外筹资转贷款		
1. 同业存放	590	-15 452	3. 融资租赁		
其中：境外同业存放			4. 票据融资		
2. 同业拆借			其中：贴现		
其中：境外同业拆借			5. 各项垫款		
九、境外联行往来（来源方）			（二）境外贷款		
十、外汇买卖（来源方）	184	-377	二、有价证券		
其中：结售汇	27	-3	三、股权及其他投资		
十一、委托存款及委托投资基金(净)			四、应收及预付款	244	-178
1. 委托存款及委托投资基金			其中：应收利息	48	-178
2. 减：委托贷款及委托投资			五、买入返售资产		
十二、代理金融机构委托贷款基金			六、存放中央准备金存款		
其中：中央银行委托贷款基金			七、存放中央银行特种存款		
十三、各项准备			八、缴存中央银行财政性存款		
其中：贷款损失准备			九、同业往来	298	54
十四、所有者权益	1 163	399	1. 存放同业	298	54
其中：实收资本			其中：存放境外同业		
十五、其他	-34 947	-4 480	2. 拆放同业		
			其中：拆放境外同业		
			十、境外联行往来（运用方）		
			十一、代理金融机构贷款		
			其中：代理人行专项贷款		
			十二、库存现金	524	44
			十三、外汇买卖（运用方）	303	-365
			其中：结售汇	20	12
			十四、投资性房地产		
资金来源总计	12 201	-4 772	资金运用总计	12 201	-4 772

表 3.51　广发银行北京分行外汇信贷收支统计

单位：万美元

项目名称	余额	比年初	项目名称	余额	比年初
一、各项存款	28 594	-100 474	一、各项贷款	25 294	-5 331
1. 单位存款	17 149	-97 155	（一）境内贷款	25 294	-5 331
其中：活期存款	6 275	-8 656	1. 短期贷款	24 687	-5 938
定期存款	10 478	-88 633	（1）个人贷款及透支		
通知存款			其中：个人消费贷款		
保证金存款	396	134	（2）单位普通贷款及透支	9 389	-3 650
2. 个人存款	1 441	20	其中：经营贷款	9 389	3 529
储蓄存款	1 440	72	固定资产贷款		
保证金存款		-52	（3）普通并购贷款		
结构性存款	1		（4）银团贷款		
3. 临时性存款	1 153	1 045	（5）贸易融资	15 298	-2 288
4. 其他存款	8 851	-4 384	（6）境外筹资转贷款		
二、代理财政性存款			2. 中长期贷款		
三、金融债券			（1）个人贷款		
其中：境外发行			其中：个人消费贷款		
四、中长期借款			（2）单位普通贷款		
其中：境外借款			其中：经营贷款		
五、应付及暂收款	22 733	11 809	固定资产贷款		
其中：应付利息	453	-83	（3）普通并购贷款		
六、卖出回购资产			（4）银团贷款		
七、向中央银行借款			（5）贸易融资		
八、同业往来（来源方）	10	-12 001	（6）境外筹资转贷款		
1. 同业存放	10	-12 001	3. 融资租赁		
其中：境外同业存放			4. 票据融资		
2. 同业拆借			其中：贴现		
其中：境外同业拆借			5. 各项垫款	607	607
九、境外联行往来（来源方）			（二）境外贷款		
十、外汇买卖（来源方）	225	52	二、有价证券		
其中：结售汇	219	52	三、股权及其他投资		
十一、委托存款及委托投资基金(净)			四、应收及预付款	17 127	6 272
1. 委托存款及委托投资基金			其中：应收利息	318	-161
2. 减：委托贷款及委托投资			五、买入返售资产		
十二、代理金融机构委托贷款基金			六、存放中央准备金存款		
其中：中央银行委托贷款基金			七、存放中央银行特种存款		
十三、各项准备	334	-96	八、缴存中央银行财政性存款		
其中：贷款损失准备	334	-96	九、同业往来	374	95
十四、所有者权益	495	437	1. 存放同业	374	95
其中：实收资本			其中：存放境外同业		
十五、其他	-9 163	101 299	2. 拆放同业		
			其中：拆放境外同业		
			十、境外联行往来（运用方）		
			十一、代理金融机构贷款		
			其中：代理人行专项贷款		
			十二、库存现金	404	-16
			十三、外汇买卖（运用方）	29	6
			其中：结售汇	12	6
			十四、投资性房地产		
资金来源总计	43 228	1 026	资金运用总计	43 228	1 026

表 3.52 兴业银行北京分行外汇信贷收支统计

单位：万美元

项目名称	余额	比年初	项目名称	余额	比年初
一、各项存款	12 782	-3 809	一、各项贷款	9 691	4 280
1. 单位存款	8 987	-3 300	（一）境内贷款	9 691	4 280
其中：活期存款	7 325	-3 103	1. 短期贷款	9 691	4 280
定期存款	1 415	565	（1）个人贷款及透支		
通知存款			其中：个人消费贷款		
保证金存款	248	-762	（2）单位普通贷款及透支	6 695	4 695
2. 个人存款	3 670	-102	其中：经营贷款	6 695	4 695
储蓄存款	3 670	-102	固定资产贷款		
保证金存款			（3）普通并购贷款		
结构性存款			（4）银团贷款		
3. 临时性存款	126	-408	（5）贸易融资	2 996	-415
4. 其他存款	0		（6）境外筹资转贷款		
二、代理财政性存款			2. 中长期贷款		
三、金融债券			（1）个人贷款		
其中：境外发行			其中：个人消费贷款		
四、中长期借款			（2）单位普通贷款		
其中：境外借款			其中：经营贷款		
五、应付及暂收款	173	148	固定资产贷款		
其中：应付利息	28	3	（3）普通并购贷款		
六、卖出回购资产			（4）银团贷款		
七、向中央银行借款			（5）贸易融资		
八、同业往来（来源方）	5 247	284	（6）境外筹资转贷款		
1. 同业存放	5 247	284	3. 融资租赁		
其中：境外同业存放			4. 票据融资		
2. 同业拆借			其中：贴现		
其中：境外同业拆借			5. 各项垫款		
九、境外联行往来（来源方）			（二）境外贷款		
十、外汇买卖（来源方）			二、有价证券		
其中：结售汇			三、股权及其他投资		
十一、委托存款及委托投资基金(净)			四、应收及预付款	116	76
1. 委托存款及委托投资基金			其中：应收利息	116	76
2. 减：委托贷款及委托投资			五、买入返售资产		
十二、代理金融机构委托贷款基金			六、存放中央准备金存款		
其中：中央银行委托贷款基金			七、存放中央银行特种存款		
十三、各项准备	118	71	八、缴存中央银行财政性存款		
其中：贷款损失准备	118	71	九、同业往来	11	-18
十四、所有者权益	213	-21	1. 存放同业	11	-18
其中：实收资本			其中：存放境外同业		
十五、其他	-8 474	7 670	2. 拆放同业		
			其中：拆放境外同业		
			十、境外联行往来（运用方）		
			十一、代理金融机构贷款		
			其中：代理人行专项贷款		
			十二、库存现金	242	4
			十三、外汇买卖（运用方）		
			其中：结售汇		
			十四、投资性房地产		
资金来源总计	10 060	4 342	资金运用总计	10 060	4 342

表 3.53 深圳发展银行北京分行外汇信贷收支统计

单位：万美元

项目名称	余额	比年初	项目名称	余额	比年初
一、各项存款	69 799	-6 372	一、各项贷款	77 841	39 421
1. 单位存款	39 056	16 175	（一）境内贷款	77 841	39 421
其中：活期存款	9 500	2 477	1. 短期贷款	77 841	44 421
定期存款	28 930	13 348	（1）个人贷款及透支		
通知存款	100	82	其中：个人消费贷款		
保证金存款	525	268	（2）单位普通贷款及透支	77 126	46 903
2. 个人存款	724	19	其中：经营贷款	77 126	46 903
储蓄存款	724	19	固定资产贷款		
保证金存款			（3）普通并购贷款		
结构性存款			（4）银团贷款		
3. 临时性存款	212	24	（5）贸易融资	715	-2 483
4. 其他存款	29 806	-22 590	（6）境外筹资转贷款		
二、代理财政性存款			2. 中长期贷款		-5 000
三、金融债券			（1）个人贷款		
其中：境外发行			其中：个人消费贷款		
四、中长期借款			（2）单位普通贷款		-5 000
其中：境外借款			其中：经营贷款		-5 000
五、应付及暂收款	39 187	13 382	固定资产贷款		
其中：应付利息	790	501	（3）普通并购贷款		
六、卖出回购资产			（4）银团贷款		
七、向中央银行借款			（5）贸易融资		
八、同业往来（来源方）	12	-20 000	（6）境外筹资转贷款		
1. 同业存放	12	-20 000	3. 融资租赁		
其中：境外同业存放			4. 票据融资		
2. 同业拆借			其中：贴现		
其中：境外同业拆借			5. 各项垫款		
九、境外联行往来（来源方）			（二）境外贷款		
十、外汇买卖（来源方）			二、有价证券		
其中：结售汇			三、股权及其他投资		
十一、委托存款及委托投资基金(净)			四、应收及预付款	40 014	14 161
1. 委托存款及委托投资基金			其中：应收利息	1 583	1 283
2. 减：委托贷款及委托投资			五、买入返售资产		
十二、代理金融机构委托贷款基金			六、存放中央准备金存款		
其中：中央银行委托贷款基金			七、存放中央银行特种存款		
十三、各项准备	649	622	八、缴存中央银行财政性存款		
其中：贷款损失准备	622	622	九、同业往来	86	-10 960
十四、所有者权益	-47	-2	1. 存放同业	86	-10 960
其中：实收资本			其中：存放境外同业		
十五、其他	8 446	55 017	2. 拆放同业		
			其中：拆放境外同业		
			十、境外联行往来（运用方）		
			十一、代理金融机构贷款		
			其中：代理人行专项贷款		
			十二、库存现金	105	26
			十三、外汇买卖（运用方）		
			其中：结售汇		
			十四、投资性房地产		
资金来源总计	118 045	42 648	资金运用总计	118 045	42 648

表 3.54　中信银行总行营业部外汇信贷收支统计

单位：万美元

项目名称	余额	比年初	项目名称	余额	比年初
一、各项存款	492 943	77 223	一、各项贷款	215 051	4 254
1. 单位存款	343 501	33 058	（一）境内贷款	167 751	13 147
其中：活期存款	126 415	-12 734	1. 短期贷款	151 072	23 472
定期存款	188 366	34 392	（1）个人贷款及透支		
通知存款			其中：个人消费贷款		
保证金存款	6 990	-9 978	（2）单位普通贷款及透支	83 203	1 084
2. 个人存款	22 071	1 509	其中：经营贷款	83 203	1 084
储蓄存款	12 991	-1 344	固定资产贷款		
保证金存款			（3）普通并购贷款	1 539	-1 079
结构性存款	9 080	2 853	（4）银团贷款		
3. 临时性存款	11 613	-2 696	（5）贸易融资	66 330	23 467
4. 其他存款	115 758	45 353	（6）境外筹资转贷款		
二、代理财政性存款			2. 中长期贷款	16 401	-10 326
三、金融债券			（1）个人贷款		
其中：境外发行			其中：个人消费贷款		
四、中长期借款			（2）单位普通贷款	3 775	-2 690
其中：境外借款			其中：经营贷款		-2 500
五、应付及暂收款	5 138	733	固定资产贷款	3 775	-190
其中：应付利息	3 236	2 164	（3）普通并购贷款		
六、卖出回购资产			（4）银团贷款	2 000	-3 000
七、向中央银行借款			（5）贸易融资	10 626	-4 636
八、同业往来（来源方）	78 400	57 887	（6）境外筹资转贷款		
1. 同业存放	78 400	57 887	3. 融资租赁	278	
其中：境外同业存放	3 077	3 077	4. 票据融资		
2. 同业拆借			其中：贴现		
其中：境外同业拆借			5. 各项垫款		
九、境外联行往来（来源方）			（二）境外贷款	47 300	-8 893
十、外汇买卖（来源方）	9 759	-11 723 730	二、有价证券		
其中：结售汇	381	-11 712 176	三、股权及其他投资		
十一、委托存款及委托投资基金(净)	459	-114	四、应收及预付款	3 224	1 597
1. 委托存款及委托投资基金	459	-114	其中：应收利息	3 151	1 532
2. 减：委托贷款及委托投资			五、买入返售资产		
十二、代理金融机构委托贷款基金			六、存放中央准备金存款		
其中：中央银行委托贷款基金			七、存放中央银行特种存款		
十三、各项准备	2 340	47	八、缴存中央银行财政性存款		
其中：贷款损失准备	2 247	47	九、同业往来	157 512	122 101
十四、所有者权益	1 924	-88	1. 存放同业	138 512	103 403
其中：实收资本			其中：存放境外同业	40 568	29 511
十五、其他	-194 826	4 143	2. 拆放同业	19 000	18 699
			其中：拆放境外同业		
			十、境外联行往来（运用方）		
			十一、代理金融机构贷款		
			其中：代理人行专项贷款		
			十二、库存现金	1 141	-110
			十三、外汇买卖（运用方）	19 208	-11 711 740
			其中：结售汇	9 077	-11 700 160
			十四、投资性房地产		
资金来源总计	396 137	-11 583 899	资金运用总计	396 137	-11 583 899

表 3.55　中国光大银行北京分行外汇信贷收支统计

单位：万美元

项目名称	余额	比年初	项目名称	余额	比年初
一、各项存款	114 220	30 648	一、各项贷款	158 958	19 311
1. 单位存款	55 613	2 344	（一）境内贷款	158 958	19 311
其中：活期存款	13 437	2 698	1. 短期贷款	75 846	10 326
定期存款	40 006	1 231	（1）个人贷款及透支		
通知存款			其中：个人消费贷款		
保证金存款	2 170	-585	（2）单位普通贷款及透支		-2 701
2. 个人存款	36 092	13 687	其中：经营贷款		-2 701
储蓄存款	8 337	-1 666	固定资产贷款		
保证金存款	156	156	（3）普通并购贷款		
结构性存款	27 599	15 197	（4）银团贷款		-80
3. 临时性存款	4	1	（5）贸易融资	75 846	13 107
4. 其他存款	22 511	14 616	（6）境外筹资转贷款		
二、代理财政性存款			2. 中长期贷款	83 112	8 985
三、金融债券			（1）个人贷款		
其中：境外发行			其中：个人消费贷款		
四、中长期借款			（2）单位普通贷款	55 112	-4 828
其中：境外借款			其中：经营贷款	55 112	-4 828
五、应付及暂收款	807	-40	固定资产贷款		
其中：应付利息	801	-46	（3）普通并购贷款		
六、卖出回购资产			（4）银团贷款		
七、向中央银行借款			（5）贸易融资	28 000	13 813
八、同业往来（来源方）	118 694	55 419	（6）境外筹资转贷款		
1. 同业存放	80 539	49 440	3. 融资租赁		
其中：境外同业存放			4. 票据融资		
2. 同业拆借	38 155	5 979	其中：贴现		
其中：境外同业拆借	38 155	5 979	5. 各项垫款		
九、境外联行往来（来源方）			（二）境外贷款		
十、外汇买卖（来源方）			二、有价证券		
其中：结售汇			三、股权及其他投资		
十一、委托存款及委托投资基金(净)	5 338	-4 516	四、应收及预付款	2 501	1 654
1. 委托存款及委托投资基金	7 733	-4 516	其中：应收利息	2 501	1 654
2. 减：委托贷款及委托投资	2 395		五、买入返售资产		
十二、代理金融机构委托贷款基金			六、存放中央准备金存款		
其中：中央银行委托贷款基金			七、存放中央银行特种存款		
十三、各项准备	2 621	509	八、缴存中央银行财政性存款		
其中：贷款损失准备	2 621	509	九、同业往来	3 455	-8
十四、所有者权益	-1 866	-3 950	1. 存放同业	3 455	-8
其中：实收资本			其中：存放境外同业		
十五、其他	-73 698	-56 808	2. 拆放同业		
			其中：拆放境外同业		
			十、境外联行往来（运用方）		
			十一、代理金融机构贷款		
			其中：代理人行专项贷款		
			十二、库存现金	1 202	305
			十三、外汇买卖（运用方）		
			其中：结售汇		
			十四、投资性房地产		
资金来源总计	166 116	21 262	资金运用总计	166 116	21 262

表3.56　华夏银行北京分行外汇信贷收支统计

单位：万美元

项目名称	余额	比年初	项目名称	余额	比年初
一、各项存款	25 187	-1 681	一、各项贷款	8 707	-42 388
1. 单位存款	21 192	-284	（一）境内贷款	8 707	-42 388
其中：活期存款	16 481	2 311	1. 短期贷款	2 018	-41 638
定期存款	1 637	-1 974	（1）个人贷款及透支		
通知存款	2 878	-463	其中：个人消费贷款		
保证金存款	196	-159	（2）单位普通贷款及透支	503	-41 042
2. 个人存款	2 018	-734	其中：经营贷款	503	-41 042
储蓄存款	2 018	-734	固定资产贷款		
保证金存款			（3）普通并购贷款		
结构性存款			（4）银团贷款		
3. 临时性存款	1 953	-664	（5）贸易融资	1 515	-596
4. 其他存款	24	2	（6）境外筹资转贷款		
二、代理财政性存款			2. 中长期贷款	6 689	-750
三、金融债券			（1）个人贷款		
其中：境外发行			其中：个人消费贷款		
四、中长期借款	13 010	4 390	（2）单位普通贷款	2 048	-4 386
其中：境外借款	13 010	4 390	其中：经营贷款	445	-3 389
五、应付及暂收款	962	112	固定资产贷款	1 603	-997
其中：应付利息	216	2	（3）普通并购贷款		
六、卖出回购资产			（4）银团贷款	2 459	2 459
七、向中央银行借款			（5）贸易融资	293	293
八、同业往来（来源方）	538	5	（6）境外筹资转贷款	1 889	884
1. 同业存放	538	5	3. 融资租赁		
其中：境外同业存放			4. 票据融资		
2. 同业拆借			其中：贴现		
其中：境外同业拆借			5. 各项垫款		
九、境外联行往来（来源方）			（二）境外贷款		
十、外汇买卖（来源方）	516 395	431 365	二、有价证券		
其中：结售汇	516 395	431 365	三、股权及其他投资		
十一、委托存款及委托投资基金(净)			四、应收及预付款	477	-427
1. 委托存款及委托投资基金	200		其中：应收利息	3	3
2. 减：委托贷款及委托投资	200		五、买入返售资产		
十二、代理金融机构委托贷款基金			六、存放中央准备金存款		
其中：中央银行委托贷款基金			七、存放中央银行特种存款		
十三、各项准备	607	-402	八、缴存中央银行财政性存款		
其中：贷款损失准备	607	-402	九、同业往来	859	-1 036
十四、所有者权益	718	558	1. 存放同业	859	-1 036
其中：实收资本			其中：存放境外同业		
十五、其他	-30 664	-47 152	2. 拆放同业		
			其中：拆放境外同业		
			十、境外联行往来（运用方）		
			十一、代理金融机构贷款		
			其中：代理人行专项贷款		
			十二、库存现金	379	-313
			十三、外汇买卖（运用方）	516 331	431 359
			其中：结售汇	516 331	431 359
			十四、投资性房地产		
资金来源总计	526 753	387 195	资金运用总计	526 753	387 195

表 3.57　中国民生银行总行营业部外汇信贷收支统计

单位：万美元

项目名称	余额	比年初	项目名称	余额	比年初
一、各项存款	260 551	141 271	一、各项贷款		
1. 单位存款	241 976	140 770	（一）境内贷款		
其中：活期存款	16 450	-1 304	1. 短期贷款		
定期存款	222 564	146 450	（1）个人贷款及透支		
通知存款	265	166	其中：个人消费贷款		
保证金存款	2 647	-1 275	（2）单位普通贷款及透支		
2. 个人存款	15 508	-1 016	其中：经营贷款		
储蓄存款	15 414	-1 010	固定资产贷款		
保证金存款			（3）普通并购贷款		
结构性存款	95	-7	（4）银团贷款		
3. 临时性存款	3 067	1 517	（5）贸易融资		
4. 其他存款			（6）境外筹资转贷款		
二、代理财政性存款			2. 中长期贷款		
三、金融债券			（1）个人贷款		
其中：境外发行			其中：个人消费贷款		
四、中长期借款			（2）单位普通贷款		
其中：境外借款			其中：经营贷款		
五、应付及暂收款	2 695	1 420	固定资产贷款		
其中：应付利息	2 650	1 374	（3）普通并购贷款		
六、卖出回购资产			（4）银团贷款		
七、向中央银行借款			（5）贸易融资		
八、同业往来（来源方）	71 299	-8 111	（6）境外筹资转贷款		
1. 同业存放	71 299	-8 111	3. 融资租赁		
其中：境外同业存放			4. 票据融资		
2. 同业拆借			其中：贴现		
其中：境外同业拆借			5. 各项垫款		
九、境外联行往来（来源方）			（二）境外贷款		
十、外汇买卖（来源方）	30 269	12 678	二、有价证券		
其中：结售汇	30 269	12 678	三、股权及其他投资		
十一、委托存款及委托投资基金(净)			四、应收及预付款	344	179
1. 委托存款及委托投资基金			其中：应收利息	3	3
2. 减：委托贷款及委托投资			五、买入返售资产		
十二、代理金融机构委托贷款基金			六、存放中央准备金存款		
其中：中央银行委托贷款基金			七、存放中央银行特种存款		
十三、各项准备			八、缴存中央银行财政性存款		
其中：贷款损失准备			九、同业往来	7 391	957
十四、所有者权益	-4 207	-4 638	1. 存放同业	7 391	957
其中：实收资本			其中：存放境外同业		
十五、其他	-321 462	-128 425	2. 拆放同业		
			其中：拆放境外同业		
			十、境外联行往来（运用方）		
			十一、代理金融机构贷款		
			其中：代理人行专项贷款		
			十二、库存现金	1 141	381
			十三、外汇买卖（运用方）	30 269	12 678
			其中：结售汇	30 269	12 678
			十四、投资性房地产		
资金来源总计	39 146	14 194	资金运用总计	39 146	14 194

表 3.58　渤海银行北京分行外汇信贷收支统计

单位：万美元

项目名称	余额	比年初	项目名称	余额	比年初
一、各项存款	5 384	5 319	一、各项贷款		
1. 单位存款	5 348	5 322	（一）境内贷款		
其中：活期存款	3 310	3 284	1. 短期贷款		
定期存款	1 000	1 000	（1）个人贷款及透支		
通知存款			其中：个人消费贷款		
保证金存款	1 038	1 038	（2）单位普通贷款及透支		
2. 个人存款	37	-3	其中：经营贷款		
储蓄存款	37	-3	固定资产贷款		
保证金存款			（3）普通并购贷款		
结构性存款			（4）银团贷款		
3. 临时性存款			（5）贸易融资		
4. 其他存款			（6）境外筹资转贷款		
二、代理财政性存款			2. 中长期贷款		
三、金融债券			（1）个人贷款		
其中：境外发行			其中：个人消费贷款		
四、中长期借款			（2）单位普通贷款		
其中：境外借款			其中：经营贷款		
五、应付及暂收款	6	-114	固定资产贷款		
其中：应付利息	6	-114	（3）普通并购贷款		
六、卖出回购资产			（4）银团贷款		
七、向中央银行借款			（5）贸易融资		
八、同业往来（来源方）		-5 000	（6）境外筹资转贷款		
1. 同业存放		-5 000	3. 融资租赁		
其中：境外同业存放			4. 票据融资		
2. 同业拆借			其中：贴现		
其中：境外同业拆借			5. 各项垫款		
九、境外联行往来（来源方）			（二）境外贷款		
十、外汇买卖（来源方）			二、有价证券		
其中：结售汇			三、股权及其他投资		
十一、委托存款及委托投资基金(净)			四、应收及预付款		
1. 委托存款及委托投资基金			其中：应收利息		
2. 减：委托贷款及委托投资			五、买入返售资产		
十二、代理金融机构委托贷款基金			六、存放中央准备金存款		
其中：中央银行委托贷款基金			七、存放中央银行特种存款		
十三、各项准备			八、缴存中央银行财政性存款		
其中：贷款损失准备			九、同业往来	57	13
十四、所有者权益	4		1. 存放同业	57	13
其中：实收资本			其中：存放境外同业		
十五、其他	-5 315	-197	2. 拆放同业		
			其中：拆放境外同业		
			十、境外联行往来（运用方）		
			十一、代理金融机构贷款		
			其中：代理人行专项贷款		
			十二、库存现金	22	-4
			十三、外汇买卖（运用方）		
			其中：结售汇		
			十四、投资性房地产		
资金来源总计	79	9	资金运用总计	79	9

表 3.59 浙商银行北京分行外汇信贷收支统计

单位：万美元

项目名称	余额	比年初	项目名称	余额	比年初
一、各项存款	33 167	30 603	一、各项贷款	16 604	14 025
1. 单位存款	33 164	30 600	（一）境内贷款	16 604	14 025
其中：活期存款	737	-225	1. 短期贷款	16 604	14 025
定期存款	7 774	6 173	（1）个人贷款及透支		
通知存款	24 652	24 652	其中：个人消费贷款		
保证金存款			（2）单位普通贷款及透支		
2. 个人存款	3	2	其中：经营贷款		
储蓄存款	3	2	固定资产贷款		
保证金存款			（3）普通并购贷款		
结构性存款			（4）银团贷款		
3. 临时性存款			（5）贸易融资	16 604	14 025
4. 其他存款			（6）境外筹资转贷款		
二、代理财政性存款			2. 中长期贷款		
三、金融债券			（1）个人贷款		
其中：境外发行			其中：个人消费贷款		
四、中长期借款			（2）单位普通贷款		
其中：境外借款			其中：经营贷款		
五、应付及暂收款			固定资产贷款		
其中：应付利息			（3）普通并购贷款		
六、卖出回购资产			（4）银团贷款		
七、向中央银行借款			（5）贸易融资		
八、同业往来（来源方）			（6）境外筹资转贷款		
1. 同业存放			3. 融资租赁		
其中：境外同业存放			4. 票据融资		
2. 同业拆借			其中：贴现		
其中：境外同业拆借			5. 各项垫款		
九、境外联行往来（来源方）			（二）境外贷款		
十、外汇买卖（来源方）			二、有价证券		
其中：结售汇			三、股权及其他投资		
十一、委托存款及委托投资基金(净)			四、应收及预付款	69	45
1. 委托存款及委托投资基金			其中：应收利息	69	45
2. 减：委托贷款及委托投资			五、买入返售资产		
十二、代理金融机构委托贷款基金			六、存放中央准备金存款		
其中：中央银行委托贷款基金			七、存放中央银行特种存款		
十三、各项准备			八、缴存中央银行财政性存款		
其中：贷款损失准备			九、同业往来	537	-463
十四、所有者权益	40	49	1. 存放同业	537	-463
其中：实收资本			其中：存放境外同业		
十五、其他	-15 993	-17 041	2. 拆放同业		
			其中：拆放境外同业		
			十、境外联行往来（运用方）		
			十一、代理金融机构贷款		
			其中：代理人行专项贷款		
			十二、库存现金	5	3
			十三、外汇买卖（运用方）		
			其中：结售汇		
			十四、投资性房地产		
资金来源总计	17 214	13 610	资金运用总计	17 214	13 610

表3.60　北京银行外汇信贷收支统计（全国）

单位：万美元

项目名称	余额	比年初	项目名称	余额	比年初
一、各项存款	219 513	97 384	一、各项贷款	95 426	-14 052
1. 单位存款	201 600	97 251	（一）境内贷款	94 807	-14 052
其中：活期存款	48 798	18 955	1. 短期贷款	83 361	-6 248
定期存款	31 066	17 496	（1）个人贷款及透支	75	52
通知存款	1 094	-2 630	其中：个人消费贷款	75	52
保证金存款	120 642	63 430	（2）单位普通贷款及透支	38 414	-8 493
2. 个人存款	17 913	142	其中：经营贷款	38 414	-8 493
储蓄存款	11 398	-1 643	固定资产贷款		
保证金存款			（3）普通并购贷款		
结构性存款	6 515	1 785	（4）银团贷款		
3. 临时性存款		-9	（5）贸易融资	44 873	2 194
4. 其他存款			（6）境外筹资转贷款		
二、代理财政性存款			2. 中长期贷款	11 024	-7 797
三、金融债券			（1）个人贷款		
其中：境外发行			其中：个人消费贷款		
四、中长期借款			（2）单位普通贷款	1 165	-4 290
其中：境外借款			其中：经营贷款		-3 177
五、应付及暂收款	21 773	19 316	固定资产贷款	1 165	-1 113
其中：应付利息	1 064	916	（3）普通并购贷款		
六、卖出回购资产			（4）银团贷款	9 859	-3 507
七、向中央银行借款			（5）贸易融资		
八、同业往来（来源方）	4 772	-35 856	（6）境外筹资转贷款		
1. 同业存放	4 172	-121	3. 融资租赁		
其中：境外同业存放			4. 票据融资	3	-9
2. 同业拆借	600	-35 735	其中：贴现		
其中：境外同业拆借			5. 各项垫款	419	2
九、境外联行往来（来源方）			（二）境外贷款	619	
十、外汇买卖（来源方）	6 053	-8 092	二、有价证券	20 985	-9 443
其中：结售汇	5 977	-8 103	三、股权及其他投资	15	
十一、委托存款及委托投资基金(净)	58		四、应收及预付款	643	105
1. 委托存款及委托投资基金	352	-1	其中：应收利息	643	112
2. 减：委托贷款及委托投资	295		五、买入返售资产		
十二、代理金融机构委托贷款基金			六、存放中央准备金存款	14 191	9 363
其中：中央银行委托贷款基金			七、存放中央银行特种存款		
十三、各项准备	3 802	404	八、缴存中央银行财政性存款		
其中：贷款损失准备	3 802	404	九、同业往来	134 059	83 263
十四、所有者权益	537	481	1. 存放同业	102 189	63 168
其中：实收资本			其中：存放境外同业	38 526	28 552
十五、其他	12 281	-3 078	2. 拆放同业	31 869	20 094
			其中：拆放境外同业		
			十、境外联行往来（运用方）		
			十一、代理金融机构贷款		
			其中：代理人行专项贷款		
			十二、库存现金	1 847	-300
			十三、外汇买卖（运用方）	1 623	1 623
			其中：结售汇	1 623	1 623
			十四、投资性房地产		
资金来源总计	268 789	70 559	资金运用总计	268 789	70 559

表 3.61 北京银行外汇信贷收支统计（北京）

单位：万美元

项目名称	余额	比年初	项目名称	余额	比年初
一、各项存款	73 360	14 676	一、各项贷款	40 552	-26 611
1. 单位存款	56 905	14 747	（一）境内贷款	39 934	-26 610
其中：活期存款	39 452	14 176	1. 短期贷款	28 488	-18 806
定期存款	14 786	1 416	（1）个人贷款及透支	75	52
通知存款	785	-1 259	其中：个人消费贷款	75	52
保证金存款	1 881	413	（2）单位普通贷款及透支	14 166	-6 310
2. 个人存款	16 456	-61	其中：经营贷款	14 166	-6 310
储蓄存款	10 508	-1 714	固定资产贷款		
保证金存款			（3）普通并购贷款		
结构性存款	5 948	1 653	（4）银团贷款		
3. 临时性存款		-9	（5）贸易融资	14 247	-12 548
4. 其他存款			（6）境外筹资转贷款		
二、代理财政性存款			2. 中长期贷款	11 024	-7 797
三、金融债券			（1）个人贷款		
其中：境外发行			其中：个人消费贷款		
四、中长期借款			（2）单位普通贷款	1 165	-4 290
其中：境外借款			其中：经营贷款		-3 177
五、应付及暂收款	20 852	18 489	固定资产贷款	1 165	-1 113
其中：应付利息	181	62	（3）普通并购贷款		
六、卖出回购资产			（4）银团贷款	9 859	-3 507
七、向中央银行借款			（5）贸易融资		
八、同业往来（来源方）	2 005	-37 363	（6）境外筹资转贷款		
1. 同业存放	1 405	-1 628	3. 融资租赁		
其中：境外同业存放			4. 票据融资	3	-9
2. 同业拆借	600	-35 735	其中：贴现		
其中：境外同业拆借			5. 各项垫款	419	2
九、境外联行往来（来源方）			（二）境外贷款	619	
十、外汇买卖（来源方）	6 053	-8 092	二、有价证券	20 985	-9 443
其中：结售汇	5 977	-8 103	三、股权及其他投资	15	
十一、委托存款及委托投资基金(净)	58		四、应收及预付款	169	-294
1. 委托存款及委托投资基金	352	-1	其中：应收利息	169	-287
2. 减：委托贷款及委托投资	295		五、买入返售资产		
十二、代理金融机构委托贷款基金			六、存放中央准备金存款	12 147	8 549
其中：中央银行委托贷款基金			七、存放中央银行特种存款		
十三、各项准备	2 422	-189	八、缴存中央银行财政性存款		
其中：贷款损失准备	2 422	-189	九、同业往来	74 357	26 470
十四、所有者权益	1 078	1 022	1. 存放同业	52 488	16 376
其中：实收资本			其中：存放境外同业	38 526	28 552
十五、其他	45 502	11 391	2. 拆放同业	21 869	10 094
			其中：拆放境外同业		
			十、境外联行往来（运用方）		
			十一、代理金融机构贷款		
			其中：代理人行专项贷款		
			十二、库存现金	1 483	-359
			十三、外汇买卖（运用方）	1 623	1 623
			其中：结售汇	1 623	1 623
			十四、投资性房地产		
资金来源总计	151 331	-65	资金运用总计	151 331	-65

表 3.62　天津银行北京分行外汇信贷收支统计

单位：万美元

项目名称	余额	比年初	项目名称	余额	比年初
一、各项存款	1 042	573	一、各项贷款	254	254
1. 单位存款	1 035	572	（一）境内贷款	254	254
其中：活期存款	285	－178	1. 短期贷款	254	254
定期存款	750	750	（1）个人贷款及透支		
通知存款			其中：个人消费贷款		
保证金存款			（2）单位普通贷款及透支		
2. 个人存款	7	1	其中：经营贷款		
储蓄存款	7	1	固定资产贷款		
保证金存款			（3）普通并购贷款		
结构性存款			（4）银团贷款		
3. 临时性存款			（5）贸易融资	254	254
4. 其他存款			（6）境外筹资转贷款		
二、代理财政性存款			2. 中长期贷款		
三、金融债券			（1）个人贷款		
其中：境外发行			其中：个人消费贷款		
四、中长期借款			（2）单位普通贷款		
其中：境外借款			其中：经营贷款		
五、应付及暂收款			固定资产贷款		
其中：应付利息			（3）普通并购贷款		
六、卖出回购资产			（4）银团贷款		
七、向中央银行借款			（5）贸易融资		
八、同业往来（来源方）		－2 000	（6）境外筹资转贷款		
1. 同业存放		－2 000	3. 融资租赁		
其中：境外同业存放			4. 票据融资		
2. 同业拆借			其中：贴现		
其中：境外同业拆借			5. 各项垫款		
九、境外联行往来（来源方）			（二）境外贷款		
十、外汇买卖（来源方）			二、有价证券		
其中：结售汇			三、股权及其他投资		
十一、委托存款及委托投资基金(净)			四、应收及预付款		
1. 委托存款及委托投资基金			其中：应收利息		
2. 减：委托贷款及委托投资			五、买入返售资产		
十二、代理金融机构委托贷款基金			六、存放中央准备金存款		
其中：中央银行委托贷款基金			七、存放中央银行特种存款		
十三、各项准备			八、缴存中央银行财政性存款		
其中：贷款损失准备			九、同业往来	22	－1 999
十四、所有者权益	24	22	1. 存放同业	22	1
其中：实收资本			其中：存放境外同业		
十五、其他	－783	－340	2. 拆放同业		－2 000
			其中：拆放境外同业		
			十、境外联行往来（运用方）		
			十一、代理金融机构贷款		
			其中：代理人行专项贷款		
			十二、库存现金	7	
			十三、外汇买卖（运用方）		
			其中：结售汇		
			十四、投资性房地产		
资金来源总计	283	－1 745	资金运用总计	283	－1 745

表 3.63 大连银行北京分行外汇信贷收支统计

单位：万美元

项目名称	余额	比年初	项目名称	余额	比年初
一、各项存款	19	-756	一、各项贷款		
1. 单位存款	8	-4	（一）境内贷款		
其中：活期存款	8	-4	1. 短期贷款		
定期存款			（1）个人贷款及透支		
通知存款			其中：个人消费贷款		
保证金存款			（2）单位普通贷款及透支		
2. 个人存款	11	-752	其中：经营贷款		
储蓄存款	11	-752	固定资产贷款		
保证金存款			（3）普通并购贷款		
结构性存款			（4）银团贷款		
3. 临时性存款			（5）贸易融资		
4. 其他存款			（6）境外筹资转贷款		
二、代理财政性存款			2. 中长期贷款		
三、金融债券			（1）个人贷款		
其中：境外发行			其中：个人消费贷款		
四、中长期借款			（2）单位普通贷款		
其中：境外借款			其中：经营贷款		
五、应付及暂收款			固定资产贷款		
其中：应付利息			（3）普通并购贷款		
六、卖出回购资产			（4）银团贷款		
七、向中央银行借款			（5）贸易融资		
八、同业往来（来源方）			（6）境外筹资转贷款		
1. 同业存放			3. 融资租赁		
其中：境外同业存放			4. 票据融资		
2. 同业拆借			其中：贴现		
其中：境外同业拆借			5. 各项垫款		
九、境外联行往来（来源方）			（二）境外贷款		
十、外汇买卖（来源方）	27 671	6 503	二、有价证券		
其中：结售汇	27 670	6 502	三、股权及其他投资		
十一、委托存款及委托投资基金(净)			四、应收及预付款		
1. 委托存款及委托投资基金			其中：应收利息		
2. 减：委托贷款及委托投资			五、买入返售资产		
十二、代理金融机构委托贷款基金			六、存放中央准备金存款		
其中：中央银行委托贷款基金			七、存放中央银行特种存款		
十三、各项准备			八、缴存中央银行财政性存款		
其中：贷款损失准备			九、同业往来	33	-2
十四、所有者权益	-10	-15	1. 存放同业	33	-2
其中：实收资本			其中：存放境外同业		
十五、其他	31	765	2. 拆放同业		
			其中：拆放境外同业		
			十、境外联行往来（运用方）		
			十一、代理金融机构贷款		
			其中：代理人行专项贷款		
			十二、库存现金	7	-4
			十三、外汇买卖（运用方）	27 671	6 503
			其中：结售汇	27 670	6 502
			十四、投资性房地产		
资金来源总计	27 711	6 497	资金运用总计	27 711	6 497

表3.64　杭州银行北京分行外汇信贷收支统计

单位：万美元

项目名称	余额	比年初	项目名称	余额	比年初
一、各项存款	1 586	1 458	一、各项贷款	280	-533
1. 单位存款	1 545	1 462	（一）境内贷款	280	-533
其中：活期存款	533	504	1. 短期贷款	280	-533
定期存款	1 012	1 012	（1）个人贷款及透支		
通知存款			其中：个人消费贷款		
保证金存款		-54	（2）单位普通贷款及透支	91	91
2. 个人存款	41	-4	其中：经营贷款	91	91
储蓄存款	41	-4	固定资产贷款		
保证金存款			（3）普通并购贷款		
结构性存款			（4）银团贷款		
3. 临时性存款			（5）贸易融资	189	-624
4. 其他存款			（6）境外筹资转贷款		
二、代理财政性存款			2. 中长期贷款		
三、金融债券			（1）个人贷款		
其中：境外发行			其中：个人消费贷款		
四、中长期借款			（2）单位普通贷款		
其中：境外借款			其中：经营贷款		
五、应付及暂收款	7	5	固定资产贷款		
其中：应付利息	7	5	（3）普通并购贷款		
六、卖出回购资产			（4）银团贷款		
七、向中央银行借款			（5）贸易融资		
八、同业往来（来源方）			（6）境外筹资转贷款		
1. 同业存放			3. 融资租赁		
其中：境外同业存放			4. 票据融资		
2. 同业拆借			其中：贴现		
其中：境外同业拆借			5. 各项垫款		
九、境外联行往来（来源方）			（二）境外贷款		
十、外汇买卖（来源方）			二、有价证券		
其中：结售汇			三、股权及其他投资		
十一、委托存款及委托投资基金(净)			四、应收及预付款		
1. 委托存款及委托投资基金			其中：应收利息		
2. 减：委托贷款及委托投资			五、买入返售资产		
十二、代理金融机构委托贷款基金			六、存放中央准备金存款		
其中：中央银行委托贷款基金			七、存放中央银行特种存款		
十三、各项准备			八、缴存中央银行财政性存款		
其中：贷款损失准备			九、同业往来	33	6
十四、所有者权益	80	50	1. 存放同业	33	6
其中：实收资本			其中：存放境外同业		
十五、其他	-1 358	-2 041	2. 拆放同业		
			其中：拆放境外同业		
			十、境外联行往来（运用方）		
			十一、代理金融机构贷款		
			其中：代理人行专项贷款		
			十二、库存现金	2	-1
			十三、外汇买卖（运用方）		
			其中：结售汇		
			十四、投资性房地产		
资金来源总计	315	-528	资金运用总计	315	-528

表 3.65　南京银行北京分行外汇信贷收支统计

单位：万美元

项目名称	余额	比年初	项目名称	余额	比年初
一、各项存款	3 309	3 247	一、各项贷款	144	144
1. 单位存款	3 288	3 232	（一）境内贷款	144	144
其中：活期存款	1 288	1 232	1. 短期贷款	144	144
定期存款			（1）个人贷款及透支		
通知存款			其中：个人消费贷款		
保证金存款			（2）单位普通贷款及透支		
2. 个人存款	21	15	其中：经营贷款		
储蓄存款	21	15	固定资产贷款		
保证金存款			（3）普通并购贷款		
结构性存款			（4）银团贷款		
3. 临时性存款			（5）贸易融资	144	144
4. 其他存款			（6）境外筹资转贷款		
二、代理财政性存款			2. 中长期贷款		
三、金融债券			（1）个人贷款		
其中：境外发行			其中：个人消费贷款		
四、中长期借款			（2）单位普通贷款		
其中：境外借款			其中：经营贷款		
五、应付及暂收款	717	717	固定资产贷款		
其中：应付利息	45	45	（3）普通并购贷款		
六、卖出回购资产			（4）银团贷款		
七、向中央银行借款			（5）贸易融资		
八、同业往来（来源方）			（6）境外筹资转贷款		
1. 同业存放			3. 融资租赁		
其中：境外同业存放			4. 票据融资		
2. 同业拆借			其中：贴现		
其中：境外同业拆借			5. 各项垫款		
九、境外联行往来（来源方）			（二）境外贷款		
十、外汇买卖（来源方）			二、有价证券		
其中：结售汇			三、股权及其他投资		
十一、委托存款及委托投资基金(净)			四、应收及预付款		
1. 委托存款及委托投资基金			其中：应收利息		
2. 减：委托贷款及委托投资			五、买入返售资产		
十二、代理金融机构委托贷款基金			六、存放中央准备金存款		
其中：中央银行委托贷款基金			七、存放中央银行特种存款		
十三、各项准备			八、缴存中央银行财政性存款		
其中：贷款损失准备			九、同业往来	10	3
十四、所有者权益	-30	-30	1. 存放同业	10	3
其中：实收资本			其中：存放境外同业		
十五、其他	-3 830	-3 781	2. 拆放同业		
			其中：拆放境外同业		
			十、境外联行往来（运用方）		
			十一、代理金融机构贷款		
			其中：代理人行专项贷款		
			十二、库存现金	12	6
			十三、外汇买卖（运用方）		
			其中：结售汇		
			十四、投资性房地产		
资金来源总计	166	153	资金运用总计	166	153

表3.66　盛京银行北京分行外汇信贷收支统计

单位：万美元

项目名称	余额	比年初	项目名称	余额	比年初
一、各项存款	4 348	1 338	一、各项贷款	166	141
1. 单位存款	4 172	1 327	（一）境内贷款	166	141
其中：活期存款	2 070	1 813	1. 短期贷款	166	141
定期存款	1 997	-588	（1）个人贷款及透支		
通知存款			其中：个人消费贷款		
保证金存款	105	102	（2）单位普通贷款及透支		
2. 个人存款	176	11	其中：经营贷款		
储蓄存款	176	11	固定资产贷款		
保证金存款			（3）普通并购贷款		
结构性存款			（4）银团贷款		
3. 临时性存款			（5）贸易融资	166	141
4. 其他存款			（6）境外筹资转贷款		
二、代理财政性存款			2. 中长期贷款		
三、金融债券			（1）个人贷款		
其中：境外发行			其中：个人消费贷款		
四、中长期借款			（2）单位普通贷款		
其中：境外借款			其中：经营贷款		
五、应付及暂收款	25	23	固定资产贷款		
其中：应付利息	25	23	（3）普通并购贷款		
六、卖出回购资产			（4）银团贷款		
七、向中央银行借款			（5）贸易融资		
八、同业往来（来源方）			（6）境外筹资转贷款		
1. 同业存放			3. 融资租赁		
其中：境外同业存放			4. 票据融资		
2. 同业拆借			其中：贴现		
其中：境外同业拆借			5. 各项垫款		
九、境外联行往来（来源方）			（二）境外贷款		
十、外汇买卖（来源方）			二、有价证券		
其中：结售汇			三、股权及其他投资		
十一、委托存款及委托投资基金(净)			四、应收及预付款		
1. 委托存款及委托投资基金			其中：应收利息		
2. 减：委托贷款及委托投资			五、买入返售资产		
十二、代理金融机构委托贷款基金			六、存放中央准备金存款		
其中：中央银行委托贷款基金			七、存放中央银行特种存款		
十三、各项准备			八、缴存中央银行财政性存款		
其中：贷款损失准备			九、同业往来	55	-36
十四、所有者权益	10	13	1. 存放同业	55	-36
其中：实收资本			其中：存放境外同业		
十五、其他	-4 123	-1 271	2. 拆放同业		
			其中：拆放境外同业		
			十、境外联行往来（运用方）		
			十一、代理金融机构贷款		
			其中：代理人行专项贷款		
			十二、库存现金	39	-2
			十三、外汇买卖（运用方）		
			其中：结售汇		
			十四、投资性房地产		
资金来源总计	260	103	资金运用总计	260	103

表 3.67　上海银行北京分行外汇信贷收支统计

单位：万美元

项目名称	余额	比年初	项目名称	余额	比年初
一、各项存款	1 002	809	一、各项贷款	3 233	558
1. 单位存款	994	804	（一）境内贷款	3 233	558
其中：活期存款	354	218	1. 短期贷款	3 233	558
定期存款		-54	（1）个人贷款及透支		
通知存款			其中：个人消费贷款		
保证金存款	640	640	（2）单位普通贷款及透支	1 000	
2. 个人存款	8	5	其中：经营贷款	1 000	
储蓄存款	8	5	固定资产贷款		
保证金存款			（3）普通并购贷款		
结构性存款			（4）银团贷款		
3. 临时性存款			（5）贸易融资	2 233	558
4. 其他存款			（6）境外筹资转贷款		
二、代理财政性存款			2. 中长期贷款		
三、金融债券			（1）个人贷款		
其中：境外发行			其中：个人消费贷款		
四、中长期借款			（2）单位普通贷款		
其中：境外借款			其中：经营贷款		
五、应付及暂收款		-7	固定资产贷款		
其中：应付利息		-4	（3）普通并购贷款		
六、卖出回购资产			（4）银团贷款		
七、向中央银行借款			（5）贸易融资		
八、同业往来（来源方）		-3 000	（6）境外筹资转贷款		
1. 同业存放		-3 000	3. 融资租赁		
其中：境外同业存放			4. 票据融资		
2. 同业拆借			其中：贴现		
其中：境外同业拆借			5. 各项垫款		
九、境外联行往来（来源方）			（二）境外贷款		
十、外汇买卖（来源方）	25 371	19 003	二、有价证券		
其中：结售汇	25 371	25 371	三、股权及其他投资		
十一、委托存款及委托投资基金(净)			四、应收及预付款	62	57
1. 委托存款及委托投资基金			其中：应收利息		-5
2. 减：委托贷款及委托投资			五、买入返售资产		
十二、代理金融机构委托贷款基金			六、存放中央准备金存款		
其中：中央银行委托贷款基金			七、存放中央银行特种存款		
十三、各项准备			八、缴存中央银行财政性存款		
其中：贷款损失准备			九、同业往来	24	2
十四、所有者权益	190	175	1. 存放同业	24	2
其中：实收资本			其中：存放境外同业		
十五、其他	2 139	2 648	2. 拆放同业		
			其中：拆放境外同业		
			十、境外联行往来（运用方）		
			十一、代理金融机构贷款		
			其中：代理人行专项贷款		
			十二、库存现金	12	8
			十三、外汇买卖（运用方）	25 371	19 003
			其中：结售汇	25 371	25 371
			十四、投资性房地产		
资金来源总计	28 702	19 628	资金运用总计	28 702	19 628

表3.68　江苏银行北京分行外汇信贷收支统计

单位：万美元

项目名称	余额	比年初	项目名称	余额	比年初
一、各项存款	10 288	10 286	一、各项贷款	12 414	12 341
1. 单位存款	10 286	10 285	（一）境内贷款	12 414	12 341
其中：活期存款	1 741	1 740	1. 短期贷款	12 414	12 341
定期存款	8 404	8 404	（1）个人贷款及透支		
通知存款			其中：个人消费贷款		
保证金存款	141	141	（2）单位普通贷款及透支	10 267	10 267
2. 个人存款	2	1	其中：经营贷款	10 267	10 267
储蓄存款	2	1	固定资产贷款		
保证金存款			（3）普通并购贷款		
结构性存款			（4）银团贷款		
3. 临时性存款			（5）贸易融资	2 147	2 074
4. 其他存款			（6）境外筹资转贷款		
二、代理财政性存款			2. 中长期贷款		
三、金融债券			（1）个人贷款		
其中：境外发行			其中：个人消费贷款		
四、中长期借款			（2）单位普通贷款		
其中：境外借款			其中：经营贷款		
五、应付及暂收款	157	157	固定资产贷款		
其中：应付利息	157	157	（3）普通并购贷款		
六、卖出回购资产			（4）银团贷款		
七、向中央银行借款			（5）贸易融资		
八、同业往来（来源方）			（6）境外筹资转贷款		
1. 同业存放			3. 融资租赁		
其中：境外同业存放			4. 票据融资		
2. 同业拆借			其中：贴现		
其中：境外同业拆借			5. 各项垫款		
九、境外联行往来（来源方）			（二）境外贷款		
十、外汇买卖（来源方）			二、有价证券		
其中：结售汇			三、股权及其他投资		
十一、委托存款及委托投资基金(净)			四、应收及预付款	166	166
1. 委托存款及委托投资基金			其中：应收利息	166	166
2. 减：委托贷款及委托投资			五、买入返售资产		
十二、代理金融机构委托贷款基金			六、存放中央准备金存款		
其中：中央银行委托贷款基金			七、存放中央银行特种存款		
十三、各项准备			八、缴存中央银行财政性存款		
其中：贷款损失准备			九、同业往来	6	4
十四、所有者权益	7	7	1. 存放同业	6	4
其中：实收资本			其中：存放境外同业		
十五、其他	2 136	2 063	2. 拆放同业		
			其中：拆放境外同业		
			十、境外联行往来（运用方）		
			十一、代理金融机构贷款		
			其中：代理人行专项贷款		
			十二、库存现金	2	2
			十三、外汇买卖（运用方）		
			其中：结售汇		
			十四、投资性房地产		
资金来源总计	12 588	12 513	资金运用总计	12 588	12 513

表 3.69　宁波银行北京分行外汇信贷收支统计

单位：万美元

项目名称	余额	比年初	项目名称	余额	比年初
一、各项存款	113	113	一、各项贷款		
1. 单位存款	84	84	（一）境内贷款		
其中：活期存款	32	32	1. 短期贷款		
定期存款			（1）个人贷款及透支		
通知存款			其中：个人消费贷款		
保证金存款			（2）单位普通贷款及透支		
2. 个人存款	29	29	其中：经营贷款		
储蓄存款	29	29	固定资产贷款		
保证金存款			（3）普通并购贷款		
结构性存款			（4）银团贷款		
3. 临时性存款			（5）贸易融资		
4. 其他存款			（6）境外筹资转贷款		
二、代理财政性存款			2. 中长期贷款		
三、金融债券			（1）个人贷款		
其中：境外发行			其中：个人消费贷款		
四、中长期借款			（2）单位普通贷款		
其中：境外借款			其中：经营贷款		
五、应付及暂收款			固定资产贷款		
其中：应付利息			（3）普通并购贷款		
六、卖出回购资产			（4）银团贷款		
七、向中央银行借款			（5）贸易融资		
八、同业往来（来源方）			（6）境外筹资转贷款		
1. 同业存放			3. 融资租赁		
其中：境外同业存放			4. 票据融资		
2. 同业拆借			其中：贴现		
其中：境外同业拆借			5. 各项垫款		
九、境外联行往来（来源方）			（二）境外贷款		
十、外汇买卖（来源方）			二、有价证券		
其中：结售汇			三、股权及其他投资		
十一、委托存款及委托投资基金(净)			四、应收及预付款		
1. 委托存款及委托投资基金			其中：应收利息		
2. 减：委托贷款及委托投资			五、买入返售资产		
十二、代理金融机构委托贷款基金			六、存放中央准备金存款		
其中：中央银行委托贷款基金			七、存放中央银行特种存款		
十三、各项准备			八、缴存中央银行财政性存款		
其中：贷款损失准备			九、同业往来	28	28
十四、所有者权益	-10	-10	1. 存放同业	28	28
其中：实收资本			其中：存放境外同业		
十五、其他	-70	-70	2. 拆放同业		
			其中：拆放境外同业		
			十、境外联行往来（运用方）		
			十一、代理金融机构贷款		
			其中：代理人行专项贷款		
			十二、库存现金	5	5
			十三、外汇买卖（运用方）		
			其中：结售汇		
			十四、投资性房地产		
资金来源总计	33	33	资金运用总计	33	33

表3.70 包商银行北京分行外汇信贷收支统计

单位：万美元

项目名称	余额	比年初	项目名称	余额	比年初
一、各项存款	1	1	一、各项贷款		
1. 单位存款			（一）境内贷款		
其中：活期存款			1. 短期贷款		
定期存款			（1）个人贷款及透支		
通知存款			其中：个人消费贷款		
保证金存款			（2）单位普通贷款及透支		
2. 个人存款	1	1	其中：经营贷款		
储蓄存款	1	1	固定资产贷款		
保证金存款			（3）普通并购贷款		
结构性存款			（4）银团贷款		
3. 临时性存款			（5）贸易融资		
4. 其他存款			（6）境外筹资转贷款		
二、代理财政性存款			2. 中长期贷款		
三、金融债券			（1）个人贷款		
其中：境外发行			其中：个人消费贷款		
四、中长期借款			（2）单位普通贷款		
其中：境外借款			其中：经营贷款		
五、应付及暂收款			固定资产贷款		
其中：应付利息			（3）普通并购贷款		
六、卖出回购资产			（4）银团贷款		
七、向中央银行借款			（5）贸易融资		
八、同业往来（来源方）			（6）境外筹资转贷款		
1. 同业存放			3. 融资租赁		
其中：境外同业存放			4. 票据融资		
2. 同业拆借			其中：贴现		
其中：境外同业拆借			5. 各项垫款		
九、境外联行往来（来源方）			（二）境外贷款		
十、外汇买卖（来源方）			二、有价证券		
其中：结售汇			三、股权及其他投资		
十一、委托存款及委托投资基金(净)			四、应收及预付款		
1. 委托存款及委托投资基金			其中：应收利息		
2. 减：委托贷款及委托投资			五、买入返售资产		
十二、代理金融机构委托贷款基金			六、存放中央准备金存款		
其中：中央银行委托贷款基金			七、存放中央银行特种存款		
十三、各项准备			八、缴存中央银行财政性存款		
其中：贷款损失准备			九、同业往来		
十四、所有者权益			1. 存放同业		
其中：实收资本			其中：存放境外同业		
十五、其他	-1	-1	2. 拆放同业		
			其中：拆放境外同业		
			十、境外联行往来（运用方）		
			十一、代理金融机构贷款		
			其中：代理人行专项贷款		
			十二、库存现金		
			十三、外汇买卖（运用方）		
			其中：结售汇		
			十四、投资性房地产		
资金来源总计			资金运用总计		

表 3.71　锦州银行北京分行外汇信贷收支统计

单位：万美元

项目名称	余额	比年初	项目名称	余额	比年初
一、各项存款	4	4	一、各项贷款		
1. 单位存款			（一）境内贷款		
其中：活期存款			1. 短期贷款		
定期存款			（1）个人贷款及透支		
通知存款			其中：个人消费贷款		
保证金存款			（2）单位普通贷款及透支		
2. 个人存款	4	4	其中：经营贷款		
储蓄存款	4	4	固定资产贷款		
保证金存款			（3）普通并购贷款		
结构性存款			（4）银团贷款		
3. 临时性存款			（5）贸易融资		
4. 其他存款			（6）境外筹资转贷款		
二、代理财政性存款			2. 中长期贷款		
三、金融债券			（1）个人贷款		
其中：境外发行			其中：个人消费贷款		
四、中长期借款			（2）单位普通贷款		
其中：境外借款			其中：经营贷款		
五、应付及暂收款			固定资产贷款		
其中：应付利息			（3）普通并购贷款		
六、卖出回购资产			（4）银团贷款		
七、向中央银行借款			（5）贸易融资		
八、同业往来（来源方）			（6）境外筹资转贷款		
1. 同业存放			3. 融资租赁		
其中：境外同业存放			4. 票据融资		
2. 同业拆借			其中：贴现		
其中：境外同业拆借			5. 各项垫款		
九、境外联行往来（来源方）			（二）境外贷款		
十、外汇买卖（来源方）			二、有价证券		
其中：结售汇			三、股权及其他投资		
十一、委托存款及委托投资基金(净)			四、应收及预付款		
1. 委托存款及委托投资基金			其中：应收利息		
2. 减：委托贷款及委托投资			五、买入返售资产		
十二、代理金融机构委托贷款基金			六、存放中央准备金存款		
其中：中央银行委托贷款基金			七、存放中央银行特种存款		
十三、各项准备			八、缴存中央银行财政性存款		
其中：贷款损失准备			九、同业往来	3	3
十四、所有者权益			1. 存放同业	3	3
其中：实收资本			其中：存放境外同业		
十五、其他	5	5	2. 拆放同业		
			其中：拆放境外同业		
			十、境外联行往来（运用方）		
			十一、代理金融机构贷款		
			其中：代理人行专项贷款		
			十二、库存现金	6	6
			十三、外汇买卖（运用方）		
			其中：结售汇		
			十四、投资性房地产		
资金来源总计	9	9	资金运用总计	9	9

表 3.72 北京农商银行外汇信贷收支统计

单位：万美元

项目名称	余额	比年初	项目名称	余额	比年初
一、各项存款	5 043	2 384	一、各项贷款	300	-321
1. 单位存款	4 724	2 183	（一）境内贷款	300	-321
其中：活期存款	4 641	2 100	1. 短期贷款	300	-321
定期存款			（1）个人贷款及透支		
通知存款			其中：个人消费贷款		
保证金存款	83	83	（2）单位普通贷款及透支		-347
2. 个人存款	319	201	其中：经营贷款		-347
储蓄存款	319	201	固定资产贷款		
保证金存款			（3）普通并购贷款		
结构性存款			（4）银团贷款		
3. 临时性存款			（5）贸易融资	300	26
4. 其他存款			（6）境外筹资转贷款		
二、代理财政性存款			2. 中长期贷款		
三、金融债券			（1）个人贷款		
其中：境外发行			其中：个人消费贷款		
四、中长期借款			（2）单位普通贷款		
其中：境外借款			其中：经营贷款		
五、应付及暂收款	663	607	固定资产贷款		
其中：应付利息			（3）普通并购贷款		
六、卖出回购资产			（4）银团贷款		
七、向中央银行借款			（5）贸易融资		
八、同业往来（来源方）	1 000	1 000	（6）境外筹资转贷款		
1. 同业存放			3. 融资租赁		
其中：境外同业存放			4. 票据融资		
2. 同业拆借	1 000	1 000	其中：贴现		
其中：境外同业拆借			5. 各项垫款		
九、境外联行往来（来源方）			（二）境外贷款		
十、外汇买卖（来源方）	3	3	二、有价证券		
其中：结售汇	3	3	三、股权及其他投资		
十一、委托存款及委托投资基金(净)			四、应收及预付款	54	50
1. 委托存款及委托投资基金			其中：应收利息	4	4
2. 减：委托贷款及委托投资			五、买入返售资产		
十二、代理金融机构委托贷款基金			六、存放中央准备金存款	240	230
其中：中央银行委托贷款基金			七、存放中央银行特种存款		
十三、各项准备			八、缴存中央银行财政性存款		
其中：贷款损失准备			九、同业往来	9 347	4 155
十四、所有者权益	195	164	1. 存放同业	3 790	2 998
其中：实收资本			其中：存放境外同业	1 382	894
十五、其他	3 108	3	2. 拆放同业	5 557	1 157
			其中：拆放境外同业		
			十、境外联行往来（运用方）		
			十一、代理金融机构贷款		
			其中：代理人行专项贷款		
			十二、库存现金	70	46
			十三、外汇买卖（运用方）		
			其中：结售汇		
			十四、投资性房地产		
资金来源总计	10 011	4 161	资金运用总计	10 011	4 161

表 3.73　中国邮政储蓄银行北京分行外汇信贷收支统计

单位：万美元

项目名称	余额	比年初	项目名称	余额	比年初
一、各项存款	1 992	1 122	一、各项贷款		
1. 单位存款	805	794	（一）境内贷款		
其中：活期存款	805	794	1. 短期贷款		
定期存款			（1）个人贷款及透支		
通知存款			其中：个人消费贷款		
保证金存款			（2）单位普通贷款及透支		
2. 个人存款	1 187	328	其中：经营贷款		
储蓄存款	1 187	328	固定资产贷款		
保证金存款			（3）普通并购贷款		
结构性存款			（4）银团贷款		
3. 临时性存款			（5）贸易融资		
4. 其他存款			（6）境外筹资转贷款		
二、代理财政性存款			2. 中长期贷款		
三、金融债券			（1）个人贷款		
其中：境外发行			其中：个人消费贷款		
四、中长期借款			（2）单位普通贷款		
其中：境外借款			其中：经营贷款		
五、应付及暂收款	13	6	固定资产贷款		
其中：应付利息	13	6	（3）普通并购贷款		
六、卖出回购资产			（4）银团贷款		
七、向中央银行借款			（5）贸易融资		
八、同业往来（来源方）			（6）境外筹资转贷款		
1. 同业存放			3. 融资租赁		
其中：境外同业存放			4. 票据融资		
2. 同业拆借			其中：贴现		
其中：境外同业拆借			5. 各项垫款		
九、境外联行往来（来源方）			（二）境外贷款		
十、外汇买卖（来源方）			二、有价证券		
其中：结售汇			三、股权及其他投资		
十一、委托存款及委托投资基金(净)			四、应收及预付款		
1. 委托存款及委托投资基金			其中：应收利息		
2. 减：委托贷款及委托投资			五、买入返售资产		
十二、代理金融机构委托贷款基金			六、存放中央准备金存款		
其中：中央银行委托贷款基金			七、存放中央银行特种存款		
十三、各项准备			八、缴存中央银行财政性存款		
其中：贷款损失准备			九、同业往来	59	31
十四、所有者权益			1. 存放同业	59	31
其中：实收资本			其中：存放境外同业		
十五、其他	－1 805	－1 329	2. 拆放同业		
			其中：拆放境外同业		
			十、境外联行往来（运用方）		
			十一、代理金融机构贷款		
			其中：代理人行专项贷款		
			十二、库存现金	141	－232
			十三、外汇买卖（运用方）		
			其中：结售汇		
			十四、投资性房地产		
资金来源总计	200	－201	资金运用总计	200	－201

以上统计表由中国人民银行营业管理部调查统计处提供。

（四）机构、人员统计

表 4.1　北京辖区内金融管理机构数量与从业人员数量统计

2011 年 12 月 31 日

单位：人/机构（个）

机　构　名　称	机　构　数　量	职　工　人　数
中国人民银行营业管理部	1	552
中国银行业监督管理委员会北京监管局	1	272
中国证券监督管理委员会北京监管局	1	88
中国保险监督管理委员会北京监管局	1	75
北京市金融工作局	1	61
合计	5	1 048

注：表中数据由表中各部门提供。

表 4.2　北京辖区内银行及其他金融机构数量与从业人员数量统计

2011 年 12 月 31 日

单位：人/机构（个）

机　构　名　称	机构数			从业人员数	营业员工数
	法人机构	分行级（含总行营业部、办事处、代表处）	支行及支行以下营业网点		
国家开发银行北京市分行		2		307	112
政策性银行合计		3	12	437	265
中国进出口银行		1		64	12
中国农业发展银行		2	12	373	253
国有商业银行合计		6	1 656	47 340	29 782
工商银行北京市分行		1	561	14 943	8 402
农业银行北京市分行		1	325	7 840	4 701
中国银行北京市分行		1	268	8 716	4 862
建设银行北京市分行		2	389	11 176	8 386
交通银行北京市分行		1	113	4 665	3 431
股份制商业银行合计		11	405	16 551	11 613
中信银行总行营业部		1	49	2 073	1 259
光大银行北京分行		1	53	2 181	1 538
华夏银行北京分行		1	50	1 673	1 149

续表

机构名称	机构数			从业人员数	营业员工数
	法人机构	分行级（含总行营业部、办事处、代表处）	支行及支行以下营业网点		
广发银行北京分行		1	34	1 490	1 118
深圳发展银行北京分行		1	25	1 173	847
招商银行北京分行		1	56	2 840	2 301
上海浦东发展银行北京分行		1	41	1 220	940
兴业银行北京分行		1	38	1 244	1 010
民生银行总行营业部		1	50	2 094	1 193
浙商银行北京分行		1	2	218	47
渤海银行北京分行		1	7	345	211
城市商业银行合计	1	11	194	9 413	5 875
北京银行	1	1	165	7 339	4 895
天津银行北京分行		1	7	228	165
大连银行北京分行		1	2	193	66
杭州银行北京分行		1	6	288	160
南京银行北京分行		1	4	236	154
盛京银行北京分行		1	4	89	50
上海银行北京分行		1	2	232	104
江苏银行北京分行		1	4	254	136
宁波银行北京分行		1	0	151	24
包商银行北京分行		1	0	328	46
锦州银行北京分行		1	0	75	75
农村金融机构合计	9		694	7 326	6 401
北京农商银行	1		693	7 008	6 270
村镇银行	8		1	318	131
邮政储蓄银行北京分行		1	531	1 927	770
外资银行	7	41	53	5 283	2 287
外资银行代表处		72		250	0
外资非银行代表处		19		58	0
资产管理公司		4		228	90
非银行金融机构合计	45			3 232	345
企业集团财务公司	33			1 441	129
信托公司	3			287	65
金融租赁公司	1			77	
汽车金融公司	6			1 345	143
消费金融公司	1			40	8
货币经纪公司	1			42	
合计	62	170	3 545	92 352	57 540

本统计表由中国银行业监督管理委员会北京监管局提供。

表 4.3　北京辖区内证券机构数量与从业人员数量统计

2011 年 12 月 31 日

单位：人/机构（个）

机构类别	机构数量	从业人员数量	投资者开户数（万户）
证券公司	18		1 205
证券分公司	32		
证券营业部	256	11 510	522
基金管理公司	13	2 500	
基金分公司	43		
期货经纪公司	19	5 000	45
期货营业部	65		
证券投资咨询公司	19		
上市公司	194		
外资代表处	64		
合计	723	19 010	1 772

本统计表由中国证券监督管理委员会北京监管局提供。

表 4.4　北京辖区内保险机构数量与从业人员数量统计

2011 年 12 月 31 日

单位：人/机构（个）

机构类别	总公司	分公司	支公司	营业部	营销服务部	公司职工	保险营销员
中资产险公司		27	105	40	66		
中资寿险公司		33	71	16	253		
中资再保险公司		1					
外资产险公司	2	8					
外资寿险公司	3	17	1		43		
外资再保险公司		3					
政策性保险公司				1			
合计	5	89	177	57	362		
中介法人机构							
其中：代理公司	159	110				8 707	
经纪公司	155	35			0	6 289	
公估公司	43	10				964	
合计	357	155				15 960	70 515

本统计表由中国保险监督管理委员会北京监管局提供。

九、大　事　记

1月

1月1日 《2011年度北京地区机动车商业保险费率浮动档次升降方案》实施。该《方案》规定：凡2009年、2010年连续两年都在北京市投保商业车险的机动车辆，2009年度没有保险理赔记录，但在2010年度发生了1~2次保险理赔，且累计赔款金额小于当年所缴纳的保费金额，该车辆在2011年继续投保商业车险时，“无赔款优待及上年赔款记录”系数仍执行2010年度的系数，即“不升不降”。其余情况，仍按《北京地区机动车商业保险费率浮动方案》执行。

1月8日 北京银行在人民大会堂举行“真诚相伴十五年·北京银行支持北京‘健康城市’建设捐赠仪式”，向中国医药卫生事业发展基金会捐赠1 000万元，用于支持北京市的健康城市建设。

1月11日 北京市公安局召开北京市银行系统防范电信诈骗工作优秀员工表彰大会，对2010年以来成功堵截电信诈骗的400余名银行工作人员给予表彰。对堵截金额100万元以上的4名员工记个人二等功。对堵截金额20万至100万元的53名员工记个人三等功，对堵截金额20万元以下的369人给予了个人嘉奖。2011年，北京市银行系统成功堵截620多起电信诈骗案件，涉及资金1 820万元。

1月16日 工商银行北京市分行推出跨行缴费业务，客户可以通过该行近1 000台查询缴费机和转账汇款机，使用他行卡缴纳手机费、市话费、燃气费、水费以及各类购电业务，实现了北京市公共事业缴费“一卡通、一网通、一费通”。

1月20日 中国银联北京分公司举办“2011年银行卡北京同业年会”，人行营业管理部、北京银监局、北京市金融工作局、北京市商务委、北京地区27家中资成员银行、合作行业及商户的代表参加了年会。

1月 人行营业管理部与北京市质监局签署北京市建立信息共享机制合作框架协议，充分利用组织机构代码提高贷款卡服务质量，共同促进首都社会征信体系建设发展。

2月

2月21日 中国华融资产管理公司与北京农商银行签署战略合作框架协议，双方将在不良资产处置、银银合作、证券、期货及其他衍生品业务、信托业务、支付结算业务、融资租赁业务、投融资业务、投行业务、私募股权投资业务等多个方面进行广泛的合作与交流。

2月22日 北京市国旭小额贷款有限公司成立。该公司是由北京国旭投资管理有限公司作为主发起人，联合北京国融置业有限公司等共同发起设立，主要致力于服务新西城区中小企业和个人，以推动新西城区中小企业发展为宗旨，建立健全完善的风险控制体系，为客户提供一体化的融资服务。

北京银行正式开通全国统一客服电话95526，成为国内首家开通全国统一客服电话的城市商业银行。

2月26日 北京国际金融家俱乐部成立。该俱乐部由北京市金融工作局、朝阳区人民政府主办，旨在“优化金融发展环境、营造高端商务氛围、聚集顶级金融精英、提供超值专业服务”。

2月28日 人行营业管理部制定并

向辖内银行印发了《2011 年科技金融和文化金融工作实施意见》，以推动首都经济发展方式转变为主线，提出组织开展贯穿全年的“科技金融创新服务年活动”、“文化金融系列活动”，进一步完善中小企业金融服务平台、信贷产品交流平台、统计信息共享平台，推动健全产品创新引导机制、银企互动对接机制、考核表彰激励机制、信用风险补偿机制，支持中关村国家自主创新示范区建设和首都文化创意产业发展。

杭州银行北京分行与中国农业发展银行北京市分行签署全面业务战略合作协议，双方将在“三农”、首都城乡一体化建设、中小企业、本币融资、本外币结算、银团贷款、零售等多方面开展全面业务战略合作。

3 月

3 月 1 日　北京保监局制定的《关于进一步规范人身保险销售行为的通知》正式执行。该通知对保险宣传、销售、新单回访、人员管理等方面提出具体规范要求，成为北京保监局综合治理销售误导工作中的一项重要制度。

3 月 4 日　太平洋人寿保险公司北京分公司上线新一代寿险核心业务系统——P10 项目，实现了核心业务系统及周边系统的数据大集中。

3 月 8 日　首都女金融家协会成立，北京银行行长严晓燕当选协会首任会长。

3 月 21 日　北京银监局启动 2011 年“促监管政策进基层行”活动。活动围绕 2011 年银行业重点监管工作，从“三个办法、一个指引”、案件及操作风险防控、清理和规范银信合作业务、房地产贷款风险管理等方面向北京辖内银行业金融机构进行宣讲培训，通过水平测试、经验交流、知识竞赛等多种形式，强化活动实施效果，推进辖内银行业金融机构深入贯彻落实监管政策，引领和带动首都银行业金融机构合规文化建设。

3 月 23 日　北京市支援合作办公室、市金融局与内蒙古自治区发改委、内蒙古自治区金融办签署《京蒙区域金融合作协议》。根据协议，京蒙两地将在金融机构跨区域发展、资本市场发展、小额贷款公司试点、区域信用体系建设、金融信息和人才交流、防范金融风险方面展开深度合作。

3 月 29 日　北京银行南昌分行开业。

3 月 30 日　人行营业管理部联合北京市科委、经信委、农委、金融局、中关村管委会、北京银监局、市文促中心等单位共同举办了“信贷政策执行效果通报会暨‘科技金融创新年’活动启动仪式”。“科技金融创新年”活动旨在推动北京市各银行持续扩大高新技术产业贷款规模、加大科技金融产品创新力度、做实做强科技金融专营机构，为北京建设具有国际影响力的科技金融创新中心奠定基础。“十一五”期间，北京市银行业累计向高新技术产业发放贷款 3 799.3 亿元；2010 年末，北京市高新技术产业贷款余额 822 亿元。

4 月

4 月 8 日　人民银行征信中心北京分中心与中信银行总行营业部签署《个人网银渠道客户非现场查询个人信用报告业务合作协议》。由此，中信银行网上银行客户将可以通过互联网查询本人信用报告，无须再到人民银行服务窗口办理查询业务。

北京银行与中国节能协会节能服务产业委员会（EMCA）签署战略合作协议。根据协议，未来5年内北京银行将为EMCA会员企业提供意向性授信100亿元人民币，约形成年节能能力560万吨标准煤，实现年减排二氧化碳1 400万吨。为实现100亿元授信落地，北京银行在签约现场启动“节能贷”金融服务方案，以“多样化产品、特色化服务”促进节能领域企业快速发展。

4月11日　核准类人民币结算账户电子化审批系统在北京地区上线运行。该系统依托北京市金融城域网，建立存款人、开户银行和人民银行之间的网上办事渠道、将纸质资料传递转变为电子影像传输，实现银行结算账户业务的网上申请、审批、咨询、查询功能。

4月18日　北京银监局下发《北京银监局关于进一步加强房地产贷款风险管理的通知》，要求辖内银行业金融机构科学制定房地产行业信贷战略和风险管控措施、切实加强房地产开发贷款的风险管理力度、严格执行差别化住房信贷政策、合理确定商业物业抵押贷款抵押物的评估方式、做好新一轮房地产压力测试等，以促进辖内银行业金融机构进一步规范房地产贷款业务，加大房地产贷款风险管控力度，促进房地产市场平稳健康发展。

4月22日　中国银行北京市分行与中国电信北京分公司合作推出“天翼长城卡”，这是北京同业银行市场上推出的首款手机支付卡。该卡融合了手机支付与金融支付功能，持卡客户可以在符合银联标准的非接商户的POS机上刷手机进行小额支付交易，并且可以通过手机菜单查询账户余额及交易详情。

4月24日　太平人寿保险公司北京分公司组织全体员工来到房山区大石窝镇，参加由中华环境保护基金会主办的“绿色助学公益植树”活动，植树产生的经济效益将全部用于捐资助学。

4月26日　中信银行北京小企业金融中心揭牌，这是中信银行在全国范围内成立的第15家区域性小企业金融专营机构。该中心授信标准为年销售额1.5亿以下、净资产1 500万以下的小企业，其中不包括典当、担保、房地产等类金融公司，并将根据小企业成长性的特点，为小企业客户开展集合票据、集合信托、现金管理、票据池、财务顾问和对公理财等增值服务。

4月28日　人行营业管理部与北京市公安局经侦总队联合辖内15家商业银行共同开展打击非法经营支付结算业务端点行动。共冻结账户268户，冻结资金2 900万元，当天查明涉案90余个账户的交易流水，交易资金达6亿元；截获涉案现金人民币800余万元，美元19.7万元，港元25.2万元，澳元6.2万元。抓捕41人，刑事拘留30人。

4月至8月　人行营业管理部对中国银行北京市分行、招行银行北京分行、北京银行开展综合执法检查。

5月

5月1日　中华联合财险公司北京分公司推出“30天内完成定损，10天内支付完毕，33天出具拒赔通知书、60天先行支付”限时服务，提高理赔工作时限要求，确保客户服务水平的提高。

5月10日　长生人寿保险有限公司

北京分公司开业。

5月12日 由北京国有资本经营管理中心和高盛集团共同发起设立的北京宽街博华人民币基金签约仪式暨基金管理公司揭牌仪式在北京举行。该基金目标规模为50亿元人民币，将主要用于支持国有企业改制重组项目、战略性新兴产业项目以及其他私募投资项目。

5月26日 中国人民银行公布了首批获得《支付企业许可证》的企业名单，共有27家第三方支付企业获得牌照，其中北京地区9家。该许可证全面覆盖了互联网支付、移动电话支付、银行卡收单、预付卡发行与受理、货币汇兑等众多支付业务类型。

5月26日至6月5日 建设银行北京市分行合唱团赴匈牙利、奥地利访问演出，并参加布鲁克纳第三届国际合唱节，获得金奖。

5月27日 民生银行总行营业部与北京资信评级有限公司签署战略合作协议，积极参与中关村信用体系建设，并在中关村管委会和北京中关村企业信用促进会支持下，举办中关村国家自主创新示范区高科技企业信用融资座谈会，为现场50多家企业颁发绿色审批通道VIP服务卡，承诺为其提供“管家式”金融服务，近70家企业代表参加了此次活动。

5月28日 北京银行中关村分行挂牌，成为中关村自主创新示范区首家分行级银行机构。同日，北京银行启动“中小企业信贷工厂”商业模式，流水线操作贷款流程。

华泰财产保险公司北京分公司举办“大手拉小手”公益活动，百余名员工来到昌平区智光特殊教育培训学校，与残障孤儿开展“大手拉小手”——华泰保险牵手智光特教学校的公益爱心行动。

泰康人寿保险公司北京分公司推出业内首家私人保险会所——泰康私人保险会所。

5月30日 北京保监局、北京市司法局等六部门联合召开北京市医疗纠纷人民调解工作启动会议，标志着北京市医疗纠纷人民调解工作正式启动。

6月

6月8日 铁道部网上售票系统正式上线试运行，工商银行北京市分行成为首家完成支付、退款及查询交易验证的银行，并通过在线支付系统售出全国首张互联网火车票。

6月10日 北京银监局下发《北京银监局关于持续开展北京银行业公众教育服务工作的通知》，号召北京辖内银行业金融机构持续开展北京地区“2010年银行业公众教育服务日”活动，通过多种形式持续普及银行业金融知识，建立公众教育服务长效机制，不断提升公众金融安全意识。

6月13日 2011年首都金融安全知识宣传日暨宣传活动启动仪式在京举行。此次宣传活动以防范和打击非法集资、非法证券经营活动为主题，结合首都社会治安综合治理工作要求以及全市各区（县）重点村城市化建设中拆迁农民理财需求开展宣传活动。宣传形式以网络宣传、电视宣传片、张贴海报、发放宣传品等为主。北京市16个区（县）将在6～10月间陆续举办本辖区的金融安全知识宣传展示和金融安全知识进社区等一系列活动。

6月14日 农业银行北京市分行与北京市农村经济研究中心签署合作协议，承诺在未来三年为农民专业合作社提供

60亿元意向性信贷额度，并积极探索“公司+专业合作社+农户”、“公司+农户”、“公司+基地+农户”等多种农业产业化与农户相结合的金融服务模式，助推首都农民专业合作社的发展。

6月17日 在上海证券报举办的第五届“诚信托”评选颁奖大会上，北京国际信托有限公司获得“2010年度诚信托卓越公司奖”，该公司推出的中关村科技金融创新系列信托产品获“2010年度诚信托价值信托产品奖”。

6月23日 建设银行北京市分行正式开通官方微博。微博开通首日，李凡副行长以及相关部门负责人做客“微访谈”，与网友们开展互动交流。

6月24日 邮政储蓄银行北京分行成功办理第一笔低风险承兑业务，标志着邮政储蓄银行正式进入票据一级市场，实现了从承兑到直贴、转贴全流程票据业务的办理，同业竞争力进一步加强。

为庆祝中国共产党成立九十周年，大地财产保险公司北京分公司在抗日战争纪念馆举办“党的光辉耀大地”主题党员活动。

6月28日 首都科技条件平台科技金融领域中心授牌大会在京举行。会上，科技金融领域中心与包括银行、证券、保险、投资、担保、会计师事务所和律师事务所等金融机构和中介机构的首批26家成员单位进行了签约。

7月

7月5日 中国银行北京市分行与海军总医院举行银医合作签约暨发卡仪式，启动“银医一卡通”系统。该系统的上线为解决长期困扰广大患者的挂号时间长、就诊等候时间长、交费取药时间长、看病时间短开辟了新的途径。

中国人寿保险公司北京市分公司与北京市公安局举行保险服务项目续签仪式，为公安局系统及其所属单位投保的正式民警、职工共5万人提供身故保险、伤残保险以及重大疾病保险等服务。在保险期间内，被保险人被批准为革命烈士的，公司还将给付60万元身故保险金。

7月8日 由中关村管委会联合北京中关村科技创业金融服务集团有限公司、北京中关村科技担保有限公司和北京国际信托有限公司组建的“中关村科技金融创新联盟”在中关村正式挂牌成立。“中关村科技金融创新联盟”成员将通过建立日常的信息沟通、联席会议和项目合作机制，为中关村示范区企业提供债权融资、股权融资、股份制改造、挂牌上市、并购重组、财富管理等系列化、全方位金融服务。

7月15日 杭州银行北京分行联合工控行业门户网站gongkong网及速融投资担保有限公司推出了专门面向业内中小企业推出信贷服务——“工控贷”，为业内快速成长的中小企业搭建投融资服务平台，进一步推进企业与资本的对接。

7月20日至9月30日 邮政储蓄银行北京分行开展“立足金融　支农惠农”百名邮政储蓄银行“村官”信贷员回乡探亲活动。

8月

8月2日 北京保监局下发《关于〈气象证明〉等机动车辆保险理赔材料有关问题的通知》，进一步简化因气象灾害引发的保险事故的理赔手续，督促保险公司提升车险理赔服务质量。

8月4日 深发展北京分行成功办理首笔内保外贷业务，发放离岸融资4.66亿港元，吸收在岸保证金存款2亿元人民币。标志着该行在离在岸联动产品中取得了又一重大进展。

8月10日 人行营业管理部与北京银行、密云县政府联合在密云县河南寨镇举办“国债进乡村”主题宣传活动。人行营业管理部的国债业务人员为数百名农民传授和讲解了储蓄类国债的基本概念和分类，以及储蓄类国债购买和兑付中需要注意的有关事项。

8月12日 民生银行总行营业部承办“信贷创新中关村系列活动”之助力中关村代办系统挂牌企业主动授信暨产品推介会，推出“新三板企业主动授信业务”，以信用授信方式为55家代办企业提供5.36亿元主动授信。海通证券、中国出口信用保险公司也针对中小企业金融服务与投行产品、企业上市直通车、中关村信保融资政策等进行了主题宣讲。

8月23日 宏源期货公司首批首家获得期货投资咨询业务资格，并推出“宏源量化对冲策略”投资咨询产品。

8月31日 由北京市商委、人行营业管理部、北京银监局指导，北京银行卡市场协调委员会、北京市商业联合会主办，中国银联北京分公司以及在京24家中资商业银承办的“月刷卡　月中奖”——2011年北京市刷卡促消费活动启动仪式在北京国际饭店举行。此次刷卡消费有奖活动设置了三等奖项和“奖上奖”总计81.4万个。凡持有北京地区各商业银行带有“银联”标识的持卡人，从2011年9月1日起至2012年1月31日，在北京市商业领域内以刷卡消费方式购物、就餐等，且单笔金额在200元以上（含），均有机会参与抽奖，奖金分为100元、300元、600元三等，每月中奖名额不少于16万个。

8月 华安保险公司北京分公司与北京易宝支付机构展开合作，推出北京四十多家专修二类厂的先行垫付行动，让客户享受方便、便捷的理赔服务。

9月

9月1日 北京亚联财小额贷款有限公司揭牌仪式举行。这是本市第一家中外合资小额贷款公司。亚联财小额贷款有限公司由亚洲联合财务有限公司与北京小额贷款投资管理有限公司合资设立，注册资本金为5亿元人民币。亚联财小额贷款有限公司引进风险管理理念和操作模式，通过设立营业门店、建立直销团队、开展电话营销及外包方式，向中关村一区十园中的“三农”、中小企业及个人发放无抵押、无担保的信用贷款，单笔贷款金额在2 000元到30万元之间，贷款产品包括“薪易贷”、“楼易贷”和“生意贷”。

9月13日 中信银行总行营业部推出自助收款POS系统，可将机具安装在市场公共区域供多家摊位使用，解决了市场大量商户不具备安装POS机的条件却有刷卡需求的难题，减少了市场内大量收取现金所产生的风险。

9月19日 北京人民币立体发行库试运行启动仪式在京举行。中国人民银行马德伦副行长及有关司局负责同志出席了启动仪式。北京人民币立体发行库采用世界上先进的存储管理模式和技术，是集货币存储、调运、清分、销毁功能为一体的自动化立体库，也是亚洲规模最大、技术最先进的金库，将成为对外展示我国中央银行现代化的货币发行、管理工作的一个重要窗口。

9月28日 人行营业管理部联合北京市文化创意产业促进中心在北京雍和园文化创意产业集聚区举办了“金融服务走进北京市文化创意产业集聚区”活动。工商银行北京市分行、农业银行北京市分行、交通银行北京市分行、北京银行等银行及30余家文化创意企业代表参加了活动。

10月

10月1日 北京意外险信息服务平台正式上线，为客户提供统一的意外险保单（在京保险公司销售）信息查询和短信提示服务。

10月21日 建设银行北京市分行发挥网上银行渠道优势，针对上班族购买理财产品需求，推出“理财夜市”。截至年末，共发行理财夜市15期，募集资金16.38亿元。

10月21日 北京银监局、天津银监局和河北银监局签署了三地银行业监管合作备忘录。京津冀三地监管合作关系的建立，将进一步加强地区银行业间合作，推进三地银行业金融机构审慎经营和稳健运行，促进京津冀金融一体化发展。

10月25日 北京保监局发布《北京保险业发展“十二五”规划》，提出“十二五”时期，北京保险业要在加快转变发展方式、实现科学发展方面走在全国前列，初步建成与首都经济社会发展水平相适应的现代保险业。

10月26~28日 人行营业管理部举办2011年北京市反假货币培训班。北京市37家中资银行和北京市公安局、检察院、高级人民法院、工商局、北京海关5家北京市反假货币工作联席会议主要成员单位的共83名学员参加了培训。

10月28日 北京市银行业协会举办“共同走过的十年”——2011北京外资银行发展年会。银监会、北京市人民政府、中国银行业协会、人行营业管理部、北京银监局、北京市金融工作局、西城区人民政府、西城区金融服务办公室、朝阳区金融服务办公室以及40余家中外资银行负责人等百余人参加了年会。

11月

11月2日 北京市商务委、北京市国资委、国家开发银行北京市分行召开政、银、企联席会暨“走出去”战略合作协议签约仪式。协议旨在搭建平台，密切政府、银行、企业三方合作关系，建立协调联动机制，探索解决在京企业“走出去”业务融资难点问题，促进首都地区经济发展方式转变和结构调整。

11月3~6日 第七届北京国际金融博览会在北京展览馆开幕。本届展会以“金融发展、金融创新、金融服务”为目标，以“迈向世界城市的首都金融业”为主题，主要涵盖展览展示、高层论坛、洽谈交流、咨询服务、金融文化传播等内容。展会共设十个展区，展览面积突破23 000平方米，参展单位近120家，展位数820个；金融机构共推出1 000余种理财产品和创新金融服务，举行了80余场专项活动，观众人数达28余万人次。

11月7日 太平洋财产保险公司北京分公司上线3G移动查勘系统。该系统应用3G技术，可以现场直接完成查勘报告、估损单录入、照片上传等工作，并能够现场打印定损单，做到同步录入、同步核损，减少客户的等待时间。

11月9日 《北京市“十二五”时期政策性农业保险发展规划》正式发布。规划明确了“十二五”时期北京市政策性农业保险发展的五大主要任务和23项工作重点。这是全国首部关于政策性农业保险发展的地方性规划，具有开创性的意义。

北京文化创意产业投融资项目推介暨银企洽谈会在国粹苑中央展馆举行签约仪式。国家开发银行北京市分行等金融机构与北京十余家文化创意企业签订了信贷支持协议，签约项目共计16个，签约金额总计85.07亿元。

11月17日 建设银行北京市分行营销全国第一只证券公司现金理财产品，信达现金宝集合资产管理计划专用账户的启用，标志着证监会第一只现金管理产品成功上线，建设银行北京市分行成为第一家办理此项业务的商业银行。

11月18日 工银瑞信资产管理（国际）有限公司获得了香港证券及期货事务监察委员会颁发的第4类（就证券提供意见）和第9类（提供资产管理）业务牌照。

11月21日 北京农商银行首次办理了一笔金额为1.42亿元的银行承兑汇票回购式再贴现业务，顺利实现再贴现业务零的突破。

11月23日 建设银行北京市分行与全国棉花交易市场举办“e棉通”网络融资业务启动仪式暨新闻发布会。“e棉通”业务可实现以仓单、订单质押为核心的标准化操作，实现小企业信贷业务的批量化、规模化运作，让全国各地的涉棉小企业享受“送款上门”的服务。

12月

12月5日 北京银行与商务部签署《推动商圈小微企业融资发展战略合作协议》。根据协议，北京银行未来将为商务部全国重点商圈内的小型微型企业提供意向性授信100亿元人民币，全面支持商圈内商户的融资需求。北京银行在签约现场举行了中小企业事业部揭牌仪式，并正式发布针对小微企业的特色融资产品“商户贷”，以组织架构创新和产品服务升级响应政策号召，全力支持小微企业发展。

12月15日 建设银行北京市分行在10家营业网点推出自助填单机服务，成为北京地区金融机构中首家提供此项服务的商业银行。

12月16日 中关村软件园的“科技金融服务超市”服务网上线运营。该超市聚集了80余家金融机构，分为政策性融资、债券融资、股权融资、特色融资、融资中介5个板块，并与软件园主网站、政府相关部门、发展集团、各级各类金融机构和中介机构等网站互联，以超市货架形式向广大中小企业展示，让企业更方便地了解各银行机构为中小企业定制的个性化融资方案，提高融资的成功率。

12月23日 北京市第一家市属企业集团财务公司——北汽集团财务公司开业。该公司注册于丰台区，注册资本5亿元。

12月26日 北京通州国开村镇银行正式开业，这是国家开发银行在北京地区设立的首家村镇银行，也是在全国开设的第14家村镇银行。北京通州国开村镇银行由国开行联合北京新华空港航空食品有限公司、北京苏宁电器有限公司、北京泽辉建筑装饰工程有限公司共同出资设立，资本金1亿元，国家开发银行持股75%。

12月30日　北京农投京西小额贷款股份有限公司正式营业。该公司是由北京小额贷款投资管理有限公司携北京国汇中投控股有限公司、中兴信达投资担保（北京）有限公司、北京澳达天翼投资有限公司，以及民营企业家穆培均先生在门头沟区共同出资1亿元设立，力争每年为门头沟区300家以上的贷款客户提供融资服务。

12月31日　北京农商银行17项主要监管指标全部达标，其中拨备覆盖率达到156%，成本收入比44.69%，资产利润率0.63%。

2011年，宏源期货公司与中国金融期货交易所合作，联合宏源证券开展股指期货投资者教育全国巡讲活动，先后在广西、新疆、北京等地举办了8场股指期货投资报告会，宣传股指期货市场保值避险功能，引导投资者树立正确的期货投资理念，累计培训投资者近1 600人次。

十、附　　录

（一）北京市金融机构名录

（截至2011年12月31日）

1. 金融管理机构

机构名称	地址	邮编	电话
中国人民银行营业管理部	西城区月坛南街79号	100045	68559027
（国家外汇管理局北京外汇管理部）	（海淀区莲花池东路39号西金大厦）	100036	（63988081）
中国银行业监督管理委员会北京监管局	西城区金融大街20号	100033	58391797
中国证券监督管理委员会北京监管局	西城区金融街26号金阳大厦6层	100033	88088060
中国保险监督管理委员会北京监管局	西城区金融大街15号鑫茂大厦北楼9层	100033	66060530
北京市金融工作局	西城区槐柏树街2号市府大楼2号楼	100053	63020601

2. 银行业机构

（1）中资银行

机构名称	地址	邮编	电话
国家开发银行股份有限公司北京市分行	西城区复兴门内大街158号远洋大厦8层	100031	63223100
中国进出口银行北京分行	东城区北河沿大街77号	100009	64099688
中国农业发展银行股份有限公司北京市分行	西城区月坛北街甲2号月坛大厦南楼	100045	68081842
中国农业发展银行股份有限公司总行营业部	西城区月坛北街甲2号月坛大厦南楼	100045	68081456

中国工商银行股份有限公司北京市分行	西城区复兴门南大街2号天银大厦B座	100031	66410579
中国农业银行股份有限公司北京市分行	东城区朝阳门北大街13号	100010	95599
中国银行股份有限公司北京市分行	东城区朝阳门内大街2号凯恒中心C、E座	100010	85121710
中国建设银行股份有限公司北京市分行	宣武区宣武门西大街28号楼4门	100053	63603682
交通银行股份有限公司北京市分行	西城区金融大街22号	100033	88668000
招商银行股份有限公司北京分行	西城区复兴门内大街156号A座	100031	66426852
上海浦东发展银行股份有限公司北京分行	西城区太平桥大街18号丰融国际大厦	100032	57395907
广发银行股份有限公司北京分行	东城区大华路2号	100005	65169303
兴业银行股份有限公司北京分行	朝阳区安贞西里三区11号	100029	64454125
深圳发展银行股份有限公司北京分行	西城区复兴门内大街158号	100031	66292028
中信银行股份有限公司总行营业部	西城区金融大街甲27号投资广场A座	100033	66293001
中国光大银行股份有限公司北京分行	西城区宣武门内大街1号	100031	66567716
中国民生银行股份有限公司总行营业部	西城区复兴门内大街2号	100031	58560088
华夏银行股份有限公司北京分行	西城区金融大街11号	100034	58598608
渤海银行股份有限公司北京分行	西城区复兴门内大街28号凯晨世贸中心东（C）座1~3层	100031	66270707
浙商银行股份有限公司北京分行	西城区金融大街1号	100040	88006015
中国邮政储蓄银行股份有限公司北京分行	朝阳区建国门北大街光华路50号	100600	65217190
北京银行股份有限公司	西城区金融大街丙17号北京银行大厦	100033	66223739

北京银行股份有限公司中关村分行	海淀区中关村大街甲28号	100086	82533039
天津银行股份有限公司北京分行	西城区东河沿胡同73号天津银行大厦	100052	83175806
大连银行股份有限公司北京分行	朝阳区建国路93号北京万达广场B座1~2层	100022	65812642
盛京银行股份有限公司北京分行	朝阳区光华路4号东方梅地亚中心D座	100026	85570017
南京银行股份有限公司北京分行	西城区金融大街10号	100033	83399012
上海银行股份有限公司北京分行	西城区金融大街甲9号	100033	66528701
杭州银行股份有限公司北京分行	东城区朝阳门北大街3号第五广场大厦A座	100010	64088017
江苏银行股份有限公司北京分行	西城区金融大街8号C座	100033	83399519
宁波银行股份有限公司北京分行	东城区建国门内大街28号B座1~4层	100005	85597310
包商银行股份有限公司北京分行	朝阳区北四环东路115号	100101	64816067
锦州银行股份有限公司北京分行	东城区建国门北大街5号	100005	85072111
北京农商银行股份有限公司	西城区金融大街9号	100033	63229000
北京延庆村镇银行股份有限公司	延庆县高塔街73号	102100	69178738
北京密云汇丰村镇银行有限责任公司	密云县新东路环岛南侧新华书店1楼商铺	101500	58120710
北京怀柔融兴村镇银行有限责任公司	怀柔区南华园二区甲41号楼	101400	61620102
北京大兴九银村镇银行股份有限公司	大兴区黄村西大街65-14号	102600	81297180
北京昌平兆丰村镇银行股份有限公司	昌平区南环东路32-6号	102200	60783888
北京大兴华夏村镇银行有限责任公司	大兴区黄村镇兴业大街（三段）32号-2	102600	69221122

北京顺义银座村镇银行股份有限公司	顺义区西辛南区乙62号楼	101300	61408010
北京通州国开村镇银行股份有限公司	未正式对外营业		

（2）中资银行分支机构

中国农业发展银行股份有限公司北京市分行

机构名称	地　　址	邮　编	电　话
分行营业部	西城区月坛北街甲2号	100045	68081050
天坛支行	东城区广渠门内大街11号	100062	87103181
西三环支行	海淀区西三环北路乙25号	100089	88568455
门头沟支行	门头沟区石龙南路14号	102300	69828640
房山区支行	房山区良乡西路28号	102488	69373003
通州区支行	通州区新华北街33号	101100	69521324
昌平区支行	昌平区北环路4号	102200	89784518
顺义区支行	顺义区五里仓小区38号楼	101300	69449488
大兴区支行	大兴区兴华中里14号楼	102622	69209352
平谷区支行	平谷区太和园甲7号	101200	89980049
怀柔区支行	怀柔区后横街15号	101400	69684840
密云县支行	密云县新南路70号	101500	69040079
延庆县支行	延庆县东外大街109号	102100	69188337

中国工商银行股份有限公司北京市分行

机构名称	地　　址	邮　编	电　话
分行营业部	西城区复兴门南大街2号天银大厦B座	100031	66411138
东城支行	东城区东四十条24号	100007	84020331
王府井支行	东城区王府井大街237号	100006	65270660
和平里支行	东城区和平里北街14号	100013	64216766
长安支行	西城区宣内大街乙6号	100031	66031114
新街口支行	西城区西直门内大街143号	100035	62218008
南礼士路支行	西城区阜外大街8号	100037	68025558
金融街支行	西城区太平桥大街丰汇园11号	100032	58362270
地安门支行	西城区德外大街77号D座	100088	82251116
崇文支行	东城区永定门外大街86号	100075	87205518

宣武支行	西城区广安门南滨河路 3 号	100055	63480657
广安门支行	西城区广安门南滨河路 3 号	100055	63480658
珠市口支行	东城区珠市口东大街 15 号	100062	67050807
朝阳支行	朝阳区朝外大街 1 号	100020	65991018
九龙山支行	朝阳区广渠路甲 40 号	100022	67710822
亚运村支行	朝阳区慧忠北里 407 号	100012	64863545
望京支行	朝阳区酒仙桥路 10 号	100102	64379963
商务中心区支行	朝阳区建国路 108 号	100022	65669958
海淀支行	海淀区中关村东路 100 号	100080	62551286
海淀西区支行	海淀区北四环西路 65 号	101200	82886358
中关村支行	海淀区上地信息路 2 号	100085	82896655
翠微路支行	海淀区阜成路 79 号	100036	88127226
西客站支行	海淀区什坊院 3 号	100055	63955387
丰台支行	丰台区文体路 19 号	100071	63815971
方庄支行	丰台区芳城园三区 18 号楼	100078	67690160
经济技术开发区支行	经济技术开发区荣昌东街甲 5 号隆盛大厦 A 座 2 层	100176	67863557
石景山支行	石景山区石景山路 63 号	100043	68874128
门头沟支行	门头沟区新桥大街 12 号	102300	69844598
房山支行	房山良乡西潞北大街 32 号	102488	89350799
通州支行	通州区新华大街 155 号	101100	69546362
大兴支行	大兴区兴政街 24 号	102600	69243119
顺义支行	顺义区石园西路	101300	69443932
昌平支行	昌平区科技园区综合办公楼	102200	69746269
怀柔支行	怀柔区商业街 23 号	101400	69642388
密云支行	密云县鼓楼南大街	101500	69042424
平谷支行	平谷区府前西街 14 号	101200	69961425
延庆支行	延庆县延庆镇东大街 37 号	102100	69143392

中国农业银行股份有限公司北京市分行

机构名称	地　　址	邮　编	电　话
分行营业部	东城区朝阳门北大街 13 号	100010	61127068
东城支行	东城区金宝街 58 号华丽大厦	100005	65281871
西城支行	西城区新华里 16 号院 1 号楼京桥大厦	100044	88319655

崇文支行	西城区珠市口东大街1号新阳商务楼A座	100062	67092480
宣武支行	西城区宣武门西大街28号院10门大成广场	100053	63602266
朝阳支行	朝阳区朝外工体路东2号	100020	65522915
海淀支行	海淀区海淀大街37号	100080	62533660
丰台支行	丰台区东大街9号	100071	63811911
石景山支行	石景山区八角南路18号	100043	68885947
万寿路支行	海淀区西四环中路16号院6号楼	100039	68276732
亚运村支行	朝阳区安定路33号化信大厦	100029	64411376
开发区支行	经济技术开发区中和街3号	100176	67882470
海淀东区支行	海淀区学院路丁11号	100083	82377410
通州支行	通州区八里桥南街1号	101100	69542656
顺义支行	顺义区府前西街2号	101300	69444435
昌平支行	昌平区西环南路蓝郡嘉苑13号综合楼	102200	69741458
大兴支行	大兴区兴丰南大街128号	102600	69243488
房山支行	房山区良乡拱辰北大街19号	102488	81389559
怀柔支行	怀柔区青春路39号	101400	69644982
平谷支行	平谷区府前街23号	101200	69961393
密云支行	密云县滨河路24号	101500	69041923
延庆支行	延庆县东外大街73号	102100	69144474
朝东支行	朝阳区光华路4号东方梅地亚中心A座	100026	85718176
知春路支行	海淀区知春路6号锦秋国际大厦A座	100191	82270080
光华路支行	朝阳区光华路4号东方梅地亚中心A座	100026	85597689

中国银行股份有限公司北京市分行

机构名称	地　址	邮　编	电　话
东城支行	东城区交道口东大街81号	100007	64066001
西城支行	西城区阜外大街五号	100037	68001360
崇文支行	东城区广渠门内大街47号雍贵中心1~4层	100062	87550600

宣武支行	西城区南新华街1号	100052	63044230
朝阳支行	朝阳区东三环北路霞光里18号佳程广场A座	100027	59207060
商务区支行	朝阳区东三环北路乙19号中青大厦C座	100020	85121901
海淀支行	海淀区北四环西路58号理想国际大厦1~3层	100080	82607305
丰台支行	丰台区右安门外大街2号迦南大厦2层	100069	83554566
昌平支行	昌平区南环路57号	102200	89701462
顺义支行	顺义区府前西街4号	101300	69445180
通州支行	通州区车站路44号	101100	80506266
经济技术开发区支行	经济技术开发区荣京东街3号	100176	67825808
大兴支行	大兴区黄村镇兴丰大街（三段）199号	102600	81291699
平谷支行	平谷区林荫北街11号	101200	69973913
怀柔支行	怀柔区开放路33号	101400	69644815
密云支行	密云县鼓楼南大街24号	101500	69043884
延庆支行	延庆县庆园街12号	102100	69141843
首都机场支行	顺义区首都机场二纬路8号中国服务大厦C区2层	100621	64558010
王府井支行	东城区东长安街1号W1座1102号、W2座103号	100738	85190668
奥运村支行	朝阳区北辰东路8号院1号楼	100101	64818009
使馆区支行	朝阳区三里屯路5号	100027	84429018
雅宝路支行	朝阳区雅宝路8号3号楼	100020	85662950
世纪财富中心支行	朝阳区光华路五号院世纪财富中心2层	100020	85875201
国际贸易中心支行	朝阳区建国门外大街1号国贸大厦18层	100004	85350600
中银大厦支行	西城区复兴门内大街1号中银大厦	100818	66591141
金融中心支行	西城区金融大街27号投资广场B座	100033	68529299
石景山支行	石景山区石景山路20号中铁建设大厦2层	100040	57832299

中关村中心支行	海淀区海淀大街8号中钢国际广场A座12层、3层A、D区	100080	62687099
上地支行	海淀区上地十街辉煌国际6号楼	100085	62410888
方庄中心支行	丰台区南三环东路23号1号楼1~2层东段商业	100078	59763758

中国建设银行股份有限公司北京市分行

机构名称	地址	邮编	电话
东四支行	东城区美术馆后街8号	100010	51997802
西四支行	西城区阜外大街甲26号	100037	51999908
前门支行	东城区西打磨厂街1号	100062	51992118
城建支行	丰台区方庄蒲芳路28号	100078	51999001
宣武支行	西城区广内大街314号	100053	63209509
铁道专业支行	丰台区莲花池东路114-1	100055	63989588
朝阳支行	朝阳门外大街乙10号楼	100020	65994806
海淀支行	海淀区知春路96号	100086	51998308
丰台支行	丰台区西四环南路54号	100161	63826958
石景山支行	石景山区石景山路22号	100043	51993666
长安支行	海淀区复兴路33号翠微大厦西配楼	100036	51997000
开发区支行	经济技术开发区隆庆街18号	100176	67881018
安华支行	朝阳区安定路35号	100029	51993320
西单支行	西城区西单北大街34号	100032	66011802
建国支行	东城区建国门内大街八号中粮广场B座	100005	65263820
安慧支行	朝阳区北辰东路8号汇欣大厦	100101	84970085
上地支行	海淀区上地信息路28号信息大厦	100085	82784690
光华支行	朝阳区光华路7号汉威大厦	100004	65614009
月坛支行	西城区金融大街19号富凯大厦B座	100140	66573046
金安支行	海淀区复兴路戊12号恩菲科技大厦	100038	63951015
鼎昆支行	西城区黄寺大街23号	100011	82235695

保利支行	东城区朝阳门北大街1号新保利大厦	100010	64082280
苏州桥支行	海淀区西三环北路5号	100086	68431720
中关村支行	海淀区中关村大街27号中关村大厦	100080	82856684
金源支行	海淀区远大路一号金源时代购物中心	100097	88872725
房山支行	房山区良乡拱辰北大街1号	102488	81389590
门头沟支行	门头沟区双峪路22号	102300	69835874
通州支行	通州区玉带河西街25号	101100	69556675
顺义支行	顺义区府前中街7号	101300	69443295
昌平支行	昌平区东环路95号	102200	69743173
延庆支行	延庆县东外大97号	102100	69104237
怀柔支行	怀柔区南大街22号	101400	69644594
密云支行	密云县新南路71号	101500	69044986
平谷支行	平谷文化南街19号	101200	69961565
大兴支行	大兴区兴政街25号	102600	69258846
首都机场支行	顺义区首都机场三经路1号希尔顿酒店	100621	64532091
和平里支行	东城区和平里七区36号楼	100013	64224110
华贸支行	朝阳区建国路89号18号楼	100025	51996592
金融街支行	西城区兴盛街6号	100033	88091908
天坛支行	东城区崇外大街114号京文大厦	100060	67148171
望京支行	朝阳区花家地北里1号	100102	64728181
永安里支行	朝阳区建国门外永安东里16号CBD国际大厦	100022	65679167
复兴支行	西城区复兴门内大街160号	100031	66414839
电子城科技园区支行	朝阳区酒仙桥路2号	100015	64325892
清华园支行	海淀区双清路清华大学东门华业大厦	100084	62770112
东大街支行	丰台区东大街25号	100071	63818305
恩济支行	海淀区阜成路101号永兴花园	100142	88129885
东四十条支行	东城区东中街29号东环广场B座	100027	64181855
中轴路支行	朝阳区安华西里二区18号楼	100011	51996151

科技馆支行	西城区北三环中路3号双全大厦	100029	82023850
地坛支行	东城区安定门外大街192号煤机大厦	100011	64268428
三元支行	朝阳区左家庄路1号国门大厦B座	100028	84481365
东方广场支行	东城区东长安街东方广场E1座	100738	85188044
华威支行	朝阳区潘家园东里18号楼	100021	67798503
平安大街支行	西城区地安门西大街甲99号	100009	83227906
德胜支行	西城区德胜门东大街8号东联大厦	100009	84080429
西长安街支行	西城区西长安街15号民航大厦	100031	66569612
北环支行	海淀区北太平庄路18号城建大厦	100088	62091182
洋桥支行	丰台区马家堡东路57-2号	100068	67536498
远洋支行	朝阳区八里庄西里远洋天地61号楼	100025	85866703
王府井支行	东城区王府井大街99号A座	100006	65273630
奥体支行	朝阳小关北里45号世纪嘉园5号楼	100029	84898097
白纸坊支行	西城区广安门南街24号	100053	63209589
车公庄支行	西城区车公庄大街9号院1号楼五栋大楼	100044	63989579
六里桥支行	丰台区莲花池南里21号中都泰和酒店	100055	63459644
雅宝路支行	朝阳区朝外头条甲93号	100020	85610204
新源支行	朝阳区亮马桥路32-1号	100125	64608860
航华科贸支行	朝阳区建国路118号招商局大厦	100022	65676811
中关村南大街支行	海淀区中关村南大街17号院1号楼	100081	58759296
甘家口支行	海淀区三里河路23号甘家口大厦	100037	62386329
北三环支行	海淀区北三环中路40号	100088	62026212
西四环支行	海淀区复兴路28号	100853	68218717
广安门支行	西城区广安门外南滨河路7号	100055	63478966

紫竹桥支行	海淀区紫竹院路88号紫竹花园A座	100089	51905112
朝内大街支行	东城区东四北大街343号	100010	84013683
东直门支行	东城区东直门外大街29号	100027	64664588
惠新东街支行	朝阳区惠新东街11号紫光发展大厦	100029	64823058
北太平庄支行	海淀区北三环中路43号	100088	62075591
展览路支行	西城区北礼士路8号	100044	68363808
阜成路支行	海淀区阜成路19号	100048	68726964
工商大厦支行	海淀区人大北路33号大行基业大厦	100080	82684397
丰盛支行	西城区太平桥大街19号	100033	88085018
中铝大厦支行	海淀区西直门北大街62号	100082	82295717
新华支行	东城区青龙胡同1号歌华大厦A座	100007	84186886
劲松支行	朝阳区劲松东口劲松南路1号	100021	67764586
光明支行	朝阳区东三环中路57号富力城双子座B座	100022	58768248
建国门外大街支行	建国门外大街甲6号SK大厦AB座	100022	59704838
永安支行	朝阳区建国路88号SOHO现代城	100022	85801567
梅地亚支行	朝阳区光华路4号东方梅地亚中心B座	100026	65835699
建华支行	朝阳区建国门外大街24号2栋	100022	65155412
月坛南街支行	西城区月坛南街甲18号	100045	68519064
润德支行	朝阳区安立路段60号润丰德尚大厦	100101	64827205
明光支行	珠市口东大街5号	100062	67073501
东直门内支行	东城区东直门内大街2号	100007	67012708
燕莎东支行	朝阳区东三环北路2号南银大厦	100027	64100260
兴融支行	西城区闹市口大街1号院1号楼	100031	66275968
钓鱼台支行	海淀区玉渊潭南路1号B座	100038	68781258
宣武门支行	西城区宣武门外大街26号	100052	63020929

华远街支行	西城区华远街13号置地星座A座	100032	66037966
四季青支行	海淀区四季青路8号	100195	88499403
呼家楼支行	朝阳区呼家楼向军北里4号	100020	65921302
国贸支行	朝阳区建国门外大街1号国贸写字楼2座	100004	65058509
静安庄支行	朝阳区曙光西里甲6号院5号楼	100028	58677991
樱花支行	朝阳区樱花西街28－3	100029	64413630
白石桥支行	海淀区中关村南大街46号华风影视大厦	100081	62172771
花园路支行	海淀区学院路甲38号长城电脑大厦	100191	62001169
北大南街支行	海淀区海淀路50号资源东楼	100080	62540490
远大支行	海淀区厂洼中路1号欣正大厦	100089	68920048
硅谷支行	海淀区苏州街3号大恒科技大厦	100080	82569376
木樨园支行	丰台区赵公口5号	100075	67215198
西客站支行	丰台区西客站南路4号	100073	63492117
右安门支行	丰台区右安门外大街1号	100069	63293918
万丰支行	海淀区复兴路乙20号	100036	68170769
丰岳支行	丰台区六里桥北里甲2号	100073	63462828
丰科园支行	丰台区南四环西路188号3区4号	100070	63703052
云岗支行	丰台区云岗西路5－1号	100074	68192486
西永乐支行	石景山区永乐小区72栋	100040	68666924
古城支行	石景山区石景山路49号	100043	68878727
木樨地支行	海淀区复兴路甲3－2号	100038	68572034
首体南路支行	海淀区首体南路9号主语商务中心5号楼	100048	68799078
万寿路支行	海淀区复兴路甲65号	100036	68241821
广渠路支行	朝阳区百子湾南2路70号楼	100022	67343429
万源路支行	丰台区东高地南街7号	100076	68756674
百子湾路支行	朝阳区东四环中路78号大成国际中心	100022	59105361
环贸支行	东城区北三环东路36号环球贸易中心A座	100013	58257480

长河湾支行	海淀区高梁桥斜街59号院2号楼	100044	82191797
西直门支行	西城区西直门南大街2号成铭大厦D座	100035	66117063
金成分理处	东城区建国门北大街5号	100005	85072290

交通银行股份有限公司北京市分行

机构名称	地　　址	邮　编	电　话
分行营业部	西城区金融街33号	100033	66102323
金融街支行	西城区金融街22号和20号	100033	88668018
东单支行	东城区大雅宝胡同8号	100005	65125867
东单北大街支行	东城区东单北大街乙112号	100005	65136079
光华路支行	朝阳区光华路甲8号	100026	65274814
王府井支行	东城区王府井大街200号	100006	65289470
春秀路支行	朝阳区春秀路甲1号	100027	64152925
建国门支行	朝阳区雅宝路8号南华声国际大厦首层	100020	51201605
朝外支行	朝阳区朝阳门外大街16号	100020	85251075
亚运村支行	朝阳区安慧里二区四号楼	100101	64912548
马甸支行	西城区德胜门外大街5号	100088	62381989
惠新支行	朝阳区惠新东街5号	100029	64980664
慧忠北里支行	朝阳区慧忠北里111号	100108	64800897
育惠东路支行	朝阳区小营路12号亚运花园B座1层	100101	84624402
天通苑支行	昌平区天通苑小区203B—4单元	102218	84826489
科技会展中心支行	朝阳区裕民路12号中国国际科技会展中心	100029	82251033
亚北支行	朝阳区安立路60号院润丰花园6号楼X座西段	100101	64820724
北苑支行	朝阳区北苑6号院一区102号楼公建04号房天怡家园底商首层	100012	84945332
媒体村支行	北辰绿色家园天朗园C座1层西侧	100107	84932021

和平里支行	朝阳区外馆东街51号柳清居裙房	100011	64408057
北太平庄支行	海淀区花园东路32号仰源大厦1层	100191	62352649
惠新西街支行	朝阳区惠新西街33号	100029	64979662
胜古园支行	朝阳区胜古西庄胜古家园3号楼	100029	64426223
和平里东街支行	东城区和平里东街民旺园31号楼1层南侧	100013	84252419
兴化路支行	东城区和平里兴化路11号	100013	64283098
中轴路支行	西城区德外六铺炕中街3号	100120	84134598
西坝河支行	朝阳区西坝河西里28号英特公寓首层及3层南侧	100028	64476075
国土房管局大厦支行	东城区和平里北街6号	100013	64409448
德胜门支行	西城区德外关厢地区中交大厦1~2层东侧11-14轴房	100022	82012821
阜外支行	西城区车公庄大街9号院1号楼	100044	88395765
西直门支行	海淀区高粱桥斜街59号院2号楼09号	100044	62239949
百万庄支行	西城区百万庄大街11号	100037	68342237
社会路支行	西城区二七剧场路南里商业楼首层北侧	100045	68028553
车公庄西路支行	海淀区车公庄西路20号	100044	68415660
阜成门支行	西城区阜外大街7号国投大厦首层	100037	68095528
海淀支行	海淀区苏州街16号神州数码大厦	100080	82608176
双榆树支行	海淀区双榆树都市网景E座1层	100086	62142620
中关村支行	海淀区成府路蓝旗营高校住宅楼	100084	62768691
上地支行	海淀区上地科技路甲2号	100085	62964300
万柳中路支行	海淀区巴沟路2号北京华联万柳购物中心首层L101房屋	100089	82319630
万柳支行	海淀区长春桥路11号万柳亿城大厦B座北侧1~2层	100089	58816701

农科院支行	海淀区学院南路97号	100081	62174430
西区支行	海淀区复兴路40号中国铁道建筑总公司综合大厦1~5层东侧	100039	52689839
丰台东路支行	丰台区万芳园一区1号楼1层02号	100036	83683722
永定路支行	海淀区永定路66号	100070	68230979
翠微路支行	海淀区翠微路5号新华联商业大厦102商业用房	100036	68250872
石景山支行	石景山区石景山路29号京燕饭店西配楼	100043	68872697
定慧寺支行	海淀区恩济庄二区北三号楼新洲商务大厦1层	100036	88117661
马连道支行	西城广外大街248号	100055	63327912
三元支行	朝阳区曙光西里28号中冶大厦	100028	84493137
团结湖支行	朝阳区农展馆南路13号瑞晨国际中心首层一号铺	100026	85986507
红庙支行	朝阳区红庙柴家湾1号	100025	65075182
麦子店支行	朝阳区枣营路甲4号	100026	65935314
工体北路支行	东城区新中街68号	100027	65521157
东大桥支行	朝阳区工体东路20号	100027	65863830
大望路支行	朝阳区西大望路3号蓝堡北区写字楼101~103号	100026	85997420
水碓子支行	朝阳区水碓子北里19号楼	100026	85960974
东润支行	朝阳区南十里居28号东润枫景底商	100016	64360718
顺源街支行	朝阳区顺源里2号楼	100027	64667167
天坛支行	东城区天坛东里北区12号	100061	67016662
华威路支行	朝阳区华威北里20号	100021	67784962
崇文门支行	东城区东兴隆街56号	100062	67029080
右安门支行	西城区白纸坊东街10号	100054	63513259
木樨园支行	丰台区东木樨园9号	100075	87206594
松榆里支行	朝阳区弘燕路周庄山水文园（二期）201号楼103室	100122	67357136
东方庄支行	丰台区芳城东里9号楼1层	100078	87621981
南滨河路支行	西城区南滨河路乙25号	100055	51891206
望京支行	朝阳区望京街9号	100102	59203677
望京中环路支行	朝阳区望京西园304号楼	100102	64751171

望京南湖中园支行	朝阳区望京南湖中园 K3—301号楼	100102	84713883
望京西园支行	朝阳区望京西园4区416号楼	100102	84719673
经济技术开发区支行	北京经济技术开发区隆庆街3号	100176	67862746
东高地支行	丰台区南苑路警备东路6号方仕国际酒店1~2层北端	100076	67063672
大兴支行	大兴区龙河街127号	102600	69206687
顺义支行	顺义区仓上街 AMB 大厦 B 区2层	101300	89442193
天竺支行	顺义区天竺花园天韵广场109－4商铺	101312	64577282
石门支行	顺义区石门街6号顺义供销社大厦	101300	60416539
通州支行	通州区九棵树街187号、191号、195号、185号、189号、193号	101100	81511870
通州梨园支行	通州区九棵树东路156号	101121	60553287
东区支行	朝阳区广渠路21号	100022	58202953
赛特支行	朝阳区建国门外大街22号	100004	65120446
广渠路支行	朝阳区双井1号优仕阁大厦B座和C座首层	100022	58614205
永安里支行	朝阳区建外永安东里甲3号通用时代国际中心首层	100022	65699303
建国路支行	朝阳区建国路90号	100022	85891257
工大桥支行	朝阳区东四环南路9号1层1105号商铺	100023	67302009
东三环中路支行	朝阳区东三环中路61号商用物业1~3层	100022	59037427
林萃路支行	朝阳区林萃路倚林家园24号楼108－1	100085	82722968
安翔里支行	朝阳区安翔路1号	100101	64853142
北清路支行	昌平区北清路1号永旺国际商城购物中心1层104号房	102206	80700791
清河支行	海淀区龙岗路清景园4号楼1层	100192	52718580
回龙观支行	昌平区回龙观镇天龙苑25号1层01房屋	102208	81748371

丰台支行	丰台区南四环西路 188 号 5 区 24 号楼	100070	63705559
玉泉营支行	丰台区草桥欣园一区 6 号楼 1 层 102 号	100068	87584458
长辛店支行	丰台区张郭庄 16 号	100072	83880276
西单支行	西城区西长安街甲 17 号	100031	66078429
西便门支行	西城区宣武门西大街甲 129 号	100031	66412659
北蜂窝路支行	海淀区北蜂窝路乙 15 号	100038	63985369
西三环支行	海淀区西三环北路 89 号	100089	88825870
紫竹桥支行	海淀区紫竹院路 1 号人济山庄 D 座裙房 103 号、203 号	100048	88555386
阜成路支行	海淀区阜成路 14 号 1 号楼 1 层	100037	68768148
世纪城支行	海淀区蓝靛厂世纪城小区金夕园甲 1 号楼 4 段	100089	88463257
闵庄路支行	海淀区闵庄南路 9 号玉泉馨苑服务楼首层	100089	88403538
东直门支行	东城区东直门外大街 48 号东方银座大厦	100027	84476267
中关村园区支行	海淀区中关村新科祥园甲 6 号楼 1 ~2 层东南侧	100080	82523708
五棵松支行	海淀区复兴路 69 号 A1 – 02 号房	100036	88213227
官园支行	西城区车公庄路新华里 16 – 3 号京侨国际公馆 1 ~3 层	100044	88359241
公主坟支行	海淀区复兴路甲 14 号	100036	63969655
芳群园支行	丰台区方庄芳群园 4 区 23 号	100078	67672634
酒仙桥支行	朝阳区酒仙桥路 10 号星城国际大厦 C 座	100016	64354445
慧忠里支行	朝阳区慧忠北里 413 号楼	100108	64924239
东三环支行	朝阳区东三环北路 19 号嘉盛中心 B2 座中青大厦 1 ~2 层	100020	65869832

招商银行股份有限公司北京分行

机构名称	地　　址	邮　编	电　话
分行营业部	西城区复兴门内大街 156 号 A 座	100031	66426622

金融街支行	西城区金融大街35号C座1层	100032	88091245
金融街中心支行	西城区金融大街16号中国人寿大厦1层	100033	66290749
首体支行	西城区西直门外大街甲143号凯旋大厦A座	100044	88017111
阜外大街支行	西城区阜成门外大街22号外经贸大厦1层	100037	68784022
甘家口支行	西城区北京市展览路乙3号	100037	68365412
宣武门支行	西城区宣外大街30号	100052	63164375
陶然亭支行	西城区南纬路39号	100050	59362226
长安街支行	东城区建国门内大街11号	100736	65292017
东方广场支行	东城区东长安街1号东方广场E3座2层	100005	85186722
朝阳门支行	东城区朝阳门北大街6号首创大厦2层	100027	85282371
东直门支行	东城区东直门外大街46号天恒大厦1层	100027	84608866
北三环支行	东城区北三环东路36号D座7层	100086	59575081
崇文门支行	东城区东兴隆街58号	100006	67089467
王府井支行	东城区灯市口大街75号	100006	65272076
安定门支行	东城区安外大街208号三利大厦1层	100011	64217769
双榆树支行	海淀区中关村南大街9号理工科技大厦1层	100081	68467184
上地支行	海淀区农大南路1号院2号楼B座1层	100085	62667352
西二旗支行	海淀区上地十街1号院6号楼	100085	62410167
清华园支行	海淀区清华大学东门外紫光大厦	100084	62793650
海淀支行	海淀区北四环西路56号	100080	62695363
清华科技园支行	海淀区中关村东路1号院8号楼1层	100086	62602929
中关村西区支行	海淀区海淀北二街6号普天大厦1层	100080	82488293
万寿路支行	海淀区复兴路乙20号	100036	68286516
玉泉路支行	海淀区复兴路83号景藏健康大厦1层	100039	68173613

西三环支行	海淀区阜成路 67 号	100036	68718135
万泉河支行	海淀区万柳东路阳春光华家园甲 5 号	100089	82573006
大运村支行	海淀区知春路 27 号	100086	82357648
中关村支行	海淀区中关村南大街 2 号数码大厦 A 座 2 层	100086	62544815
世纪城支行	海淀区蓝靛厂垂虹园甲 1 号楼	100089	88876690
方庄支行	丰台区方庄通润商务会馆 B 区 1 层	100078	87676769
东三环支行	朝阳区东三环北路 1 号	100027	84510583
光华路支行	朝阳区光华路 1 号嘉里中心 2 层	100020	85296379
亚运村支行	朝阳区北辰东路 8 号国际会议中心	100101	84977590
小关支行	朝阳区北四环东路 115 号	100101	64822847
慧忠北里支行	朝阳区慧忠北里 305 号楼	100012	64881408
北辰大厦支行	朝阳区北辰东路 8 号院 1 号楼北辰时代大厦 30 层	100101	84977509
建国路支行	朝阳区建国路 116 号	100022	65660150
建外大街支行	朝阳区东三环中路 39 号建外 SOHO 小区 6 号楼	100022	59000518
朝外大街支行	朝阳区朝外大街 26 号 B 座 1 层	100020	85653362
万达广场支行	朝阳区建国路 93 号万达广场 7 号楼	100022	58206565
东四环支行	朝阳区东四环中路 56 号远洋国际中心 1 层	100025	59080177
望京支行	朝阳区南湖南路 15 号院甲 1 号金隅丽港城	100102	64799873
望京西园支行	朝阳区望京西园 134 号楼 1 层	100102	64789637
北苑路支行	朝阳区北苑路 168 号 1 层	100101	58246767
立水桥支行	朝阳区北苑路 13 号院 1 号楼 1－9 号	100012	52086681
万通中心支行	朝阳区朝外大街甲 6 号万通中心 1 层	100020	59070225
京广桥支行	朝阳区东三环北路 38 号院 1 号楼 1 层	100026	85879738

青年路支行	朝阳区青年路西里5号院15号楼1层	100123	8556310
大望路支行	朝阳区西大望路15号3号楼1层	100022	87723992
华贸中心支行	朝阳区建国路79号北京华贸中心	100025	87723189
朝阳公园支行	朝阳区朝阳公园路佳隆国际大厦1层	100125	65398883
建国门支行	朝阳区建国门外大街24号京华公寓	100022	65159906
大屯路支行	朝阳区大屯路南沙滩66号华源冠军城1号楼	100089	82884287
静安里支行	朝阳区北三环东路8号静安中心1层	100028	64666006
富力城支行	朝阳区东三环中路55号楼1层	100022	58767070
十里河支行	朝阳区东三环南路19号联合国际大厦1层	100122	87667094

上海浦东发展银行股份有限公司北京分行

机构名称	地　　址	邮　编	电　话
分行营业部	西城区太平桥大街18号丰融国际大厦	100032	57395588
金融街支行	西城区金融大街35号国际企业大厦A座	100033	88091847
宣武支行	西城区广安门内大街316号	100053	63585776
黄寺支行	东城区安德里北街21号	100120	84138702
中关村支行	海淀区海淀南路15号	100080	62550747
朝阳支行	朝阳区朝阳门外大街19号	100020	65802602
建国路支行	朝阳区建国路99号中服大厦	100020	65819177
万寿路支行	海淀区万寿路西街2号	100036	68233372
安外支行	东城区安外大街甲88号	100011	64264903
阜成支行	西城区车公庄大街3号	100044	88383590
雅宝路支行	东城区建国门北大街8号	100005	85192337
海淀园支行	海淀区北四环西路62号中国化工集团公司大厦1层	100080	82660900
首体支行	海淀区中关村南大街乙56号	100044	88026239

东三环支行	朝阳区曙光西里甲6号时间国际中心	100028	84584729
亚运村支行	朝阳区慧忠路5号远大中心	100101	84891031
知春路支行	海淀区知春路9号蓟门坤讯大厦	100083	82319520
安华桥支行	朝阳区安贞西里3区15号凯康海油大厦	100029	64417341
灯市口支行	东城区灯市口大街50号好润大厦	100006	85115757
电子城支行	朝阳区酒仙桥路10号	100016	64350556
经济技术开发区支行	经济技术开发区天华园二里二区19号楼	100176	67890993
永定路支行	海淀区永定路甲51号	100039	68152005
复兴路支行	海淀区北蜂窝路5号1号楼	100038	51932666
花园路支行	海淀区花园东路10号高德大厦C座1层南侧	100191	82030630
丰盛支行	西城区广宁伯街2号1~2层	100033	52601900
紫竹院支行	海淀区紫竹院路116号嘉豪国际中心C座	100097	51709797
马连道支行	西城区红莲南路55-2号	100055	59321959
和平里支行	朝阳区和平西苑20号楼B座101-1，101-2	100013	52081598
马家堡支行	丰台区马家堡西路15号时代风帆大厦	100068	67562966
世纪城支行	海淀区蓝靛厂晨月园甲1号楼	100097	88895800
清华园支行	海淀区中关村东路1号院5号楼文津国际酒店1层	100084	62618572
富丰路支行	丰台区西四环南路1号	100070	83208200
三里屯支行	朝阳区工体北路甲6号中宇大厦	100027	59752555
望京支行	朝阳区广顺北大街19-7	100102	84780661
北沙滩支行	朝阳区北沙滩一号院31号楼B座	100083	64866883
德外支行	西城区德胜门外大街甲36号德胜凯旋大厦C座	100120	82063228
东四支行	东城区东四十条68号平安发展大厦	100007	84086436

富力城支行	朝阳区东三环中路61号万丽酒店	100022	59037768
通州支行	通州区梨园镇云景东路432号隆孚大厦	101101	57902222
东花市支行	东城区东花市南里东区1号楼1层、-1层	100062	87102681
大望路支行	朝阳区西大望路3号院2号楼1层S117号	100022	85997995
慧忠支行	朝阳区慧忠北里小区214号楼北京中奥华美达酒店	100012	64872366

广发银行股份有限公司北京分行

机构名称	地　　址	邮　编	电　话
分行营业部	东城区大华路2号	100005	65283782
月坛支行	西城区月坛北街2号	100045	68083556
中关村支行	海淀区中关村大街45号	100086	62510783
亚运村支行	朝阳区北辰东路8号	100101	64993863
建国路支行	朝阳区建国路112号	100022	65669647
航天桥支行	海淀区西三环北路甲105号	100037	88415097
国展支行	朝阳区西坝河东里18号	100028	84603165
朝阳门支行	东城区朝阳门内大街288号院1号楼	100010	65255322
新外支行	海淀区新街口外大街19号	100875	62202585
西客站支行	西城区广莲路1号	100055	63954853
甘家口支行	西城区阜外大街34号	100832	68510355
东直门支行	东城区东中街9号东环广场A座首层	100027	64182989
车公庄支行	海淀区车公庄西路乙19号	100044	88018701
翠微路支行	海淀区复兴路乙20号	100036	66803719
方庄支行	丰台区方庄路5号	100078	87681097
安贞支行	朝阳区安定路39号	100029	64445660
蒋宅口支行	东城区安外大街86-2号	100013	64253052
金融街支行	西城区金融大街33号B座1层、4层	100032	88088175
京广支行	朝阳区朝外大街甲6号	100020	59070619
知春路支行	海淀区知春路希格玛大厦49号	100080	88099482

王府井支行	东城区王府井大街218－2号	100006	65271103
奥运村支行	朝阳区北沙滩甲1号中科电大厦首层	100083	64836760
黄寺支行	西城区德外大街12号	100011	62039133
天通苑支行	昌平区天通苑北1区甲6号楼	102218	81758219
莲花支行	海淀区莲花池东路39号2层	100036	63970761
大望路支行	朝阳区西大望路15号4号楼外企大厦B座	100022	87723795
望京支行	朝阳区望京悠乐汇中心E座	100102	84787933
潘家园支行	朝阳区华威里10号	100021	87785266
上地支行	海淀区农大南路1号院4号楼	100084	82349373
国贸支行	朝阳区光华东里8号院	100020	59772151
中轴路支行	东城区鼓楼外大街甲56号	110011	84130503
广渠门支行	西城区广渠门内大街27号	100062	87103902
五棵松支行	海淀区西四环中路16号院1号楼	100039	68285001
万达广场支行	朝阳区建国路93号B座	100022	65811308
宣武门支行	西城区宣武门外大街甲1号	100052	83151388

兴业银行股份有限公司北京分行

机构名称	地　　址	邮　编	电　话
甘家口支行	海淀区三里河路19号	100037	88392102
中轴路支行	东城区鼓楼外大街26号	100120	84114478
朝外支行	朝阳区朝外大街77号	100020	65522504
广安门支行	西城区广安门内大街315号	100053	63691573
亚运村支行	朝阳区亚运村安慧里四区16楼	100101	84885267
中关村支行	海淀区中关村南大街32号	100081	62140583
西单支行	西城区宣内大街甲6号东南大厦1层北侧	100031	66033053
东外支行	朝阳区东直门外大街23号东外外交大楼1层	100600	64688387
上地支行	海淀区农大南路1号院硅谷亮城2号楼B座	100084	62960280
西客站支行	海淀区复兴路12号恩菲科技大厦1层	100038	63951386
东单支行	东城区东单三条8—2号	100005	65596955

长安支行	海淀区复兴路65号	100036	68130793
经济技术开发区支行	开发区荣京东街3号荣京丽都大厦1层	100176	67875563
安华支行	朝阳区安贞西里三区11号福建大厦1层	100029	64450936
月坛支行	西城区车公庄大街9号五栋大楼A－03	100044	88395769
三元桥支行	朝阳区霄云路21号	100027	84540820
西直门支行	海淀区西直门北大街42号	100082	62273802
知春路支行	海淀区知春路59号	100190	62615328
花园路支行	海淀区花园东路19号中兴大厦配楼1层	100191	82247088
顺义支行	顺义区府前东街甲2号大龙城乡建设开发公司首层	101300	64582785
世纪坛支行	海淀区复兴路甲1号	100038	68525527
海淀支行	海淀区中关村西区丹棱街3号	100080	82607721
金源支行	海淀区蓝靛厂东路2号院金源时代商务中心2号楼A座1层	100080	88891545
永定门支行	东城区永定门外大街101号百荣世贸二期南门	100077	87802429
积水潭支行	西城区新街口外冰窖口胡同8号院8号楼	100088	82808876
崇文门支行	西城区珠市口东大街5号《光明日报》社1楼	100062	67018300
首体支行	海淀区首体南路9号主语商务中心2号楼	100048	68790697
魏公村支行	海淀区中关村南大街韦伯时代大厦C座首层	100081	88579570
方庄支行	丰台区方庄紫芳园三区5号楼	100078	87660223
通州支行	通州区车站路39号	101100	60563230
光华路支行	朝阳区东三环中路25号住总大厦	100020	65086082－8825
东四支行	东城区朝阳门北大街5号第五广场B座写字楼1层、2层	100010	64088958
石景山支行	石景山区玉泉西里1号楼	100040	68635386
昌平支行	昌平区龙水路26号	102200	57700000

顺义天竺支行	顺义区天竺镇小天竺路1号甲2号首层	100621	
东长安街支行	东城区建国门内大街28号民生金融中心A座1~2层	100005	65980026
丽泽支行	西城区西客站南路76号楼-10	100073	59561220
金融街支行	西城区金城坊街1号C106	100033	66217937
分行营业部	朝阳区安贞西里三区11号福建大厦1层	100029	64429988

深圳发展银行股份有限公司北京分行

机构名称	地　　址	邮　编	电　话
神华支行	东城区安德路16号洲际大厦	100011	64485668
花园路支行	海淀区花园东路11号泰兴大厦1层	100029	57625566
西三环支行	海淀区复兴路甲14号华鹰大厦A座1层	100036	63983622
中关村支行	海淀区苏州街1号	100080	82569902
三元桥支行	朝阳区新源南路9号	100027	84538668
朝阳门支行	朝阳区关东店北街国安宾馆1层	100020	65061188
官园支行	西城区车公庄大街乙1号富通大厦	100044	88370055
建国门支行	东城区建国门内大街18号	100005	65188100
知春路支行	海淀区知春路113号银网中心	100086	62637497
海淀支行	海淀区中关村南大街甲32号	100081	62187508
东直门支行	东城区东直门外大街48号东方银座首层	100027	84477761
东城支行	东城区金宝街58号	100005	65127997
和平支行	东城区和平里9区甲4号安信大厦	100013	64464976
宣武支行	西城区南新华街甲1号瑞驰大酒店1层	100051	63153329
亚运村支行	朝阳区安立路66号安立花园1号楼101室	100101	64907572
万柳支行	海淀区万柳中路35号万柳蜂鸟家园2号楼首层	100089	82871700

德胜门支行	西城区安德路81号	100011	82063887
光华路支行	朝阳区光华路4号东方梅地亚中心A座1层	100026	65832833
望京支行	朝阳区望京新城南湖西园125号1层	100101	84721880
花园桥支行	海淀区西三环北路87号国际财经中心首层	100089	88820014
东四环支行	朝阳区八里庄西里100号1号楼	100102	85866189
开阳桥支行	丰台区开阳路1号瀚海花园大厦	100069	83973602
亚奥支行	朝阳区北辰东路8号5号楼2层	100101	84970866

中信银行股份有限公司总行营业部

机构名称	地　址	邮　编	电　话
营业结算部	西城区金融大街甲27号投资广场A座	100033	66293012
国际大厦支行	朝阳区建国门外大街19号	100004	65122233－225
京城大厦支行	朝阳区新源里南路6号	100004	84865386
富华大厦支行	东城区朝阳门北大街8号富华大厦E座1层	100027	65558365
朝阳支行	朝阳区农展馆南里12号	100026	65389575
中关村支行	海淀区中关村南大街6号	100086	62187401
富力支行	朝阳区双花园南里二区13号楼1至2层01	100022	65687793
广安门支行	西城区广安门外南滨河路1号	100055	63288394
海淀支行	海淀区海淀北一街2号首创拓展大厦1～3层	100190	62613870
东大桥支行	朝阳区工体东路18号	100020	65944950
知春路支行	海淀区知春路14号	100088	62369830
新兴支行	海淀区西三环中路17号新兴宾馆写字楼首层	100036	68212510
奥运村支行	朝阳区大屯路慧忠北里309号楼D首层	100012	64802827

阜成门支行	西城区太平桥大街17号恒奥中心A座1层	100034	66579713
酒仙桥支行	朝阳区酒仙桥路14号兆维大厦1层	100016	64319780
崇文支行	东城区东花市南里富贵园三区底商裙房	100062	67151791
西单支行	西城区复兴门内大街45号	100801	66035493
万达广场支行	朝阳区建国路93号北京万达广场东区商业B座	100022	58208406
首体南路支行	海淀区首体南路22号国兴大厦首层	100044	88354581
中粮广场支行	东城区建国门内大街8号	100005	65228710
金运大厦支行	海淀区西直门北大街甲43号1号楼101	100044	62294402
上地支行	海淀区上地东里1区4号楼科贸大厦1层	100085	62969970
经济技术开发区支行	经济技术开发区天华园一里三区14号楼1层	100176	67874552
安贞支行	朝阳区安贞西里三区26号浙江大厦1层、5层	100029	64417162
广渠路支行	朝阳区东三环外广渠路九龙商厦1层	100022	87768422
望京支行	朝阳区望京利泽中园2区208号院内B座2层	100102	64391220
清华科技园支行	海淀区中关村东路1号清华科技园9号楼威新国际大厦1层	100084	58722191
三元桥支行	朝阳区曙光西里甲1号首层	100028	58221129
世纪城支行	海淀区蓝靛厂居住区（世纪城三期）垂虹园甲2号	100097	88862208
尚都国际中心支行	朝阳区东大桥路8号尚都国际中心	100020	58700920
紫竹桥支行	海淀区北洼路9号世纪新景园7号楼	100089	88583990
凯晨广场支行	西城区复兴门内大街28号凯晨世贸中心中座第F3层	100031	66271586
万柳支行	海淀区万柳星标家园5－32、5－31、5－217号	100089	82567560

来福士支行	东城区东直门南大街1号来福士中心1层、2层	100007	64008190
财富中心支行	朝阳区东三环中路7号北京财富中心一期商铺	100020	65309351
长安支行	朝阳区东三环中路39号建外SOHO小区17号楼	100022	59002847
北辰支行	朝阳区慧忠里320号住总大厦	100101	84837995
出国中心支行	朝阳区东三环北路四号东方歌舞团1号楼东侧	100016	84551178
福码大厦支行	朝阳区广顺路北大街33号院1号楼福码大厦办公楼B座1层	100102	84729727
观湖国际支行	朝阳区姚家园路105号3号楼万企控股大厦	100025	59283846
太阳宫支行	朝阳区夏家园12号楼半岛国际公寓12号楼102号	100028	84419951
媒体村支行	朝阳区红军营南路北辰绿色家园天朗园C座1层	100012	84910928
国奥村支行	朝阳区林萃东路2号楼甲3号楼1层F101、2层F201	100101	84370723
通州支行	通州区翠景北里7号楼底商	101101	81593083
金泰国际支行	朝阳区东四环大郊亭金泰国际大厦1层	100022	87213209
瑞城中心支行	朝阳区亮马桥路48号院4号楼1层	100125	60837085
丰台支行	丰台区太平路桥华源四里甲7号楼1层底商	100073	63252031
顺义支行	顺义区站前街2号办公楼	101399	60416922
回龙观支行	昌平区回龙观西大街北侧北店时代广场	102208	60728206
北苑支行	朝阳区华贸奥苑1F－S01号商铺	100101	13811813989

中国光大银行股份有限公司北京分行

机构名称	地　址	邮　编	电　话
分行营业部	西城区宣武门内大街1号	100031	66567688

朝内支行	东城区朝阳门北大街17号人保大厦1层	100010	65279078
宣武支行	西城区广安门外大街1号深圳大厦1层	100055	63271188－8697
德胜门支行	西城区黄寺大街23号北广大厦1层	100011	82236900
海淀支行	海淀区中关村大街18号科贸电子城1层	100190	82598021－800
朝阳支行	朝阳区朝外大街16号中国人寿大厦1层	100020	85252009
建国门支行	朝阳区建国门外大街甲6号中环世贸中心D座1层	100022	65630255
复兴路支行	海淀区复兴路47号天行建商务大厦	100036	51921033
学院路支行	海淀区西直门北大街56号生命人寿大厦1层	100082	63018827
天宁寺支行	西城区莲花池东路1号	100045	63489739
西城支行	西城区车公庄大街甲4号－1物华大厦	100044	68008608
中关村支行	海淀区知春路63号	100190	62563410
东城支行	东城区东四北大街337号	100010	64079747
新源支行	朝阳区新源西里中街12号	100027	64648252
安定门支行	东城区安定门外大街208号三利大厦	100011	64280003
礼士路支行	西城区南礼士路66号建威大厦	100045	68025382
亚运村支行	朝阳区惠忠路5号远大中心C座一层	100101	84891160
首体支行	海淀区西直门外大街168号腾达大厦1层	100044	88576219
阜城路支行	海淀区西三环北路100号金玉大厦1层	100037	68727490
花园路支行	海淀区花园东路10号高德大厦B段1层	100191	82038352
三里河支行	西城区月坛南街71号一层配楼1～3层	100045	68519372
工体路支行	东城区东中街46号鸿基大厦1、2层	100027	64171771

西单支行	西城区华远北街2号通港大厦1层	100032	66138310
西直门支行	西城区德宝新园22号德宝饭店1层	100044	68332338
方庄支行	丰台区方庄芳古园1区29号楼-5	100078	87673414
长安支行	西城区复兴门外大街6号光大大厦	100045	68561246
长虹桥支行	朝阳区东三环北路17号新时代大厦1层	100027	65958221
世纪城支行	海淀区板井路59号	100097	88508844
远大路支行	海淀区长椿桥路5号新起点嘉园3号楼1层	100089	82564234
北太平庄支行	海淀区北太平庄路18号城建大厦B座1层	100088	62091421
安贞支行	朝阳区安定路39号	100029	64417446
望京支行	朝阳区望京中环南路花家地街花家地商业1号楼	100102	84723281
金源支行	海淀区蓝靛厂垂虹园甲5号	100097	88878901
光华路支行	朝阳区光华路2号阳光100G座	100026	65063528
经济技术开发区支行	北京经济技术开发区天宝园5里2区1-C2号	100176	67820495
金融街支行	西城区金融大街28号院2号楼1层	100032	66578055
石景山支行	石景山区阜石路166号泽洋大厦北座1层	100043	52638610
京广桥支行	朝阳区东三环中路7号北京财富中心写字楼A座1层	100020	65309889
崇文支行	东城区广渠门内大街27号	100062	87103728
苏州街支行	海淀区苏州街18号长远天地D座1层	100080	82609760
丰台支行	丰台区科学城恒富街2号院5号楼阳光四季1层	100070	63712533
劲松桥支行	朝阳区东三环南路甲52号-1	100022	67727118
清华园支行	海淀区双青路88号华园世纪商务楼1层	100083	82527673

上地支行	海淀区上地三街9号嘉华大厦B座1层	100085	62978318
顺义支行	顺义区站前西街3号顺鑫国际商务中心1层	101300	61409500
东高地支行	丰台区东高地万源西里36栋—甲44栋航天万源广场1层	100076	68753688
东长安街支行	朝阳区建国门外大街乙12号LG双子座大厦	100022	58287555
西坝河支行	朝阳区西坝河北里23号恒川广场1层	100028	64473806
富力城支行	朝阳区双井富力城A2楼	110105	58764958
金融街丰盛支行	西城区太平桥大街25号	100032	63639100
奥运支行	朝阳区南沙滩66号院1号楼1－2－1	100101	84097001
五棵松支行	海淀区西四环中路16号院1号楼	100143	59739704
望京西支行	朝阳区望京新城南湖西园125号楼	100102	64751830
和平里支行	东城区和平里东街10号院1号楼	100013	64212258

华夏银行股份有限公司北京分行

机构名称	地　址	邮　编	电　话
分行营业部	西城区金融大街11号	100033	58598417
长安支行	西城区三里河东路5号	100045	68535117
紫竹桥支行	海淀区广源闸5号	100081	68484493
灯市口支行	东城区灯市口大街33号国中大厦首层	100006	65280410
平安支行	西城区平安里西大街16号	100035	66150277
石景山支行	石景山区石景山路66号	100041	68841228
德外支行	西城区德外大街3号	100088	82013788
建国门支行	东城区建国门内大街5号	100005	65125472
公主坟支行	海淀区复兴路甲14号华鹰大厦G座	100036	63986290
首体支行	海淀区西直门外大街168号腾达大厦首层	100044	88576277

京广支行	朝阳区东三环中路7号北京财富中心1层	100020	65309198
朝阳门支行	朝阳区工体西路18号光彩国际公寓S107	100020	65531050
北沙滩支行	朝阳区德胜门外北沙滩1号中国农业机械化科学研究院	100083	64848723
东单支行	东城区建国门内大街22号华夏银行大厦	100005	85237919
阜外支行	西城区阜外大街甲34号	100037	68530653
魏公村支行	海淀区中关村南大街甲12号	100081	62109313
上地支行	海淀区信息路甲28-4号科实大厦	100085	82771108
中轴路支行	东城区鼓楼外大街45号	100011	82086132
东直门支行	朝阳区东土城路14号建达大厦首层	100013	85271103
亮马河支行	朝阳区东三环北路三号幸福大厦首层	100027	64688009
两广支行	东城区珠市口东大街1号	100062	67081613
万柳支行	海淀区万柳中路31号	100089	82579075
奥运村支行	朝阳区慧忠北里410号楼首层	100012	64844423
知春支行	海淀区知春路111号	100086	82665342
和平门支行	西城区前门西大街14号	100051	63161351
秀水支行	朝阳区秀水东街8号	100020	65930733
望京支行	朝阳区望京广顺北大街222号星源国际公寓	100102	84725991
车公庄支行	西城区车公庄大街12号	100037	88306396
世纪城支行	海淀区蓝靛厂东路2号	100089	88861608
通州支行	通州区梨园北杨洼25号商务楼	101101	81525319
东四支行	东城区东四十条21号	100007	64051792
东外支行	东城区东直门外大街35号	100027	84511067
丰台科技园支行	丰台区航丰路一号时代财富天地大厦首层	100070	58090556
青年路支行	朝阳区青年路雅成一里19号世丰国际大厦	100025	85521530
北三环支行	西城区北三环中路6号2号楼	100120	58572869
广外支行	西城区广外大街甲397号	100055	63322706

光华支行	朝阳区光华路甲8号和乔大厦C座	100026	65832014
国贸支行	朝阳区双花园南里三区合生国际花园24号楼	100022	65669748
西直门支行	海淀区西直门北大街60号首钢国际大厦	100088	82292485
安定门支行	东城区安定门外大街68号	100011	84270923
中关村支行	海淀区北四环西路56号辉煌时代大厦	100080	62695275
亦庄支行	经济技术开发区荣昌东街甲5号隆盛大厦	100176	67806910
顺义支行	顺义区石园南区33号楼104号	101300	89441239
房山支行	房山区良乡苏庄东街9号西侧	102488	69369772
怀柔支行	怀柔区青春路26号怀柔区总工会综合楼	101400	61604079
大望路支行	朝阳区百子湾南2路70号楼1层102、201	100022	87724392
天通苑支行	昌平区东小口镇天通北苑一区甲4号楼101	110100	80782905
玉泉路支行	石景山区鲁谷路74号	110100	68608568
方庄支行	丰台区方庄芳古园一区28号楼	100078	63356237
菜户营支行	丰台区菜户营58号1层	100054	67635068
行业公司业务一部	西城区北三环中路6号2号楼	100120	58572048
行业公司业务二部	西城区北三环中路6号2号楼	100120	58572056
行业公司业务三部	西城区北三环中路6号2号楼	100120	58572080
行业公司业务四部	西城区北三环中路6号2号楼	100120	58572088
行业公司业务五部	西城区北三环中路6号2号楼	100120	58572096
行业公司业务六部	西城区北三环中路6号2号楼	100120	58572886
行业公司业务七部	西城区北三环中路6号2号楼	100120	58572018
机构业务部	西城区金融大街11号	100033	58598587
科技金融部	海淀区知春路111号	100086	82665350
供应链金融部	东城区安定门外大街68号	100011	64859670
金融市场部	西城区金融大街11号	100033	58598775

中国民生银行股份有限公司总行营业部

机构名称	地址	邮编	电话
木樨地支行	海淀区复兴路甲3号	100038	68579345
阜成门支行	西城区阜外大街2号万通新世界广场B座	100037	68588449
建国门支行	朝阳区建国门外大街21号国际俱乐部	100020	65325937
中关村支行	海淀区知春路113号银网中心	100086	62619096
西坝河支行	朝阳区西坝河西里甲18号	100028	64295659
工体北路支行	朝阳区工体北路9号	100027	64155280
安定门支行	朝阳区安外大街1号信义大厦	100011	58295809
万寿路支行	海淀区复兴路甲65号-A	100036	68169091
西客站支行	丰台区西客站南广场中色大厦	100055	63485530
正义路支行	东城区正义路3号共青团中央综合楼	100006	65262023
上地支行	海淀区上地东里一区4号楼科贸大厦	100085	62971290
国贸支行	朝阳区建国路128号一航大厦	100022	65676300
首体支行	西城区西直门外大街甲143号凯旋大厦	100044	68310386
金融街支行	西城区金融街33号通泰大厦B座	100140	88087334
平安里支行	东城区地安门东大街56号	100009	84050115
北太平庄支行	西城区新街口外大街2号金辉科技楼	100088	62382766
广安门支行	西城区广内大街338号港中旅大厦	100053	83512515
方庄支行	丰台区芳古园一区28-3号通润会馆	100078	67670385
朝阳门支行	朝阳区朝外大街22号泛利大厦	100020	65884529
紫竹支行	海淀区紫竹院路31号华澳中心嘉慧苑	100089	88510821
魏公村支行	海淀区中关村南大街16号科技出版社	100081	68937489
东单支行	东城区金鱼胡同18号丽苑公寓	100006	85110682

亚运村支行	朝阳区北四环东路131号中国西藏博物馆	100101	64916864
苏州街支行	海淀区海淀南路32号中信国安数码港	100080	62526249
西直门支行	海淀区西直门大街45号时代之光名苑	100044	62266015
和平里支行	东城区青龙胡同一号歌华大厦B座	100007	84186208
崇文门支行	东城区崇外大街9号正仁大厦	100062	67089851
奥运村支行	朝阳区北辰西路8号院2号楼北辰世纪中心A座2层	100101	84377376
三元支行	朝阳区东三环北路甲2号京信大厦西南配楼	100027	84489520
西单支行	西城区西单北大街107号北京电信	100032	58503909
劲松支行	朝阳区劲松三区甲302号华腾大厦	100021	87730408
成府路支行	海淀区成府路298号中关村方正大厦	100080	82529408
德胜门支行	西城区德外大街新风街2号天成科技大厦	100088	82271439
电子城支行	朝阳区酒仙桥路14号兆维大厦	100015	58671027
首都机场支行	朝阳区航安路首都机场“职工之家”综合楼	100621	64595916
西二环支行	西城区平安里西大街26号新时代大厦	100034	88009826
空港支行	顺义区天竺空港工业区经纬四街9号院办公楼	101318	64595916
西长安街支行	西城区复兴门内大街2号民生银行大厦	100031	58560383
南二环支行	东城区永定门外大街101号百荣世贸商城A区	100077	87804382
建国门外支行	朝阳区建国门外大街甲12号新华保险大厦	100022	65693081
京广支行	朝阳区西大望路3号院2号楼	100026	65974216
航天桥支行	海淀区西三环航天桥核二院核电科技大楼	100084	59821800

中关村西区支行	海淀区海淀北二街10号泰鹏大厦	100080	62684314
望京支行	朝阳区南湖东园122号博泰国际B座	100102	64755278
环保园支行	海淀区地锦路5号中关村环保园原动力空间1号楼	100095	59738716
首体南路支行	海淀区首体南路9号中国电工大厦	100048	68790947
大兴支行	大兴区黄村镇永华路1号兴政家园	102600	69228357
东二环支行	东城区东直门南大街甲3号居然大厦	100007	64012217
顺义支行	顺义区大东路3号院27号商住楼	101300	81487783
总部基地支行	丰台区丰台镇富丰路2号星火科技大厦2-6幢	100070	83739712

渤海银行股份有限公司北京分行

机构名称	地址	邮编	电话
分行营业部	西城区复兴门内大街28号凯晨世贸中心东C座G层	100031	66270781
魏公村支行	海淀区中关村南大街31号神舟大厦	100081	68729028
商务中心区支行	朝阳区光华路15号院泰达时代中心1号楼	100600	85885416
亚运村支行	朝阳区慧忠里318号	100101	64953778
朝阳门支行	朝阳区吉庆里小区9、10号楼蓝筹名座E座	100020	65538038
万柳支行	海淀区长春桥路11号亿城中心C1座大厦	100089	62416917
望京支行	朝阳区广顺南大街21号	100102	64775011
德胜门支行	西城区德外大街36号德胜凯旋大厦A座	100120	82069650

浙商银行股份有限公司北京分行

机构名称	地　址	邮　编	电　话
中关村支行	海淀区中关村南大街甲12号寰太大厦	100081	62109815

北京银行股份有限公司

机构名称	地　址	邮　编	电　话
总行营业部	西城区金融大街甲17号	100033	66225097
北三环支行	西城区北三环中路6号出版创意大厦首层	100120	82087500
车公庄支行	西城区车公庄大街乙8号	100044	68341546
德外支行	西城区德胜门外大街8号	100011	82029815
阜成支行	西城区阜外大街2号	100037	68028500－166
燕京支行	西城区复外大街19号	100045	68513355
西单支行	西城区复兴门内大街156号	100031	66426677
西直门支行	西城区冠英园西区31号楼	100035	66537790
宣武门支行	西城区广安门内大街6号	100053	83529118
报国寺支行	西城区广安门内大街甲306－3号	100053	63546867
广安支行	西城区广安门外白菜湾5号楼	100055	63264141
广源支行	西城区广安门外大街305号院7号楼	100055	63458690－801
白云支行	西城区广安门外小马厂西里2号	100055	63443075
天宁支行	西城区核桃园西街36号	100053	63041992
慧园支行	西城区教场口街9号院	100011	82061216
金融街支行	西城区金融大街丁26号	100140	88087435
马连道支行	西城区马连道南街1号院2号楼	100055	63287090
琉璃厂支行	西城区南新华街48号	100052	63174316
前门支行	西城区前门西大街正阳市场1号楼	100051	63048577
月坛支行	西城区太平桥大街8号院	100037	59352616
西四支行	西城区西单北大街30号	100032	66034712

华安支行	西城区西皇城根北街甲2号	100034	66112971
西内大街支行	西城区西直门内大街275号	100035	82141554
展览路支行	西城区西直门外南路8号	100044	68336498
陶然支行	西城区永定门内西街5号	100050	83162545
右安门支行	西城区右安门内大街65号	100054	63514476
官园支行	西城区育教胡同33号	100035	66251347
复兴支行	西城区月坛南街14号	100045	68529977－1906
三里河支行	西城区月坛南街85号	100045	68577116－116
滨河路支行	西城区枣林前街119号	100053	63545695
长安街支行	西城区真武庙1号中国职工之家C座首层	100045	68564882
中轴路支行	东城区安德路16号	100011	84122288－2668
沙滩支行	东城区北河沿大街97号	100006	65220219
灯市口支行	东城区灯市口大街50号	100007	65266766
永外支行	东城区东革新里5号	100077	67275011
花市支行	东城区东花市北里中区甲27号楼	100062	67189320
东四支行	东城区东四北大街303－8号	100007	64062934
雍和支行	东城区东直门北小街青龙胡同1号	100007	84186329
海运支行	东城区东直门南大街5号	100007	58156081
东直门支行	东城区东直门南大街9号4号楼1层	100007	84098610
光明支行	东城区光明路11号	100061	67129144
和平里支行	东城区和平里东街1号	100013	84232288
建国支行	东城区建国门内大街乙18号	100005	65265285
东单支行	东城区建内大街19号	100005	65262730
安定门支行	东城区交道口南大街16号	100007	64075243
长城支行	东城区金鱼胡同18号	100006	65258088
景山支行	东城区美术馆东街20号	100010	64016958
天坛支行	东城区天坛东路76号	100061	67150862
广渠门支行	东城区夕照寺街2号	100061	67184883
工体北路支行	东城区新中西里13号	100027	51909895
天桥支行	东城区珠市口东大街20号	100050	67075133
大钟寺支行	海淀区白石桥路30号	100081	62164202
世纪城支行	海淀区板井路69号	100097	88462502
北清路支行	海淀区北清路107号	100094	82789960

双秀支行	海淀区北三环中路31号	100088	82002649
北太平庄支行	海淀区北三环中路戊40号	100088	62043336－8201
学知支行	海淀区北土城西路197号	100191	62074986
北洼路支行	海淀区北洼路28号	100089	68451673
紫竹支行	海淀区车道沟10号	100097	58830099
北京大学支行	海淀区成府路298号方正大厦1层北侧	100871	82529701
新街口北大街支行	海淀区德胜门西大街15号	100082	82293543
阜裕支行	海淀区阜成路28号	100142	51817100
翠微路支行	海淀区复兴路33号	100036	68172288
永定路支行	海淀区复兴路83号	100039	68152651
中关村海淀园支行	海淀区海淀北一街2号首创拓展大厦	100080	62699713
航天支行	海淀区海淀南路30号	100080	82671123
四季青支行	海淀区蓝靛厂世纪城三期时雨园甲1－1	100097	88892380
清河支行	海淀区清河清景园5号	100192	62990536
清华大学支行	海淀区清华大学照澜院商业楼1层	100084	62780101
甘家口支行	海淀区三里河路39号	100037	68349787
上地支行	海淀区上地信息路1号院	100085	82895594
国兴家园支行	海淀区首体南路20号	100044	88355433
清华园支行	海淀区双清路西王庄同方大厦	100084	62770466
双榆树支行	海淀区双榆树东里甲22号	100086	82116611－136
新华支行	海淀区万柳中路15号	100089	82565336
万寿路支行	海淀区万寿路17号	100036	68224508
永丰支行	海淀区西北旺德政路南茉莉园甲19号	100094	82403379
燕园支行	海淀区西草场一号	100080	82852397
金运支行	海淀区西直门北大街甲43号	100044	62295223
四道口支行	海淀区西直门外大柳树路2号	100081	62243905
万泉路支行	海淀区新建宫门路1号	100091	68224508
学院路支行	海淀区学院路30号	100083	62313296
北航支行	海淀区学院路35号	100083	82338398
西客站支行	海淀区羊坊店路3号	100038	63953594
海淀路支行	海淀区中关村大街22号	100190	62628358
中关村分行	海淀区中关村大街甲28号	100086	82533036

中关村科技园区支行	海淀区中关村大街甲 28 号	100086	82533045
中关村支行	海淀区中关村科学院南路 12 号	100086	62563804
魏公村支行	海淀区中关村南大街 25 号	100081	68937792
友谊支行	海淀区中关村南大街 3 号	100081	68945858
白石桥支行	海淀区中关村南大街 48 号	100081	62196712
健翔支行	朝阳区安翔北里甲 11 号	100101	64889928
北辰路支行	朝阳区北辰东路 8 号汇珍楼 1 层	100101	84971480
奥运村支行	朝阳区北辰西路 8 号院 2 号楼	100101	84378386
樱花支行	朝阳区北三环东路 15 号	100029	64418052
新源支行	朝阳区北三环东路 6 号	100028	64653995 – 808
北苑路支行	朝阳区北苑路 172 号	100101	84854733
朝外支行	朝阳区朝外大街 12 号	100020	65993342
红星支行	朝阳区朝外大街 20 号	100020	65885739
八里庄支行	朝阳区朝外红庙延静西里 2 号	100025	65072544 – 8001
芳草地支行	朝阳区东大桥路 10 号	100020	85952968
关东店支行	朝阳区东大桥三角地	100020	65062512
远洋国际中心支行	朝阳区东四环中路 56 号	100025	85865177
东大桥支行	朝阳区东直门外大街 22 号楼东侧	100027	64167506
电子城支行	朝阳区高家园二区 14 号	100015	64364806
商务中心区支行	朝阳区光华路丙 12 号首层	100020	65083280
富力又一城支行	朝阳区黄厂南里 2 号院 31 号楼 1 层	100121	59643615
惠新支行	朝阳区惠新东街 4 号	100029	84663956
奥东支行	朝阳区惠新西街 19 号	100029	51300083
亚运村支行	朝阳区慧忠北里天创世缘 309 楼 A 座首层	100012	64802929
现代城支行	朝阳区建国路 88 号	100022	85803048
东长安街支行	朝阳区建国门外大街乙 12 号	100022	65683696
酒仙桥支行	朝阳区酒仙桥路 3 号	100015	84564649
燕莎支行	朝阳区亮马桥路 42 号	100125	84418578
九龙山支行	朝阳区农光里 117 号	100021	67342062
日坛支行	朝阳区日坛北路 19 号	100020	85625126
双桥支行	朝阳区双柳北街 39 号	100024	65734009
孙河支行	朝阳区孙河顺白路 6 号	100102	84591236
奥北支行	朝阳区天乐园 1 号楼 1 层	100107	84927536

金台路支行	朝阳区团结湖路52号	100026	85985053
安华路支行	朝阳区外馆东街51号商业楼首层0102	100011	64408638
望京支行	朝阳区望京广顺南大街嘉润花园19号	100102	64775720
望京科技园支行	朝阳区望京西园一区134号	100102	64789797
大望路支行	朝阳区西大望路15号	100022	87723756
雅宝路支行	朝阳区雅宝路二号	100020	51362781
东高地支行	丰台区东高地万源西里41栋	100076	88524555
方庄支行	丰台区方庄芳星园二区甲3号院6号	100078	67642846
三环新城支行	丰台区丰桥路7号	100070	83631804
丰台支行	丰台区丰台镇东安街1号	100071	63858872
西罗园支行	丰台区海户西里甲30号	100068	67253444
成寿寺支行	丰台区南三环四方景园二区	100078	87647377－6617
玉泉营支行	丰台区南三环西路16号	100068	87576165
花乡支行	丰台区南四环西路123号	100071	83638405
总部基地支行	丰台区南四环西路188号	100070	63702466
两桥支行	丰台区西四环南路31号	100071	63825046
北七家支行	昌平区北七家镇立汤路58号	102209	89756407
天通苑支行	昌平区东小口镇立汤路188号	102218	58608620
回龙观支行	昌平区回龙观镇北店时代广场商业综合楼	102208	80750319
西三旗支行	昌平区建材城西路87号2号楼1层	100096	82969620
龙水路支行	昌平区龙水路28－12号底商	102200	69711931
昌平支行	昌平区政府街2号	102200	80103925
京源路支行	石景山区石景山路23号	100049	88706621
石景山支行	石景山区石景山路42号	100043	88706585
石园支行	顺义区仁和镇石园南区33号楼102号	101300	89452680
首都国际机场支行	顺义区首都机场三号航站楼A2E3－1	100621	64532593
绿港国际中心支行	顺义区首都机场四纬路99号	100621	84169618
天竺支行	顺义区天竺地区天竺花园天韵阁1层	101312	64561937

新国展支行	顺义区天竺空港工业区B区空港融慧园4号楼	101310	80470126
顺义支行	顺义区站前街粮食局商办楼	101300	81482121
光机电园区支行	通州区次渠镇次渠西口次二村南1幢1层	101111	81509316
瑞都支行	通州区九棵树街165号	101100	60553323
运河支行	通州区通胡大街11号-1	101100	80853088
通州支行	通州区新华西街59号	101100	89501228
加州水郡支行	房山区长阳镇昊天北大街48号	102445	80393723
房山支行	房山区良乡月华大街3号	102488	81388150
良乡支行	房山区西潞街道长虹西路71号	102488	60330532
燕山支行	房山区燕山岗南路东一巷6号	102500	69348654
黄村支行	大兴区黄村镇兴华路212号	102600	69238897
大兴支行	大兴区黄村镇兴政街29号	102600	69261010
经济技术开发区支行	北京经济技术开发区宏达北路12号	100176	67873397
怀柔支行	怀柔区府前街3号楼3-3、3-4号	101400	69697033
门头沟支行	门头沟区双峪路5号	102300	69862658
密云支行	密云县鼓楼东大街19-5	101500	69087741
季庄支行	密云县果园新里北区综合楼1层	101500	69026927
府前街支行	平谷区平谷镇新平东路13号	101200	61995896
平谷支行	平谷区迎宾环岛东南角金谷园21号	101200	89999950

天津银行股份有限公司北京分行

机构名称	地　　址	邮　编	电　话
分行营业部	西城区东河沿胡同73号宣武门大厦	100052	83175930
朝外支行	朝阳区朝外大街乙6号朝外SOHO D座	100020	59004306
三元桥支行	朝阳区东三环北路乙2号大新华航空大厦A座101号	100027	84470775
新兴桥支行	海淀区复兴路27号海育大厦首层	100036	68573491

中关村支行	海淀区海淀中街15号远中悦来大厦1－E、1－F	100080	58730476
金融街支行	西城区二龙路甲33号新龙大厦B座	100032	66227902
丰台支行	丰台区南四环西路188号三区15号楼	100080	63706787
西直门支行	海淀区西直门北大街52号太平金融大厦1层	100082	82206758

大连银行股份有限公司北京分行

机构名称	地　址	邮　编	电　话
西城支行	西城区金融大街甲9号	100033	66016356
海淀支行	海淀区知春路13号	100083	62308121

杭州银行股份有限公司北京分行

机构名称	地　址	邮　编	电　话
分行营业部	东城区朝阳门北大街3号第五广场大厦A座首层	100010	64088117
安贞支行	朝阳区安定路10号中国有色大厦首层	100029	64423711
顺义支行	顺义区府前东街10号自来水公司首层	101300	60417021
朝阳支行	朝阳区甜水园东街10号	100026	65000847
中关村支行	海淀区彩和坊西小街1号中湾国际首层	100080	59260522
通州支行	通州区九棵树街177号	101121	89542751
丰台支行	丰台区周庄子望园东里28号楼	100161	63822337

南京银行股份有限公司北京分行

机构名称	地　址	邮　编	电　话
分行营业部	西城区金融大街10号	100033	83399112
万柳支行	海淀区万泉庄路28号万柳新贵大厦A座	100089	58720507

西坝河支行	朝阳区西坝河北里 23 号恒川广场	100028	64473138
朝阳门支行	东城区朝阳门南小街 2 号	100005	65267509
万寿路支行	海淀区万寿路 28 号	100036	88619369
中关村支行	海淀区中关村南三街 6 号	100080	82649800

盛京银行股份有限公司北京分行

机构名称	地　址	邮　编	电　话
中关村支行	海淀区北二街 8 号	100080	82012999
官园支行	西城区车公庄大街 9 号院 1 号楼	100044	85251177

上海银行股份有限公司北京分行

机构名称	地　址	邮　编	电　话
中关村支行	海淀区北四环西路 66 号中国技术交易大厦 A 座 1 层	100080	62418638
安贞支行	东城区安定路 20 号	100029	84109252
学院南路支行	海淀区学院南路 15 号学院派首层	100082	82418630

江苏银行股份有限公司北京分行

机构名称	地　址	邮　编	电　话
分行营业部	西城区金融大街 8 号	100033	83399562
德胜支行	西城区德胜门外大街 36 号德胜凯旋大厦 A 座	100120	82063188
东直门支行	东城区东直门南大街甲 3 号居然大厦	100007	64025328
宣武门支行	西城区宣武门外大街甲 1 号环球财讯中心大厦	100052	63039950
西三环支行	北京市海淀区西三环北路 87 号国际财经中心	100089	88824955

北京农村商业银行股份有限公司

机构名称	地　　址	邮　编	电　话
总行营业部	西城区金融大街九号	100140	63229905
朝阳支行	朝阳区北苑路90号	100101	64945311
将台支行	朝阳区酒仙桥路14号51号楼兆维华灯大厦1层A108	100016	84798962
金盏支行	朝阳区金盏乡长店组团13号综合楼1层底商	100018	84392962
来广营支行	朝阳区望京北路18号	100102	64390751
高碑店支行	朝阳区建国路29号兴隆家园9号楼101、201	100025	85775890
和平支行	朝阳区来广营东路5号东郊农场综合服务楼	100103	84701595
光华路支行	朝阳区光华路甲14号诺安大厦1层	100020	51309981
双井支行	朝阳区天力街1号楼B1－1号	100022	59060190
新源支行	朝阳区新源里16号琨莎中心1座101、102、107房间	100027	84682518
太阳宫支行	朝阳区西坝河北里15号楼	100028	64270971
商务中心区支行	朝阳区广渠路南侧44号	100022	52081629
十八里店支行	朝阳区十八里店乡十八里店村19号	100023	67473623
小红门支行	朝阳区小红门乡宋家楼4号	100078	67485958
南磨房支行	朝阳区大望路平乐园路口南	100021	67311917
王四营支行	朝阳区王四营乡官庄大队陶庄个体公园南侧	100023	67382042
双桥支行	朝阳区朝阳路管庄路口西	100024	65764454
京粮支行	朝阳区东三环中路16号	100022	516723652
大望路支行	朝阳区西大望路15号3号楼1层	100022	87723906
亚运村支行	朝阳区安外安立路甲56号	100012	84802802
东四十条支行	东城区东四十条甲22号	100007	52185028
丰台支行	丰台区丰台北路45号	100073	63812153
成寿寺支行	丰台区四方景园二区配套商业2－11	100078	67625112

花乡支行	丰台区看丹路甲15号	100071	63736453
六里桥支行	丰台区华源一街2号楼	100073	63334708
两广路支行	西城区广安门内大街311号院2号楼1层	100053	83130671
世界公园支行	丰台区丰葆路富锦嘉园综合服务楼1层北段	100070	83623501
新发地支行	丰台区新发地京新酒店西侧	100070	83729008
卢沟桥支行	丰台区丰台体育中心北路1号	100071	63814573
小屯支行	丰台区卢沟桥张仪村路125号院18号	100071	83697993
王佐支行	丰台区云岗南宫路3号	100074	83318645
长辛店支行	丰台区长辛店杜家坎南路甲6号	100072	83871301
马连道支行	西城区马连道南街1号依莲轩小区D座	100055	63326122
丽泽支行	丰台区三路居村骆驼湾65号	100073	63257280
宛平支行	丰台区晓月中路5号楼B座B1、B2	100072	83200199
右安门支行	丰台区右安门外大街56号2号楼底商	100069	83974592
南苑支行	丰台区方庄路3号	100078	67686260
石景山支行	石景山区杨庄东路78号	100043	68841937
八角支行	石景山区八角南路7号	100043	68872063
西山支行	石景山区西黄新村东里2号楼01~03号	100041	88701303
京原支行	石景山区玉泉路玉泉大厦1层	100049	88258998
海淀支行	海淀区苏州街77号	100089	82518245
西苑支行	海淀区西苑草场2号乙	100091	62881232
东升支行	海淀区清华东路甲1号	100083	62313172
志新路支行	海淀区志新路二里庄35号	100083	59862776
清河支行	海淀区西三旗花园三里76号1层	100085	62944199
长河湾支行	海淀区高粱斜街59号2号楼1层	100044	63954566
八里庄支行	海淀区阜成路81号	100036	88130053
莲花路支行	丰台区莲花池西里6号院综合楼	100161	63436904

科技园支行	海淀区中关村北大街127－1号北大科技园创新中心大厦	100080	63983659
大钟寺支行	海淀区北三环西路甲18号中鼎大厦B座	100098	62372447
海淀新区支行	海淀区中关村永丰高新技术产业基地IV区4号永丰商业中心2号楼B座	100094	62477599
上地支行	海淀区上地信息路7号	100085	82782008
西北旺支行	海淀区西北旺镇百旺新城A4地块6号综合办公楼	100095	62472310
上庄支行	海淀区上庄镇上庄路72号	100094	82472813
温泉支行	海淀区温泉镇温泉路59号	100095	62456151
苏家坨支行	海淀区苏家坨镇温阳路18号	100095	62454903
北安河支行	海淀区苏家坨镇北安河路5号	100095	62459721
四季青支行	海淀区板井路81号	100089	88432571
军博支行	海淀区会城门北口路东	100038	63442069
新街口支行	西城区新街口北大街57号万特购物中心1层1052号	100038	63366246
中关村支行	海淀区彩和坊路10号中关村瀚海国际大厦1层101～106室	100080	62555748
门头沟支行	门头沟区滨河路115号滨河大厦1层、12层	102300	69835548
斋堂支行	门头沟区斋堂镇斋堂大街43号	102309	69816834
永定支行	门头沟区石龙北路52号	102308	69809828
城龙支行	门头沟区城子大街22－1号	102300	69828228
龙泉支行	门头沟区增产路22－1号	102300	69844518
昌平支行	昌平区东环路中医院路口往西20米少年宫对面	102200	89700425
兴昌支行	昌平区昌平镇东环路中医院对面	102200	69744890
南口支行	昌平区南口镇东大街保温瓶厂南侧	102202	69771873
小汤山支行	昌平区小汤山镇地税所西院	102211	61786800
兴寿支行	昌平区兴寿镇兴寿村709号	102212	61726064
阳坊支行	昌平区阳坊镇南阳路大都饭店北侧	102205	69760458
沙河支行	昌平区沙河镇展思门路29号	102206	69731328

马池口支行	昌平区马池口镇马池口村新街347号	102200	60772425
崔村支行	昌平区崔村镇西崔村11号	102212	60721355
南邵支行	昌平区南环路南邵回迁小区11号、12号	102200	60731612
十三陵支行	昌平区十三陵镇胡庄	102200	89761489
北环支行	昌平区昌平镇北环路2号金兰大厦三单元地下1层C1、C2室	102200	89700425
天通苑支行	昌平区东小口镇中滩村东镇政府后面	100085	84811956
回龙观支行	昌平区回龙观镇政府北	100085	62713142
北七家支行	昌平区北七家镇政府街八仙别墅北	102209	69757469
天通苑东区支行	昌平区东小口镇天通苑东苑东三区2号楼	102218	61765510
通州支行	通州区梨园北街63、65号	101100	69548788
永顺支行	通州区新华北街31号	101100	69544516
宋庄支行	通州区宋庄文化创意产业集聚区京榆旧路南公共服务平台1层、2层	101118	69591868
潞城支行	通州区潞城镇政府东侧	101117	89581155
西集支行	通州区西集镇国防路39号	101108	61576221
漷县支行	通州区漷县镇漷兴一街北侧	101109	80586191
永乐店支行	通州区永乐店镇永乐大街54号	101105	69568495
张家湾支行	通州区张家湾镇光华路西侧	101113	69572793
台湖支行	通州区台湖镇政府西	101116	61532735
晶城支行	通州区通胡大街11号-2	101100	69526485
梨园支行	通州区梨园镇九棵树大街17号	101100	81514458
翠屏北里支行	通州区翠屏北里（西区）商11-12号	101100	81510142
马驹桥支行	通州区马驹桥镇兴华大街1号	101102	60509616
光机电支行	通州区中关村科技园区通州园区光机电一体化产业基地政府路8号	101102	60509181
顺义支行	顺义区新顺南大街15号	101300	69443744
仁和支行	顺义区石园南区33号楼	101300	69425648

建新东街支行	顺义区建南东街2号	101300	69443034
平各庄支行	顺义区顺通路20号	101300	89492041
马坡支行	顺义区马坡地区西马坡村西	101300	69402009
赵全营支行	顺义区赵全营镇政府西	101300	60432619
杨镇支行	顺义区杨镇顺平路杨镇段53号	101309	61451286
南彩支行	顺义区南彩镇顺平路南彩段45号	101300	89469253
北小营支行	顺义区北小营府前街11号	101305	60483974
高丽营支行	顺义区高丽营镇顺沙路高丽营段7号	101303	69455929
光明街支行	顺义区光明北街9号	101300	69429097
空港支行	顺义区天竺镇府前街37号	101312	64589798
南法信支行	顺义区华英园9号	101300	69472328
李家桥支行	顺义区李桥中心街53号	101304	81473831
后沙峪支行	顺义区后沙峪镇双裕街15号	101318	80481018
机场南路支行	朝阳区首都机场南路3号	101312	64579929
大兴支行	大兴区黄村东大街9号	102600	69242482
旧宫支行	大兴区旧宫镇旧宫东路90号	100076	87961885
西红门支行	大兴区西红门镇政府西侧	100076	60253041
北臧村支行	大兴区北京生物工程与医药产业基地天富大街9号	102609	60276034
庞各庄支行	大兴区庞各庄镇农行分理处南	102601	89287416
榆垡支行	大兴区榆垡镇卫生院东侧	102602	89213218
安定支行	大兴区安定镇农行分理处西侧	102607	80231263
玫瑰城支行	大兴区黄村玫瑰城商业中心大楼东侧	102600	69299134
青云店支行	大兴区青云店大东新村B区47号楼	102605	80281208
清澄支行	大兴区黄村镇清澄名苑南区31号楼政府综合服务大厅内	102600	81296801
采育支行	大兴区采育镇电管站西侧2米	102606	80271556
金星支行	大兴区西红门镇金星庄村黄亦路50号1层	100076	61285905
黄村支行	大兴区黄村镇兴华路216号	102600	69242720
经济技术开发区支行	北京经济技术开发区荣京东街3号A座	100176	67860398
亦庄支行	大兴区亦庄镇政府内	100176	67882943

瀛海支行	大兴区瀛海镇政府北侧	102600	69271925
房山支行	房山区良乡长虹东路1号	102488	69374710
燕房支行	房山区城关镇南大街16号	102400	89335566
阎村支行	房山区阎村镇紫园路115号	102412	89319361
青龙湖支行	房山区青龙湖镇豆各庄村下四区43号	102447	60320723
琉璃河支行	房山区琉璃河镇东街28号	102403	89383378
河北镇支行	房山区河北镇李各庄村	102417	60377286
长阳支行	房山区长阳镇北广阳城村西5号	102440	80352894
窦店支行	房山区窦店镇窦店村	102433	69396668
张坊支行	房山区张坊镇张坊村中二区61号	102409	61339993
长沟支行	房山区长沟镇长沟大街48号	102407	61362828
西潞支行	房山区良乡西路东里甲1号西潞商业大厦1层	102400	89345260
良乡支行	房山区良乡中路26号	102401	69366220
平谷支行	平谷区平谷镇新平北路平乐街8号	101200	69972390
东高村支行	平谷区东高村镇兴业路6号	101200	69900792
王辛庄支行	平谷区王辛庄镇齐各庄前街75号	101200	89990798
马坊支行	平谷区马坊镇西大街17号	101204	60995562
金海湖支行	平谷区金海湖镇韩庄北街154号	101201	69992097
南独乐河支行	平谷区南独乐河镇同乐路128号	101212	60920737
大华山支行	平谷区大华山镇大华山大街136号	101207	61948597
峪口支行	平谷区峪口镇峪口村西大街2号	101206	61906024
大兴庄支行	平谷区大兴庄镇大兴庄村东	101205	89931040
新开街支行	平谷区平谷镇林荫北街13号第1、2层东侧	100038	63366246
绿谷支行	平谷区光明西小区5号	101200	69961812
密云支行	密云县鼓楼南大街25号	101500	69049131

穆家峪支行	密云县穆家峪镇南穆家峪村南侧	101500	61051835
河南寨支行	密云县河南寨镇河南寨村北路西	101500	61086583
十里堡支行	密云县十里堡镇政府东侧	101500	69054735
溪翁庄支行	密云县溪翁庄镇溪翁庄村委会北楼	101512	69012347
巨各庄支行	密云县巨各庄镇巨各庄村南侧	101500	61031467
高岭支行	密云县高岭镇高岭村政府路东侧	101507	81081281
季庄支行	密云县果园西路 21 号	101500	89099372
檀州支行	密云县鼓楼东大街世豪大酒店对面	101500	69063475
怀柔支行	怀柔区迎宾北路 18 号	101400	69626174
泉河支行	怀柔区迎宾北路 32 号	101400	69646145
北房支行	怀柔区雁栖工业开发区 888 号	101400	61681807
杨宋支行	怀柔区杨宋镇凤翔科技开发区四园 1 号	101400	61679451
雁栖支行	怀柔区雁栖镇下庄村 435 号	101407	61641348
怀北支行	怀柔区怀北镇西庄村 317 号	101408	69661182
渤海支行	怀柔区渤海镇沙峪村 350 号	101405	61631741
庙城支行	怀柔区庙城镇庙城村派出所对面	101401	60693356
桥梓支行	怀柔区桥梓镇桥梓村村北	101402	69675148
汤河口支行	怀柔区汤河口镇汤河口村 16 号	101414	89671173
富乐支行	怀柔区富乐大街乐红园小区 1 号楼	101400	69626841
青春路支行	怀柔区青春路 8 号	101400	69623042
延庆支行	延庆县东外大街 109 号	102100	69186502
夏都支行	延庆县高塔路 62 号	102100	69141623
张山营支行	延庆县张山营镇张山营村南	102115	69111994
永宁支行	延庆县永宁镇北门口	102104	60171284
八达岭支行	延庆县八达岭镇政府院内	102102	69129421
旧县支行	延庆县旧县镇村北侧	102109	61152932
南菜园支行	延庆县延庆镇南菜园开发区 17 号	102100	69181198
西城支行	西城区复兴门外大街 4 号	100045	68562967

北三环支行	朝阳区北三环东路28号	102300	68562964
保福寺支行	海淀区中关村东路66号	100074	68562978
首体支行	西城区西直门外大街甲143号凯旋大厦C座首层东南侧B号房	100044	88016445
车公庄支行	海淀区首体南路9号主语家园17号楼	100044	68562977
西外支行	海淀区西直门北大街32号枫蓝国际中心商场C座1层	100082	68562977
德胜门支行	西城区德外德胜国际中心东配楼101	100011	82076725
东城支行	东城区东直门南大街3号国华投资大厦首层及第13层	100007	58199561
东长安支行	东城区东长安街12号	100742	85229651
王府井支行	东城区东单北大街3号	101400	61681908
北京站支行	东城区北京站西街1号自西向东1号商铺	100005	65284591
东单支行	东城区建国门内大街17号	100005	65268438
雍和宫支行	东城区安定门东大街28号2号楼B1、B2号	100007	58199562
西单支行	西城区华远街11－1号	100032	66506342
崇文支行	西城区崇文门外大街9号正仁大厦1层、7号崇文文化馆主楼	100011	67092092
建国门支行	朝阳区东三环中路39号建外SOHO12号楼1200商铺	102305	58696372
尚都支行	朝阳区东大桥路8号	100020	59000215
广渠门支行	西城区东花市南里东区15号楼2－101号	100061	67092637
天坛支行	西城区光明路13号1层	100061	67091933
宣武支行	西城区广安门南街6号广安大厦1层、4层	100034	83532926
宣外大街支行	西城区前青厂胡同66号和68号	100052	83153138
牛街支行	西城区牛街20号和22号	100053	83530366

中国邮政储蓄银行股份有限公司北京分行

机构名称	地　址	邮　编	电　话
分行直属支行	朝阳区建国门北大街东侧	100600	65217055
东区支行	朝阳区望京西园一区 120 楼	100102	84718103
建内大街支行	东城区站西路 2 号	100001	65196657
工体东路支行	朝阳区工人体育场东路甲 2 号 1 层 101	100004	64168192
大山子支行	朝阳区酒仙桥路 13 号	100015	64333730
双井支行	朝阳区广渠东路 48 号楼	100022	67716753
垡头支行	朝阳区垡头一区 4 号楼东	100023	67371400
三间房支行	朝阳区三间房 223 号	100024	65762454
十里河支行	朝阳区东三环南路 19 号嘉多丽园 A 座联合国际大厦 1 层底商	100021	87664435
水碓子支行	朝阳区金台北街 6 号楼	100026	65005146
香河园支行	朝阳区西坝河中里 35 号楼	100028	64624407
亚运村支行	朝阳区安慧里 2 区 11 号楼	100101	64938202
花家地支行	朝阳区花家地北里 1 号楼	100102	64737340
双龙南里支行	朝阳区双龙南里 204 号楼	100021	87321621
万科星园支行	朝阳区仰山路万科星园甲 7 号	100012	84921227
农光里支行	朝阳区农光里 102 号楼	100021	67341867
吉庆里支行	朝阳区吉庆里 6 号楼 102 号 A 部分	100020	65520455
交道口东大街支行	东城区交道口东大街 10 号楼低商 B	100007	64005107
姚家园路支行	朝阳区姚家园路甲一号活力东方奥特莱斯购物广场首层	100123	51193713
西大望路支行	朝阳区西大望路 59 号甲 3 号楼	100102	67753891
广渠门外大街支行	广渠门外大街 D51 ~ D55 号住宅楼、商业 111 层商业 1117	100022	67341867
广顺北大街支行	朝阳区广顺北大街 19 号 1 层	100102	64724599
西区支行	西城区阜成门北大街 19 号	100037	68334197
西四支行	西城区西四南大街 16 号	100034	66176773
新街口支行	西城区西内大街 32 号	100035	66131033
万寿路支行	海淀区万寿路 7 号	100036	68276269
会城门支行	海淀区北蜂窝 1 号	100038	63952700

永定路支行	海淀区永定路甲88号	100039	68285870
阜玉路支行	海淀区玉泉路六号院玉阜嘉园1号楼1层10底商	100041	88262798
西外大街支行	西城区西外大街德宝新园甲22号	100044	68352749
鲁谷支行	石景山区鲁谷路39号	100040	88685282
新古城支行	石景山区古城南里2－3号楼	100043	68876096
三里河支行	西城区月坛南街65号	100045	68539131
重兴园支行	石景山区重兴园甲一号	100040	68632939
新华里支行	西城区新华里16号院2号楼商业02号	100044	88359069
杨庄支行	石景山区琅山苗圃南园子金辉苑小区C3配套服务楼底商	100043	52651257
金顶街支行	石景山区金顶街二区甲2栋	100041	88713199
首体南路支行	海淀区首体南路9号主语家园17号楼底商9－12号	100044	68790664
金融大街支行	西城区金融大街3号A座1、2层	100034	66555731
晋元庄支行	海淀区建西苑晋元庄小区33号楼商业9号	100043	58971476
真武庙支行	西城区真武庙路四条8号院4号楼	100045	68032808
南区支行	丰台区西罗园1区15号楼	100077	87255517
永安路支行	西城区虎坊路21－7、21－8号	100050	63032551
牛街支行	西城区牛街4号	100053	63572267
嘉园支行	丰台区马家堡西路嘉园一里26号楼	100068	67560035
科学城支行	丰台区帝京路5号	100070	63714433
丰台大街支行	丰台区西四环南路94号	100071	63823385
长辛店支行	丰台区长辛店大街1号	100072	83876260
云岗支行	丰台区云岗南里2号	100074	83317124
东高地支行	丰台区东高地斜街13号	100076	67991552
大红门服装城支行	丰台区南苑路15号大红门服装商贸城4层	100077	87255518
京温服装市场支行	丰台区高庄60号京温服装市场大厦地下1层	100077	87244995
方庄支行	丰台区蒲方路22号	100078	67628474

经济技术开发区支行	大兴区经济技术开发区隆庆街4号	100176	67889408
开阳里支行	丰台区开阳里五区三号楼	100068	83559580
角门支行	丰台区马家堡路120号	100069	67526803
百荣支行	东城区永外大街101号	100077	87802003
彩虹城支行	丰台区光彩路66号院5号楼1层103号	100079	87866180
南滨河路支行	西城区南滨河路27号	100053	63364462
宣武门东支行	西城区宣武门东2号	100051	63186067
崇文支行	东城区崇文门外大街11号-7、11号-212	100062	67086258
广安门支行	西城区广安门外大街172号	100055	63364462
海淀区支行	海淀区圆明园西路骚子营小区内	100091	62875156
中关村支行	海淀区海淀路87号	100080	62610262
魏公村支行	海淀区中关村南大街17号	100081	88572717
学院路支行	海淀区成府路17号	100083	62311309
清河镇支行	海淀区清河三街	100085	62953378
北太平庄支行	海淀区马甸村1号	100088	62029544
苏州街支行	海淀区厂洼2号楼	100089	68423230
太阳园支行	海淀区大钟寺东路9号	100098	82128322
上地信息产业开发区支行	海淀区上地信息产业开发区综合楼	100092	62976834
育新花园支行	海淀区西三旗东路育新花园小区	100096	82908575
文慧园西路支行	海淀区文慧园小区15、16号楼底商A段1层	100088	62235092
世纪城支行	海淀区世纪城小区烟树园1号楼	100097	88874804
香山支行	海淀区北辛村5号	100093	82592744
紫竹院路支行	海淀区紫竹院路116号嘉豪国际中心B、E座首层	100097	51709930
海淀南路支行	海淀区海淀南路34号艾瑟顿大厦1层	100080	82652567
昌平路支行	昌平区昌平路380号院1号楼底商	100096	62965228

上地东二路支行	海淀区信息产业基地内上地东二路上地佳园45号底商	100085	62981789
德政路支行	海淀区西北旺德政路南百旺茉莉园底商	100094	82403968
知春路支行	海淀区知春路1号	100083	82311290
门头沟区支行	门头沟区河滩路2号	102300	69842927
滨河路支行	门头沟区滨河西区皓月园6号楼底商11－3	102300	69828692
大兴区支行	大兴区兴丰大街22号	102600	69252961
兴华路支行	大兴区黄村镇兴华路二段6号院	102627	60243749
埝坛支行	大兴区天河西路19号	102629	61252695
房山区支行	房山区良乡镇良乡西路11号	102488	89357755－6002
城关支行	房山区兴房大街19号	102400	69314309
良乡支行	房山区良乡昊天大街47号	102401	69351297
迎风街支行	房山区燕山迎风街43号	102500	69347148
农林路支行	房山区城关农林路燕宾鑫源商贸中心	102401	69323310
政通路支行	房山区拱辰街道政通路23号	102488	89352352
顺义区支行	顺义区新顺南大街	101300	69424651
杨各庄支行	顺义区杨镇地区办事处政府街8号	101309	61459196
后沙峪支行	顺义区后沙峪地区办事处	101318	80190822
石园支行	顺义区石园小区	101300	89440898
东兴路支行	顺义区绿港家园1区9号楼120、125、126号	101300	89403552
平谷区支行	平谷区旧城街16号	101200	69962700
乐园支行	平谷区平谷镇乐园西小区乙17号	101200	69982710
通州区支行	通州区运河东大街64号	101100	81587584
新华支行	通州区新华大街169号	101100	69554110
马驹桥支行	通州区马驹桥镇兴华西大街南侧潼关三区底商	101100	60509535
中仓支行	通州区中仓小区	101100	80882381
通胡大街支行	通州区通胡大街25号院－1号至－10号	101100	89536781
延庆县支行	延庆县城关东门外大街42号	102100	69185122

怀柔区支行	怀柔区青春路18号	101400	69626806
密云县支行	密云县鼓楼东大街	101500	69042963
果园西路支行	密云县果园西路42、44号	101500	69099490
昌平区支行	昌平区政府街	102200	69746413
龙水路支行	昌平区畅春阁小区龙水路22号院1号楼1层101	102200	60741046
沙河支行	昌平区沙河镇	102206	69732648
天通北苑支行	昌平区天通北苑二区甲11号楼1门	102218	81771247
龙锦苑支行	昌平区回龙观龙锦苑五区	102208	81749886
昌崔路支行	昌平区昌崔路201号大厦1层	102200	80107660
北七家支行	昌平区北七家镇定泗路北侧雅安商厦c号商业1层	100029	80126276

(3) 外资银行

机构名称	地　　址	邮　编	电　话
摩根大通银行（中国）有限公司	西城区金融大街7号英蓝国际金融中心19层	100034	59318000
友利银行（中国）有限公司	朝阳区东三环北路丙二号天元港中心1层	100020	84123000
韩亚银行（中国）有限公司	西城区金融街17号中国人寿中心办公楼1层	100140	66581133
德意志银行（中国）有限公司	朝阳区建国路81号华贸中心1号写字楼26层	100025	59698888
新韩银行（中国）有限公司	朝阳区工体北路甲6号中宇大厦12层	100027	85290090
法国兴业银行（中国）有限公司	西城区武定侯街2号泰康国际大厦16层	100004	58513038
蒙特利尔银行（中国）有限公司	朝阳区建国路77号华贸中心3号写字楼27层03B、05单元	100025	85881670
奥地利奥合国际银行股份有限公司北京分行	朝阳区建国门外大街21号北京国际俱乐部200室	100020	65323388
德国商业银行股份公司北京分行	朝阳区建国门外大街乙12号双子座大厦东塔25层	100022	85676888
德意志银行（中国）有限公司北京分行	朝阳区建国路81号华贸中心1号写字楼26层	100004	59698899

法国巴黎银行（中国）有限公司北京分行	朝阳区建国门外大街1号国贸大厦20层	100020	65350851
东方汇理银行（中国）有限公司北京分行	朝阳区建国路79号华贸中心2号写字楼22层	100025	65004562
法国兴业银行（中国）有限公司北京分行	西城区武定侯大街2号泰康国际大厦16层	100004	58513888
瑞士银行有限公司北京分行	西城区金融大街7号英蓝国际金融中心1217~1230单元	100034	58327126
苏格兰皇家银行（中国）有限公司北京分行	西城区金融大街7号英蓝国际金融中心7层709~715室	100033	59279000
渣打银行（中国）有限公司北京分行	朝阳区东三环中路1号环球金融中心渣打大厦12层	100020	59188838
蒙特利尔银行（中国）有限公司北京分行	朝阳区建国路77号华贸中心3号写字楼27层	100005	85881688
加拿大皇家银行有限公司北京分行	西城区金融大街7号英蓝国际金融中心9层	100034	58399231
美国摩根大通银行有限公司北京分行	西城区金融大街7号北京英蓝国际金融中心19层1905B单元	100034	59318876
摩根大通银行（中国）有限公司北京分行	西城区金融大街7号北京英蓝国际金融中心19~20层	100034	59318800
花旗银行（中国）有限公司北京分行	西城区武定侯大街6号卓著中心1层	100020	59376000
美国银行有限公司北京分行	朝阳区建国门外大街1号院1号楼国贸大厦35层01~21室	100020	65053508
三菱东京日联银行（中国）有限公司北京分行	朝阳区东三环北路5号北京发展大厦100、200、200A室	100027	65908888
瑞穗实业银行（中国）有限公司北京分行	朝阳区建国门外大街甲26号长富宫办公楼8层	100022	65251888
三井住友银行（中国）有限公司北京分行	朝阳区光华路一号北京嘉里中心北楼16层	100020	59204610
友利银行（中国）有限公司北京分行	朝阳区东三环北路丙2号天元港中心A座1层	100020	84538880
新韩银行（中国）有限公司北京分行	朝阳区工体北路甲6号中宇大厦首层	100027	85235555

韩亚银行（中国）有限公司北京分行	朝阳区霄云路26号鹏润大厦B1层	100016	84580854
韩国产业银行北京分行	朝阳区建国门外大街乙12号双子座大厦西塔27层	100022	65688858
南洋商业银行（中国）有限公司北京分行	西城区丰汇园11号楼丰汇时代大厦首层	100022	65684728
汇丰银行（中国）有限公司北京分行	东城区建国门内大街8号中粮广场A座	100005	59998888
东亚银行（中国）有限公司北京分行	朝阳区光华路5号院1号楼东亚银行大厦	100027	65891000
恒生银行（中国）有限公司北京分行	朝阳区光华路1号嘉里中心	100020	85299882
中信国际银行（中国）有限公司北京分行	朝阳区东三环中路9号富尔大厦3201～3205室	100020	85911161
星展银行（中国）有限公司北京分行	西城区金融大街7号英蓝国际金融中心5层	100140	58397500
大华银行（中国）有限公司北京分行	朝阳区景华南街5号远洋光华中心C座	100020	65051863
盘谷银行（中国）有限公司北京分行	朝阳区建国门外大街甲12号新华保险大厦1层东区	100022	65690059
澳大利亚和新西兰银行（中国）股份有限公司北京分行	朝阳区建国路77号华贸中心3号写字楼32层	100025	65998188
厦门国际银行北京分行	西城区三里河东路5号中商大厦首层	100045	68533333
华侨银行（中国）有限公司北京分行	西城区武定侯街6号卓著中心11层1107～1108室	100032	59315188
摩根士丹利国际银行（中国）有限公司北京分行	西城区太平桥大街18号丰融国际大厦11层	100032	83563019
外换银行（中国）股份有限公司北京分行	东城区建国门内大街18号恒基中心办公楼2座5层	100005	65183105
永亨银行（中国）有限公司北京分行	朝阳区建国路91号金地中心b座2809－2818室	100025	85713669
加拿大蒙特利尔银行有限公司北京分行	朝阳区建国路77号华贸中心3号写字楼27层06A单元	100025	85881670

美国纽约梅隆银行有限公司北京分行	朝阳区建国门外大街2号银泰中心C座2106B单元	100033	85135300
美国北美信托银行有限公司北京分行	西城区金融大街7号英蓝国际金融中心F808B~810	100034	66271960
美国道富银行有限公司北京分行	西城区金融大街7号英蓝国际金融中心F808B~810	100034	66271960
澳大利亚西太平洋有限公司北京分行	朝阳区东三环中路1号环球金融中心西楼14层09~11单元	100020	85877339

（4）外资银行分支机构

澳大利亚和新西兰银行（中国）有限公司

机构名称	地　　址	邮　编	电　话
北京中关村支行	海淀区海淀东三街2号欧美汇大厦1层101室	100005	62506301

大华银行（中国）有限公司

机构名称	地　　址	邮　编	电　话
北京东城支行	东城区朝阳门北大街7号第五广场C座1层108单元	100020	64088699

德意志银行（中国）有限公司

机构名称	地　　址	邮　编	电　话
北京中关村支行	海淀区中关村东路1号清华科技园科技大厦C座1层	100080	62506666
北京华贸支行	朝阳区建国路81号华贸购物中心1~2层	100025	59698300

东亚银行（中国）有限公司

机构名称	地　　址	邮　编	电　话
北京雅宝路支行	朝阳区朝外雅宝路12号G02	100020	85636566
北京望京支行	朝阳区望京中环南路甲2号金业大厦1层4号	100102	84720036

北京富华支行	东城区朝阳门北大街8号富华大厦A座首层和地下1层12单元	100027	65543110
北京中关村支行	海淀区彩和坊路8号8号楼1层109号、2层209号	100080	62682151
北京金融街支行	西城区武定侯街2号泰康国际大厦首层106单元	100033	59315060
北京经济技术开发区支行	经济技术开发区荣华南路12号兴基铂尔曼饭店首层	100176	67885198

法国兴业银行（中国）有限公司

机构名称	地　　址	邮　编	电　话
北京光华支行	朝阳区金桐西路10号远洋光华中心AB座1层	100600	58573701

花旗银行（中国）有限公司

机构名称	地　　址	邮　编	电　话
北京中关村支行	海淀区北四环西路58号理想国际大厦首层	100080	82607250
北京金宝街支行	东城区东单北大街1号1号楼商业中心商场1层F1－1、2单元	100020	65618800
北京阳光上东支行	朝阳区东四环北路6号阳光上东中环商业广场A09～A15单元	100016	51307100
北京昆仑支行	朝阳区新源南路甲2号昆仑公寓1层	100027	65009988
北京盈科中心支行	朝阳区工体北路甲2号盈科中心商场1层	100027	59272300
北京长安支行	东城区建国门内大街7号光华长安大厦101室	100005	65102458
北京亚运村支行	朝阳区慧忠里103号楼洛克时代中心C座	100101	59377050
北京望京支行	朝阳区广顺北大街望京西园429号楼1层商铺105号	100102	59377301

汇丰银行（中国）有限公司

机构名称	地址	邮编	电话
北京国贸支行	建国门外大街1号中国国际贸易中心国贸商城L129号	100020	58669866
北京中关村支行	海淀区中关村南大街2号北京科技会展中心数码大厦A座1层	100086	62159288
北京燕莎中心支行	朝阳区亮马桥路50号凯宾斯基饭店1层	100016	84519500
北京英蓝国际金融中心支行	西城区金融大街7号英蓝国际金融中心首层	100140	66555288
北京丽都广场支行	朝阳区将台路6号丽都A2商业楼首层商场208室	100016	64338800
北京中关村西区支行	海淀区丹棱街3号中国电子大厦B座1层	100080	59997288
北京北辰支行	朝阳区北辰东路8号北辰时代大厦首层0101单元	100101	59997711
北京远大路支行	海淀区远大路1号金源燕莎商厦首层1002单元	100097	59997888
北京华贸支行	朝阳区建国路89号院13号楼L09单元商铺地下1层及地上1层	100025	59997268
北京翠微路支行	海淀区翠微路17号B楼底商	100036	59997968

恒生银行（中国）有限公司

机构名称	地址	邮编	电话
北京中关村支行	海淀区丹棱街3号中国电子大厦A座103室	100080	62500000
北京东单支行	东城区东单北大街69－12号首层	100005	85293507
北京工体北路支行	东城区工体北路66号1号楼L105、L205单元	100007	85293726

南洋商业银行（中国）有限公司

机构名称	地　　址	邮　编	电　话
北京建国门支行	朝阳区建国门外大街乙八号丽晶苑1层	100022	65684728
北京中关村支行	北京市海淀区海淀北二街8号中关村SOHO大厦1层105、106号	100080	59718565

三菱东京日联银行（中国）有限公司

机构名称	地　　址	邮　编	电　话
北京经济技术开发区支行	经济技术开发区荣华中路10号亦城国际中心1号楼16层	100176	59578000

苏格兰皇家银行（中国）有限公司

机构名称	地　　址	邮　编	电　话
北京东方广场支行	东城区东长安街1号北京东方广场中一办公楼1层	100005	58167300

外换银行（中国）有限公司

机构名称	地　　址	邮　编	电　话
北京望京支行	朝阳区望京街9号望京国际商业中心A座212～213室	100102	59203780
北京五道口支行	海淀区成府路28号优盛大厦1层C101室	100083	62666710

星展银行（中国）有限公司

机构名称	地　　址	邮　编	电　话
北京金地中心支行	朝阳区建国路91号金地中心A座一层101单元	100022	85713303
北京三里屯支行	朝阳区工人体育场北路8号院三里屯SOHO中心1号办公商业楼1层	100027	57529201

北京中关村支行	海淀区海淀东三街2号欧美汇大厦1层102单元	100080	57529290

厦门国际银行

机构名称	地　址	邮　编	电　话
北京朝阳支行	朝阳区光华路15号院2号楼铜牛国际大厦首层	100022	52932008
北京中关村支行	海淀区海淀北二街10号泰鹏大厦首层西南侧	100080	82620999

新韩银行（中国）有限公司

机构名称	地　址	邮　编	电　话
北京顺义支行	顺义区站前街三号顺鑫国际商务中心1层01号、2层01号	100005	60406008

友利银行（中国）有限公司

机构名称	地　址	邮　编	电　话
北京望京支行	朝阳区阜荣街10号1层	100102	84718866
北京顺义支行	顺义区仓上街2号AMB大厦A区1层	101300	89452220

渣打银行（中国）有限公司

机构名称	地　址	邮　编	电　话
北京燕莎中心支行	朝阳区亮马桥路50号北京燕莎中心写字楼S102B室	100016	64668803
北京中关村支行	海淀区海淀中街6号中关村金融中心B座首层	100080	62569990
北京华贸支行	朝阳区建国路77－81号华贸中心L1～L2层	100025	59627888
北京东方广场支行	东城区东长安街1号东方广场东方经贸城中一办公楼	100006	58172888
北京亚运村支行	朝阳区慧忠里103楼洛克时代中心1层	100101	59113728

北京紫竹支行	海淀区首体南路9号主语商务中心4号楼101室	100044	58737017
东直门支行	东城区东直门南大街1号北京来福士中心办公楼	100007	59185986

（5）资产管理公司

机构名称	地　　址	邮　编	电　话
华融资产管理公司北京办事处	西城区阜成门内大街293号	100034	66511186
长城资产管理公司北京办事处	朝阳区工体南路东2号	100020	65528808
东方资产管理公司北京办事处	崇文门外大街44号大康大厦	100062	67177516
信达资产管理公司北京分公司	朝阳区安华西里二区18号楼	100011	64263640

（6）信托公司

机构名称	地　　址	邮　编	电　话
北京国际信托有限公司	朝阳区安定路5号北京金融信托大厦C座	100029	64436553
国投信托有限公司	西城区西直门南小街147号	100037	88006630
国民信托有限公司	东城区西滨河路18号国民信托中心	100011	84268088

（7）金融租赁公司

机构名称	地　　址	邮　编	电　话
建信金融租赁股份有限公司	西城区闹市口大街1号长安兴融中心4号楼6层	100032	67594579

（8）汽车金融公司

机构名称	地　　址	邮　编	电　话
丰田汽车金融（中国）有限公司	朝阳区东三环中路1号环球金融中心西楼7层	100020	57639966

梅赛德斯-奔驰汽车金融有限公司	朝阳区望京街8号院戴姆勒大厦19层	100102	84173290
沃尔沃汽车金融（中国）有限公司	朝阳区景华南街5号远洋光华中心C座11层	100020	65829304
大众汽车金融（中国）有限公司	朝阳区建国门外大街8号国际财源中心16、17层	100021	65897800
东风标致雪铁龙汽车金融有限公司	朝阳区光华路7号汉威大厦东区9A6	100004	65628288
宝马汽车金融（中国）有限公司	朝阳区东三环北路霞光里18号佳程广场B座22层	100027	84558607

（9）财务公司

机构名称	地　址	邮　编	电　话
保利财务有限责任公司	东城区朝阳门北大街1号新保利大厦28层	100010	84192373
北大方正集团财务有限公司	海淀区成府路298号方正大厦9层	100871	82529801
北京汽车集团财务有限公司	丰台区南四环西路188号17区18号楼7层	100070	57318958
兵器财务有限责任公司	东城区安定门外青年湖南街19号	100011	84122859
兵器装备财务有限责任公司	海淀区车道沟10号院3号科研办公楼5层	100089	68966776
大唐电信集团财务有限公司	海淀区学院路40号一区26号楼5层北区	100191	62303239
国电财务有限公司	西城区阜成门北大街6-9号11层	100034	58682580
国核财务有限公司	西城区金融大街17号中国人寿中心9层	100032	58198878
国机财务有限责任公司	海淀区丹棱街3号A座8层	100080	82606822
海航集团财务有限公司	朝阳区霄云路甲26号海航大厦写字楼22层	100125	57583779
航天科工财务有限责任公司	海淀区紫竹院路116号嘉豪国际中心B座12层	100097	58931019
航天科技财务有限责任公司	西城区平安里西大街31号	100035	66498836

华联财务有限责任公司	西城区金融大街33号通泰大厦B座4层	100018	88086592
京能集团财务有限公司	朝阳区永安东里16号国际大厦23层	100022	85218508
三峡财务有限责任公司	海淀区玉渊潭南路1号	100038	57081345
神华财务有限公司	东城区安德路16号洲际大厦1层和4层	100011	58131410
首都机场集团财务有限公司	顺义区首都国际机场首都机场集团公司综合楼五层	100621	64557035
通用技术集团财务有限责任公司	丰台区西三环中路90号通用技术大厦6层	100055	63348329
西门子财务服务有限责任公司	朝阳区望京中环南路7号	100102	64762305
中电投财务有限公司	西城区金融大街28号2号楼7层	100032	66298693
中国大唐集团财务有限责任公司	西城区菜市口大街1号13、14层	100053	83956889
中国电子财务有限责任公司	海淀区中关村东路62号科贸大厦23和25层	100190	62672051
中国航空集团财务有限责任公司	朝阳区霄云路36号国航大厦2401B	100027	84475749
中国航油集团财务有限公司	顺义区后沙峪镇安福街6号3层	101318	80476278
中国华电集团财务公司	西城区宣武门内大街2号中国华电大厦B座10层	100031	83568095
中国化工财务有限公司	海淀区北四环西路62号	100080	82677968
中核财务有限责任公司	西城区三里河南四巷一号	100045	68555835
中建财务有限责任公司	海淀区三里河路15号中建大厦A座7层	100037	88084560
中粮财务有限责任公司	朝阳门内大街8号中粮福临门大厦19层	100020	85006301
中铝财务有限责任公司	西直门北大街62号7层	100082	82298439
中外运长航财务有限公司	海淀区西直门北大街甲43号金运大厦B座18层	100044	66296319
中冶集团财务有限公司	朝阳区曙光西里28号中冶大厦	100028	59869863
中远财务有限责任公司	西城区月坛北街2号月坛大厦A座19层	100045	68083165

（10）货币经纪公司

机构名称	地　址	邮　编	电　话
中诚宝捷思货币经纪有限公司	西城区太平桥大街18号丰融国际大厦1008~1009室	100032	63195001

（11）消费金融公司

机构名称	地　址	邮　编	电　话
北银消费金融有限公司	东城区和平里东街1号	100013	57636033

（12）外国银行北京代表处

机构名称	地　址	邮　编	电　话
德国北德意志州银行北京代表处	朝阳区亮马桥路50号燕莎中心办公楼C406	100125	64651046
德国巴登—符腾堡州银行北京代表处	朝阳区东三环北路8号亮马大厦2座1130室	100004	65900166
德国中央合作银行股份有限公司北京代表处	朝阳区建国门外大街19号国际大厦22－1B室	100004	85261162
德国迈世勒银行股份公司北京代表处	朝阳区亮马桥路50号燕莎中心C502室	100125	64600458
意大利联合圣保罗银行股份有限公司北京代表处	朝阳区新源南路6号京城大厦2108室	100004	84862108
意大利西雅那银行股份有限公司北京代表处	朝阳区建国门外大街1号国贸写字楼1座1602~1605	100004	65053136
意大利裕信银行股份有限公司北京代表处	朝阳区建国门外大街19号国际大厦2604室	100004	65127183
意大利人民银行有限责任合作公司北京代表处	朝阳区建国门外大街乙十二号双子座大厦西塔15层07单元	100022	65664351
法国外贸银行股份有限公司北京代表处	东城区东长安街1号东方广场东方经贸城东一办公楼	100738	85185115－620
法国工商银行有限公司北京代表处	朝阳区建国门内大街7号光华长安大厦1座310室	100005	65102167

法国标致雪铁龙融资银行有限公司北京代表处	朝阳区光华路7号汉威大厦11层11A10号	100020	59275981
法国德夏银行股份有限公司北京代表处	西城区金融大街甲九号南楼503室	100140	66575858
俄罗斯工业通讯银行开放式股份有限公司北京代表处	朝阳区建国门外大街22号赛特大厦1308	100004	85120068
俄罗斯外贸银行公开股份公司北京代表处	朝阳区建国门外大街19号国际大厦18BC室	100020	85262800
俄罗斯信贷商业银行北京代表处	朝阳区建国门外大街24号京泰大厦1703室	100022	65159517
俄罗斯开发与对外经济银行国有公司北京代表处	朝阳区建国门外大街19号国际大厦20A室	100004	65928905
俄罗斯天然气工业银行股份公司北京代表处	朝阳区建国门外大街甲6号中环世贸中心D座1801室	100022	65630516
俄罗斯兴盛银行开放式股份公司北京代表处	朝阳区建国门外大街乙12号双子座大厦东塔10层9号办公室	100022	51235136
俄罗斯欧洲金融莫斯科人民银行公开股份有限公司	东城区东直门外大街35号东湖别墅C802	100027	64674091
俄罗斯联邦商业储蓄银行公开股份公司北京代表处	朝阳区亮马桥50号北京燕莎中心办公楼C305~306A室	100016	64627039
白俄罗斯银行储蓄银行公开股份公司北京代表处	朝阳区建国路93号万达广场4号楼3103室	100022	59604292
乌克兰普理瓦特商业银行股份有限公司北京代表处	朝阳区雅宝路8号北京亚太大厦1403A	100020	65270792
欧洲金融集团银行瑞士有限责任公司北京代表处	朝阳区建国门外大街1号国贸写字楼2座813~815室	100004	65056908
瑞士苏黎世州银行北京代表处	朝阳区麦子店西路新恒基国际大厦718室	100125	64672539
瑞士信贷银行有限公司北京代表处	朝阳区东三环北路2号南银大厦31层	100027	64106180

北欧银行瑞典有限公司北京代表处	朝阳区东三环北路5号发展大厦818室	100004	65909070
瑞典商业银行公共有限公司北京代表处	朝阳区建国门外大街19号国际大厦22D室	100004	65004310
瑞典北欧斯安银行有限公司北京代表处	朝阳区东三环北路8号亮马大厦1座603室	100004	65900120
荷兰安智银行股份有限公司北京代表处	朝阳区东三环北路8号亮马大厦1座1510室	100004	65906606
荷兰合作银行有限公司北京代表处	西城区金融街7号英蓝国际金融中心F928室	100034	66555252
西班牙对外银行有限公司北京代表处	东城区建国门内大街7号光华长安大厦2座618室	100005	65170937
西班牙桑坦德银行有限公司北京代表处	朝阳区建国门外大街甲6号SK大厦22层2205室	100022	85679788
西班牙萨瓦德尔银行股份有限公司北京代表处	东城区东直门外大街46号天恒大厦8层805室	100027	84608366
西班牙巴塞罗那储蓄银行北京代表处	东城区建国门内大街7号光华长安大厦1座610、611室	100005	59111199
比利时富通银行有限公司北京代表处	朝阳区新源南路6号京城大厦2302室	100004	84862701
英国巴克莱银行有限公司北京代表处	东城区建国门北大街8号华润大厦2108室	100005	58165023
英国高盛国际银行无限责任公司北京代表处	西城区金融大街7号英蓝国际中心17层1731房间	100140	66273138
英国野村国际银行有限公司北京代表处	朝阳区东三环北路5号北京发展大厦1218室	100004	59025902
澳大利亚国民银行有限公司北京代表处	朝阳区建国门外大街1号国贸写字楼1座2326室	100004	65052255
澳大利亚澳洲联邦银行公众股份有限公司北京代表处	朝阳区建国门外大街1号国贸写字楼1座2909室	100004	65055350
巴基斯坦国民银行股份有限公司北京代表处	朝阳区新源南路2号昆仑饭店435室	100004	65903388－435
巴基斯坦哈比银行有限责任公司北京代表处	东城区东长安街1号东方广场中1楼10层1003室	100738	85151500－103
巴基斯坦联合银行股份有限公司北京代表处	朝阳区建国路乙118号京汇大厦2110室	100022	65675560

菲律宾首都银行及信托有限公司北京代表处	东城区建国门内大街18号恒基中心办公一楼1座1410室	100005	65183359
哈萨克斯坦人民储蓄银行股份公司北京代表处	朝阳区东四环中路41号嘉泰国际大厦A座2006室	100025	84532708
韩国输出入银行北京代表处	朝阳区亮马桥路50号燕莎中心办公楼C716室	100016	64653371
马来西亚马来亚银行有限公司北京代表处	朝阳区建国门内大街1号国贸大厦32层2B2单元	100004	65054982
日本三菱日联信托银行股份有限公司北京代表处	朝阳区建国门外大街甲26号长富宫办公楼304室	100022	65139016
日本住友信托银行股份有限公司北京代表处	朝阳区建国门外大街甲26号长富宫办公楼7009室	100022	65139020
日本农林中央金库有限公司北京代表处	朝阳区建国门外大街甲26号长富宫办公楼601室	100022	65130858
泰国泰华农民银行（大众）有限公司北京代表处	朝阳区建国门外大街19号国际大厦22层C室	100004	65008333
朝鲜华丽银行有限公司北京代表处	东城区东打磨厂街7号宝鼎中心539室	100060	67081380
合作金库商业银行股份有限公司北京代表处	东城区建国门内大街18号恒基中心办公室1座1805室	100005	65188175
中国信托商业银行股份有限公司北京代表处	朝阳区光华路甲8号和乔大厦B座111室	100026	65813700
印度银行北京代表处	朝阳区西大望路3号院蓝堡国际中心1209室	100022	85997447
印度联合银行北京代表处	朝阳区建国门外大街乙12号双子座大厦东塔10层A2单元	100022	51235186
宁波国际银行北京代表处	西城区阜外大街2号万通新世界广场B座1710室	100037	68573148
伊朗德佳拉特银行北京代表处	朝阳区亮马桥路50号燕莎中心写字楼C208室	100125	84551116
蒙古国郭勒穆特银行有限公司北京代表处	朝阳区建国门外大街19号中信国际大厦A座10E室	100004	65033876
塞浦路斯玛芬大众银行公共有限公司北京代表处	2011年新设，尚未迁入办公地址		

阿联酋国民银行股份有限公司北京代表处	2011年新设，尚未迁入办公地址		
古巴国民银行北京代表处	朝阳区建国门外大街24号京泰大厦710室	100022	65156586
加拿大帝国商业银行有限公司北京代表处	朝阳区建国门外大街乙12号双子座大厦西塔11层1107室	100022	65667071
加拿大丰业银行有限公司北京代表处	东城区建国门北大街8号华润大厦503室	100005	85192050
美国富国银行有限公司北京代表处（原美联）	东城区建国门北大街8号华润大厦2302室	100005	65179022
美国远东国民银行有限公司北京代表处	朝阳区建国门外大街22号赛特大厦9层911房间	100004	65159115
美国华美银行股份有限公司北京代表处	东城区建国门内大街7号光华长安大厦6楼609室	100005	65101551
智利银行股份有限公司北京代表处	朝阳区建国门外大街乙12号双子座大厦西塔606室	100022	58794301
摩洛哥外贸银行股份有限公司北京代表处	东城区建国门内大街18号恒基中心1座1203层	100005	65182363
喀麦隆非洲第一银行有限公司北京代表处	朝阳区左家庄1号国门大厦4K室	100028	64640029
尼日利亚第一银行股份有限公司北京代表处	东城区建国门内大街8号中粮广场B座1431室	100005	65286820
尼日利亚詹尼斯银行股份有限公司北京代表处	西城区金融街7号英蓝国际金融中心208~6室	100033	58332228

（13）外国非银行金融机构北京代表处

机构名称	地　址	邮　编	电　话
万事达卡国际组织北京代表处	东城区建国门北大街8号华润大厦7层701~702室	100005	85199300
威士国际组织（亚太）有限公司北京代表处	朝阳区光华路5号北京世纪财富中心2号楼1804室	100004	85873000
日本国际信用卡公司北京代表处	东城区东长安街1号东方广场中一办公楼11层8B~9A室	100022	85185659
大来信用证国际（香港）有限公司北京代表处	西城区武定侯大街6号卓著中心1602室	100140	59376888

中银信用卡（国际）有限公司北京代表处	朝阳区永安东里8号华彬国际大厦901B	100022	85288101
宝捷思资本市场（香港）有限公司北京代表处	东城区东长安街1号东方广场西2办公楼6层601单元3室	100738	85200175
瑞士利顺金融公司北京代表处	建国门内大街18号恒基中心1座1907室	100005	65187959
毅联汇业有限公司北京代表处	朝阳区朝阳门外大街甲6号万通中心C座1502室	100020	65381903
昆仑国际（新西兰）有限公司北京代表处	朝阳区东三环北路霞光里18号佳程广场A座16C	100027	59222088
英国路透集团交易服务有限公司北京代表处	西城区复兴门内大街28号凯晨世贸中心中座2层	100031	66271288
韩国现代金融株式会社北京代表处	朝阳区霄云路38号现代汽车大厦407室	100027	84538866
日本爱可梦株式会社北京代表处	朝阳区东三环中路9号富尔大厦17层1703室	100020	85911740
日本邦民株式会社北京代表处	朝阳区东三环北路5号北京发展大厦1019室	100004	65909757
西联金融服务公司北京代表处	朝阳区建国门外大街乙12号双子座大厦东塔办公楼22层	100022	85165900
英国银星速汇有限公司北京代表处	朝阳区永安东里16号CBD国际大厦5层C536办公室	100022	65637683
CMC Markets 英国公共有限公司北京代表处	东城区东长安街1号东方广场C1座1206室	100738	58163627
比利时欧洲清算银行有限公司北京代表处	西城区武定侯街6号卓著中心505室	100140	58543206
韩国货币经纪株式会社代表处	朝阳区建国门大街甲6号中环世贸中心C座29层2923室	100022	65639965
美国嘉盛集团代表处	朝阳区建国门大街甲3号中环世贸C座29层2909室	100022	65639955

3. 证券业机构

（1）证券公司

机构名称	地　址	邮　编	电　话
北京高华证券有限责任公司	西城区金融大街7号英蓝国际中心18层	100034	66273000
东兴证券股份有限公司	西城区金融大街5号新盛大厦B座12~15层	100033	66555383
第一创业摩根大通证券有限责任公司	西城区金融大街甲九号802－804室	100033	63212287
高盛高华证券有限责任公司	西城区金融大街7号英蓝国际中心18层	100034	65353000
国都证券有限责任公司	东城区东直门南大街3号国华投资大厦9~10层	100007	84183333
国开证券有限责任公司	朝阳区安华里外馆斜街甲1号泰利明苑A座二区4层	100011	58199800
华融证券股份有限公司	西城区金融大街8号A座3层、5层	100033	58568199
民生证券有限责任公司	东城区建国门内大街28号民生金融中心A座16~18层	100005	85127999
首创证券有限责任公司	西城区德胜门外大街115号德胜尚城E座	100088	59360000
瑞信方正证券有限责任公司	西城区金融大街甲九号金融街中心南楼15层	100140	66538666
瑞银证券有限责任公司	西城区金融大街7号英蓝国际中心15层	100034	58328888
信达证券股份有限公司	西城区闹市口大街9号院1号楼信达金融中心	100031	63081000
新时代证券有限责任公司	西城区金融大街1号A座8层	100033	83561000
中德证券有限责任公司	朝阳区建国路81号华贸中心写字楼一座22层	100025	59026793
中国民族证券有限责任公司	西城区金融大街5号新盛大厦A座6~9层	100140	59355588
中国国际金融有限公司	朝阳区建国门外大街1号国贸大厦2座28层	100004	65051166

中国银河证券股份有限责任公司	西城区金融大街35号国际企业大厦C座	100140	66568888
中信建投证券股份有限公司	东城区朝内大街188号	100010	85130588

（2）证券分公司

机构名称	地　址	邮　编	电　话
安信证券股份有限公司北京分公司	西城区金融大街5号1901室	100033	66581818
东北证券股份有限公司北京分公司	西城区锦什坊街28号楼5层501室、7层701室	100045	63210855
东吴证券股份有限公司北京分公司	西城区金融大街19号富凯大厦1003室	100033	66573700
德邦证券有限责任公司北京分公司	朝阳区朝阳北路237号复兴国际中心25层	100020	85715277
长城证券有限责任公司北京分公司	西城区西直门外大街112号阳光大厦10层	100044	88362851
光大证券股份有限公司北京分公司	西城区月坛北街2号月坛大厦东配楼5层	100045	68081186
国海证券有限责任公司北京分公司	海淀区西直门外大街168号腾达大厦1509室	100044	88576898－837
国盛证券有限责任公司北京分公司	西城区德胜门外大街83号德胜国际中心B座3层	100088	62657337
国泰君安证券股份有限公司北京分公司	海淀区知春路17号	100191	59312818
国信证券股份有限公司北京分公司	西城区平安里西大街28号中海国际中信1号楼5层	100034	88000888
国元证券股份有限公司北京分公司	东城区东直门外大街46号天恒大厦1008A	100027	84608712
广发证券股份有限公司北京分公司	西城区月坛北街2号月坛大厦18层	100045	59136733
恒泰证券股份有限公司北京分公司	西城区华远街7号鄂尔多斯大厦6层	100032	66297220
华泰证券股份有限公司北京分公司	西城区金融大街17号中国人寿中心1705室	100033	59315222

华龙证券有限责任公司北京分公司	西城区金融街通泰大厦B座603室	100033	88086668
华创证券有限责任公司北京分公司	海淀区复兴路21号1幢8层805~808室	100036	68053239
海通证券股份有限公司北京分公司	海淀区中关村南大街甲56号方圆大厦	100044	88027068
宏源证券股份有限公司资产管理分公司	西城区太平桥大街19号恒奥中心	100140	88085558
宏源证券股份有限公司承销保荐分公司	西城区太平桥大街19号恒奥中心	100140	88085959
齐鲁证券有限公司北京证券资产管理分公司	西城区丰盛胡同28号中国太平洋保险大厦4层	100032	59013968
日信证券有限责任公司北京分公司	西城区闹市口大街1号长安兴融中心西楼11层	100031	66414890
申银万国证券股份有限公司北京分公司	朝阳区劲松9区909楼	100021	67737485
天风证券有限责任公司北京证券承销分公司	西城区复兴门外大街A2号中化大厦F1层	100045	65534527
湘财证券有限责任公司北京承销与保荐分公司	西城区太平桥大街丰盛胡同28号太平洋保险大厦A座901单元	100032	56510920
西南证券股份有限公司北京分公司	西城区金融大街35号国际企业大厦A座4层	100140	88091992
招商证券股份有限公司北京分公司	西城区金融大街1号金融街中心6层	100140	65682299－5803
中原证券股份有限公司北京分公司	西城区广安门外大街168号1幢8~9层	100055	83067928
中航证券有限公司北京分公司	朝阳区安立路甲56号商业楼南楼4层	100012	84803620
中国银河证券股份有限公司北京分公司	西城区金融街丰汇园小区21号楼	100032	58872777
中国中投证券有限责任公司北京分公司	西城区太平桥大街18号丰融国际大厦12层和15层	100030	84976181
中信证券股份有限公司北京分公司	朝阳区新源南路6号京城大厦3801~3802室	100027	84683886
中银国际证券有限责任公司北京分公司	西城区金融大街28号通泰中心2号楼12层	100140	66229000

（3）证券营业部

机构名称	地　　址	邮　编	电　话
安信证券股份有限公司北京复兴门外大街证券营业部	西城区复兴门外大街A2号中化大厦11层	100045	68616000
安信证券股份有限公司北京中关村南大街证券营业部	海淀区中关村南大街甲32号中关村科技发展大厦B座2层	100081	62140234
安信证券股份有限公司北京远大路证券营业部	海淀区远大路1号金源购物中心2期B区写字楼1203室	100097	88893680
安信证券股份有限公司北京北三环东路证券营业部	东城区北三环东路36号环球贸易中心A座26层	100013	59113466
爱建证券朝阳门内大街证券营业部	东城区朝阳门内大街298号盈地大厦601室	100032	85112998
北京高华证券有限责任公司北京金融大街证券营业部	西城区金融街7号英蓝（大厦）国际金融中心18层	100140	66273000
渤海证券股份有限公司北京西外大街证券营业部	西城区西直门外大街甲143号凯旋大厦C座2层	100044	88016458
渤海证券股份有限公司北京慧忠里证券营业部	朝阳区慧忠里417号	100101	64892168
渤海证券股份有限公司北京大兴黄村证券营业部	大兴区黄村镇兴政东里17号楼	102600	69224995
渤海证券股份有限公司北京广顺北大街证券营业部	朝阳区（望京）广顺北大街33号福码大厦A座705～706室	100102	64776858
长城证券有限责任公司北京阜成门北大街证券营业部	西城区阜成门北大街17号中国大百科裙楼2～3层	100037	68338376
长城证券有限责任公司北京望京西路证券营业部	朝阳区望京西路50号卷石天地大厦A座7层	100102	64561190

长城证券有限责任公司北京中关村大街证券营业部	海淀区中关村大街甲28号海淀文化艺术大厦B座11层	100086	82533168
长城证券有限责任公司北京海鹰路证券营业部	丰台区海鹰路1号院7号楼	100070	83670701
长城证券有限责任公司北京通胡大街营业部	通州区通胡大街25号10号楼2号	101100	89529069
长江证券股份有限公司北京万柳东路证券营业部	海淀区长春桥路11号亿城中心A座901室	100089	58818698
长江证券股份有限公司北京新源西里证券营业部	朝阳区新源里16号琨莎中心B座3A层	100027	64679391
长江证券股份有限公司北京百万庄证券营业部	西城区百万庄大街22号院信息出版科研业务楼2层	100037	68364388－118
长江证券股份有限公司北京广渠门内大街证券营业部	崇文区广渠门内大街80号通正国际大厦11层	100062	51696616
财达证券花园路证券营业部	海淀区花园路2号牡丹集团院内	100083	62356660
财达证券首体南路证券营业部	海淀区首体南路20号国兴家园D座	100044	88354677
财通证券有限责任公司北京成府路证券营业部	海淀区成府路28号优盛大厦D座15层	100083	62660158
财富证券有限责任公司北京阜外大街证券营业部	西城区阜外大街甲7号国投大厦1层、2层	100037	68003001
财富证券有限责任公司北京中关村东路证券营业部	海淀区中关村东路18号财智国际大厦A座2楼	100080	62615268
大同证券经纪有限责任公司北京西四环中路证券营业部	海淀区西四环中路39－7号万地名苑大厦1层	100039	68155388
大通证券股份有限公司北京建国路证券营业部	朝阳区建国路93号万达广场9号楼2层	100022	58207417
第一创业证券有限责任公司北京月坛南街证券营业部	西城区平安大街新时代大厦3层	100045	68059090

第一创业证券有限责任公司北京阜石路证券营业部	石景山区阜石路165号院3号楼	100043	88956766
东北证券股份有限公司北京三里河东路证券营业部	西城区三里河东路5号中商大厦第4层	100045	68573836
东北证券股份有限公司北京朝外大街证券营业部	朝阳区朝外大街乙6号朝外SOHO A座23层2101～2105号	100020	59000715
东海证券有限责任公司北京安苑北里证券营业部	朝阳区亚运村B座3层、4层	100101	64993238
东海证券有限责任公司北京西三环北路证券营业部	海淀区西三环北路89号国际财经中信D座9层	100089	84892358
东方证券股份有限公司北京安苑路证券营业部	朝阳区小关北里45号世纪嘉园5号楼5层	100029	84896422
东方证券股份有限公司北京霄云路证券营业部	朝阳区东三环北路霄云路21号大通大厦南楼3层	100027	64661627
东兴证券股份有限公司北京大望路证券营业部	朝阳区西大望路15号院4号楼外企大厦B座4层	100022	67771888
东兴证券股份有限公司北京北四环中路证券营业部	海淀区北四环中路229号海泰大厦2层	100083	82884280
东兴证券股份有限公司北京复兴路证券营业部	海淀区复兴路20号翠微商业楼2段	100036	88218659
东莞证券有限责任公司北京中关村大街证券营业部	海淀区海淀北一街2号首创拓展大厦3层	100080	58472833
东莞证券有限责任公司北京黄村东大街证券营业部	大兴区黄村镇龙河路107号	102600	62269600
东吴证券股份有限公司北京安德里北街证券营业部	东城区鼓楼外大街27号万网大厦2层	100120	84117711
东吴证券股份有限公司北京大兴兴华大街证券营业部	大兴区黄村镇兴华大街三段53号1层	102600	69228589

德邦证券有限责任公司北京朝阳北路证券营业部	朝阳区朝阳北路237号复星国际中心26层	100020	65085758
方正证券股份有限公司北京通朝大街证券营业部	通州区通朝大街172号、178号	101100	57965907
方正证券股份有限公司北京回龙观西大街证券营业部	昌平区回龙观西大街18号一段1－102	102208	57766997
方正证券股份有限公司北京阜外大街证券营业部	西城区阜外大街甲34号	100037	68583728
方正证券股份有限公司北京和平里东街证券营业部	东城区和平里东街6区8号	100013	84215535
广州证券有限责任公司北京三里河东路证券营业部	西城区三里河东路39号燕京大厦2层	100045	68521889
光大证券股份有限公司北京东中街证券街证券营业部	东城区东中街29号东环广场B座写字楼2层	100027	64182858
光大证券股份有限公司北京小营路证券营业部	朝阳区小营路25号房地置业大厦1层、7层	100029	59046206
光大证券股份有限公司北京月坛北街证券营业部	西城区月坛北街2号月坛大厦东配楼5层	100045	68081286
光大证券股份有限公司北京中关村大街证券营业部	海淀区中关村大街19号新中关大厦A座8层	100080	59851165
光大证券股份有限公司北京丽泽路证券营业部	丰台区广安门外菜户营东街60号北京哈特商务酒店1层	100054	63357146
光大证券股份有限公司北京天通苑证券营业部	昌平区东小口镇立汤路188号院北方明珠大厦1#楼	102218	58607128
国开证券有限责任公司北京中关村南大街营业部	海淀区中关村南大街6号中电信息大厦1层、5层	100086	82168390

国开证券有限责任公司北京珠市口东大街证券营业部	东城区珠市口东大街14号	100062	67072600
国开证券有限责任公司北京南滨河路证券营业部	丰台区莱户营58号财富西环3层	100054	63385671
国盛证券有限责任公司北京德胜门外大街证券营业部	西城区德胜门大街83号德胜门国际中心B座3层	100088	62631969
国海证券股份有限公司北京和平街证券营业部	朝阳区和平街11区38号楼	100013	64283164
国信证券股份有限公司北京呼家楼北街证券营业部	朝阳区呼家楼北街7号楼	100026	95536
国信证券股份有限公司平安大街证券营业部	西城区平安西大街28号光大国际中心1号楼5层	100034	95536
国信证券股份有限公司北京亚运村证券营业部	朝阳区大屯路风林西奥中心A座5层	100101	95536
国信证券股份有限公司北京通朝大街营业部	通州区通朝大街203号2层	101120	95536
国都证券有限责任公司北京九棵树街证券营业部	通州区九棵树街109号、113号、117号、121号、125号、129号	101100	59392161
国都证券有限责任公司北京三元西桥路证券营业部	朝阳区曙光西里甲6号院9号楼2层	100028	59762885
国都证券有限责任公司北京北三环中路证券营业部	西城区北三环中路23号燕莎盛世大厦	100029	64890703
国都证券有限责任公司北京阜外大街证券营业部	西城区阜外大街22号	100037	68329055
国都证券有限责任公司北京复兴路证券营业部	海淀区复兴路32号六建大院内	100030	68176002
国都证券有限责任公司北京工体北路证券营业部	东城区工体北路北京工人体育馆南区2层	100027	65533232

国都证券有限责任公司北京中关村南大街证券营业部	海淀区中关村南大街9号理工科技大厦303室	100081	68949680
国都证券有限责任公司北京回龙观西大街证券营业部	昌平区回龙观西大街118号龙冠置业大厦1层	100028	59812666
国都证券有限责任公司北京双峪路证券营业部	门头沟区双峪路5号楼5层2号	102300	69829800
国泰君安证券股份有限公司北京亦庄宏达北路证券营业部	大兴区亦庄宏达北路16号写字楼1层东侧	100176	51062211
国泰君安证券股份有限公司北京怀柔府前街证券营业部	怀柔区府前街3号	101400	69680303
国泰君安证券股份有限公司北京鲁谷路证券营业部	石景山区鲁谷路35号电科大厦裙楼1层	100040	68659759
国泰君安证券股份有限公司北京德外大街证券营业部	西城区德外大街新风街2号天成科技大厦A座	100088	62034788
国泰君安证券股份有限公司北京方庄路证券营业部	丰台区方庄路1号	100078	67638335
国泰君安证券股份有限公司北京金融街证券营业部	西城区金融街28号盈泰中心2号楼10层	100140	59312793/75
国泰君安证券股份有限公司北京通州新华西街证券营业部	通州区新华西街甲59号	101100	69542299
国泰君安证券股份有限公司北京知春路证券营业部	海淀区知春路17号	100083	82311880
国金证券股份有限公司北京金融街证券营业部	西城区金融街27号投资广场B座4层	100033	66215599
国联证券股份有限公司北京建材城西路证券营业部	昌平区建材西路87号上奥世纪2号楼21层	100096	57391101

国联证券股份有限公司北京首体南路证券营业部	海淀区首体南路9号主语国际4号楼1202室	100048	63170199
国联证券股份有限公司北京石景山路证券营业部	石景山区万达广场B座12层	100040	88685951
国元证券股份有限公司北京东直门外大街证券营业部	东城区东直门外大街46号天恒大厦9层	100027	84608839
国元证券股份有限公司北京西坝河南路证券营业部	朝阳区西坝河南路1号金泰大厦409室	100028	64402348
广发证券股份有限公司北京中关村东路证券营业部	海淀区中关村东路8号东升大厦A做6层	100083	82527515
广发证券股份有限公司北京鲁谷路证券营业部	石景山区鲁谷路74号中国瑞达大厦F606~F609	100040	68609562
广发证券股份有限公司北京建外大街证券营业部	朝阳区建外大街19号国际大厦A座3层	100004	65155163
广发证券股份有限公司北京广安门内大街证券营业部	西城区广安门内大街316号京粮大厦6层	100053	63547165
广发证券股份有限公司北京朝阳门北大街证券营业部	东城区朝阳门北大街6号首创大厦3层	100027	85282382
广发证券股份有限公司北京东三环北路证券营业部	朝阳区东三环北路3号幸福大厦A座1608室	100027	64669809
广发证券股份有限公司北京阜成门南大街证券营业部	西城区阜成门南大街甲3号	100037	68022088
航天证券有限责任公司北京万柳中路证券营业部	海淀区万柳中路35号蜂鸟社区商业楼CD区2楼	100089	82871515
红塔证券股份有限公司北京板井路证券营业部	海淀区板井路69号世纪金源酒店1层西侧	100097	88464659

宏源证券股份有限公司北京金融大街证券营业部	西城区太平桥大街19号	100140	88085208
宏源证券股份有限公司北京紫竹院路证券营业部	海淀区紫竹院路116号嘉豪国际中心A座	100089	88511326
宏源证券股份有限公司北京东四环中路证券营业部	朝阳区东四环中路56号远洋国际中心A座25层	100025	65505151
宏源证券股份有限公司北京丰北路证券营业部	丰台区望园东里28号楼2层	100073	63899061
华林证券有限责任公司北京北三环东路证券营业部	朝阳区北三环东路28号易亨大厦2层	100013	64405981
华安证券有限责任公司北京东三环中路证券营业部	朝阳区东三环中路24号乐成中心B座11层	100022	67769393
华安证券有限责任公司北京慧忠北里证券营业部	朝阳区慧忠北里305号	100012	64878858
华泰证券股份有限公司农展南路证券营业部	朝阳区农展馆南路13号瑞辰国际中心2层	100028	65008166
华泰证券股份有限公司北京雍和宫证券营业部	东城区安定门东大街28号立骏大厦2号楼5层	100013	84273969
华泰证券股份有限公司北京广渠门内大街证券营业部	东城区广渠门内大街43号A座1~2层	100045	63433789/99
华泰证券股份有限公司北京苏州街证券营业部	海淀区苏州街29号18号楼维亚大厦207~509室及518~520室	100080	62526229
华泰证券股份有限公司北京西三环北路证券营业部	海淀区西三环北路72号中经大厦A座501室	100037	68733706
华泰证券股份有限公司北京月坛南街证券营业部	西城区月坛南街甲12号万丰怡和商务会馆3层	100045	68010996/9696
华泰证券股份有限公司北京中关村南大街证券营业部	海淀区中关村南大街11号光大国信大厦3层	100081	68733973

华西证券有限责任公司北京紫竹院路证券营业部	海淀区紫竹院路31号华澳中心2层	100089	68716366 -201
华西证券有限责任公司北京通州北苑南路证券营业部	通州区北苑南路42号院6号楼1层	101101	4008-888-818
华鑫证券有限责任公司北京车公庄大街证券营业部	西城区车公庄大街12号核工业建设集团大厦2层	100037	88306678
华宝证券股份有限公司北京崇文门外大街证券营业部	东城区崇外大街9号正仁大厦3段4层	100062	67082997-8058
华创证券有限责任公司北京夕照寺街证券营业部	东城区夕照寺街14号4号楼1层北大厅108室、109室	100061	67139383
华创证券有限责任公司北京新兴桥证券营业部	海淀区复兴路21号1幢6层、8层801室、802室	100036	59370992
华龙证券有限责任公司北京安外大街证券营业部	东城区安外大街191号天鸿宝景大厦西配楼3层	100101	64401206
华融证券股份有限公司北京金融大街证券营业部	西城区金融大街8号1~2层	100033	58568052
海通证券股份有限公司北京密云鼓楼东大街证券营业部	密云县鼓楼东大街19号密云广场	101500	89081208
海通证券股份有限公司北京工人体育场北路证券营业部	东城区工体北路66号瑞士公寓A3层	100028	64620913
海通证券股份有限公司北京光华路证券营业部	朝阳区光华路甲8号和乔大厦C座3层	100026	65831381/85
海通证券股份有限公司北京平谷金乡路证券营业部	平谷区金乡路1号1层、3层	101200	89999236
海通证券股份有限公司北京知春路证券营业部	海淀区知春路甲63号卫星大厦7层	100080	82625096

海通证券股份有限公司北京中关村南大街证券营业部	海淀区中关村南大街甲56号方圆大厦5层	100044	88027676
和兴证券经纪有限责任公司北京百万庄大街证券营业部	西城区百万庄大街19号	100037	68331829
恒泰证券股份有限公司北京东三环中路证券营业部	朝阳区东三环中路18号东环国际大厦3层	100022	87751481
恒泰证券股份有限公司北京安德路证券营业部	东城区安德路大街16号洲际大厦B座	100011	84128825
恒泰证券股份有限公司北京南滨河路证券营业部	西城区广安门外南滨河路1号高新大厦2层、5层	100055	63429711
江海证券有限公司北京东三环南路证券营业部	朝阳区东三环南路58号富顿中心A座2层	100022	58674977
金元证券股份有限公司北京方庄方古园证券营业部	丰台区方庄方古园一区29－4三层	100078	67646920
金元证券股份有限公司北京新外大街证券营业部	海淀区新外大街19号京师大厦6层	100875	62200317
联讯证券有限责任公司北京北辰东路证券营业部	朝阳区北辰东路8号北京国际会议中心8层东区	100082	62279238
联讯证券有限责任公司北京外馆东街证券营业部	朝阳区外馆东街51号凯景铭座大厦2层	100011	64408900
民生证券有限责任公司北京北蜂窝路证券营业部	海淀区北蜂窝路5号院1号写字楼2层	100038	63980641
民生证券有限责任公司北京工体北路证券营业部	朝阳区工体北路甲六号中宇大厦501室	100027	85236010
民生证券有限责任公司北京顺义府前东街证券营业部	顺义区府前东街2号1号楼顺建大厦8楼	101300	69449233

民生证券有限责任公司莱市口大街证券营业部	西城区莱市口大街1号3层301室	100053	83555905
民生证券有限责任公司北京航丰路证券营业部	丰台区航丰路1号院2号楼103室	100070	58090966
南京证券有限责任公司北京惠新西街证券营业部	朝阳区惠新西街9号	100029	64913500
平安证券有限责任公司北京东花市证券营业部	东城区东花市北里西区B座23号楼	100062	67172171
平安证券有限责任公司北京金融大街营业部	西城区金融大街23号平安大厦10层	100140	59734968
日信证券有限责任公司北京新街口北大街证券营业部	西城区新街口北大街3号星街坊购物中心6层603~606室	100035	82200210
瑞银证券有限责任公司北京金融大街证券营业部	西城区金融街7号英蓝国际金融中心15层	100140	58328388
齐鲁证券有限公司北京金融大街证券营业部	西城区金融大街5号新盛大厦南塔A座1层02单元、03单元	100040	66553889
齐鲁证券有限公司北京北四环西路证券营业部	海淀区北四环西路67号	100080	82887888－3000
齐鲁证券有限公司北京朝外大街证券营业部	朝阳区朝外大街20号联合大厦2层	100020	65882620/25
上海证券有限责任公司北京东直门南大街证券营业部	东城区东直门南大街3号国华投资大厦3层	100007	84085505
上海证券有限责任公司北京万寿路证券营业部	海淀区万寿路翠微中里14号楼	100036	68254012－102
世纪证券有限责任公司北京平安大街证券营业部	东城区东十四条68号平安发展大厦3层	100020	65868567
申银万国证券股份有限公司北京安定路证券营业部	朝阳区安定路39长新大厦3层	100029	64448218/38
申银万国证券股份有限公司北京劲松九区证券营业部	朝阳区劲松九区909楼	100021	67736860

山西证券股份有限公司北京太平庄证券营业部	海淀区高粱桥斜街13号	100081	62235588－6812
首创证券有限责任公司北京北辰东路证券营业部	朝阳区北辰东路8号汇园公寓Q座1层、2层	100101	84976731
首创证券有限责任公司北京和平街证券营业部	朝阳区和平街13区35号煤炭大厦6层	100013	84292611/56
首创证券有限责任公司北京五道口证券营业部	海淀区成府路59－2号	100084	62793481
太平洋证券股份有限公司北京海淀大街证券营业部	海淀区彩和坊路11号华一控股大厦17层	100080	82602867
万联证券有限责任公司北京西单证券营业部	西城区西单横二条3号	100031	66062626
五矿证券有限责任公司北京广安门外大街证券营业部	西城区广安门内大街248号机械大厦508室	100055	63367231
厦门证券有限责任公司北京远大路证券营业部	海淀区远大路22号B区11号楼101号	100097	88596635
西南证券股份有限公司北京北三环中路证券营业部	西城区北三环中路商房大厦4层	100011	62015677
西南证券股份有限公司北京昌平政府街证券营业部	昌平区政府街22号	102200	69725243
新时代证券有限责任公司北京鲁谷路证券营业部	石景山区鲁谷路74号	100040	68608502
新时代证券有限责任公司北京马家堡西路证券营业部	丰台区星河苑2号院22号楼3层	100067	67528236
新时代证券有限责任公司北京东三环北路证券营业部	朝阳区东三环北路17号恒安大厦12层	100027	83561141
新时代证券有限责任公司北京南礼士路证券营业部	西城区南礼士路3号海通大厦3～4层	100037	68025299

新时代证券有限责任公司北京中关村东路证券营业部	海淀区中关村东路66号世纪科贸大厦B座25层	100190	62672766
新时代证券有限责任公司北京天通苑证券营业部	昌平区东小口镇天通苑405号楼2层	102218	84813518
新时代证券有限责任公司北京首都国际机场证券营业部	顺义区天竺镇天竺家园17号	100621	64565681
湘财证券有限责任公司北京北四环东路证券营业部	朝阳区芍药居北里101号世奥国际中心6层703室	100025	65586162
湘财证券有限责任公司北京朝外大街证券营业部	朝阳区朝外大街12号昆泰商城5层	100020	85638510
湘财证券有限责任公司北京朝阳路证券营业部	朝阳区朝阳路住邦2000	100025	65586162
湘财证券有限责任公司北京首体南路证券营业部	海淀区首体南路9号5楼3层	100089	82518108
湘财证券有限责任公司北京顺义站前街证券营业部	顺义区站前街1号院1号楼顺鑫国际商务中心6层东侧	101300	81496902
信达证券股份有限公司北京北辰东路证券营业部	朝阳区北辰东路8号北辰时代大厦12层	100100	85983698
信达证券股份有限公司北京翠微路证券营业部	海淀区翠微路甲10号建筑大厦内	100036	68252099
信达证券股份有限公司北京古城路证券营业部	石景山区八角西街68号	100043	68843741
信达证券股份有限公司北京前门证券营业部	东城区东交民巷28号红都商务会馆B座1层、2层	100006	65285638
信达证券股份有限公司北京西单北大街证券营业部	西城区华远北街2号通港大厦1层、4层	100032	66127193/7907
信达证券股份有限公司北京裕民路证券营业部	朝阳区裕民路12号中国国际科技会展中心C座4层	100029	82253889

西部证券股份有限公司北京德胜门外大街证券营业部	西城区德胜门外大街乙10号太福大厦4层	100088	62013151
西部证券股份有限公司北京学院南路证券营业部	海淀区学院南路49号	100081	62120091
西藏同信证券有限责任公司北京陶然亭路证券营业部	西城区陶然亭路16号	100054	83537678
兴业证券股份有限公司北京马甸南路证券营业部	海淀区马甸南路冠海大厦12层	100088	82000172
兴业证券股份有限公司北京朝阳公园路证券营业部	朝阳区朝阳公园19号佳隆国际大厦	100125	65397039
英大证券有限责任公司北京东直门证券营业部	东城区东直门海运仓胡同1号海运仓国际大厦1层和10层	100007	84002095
银泰证券有限责任公司北京王府井大街证券营业部	东城区王府井大街138号T3写字楼	100006	65287668
招商证券股份有限公司北京顺义仓上街证券营业部	顺义区仓上街2号AMB智能大厦B座8层	101300	89452551
招商证券股份有限公司北京北三环东路证券营业部	朝阳区北三环东路西坝河东里18号三元大厦8层	100028	84603492
招商证券股份有限公司北京北太平庄路证券营业部	海淀区北太平庄路2号2号楼	100088	62073496
招商证券股份有限公司北京车公庄西路证券营业部	海淀区车公庄西路甲19号华通大厦A座3层	100044	68488335
招商证券股份有限公司北京东四十条证券营业部	东城区东四十条甲22号南新仓国际大厦B座3层	100007	65951602
招商证券股份有限公司北京光明路证券营业部	东城区光明路天玉大厦5层	100006	67119776

招商证券股份有限公司北京建国路证券营业部	朝阳区建国路118号招商局大厦8层	100022	65684895
招商证券股份有限公司北京金融街证券营业部	西城区金融大街33号通泰大厦C座609室	100140	88087796
招商证券股份有限公司北京西直门北大街证券营业部	海淀区西直门北大街60号首钢国际大厦6层	100088	82291140
招商证券股份有限公司北京新街口外大街证券营业部	西城区新街口外大街12号	100088	51603108
招商证券股份有限公司北京颐和园路证券营业部	海淀区颐和园路1号	100080	62641188－8062
招商证券股份有限公司北京知春东里证券营业部	海淀区知春东里15号楼	100086	82137708
招商证券股份有限公司北京安外大街证券营业部	东城区安定门外大街2号安贞大厦1层	100013	64287707
浙商证券有限责任公司北京朝阳门北大街证券营业部	东城区朝阳门北大街8号富华大厦E座4层	100027	13601267309
浙商证券有限责任公司有限责任公司北京骡马市大街证券营业部	西城区骡马市大街14号甲1	100052	83555728
中国银河证券股份有限公司北京东环南路证券营业部	朝阳区建国路126号瑞赛大厦1层、3层	100078	65662092
中国银河证券股份有限公司北京朝阳门北大街证券营业部	东城区朝阳门北大街5号第五广场1层、6层	100037	68362033
中国银河证券股份有限公司北京阜成路证券营业部	海淀区阜成路67号银都大厦3层	100036	88411327
中国银河证券股份有限公司广渠门内大街证券营业部	东城区广渠门内大街27号鼎新大厦7层	100062	87103775

中国银河证券股份有限公司北京和平里证券营业部	东城区和平里9区甲4号安信大厦A座1层	100013	64464775
中国银河证券股份有限公司北京黄寺大街证券营业部	西城区黄寺大街21号中银利华大厦1层、2层	100120	51297760
中国银河证券股份有限公司北京马家堡东路证券营业部	丰台区马家堡东路71号丽华饭店B座附楼2层南区	100068	67220677
中国银河证券股份有限公司北京望京西园证券营业部	朝阳区望京西园四区乙410楼	100102	64748888
中国银河证券股份有限公司北京学清路证券营业部	海淀区学清路甲38号金码大酒店A座7层	100083	82838908
中国银河证券股份有限公司北京学院南路证券营业部	海淀区学院南路34号	100082	62276491
中国银河证券股份有限公司北京金融街证券营业部	西城区丰汇园21号楼	100045	58872889
中国银河证券股份有限公司北京中关村大街证券营业部	海淀区中关村大街甲59号文化大厦1~3层	100872	62512318
中国银河证券股份有限公司北京方庄南路证券营业部	丰台区方庄南路2号103室	100078	57539008
中国银河证券股份有限公司北京亦庄荣京东街证券营业部	经济技术开发区荣京东街3号1幢B座4层	100176	58357979
中国银河证券股份有限公司北京石景山路证券营业部	石景山区石景山路乙18号2号楼7层	100040	58175666
中国民族证券有限责任公司北京丰台东大街证券营业部	丰台区东大街东里7号楼南	100071	51129702

中国民族证券有限责任公司北京北沙滩营业部	朝阳区北沙滩甲1号中科电大厦3层	100039	68188538
中国民族证券有限责任公司北京佟麟阁路证券营业部	西城区佟麟阁路95号尚信大厦6层、7层	100031	66413223
中国民族证券有限责任公司北京西坝河证券营业部	朝阳区西坝河南路22号	100028	64222168
中国民族证券有限责任公司北京中关村南大街证券营业部	海淀区中关村南大街2号数码大厦A座3层	100086	51727044
中原证券股份有限公司北京广安门外大街证券营业部	西城区广安门外大街168号朗琴国际大厦8层	100055	83067928
中原证券股份有限公司北京酒仙桥路证券营业部	朝阳区酒仙桥路14号兆维大厦3层	100016	58671108
中山证券有限责任公司北京车公庄大街证券营业部	西城区车公庄大街乙1号富通大厦2层	100044	68348878
中邮证券有限责任公司北京西直门北大街证券营业部	海淀区西直门北大街56号生命人寿大厦	100082	82291798
中国国际金融有限公司建国门外大街证券营业部	朝阳区建国门外大街甲6号A座、B座爱思开大厦1层	100022	85679888
中信证券股份有限公司北京紫竹院路证券营业部	海淀区紫竹院路69号中国兵器大厦9层	100089	400895548
中信证券股份有限公司北京呼家楼证券营业部	朝阳区向军北里28号院1号楼瀚海文化大厦3层	100020	57602571
中信证券股份有限公司北京复外大街证券营业部	西城区白云路一号3层、8层	100045	63482233－8014
中信证券股份有限公司北京丰管路证券营业部	丰台区丰管路16号11号楼2层	100071	52217168

中信证券股份有限公司北京天通苑证券营业部	昌平区天通北苑一区甲4号楼102室	102218	80127369
中信证券股份有限公司北京北三环中路证券营业部	海淀区北三环中路43-3号	100088	82013236
中信证券股份有限公司北京花园东路证券营业部	海淀区花园东路10号高德大厦7层	100191	82038260
中信证券股份有限公司北京张自忠路证券营业部	东城区张自忠路7号	100007	84046829
中信证券股份有限公司北京南三环东路证券营业部	丰台区四方景园二区2-3	100078	87645762
中信证券股份有限公司北京安外大街证券营业部	朝阳区安定门外大街1号信义大厦1层	100011	84122033
中信建投证券股份有限公司北京东直门南大街证券营业部	东城区东直门南大街6号	100027	64172900
中信建投证券股份有限公司北京安立路证券营业部	朝阳区安立路66号4号楼	100101	64906210
中信建投证券股份有限公司北京海淀南路证券营业部	海淀区海淀南路19号时代网络大厦3层	100030	82666938
中信建投证券股份有限公司北京三里河路证券营业部	海淀区三里河39号	100037	88381545
中信建投证券股份有限公司北京马家堡西路证券营业部	丰台区马家堡西路15号时代风帆大厦1层	100068	67578532
中信建投证券股份有限公司北京南大红门路证券营业部	丰台区南大红门路15号梅园市场	100076	68759942
中信建投证券股份有限公司北京燕山向阳路证券营业部	房山区燕山向阳路38号	102500	81337718

中信建投证券股份有限公司北京东三环中路证券营业部	朝阳区东三环中路9号	100020	85911109
中信建投证券股份有限公司北京农大南路证券营业部	海淀区农大南路一号（硅谷亮城）2号楼A座101室及102室	100084	82349798
中信建投证券股份有限公司北京望京中环南路证券营业部	朝阳区望京中环南路9号望京大厦3号楼7层及2号楼1层	100102	64792977
中信建投证券股份有限公司北京富丰路证券证券营业部	丰台区富丰路2号	100070	83739070
中信建投证券股份有限公司北京亦庄荣华中路证券营业部	大兴区北京经济技术开发区荣华中路10号A座106室、2201室	100176	57780069
中信建投证券股份有限公司北京时代花园南路证券营业部	石景山区时代花园南路17号1层102室	100043	88980277
中国中投证券有限责任公司北京东三环北路证券营业部	东城区北三环东路安贞桥东南北京环球贸易中心A座2层	100101	84976155
中国中投证券有限责任公司北京朝阳路营业部	朝阳区朝阳路延静里中街3号长信大厦3层	100025	65082922
中国中投证券有限责任公司北京方庄方群园证券营业部	丰台区方庄方群园4区21楼南方证券大厦	100078	67642201
中国中投证券有限责任公司北京复兴路证券营业部	海淀区复兴路乙20号	100036	68274159
中国中投证券有限责任公司北京丽泽路证券营业部	丰台区丽泽路5号金泰地产大厦底商1～3层东侧	100073	63360186
中国中投证券有限责任公司北京鲁谷路证券营业部	石景山区鲁谷路35号701～705室	100040	88684886
中航证券有限公司北京安立路证券营业部	朝阳区安立路甲56号九台2000家园南楼	100012	84801300

中银国际证券有限责任公司北京宣外大街证券营业部	西城区宣武门外大街甲1号环球财讯中心E座3层	100052	63109966
中银国际证券有限责任公司北京北四环西路证券营业部	海淀区北四环西路9号银谷大厦607室、609室	100190	82525151

(4) 基金管理公司

机构名称	地　址	邮　编	电　话
长盛基金管理有限公司	海淀区北太平庄路18号北京城建大厦A座20~22层	100088	400-888-2666
东方基金管理有限责任公司	西城区金融大街28号盈泰商务中心2号楼16层	100140	010-66578578
方正富邦基金管理有限公司	西城区太平桥大街18号丰融国际大厦北区11层	100032	400-818-0990
工银瑞信基金管理有限公司	西城区金融大街丙17号北京银行大厦8层	100140	400-811-9999
国金通用基金管理有限公司	西城区武定侯街2号泰康国际大厦20层	100033	400-020-0018
华夏基金管理有限公司	西城区金融大街33号通泰大厦B座3层	100033	400-818-6666
华商基金管理有限公司	西城区平安里西大街28号院中海国际中心19层	100035	400-700-8880
建信基金管理有限责任公司	西城区金融大街7号英蓝国际金融中心16层	100034	400-819-5533
嘉实基金管理有限公司	建国门北大街8号华润大厦8层	100005	400-600-8800
泰达宏利基金管理有限公司	西城区金融大街7号英蓝国际金融中心南楼3层	100034	400-698-8888
银华基金管理有限公司	东城区东长安街1号东方广场东方经贸城中二办公楼15层	100738	400-678-3333
益民基金管理有限公司	西城区宣武门外大街10号庄胜广场中央办公楼南翼13A	100052	400-650-8808
中邮创业基金管理有限公司	海淀区西直门北大街60号首钢国际大厦10层	100082	400-880-1618

（5）基金管理分公司

机构名称	地　　址	邮　编	电　话
博时基金公司北京分公司	建国门内大街18号恒基中心1座23层	100005	65171166
长城基金公司北京分公司	西城区金融大街35号国际企业大厦C1738	100140	88091158
长盛基金公司北京分公司	海淀区北三环中路18号城建大厦A座9层	100088	82255818
长信基金公司北京分公司	西城区金融大街17号中国人寿中心6层604室	100045	68042262
大成基金公司北京分公司	朝阳区朝阳门外大街16号中国人寿大厦1201室	100034	85633388
富国基金公司北京分公司	西城区武定侯街6号卓著中心508室	100140	58810028
国投瑞银基金公司北京分公司	西城区金融大街7号英蓝中心915室	100032	66555555
国泰基金公司北京分公司	西城区金融大街7号英蓝国际金融中心627～628室	100034	66553087
国海富兰克林基金公司北京分公司	西城区金融街35号国企大厦B座1525室	100140	59315299
广发基金公司北京分公司	西城区月坛北街2号月坛大厦17楼	100045	68083726
光大保德信基金公司北京分公司	东城区建国门外大街7号光华大厦1座802室	100005	59111288
华夏基金公司北京分公司	西城区金融大街33号通泰大厦B座8层	100140	88066837
华安基金公司北京分公司	西城区金融街7号英蓝国际金融中心522室	100033	57635999
华泰柏瑞基金公司北京分公司	西城区金融大街17号中国人寿中心1704室	100140	66220357
华宝兴业基金公司北京分公司	朝阳区建国门外大街乙12号双子座大厦西塔602室	100022	58260608
海富通基金公司北京分公司	西城区金融大街7号英蓝国际金融中心六层F621～622单元	100034	58379001

汇添富基金公司北京分公司	西城区金融街19号富凯大厦B座709室	100033	66575580
景顺长城基金公司北京分公司	西城区金融街A区7号英蓝国际金融中心9层916～917室	100034	66555001
金鹰基金公司北京分公司	西城区复兴门外大街国家海洋局东配楼4层	100032	68525795
建信基金公司北京分公司	西城区金融大街7号英蓝国际金融中心16层	100034	66228770
嘉实基金公司北京分公司	建国门北大街8号华润大厦8层	100005	65215599
交银施罗德基金公司北京分公司	西城区金融大街35号国企大厦B座1120室	100140	88091355
摩根士丹利华鑫基金公司北京分公司	海淀区中关村南大街1号友谊宾馆雅园64841房间	100032	68498316
南方基金公司北京分公司	西城区金融大街19号富凯大厦B－1702室	100140	66575012
鹏华基金公司北京分公司	海淀区三里河路13号中国建筑文化中心北塔楼10层	100037	88082426
融通基金公司北京分公司	金融大街35号国企大厦C座1241～1243室	100140	66190975
申万巴黎基金公司北京分公司	西城区金融大街19号富凯大厦B座1006室	100033	66574332
上投摩根基金公司北京分公司	西城区金融街7号英蓝国际金融中心19层1925室	100034	58369199
泰信基金公司北京分公司	西城区广成街4号金宸国际公寓1号楼305室、306室	100032	66215978
泰达宏利基金公司北京分公司	西城区金融大街7号英蓝国际金融中心南楼3层	100034	66577700
天弘基金公司北京分公司	西城区金融大街一号金亚光大厦A座15层	100140	83571789
天治基金公司北京分公司	西城区金融大街19号富凯大厦B703A室	100032	66578008
信达澳银基金公司北京分公司	西城区月坛北街26号恒华国际大厦写字楼606室	100045	58569988
兴业全球基金公司北京分公司	西城区锦什坊街26号恒奥中心C座508室	100033	66218629

新世纪基金公司北京分公司	海淀区西三环北路11号海通时代商务中心C1座	100089	88423386
银河基金公司北京分公司	西城区月坛西街6号A—F座3楼	100045	68012633
银华基金公司北京分公司	东城区东长安街1号东方广场东方经贸城C2座10层2~8室	100738	58163068
易方达基金公司北京分公司	西城区金融大街19号富凯大厦B1007室	100033	66574311
益民基金公司北京分公司	西城区宣武门外大街6号庄胜广场中央办公楼南翼13A	100052	63105556
中银基金公司北京分公司	西城区武定侯街2号泰康国际大厦1901~02，1907~11	100140	88000688
中海基金公司北京分公司	西城区复兴门内大街158号远洋大厦F211B	100031	66493586
中欧基金公司北京分公司	西城区复兴门南大街甲2号楼9层A306	100031	58902544
招商基金公司北京分公司	西城区武定侯街2号泰康国际大厦1507室	100140	66290597

（6）基金管理公司理财中心

机构名称	地　　址	邮　编	电　话
大成基金管理有限公司投资理财中心	东城区东直门南大街5号中青旅大厦105~106室	100007	85633388
华夏基金管理有限公司北京海淀投资理财中心	海淀区中关村南大街11号光大国信大厦1层	100081	68458998
华夏基金管理有限公司北京朝阳投资理财中心	朝阳区东三环中路39号建外SOHO B座0104室	100022	58693528
华夏基金管理有限公司北京东中街投资理财中心	东城区东中街29号东环广场B座1层	100027	64185181
华夏基金管理有限公司北京科学院南路投资理财中心	海淀区中关村科学院南路新科祥园甲3号	100080	82523197
华夏基金管理有限公司北京崇文投资理财中心	东城区安化寺幸福家园1层	100062	67146300

华夏基金管理有限公司北京西三环投资理财中心	海淀区西三环北路甲35号	100089	68463773
华夏基金管理有限公司北京世纪城投资理财中心	海淀区蓝靛厂时雨园甲2~4号	100089	88892832
华夏基金管理有限公司北京望京投资理财中心	朝阳区望京南湖东园122楼博泰国际商业广场1层F-36号	100102	64743055
华夏基金管理有限公司北京亚运村投资理财中心	朝阳区惠忠里103号洛克时代中心1层	100101	84871039
诺安基金管理有限公司投资理财中心	朝阳区光华路甲14号901室	100026	65863688

（7）证券投资咨询公司

机构名称	地　址	邮　编	电　话
北京金美林投资顾问有限公司	西城区金融大街27号投资广场B1707室	100033	82871150
北京金昌投资咨询有限公司	海淀区中关村东路8号院，C座1701室	100084	65541328
北京盛世华商投资咨询有限公司	海淀区北四环西路58号理想国际大厦1610室	100080	82607479-802
北京博星投资顾问有限公司	西城区西直门内南小街国英1号大厦1012室	100035	58561100-137
北京中富金石投资顾问有限责任公司	朝阳区新源里16号7层3座706室	100028	84497361
北京东方高圣投资顾问有限公司	朝阳公园南路19号郡王府饭店四宜书屋	100026	65842004
北京君之创证券投资咨询有限责任公司	朝阳区霞光里66号院1号楼11层1109室	100027	62078002-814
北京新兰德证券投资咨询有限公司	西城区月坛南街银岛商务楼410号	100037	68575862
北京海问咨询有限公司	尚都国际中心A座1101室	100020	58700055
北京和众汇富咨询有限公司	丰台区南三环西路16号3-806室	100066	87562519

北京京放投资管理顾问有限责任公司	西城区西直门外大街135号60号楼301室	100044	64920429
北京首证投资顾问有限公司	东城区东四十条甲22号南新仓商务大厦B座1021室	100007	51690109
北京中方信富投资管理咨询有限公司	朝阳区东三环北路甲19号嘉盛中心706室	100022	59670992
北京中和应泰财务顾问有限公司	海淀区大柳树北路17号富海国际港1201室	100081	62129358
北京中资北方投资顾问有限公司	朝阳区北四环中路华严北里8号院1号楼1204房间	100029	82846645
大连华迅投资咨询有限公司北京分公司	中关村南大街12号天作国际中心1号楼A座2508室	100086	52968888
黑龙江荣维投资顾问有限责任公司北京分公司	朝阳区东三环东路9号建外SOHO9号楼12层	100022	59001777
和讯信息科技有限公司	朝阳门大街22号泛利大厦10层	100020	85650803
天相投资顾问有限公司	西城区金融街新盛大厦4~5层	100140	66045429

（8）外国证券机构北京代表处

机构名称	地　址	邮　编	电　话
布朗兄弟哈旦曼（香港）有限公司北京代表处	建国门外大街1号国贸大厦2座2002室	100004	57832300
城市信贷投资银行有限公司北京代表处	西城区金融街15号鑫茂大厦北楼601A单元	100032	66555590
德意志银行股份有限公司（证券业务）北京代表处	朝阳区建国路81号华贸中心1座写字楼28层	100025	59698088
大和证券资本市场株式会社北京代表处	朝阳区建国门外大街甲6号凯德大厦3503~3504室	100020	65006688
法国巴黎资本（亚洲）有限公司北京代表处	朝阳区光华路1号北京嘉里中心南楼1618室	100026	65611118
法国外贸银行（证券业务）北京代表处	东城区东长安街1号北京东方广场办公楼E1座1202室	100006	85189160
富邦综合证券股份有限公司北京代表处	新设暂无		

高盛（中国）有限责任公司北京代表处	西城区金融街7号英蓝国际金融中心	100034	66273030
花旗环球金融中国有限公司北京代表处	西城区武定侯大街6号卓著中心18层1801～1803室	100032	59376666
韩国大宇证券股份有限公司北京代表处	朝阳区建国门外大街乙12号双子座大厦东塔26层2602室	100026	65679699－806
韩国友利投资证券股份有限公司北京代表处	西城区金融街17号中国人寿中心办公楼7层704室	100032	59353500
韩国未来资产证券株式会社北京代表处	西城区金融街7号英蓝国际金融中心9层918室	100034	58369114
韩亚大投证券股份有限公司北京代表处	新设暂无		
汇富金融服务有限公司北京代表处	朝阳区东三环中路7号财富中心写字楼A座801室	100022	65308792
金鼎综合证券（香港）有限公司北京代表处	海淀区善缘街一号立方庭1－915室	100080	84580303
京华山－国际（香港）有限公司北京代表处	建国门内大街18号恒基中心一座1101室	100005	65182871－76
加拿大帝国商业银行世界市场公司（证券业务）北京代表处	朝阳区建国门外大街乙12号双子座大厦西塔1107室、1106室	100600	65667071
交银国际控股有限公司北京代表处	西城区金融大街33号A座907	100032	58150448
洛希尔中国控股有限公司北京代表处	西城区金融大街7号英蓝国际金融中心9层912A	100034	66555660
里昂证券有限公司北京代表处	建外大街1号国贸大厦2座25层10C－12单元	100020	59652188
摩根士丹利亚洲有限公司北京代表处	西城区太平桥大街18号丰融国际中心1座12层6B单元及7A单元	100034	83563825
摩乃科斯证券股份有限公司北京代表处	西城区武定侯6号11层1206H室	100032	88003732
美林国际有限公司北京代表处	建国门外大街1号国贸大厦2座3616室、3712～3715室	100026	65050290
蒙特利尔银行利时证券公司北京代表处	东城区东长安街1号东方广场东1座1503室	100738	85185821

瑞士信贷（香港）有限公司北京代表处	西城区金融大街甲9号金融街中心南楼11层1101单元	100032	64106611
瑞银证券亚洲有限公司北京代表处	西城区金融大街7号英蓝国际金融中心1121~1123室	100032	58327619
日本野村证券株式会社北京代表处	朝阳区东三环北路5号北京发展大厦1708室	100027	65908181－1304
日本瑞穗证券股份有限公司北京代表处	建外大街甲26号长富宫办公楼8层	100600	65234779
苏皇融资亚洲有限公司北京代表处	朝阳区光华路1号嘉里中心北楼28层	100026	59279155
三菱日联证券控股股份有限公司北京代表处	朝阳区光华路5号院世纪财富中心2座1705室	100026	65908770－160
台湾宝来证券股份有限公司北京代表处	东城区东直门外大街48号东方银座11L	100600	13264314934
香港国浩资本有限公司北京代表处	西城区金融大街35号国际企业大厦B座422室	100032	88092244
香港星展亚洲融资有限公司北京代表处	西城区金融大街7号英蓝国际金融中心5层531室	100032	58397609
香港第一上海融资有限公司北京代表处	建国门内大街7号光华长安大厦2座1025号	100005	65102588
香港加皇投资理财有限公司北京代表处	西城区金融街7号英蓝国际金融中心9层925室	100034	58399393
香港摩根大通证券（亚太）有限公司北京代表处	西城区金融街7号英蓝国际金融中心	100034	59318939
香港上海汇丰银行有限公司（证券业务）北京代表处	建国门外大街1号国贸大厦1座	100600	65260901
现汽投资证券股份有限公司北京代表处	朝阳区霄云路38号现代汽车大厦802室	100016	84538720
新百利有限公司北京代表处	建内大街7号光华长安大厦二座1126室	100005	65179186
元大证券股份有限公司北京代表处	建内大街7号光华长安大厦二座1722室	100005	65101266
中央三井信托银行株式会社（证券业务）北京代表处	朝阳区建国门外大街26号长富宫办公楼5层5011室	100600	65598556

中银国际控股有限公司北京代表处	西城区金融大街28号盈泰中心2号楼15层	100034	66229027
兆丰资本（亚洲）有限公司北京代表处	西城区复兴门内大街158号远洋大厦F409室	100032	66421618
渣打证券（香港）有限公司北京代表处	朝阳区东三环中路1号环球金融中心渣打大厦12层4单元	100022	59186317

(9) 期货公司

机构名称	地　　址	邮　编	电　话
安信期货有限责任公司	东城区北三环东路36号环球贸易中心A座26层	100013	59113606
北京中期期货有限公司	朝阳区东三环北路38号院1号楼泰康金融大厦22层	100020	85881000
北京首创期货有限责任公司	西城区闹市口大街1号长安兴融中心4号楼11层	100031	58379527
第一创业期货有限责任公司	西城区平安里西大街26号新时代大厦4层南侧	100034	63197096
格林期货有限公司	西城区金融大街27号投资广场B座5层和20层	100140	66218707
国都期货有限公司	东城区东直门南大街3号国华投资大厦8层、10层	100007	68948940
国元海勤期货有限公司	海淀区西三环北路89号中国外文大厦A座907~909室	100027	88820515
冠通期货经纪有限公司	朝阳区朝阳门外大街甲6号万通中心4座18层	100011	85356566
宏源期货有限公司	西城区太平桥大街19号4层	100034	82887366
金鹏期货经纪有限公司	西城区复兴门内金融街投资广场B座9层	100032	66211402
经易期货经纪有限公司	西城区百万庄北街6号	100037	68331566
京都期货有限公司	西城区德胜门外大街115号德胜尚城E座1层	100088	59366019
民生期货有限公司	东城区建国门内大街28号民生金融中心A座16层	100005	85127566
英大期货有限公司	朝阳区呼家楼京广中心3层301室	100020	51960379

银河期货有限公司	复兴门外大街 A2 号中化大厦 8 层	100045	58363212
银建期货经纪有限责任公司	丰台区芳古园一区 29 号楼 3 层	100078	87611499
中粮期货有限公司	东城区东直门南大街 5 号中青旅大厦 15 层	100020	85018775
中衍期货有限公司	朝阳区光华路 15 号院 1 号楼 1804～1807 室	100016	57414321
中钢期货有限公司	海淀区海淀大街 8 号 A 座 19 层	100080	62688588
中国国际期货有限公司	朝阳区建国门外光华路 14 号 1 幢	100016	65082296

（10）期货公司营业部

机构名称	地　　址	邮　编	电　话
北方期货经纪有限公司北京营业部	朝阳区安贞西里三区 26 号浙江大厦 503～505 室	100088	64426088
北京中期期货有限公司北京彩和坊路营业部	海淀区彩和坊路 8 号 2 层 213 室	100022	82868098
北京中期期货经纪有限公司北京金融街营业部	西城区金融街 7 号百盛写字楼 7019 号	100032	66058407
北京首创期货有限责任公司北京北辰东路营业部	朝阳区北辰东路 8 号亚运村 1 号门	100101	84973079
北京首创期货有限责任公司北京长虹桥营业部	朝阳区东三环北路 19 号嘉盛中心 B2 座中青大厦 601 室、602 室	100020	65088620
渤海期货有限公司北京营业部	朝外大街乙 6 号朝外 SOHO－23 层 2306 室	100020	59002542
长江期货有限公司北京新源里营业部	东城区建国门北大街 8 号华润大厦 1 层 103 单元	100027	84682178
成都倍特期货经纪有限公司北京营业部	东城区北三环东路 36 号环球贸易中心 D 座 705～706 室	100013	58257599
财达期货有限公司北京首体南路营业部	海淀区首体南路 20 号国兴大厦 D 座 2 层	100044	88315000
财富期货有限公司北京建外大街营业部	朝阳区建国门外大街甲 6 号爱思开大厦 204 室	100020	85679699

晟鑫期货经纪有限公司北京东直门外大街营业部	东城区东直门外大街46号天恒大厦1203室	100020	84608408
大华期货有限公司北京北三环中路营业部	西城区北三环中路6号3栋13层1306室	100120	62366132
大连良运期货经纪有限公司北京永安东里营业部	朝阳区永安东里甲3号院1号楼2207E	100022	65698819
大通期货经纪有限公司北京营业部	朝阳区光华路7号汉威大厦5B16室	100020	63356269
东海期货有限公司北京西三环北路营业部	海淀区西三环北路87号9层4－901室	100082	88825107
道通期货经纪有限公司北京营业部	海淀区板井路79号3层北区	100097	88599975
第一创业期货有限责任公司北京朝外大街营业部	朝阳区朝外大街乙12号昆泰国际大厦5层	100020	58797501
广永期货经纪有限公司北京中关村大街营业部	海淀区中关村大街11号A1108室	100080	62684805
广发期货有限公司北京营业部	朝阳区安慧里4区15号楼中国五矿大厦9层	100101	64923660
光大期货有限公司北京营业部	西城区月坛北街2号月坛大厦东配楼3层	100045	68084651
国投中谷期货有限公司北京西直门南小街营业部	西直门南小街147号五层	100034	85192018
国信期货经纪有限公司北京营业部	朝阳区北辰东路8号汇欣大厦1号楼B0801室	100101	84981046
国金期货有限责任公司北京金融大街营业部	西城区金融大街27号投资广场B1106室、B1108室	100029	66218298
国泰君安期货有限公司北京建国门外大街营业部	朝阳区建国门外大街乙12号双子座大厦东塔29层2901～2902室	100022	58795766
格林期货有限公司北京建国门外大街营业部	朝阳区建国门外大街乙12号双子座大厦西塔12层1201A	100022	66215759
冠通期货经纪有限公司北京知春路营业部	海淀区知春路118号知春大厦A座1001室	100086	62576919

华泰长城期货有限公司北京营业部	朝阳区北三环东路28号易亨大厦12层1209号	100013	64405199
华海期货经纪有限公司北京营业部	海淀区西直门北大街甲43号金运大厦B座1416室	100045	82211170
华闻期货经纪有限公司北京营业部	朝阳区东三环北路丙2号天元港中心B座808室	100027	84464120
宏源期货有限公司北京海淀北一街营业部	海淀区北一街2号首创拓展大厦406室	100080	62699689
海航东银期货有限公司北京营业部	朝阳区东三环京广中心商务楼1001室	100020	65974689
海通期货有限公司南礼士路营业部	西城区南礼士路66号1号楼建威大厦812~815室	100045	68086819
徽商期货有限责任公司北京南竹杆胡同营业部	东城区南竹杆胡同6号楼4层	100010	58641775
江海汇鑫期货有限公司北京朝阳北路营业部	朝阳区朝阳北路237号5层506室、507室	100020	64973550
江苏弘业期货经纪有限公司北京营业部	西城区月坛南街甲12号北京万丰怡和商务会馆3层	100032	68014881
江苏新纪元期货经纪有限公司北京营业部	东城区东直门外大街48号东方银座5层	100013	84263892
经易期货经纪有限公司北京安立路营业部	朝阳区安立路80号马哥孛罗大厦1005室	100029	64451485
金瑞期货经纪有限公司北京金融街营业部	西城区金融街5号新盛大厦1102室	100032	66555677
金鹏期货经纪有限公司北京海鹰路营业部	丰台区丰台科学城海鹰路1号院7号楼	100007	83681815
金鹏期货经纪有限公司北京太平桥营业部	西城区太平街6号富力摩根中心D座	100050	83132622
鲁证期货有限公司北京平安里西大街营业部	西城区平安里西大街28号楼	100028	64402919
迈科期货经纪有限公司北京朝阳门北大街营业部	东城区朝阳门北大街1号新保利大厦11层C	100027	64082007
民生期货有限公司北京北三环中路营业部	西城区北三环中路23号燕莎盛世大厦4层409室、410室	100029	82270085
南华期货有限公司北京营业部	西城区宣武门外大街28号B座8层801~803室、805室、806室	100054	63153363

乾坤期货经纪有限公司月坛北街营业部	西城区月坛北街2号月坛大厦A座七层A706~A707号	100045	68083230
上海大陆期货有限公司北京营业部	朝阳门外吉祥里103号中国工艺大厦7层	100020	65528153
上海中期经纪有限公司北京知春路营业部	海淀区知春路106号太平洋国际大厦905室、906室	100020	59712489
上海中财期货有限公司北京光华路营业部	朝阳区光华路22号5层3单元611室	100020	59006316
上海良茂期货经纪有限公司北京营业部	亚运村汇园公寓K座1216~1217室	100101	84980658
上海东证期货有限公司北京安苑路营业部	朝阳区小关北里45号世纪嘉园5号楼6层	100029	84898256
申银万国期货有限公司北京劲松九区营业部	朝阳区劲松九区909号楼4楼	100021	67780608
神华期货经纪有限公司北京营业部	海淀区苏州街18号院D4座3A-01	100080	82610292
天富期货经纪有限公司北京营业部	东城区东中街40号元嘉国际A座301	100027	64165215
天琪期货经纪有限公司北京营业部	朝阳区朝阳门外大街18号丰联广场B座12层1217室	100020	65880636
万达期货经纪有限公司北京营业部	西城区德外大街123号德胜尚城G座2层	100088	59323366
五矿期货有限公司北京东中街营业部	东城区东中街6号北写字楼第6层F号	100022	59817096
信达期货有限公司北京裕民路营业部	朝阳区裕民路12号中国国际科技会展中心A座	100086	82252390
新湖期货有限公司北京东直门南大街营业部	东直门南大街甲3号5层501室	100020	64001136
湘财祈年期货经纪有限公司北京建国路营业部	朝阳区建国路108号丰树大厦1402室	100022	59817091
一德期货经纪有限公司北京营业部	东城区北三环东路36号北京环球贸易中心E栋7层02/03房间	100035	88312828
银河期货经纪有限公司北京营业部	朝阳区东三环北路38号北京国际中心4号楼9层	100045	85879509
中信建投期货经纪有限公司北京营业部	东城区朝阳门北大街6号首创大厦207室	100027	85282788

中钢期货有限公司北京安外大街营业部	东城区安外大街蒋宅口中联大厦7层701室	100011	64252298
中国国际期货有限公司北京霄云路营业部	朝阳区麦子店西路3号新恒基国际大厦1314～1329室	100020	59071283
中国国际期货有限公司北京金融大街营业部	西城区金融大街1号金亚光大厦11层05室、06室	100140	59510018
中粮期货经纪有限公司北京北辰东路营业部	朝阳区北辰东路8号汇欣大厦A401	100101	84986951
中证期货有限公司北京建国门外大街营业部	朝阳区建国门外大街8号楼8层	100070	84019866
中晟期货有限公司北京西直门大街营业部	海淀区西直门北大街32号院1号楼5层	100082	62267227
浙江中大期货经纪有限公司北京营业部	东城区安定门外大街138号地坛大厦A0503室、A0505室、A0506室	100011	65088218
浙江省永安期货经纪有限公司北京营业部	东城区金宝街58号华丽大厦6层	100005	65120600
浙商期货有限公司北京光华路营业部	朝阳区光华路甲14号诺安大厦12层1202室	100037	65083926
浙江新世纪期货经纪有限公司北京营业部	西城区黄寺大街23号北广大厦1111号	100011	82232518
招金期货有限公司北京营业部	朝阳区朝阳北路237号楼26层	100027	65069233
招商期货有限公司北京西直门北大街营业部	海淀区西直门北大街60号首钢国际大厦5层0507～0508室	100082	82292293

（11）外国资产管理类机构北京代表处

机构名称	地　　址	邮　编	电　话
安智投资管理亚太（香港）有限公司北京代表处	朝阳区东三环北路8号亮马大厦1座1501室	100004	65906926
澳大利亚罗素投资集团有限公司北京代表处	朝阳区建国门外大街1号国贸大厦15层1562～1563室	100004	57372560
标准人寿投资公司北京代表处	东城区朝阳门北大街1号新保利大厦9层	100010	84193401

邓普顿国际股份有限公司北京代表处	西城区武定侯街6号卓著中心1100室	100033	88091365
法国巴黎资产管理有限公司北京代表处	朝阳区建国门外大街1号国贸大厦20层2022室	100004	65350809
法国东方汇理基金管理公司北京代表处	朝阳区建国门外大街乙12号LG双子座大厦西塔办公楼1101B	100022	65632494
法国法盛全球资产管理有限公司北京代表处	朝阳区工体北路甲6号中宇大厦2001室	100027	59752825
富达基金（香港）有限公司北京代表处	西城区金融街7号英蓝国际金融中心208－7号	100034	58332241
宏富投资管理有限公司北京代表处	朝阳区光华路7号汉威大厦A座11A16	100004	85261819－15
美国先锋投资管理公司北京代表处	朝阳区建国门外大街22号赛特大厦810室	100022	65157288
美国桥水投资公司北京代表处	朝阳区东三环中路1号环球金融中心东楼10层01~08单元009室	100022	59680017
瑞银环球资产管理（香港）有限公司北京代表处	西城区金融大街7号英蓝国际金融中心306室	100034	58327720
施罗德集团北京代表处	西城区金融大街7号英蓝国际金融中心926室	100034	66555388
香港景顺投资管理有限公司北京代表处	西城区金融街7号英蓝国际金融中心6层F627单元	100034	66555866
香港摩根资产管理有限公司北京代表处	西城区金融街7号英蓝国际金融中心1926单元	100034	59318400
香港威灵顿环球投资管理有限公司北京代表处	西城区金融大街17号中国人寿中心办公楼705~706室	100140	66227600
香港贝莱德投资管理北亚有限公司北京代表处	西城区武定侯街6号卓著中心1907室	100032	66190500
信安环球投资有限公司北京代表处	朝阳区建国门外大街1号国贸大厦1座415室	100004	64637989
新加坡富敦资金管理公司北京代表处	西城区金融大街7号英蓝国际金融中心南楼208－17	100034	58332326
新加坡摩根士丹利投资管理公司北京代表处	西城区太平桥大街18号12层8B室	100035	83563893

4. 保险业机构

（1）中资保险公司

机构名称	地　　址	邮　编	电　话
中国人民财产保险股份有限公司北京市分公司	东城区朝阳门北大街17号	100020	95518
中国太平洋财产保险股份有限公司北京分公司	西城区复兴门内大街158号远洋大厦F6层	100031	95500
中国平安财产保险股份有限公司北京分公司	西城区金融大街23号平安大厦15层	100031	95512
华泰财产保险有限公司北京分公司	西城区德胜门外大街125号德胜尚城B座南区1~6层	100088	95509
太平财产保险有限公司北京分公司	西城区太平桥大街丰汇园11号楼丰汇时代大厦东翼9~10层	100032	95529
中华联合财产保险股份有限公司北京分公司	东城区安外西滨河路18号首府大厦3号楼	100010	95585
永安财产保险股份有限公司北京分公司	朝阳区建国路甲92号世茂大厦C座9层	100700	95502
天安保险股份有限公司北京分公司	海淀区复兴路甲23号城乡华懋15层	100036	88574520
中国大地财产保险股份有限公司北京分公司	海淀区中关村南大街2号数码大厦B座16层	100086	95590
华安财产保险股份有限公司北京分公司	海淀区紫竹院路81号楼北方地产大厦12A	100089	95556
安邦财产保险股份有限公司北京分公司	朝阳区东三环中路55号富力城双子座B座8层	100027	95569
永诚财产保险股份有限公司北京分公司	东城区鼓楼外大街26号荣宝大厦6层	100011	95552
阳光财产保险股份有限公司北京分公司	通州区通朝大街323号顺华集团商务楼3层	101101	95510
都邦财产保险股份有限公司北京分公司	朝阳区东三环北路甲2号京信大厦344房间	100027	95586
天平汽车保险股份有限公司北京分公司	东城区东直门外大街46号天恒大厦	100027	95550
渤海财产保险股份有限公司北京分公司	西城区南礼士路36号华远大厦6层	100037	4006116666

安华农业保险股份有限公司北京分公司	朝阳区望京西路50号卷石天地大厦1号楼A座11层	100081	95105667
民安保险（中国）有限公司北京分公司	海淀区西直门北大街52号太平金融大厦11层	100082	95506
中国人寿财产保险股份有限公司北京市分公司	朝阳区朝外大街16号	100022	95519
中银保险有限公司北京分公司	东城区朝阳门内大街2号凯恒中心E座7层	100010	4006995566
安诚财产保险股份有限公司北京分公司	东城区白桥大街22号北京工商联大厦2层	100011	62379910
华农财产保险股份有限公司北京市分公司	海淀区万泉庄路28号万柳新贵B座6层东侧	100089	95105535
长安责任保险股份有限公司北京市分公司	东城区广渠门内大街安化北里1号主楼2~3层	100062	51336611
英大泰和财产保险股份有限公司北京分公司	朝阳区东三环中路24号乐成中心B座20层	100024	51967588
紫金财产保险股份有限公司北京分公司	海淀区复兴路65号电信实业大厦2层	100036	68189331
信达财产保险股份有限公司北京分公司	海淀区西直门北大街60号首钢国际大厦11层	100082	58072866
浙商财产保险股份有限公司北京分公司	东城区东花市南里东区8号楼4层	100062	87101409
中国人寿保险股份有限公司北京市分公司	朝阳区朝外大街16号1号楼23~32层	100020	95519
中国太平洋人寿保险股份有限公司北京分公司	西城区复兴门内大街158号远洋大厦F6层B区	100031	95500
中国平安人寿保险股份有限公司北京分公司	西城区金融大街23号平安大厦14层	100032	95511
新华人寿保险股份有限公司北京分公司	东城区东四十条68号平安发展大厦6~11层	100007	95567
泰康人寿保险股份有限公司北京分公司	朝阳区东三环北路38号院1号楼	100026	66428866
太平人寿保险有限公司北京分公司	海淀区西直门北大街52号	100738	95589
民生人寿保险股份有限公司北京分公司	朝阳区东三环北路38号院2号楼民生大厦6层	100026	95596

生命人寿保险股份有限公司北京分公司	海淀区西直门北大街56号生命人寿大厦3~4层	100037	82290099
光大永明人寿保险有限公司北京分公司	朝阳区建国门内大街22号华夏银行大厦7层	100005	95105698
合众人寿保险股份有限公司北京分公司	朝阳区朝外大街乙12号昆泰国际大厦20层	100022	58797755
中国人民健康保险股份有限公司北京分公司	西城区阜外大街7号国投大厦10层	100037	95591
长城人寿保险股份有限公司北京分公司	西城区西直门外大街112号阳光大厦8层	100044	88362266
嘉禾人寿保险股份有限公司北京分公司	海淀区苏州街3号大恒科技大厦5层	100080	82827588
中国人民人寿保险股份有限公司北京市分公司	海淀区首体南路38号创景大厦5层	100013	4008895518
昆仑健康保险股份有限公司北京分公司	西城区宣武门西大街甲127号大成大厦5层501~505室	100032	4008118899
平安养老保险股份有限公司北京分公司	西城区金融街23号平安大厦9层	100140	95511
华夏人寿保险股份有限公司北京分公司	朝阳区北辰东路8号北京国际会议中心东配楼1层	100052	4007000777
平安健康保险股份有限公司北京分公司	西城区金融街23号平安大厦5层512单元	100032	95512
英大泰和人寿保险股份有限公司北京分公司	西城区宣外大街28号富卓大厦A座	100032	4008895598
信泰人寿保险股份有限公司北京分公司	西城区宣武门西大街甲127号大成大厦12A层	100031	52612008
正德人寿保险股份有限公司北京分公司	海淀区复兴路甲23号华懋商厦11层	100031	68179696
阳光人寿保险股份有限公司北京分公司	通州区通胡大街78号京贸中心2层	100006	65133168
幸福人寿保险股份有限公司北京分公司	丰台区莱户营甲88号鹏润家园3A3B 12层	100054	95560
国华人寿保险股份有限公司北京分公司	朝阳区朝阳北路237号复星国际中心5层	100027	59272266
太平养老保险股份有限公司北京分公司	海淀区西直门北大街52号太平金融大厦8层	100082	62248078

百年人寿保险股份有限公司北京分公司	朝阳区建国路108号丰树大厦7层	100022	59817111
泰康养老保险股份有限公司北京分公司	西城区闹市口大街1号院4号楼2A、2B、2C	100031	59311707
中邮人寿保险股份有限公司北京分公司	丰台区莲花池东路126号北京邮政信息大厦	100055	65123009
和谐健康保险股份有限公司北京分公司	朝阳区东三环中路55号楼7层	100022	59229348
安邦人寿保险股份有限公司北京分公司	朝阳区东三环中路55号楼6层	100022	59229227
中融人寿保险股份有限公司北京分公司	西城区丰盛胡同28号楼	100033	57503501
中国人寿养老保险股份有限公司北京市分公司	朝阳区朝外大街16号中国人寿大厦19层南区	100020	85659594
建信人寿保险有限公司北京分公司	西城区月坛北街2号	100000	56502666
中国出口信用保险公司总公司营业部	西城区阜成门北大街5号融金大厦	100037	66582195
中国太平再保险有限公司北京分公司	海淀区西直门北大街52号太平金融大厦10层	100082	82290702

（2）中资保险公司分支机构

中国人民财产保险股份有限公司北京市分公司

机构名称	地　　址	邮　编	电　话
西城支公司	西城区德外大街73号	100010	82027358
直属支公司	西城区西直门南大街2号	100035	66119343
东城支公司	东城区左安门内大街5号	100061	67199988
西城支公司	西城区菜市口南大街平原里小区20号楼	100010	83526336
朝阳支公司	朝阳区霄云里4号楼	100016	84485276
丰台支公司	丰台镇东大街11号	100071	63812311
石景山支公司	石景山区杨庄东路80号	100043	68874344
海淀支公司	海淀区阜成路81号	100010	88130263
门头沟支公司	门头沟区新桥大街18号	102300	69842253
房山支公司	房山区良乡政通路6号	100010	89369586
燕山支公司	燕山迎风街三里金融综合楼	100010	69348877

通州支公司	通州区玉带河大街4号	100010	60560602
顺义支公司	顺义区新顺南大街	100010	69441295
昌平支公司	昌平区城区镇北环路21号	100010	80100933
大兴支公司	大兴区黄村兴政路26号	100010	69244765
经济技术开发区支公司	经济技术开发区同济中路2号索龙电子（北京）有限公司103单元、303单元	100176	67883277
怀柔支公司	怀柔区青春路21号	101400	69655446
平谷支公司	平谷区城关镇府前西街16号	100010	69962161
密云支公司	密云县密云镇鼓楼南大街41号	100010	69051830
延庆支公司	延庆县延庆镇妫水南街路东漂流总站北侧妫河酒店北侧楼	102100	69177923
东城区支公司和平里营业部	东城区和平里东街16号	100010	65548703
分公司营业部	东城区朝阳门北大街17号1～3层	100010	58195671
分公司大型商业风险营业部	东城区朝阳门北大街17号4层	100010	58195593
分公司重点客户营业部	东城区朝阳门北大街17号7层0703室	100010	58195006
分公司国际业务营业部	东城区朝阳门北大街17号9层	100010	58195988
分公司金融街营业部	西城区西城门西大街甲129号金隅大厦901号	100031	66410024
分公司责任险营业部	西城区教场口街9号院2－2号	100011	82067568
西城支公司菜市口营业部	西城区菜市口南大街平原里小区20号楼223室	100054	63559066
西城支公司广安门营业部	西城区红居街11号楼1层4号	100050	63478847
朝阳支公司望京营业部	朝阳望京利泽中园2区208号	100010	84485233
朝阳支公司利泽东园营业部	朝阳区望京新型产业园区利泽东园306号	100010	84489730
朝阳支公司姚家园营业部	朝阳区姚家园路72号	100010	84485263
朝阳支公司双井营业部	朝阳区西大望路26号	100016	58195006
直属支公司国贸营业部	朝阳区建外大街1号中国国际贸易中心1座316室	100004	65055209

分公司商务中心区营业部	朝阳区东三环北路19号7层707室、708室	100022	58691439
分公司特殊风险营业部	朝阳区驼房营西里甲3号楼	100016	84981988
分公司方庄营业部	丰台区南三环中路18号	100010	63867868
丰台支公司云岗营业部	丰台区长辛店杜家坎6号	100072	63812313
丰台支公司三路居营业部	丰台区高楼村60号	100071	63286805
海淀支公司上地营业部	海淀区上地东里4区1号楼	100010	62973649
海淀支公司中关村营业部	海淀区黄庄中关村大厦905室	100010	88140551
分公司中关村营业部	海淀区大柳树富海中心3号楼707房间	100081	62130635
分公司会城门营业部	海淀区北蜂窝甲4号	100010	58195988
房山支公司房山城关营业部	房山区房山农林路3号	100010	89369586
通州支公司新华营业部	通州区新华大街63号	100010	69542984
通州支公司永乐营业部	通州区永乐店镇	100010	60560602
顺义支公司新顺营业部	顺义区新顺南大街1号	100010	69469340
顺义支公司空港营业部	顺义区空港工业A区蓝天大厦1层北侧	100010	69423216
昌平支公司西三旗营业部	昌平区北环路21号	102200	69723366
昌平支公司沙河营业部	昌平区巩华镇巩华城大街76号	100010	80726075
昌平支公司天通苑营业部	昌平区天通苑东二区东苑6组团1号楼-1层	100010	69705599
昌平支公司南口营业部	昌平区南口镇南大街国税办公楼	100010	82912470
大兴支公司红星营业部	大兴区红星区旧宫镇	100010	87965721
平谷支公司平谷镇营业部	平谷区南独乐河镇	100010	69960344
分公司东二环营销服务部	东城区朝阳门北大街17号首层	100010	58195195
分公司责任险营销服务部	西城区教场口街9号院2-2号	100120	82067568
西二环营销服务部	西城区金融大街7号英蓝国际金融中心首层108单元	100010	58195005

花市营销服务部	东城区东花市南里3号楼B06单元	100010	58195122
分公司海淀中关村营销服务部	海淀区知春路111号理想大厦507～508号	100086	82670737
分公司电子商务营销服务部	海淀区学院南路乙68号6层	100081	62116162
分公司九五五一八营销服务部	海淀区学院南路乙68号5层	100081	62116162

中国太平洋财产保险股份有限公司北京分公司

机构名称	地　址	邮　编	电　话
西城支公司	西城区展览馆路3号	100037	88382664
海淀支公司	西城区新外大街2号	100088	66428888
丰台支公司	西城区广外大街87号	100055	63465943
东城支公司	朝阳区东土城路13号	100013	64483554
朝阳支公司	朝阳区牛王庙霄云路	100016	84482495
通州支公司	通州区通惠北路25号	101100	66428888
顺义支公司	顺义区仁和地区平各庄村顺通路27号	101300	89493229
昌平支公司	昌平区高科技园区创新路6号	102200	89705469
分公司营业部	西城区西城门外大街甲1号3层	100052	66428888
朝阳支公司机场营业部	朝阳区首都机场航安路华北局1号公寓1层	100621	64592623
石景山区营销服务部	石景山区古城大街特钢公司十一区首特创业基地A座1层139号	100043	88609168
房山区营销服务部	房山区良乡长虹西路29号楼1层西侧大厅	102488	89310246

中国平安财产保险股份有限公司北京分公司

机构名称	地　址	邮　编	电　话
东城支公司	东城区安定门外大街2号安贞大厦4层	100013	64482188

东城支公司	东城区白桥大街22号北京工商联大厦4层408~413室	100062	67161208
丰台支公司	丰台区航丰路1号院2号楼1层A5室	100070	59700389
房山支公司	房山区良乡政通路8号	102488	89363579
第一营业部	西城区金融大街23号12层	100140	59700010
第二营业部	朝阳区光华路5号院2号楼15层、16层	100020	59710006
昌平营销服务部	昌平区西环路16号1幢505室	100200	13801171649
通州营销服务部	通州区富河园4号楼4-107	101125	69559127
顺义营销服务部	顺义区双兴北区甲3号楼	101300	89429155
大兴营销服务部	大兴区京开路102号2层	102600	69237839

华泰财产保险有限公司北京分公司

机构名称	地 址	邮 编	电 话
西城支公司	西城区德胜门外大街125号301B	100088	59375972
东城支公司	东城区龙潭路3号翔龙大厦1层A16、5层E17~E23号	100016	87776635
朝阳支公司	朝阳区曙光西里甲6号院8号楼	100028	58679334
海淀支公司	海淀区四季青镇常润路11号院北一号	100089	88468900
房山支公司	房山区良乡拱辰北大街38号楼	102488	89362879
通州支公司	通州区梨园路23号	101101	81573879
顺义支公司	顺义区港馨家园50号楼1层二单元	101300	89441566
大兴支公司	大兴区黄村镇永华南里12号楼底商	102600	69244880

太平财产保险有限公司北京分公司

机构名称	地 址	邮 编	电 话
西城支公司	西城区太平桥大街丰汇园11号楼丰汇时代大厦东翼九层907室、908室	100032	66532288

丰台支公司	丰台区南四环西路188号十五区12号楼2层	100071	83606273
海淀蓝靛厂营销服务部	海淀区蓝靛厂东路2号院2号楼金源时代商务中心2号楼	100097	82335121

中华联合财产保险股份有限公司北京分公司

机构名称	地　址	邮　编	电　话
东城支公司	东城区夕照寺中街4号A座1层	100061	67100878
西城支公司	西城区广安门外马连道路11号1001室	100055	63342601
朝阳支公司	朝阳区胜古中路2号院8号楼企发大厦5层	100029	64450790
丰台支公司	丰台区草桥欣园四区9号楼1层	100067	63899121
石景山支公司	石景山区古城北路5号	100043	68888002
海淀支公司	海淀区西郊板井村北京市农林科学院9号	100097	88471116
房山支公司	房山区良乡镇月华北大街34号	102488	89354988
通州支公司	通州区运河东大街3号2号楼1－1号	101101	60549180
顺义支公司	顺义区怡馨家园29号楼1层101号	101300	69466176
昌平支公司	昌平区东环路142号	102200	69749500
怀柔支公司	怀柔区富乐北里25号正楼	101400	69632691
大兴黄村营销服务部	大兴区经济技术开发区宏达北路12号B座一区420室	100176	67868370
经济技术开发区营销服务部	经济技术开发区宏达北路12号	100176	67868370

永安财产保险股份有限公司北京分公司

机构名称	地　址	邮　编	电　话
朝阳支公司	朝阳区太阳宫路甲12号	100028	64270868
丰台支公司	丰台区椰子井甲18号	100081	63330864

东城营销服务部	东城区幸福大街甲39号北京德惠俱乐部A楼206房间	100061	67131449
大兴营销服务部	大兴区黄村镇饮马井南里	102600	61216628

天安保险股份有限公司北京分公司

机构名称	地　址	邮　编	电　话
昌平支公司	昌平区京科苑70号底商	100000	88574828
西城营销服务部	西城区广内广义街5号广益大厦6层A607	100000	88574538
朝阳营销服务部	朝阳区和平西桥樱花西街18号北京贵州大厦1201室、1203室	100020	88574726
丰台营销服务部	丰台区丰北路6号	100000	88574713
海淀营销服务部	海淀区知春路108号3号楼1605室	100000	88574592
房山营销服务部	房山区苏庄三里16号楼3号底商	102400	13051201381
通州营销服务部	通州区玉带河东街111号、113号	103100	88574858
顺义营销服务部	顺义区仁和镇顺通路27号2号楼1层、3层301室	103100	88574867
大兴营销服务部	大兴工业开发区金辅路甲2号凯弛大厦602室、603室	100000	88574867

中国大地财产保险股份有限公司北京分公司

机构名称	地　址	邮　编	电　话
第一营销服务部	东城区光明路11号天玉大厦7层704室	100061	82515533

华安财产保险股份有限公司北京分公司

机构名称	地　址	邮　编	电　话
朝阳支公司	朝阳区幺家店路2号院8号楼1层商业3号	100024	65481130
丰台支公司	丰台区青塔西路60号1层02号	100166	63878976

海淀支公司	海淀区紫竹院路81号院北方地产大厦6层604室	100089	88829888
通州支公司	通州区玉桥西里87号1层1底商46号	101101	52101787
昌平支公司	昌平区回龙观镇科协家园住宅小区29号楼B座1层2单元	102208	82945885
南十里居营销服务部	朝阳区南十里居48号院6号楼1层122室	100016	84502827
望京西路营销服务部	朝阳区望京西路48号院8号楼1层3号	100102	84775781
南磨房营销服务部	朝阳区世纪东方嘉园104楼15号商铺	100023	52097103
丰台丰桥路营销服务部	丰台区丰桥路1号院8848号	100070	83671242
丰台马家堡东路营销服务部	丰台区马家堡东路108号院10号楼1层	100068	58031290
海淀清河毛纺路营销服务部	海淀区清河毛纺路36号院	100085	82455295
通州玉桥西里营销服务部	通州区玉桥西里87号1层	101101	52101787
顺义金汉绿港家园营销服务部	顺义区望泉家园12号楼1层2单元	101399	88829888
昌平百嘉城营销服务部	昌平区回龙观镇回南路9号院11号楼1层01商业H	102208	81748083
昌平东环路营销服务部	昌平区东环路47－19号1层47－9号	100089	13718861025
宏大南园营销服务部	大兴区宏盛路205号1层商业	102600	60243780
平谷平翔路营销服务部	平谷区兴谷开发区平翔路东侧7号商住楼1层9号商铺	101200	69959937

安邦财产保险股份有限公司北京分公司

机构名称	地　址	邮　编	电　话
东城支公司	安外大街185号京宝大厦512B室、513室、514室	100011	64400919
西城支公司	西城区太平街6号8层E－906室	100053	63135727

东城支公司	东城区东城门外大街11号5层513室	100061	67087910
西城支公司	朝阳区东三环中路55号富力城双子座B座8层	100020	59229229
朝阳支公司	朝阳区东三环中路55号富力城双子座B座8层	100020	59229119
丰台支公司	丰台区航丰路1号院2号楼时代财富大厦1303室	100070	87397686
石景山支公司	石景山区阜石路166号1号楼7层708号、709号	100043	59229191
海淀支公司	海淀区西直门北大街32号院枫蓝国际大厦1号楼7层	100088	59229348
房山支公司	房山区良乡拱辰南大街42号楼A座8层801~802室	102401	59229119
通州支公司	通州区云景南大街144号1~2层	101100	13911777910
顺义支公司	顺义区前进花园石门苑18号楼三单元	101300	69443888
昌平支公司	昌平区白浮泉路甲12号1层	102200	80118515
大兴支公司	大兴区滨河街27号9层	102600	59229348
经济技术开发区支公司	经济技术开发区宏达北麓10号万源商务中心2层	100017	59229226
怀柔支公司	怀柔区青春路61号院1号楼-1层13号	101400	69659836
平谷支公司	平谷区平谷镇东方国际公寓5号楼12层	101200	89983722
密云支公司	密云县长城大厦A段1~2层北侧西	101500	69048098
天通苑营销服务部	昌平区东小口镇天通苑一区9号楼4单元2层	102200	80118590

永诚财产保险股份有限公司北京分公司

机构名称	地　址	邮　编	电　话
东城支公司	东城区鼓楼外大街26号荣宝大厦6层	100120	88365151

丰台支公司	丰台区方庄芳群园四区22号楼901室、908室	100078	67656098
海淀营销服务部	海淀区阜成路28号	100142	88511899
昌平营销服务部	昌平区西环路16号豪恒大厦4层	102200	89783620

阳光财产保险股份有限公司北京分公司

机构名称	地　　址	邮　编	电　话
经济技术开发区营销服务部	经济技术开发区宏达北路10号万源商务中心101室、401室	100176	67881920
东城营销服务部	东城区安德路甲61号B1座522室、530室，B2座522室	100011	84129896
东城营销服务部	东城区天坛东路74号北玻大厦2层北侧213单元、215单元	100061	67127768
中关村营销服务部	海淀区四季青路8号1层155室	100195	65308855－171
房山营销服务部	房山区良乡嘉瑞通小区3号楼3～4号、3～5号	102401	69351831
通州营销服务部	通州区云景东路437号、甲437号	101100	81571169
顺义营销服务部	顺义区双兴北区33号楼	101300	69440345
大兴营销服务部	大兴区黄村富强路7号、9号	102600	69243205
平谷营销服务部	平谷区迎宾花园小区31号楼10号商铺	101200	69976001
延庆营销服务部	延庆县延庆镇石河营建材城综合楼南大2号	102100	69187890

都邦财产保险股份有限公司北京分公司

机构名称	地　　址	邮　编	电　话
海淀支公司	海淀区玉渊潭南路晾果厂6号都邦大厦8层	100038	68090803

天平汽车保险股份有限公司北京分公司

机构名称	地址	邮编	电话
东城营销服务部	东城区东花市南里东区3号楼	100062	84608888

渤海财产保险股份有限公司北京分公司

机构名称	地址	邮编	电话
顺义支公司	顺义区仁和镇平各庄村顺通路27号	101300	81492122
朝阳营销服务部	朝阳区松榆南路54号3层旌凯写字楼B区18号	100000	87325700

安华农业保险股份有限公司北京分公司

机构名称	地址	邮编	电话
朝阳支公司	朝阳区望京西路50号卷石天地大厦1号楼A座11层	100102	64393199
海淀支公司	海淀区西四环北路140号京鼎原商务楼610室	100097	88450950
顺义支公司	顺义区双兴北区甲3号楼3层	101300	69440128
密云支公司	密云县新南路21号楼1层	101500	69446920
分公司营业部	朝阳区望京西路甲50号1号楼卷石天地大厦A座11层1103单元	100102	64393060
房山营销服务部	房山区城关街道燕房路小区23号楼1层106室	102400	69318932
通州营销服务部	通州区云景南大街185号龙鼎园小区底商	102100	81547256
昌平营销服务部	昌平区昌平镇润杰经典花园1号综合楼6号	102200	80108678
平谷营销服务部	平谷区平谷大街31号	101200	69975667
延庆营销服务部	延庆县康安小区30#－03商业楼	102100	69148706

民安保险（中国）有限公司北京分公司

机构名称	地　址	邮　编	电　话
海淀支公司	海淀区西直门北大街52号太平金融大厦11层	100082	82299999
平谷支公司	平谷区平谷镇西环南路1号楼3单元2号	101200	89988225

中国人寿财产保险股份有限公司北京市分公司

机构名称	地　址	邮　编	电　话
东城支公司	东城区鼓楼外大街27号万网大厦4层	100120	84130362
西城支公司	西城区黄寺大街26号院德胜置业大厦4号楼5层507～510号	100011	82960123
东城支公司	东城区天坛东路74号北玻大厦4层南侧402单元、403单元	100061	67162996
西城支公司	西城区广安门内大街248号机械大厦5层	100055	63360670
朝阳支公司	朝阳区静安里26号通成达大厦6层	100028	64823368
丰台支公司	丰台区方庄芳群园四区21号楼1层118～120号	100078	67680198
海淀支公司	海淀区北四环中路229号海泰大厦3层	100083	82885253
通州支公司	通州区云景东路417号	101100	81573960
分公司营业部	朝阳区广渠路3号中水电国际大厦7层701～705室	100124	13901054249

安诚财产保险股份有限公司北京分公司

机构名称	地　址	邮　编	电　话
丰台营销服务部	丰台区方庄芳群园四区22号金城中心写字楼8层805室	100078	63719160
房山营销服务部	房山区良乡二街商业综合楼金花商业大厦8层1027室	102401	80393237

顺义营销服务部	顺义区华英园9号5008室	101300	69449467

华农财产保险股份有限公司北京市分公司

机构名称	地址	邮编	电话
房山支公司	房山区良乡地区佳世苑30号楼	102488	60342185
昌平营销服务部	昌平科技园区永安路26号孵化器大楼105号、211号	102200	13911287878
平谷营销服务部	平谷区贾各庄村东南街甲6号4层楼中1层	101200	89987796
密云营销服务部	密云县密云镇新南路87号	101500	69071786

长安责任保险股份有限公司北京市分公司

机构名称	地址	邮编	电话
丰台支公司	东城区安化北里1号长保大厦主楼2层	100062	51336771
海淀支公司	东城区安化北里1号长保大厦主楼2层	100062	51336771
朝阳营销服务部	东城区安化北里1号长保大厦主楼2层	100062	51336771

英大泰和财产保险股份有限公司北京分公司

机构名称	地址	邮编	电话
大兴支公司	大兴区富强路2号1层104室	102600	51967588

紫金财产保险股份有限公司北京分公司

机构名称	地址	邮编	电话
房山支公司	房山区良乡政通路23号良乡西北关综合楼2层210室	102400	88612831
平谷支公司	平谷区迎宾花园住宅小区31号楼8号	101200	88612868

信达财产保险股份有限公司北京分公司

机构名称	地　　址	邮　编	电　话
丰台支公司	丰台区马家堡东路71号立业大厦1208室	100068	58072878
顺义支公司	顺义区顺榆路华英园9号商业楼408室	100082	89425675

中国人寿保险股份有限公司北京市分公司

机构名称	地　　址	邮　编	电　话
东城支公司	东城区东直门外东中街32号	100026	65006998
西城支公司	西城区后广平胡同36号	100035	66168779
东城支公司	东城区沙子口76号富莱茵花园7号楼	100050	83160052
宣武支公司	西城区北纬路1号	100050	83160052
朝阳支公司	朝阳区金台路北街7号	100026	65006998
丰台支公司	丰台区丰台镇富丰路2号星火科技大厦13层	100070	63849603
石景山支公司	石景山区玉泉路玉泉大厦	100049	69855044
海淀支公司	海淀区知春路20号	100088	62056697
门头沟支公司	门头沟区滨河路64号	102300	69855044
房山支公司	房山区良乡西潞北大街26号	102488	89350159
通州支公司	通州区玉带河大街22号	101100	69545575
顺义支公司	顺义区府前东街2号	101300	69466735
昌平支公司	昌平区昌平镇创新路5号	102200	69723494
大兴支公司	大兴区黄村镇兴政西街34号洪海明商务楼	102600	69295431
经济技术开发区支公司	经济技术开发区宏达北路10号北京万源商务中心6层	100176	67868675
怀柔支公司	怀柔区商业街2号	101400	69648447
平谷支公司	平谷区金谷园21号楼16号	101200	69984204
密云支公司	密云县滨河路	101500	69025757
延庆支公司	延庆县东外大街62号	102100	69180493
平安里营业部	西城区平安里西大街28号楼	100032	66163688
西单营业部	西城区背阴胡同35号	100035	85251532

温泉营业部	海淀区温泉镇白家疃西口温泉农机厂	100872	66038500
庄胜营业部	西城区宣武门外大街6号6－730室	100052	66168576
海鹰路营业部	丰台区海鹰路5号赛欧创业孵化广场2层西厅205室	100070	68001517
东城东中街营销服务部	东城区东中街32号	100010	64175705
西城后广平营销服务部	西城区后广平胡同36号	100035	66168576
西城南大安营销服务部	西城区南大安胡同6号中宏大厦	100035	66117760
西城阜成门营销服务部	西城区阜外大街3号东润时代大厦	100037	68001517
东城沙子口营销服务部	东城区沙子口斜街富莱茵花园7号	100076	67621276
广渠门内大街营销服务部	东城区广渠门内大街80号通正国际大厦5层	100062	51696716
宣武北纬路营销服务部	西城区北纬路1号	100050	63188904
朝阳金台北街营销服务部	朝阳区金台北街7号	100026	85994798
朝阳三元桥营销服务部	朝阳区东三环北路辛2号迪阳大厦	100027	84536263
安贞营销服务部	东城区安定路20号5号楼329室	100029	64450657
朝阳朝外营销服务部	朝阳区朝外大街22号泛利大厦4层	100020	65805097
朝阳小红门营销服务部	朝阳区小红门后街169号	100078	87604850
慈云寺营销服务部	朝阳区八里庄西里99号	100020	58702029
朝阳广渠路营销服务部	朝阳区广渠路11号院1号楼金泰国际大厦6层	100124	59646688
丰台方庄营销服务部	丰台区方庄芳星园3区乙10号	100078	67621276
丰台西四环南路营销服务部	丰台区丰台镇富丰路2号星火科技大厦13层	100070	63849603
丰台云岗营销服务部	丰台区王佐镇福官路8号	100074	83315147
海淀中关村大街营销服务部	海淀区中关村大街32号蓝天和盛大厦16层	100088	82027470
丰台卢沟桥营销服务部	丰台区卢沟桥南里10号院7号楼	100072	83215018

金融大街营销服务部	西城区金融大街12号1层	100032	66575339
石景山营销服务部	石景山区石景山路22A座	100049	88255987
石景山古城营销服务部	石景山石景山路40号信安大厦4层	100043	68867463
朝阳富顿营销服务部	朝阳区东三环南路58号富顿中心写字楼A座27层	100022	66137092
海淀中关村南大街营销服务部	海淀区中关村大街40号北京当代商城第7层	100086	62573189
海淀西三旗营销服务部	海淀区西三旗风机二厂办公楼7层	102200	69746402
海淀花园路营销服务部	海淀区花园路B3号南楼	100048	88820495
海淀西大街营销服务部	海淀区西直门北大街32号枫蓝国际中心B座601b	100083	62356705
知春路营销服务部	海淀区知春路6号锦秋国际大厦B座502室	100098	82800967
花园桥营销服务部	海淀区西三环北路72号29层	100048	88820495
海淀万柳中路营销服务部	海淀区万柳中路15号楼2层	100086	88255987
海淀区世纪城营销服务部	海淀区蓝靛厂时雨园甲2号	100086	68001517
门头沟斋堂营销服务部	门头沟区斋堂镇8号楼一单元401室	102309	69861266
门头沟滨河营销服务部	门头沟区滨河路64号	102300	69861404
门头沟潭柘寺营销服务部	门头沟区潭柘寺镇鲁家滩村供销社大楼南	102300	69861404
门头沟清水营销服务部	门头沟区清水镇下清水村东街105号	102300	69861404
门头沟龙泉营销服务部	门头沟区三家店水闸路3号	102300	69861404
门头沟永定营销服务部	门头沟区石龙北路88－1号1层	102300	69861404
房山良乡营销服务部	房山区良乡西潞北大街26号	102488	89350161
房山新镇营销服务部	房山区阎村镇南坊村丁字路口西2号楼	102488	89350161
房山兴房营销服务部	房山区城关街道兴房大街2号院	102488	89350161
房山长沟营销服务部	房山区长沟镇西长沟村74号	102488	89350161

房山琉璃河南召营销服务部	房山区琉璃河南召村	102488	89350161
房山窦店营销服务部	房山区窦店镇窦店村京南家园小区五号商业楼2单元3层	102488	89350161
怀柔北房营销服务部	怀柔区北房镇北房村幸福大街8号	101400	86526416
房山琉璃河二街营销服务部	房山区琉璃河镇二街村百分百商厦2层	102488	89350161
房山燕化星城营销服务部	房山区燕化星城紫燕中路5号	102488	89350161
房山燕山营销服务部	房山区燕山向阳路58号	102488	89350161
怀柔桥梓营销服务部	房山区城关东大街1号楼1层17号	102400	89329092
通州次渠营销服务部	光机电一体化产业基地2号	101100	69516371
通州漷县营销服务部	通州区漷县镇	101100	69516371
通州马驹桥营销服务部	通州区马桥镇	101100	69516371
通州西集营销服务部	通州区西集镇中心街	101100	69516371
通州永乐店营销服务部	通州区永乐店镇	101100	69516371
通州徐辛庄营销服务部	通州区宋庄镇草寺村413号	101100	69516371
通州大杜社营销服务部	通州区马驹桥镇大杜社村委会北500米	101100	69516371
通州台湖营销服务部	通州区台湖镇台湖街	101100	69516371
通州于家务营销服务部	通州区于家务乡政府街	101100	69516371
通州潞城镇营销服务部	通州区胡各庄工业区	101100	69516371
通州张家湾营销服务部	通州区张家湾镇太玉园B区028店铺	101100	69516371
顺义站前街营销服务部	顺义区府前东街2号	101300	81481249
顺义后沙峪营销服务部	顺义区后沙峪镇双裕东区23号楼209室	101300	81481249
顺义杨镇营销服务部	顺义区杨镇双阳南区14－11	101300	81481249
顺义李桥营销服务部	顺义区李桥镇李桥村南	101300	81481249
顺义高丽营营销服务部	顺义区高丽营镇五村商业街	101300	81481249
顺义牛栏山营销服务部	顺义区牛栏山康乐小区北路牛山建筑公司库房	101300	81481249
顺义北务营销服务部	顺义区北务镇大市场门脸房1层	101300	81481249
昌平鼓楼营销服务部	昌平区昌平镇创新路5号	102200	69746402

昌平政府街营销服务部	昌平区政府街18号保险招待所1楼	102200	69746402
南口营销服务部	昌平区南口镇道北小红楼208房间	102200	89702143
昌平小汤山营销服务部	昌平区小汤山村委会1号楼底商	102200	69746402
昌平十三陵营销服务部	昌平区十三陵镇涧涧头村	102200	69746402
昌平天通苑营销服务部	昌平区东小口镇天通苑二区4号楼6门	102200	69746402
昌平东小口营销服务部	昌平区东小口镇天通苑西苑10号楼	102200	69746402
昌平昭陵村营销服务部	昌平区长陵镇昭陵村村中93号	102200	69746402
大兴红星营销服务部	大兴区旧宫镇旧宫东路49号	102600	69295431
大兴黄村营销服务部	大兴区黄村镇兴政西街34号B楼	102600	69295431
大兴安定营销服务部	大兴区安定镇兴安大街路南	102600	69295431
大兴西红门营销服务部	大兴区西红门镇欣旺北大街127号	102600	69295431
大兴瀛海营销服务部	大兴区瀛海镇东一村东一路3号	102600	69295431
大兴采育营销服务部	大兴区采育镇东大街采后路北侧	102600	69295431
大兴青云店营销服务部	大兴区青云店镇车站路22号	102600	69295431
怀柔商业街营销服务部	怀柔区商业街二号	101400	69641944
怀柔汤河口营销服务部	怀柔区汤河口镇汤河口街十字路口西南角	101400	69641944
怀柔雁栖营销服务部	怀柔区雁栖镇雁栖环岛西侧	101400	69641944
怀柔杨宋营销服务部	怀柔区杨宋和平路42号	101400	69641944
怀柔宝山寺营销服务部	怀柔区宝山寺镇宝山寺村主街102号	101400	69641944
怀柔琉璃庙营销服务部	怀柔区琉璃庙镇主街58号	101400	69641944
怀柔九渡河营销服务部	怀柔区九渡河镇黄坎村主街西侧	101400	69641944
怀柔喇叭沟门营销服务部	怀柔区喇叭沟门满族乡西政府对面	101400	69641944
怀柔长哨营营销服务部	怀柔区长哨营乡政府对面	101400	69641944

怀柔渤海营销服务部	怀柔区渤海镇沙峪村委会办公楼1层	101400	69641944
平谷府前大街营销服务部	平谷区金谷园21号楼16号	101200	89980552
平谷金海湖营销服务部	平谷区金海湖镇韩庄村166号	101200	89995483
平谷峪口镇营销服务部	平谷区峪口镇峪阳路21～27号商业楼第2层	101200	89995483
平谷华山镇营销服务部	平谷区大华山镇大华山村	101200	89995483
平谷马昌营镇马昌营营销服务部	平谷区马昌营镇定福庄村	101200	89995483
平谷马坊镇马坊营销服务部	平谷区马坊镇西大街村21号	101200	89995483
平谷王辛庄镇营销服务部	平谷区王辛庄镇东古村东古路21号	101200	69961110
密云东邵渠营销服务部	密云县东邵渠村政府大街道南	101500	69053372
密云滨河路营销服务部	密云滨河路22号	101500	69053372
密云古北口营销服务部	密云县古北口镇南菜园村	101500	69053372
密云太师屯营销服务部	密云县太师屯镇永安街149号楼9号	101500	69053372
密云河南寨营销服务部	密云县河南寨镇芦古庄村	101500	69041890
密云十里堡营销服务部	密云县明珠花园小区6号楼1层4单元101室	101500	69041890
密云巨各庄营销服务部	密云县巨各庄镇八家庄村	101500	69041890
密云冯家峪营销服务部	密云县冯家峪镇冯家峪村	101500	69041890
延庆东外大街营销服务部	延庆县东外大街53号	102100	69183672
延庆康庄兴隆街营销服务部	延庆县康庄镇商业街路东	102100	69183672
延庆永宁营销服务部	延庆县永宁镇拱辰街东十一组团	102100	69183672

中国太平洋人寿保险股份有限公司北京分公司

机构名称	地　址	邮　编	电　话
东城支公司	东城区东四十条113号	100007	84021767
西城支公司	西城区西外大街新兴东巷甲15号	100044	64248137

朝阳支公司	朝阳区安贞里二区1号楼	100029	64450228
海淀支公司	海淀区复兴路甲23号城乡华懋13层	100081	68298258
中关村支公司	海淀区中关村南大街10号银海大厦5层	100081	68910665
通州支公司	通州区翠屏北里35号楼	100031	66418855
顺义支公司	顺义区石幢综合商业楼	101300	69431572
昌平支公司	昌平区鼓楼东大街33号	102200	89784826
大兴支公司	大兴区黄村镇康庄路28号	102600	69233196
密云支公司	密云县新中街42号	101500	69085902
东城区东四营销服务部	东城区东四前炒面胡同33号瀚海科技大厦A座	100010	52190686
复兴门营销服务部	西城区复兴门内大街158号远洋大厦G层	100031	66418855

中国平安人寿保险股份有限公司北京分公司

机构名称	地　　址	邮　编	电　话
西城北三环中路营销服务部	西城区北三环中路23号燕莎盛世大厦6层	100029	59730012
东城东方广场营销服务部	东城区东单三条8号东方广场东配楼6~9层	100005	65131916
东城雍和宫营销服务部	东城区藏经馆路11号	100007	84047556
朝阳亮马桥营销服务部	朝阳区新源南路1－3号B座5~6层	100004	65599799
丰台国润营销服务部	丰台区西四环南路46号国润商务大厦2层	100073	89332777
东城东四营销服务部	东城区前炒面胡同33号瀚海科技大厦A座6~7层	100010	59730012
东城东便门营销服务部	东城区建国门南大街5号金龙大厦	100005	65590100
西城阜成门营销服务部	西城区阜成门外大街22号外经贸大厦	100037	66063835
东城鼓楼营销服务部	东城区东水井胡同5号楼7层	100010	59730019
东城陶然亭营销服务部	东城区安德路甲61号红都商务中心A座6层	100011	59730019

丰台开阳桥营销服务部	丰台区开阳路1号院瀚海花园大厦8层、9层	100069	59730019
金鹏营销服务部	朝阳区八里庄西里100号住邦商务中心1号楼B座318～325室	100025	13331189508
石景山玉泉路营销服务部	石景山区石景山路3号玉泉大厦2层及3层西侧	100039	88255348
海淀北太平庄营销服务部	海淀区北太平庄路2号	100088	62370717
西城区宣武门营销服务部	市西城区宣武门东大街24号	100051	63156604
海淀紫竹院营销服务部	海淀区紫竹院路120号2层、5层	100089	59730019
海淀甘家口营销服务部	海淀区三里河路17号	100037	88392258
西城新街口北大街营销服务部	西城区新街口北大街3号星街坊大厦	100035	59731452
海淀区寰太营销服务部	海淀区中关村南大街甲12号寰太大厦3层、4层、11层	100081	59730300
房山城关营销服务部	房山区燕房路20号楼	102400	89332777
房山良乡营销服务部	房山区良乡地区拱辰北大街3号	102400	89361738
房山良乡月华营销服务部	房山区良乡月华大街1号	102488	89354490
通州西海子营销服务部	通州区九棵树东路	101101	13331189508
顺义龙府营销服务部	顺义区站前北街78号1号	101300	69438196
顺义府前街营销服务部	顺义区府前东街2号顺建大厦201室、203室	101300	69460470
昌平永安营销服务部	昌平区西环路16号3层及1层06号房间	102200	89747067
昌平西环路营销服务部	昌平区北环路2号院金兰大厦B座302房间	102200	59730019
昌平天通苑营销服务部	昌平区天通北苑北一区甲5号	102218	81771172
大兴兴政营销服务部	大兴区黄村镇兴政街南区政府对面	102600	69206377
瀚海营销服务部	朝阳区向军北里28号院1号楼2层、6层	100020	59730012
怀柔梅苑营销服务部	怀柔区青春路梅苑小区8号楼3门、2门	101400	69627147

平谷金乡路营销服务部	平谷区金乡路1号雅美奇商厦第2层	102600	89991511
密云鑫盛营销服务部	密云县鼓楼北大街10号	101500	69064589
延庆板泉路营销服务部	延庆板泉路26号鑫妫川购物中心	102100	69175097

新华人寿保险股份有限公司北京分公司

机构名称	地　址	邮　编	电　话
东城支公司	朝阳区东土城路14号建达大厦	100013	84189000
西城支公司	西城区西直门南大街2号成铭大厦5层	100035	66513028
东城支公司	东城区崇外大街新怡家园甲3号楼7层	100062	67087388
朝阳支公司	朝阳区团结湖南里15号恒祥大厦写字楼6层	100026	51399522
丰台支公司	丰台区莲花池西里11号3层	100073	84189000
石景山支公司	石景山区石景山路22号A座长城大厦	100043	68684604
海淀支公司	海淀区花园路2号牡丹科技大厦2层	100088	82282766
房山支公司	房山区城关街道办事处东大街北侧福胜家园1号楼19号	102400	89369406
通州支公司	通州区云景东路1号，园景商业公建C段南配楼3~4层	101100	84189000
顺义支公司	顺义区仓上街2号智能大厦B区9层	101300	69424945
大兴支公司	大兴区金苑路3号金融大厦二层B01室	102628	69299932
学院南路营业部	海淀区中关村南大街12号科海福林大厦地上1层	100081	62215601
德外营业部	西城区新街口外大街8号5幢C座写字楼	100875	62079905
西城区新外大街营销服务部	西城区新街口外大街12号	100088	62079903
复兴路营销服务部	海淀区复兴路21号海育大厦11~13层	100036	68561822

丰台南苑营销服务部	丰台区和义东里三区九号楼1层、3层	100076	67942808
门头沟营销服务部	西城区莲花池东路106号汇融大厦2单元801~807室、1007室	100055	84189229
房山良乡镇营销服务部	房山区拱辰街道西潞南大街5号3层	102401	89369406
通州西集营销服务部	通州区西集镇环岛西侧	101100	69544778
昌平北环营销服务部	昌平区西环路78号利阳大厦	102200	80107796
怀柔营销服务部	怀柔区迎宾北路1号4层	101400	69544778
平谷旧城街营销服务部	平谷区府前西街2号渔阳大厦	101200	89991882
密云鼓楼营销服务部	果园新里北区综合楼东侧1层	101500	69068746
延庆营销服务部	延庆县延庆镇妫水北街19号3层	100229	69148752

泰康人寿保险股份有限公司北京分公司

机构名称	地址	邮编	电话
东城支公司	朝阳区朝外大街19号华普国际大厦16层西区	100026	85730093
长安支公司	西城区白云路1号白云大厦	100045	63287695
西城支公司	西城区西直门外大街6号中仪大厦	100044	68330452
宣武支公司	西城区广安门内广义街7号10层	100053	66428866
朝阳支公司	朝阳区建外SOHO9号楼33层、23号楼B-32层	100031	66428866
丰台支公司	丰台区马家堡西路15号时代风帆大厦1-1203室、1-1205室	100000	66428866
石景山支公司	石景山区石景山路22号万商大厦2015室、2016室	100000	68655969
海淀支公司	海淀区中关村南大街2号北京科技会展中心数码B座2103室	100000	51626811
门头沟支公司	门头沟区霁月园8号楼	102300	69852175
窦店支公司	房山区窦店镇窦店村	100026	85730093
房山支公司	房山区拱辰街道月华大街1号	102401	89362945

通州支公司	通州区通惠南路6号8号楼4层1－2室、10号楼3层9室	100000	89501672
顺义支公司	顺义区站前东街商业楼2号楼	101300	81484491
昌平支公司	昌平区龙水路22号院1－13号楼	100026	85730093
大兴支公司	大兴区黄村镇永华南里1号楼	102600	69236910
怀柔支公司	怀柔区青春路26号	101400	69650143
平谷支公司	平谷区建设西街17号	100026	85730093
密云支公司	密云县鼓楼东大街山水大厦1～2层	100000	69087811
延庆支公司	延庆县延庆镇高塔街66号3层	102100	69181004
房山燕山营业部	房山区燕山迎风南路甲6号楼	100000	69390236
杨镇营销服务部	顺义区杨镇地区一街村委会南500米	100000	81484491
四季青营销服务部	朝阳区吉庆里6号楼3层309	100031	66428866
上地营销服务部	海淀区北四环西路67号大地科技大厦0511～0513室	100031	66428866
朝阳广渠路营销服务部	朝阳区广渠路南侧44号北人泽洋大厦四层北侧商业楼4010号	100022	66428866
西北旺营销服务部	海淀区马连洼梅园甲3号楼3单元102号室	100085	63287695
朝阳安定路营销服务部	朝阳区安定路39号长新大厦711室、713室	100000	66428866
苏家坨营销服务部	西城区西直门外大街6号中仪大厦818室	100026	85730093
房山城关营镡服务部	房山区城关街道兴房大街55号	102400	13146362211
琉璃河营销服务部	房山区琉璃河东街8号	100031	66428866
阎村营销服务部	房山区阎村镇大董村村委会商业楼二号	100000	89360165
燕化星城营销服务部	昌平区昌平镇鼓楼西街11号楼	102200	69724975
西城第三营销服务部	西城区西直门南大街2号成铭大厦	100031	66428866
西集营销服务部	朝阳区东三环北路38号院1号楼10层1101室	100026	85730093
管庄营销服务部	朝阳区建东苑18号楼	100000	89501622
大孙各庄营销服务部	顺义区大孙各庄镇府前街7号	100000	81484491

天通苑营销服务部	昌平区天通苑一区 9 号楼 16 单元	100031	66428866
回龙观营销服务部	昌平区建材路西城 87 号 2 号楼 19 层 2 单元 1901 ~ 1902 室	100031	66428866
西城第一营销服务部	西城区西直门南大街 2 号成铭大厦 C19 层	100026	85730093
平谷区文化南街营销服务部	平谷区平谷镇文化南街三号楼	100000	69980214
溪翁庄营销服务部	密云县溪翁庄镇碧水花园 1 楼	101512	13241631663
河南寨营销服务部	密云县河南寨镇政府北侧	101500	13681433084
延庆妫水北街营销服务部	延庆县妫水北街县工会南	100000	69184944
西城第二营销服务部	西城区西直门南大街 2 号成铭大厦 C2205 室	100026	85730093

太平人寿保险有限公司北京分公司

机构名称	地　址	邮　编	电　话
东城营销服务部	东城区朝阳门北大街 6 号首创大厦 5 层 B 室	100027	65663987
海淀营销服务部	海淀区西直门北大街 52 号太平金融大厦	100082	82299573
良乡营销服务部	房山区良乡地区拱辰大街 90 号	102488	69367035
通州营销服务部	通州区通惠南路六号 8 号楼 3 层 1 ~ 2 号	101100	52338222
顺义营销服务部	顺义区仓上小区 37 号楼 3 层 3 单元 301 室	101300	81490702
昌平营销服务部	昌平区水库路 G5 号配套公建楼 4 层	102200	69721296
大兴营销服务部	大兴工业开发区金苑路 3 号多元商务大厦 3 层西侧	102600	60212006
平谷营销服务部	平谷区平谷镇新开街 30 号楼 30 - 6	101200	69985817
密云营销服务部	密云县鼓楼东区 1 号楼	101500	69040149

民生人寿保险股份有限公司北京分公司

机构名称	地　　址	邮　编	电　话
怀柔支公司	怀柔区金台园甲56号五楼	101400	69698467
西城营销服务部	西城区德胜门外新风街2号天成科技大厦A座403室	100088	59206914
顺义营销服务部	顺义区站前东街商业楼2号楼420室、417室	101300	69427824
朝阳营销服务部	朝阳区霞光里9号1层	100125	84681379
房山营销服务部	房山区良乡太平村232号	102488	69363879
通州营销服务部	通州区通胡大街甲3号8层256单元08B	101117	80886731
昌平营销服务部	昌平区东小口镇天通东苑三组团3号楼101号	102218	59206426
平谷营销服务部	平谷区新平北路51号	101200	69986013
密云营销服务部	密云县新东路277号2层	101500	69080153

生命人寿保险股份有限公司北京分公司

机构名称	地　　址	邮　编	电　话
东城营销服务部	东城区王家园胡同十号金泰商之苑大厦2层	110101	65516830
石景山营销服务部	石景山区鲁谷路35号冠辉大厦3层	100082	68668323
门头沟营销服务部	门头沟区滨河路127号	110109	58978171
通州营销服务部	通州区葛布店东里120－9号	101100	60557005
顺义营销服务部	顺义区龙府花园11号楼4层	110113	82290099
昌平营销服务部	昌平区昌平镇西环路24号楼	110109	82290099
大兴营销服务部	大兴工业开发区金苑路3号	102600	61273570
平谷营销服务部	平谷区府前西街7号楼	110117	69986311

光大永明人寿保险有限公司北京分公司

机构名称	地　　址	邮　编	电　话
东城营销服务部	东城区东中街29号东环广场B座	100027	64152828

西城城销服务部	丰台区宋庄路71号院1号楼扑满山大厦9层、10层	100079	59128352
东单营销服务部	东城区东单三条8－16号东方广场东配楼10层	100005	59128352
通州营销服务部	通州区通惠南路6号8号楼4层1~5号	101100	89502156
顺义营销服务部	顺义区石园南区33号楼13层4单元1304室	101300	89448534
昌平营销服务部	昌平区西环路25号蓝郡嘉苑沿街商业4层	102200	80119273
良乡营销服务部	房山区良乡西潞甲一号楼Y－03号	102488	69351728

合众人寿保险股份有限公司北京分公司

机构名称	地　址	邮　编	电　话
东城营销服务部	朝阳区朝外大街10号昆泰大厦写字楼主楼9层905号	100020	58797755
朝阳门营销服务部	朝阳区朝外大街乙12号昆泰国际大厦21层	100020	58797755
海淀营销服务部	海淀区杏石口路9号1幢1层101室	100195	58797755
房山营销服务部	房山区良乡地区月华大街8－B号楼107室	102488	89369947
通州营销服务部	通州区新华北街65号	101100	52102563
顺义营销服务部	顺义区府前东街9号	101300	69428063
昌平营销服务部	昌平科技园区白浮泉路10号2号楼	102200	80101839
大兴营销服务部	大兴区黄村镇黄村西大街107号	102600	69261468
平谷营销服务部	平谷区平谷镇新平东路7号	101200	89981078
密云营销服务部	密云县京承路长城环岛西南侧新南路46号华冠大厦417房间	101500	69082298

中国人民健康保险股份有限公司北京分公司

机构名称	地　　址	邮　编	电　话
东城营业部	西城区阜成门外大街7号国投大厦7层	100037	59867903
第一营销服务部	海淀区知春路甲48号3号楼盈都大厦C座4单元3A	100086	58696688
房山营销服务部	房山区良乡地区拱辰大街90号楼2层	102401	89352953
第三营销服务部	通州区新华大街157号	101100	80882833
第五营销服务部	顺义区仁和地区顺通路6号D座1层北侧	101300	89496687
怀柔营销服务部	怀柔区迎宾中路36号楼4层楼梯北侧	101400	69687796
第二营销服务部	平谷区建设西街17号1幢	101200	89999305

长城人寿保险股份有限公司北京分公司

机构名称	地　　址	邮　编	电　话
良乡营销服务部	房山区良乡拱振大街47号拱振大厦6层	102401	69375838
顺义营销服务部	顺义区府前东街2号顺建大厦6层	101300	69423118

嘉禾人寿保险股份有限公司北京分公司

机构名称	地　　址	邮　编	电　话
西城区马甸营销服务部	西城区黄寺大街23号北广大厦15层	100011	82235606
通州营销服务部	通州区玉带河大街119号4层	101100	52118609
第二营销服务部	海淀区苏州街3号大恒科技大厦北座5层	100080	82827788
密云营销服务部	海淀区苏州街3号大恒科技大厦北座5层501室	100080	82827788

中国人民人寿保险股份有限公司北京市分公司

机构名称	地址	邮编	电话
经济技术开发区支公司	亦庄经济技术开发区宏达北路12号创业园区A座一区3层315室、316室	100176	58892518
东城支公司	东城区东四北大街343号瑞城亿兴大厦第9层	100010	13601131937
丰台支公司	丰台区同仁园8号楼2层	100037	58892518
西城支公司	西城区北三环中路6号伦洋大厦10层1002房间	100120	13401024501
昌平支公司	昌平区城南街道凉水河路6号楼310~319房间	102200	57172261
怀柔支公司	怀柔区迎宾中路36号3层	101400	69688589
房山区营销服务部	房山区良乡地区良乡西路21号3层	102488	13810236566
通州区营销服务部	通州区通惠南路6号院10号楼3层	101100	52338005
顺义区营销服务部	顺义区石垣南区33号楼10层4单元1004房间	101300	13051380170
大兴区营销服务部	大兴区康庄路28号12层07号、08号	102600	58503737-6013
平谷区营销服务部	平谷区保安街61号	101200	69963051
密云县营销服务部	密云县鼓楼东大街27号信远大厦写字楼4层	101500	89086316
延庆县营销服务部	延庆县延庆镇小营师范街西侧商业楼9号、10号	102100	13911290123

昆仑健康保险股份有限公司北京分公司

机构名称	地址	邮编	电话
昌平营销服务部	西城区宣武门西大街甲127号大成大厦5层501~505号室	100032	4008118899

华夏人寿保险股份有限公司北京分公司

机构名称	地址	邮编	电话
宣武营销服务部	西城区宣外大街6号庄胜广场北楼东翼1528号	100052	63106600
大兴营销服务部	大兴区枣园东里40号楼11层2单元1101室	102600	69236985
怀柔区迎宾中路营销服务部	怀柔区富乐小区北里27号	101400	69693222
东城营销服务部	东城区南竹竿胡同6号楼8层	100010	59130633

英大泰和人寿保险股份有限公司北京分公司

机构名称	地址	邮编	电话
朝阳营销服务部	朝阳区东三环南路甲52楼顺迈金钻6层B2室	100022	13910091746

信泰人寿保险股份有限公司北京分公司

机构名称	地址	邮编	电话
西城营销服务部	西城区宣武门西大街甲127号大成大厦12A层07号	100037	52612004
顺义营销服务部	首都机场南平东里乙1号5层507号、509号	100621	52612002
密云营销服务部	密云县鼓楼北大街东侧10号3层	101500	69072473

阳光人寿保险股份有限公司北京分公司

机构名称	地址	邮编	电话
东城支公司	东城区灯市口大街50号好润大厦5层A1、B2、9层B单元	100006	65268111
石景山支公司	石景山区石景山路22号万商大厦1210～1212房间	100043	68651225
通州支公司	通州区通胡大街78号京贸中心2层	101100	84888060

顺义支公司	顺义区双兴北区33号	101300	65268111
崇文门营销服务部	东城区崇文门外大街3号新世界中心北办公楼12层	100050	59053766
朝阳营销服务部	朝阳区东三环中路20号乐城中心A座8层	100022	65268111

幸福人寿保险股份有限公司北京分公司

机构名称	地址	邮编	电话
西城支公司	西城区南礼士路乙三号2幢龙蕃写字楼A座5层	100037	64183587
第一营销服务部	丰台区菜户营甲88号鹏润家园3A3B10层	100054	85239988

国华人寿保险股份有限公司北京分公司

机构名称	地址	邮编	电话
宣武营销服务部	朝阳区朝阳北路237号复星国际中心五层501~502室、509~510室	100020	59272200

百年人寿保险股份有限公司北京分公司

机构名称	地址	邮编	电话
东城营业部	东城区珠市口东大街2号6层、7层	100062	59817191

（3）外资保险公司

机构名称	地址	邮编	电话
现代财产保险（中国）有限公司	朝阳区霄云路38号现代汽车大厦508室	100027	4006080808
中意财产保险有限公司营业部	朝阳区建外大街乙12号双子座大厦西塔9层	100022	59601818
苏黎世保险公司北京分公司	朝阳区东三环北路霞光里18号北京佳程广场A座21层	100027	84547766

三星财产保险（中国）有限公司北京分公司	朝阳区建国路118号招商局大厦25层05室、06室	100022	65668149
利宝保险有限公司北京分公司	朝阳区建国路77号华贸中心3号写字楼9层	100025	59100722
美亚财产保险有限公司北京分公司	朝阳区光华路7号汉威大厦A座9A15~16	100004	59692999
太阳联合保险（中国）有限公司北京分公司	西城区西直门外大街1号院西环广场T1座22层	100044	66256052
三井住友海上火灾保险（中国）有限公司北京分公司	朝阳区东三环北路5号北京发展大厦1601室	100004	85598001
国泰财产保险有限责任公司北京分公司	西城区宣武门外大街甲1号环球财讯中心大厦412室、413室	100052	59336888
日本财产保险（中国）保险有限公司北京分公司	朝阳区东三环中路1号环球金融中心东楼406室、407室	100020	59817502
瑞士再保险股份有限公司北京分公司	朝阳区建国门外大街乙12号双子座大厦东塔23层	100022	65638888
慕尼黑再保险公司北京分公司	朝阳区建外大街2号银泰中心写字楼C座2002室	100022	85919999
法国再保险公司北京分公司	建国门外大街1号国贸大厦1座1217室	100004	65055238
瑞泰人寿保险有限公司	朝阳区建国路81号华贸中心1号楼10层	100025	4008109339
中法人寿保险有限责任公司	建国门外大街永安东里8号华彬大厦1202B~1207	100022	85288588
新光海航人寿保险有限责任公司	朝阳区建国门外大街乙12号双子座大厦东塔6层、8层	100022	59216666
美国友邦保险有限公司北京分公司	朝阳区建国门外大街8号国际财源中心西塔A座、B座5层	100022	8008203588
信诚人寿保险有限公司北京分公司	东城区王府井大街138号新东安广场第3座10层1001~1027号	100006	4008838838
中意人寿保险有限公司北京分公司	朝阳区光华路5号院1号楼11层1201室、12层1501部分	100738	4008889888

中宏人寿保险有限公司北京分公司	西城区复兴门外大街A2号中化大厦4层	100045	4008188888
中英人寿保险有限公司北京分公司	朝阳区永安东里16号CBD国际大厦8层	100022	4008800900
金盛人寿保险有限公司北京分公司	朝阳区建国路116号招商局大厦R2楼2层	100738	4006705566
中荷人寿保险有限公司北京分公司	东城区东长安街1号东方广场E1座5层	100022	4008161688
海康人寿保险有限公司北京分公司	朝阳区工体北路甲2号盈科中心A座12层1210～1217室	100027	95105768
华泰人寿保险股份有限公司北京分公司	西城区德胜门外大街125号	100088	4008895509
恒安标准人寿保险有限公司北京分公司	朝阳区霄云路26号鹏润大厦B805～807	100016	59235528
国泰人寿保险有限责任公司北京分公司	西城区西单北大街甲131号大悦城8层	100032	59716818
中德安联人寿保险有限公司北京分公司	朝阳区建国路81号华贸中心1号写字楼5层01、08、09单元	100025	8009886688
中美联泰人寿保险有限公司北京分公司	东城区东长安街1号东方广场东方经贸城东二办公楼12层	100738	85180966
长生人寿保险有限公司北京分公司	西城区平安里西大街28号楼8层06、07单元	100034	63220122
中航三星人寿保险有限公司北京分公司	朝阳区建国路93号万达广场9号楼3层	100022	58201621
汇丰人寿保险有限公司北京分公司	朝阳区建国门外大街8号国际财源中心西塔楼A座11层	100022	59860000

（4）外资保险公司分支机构

海康人寿保险有限公司北京分公司

机构名称	地址	邮编	电话
朝外大街营销服务部	朝阳区工人体育场北路甲2号盈科中心A座12层1201室	200027	58164868

华泰人寿保险股份有限公司北京分公司

机构名称	地　址	邮　编	电　话
东城营销服务部	西城区德胜门外大街125号德胜尚城大厦B座3层北楼	100088	59375566
西城营销服务部	西城区德胜门外大街125号德胜尚城大厦B座2层北楼	100088	59375566
北太平庄营销服务部	海淀区知春路51号慎昌大厦7层	100080	59375151
房山营销服务部	房山区拱辰街道拱辰大街53号611室、619室、620室	102488	59375158
昌平营销服务部	昌平区八街双井胡同八街3号住宅楼1层6单元102室	100000	69726203
大兴营销服务部	大兴工业开发区金苑路3号多元商务大厦3层C21室	102600	60216335

恒安标准人寿保险有限公司北京分公司

机构名称	地　址	邮　编	电　话
朝阳营销服务部	朝阳区霄云路26号鹏润大厦B805室、806室、807室	100016	59235582

金盛人寿保险有限公司北京分公司

机构名称	地　址	邮　编	电　话
国贸营销服务部	朝阳区建国路116号招商局中心R2楼2层	100022	51358866

美国友邦保险有限公司北京分公司

机构名称	地　址	邮　编	电　话
东城长安营销服务部	东城区东直门南大街甲3号居然大厦8层801室	100006	85117775
朝阳亚运村营销服务部	朝阳区裕民路12号1号楼A座4层401～405单元	100029	65683338

朝阳建国路营销服务部	朝阳区建国路108号丰树大厦五层01～05单元	100022	65661338
朝阳永安里营销服务部	朝阳区建国路108号丰树大厦601、602单元	100022	65683338
朝阳大望路营销服务部	朝阳区建国路108号丰树大厦3层	100022	65683338
朝阳劲松营销服务部	朝阳区建国路108号海航实业大厦6层05单元	100022	65677588
朝阳三元桥营销服务部	朝阳区东三环北路3号幸福大厦B座301室	100027	64619828
朝阳长虹桥营销服务部	朝阳区东三环北路17号11层1104室	100027	65301269
朝阳和平西桥营销服务部	朝阳区东三环北路3号B座1709室	100013	64618448
朝阳光华路营销服务部	朝阳区建国路108号海航实业大厦5层01～05单元	100022	65677588
海淀营销服务部	海淀区紫竹院路69号兵器大厦	100089	68966966
通州营销服务部	通州区云景北里45号楼－1至2层45－2商业用房	101101	81511557
昌平营销服务部	昌平区回龙观镇龙泽苑小区东门商业楼北楼3层	100029	58907888

新光海航人寿保险有限责任公司

机构名称	地　　址	邮　编	电　话
朝阳支公司	朝阳区霄云路甲26号海航大厦写字楼20层	100125	59216666

信诚人寿保险有限公司北京分公司

机构名称	地　　址	邮　编	电　话
新东安营销服务部	东城区王府井大街138号新东安写字楼三座8层	100006	65888885
王府井营销服务部	东城区王府井大街138号新东安广场写字楼1座7层、2座7层	100006	85117988

海淀第一营销服务部	海淀区中关村南大街乙56号方圆大厦22层2203～2206室	100044	85181888
亚运村营销服务部	朝阳区安定路39号长新大厦604室	100029	85181888
朝阳第一营销服务部	朝阳区广顺北大街19号1层01层A17～A19	101213	85181888
昌平营销服务部	昌平区政府街23号院社区服务中心大楼2层西南区域	100200	69742288
平谷营销服务部	平谷区平谷镇新开街33号楼18－3号	101200	89999578

中荷人寿保险有限公司北京分公司

机构名称	地　址	邮　编	电　话
东方广场营销服务部	东城区东长安街1号东方广场中二办公楼7层1室、2室	100738	65216685
第二营销服务部	朝阳区建外大街永安东里甲3号通用时代国际中心1号楼2层	110105	58793777

中美联泰大都会人寿保险有限公司北京分公司

机构名称	地　址	邮　编	电　话
第二营销服务部	东城区东直门南大街11号B座1002室、11层	100007	85180966
第三营销服务部	朝阳区东三环中路20号A座17层	100022	85180966
东城第一营销服务部	东城区朝阳门内大街2号凯恒中心B座6层、E座6层、B座7层	100010	58320818

中航三星人寿保险有限公司

机构名称	地　址	邮　编	电　话
朝阳第一营销服务部	朝阳区建国路93号万达广场9号楼8层	100022	58201780

机构名称	地址	邮编	电话
朝阳第二营销服务部	朝阳区建国路118号招商局大厦26层、27层	100022	58201700

中意人寿保险有限公司北京分公司

机构名称	地　　址	邮　编	电　话
东恒营销服务部	东城区东直门外大街46号天恒大厦25层	100027	58190088
大成营销服务部	西城区宣武门西大街甲127号大成大厦15A层02～06室	100031	66422900
国贸营销服务部	朝阳区永安东里甲3号通用国际中心A座21层	100022	59257000

中宏人寿保险有限公司北京分公司

机构名称	地　　址	邮　编	电　话
朝阳区营销服务部	朝阳区朝阳公园路19号佳隆国际大厦7层0711～0713单元	100125	65390701

中英人寿保险有限公司北京分公司

机构名称	地　　址	邮　编	电　话
朝阳区营销服务部	朝阳区永安东里16号CBD国际大厦812室	100022	85672888
西城区德胜门营销服务部	西城区黄寺大街甲23号院1号楼615室、712室及16层	100011	58540000

长生人寿保险有限公司北京分公司

机构名称	地　　址	邮　编	电　话
朝阳营销服务部	东三环中路39号院23号楼17层2004室	100022	59000865

（5）保险代理公司

机构名称	地　址	邮　编	电　话
北京安邦保险代理有限责任公司	西城区六铺炕街1号1层119室	100011	82032385
北京国民保险代理有限公司	西城区车公庄大街9号院5号楼1402室	100044	62538000－155
北京国泰保险代理有限公司	朝阳区幸福一村甲55号	100027	64162696
北京恒信保险代理有限公司	朝阳区芍药居北里305号楼203－204#	100029	84929744
北京安平保险代理有限公司	西城区德胜门内西顺城街46号东101A	100035	66166388
北京信安保险代理有限公司	朝阳区北辰西路69号峻峰华亭C座5层	100029	58772233
北京银华同邦保险代理有限公司	西城区宣武门西大街28号大成广场9门19层	100053	83139918
北京泛联保险代理有限公司	朝阳区呼家楼向军南里二巷甲5号雨霖大厦7层	100020	51311678
北京开诚保险代理有限公司	丰台区东大街66号309室	100071	63861768
北京嘉信保险代理有限公司	朝阳区安定路35号15层05号	100007	84012449
北京诚信保险代理有限公司	朝阳区东三环南路甲52楼5层6C	100022	59711663
北京诚成保险代理有限公司	朝阳区东大桥路8号1楼3012室	100020	58701778
北京国人保险代理有限公司	朝阳区建国门外大街丙24号楼18层2103室	100022	65666679
北京京安保险代理有限公司	西城区西直门南小街国英1号427室	100035	58561057
北京宏安信保险代理有限公司	海淀区中关村东路18号财智国际大厦A座1201室	100083	82600499－802
北京阳光保险代理有限公司	朝阳区望京园602号楼27层3121室	100102	64957548

北京富邦保险代理有限公司	朝阳区安华里二区13号楼103室	100011	59221430
北京平和保险代理有限公司	西城区阜外大街7号国投大厦715室	100037	68096220
北京国恒保险代理有限公司	西城区德外大街73号北楼2层	100088	62351912
北京泰洋保险代理有限公司	朝阳区吉庆里6号楼佳汇中心B座407号	100020	65531761－1006
北京格林保险代理有限公司	海淀区花园东路30号海淀花园饭店5201室	100037	62366843
北京信泰保险代理有限公司	海淀区昌运宫4号豪柏公寓B1－701室	100044	88420460
北京恒泰保险代理有限公司	朝阳区秀水街1号建国门外外交公寓8－2－43	100600	85322952
北京康泰保险代理有限公司	丰台区五里店277号	100011	65495880
北京国济保险代理有限公司	西城区北三环中路甲29号院2号楼华尊大厦B座1501	100029	62356665
北京华诚保险代理有限公司	海淀区北三环西路32号恒润国际大厦809室	100086	62162488
北京世纪隆盛保险代理有限公司	海淀区板井路69号世纪金源国际公寓东区10H	100097	88461845
北京德信保险代理有限公司	朝阳区安慧里四区16号化工大厦916室	100723	84885211
北京国诚国际保险代理有限公司	朝阳区东风乡将台洼甲80号院内甲8号	100016	67713603
北京京恒福保险代理有限公司	海淀区北下关街道85号交大附小南校区西配楼2层3间	100044	62186351
北京一和保险代理有限责任公司	朝阳区东三环中路12号1号楼1401室	100022	87710095
北京中逸保险代理有限公司	海淀区北三环西路48号科技会展中心1号楼A座8B	100086	51627409－81
北京广安保险代理有限责任公司	平谷区平谷镇古丰东路8号	101200	69968049
北京天地保险代理有限公司	海淀区中关村北二条13号中科科仪5－309室	100190	82671691

北京开元保险代理有限公司	海淀区巴沟南路35号京江阳光A座310号	100089	82551322
北京万家保险代理有限公司	海淀区阜成路115号北京印象1号楼205房间	100036	88138501/2
北京泛华保险代理有限公司	朝阳区向军南里二巷甲5号雨霖厦7层	100054	51311666
北京迪卡保险代理有限公司	海淀区二里庄34号楼8单元503号	100083	82375133
北京双诚保险代理有限公司	东城区忠实里南街6号楼3单元603室	100022	87758893
北京市金诚华夏保险代理有限公司	丰台区科技园区3A地块工商联科技大厦	100070	63743368
北京泛华富民保险代理有限公司	朝阳区酒仙桥南路4号院3号楼305室	100086	51311668
北京致用保险代理有限公司	西城区广安门南滨河路25号403室	100055	63393205
北京利信保险代理有限公司	东城区安定门东大街28号雍和大厦1号楼A单元1011室	100007	84035234
北京万里安保险代理有限公司	朝阳区小红门乡小红门村南四环东路69号	100029	87634088
北京新月保险代理有限责任公司	昌平区昌平科技园区永安路26号孵化器大楼主楼6层	102200	69721683
北京普顺保险代理有限公司	海淀区长春桥路11号3号楼707室	100080	58818616
北京申根保险代理有限公司	朝阳区朝外大街10号（A1区）706A	100020	64174035
北京安惠保险代理有限公司	东城区建国门内大街8号中粮广场B座1418室	100005	65578968－628
北京润昌保险代理有限公司	海淀区塔院志新村2号金唐5098室	100083	62021595
北京中佳保险代理有限公司	西城区南滨河路27号院7号楼307室	100055	63453588
北京阳光干线保险代理有限公司	海淀区祁家豁子甲2号建德商务楼117室	100083	62369090
北京汇龙森保险代理有限公司	经济技术开发区西环南路18号	100070	63718681

北京瑞丰民安保险代理有限公司	海淀区大钟寺13号院1号华杰大厦10B21房间	100098	62152078－808
北京市神舟保险代理有限公司	西城区新街口外大街8号1幢612室（德胜园区）	100088	82358474
中际保险代理（北京）有限公司	朝阳区管庄杨闸环岛西侧北角京通新城13号楼12－E室	100024	51397938
北京汇泽保险代理有限公司	朝阳区王四营乡道口村白鹿司北街甲一号	100028	64462971
北京瑞安鸿泰保险代理有限公司	怀柔区青春路26号4层407、409室	101400	61665978－833
北京众恒保险代理有限责任公司	昌平区鼓楼东街33号金宇大厦1层105室	102200	6972723
北京红枫鑫保险代理有限公司	朝阳区东三环南路21号北侧翌景嘉园1号楼15G室	100021	51670666
北京泰登兴业保险代理有限公司	朝阳区金汇路10号楼9层1008号	100022	87565219
北京利亚保险代理有限公司	西城区白广路4、6号8幢501室	100050	51726516
北京碧升保险代理有限公司	丰台区北京西站东附楼301A、303A	100055	58301616－109
北京义邦保险代理有限公司	密云县百世城商业街7幢109号	101500	89021861
北京市玉林保险代理有限责任公司	房山区西潞街道良乡西路苏庄三里17号楼11号	102488	89358634
北京佰盈保险代理有限公司	海淀区西直门北大街甲43号1幢504号	100044	62259056
太阳联创保险代理（北京）有限公司	朝阳区和平街东土城路12号院3号楼1702室	100013	64489960
北京金隅民生保险代理有限公司	朝阳区向军北里28号院瀚海文化大厦3层302	100075	66411199－8825
保通时空（北京）保险代理有限公司	海淀区紫竹院路116号嘉豪国际中心D座606室	100079	87790032
北京鼎世力德保险代理有限公司	海淀区西四环北路136号4幢平房3号	100055	88437573
葆和（北京）保险代理有限公司	东城区安定门外大街183号4层N401	100044	65918559

北京天岳保险代理有限公司	怀柔区青春路21号404室	101400	58773999
北京鼎信恒保险代理有限责任公司	顺义区裕龙花园六区37#－3－101	101300	69471569
北京汇祥保险代理有限公司	海淀区复兴路20号44号楼319室	100036	68211692
北京佳盛保险代理有限公司	海淀区建材城东二里硅谷先锋15楼206室	100096	82934662
盛源兴保险代理（北京）有限责任公司	平谷区平谷镇文化南街8号楼8～7号	101200	51321292
北京金汉保险代理有限公司	海淀区四季青镇柴家坟78号	100097	52778211
北京睿峰都保险代理有限责任公司	房山区城关街道顾八路1区1号—W18	102488	89358985
北京三合保业保险代理有限公司	丰台区方庄芳城园一区17号楼日月天地大厦A305～307室	100078	58076944
北京众合四海保险代理有限公司	朝阳区安华里二区13号楼101室	100011	59221501
北京创富保险代理有限公司	朝阳区通惠河北路31号3层	100022	51299166－8866
北京环宇康泰保险代理有限公司	丰台区丰管路22号院12栋105号	100071	63338990
北京胜易保险代理有限公司	东城区永内东街2号406室	100063	67018888
北京通盈保险代理有限公司	西城区菜市口南大街平原里小区20号楼309房间	100054	83560085
北京金石保险代理有限公司	朝阳区亚运村北小营欧陆经典北区C座8层0902室	100101	84850879
北京东方之家保险代理有限公司	丰台区南四环西路123号北京旧机动车交易市场过桥5号	100070	63723224
北京祥康保险代理有限公司	朝阳区建国路88号10号楼14至15层1704	100023	85806868
北京远安保险代理有限公司	西城区黄寺大街23号院1号楼1603室	100011	82231018
北京福安天润保险代理有限责任公司	平谷区平谷镇金乡居民西小区56号楼（2）－1－2	101200	51323072

北京佰阳保险代理有限公司	海淀区北太平庄路甲1号六号楼106室	100088	82023299
北京交广保险代理有限公司	朝阳区幸福三村北街1号	100027	84515731
北京瑞宝寿康保险代理有限公司	朝阳区小关北里45号1号楼17A	100029	84897891
北京阳光金元汇保险代理有限公司	朝阳区关东店南街2号0511室	100020	58797145
北京瑞懋保险代理有限责任公司	海淀区复兴路2号23号南平房	100038	51916312
北京金鼎涛保险代理有限公司	海淀区彰化南路18号1号楼3层328号	100097	88840744
北京润康保险代理有限公司	西城区新街口外大街8号金丰和写字楼A座415室	100088	62020080
中天信合保险代理（北京）有限公司	西城区新街口外大街8号101（德胜园区）	100088	63585718
北京诚联保险代理有限公司	海淀区学院路40号研八楼	100191	62304911
北京康硕保险代理有限公司	丰台区分中寺关家坑4号院大汉国际中心大厦A座2620室	100164	51661836
北京宝力诚保险代理有限责任公司	朝阳区安慧北里安园10号楼H座202室	100101	51667471
英硕伦斯保险代理（北京）有限责任公司	东城区忠实里南街甲6号楼807室	100022	67759836
北京宏利保险代理有限公司	朝阳区建国门外大街1号（一期）16幢14层59室	100025	59630856
北京恒荣汇彬保险代理有限公司	丰台区南三环东路6号楼2-1506室	100026	67646956
国仁泰和（北京）保险代理有限公司	东城区东直门外大街46号1007室	100027	84608228
北京盈和宝业保险代理有限公司	朝阳区小营路19号1幢B1501	100043	58239116
纳捷奥保险代理（北京）有限公司	海淀区车公庄西路乙19号华通大厦B座北塔10层1027房	100048	51666898
北京丽华保险代理有限公司	丰台区丰台镇北大街14号1号楼403室	100070	84124980

北京京安恒信保险代理有限公司	西城区平原里小区 20 号楼 311 室	100054	83554701
北京永通保险代理有限公司	平谷区平谷镇兴谷园小区 18 楼 12 号	101200	89982282
北京财富之舟保险代理有限公司	朝阳区百子湾路 16 号百子园 5 号楼 B 单元 502 室	100022	87220020
北京泰瑞保险代理有限责任公司	朝阳区东直门外大街 28 号港湾国际 501 室	100027	64159749
北京海商保险代理有限公司	朝阳区东四环中路 60 号楼远洋国际 C 座 304 室	100025	59648632
北京智瀚保险代理有限公司	朝阳区东直门外大街 28 号港湾国际中心 718 室	100027	64157780
北京欧尼斯特保险代理有限公司	海淀区蓝靛厂东路 2 号院金源时代商务中心 2 号楼 C 座 5D	100089	88877794
北京金宇四越保险代理有限公司	昌平区鼓楼东街 33 号金宇大厦 2 层 206 室	102200	60741812
北京赛保通保险代理有限公司	东城区幸福大街甲 39 号 A－207	100061	62247533
北京美日保险代理有限公司	密云县经济开发区康宝路 10－3 号	101500	85919777
洋坤（北京）保险代理有限公司	海淀区永泰园 16 号楼 101 室	100081	62166258
天圆地方（北京）保险代理有限公司	东城区天坛东路 74 号 4 层 407 室	100026	85999572
北京众联汇华保险代理有限公司	东城区夕照寺街 14 号 4 号楼 303、304、310～312 室	100061	83933807
大童保险销售服务有限公司	西城区宣武门西大街甲 127 号 22 层 01－06 室	100031	58931855
北京佳保保险代理有限公司	朝阳区京奥家园 132 号楼 4 层 1 门 401 号	100018	51079873
北京吉顺佳保险代理有限公司	丰台区华源一里 10 号楼 2103 室	100073	58052402
北京华盛京港保险代理有限公司	海淀区北四环中路 229 号海泰大厦 557 室	100084	82885815
北京立康保险代理有限公司	海淀区中关村南大街乙 12 号院 1 号楼 14 层 1710 室	100027	51396395

北京诚信通保险代理有限公司	平谷区贾各庄村东南街	101200	69969211
北京华夏经纬保险代理有限公司	朝阳区东三环中路 59 号楼 601 室	100022	58241666-805
北京北盛联合保险代理有限责任公司	朝阳区朝阳门外大街 20 号联合大厦 701A 室	100020	65887581
北京京铁保险代理有限公司	丰台区莲花池东路 120-1 号北京西站西附楼 5301 室	100055	51935011
新宝宇业（北京）保险代理有限公司	朝阳区广渠门外大街 8 号西座 2201 号	100022	58613811
北京铭信保险代理有限公司	西城区德胜门外大街 11 号 44 号楼 318 室（德胜园区）	100088	88466878
北京易品保险代理有限公司	朝阳区光华路 4 号东方梅地亚中心 C 座 2708 室	100026	85802382
国福家庭保险销售服务有限责任公司	西城区金融街 15 号鑫茂大厦北楼 4 层 403 室	100020	66290719
北京上禾保险代理股份有限公司	东城区广渠家园 2 栋 1308 室	100037	68031921
北京乐融保险代理有限公司	西城区西直门外大街 1 号院 2 号楼 12 层 12C5	100035	68563212
天勤保险代理（北京）有限公司	朝阳区东三环南路 17 号 B 座 9F	100021	87665678
北京赛福特保险代理有限公司	朝阳区安立路 60 号楼 2 号住宅楼 1502 室	100101	64827061
北京汇通金隆保险代理有限公司	丰台区分中寺关家坑 206 号 B 座 303 室	100164	60871399
北京京广保险代理有限公司	朝阳区朝阳北路 235 号复地国际公寓 703 室	100020	85715028
北京中金同安保险代理有限公司	海淀区西四环北路 158 号慧科大厦东区 5 层 H2	100142	88591920-816
北京金支桥保险代理有限责任公司	海淀区中关村南大街甲 56 号方圆大厦 A 座 1301	100044	88027726
北京昕盈保险代理有限公司	丰台区西局南街甲 56 号	100073	86639611
泛华联兴保险销售股份公司	通州区北苑 149 号通典铭居 K 楼 15 层 2001 室	100022	58205550-863

北京乐百家保险代理有限公司	西城区广外车站西街5号D层007室	100056	83514389
北京钱袋网保险代理有限责任公司	海淀区知春路6号锦秋国际大厦15层B03号	100088	82800993
北京博瑞和铭保险代理有限公司	朝阳区安贞西里四区16号楼-1	100029	64441640
北京金宏保险代理有限责任公司	朝阳区东四环中路195号楼701室	100124	64130456
北京中联信保险销售服务有限公司	朝阳区工人体育场北路甲6号中宇大厦1层010C	100027	85236865
和谐保险销售有限公司	朝阳区东三环中路55号楼20层2302室	100022	59229260
北京精诚信联保险销售有限公司	东城区东花市南里东区8号楼5层2单元511室	100062	67195677
北京华谊保险销售有限公司	密云县雁密路99号620室	100150	65387075
国华五洲保险代理（北京）有限公司	海淀区西直门北大街45号2-2-203	100044	62220725
北京可为保险代理有限公司	朝阳区西坝河西里28号1号楼B0903室	100028	64475477
北京仁怡保险代理有限公司	东城区东四六条45号友诚商务楼403A室	100007	84012608
阳光怡家家庭综合保险销售服务有限公司	朝阳区朝外大街乙12号1号楼昆泰国际大厦9层0915室	100020	58289877
世捷开元保险代理有限公司	石景山区八大处高科技园区西井路3号3号楼8737室	100041	57273371
北京华创明德保险代理有限公司	朝阳区东三环中路39号建外SOHO西区13号楼1602室	100022	58698747
北京泰铭保险代理有限责任公司	西城区莲花池东路甲5号院1号楼11层2单元1104室	100038	51289200
宜信博诚保险代理（北京）有限公司	朝阳区建国路88号9号楼5层609	100022	57382000
阳光之音保险销售服务有限公司	通州区梨园镇小街三队综合楼3层307室、309室、310室	101121	81593211

（6）保险经纪公司

机构名称	地　　址	邮　编	电　话
华泰保险经纪有限公司	西城区金融大街11号中国再保险大厦14层	100004	66576588
达信（北京）保险经纪有限公司	朝阳区光华路1号北京嘉里中心北楼15层1506室	100020	65334000
江泰保险经纪股份有限公司	海淀区新街口外大街19号京师大厦7层	100875	62202788
英大长安保险经纪有限公司	西城区南横东街8号都城大厦12层	100052	63411499
北京联合保险经纪有限公司	朝阳区静安里26号楼8、9层	100028	64680488
民生保险经纪有限公司	朝阳区工体西路18号光彩国际公寓1号楼3A	100020	65512240
新时代保险经纪有限公司	西城区平安里西大街26号	100034	88009921
北京天和保险经纪有限公司	朝阳区北土城西路7号国恒基业大厦F座802室	100029	82275811
北京慧保保险经纪有限公司	朝阳区和平里西街1号院C号楼413室	100032	57063999
北京世纪保险经纪有限公司	西城区复兴门内大街156号北京招商国际金融中心A座10层1001室	100031	88086846
北京中鼎保险经纪有限公司	宣武区大安澜营胡同31号4号楼218室	100050	63163589
康桥保险经纪有限公司	朝阳区华威里3号楼2E	100021	87731845
北京康信保险经纪有限公司	朝阳区八里庄西里远洋天地61号楼2501室	100025	85861166
北京惠邦保险经纪有限公司	朝阳区裕名路12号中国国际科技会展中心C座901室	100028	84414473
北京环球保险经纪有限公司	西城区西直门内南小街国英一号516、518室	100035	58561188
五洲（北京）保险经纪有限公司	东城区东长安街1号东方广场东二座1704－5A	100738	85188766

北京新域保险经纪有限公司	东城区崇文门外大街3号南办9层912室	100062	67092376
北京德圣保险经纪有限公司	朝阳区南磨房路37号华腾北搪商务大厦2301室	100021	51908196
北京天道保险经纪有限责任公司	海地区田村半壁店59号4298室	100097	59893725
华信保险经纪有限公司	西城区宣武门内大街2号西楼办公1119~1124室	100031	83568318
金安保险经纪有限公司	海淀区板井路69号世纪金源国际公寓东区11层12I	100089	88430676
竞盛保险经纪股份有限公司	丰台区角门18号未来假日花园综合楼1101室	100068	87571701
北京汇金保险经纪有限公司	朝阳区建国门外大街1号（一期）16号楼422~425室	100738	51660028
华旅（北京）保险经纪有限公司	海淀区西四环北路158号慧科大厦东区8A	100142	88592081
扬子江保险经纪有限公司	朝阳区霄云路甲26号海航大厦16层	100012	57583451
北京信德保险经纪有限公司	海淀区西三环北路50号豪柏国际公寓A1座2402、2403房	100044	68431661
北京华融保险经纪有限公司	西城区阜外大街国宾大厦808室	100037	68002927
北京中体保险经纪有限公司	东城区天坛东路50号国家体育总局训练局院内	100061	67185366
方胜保险经纪有限公司	朝阳区西大望路15号4号楼7层701	100022	67771270
宏达通泰保险经纪（北京）有限公司	海淀区车公庄西路甲19号华通大厦8层828房间	100044	51662261
北京华夏保险经纪有限公司	东城区朝阳门内大街2号13层1602号	100011	62028188
北京东方华信保险经纪有限公司	西城区高井胡同16号北京惠福园宾馆203房间	100037	68366080
北京安华保险经纪有限公司	门头沟区城子大街73号-3	102300	58790697
北京金永泰保险经纪有限公司	海淀区西八里庄北里56号院西钓鱼台庄园3号楼4门401室	100036	88124962

希尔曼（北京）国际保险经纪有限公司	朝阳区京顺路四元桥1号	100102	84729364
苏黎世保险经纪（北京）有限公司	朝阳区东三环北路霞光里18号佳程广场A座21层A2单元	100016	84398000
北京国中保险经纪有限公司	朝阳区建国门外大街18号D702号	100022	65691170
北京华育保险经纪有限公司	朝阳区亮马桥路42号光明饭店0808室	100031	83988807
北京亚泰胜达保险经纪有限公司	西城区金融街通泰大厦703室	100079	88086928－77
北京永诚保险经纪有限公司	海淀区中关村南大街2号北京科技会展中心银座803、903室	100081	62149999
北京中金保险经纪有限公司	海淀区新街口外大街19号1区3号楼9716单元	100875	82055969
华富（北京）保险经纪有限公司	西城区金融大街35号国际企业大厦B座1122号	100032	88092087
银河保险经纪（北京）有限责任公司	西城区金融大街35号国际企业大厦C座12层	100032	66568300
北京富诚保险经纪有限公司	东城区广渠门南小街3号楼一单元1002室	100062	67169106
北京润得保险经纪有限公司	朝阳区北小营欧陆经典万兴苑11座4层A室	100101	84851002
北京东方保险经纪有限公司	朝阳区东三环中路39号院18号楼18－2801室	100052	59000271
宇泰保险经纪（北京）有限公司	通州区潞城镇新城工业区二区28号	100085	68160219－821
航联保险经纪有限公司	东城区东直门南大街5号中青旅大厦9层	100007	58157000
中铁保险经纪有限责任公司	西城区西绒线胡同28号天安国汇14层1410室	100031	59799917
北京鑫恒保险经纪有限公司	西城区西直门外大街1号院2号楼12层12C5室	100045	68563212
国联（北京）保险经纪有限公司	朝阳区北苑路170号凯旋城D座1203室	100101	63203496
宜安（北京）保险经纪有限公司	东城区东直门大街48号东方银座A座8E	100027	84476603－606

北京润盛保险经纪有限公司	朝阳区霄云路18号京润水上花园别墅E51号	100016	64681372
北京明亚保险经纪有限公司	朝阳区朝外大街22号泛利大厦5层501、502室	100020	85658565
北京天易保险经纪有限公司	海淀区阜外亮甲店1号恩济西园10号楼西3门3305	100142	68177335
北京中天保险经纪有限公司	西城区闹市口大街1号院2号楼长安兴融中心6C	100031	59799818
远通（北京）保险经纪有限公司	海淀区彰化南路18号2号楼四层443号	100097	52720502
北京金甲保险经纪有限公司	西城区西直门内南小街国英园1号楼707室	100035	58561769
领航国际保险经纪（北京）有限公司	西城区太平桥大街丰汇园11号楼丰汇时代大厦东翼607A	100032	58362067
北京中泰鑫海保险经纪有限公司	宣武区香炉营头条庄胜商住楼305、328房间	100052	83172500－810
金联安保险经纪（北京）有限公司	昌平区东小口镇立汤路188号院北方明珠大厦1号楼2310室	102218	58608292
宏孚保险经纪（北京）有限公司	朝阳区拂林路9号D单元1003室	100107	64466560
北京新城保险经纪有限公司	朝阳区北士城西路7号国恒基业大厦D座804室	100029	51663231
北京远安保险经纪有限公司	西城区黄寺大街甲23号院1号楼1601号	100011	82231008
北京安康保险经纪有限公司	朝阳区西坝河西里28号英特公寓B座2层	100028	64476149
中盛国际保险经纪有限责任公司	东城区安定门东大街28号雍和大厦A座11层	100007	51239700
北京天时国际保险经纪有限公司	海淀区西三环北路72号世纪经贸大厦A座1707室	100037	51799526
北京盛安国际保险经纪有限公司	海淀区中关村东路18号财智国际大厦A座1105室	100083	82601338
北京金诚国际保险经纪有限公司	海淀区西三环北路91号7号楼3层C02号房间	100089	58830800
北京木易保险经纪有限责任公司	海淀区厂洼街5号博越写字楼5层	100089	68920720

北京中汇国际保险经纪有限公司	朝阳区东三环中路39号建外SOHO15号楼808室	100022	58691896
金丰（北京）保险经纪有限公司	石景山区石景山路乙18号院3号楼5层613室	100043	88689990
北京美邦保险经纪有限公司	海淀区车公庄西路22号院1号楼B座14层1411室	100027	84473181
北京嘉信保险经纪有限公司	朝阳区安定路35号1504号	100007	84012135
北京富达保险经纪有限公司	朝阳区吉庆里9号10号楼蓝筹名座B座1单元502室	100020	65539301
九州联合（北京）保险经纪有限公司	海淀区车道沟8号5号楼A420	100089	68473708
光华保险经纪有限公司	朝阳区东大桥路8号1楼508室	100040	87216060
标准（北京）保险经纪有限公司	朝阳区朝外大街乙12号1号昆泰国际大厦29层	100020	58289621
北京恒丰保险经纪有限公司	西城区西四南大街砖塔胡同40号宝塔宾馆308室	100810	88893401
华安（北京）国际保险经纪有限公司	西城区富国街2号富国饭店写字楼1601室	100034	66123935
北京百川保险经纪有限公司	东城区安定门西大街24－25号	100009	64052860
正丰国际保险经纪（北京）有限公司	西城区闹市口大街1号院长安兴融中心3号楼1204室	100031	58529167
北京物融保险经纪有限公司	西城区阜成门外大街甲9号国宾酒店9层	100037	68005737
北京秦华保险经纪有限公司	西城区广安门外大街168号中座1010室	100055	63985525
海盟国际保险经纪（北京）有限公司	朝阳区西坝河西里23号红都阳光商务会馆398室	100028	64200617
海峡联合保险经纪（北京）有限责任公司	海淀区蓝靛厂东路2号院2号楼2单元B座5E	100089	88878991
全景保险经纪（北京）有限责任公司	朝阳区将台路6号丽都饭店A2商业楼7层701室	100004	64373510
北京乾泰保险经纪有限公司	西城区珠市口西大街120号1号楼1037室	100081	68985750－607

北京和政保险经纪有限公司	朝阳区道家园18号楼12层	100025	65301358
北京瑞信保险经纪有限公司	朝阳区北四环东路108号千鹤家园3号楼504室	100029	84832950
五矿保险经纪（北京）有限责任公司	海淀区三里河路5号五矿大厦B座410室	100044	68494428
财富亿家（北京）保险经纪有限公司	宣武区广安门外大街168号1幢4层2－519	100055	63381951
北京华汇保险经纪有限公司	朝阳区劲松南路1号602室	100021	67355397
中盛融安国际保险经纪（北京）有限公司	海淀区大柳树路福海中心3号楼富海国际港1501	100081	62152906
国电保险经纪（北京）有限公司	西城区阜成门北大街6号C幢601	100034	58682591
北京信成和盛保险经纪有限责任公司	朝阳区大郊亭中街2号院华腾国际公寓5号楼12B	100052	63036418
北京宏源保险经纪有限公司	朝阳区潘家园南里12号潘家园大厦0200室	100021	51401796
海亚（北京）国际保险经纪有限公司	朝阳区安慧北里小区秀园15号楼海亚大厦4层	100101	64912569
北京众合保险经纪有限公司	朝阳区安华里二区13楼303室	100032	66553355
哈保保险经纪（北京）有限公司	朝阳区建国路93号院10号楼601室	100022	58203824
文津国际保险经纪（北京）有限公司	海淀区善缘街1号立方庭2－119室	100080	57222858
中泰国际保险经纪（北京）有限公司	海淀区海淀大街8号中钢大厦7层716、717室	100080	62686563
中电投保险经纪有限公司	西城区金融大街28号院3号楼	100140	66298621
道可特保险经纪（北京）有限公司	朝阳区八里庄西里100号住邦2000一号楼西区1601室	100025	85862886
英硕（北京）保险经纪有限公司	通州区通胡大街11号－1C3、C4室	101100	52336051
鼎力（北京）保险经纪有限公司	东城区安定门东大街28号B座1102－1103室	100007	84682678

国安国际保险经纪股份有限公司	朝阳区和平街十三区煤炭科技苑小区35号煤炭大厦	100013	64257976
北京中联恒信保险经纪有限公司	西城区太平街6号6层E－711室	100050	59361219
海盟联合保险经纪（北京）有限公司	西城区金融大街5号新盛大厦A座409室	100140	66553313－888
北京银河时空保险经纪有限责任公司	北四环西路9号银谷大厦812室	100190	62800518－537
安行保险经纪（北京）有限公司	西城区三里河一区5号院7号楼群房5－3号3层301室	100022	65387011
北京中卫保险经纪有限公司	朝阳区安外外馆斜街甲1号泰利明苑A座212室	100011	85285599
北京中兴保险经纪有限公司	丰台区马家堡角门14号商业金融用地1号19层2216	100075	87874277
北京盛唐保险经纪有限公司	朝阳区光华路15号院4号楼802号	100022	85885644
北京安平中鼎保险经纪有限公司	丰台区科技园富丰路4号工商联科技大厦B座2004室	100070	63754017
北京中瑞惠银国际保险经纪股份有限公司	东三环南路甲52号顺迈金钻大厦15层18C	100022	87729758
北京赛福哈博保险经纪有限公司	海淀区北小马厂6号华天大厦514～516室	100036	68017646
金兰（北京）国际保险经纪有限公司	朝阳区慧忠北里315号楼1603号	100101	64938131
北京邦恒保险经纪有限公司	丰台区南四环西路188号15区15号楼6层－01	100070	51298395
北京麦特保险经纪有限公司	朝阳区曙光西里甲1号第三置业B座3202室	100028	58220295
诚合保险经纪（北京）有限责任公司	海淀区复兴路40号中国铁建大厦9层东侧	100855	52689659
北京国采保险经纪有限公司	东城区东直门外大街48号1幢10层办公楼10K	100020	84477399
赛诺保险经纪（北京）有限公司	昌平区振兴路9号力兴大厦310、319室	102200	80119057
北京阳光三泰保险经纪有限公司	石景山区政达路2号3层1单元3－06	100040	59497070

北京鼎盛保险经纪有限责任公司	朝阳区东三环北路16号	100125	65064796
正隆（北京）保险经纪股份有限公司	西城区月坛北街2号月坛大厦22层2215室	100140	66290533
北京金海川保险经纪有限公司	顺义区仁和镇沙陀村北侧门牌20号	101300	69472620
安润国际保险经纪（北京）有限公司	西城区阜成门外大街2号万通新世界广场A座1811、1812室	100037	68060229
北京中融信通保险经纪有限公司	海淀区中关村南大街甲6号铸诚大厦B座1806室	100086	51582188
北京广丰保险经纪有限公司	西城区复兴门内大街45号4－102A室	100027	63659156
北京同泰保险经纪有限责任公司	朝阳区曙光西里甲1号B－2703号	100028	58221917
北京三角洲保险经纪有限责任公司	海淀区青云里满庭芳园小区9号楼青云当代大厦1811号	100086	62124086
北京全联保险经纪有限公司	丰台区城南嘉园益城园16号楼10层3－1008	100068	87262958
北京关爱保险经纪有限公司	朝阳区朝外大街10号昆泰大厦A座主楼8层808室	100125	84535379
泛华博成保险经纪有限公司	通州区安顺二街1号	101149	58205550
北京中兵保险经纪有限公司	海淀区车道沟10号院3号科研办公楼5层503室	100089	68966632
北京丰融保险经纪有限公司	东城区朝阳门北大街8号富华大厦D座17层A室	100053	58373900
北京新航保险经纪有限公司	朝阳区建国路88号7号楼710室	100022	87725490
北京协荣保险经纪有限公司	西城区广义街5号3层1－316	100053	83126678
北京泰丰保险经纪有限公司	东城区东水井胡同11号楼3层3C02室	100077	67281839
佳达保险经纪（北京）有限公司	东长安街1号东方广场东方经贸城东三办公楼1109室	100738	65334100
北京大唐泰信保险经纪有限公司	西城区菜市口大街1号13层1311室	100053	66586558

北京鞍汇联保险经纪有限公司	朝阳区东三环中路39号建外SOHO15号楼805室	100022	58695890
北京华钢联合保险经纪有限公司	朝阳区建国路甲92号5层16单元	100022	85893679
北京中联金安保险经纪有限公司	海淀区知春路111号719室	100086	82665096
北京汇保联保险经纪有限公司	石景山区石景山路20号2004A室	100131	85236865
北京永达理保险经纪有限公司	海淀区丹棱街18号创富大厦19层	100080	82828863
联华国际保险经纪（北京）有限公司	西城区闹市口大街一号院长安兴融中心3号楼519室	100031	58529167
北京瑞和保险经纪有限公司	朝阳区东三环中路55号楼20层2306室	100020	65811210
国泰路安保险经纪（北京）有限公司	西城区白纸坊西街20号圣都大厦1806室	100054	63563023
银泰（北京）保险经纪有限公司	海淀区高粱桥斜街59号院1号楼17层1701	100044	82149692
北京奥创保险经纪有限公司	朝阳区洼里乡北苑北辰居住区B5区11层2－1102	100101	62178026－888
北京大童保险经纪有限公司	西城区宣武门西大街甲127号大成大厦19层06、07室	100031	57382999
北京瑞康国际保险经纪有限公司	丰台区马连道卫强校村118号万丰基业D120	100073	63347044
北京鼎高保险经纪有限责任公司	朝阳区建国路98号盛世嘉园3号楼1301室	100022	52450450

（7）保险公估公司

机构名称	地　　址	邮　编	电　话
北京大陆保险公估有限公司	西城区车公庄大街6号3号楼468室	100044	68003256
北京合信保险公估有限公司	海淀区复兴路83号九州大厦409室	100856	68133686
北京正和保险公估有限公司	大兴区亦庄工业园科创三街富士普拉208室	100023	67892179

北京格林保险公估有限公司	朝阳区东土城路8号林达大厦B座11层D室	100013	64462990
北京天诺嘉福保险公估有限公司	朝阳区百子湾南2路88号8层801室	100022	87759425
竞胜保险公估有限公司	丰台区角门18号枫竹苑二区1号楼1201室	100068	87571701
北京华大保险公估有限公司	西城区莲花池东路5号白云时代大厦B座1503室	100038	63480458
北京华信保险公估有限公司	西城区宣武门内大街2号华电大厦B座11层	100031	83568356
北京首证保险公估有限公司	西城区德胜门内西顺城街46号东101	100035	64069182
北京安诚保险公估有限公司	怀柔区怀北镇西庄村308号	100029	84926917
北京中达信保险公估有限公司	海淀区车公庄西路45号花园写字楼3层C02室	100048	68428636－818
北京君恒保险公估有限责任公司	崇文区东花市北里东区1号楼3段7层	100062	67164581
仁祥保险公估（北京）有限公司	海淀区车公庄西路甲19号华通大厦7层716室	100048	68482580
北京天恒保险公估有限公司	海淀区北小马厂6号华天大厦2216室	100038	58891216－606
北京德仁保险公估有限公司	朝阳区北苑路170号2号楼2－1603号	100101	58691977
北京仁济和保险公估有限责任公司	西城区富国街2号富国饭店1305室	100045	66130459
北京国信行保险公估有限公司	丰台区花乡南三环西路商业及行政办公综合楼13层	100067	87565219
金联安保险公估（北京）有限公司	朝阳区樱花园28号楼0279号	100029	58608356
北京中咨保险公估有限公司	海淀区东北旺西路8号汉王大厦1E精友时代A1A2	100193	64395192
北京安恒信保险公估有限公司	西城区南横东街8号都城大厦1106室	100052	63411487
北京康信恒润保险公估有限公司	海淀区彰化南路18号2号楼四层441号	100097	52720503

北京一清行保险公估有限公司	海淀区马家沟平房甲7－103室	100085	62019818
北京华泰保险公估有限公司	西城区金融大街11号中国再保险大厦8层0803室	100034	66576511
北京邦业保险公估有限公司	朝阳区来广营西路甲8号3层	100012	84969696
北京通宝行保险公估有限公司	石景山区政达路2号3层1单元3－07	100040	83065677
北京全天候保险公估有限公司	顺义区府前东街2号1号楼	101300	81491251
北京中铁保险公估有限责任公司	西城区珠市口西大街120号太丰惠中大厦606～609室	100050	83163508
中瑞国际保险公估（北京）有限公司	朝阳区立水桥北侧22号楼12层1522室	100012	84673803
北京正汇保险公估有限公司	朝阳区东三环中路39号建外SOHO15号楼802室	100022	51298823
北京北极星保险公估有限公司	平谷区贾各庄村东南街甲6号	101200	69969211
北京金兆保险公估有限公司	朝阳区十里堡1号112号楼107室	100024	51393196
北京金诚国际保险公估有限公司	海淀区西三环北路91号7号楼3层C02－1号房间	100048	52961111
北京鑫恒保险公估有限公司	西城区西直门外大街1号院2号楼12层12C5	100044	68563023
北京古辕行保险公估有限公司	海淀区苏州街33号1305室	100080	62538000－58088
海峡联合保险公估（北京）有限责任公司	海淀区金源时代商务中心B座5E－3室	100097	68818501
北京佳实德保险公估有限责任公司	海淀区复兴路40号中国铁建大厦9层东侧	100855	52689675
北京和泰保险公估有限公司	海淀区复兴路乙59号巨星大厦108室	100036	88861739
中至和保险公估（北京）有限公司	西城区太平街6号E座619室	100050	59360803
北京俄杰斯特保险公估有限公司	丰台区丰台科学城恒富中街2号院1号楼3188室	100070	63814081

北京汇明保险公估有限公司	丰台区马连道高楼村 49 号 D19 室	100073	63257228
北京普惠保险公估有限责任公司	朝阳区西大望路 63 号院 7 号楼 7 层 804 室	100022	59602395
北京路吉丰保险公估有限公司	东城区忠实里南街甲 6 号楼 A－1211	100022	87758699
北京平信保险公估有限公司	大兴区黄村镇清源西里 1、2 号底商	102600	61240198

（8）外国保险公司北京代表处

机构名称	地　　址	邮　编	电　话
安保集团北京代表处	东城区建国门内大街 7 号光华长安大厦 2 座 1726 室	100005	65102125
澳大利亚康联保险集团北京代表处	朝阳区建国门外大街 1 号国贸大厦 1 座 2908 室	100004	65055350
澳大利亚万城保险有限公司北京代表处	朝阳区国贸大厦 1 座 2327～2328 室	100004	65052255－307
百慕大博纳再保险有限责任公司北京代表处	东城区东方广场写字楼 C1 座 1211 室	100738	85185780
开曼群岛信利集团公司北京代表处	西城区武定侯街 6 号卓著中心 12 层 1206 室	100140	88003706
加拿大永明人寿保险公司北京代表处	朝阳区金桐西路 10 号远洋光华国际大厦 AB 座 10 层 A01 室	100020	85906500
加拿大人寿保险公司北京代表处	东城区建国门内大街 8 号中粮广场 B123 室	100005	65264005
加拿大皇家银行人寿保险公司北京代表处	西城区金融街 7 号英蓝国际金融中心 9 层 927 室	100140	58399388
枫信金融控股责任有限公司北京代表处	朝阳区建国门外大街 2 号银泰中心写字楼 15 层 1527 室	100022	65637920
法国安盛公司北京代表处	西城区金融大街 7 号英蓝国际金融中心 F907 室	100140	66555983
法国安盟保险公司北京代表处	东城区建国门内大街 7 号光华长安大厦 2 座 1022 室	100005	65102170
法国国家人寿保险公司北京代表处	朝阳区建外大街永安里 8 号华彬大厦 2101 室	100022	85288185

法国再保险公司北京代表处	朝阳区建国门外大街1号国贸大厦1座1217室	100004	65055238－15
法国科法斯信用保险公司北京代表处	朝阳区建国门外大街1号国贸中心写字楼1座2925室	100004	65057092
法国巴黎财产保险有限公司北京代表处	东三环中路9号富尔大厦3003室	100020	85910181/2
法国兴业保险股份有限公司北京代表处	西城区武定侯街2号泰康国际大厦1601A	100010	58513984
法国安盟甘寿险公司北京代表处	东城区建国门内大街8号中粮广场B座1016	100005	65261055
德国安联保险集团北京代表处	朝阳区亮马桥路50号燕莎中心办公楼C211室	100125	64638052
德国通用再保险公司北京代表处	东城区建国门内大街7号光华长安大厦1座808室	100005	65102960
德国安顾保险集团股份公司北京代表处	朝阳区亮马桥路50号燕莎中心1号楼C713A	100125	64627675－1032
德国欧洲旅行保险公司北京代表处	朝阳区亮马桥路50号（燕莎中心）1号楼C713B	100125	64620870
其士保险有限公司北京代表处	西城区南礼士路丙3号楼海通大厦705室	100037	68000970
中银集团人寿保险有限公司北京代表处	西城区复兴门内大街1号中银大厦8号楼	100818	66533316
汇丰保险（亚洲）有限公司北京代表处	东城区建国门内大街8号中粮广场B座3层328室	100005	85118592
香港领航海上保险顾问有限公司北京代表处	朝阳区光华路1号嘉里中心北楼11层28室	100020	65997942
荷兰保险有限公司北京代表处	朝阳区东三环北路8号亮马大厦1座1508室	100004	65907568－201
全球人寿保险国际公司北京代表处	朝阳区东三环北路38号安联大厦2606单元	100026	85151248
金光集团保险私人有限公司北京代表处	西城区阜外大街2号万通新世纪广场B座1710室	100037	68573147
忠利保险有限公司北京代表处	朝阳区建外大街乙12号双子座大厦西塔9层06室	100022	59601817
日本财产保险公司驻中国总代表处	朝阳区东三环北路5号北京发展大厦1009室	100004	65908970－105

第一生命保险公司北京代表处	朝阳区建国门外大街26号长富宫中心办公楼8005室	100022	65139031
日本东京海上日动火灾保险株式会社驻中国总代表处	朝阳区建国门外大街甲6号爱思开大厦1105室	110022	65630180
日本明治安田生命保险公司北京代表处	朝阳区建外大街26号长富宫办公楼6003室	100022	65139815
爱和谊日生同和保险公司驻中国总代表处	朝阳区呼家楼京广中心办公楼2912室	100020	65058960
日本生命保险公司北京代表处	朝阳区建国门外大街26号长富宫办公楼4007室	100022	65139240
三井住友海上火灾保险公司驻中国总代表处	朝阳区东三环北路五号北京发展大厦1608室	100004	65908500
日本住友生命保险公司北京代表处	东城区建国门北大街8号华润大厦1205室	100005	85192501
日本兴亚损害保险公司驻中国总代表处	朝阳区东三环北路5号发展大厦1001A	100004	65909500
日本索尼人寿保险股份有限公司北京代表处	朝阳区太阳宫中路12号楼冠城大厦701室	100028	84586772
韩国乐爱金财产保险有限公司北京代表处	朝阳区建国门外大街乙12号双子座大厦西塔EF层03号	100022	65632390
三星火灾海上保险公司北京代表处	朝阳区建国路118号招商局大厦25层	100022	65668100－6213
三星生命保险公司北京代表处	朝阳区建国路118号招商局大厦2801A室	100022	65668100－6101
韩国贸易保险公社北京代表处	朝阳区东三环北路2号南银大厦915室	100027	64106439
现代海上火灾保险有限公司北京代表处	朝阳区霄云路38号现代汽车大厦518室	100027	83600610
大韩再保险公司北京代表处	朝阳区建国路118号招商局大厦10层A2	100022	65906276
韩国大韩生命保险有限公司北京代表处	朝阳区光华路1号嘉里中心南楼1026室	100020	65837920
教保生命保险株式会社北京代表处	朝阳区东三环北路2号北京南银大厦3210室	100004	65058658
韩国东部火灾海上保险公司北京代表处	朝阳区霄云路36号国航大厦1011室	100027	84475427

韩国首尔保证保险株式会社北京代表处	朝阳区东三环北路8号亮马河大厦1座1208	100004	65900288
韩国兴国生命保险株式会社北京代表处	朝阳区霄云路36号1号楼611室	100027	84475411
俄罗斯赢国斯达保险有限公司北京代表处	朝阳区亮马桥路42号光明饭店0405室	100016	64685852
职总英康保险合作社北京代表处	西城区金融大街27号投资广场B座1008室	100032	66211880
新加坡大东方人寿保险有限公司北京代表处	西城区月坛北街26号恒华国际商务中心写字楼710A	100045	58565501
西班牙曼福保险集团北京代表处	朝阳区工人体育场北路甲6号中宇大厦1809室	100027	59752558
南非和德保险有限公司北京代表处	朝阳区东三环北路丙2号天元港中心B座1708A	100027	84464164
瑞士苏黎世保险公司北京代表处	朝阳区东三环北路霞光里18号佳程大厦A座21层	100027	84398125
富邦产物保险股份有限公司北京代表处	朝阳区建国路91号金地中心A座1210室	100026	58658843
（台湾）国泰人寿保险股份有限公司北京代表处	西城区西长安街88号首都时代广场1008室	100031	83913425
新光人寿保险股份有限公司北京代表处	东城区建国门内大街7号1822室	100005	65102115
富邦人寿保险股份有限公司北京代表处	朝阳区建国路91号金地中心A座1209室	100026	58658847
台湾人寿保险股份有限公司北京代表处	东城区建国门北大街8号华润大厦T03室	100005	85191568－200
中国人寿保险股份有限公司（台湾）北京代表处	西城区闹市口大街1号院长安兴融中心3号楼619室	100032	65832585
突尼斯伊盛再保险公司北京代表处	朝阳区东三环北路3号幸福大厦B座722室	100027	64614388
美国大都会人寿保险公司北京代表处	东城区长安街1号东方广场东方经贸城东二办公楼12层	100738	85189790
美国大陆保险公司北京代表处	朝阳区亮马桥路50号燕莎中心C609B	100125	64637972

美国国际集团北京代表处	西城区金融大街7号英蓝国际金融中心208－8	100033	58332366
美国联邦保险股份有限公司北京代表处	朝阳区光华路5号世纪财富中心西座2号楼6层605室	100004	85731018
美国纽约人寿国际公司北京代表处	东城区建内大街7号光华长安大厦2座821室	100005	65171016
美国信安人寿保险公司北京代表处	朝阳区建外大街1号国贸写字楼1座416室	100004	64629266
美国信诺保险公司北京代表处	朝阳区建国路甲92号世茂大厦B－811	100022	85809055
美国怡安保险（集团）公司北京代表处	朝阳区建外大街甲6号SV大厦1205室	100022	65630671
美国保德信保险公司北京代表处	朝阳区建国路118号招商局大厦29层290B	100022	65669800
美国北美洲保险公司北京代表处	西城区金融街35号国际企业大厦B座528室	100033	88091177
第一美国产权保险公司北京代表处	朝阳区建国路79号华贸中心写字楼2座807室	100025	59085000
RGA美国再保险公司北京代表处	东城区东长安街1号东方广场东方经贸城西一办公楼11层3室	100738	85182528－49166
美国展维住房抵押贷款保险公司北京代表处	朝阳区光华路1号嘉里中心北座11层	100020	65999159
美国联合保险公司北京代表处	西城区金融街35号国际企业大厦B座527室	100033	88091175
美国柏柯莱保险集团公司北京代表处	东城区东长安街1号东方广场东三座1905室	100738	85189168
美国史带公司北京代表处	朝阳区建国门外大街1号国贸1座写字楼1425室	100004	653503188
美国法特瑞互助保险公司北京代表处	朝阳区建国路77号华贸中心三座24层	100025	85880198
美国国际金融保险公司北京代表处	朝阳区安立路80号马哥孛罗大厦606A	100101	59636798
美国联合健康保险公司北京代表处	朝阳区霄云路38号现代汽车大厦1701－25室	100027	64108568
美国恒诺公司北京代表处	朝阳区光华路1号北楼11层10号	100020	65997929

美国维朋公司北京代表处	朝阳区建国门外大街乙 12 号双子座大厦（东）10 楼 1013 室	100022	51235105
美国万凯公司北京代表处	西城区武定侯街 6 号 12 层 1205E	100032	88003771
英国保诚保险有限公司北京代表处	东城区长安街 1 号东方广场 W1 座 610 室	100738	85183098
劳合社北京代表处	朝阳区建国门外大街 1 号国贸大厦 1 座 1229 室	100004	65058391
英国耆卫公共有限公司北京代表处	朝阳区建外大街 1 号国贸写字楼 1 座 1306 室	10004	65057686
英国保柏金融公众有限公司北京代表处	朝阳区亮马桥路甲 40 号二十一世纪大厦 3 层 A302 室	100125	58541720
英国亚瑟 J. 盖勒格英国有限公司北京代表处	朝阳区建外 19 号国际大厦 A 座 23B	100004	65125954

5. 其他

（1）小额贷款公司

机构名称	地址	电话
北京农投东方小额贷款有限公司	东城区朝阳门北大街 6 号首创大厦 6 层 601 室	85283318
北京京融小额贷款股份有限公司	东城区光明路 11 号天玉大厦 807 室	51902301
北京崇信农投小额贷款股份有限公司	东城区天坛东路 74 号 201A	67166563
北京金瑞通小额贷款有限责任公司	东城区西花市南里东区 16 号楼 1 层商业 03 号	87108131
北京润泽小额贷款股份有限责任公司	东城区朝阳门内大街 298 号	59575137－802
北京市国旭小额贷款有限公司	西城区丰汇园 11 号楼丰汇时代大厦东 602 室	58362740
北京金正融通小额贷款有限公司	西城区西砖胡同 2 号院 7 号楼 3 层	83521115
北京恒源小额贷款有限公司	朝阳区望京北路 9 号叶青大厦 A 座 7 层	64391236
北京富安小额贷款有限公司	朝阳区东三环北路甲 2 号京信大厦 2 层 232 室	84492068

北京市中金小额贷款股份有限公司	朝阳区广顺北大街16号院2号楼9层909室	59780425
北京农投金阳小额贷款股份有限公司	朝阳区东三环北路19号楼1505房间	59670699
北京凤凰小额贷款股份有限公司	朝阳区新源南路3号21层	56372222
北京市中关村小额贷款股份有限公司	海淀区海淀北二街10号泰鹏大厦9层	82483630
北京农投诚兴小额贷款股份有限公司	海淀区北四环西路58号理想国际大厦703A	82607838
北京鑫泰小额贷款股份有限公司	海淀区北四环西路66号中国技术交易所2005室	62682320
北京亚联财小额贷款有限公司	海淀区科学院南路2号融科资讯中心A座4层401单位	62539666
北京丰花小额贷款有限公司	丰台区花乡黄土岗甲一号	83677826
北京农投丰融小额贷款股份有限公司	丰台区西四环南路101号丰台科技园创新大厦2035室	63719141
北京鑫福海小额贷款有限公司	丰台区南苑路15号大红门服装城写字楼4层	87299651
北京石金小额贷款股份有限公司	石景山区中铁建设大厦20层	52656198
北京金陵小额贷款有限公司	石景山区鲁谷路台湾街C2区5号楼	68647601
北京农投京西小额贷款股份有限公司	门头沟区蓝龙家园6号楼2层B区	69866777
北京大方小额贷款有限公司	房山区良乡长虹西路翠柳东街一号	69382395
北京龙盛源小额贷款有限责任公司	房山区良乡长虹东路2号	69378911
北京中金福小额贷款有限责任公司	房山区良乡长虹西路73号1楼101室	89360914
北京市农投首诚小额贷款股份有限公司	通州区梨园路120号	80818188
北京澳美小额贷款有限公司	通州区京洲园402号楼40号	80815517
北京银泰小额贷款有限公司	通州区云景南大街22号	81511486
北京兴宏小额贷款有限公司	大兴区首邑上城小区吉星德亿底商210	69229131
北京市兴融小额贷款股份有限公司	大兴区黄村镇兴丰北大街143号	69248008
北京兴瑞小额贷款有限公司	大兴区黄村镇兴丰大街三段118号	69222292

北京亦庄国际小额贷款有限公司	经济技术开发区荣华南路19号中铁十九局总部办公楼711室	87162501
北京金泰小额贷款有限公司	大兴区东大路53号院2号楼103室	89230873
北京金典小额贷款股份有限公司	昌平区龙水路22号院28－6号	69714409
北京农投谷成小额贷款股份有限公司	平谷区金谷园小区21号楼商铺－9号	69973284
北京市利源小额贷款股份有限公司	怀柔区富乐北大街1号乐红园小区1号楼	89688893
北京农投国汇小额贷款股份有限公司	密云县鼓楼东大街19－6号	89088111
北京惠丰融金小额贷款有限公司	密云县花园小区1－23	69029540
北京农投庆融小额贷款股份有限公司	延庆县人民商场五层	69145919
北京长江小额贷款有限公司	延庆县百泉街10号	60168666

（2）个人本外币兑换特许业务机构

机构名称	地址	电话
北京通济隆丰盛科技有限公司	顺义区首都国际机场2号航站楼	64506428
北京通济隆丰盛科技有限公司第一分公司	顺义区首都国际机场3号航站楼A2C10－I	
北京通济隆丰盛科技有限公司第二分公司	顺义区首都国际机场3号航站楼B2E12	
北京通济隆丰盛科技有限公司红桥分公司	东城区天坛路9号地上3层265号	
北京通济隆丰盛科技有限公司水秀分公司	朝阳区秀水东街8号2层B6－0001号	
北京通济隆丰盛科技有限公司第六分公司	顺义区首都机场2号航站楼2层E024	
北京通济隆丰盛科技有限公司第七分公司	顺义区首都机场1号航站楼1层Y119号	
北京通济隆丰盛科技有限公司第五分公司	顺义区北京首都国际机场三号航站楼A2C17	
北京通济隆丰盛科技有限公司亚秀分公司	朝阳区工体北路58号第2层2228号	

北京通济隆丰盛科技有限公司日坛路分公司	朝阳区日坛北路17号院2号楼1K26	
北京通济隆丰盛科技有限公司第八分公司	顺义区天竺镇花梨坎村南	
艾西益商务服务（北京）有限公司首都机场分公司	顺义区首都国际机场G108	58772738
艾西益商务服务（北京）有限公司首都机场第二分公司	顺义区北京首都国际机场3号航站楼A4E10	
艾西益商务服务（北京）有限公司首都机场第三分公司	顺义区北京首都国际机场3号航站楼A2C9－1	
艾西益商务服务（北京）有限公司朝阳第一分公司	朝阳区国家体育场南路1号1幢1层807	
环九州信用管理（北京）有限公司首都机场分公司	顺义区首都机场（新航站楼）1号1层Y117C	64597872
环九州信用管理（北京）有限公司首都机场第二分公司	顺义区首都机场2号航站楼1层Y118	
北京恒生联合投资有限公司	顺义区首都机场2号航站楼G112号	85886841－8003
北京恒生联合投资有限公司第一咨询营业部	顺义区首都国际机场3号航站楼A2W8－1	
北京恒生联合投资有限公司第二咨询营业部	顺义区首都国际机场3号航站楼B2W12	
北京恒生联合投资有限公司第三咨询营业部	顺义区首都机场2号航站楼2层国际隔离区G235	
北京恒生联合投资有限公司三里屯咨询营业部	朝阳区工体北路58号楼1层36室	
北京恒生联合货币兑换有限公司第六咨询营业部	朝阳区雅宝路街甲5号1层101内1000号	
北京乾坤运通商务咨询有限公司	海淀区苏州街31号1层	62523083

（3）信用评级机构

机构名称	地址	电话
大公国际资信评估有限公司	朝阳区霄云路26号鹏润大厦A座29层	51087768
中国诚信信用管理有限公司	西城区金融大街26号金阳大厦东门4层	66427788
中诚信国际信用评级有限责任公司	西城区复兴门内大街156号北京招商国际金融中心D座12层	66428877
联合资信评估有限公司	朝阳区建国门外大街2号PICC大厦17层	85679696
东方金诚国际信用评估有限公司	海淀区西直门北大街54号伊泰大厦5层	62299800
联合信用管理有限公司北京分公司	朝阳区安慧里四区15号楼五矿大厦18层	64912118
长城资信评估有限公司	海淀区板井路69号世纪金源国际公寓6－16C	88433015
北京资信评估有限公司	西城区平安里西大街28号楼中海国际中心17层	88366252
北京银建资信评估事务所	西城区广安门南滨河路7号	63401197
北京国融工发投资咨询有限公司	朝阳区工体北路6号凯富大厦801室	85235007
北京君维诚信用评估有限公司	海淀区苏州街49号盈智大厦301室	82622979

（4）要素市场

机构名称	地址	电话
北京环境交易所有限公司	西城区金融大街8号C座10层	66295776
九歌艺术品交易所有限公司	朝阳区东三环中路39号建外SOHO15幢24层2803室	58692809
北京华商储备商品交易所有限责任公司	海淀区紫竹院路116号A座16层	
北京国际葡萄酒交易所有限公司	海淀区玉泉路2号－35室、36室、37室	
北京华彬艺术品产权交易所有限公司	朝阳区建国门外大街永安东里8号华彬国际大厦2层	
北京粮油交易所有限责任公司	房山区琉璃河镇洄城村南京保路西侧	

北京特许经营权交易所有限公司	石景山区石景山路20号19层1912室	52656126
北京金融资产交易所有限公司	西城区金融大街甲17号3层	57896666
北京新华金融信息交易所有限公司	丰台区西站南路168号1113室	
北京国际矿业权交易所有限公司	西城区金融大街甲17号3层304、403室	83957299
北京保险交易所股份有限公司	石景山区石景山路20号中铁建设大厦20层	
北京贵金属交易所有限责任公司	石景山区石景山路20号2108室	
北京大宗商品交易所有限公司	朝阳区东四环中路41号2层	
北京石油交易所股份有限公司	房山区城关农林路1号	
北京农村产权交易所有限公司	东城区王府井西街9号1层	65237388
北京农副产品交易所有限责任公司	东城区王府井西街9号2层	65238078
中国林业产权交易所有限公司	西城区德外大街甲36号楼	62030000
北京产权交易所有限公司	西城区金融大街甲17号	66295566
中国技术交易所有限公司	海淀区北四环西路66号1620、1621房	62679600
北京软件和信息服务交易所有限公司	海淀区知春路23号807室	61136010
北京东方雍和国际版权交易中心有限公司	东城区安定门东大街28号雍和大厦2号楼1、2层	
北京黄金交易中心有限公司	西城区德外大街甲36号3层	62030033
北京新传德国际版权交易中心有限公司	朝阳区呼家楼京广中心商务507室	65974890
北京兰格钢铁电子交易有限公司	西城区广安门外北滨河路甲1号307室	63959922
中国木材电子交易有限公司	朝阳区来广营西路55号	400-001-6565
北京金马甲产权网络交易有限公司	西城区太平桥大街107号9层	83954888
中国工艺艺术品交易所有限公司	西城区复兴门内大街101号	
全国棉花交易市场	西城区宣武门外大街环球财贸中心	400-810-6850

北京中勃上达电子商务有限公司	朝阳区安慧里四区中国化工大厦	
北京农资交易服务中心有限公司	顺义区仁和镇军杜路8号15幢	
北京国家粮食交易中心	西城区广安门南街60号	63565055

(5) 协会、商会、学会

机构名称	地址	电话
北京市银行业协会	海淀区车公庄西路乙19号华通大厦B座北塔8层	88018095
北京证券业协会	西城区金融大街35号国企大厦C座17层	66568614
北京保险行业协会	朝阳区东大桥路8号尚都国际中心1916室	58703366
北京保险中介行业协会	西城区西直门成铭大厦B2座18H	66008027
北京典当行业协会	东城区永内大街东里13号院内	84544366
北京市金融业文化建设协会	西城区月坛南街79号	68559162
北京期货商会	朝阳区光华路16号中期大厦A座403室	88556280
北京金融街商会	西城区金融大街丙17号北京银行大厦11层	66574347
北京CBD金融商会	朝阳区京广中心商务楼10层1009室	65978750
北京中关村海淀金融创新商会	海淀区海淀北二街8号中关村SOHO大厦710室	82504182
北京市金融学会	西城区月坛南街79号	68559556
北京市城市金融学会	西城区复兴门南大街2号天银大厦B座906室	66410543
北京市钱币学会	西城区月坛南街79号	68559317
北京市金融工会	东城区台基厂三条3号6号楼110室	65592747

（二）机构简介

锦州银行股份有限公司北京分行

锦州银行股份有限公司北京分行（以下简称锦州银行北京分行）于2011年4月14日经中国银行业监督管理委员会北京监管局（以下简称北京银监局）批准正式成立。

经营范围：吸收公众存款；发放短期、中期和长期贷款；办理国内结算；办理外汇业务；办理电子银行业务；办理票据贴现；代理发行、代理兑付、承销政府债券；从事同业拆借；提供担保；代理收付款项及代理保险业务；提供保管箱业务；办理地方财政信用周转使用资金的委托贷款业务；总行在中国银行业监督管理委员会（以下简称银监会）批准的业务范围内授权的业务。

锦州银行北京分行设有11个管理部门，在册员工75人，行长刘文忠。

地址：北京市东城区建国门北大街5号

邮编：100005

电话：010－85072237

传真：010－85072111

包商银行股份有限公司北京分行

包商银行股份有限公司北京分行（以下简称包商银行北京分行）于2011年3月31日经北京银监局批准正式成立。

经营范围：吸收公众存款；发放短期、中期和长期贷款；办理国内外结算；办理票据承兑、贴现和转贴现；代理发行、代理兑付、承销政府债券；从事同业拆借；代理买卖外汇；从事银行卡业务；提供信用证服务及担保；代理收付款项及代理保险业务；提供保管箱服务；总行在银监会批准的业务范围内授权的业务。

包商银行北京分行设有19个管理部门，在册员工328人，行长刘建军。

地址：北京市朝阳区北四环东路115号

邮编：100101

电话：010－64816067

传真：010－64816060

（王林）

北京通州国开村镇银行股份有限公司

北京通州国开村镇银行股份有限公司（以下简称北京通州国开村镇银行）于2011年12月22日经北京银监局批准正式成立，截至年底尚未营业。

北京通州国开村镇银行注册资本为10 000万元。其中，国家开发银行股份有限公司出资7 500万元，占比75%；北京新华空港航空食品有限公司出资1 000万元，占比10%；北京苏宁电器有限公司出资900万元，占比9%；北京泽辉建筑装饰工程有限公司出资600万元，占比6%。

经营范围：吸收公众存款；发放短

期、中期和长期贷款；办理国内结算；办理票据承兑与贴现；从事同业拆借；从事银行卡（借记卡）业务；代理发行、代理兑付、承销政府债券；代理收付款项及代理保险业务；经银行业监督管理机构批准的其他业务。

截至年末，北京通州国开村镇银行各项资产10 558.38万元，各项负债639.65万元，所有者权益9 918.73万元。

北京通州国开村镇银行设有综合管理部、信贷业务部、风险管理部、营业部四个部门，在册员工19人。董事长王忠民，行长邹兴宇。

地址：北京市通州区杨庄南里甲66号

邮编：101121

电话：010－52998500

传真：010－52998500

（樊巍）

永亨银行（中国）有限公司北京分行

永亨银行有限公司（以下简称永亨银行）原名永亨银号，1937年在广州市创立，1960年在香港获得银行牌照并于1993年7月在香港上市。1993年永亨银行在深圳设立其内地第一家分行——永亨银行深圳分行，并于2002年获得经营人民币业务资格。2007年6月1日，永亨银行在深圳设立永亨银行（中国）有限公司。目前，永亨银行（中国）有限公司设有深圳分行、广州分行、上海分行、珠海分行和北京分行5家分行。

2010年5月21日，永亨银行（中国）有限公司北京分行经银监会批准筹建。2011年5月9日获银监会批准成立，并于6月9日正式对外营业。截至年末，该行营运资金为1亿元。

经营范围：在下列范围内经营各类客户的外汇业务和对除中国境内公民以外客户的人民币业务。吸收公众存款；发放短期、中期和长期贷款；办理票据承兑与贴现；买卖政府债券、金融债券，买卖股票以外的其他外币有价证券；提供信用证服务及担保；办理国内外结算；买卖、代理买卖外汇；代理保险；从事同业拆借；从事银行卡业务；提供保管箱服务；提供资信调查和咨询服务；经银监会批准的其他业务。

永亨银行（中国）有限公司北京分行设有财务部、营运部、合规及法律协调部、人力资源部、技术支援组、企业融资部和消费信贷部七个部门，共有员工27人，行长容承刚。

地址：北京市朝阳区建国路91号金地中心B座2809~2818室

邮编：100022

电话：010－85713669

传真：010－85713689

美国道富银行有限公司北京分行

美国道富银行有限公司（以下简称道富银行）位于美国马萨诸塞州波士顿市，依据1891年马萨诸塞州立法机关特别宪章成立。道富银行为机构投资者客户提供投资服务（托管及托管有关的服务）、投资管理以及投资研究和交易。目前，道富银行在26个国家和地区开展营运。

2011年1月31日，美国道富银行有限公司北京分行经银监会批准成立，同年5月16日正式营业，是道富银行在中国的唯一分行。截至年末，美国道富银行有限公司北京分行营运资金为2亿元人民币等值外币。主营业务为托管客户服务咨询、非人民币外汇交易服务、营运资金投资等。

美国道富银行有限公司北京分行设有财务部、客户服务部、IT部、营运部、外汇交易部、行政部及合规部7个部门，共有员工15人，行长关秀霞。

地址：北京市西城区金融大街7号英蓝国际金融中心808～810单元

邮编：100033

电话：010－66271960

传真：010－66274505

澳大利亚西太平洋银行有限公司北京分行

澳大利亚西太平洋银行有限公司（以下简称西太平洋银行）的前身是成立于1817年的新南威尔士银行，1982年更名为澳大利亚西太平洋银行有限公司，是全球被授予AA－级及以上（标准普尔）评级的银行之一，并被认可为全球20家最安全的银行之一 。

1982年，西太平洋银行在北京设立代表处，2008年1月设立澳大利亚西太平洋银行有限公司上海分行。目前，西太平洋银行在中国设有北京和上海两家分行，上海分行为中国区的主报告行。

2011年5月23日，经银监会批准澳大利亚西太平洋银行有限公司北京分行成立，并于7月1日正式对外营业。截至年末，该行营运资金为2亿元人民币等值外币。主营业务为大宗商品的贸易融资业务，主要客户群为与中国有贸易往来的澳大利亚及新西兰客户、大型跨国企业以及与澳大利亚及新西兰有贸易往来的中国客户。

澳大利亚西太平洋银行有限公司北京分行设有企业金融部、信贷分析部、合规部、营运部、会计部、信息科技部及行政助理七个部门，共有员工13人，行长朱予生。

地址：北京市朝阳区东三环中路1号环球金融中心西楼14层09～11单元

邮编：100022

电话：010－85877339

传真：010－85877373

（赵继南）

国核财务有限公司

国核财务有限公司于2010年12月30日获准筹建，2011年7月27日获准开业，注册资本5亿元。股东为国家核电技术有限公司、上海核工程研究设计院及国核宝钛锆业股份公司，持股比例分别为60%、30%、10%。

经营范围：对成员单位办理财务和融资顾问、信用鉴证及相关的咨询、代理业务；协助成员单位实现交易款项的收付；对成员单位提供担保；办理成员单位之间的委托贷款；对成员单位办理贷款及融资租赁；对成员单位办理票据承兑与贴现；办理成员单位之间的内部转账结算及相应的结算、清算方案设计；吸收成员单位的存款；从事同业拆借。

负责人：曲大庄

地址：北京市西城区金融大街17号中国人寿中心A座9层

邮编：100032

电话：010－58198800

传真：010－58198855

北京汽车集团财务有限公司

北京汽车集团财务有限公司于2010年12月14日获准筹建，2011年10月25日获准开业，注册资本5亿元。主要股东为北京汽车集团有限公司、北京汽车投资有限公司、北汽福田汽车股份有限公司、北京海纳川汽车部件股份有限公司。

经营范围：对成员单位办理财务和融资顾问、信用鉴证及相关的咨询、代理业务；协助成员单位实现交易款项的收付；经批准的保险代理业务；对成员单位提供担保；办理成员单位之间的委托贷款；对成员单位办理票据承兑与贴现；办理成员单位之间的内部转账结算及相应的结算、清算方案设计；吸收成员单位的存款；对成员单位办理贷款及融资租赁；从事同业拆借。

负责人：马传骐

地址：丰台区南四环西路188号17区18号楼7层

邮编：100160

电话：010－57318900

传真：010－57318989

大唐电信集团财务有限公司

大唐电信集团财务有限公司于2010年12月29日获准筹建，2011年11月22日获准开业，注册资本10亿元，由电信科学技术研究院全额出资。

经营范围：对成员单位办理财务和融资顾问、信用鉴证及相关的咨询、代理业务；协助成员单位实现交易款项的收付；对成员单位提供担保；办理成员单位之间的委托贷款；对成员单位办理票据承兑与贴现；办理成员单位之间的内部转账结算及相应的结算、清算设计；吸收成员单位的存款；对成员单位办理贷款及融资租赁等业务；经批准的保险代理业务；从事同业拆借。

负责人：高永岗

地址：北京市海淀区学院路40号大唐电信集团主楼五层北区

邮编：100191

电话：010－62302375

传真：010－62301688

中铝财务有限责任公司

中铝财务有限责任公司于2010年12月29日获准筹建，2011年6月22日获准开业，注册资本15亿元，由中国铝业公司全额出资。

经营范围：对成员单位办理财务和融资顾问，信用鉴证及相关的咨询、代理业务；协助成员单位实现交易款项的收付；经批准的保险代理业务；对成员单位提供担保；对成员单位办理票据承兑与贴现；办理成员单位之间的内部转账结算及相应的结算、清算方案设计；吸收成员单位的存款；从事同业拆借；办理成员单位之间的委托贷款；对成员单位办理贷款及融资租赁业务。

负责人：熊维平

地址：北京市海淀区西直门北大街62号7层

邮编：100082

联系电话：010－82298679

公司传真：010－82298981

中外运长航财务有限公司

中外运长航财务有限公司于 2009 年 6 月获准筹建，2011 年 5 月获准开业，注册资本 5 亿元。主要股东为中国长江航运（集团）总公司、中国外运股份有限公司、中国租船有限公司、中外运空运发展股份有限公司、中国长江航运集团南京油运股份有限公司、长航集团船舶重工总公司。

经营范围：对成员单位办理财务和融资顾问、信用鉴证及相关的咨询、代理业务；协助成员单位实现交易款项的收付；经批准的保险代理业务；对成员单位提供担保；办理成员单位之间的委托贷款；对成员单位办理票据承兑与贴现；办理成员单位之间的内部转账结算及相应的结算、清算方案设计；吸收成员单位的存款；对成员单位办理贷款及融资租赁；从事同业拆借。

负责人：黄必烈

地址：北京市海淀区西直门北大街甲 43 号金运大厦 B 座 18 层

邮编：100044

电话：010 - 62296310

传真：010 - 62296340

中国航油集团财务有限公司

中国航油集团财务有限公司于 2010 年 12 月 31 日获准筹建，2011 年 12 月 2 日获准开业，注册资本 12 亿元。主要股东为中国航空油料集团公司，出资比例为 90%；交银国际信托有限公司，出资比例为 10%。

经营范围：对成员单位办理财务和融资顾问、信用鉴证及相关的咨询、代理业务；协助成员单位实现交易款项的收付；经批准的保险代理业务；对成员单位提供担保；办理成员单位之间的委托贷款；对成员单位办理票据承兑与贴现；办理成员单位之间的内部转账结算及相应的结算、清算方案设计；吸收成员单位的存款；对成员单位办理贷款及融资租赁；从事同业拆借。

负责人：赵寿森

地址：北京市顺义区后沙峪镇安富街 6 号 3 层

邮编：101318

电话：010 - 80476258

传真：010 - 80476260

（嵇笔锋）

天风证券有限责任公司北京证券承销分公司

天风证券有限责任公司前身是以原成都联合期货交易所为基础改组而成的四川省天风证券经纪有限责任公司，注册资本 7 700 万元。2003 年 9 月，更名为四川省天风证券有限责任公司，注册资本 54 876 万元。2004 年 4 月，四川省天风证券有限责任公司更名为天风证券有限责任公司。2005 年 3 月，天风证券有限责任公司减少注册资本并更名为天风证券经纪有限责任公司（以下简称天风证券）。2006 年 11 月，天风证券注册资本由 54 876 万元变更为 18 100 万元，股东由 15 家减少为 7 家。2008 年 2 月，天风证券注册地变更为湖北省武汉市东湖新技术开发区关东园路 2 号高科大厦 4 楼。2009 年 4 月 8 日，天风证券股东由 7 家增加为 8 家，注册资本增加至 31 500 万元。2011 年 1 月

11 日，天风证券注册资本由 31 500 万元变更为 83 700 万元，股东由 12 家变更为 17 家。2011 年 5 月 23 日，天风证券增加证券资产管理业务和证券自营业务。

天风证券有限责任公司北京证券承销分公司于 2011 年 9 月开始筹建，2012 年 1 月正式开业。

经营范围：全国范围内的证券承销与保荐业务。

机构设置：债券融资部、结构融资部、债券研究部、综合管理部，现有员工 14 人。

负责人：王琳晶

地址：北京市西城区复兴门外大街 A2 号中化大厦 F1 层 108 室

邮编：100045

电话：010－65534527

传真：010－65534498

中信证券股份有限公司北京分公司

中信证券股份有限公司（以下简称中信证券）前身是中信证券有限责任公司，于 1995 年 10 月 25 日在北京成立，注册资本 9.457 亿元。2000 年 4 月 6 日，经中国证券监督管理委员会（以下简称证监会）和国家工商行政管理总局批准，公司注册地变更为深圳市。2002 年 12 月 13 日，经证监会核准，向社会公开发行 4 亿股普通 A 股股票，募集资金 17.30 亿元，注册资本增加至 24.815 亿元，并于 2003 年 1 月 6 日在上海证券交易所挂牌上市交易，股票简称“中信证券”，股票代码“600030”。2005 年 6 月 20 日，中信证券被证监会确定为第二批股权分置改革试点公司；8 月 5 日，中信证券股权分置改革方案获股东大会审议通过，于 8 月 15 日正式实施。2006 年 6 月 27 日，经证监会批准，中信证券以非公开发行的方式增发 5 亿股普通 A 股股票，募集资金 46.40 亿元，注册资本增加至 29.815 亿元。

中信证券股份有限公司北京分公司于 2010 年 3 月开始筹建，同年 9 月 29 日正式开业。

经营范围：管理北京地区的证券营业部。

机构设置：营销管理中心 、投资顾问管理中心、财富管理中心、运营管理中心、业务协同部，现有员工 18 人。

负责人：刘军

地址：北京市朝阳区新源南路 6 号京城大厦 3801、3802 室

邮编：100027

电话：010－52360939

传真：010－63263614

中原证券股份有限公司北京分公司

2002 年 10 月 25 日，经证监会批准，中原证券股份有限公司（以下简称中原证券）在河南财政证券公司、安阳市信托投资公司证券营业部合并重组的基础上，联合其他符合条件的公司增资扩股组建而成，总部设在河南省郑州市。11 月 8 日，中原证券在河南省工商行政管理局登记注册，注册资本 103 379 万元。中原证券成立后收购了原河南证券有限责任公司所属的证券营业部和证券服务部等证券类资产。2006 年 10 月 12 日，中原证券股东安阳市信托投资公司并入安阳市经济技术开发公司，变更后，安阳市经济技术开发公司持有中原证券 2.661% 的股权。2008 年 1 月 15 日，中原证券注册资本由

103 379 万元变更为 203 351. 57 万元，股权结构未变。2008 年 6 月 10 日，经证监会核准，河南投资集团有限公司受让河南省建设投资总公司持有的中原证券 19 670. 42 万元股份（占注册资本 9. 673%）、河南省经济技术开发公司持有的 71 525. 36 万元股份（占注册资本 35. 173%），股权变更后，河南投资集团有限公司合计持有中原证券 91 195. 78 万元股份（占注册资本 44. 846%）。2010 年 12 月 23 日，中原证券股东安阳市经济技术开发公司名称变更为安阳经济开发集团有限公司。

中原证券股份有限公司北京分公司于 2011 年 8 月 3 日开始筹建，2012 年 2 月 2 日正式开业。

经营范围：管理北京的证券营业部。

机构设置：理财支持岗、营销支持岗、服务推广岗、合规风控岗、运营督导岗、行政管理岗、信息技术管理岗、计划财务部经理岗，现有员工 13 人。

负责人：周卫东

地址：北京市西城区广安门外大街 168 号朗琴国际 A 座 907

邮编：100055

电话：010 – 83067928

传真：010 – 83065727

中国银河证券股份有限公司北京分公司

中国银河证券股份有限公司是经证监会批准，由中国银河金融控股有限责任公司作为主发起人，联合 4 家国内投资者共同发起设立，于 2007 年 1 月 26 日成立的全国性综合类证券公司。中央汇金投资有限责任公司为公司实际控制人。公司总部设在北京，注册资本 60 亿元。

中国银河证券股份有限公司北京分公司于 2011 年 5 月 24 日开始筹建，同年 11 月 28 日正式开业。

经营范围：管理北京地区所辖营业部。

机构设置：团队管理岗、渠道管理岗、培训支持岗、营销策划岗、营销风险岗、综合行政岗。

负责人：赵宏亮

地址：北京西城区金融街丰汇园 21 号楼

邮编：100032

电话：010 – 58872718

传真：010 – 58872710

湘财证券有限责任公司北京承销与保荐分公司

湘财证券有限责任公司（以下简称湘财证券）创立于 1993 年 2 月 8 日，注册资本 29. 97 亿元。1999 年，湘财证券成为首家获准的全国性综合类证券公司。2003 年，湘财证券与法国里昂证券有限公司合资成立华欧国际证券有限责任公司，并将全部投行业务转入该公司。2006 年，湘财证券将持有的华欧国际证券有限责任公司的全部股权对外转让。2008 年，新湖控股有限公司成为湘财证券的控股股东，同年湘财证券向证监会提出保荐业务资格申请，并于 2009 年 9 月 25 日获得批准。

湘财证券有限责任公司北京承销与保荐分公司于 2010 年 11 月 29 日开始筹建，2011 年 5 月 3 日正式营业。

经营范围：全国范围内的证券承销与保荐业务。

机构设置：设立 7 个业务部门为客户提供企业股权融资、债权融资的保荐及承销，企业改制、并购和重组的财务顾问，政府等其他组织机构的财务顾问，企业战略规划、管理咨询以及其他金融产品创新等服务。设立质量控制部、资本市场部、综合管理部，分别负责承销与保荐业务制度制定完善和风险控制、项目发行定价销售与承销风险评估处置、投行分公司内部管理等工作。设立内核小组，负责保荐项目申报前的内部审核。现有员工 51 人。

负责人：王新

地址：北京市西城区太平桥大街丰盛胡同 28 号太平洋保险大厦 A 座 9 层 901 单元

邮编：100032

电话：010－56510700

传真：010－56510790

第一创业摩根大通证券有限责任公司

第一创业摩根大通证券有限责任公司（以下简称一创摩根）是由第一创业证券股份有限公司和摩根大通出资设立的中外合资证券公司。总部设于北京，注册资本 8 亿元人民币。2010 年 12 月 31 日，一创摩根获准筹备；2011 年 5 月 26 日完成工商登记；6 月 28 日获得证监会颁发的《经营证券业务许可证》。

经营范围：股票与公司债券的承销与保荐。

机构设置：投资银行部、资本市场部、总裁办公室、人力资源部、财务部、清算运营部、信息技术部、法律合规部、稽核与风险管理部和行政部，员工总数 117 人。

法定代表人、董事长：刘学民

首席执行官（总经理）：贝多广。

截至年末，一创摩根总资产 8.06 亿元，净资产 7.62 亿元。全年实现营业净收入 0.8 亿元，净亏损 0.38 亿元。经营活动产生的现金净流出 0.12 亿元。

地址：北京市西城区金融大街甲 9 号楼 8 层 802～804 室

邮政编码：100033

电话：010－63212001

传真：010－66032671

国泰财产保险有限责任公司北京分公司

国泰财产保险有限责任公司北京分公司于 2011 年 3 月获准筹建，同年 12 月 5 日经中国保险监督管理委员会（以下简称保监会）批准开业。

经营下列业务（法定保险业务除外）：财产损失保险、责任保险、信用保险等财产保险业务；短期健康保险、意外伤害保险；上述业务的再保险业务。

机构设置：综合行政部、市场发展部。

负责人：曾繁菁

地址：北京市西城区宣武门外大街甲 1 号环球财讯中心 C 座 4 层

邮编：100052

电话：010－59336888

传真：010－57707602

安邦人寿保险股份有限公司北京分公司

安邦人寿保险股份有限公司于 2010 年 6 月 23 日成立，注册资本 37.9 亿元人民币，总部设在北京。主要股东为安邦财产保险股份有限公司等。

安邦人寿保险股份有限公司北京分公司于2011年1月26日成立。

经营范围：各类人寿保险、健康保险、意外伤害保险等人身保险业务、上述业务的再保险业务以及经保监会批准的其他业务。

机构设置：银保部、个险部、团险部、汽车渠道部、运营部、财务部、办公室、人力资源部。

负责人：黄土

地址：北京市朝阳区东三环中路55号富力双子座B座6层701～702室

邮编：100022

电话：010－59229359

传真：010－59229191

长生人寿保险有限公司北京分公司

长生人寿保险有限公司（原名广电日生人寿保险有限公司）成立于2003年9月，是中国首家获准开业的中日合资寿险公司。由中国长城资产管理公司和日本生命保险相互会社共同合资经营，注册资本金13亿元人民币（中外双方各占股50%）。

长生人寿保险有限公司北京分公司成立于2011年2月。

经营范围：人寿保险、健康保险和意外伤害保险等保险业务；上述业务的再保险业务。

机构设置：人事总务部、财务部、营运后台部、个险业务部、中介业务部、营业部、朝阳营销服务部。

总经理：刘欣

地址：北京市西城区平安里西大街28号中海国际中心806、807、608、609室

电话：010－63220122

客服电话：400－820－8599

中融人寿保险股份有限公司北京分公司

中融人寿保险股份有限公司是2010年3月18日经保监会批准成立的一家全国性人寿保险公司，总部设于北京。股东包括吉林省信托有限责任公司、启迪控股股份有限公司、联合铜箔（惠州）有限公司、中润合创投资有限公司、北京百利威科技发展有限公司、芜湖隆威工贸有限公司、丹棱申宇木业有限责任公司、海南爱科制药有限公司、深圳市力元资产管理有限公司、报喜鸟集团有限公司。

中融人寿保险股份有限公司北京分公司于2011年3月7日经中国保险监督管理委员会北京监管局（以下简称北京保监局）批准开业。

经营范围：人寿保险、健康保险、意外伤害保险等各类人身保险业务；上述业务的再保险业务；国家法律、法规允许的保险资金运用业务；经保监会批准的其他业务。

机构设置：综合行政部、计划财务部、两核运营部、银行保险部，内勤员工24人。

负责人：王保红

地址：北京市西城区丰盛胡同28号楼17层1701～1718室

邮编：100033

电话：010－57503501

传真：010－57503500

客服电话：400－689－0088

中航三星人寿保险有限公司北京分公司

中航三星人寿保险有限公司成立于2005年5月26日，由中国航空集团公司和韩国三星生命保险株式会社共同创建，注册资本金5亿元人民币，双方各出资50%，总部设于北京，是中国首家中韩合资寿险公司。

2011年7月21日，中航三星人寿保险有限公司北京分公司正式成立。

经营范围：人寿保险、健康保险、意外伤害保险等各类人身保险业务；经保险监管机构批准并由中航三星人寿保险股份有限公司授权经营的其他业务。

机构设置：个险部、团体保险部、银行保险部、营销培训部、业务服务部、财务部、人事行政部。

负责人：陶洋

地址：北京市朝阳区建国路93号万达广场9号楼3层

邮编：100022

电话：010－58201777

传真：010－58201666

客服电话：400－810－1888

汇丰人寿保险有限公司北京分公司

汇丰人寿保险有限公司于2009年6月27日成立，由汇丰保险（亚洲）有限公司和国民信托有限公司合资成立，双方各占50%股权，注册资本8.75亿元人民币，总部设于上海。

汇丰人寿保险有限公司北京分公司于2011年8月3日开始营业。

经营范围：仅限在北京市行政辖区内经营人寿保险、健康保险和意外伤害保险等保险业务（法定保险业务除外）。

机构设置：财务会计部、人力资源部、寿险行政部、法律及合规部、市场及传讯部、办公室行政部、银行保险部和资讯科技部。

负责人：胡汉源

地址：北京市朝阳区建国门外大街8号国际财源中心西塔楼（A座）11层1101～1102单元

邮编：100022

电话：010－59860000

传真：010－85660355

建信人寿保险有限公司北京分公司

建信人寿保险有限公司（以下简称建信人寿）于2011年7月22日揭牌，注册资本11.8亿元人民币，总部设于上海。

建信人寿的前身太平洋安泰人寿保险有限公司成立于1998年，2011年经批准完成股权变更并更名为建信人寿保险有限公司。控股股东为中国建设银行股份有限公司、中国人寿保险股份有限公司（台湾）、中国建银投资有限责任公司、上海锦江国际投资管理有限公司和上海华旭投资有限公司。

建信人寿保险有限公司北京分公司于2011年9月6日筹建，同年12月9日成立。

经营范围：人寿保险、健康保险、意外伤害保险等各类人身保险业务；上述业务的再保险业务；国家法律、法规允许的保险资金运用业务；经保监会批准的其他业务。

机构设置：综合行政部、人力资源部、财务会计部、银行保险部、团体业务部、个人业务部、客户服务部、信息技术部、风险管理部、法律合规部。

负责人：梁岩

地址：北京市西城区月坛北街 2 号月坛大厦 A 座 3 层

邮编：100045

电话：010－56502666

传真：010－56502645

（三）协会、商会、学会活动简介

北京市银行业协会

组织机构与负责人

会　长：严晓燕（北京银行股份有限公司行长）

副会长：朱鹤新（交通银行股份有限公司北京市分行行长）

王　良（招商银行股份有限公司北京分行行长）

丁国良（汇丰银行（中国）有限公司北京分行行长）

专职副会长：李　阳

监事长：滕红军（花旗银行（中国）有限公司北京分行行长）

秘书长：赖　恽

会员单位

截至年末，共有会员单位 84 家。其中，正式会员单位 73 家，准会员单位 11 家。正式会员单位中，中资商业银行 30 家，政策性银行 2 家，非银行金融机构 4 家，资产管理公司 3 家，外资银行 32 家，外资非银行金融机构 2 家；准会员单位均为外资银行和外资非银行金融机构北京代表处。

联系方式

地址：北京市海淀区车公庄西路乙 19 号华通大厦 B 座北塔 8 层

邮编：100048

电话：010－88018095

传真：010－88018014

电子邮箱：office@ bbanet. org

重要活动

2 月 24 日，北京市银行业协会（以下简称协会）举办知识产权质押法律问题讲座，共有 12 家会员单位的代表参加。

3 月 3 日，李阳专职副会长参加北京市消费者协会与十大行业协会承担社会责任、维护消费者权益座谈会。

3 月 9 日，协会与北京市消费者协会联合发出警惕“手机短信和钓鱼网站”诈骗客户资金的消费警示，提醒消费者在使用网银时的注意事项，确保资金和网银交易安全。

4 月 8 日，协会组织召开社会责任年宣传工作部署会，全面启动“社会责任年活动”。

4 月 28 日，协会召开第五届监事会第二次会议，审议通过了《北京市银行业协会 2010 年度财务支出决算及 2011 年财务支出预算报告》、《北京市银行业协会第五届监事会 2010 年度报告》。

5 月 5 日，协会第五届理事会第三次会议在交通银行北京市分行召开。全体理事会成员代表参加了会议。会议审议并通过了《北京市银行业协会 2010 年度工作总结和2011年度工作计划》、《北京市银行业协会2010年度财务收支决算及2011年度财务收支预算报告》、《关于会费标准调整的议案》、《北京市银行业协会会员变更情况的议案》、《关于款车运行模式调整的议案》。

5月12～13日，协会组织渣打银行（中国）有限公司北京分行等4家会员单位赴无锡市考察金融投资环境。考察组与无锡银监局、无锡市金融办有关负责人进行了座谈，并实地考察了无锡新区、太湖新城等投资区域。

5月19～20日，协会组织召开“司法协助问题座谈会”，25家会员单位的代表参会。会议就《用人单位欠缴社会保险费强制征收暂行办法（征求意见稿）》、协会开展司法协助等征询了与会单位的意见。

5月26日，协会召开组织银团贷款支持重点村建设工作会议。会议通过了意向招标、建立银团贷款管理台账、开展督促检查等后续工作方案。

5月31日，协会第八次会员大会在交通银行北京市分行召开，68家会员单位及7家准会员单位的代表出席了会议。会议审议通过了《北京市银行业协会2010年工作总结及2011年工作计划》、《北京市银行业协会2010年财务收支决算及2011年财务收支预算报告》、《北京市银行业协会第五届监事会年度报告》及《北京市银行业协会会费标准调整议案》。

6月7日，由协会主办的“‘相聚党旗下　歌声献祝福’北京市银行业庆祝中国共产党建党90周年歌咏大会”在海淀剧院隆重举行。中国银监会、北京银监局、人民银行营管部、中国银行业协会、北京市金融工会等单位的领导出席并观看了演出。《人民日报》、北京电视台、北京人民广播电台、人民网等30余家主流媒体对此次活动进行了报道。

7月4日，协会印发《关于对执行积案清理情况进行调查的通知》，对各会员单位待处理积案数量、处理积案时的难点及成功案例等情况进行调研，并及时与北京市最高人民法院执行局进行沟通，帮助会员单位解决在积案清理过程中遇到的难题。

7月19～20日，根据“中国银行业文明规范服务百佳示范单位评选活动”要求，协会组织18家银行服务管理人员对神秘人暗访综合测评成绩前23名的银行网点以现场检查、调阅监控录像等形式进行检查。

8月30日，李阳专职副会长参加2011年环渤海经济区银行业协会联席会并发言。

8月至9月，协会组织2011年从业人员考试工作，并代售中国银行业从业人员资格认证考试辅导教材。到9月19日考试报名截止日，已有37 000余人报名考试，销售教材3 000余册，解答考生各类问题300余条。

9月1日，协会召开银行执行积案清理情况座谈会。北京市高级人民法院执行局政玉英局长与中国银行北京市分行等十余家会员单位的代表座谈。会上，各位代表介绍了本单位在积案执行过程中遇到的问题，递交了《执行积案清理情况报告》；政玉英局长对与会代表提出的问题进行了解答。

9月5日，协会组织召开银团贷款支持重点村建设工作协调会。北京市城乡结合部建设领导小组办公室秦文龙处长、北京银监局国有银行监管处监管员出席了会议。

9月17日，由外资银行协调委员会筹备的“用心关注·用心扶助——我们在行动”公益活动顺利举行。各会员单位为朝阳区金盏乡皮村同心实验学校师生捐赠精美图书600余册。

9月21～26日，协会组织六家会员单位的高管人员赴香港参加“第三届香港银行家峰会2011”，并与香港上海汇丰有限公司交流，了解了该行的发展历程及主要业务，感受该行的优质金融服务。

9月，协会印发《北京市银行业金融纠纷调解暂行办法》、《北京市银行业协会金融纠纷调解中心调解员管理暂行办法》，由协会金融纠纷调解中心对各会员单位金融纠纷进行调节。

10月28日，协会举办“共同走过的十年——2011北京外资银行发展年会”。中国银监会、人民银行营业管理部、北京银监局、北京市金融工作局、西城区人民政府及40余家中外资银行负责人等100余人出席了年会。本次年会回顾了在京外资银行取得的成绩，展现了外资银行为北京市银行业及首都经济发展所作的贡献。

11月8日，协会召开2011年第四次文明规范服务质量分析会。

11月14日，协会对参加中国银行业文明规范服务“明星大堂经理”评选的16家会员银行的52位明星大堂经理候选人进行现场测评，52位候选人全部符合检查考核标准。

11月16～18日，协会举办北京市银行业金融机构高管人员培训班，来自25家单位的129名高管人员参加了培训。

12月1日，协会召开第五届理事会第九次会议。会议审议通过了《北京市银行业协会第五届理事会工作报告》、《北京市银行业协会2012年度工作思路》、《关于修订〈北京市银行业协会专业委员会工作规则〉的议案》及《第六届理事会、监事会选举方案》，进一步规范了会费收取标准，商议决定了第九次会员大会的议程、时间及地点。

12月6日，协会组织召开私人银行业务联席会成立大会筹备工作座谈会，28家会员单位私人银行业务负责人及相关人员参加了会议。会上，各参会代表对本单位私人银行业务发展情况、经营模式与特点进行了交流；会议原则上通过了《北京市银行业协会私人银行业务联席会工作规则》，确定了私人银行业务联席会主任行、副主任行选举办法。

12月21日，协会召开第九次会员大会。会议审议通过了《北京市银行业协会第五届理事会工作报告》、《北京市银行业协会2012年度工作计划》；决议由北京银行严晓燕行长担任第六届理事会会长，并选举产生了新一届理事会、监事会。中国工商银行北京市分行等7家常任理事单位，中国光大银行北京分行、杭州银行北京分行等7家选任理事单位及专职副会长组成第六届理事会，花旗银行（中国）有限公司北京分行等3家单位组成第六届监事会。

（吴毅宏）

北京证券业协会

组织机构与负责人

理事长：朱云来

秘书长：周学韬

常务副秘书长：许慧

副秘书长：丛小路

会员单位

会员单位共计330家。其中，在京证券公司18家、在京证券分公司34家，基金管理公司14家，证券营业部261家，投资咨询公司3家。

联系方式

地址：西城区金融大街35号国际企业大厦C座17层

邮编：100033

电话：66568614

传真：010－66568583/66568841

网址：Http：//www. sabbj. org

电子邮箱：bjzq@163. com

重要活动

1月26日，北京证券业协会（以下简称协会）举办北京证券业协会常务理事新春联谊会，北京证监局王建平局长、陈稹副局长、陆倩局长助理，协会朱云来理事长分别作了新春致辞。

1月，协会开展关于评选2010年区域自律工作先进单位和优秀营业部负责人活动。中国银河证券金融街营业部等24家单位荣获“2010年区域自律工作先进单位”，光大证券月坛营业部王文艺总经理等23人荣获“2010年区域自律工作优秀营业部负责人”。

协会协助市公安局、北京证监局组织召开北京市证券基金系统安全保卫工作会。

2月9日，协会网站公布了首届北京地区证券机构运动会摄影及征文活动优秀作品名单，并编印成作品集，在协会会刊——《首都证券之窗》中陆续刊登。

2月18日，北京证券业协会第四届第二次会员大会及新春联欢会在北京世纪金源大饭店召开。中国证券业协会黄湘平会长、北京证监局王建平局长出席了会议并讲话，北京证监局、北京市社团办、北京银行业协会、北京上市公司协会、北京期货业协会的有关领导和会员代表出席了会议。会上，张佑君常务副理事长、赵大建监事长、许慧常务副秘书长分别作了2010年理事会工作报告、监事会工作报告、财务工作报告，会议代表审议并通过了上述报告。会议还对北京地区区域自律管理工作先进单位和优秀营业部负责人、首届北京地区证券机构运动会优秀摄影和征文获奖者及“中国证券20年·北京”专刊及投资者教育知识竞赛活动获奖单位进行了表彰。

3月7日，协会为北京地区证券机构女性负责人举办春季女性养生保健主题讲座，并与北京证监局女职工欢聚一堂，共同庆祝即将到来的节日。

3月16日，协会协助北京市金融团工委组织首都金融系统申报第二十五届“北京市青年五四奖章”人选活动，请在京注册各证券公司按照推荐方案推荐符合条件人选。

3月19～20日，协会举办“证券转销户岗技能提升”专题培训，来自北京地区各证券营业部的150余人参加了培训。

4月8日，协会主办华北地区证券业协会联席会议，中国证券业协会办公室杨小兵主任、北京证监局王建平局长、华北地区相关证券业协会负责人出席了会议，上海证券同业公会、大连证券业协会等兄弟协会也应邀参加了会议。

5月10～13日，协会组织在京各证券公司、基金管理公司安全保卫工作负责人共26人赴重庆进行为期4天的工作考察，并与当地协会、券商进行调研交流。

5月11日，由协会主办，北京市双

高人才发展中心、东方慧博人力资源有限公司、腾讯财经协办的“2011 年北京地区证券行业人力资源高级论坛暨北京证券业人力资源经理人联席会成立仪式”在北京举行。本次论坛会聚了在京证券机构人力资源负责人、人力资源经理人及外地证券机构人力资源总经理等100余人，对话国内知名证券行业人力资源专家学者和业界精英，纵论北京地区人才发展的机遇与挑战，并就证券公司人力资源管理经验进行了分享。论坛上，在京证券公司及基金管理公司人力资源部门总经理参与成立了北京证券业人力资源经理人联席会，推选出了第一任联席会轮值主席，并制定了暂行管理办法。

5 月 22 日，由协会主办的主题为“光辉的历程　伟大的成就”红歌合唱比赛在中国科技会堂举行，来自北京地区的15家证券机构的15支代表队参加了比赛。经过激烈角逐，现场评选出了特等奖1名、一等奖1名、二等奖2名、三等奖5名、优秀奖6名及最佳创意奖1名、最佳组织奖1名、最佳指挥奖1名，其中前四名代表队将被推荐参加由北京市金融工会组织的“颂歌献给党”首都金融系统职工合唱比赛。

6 月 17 ~ 28 日，协会组织北京地区部分券商高管及业务骨干共17人赴美国进行考察，并就此次考察的收获和体会，特别是在美国证券公司的管理和服务体系方面进行了整理和总结，形成考察报告和工作信息。

7 月 6 日，协会组织银河证券、民族证券、中信建投证券、华融证券、信达证券、东兴证券等证券公司主管投资者教育工作的负责人在民族证券召开“投资者教育座谈会”，就公司近年来开展投教工作简况进行了交流，并就中国证券业协会拟成立投资者教育基地征求了与会人员的意见。

7 月，根据中国证券业协会《关于进一步加强证券公司客户服务和证券交易佣金管理工作的通知》要求，为了解辖区证券经营机构报备的交易佣金收取执行情况，协会协助北京证监局机构一处、二处对成立一年以上、2011 年 1 ~ 5 月平均佣金收取比例位于后十位的证券营业部进行了现场检查。

8 月 24 日，协会召开了北京证券业协会第四届第四次常务理事会。北京证监局王建平局长出席会议并讲话，协会赵大建监事长列席了会议。会议期间，与会代表审议并通过了协会上半年工作报告及下半年工作安排、新修订的协会内部人事管理制度及休假管理制度、协会常务理事变更等事项，并就加强常务理事工作的沟通机制进行了讨论。

9 月 6 日，协会召开了北京证券业协会第四届第二次监事会，北京证监局陈稹副局长出席会议并讲话。会议由协会赵大建监事长主持，与会代表审议并通过了协会副监事长变更，听取了协会上半年工作报告，并就协会下半年工作事项进行了审议。

10 月 13 日，在“北京证券业人力资源经理人联席会”轮值主席——中国国际金融有限公司人力资源部杨毓莹总经理的召集下，北京证券业人力资源经理人联席会第二次会议在中金公司38层会议室召开，近30人出席。会议就证券公司、基金公司的培训工作和工会组织等大家近期关注的问题展开了交流讨论和经验分享。

11 月 3 日，北京证券业协会证券经

纪业务委员会（以下简称委员会）筹备会第一次会议在京召开。会议通报了委员会筹备情况和工作思路，全体与会成员围绕委员会的职责定位、工作机制、下一阶段重点工作等议题展开讨论，同时就经纪业务的创新发展、从业人员诚信管理等行业关注的重点、热点问题进行了讨论。为提高委员会筹建工作的效率，会议确定了筹备期间的基本的工作机制，并建议增补两名候选副主任委员。

11月17～18日，协会协助北京证监局分别组织召开了辖区基金管理公司落实《证券投资基金管理公司公平交易制度指导意见》督导会议和第八次北京地区基金公司督察长联席会议。辖区13家基金管理公司和1家筹备公司落实公平交易制度的部门负责人以及督察长、监察稽核部门负责人分别参加了相关会议。天津、重庆辖区的2家基金管理公司也参加了此次会议。

11月18日，由协会主办的“2011年北京地区证券机构乒乓球邀请赛”在德胜体育中心举行。来自100多家证券机构的260余名选手参加了混合团体、男子单打、女子单打等比赛项目，中国银河证券公司、中信建投证券公司、北京证监局等单位代表队分获混合团体前四名。

11月24～25日，协会协助北京证监局组织辖区50家证券、期货、基金管理公司及20家主流媒体召开新闻舆论工作座谈会。

11月，协会协助北京市金融工作局举办“第七届北京国际金融博览会”，协助进行准备工作及证券方面特邀嘉宾的协调工作，获得了由第七届北京国际金融博览会组委会颁发的“特别贡献奖”。

12月2日，协会召开“2011年北京地区证券行业投资者教育工作交流会”，中国证券业协会袁熙主任、中国投资者保护基金公司教育中心葛毅总监、北京证监局机构二处格春来处长、协会周学韬秘书长、许慧常务副秘书长等领导出席会议，各证券公司、证券分公司、基金管理公司及分公司负责投资者教育工作的主要负责人参加了会议。

12月4日，由北京市金融团工委、北京证券业协会和北京期货商会联合主办的“北京地区金融机构高端精英联谊会”在西城区金融街洲际酒店举行。

2011年，协会协助中国证券业协会完成了注册国际投资分析师考试、证券投资基金销售人员考试、证券经纪业务营销人员考试的考务工作，并根据会员单位重新提交的资料，对资料库进行了整理、更新。

协会网站全面改版升级，并对“会员通道”、“营业部变更查询”和“营业部区域分布”栏目进行更新。协会网站已经成为监管政策与证券业机构经营情况的重要公示工具，社会各界与股民查询的主要途径之一。截至年末，协会网站点击率已突破60万人次。

协会加强与北京电视台财经频道的合作，从第四季度开始采制和播出反映北京地区证券营业部的系列节目——“走进营业部”，有近24家证券营业部参与了节目的录制工作。

（王永刚）

北京保险行业协会

组织机构与负责人

会　长：刘凤全（中国人寿保险股份有限公司北京市分公司总经理）

副会长：冯贤国（中国人民财产保险股份有限公司北京市分公司总经理）

臧炜（中国太平洋财产保险股份有限公司北京分公司总经理）

张爱民（华泰财产保险有限公司北京分公司总经理）

秦旭辉（中国平安人寿保险股份有限公司北京分公司总经理）

郑庆红（太平人寿保险有限公司北京分公司总经理）

方　萍（北京保险学会秘书长）

监事长：李洪林（中国太平洋人寿保险股份有限公司北京分公司总经理）

秘书长：方萍（女，专职）

副秘书长：王小河（专职）

陆秀萍（女，专职）

会员单位

会员单位 86 家。其中，财产保险公司 36 家，人身保险公司 50 家。准会员单位 5 家。

联系方式

地址：北京市朝阳区东大桥路 8 号尚都国际中心 1916 室

邮编：100020

电话：010－58703366

传真：010－58701890

网址：http：//www.biabii.org.cn

重要活动

1 月 1 日，北京保险行业协会（以下简称协会）研究制定的《2011 年度北京地区机动车商业保险费率浮动档次升降方案》正式实施。

1 月 21 日，全国社团组织创先争优活动汇报交流会在京召开，协会作为北京市优秀社团组织代表参加会议。

2 月 15 日，协会组织召开 2010 年度调解工作总结表彰会，100 余名业内、外调解员及 70 余家会员公司代表参加了会议。业外调解员从专业律师的角度针对保险公司的销售、服务及纠纷调解工作等提出了意见和建议。

3 月 16 日，协会第七届理事会第二次常务理事会会议在京召开。北京保监局丁小燕局长传达了市委常委、常务副市长吉林主持召开的市政府专题会议精神，并对下阶段工作提出了要求。

4 月 28 日，车险理赔时效系统经升级验收后上线。

7 月 19 日，协会与对外经济贸易大学联合举行“2011 年暑期实习启动暨动员大会”。来自行业 33 家会员公司的实习生负责人与参加暑期实习的 34 位同学对接。

8 月 17 日，协会与海淀区人民法院举行签约仪式，启动保险诉讼案件商事审判与行业调解对接机制，共同探索以行业非诉讼调解机制与诉讼机制相衔接，快速化解保险纠纷诉讼之路。

9 月 6 日，协会与北京市高级人民法院联合召开“保险案件诉调对接机制工作研讨会”。

10 月 1 日，北京人身意外伤害保险信息平台正式上线运行。

12 月 22 日，第三届首都金融业服务创新论坛暨颁奖庆典在京举行，由协会与信报联合开展的《北京地区 2011 年保险消费倾向问卷调查报告》在会上发布。

12 月 25 日，北京车险信息平台完成车船税应急征收系统建设及验收工作，将于 2012 年 1 月 1 日正式上线。

12 月下旬，协会组织各会员公司签署实施《北京人身保险电话营销人员增员及流动自律公约》（试行）。

12月31日，协会发布《关于印发〈北京地区机动车辆保险定损分级管理办法〉（试行）及相关规定的通知》，车险定损员管理制度正式实施。

（周宏）

北京保险中介行业协会

组织机构与负责人

会　长：陈建国（北京国民保险代理有限公司董事长）

副会长：边　勇（华泰保险经纪有限公司副总裁）

吕　阳（英大长安保险经纪有限公司副总经理）

李永奇（航联保险经纪有限公司董事长）

黄伟坚（北京联合保险经纪有限公司总经理）

宋爱民（中盛国际保险经纪有限公司董事长）

梁译之（华信保险经纪有限公司总经理）

韦　朴（达信（北京）保险经纪有限公司董事长）

高鹏飞（中电投保险经纪有限公司总经理）

陶立新（中铁保险经纪有限公司总经理）

监事长：张志安（江泰保险经纪有限公司副总裁）

秘书长：张永庄

会员单位

协会现有会员单位152家。其中，保险代理公司57家，保险经纪公司71家，保险公估公司24家。

联系方式

地址：北京市西城区西直门成铭大厦B2座18H

邮编：100035

电话：010－66008027/66008028

传真：010－66113349

网址：http：//www. bjbxzjxh. org. cn

重要活动

1月18日，北京保险中介行业协会（以下简称协会）召开第二届第三次常务理事会。会议通报了宋爱民、梁译之副会长的分工，对增选副会长人选、新增常务理事作了说明，听取并讨论了2010年工作报告和2011年工作计划、2010年财务决算和2011年财务预算，对各专业委员会的工作作了安排。

2月24日，制定并向北京地区保险中介机构发布《北京地区保险专业代理机构从业人员执业证书管理暂行办法》。

3月17日，协会副会长、航联保险经纪有限公司董事长李永奇荣获“北京市第三届优秀中国特色社会主义事业建设者”称号。

3月22日，召开第二届第四次会长会。会议宣读了北京保监局关于核准朱小兰、韦朴、高鹏飞为协会第二届理事会副会长的批复，确定了三位副会长的分工，通过了协会五周年庆典活动方案，成立协会保险专业代理从业人员持双证上岗和销售强调语检查工作领导小组，通过秘书处人事管理制度和绩效考核办法。

3月28日，向北京保险中介机构发布《关于实施北京地区保险销售强调语的通知》。

4月18日，召开五周年成立大会。中国保监会、北京市金融工作局、北京保监局，相关协会、部分省市协会、部分保险公司应邀出席。陈建国会长作协会五周年工作报告，中国保监会中介部薛江副主任作题为“当前保险中介市场相关问题的思考”的报告，北京市金融工作局张幼林副局长作北京市金融形势报告，北京保监局罗青副局长、中国保险学会张文渊秘书长、深圳市保险中介行业协会罗旭霞秘书长在大会发言。大会放映了协会五周年宣传片。

5 月 9 日，制定《北京保险专业代理机构贯彻落实保险销售强调语自律公约》。

6 月 2 日，召开第二届第五次会长会议和第二届第四次常务理事会。会议审议通过了协会 2011 年上半年工作总结和下半年工作安排，协会 2011 年 1 ~5 月会费收入和费用支出情况报告，通报了朱小兰副会长因工作变动不再担任副会长的请求，推荐陈建国、庞虹楠、李永奇为北京新的社会阶层人士联谊会理事，审议北京美日保险代理有限公司、北京创富保险代理有限公司、北京嘉信保险代理有限公司、北京中兵保险经纪有限公司、大童保险销售服务有限公司北京分公司为常务理事的申请，向常务理事国电保险经纪（北京）有限公司、北京丰融保险经纪有限公司颁发了会牌和证书，通过了《北京保险专业代理机构贯彻落实保险销售强调语自律公约》。

6 月 24 日，召开保险专业代理“合规自律 协手共赢”研讨会暨自律公约签约大会，多家公司签订《北京保险专业代理机构贯彻落实保险销售强调语自律公约》。

6 月 30 日，召开“国际保险中介市场与工程保险”大型讲座。

8 月 29 日，制定《北京保险中介行业协会专业委员会工作细则》。

9 月 6 日，召开第二届第六次会长会和第二届第五次常务理事会。会议审议了向北京保监局报送的“关于大型建筑工程项目建筑意外伤害保险可不采用实名制投保的请示”等三个报告，听取了“学习规划 促进发展”座谈会情况介绍，审议了北京碧升保险代理有限公司、北京北极星保险公估有限公司、泛华联兴保险销售股份有限公司委常务理事的申请，通报了“学习规划 促进发展”座谈会情况，向常务理事北京美日保险代理有限公司、北京创富保险代理有限公司、北京嘉信保险代理有限公司、北京中兵保险经纪有限公司、大童保险销售服务有限公司北京分公司五家常务理事颁发了会牌与证书，就协会《专业委员会工作细则》征求了意见。

9 月 22 日，召开“融资租赁与延保责任”专题讲座。邀请中联重科融资租赁（中国）有限公司张永峰演讲《基于融资租赁资产风险管理的工程机械保险业务》、安信龙咨询有限公司业务发展部经理王春敏演讲《延保服务介绍》、GBG 中国区市场总监丁侃演讲《“GBG”产品介绍》。

9 月 24 日，陈建国会长、李永奇副会长、庞虹南常务理事参加北京新的社会阶层人士联谊会三届一次大会，陈建国当选为副会长、李永奇、庞虹南当选为理事。

10 月 31 日，组织部分会员公司参加北京金融团工委举办的北京市“百万青工　岗位建功”企业青年机打传票及汉字录入技能大赛。

11 月 2 日，协会与北京保险行业协会联合举办北京保险理赔与保险公估恳谈会。北京华大保险公估有限公司刘若总经理回顾了北京保险公估十年发展历程，北京格林保险公估有限公司陈作东总经理介绍了北京公估业的优势与特色，与会的保险公估公司和保险公司表达了较强的合作意愿。

12月12日，召开第二届第七次会长会。会议审议了协会2011年工作报告和2012年工作要点，协会2011年年会方案，补选中铁保险经纪有限公司陶立新总经理为副会长人选，审议北京一清行保险公估有限公司为常务理事的申请。

12月21日，召开第二届第六次常务理事会。会议审议通过了协会2011年工作报告和2012年工作要点，协会2011年财务决算和2012年财务预算，补选中铁保险经纪有限公司总经理陶立新为副会长，北京一清行保险公估有限公司为常务理事，向北京碧升保险代理有限公司、北京北极星保险公估有限公司、泛华联兴保险销售股份公司颁发了会牌和证书。

（左玉荣）

北京典当行业协会

组织机构与负责人

会　长：郭金山（北京鼎盛典当有限公司）

秘书长：郝凤琴（女）

会员单位

会员单位共计199家

联系方式

地址：北京市东城区永内东街中里13号院内

邮编：100050

电话：010－84544366

传真：010－84544368

网站：http：//www. bjpawn. org

电子邮箱：beijingpawn@ sina. com

重要活动

1月4日，北京市典当行业协会（以下简称协会）举办“制堵措施对机动车典当业务的影响”研讨会。

1月6日，协会在崇文商务大厦举办《入选会计师事务所典当企业核查培训班》，10家入选会计师事务所的50名会计人员参加了培训。

2月23日，协办北京市《全国典当监管系统》培训班，全市16个区县商务委员会主管负责人和典当企业及其分支机构的人员参加了培训。

3月10日，协会在崇文商务大厦二层会议室召开二届十五次理事会。

3月31日，协会邀请中车联信息技术中心为会员举办了《新政形势下的二手机动车市场分析》的形势报告会。

4月7～10日，协会组织公益志愿者服务小组，首次参加了北京春季房展会。

4月14日，在北京市第十届思想政治工作优秀单位、优秀思想政治工作者表彰大会上，协会秘书长、支部书记郝凤琴被中共北京市委授予北京市第十届优秀思想政治工作者称号。

5月18日，2010年度新增典当企业第一批37家企业获得商务部颁发的《典当经营许可证》。

6月24日，协会秘书长、党支部书记郝凤琴被评为北京市社会领域优秀共产党员。

6月30日，协会合唱队在首都商业服务业非公企业职工纪念建党九十周年文艺会演中获奖。

7月14～15日，协会在北京广播电视大学为2010年度新批典当企业举办了会计制度和信息报送培训会。

8月1日，协会二届十六次理事会在东城区商务委员会四层会议室举行。

8月31日，协会在温度水城举行与台湾高雄当铺业同业公会战略合作协议签约仪式。

9月27日，协会邀请北京市人民检察院民事行政检察处以《从民事检察的角度看经济合同纠纷的产生和处置》为主题，对会员企业进行合同法知识培训。

10月9日，协会换届工作领导小组在东城区商委206会议室举行第一次会议。

10月12日，协会二届十七次理事会在东城区商务委员会四层会议室举行。

10月30日，协会举办第四届“华夏杯”羽毛球比赛。

12月15日，协会二届十九次理事会在东城区商务委员会四层会议室举行，讨论并通过北京典当行业协会换届文件。

12月30日，北京典当行业协会在崇文商务大厦206室召开团总支成立大会。

（黄佳）

北京市金融业文化建设协会

组织机构与负责人

会　长：单强（中国人民银行营业管理部党委委员、副主任）

副会长：张中奇（中国银行业监督管理委员会北京监管局纪委书记、副局长）

孙才仁（中国证券监督管理委员会北京监管局党委委员、副局长）

刘跃林（中国保险监督管理委员会北京监管局局长助理）

秘书长：王远志（中国人民银行营业管理部宣传群工部部长）

监事长：张友芬（女，中国工商银行股份有限公司北京市分行纪委书记、工委主任）

会员单位

2011年共有会员单位29家，其中包括人民银行营业管理部、北京银监局、北京证监局、北京保监局及18家银行、6家保险公司的在京机构及北京国际信托有限公司。协会共有常务理事29人、理事31人。

联系方式

办公地点：中国人民银行营业管理部

地址：北京市西城区月坛南街79号

邮编：100045

电话：010－68559162/68559505

传真：010－68559084

重要活动

一、加强组织建设，规范工作程序，为协会工作开展提供有效保障

7月14日，北京市金融业文化建设协会（以下简称协会）召开座谈会，工商银行北京市分行等9个会员单位的理事参加了会议。会议对协会工作做了总结和回顾，会议代表就如何进一步发挥协会优势，加强行业文化交流与合作、对协会提供服务的需求、及对协会工作的意见和建议等方面展开了的讨论，并提出了建议。

针对部分金融机构因工作调整，常务理事和理事变更较多的情况，积极与会员单位协调，及时督促会员单位上报变更函，经过梳理，将8位常务理事和8名理事做了变更。

二、认真组织年检，保证协会工作的连续性

根据社团办的要求，协会及时与社团办沟通联系，认真组织采集数据和相关信

息填报工作，完成了社团年检、组织机构代码证年检工作，保证了协会工作的连续性和组织工作建设的有效性。

三、加强学习型组织建设，提高文化建设骨干专业知识与技能

2011 年，协会积极开展分层次培训，进一步提高文化建设工作者的综合素质。派员参加北京市民政局社团办、北京市思想政治工作研究会组织的协会理事工作会议等专题学习讲座，先后有 200 人次参加了培训。组织会员单位参加“形势政策宣传教育系列报告会”，先后 500 余人次参加“解读北京市经济形势”、“中国共产党与中华民族的伟大复兴”、“构建社会主义和谐社会”、“政府工作报告解读”、“当前国际形势”等讲座。

四、开展学术交流，推选优秀稿件参加优秀研究成果评选活动

协会组织会员单位参加北京市“丹柯杯”、“魅力政治工作创新实践大家谈”征文活动。协会荣获“魅力政治工作创新实践大家谈”征文活动优秀组织奖，中信银行北京京城大厦支行、工商银行北京南礼士路支行、工商银行北京东城支行员工分别荣获二、三等奖。

（山峰）

北京金融街商会

组织机构与负责人

理事长：陈耀先

常务副理事长：王功伟（北京金融街投资（集团）有限公司董事长）

副理事长：略

秘书长：鞠瑾（北京金融街投资（集团）有限公司总经理）

监事长：范勇宏（华夏基金管理有限公司副董事长）

会员单位

北京金融街商会（以下简称商会）共有会员单位 170 余家，其中理事会会员单位 106 家。会员单位分别来自金融监管部门、金融、电信、电力、服务业等机构。

职能和目标

商会以“沟通创造价值”为己任，积极发挥桥梁和纽带作用，不断为区域机构提供优质服务，扩大区域机构对外联系与交往。

主要职能：落实市区两级政府金融产业优惠政策；充分整合区域资源，为会员单位提供务实服务；策划组织系列交流活动，扩大金融街国内外影响力；搭建驻区机构与政府、驻区机构之间的沟通交流平台，发挥商会桥梁和纽带作用，促进各会员间的交流合作、打造区域良好的产业发展软环境。

联系方式

地址：西城区金融大街丙 17 号北京银行大厦 11 层

邮编：100033

电话：010－66574347

传真：010－66574389

网址：http：//www. bfscc. com

电子邮箱：bfscc@ sohu. com

重要活动

一、认真落实市区两级政府的金融产业优惠政策，为金融街区域机构提供优质政策服务

商会作为首都金融业优惠政策兑现的受理窗口部门，认真落实市区两级政府的金融产业优惠政策，全年受理 60 余家单位的各项申报材料，兑现资金补助 1. 97 亿元。

二、有效整合区域资源，健全服务体系，策划组织28次各类活动，增进区域机构之间、区域机构与政府之间的沟通与交流，扩大金融街的影响力

1. 2011年，商会多次协调促成“北京大学人民医院、北京金融街医疗卫生服务共同体暨金融街健康咨询中心”落户金融街。截至年末，已累计预约挂号878人次，为金融街员工提供远程视频病历讨论、健康讲座等服务。

2. 商会发起并联合一行三会机关工会于8月、11月举办了两次金融街单身青年联谊活动，来自会员单位的450余位青年参加了活动。

3. 金融街出入境证件受理站自设立以来，为驻区金融机构高管、员工、家属办理出入境证件，提供高效便捷的优质服务。截至年末，共为210余人办理了出入境手续，提供了600余次咨询。

4. 2011年，商会举办了金海湾金融论坛暨2011中国经济金融形势分析会、房地产调控及市场分析研讨会等论坛，举办了“十二五”规划专题讲座等，促进了各领域专业管理人士间的研讨与交流。

5. 商会联合西城区政府有关委办局，邀请近30家会员单位，启动金融街亮丽工程。很多机构高度重视，精心设计，充分展示自己的特色风貌。

6. 2011年，商会不断扩大国际交往，接待台湾金融服务业联合总会、台中市金融主管经理人协会、英国贸易投资总署等来京参观调研，并就双方金融业发展情况及合作前景等进行了探讨和交流。

三、区域社会公益平台日趋完善，“一本书”爱心活动圆满成功，树立了金融街良好的社会责任形象

2011年，商会收到会员单位捐赠的各类图书13 000余册，用于购置图书的捐赠款项28 000元，文具、衣物400余份。商会将所有物品送往山西省忻州市五台县金岗库小学。

四、完善区域信息交流平台，推进金融街品牌建设

2011年，商会完成了会刊——《金融街》的出版工作。会刊以贴近金融街、贴近会员单位为目标，适时调整内容、形式，促进金融机构、企业、政府间的信息交流。官方网站“金融街在线”的日常编辑、维护工作平稳运行，及时提供金融街驻区机构人才招聘及衣食住行等资讯，满足金融街人的工作生活需求。

（史瑞）

北京CBD金融商会

组织机构与负责人

名誉会长：龙永图（二十国集团研究中心秘书长）

会　长：吴桂英（女，朝阳区人民政府代区长）

副会长：幸公杰（蒙特利尔银行（中国）有限公司副行长）

丁国良（汇丰银行（中国）有限公司北京分行行长）

赖祥麟（美国友邦保险有限公司北京分公司总经理）

许宁跃（北京银行股份有限公司副行长）

马思中（中美大都会人寿保险有限公司首席代表）

姜　新（中国中期投资股份有限公司董事长）

韩巍强（中国国际金融有限公司董事总经理）

宋福兴（中国人民人寿保险股份有限公司副总裁）

监事长：刘雪斌（女，澳大利亚和新西兰银行（中国）有限公司北京分行行长）

秘书长：李瑶（朝阳区人民政府区长助理、朝阳区金融服务办公室主任）

副秘书长：李蘅（北京恒言投资有限公司总经理）

会员单位

北京 CBD 金融商会会员单位共有 85 家，涵盖银行、证券、保险、财务公司等多种企业类型。

联系方式

地址：北京市朝阳区京广中心商务楼 10 层 1007 室

电话：010－65978750

传真：010－65978236

邮编：100020

网站：http：//www. cbdjrsh. org/

重要活动

2 月 16 日，北京 CBD 金融商会（以下简称商会）联合朝阳区法院举办 2011 年首个“金融法律服务日”活动。朝阳区法院民二庭庭长李有光通报了 2010 年对朝阳区金融企业涉及商事诉讼的调研情况，王玲副厅长、蔡黎审判长分别就银行业、保险业经营中的法律风险进行解读。

3 月 4 日，朝阳区金融办、商会共同举办“巾帼风采聚朝阳　共庆国际妇女节”活动。首都金融机构的四十余位女士欢聚一堂，共话友情和发展。

3 月，商会会员单位澳大利亚和新西兰银行（中国）有限公司北京分行的 6 名志愿者前往北京同心实验学校，开展了首次澳大利亚文化拓展课程的教授和拓展活动。

4 月 11 日，商会第七次理事和会员代表大会暨中国“入世”与中国金融业的对外开放高层研讨会在朝阳区郡王府北京 CBD 国际论坛会议中心召开。

5 月 18 日，商会会员单位民生人寿北京分公司向朝阳区王四营乡官庄村向阳希望小学捐赠教学用电脑 10 台，各类文体、生活用品 400 余件。

5 月 20 日，商会为新会员单位举行授牌仪式。新增会员单位有中国投资有限责任公司、中信信托有限责任公司、梅赛德斯—奔驰汽车金融有限公司、宝马汽车金融（中国）有限公司、包商银行北京分行、新加坡大华银行（中国）有限公司北京分行、韩国交易所北京代表处、三井住友海上火灾保险北京分公司、安华农业保险股份有限公司北京分公司、百年人寿保险股份有限公司北京分公司、大唐投资管理有限公司。

商会组建“创建全国文明城区北京 CBD 金融先锋队”。马思中副会长宣读了《积极参与朝阳区创建全国文明城区的倡议书》，号召会员单位携起手来，以积极行动助推朝阳全国文明城区创建工作；程连元区长为创建全国文明城区北京 CBD 金融先锋队授旗。

6 月 2 日，商会第二期外汇管理政策培训会在北京 CBD 国际论坛会议中心举办。国家外汇管理局北京管理部资本项目处卢旺就对外担保、贸易信贷等业务领域相关问题进行专题讲解，30 多家金融机构 70 余名代表参加了培训。

7 月 16 日，商会联合北京市银行业协会外资银行协调委员会、北京朝阳海外学人俱乐部在朝阳公园举办“唱红歌，颂辉煌，朝阳公园海洋沙滩狂欢节—首都青年金融精英专场联谊会”，数十家金融机构近800名青年金融精英们参加联谊活动，共同搭建起爱与友谊的桥梁。

8月13日，商会与北京朝阳海外学人俱乐部联合主办“新华资产——2011北京CBD金融杯”羽毛球赛暨北京CBD金融商会运动俱乐部揭牌”在朝阳公园羽毛球馆举行。程连元区长、丁国良副会长、韩巍强副会长为北京CBD金融商会运动俱乐部揭牌。

10月29日，商会会员单位北美信托银行北京分行吴初默行长和部分员工前往朝阳区社会福利中心开展义工活动。

11月6日，商会与台湾金融服务业联合总会共同举办京台金融合作论坛。本届论坛的主题为“京台金融合作：新阶段、新进展、新成就”，百余位北京市和台湾的金融业界人士参加。

（李晶）

北京中关村海淀金融创新商会

组织机构与负责人

会长：任路平（女，中国工商银行股份有限公司北京海淀西区支行行长）

常务副会长：沈鹏（北京海淀科技金融资本控股集团股份有限公司董事长兼总经理）

副会长：栾文生（女，中国建设银行股份有限公司北京中关村分行副行长）

周伟京（中国农业银行股份有限公司北京海淀支行行长）

理事长：王喆（女，北京银行股份有限公司中关村分行行长）

副理事长：李莹（女，中国光大银行股份有限公司北京海淀支行行长）

王进（嘉禾人寿保险股份有限公司副总经理）

秘书长：李晓玲（女）

会员单位

北京中关村海淀金融创新商会共有会员单位41家。其中，理事单位8家，普通会员单位33家。会员单位以金融机构为主，其中也包括部分企业单位。

联系方式

地址：北京市海淀区海淀北二街8号中关村SOHO大厦710室

邮编：100080

电话：010－82504182

传真：010－82504282

网址：hppt：//www.bjzfic.com

重要活动

3月21日，北京中关村海淀金融创新商会（以下简称商会）组织15家银行机构的29位相关负责人到海淀区北部地区开发办公室考察。海淀区北部地区开发办公室张飞虎副主任等介绍了海淀北部地区的五年发展建设规划、地块分布、融资需求等情况，并与15家银行机构的相关负责人进行了交流。

4月1日，商会在鑫泰大厦召开海淀区金融综合统计体系工作布置会。会议强调了开展区域金融综合统计工作的重要意义，提出了具体工作要求。海淀区金融服务办公室、海淀区工商分局、海淀区国税局、海淀区地税局以及部分银行机构的负责人出席了会议。

5月22日，商会在海淀体育馆举办“工商银行海西杯”乒乓球比赛，11家金融机构的18支代表队参加了比赛。

6月22日，商会与海淀区金融服务办公室在海淀妇女儿童活动中心联合主办了海淀区首届金融行业红歌会。

11月10日，商会与联合信用管理有限公司联合召开了企业融资征信服务平台合作研讨会，驻区11家银行、5家担保公司、2家小额贷款公司、1家金融控股集团的代表出席了研讨会。会上联合信用管理有限公司的代表介绍并演示了中小企业融资信用平台总体情况及服务功能。

2011年，商会配合海淀区金融服务办公室、中关村西区办公室协办了海淀区政府与深圳股票交易所签约仪式、金融安全宣传周活动、第七届国际金融博览会、海淀区重点金融机构座谈会、海淀区创新创业企业投融资对接会系列活动、小额贷款公司与中小微型企业融资对接会、中关村西区创新要素交流平台等活动。

（张梦妮）

北京市金融学会

组织机构与负责人

会　长：杨国中（原中国人民银行营业管理部主任，现国家外汇管理局党组纪检组组长、党组成员）

监事长：汪晓芳（女，中国工商银行股份有限公司北京市分行副行长）

秘书长：盛朝晖（中国人民银行营业管理部金融研究处处长）

会员单位

学会共有团体会员单位60家。

联系方式

办公地点：中国人民银行营业管理部

地址：北京市西城区月坛南街79号

邮编：100045

电话：010－68559272/68559556

重要活动

3月，北京市金融学会（以下简称学会），参加了中国金融学会年度工作会议。

4月，学会协同中国人民银行金融研究所与华侨大学数量经济研究院主办了《通胀预期管理理论与政策研究》学术研讨会。

5月，学会积极响应北京市社科联、北京市科协联合举办的“创新驱动”主题学术论坛征文活动，撰写的《支持首都科技创新的金融政策研究》被2011年《两界联席会议高峰论坛文集》收录。

8月，学会刊物《北京市金融评论》启动“《北京金融评论》第一届征文大赛”活动。

9月，学会接受了北京市民政局学术类社会团体社会组织评估专家组的现场评估。学会秉持“以评促建”的理念，按照评估要求对工作进行了认真细致的梳理总结，圆满完成此次学会评估工作。

11月，学会依照《北京市金融学会章程》召开了年度学会联席工作会议，学会秘书长、各副秘书长以及重点会员单位代表共21人出席会议。会议总结了2011年学会工作情况，讨论通过2012年学会工作计划。

12月，学会邀请中国人民银行金融研究局张健华局长就“宏观审慎政策框架”进行主题演讲。来自北京地区银行、保险业、政府机关、科研院校数百人到场参会。

（吴逾峰）

北京市城市金融学会

组织机构与负责人

会　长：王珍军（中国工商银行股份有限公司北京市分行行长）

副会长：龚　萍（女，中国工商银行股份有限公司北京市分行副行长）

监事长：于云丽（女，中国工商银

行股份有限公司北京市分行内控合规部总经理）

秘书长：董咸松（中国工商银行股份有限公司北京市分行管理信息总经理）

下设机构情况

北京市城市金融学会青年经济理论研究分会

联系方式

地址：北京市西城区复兴门南大街2号天银大厦B座906室

邮编：100031

电话：010－66410543

传真：010－66410543

重要活动

1. 参加并完成市社团办2011年社团评估和年度社团管理工作。一是按照市社团办相关要求参加并完成其组织的2011年社团评估工作，公示获评4A级。二是依照社团管理要求，如期完成学会年检、年审和2011年度企业所得税网申工作、数字证书续期、年度房产税申报缴纳及2010年度残保金的核定缴纳工作等相关工作。

2. 组织开展2011年度总分行课题研究工作。贯彻总行全国学会秘书长工作会议安排要求，确定认领总行重点研究课题8项，通过召开课题协调会、联系总行重点指导等形式，推动开展2011年度分行课题研究活动。此次活动共收到各类调研成果102篇，其中向总行报送参选成果17篇。

3. 组织参加总行学会团体评优和专题征文活动。一是参评总行2009—2010年度中国城市金融学会优秀团体会员评选并获最佳团体会员称号。二是组织完成报送总行学会聚焦工行2011金融文学作品大赛征文成果76篇，其中5篇获奖，并荣获大赛组织奖。三是组织理事单位约稿中国入世10周年——全面开放与走向国际的中国银行业征文报送成果13篇，其中2篇荣获三等奖。

4. 参加总行学会组织的其他相关活动。一是完成总行学会交办的学会基本情况调查。二是总行学会换届筹备事务。三是参加总行学会组织的全国城市金融学会秘书长培训班。

5. 参加市社科联组织开展的相关活动。一是推荐顺义支行参加社科联举办2011人文之光社科普及下乡活动。二是组织参加2011年北京两界联席会议高峰论坛活动，推荐报送的2篇征文均入编该论坛论文集。

6. 会同管理信息部采编《经济金融信息提要》47期，完成报送总行北京地区《银行业竞争动态》资料586篇。

北京市钱币学会

组织机构与负责人

会　长：杨伟中（中国人民银行人事司副司长）

监事长：李　辉（女，中国人民银行营业管理部机关事务处调研员）

秘书长：焦春莲（女）

会员单位

个人会员1 100人，团体会员13个。

联系方式

办公地点：中国人民银行营业管理部办公楼2017室

地址：北京市西城区月坛南街79号

邮编：100045

电话：010－68559317/88655187

传真：010－88655100

电子邮箱：zhidongli951122@126.com

重要活动

3 月，北京市钱币学会（以下简称学会）与北京市收藏家协会、石景山文物局、石景山图书馆联合举办钱币讲座和展览，李志东副秘书长作了题为《人民政权货币与第一套人民币》的专题讲座。

8 月 18 日，学会组织外币专题小组在中国钱币学会会员之家召开座谈会，在京的国内外币专家、收藏家出席了会议。

10 月，受中国钱币博物馆委托，学会协助征集《辛亥革命时期货币展》部分展品，学会动员部分收藏家提供 20 余件珍品参展。该展览在北京国际钱币博览会上，引起广泛关注，参观者达上万人次。

11 月，接受北京市社团办对学会的评估。学会秘书处撰写了自评报告，填制了自评表，整理了学会近年召开会议、开展活动、财务管理、取得成果、社会评价等方面的档案材料。北京社团办评估组对学会的工作和成果给予了肯定，并提出了改进建议。

2011 年，学会组织举办钱币交流活动 12 次（每月 1 次），其中举办讲座 12 讲，为群众义务鉴定钱币 300 余件。学会聘请王培伍、王纪洁、潘世杰、孙彬、钱卓、李志东等钱币专家主讲，内容包括中国古代钱币思想和理论、钱币鉴定、北京地区私贴研究、辛亥革命时期货币、人民政权货币，以及钱币拓片制作等。

（李志东）

北京市金融工会

组织机构与负责人

主　席：周玉忠

常务副主席：魏国

副主席：张幼林（北京市金融工作局副局长）

副主席：方芳（女）

会员单位

北京市金融工会共有会员单位 48 家，会员 106 000 多人。其中，直属工会组织 32 家，会员近 42 000 人；中央在京工会组织 16 家，会员约 64 000 人。

联系方式

地址：北京市东城区台基厂大街 3 条 3 号 6 号楼 110 室

邮编：100005

电话：010－65592747

传真：010－65230907

网址：http：//www. jrgh. org. com

邮箱：jrgh2006@163. com。

重要活动

2 月 24～25 日，北京市金融工会召开第一届二次委员（扩大）会议。会议总结了北京市金融工会成立以来，全市金融系统工会工作成绩和经验，并结合首都金融业面临的新形势部署了全年工作任务。会议还进行了人事方面的调整，根据工作需要，何世文同志不再担任副主席，方芳同志当选为副主席。

3～5 月，北京市金融工会组织劳动模范选树和宣传工作。全市金融系统共评出全国五一劳动奖章获得者 1 人、全国工人先锋号获得单位 1 个、全国五一巾帼标兵岗和全国五一巾帼标兵各 1 个；首都劳动奖章获得者 8 人、首都劳动奖状获得单位 1 个、北京市工人先锋号获得单位 3 个。举办了劳模事迹报告会、表彰会，宣传劳模精神和弘扬工人阶级优秀品格。

4 月 20 日，北京市金融工会周玉忠主席率队到中国农业银行密云支行对集体合同工作进行专题调研。

4～5 月，北京市金融工会在北京银行大厦举办了职业女性“仪态扮靓人生”示范课。根据金融系统大龄青年交友难的问题，联手北京职工婚姻家庭建设协会、中央直属机关工委“央务鹊桥”，举办了三次“真情相约，牵手幸福”联谊活动。

4～6 月，北京市金融工会在 2010 年底开展初步调研的基础上，对全市金融工会所属基层单位使用劳务派遣工情况进行了调研，为推动劳务派遣工问题的解决，提供了第一手资料。

6 月 11 日，北京市金融工会联合北京市银行业协会、北京证券业协会、北京保险行业协会、北京期货商会组织开展了“颂歌献给党”——首都金融系统职工庆祝中国共产党建党 90 周年歌咏比赛。从 50 多支队伍中选出 17 支代表队参加了总决赛，建设银行北京市分行代表队获得特等奖，光大银行北京分行、工商银行北京分行、中国人寿财产保险北京市分公司代表队获得一等奖。

6 月 20 日，北京市金融工会制订《北京市金融系统推进企业普遍建立工会组织工作实施方案》，明确了北京市金融工会与各区县总工会、街道总工会共同推进金融企业建会的基本原则、目标任务和方法措施。

7 月 14 日，北京市金融工会召开全系统 2011 年半年工作会议，传达市总工会系统创先争优活动交流推进会暨市总工会半年工作会议精神，总结上半年工作，部署下半年任务，对建会工作和第二届北京市职工职业技能大赛财资管理师比赛进行了重点安排。

8～9 月，北京市金融工会组织举办第二届北京市职工职业技能大赛财资管理师比赛。从 56 家参赛单位的 1 468 名选手中，评选出年度金牌理财规划师 1 名，年度十佳理财规划师 10 名，年度优秀理财规划师 40 名，年度理财规划能手 150 名。

2011 年，北京市金融系统举办各类技能比赛 1 500 多场次，参赛 6 万多人。北京市金融工会被北京市职工职业技能大赛组委会评为“优秀组织奖”和“特别贡献奖”。

8～10 月，北京市金融工会与北京市金融工作局等单位联合举办首届首都文化摄影展，33 家单位的 103 幅作品参展。

11 月 24～25 日，北京市金融工会对全市金融系统工会工作进行了考核评比，金融系统工会有 19 个单位被评为优秀、13 个单位被评为良好、4 个单位被评为合格。

（阮翼飞）

（四）2011 年度北京市金融系统先进单位、先进个人名录

北京市“全国五一劳动奖章”获得者

（中华全国总工会
总工发〔2012〕34 号）

闫冰竹　北京银行股份有限公司党委书记、董事长

北京市“全国金融五一劳动奖状”获得单位

（中国金融工会全国委员会
金工发〔2012〕13 号　2012 年 4 月 18 日）

中国农业银行股份有限公司北京铁道支行

中国民生银行股份有限公司北京电子城支行

北京市“全国金融五一劳动奖章”获得者

（中国金融工会全国委员会
金工发〔2012〕13 号　2012 年 4 月 18 日）

董　强　中国人民银行营业管理部基建办公室主任

刘宏彦　中国进出口银行北京分行业务二/四处处长

龙　誉（女）　中国工商银行股份有限公司北京市分行信息科技部开发部副经理

白　梅（女）　中国农业银行股份有限公司北京朝阳支行行长

辛　亮　中国建设银行股份有限公司北京市分行战略客户总部副总经理

刘　超（女）　交通银行股份有限公司北京西区支行公司业务管理经理

马　杰（女）　中国光大银行股份有限公司北京花园路支行行长

梁　爽　中国华融资产管理公司北京办事处市场开发部经理

北京市“全国金融系统工人先锋号”获得集体

（中国金融工会全国委员会
金工发〔2012〕13 号　2012 年 4 月 18 日）

中国农业银行股份有限公司北京铁道支行

中国民生银行股份有限公司北京电子城支行

北京市“首都劳动奖状”获得单位

（北京市总工会
京工发〔2012〕28 号　2012 年 4 月 12 日）

中信银行股份有限公司总行营业部

中国平安财产保险股份有限公司北京分公司

北京市“首都劳动奖章”获得者

（北京市总工会
京工发〔2012〕28号　2012年4月12日）

柴　援（女）北京农业银行股份有限公司北京亚运村支行行长

杜英男　中国人民银行营业管理部国库处科长

高连军　渤海银行股份有限公司北京万柳支行行长

李建宁（女）泰康人寿保险股份有限公司北京分公司第一区域业务发展中心总经理

刘　晶（女）北京农村商业银行股份有限公司职员

吕　涛　交通银行股份有限公司北京东单支行市场推广经理

杨晋先（女）中国建设银行股份有限公司北京市分行个人客户经理

张津京（女）中国邮政储蓄银行股份有限公司北京分行直属支行信贷员

张　轩　天津银行股份有限公司北京朝外支行副行长

张燕丽（女）中国银行股份有限公司北京永定路支行行长

北京市“工人先锋号”获得集体

（北京市总工会　京工发〔2012〕28号
2012年4月12日）

中国工商银行股份有限公司北京玉东网点支行

中国民生银行股份有限公司北京电子城支行

华泰财产保险股份有限公司北京分公司重大客户业务一部

中国平安人寿保险股份有限公司北京分公司保费部

民生证券有限责任公司北京北蜂窝路证券营业部

大连银行股份有限公司北京海淀支行

中国人民财产保险股份有限公司北京市西城支公司团险业务部

北京市“三八”红旗集体

中国银行股份有限公司北京石景山支行

中国平安人寿保险股份有限公司北京分公司工会

北京农村商业银行股份有限公司国际业务部

北京市“三八”红旗奖章获得者

陈秋荣　中国银行股份有限公司北京通州新华大街支行行长

孙敬亚　中国建设银行股份有限公司北京平谷支行人力主管兼女工主任

朱思非　中国平安财产保险股份有限公司北京分公司外资经纪业务部总监

郑　宏　北京银行股份有限公司丰台支行大堂经理

卜秋香　华夏银行股份有限公司北京平安支行行长

姚　杨　北京农村商业银行股份有限公司卢沟桥宛平支行行长